Markl/Meyer
Gerichtskostengesetz mit GvKostG

de Gruyter Kommentar

Markl/Meyer

Gerichtskostengesetz

mit Gerichtsvollzieherkostengesetz

Kommentar

5., neu bearbeitete Auflage
des von Hermann Markl,
Oberlandesgerichtsrat a. D.
begründeten Werkes

von
Dr. Dieter Meyer
Richter am Landgericht Flensburg

RECHT De Gruyter Recht · Berlin 2003

Zitiervorschlag: Markl/Meyer, GKG, § 40 Rdn. 12

⊗ Gedruckt auf säurefreiem Papier,
das die US-ANSI-Norm über Haltbarkeit erfüllt

ISBN 3-89949-030-4

Bibliografische Information Der Deutschen Bibliothek

Die Deutsche Bibliothek verzeichnet diese Publikation in der Deutschen Nationalbibliografie; detaillierte bibliografische Daten sind im Internet über <http://dnb.ddb.de> abrufbar.

Printed in Germany
Einbandgestaltung: Christopher Schneider, Berlin
Satz: jürgen ullrich typosatz, Nördlingen

Vorwort zur 5. Auflage

Schon bald nach dem Erscheinen der erst gut zwei Jahre alten Vorauflage hat der Gesetzgeber begonnen, große Teile vor allem des materiellen und formellen Zivilrechts grundlegend umzugestalten. So haben z. B. das Lebenspartnerschaftsgesetz v. 16. 1. 2001 (BGBl. I, S. 266), Das AVAG-ÄndG v.19. 1. 2001 (BGBl. I, S. 436), das KostREuroUG v. 27. 4. 2001 (BGBl. I, 751), das Mietrechtsreformgesetz v. 19. 6. 2001 (BGBl. I, 1049); das Zustellungsreformgesetz v. 25. 6. 2001 (BGBl. I, S. 1206), das ZPO-RG v. 27. 7. 2001 (BGBl. I, 1867), das SGGÄndG v. 17. 8. 2001 (BGBl. I, S. 2144), das Gesetz zur Änderung der InsO v. 26. 10. 2001 (BGBl. I, S. 2710), das Schuldrechtsmodernisierungsgesetz v. 26. 11. 2001 (BGBl. I, S. 3138) oder das Gewaltschutzgesetz v. 11. 12. 2001 (BGBl. I, S. 3513) sowohl größere strukturelle Eingriffe und zahlreiche Umnummerierungen der Tatbestände des KV nach sich gezogen. Zahlreiche weitere Gesetze haben zwar keine nennenswerte Änderungen gebracht, dafür aber die Texte des KG und des KV sowie auch die der Anhänge verändert. So z. B. das 2. FGOÄndG v. 19. 12. 2000 (BGBl. I, S. 1757), das Gesetz zur Änderung des Bundeszentralregisters v.9. 7. 2001 (BGBl. I, S. 1510), das Gesetz zur Anpassung der Formvorschriften an den modernen Rechtsgeschäftsverkehr vom 13. 7. 2001 (BGBl. I, S. 1542), das Gesetz zur Einführung des Euro in Rechtspflegegesetzen pp. vom 13. 12. 2001 (BGBl. I, S. 3638), das 7. Gesetz zur Änderung der Pfändungsfreigrenzen v. 13. Dezember 2001 (BGBl. I, S. 3638), das Gesetz zur Regelung von öffentlichen Angeboten pp. v. 20. 12. 2001 (BGBl. I, S. 3822), das Gesetz zur Änderung des AVAG v. 30. 1. 2002 (BGBl. I, 564), das BZRG-ÄndG. v. 23. 4. 2002 (BGBl. I, S. 1406), das KostGErmAufhGBln v. 22. 2. 2002 (BGBl. I, S. 981), das OLG-Vertretungsänderungsgesetz v. 23. 7. 2002 (BGBl. I, S. 2850) oder das Gesetz zur Einführung der vorbehaltenen Sicherungsverwahrung v. 21. 8. 2002 (BGBl. I, S. 3344). Auch das Gerichtskostenwesen iwS ist gründlich umgestaltet worden. Als Beispiel dafür sei das neue – durch Art. 19 des OLG-VertrÄndG umfangreich „klargestellte" – Gerichtsvollzieherkostengesetz in Erinnerung gerufen. Die im Vorwort der 4. Auflage zum Ausdruck gebrachte Hoffnung, daß nach der Währungsumstellung auf den Euro der Kommentar weiterhin eine gute Arbeitshilfe für den Praktiker bleiben würde, hat sich deshalb leider nur bedingt erfüllt. In Ansehung dessen und vor dem Hintergrund, daß eine kaum mehr überschaubare veröffentlichte Judikatur zu verarbeiten war, schien es vertretbar, den Kommentar neu zu bearbeiten. Der Zeitpunkt ist nicht zuletzt auch aus der Überlegung heraus gewählt, daß – von der leider gescheiterten Reform des Rechtsanwaltsgebührenrechts, welche aber auf das GKG nur geringere mittelbare Auswirkungen gehabt hätte – die Reform des Gerichtskostenrechts mit dem neuen Gerichtsvollzieherkostengesetz wohl im wesentlichen abgeschlossen ist und auch wegen des Ablaufs der 14. Legislaturperiode des Deutschen Bundestages in naher Zukunft weitere größere Änderungen des GKG kaum zu erwarten sein werden. Gesetzgebung und Rspr sind bis Ende September 2002 ausgewertet worden.

Von vielen Seiten, insbesondere aus den Kreisen der Bezirksrevisoren und Gerichtsvollzieher ist der Wunsch an mich herangetragen worden, auch das neue GvKostG im Kommentar aufzunehmen, weil auch diese Materie eng mit dem GKG verknüpft ist. Ich bin dem Anliegen gern nachgekommen und habe das GvKostG mit Kurzerläuterungen in das Werk eingefügt. Der Kommentar wird damit der Praxis eine noch größere Arbeitshilfe sein.

Die Schwerpunkte der vorliegenden Neuauflage liegen neben der Auswertung der veröffentlichten Rspr weiter bei den Erläuterungen zu § 19, bei den Auswirkungen der ZPO-Reform auf das GKG und der in praxi an Bedeutung gewinnenden Bestimmungen des § 8 (Niederschlagung von Kosten) und des § 34 (Verzögerungsgebühr). Die Diskussion um die unbefriedigende Auswahl der Ermäßigungstatbestände (KV 1210, 1211) ist weiter Gegenstand der Bearbeitung geblieben, nachdem Verfassungsgerichtsvorlagen keine Klarheit haben schaffen können.

Wieder habe ich aus Benutzer- und Kollegenkreisen zahlreiche Anregungen erhalten. Dafür sage ich allen meinen herzlichen Dank, besonders auch und gerade, soweit es sich um konstruktive Kritik handelte. Darum bitte ich auch allen Nutzern weiterhin. Denn ein für die Praxis geschriebenes Werk lebt von Kritik.

Vor allem aber gilt mein besonderer Dank wieder meiner Ehefrau, die mich bei der Durchsicht des Manuskripts unter Aufopferung größerer Strecken ihrer Freizeit und durch Hintenanstellung anderer persönlicher Verpflichtungen unterstützt hat.

Flensburg, 30. September 2002 *Dieter Meyer*

Inhaltsverzeichnis

Kommentar

Gerichtskostengesetz

Erster Abschnitt:
Allgemeine Vorschriften (§§ 1–11)

Zweiter Abschnitt:
Rechtsstreitigkeiten vor den ordentlichen Gerichten und den Gerichten der Verwaltungs-, Finanz- und Sozialgerichtsbarkeit (§§ 12–34)

Dritter Abschnitt:
Insolvenzverfahren, schiffahrtsrechtliches Verteilungsverfahren (§§ 35–39)

Vierter Abschnitt:
Strafsachen (§§ 40–47)

Fünfter Abschnitt:
Gerichtliche Verfahren nach dem Gesetz über Ordnungswidrigkeiten (§ 48)

Sechster Abschnitt:
Gerichtliche Verfahren nach dem Strafvollzugsgesetz (§ 48a)

Siebenter Abschnitt:
Kostenzahlung und Kostenvorschuß (§§ 49–69)

Achter Abschnitt:
Übergangs- und Schlußvorschriften (§§ 70–74)

Kostenverzeichnis (Anlage 1 zu § 11 GKG)

Gerichtsvollzieherkostengesetz

Abschnitt 1:
Allgemeine Vorschriften

Abschnitt 2:
Gebührenvorschriften

Abschnitt 3:
Kostenzahlung

Abschnitt 4:
Übergangs- und Schlußvorschriften

Kostenverzeichnis
(Anlage zu § 9 GvKostG)

Anhang

Verzeichnis der Abkürzungen und abgekürzt zitierten Literatur

a A (A A)	anderer Ansicht
aaO	am angegebenen Ort
abgedr	abgedruckt
ABl	Amtsblatt
abl (Abl)	ablehnend
Abs	Absatz
abw	abweichend
AcP	Archiv für civilistische Praxis
a E	am Ende
a F	alter Fassung
AFG	Arbeitsförderungsgesetz
AG	Amtsgericht
AktG	Aktiengesetz
Alt	Alternative
a M (A M)	anderer Meinung
Amtsvormund	Der Amtsvormund
AnfG	Anfechtungsgesetz
Anh	Anhang
Anl	Anlage
Anm	Anmerkung
AnO	Anordnung
AnwBl.	Anwaltblatt
AO	Abgabenordnung
AP	Arbeitsgerichtliche Praxis
AÖR	Archiv des öffentlichen Rechts
AS	Amtliche Sammlung
Aufl	Auflage
ausf	ausführlich(er)
AV	Allgemeine Verfügung, Ausführungsverordnung
AVAG	Anerkennungs- und Vollstreckungsausführungsgesetz
BABl.	Bundesarbeitsblatt
BaföG	Bundesausbildungsförderungsgesetz
BAG	Bundesarbeitsgericht
BAGE	Entscheidungen des Bundesarbeitsgerichts
BAnz	Bundesanzeiger
BaulBG	Baulandbeschaffungsgesetz
BauGB	Baugesetzbuch
Bay	Bayer, Bayerisch

BayBS	Bereinigte Sammlung des Bayerischen Landesrechts
BayGVBl.	Bayerisches Gesetz- und Vordnungsblatt
BayJMBl.	Bayerisches Justizministerialblatt
BayObLG	Bayerisches Oberstes Landesgericht
BayVBl.	Bayerische Verwaltungsblätter
BayVerfGH	Bayerischer Verfassungsgerichtshof
BayVerwBl.	Bayerische Verwaltungsblätter
BayVGH	Bayerischer Verfassungsgerichtshof
BB	Der Betriebsberater
BBauG	Bundesbaugesetz
BBG	Bundesbeamtengesetz
Bd	Band
BEG	Bundesentschädigungsgesetz
begl	beglaubigt
begr	begründet
Begr	Begründung
Bek	Bekanntmachung
Bekl, bekl	Beklagter, beklagt
Bem	Bemerkung
BerHG	Beratungshilfegesetz
bes	besonders, besondere, r, s
Beschl	Beschluß
Beschw	Beschwerde
Best	Bestimmung
Betrieb	Der Betrieb
BFH	Bundesfinanzhof
BFHE	Entscheidungen des Bundesfinanzhofs
BFHNV	Sammlung amtlich nicht veröffentlichter Entscheidungen des BFH
BGB	Bürgerliches Gesetzbuch
BGBl.	Bundesgesetzblatt
BGH	Bundesgerichtshof
BGHZ	Entscheidungen des Bundesgerichtshofs in Zivilachen
BGHSt	Entscheidungend des Bundesgerichtshofs in Strafsachen
Bl.	Blatt
B-L-A-H	Baumbach-Lauterbach-Albers-Hartmann, Kommentar zur Zivilprozessordnung. 60. Aufl., 2002
BJM	Bundesjustizministerium
BJMin	Bundesjsutizminister
BNotO	Bundesnotarordnung
BR	Bundesrat
Braun/Riggert/Kind	Die Neuregelungen der Insolvenzordnung in der Praxis. 1999
BRep	Bundesrepublik Deutschland
BRAGO	Bundesgeührenordnung für Rechtsanwälte
Buchholz	Sammelwerk der Rechtsprechungdes Bundesverwaltungsgerichts
BPersVG	Bundespersonalvertretungsgesetz
BSG	Bundessozialgericht
BSGE	Entscheidungen des Bundessozialgerichts

BSHG	Bundessozialhilfegesetz
BStBl.	Bundessteuerblatt
BT	Bundestag
BT-Drs	Bundestagsdrucksache
BVerfG	Bundesverfassungsgericht
BVerfGE	Entscheidungen des Bundesverfassungsgerichts
BVerwG	Bundsverwaltungsgericht
BVerwGE	Entscheidungen des Bundesverwaltungsgerichts
DAR	Deutsches Autorecht
DB	Der Betrieb
DGVZ	Deutsche Gerichtsvollzieherzeitung
d h	das heißt
d i	das ist
DJ	Deutsche Justiz
DJZ	Deutsche Juristenzeitung
DNotZ	Deutsche Notar-Zeitschrift
DÖD	Der öffentliche Dienst
DÖV	Die öffentliche Verwaltung
DR	Deutsches Recht
DRiG	Deutsches Richtergesetz
DRiZ	Deutsche Richterzeitung
DStR	Deutsches Steuerrecht
DtZ	Deutsch-Deutsche-Rechts-Zeitschrift
DVBl	Deutsches Verwaltungsblatt
DVO	Durchführungsverordnung
DWW	Deutsche Wohnungswirtschaft
€	Euro
EBAO	Einführungs- und Beitreibungsordnung
EFG	Entscheidungen der Finanzgerichte
EG	Einführungsgesetz
EGGVG	Einführungsgesetz zum Gerichtsverfassungsgesetz
EGStPO	Einführungsgesetz zur Strafprozeßordnung
EGZPO	Einführungssetz zur Zivilprozeßordnung
EheG	Ehegesetz
EhrRiEG	Gesetz über die Entschädigung der ehrenamtlichen Richter
Einf.	Einführung
Einl.	Einleitung
ENeuOG	Eisenbahnneuordnungsgesetz
Entsch	Entscheidung
entspr	entsprechend
Entw	Entwurf
EinV	Einigungsvertrag
ErbbauV	Verordnung über das Erbbaurecht
Erl.	Erlaß
EStG	Einkommenssteuergesetz
EugÜbK/ EUGVÜ	Übereinkommen der Europäischen Gemeinschaft über die gericht-

	liche Zuständigkeit und die Vollstreckung gerichtlicher Entscheidungen in Zivil- und Handelssachen
EV	Einigungsvertrag
Fam(-R, -S)	Familien(-recht, -sache)
FamRZ	Zeitschrift für das gesamte Familienrecht
ff	folgende, fortfolgende
FG	Finanzgericht
FGG	Gesetz über die Angelegenheiten der freiwilligen Gerichtsbarkeit
FGO	Finanzgerichtsordnung
FinA	Finanzamt
FN	Fußnote
FuR	Familie und Recht
FS für H. Schmidt	Kostenerstattung und Streitwert, Festschrift für Herbert Schmidt, 1981
G	Gesetz
GA	Goltdammers Archiv für Strafrecht
GBl.	Gesetzblatt
GBO	Grundbuchordnung
GebrMG	Gebrauchsmustergesetz
gem	gemäß
GenG	Genossenschaftsgesetz
Gerold/Schmidt/von Eicken/Madert	Bundesgebührenordnung für Rechtsanwälte. Kommentar. 15. Aufl. 2002 (zitiert: Bearbeiter in Gerold/Schmidt)
GewArch	Gewerbearchiv
GewO	Gewerbeordnung
GG	Grundgesetz
ggf	gegebenenfalls
GKG	Gerichtskostengesetz
GmbHG	Gesetz betreffend die Gesellschaften mit beschränkter Haftung
GemS	Gemeinsamer Senat der obersten Gerichtshöfe des Bundes
Göttlich-Mümmler/Rehberg/Xanke	BRAGO – Kommentar, 20. Aufl. 2001
GRUR	Gewerblicher Rechtsschutz und Urheberrecht
GV	Gebührenverzeichnisnummer des ArbGG; Gerichtsvollzieher
GVG	Gerichtsverfassungsgesetz
GVGA	Geschäftsordnung für Gerichtsvollzieher
GVBl.	Gesetz- und Verordnungsblatt
GVO	Gesamtvollstreckungsordnung
GvKostG	Gerichtsvollzieherkostengesetz
GWB	Gesetz gegen Wettbewerbsbeschränkungen
h A	herrschende Ansicht
Hdb	Handbuch
Hansens	Kommentar zur BRAGO, 8. Aufl., 1995

Hartmann	Kostengesetze, 31. Auflage, 2002
HEZ	Höchstrichterliche Entscheidungen in Zivilsachen
HFR	Höchstrichterliche Finanzrechtsprechung
HGB	Handelsgesetzbuch
HinterlO	Hinterlegungsordnung
h M	herrschende Meinung
HRR	Höchstrichterliche Rechtsprechung
Hs	Halbsatz
idF	in der Fassung
InsO	Insolvenzordnung
iS(v)	im Sinne (von)
Isak/Wagner	Isak, Franz/Wagner, Alois: Strafvollstreckung. 6. Auflage. 1999
i üb	im übrigen
iVm	in Verbindung mit
JBeitrO	Justizbeitreibungsordnung
JBl.	Justizblatt
Jg	Jahrgang
JGG	Jugendgerichtsgesetz
JKassO	Justizkassenordnung
JMBlNRW	Justizministerialblatt für Nordrhein-Westfalen
JR	Juristische Rundschau
JurBüro	Das Juristische Büro
Justiz	Die Justiz, Justizministerialblatt Württember-Baden
JVBl.	Justizverwaltungsblatt
JVKostO	Verordnung über Kosten im Bereich der Justizverwaltung
JW	Juristische Wochenschrift
JWG	Gesetz über Jugendwohlfahrt
JZ	Juristenzeitung
KartellG	Kartellgesetz
Keller	Keller, Ulrich, Die eidesstattliche Versicherung nach §§ 807, 899 ZPO. 2. Aufl., 1999
KfH	Kammer für Handelssachen
KG	Kammergericht
KgfEG	Kriegsgefangenenentschädigungsgesetz
KGJ	Jahrbuch der Entscheidungen des KG in Sachen der freiwilligen Gerichtsbarkeit
Kl	Kläger, Klage
Kleinknecht/Meyer-Goßner	Kommentar zur StPO, 45. Aufl., 2001
KMR	Kommentar zur StPO, begr. von Kleinknecht/Müller, Reitberger, fortgeführt von Müller/Sax/Paulus/Fezer, ab der 14. Lieferung herausgegeben von Heintschel-Heinegg und Stöcker, Loseblattwerk, 7. Aufl. (Stand: Mai 2002); zitiert: KMR-*Bearbeiter*
KO	Konkursordnung
von König	Renate von König: Zivilprozeß und Kostenrecht. 2002
Komm	Kommentar

KostÄndG	Gesetz zur Änderung und Ergänzung kostenrechtlicher Vorschriften
KostO	Kostenordnung
KostRÄndG 1994	Kostenrechtsänderungsgesetz 1994
KostRspr	Kostenrechtsprechung
KostVfg	Kostenverfügung
KR	Kostenrechtsprechung. Loseblattausgabe. (4. Aufl. ab 1997)
krit	kritisch
KTS	Konkurs-, Treuhand- und Schiedsgerichtswesen
KV	Kostenverzeichnis zum GKG
KVGv	Kostenverzeichnis zum Gerichtsvollzieherkostengesetz
KWG	Gesetz über das Kreditwesen
L	Leitsatz
LAG	Landesarbeitsgericht; Lastenausgleichsgesetz
Lappe	Kommentar zum GKG, 1976. Nachtrag 1978
Lappe, Grundriß	Justizkostenrecht, 1982
LG	Landgericht
lit	littera (Buchstabe)
LM	Lindenmaier-Möhring, Nachschlagewerk des BGH
Löwe-Rosenberg	Kommentar zur StPO und zum GVG, 24. Aufl. (zitiert: Bearbeiter in)
LS	Leitsatz
LSG	Landessozialgericht
lt	laut
LwVG	Gesetz über das gerichtliche Verfahren in Landwirtschaftssachen
LZ	Leipziger Zeitschrift
MarkRRG	Markenrechtsreformgesetz
MDR	Monatsschrift für Deutsches Recht
Meyer	Dieter Meyer: Strafrechtsentschädigung und Auslagenerstattung, 4. Aufl., 1997
Mielke	GKG-Kommentar, 1965
MinBl	Ministerialblatt
Mitt	Mitteilung(en)
MuSchG	Mutterschutzgesetz
MRK	Europäische Konvention zum Schutz der Menschenrechte und Grundfreiheiten
mwN	mit weiteren Nachweisen
MWSt	Mehrwertsteuer
Nachw	Nachweis; (mit) Nachweisen
NdsRPfl.	Niedersächsische Rechtspflege
n F	neue Fassung; neue Folge
NJW	Neue Juristische Wochenschrift
NJW-RR	Neue Juristische Wochenschrift, Rechtsprechungsreport
Noll	Die Streiwertfestsetzung im Verwaltungsprozeß (NJW-Schriftenreihe Heft 9)
Nov	Novelle
Nr	Nummer

NVwZ	Neue Zeitschrift für Verwaltungsrecht
NVwZ-RR	Neue Zeitschrift für Verwaltungsrecht, Rechtsprechungsreport
NZBau	Neue Zeitschrift für Baurecht
NZG	Neue Zeitschrift für Gesellschaftsrecht
NZM	Neue Zeitschrift für Mietrecht
NZV	Neue Zeitschrift für Verkehrsrecht
o ä	oder ähnliches
Oe/Wi/He	– Kommentar zum Gerichtskostengesetz – GKG –, herausgegeben von Arno *Oestreich* – Gerhard *Winter* – Heinrich *Hellstab*. Loseblattsammlung. Stand: 47. Lieferung (Juli 2002) – Streitwerthandbuch in alphabetischer Zusammenstellung. 2. Aufl. 1998 – Gerichtskosten in Strafsachen und gerichtlichen OWiG-Verfahren. 1999
ÖV	Öffentliche Verwaltung
OGHBRZ	Entscheidungen des Obersten Gerichtshofs für die Britische Zone in Zivilsachen
OHG	Offene Handelsgesellschaft
OLG	Oberlandesgericht
OLGRspr.	Rechtsprechung der Oberlandesgerichte
OLGZ	Rechtsprechung der Oberlandesgerichte in Zivilachen
OVG	Oberverwaltungsgericht
OVGE	Entscheidungen der OVGe Münster und Lüneburg
OWiG	Gesetz über Ordnungswidrigkeiten
Palandt	Kommentar zum BGB, 61. Aufl. 2002 (zitiert: Palandt-Bearbeiter)
Palandt-NT	Schuldrechtsmodernisierungsgesetz. Ergänzungsband zur 61. Aufl. von Palandt
PatG	Patentgesetz
PKH	Prozeßkostenhilfe
PoststrukG	Poststrukturgesetz
Prot	Protokoll
ProzBev	Prozeßbevollmächtigter
ProzG	Prozeßgericht
RA	Rechtsanwalt
RBerG	Rechtsberatungsgesetz
RdA	Recht der Arbeit
RdErl	Runderlaß
RdL	Recht der Landwirtschaft
Rn	Randnummer
Reg	Register
RegBl	Regierungsblatt
Rev	Revision
RG	Reichsgericht
RGBl	Reichsgesetzblatt
RGZ	Entscheidungen des Reichsgerichts in Zivilsachen
RGSt	Entscheidungen des Reichsgerichts in Strafsachen

RhSchiffG	Rheinschiffahrtsgericht
RiA	Recht im Amt
ROLG	Rechtsprechung der Oberlandesgerichte
RPfleger	Der Deutsche Rechtspfleger
RPflEntlG	Gesetz zur Entlastung der Rechtspflege
Rspr	Rechtspechung. Rechtsprechung der Oberlandesgerichte
RStBl	Reichssteuerblatt
RzW	Rechtsprechung zum Wiedergutmachungsrecht
s	siehe
S	Seite, Satz
SchlHA	Schleswig Holsteinische Anzeigen
Schmidt/Schmidt	Herbert Schmidt – Holger Schmidt, Der Gegenstandswert in bürgerlichen Rechtsstreitigkeiten
Schröder-Kay	Schröder-Kay, Das Kostenwesen der Gerichtsvollzieher. Kommentar. Bearbeitet von Gerhard Winter und Karl-Heinz Gerlach. 11. Auflage 2002
Schneider, Streitwert	Egon Schneider, Streitwertkommentar, 10. Aufl. 1992
SeeVertO	Seerechtliche Verteilungsordnung
SG	Sozialgericht
SGB	Sozialgesetzbuch
SGb	Sozialgerichtsbarkeit
SGG	Sozialgerichtsgesetz
SJZ	Süddeutsche Juristenzeitung
sog	sogenannt
SozVers	Die Sozialversicherung
StA	Staatsanwalt(schaft); Standesamt
StBerG	Steuerberatungsgesetz
StGB	Strafgesetzbuch
StPO	Strafprozeßordnung
str	streitig; strittig
StrEG	Gesetz über die Entschädigung für Strafverfolgungsmaßnahmen
StrRehaG	Strafrechtliches Rehabilitierungsgesetz
StVG	Straßenverkehrsgesetz
StVollzG	Strafvollzugsgesetz
Tab	Tabelle
Thomas-Putzo	Kommentar zur ZPO, 24. Aufl., 2002
Tschischgale	Das Kostenrecht in Arbeitssachen, Das Kostenrecht in Sozialsachen, Das Kostenrecht in Zivilsachen
u a	unter anderem
u ä	und ähnliche
UdG	Urkundsbeamter der Geschäftsstelle
Üb	Überblick; Übersicht
umstr	umstritten
u U	unter Umständen
UWG	Gesetz gegen den unlauteren Wettbewerb

VA	Verwaltungsrecht für die Anwaltspraxis
vAw	von Amts wegen
Verf	Verfahren; Verfassung
VersR	Versicherungsrecht
Verw	Verwaltung
VerwRspr	Verwaltungsrechtsprechung
Vfg	Verfügung
VG	Verwaltungsgericht
VGH	Verwaltungsgerichtshof
vgl	vergleiche
VglO	Vergleichsordnung
VIZ	Zeitschrift für Vermögens- und Investitionsrecht
VO	Verordnung
VOBl	Verordnungsblatt
Vorbem	Vorbemerkung
VRS	Verkehrsrechtssammlung
VVG	Gesetz über den Versicherungsvertrag
VwGO	Verwaltungsgerichtsordnung
VwVfG	Verwaltungsverfahrensgesetz
VwVG	Verwaltungsvollstreckungsgesetz
VwZG	Verwaltungszustellungsgesetz
VZOG	Vermögenszuordnungsgesetz
WEG	Wohnungseigentumsgesetz
WG	Wechselgesetz
wg	wegen
WGG	Wohngeldgesetz
Winterstein	Winterstein, Bernd, Das Pfändungsverfahren des Gerichtsvollziehers. 1994
WiStG	Wirtschaftsstrafgesetz
WM	Wertpapiermitteilungen; auch Wohnungswirtschaft und Mietrecht
WoM	Wohnungswirtschaft und Mietrecht
WPM	Werpapiermitteilungen
WpÜG	Gesetz zur Regelung von öffentlichen Angeboten zum Erwerb von Wertpapieren und Unternehmensübernahmen vom 20. 12. 2001 (BGBl. I, 3822) – WpÜG
WRP	Wettbewerb in Recht und Praxis
WuM	Wohnungswirtschaft und Mietrecht
WuW	Wirtschaft und Wettbewerb
WZG	Warenzeichengesetz
Z	Ziffer
ZAP	Zeitschrift für die Anwaltspraxis
z B	zum Beispiel
ZBR	Zeitschrift für Beamtenrecht
ZfF	Zeitschrift für Fürsorgewesen
ZfS	Zeitschrift für Schadensrecht
ZK	Zivilkammer
ZHRO	Rechtshilfeordnung für Zivilsachen

Zimmermann	ZPO. 5. Aufl. 1998
Zöller	Kommentar zur ZPO 23. Aufl., 2002 (zitiert: Bearbeiter – Zöller)
ZPO	Zivilprozeßordnung
ZRP	Zeitschrift für Rechtspolitik
ZMR	Zeitschrift für Miet- und Raumrecht
ZSEG	Gesetz über die Entschädigung für Zeugen und Sachverständige
z T	zum Teil
ZustErgG	Zuständigkeitsergänzungsgesetz
ZVG	Zwangsversteigerungsgesetz
ZwV	Zwangsvollstreckung
z Z	zur Zeit
ZZP	Zeitschrift für Zivilprozeß

Kommentar Gerichtskostengesetz

vom 18. Juni 1978 idF der Bekanntmachung der Neufassung vom 29. Juni 1994 (BGBl. I 1325), zuletzt geändert durch Art. 5 des Gesetzes v. 21. 8. 2002 (BGBl. I S 3344)

ERSTER ABSCHNITT Allgemeine Vorschriften

Vorbemerkungen

Geschichtliches: Das zusammen mit den Reichsjustizgesetzen in Kraft getretene und diese ergänzende Gerichtskostengesetz (GKG) vom 18. 6. 1878 (RGBl., 141) ist in seiner mehr als hundertjährigen Geschichte häufig geändert und neu gefaßt worden. Nach den Neufassungen vom 20. 5. 1898 (RGBl. 659), vom 21. 12. 1922 (RGBl. 1923 I, 13), 5. 7. 1927 (RGBl. I, 152) bestimmte sodann das Vereinheitlichungsgesetz vom 12. 9. 1950 (BGBl., 455) die einheitliche Geltung des GKG für Westdeutschland. Das Kostenrechtsänderungsgesetz vom 26. 7. 1957 (BGBl. I, 861) brachte dann eine erste tiefgreifende Veränderungen bewirkende Neufassung des GKG nach dem Kriege. So wurde u. a. in das GKG neu eingegliedert das Kostenrecht in Verfahren der Zwangsversteigerung und Zwangsverwaltung von Gegenständen des unbeweglichen Vermögens und in ähnlichen Verfahren sowie in Verfahren nach dem Gesetz über Ordnungswidrigkeiten. Die Rechtsmittel wurden an die der KostO angeglichen, wie auch die Anfechtbarkeit der Vorschußanordnungen vereinheitlicht wurde. Nach weiteren kleineren Eingriffen brachte dann das Kostenrechtsänderungsgesetz vom 20. 8. 1975 (BGBl. I, 2189), die sog „Novelle 1975" die nächsten grundlegenden Änderungen. Mit der Neufassung des GKG durch die Novelle 1975 wurde u. a. die Verwaltungs- und Finanzgerichtsbarkeit in das GKG einbezogen und – wohl die bedeutendste Neuerung – das Kostenverzeichnis geschaffen. Mit der Novelle 1975 nahm der Gesetzgeber auch die Gelegenheit wahr, die in Unordnung geratene Paragraphenfolge zu bereinigen. 1

Auch in der Folgezeit hat das GKG noch viele Eingriffe erfahren, ohne daß die Struktur des Gesetzes davon berührt wurde. Es handelte sich im wesentlichen um notwendige Folgen von materiellen Gesetzesänderungen. Eine wirkliche Reform erfolgte dagegen nach lange andauernden Diskussionen im gesetzgeberischen Bereich durch das **Gesetz zur Ände-** 2

rung von Kostengesetzen und anderen Gesetzen (Kostenrechtsänderungsgesetz 1994 – KostRÄndG 1994) vom 26.5.1994 (BGBl. I, 1325), das am 1.7.1994 in Kraft getreten ist. Mit dem KostRÄndG 1994 sind die Gebühren nach dem GKG, dem ArbGG, der JVKostO, dem GVKostG und der BRAGO sowie der Entschädigungssätze nach dem ZSEG und dem EhrRiG an die veränderten wirtschaftlichen Verhältnisse angepaßt und das GKG als solches auch strukturell in dem Sinne verändert worden, daß das Gerichtskostenrecht wesentlich vereinfacht wurde. Daneben sind im KostRÄndG 1994 auch noch einige Regelungslücken geschlossen worden, mit dem Ziel, viele Streitfragen bei der Anwendung des Gesetzes zur Entlastung der Gerichte zu beenden.[1] Das ist indessen nur bedingt gelungen. Denn die offensichtlich nicht völlig durchdachte Reform hat der Praxis eine Fülle neuer Streitfragen bereitet, mit denen sich sogar das BVerfG zu befassen hatte.

Mit der Reform des Gerichtskostenrechts durch das KostRÄndG 1994 war neben den jeder Reform immanenten Auslegungsschwierigkeiten die Entwicklung aber längst noch nicht zur Ruhe gekommen. Noch im Jahre 1994 setzten sich die Änderungen des Gerichtskostengesetzes z.B. durch das Gesetz zur Änderung des Rechtspflegergesetzes und anderer Gesetze vom 24.6.1994 (BGBl. I, 1374); das Gesetz zur Änderung von Vorschriften über das Schuldnerverzeichnis vom 15.7.1994 (BGBl. I, 1566); das Gesetz zur Änderung des Patentgebührengesetzes und anderer Gesetze vom 25.7.1994 (BGBl. I, 1739); das Gesetz zur Schaffung von Partnerschaftsgesellschaften und zur Änderung anderer Gesetze vom 25.7.1994 (BGBl. I, 1744); das Gesetz zur Neuordnung des Berufsrechts der Rechtsanwälte und der Patentanwälte vom 2.9.1994 (BGBl. I, 2278); das Gesetz zur Änderung des Beratungshilfegesetzes und anderer Gesetze vom 14.9.1994 (BGBl. I, 2323); das Postneuordnungsgesetz vom 14.9.1994 (BGBl. I, 2325); das SachenRÄndG vom 21.9.1994 (BGBl. I, 2447) fort. Größere, vor allem strukturelle Änderungen ergaben sich u.a. durch die Reform des Insolvenzrechts (EGInsO v. 5.10.1994, BGBl. I, 2911), die dann schon wieder durch das EGInsO-ÄndG vom 19.12.1998 modifiziert werden mußten; die Reform des Markenrechts (MarkenG v. 25.10.1994, BGBl. I, 3082), das Justizmitteilungsgesetz und Gesetz zur Änderung kostenrechtlicher Vorschriften und anderer Gesetze – JuMiG – vom 18.6.1997 (BGBl. I, 1430, 2779).[2] Auch die Reformen des Kindschafts- und Unterhaltsrechts hatte nicht unerhebliche Eingriffe in die Strukturen des Gerichtskostengesetzes im Gefolge.

Weitere Eingriffe – auch struktureller Art – sind geplant. So soll nach einem vom Bundesrat eingebrachten Gesetzesentwurf vom 23.3.1999 (BT-Drucks. 14/598) u.a. auch das Gerichtskostenrecht nicht nur der allgemeinen Kostenentwicklung angepaßt, sondern auch weiter vereinfacht werden, indem das mit dem KostRÄndG 1994 zunächst für Zivilsachen erster Instanz (ohne Familiensachen) und erstinstanzliche Verfahren des einstweiligen Rechtsschutzes eingeführte Pauschalgebührensystem auf die entsprechenden Bereiche der zweiten Instanz ausgedehnt wird. Dieser Entwurf ist im Bundestag noch nicht beraten. Die Bundesregierung hält den Vorschlag in ihrer Stellungnahme derzeit kaum für durchsetzbar.

1 Vgl. dazu auch (die zuweilen recht kritischen Üben) bei Lappe NJW 1995, 1191; 1996, 1357; 1997, 1112; 2000, 1148; NJW 2001, 1248.

2 Dazu bei *Otto* JurBüro 1997, 286; *Hornung* RPfleger 1997, 516.

Bei der **Auslegung des Kostenrechts** ist zu beachten, daß dieses „regelmäßig nicht auf das Maß der Arbeit, sondern auf die Erfüllung bestimmter Tatbestände" abstellt,[3] so daß niemals „eine Lösung, auch wenn sie nicht voll befriedigt, dazu führen ... darf ..., nach Abhilfen zu suchen, die nicht dem Sinn des Gesetzes und den von ihm verfolgten Zielen entsprechen". Denn „gerade im Kostenrecht kann eine ausdehnende Auslegung von Ausnahmebestimmungen nicht befürwortet werden, da sonst die Gefahr einer unerträglichen Rechtsunsicherheit drohen würde".[4] Allerdings gilt auch der der Verfassung immanente Grundsatz der Zumutbarkeit und Verhältnismäßigkeit auch im Kostenrecht, in dem Sinne, daß die Kostenbelastung des Staatsbürgers nicht außer Verhältnis zu seinem Interesse am Ausgang des Verfahrens stehen darf.[5] Das bedeutet: Die Bestimmungen des Kostenrechts, also auch und gerade die des GKG, sind einer ausdehnenden Auslegung nur in sehr seltenen Fällen zugängig, da insbesondere das Gerichtskostenrecht auf die Erfüllung äußerer (objektiver) Merkmale abstellt. Andererseits darf die Auslegung und die Anwendung des Gesetzes aber auch nicht zu unsinnigen und vom Gesetzgeber erkennbar nicht (so) gewollten und als ungerecht empfundenen Ergebnissen führen. Hier ist es Aufgabe des Gesetzesanwenders, die richtige Lösung *aus* dem Gesetz, nicht *gegen* das Gesetz zu finden.[6] 3

Regelungsbereich: Das GKG regelt nur die Kostenansprüche im Verhältnis des Staates zu den einzelnen Verfahrensbeteiligten, nicht dagegen die Kostenerstattungsansprüche der Verfahrensbeteiligten untereinander. In letzterem Falle sind die entsprechenden Bestimmungen der Prozeßordnungen (z. B. §§ 103 ff. ZPO) anwendbar. 4

Die Bestimmungen dieses Abschnittes gelten für das gesamte GKG. Daneben enthält auch der 7. Abschnitt noch allgemeine Vorschriften. 5

In den **neuen Bundesländern und für den ehemaligen Ostteil von Berlin** ist für die vor dem 3. Oktober 1990 beendeten Verfahren das Kostenrecht der alten DDR weiter anzuwenden.[7] Im übrigen gilt das GKG grundsätzlich uneingeschränkt, soweit nicht im Einigungsvertrag Ausnahmen vorgesehen sind (vgl. EV Anlage I, Kapitel III, Sachgebiet A, Abschnitt 3). Die bedeutendste und in der Praxis heute noch sehr relevante Einschränkung sind die Ermäßigungsvorschriften, wonach bei Streitigkeiten, die vor Gerichten des Beitrittsgebiets stattfinden **und** bei denen der Kostenschuldner seinen ständigen Wohnsitz im Beitrittsgebiet hat, die Gebühren um 10% ermäßigt sind.[8] Für den Bereich des ehemaligen Ostteils von Berlin ist die Ermäßigung aber seit dem 1. 3. 2002 entfallen (§ 74). 6

Seit dem 1. 1. 1999 ist auch in der Bundesrepublik Deutschland der EURO (€) gesetzliches Zahlungsmittel, während die Deutsche Mark (DM) als nationales Zahlungsmittel rechtlich nur noch eine Untereinheit des € ist, welche jedoch fortgalt und bis Ende 2001 gesetzliches 7

3 Vgl. BGH, JurBüro 1968, 42.
4 Vgl. BGHZ 7, 335. Kritisch dazu *Schneider* MDR 1976, 270.
5 So OLG München, NJW 1967, 1666.
6 Vgl. auch BayVGH, BayVBl. 1976, 400.
7 Vgl. dazu etwa KG, RPfleger 1991. 524; *Hartmann* Einl. III.
8 Dazu etwa OLG München, JurBüro 1995, 147; LG Bonn, DtZ 1995, 148; LG Dortmund, MDR 1995, 213; a. M. OLG Köln, DtZ 1995, 212 = JurBüro 1995, 315 (auch bei Gerichten der Altbundesländer Ermäßigung).

Zahlungsmittel blieb. Ab dem Jahre 2002 verloren die nationalen Währungen ihre Eigenschaft als gesetzliches Zahlungsmittel, spätestens am 1. 7. 2002. Das bedeutet, daß ab 2002 Gerichtskosten und Auslagen nur noch in € gefordert und festgesetzt werden können. Auf DM lautende oder fällig gewordene Forderungen aus der Zeit vor dem 1. 1. 2002 werden zu EURO-Zahlungsverpflichtungen entsprechend dem festgesetzten Umrechnungskurs von **1 € = 1,95583 DM.** In der Übergangszeit konnte der Kostenschuldner wählen, ob er im **unbaren Zahlungsverkehr** seine Verpflichtung in € oder in DM erfüllt. Der Betrag wurde dann umgerechnet.

8 Durch das „Gesetz zur Umstellung des Kostenrechts und der Steuerberatergebührenordnung auf Euro (KostREuroUG)" vom 27. 4. 2001 (BGBl. I S 751) ist das gesamte Justizkostenrecht zum 1. 1. 2002 auf € umgestellt in der Weise, daß in den Wertvorschriften enthaltene feste Werte und die Wertstufen in den Gebührentabellen als Signalbeträge erhalten bleiben und idR auf volle 1 000, 5 000, 10 000, 100 000, 1 Million, 10 Millionen € geglättet wurden. Nennenswerte strukturelle Änderungen sind damit nicht erfolgt. Die Gebührentabelle nach § 11 GKG ist im Durchschnitt im Verhältnis 2 DM = 1 € umgestellt worden, was teils zu spürbaren Mehrkosten, teils aber auch zu deutlichen Verringerungen geführt hat.[9]

9 Im Zusammenhang mit weiteren zahlreichen Reform- und Änderungsgesetzen, insbesondere der ab dem 1. 1. 2002 in Kraft getretenen Zivilprozeßreform, der Schuldrechtsreform und vieler anderer Gesetzesänderungen, hat auch das GKG eine Fülle von Eingriffen, bei denen es sich nicht nur um Folgeänderungen handelte, hinnehmen müssen. So sind nicht nur einige neue Tatbestände im Kostenverzeichnis aufgenommen worden, sondern es sind auch zahlreiche Umnummerierungen zu verzeichnen gewesen. Wie es scheint, ist die Zeit der größeren Veränderungen jedenfalls für den Bereich des Gerichtskostenrechts vorerst vorbei. Im Gesamtzusammenhang der Justizkostenreform steht als größeres – notwendiges – Vorhaben noch die Reform des Rechtsanwaltsgebührenrechts aus. Sie war mit dem neuen Rechtsanwaltsvergütungsgesetz (RVG) in Angriff genommen und ist im letzten Augenblick im Gesetzgebungsverfahren gescheitert. Für das GKG hatte das RVG nur einen geringen Eingriff bei § 12 vorgesehen, nämlich die Einführung einer regelmäßigen Streitwerthöchstgrenze von 30 Mio €.

§ 1
Geltungsbereich

(1) Für das Verfahren

a) vor den ordentlichen Gerichten nach der Zivilprozeßordnung, der Insolvenzordnung, der Schiffahrtsrechtlichen Verteilungsordnung, dem Gesetz über die Zwangsversteigerung und die Zwangsverwaltung, der Strafprozeßordnung, dem Jugendgerichtsgesetz, dem Gesetz über Ordnungswidrigkeiten, Strafvollzugsgesetz und dem Gesetz gegen Wettbewerbsbeschränkungen, nach dem

9 Vgl. dazu *Heitland* NJW 2001, 2305.

Wertpapiererwerbs- und Übernahmegesetz und dem Anerkennungs- und Vollstreckungsausführungsgesetz,

b) vor den Gerichten der Verwaltungsgerichtsbarkeit nach der Verwaltungsgerichtsordnung,
c) vor den Gerichten der Finanzgerichtsbarkeit nach der Finanzgerichtsordnung,
d) vor den Gerichten der Sozialgerichtsbarkeit nach dem Sozialgerichtsgesetz, soweit nach diesem Gesetz das Gerichtskostengesetz anzuwenden ist,
e) vor den Staatsanwaltschaften nach der Strafprozeßordnung, dem Jugendgerichtsgesetz und dem Gesetz über Ordnungswidrigkeiten werden Kosten (Gebühren und Auslagen) nur nach diesem Gesetz erhoben.

(2) Die Vorschriften dieses Gesetzes über die Erhebung von Kosten für das Verfahren vor den ordentlichen Gerichten nach der Zivilprozeßordnung gelten auch für Familiensachen des § 621 Abs. 1 Nr. 1 bis 3, 6, 7 und 9 der Zivilprozeßordnung, die Folgesachen einer Scheidungssache sind, und Lebenspartnerschaftssachen des § 661 Abs. 1 Nr. 5 und 7 der Zivilprozeßordnung, die Folgesachen eines Verfahrens über die Aufhebung der Lebenspartnerschaft sind. Für Familiensachen des § 621 Abs. 1 Nr. 9 der Zivilprozeßordnung und Lebensparnerschaftssachen des § 661 Abs. 1 Nr. 7 der Zivilprozeßordnung gelten sie auch dann, wenn nach § 621 a Abs. 2 der Zivilprozessordnung, auch iVm § 661 Abs. 2 der Zivilprozeßordnung, einheitlich durch Urteil entschieden ist.

(3) Die Vorschriften dieses Gesetzes über die Erhebung von Kosten gelten auch für Rechtsmittelverfahren vor dem Bundesgerichtshof nach dem Patentgesetz, dem Gebrauchsmustergesetz, dem Markengesetz, dem Geschmacksmustergesetz, dem Halbleiterschutzgesetz, dem Schriftzeichengesetz und dem Sortenschutzgesetz.

(4) Vorbehaltlich besonderer Bestimmungen im Arbeitsgerichtsgesetz gelten die Vorschriften dieses Gesetzes über die Erhebung von Kosten für Verfahren vor den ordentlichen Gerichten nach der Zivilprozeßordnung auch für Verfahren vor den Gerichten für Arbeitssachen nach dem Arbeitsgerichtsgesetz.

Art. 103 EGInsO

Anwendung bisherigen Rechts

Auf Konkurs-, Vergleichs- und Gesamtvollstreckungsverfahren, die vor dem 1. Januar 1999 beantragt worden sind, und deren Wirkungen sind weiter die bisherigen gesetzlichen Vorschriften anzuwenden. Gleiches gilt für Anschlußkonkursverfahren, bei denen der dem Verfahren vorausgehende Vergleichsantrag vor dem 1. Januar 1999 gestellt worden ist.

Art. 104 EGInsO

Anwendung des neuen Rechts

In einem Insolvenzverfahren, das nach dem 31. Dezember 1998 beantragt wird, gelten die Insolvenzordnung und dieses Gesetz auch für Rechtsverhältnisse und Rechte, die vor dem 1. Januar 1999 begründet worden sind.

1 **Allgemeines:** Die Vorschrift grenzt den Anwendungsbereich des Gesetzes gegenüber anderen Rechtsgebieten ab. Es gilt der Grundsatz der bedingten Kostenfreiheit. D. h.: Alle gerichtlichen Handlungen sind gebühren- und auslagenfrei, soweit nicht das GKG einschließlich des KV[1] oder ein anderes Bundesgesetz etwas anderes vorsehen.[2] Das GKG ist unmittelbar und mittelbar anwendbar auf:

2 Verfahren vor den **ordentlichen Gerichten.** Das sind Verfahren vor den Amtsgerichten, den Landgerichten, den Oberlandesgerichten (Kammergericht und dem Bayerischen Obersten Landesgericht) und dem Bundesgerichtshof, nicht aber vor den Patentgerichten (vgl. Abs. 3).[3] Allerdings gilt das GKG nur dann und soweit, als die Verfahren nach den Vorschriften der **ZPO**, der **InsO**, der **Schiffahrtsrechtlichen Verteilungsordnung**, dem **ZVG**, dem **GWB**, der **StPO**, dem **JGG**, dem gerichtlichen Verfahren nach dem **OWiG** (vgl. dazu unten Rn. 11), dem **GVG** (dazu unten Rn. 33) und dem **StVollzG** durchzuführen und im GKG für das vorgenommene Geschäft Kosten vorgesehen sind. Im einzelnen unten Rn. 4–38.

3 Wenn die vorgenannten Voraussetzungen gegeben sind, dann sind die Bestimmungen des GKG auch anzuwenden, wenn für die anhängig gemachte Angelegenheit das ordentliche Gericht nicht zuständig gewesen oder gar der ordentliche Rechtsweg überhaupt nicht gegeben wäre[4] und ersichtlich die Durchführung des Verfahrens nach den im § 1 genannten Gesetzen verlangt wird.[5] Prozeßordnungswidrigkeit des Verfahrens schließt selbst dann die Anwendung des GKG nicht aus, wenn die Voraussetzungen der Nichtigkeitsklage (§ 579 ZPO) vorliegen.[6] Das GKG ist aber nicht anwendbar, wenn die Amtshandlungen völlig nichtig sind (z. B. bei Scheinverfahren).

4 Die **ZPO** findet Anwendung auf alle bürgerlichen Rechtsstreitigkeiten, welche vor die ordentlichen Gerichte gehören, § 3 Abs. 1 EGZPO. Wird durch die Ländergesetzgebung die Gerichtsbarkeit in bürgerlichen Rechtsstreitigkeiten, für welche besondere Gerichte zugelassen sind, den ordentlichen Gerichten übertragen und kein von der ZPO abweichendes Verfahren bestimmt (§ 3 Abs. 2 EGZPO), so ist ebenfalls das GKG anwendbar. Andererseits ist das GKG aber nicht schon dann anwendbar, wenn ein Gesetz die ZPO für entsprechend anwendbar erklärt.[7]

5 Das GKG findet nicht nur auf die am Verfahren unmittelbar Beteiligten Anwendung, sondern auch auf **Dritte**, die am Verfahren beteiligt sind, mögen sie auch nur an einem Nebenverfahren beteiligt sein, sofern es sich um ein Verfahren der im § 1 genannten Gerichte handelt. Das gilt auch für Prozeßvertreter ohne Vertretungsmacht.

6 Wenn und soweit in den vorgenannten Verfahren **Prozeßvergleiche** geschlossen werden, können Gebühren nur nach dem GKG angesetzt werden, und zwar unabhängig davon,

1 OLG Karlsruhe, RPfleger 1989, 172 m. w. N.; VGH Kassel, AnwBl. 1984, 49; *Hartmann* § 1 Rn. 26.
2 Vgl. KG, MDR 1984, 593; LG Koblenz, RPfleger 1986, 54.
3 Vgl. BGH, GRUR 1992, 691; *Hartmann* Rn. 5.
4 Dazu auch OVG Münster, NJW 1963, 2044; *Oe/Wi/He* § 1 Rn. 12; *Hartmann* § 1 Rn. 6; *Lappe* Rn. 4.
5 RGZ 22, 415.
6 Vgl. dazu aber bei § 8.
7 OLG München, MDR 1987, 856; *Hartmann* § 1 Rn. 7.

welchen Inhalt der Vergleich hat.[8] Wenn sich die Parteien in einem Zwischenvergleich aber auf die Einberufung einer Gutachterkommission einigen, deren Vorsitzenden das Gericht auswählen soll, dann erlangt dadurch die an den Vorsitzenden zu zahlende Entschädigung aber nicht den Charakter von Gerichtskosten i. S. des GKG.[9]

Das **schiedsrichterliche Verfahren** nach der ZPO zählt zu den Verfahren i. S. des GKG nur soweit, als es sich darin um Tätigkeiten der ordentlichen Gerichte aufgrund der §§ 1025 ff. ZPO handelt.[10] 7

Wenn **Familiensachen**, die Folgesachen einer Scheidung oder der Aufhebung einer Lebenspartnerschaft sind und getrennt von dieser nach dem FGG und der KostO zu behandeln wären, gemäß §§ 621, 661 ZPO vor dem Familiengericht verhandelt werden, ist auch für diese **Scheidungsfolgesachen** und Folgesachen der Aufhebung einer Lebenspartnerschaft das GKG anwendbar (§ 1, Abs. 2). Es handelt sich hier um die Regelung der elterlichen Sorge (§ 621 Abs. 1 Nr. 1 ZPO), die Regelung des Verkehrsrechts mit dem Kinde (§ 621 Abs. 1 Nr. 2 ZPO), Streitigkeiten um die Herausgabe eines Kindes (§ 621 Abs. 1 Nr. 3 ZPO), Versorgungsausgleich (§ 621 Abs. 1 Nr. 6 ZPO), Ehe-/Lebenspartnerwohnung und Hausrat (§ 621 Abs. 1 Nr. 7; § 661, Abs. 1 Nr. 5 ZPO) sowie Stundung der Ausgleichsforderung (§ 1382 BGB; § 6 Abs. 2 Lebenspartnergesetz i.V. m. § 1382 BGB) und Übertragung von Vermögensgegenständen (§ 1383 BGB; § 6 Abs. 2 Lebenspartnergesetz i.V. m. § 1382 BGB). Das KostRÄndG 1994 hat in diesem Zusammenhang klargestellt, daß in der letztgenannten Fallgruppe das GKG auch dann anzuwenden ist, wenn nach § 621a ZPO zu entscheiden ist, so daß die bisher für diese Entscheidungen nach der KostO zu erhebenden Gebühren entfallen.[11] Die Kostenberechnung ist damit wesentlich vereinfacht worden. Im übrigen gilt für Scheidungsfolgesachen die KostO. 8

Für das Verfahren vor den **Gerichten für Arbeitssachen**, die nach dem Arbeitsgerichtsgesetz durchgeführt werden, gelten grundsätzlich die besonderen Kostenvorschriften des ArbGG (§§ 12, 61, 69 Abs. 2 ArbGG). Nur wenn und soweit solche fehlen, sind hilfsweise die Bestimmungen des GKG für das Verfahren vor den ordentlichen Gerichten nach der ZPO (§ 1 Abs. 1 Ziff. 1 a) anwendbar, wenn die Kostentatbestände denen nach der ZPO vergleichbar sind (Abs. 3). Gerichte für Arbeitssachen sind die Arbeitsgerichte, die Landesarbeitsgerichte und das Bundesarbeitsgericht (§ 1 ArbGG). 9

Die **Strafprozeßordnung** findet Anwendung auf alle Strafsachen, welche vor die ordentlichen Gerichte gehören, § 3 Abs. 1 EGStPO. Wird durch die Ländergesetzgebung die Gerichtsbarkeit in Strafsachen, für welche besondere Gerichte zugelassen sind, den ordentlichen Gerichten übertragen und kein von der StPO abweichendes Verfahren angeordnet (§ 3 Abs. 2 EGStPO), ist das GKG anzuwenden. Daß auch das Verfahren nach dem **Jugendgerichtsgesetz** zum Geltungsbereich des GKG gehört, war niemals ernsthaft bestritten[12] und ist im Zuge der Novellierung des GKG durch das KostRÄndG 1994 10

8 OLG Nürnberg, BayJMBl. 1954, 164 = RPfleger 1955, 20; OLG Köln, JVBl. 1968, 192; *Oe/Wi/He* § 1 Rn. 13; *Lappe* Rn. 5.
9 OLG Hamm, RPfleger 1975, 331 = JurBüro 1975, 1673 (L).
10 *Oe/Wi/He* § 1 Rn. 14.
11 BT-Drucks. 12/692, S. 52; *Otto*, JurBüro 1994, 387.
12 Vgl. BGHSt 2, 308; 18, 83.

nur klargestellt worden.[13] Soweit die Staatsanwaltschaft die ihr im Strafverfahren zugewiesenen Aufgaben erfüllt, findet das GKG auch auf ihre Auslagen Anwendung.[14] Das folgt schon aus § 464 a Abs. 1 S 2 StPO wie aus der Stellung der Staatsanwaltschaft im Strafverfahren und ist jetzt durch Nr. 9014 KV gesetzlich klargestellt worden. Die Auslagen der Staatsanwaltschaft insoweit sind unmittelbare Kosten im Verfahren vor dem ordentlichen Gericht, und zwar gleichviel, ob es sich um Auslagen der Staatsanwaltschaft selbst oder um solche, die von Dritten, welche in ihrem Auftrag oder für sie (vgl. §§ 161, 163 StPO) gehandelt haben, berechnet werden. Soweit die Staatsanwaltschaft in Ehe-, Kindschafts- und Betreuungssachen tätig wird, ist das GKG nicht anwendbar. Wenn in einem **Steuerstraf- oder Ordnungswidrigkeitenverfahren** auf eine Strafe oder Maßregel bzw. Geldbuße oder Nebenfolge erkannt wird, gehören die Auslagen, die der Finanzbehörde bei der Untersuchung oder Teilnahme am gerichtlichen Verfahren entstanden sind, zu den Auslagen des gerichtlichen Verfahrens. Sie sind nicht nach § 464 b StPO zugunsten der Finanzbehörde festzusetzen.[15]

11 Auch die Kosten des Verfahrens nach dem **Gesetz über Ordnungswidrigkeiten** sind nach dem GKG zu erheben. Das gilt aber nur, wenn und soweit das Bußgeldverfahren gerichtlich anhängig war oder von der Staatsanwaltschaft als Verfolgungsbehörde betrieben wurde (§§ 42, 69 Abs. 4 OWiG). Soweit das Verfahren von der Verwaltungsbehörde betrieben wird, gilt das GKG nicht.

12 Die für das Verfahren nach dem **Strafvollzugsgesetz** (§§ 109–121 StVollzG) entstehenden Kosten unterfallen ebenfalls dem GKG. Nicht dazu gehören aber die **Strafvollstreckungskosten,** welche weder im Verfahren vor den ordentlichen Gerichten nach der StPO noch nach dem StVollzG entstehen. Diese Kosten sind deshalb in der JVKostO geregelt.[16]

13 Die im GKG vorgesehenen **Beschwerdeverfahren** gegen Entscheidungen über Erinnerungen nach § 5 Abs. 2, gegen die Festsetzung des Streitwerts nach § 25 Abs. 2 und gegen die Verhängung einer Verzögerungsgebühr nach § 34 Abs. 2 sind gebühren-, nicht aber auslagenfrei (§§ 5 Abs. 4, 25 Abs. 3, 34 Abs. 2). Demzufolge ist hinsichtlich der Auslagen insoweit das GKG auf diese Verfahren anzuwenden.

14 Das **Kostenfestsetzungsverfahren** nach § 104 ZPO unterliegt als Verfahren nach der ZPO gem. § 1 Abs. 1 GKG den Vorschriften des GKG, soweit dort eine Kostenpflicht vorgesehen ist. Das ist für den Kostenfestsetzungsbeschluß und das ihm zugrundeliegende Verfahren nicht der Fall. Auch die Zurückweisung eines Kostenfestsetzungsantrags löst keine Gerichtsgebühr aus, wie auch das Erinnerungsverfahren gebührenfrei ist. Für das Beschwerdeverfahren erwächst allerdings eine Gebühr, soweit die Beschwerde verworfen oder zurückgewiesen wird. In diesen Fällen sind auch etwaige im Erinnerungs- oder Beschwerdeverfahren erwachsene Auslagen als Gerichtskosten zu erheben.[17]

13 Vgl. BT-Drucks. 12/6962, S. 58.
14 *Oe/Wi/He* § 1 Rn. 18; *Hartmann* Rn. 3; *Lappe* Rn. 2.
15 *Oe/Wi/He* § 1 Rn. 36.
16 *Oe/Wi/He* § 1 Rn. 43 lit. m.
17 *Mümmler* JurBüro 1974, 418.

Das GKG ist auch anzuwenden, wenn und soweit andere **Kostenvorschriften auf das GKG** oder eines der in § 1 genannten Gesetze **verweisen.** Beispiele dafür sind etwa das Verfahren über die **Wertfestsetzung für die Rechtsanwaltsgebühren,** wo es zwar im § 10 Abs. 2 S 4 BRAGO heißt, daß das Verfahren gebührenfrei ist. Das bezieht sich aber nicht auf das Beschwerdeverfahren nach § 10 Abs. 3 BRAGO. Denn hierüber ist im Gegensatz zu § 25 Abs. 3 GKG nichts gesagt. Nach § 10 Abs. 3 S 4 BRAGO sind für die Beschwerde die in der Hauptsache geltenden Verfahrensvorschriften anzuwenden. Soweit es sich dabei um eines der im § 1 GKG genannten Verfahren handelt, ist somit auf das Beschwerdeverfahren das GKG anwendbar, §§ 49, 54. Auch Auslagen des lediglich gebührenfreien Wertfestsetzungsverfahrens werden geschuldet. Ein anderes Beispiel ist das **Verfahren auf Festsetzung der Vergütung des Rechtsanwalts nach § 19 BRAGO.** Hier erklärt § 19 Abs. 2 S 4 BRAGO die Vorschriften der ZPO über das Kostenfestsetzungsverfahren für anwendbar. Deshalb sind auch die Kosten dieses Verfahrens grundsätzlich nach dem GKG zu bestimmen mit der Maßgabe, daß gemäß § 19 Abs. 2 S 5 BRAGO das Festsetzungsverfahren einschließlich der im Erinnerungsverfahren ergehenden Entscheidung des Gerichts gebührenfrei ist. Die Auslagen dieses Verfahrens sind aber zu erheben. Das Beschwerdeverfahren ist wie im Falle des sinngemäß anwendbaren § 104 ZPO gebühren- und auslagenpflichtig, soweit die Beschwerde verworfen oder zurückgewiesen wird.[18] 15

Im **Verfahren auf Festsetzung der Kosten des Prozeßkostenhilfeanwalts** nach § 128 BRAGO ist das Verfahren über die Erinnerung und die Beschwerde nach § 128 Abs. 4 BRAGO gebührenfrei. Wenn das gemäß § 128 Abs. 2 BRAGO zur Entscheidung berufene Gericht des Rechtszuges in einem der in § 1 GKG genannten Verfahren tätig war, ist das GKG anwendbar, allerdings nur wegen der Auslagen und nur soweit die Beschwerde zurückgewiesen oder verworfen wird. Wegen der gemäß § 130 BRAGO auf die Bundes- oder Landeskasse übergegangenen Ansprüche des Prozeßkostenhilfeanwalts. Vgl. auch unten, vor § 49 Rn. 4. 16

Das gleiche gilt für das **Erinnerungs- und Beschwerdeverfahren nach § 5 GvKostG,** wie aus § 9 S 2 GvKostG i. V. m. § 5 Abs. 4 GKG folgt. Ebenso ist das **Beschwerdeverfahren nach § 16 ZSEG** gebührenfrei (§ 16 Abs. 5 ZSEG). War das nach § 16 Abs. 1 S 2, 3 ZSEG zur Festsetzung zuständige Gericht in einem der in § 1 GKG genannten Verfahren tätig, ist das GKG anwendbar. Zu erheben sind allerdings auch hier nur die Auslagen und diese auch nur, wenn die Beschwerde zurückgewiesen oder verworfen wird.[19] Das gleiche gilt für das **Festsetzungsverfahren nach § 12 EhrRiG.[20] Auch für Einwendungen nach § 8 JBeitrO** ist das GKG in dem dort angegebenen Umfang anwendbar. 17

Für die Gebühren des **Patentgerichts gilt grundsätzlich nicht das GKG,** sondern das **Patentgebührengesetz** vom 18. 8. 1976 – BGBl. I, 2188 –,[21] deren Höhe sich aus dem Gebührenverzeichnis der Anlage B des Gesetzes ergibt. 18

18 LG Hildesheim, JVBl 1966, 234 = NdsRPfl. 1966, 143. A. M. OLG Koblenz, JurBüro 1980, 70. Vgl. dazu auch bei *Madert* in Gerold/Schmidt, § 19 Rn. 35.
19 A. M. *Oe/Wi/He* § 1 Rn. 43; *Lappe* Rn. 3.
20 A. M. *Oe/Wi/He* § 1 Rn. 43; *Lappe* Rn. 3.
21 Vgl. BPatG, GRUR 1992, 691.

19 Für das **Verfahren vor dem Schiffahrtsgericht** gilt das GKG, nicht aber vor dem Rheinschiffahrtsgericht, weil dort Gebührenfreiheit herrscht.[22]

20 **Baulandsachen.** Auf die Verfahren vor der Baulandkammer und dem Senat für Baulandsachen sowie die Revision vor dem BGH sind die bei Klagen in bürgerlichen Rechtsstreitigkeiten geltenden Vorschriften der ZPO nach Maßgabe der §§ 157–171a BBauG anzuwenden. Damit wird auch das GKG anwendbar, mit Ausnahme von § 65 Abs. 1 S 1, 3 GKG (§ 161 Abs. 4 BBauG).

21 Das gleiche gilt auch für das Verfahren auf gerichtliche Entscheidung nach dem **Städtebauförderungsgesetz;** denn in § 86 StädtebaufördG ist der 9. Teil des BBauG für anwendbar erklärt und damit auch das GKG mit Ausnahme des § 65 Abs. 1 S 1, 3 GKG.

22 **Kartellsachen:** Für die Gebühren und Auslagen im Beschwerde- und Rechtsbeschwerdeverfahren gelten die Vorschriften für bürgerliche Rechtsstreitigkeiten entsprechend der aus § 78 des GWB ersichtlichen Maßgaben. Damit ist für diese Verfahren auch das GKG grundsätzlich anwendbar. Wegen der Kosten vor den Kartellbehörden vgl. § 80 GWB.

23 **Patentsachen:** Hier richten sich im Rechtsbeschwerdeverfahren nach §§ 41 p–41 y PatG und im Berufungsverfahren gegen Urteile der Nichtigkeitssenate des Patentgerichts (§§ 42 ff. PatG) vor dem BGH die Gebühren und Auslagen nach den Bestimmungen des GKG (§§ 41r, 42 PatG). Für das Rechtsbeschwerdeverfahren wird nur eine Gebühr erhoben, deren Höhe sich nach den Vorschriften für das Revisionsverfahren bestimmt, aber eine vierfache Urteilsgebühr ausmacht (§ 42 Abs. 2 S 3 PatG). Für die Streitwertfestsetzung gilt § 53 PatG entsprechend.

24 Das berufsgerichtliche Verfahren nach dem **Steuerberatungsgesetz** ist gebührenfrei, aber Auslagen sind nach dem GKG zu erheben (§§ 146, 150, 153 StBerG). Das gleiche trifft auch zu für das berufsgerichtliche Verfahren nach der **Wirtschaftsprüferordnung** (vgl. §§ 122, 125, 127 Wirtschaftsprüferordnung).

25 Im Beschlußverfahren nach dem **Personalvertretungsgesetz** werden Gerichtskosten nicht erhoben.[23]

26 Die **Angelegenheiten der freiwilligen Gerichtsbarkeit**, deren Verfahren das FGG regelt, sind keine bürgerlichen Rechtsstreitigkeiten. Auf sie findet nicht das GKG, sondern die KostO Anwendung, und zwar auch dann, wenn das FGG auf Vorschriften der ZPO verweist. In gleicher Weise unanwendbar ist das GKG auch auf **Dienststraf- und Ehrengerichtsverfahren.** Einwendungen nach § 13 der JVKostO sind nach der KostO zu behandeln.

27 **Sonstige Verfahren:** Gerichtskostenfrei sind Verfahren vor dem **Europäischen Gerichtshof** (Art. 72 der Verfahrensordnung des EuGH),[24] dem **Bundesverfassungsgericht** (§ 34 BVerfGG), wo aber gemäß § 34 Abs. 5 BVerfGG eine Gebühr bei mißbräuchlicher Einlegung einer Verfassungsbeschwerde auferlegt werden kann, Verfahren nach dem **Gesetz zur Wahrung der Einheitlichkeit der Rspr der obersten Gerichtshöfe des**

22 BGHZ 62, 177 = RPfl. 1974, 307 (L).
23 BVerwG bei *Buchholz* 238. 3 A BpersVG; VGH Mannheim, NVwZ 1984, 187.
24 BFH, BB 1974, 682.

Bundes vom 19. 6. 1968 – BGBl. I, 661 – (§ 17 des Gesetzes) und dem **Bundesentschädigungsgesetz** (§ 225 BEG), wozu aber nicht Entschädigungsklagen ehemaliger Zwangsarbeiter gegen die Bundesrepublik Deutschland rechnen.[25]

Haager Zivilprozeßübereinkommen: Die Vollstreckbarkeitserklärung von rechtskräftigen Kostenentscheidungen durch das Amtsgericht erfolgt kostenfrei (Art. 18 Abs. 1 Übk., § 4 AusfG v. 18. 12. 1958).[26] 28

Verfahren nach der Verwaltungsgerichtsordnung: Nur für solche gerichtliche Verfahren, in denen die VwGO anwendbar ist, gilt das GKG nach § 1 Abs. 1 lit. b. In verwaltungsgerichtlichen Personalvertretungssachen ist das GKG also ebensowenig anwendbar[27] wie im Verwaltungsverfahren nach dem VerwVerfG oder den entsprechenden Gesetzen der Länder. 29

Nach ausdrücklicher Anordnung des § 1 Abs. 1 lit. c GKG gilt das GKG nur, wenn und soweit ein **Gericht der Finanzgerichtsbarkeit** in einem Verfahren tätig wird, auf das die FGO anzuwenden ist. Dann aber sind Kosten und Auslagen ausschließlich nach dem GKG zu erheben,[28] so daß z. B. die Bestimmung des § 135 Abs. 5 S 1, 2 FGO unanwendbar geworden ist.[29] 30

Das Verfahren nach dem **Sozialgerichtsgesetz** ist für Versicherte, Leistungsempfänger einschließlich Hinterbliebenenleistungsempfänger, Behinderte oder deren Sonderrechtsnachfolger nach § 56 SGG I gerichtskostenfrei, soweit sie als Kläger oder Beklagte beteiligt sind; das gilt auch für die Aufnahme eines anhängigen Verfahrens durch einen sonstigen Rechtsnachfolger (§ 183 SGG). Das Gleiche gilt auch für Bund und Länder als Träger der Gerichtsbarkeit, nicht aber für die „Körperschaften oder Anstalten öffentlichen Rechts" (arg. §§184, 187, 189 Abs. 2, 193 Abs. 4 SGG). Hat ein Beteiligter, dessen Vertreter oder Bevollmächtigter durch schuldhafte Verursachung einer Vertagung, Mutwillen, Verschleierung oder Irreführung dem Gericht oder einem Beteiligten Kosten verursacht, so kann sie das Gericht dem Beteiligten im Urteil ganz oder teilweise auferlegen, § 192 SGG. Das GKG ist teils unmittelbar (§ 197a SGG), teils über § 202 SGG entsprechend anwendbar, soweit das SGG keine Regelung enthält.[30] 31

Für das Verfahren nach dem **Flurbereinigungsgesetz** vom 16. 3. 1976 (BGBl. I, 546) enthält § 147 FlurberG besondere Kostenvorschriften, die in dem durch sie geregelten Bereich die Anwendung des GKG ausschließen. Soweit aber eine gerichtskostenrechtliche Regelung fehlt, ist das GKG über § 138 FlurberG entsprechend anwendbar.[31] Für das Revisionsverfahren vor dem BVerwG fehlen im FlurberG ausdrückliche Kostenvorschriften, so daß hier das GKG über § 138 FlurberG i. V. m. § 1 Abs. 1 b GKG unmittelbar einschlägig ist.[32] 32

25 Vgl. BVerfG, NJW-RR 2000, 1738.
26 Vgl. *Luther* FamRZ 1975, 259.
27 BVerwGE 4, 359; BVerwG, DÖD 1961, 150; *Oe/Wi/He* § 1 Rn. 24, 43; *Hartmann* § 1 Rn. 8.
28 BFH, BB 1989, 619.
29 *Hartmann* § 1 Rn. 9.
30 BSG, NJW 1960, 1493; *Oe/Wi/He* § 1 Rn. 35.
31 BayVGH, BayVBl. 1971, 161.
32 *Haupt* JurBüro 1968, 5.

33 **Beschwerdeverfahren nach dem GVG:** Hier ist zu unterscheiden zwischen Beschwerden im innergerichtlichen Bereich und Beschwerden Dritter. Für die Verfahren der ersten Fallgruppe besteht Kostenfreiheit. So z. B. in Rechtshilfesachen nach § 159 GVG oder für Beschwerden der Staatsanwaltschaft. In der zweiten Fallgruppe, d. h. soweit Beteiligte in einem der im § 1 GKG genannten Verfahren vor den ordentlichen Gerichten Beschwerde nach dem GVG einlegen (– z. B. wegen Ausschlusses der Öffentlichkeit, § 174 GVG, oder wegen Festsetzung eines Ordnungsmittels, § 181 GVG –), handelt es sich richtiger Ansicht nach um Verfahren nach der ZPO, der StPO[33] usw. i. S. v. § 1 GVG, wenn sie auch ihre Rechtsgrundlage im GVG haben. Auf sie ist daher das GVG anwendbar.[34]

34 **Dienstaufsichtsbeschwerden:** Hier entstehen keine Kosten nach dem GKG.[35]

35 Das Verfahren nach der **Hinterlegungsordnung** enthält eigene Kostenbestimmungen, so daß das GKG unanwendbar ist.[36]

36 Die gemäß **§ 130 BRAGO** auf die Bundes- oder Landeskasse übergegangenen Vergütungsansprüche des Prozeßkostenhilfeanwalts werden durch den Forderungsübergang keine Gerichtskosten.

37 In der **Justizbeitreibungsordnung** ist eine Anwendbarkeit des GKG in beschränktem Umfang vorgesehen.

38 Wie die Strafvollstreckungskosten sind auch die im Bereich der **Justizverwaltung** entstehenden Kosten in der JVKostO geregelt, so daß eine Anwendung des GKG nicht infrage kommt.

39 **Kostenbegriff:** § 1 Abs. 1 GKG enthält außerdem die für das GKG maßgebliche Legaldefinition der Kosten. Der Begriff der Kosten i. S. des GKG umfaßt die Gebühren und Auslagen der Staatskasse für die im § 1 GKG bezeichneten Verfahren.[37]

40 Bei den **Gebühren** handelt es sich um öffentliche Abgaben aus Anlaß einer besonderen Inanspruchnahme des Staates,[38] die ohne Beziehung zu einem feststehenden oder exakt meßbaren Aufwand der Justiz erhoben werden.[39] In der Sache sind es besondere Justizsteuern,[40] auf die der Staat zur Erfüllung seiner Aufgaben angewiesen ist, ohne daß sie kostendeckend sind.

41 Als **Gebührenarten** kennt das GKG einmal die **Wertgebühr**, welche im allgemeinen unter Zugrundelegung des Streit-, Geschäfts- oder Gegenstandswertes, in Strafsachen, Angelegenheiten nach dem JGG und in Bußgeldsachen unter einer Zugrundelegung einer rechtskräftig erkannten Rechtsfolge, berechnet wird. Zum anderen kennt das GKG die

33 BGH, NJW 2000, 1128.
34 OLG Neustadt, RPfleger 1957, 237 (L), NJW 1961, 885 m. abl. Anm. v. *Lappe* KostRspr. GKG § 46 Nr. 10. Vgl. auch OLG Stuttgart, MDR 1958, 935; a. M. aber: KG, RPfleger 1964, 352; OLG Frankfurt/Main, NJW 1967, 1281; *Oe/Wi/He* § 1 Rn. 43; *Hartmann* § 1 Rn. 3; *Lappe* § 1 Rn. 3.
35 BayVGH, BayVBl. 1968, 361; *Otto* BayVBl. 1969, 16; *Kratzer* BayVBl. 1969, 189; *Oe/Wi/He* § 1 Rn. 43.
36 OLG Jena, OLG-NL 1998, 19.
37 BGHZ 98, 320; OLG Hamburg, FamRZ 1988, 537.
38 BAG, GRUR 1982, 557, m. w. N.
39 *Lappe* Justizkostenrecht, S. 3.
40 OLG Koblenz, RPfleger 1975, 447; LG Hamburg, KTS, 75, 45; LG Karlsruhe, VersR 1977, 1121; *Hartmann* Einl, II B Rn. 1; *Oe/Wi/He* § 1 Rn. 48.

Pauschgebühr, welche eine Gegenleistung für einen bestimmten Verfahrensabschnitt oder einen bestimmten Akt darstellt. Schließlich kommt auch noch die in einem bestimmten DM-Betrag ausgedrückte **Festgebühr** vor.

Auslagen sind Ausgaben der Justiz für **bestimmte Aufwendungen**. Sie fallen entweder 42
als **Barauslagen** an oder stellen die **pauschale Abgeltung eines bestimmten Aufwandes** dar.[41] Bei der letztgenannten Gruppe ist die Abgrenzung zum Gebührenbegriff aber fließend.[42]

Die Durchführung des GKG ist Sache der Länder (Art. 84 GG). Diese haben deshalb 43
Verwaltungsvorschriften erlassen. Besonders bedeutsam in diesem Zusammenhang ist die bundeseinheitlich beschlossene und durch besondere Anordnungen der Länder in Kraft gesetzte **Kostenverfügung** (KostVfg). Sie enthält grundsätzliche Verwaltungsanweisungen über den Kostenbeamten, den Kostenansatz und dessen Prüfung, über Form und Inhalt der Kostenrechnung. Als bloße Verwaltungsanordnung kann sie nur den Kostenbeamten und die Justizverwaltung, nicht aber das Gericht binden, und zwar auch nicht als Gewohnheitsrecht.[43]

Für eine **zwangsweise Beitreibung** der Kosten ist kein Schuldtitel erforderlich, weil die 44
Beitreibung im Verwaltungszwangsverfahren[44] nach der **Justizbeitreibungsordnung** (JBeitrO) bzw. (von Kosten in Strafsachen) nach der **Einforderungs- und Beitreibungsordnung** (EBAO) erfolgt.

§ 2
Kostenfreiheit

(1) In Verfahren vor den ordentlichen Gerichten und den Gerichten der Finanz- und Sozialgerichtsbarkeit sind von der Zahlung der Kosten befreit der Bund und die Länder sowie die nach Haushaltsplänen des Bundes oder eines Landes verwalteten öffentlichen Anstalten und Kassen. In Verfahren der Zwangsvollstreckung wegen öffentlich-rechtlicher Geldforderungen ist maßgebend, wer ohne Berücksichtigung des § 252 der Abgabenordnung oder entsprechender Vorschriften Gläubiger der Forderung ist.

(2) Sonstige bundesrechtliche Vorschriften, durch die für Verfahren vor den ordentlichen Gerichten und den Gerichten der Finanz- und Sozialgerichtsbarkeit eine sachliche oder persönliche Befreiung von Kosten gewährt ist, bleiben in Kraft. Landesrechtliche Vorschriften, die für diese Verfahren in weiteren Fällen eine sachliche oder persönliche Befreiung von Kosten gewähren, bleiben unberührt.

41 *Lappe* Justizkostenrecht, S. 4.
42 *Lappe* Justizkostenrecht, S. 4.
43 A. M. *Oe/Wi/He* § 1 Rn. 51.
44 Vgl. *Lappe* RPflJahrB 1961, 349.

(3) Vor den Gerichten der Verwaltungsgerichtsbarkeit und den Gerichten für Arbeitssachen finden bundesrechtliche oder landesrechtliche Vorschriften über persönliche Kostenfreiheit keine Anwendung. Vorschriften über sachliche Kostenfreiheit bleiben unberührt.

(4) Soweit jemandem, der von Kosten befreit ist, Kosten des Verfahrens auferlegt werden, sind Kosten nicht zu erheben; bereits erhobene Kosten sind zurückzuzahlen. Das gleiche gilt, soweit ein von Kosten Befreiter Kosten des Verfahrens übernimmt.

1 § 2 bestimmt, in welchen der im § 1 GKG bezeichneten Verfahren welchen Personen und/oder auf welchen Sachgebieten Kosten- oder auch nur Gebührenfreiheit zusteht (Abs. 1–3) und wie sich die Beteiligung eines Kostenbefreiten gegenüber sonstigen Kostenschuldnern des Verfahrens auswirkt (Abs. 4). Das Gesetz unterscheidet zwischen der **sachlichen** Kostenfreiheit und der **persönlichen** Kostenfreiheit. **Sachliche Kostenfreiheit** besagt, daß wegen der Art des vorzunehmenden Geschäfts keine Gebühren und/oder Auslagen zu erheben sind. Diese besteht aber – nicht nur bei den Angelegenheiten der sozialen und allgemeinen Fürsorge i. S. v. § 188 VwGO[1] – grundsätzlich für alle Rechtszüge (dazu auch unten Rn. 4).[2] **Persönliche Kostenbefreiung** bedeutet, daß bestimmte Personen oder Personengruppen oder Institutionen für alle Angelegenheiten keine Gebühren und/oder Auslagen zu zahlen brauchen. Daneben gibt es Verwaltungsvorschriften über den **Kostenerlaß aus Billigkeitsgründen**, die sich von der Kostenfreiheit i. S. v. § 2 GKG, wo Kosten gar nicht entstehen, dadurch unterscheidet, daß eine bereits entstandene Kostenschuld erlassen wird. Abs. 4 regelt daher keinen Fall des Kostenerlasses. Wegen der Wirkung der Bewilligung von Prozeßkostenhilfe vgl. Rn. 2, wegen der Fälle der Nichterhebung von Kosten wegen unrichtiger Sachbehandlung vgl. § 8. Persönliche Kostenfreiheit genießen der Bund und die Länder sowie die nach den Hauhaltsplänen des Bundes oder der Länder für Rechnung des Bundes oder eines Landes verwalteten öffentlichen Anstalten oder Kassen (Abs. 1). Der Abs. 2 hat sowohl die sachliche als auch die persönliche Kostenfreiheit zum Gegenstand. Im Verwaltungsgerichtsverfahren und im Arbeitsgerichtsverfahren haben Bund, Länder Gemeinden, Gemeindeverbände und andere juristische Personen des öffentlichen Rechts sowie Behörden keine persönliche Kostenfreiheit (Abs. 3). Wegen der Kirchen vgl. unten Rn. 16. In Abs. 4 ist die Auswirkung der Kostenfreiheit auf den Kostenbefreiten und andere Kostenschuldner geregelt.

2 **Kostenfreiheit** bedeutet Freiheit von der Verpflichtung zur Zahlung von Gebühren und Auslagen i. S. des § 1 GKG. Wenn nur **Gebührenfreiheit** gegeben ist, sind die Auslagen zu erbringen. Wer Gebührenfreiheit genießt – erst recht, wer kostenfrei ist – braucht die im § 65 GKG vorgesehenen Gebühren und Auslagen nicht vorauszuzahlen.

3 Die Regelung des § 2 bezieht sich nur auf die in § 1 GKG bezeichneten Gebühren und Auslagen und nur auf von Bund und Ländern, nicht aber von Gemeinden oder Gemeinde-

1 *Oe/Wi/He* § 2 Rn. 5.
2 A. M. OLG Celle, NdsRPfl 1960, 111; *Oe/Wi/He* § 2 Rn. 5.

verbänden, unmittelbar als Partei geführten Prozesse.[3] Wer kostenfrei ist, kann deshalb z. B. nicht einwenden, er brauche als Insolvenzgläubiger keinen Vorschuß zur Deckung der Massekosten gemäß § 26 InsO (früher: § 107 KO) zu leisten. Der Insolvenzverwalter, der im Interesse eines Kostenbefreiten einen Rechtsstreit führen will, kann ggf. nur Prozeßkostenhilfe nach § 116 ZPO beanspruchen.[4] Ebensowenig befreit § 2 die kostenbefreite Partei von der Erstattung der dem Gegner nach §§ 91 ff. ZPO geschuldeten außergerichtlichen Kosten und der Erstattung der Rechtsanwaltskosten bei Prozeßkostenhilfe.[5] Die Gebührenfreiheit schützt die befreite Partei nicht vor Verhängung einer Verzögerungsgebühr nach § 34 GKG.

Die **sachliche Gebührenfreiheit** gilt grundsätzlich für **alle Rechtszüge.** Die gegenteilige Ansicht,[6] die zur KostO ergangen ist, überzeugt nicht. Denn die in der Entscheidung genannten Beispiele sind im Gesetz ausdrücklich geregelte Fälle der Gebührenfreiheit für die jeweiligen Instanzen. 4

Kostenfreiheit genießt der **Bund**[7] und die der Bundesrepublik Deutschland angehörenden Länder, nicht aber die Gemeinden, Gemeindeverbände, Landkreise etc. Die Stadtstaaten Berlin, Bremen und Hamburg sind auch dann kostenfrei, wenn sie in Gemeindeangelegenheiten tätig werden,[8] es sei denn, daß es nach der Verfassung noch von den Landesangelegenheiten getrennte Gemeindeangelegenheiten gibt,[9] wie es z. B. in Bremen der Fall ist. Die Kostenfreiheit wird gegenseitig bei allen Gerichten des Bundes und der Länder für die in § 1 GKG genannten Verfahren gewährt, soweit der Bund und die Länder nach den Bestimmungen des GKG als Kostenschuldner in Betracht kämen. Gerichtskosten können in einem Nachlaß-Insolvenzverfahren als Massekosten nicht erhoben werden, wenn ein kostenfreies Land Erbe und Gemeinschuldner ist.[10] Gem. § 2 Abs. 3 S 1 GKG haben Bund und Länder aber in Verwaltungsgerichts- und Arbeitsgerichtssachen keine persönliche Kostenfreiheit. 5

Von den Kosten befreit sind auch die nach den **Haushaltsplänen des Bundes und der Länder für Rechnung des Bundes oder eines Landes verwalteten öffentlichen Anstalten oder Kassen.** Es muß sich um öffentliche Anstalten oder Kassen handeln, also um solche, die unmittelbar der Erfüllung öffentlicher Aufgaben des Bundes oder eines Landes dienen sollen. Außerdem müssen ihre Einnahmen und Ausgaben im Haushaltsplan des Bundes oder eines Landes nach kameralistischen Grundsätzen vollständig ausgewiesen sein.[11] Fehlt eine dieser Voraussetzungen, so gibt es keine Kostenfreiheit, es sei denn, daß 6

3 BGH, JurBüro 1977, 1217 = RPfleger 1977, 249 = BB 1977, 817 = WM 1977, 639 = JZ 1977, 525.
4 BGH, aaO; OLG Köln, NJW 1976, 1982; *Stürner* NJW 1974, 868; *Hartmann* § 2 Rn. 5; *Lappe* Rn. 3; A. M. OLG Stuttgart, NJW 1974, 867.
5 BGH, NJW 1965, 538 = RPfleger 1965, 77 = JVBl. 1965, 87 = JurBüro 1965, 209 = MDR 1965, 287.
6 OLG Celle, NdsRPfl. 1960, 111 und mit Einschränkung für § 188 VwGO *Oe/Wi/He* § 2 Rn. 5.
7 und zwar auch dann nicht, wenn bei einer vom Bund betriebenen Zwangsvollstreckung für eine Kommune bes hohe Kosten verursacht werden, LG Tübingen, MDR 1996, 1304 (L).
8 BGHZ 13, 207; 14, 305; OLG Braunschweig, RPfleger 1951, 524; 1956, 115.
9 BGHZ 13, 207.
10 LG Regensburg, RPfleger 1964, 287 m. zust. Anm. v. *Stöber*; *Lappe* § 2 Rn. 4; a. M. LG Wiesbaden, RPfleger 1960 m. abl. Anm. v. *Stöber.*
11 BGH, JurBüro 1997, 373 = WM 1997, 892 = NJ 1997, 256 = MDR 1997, 503 = VIZ 1997, 310 = DGVZ 1997, 87 = DNotZ 1997, 67.

sonstige bundes- oder landesrechtliche Vorschriften Kostenfreiheit gewähren. Für eine Kostenfreiheit reicht es nicht, daß die wirtschaftlichen Ergebnisse einer öffentlichen Anstalt irgendwie im Haushaltsplan erscheinen, oder daß es sich um eine Anstalt handelt, bei welcher der Bund oder das Land jährliche Zuschüsse leistet oder sogar kraft Gesetzes verpflichtet ist, für alle erforderlichen Zuschüsse aufzukommen. Die Tatsache allein, daß die Einnahmen und Ausgaben aus den jährlichen Erläuterungen zum Haushaltsplan ersichtlich sind, kann die Kostenfreiheit noch nicht rechtfertigen. Vielmehr müssen die gesamten Einnahmen und Ausgaben selbst in den Haushaltsplan aufgenommen sein.[12] Einzelne Einnahmen genügen auch dann nicht, wenn es sich um einen wesentlichen Einnahmeposten handelt.[13] Auch wenn der Bund oder ein Land sämtliche Anteile einer Kapitalgesellschaft besitzt, genießt die Gesellschaft als Partei keine Kostenfreiheit.[14] Dasselbe gilt auch für private Anstalten oder Kassen, wenn sie ausschließlich im Eigentum des Bundes oder eines Landes stehen und die aus ihnen erwachsenen Einnahmen und Ausgaben im Haushaltsplan erscheinen und mittelbar öffentlichen Zwecken dienen. Die Beteiligung des Bundes oder eines Landes reicht selbst dann für sich allein nicht, wenn der Bund oder das Land allein beteiligt sind.[15] Hierher gehören auch Staatliche Hochschulen, wenn sie nach den Hauhaltsplänen des jeweiligen Landes verwaltete Anstalten des öffentlichen Rechts sind wie z. B. in Schleswig-Holstein.[16]

7 **Keine Kostenfreiheit** haben danach z. B. die Bundesanstalt für vereinigungsbedingte Sonderaufgaben (BVS) – früher: Treuhandanstalt –,[17] die als Anstalten des öffentlichen Rechts errichteten Einfuhr- und Vorratsstellen,[18] eine Gemeinde oder ein Gemeindeverband[19] (auch nicht, wenn sie in einem Steuerstrafverfahren als Steuerhoheitsträger von Gesetzes wegen die Stellung eines Nebenklägers haben[20]),[21] ein Gemeindeunfallversicherungsverband, der nicht nach den Haushaltsplänen verwaltet wird (und zwar auch dann nicht, wenn ihm das Land die ihm als Träger der gesetzlichen Unfallversicherung obliegenden Aufgaben übertragen hat),[22] die Deutsche Bundesbank und die Landesbanken,[23] die Bundesanstalt für Arbeit samt ihrer Landesarbeitsämter und Arbeits-

12 BGH, JurBüro 1997, 373 = WM 1997, 892 = NJ 1997, 256 = MDR 1997, 503 = VIZ 1997, 310 = DGVZ 1997, 87 = DNotZ 1997, 67; *Hartmann* § 2 Rn. 6; *Oe/Wi/He* § 2 Rn. 10.

13 BGH, Rpfleger 1978, 305, m. w. N.

14 LG Berlin, RPfleger 1983, 503.

15 BGH, RPfleger 1982, 81; *Oe/Wi/He* § 2 Rn. 10.

16 OLG Schleswig, JurBüro 1995, 209.

17 BGH, JurBüro 1997, 373 = WM 1997, 892 = NJ 1997, 256 = MDR 1997, 503 = VIZ 1997, 310 = DGVZ 1997, 87 = DNotZ 1997, 67; KG, JurBüro 1997, 149; OLG München, MDR 1998, 502 = VIZ 1998, 695 (unter ausdrücklicher Aufgabe der früher vertretenen gegenteiligen Ansicht in MDR 1996, 1301 = JurBüro 1996, 548 = DtZ 1996, 281). **A. M.** OLG Nürnberg, VIZ 1997, 123.

18 BFH, BB 1975, 165 (L).

19 OLG Hamm, RPfleger 1983, 504.

20 OLG Köln, JMBlNRW 1961, 225.

21 Landesrechtlich ist gem. Abs. 2 S 2 den Gemeinden und Gemeindeverbänden allerdings vielfach Gebührenfreiheit zugestanden. Vgl. dazu etwa LG Flensburg, JurBüro 1975, 58; LG Wuppertal, JurBüro 1979, 403.

22 BGH, MDR 1978, 1016 = RPfleger 1978, 305 = VersR 1978, 762 = JZ 1978, 193 (L).

23 OLG Braunschweig, JurBüro 1966, 783 = NdsRPfl 1966, 194 = RPfleger 1967, 230; AG Neukölln, JVBl. 1964, 197; AG Alfeld, NdsRPfl 1965, 109.

ämter,[24] eine kommunale Versorgungskasse,[25] staatliche Hochschulen, die Studentenwerke,[26] privatrechtlich organisierte staatliche Genossenschaften,[27] die Berufsgenossenschaften,[28] Eigenbetriebe des Bundes oder der Länder,[29] gemeinnützige Siedlungsgesellschaften,[30] die öffentlich-rechtlichen Rundfunkanstalten.[31] Etwas anderes gilt aber für das Betreiben der Zwangsvollstreckung wegen einer öffentlich-rechtlichen Geldforderung (Abs. 1 S 2).[32] Hier gilt stets diejenige Körperschaft als Gläubiger des zu vollstreckenden Anspruchs, der die Vollstreckungsbehörde angehört, sofern diese Kostenfreiheit hat.

Die **Träger der Sozialversicherung** (§ 64 Abs. 3 S 2 SGB X) erfüllen zwar öffentliche 8
Aufgaben (Art. 74 Nr. 12, 120 GG). Sie werden aber nicht nach den Haushaltsplänen des Bundes verwaltet und genießen deshalb keine umfassende[33] Kostenfreiheit,[34] denn §§ 3–7 SGB X betreffen nur eine Amtshilfe, nicht aber eine Rechtshilfe.[35] Es ist deshalb zu differenzieren. Ein übergegangener **Schadensersatz**anspruch verliert seinen bürgerlichrechtlichen Charakter nicht,[36] so daß insoweit keine Kostenfreiheit herrscht.[37] Die Träger der Sozialversicherung sind deshalb vorschußpflichtig, soweit das GKG eine Vorschußpflicht vorsieht,[38] was auch für den Antrag auf die Eröffnung eines Insolvenzverfahrens gilt.[39] Etwas anderes gilt aber dann, wenn Ansprüche gemäß § 90 BSHG förmlich auf den Träger der Sozialhilfe übergeleitet worden sind. In diesen Fällen besteht auch für das Verfahren vor den Zivilgerichten Kostenfreiheit.[40]

Bahn und Post[41] hatten bis 1994 nur Gebühren, nicht auch Auslagenfreiheit. Mit der 9
Neuordnung des Eisenbahnwesens durch das Eisenbahnneuordnungsgesetz – ENeuOG – vom 27. 12. 1993 (BGBl. I, 2378) sind an die Stelle der Bundesbahn und der Deutschen

24 AG Staufen, DGVZ 1976, 63; *Krauthausen* DGVZ 1984, 5; *Mümmler* DGVZ 1969, 19; *Hartmann* § 2 Rn. 10.
25 LG Düsseldorf, RPfleger 1977, 115.
26 LG Tübingen, Die Justiz 1978, 473 (L).
27 LG Berlin, RPfleger 1983, 503 = JurBüro 1983, 1535.
28 LG Düsseldorf, RPfleger 1981, 456; LG Lüneburg, RPfleger 1982, 200; AG Dorsten, RPfleger 1982, 240; AG Hamburg, RPfleger 1982, 240; AG Memmingen, RPfleger 1983, 127.
29 BGH, RPfleger 1982, 81; KG RPfleger 1982, 487; OLG Bremen, NJW-RR 1999, 1517 (für bremische Eigenbetriebe).
30 OLG Frankfurt/Main, MDR 1957, 496.
31 OLG Köln, JurBüro 1987, 560 (Deutschlandfunk). Vgl. früher auch schon OLG Köln, JurBüro 1967, 914 = RPfleger 1968, 131.
32 Vgl. dazu die umfangreiche Zusammenstellung bei *Oe/Wi/He* § 2 Rn. 28 und *Hartmann* § 2 Rn. 8.
33 So aber fälschlich OLG München, MDR 1995, 1072.
34 BGH, JurBüro 1981, 372; LG Hamburg, RPfleger 1954, 150; *Hartmann* § 2 Rn. 10; *Oe/Wi/He* § 2 Rn. 28; *Lappe* § 2 Rn. 9.
35 Vgl. § 1 Abs. 2 SGB X; BT-Drucks. 8/2034; *Hartmann* § 2 Rn. 11.
36 OLG Jena, MDR 1997, 692 = OLG-NL 1997, 165; OLG Stuttgart, MDR 1989, 365 = NVwZ-RR 1989, 280; LG Schweinfurt, JurBüro 1981, 1707.
37 OLG Düsseldorf, RPfleger 1995, 182 = MDR 1995, 102.
38 *Oe/Wi/He* § 2 Rn. 28 „Versicherungsträger“ m. w. N; a. M. OLG Schleswig, JurBüro 1995, 210.
39 OLG Braunschweig, NdsRPfl. 1982, 13.
40 OLG Zweibrücken, MDR 1996, 208 = JurBüro 1996, 317; OLG Düsseldorf, NJW-RR 1999, 1669; *Hartmann* § 2 Rn. 13 m. w. N.
41 Vgl. *Kunz*, MDR 1989, 593. Dazu vgl. auch OLG Nürnberg, JurBüro 1994, 103 (betr. Beweisverfahren) m. Anm. v. *Mümmler*.

Reichsbahn der ehemaligen DDR das **„Bundeseisenbahnvermögen"** und die **„Deutsche Bahn Aktiengesellschaft"** getreten. Gemäß § 1 des ENeuOG bleibt der erste Teil, nämlich das Bundeseisenbahnvermögen Bundesverwaltung, so daß das neue **Eisenbahn-Bundesamt** die Gebührenfreiheit der Bundesbahn genießt,[42] während der zweite Teil, die „Deutsche Bahn – Aktiengesellschaft" keine Gebührenbefreiung mehr hat. Das ist mit der Streichung des § 2 Abs. 1 S 2 durch Art. 6 XXXIX des ENeuOG klargestellt worden. Auch für den Bereich der ehemaligen Bundespost ist § 2 Abs. 1 S 2 durch die Neuregelung des Post- und Telekommunikationswesens[43] für die neuen Aktiengesellschaften (Post-AG, Postbank-AG und Telekom-AG) entfallen.[44] Wenn allerdings Bahn oder Post zu Beginn des Rechtsstreits gemäß § 2 Abs. 1 GKG gebührenfrei waren, verbleibt es für den anhängigen Rechtsstreit auch dabei.[45]

10 Alle anderen Bundesverwaltungen (Art. 87 GG) sind gleichfalls kostenfrei. Das trifft z. B. zu auf die Bundesautobahnverwaltung, die Bundesstraßenverwaltung, die Bundeswasserstraßenverwaltung, das Bundesoberseeamt, die Deutsche Siedlungs- und Landesrentenbank.[46] Ob das auch für das Hauptzollamt gilt, wenn es die Erteilung einer Abschrift aus dem Vermögensverzeichnis für einen nicht kostenbefreiten Gläubiger beantragt, ist streitig.[47]

11 Neben der Bestimmung des Abs. 1 über die persönliche Kosten- oder Gebührenfreiheit hält Abs. 2 sonstige bundes- oder landesrechtliche Vorschriften über eine sachliche und/oder persönliche Kostenfreiheit aufrecht, soweit es sich wie in Abs. 1, um Verfahren vor den ordentlichen Gerichten oder den Gerichten der Finanzgerichtsbarkeit handelt. Insbesondere genießen danach auch die Gemeinden oder Gemeindeverbände, Landkreise etc. häufig Gebührenfreiheit. In Verwaltungs- und Arbeitsgerichtssachen gibt es weder eine bundesrechtliche noch eine landesrechtliche persönliche Kostenfreiheit, Abs. 3 S 1.[48] In diesen Verfahren ist nur eine bundes- oder landesrechtlich begründete sachliche Kostenfreiheit möglich, Abs. 3 S 2. Bei enger Auslegung hält Abs. 2 S 1 nur die zur Zeit des Inkrafttretens des GKG bestehenden sonstigen bundesrechtlichen Vorschriften aufrecht („bleiben in Kraft"). Aus Abs. 2 S 2 folgt aber, daß auch künftige Kostenbefreiungsvorschriften außerhalb des GKG möglich sind („landesrechtliche Vorschriften", also auch künftige, „bleiben unberührt").[49] Es wäre unverständlich, wenn für die Bundesgesetzgebung etwas anderes gelten sollte als für die Länder, zumal auch kein einleuchtender Grund für eine Beschränkung auf die bei Inkrafttreten des GKG geltenden bundesrecht-

42 BGH, MDR 1998, 1120; OLG München, MDR 1998, 497 = JurBüro 1998, 320; OLG Köln, JurBüro 1997, 204; OLG Bamberg, JurBüro 1998, 653; OLG Düsseldorf, JurBüro 1995, 150.

43 Ges. v. 14. 9. 1995 (BGBl. I, 2325).

44 OLG Saarbrücken, JurBüro 1996, 657 = DGVZ 1997, 11.

45 OLG Düsseldorf, JurBüro 1996, 488.

46 Vgl. dazu etwa BGH, RPfleger 1954, 371; 1959, 4 (L); LAG Düsseldorf, JVBl. 1961, 264; *Hartmann* § 2 Rn. 8; *Oe/Wi/He* § 2 Rn. 27.

47 Bejahend LG Kassel, DGVZ 1998, 1998, 59; LG Schweinfurt, DGVZ 1999, 11; Verneinend LG Bochum, DGVZ 1998, 59; AG Arnsberg, DGVZ 1997, 79.

48 OVG Bautzen, SächsVBl 1996, 258 (betr. Verwaltungsgerichte).

49 BVerfG, JurBüro 1978, 978, 980 = JZ 1978, 132 (L) = BayVBl. 1978, 664.

lichen Kostenbefreiungsvorschriften erkennbar ist. Folgerichtig hat der Bund von der Möglichkeit der Kostenbefreiung auch später Gebrauch gemacht.[50]

Bundesrecht: Hier besteht grundsätzlich Kostenfreiheit nach § 225 BEG; § 64 Abs. 3 S 2 SGB X. Hiernach genießen im Verfahren nach der ZPO sowie in Verfahren vor Gerichten der Sozial- und der Finanzgerichtsbarkeit die Träger der Sozialhilfe, der Jugendhilfe und der Kriegsopferfürsorge in dieser Eigenschaft Kostenfreiheit. Ein Träger der Sozialhilfe hat aber vor dem Zivilgericht keine Auslagenfreiheit, wenn er einen kraft Gesetzes auf ihn übergegangenen bürgerlich-rechtlichen Schadensersatzanspruch geltend macht[51] (Vgl. auch oben Rn. 8). Wegen der sachlichen Kostenfreiheit in Verwaltungs- und Arbeitsgerichtssachen vgl. Abs. 3 S 2 und unten Rn. 19, 20. 12

Streitig ist, ob auch das **Deutsche Rote Kreuz** die dieser Institution mit § 18 des Gesetzes vom 9. 12. 1937 (RGBl I, 1330) gewährte Gebührenfreiheit noch hat. Nach herrschender Ansicht sollen die nunmehrigen Landesverbände des Deutschen Roten Kreuzes nur Gebührenfreiheit haben.[52] Hier wird man wohl differenzieren müssen. Wenn und soweit in einem Landesgesetz keine ausdrückliche Kostenfreiheit bestimmt ist, ist das Gesetz vom 9. 12. 1937 durch das entsprechende Landesgesetz abgelöst („lex posterior derogat legi priori"). Demzufolge ist die Kostenfreiheit für das Bayerische Rote Kreuz[53] und das Rote Kreuz des Landes Rheinland-Pfalz[54] entfallen. 13

Nach Art. 18 des **Haager Übereinkommens über den Zivilprozeß** und den dazu ergangenen Ausführungsgesetzen erfolgt die Vollstreckungserklärung ausländischer Kostenentscheidungen (vgl. KV Nrn. 1420 ff.) und die Übermittlung von Anträgen auf Bewilligung von Prozeßkostenhilfe gebührenfrei. Soweit zur Vollstreckung deutscher Entscheidungen im Ausland eine Vervollständigung des Urteils vorgesehen ist, erfolgt sie nach verschiedenen Ausführungsgesetzen gerichtsgebührenfrei. 14

Wegen weiterer bundesrechtlicher Bestimmungen über die Kostenfreiheit vgl. oben Rn. 6 ff. Allgemein gilt: Da die Vorschriften über die Kostenfreiheit als Ausnahmebestimmungen eng auszulegen sind, kann eine nur für den Bereich der KostO gewährten Gebührenfreiheit nicht auf Verfahren nach dem GKG ausgedehnt werden. 15

Kirchen: § 163 Abs. 2 VwGO (a. F.) bestätigte den Kirchen und anderen Religionsgemeinschaften des öffentlichen Rechts Kostenfreiheit unter Hinweis auf Art. 140 GG, der Vorschriften der Weimarer Reichsverfassung über die Kirchen zum Bestandteil des Grundgesetzes erklärt. Daraus wurde eine allgemeine Kostenfreiheit der Kirchen und anderer 16

50 Vgl. z. B. § 83 b I AsylVerfG i. d. F. v. 27. 7. 1993 – BGBl. I, 1361 –, wonach ab dem 1. 7. 1993 Asylstreiten gerichtskostenfrei sind.
51 OLG Düsseldorf, MDR 1995, 102.
52 OLG Koblenz, RPfleger 1990, 271; OLG Frankfurt/Main, JurBüro 1958, 422 = MDR 1958, 348 = RPfleger 1958, 356 und RPfleger 1961, 338 (L); OLG Köln, RPfleger 1957, 91 m. Anm. v. *Höver*; OLG Stuttgart, RPfleger 1958, 355 = NJW 1958, 1193; KG, RPfleger 1956, 88 (L) = NJW 1955, 1524 (L); *Hartmann* § 2 Rn. 13; *Oe/Wi/He* § 2 Rn. 27; *Höver* RPfleger 1954, 179; *Lappe* RPfleger 1958, 357. A. M.: OLG München, RPfleger 1958, 357; 1961, 421 (L) = JurBüro 1958, 423 = NJW 1958, 836 (L); BayObLG, RPfleger 1958, 199; LG Mainz, RPfleger 1989, 478. Vgl. auch *Bink* JurBüro 1971, 395.
53 OLG München, NJW-RR 1998, 719 = MDR 1998, 184.
54 OLG Koblenz, JurBüro 1995, 650.

Religionsgemeinschaften des öffentlichen Rechts abgeleitet. Durch den Fortfall des § 163 Abs. 2 VwGO ist der gesetzliche Verweis auf Art. 140 GG nicht gegenstandslos geworden,[55] so daß die Kostenfreiheit der Kirchen und der Religionsgemeinschaften des öffentlichen Rechts nach wie vor gegeben ist.[56] Die Frage ist allerdings streitig. Es ist jedenfalls verfassungsrechtlich nicht zu beanstanden, wenn in Verfahren vor den Verwaltungsgerichten den Kirchen keine Gebührenfreiheit (mehr) zugestanden wird.[57] Teilweise soll nur Kosten-, nicht aber Auslagenfreiheit gegeben sein.[58]

17 **Landesrechtliche Vorschriften über die Kostenfreiheit** gelten neben dem GKG weiter, soweit nicht bundesrechtliche Bestimmungen etwas anderes bestimmen.[59] Ihre Wirkung erstreckt sich nur auf das Gebiet des betreffenden Landes, nicht auf Bundesgerichte.[60] Andererseits genießen die in einem Bundesland gewährte Kostenfreiheit in diesem Land auch die Angehörigen anderer Bundesländer.[61] Im einzelnen ist die landesrechtliche Kostenfreiheit geregelt:

18 **Baden-Württemberg:** Landesjustizkostengesetz i.d.F. der Bekanntmachung vom 15.1.1993 (GBl. S. 109; 244);

Bayern: Justizverwaltungskostengesetz vom 25.3.1958 (GVBl. S. 40) i. d. F. vom 3.6 1992 (GVBl. S. 154); Bayerisches Kostengesetz vom 25.6.1969 (GVBl. S. 265);

Berlin: Gesetz über Gebührenbefreiung, Stundung und Erlaß von Kosten im Bereich der ordentlichen Gerichtsbarkeit vom 24.11.1970 (GVBl. S. 1934) i. d. F. vom 25.6.1992 (GVBl. S. 204);

Brandenburg: Justizkostengesetz für das Land Brandenburg – JKBg – vom 3.6.1994 (GVBl. S. 172) i. d. F. vom 7.4.1995 (GVBl. S. 81);

Bremen: Bremisches Justizkostengesetz vom 11.3.1958 i.d.F. vom 4.8.1992 (GVBl. 1992, S. 257);

Hamburg: Landesjustizkostengesetz vom 18.10.1957 i. d. F. vom 5.3.1986 (GVBl. 1986, S. 48), zuletzt geändert am 9.6.1992 (GVBl. 1992, 115);

Hessen: Hessisches Justizkostengesetz vom 15.5.1958 (GVBl. S. 60) i. d. F. vom 16.6.1992 (GVBl. S. 207);

Mecklenburg-Vorpommern: Gesetz über die Kosten im Bereich der Justizverwaltung

55 Vgl. *Hartmann* § 3 Rn. 19.
56 *Hartmann* § 2 Rn. 19; OVG Lüneburg, NVwZ 1993, 704 (betr. Verwaltungsverfahren). **A. M.** BVerwG, JurBüro 1996, 319; BFH, BFHE 184, 237 = NVwZ 1998, 882; OVG Münster; DÖV 1970, 102 = DVBl. 1970, 367 (L); *Oe/Wi/He* § 2 Rn. 28 „Kirchen". Zum Ganzen vgl. auch *Mümmler* JurBüro 1975, 1291 und bei *Schnapp* ZevKR 14, 361.
57 BVerfG, NVwZ 2001, 318 = NJW 2001, 1270 (L).
58 OLG Koblenz, JurBüro 1994, 683.
59 OLG Koblenz, RPfleger 1981, 497.
60 BGH, NJW-RR 1998, 1222 = BauR 1998, 598 = MDR 1998, 680; BGH, RPfleger 1978, 305; BGH, MDR 1972, 308 = RPfleger 1972, 53 = NJW 1972, 210 (L) = JurBüro 1972, 131 = JVBl. 1972, 41 m. Anm. v. *Höver*.
61 *Oe/Wi/He* § 2 Rn. 26; *Hartmann* § 2 Rn. 14; *Lappe* Rn. 11; *Höver* JVBl. 1972, 41. Vgl. dazu auch bei *Klässel* RPfleger 1972, 433.

und über Gebührenbefreiung des Landes Mecklenburg-Vorpommern vom 7.10.1993 (GVBl. S. 843);

Niedersachen: Gesetz über Gebührenbefreiung, Stundung und Erlaß von Kosten in der Gerichtsbarkeit i. d. F. vom 3.3.1992 (GVBl. S. 58);

Nordrhein-Westfalen: Gesetz über Gebührenbefreiung, Stundung und Erlaß von Kosten im Bereich der ordentlichen Gerichtsbarkeit und der Arbeitsgerichtsbarkeit v. 21.10.1969 (GVBl. S. 725) i. d. F. vom 3.11.1992 (GVBl. 1992, S. 434);[62]

Rheinland-Pfalz: Justizgebührenbefreiungsgesetz vom 9.10.1990 (GVBl. 1990, S. 281);

Saarland: Landesjustizkostengesetz vom 30.6.1971 (ABl. S. 473) i.d. F. vom 5.2.1997 (ABl. S. 258);

Sachsen: Sächsisches Justizkostengesetz vom 10.11.1992 (GVBl. S. 537);

Sachsen-Anhalt: Justizkostengesetz des Landes Sachsen-Anhalt (JKostGLSA) vom 23.8.1993 (GVBl. S. 449);

Schleswig-Holstein: Gesetz über Gebührenfreiheit, Stundung und Erlaß von Kosten im Bereich der Gerichtsbarkeiten vom 23.12.1969 (GOVBl. 1970, 4) i. d. F. vom 14.11.1991 (GOVBl. 1991, 577);

Thüringen: Thüringer Justizkostengesetz i. d. F. der Bekanntmachung vom 22.10.1992 (GVBl. S. 527).

Verwaltungs-, Arbeitsgerichts- und Sozialgerichtssachen. In § 2 Abs. 3 S 1 GKG ist **19**
klargestellt, daß in Verwaltungs- und Arbeitsgerichtssachen keine persönliche Kostenfreiheit nach dem GKG besteht. Eine im Verfassungsrecht oder durch zwischenstaatliche Verträge begründete persönliche Kostenfreiheit ist aber möglich und wird durch Abs. 3 S 1 nicht berührt. Eine sachliche Kostenfreiheit ist aber auch vor den Verwaltungs- und Arbeitsgerichten möglich, § 2 Abs. 3 S 2 GKG.

Die sachliche Kostenfreiheit in Verwaltungs- und Arbeitsgerichtssachen ist in besonderen **20**
Gesetzen geregelt, wie z. B. im § 81b AsylVerfG. Die wichtigste dieser Spezialregelungen enthält § 188 VwGO, welcher bestimmt: *„Die Sachgebiete der Sozialhilfe, der Jugendhilfe, der Kriegsopferfürsorge sowie der Ausbildungsförderung ... Gerichtskosten (Gebühren und Auslagen) werden in Verfahren dieser Art nicht erhoben."* Die Sachgebiete der Sozialhilfe sind grundsätzlich im **Bundessozialhilfegesetz** und im Sozialgesetzbuch geregelt. Hierunter fallen auch Rechtsstreitigkeiten nach dem Häftlingshilfegesetz[63] und dem Gebiet der Obdachlosenhilfe.[64] Rechtsstreitigkeiten aus dem Sachgebiet der Sozialhilfe sind auch dann gerichtskostenfrei, wenn beide Parteien öffentlich-rechtliche Körperschaften sind.[65] Die **Jugendhilfe** ist hauptsächlich im JWG geregelt. Die Verfahren nach diesem Gesetz sind gerichtskostenfrei, sofern es sich um solche nach den im § 188 VwGO genannten Sachgebieten handelt (z. B.: wegen Festsetzung eines Beitrages zu den Kosten der freiwilligen

62 Vgl. dazu etwa OLG Köln, NVwZ-RR 1998, 469 (betr. Kommunen in NRW für Streitigkeiten im Bereich der Abfallbeseitigung).
63 BayVGH, BayVBl. 1978, 278.
64 OVG Berlin, DÖV 1974, 353.
65 BVerwG, BayVBl. 1975, 595 (L).

Erziehungshilfe). Sonst gelten die allgemeinen Vorschriften. In Sozialgerichtssachen bleibt das sozialgerichtliche Verfahren auch nach dem 6. SGG-ÄndG für einen privilegierten Personenkreis (Hinterbliebene, Leistungsempfänger; Behinderte oder deren Sonderrechtsnachfolger i. S. v. § 56 SGG) gerichtskostenfrei, § 183 S 1 SGG. In Verfahren, in denen eine Partei zu dem in § 183 privilegierten Personenkreis gehört, fällt für die Gegenpartei nur eine Pauschalgebühr in Höhe zwischen 150 – 300 € an, § 184 Abs. 2 SGG.[66] Im übrigen werden die Kosten und Auslagen nach KV Teil 4 erhoben.

21 **Auswirkungen der Kostenfreiheit (Abs. 4):** Kostenfreiheit bedeutet, daß Kosten zwar entstehen, aber nicht erhoben werden dürfen.[67] Kostenfrei ist grundsätzlich nur die Partei, auf welche die Befreiungsvorschrift zutrifft. Der zur Kostentragung verurteilte Gegner einer kostenbefreiten Partei kann sich auf deren Kostenfreiheit nicht berufen. Das gilt auch für eine Partei, die lediglich gegen einen am Prozeß nicht beteiligten Dritten, der persönliche Gebührenfreiheit hat, hinsichtlich der Gerichtskosten einen Freistellungsanspruch hat.[68] Sind aber einer kostenbefreiten Partei die Kosten des Verfahrens auferlegt oder hat sie diese übernommen (§ 54 Nr. 1, 2 GKG), so darf der Obsiegende von den Kosten nicht befreite Gegner auch nicht als Antragsteller (§§ 49–53 GKG) in Anspruch genommen werden.[69] In solchen Fällen sind Kosten überhaupt nicht zu erheben. Beschränkt sich der Streitwert (z. B. nach übereinstimmender Erledigungserklärung) auf die Kosten, so bleibt die Gerichtskostenfreiheit einer Partei außer Betracht.[70]

22 **Bereits erhobene Kosten** sind zurückzuzahlen, § 2 Abs. 4 S 1 GKG (Halbsatz 2). Das gilt auch dann, wenn ein von Kosten Befreiter, der am Prozeß nicht beteiligt ist, die Kosten übernimmt.[71] Die Rechtskraft einer Kostenentscheidung ist nicht abzuwarten.[72] Eine entsprechende Anwendung des § 2 Abs. 4 ist auch geboten, wenn der Kostenschuldner seinen allgemeinen Gerichtsstand im Beitrittsgebiet hat, wenn einem von den Kosten Befreiten die Kosten auferlegt wurden oder von ihm übernommen wurden.[73]

23 Auch von demjenigen, der nach den Vorschriften des bürgerlichen Rechts für die Kostenschuld eines anderen kraft Gesetzes haftet (§ 54 Nr. 3 GKG), dürfen im Falle des Abs. 4 Kosten nicht erhoben werden. Denn es fehlt an einer Schuld, für die er einzustehen hätte.[74]

24 Die **Bewilligung von Prozeßkostenhilfe** fällt nicht unter § 2 GKG. Denn sie wird nicht einer Partei schlechthin gewährt, sondern nur, wenn im gegebenen Fall in formeller Hinsicht eine Einkommens- oder Vermögenslosigkeit vorliegt und in materieller Hinsicht eine hinreichende Erfolgsaussicht für die beabsichtigte Rechtsverfolgung festgestellt werden kann. Die Wirkungen der Prozeßkostenhilfe auf die Kostentragung regeln die §§ 122, 123, 126, 126 ZPO als lex specialis zu § 2 GKG abschließend.

66 Vgl. auch bei *Schlarmann/Buchner* NJW 2002, 644, 646.
67 OLG Hamburg, MDR 1993, 183.
68 OLG Köln, JurBüro 1979, 563.
69 OLG Schleswig, JurBüro 1981, 403.
70 OLG Hamburg, MDR 1993, 183.
71 LG Hamburg, KostRspr. GKG Nr. 3; *Mümmler* JurBüro 1976, 1158; *Hartmann* § 2 Rn. 20.
72 OLG Frankfurt/Main, JurBüro 1957, 93.
73 KG, JurBüro 1995, 149.
74 *Hartmann* § 2 Rn. 20.

Auch **im Falle des Kostenerlasses aus Billigkeitsgründen**, der im Verwaltungswege erfolgt, ist § 2 Abs. 4 GKG unanwendbar. Denn hier werden lediglich bereits entstandene und einziehbare Kosten erlassen. Gegenüber der Staatskasse haften mehrere Kostenschuldner grundsätzlich als Gesamtschuldner (§§ 58, 59 GKG). Erläßt die Justizverwaltung einem Kostenschuldner die Kostenschuld, so hat das grundsätzlich auch die Kostenbefreiung des Mithaftenden zur Folge, es sei denn, daß die gnadenweise Niederschlagung der Kostenforderung sich nur auf die Beseitigung der Haftung des zunächst Verpflichteten beschränkt. Im letzteren Fall kann der in Anspruch genommene Kostenzweitschuldner den Erstschuldner im Wege der Kostenerstattung aus dem Innenverhältnis ebenso in Anspruch nehmen, wie wenn dem Erstschuldner Prozeßkostenhilfe bewilligt und deshalb der Zweitschuldner herangezogen worden wäre, soweit § 58 Abs. 2 S 1 GKG das zuläßt. **25**

Die Kostenfreiheit erstreckt sich nur auf Kosten (Gebühren und Auslagen) i. S. des § 1 GKG. Das mag im Einzelfall zu einer aus verfassungsrechtlicher Sicht zweifelhaften Bevorzugung des Fiskus führen.[75] Die Verpflichtung zur Erstattung der Prozeßkostenhilfeanwaltskosten[76] ist aber nicht erfaßt. **26**

Bereits erhobene Kosten sind von Amts wegen zurückzuzahlen, Abs. 4 S 1 (Halbsatz 2). Wer die Kosten gezahlt hat, hat einen unmittelbaren Anspruch auf Rückerstattung gegen die Staatskasse. Wird die Rückzahlung verweigert, steht das Verfahren nach § 5 GKG offen.[77] Die kostenbefreite Partei kann ihren Gegner insoweit auf den ihm gegenüber der Staatskasse zustehenden Rückzahlungsanspruch verweisen.[78] Wenn und soweit die Kosten der kostenbefreiten Partei nur z T auferlegt sind, ist nur der auf diesen Teil entfallende Kostenbetrag zurückzuerstatten.[79] **27**

Soweit Gebührenfreiheit besteht, entfällt auch eine **Vorauszahlungspflicht** der gebührenbefreiten Partei, § 65 Abs. 7 S 1 Nr. 2 GKG. Eine Vorschußpflicht der Gegenpartei bleibt dagegen bestehen. Sie entfällt aber, soweit der kostenbefreiten Partei die Kosten des Verfahrens auferlegt werden oder wenn sie die Kosten übernimmt. Denn in diesem Fall sind keine Kosten, also auch keine Vorschüsse zu erheben, Abs. 4. § 69 GKG ist insoweit unanwendbar. Besteht lediglich Gebührenfreiheit, nicht aber Auslagenfreiheit, dann sind die Auslagen von den einzelnen Kostenschuldnern nach den allgemeinen Vorschriften zu erheben, von der gebührenbefreiten Partei aber auch noch Dokumentenpauschalen für Ausfertigungen und Abschriften jeder Art, vgl. unten Rn. 31. Umgekehrt gilt aber auch, daß dann, wenn wegen irrtümlicher Annahme der Kostenfreiheit einer Partei die Klage vor Einzahlung des Gebührenvorschusses zugestellt wurde, der Vorschuß auch noch nachträglich einzufordern ist.[80] **28**

75 *Mügler* BB 1992, 798; wohl auch *Hartmann* § 2 Rn. 21.
76 BGH, NJW 1965, 538 = RPfleger 1965, 77 = JurBüro 1965, 87 = MDR 1965, 287 = JVBl. 1965, 87; KG, JurBüro 1974, 866 = RPfleger 1974, 233.
77 LG Flensburg, 1975, 59.
78 H. M. Vgl. OLG Düsseldorf, RPfleger 1983, 39; OLG Koblenz, JurBüro 1977, 1778; KG, JW 1931, 1108; *Hartmann* § 2 Rn. 24; a. M. *Lappe* Rn. 11.
79 KG, JurBüro 1995, 149.
80 LG Bremen, MDR 1997, 893.

29 **Ein Streitgenosse oder Streithelfer** des Kostenbefreiten haftet nach Maßgabe des § 59 GKG grundsätzlich neben anderen Streitgenossen/-helfern als Gesamtschuldner. Besitzt ein Streitgenosse Kostenfreiheit, verringert sich der von den übrigen Streitgenossen um den auf den kostenbefreiten Streitgenossen entfallenen Bruchteil, den die kostenbefreite Partei ihren Streitgenossen nach § 426 BGB ersetzen müßte.[81] Vom Streithelfer/genossen sind aber stets die vollen Vorschüsse zu erheben.[82] Ist die gebührenbefreite Partei als Gesamtschuldner mit einem nicht befreiten Streitgenossen in die Kosten des Verfahrens verurteilt, so haftet dieser der Staatskasse für die im Innenverhältnis auf ihn entfallene Hälfte der Gerichtsgebühren.[83] Hat eine kostenbefreite Partei zusammen mit ihrem Streitgenossen vergleichsweise die Hälfte der Gerichtskosten übernommen, so beschränkt sich die dem Streitgenossen als Übernahmeschuldner nach § 54 Nr. 2 GKG treffende Kostenschuld auf ein Viertel der vollen Gebühren,[84] wenn und soweit die Kosten denselben Streitgegenstand betreffen. Ist im Innenverhältnis der kostenfreie Teil gegenüber dem nicht kostenbefreiten Teil Streitgenossen unstreitig verpflichtet, diesen von den Gerichtskosten ganz freizuhalten, darf der nicht kostenfreie Streitgenosse auch nicht auf einen Teilbetrag in Anspruch genommen werden.[85] Das gilt auch, wenn der zum Kostenausgleich verpflichtete Kostenbefreite überhaupt nicht Prozeßpartei war und nur eine Kostenübernahmeerklärung abgegeben hat.[86] Voraussetzung dafür ist aber, daß die Kostenübernahmeverpflichtung des von den Kosten Befreiten gegenüber dem nicht von den Kosten befreiten Kostenschuldner im Innenverhältnis unstreitig ist, die Kostenübernahme mithin nicht mißbräuchlich zum Nachteil der Staatskasse erfolgt, und daß das Kostenansatzverfahren nicht schon durch vorbehaltlose Zahlung oder in sonstiger Weise erledigt ist.

30 Eine **Vorschußpflicht** des von den Kosten nicht befreiten Streitgenossen einer kostenbefreiten Partei besteht nur in der Höhe, in der die nicht kostenbefreite Partei neben der gebührenbefreiten Partei gebührenpflichtig ist.[87]

31 **Auslagenfreiheit:** Wer Kostenfreiheit genießt, ist frei von Gebühren und Auslagen, § 1, KV Nrn. 9000 ff. Aber auch eine kostenfreie Partei kann Auslagenfreiheit nur soweit in Anspruch nehmen, als es eine zweckentsprechende Rechtsverfolgung oder Rechtsverteidigung notwendig macht. Verlangt z. B. die Partei mehr Abschriften von Urteilen oder

81 BGHZ 12, 270; OLG Oldenburg, JurBüro 1992, 685; OLG Bamberg, JurBüro 1992, 685; OLG Köln, MDR 1978, 578 = JurBüro 1978, 888 mit zust. Anm. von *Mümmler*; OLG München, RPfleger 1956, 30 (L); *Hartmann* § 2 Rn. 22.

82 OLG Koblenz, NJW 1955, 676.

83 OLG Bamberg, NJW 1953, 1759; LG Frankfurt/Main, RPfleger 1955, 139; *Oe/Wi/He* § 2 Rn. 24; *Lappe* Rn. 13; a. M. LG Berlin, JurBüro 1964, 590.

84 BGHZ 17, 9; OLG München, RPfleger 1956, 30 (L); LG Frankfurt/Main, RPfleger 1955, 139; LG Berlin, JurBüro 1963, 799.

85 KG, JurBüro 1973, 139 = RPfleger 1973, 106 = MDR 1973, 418; OLG Stuttgart, Justiz 1969, 250; *Lappe* § 2 Rn. 12, 13; a. M. LG Essen, JurBüro 1974, 214 = RPfleger 1974, 81 = VersR 1974, 891; LG Heidelberg, RPfleger 1972, 266 = Die Justiz 1972, 205; *Hartmann* § 2 Rn. 22.

86 LG Hamburg, KostRspr GKG § 2 Nr. 3 mit zust. Anm. von *Lappe*; *Lappe* § 2 Rn. 13; *Oe/Wi/He* § 2 Rn. 21; a. M. LG Essen, aaO.

87 *Oe/Wi/He* § 2 Rn. 23; a. M. (volle Vorschüsse) OLG Koblenz, NJW 1955, 676 = Rpfleger 1956, 146 (L) = JurBüro 1955, 268; *Hartmann* § 2 Rn. 23.

Protokollen, als erforderlich sind, ist die JVKostO anwendbar.[88] Wer nur Gebührenfreiheit hat, muß die Auslagen erstatten.[89]

Gebührenfreiheit, Stundung und Erlaß von Gerichtskosten sind landesrechtlich ebenso wie die Behandlung von Kleinbeträgen unterschiedlich geregelt. Die Einzelheiten sollen hier nicht dargestellt werden. 32

§ 3
Sicherstellung und Vorauszahlung

In weiterem Umfang als die Prozeßordnungen und dieses Gesetz es gestatten, darf die Tätigkeit der Gerichte von der Sicherstellung oder Zahlung der Kosten nicht abhängig gemacht werden.

Allgemeines: Die durch die Bestimmung des § 6 ergänzte Vorschrift des § 3 dient der Sicherung des staatlichen Anspruchs auf Gerichtskosten und steht im Kontext zu den Bestimmungen der §§ 61 ff. Die Vorschriften über die Fälligkeit (§§ 61 ff. GKG) ermöglichen es, die Kosten alsbald anzusetzen. Daneben gibt es Bestimmungen, nach denen das Gericht bestimmte Tätigkeiten von der Einzahlung eines Vorschusses für bestimmte Auslagen abhängig machen (**Sicherstellung**) bzw. die Vorauszahlung bestimmter Gebühren verlangen darf (**Vorauszahlungspflicht**), §§ 65, 69 GKG. Die Gerichte dürfen allerdings ihre Tätigkeit nicht willkürlich oder nach ihrem Ermessen von der Sicherstellung oder Vorauszahlung abhängig machen, sind aber auch nicht gehindert, ohne Sicherstellung oder Vorauszahlung tätig zu werden. Nur in den im GKG und den Prozeßordnungen vorgesehenen Fällen darf eine Sicherstellung oder Vorauszahlung verlangt werden. Ansonsten haben die Gerichte grundsätzlich ohne Sicherstellung oder Vorauszahlung tätig zu werden. 1

Eine entsprechende Anwendung der Bestimmungen über Sicherstellungen und Vorauszahlungen auf andere Kostentatbestände ist ausgeschlossen, denn § 3 GKG ist eine Ausnahmebestimmung.[1] So ist z. B. eine Anwendung des § 65 GKG auf den Berufungs- oder Revisionskläger nicht möglich. Ob die entsprechende Handlung indessen von Amts wegen oder nur auf Antrag vorgenommen wird, ist prinzipiell unerheblich. So ist z. B. auch bei Prozeßhandlungen, die von Amts wegen vorgenommen werden *können* oder *sollen* (z. B.: §§ 273, 358 a ZPO), die Anforderung eines Vorschusses oder einer Vorauszahlung ohne weiteres möglich. Wenn indessen die Handlung von Amts wegen vorgenommen werden *muß* (z. B. im Straf-/Bußgeldverfahren), kommt eine Sicherstellung oder Vorschußzahlung regelmäßig nicht in Betracht. 2

Prozeßordnungen: Das sind die Verfahrensvorschriften, auf die das GKG anwendbar ist. 3

88 BAG, JVBl. 1962, 64.
89 LG Flensburg. JurBüro 1975, 59; *Hartmann* § 2 Rn. 27.
1 *Hartmann* § 3 Rn. 3

Sie sind im § 1 GKG genannt (vgl. dazu oben, § 1 Rn. 2 ff.). Soweit das GKG auf Verfahren nach anderen Bundesgesetzen anwendbar ist oder künftig anwendbar werden wird, sind auch diese Gesetze solche i. S. des § 3 GKG. Im einzelnen kommen z. B. in Betracht:

4 In den **Prozeßordnungen** oder in anderen Gesetzen ist eine Vorschußforderung z. B. möglich:

- Zeugenkostenvorschuß gem. § 379 ZPO;
- Sachverständigenkostenvorschuß gem. § 402 ZPO;
- Ladung von Zeugen und Sachverständigen, Anordnung des Augenscheins oder der Begutachtung durch Sachverständige und deren Ausführung gem. §§ 144, 273 i.V. m. §§ 379, 653 ZPO; § 358a ZPO;
- Haftkostenvorschuß gem. § 911 ZPO;
- Vollziehung des persönlichen Sicherheitsarrestes nach § 933 ZPO;
- § 26 Abs. 1 S 1 InsO;
- § 176 StPO;
- Vorschuß des Privatklägers gem. §§ 379a, 390 StPO;
- § 7 ZSEG.

5 **Im GKG** sind die Bestimmungen über Sicherheitsleistung und Vorschußpflicht in den §§ 61 ff. enthalten. So z. B.:

- § 64 Abs. 2 GKG: für auf Antrag zu erteilende Ausfertigungen und Abschriften;
- § 65 GKG: Vorauszahlung und Vorschuß in Verfahren vor den ordentlichen Gerichten;
- § 66 GKG: Gebührenvorschuß im Zwangsversteigerungs- und Zwangsverwaltungsverfahren;
- § 67 GKG: Vorschuß in Privatklageverfahren;
- § 68 GKG: Vorschuß zur Deckung entstehender Auslagen (mit Einschränkungen in Straf- und Ordnungswidrigkeitensachen).

6 Eine besondere **Vorschußpflicht der Ausländer** gegenüber der Staatskasse kennt das GKG nicht. Insoweit gelten die allgemeinen Regeln.

7 Soweit einem (Berufungs/Revisions-)Kläger/Widerkläger **Prozeßkostenhilfe** bewilligt ist, entfällt die Verpflichtung zur Sicherstellung oder Vorauszahlung der Kosten für die Partei und deren Gegner, auch wenn diesem keine Prozeßkostenhilfe bewilligt ist (§ 122 ZPO, § 65 Abs. 7 Nr. 1 GKG). Anders verhält es sich, wenn der beklagten Partei Prozeßkostenhilfe bewilligt ist. Dann ist nur sie von der Sicherstellung oder Vorauszahlung befreit. Dasselbe gilt, soweit der Gegner der Prozeßkostenhilfe besitzenden Partei im Wege der Widerklage oder der Anschließung an ein Rechtsmittel selbst angriffsweise vorgeht.

8 Eine Vorschuß- oder Vorauszahlungspflicht entfällt auch, wenn dem Antragsteller **Gebührenfreiheit** zusteht (§ 65 Abs. 7 Nr. 2 GKG), oder wenn glaubhaft gemacht wird, daß dem Antragsteller die alsbaldige Zahlung der Kosten mit Rücksicht auf seine Vermögenslage oder aus sonstigen Gründen Schwierigkeiten bereiten würde (§ 65 Abs. 7 Nr. 3 GKG), oder wenn eine Verzögerung dem Antragsteller einen nicht oder nur schwer zu ersetzenden Schaden bringen würde (§ 65 Abs. 7 Nr. 4 GKG).

9 In **Verwaltungs- und Finanzgerichtsverfahren** besteht eine Vorwegleistungspflicht für

Schreibauslagen (§ 64 Abs. 2 S 1 GKG) und eine Pflicht zur Leistung eines Auslagenvorschusses gemäß § 68 Abs. 1, Abs. 3 S 1 GKG. **In Arbeitsgerichtssachen** werden Vorschüsse hingegen nicht erhoben (§ 12 Abs. 4 ArbGG) mit Ausnahme der im § 12 Abs. 6 S 1 ArbGG genannten Einschränkungen. Das gilt aber nicht mehr, wenn die Sache vom Arbeitsgericht an ein ordentliches Gericht verwiesen wird, für das weitere Verfahren vor dem ordentlichen Gericht In solchen Fällen ist das ordentliche Gericht sogar befugt, einen Prozeßkostenvorschuß nachzufordern.[2]

Gegen die Vorschußanordnungen ist die Beschwerde zulässig, § 6 GKG. **10**

Selbstverständlich sind die gezahlten Gerichtskosten- und Auslagenvorschüsse anzurechnen und nicht verbrauchte Vorschüsse nach dem Abschluß des Verfahrens zu erstatten. Allerdings besteht – wie der Gesetzgeber i. S. der überwiegenden Ansicht der Rspr[3] klargestellt hat (§ 10 Abs. 4) – kein Anspruch des Erstattungsberechtigten auf Verzinsung. Die in der Rspr vertretene gegenteilige Ansicht[4] fand auch früher schon im Gesetz keine Stütze und ist jetzt obsolet. **11**

§ 4
Kostenansatz

(1) Außer in Strafsachen und in gerichtlichen Verfahren nach dem Gesetz über Ordnungswidrigkeiten werden angesetzt

1. die Kosten der ersten Instanz bei dem Gericht, bei dem das Verfahren erster Instanz anhängig ist oder zuletzt anhängig war,
2. die Kosten des Rechtsmittelverfahrens bei dem Rechtsmittelgericht.

Dies gilt auch dann, wenn die Kosten bei einem ersuchten Gericht entstanden sind.

(2) Ist in Strafsachen oder in gerichtlichen Verfahren nach dem Gesetz über Ordnungswidrigkeiten eine gerichtliche Entscheidung durch die Staatsanwaltschaft zu vollstrecken oder in Jugendgerichtssachen eine Vollstreckung einzuleiten, so werden die Kosten angesetzt

1. in Strafsachen und in gerichtlichen Verfahren nach dem Gesetz über Ordnungswidrigkeiten bei der Staatsanwaltschaft,
2. in Jugendgerichtssachen bei dem Amtsgericht, dem der Jugendrichter angehört, der die Vollstreckung einzuleiten hat (§ 84 des Jugendgerichtsgesetzes).

Im übrigen werden die Kosten in diesen Verfahren bei dem Gericht des ersten Rechtszuges angesetzt. Die Kosten des Rechtsmittelverfahrens vor dem Bundesgerichtshof werden stets bei dem Bundesgerichtshof angesetzt.

2 OLG Brandenburg, JurBüro 1998, 548 = MDR 1998, 1119.
3 OLG Stuttgart, MDR 2001, 1134; OLG Hamm, NJW 2001, 1287; AG Bad Kreuznach, NJW-RR 2000, 951; AG Augsburg, JurBüro 2001, 535; *Schütt* MDR 2001, 357.
4 LG Tübingen, MDR 2000, 1461m. abl. Anm. von *Schütt* MDR 2001, 357.

(2a) Hat die Staatsanwaltschaft im Falle des § 25 a des Straßenverkehrsgesetzes eine abschließende Entscheidung getroffen, so werden die Kosten einschließlich derer, die durch den Antrag auf gerichtliche Entscheidung entstanden sind, bei ihr angesetzt.

(3) Der Kostenansatz kann im Verwaltungsweg berichtigt werden, solange nicht eine gerichtliche Entscheidung getroffen ist. Ergeht nach der gerichtlichen Entscheidung über den Kostenansatz eine Entscheidung, durch die der Streitwert anders festgesetzt wird, so kann der Kostenansatz ebenfalls berichtigt werden.

Übersicht

1 **Allgemeines:** Die im Jahre 1975 in das GKG neu eingefügte Vorschrift regelt, bei welcher Stelle die nach dem GKG zu zahlenden Kosten anzusetzen sind. Sie ist inhaltsgleich mit § 5 KostVfg, welche Verwaltungsvorschrift vom Kostenbeamten beim Kostenansatz zu beachten ist. Eine Sonderregelung enthält § 8 des Gesetzes zur Ausführung des Haager Übereinkommens vom 1. 3. 1954 über den Zivilprozeß (BGBl. I, 939), wonach die Festsetzung von Gerichtskosten durch einen mit der sofortigen Beschwerde anfechtbaren Gerichtsbeschluß erfolgt. Eingeschränkt wird der Kostenansatz durch die Bestimmungen der ZPO über Prozeßkostenhilfe, welche denen des GKG vorgehen.[1]

2 Unter **Kostenansatz** versteht man die Aufstellung der Kostenrechnung durch den Kostenbeamten.[2] Er dient der Befriedigung des Kostenanspruchs des Staates. Die Einziehung der angesetzten Kosten erfolgt im Verwaltungszwangsverfahren nach der JBeitrO.

3 Der Kostenansatz wird idR (vgl. § 61 Abs. 1 ArbGG, § 147 FlurBerG) von Beamten des gehobenen und mittleren Justizdienstes wahrgenommen (§ 1 KostVfg). Es handelt sich um einen Verwaltungsakt,[3] denn der **Kostenbeamte** erfüllt dabei Aufgaben der Justizverwal-

1 *Oe/Wi/He* § 4 Rn. 8.
2 OLG Celle, RPfleger 1966, 279.
3 *Oe/Wi/He* § 4 Rn. 5, 24.

tung.[4] Weil der Kostenbeamte demzufolge keine richterliche Tätigkeit ausübt, ist er beim Kostenansatz der Dienstaufsicht seiner Vorgesetzten unterworfen und hat deren Weisungen zu befolgen.[5] Er muß z. B. auf dienstliche Weisung den Kostenansatz ändern, solange nicht eine gerichtliche Entscheidung vorliegt (Abs. 3).

§ 4 regelt die Zuständigkeit zum Gerichtskostenansatz für die Verfahren nach § 1 GKG 4
und ist auch im Arbeitsgerichtsverfahren **einschlägig**.

Mit Ausnahme von Straf- und Ordnungswidrigkeitensachen sowie Schreibauslagen und 5
Auslagen für Aktenversendung gem. § 64 Abs. 1 S 2 GKG werden die Kosten der ersten Instanz bei dem Gericht angesetzt, bei dem das Verfahren erster Instanz anhängig ist oder zuletzt anhängig war, die Kosten des Rechtsmittelverfahrens dagegen bei dem Rechtsmittelgericht (Abs. 1 S 1). Demgemäß werden die bei den Obersten Bundesgerichten BGH, BVerwG oder BFH anfallenden Kosten dort angesetzt. Die für den BFH früher maßgebende Vorschrift des § 147 FGO ist aufgehoben. Hinsichtlich der bei dem Bayerischen Obersten Landesgericht im Revisionsverfahren erwachsenden Kosten hat das Land Bayern in einer Zusatzbestimmung zu § 5 KostVfg angeordnet, daß die vor Abgabe der Sache an den BGH (§ 7 EGZPO) entstandenen Kosten nur angesetzt werden, wenn der die Kosten auslösende Antrag vor der Übersendung der Akten an den BGH erledigt oder das Verfahren insoweit abgeschlossen ist (z. B.: ein Antrag auf einstweilige Einstellung der Zwangsvollstreckung).

Für den Ansatz der Kosten der ersten Instanz ist der Kostenbeamte des Gerichts der ersten 6
Instanz solange **zuständig**, als sein Gericht mit der Sache befaßt ist. Tritt in der ersten Instanz kein Wechsel des Gerichts durch Verweisung oder Abgabe ein, bleibt er für die Kosten der ersten Instanz auch noch nach Abschluß der ersten Instanz zuständig („zuletzt anhängig war"). Entstehen in der ersten Instanz oder in einem Rechtsmittelverfahren Kosten bei einem ersuchten Gericht, so sind diese Kosten nicht bei dem ersuchten Gericht, sondern bei dem Gericht anzusetzen, bei dem das Verfahren anhängig ist, das ersucht hat (Abs. 1 S 2).

Für eine Verweisung oder Abgabe des Verfahrens gilt – gleichgültig, ob sie bei dem Gericht 7
der ersten Instanz oder einem Rechtsmittelgericht und ob sie innerhalb desselben oder eines anderen Zweiges der Gerichtsbarkeit, auch der Arbeitsgerichtsbarkeit,[6] geschieht – folgendes: Bis zur Verweisung oder Abgabe bleibt der Kostenbeamte des verweisenden oder abgebenden Gerichts zuständig. Die bis zu diesem Zeitpunkt angesetzten Kosten oder Kostenvorschüsse sind bei dem verweisenden oder abgebenden Gericht zu erheben. Das gilt auch für gem. § 68 GKG anzufordernde Auslagenvorschüsse. Nach der Verweisung oder Abgabe des Verfahrens entfällt die Zuständigkeit des Kostenbeamten des verweisenden oder abgebenden Gerichts. Die Kosten und Vorschüsse, die er bis zur Verweisung oder Abgabe nicht angesetzt oder angefordert hat, sind dann ausschließlich vom Kosten-

4 BVerfGE 22, 299, 310; BVerfG, NJW 1970, 853 = MDR 1970, 485 = RPfleger 1970, 161.
5 Vgl. auch *Hartmann* § 4 Rn. 4; *Schütt*, MDR 2001, 358.
6 Für den Kostenausgleich bei Verweisung zwischen den Gerichten der Arbeitsgerichtsbarkeit und denen der ordentlichen Gerichtsbarkeit haben der Bund und die Länder eine bundeseinheitliche Vereinbarung getroffen. Vgl. die ab 1. 7. 2001 geltende Fassung etwa in SchlHA 2001, 180.

beamten des Empfangsgerichts anzusetzen oder anzufordern.[7] Denn mit der Verweisung oder Abgabe wird der Rechtsstreit bei dem neuen Gericht anhängig.[8] Darauf, ob die Verweisung oder die Abgabe an ein Gericht desselben Bundeslandes erfolgt oder an ein solches eines anderen Bundeslandes, kommt es bei der Zuständigkeitsregelung des § 4 nicht an. Das kommt i Erg auch in der Anlage 1 zu § 6 der KostVfg., die auf die Fälligkeit der Kosten abstellt, zum Ausdruck.[9] Bei einer Zurückverweisung an ein Gericht der unteren Instanz sind die Rechtsmittelkosten bei dem Rechtsmittelgericht, die Kosten der unteren Instanz unter Beachtung von §§ 27, 33 GKG bei dem Gericht der unteren Instanz anzusetzen. Die nach § 130 BRAGO auf die Landeskasse übergegangenen und einzuziehenden Beträge sind keine Gerichtskosten, so daß die Zuständigkeitsregelung des § 4 für den Ansatz dieser Kosten nicht greift (vgl. auch § 6 Abs. 2 KostVfg).

8 **Strafsachen, Ordnungswidrigkeiten und Jugendgerichtssachen:** Die Strafvollstreckung erfolgt grundsätzlich durch die Staatsanwaltschaft als Vollstreckungsbehörde (§ 451 StPO). Das gilt auch für die Vollstreckung gerichtlicher Bußgeldbescheide (§ 91 OWiG), so daß auch hier die Staatsanwaltschaft grundsätzlich Vollstreckungsbehörde ist. Nach § 4 Abs. 2 S 1 GKG sind die Gerichtskosten des Vollstreckungsverfahrens also in beiden Fällen bei der Staatsanwaltschaft anzusetzen. In Jugendgerichtssachen ist in allen Fällen der Jugendrichter Vollstreckungsleiter, wenn das Jugendgericht im ersten Rechtszug erkannt hat (§§ 82, 84 JGG). Die Gerichtskosten sind dann bei dem Amtsgericht anzusetzen. Wenn und soweit eine gerichtliche Entscheidung durch die Staatsanwaltschaft zu vollstrecken ist, ist diese auch für den Ansatz der Kosten aus ihren Entscheidungen zuständig, die sich nicht gegen den Beschuldigten richten, sondern gegen andere Beteiligte (z. B.: Zeugen, Sachverständige, Nebenkläger).[10] Wenn in Straf-, Bußgeld- oder Jugendgerichtssachen verschiedene Behörden zuständig sind (z. B.: in einem Strafverfahren gegen einen Erwachsenen und einen Jugendlichen die Staatsanwaltschaft für den Erwachsenen und das Amtsgericht für den Jugendlichen), ist es zweckmäßig, daß sich die jeweiligen Kostenbeamten gegenseitig verständigen (vgl. § 5 Abs. 2 KostVfg).

9 Die Kosten des **Rechtsmittelverfahrens beim BGH** sind beim BGH als Rechtsmittelgericht anzusetzen (§ 1 S 1 Nr. 2, Abs. 2 S 3). Schreibauslagen können aber bei der Stelle angesetzt werden, von der die Ausfertigungen oder Abschriften erteilt werden (§ 64 Abs. 1 S 2 GKG, KV 9000).

10 Die **Kostenrechnung** wird für jede Instanz gesondert erstellt. Die Kosten sind für jede Instanz getrennt zu berechnen. Der rechtskräftige Abschluß der Instanz ist nicht Voraussetzung dafür.[11] Maßgebend ist vielmehr die Fälligkeit der Kosten, wobei es unbeachtlich ist, ob durch Beendigen des Verfahrens eine bereits angesetzte Gebühr sich ermäßigt oder fortfällt oder erhobene Kostenvorschüsse abzurechnen sind.[12] Erforderlichenfalls werden in ein und demselben Verfahren mehrere Kostenrechnungen und am Ende des Verfahrens

7 Vgl. OLG Brandenburg, JurBüro 1998, 548 = MDR 1998, 1119.
8 Vgl. auch die Ländervereinbarung zu § 6 KostVfg.
9 Vgl. auch *Oe/Wi/He* § 4 Rn. 30.
10 Vgl. *Oe/Wi/He* § 4 Rn. 35.
11 BFH, BStBl 1976 II, 462.
12 *Oe/Wi/He* § 4 Rn. 18.

eine Schlußkostenrechnung aufzustellen sein.[13] Eine Verrechnung eines sich in einer Instanz ergebenden Überschusses auf eine andere Instanz ist nur dann zulässig, wenn es sich um denselben Kostenschuldner handelt.[14]

Der Kostenbeamte hat von Amts wegen festzustellen, wer als Kostenschuldner in Betracht **11**
kommt. Das gilt auch dann, wenn einem Dritten im Laufe des Verfahrens durch besonderen Beschluß Kosten oder Auslagen auferlegt worden sind (z. B. Zeugen wegen Ausbleibens) und das in der Kostenentscheidung des Urteils nicht zum Ausdruck gebracht worden ist.[15] Er darf z. B. nicht dem mutmaßlichen Rechtsnachfolger eines Kostenschuldners aufgeben, nachzuweisen, ob er der Rechtsnachfolger ist oder nicht.[16] Der Kostenschuldner hat keinen Anspruch auf rechtliches Gehör vor der Erstellung der Kostenrechnung,[17] was aber nicht ausschließt, ihn zur Klarstellung eines zweifelhaften Sachverhalts vor dem Kostenansatz zu hören.[18] Eine Ausscheidung bestimmter Kosten nach § 465 Abs. 2 StPO ist beim Kostenansatz nur dann zulässig, wenn und soweit es das Gericht im Kostenausspruch des Urteils eindeutig zum Ausdruck gebracht hat.[19] Demzufolge unterfällt auch ein Verzinsungsantrag für zu erstattende Kosten niemals dem Kostenansatz. Denn insoweit kann es sich nicht um Ansprüche aus dem GKG handeln, sondern allenfalls um öffentlich-rechtliche Erstattungsansprüche auf Grund von Bestimmungen, die sich nicht aus kostenrechtlichen Vorschriften ergeben.[20]

Der Kostenansatz geschieht durch Aufstellung der Kostenrechnung, aus der erkennbar **12**
sein muß, auf welche Sache sie sich bezieht, welche Gebühren und Auslagen berechnet werden und welche Vorschriften und Werte der Berechnung zugrunde gelegt werden, welcher Gesamtbetrag geschuldet wird und welche Vorschüsse darauf verrechnet werden, wie natürlich auch erkennbar zu sein hat, wer als Kostenschuldner in Anspruch genommen wird (§ 27 KostVfg).[21] Den Streitwert hat der Kostenbeamte erforderlichenfalls selbst zu ermitteln.[22] Im Zweifel wird er die Akten dem Gericht zwecks Streitwertfestsetzung vorlegen (Vgl. unten, § 25 Rn. 12). Einen gerichtlich festgesetzten Streitwert hat der Kostenbeamte zugrunde zu legen. Sind für einzelne Gebühren Teilstreitwerte maßgebend und hat das Gericht nur einen Gesamtstreitwert festgesetzt, kann die Staatskasse gesonderte Festsetzung beantragen (§ 25 GKG), falls die Teilstreitwerte nicht eindeutig feststehen.[23] Der Kostenansatz muß auch dann erfolgen, wenn die Kosten bereits vorschußweise gezahlt sind. Davon wird man aber dann absehen dürfen, wenn sich nach dem Abschluß des Verfahrens herausstellt, daß sich der geschuldete Endbetrag mit dem Vor-

13 *Oe/Wi/He* § 4 Rn. 19.
14 KG, RPfleger 1962, 117 (L).
15 OLG Düsseldorf, NStZ-RR 1998, 253.
16 KG, JW 1936, 2820 = JVBl. 1936, 347.
17 OLG Celle, NdsRPfl. 1968, 282; *Oe/Wi/He* § 4 Rn. 25.
18 Vgl. dazu auch BVerfG NJW 1970, 853 = MDR 1970, 485 = RPfleger 1970, 161.
19 Vgl. OLG Celle, NJW 1971, 1095; AG Mainz, JVBl. 1969, 239.
20 So zutr *Schütt* MDR 2001, 357, 358. Dazu auch OLG Hamm, NJW 2001, 1287. Vgl. auch OLG Stuttgart, MDR 2001, 1134.
21 KG, JW 1937, 2473; OLG Düsseldorf, MDR 1959, 770.
22 Vgl. *Hartmann* § 25 Rn. 22.
23 FG Münster, JurBüro 1970, 945 (L).

schuß deckt. Sind Kosten oder Auslagen zurückzuzahlen, findet eine Verzinsung nicht statt (§ 10 Abs. 4).[24] Soweit der allein kostenpflichtigen Partei Prozeßkostenhilfe gewährt ist, hat der Kostenansatz zu unterbleiben, solange die Bewilligung der Prozeßkostenhilfe nicht aufgehoben ist (§ 124 ZPO).

13 Über die Behandlung von Kleinbeträgen[25] und die Abstandnahme vom Kostenansatz[26] bei dauernder Zahlungsunfähigkeit des Kostenschuldners bestehen Verwaltungsvorschriften. Der Umstand, daß das Kostensoll aus einer Kostenrechnung gelöscht worden ist, steht einer erneuten Anforderung der infrage stehenden Kosten nicht entgegen. Denn die Löschung ist ein rein justizinterner Buchungsvorgang ohne Außenwirkungen.[27] Falls der Kostenschuldner durch einen Prozeßbevollmächtigten vertreten ist, ist der Kostenansatz diesem mitzuteilen.[28] Der Prozeßbevollmächtigte ist verpflichtet, den Kostenansatz auf seine Richtigkeit zu prüfen.

14 Der Kostenansatz kann **im Verwaltungswege berichtigt** werden, solange nicht eine gerichtliche Entscheidung (im Erinnerungs- oder Beschwerdeverfahren)[29] getroffen ist, Abs. 3. Hierzu ist der Kostenbeamte auch dann noch befugt, wenn die Erinnerung eingelegt ist. Eine gerichtliche Entscheidung steht einer Berichtigung durch den Kostenbeamten aber dann nicht entgegen, wenn der Streitwert anders festgesetzt wird oder die Änderung des Ansatzes nicht in Widerspruch mit der gerichtlichen Entscheidung steht

24 So früher schon OLG Stuttgart, MDR 2001, 1134; AG Bad Kreuznach, NJW-RR 2000, 951.

25 Grundlage dafür ist die AV des RJM v. 23.11.1937 i. d. F. v. 9.12.1940, geändert durch AV v. 21.5.1974 (BAnz 1974, 100), AnwBl. 1974, 211, welche allerdings durch die Länder vielfach geändert oder ersatzlos gestrichen bzw. durch (teilweise) Neuregelungen in den Landesjustizkostengesetzen ersetzt wurden. So z. B. **Baden-Württemberg:** AV v. 8.3.1994, Die Justiz 1994, 119, **Bayern:** Bek. v. 20.3.1996, JMBl. 1996, 42, **Berlin:** AV v. 16.12.1958, Abl. 19959, 51, **Brandenburg:** AV v. 25.9.1995, JMBl. 1995, 166, **Bremen:** Erl. v. 30.10.1967, Abl. 1967, 353, **Hamburg:** AV v. 6.5.1994, JVBl. 1994, 40, **Hessen:** RdErl v. 5.5.1994, JMBl. 1994, 198, **Niedersachsen:** RdErl v. 17.5.1995, NdsRPfl. 1995, 155, **Nordrhein-Westfalen:** AV v. 20.2.1997, JMBl. 1997, 67, **Rheinland-Pfalz:** AV v. 24.2.1997, JMBl. 1971, 57, **Saarland:** VO v. 22.8.1994, GMBl. 1994, 437, **Sachsen:** VV v. 24.5.1994, JMBl. 1994, 68, **Schleswig-Holstein:** Anl zu Nr 2.6 der Verwaltungsvorschriften zu § 59 LHO (SchlHA 1996, 102), **Thüringen:** VV 21.10.1994, JMBl. 1994, 168.

26 Eine bundeseinheitliche Regelung ist nicht vorhanden. Die VO v 20.3.1935 (RGBl. 1935, 406) und die dazu erlassenen Ausführungsbestimmungen sind nach 1945 von den Ländern teilweise ganz aufgehoben und durch entspre Regelungen ersetzt oder teilweise abgeändert worden. Für Forderungen des **Bundes** gilt die Bek. v. 4.7.1987 (BAnz 1978, 73). In den Ländern gilt: **Baden-Würtemberg:** AV v. 8.8.1995, Die Justiz 1998, 371, **Bayern:** Bek. v. 7.7.1979, JMBl. 1997, 102, **Berlin:** G. v. 19.5.1992, GVBl. 1992, 182 ; AV v. 10.6.1992, Abl. 1992, 1785, **Brandenburg** : KostG v. 3.6.1994, GVBl. 1994, 1994, 172;, AV v. 5.8.1997, JMBl. 1997, 115, **Bremen:** G. 4.8.1992, GBl. 1992, 257, **Hamburg:** G. v. 9.6.1992, GVBl. 1992, 115; AV v. 30.10.1995, JVBl. 1992, 95, **Hessen** : RdErl. v. 3.12.1997, JMBl. 1998, 157, **Mecklenburg-Vorpommern:** VV v. 17.1.1995, Abl. 1995, 78, **Niedersachsen:** G v. 2.3.1992, GVBl. 1992, 58; AV v. 24.11.1994, NdsRPfl. 1994, 354, **Nordrhein-Westfalen** : G v. 19.9.1985, GVBl. 1985, 588, **Rheinland-Pfalz:** G. v. 5.10.1990, GVBl. 1990, 281; AV v. 18.3.1983, GVBl. 1983, 80, **Saarland** : G v. 26.2.1992, Abl. 1992, 595, **Sachsen:** G v. 10.11.1992, GVBl. 1992, 537; VV v. 3.2.1998, JMBl. 1998, 22, **Sachsen-Anhalt:** G v. 23.8.1993, GVBl. 1993, 449, **Schleswig-Holstein:** G v. 14.11.1991, GVBl. 1991, 577 (teilweise aufgehoben durch G v. 24.2.1994, GVBl. 1994, 129); AV v. 18.6.1992, SchlHA 1992, 129, **Thüringen:** G v. 22.10.1992, GVBl. 1992, 527.

27 KG, RPfleger 1962, 117.

28 OLG Stuttgart, JurBüro 1975, 1012.

29 OLG Koblenz, NJW 1957, 796.

(z. B.: hinsichtlich einer von der Entscheidung nicht berührten Gebühr). Sind die an Zeugen, Sachverständige, Pflichtverteidiger oder im Weg der Prozeßkostenhilfe beigeordnete Rechtsanwälte gezahlten Kosten in den Kostenansatz aufgenommen und werden diese Kosten später nach § 16 ZSEG, §§ 98, 128 BRAGO anders festgesetzt, hat der Kostenbeamte den Kostenansatz ebenfalls zu berichtigen. Die Berichtigung des Kostenansatzes zugunsten der Staatskasse ist aber nur solange statthaft, als eine Nachforderung wegen irrigen Ansatzes zulässig ist (§ 7 GKG).

Streitwertänderung, Abs. 3 S 2: Hat das Gericht im Kostenansatzverfahren auf die Erinnerung oder Beschwerde unter Zugrundelegung eines bestimmten Streitwertes entschieden und wird dieser Streitwert durch eine spätere gerichtliche Entscheidung (§ 25 GKG) anders festgesetzt, so kann dadurch der Kostenansatz unrichtig werden, wenn sich aus dem später festgesetzten Streitwert andere Gebühren ergeben. Da das Gericht seine im Kostenansatzverfahren ergangene Entscheidung nicht von Amts wegen ändern kann, mußte für den Fall der richterlichen Streitwertänderung die Berichtigung des Kostenansatzes im Verwaltungswege auch nach einer vorangegangenen gerichtlichen Entscheidung über den Kostenansatz zugelassen werden. **15**

Eine **gerichtliche Entscheidung** über den Kostenansatz liegt dann vor, wenn das Gericht über die Erinnerung oder Beschwerde entschieden hat. Das Gesetz verlangt keine rechtskräftige Entscheidung. Weil die Beschwerde nach § 5 Abs. 2 S 4 GKG nicht fristgebunden ist, würde es gegen den Sinn und Zweck der Bestimmung des § 4 Abs. 3 verstoßen, hier über den Zeitpunkt der Entscheidung des Gerichts hinaus eine Abänderung im Verwaltungsrechtsweg zuzulassen. **16**

Die zulässige Berichtigung des Kostenansatzes im Verwaltungsweg kann sowohl **zum Nachteil als auch zum Vorteil** des Kostenschuldners oder der Staatskasse erfolgen. Der Kostenschuldner muß nicht vorher gehört werden, vgl. Rn. 11. Ergibt sich durch die Berichtigung ein Überschuß zugunsten des Kostenschuldners, besteht kein Verzinsungsanspruch für die Erstattungsbeträge (§ 10 Abs. 4). **17**

§ 4 Abs. 3 gilt auch in **Arbeitsgerichtsverfahren.** **18**

§ 5
Erinnerung, Beschwerde

(1) Über Erinnerungen des Kostenschuldners und der Staatskasse gegen den Kostenansatz entscheidet das Gericht, bei dem die Kosten angesetzt sind. Sind die Kosten bei der Staatsanwaltschaft angesetzt worden, so ist das Gericht der ersten Instanz zuständig. War das Verfahren in erster Instanz bei mehreren Gerichten anhängig, so ist das Gericht, bei dem es zuletzt anhängig war, auch insoweit zuständig, als Kosten bei den anderen Gerichten angesetzt worden sind.

(2) Gegen die Entscheidung über die Erinnerung können der Kostenschuldner und die Staatskasse Beschwerde einlegen, wenn der Wert des Beschwerdegegenstandes

50 Euro übersteigt. Die Beschwerde ist ausgeschlossen, wenn die Kosten bei dem Rechtsmittelgericht angesetzt worden sind. Eine Beschwerde an einen obersten Gerichtshof des Bundes findet nicht statt.

(3) Die Erinnerung und die Beschwerde sind schriftlich oder zu Protokoll der Geschäftsstelle bei dem Gericht einzulegen, das für die Entscheidung über die Erinnerung zuständig ist; §§ 129a, 130a der Zivilprozeßordnung gilt entsprechend. Die Erinnerung kann auch bei der Staatsanwaltschaft eingelegt werden, wenn die Kosten bei dieser angesetzt worden sind. Die Erinnerung und die Beschwerde sind nicht an eine Frist gebunden.

(4) Das Gericht, das über die Erinnerung entschieden hat, kann der Beschwerde abhelfen. Über die Beschwerde entscheidet das nach den für die Hauptsache geltenden Vorschriften zuständige, im Rechtszug nächsthöhere Gericht. Erinnerung und Beschwerde haben keine aufschiebende Wirkung. Der Vorsitzende des Gerichts oder der Vorsitzende des Beschwerdegerichts kann auf Antrag oder von Amts wegen die aufschiebende Wirkung ganz oder teilweise anordnen. Im übrigen sind die für die Beschwerde in der Hauptsache geltenden Vorschriften anzuwenden.

(5) In dem Verfahren über die Erinnerung oder über die Beschwerde bedarf es nicht der Mitwirkung eines Bevollmächtigten.

(6) Das Verfahren über die Erinnerung und über die Beschwerde ist gebührenfrei. Kosten werden nicht erstattet.

Übersicht

1 **Allgemeines:** Die Vorschrift regelt die Zuständigkeit für das Erinnerungsverfahren gegen den nach § 4 GKG erfolgten Kostenansatz und das Erinnerungs- und Beschwerdeverfahren. Sie ist durch das KostRÄndG 1994 gründlich überarbeitet worden. Sinngemäß anwendbar ist die Vorschrift auf den Ansatz von Gerichtsvollzieherkosten (§ 9 GvKostG). Die Vorschrift ist nicht anwendbar auf Erinnerungen gegen die Art und Weise der Zwangsvollstreckung nach § 766 ZPO, auch wenn Gegenstand der Vollstreckung und der Erinnerung Gerichtskosten sind.

2 Die **Erinnerung** ist der **gegen den Kostenansatz vorgesehene Rechtsbehelf.**[1] Der ordentliche Rechtsweg ist ausgeschlossen.[2] Daneben gibt es selbstverständlich noch die **Dienstaufsichtsbeschwerde,** die aber nur das dienstliche Verhalten des Kostenbeamten zum Gegenstand haben kann, während die Erinnerung die sachliche Berechtigung des Kostenansatzes verfolgt. Die Erinnerung ist auch zu unterscheiden von den **Einwendungen im Kostenbeitreibungsverfahren** nach §§ 1 Nr. 4, 8 JBeitrO, welche sich nicht gegen den Kostenansatz als solchen richten, sondern den beizutreibenden Anspruch selbst, die Haftung für den Anspruch oder die Verpflichtung zur Duldung der Vollstreckung (z. B.: die Geltendmachung der beschränkten Erbenhaftung) betreffen.[3] Gegen die **Art und Weise der Kostenbeitreibung** ist nicht die Erinnerung nach § 5 GKG, sondern die nach § 766 ZPO gegeben (§ 6 Nr. 1 JBeitrO). Über sie entscheidet das Vollstreckungsgericht (§§ 766, 764, 828 Abs. 2 ZPO).[4] In Art. XI § 1 KostRÄndG 1975 ist die Anfechtung von Verwaltungsakten, die im Bereich der Justizverwaltung ergehen, durch **Antrag auf gerichtliche Entscheidung vorgesehen.**[5] Nach §§ 23 ff. EGGVG geht das Kostenansatzverfahren nach § 5 GKG dem Verfahren nach §§ 23 ff. EGGVG als lex specialis vor.

3 Die Erinnerung ist an **keine Frist** gebunden, was durch Art. 32 Nr. 1b des ZPO-RG jetzt klargestellt worden ist. Sie ist auch noch nach vorbehaltloser Erfüllung der Kostenschuld bis zum Eintritt der Verjährung möglich.[6] Eine zeitliche Begrenzung ergibt sich allerdings für die Staatskasse aus § 7 GKG, und allgemein aus den Verjährungsvorschriften des § 10[7] sowie der Möglichkeit der Verwirkung des Erinnerungsrechts. Für die Annahme einer **Verwirkung** genügt aber der bloße Zeitablauf allein nicht. Es müssen vielmehr noch

1 BFH, RPfleger 1992, 365.
2 BGH, NJW 1984, 871 m. w. N.
3 KG, RPfleger 1962, 117 (L).
4 VGH Bad-Würt., DÖV 1974, 538 (L).
5 Vgl. auch §§ 23 ff. EGGVG. Dazu BGH, RPfleger 1974, 305.
6 OLG Karlsruhe, Die Justiz 1968, 230; OLG Bremen, RPfleger 1957, 270 (L); *Hartmann* § 5 Rn. 15; *Oe/Wi/He* § 5 Rn. 6. A. M. OLG Hamm, NJW 1967, 1476 = MDR 1967, 504 = JVBl. 1967, 112 = JMBLNRW 1967, 216; OLG Bremen, JurBüro 1973, 1195.
7 KG, JW 1933, 1071.

besondere Umstände hinzukommen, welche die Annahme rechtfertigen, der Kostenschuldner werde sein Erinnerungsrecht nicht mehr geltend machen.[8] Die Erinnerung kann **schriftlich oder zu Protokoll der Geschäftsstelle** eingelegt werden (Abs. 3 S 1), wobei die Mitwirkung eines Prozeßbevollmächtigten nicht erforderlich ist (Abs. 5). Das gilt auch für die Erinnerung beim Rechtsmittelgericht sowie bei einem obersten Bundesgericht (BGH, BVerwG, BFH). Daß ein Rechtsanwalt im Rahmen seiner Prozeßvollmacht für den Kostenschuldner Erinnerung einlegen kann,[9] ist selbstverständlich, wie der Kostenschuldner sich auch nach allgemeinen Regeln vertreten lassen kann.[10] Dann aber ist die – je nach Verfahrensart – Vertretungsmacht nachzuweisen.[11] Die Bezeichnung als Erinnerung ist nicht notwendig, aber zweckmäßig. Ebensowenig schadet eine falsche Bezeichnung, z. B. als Beschwerde.[12] Es genügt, wenn aus der Erklärung mit hinreichender Sicherheit zu entnehmen ist, daß der Kostenansatz bemängelt wird. Die Erinnerung berührt die durch den Kostenansatz begründete Zahlungspflicht nicht (Abs. 4 S 3), doch kann durch den Vorsitzenden des Gerichts oder des Beschwerdegerichts auf Antrag oder von Amts wegen im Rahmen seines pflichtgemäßen Ermessens[13] die aufschiebende Wirkung durch unanfechtbaren Beschluß[14] ganz oder teilweise angeordnet werden (Abs. 4 S 4), sofern die Erinnerung überhaupt statthaft ist,[15] und – solange das Gericht noch nicht entschieden hat – im Verwaltungswege die aufschiebende Wirkung ganz oder teilweise angeordnet werden (§ 4 Abs. 3 GKG).

4 **Erinnerungsberechtigt** sind der **Kostenschuldner** und die **Staatskasse. Kostenschuldner** (§§ 49 ff.) ist derjenige, der in der Kostenrechnung als Schuldner bezeichnet und zur Zahlung der Kosten aufgefordert worden ist.[16] Letzteres ist deshalb erforderlich, weil die Gerichtskostenrechnung einen Verwaltungsakt darstellt. Einen solchen kann aber grundsätzlich nur derjenige anfechten, der dadurch in seinen Rechten rechtswidrig verletzt worden ist.[17] Das wiederum setzt voraus, daß der Verwaltungsakt Außenwirkung erhalten hat. Unter dieser Voraussetzung steht auch dem als Vermögensübernehmer (§ 419 BGB bis 31. 12. 1998) in Anspruch genommenen Kostenschuldner[18] und dem Rechtsnachfolger des in Anspruch genommenen Kostenschuldners die Erinnerung zu. Erinnerungsberechtigt ist auch der Kostenschuldner, dessen Antrag auf Rückerstattung zuviel gezahl-

8 Vgl. dazu OLG Frankfurt/Main, JurBüro 1978, 100 = JZ 1977, 148 (L); OLG Frankfurt/Main, RPfleger 1977, 261; OLG München, MDR 1957, 561; OLG Bamberg, RPfleger 1958, 283; *Oe/Wi/He* § 5 Rn. 6. **A. M.** OLG Hamm, NJW 1967, 1476; KG, RPfleger 1962, 117 (L), die den bloßen Zeitablauf als ausreichend ansehen wollen. Vgl. auch OLG Hamburg, Rpfleger 1962, 234 (L); OLG Frankfurt/Main, RPfleger 1965, 182 = JurBüro 1965, 144; *Lappe* § 5 Rn. 5; *Schneider* JurBüro 1965, 505.
9 OLG Stuttgart, JurBüro 1975, 1102.
10 BGH, RPfleger 1992, 365.
11 BGH, RPfleger 1992, 365; *Hartmann* § 5 Rn. 5.
12 OLG Celle, JurBüro 1965, 640 = NdsRPfl. 1965, 47.
13 OLG München, MDR 1985, 333.
14 OLG München, MDR 1985, 333.
15 BGH, NJW 1992, 1458.
16 BGH, RPfleger 1956, 12; OLG Schleswig, JurBüro 1981, 403; **A. M.** OLG Nürnberg, 1963, 550; BayObLG, JurBüro 1975, 492; OLG München, JurBüro 1982, 884 m. Anm. v. *Mümmler*; OLG München, JurBüro 1990, 357 = MDR 1990, 62; VG Wiesbaden, DRiZ 1994, 345, 346.
17 OLG Schleswig, JurBüro 1981, 403 = SchlHA 1981, 71.
18 BGH, RPfleger 1956, 12; 1959, 1 (L) = JurBüro 1955, 449 (L) = NJW 1955, 1399 (L).

ter Kosten abgelehnt wurde oder der gesamtschuldnerisch als Kostenschuldner haftet und in der Kostenrechnung nicht genannt ist.[19] Werden Dritte, etwa infolge Namensverwechslung oder irrtümlich, als Kostenschuldner herangezogen, so sind auch sie erinnerungsberechtigt.[20] So etwa das Vorstandsmitglied eines nicht rechtsfähigen Vereins, wenn es für den Verein aufgetreten ist.[21] Das gilt auch für den Insolvenzverwalter, selbst wenn von ihm Kosten angefordert werden, die weder Massekosten noch Masseschulden sind.[22] Vorher erhobene Erinnerungen können nur als Antrag oder Anregung des Kostenschuldners angesehen werden, die Kostenrechnung in einer von ihm gewünschten Weise zu erstellen.

Weitere Voraussetzung ist, daß der Erinnerungsführer durch den Kostenansatz **beschwert** 5
ist.[23] Ist der Kostenansatz i Erg richtig, in einzelnen Teilbeträgen aber fehlerhaft, so kommt es für die Beurteilung einer Beschwer darauf an, ob nur ein Rechenfehler vorliegt oder ob zu Unrecht eine nicht geschuldete Gebühr oder unzutreffende Auslagen angesetzt oder solche weggelassen wurden. Bei bloßen Rechenfehlern fehlt bei einer i Erg richtigen Kostenrechnung die Beschwer.[24] Eine Beschwer des Antragstellers fehlt auch, wenn antragsgemäß eine zu hohe Gebühr gegen den Gegner im Kostenfestsetzungsverfahren festgesetzt wird.[25] In den anderen Fällen ist dagegen trotz des rechnerisch richtigen Ergebnisses eine Beschwer gegeben, weil der Kostenschuldner mit einer zusätzlichen Nachforderung der geschuldeten Gebühr, die Staatskasse aber mit der Rückzahlung der nicht geschuldeten Kosten und/oder der Einrede der Verjährung auf die nicht geschuldeten Kosten rechnen müßte. Wird gegen den Willen des Erstschuldners der Zweitschuldner in Anspruch genommen, so ist er nicht beschwert und deshalb auch nicht erinnerungsberechtigt.

Anders als die Beschwerde ist die Erinnerung nicht von einem Mindestbetrag abhängig. 6

Die **Staatskasse** ist ebenfalls zur Einlegung der Erinnerung berechtigt. Sie wird nach den 7
einschlägigen Länderbestimmungen, idR durch den **Bezirksrevisor**, vertreten. Sie soll allerdings nur bei grundsätzlichen Fragen Erinnerung einlegen und im übrigen den Weg der Anweisung des Kostenbeamten zur Berichtigung wählen.[26] Sie kann sowohl Erinnerung einlegen, wenn ihr der Kostenansatz zu hoch[27] als auch (im eigenen Namen),[28] wenn er ihr zu niedrig erscheint. Denn wegen des Rückzahlungsanspruchs des Kostenschuldners ist sie auch in solchen Fällen beschwert.

Anderen Beteiligten als den Kostenschuldner und der Staatskasse steht die Erinnerung 8
nicht zu. Demzufolge kann auch eine Einwendung aus dem Mandatsverhältnis des Rechtsanwalts, die eine ausgeurteilte Kostenragungspflicht betrifft, nicht Gegenstand der Erin-

19 OLG München, JurBüro 1990, 357.
20 BGH, RPfleger 1956, 12.
21 VGH Baden-Würtemberg, JurBüro 1999, 205.
22 Vgl. LG Dortmund, RPfleger 1963, 311.
23 OLG Düsseldorf, JurBüro 1985, 1065 = RPfleger 1985, 255.
24 Vgl. auch *Hartmann* § 5 Rn. 12.
25 OLG Karlsruhe, JurBüro 2001, 315.
26 Vgl. *Hartmann* § 5 Rn. 7.
27 KG, RPfleger, 1977, 227; LG Gießen, DGVZ 1989, 184.
28 LG Gießen, DGVZ 1989, 184; *Hartmann* § 5 Rn. 7.

nerung sein,[29] ganz abgesehen davon, daß es sich auch um eine unzulässige Einwendung gegen die Grundentscheidung handelt (unten, Rn. 9). Wird wegen einer Kostenschuld in das Vermögen eines Unbeteiligten, der in der Kostenrechnung als Kostenschuldner nicht benannt oder nicht als Rechtsnachfolger eines genannten Kostenschuldners fungiert, vollstreckt, so kann er Drittwiderspruchsklage nach § 771 ZPO erheben, nicht aber Erinnerung einlegen; wird er aber auf Duldung der Vollstreckung in Anspruch genommen, steht ihm die Erinnerung nach § 8 JBeitrO iVm § 5 GKG offen. Wer in der Kostenrechnung nicht als Kostenschuldner benannt ist, kann auch dann keine Erinnerung erheben, wenn der Kostenschuldner ihn auf Erstattung der Kosten in Anspruch nimmt. Ihm steht, mag er im Kostenfestsetzungsverfahren in Anspruch genommen oder im Wege des Zivilprozesses herangezogen werden, lediglich in jenen Verfahren der Einwand zu, der Kostenschuldner habe eine nicht geschuldete Leistung bewirkt.[30] Wenn er dort mit dem Einwand durchdringt, kann der Kostenschuldner, falls § 10 Abs. 2 GKG dem nicht entgegensteht, im Wege der Erinnerung die Rückvergütung zuviel gezahlter Kosten verlangen. Abzulehnen ist danach auch die Ansicht, der Versicherer, der für den Kostenschuldner unmittelbar an die Staatskasse gezahlt hat, sei erinnerungsberechtigt.[31] Im Wege des Zwangsversteigerungsverfahrens ist der Ersteher des Grundstücks hinsichtlich daraus dem Erlös zu entnehmenden Gerichtskosten nicht Kostenschuldner und daher auch nicht erinnerungs- und beschwerdeberechtigt.[32] Auch eine Aufforderung des Kostenbeamten, zum Zwecke der Gebührenberechnung den Wert des Grundstücks anzugeben, ist nicht mit der Erinnerung anfechtbar.[33] Insoweit mangelt es schon an einem Kostensatz überhaupt, weil eine solche Anfrage bestenfalls im Rahmen der Ermittlungen der Grundlagen für einen Kostenansatz angesehen werden kann.

9 **Gegenstand der Erinnerung** ist nur der Kostenansatz,[34] also nur eine Verletzung des Kostenrechts. Einwendungen des Kostenschuldners, aus dem Mandatsverhältnis mit seinem Prozeßbevollmächtigten, sind niemals statthaft, selbst dann, wenn der Prozeßbevollmächtigte im Innenverhältnis zum Kostenschuldner gar nicht vertretungsberechtigt war[35] (Vgl. dazu auch unten, § 49, Rn. 3). So z. B. die Inanspruchnahme als Kostenschuldner, gleichgültig, ob als Erst- oder Zweitschuldner und/oder ob die Voraussetzungen zur Heranziehung als Zweitschuldner (§ 58 Abs. 2 GKG) gegeben ist, ferner die Kostenfreiheit (§ 2 GKG), die Art und die Höhe der in Rechnung gestellten Kosten und deren Fälligkeit,[36] des Ausgangs vom richtigen – vom Gericht nach § 25 GKG festgesetzten – Streitwert.[37] Wird allerdings die Richtigkeit des Streitwerts als solche angegriffen, muß dieser erst nach § 25 GKG vom Gericht festgesetzt werden, so daß eine Erinnerung dann als Antrag auf

29 BGH, NJW-RR 1998, 503.
30 BGH, JurBüro 1978, 517 = RPfleger 1978, 45; OLG München, JurBüro 1979, 122.
31 So aber OLG Düsseldorf, VersR 1983, 239; OLG Düsseldorf, VersR 1983, 250 = JurBüro 1983, 581 = MDR 1983, 321 und einschränkend *Hartmann* § 5 Rn. 4.
32 LG Krefeld, JVBl. 1960, 94.
33 *Lappe* § 5 Rn. 4.
34 BGH, NJW 1992, 1458; OLG Frankfurt/Main, JurBüro 1987, 728.
35 BGH, NJW-RR 1998, 503; OLG Schleswig, SchlHA 1995, 301.
36 *Hartmann* § 5 Rn. 18.
37 Vgl. *Hartmann* § 5 Rn. 18.

Festsetzung oder als sofortige Beschwerde gegen die Festsetzung des Streitwerts zu behandeln ist[38](vgl. unten, Rn. 13). Die Verrechnung oder Erstattung[39] von Vorschüssen der Parteien (nicht aber Dritter[40]), die Beachtung der formellen Bestimmungen über den notwendigen Inhalt der KostVfg,[41] die gegenüber dem Kostenschuldner verbindliche Ermessenerichtlinien enthält,[42] und der Anspruch auf Kostenrückerstattung kann ebenfalls Gegenstand der Erinnerung sein, wie auch die Einrede der Verjährung mit der Erinnerung erhoben werden kann, gleichgültig, ob behauptet wird, die Kostenforderung sei schon vor oder erst nach dem Kostenansatz verjährt.[43] Die Erinnerung kann auch darauf gestützt werden, daß zu Unrecht eine Nichterhebung von Kosten (§ 8 GKG) verweigert oder bewilligt worden sei, oder daß eine Nachforderung von Kosten (§ 7 GKG) zu Unrecht erfolgt sei. Aber die bloße **Ankündigung** eines Kostenansatzes ist nicht mit der Erinnerung anfechtbar, weil insoweit noch kein förmlicher Kostenansatz (d. h. eine definitiv erstellte und nach Außen gelangte Kostenrechnung) gegeben ist.[44]

Der Einwand des Kostenschuldners, er habe die angesetzten **Gerichtskosten bereits gezahlt**, wendet sich dagegen nicht gegen den Kostenansatz, sondern gegen dessen Vollzug. Gleichwohl ist der Einwand im Wege der Erinnerung geltend zu machen. Das folgt aus § 8 Abs. 1 JBeitrO i. V. m. § 5 GKG. Die Zahlung hat der Kostenschuldner aber zu beweisen, die Glaubhaftmachung genügt nicht.[45] Dasselbe gilt, wenn der Kostenschuldner einwendet, die Forderung sei durch Aufrechnung erloschen. Eine Aufrechnung ist nur zulässig, wenn die Gegenforderung anerkannt oder gerichtlich festgestellt worden ist (§ 8 Abs. 1 JBeitrO). Die Aufrechnungserklärung der Justizverwaltung gegenüber Erstattungsansprüchen bei einem Teilfreispruch ist ein nach Art. XI § 1 KostÄndG vom 26. 7. 1957 anfechtbarer Verwaltungsakt.[46] Wegen Einwendungen des Kostenschuldners nach §§ 781, 784 ZPO gilt die Bestimmung des § 8 Abs. 1 JBeitrO. Der Kostenschuldner hat keinen Anspruch darauf, daß der Kostenansatz wegen seines „dauernden Unvermögens" i. S. v. § 10 KostVfg unterbleibt. Er kann deshalb auch nicht die Verletzung dieser Bestimmung – wie der KostVfg überhaupt – im Wege der Erinnerung nach § 5 rügen.[47] Zulässig ist der Einwand, der Kostenbeamte sei unzuständig, aber dann, wenn der Kostenbeamte nicht dem nach Abs. 1 zuständigen Gericht bzw. Staatsanwaltschaft angehört, weil die Zuständigkeit des Kostenbeamten (§ 4) auch die Zuständigkeit des Erinnerungsgerichts begründet. Daß mit der Erinnerung gegen den Kostenansatz nicht die dem Kostenansatz zugrundeliegende gerichtliche Kostenentscheidung angegriffen werden kann, ist selbstverständlich. 10

38 OLG Oldenburg, JurBüro 1992, 169; *Hartmann* § 5 Rn. 19.
39 Vgl. OLG Düsseldorf, JurBüro 1999, 477.
40 Vgl. OLG Köln, JurBüro 1999, 260; OLG Nürnberg, JurBüro 1964, 269.
41 BGH, NJW 1992, 1458; OLG Koblenz, RPfleger 1988, 384.
42 OLG Frankfurt/Main, JurBüro 2001, 37
43 Vgl. zum letzten Fall § 8 Abs. 1 JBeitrO.
44 OLG Karlsruhe, Die Justiz 1980, 419.
45 OLG München, RPfleger 1956, 28 (L).
46 OLG Frankfurt/Main, JVBl. 1972, 232; OLG Bamberg, JurBüro 1977, 1250 und bei *Oe/Wi/He* § 5 Rn. 38.
47 LG Paderborn, JurBüro 1979, 565 m. Anm. v. *Mümmler*; *Oe/Wi/He* § 5 Rn. 27. **A. M.** KG, JurBüro 1969, 262 = RPfleger 1969, 101. Dazu auch bei *Lappe* § 5 Rn. 20.

11 Auch **Auslagen** können Gegenstand der Erinnerung sein.[48] Der Erinnerungsführer muß dann die Beanstandungen der in Rechnung gestellten Auslagen im einzelnen darlegen.[49] Die grundsätzliche Notwendigkeit und Zweckmäßigkeit der Auslagen sind im Erinnerungsverfahren aber nicht nachprüfbar,[50] wohl aber deren Höhe (Überzahlung).[51] Die gegenteilige Ansicht[52] überzeugt nicht. Sie stützt sich auf eine Entscheidung des BVerfG,[53] welches nur ausspricht, daß der Kostenschuldner nur solche Auslagen zu tragen hat, die durch das (Strafermittlungs-)verfahren entstanden sind, was selbstverständlich im Kostenansatz nachprüfbar sein muß. Die Frage, ob die dem Verfahren zuzurechnenden Auslagen notwendig und/oder zweckmäßig waren, stellt sich überhaupt erst, wenn die Kausalität feststeht. Zweckmäßigkeit und/oder Notwendigkeit können nur im Rahmen des § 8 GKG geprüft werden. Andernfalls würde diese Spezialbestimmung ausgehöhlt werden.

12 Sind die Auslagen in einem **besonderen Verfahren** festgesetzt worden, an dem die Parteien oder Beschuldigten nicht beteiligt waren und deshalb auch kein Erinnerungs- oder Beschwerderecht haben (z. B. nach § 16 ZSEG), kann der Kostenschuldner im Kostenansatzverfahren die insoweit in Ansatz gebrachten Kosten mit der Erinnerung nach § 5 angreifen und die Berechtigung ihres Ansatzes nach Grund und Höhe nachprüfen lassen.[54] Das gilt auch dann, wenn die Entscheidung in dem besonderen Verfahren für die an diesem Verfahren Beteiligten rechtskräftig ist. Nachprüfbar ist aber auch hier nicht die Zweckmäßigkeit solcher Auslagen, wie z. B. die Notwendigkeit eines auswärtigen Termins,[55] weil das auf eine unzulässige Überprüfung der Grundentscheidung, welche von der Staatskasse nicht angefochten werden kann,[56] oder ein Eindringen in den Regelungsbereich des § 8 GKG hinauslaufen würde. Grundsätzlich dem Erinnerungsverfahren zur Prüfung entzogen ist in diesem Zusammenhang aber die Berechtigung einer Prozeßkostenhilfebewilligung.[57]

13 Mit der Erinnerung kann auch bemängelt werden, daß der Kostenbeamte einen unrichtigen **Streitwert** zugrundegelegt habe. Liegt aber eine **richterliche Streitwertfestsetzung** vor, ist der Kostenbeamte an sie gebunden. Die Erinnerung, mit welcher der Streitwert bemängelt wird, kann als (neuer) Antrag auf Streitwertfestsetzung, als Gegenvorstellung gegen einen Streitwertbeschluß oder als Beschwerde dagegen behandelt werden.[58] Wenn der Kostenbeamte den Streitwert berechnet hat, muß das Gericht, das über die Erinnerung zu befinden hat, diesen nicht übernehmen, § 25 GKG.[59]

48 BGH, NJW 1992, 1458; NJW 2000, 1128.
49 BGH, NJW 1992, 1458; OLG Düsseldorf, JurBüro 1978, 1847; *Hartmann* § 5 Rn. 20, 21. A. M. OLG Dresden, NJW-RR 2001, 862.
50 OLG Koblenz, wistra 1986, 121; OLG Düsseldorf, AnwBl. 1983, 462; OLG Hamm, JVBl. 1961, 220 = RPfleger 1961, 316; KG, RPfleger 1964, 288; VG Wiesbaden, DRiZ 1994, 345, 346.
51 OLG Dresden, NJW-RR 2001, 862; OLG Koblenz, VersR 1988, 297; *Hartmann* § 5 Rn. 21.
52 Vgl. *Oe/Wi/He* § 5 Rn. 34; unklar insoweit *Hartmann* § 5 Rn. 20.
53 BVerfG, NJW 1970, 853 = MDR 1979, 485 = RPfleger 1970, 161.
54 OLG Naumburg, OLGZ-NL 1998, 288.
55 OLG Schleswig, RPfleger 1956, 324 (L).
56 Vgl. OLG Köln, NJW 1970, 874 = MDR 1970, 348 = RPfleger 1970, 28 = JVBl. 1970, 183.
57 Ganz h. M. Vgl. etwa bei *Hartmann* § 5 Rn. 23.
58 OLG Düsseldorf, JurBüro 1972, 1021 = RPfleger 1972, 463; OLG Frankfurt, JurBüro 1970, 853.
59 OLG Düsseldorf, RPfleger 1956, 181 (L).

14 **Unzulässige Erinnerungen** können aber häufig in der Sache als **Antrag auf Nichterhebung** von Kosten wegen unrichtiger Sachbehandlung (§ 8 GKG) zu behandeln sein.[60] (Vgl. auch unten, § 8, Rn. 15). So z. B. der Einwand, das Berufungsverfahren wäre nicht notwendig geworden, wenn das Erstgericht dem Kläger nicht Prozeßkostenhilfe bewilligt und seiner Klage stattgegeben hätte, oder die Einlassung, das Gericht habe vor dem Abschluß eines Vergleichs nicht auf die Kostenfolgen hingewiesen.[61]

15 Der Erinnerung entzogen ist auch der Beschluß des Gerichts, mit dem es seine Tätigkeit von der Zahlung eines **Kostenvorschusses** abhängig macht (§ 6 GKG), desgleichen auch die vom Gericht festgesetzte Höhe des Kostenvorschusses und erst recht, wenn die Anordnung der Vorschußleistung nicht aufgrund des GKG, sondern nach anderen Vorschriften erfolgt.[62] Hat hingegen der Kostenbeamte den Vorschuß angefordert und/oder dessen Höhe bestimmt, ist insoweit Erinnerung möglich.[63] Die Frage, ob ein gezahlter und nicht verbrauchter Auslagenvorschuß auf eine bestehende Gebührenschuld verrechnet werden darf oder ob er an den Einzahler zurückzuzahlen ist, kann nicht zum Gegenstand einer Erinnerung gegen den Kostenansatz gemacht werden.[64]

16 Der **Kostenbeamte** kann der Erinnerung durch Änderung des Kostenansatzes ganz oder teilweise **abhelfen**. Soweit er nicht abhilft, hat er die Akten dem Vertreter der Staatskasse aufgrund der §§ 35, 45 KostVfg zuzuleiten, welcher die Vorlage der Akten an das Gericht veranlaßt, wenn er nicht eine Änderung des Kostenansatzes im Verwaltungswege für angebracht hält.

17 Der **Kostenbeamte** kann den Kostenansatz, gleichgültig ob und von wem Erinnerung eingelegt worden ist, von Amts wegen auch zum **Nachteil des Kostenschuldners ändern**, solange noch keine gerichtliche Entscheidung getroffen (§ 4 Abs. 3 S 1 GKG) und die Frist des § 7 noch nicht abgelaufen oder Verjährung (§ 10 GKG) noch nicht eingetreten ist.[65] Eine Anhörung des Kostenschuldners ist in solchen Fällen nicht erforderlich. Wenn der Kostenbeamte der Erinnerung nicht vollständig stattgibt und sogar auf die Erinnerung den Kostenansatz zum Nachteil des Kostenschuldners ändert, hat er die Erinnerung dem Gericht zur Entscheidung vorzulegen.

18 **Entscheidung des Gerichts:** Die Abs. 2 bis 5 behandeln das **gerichtliche Verfahren**, das sich an die Erinnerung anschließt. Die Bestimmungen sind durch das KostRÄndG 1994 völlig neu gefaßt worden. Die Verfahren über die Erinnerung und die sofortige Beschwerde in Kostensachen sind soweit wie möglich *einheitlich*[66] geregelt worden, denn die Verfahren betreffen einen gleichartigen Streitgegenstand, gleichgültig ob ein Gericht der ordentlichen Gerichtsbarkeit, der Verwaltungs- oder der Finanzgerichtsbarkeit für das Hauptsacheverfahren zuständig ist. Das Verfahren ist daher weitergehend im GKG selbst geregelt. Im übrigen wird auf die für sofortige Beschwerden in der Hauptsache

60 BGH, NJW-RR 1997, 831, 832; *Hartmann* § 8 Rn. 55, m. w. N.
61 OLG Karlsruhe, RPfleger 1957, 43.
62 OLG Frankfurt/Main, RPfleger 1973, 63.
63 OLG Stuttgart, Die Justiz 1984, 366.
64 OLG Nürnberg, JurBüro 1964, 269.
65 OLG Düsseldorf, MDR 1959, 50.
66 Hervorhebung nicht im Original.

geltenden Vorschriften verwiesen. Durch die Verringerung von Rechtszügen in bestimmten Fällen sollen im Interesse der Konzentration der Rsprsressourcen auf Hauptsacheentscheidungen die Gerichte von der Spruchtätigkeit in Kostensachen entlastet werden.

19 Die Absätze 2 bis 5 sind gegenüber der bis zum KostRÄndG 1994 geltenden Fassung übersichtlicher gegliedert. Das durch das ZPO-RG vom 27.7.2001 neu gestaltete Beschwerderecht hat die Bestimmungen grundsätzlich unberührt gelassen.

20 Abs. 2 regelt, in welchen Fällen eine Beschwerde grundsätzlich zulässig bzw. statthaft ist. Die Bestimmung verfolgt den Grundgedanken, daß der Instanzenzug in Kostensachen grundsätzlich nicht über den der Hauptsache hinausgehen soll. Für den Bereich der Verwaltungs- und Finanz- und Sozialgerichtsbarkeit wirkt sich die Änderung nicht aus, da dort die gerichtlichen Entscheidungen über Erinnerungen gegen den Kostenansatz beim Rechtsmittelgericht nicht beschwerdefähig sind. Auch in Strafsachen ist Absatz 2 wenig relevant, weil hier Kosten grundsätzlich nicht beim Rechtsmittelgericht angesetzt werden. In Zivilsachen fallen die Beschwerden gegen gerichtliche Entscheidungen weg, welche Erinnerungen gegen den Kostenansatz in der Rechtsmittelinstanz beim Landgericht betreffen. Wenn das Landgericht Rechtsmittelgericht ist, ist regelmäßig auch der Rechtszug in der Hauptsache beendet. Die Regelung dient mithin der Rechtsklarheit und der erforderlichen Konzentration der richterlichen Tätigkeit auf die Hauptsacheentscheidungen. Sie knüpft an Vorbilder in anderen Vorschriften an. Bei der Streitwertfestsetzung durch das Landgericht als Berufungsgericht gilt schon seit langem, daß der Rechtsmittelweg wegen einer Nebenentscheidung nicht weiterführen soll als der in der Hauptsache (§ 25 Abs. 2 S 2 GKG) Auch das Strafverfahrensänderungsgesetz 1987 sieht hinsichtlich der Anfechtbarkeit der Kosten- und Auslagenentscheidung im Strafverfahren eine entsprechende Lösung vor (§ 464 Abs. 3 S 1, zweiter Halbsatz StPO).

21 Abs. 3 bestimmt, daß die Erinnerung und die Beschwerde grundsätzlich bei dem Gericht einzulegen sind, das über die Erinnerung zu entscheiden hat. Welches Gericht für diese Entscheidung zuständig ist, ist im Abs. 1 abschließend geregelt. Wie in Strafsachen (§ 306 Abs. 1 StPO) ist die Beschwerde somit grundsätzlich bei dem Gericht einzulegen, dessen Entscheidung angefochten wird. In Zivilsachen kann die sofortige Beschwerde auch beim Beschwerdegericht eingelegt werden (§ 569 Abs. 1 ZPO). Die Neuerung, daß bei der Staatsanwaltschaft Erinnerung eingelegt werden kann, wenn die Kosten bei dieser angesetzt worden sind, entlastet die Gerichte. Hilft die Staatsanwaltschaft der Erinnerung ab, wird das Gericht mit der Sache nicht befaßt.

22 Abs. 4 regelt die Zuständigkeit für die Entscheidung über die sofortige Beschwerde und das Verfahren nach deren Einlegung. Er stellt durch die Worte „im Rechtszug nächsthöhere Gericht" klar, daß auch in den Fällen der Sprungrevision die nach der Gerichtsorganisation nächsthöhere Instanz entscheidet. Die soll insbesondere bei einer Sprungrevision in Strafsachen verhindern, daß über die Kostenbeschwerde gegen eine Entscheidung des Amtsgerichts, das Oberlandesgericht zu entscheiden hat. Erinnerung und sofortige Beschwerde haben keine aufschiebende Wirkung. Der Vorsitzende des Gerichts und der Vorsitzende des Beschwerdegerichts, bei dem die Erinnerung oder die sofortige Beschwerde anhängig ist, können jedoch auf Antrag oder von Amts wegen die aufschiebende

Wirkung der (statthaften) sofortigen Beschwerde, nicht aber der einer Erinnerung[67] ganz oder teilweise anordnen.

Abs. 5 bestimmt, daß es in diesen Verfahren nicht der Mitwirkung eines Bevollmächtigten bedarf. Nach geltendem Recht kann die Erinnerung oder die Beschwerde ohne Mitwirkung eines Bevollmächtigten eingelegt werden. Darüber hinaus bedarf es auch für im Verlauf des Beschwerdeverfahrens abzugebende Erklärungen oder für die Rücknahme der Beschwerde der Mitwirkung eines Bevollmächtigten nicht. **23**

Zuständig für die Entscheidung über die Erinnerung und sofortigen Beschwerde gegen den Kostenansatz ist stets **das Gericht, bei dem die Kosten angesetzt sind,**[68] Abs. 1 S 1. Die Zuständigkeit für den Kostenansatz ergibt sich aus § 4 GKG. War ein Verfahren bei mehreren Gerichten desselben oder eines anderen Zweiges der Gerichtsbarkeit anhängig und sind bei den verschiedenen Gerichten mit der Erinnerung angegriffene Kostenansätze erfolgt, so ist das Gericht, bei dem das Verfahren zuletzt anhängig war, auch zur Entscheidung über sämtliche Kostenansätze zuständig, auch wenn diese bei anderen Gerichten erfolgt sind (Abs. 1 S 3). Mehrere Gerichte können im Falle der **Verweisung** (§ 9 GKG) oder der **Verbindung** mehrerer Verfahren in ein und demselben Rechtszug mit einer Sache befaßt gewesen sein. Alle die bei den verschiedenen erstinstanzlichen Gerichten erwachsenen Kosten sind dann so zu behandeln, als wären sie nur bei dem zuletzt befaßten Gericht entstanden (§ 9 Abs. 1 GKG). Im Fall der **Prozeßverbindung** ist das Gericht, bei dem die verbundenen Verfahren anhängig sind, für alle in den verbundenen Verfahren vor und nach der Verbindung angesetzten Kosten zuständig. Im Fall der **Zurückverweisung** an das Gericht der unteren Instanz bildet das weitere Verfahren mit dem früheren Verfahren vor dem unteren Gericht eine Instanz i. S. des GKG (§ 33 GKG), und zwar auch dann, wenn an ein anderes Gericht der unteren Instanz zurückverwiesen wurde. Dieses Gericht ist für die Entscheidung hinsichtlich aller in diesem Rechtszug vor und nach der Zurückverweisung erwachsenen Kosten zuständig. Im Fall der **Prozeßtrennung** sind die nach der Trennung zeitlich zuletzt befaßten Gerichte zuständig. **24**

Die Regelung des Abs. 1 S 3 gilt nach ihrem Wortlt nur für die erstinstanzlichen Gerichte. Sollten in einem **Rechtsmittelverfahren verschiedene Gerichte** derselben Instanz mit einer Sache befaßt gewesen sein (vgl. z. B. § 563 Abs. 1 S 2 ZPO; §§ 9, 33 GKG), ist nach ihrem Sinn und Zweck die Bestimmung des Abs. 1 S 3 entsprechend anzuwenden. **25**

Gerichte i. S. des § 5 sind der Richter des Amtsgerichts oder der Spruchkörper eines Kollegialgerichts/Einzelrichter, deren Kostenbeamter die Kosten angesetzt hat.[69] Beim Kollegialgericht hat das Kollegium die Entscheidung in der Beschlußbesetzung zu treffen. Entscheidet (versehentlich) der Einzelrichter, ohne daß ihm die Entscheidung in der Hauptsache übertragen worden war, muß die Entscheidung auf die Beschwerde aufgehoben werden, auch wenn dieser Punkt nicht ausdrücklich gerügt wird.[70] Hat der Einzelrichter entschieden, ist er zuständig. Das gilt auch für den Vorsitzenden der Kammer für **26**

67 BGH, NJW 1992, 1458; *Hartmann* § 5 Rn. 44.
68 OLG Düsseldorf, NStZ-RR 1999, 128 L.
69 OLG Karlsruhe, RPfleger 1991, 338.
70 OLG Schleswig, JurBüro 1996, 42 = AnwBl. 1997, 50.

Handelssachen oder für Entscheidungen des Vorsitzenden nach §§ 69 Abs. 2, 114 Abs. 2 FGO; 80 Abs. 7, 123 Abs. 2 VwGO.[71] Ein **beauftragter oder ersuchter Richter** ist zur Entscheidung niemals zuständig, denn die Entscheidung des Gerichts erfaßt auch die Kosten, die bei dem ersuchten Gericht entstanden sind (§ 4 Abs. 1 S 2 GKG).

27 Sind die Kosten bei einem **Rechtsmittelgericht** angesetzt, dann ist dieses Gericht für die Entscheidung zuständig.

28 Wurden die Kosten bei der **Staatsanwaltschaft** angesetzt, ist zur Entscheidung das Gericht der ersten Instanz nur dann zuständig, wenn und soweit der Kostenbeamte der Staatsanwaltschaft der Erinnerung nicht abgeholfen hat (arg. Abs. 3 S 2). Das gilt auch für Einwendungen eines Verurteilten gegen den Ansatz von Sachverständigenkosten (Auslagen der Staatskasse) nach § 454 Abs. 2 Nr. 2 StPO.[72] Als Gericht der ersten Instanz ist das Gericht gemeint, das für die Eröffnung des Hauptverfahrens zuständig gewesen wäre. Die Vorschriften der §§ 467 a Abs. 1 Satz 1 (Halbsatz 1) StPO, 9 Abs. 1 StrEG sind im Zweifel entsprechend anzuwenden.

29 Streitig ist, ob über die Erinnerung nach Abs. 1 der **Rechtspfleger** als Gericht i. S. des Abs. 1 zu entscheiden hat, wenn sich der Kostenansatz auf ein Verfahren bezieht, das dem Rechtspfleger übertragen ist.[73] Die Frage ist zu bejahen. Denn nach § 4 RPflG hat der Rechtspfleger alle Maßnahmen der ihm übertragenen Sache zu treffen, wozu auch das auf das Hauptsacheverfahren bezogene Kostenansatzverfahren gehört. Gegen die Entscheidung des Rechtspflegers ist dann die Durchgriffserinnerung zulässig. Das dagegen vorgebrachte Zweckmäßigkeitsargument, wonach letztlich doch der Richter entscheiden müsse, überzeugt nicht. Denn erfahrungsgemäß erledigen sich ein großer Teil der Einwände gegen den Kostenansatz schon im Erinnerungsverfahren.

30 Anders als der Kostenbeamte haben das Gericht oder die Staatsanwaltschaft vor der Entscheidung über die Erinnerung den Gegner des Erinnerungsführers (Kostenschuldner, Staatskasse) als am Verfahren beteiligte Partei zu hören, wenn sie der Erinnerung ganz oder teilweise stattgeben wollen, Art. 103 Abs. 1 GG. Das ist eine Selbstverständlichkeit, zumal die Entscheidung im Erinnerungsverfahren im Rahmen eines Kostenausgleichsverfahrens nach der ZPO bindend ist.[74]

31 Die Erinnerung und die Beschwerde haben grundsätzlich **keine aufschiebende Wirkung**, Abs. 4 S 3. Der Einzelrichter (§ 348 ZPO/ bzw. der Einzelrichter, dem die Sache nach § 348a Abs. 1 ZPO übertragen ist) oder Vorsitzende des Gerichts – nicht das Kollegium –;[75] der über die Erinnerung zu entscheiden hat, kann aber auf Antrag oder von Amts wegen die aufschiebende Wirkung einer (statthaften) Beschwerde ganz oder teilweise durch

71 Vgl. *Hartmann* § 5 Rn. 25.
72 BGH, NJW 2000, 1128 = JurBüro 2000, 542.
73 **Bejahend**: BayObLG, RPfleger 1974, 391 = JurBüro 1975, 1975, 46; OLG Frankfurt/Main, JurBüro 1977, 844; OLG Hamm, RPfleger 1978, 37; KG, JurBüro 1987, 406; LG Main, RPfleger 1984, 80; LG München II, RPfleger 1973, 15; *Hartmann* § 5 Rn. 25; *Lappe* § 5 Rn. 11, 15. **Verneinend**: OLG Celle, NdsRPfl. 1974, 136; LG Essen, JVBl. 1971, 191; LG Berlin, JurBüro 1977, 533 m. abl. Anm. von *Mümmler*; LG Koblenz, RPfleger 1984, 435 m. abl. Anm. v. *Meyer-Stolte*; *Oe/Wi/He* § 5 Rn. 45.
74 OLG Naumburg, JurBüro 2001, 374 = NJW-RR 2001, 861.
75 *Hartmann* § 5 Rn. 44.

unanfechtbaren, in sein pflichtgemäßes Ermessen gestellten Beschluß[76] anordnen, Abs. 4 S 4. Diese Befugnis hat auch der Einzelrichter des Beschwerdegerichts (§ 568 S 1 ZPO)[77], bevor er die Sache nach § 568 S 2 ZPO dem Beschwerdegericht überträgt. Die gleiche Befugnis ergibt sich für die Justizverwaltung (Staatskasse) im übrigen auch aus § 9 Abs. 1 JBeitrO.[78]

Die Entscheidung über die Erinnerung ergeht durch Beschluß. Eine mündliche Verhandlung ist nicht ausgeschlossen, kommt in der Praxis aber nur selten vor. Eine unzulässige Erinnerung ist zu *verwerfen*. Soweit sie ganz oder teilweise unbegründet ist, ist sie *zurückzuweisen*. **32**

Wenn und soweit die Erinnerung begründet ist, kann das Gericht oder die Staatsanwaltschaft (Abs. 3 S 2) den Kostenansatz selbst ändern oder den Kostenbeamten zur Änderung anweisen.[79] Dabei sind aber die Anträge des Erinnerungsführers bindend. Über den Antrag hinaus kann der Kostenansatz weder zu Gunsten noch zu Ungunsten des Erinnerungsführers geändert werden (ne ultra petita),[80] abgesehen von jederzeit – auch von Amts wegen – in sinngemäßer Anwendung des § 319 ZPO zu behebenden Schreibfehlern, Rechenfehlern und ähnlichen offenbaren Unrichtigkeiten.[81] **33**

Innerhalb der Antragsgrenzen hat das Gericht oder die Staatsanwaltschaft den **Sachverhalt** von **Amts wegen aufzuklären,**[82] und zwar auch dann, wenn die Staatskasse die Erinnerung für begründet hält, statt ihr im Verwaltungswege abzuhelfen. Grundsätzlich ist das Gericht nicht befugt, eine Rückzahlung zuviel gezahlter Kosten in dem Beschluß anzuordnen, weil das im Vollzug der Entscheidung von Amts wegen zu geschehen hat. Eine Ausnahme gilt nur dann, wenn die Erinnerung deswegen eingelegt worden ist, weil der Kostenbeamte eine Rückvergütung abgelehnt hat. **34**

Die Entscheidung über die Erinnerung ist zu begründen und dem Erinnerungsführer und – sofern er gehört worden ist oder die Entscheidung zu seinen Ungunsten ergeht – auch dem Gegner formlos **mitzuteilen**. Eine förmliche Zustellung ist nicht geboten, § 329 Abs. 2 S 1 ZPO. **35**

Die Entscheidung über die Erinnerung ergeht **gebührenfrei**, Abs. 6 S 1 GKG. **Auslagen** sind vom Kostenschuldner aber zu erheben,[83] sofern nicht die Voraussetzungen des § 8 GKG vorliegen. Der Kostenschuldner haftet für die Auslagen des Erinnerungsverfahrens nur, wenn er das Verfahren beantragt hat und seine Erinnerung für unbegründet befunden worden ist (§ 49 GKG) oder wenn ihm die Kosten auferlegt worden sind (§ 54 Nr. 1 GKG). Deshalb ist eine Kostenentscheidung erforderlich, wenn Auslagen entstanden sind. Läßt sich bei einem teilweisen Erfolg der Erinnerung nicht sagen, welcher Teil der Auslagen dem begründeten Teil und welcher dem unbegründeten Teil der Erinnerung zuzuordnen **36**

76 OLG München, MDR 1985, 333.
77 A. M. *Schütt*, MDR 2002, 987, 1030.
78 Vgl. auch *Oe/Wi/He* § 5 Rn. 10.
79 BayObLG, NJW 1961, 676.
80 *Oe/Wi/He* § 5 Rn. 47.
81 *Hartmann* § 5, 30; *Oe/Wi/He* § 5 Rn. 54; *Lappe* § 5 Rn. 13.
82 OLG Hamburg, JurBüro 1973, 544.
83 Vgl. OLG Frankfurt/Main, JurBüro 1978, 1848.

sind, werden die Auslagen nicht erhoben.[84] Kosten sind nicht zu erstatten, auch wenn der Gegner im Erinnerungsverfahren widersprechende Anträge gestellt hat. Es besteht auch keine Kostenerstattungspflicht der Staatskasse an den Gegner oder umgekehrt, Abs. 6 S 2. Die Regelung ist verfassungskonform.[85]

37 **Beschwerde, Abs. 2–5.** Gegen die Entscheidung des Gerichts über die Erinnerung[86] ist als eigenständiges Rechtsmittel[87] die sofortige Beschwerde nach §§ 567 ff. ZPO zulässig. Sie ist unbefristet (Abs. 3 S 3) und wird nicht allein durch Zeitablauf[88] unzulässig. Allerdings kann in einzelnen Fällen Verwirkung eintreten (vgl. oben Rn. 3). Sie ist ausschließlich bei dem Gericht einzulegen, das die Erinnerungsentscheidung getroffen hat (Abs. 2 S 1). Unerheblich ist auch, ob die mit der Beschwerde angefochtene Entscheidung zusammen mit einer unanfechtbaren Kostengrundentscheidung ergeht.[89] Eine Einlegung in dringenden Fällen auch beim Beschwerdegericht ist nach der Neuregelung der Beschwerde durch das ZPO-RG statthaft (§ 569 Abs. 1 S 1 ZPO). Die Einlegung ist möglich zu Protokoll der Geschäftsstelle oder schriftlich ohne Mitwirkung eines Bevollmächtigten (Abs. 5), auch wenn das zugrundeliegende Verfahren dem Anwaltszwang unterliegt.[90] Das gilt für das gesamte Beschwerdeverfahren, so daß die der Einlegung folgenden Erklärungen, Gegenerklärungen sowie die Rücknahme der Beschwerde ebenfalls schriftlich oder zu Protokoll der Geschäftsstelle erklärt werden können. Selbst dann, wenn das Beschwerdegericht eine mündliche Verhandlung anordnet, herrscht kein Anwaltszwang. Das ist im § 5 Abs. 5 jetzt ausdrücklich klargestellt worden.

38 Die Beschwerdeschrift bedarf der eigenhändigen Unterschrift des Beschwerdeführers oder eines Bevollmächtigten.[91] Die Vollmacht ist nachzuweisen, wobei die allgemeine Prozeßvollmacht ausreichend ist. Wenn der Beschwerdeführer Erklärungen zu Protokoll der Geschäftsstelle abgibt, so ist das gemäß der Verweisung auf §§ 129a,130a ZPO bei jedem Amtsgericht zulässig, das dann das Protokoll dem zuständigen Gericht zu übermitteln hat. Sie ist als Beschwerde zu bezeichnen (§ 569 Abs. 2 S 2 ZPO), was erforderlichenfalls nachzufragen ist.

39 **Beschwerdewert:** Die sofortige Beschwerde ist allerdings nur zulässig, wenn der Wert des Beschwerdegegenstandes 50 € übersteigt, Abs. 2 S 1. Denn die Beschwerdegerichte sollen von Bagatellstreitigkeiten über Kosten freigehalten werden.[92] Die Beschwerdesumme kann nicht durch nachträgliche Erweiterungen der Anträge in der Beschwerdeinstanz geschaffen werden.[93] Im Erinnerungsverfahren entstandene Unkosten sind dem

84 OLG Frankfurt/Main, JurBüro 1978, 1848.
85 OLG München, JurBüro 1977, 538 = RPfleger 1977, 115 = MDR 1977, 502.
86 Vgl. auch OLG München, JurBüro 1982, 1699.
87 BGH, NJW 1984, 871.
88 A. M. OLG Köln, MDR 1958, 694.
89 OVG Koblenz, NVwZ-RR 1995, 362.
90 SächsOVG, JurBüro 1998, 94.
91 BFH, JurBüro 1973, 614.
92 OLG Schleswig, JurBüro 1987, 1695.
93 BFH, NJW 1963, 368 und NJW 1965, 2424; OLG Bamberg, JVBl. 1962, 190 = JurBüro 1962, 428.

Beschwerdewert nicht hinzuzurechnen.[94] Bei teilweiser Abhilfe im Erinnerungsverfahren ist die Beschwerdesumme der Betrag, durch den der Beschwerdeführer trotz Abänderung durch den ursprünglichen Kostenansatz noch beschwert bleibt.[95] Das gilt selbst dann, wenn die nicht mehr mit der Beschwerde angreifbare Entscheidung wegen greifbarer Gesetzwidrigkeit verfehlt ist.[96] Richtet sich die Beschwerde indessen gegen die Anordnung von Vorschüssen, so ist gemäß der Spezialvorschrift des § 6 GKG ausnahmsweise eine Beschwerdesumme nicht erforderlich.

Nach der Neufassung des § 5 durch das KostRÄndG 1994 ist eine Beschwerde ebenfalls **nicht zulässig**, wenn das **Landgericht als Berufungsgericht** über die Erinnerung gegen den Kostenansatz seines Kostenbeamten entschieden hat (vgl. oben, Rn. 18). Gleiches gilt auch, wenn andere Gerichte als Rechtsmittelgerichte nicht mehr anfechtbare Hauptsacheentscheidungen getroffen haben. Sie ist auch dann nicht ausnahmsweise zulässig, wenn sie sich gegen eine Entscheidung nach § 8 GKG richtet, die zusammen mit einer unanfechtbaren Kostengrundentscheidung ergeht wie z. B. die Entscheidung über die Niederschlagung von Kosten des Berufungsverfahrens durch das Berufungsgericht.[97] 40

Unzulässig ist auch eine Beschwerde an einen **obersten Gerichtshof des Bundes**, § 2 Abs. 3.[98] Das war bislang nicht streitig und wird nunmehr im Gesetz ausdrücklich klar gestellt. Oberste Gerichtshöfe des Bundes sind der BGH, das BAG, das BVerwG, das BSG und der BGH (Art. 95 GG). Demzufolge gibt es keine Beschwerden nach § 5 GKG gegen Entscheidungen des OLG, OVG, VGH und LAG. Sonderregelungen in einzelnen Verfahrensordnungen sind jedoch zu beachten (z. B. §§ 190, 192 VwGO[99]). 41

Beschwerdeberechtigt sind der Kostenschuldner und die Staatskasse. Letztere jedoch auch nur, wenn und soweit sie durch die angefochtene Entscheidung beschwert ist. Die Beschwer besteht in dem Betrag, um den nach dem Antrag des Beschwerdeführers eine Erhöhung oder Minderung des Kostenansatzes gegenüber der angefochtenen Entscheidung des Gerichts erfolgen soll. Wer gegen den Kostenansatz keine Erinnerung eingelegt hat, kann Beschwerde nur erheben, wenn das Gericht in seiner Entscheidung den ursprünglichen Kostenansatz zu seinen Ungunsten abgeändert hat. Die Beschwerde kann auf neue Tatsachen gestützt werden (§ 570 ZPO). Eine Antragserweiterung über den Gegenstand des Erinnerungsverfahrens hinaus ist im Beschwerdeverfahren nicht ausgeschlossen.[100] Sie kann aber nicht dazu dienen, einen nicht gegebenen Beschwerdewert zu erreichen. Die Antragserweiterung setzt eine zulässige sofortige Beschwerde voraus. Andererseits ist auch eine Anschlußbeschwerde nicht ausgeschlossen.[101] 42

94 OLG Frankfurt/Main, NJW 1964, 2167 = JurBüro 1964, 815 = RPfleger 1965, 162 (L); OLG Hamm, JurBüro 1970, 47.
95 OLG Hamm, JurBüro 1970, 47 m. zust. Anm. v. *Schneider* = JVBl. 1970, 34; *Schneider* JurBüro 1975, 1424; *Oe/Wi/He* § 5 Rn. 56; *Hartmann* § 5 Rn. 32; *Lappe* § 5 Rn. 16.
96 OLG Schleswig, JurBüro 1988, 39. **A. M.** OVG Münster, NJW 1972, 118. **Unentschieden** insoweit BAG, NZA 1997, 512.
97 OLG München, MDR 2001, 1318. **A. M.** OVG Koblenz, NVwZ-RR 1995, 362.
98 Vgl. auch BGH, NJW 1967, 346.
99 Vgl. dazu bei *Oe/Wi/He* § 5 Rn. 59.
100 **A. M.** OLG Hamm, JurBüro 1966, 1973.
101 *Kirchner* NJW 1976, 592; *Schneider* JurBüro 1974, 1362 m. w. N.

43 Das Gericht, dessen Erinnerungsentscheidung angegriffen worden ist, kann der sofortigen Beschwerde ganz oder z T **abhelfen,** Abs. 4 S 1. Dem **Beschwerdegegner** ist vor einer Abhilfe **rechtliches Gehör** zu gewähren,[102] soweit eine für ihn nachteilige Entscheidung beabsichtigt ist.[103] Hat das Erinnerungsgericht teilweise abgeholfen, kann sich der Beschwerdewert ändern, so daß die Zulässigkeit des weiteren Verfahrens entfällt.

44 Der originäre Einzelrichter oder der Vorsitzende des Erinnerungsgerichts bzw. der Einzelrichter, sofern ihm der Rechtsstreit in der Hauptsache übertragen worden war, kann auf Antrag oder von Amts wegen die aufschiebende Wirkung der Beschwerde ganz oder teilweise anordnen. Er handelt dabei nach pflichtgemäßem Ermessen.[104] Seine Entscheidung ist unanfechtbar.[105] Die Zuständigkeit des Erinnerungsgerichts endet, wenn die Beschwerde beim Beschwerdegericht anhängig geworden ist.

45 Die Beschwerde soll begründet werden (§ 571 Abs. 1 ZPO). Hat sich der Beschwerdeführer bei der Einlegung der Beschwerde vorbehalten, diese zu begründen, hat das Gericht, bei dem die Beschwerde einzulegen ist, dem Beschwerdeführer eine Frist zur Begründung zu setzen. Zumindest muß es eine angemessene Frist bis zum Eingang der Beschwerde abwarten. Entscheidet das Gericht vorher, versagt es dem Beschwerdeführer das rechtliche Gehör im Erinnerungsabhilfeverfahren.[106] Begründet der Beschwerdeführer diese nicht, kann nach § 571 Abs. 3 ZPO verfahren werden.

46 Auch das **Beschwerdegericht** hat dem Gegner rechtliches Gehör zu gewähren, bevor es eine Entscheidung zu seinem Nachteil trifft. Die Verletzung rechtlichen Gehörs macht aber eine an sich unstatthafte Beschwerde nicht statthaft.[107]

47 Die **Entscheidung des Beschwerdegerichts** ergeht durch **Beschluß** bei freigestellter mündlicher Verhandlung. Die Zuständigkeit richtet sich auch in Familiensachen nach der Geschäftsverteilung (§ 21e GVG). In Strafsachen ist beispielsweise zur Entscheidung über eine Beschwerde gegen den Kostenansatz die Strafkammer zuständig, falls sie auch für eine (sofortige) Beschwerde gegen die amtsgerichtliche Kostengrundentscheidung zuständig wäre.[108] Es entscheidet das Gericht in der Beschlußbesetzung nach § 568 ZPO[109]. Der Beschluß ist grundsätzlich zu begründen und den Beschwerdebeteiligten formlos mitzuteilen.

48 Bei seiner Entscheidung ist das Beschwerdegericht **an die Anträge** des Beschwerdeführers gebunden und darf darüber nicht hinausgehen (ne ultra petita). Im Rahmen der Anträge hat es aber den Sachverhalt **von Amts wegen aufzuklären.**[110] Soweit das Beschwerdegericht der Beschwerde stattgibt, hat es die angefochtene Entscheidung aufzuheben und

102 *Müller* NJW 1960, 21; *Ulbrich/Müller* NJW 1960, 709.
103 BVerfGE 34, 346.
104 OLG München, MDR 1985, 333.
105 OLG München, MDR 1985, 333.
106 BVerfG, RPfleger 1958, 261; OLG Nürnberg, JurBüro 1961, 623.
107 BFH, BStBl. II 1977, 628; OLG Celle, NdsRPfl. 1974, 127; OLG Düsseldorf, JurBüro 1970, 805 = RPfleger 1970, 358.
108 OLG Hamm, MDR 1997, 510.
109 A. M. *Schütt*, MDR 2002, 987.
110 OLG Hamburg, JurBüro 1973, 544; OLG Stuttgart, NJW 1963, 1257.

selbst zu entscheiden oder dahin abzuändern, daß der Kostenbeamte angewiesen wird, seinen Kostenansatz entsprechend zu berichtigen.

Kostenentscheidung. Wie das Erinnerungsverfahren ist auch das **Beschwerdeverfahren gerichtsgebührenfrei**, Abs. 6, aber nur, wenn die Beschwerde statthaft ist[111] KV 1957). Die Auslagen des Beschwerdeverfahrens treffen den Beschwerdeführer als Antragsteller gemäß § 49, sofern seine Beschwerde unbegründet war, oder als Entscheidungsschuldner nach § 54 Nr. 1.[112] Eine Kostenerstattung aus der Staatskasse und umgekehrt ist nicht möglich, Abs. 6 S 2. 49

Eine **weitere Beschwerde** gegen die Beschwerdeentscheidung ist kraft Gesetzes ausdrücklich ausgeschlossen, Abs. 2 S 3. Hat das Gericht indessen eine Erinnerung irrigerweise als Durchgriffserinnerung behandelt, ist die Entscheidung hinsichtlich der Anfechtbarkeit nicht den Beschränkungen des § 5 Abs. 2 S 1 GKG unterworfen. Denn in der Sache stellt die Anfechtung keine weitere Beschwerde idS dar.[113] Gegenvorstellungen sind hingegen grundsätzlich möglich.[114] Allerdings ist nach dem Vorliegen einer nicht mehr anfechtbaren Beschwerdeentscheidung eine weitere „Erinnerung“ gegen die in der unanfechtbaren Entscheidung ab- oder zuerkannten Einzelposten nicht statthaft.[115] 50

Wenn und soweit die Erinnerung oder die Beschwerde Erfolg haben und bereits gezahlte Kosten zu erstatten sind, hat das Gericht das in der Entscheidung nicht auszusprechen. Denn die Erstattung ist reine Verwaltungstätigkeit.[116] 51

§ 6
Beschwerde gegen die Anordnung eines Vorschusses oder einer Vorauszahlung

Gegen den Beschluß, durch den die Tätigkeit des Gerichts auf Grund dieses Gesetzes von der Zahlung eines Kostenvorschusses oder einer Vorauszahlung abhängig gemacht wird, und wegen der Höhe des Vorschusses oder der Vorauszahlung findet die Beschwerde statt, auch wenn der Wert des Beschwerdegegenstandes 50 Euro nicht übersteigt. § 5 Abs. 2 S 3, Abs. 3 S 3, Abs. 4 S 1, 2 und 5 und Abs. 6 ist entsprechend anzuwenden.

Die Vorschrift wurde durch das KostRÄndG 1957 eingefügt und zuletzt durch das KostRÄndG 1994 neu gefaßt. Sie soll klarstellen, daß die Beschwerde in einem selbstän- 1

111 BGHR, GKG § 25 Abs. 4 S. 1 – Gebührenbefreiung 1; OLG Koblenz, NJW-RR 2000, 1239.
112 OLG Koblenz, NJW-RR 2000, 1239; *Oe/Wi/He* § 5 Rn. 72; *Hartmann* § 5 Rn. 48.
113 OLG Schleswig, SchlHA 1995, 35 (bei *Ernesti und Thamm*).
114 OLG Hamm, JurBüro 1976, 1120 m. Anm. v. *Mümmler*; OLG Düsseldorf, MDR 1977, 235; *Schneider* JurBüro 1974, 1106 und MDR 1972, 567; *Schmidt* JurBüro 1975, 1311; *Baumgärtel* MDR 1968, 970. A. M. OLG Celle, JurBüro 1983, 406.
115 OLG München, JurBüro 1983, 1221.
116 OLG Koblenz, JurBüro 1977, 1430; *Hartmann* § 5 Rn. 49.

digen Zwischenverfahren[1] zum übergeordneten Gericht und nicht die Dienstaufsichtsbeschwerde gegeben ist, gegen einen Beschluß, durch den auf Grund des GKG die Tätigkeit des Gerichts von der Zahlung eines Kostenvorschusses abhängig gemacht wird. Ebenso ist in solchen Fällen die Beschwerde gegen die Höhe des Kostenvorschusses oder der Vorauszahlung zulässig. Nach § 3 GKG darf die Tätigkeit der Gerichte in weiterem Umfang, als die Prozeßordnungen und das GKG es gestatten, nicht von der Sicherstellung oder Zahlung der Kosten abhängig gemacht werden. Keine Vorschuß- oder Vorauszahlungspflicht herrscht bei Kostenfreiheit für den Kostenbefreiten (§ 2) und bei Prozeßkostenhilfe (vgl. § 65 Abs. 7 GKG und §§ 114 ff. ZPO).

2 Der **Vorschuß** ist bestimmt zur Deckung auch noch nicht fälliger Kosten, während die **Vorauszahlung** die Zahlung bereits fällig gewordener Kosten zum Gegenstand hat (vgl. §§ 64 Abs. 2, 65–68 GKG). § 6 betrifft den Vorschuß und die Vorauszahlung.

3 **Nur soweit nach dem GKG** die Tätigkeit des Gerichts von einer Vorschuß- oder Vorauszahlungsleistung abhängig gemacht wird, ist § 6 einschlägig. Wenn die Anordnung auf Grund anderer gesetzlicher Vorschriften erfolgt (z. B. nach §§ 379, 402 ZPO, 379a StPO), gilt § 6 nicht. Es sind dann die in diesen Gesetzen vorgesehenen Rechtsbehelfe anzuwenden, und zwar grundsätzlich erst zusammen mit der Anfechtung der Entscheidung in der Hauptsache.[2]

4 **Tätigkeit des Gerichts:** Gemeint ist die richterliche Tätigkeit einschließlich der des Rechtspflegers. Deshalb eröffnet § 64 Abs. 2 Satz 1 GKG den Weg des Erinnerungsverfahrens hinsichtlich der nichtrichterlichen Tätigkeit für die Erteilung von Ausfertigungen und Abschriften sowie für den Aktenversand. Hauptsächlich anwendbar ist § 6 in den Fällen der §§ 65, 68 Abs. 1 S 2 GKG und für den Fall, daß unter Verletzung des GKG die Tätigkeit des Gerichts von der Zahlung eines Kostenvorschusses abhängig gemacht wird.

5 § 6 setzt einen förmlichen **Beschluß des Gerichts** voraus, durch den auf Grund des GKG die Tätigkeit des Gerichts von der Zahlung eines Vorschusses abhängig gemacht wird. **Zuständig** ist das Prozeßgericht, im Rahmen seiner Zuständigkeit auch der Einzelrichter. Als Beschluß idS kann auch die Verfügung des Vorsitzenden behandelt werden, wenn und soweit die Anordnung einer Vorschußleistung durch Verfügung des Vorsitzenden nach der Prozeßordnung zulässig ist.[3] Wenn ein beauftragter oder ersuchter Richter die Anordnung eines Vorschusses getroffen hat, ist zunächst die Entscheidung des Prozeßgerichts nachzusuchen, §§ 576 Abs. 1 ZPO, 151 VwGO, 133 FGO. Die **Höhe des Vorschusses** kann das Gericht in seinem Beschluß bestimmen, er kann die Bestimmung aber auch dem Kostenbeamten überlassen.[4] Gegen die Bestimmung durch den Kostenbeamten ist die Entscheidung nach § 5 GKG einholbar. Hat hingegen der Rechtspfleger die Vorschußanordnung getroffen, ist die Erinnerung nach § 11 RPflG gegeben. § 6 ist in beiden Fällen nicht einschlägig.[5]

1 BVerfG, NJW-RR 2000, 1738.
2 OLG Frankfurt/Main, JurBüro 1971, 141.
3 OLG Brandenburg, MDR 1998, 1119 = JurBüro 1998, 548 = NJW-RR 1999, 291.
4 KG, JW 1936, 3081.
5 Vgl. *Oe/Wi/He* § 6 Rn. 8; *Lappe* § 6, Rn. 4; *Schneider* MDR 1968, 106.

Da es um die Gewährung von Rechtsschutz geht, ist die Beschwerde auch zulässig, wenn der Beschwerdegegenstand den Wert von 50 € nicht übersteigt (S 2). 6

Die Beschwerde kann sich gegen die Vorschußanordnung und gegen die Höhe des Vorschusses richten. Das Verfahren und die Zuständigkeit des Beschwerdegerichts richtet sich grundsätzlich nach § 5 GKG (S 2). Der Erinnerung kann abgeholfen werden. Eine Anwendung des § 5 Abs. 2 GKG ist allerdings nicht vorgesehen, weil es bei § 6 um die Zulässigkeit der Gewährung von Rechtsschutz in der Hauptsache geht und daher der Rechtsmittelweg nicht verkürzt werden soll.[6] 7

Eine **weitere Beschwerde** findet nicht statt. 8

Die **Staatskasse** ist niemals nach § 6 beschwerdeberechtigt. Denn sie ist zum einen durch eine Vorschußanordnung nicht beschwert und zum anderen gibt es gegen einen Beschluß, durch den eine Vorschußanordnung abgelehnt wird, kein Beschwerderecht. 9

Das Erinnerungs- und Beschwerdeverfahren nach § 6 ist gebührenfrei. Eine Auslagenerstattung findet nicht statt. 10

§ 7
Nachforderung

Wegen irrigen Ansatzes dürfen Kosten nur nachgefordert werden, wenn der berichtigte Ansatz dem Zahlungspflichtigen vor Ablauf des nächsten Kalenderjahres, nachdem die Entscheidung Rechtskraft erlangt oder das Verfahren sich anderweitig erledigt hat, mitgeteilt worden ist. Ist die Wertfestsetzung geändert worden, so genügt es, wenn der berichtigte Ansatz dem Zahlungspflichtigen drei Monate nach der Änderung der Wertfestsetzung mitgeteilt worden ist.

Allgemeines: Die Vorschrift des § 7 setzt im Interesse des redlichen Zahlungspflichtigen dem Nachforderungsrecht der Staatskasse eine zeitliche Grenze. Es handelt sich um eine Ausschlußfrist.[1] Hat demgegenüber der Zahlungspflichtige den irrigen Ansatz durch pflichtwidriges Verhalten, etwa durch bewußt unrichtige Angaben über den Wert des Streitgegenstandes, bewirkt, so kann er sich auf die Schutzvorschrift des § 7 nicht mit Erfolg berufen.[2] Das entspricht dem der gesamten Rechtsordnung immanenten Gedanken des Treu-und-Glauben-Gebots (§ 242 BGB). 1

Als Verwaltungsvorschrift, die nichts mit der im § 10 GKG besonders geregelten Frage der Verjährung zu tun hat,[3] bezieht sich § 7 aber nur auf den Kostenansatz des Kostenbeamten und nicht auf im Erinnerungs- oder Beschwerdeverfahren ergangene gerichtliche Entscheidungen. In den letzteren Fällen kann der Kostenansatz, soweit er Gegenstand der 2

6 BT-Drucks. 12/6962, S. 59.
1 OLG Düsseldorf, RPfleger 1990, 480.
2 Vgl. *Hartmann* § 7 Rn. 3.
3 OLG Hamburg, MDR 1969, 229.

gerichtlichen Entscheidung war, im Verwaltungswege nicht mehr berichtigt werden, § 4 Abs. 3 GKG. Die Vorschrift ist deshalb auch unanwendbar bei einem Kostenansatz, den der Kostenbeamte auf eine ihm durch Beschluß des Erinnerungs- oder Beschwerdegerichts erteilte Weisung vornimmt.[4] § 7 ist auf den Rückforderungsanspruch der Staatskasse gegen den Prozeßkostenhilfeanwalt entsprechend anzuwenden.[5]

3 Eine **Nachforderung** von Kosten liegt nur dann vor, wenn gegen den Zahlungspflichtigen wegen desselben Verfahrens bereits ein vorbehaltloser[6] Kostenansatz erfolgt war und eine Berichtigung dieses Kostenansatzes die Nacherhebung von Kosten veranlaßt, sofern der mit der Nacherhebung geltend gemachte Betrag schon im ersten Kostenansatz hatte enthalten sein müssen. Keine Nachforderung i. S. des § 7 liegt vor, wenn der erste Kostenansatz für ein abgeschlossenes Verfahren erst nach längerer Zeit erfolgt. Hier liegt schon begrifflich keine Nachforderung, sondern eine Erstforderung vor.[7] In solchen Fällen kommen nur die Verjährungsvorschriften des § 10 zum Zuge. Das ist auch nicht unbillig. Ist nämlich einmal ein irriger Kostenansatz erfolgt, braucht sich der Schuldner normalerweise nicht auf eine Nachforderung einzustellen. Ist aber überhaupt noch kein Kostenansatz erfolgt, muß er immer damit rechnen, daß die Kosten noch gefordert werden. Insoweit enthält § 7 einen Spezialfall des allgemeinen Rechtsgedankens der Verwirkung der Kostenforderung durch die Staatskasse.

4 **Der erste Kostenansatz,** der berichtigt werden soll, muß – aus dem Blickwinkel eines redlichen Kostenschuldners[8] – **endgültig** gewesen sein. Daher liegt keine Nachforderung i. S. von § 7 vor, wenn nach einer unter Vorbehalt erteilten Kostenrechnung oder einer Vorschußrechnung erst der endgültige Ansatz folgt.[9] Der Vorbehalt eines weiteren Kostenansatzes muß jedoch für den Kostenschuldner klar erkennbar sein. Eine Begründung der Vorläufigkeit ist aber nicht erforderlich. Es reicht, wenn der Vorbehaltsvermerk durch Stempelaufdruck auf der Kostenrechnung erscheint. Die Gegenansicht[10] überzeugt nicht. Denn jeder Hinweis, daß die Kostenrechnung nicht abschließend sein könnte, muß das Schutzbedürfnis des Kostenschuldners auch dann entfallen lassen, wenn derartige Vermerke vom Kostenbeamten nur „vorsorglich" aufgenommen werden. Es steht dem Schuldner frei, Gegenvorstellungen zu erheben oder sich anderweitig Aufklärung zu verschaffen, wenn er gegen die Berechtigung eines Vorbehalts begründete Zweifel hat. War in einer vorbehaltslosen Kostenrechnung wegen Aussichtslosigkeit einer Beitreibung gemäß § 10 KostVfg eine Gebühr nicht angesetzt und der Zahlungspflichtige nicht verständigt, so liegt bei einem späteren Ansatz dieser Gebühr eine Nachforderung vor.[11] Es handelt sich aber um keine Nachforderung, wenn die Berichtigung eines Kostenansatzes darin besteht, daß ohne eine Änderung des Gesamtergebnisses der Kostenrechnung einer

4 OLG München, JurBüro 1969, 976 = RPfleger 1969, 315 = JVBl. 1969, 258; *Lappe* § 7 Rn. 4; *Oe/Wi/He* § 7 Rn. 24, 25.
5 KG, JurBüro 1976, 212 = RPfleger 1976, 110.
6 OLG Bamberg, RPfleger 1962, 352.
7 BGH, NJW 1955, 1197 = RPfleger 1955, 230.
8 Dazu OLG Koblenz, NJW-RR 2000, 1384.
9 BGH, NJW 1955, 1197; OLG Celle, JurBüro 1964, 269 und NdsRPfl. 1975, 68.
10 Vgl. OLG Celle, NdsRPfl. 1975, 68; OLG Düsseldorf, JurBüro 1079, 872; *Oe/Wi/He* § 7 Rn. 5.
11 BGH, NJW 1955, 1197; LG Würnburg, JurBüro 1978, 1357; *Oe/Wi/He*, § 7 Rn. 4; *Hartmann* § 7 Rn. 4.

Instanz anstelle eines falschen Ansatzes ein richtiger erfolgt.[12] Eine Nachforderung liegt auch nicht vor, wenn der Kostenansatz auf die Erinnerung ermäßigt, aber auf die Beschwerde wieder erhöht wurde oder wenn der Kostenansatz niedergeschlagen war und diese Entscheidung im Beschwerdeweg aufgehoben wurde.

Ist der Ansatz nur gegen einen von **mehreren Kostenschuldnern** erfolgt und wird später der andere Kostenschuldner wegen der Kosten in Anspruch genommen, so liegt diesem gegenüber keine Nachforderung, sondern der erste Kostenansatz, weil mehrere Kostenschuldner getrennt zu behandeln sind.[13] Das gilt aber nicht hinsichtlich des Kostenschuldners, der nach den Vorschriften des bürgerlichen Rechts für die Kostenschuld eines anderen *kraft Gesetzes* haftet, § 54 Nr. 3 GKG, weil die Zahlungspflicht des Dritten nur soweit reicht als die des Hauptschuldners.[14] Wer als Erstschuldner in Anspruch genommen wurde, kann nach Fristablauf gleichwohl noch als Zweitschuldner in Anspruch genommen werden.[15] 5

Ein **irriger Ansatz** liegt vor, wenn er zu einem objektiv unrichtigen Ergebnis führt. Das kann z. B. der Fall sein, wenn Einzelposten völlig ausgelassen sind,[16] etwa, weil sie noch nicht bezifferbar waren,[17] ein Rechtsirrtum des Kostenbeamten bei der Erstellung des Ansatzes vorliegt, oder wenn eine nachträglich andere Streitwertfestsetzung den ursprünglichen Ansatz objektiv irrig gemacht hat.[18] Auch wenn sich die Rechtsauffassung gewandelt hat, erweist sich der aufgrund früherer Rechtsauffassung ergangene Kostenansatz als irrig.[19] 6

Kein irriger Ansatz ist gegeben, wenn die einzelnen Posten der Kostenrechnung richtig angesetzt und nur die Summe wegen eines Rechenfehlers falsch zusammengerechnet ist,[20] oder wenn der Ansatz im Zeitpunkt seiner Erstellung richtig war, aber infolge später eingetretener Umstände deshalb unrichtig wurde, weil nach seiner Erstellung neue Kosten angefallen sind.[21] Daß hingegen kein Nachforderungsrecht der Staatskasse besteht, wenn sie für die Folgen des irrigen Ansatzes haften müßte, ist aber kein eigentliches Problem des § 7, sondern ein Ausfluß des allgemeinen Rechtsgrundsatzes des „dolo agit, qui petit, quod statim redditurus est".[22] Ein irriger Ansatz liegt auch nicht vor, wenn zu Unrecht die Kosten der 1.Instanz in die Kostenrechnung der 2.Instanz aufgenommen werden, wenn und soweit sie als Kosten der 1. Instanz bezeichnet worden sind. 7

Die Frist des § 7 endet mit dem Ablauf des nächsten Kalenderjahres, nach dem das Verfahren durch Rechtskraft der Entscheidung oder anderweitig sich erledigt hat. Der Hinweis auf die Rechtskraft zeigt, daß mit dem „Verfahren" nicht die Instanz i. S. des GKG 8

12 *Hartmann* § 7 Rn. 5; *Oe/Wi/He* § 7 Rn. 11. A. M. OLG Düsseldorf, RPfleger 1990, 480.
13 OLG Celle, JurBüro 1982, 1861; *Hartmann* § 7 Rn. 7; *Oe/Wi/He* § 7 Rn. 28, 29.
14 Vgl. BGH, MDR 1977, 737 = NJW 1977, 1879; *Oe/Wi/He* § 7 Rn. 28.
15 *Oe/Wi/He* § 7 Rn. 28.
16 OLG Stuttgart, JVBl. 1967, 186; OLG Celle, JurBüro 1964, 269 und RPfleger 1966, 279.
17 OLG Koblenz, MDR 1997, 982.
18 *Hartmann* § 7 Rn. 9.
19 A. M. Schl-HolstFG, JurBüro 1970, 754 (L).
20 OLG Celle, JVBl. 1965, 237 = NdsRPfl. 1965, 153.
21 OLG Celle, JurBüro 1964, 269. a. M. *Oe/Wi/He* § 5 Rn. 7.
22 Vgl. auch LG Kiel, JurBüro 1979, 43 m. zust. Anm. von *Mümmler*.

gemeint ist, sondern das Prozeßverfahren, das – sofern es sich nicht anderweitig erledigt hat – durch eine rechtskräftige Kostenentscheidung abgeschlossen wird. Solange die Rechtskraft oder die sonstige Erledigung noch nicht eingetreten ist, müssen die Parteien mit Kostenforderungen rechnen. Das zeigt auch ein Vergleich der Bestimmung des § 7 mit der des § 10 Abs. 1 GKG, der ausdrücklich eine rechtskräftige Entscheidung über die Kosten verlangt. Aus diesem Grunde schließt ein rechtskräftiges Teilurteil eine Kostennachforderung i. S. des § 7 nur aus, wenn und soweit es auch eine Kostenentscheidung enthält.[23] Eine Erledigung des Verfahrens idS liegt demnach auch nicht vor, wenn ein Berufungsurteil rechtskräftig wird, das die Sache an die Vorinstanz zurückweist und diesem die Entscheidung über die Kosten der Berufung vorbehält. Das gilt für alle Rechtsmittel. Soweit gegen eine im ersten Rechtszug ergangene Entscheidung ein Rechtsmittel eingelegt ist, ist das Verfahren des ersten Rechtszuges solange unerledigt, bis die Rechtsmittelentscheidung rechtskräftig geworden ist. Geht ein Verfahren in ein anderes über (z. B.: Mahnverfahren in das Streitverfahren), so handelt es sich um ein einheitliches Verfahren i. S. des § 7. Ist aber eine Entscheidung selbständig rechtskräftig, wie das Vorbehaltsurteil im Urkunden- oder Wechselprozeß oder ein Beschluß im Beschwerdeverfahren, so erledigt ihre Rechtskraft ein Verfahren i. S. von § 7.[24]

9 **Schweben mehrere Verfahren,** die zueinander im Zusammenhang stehen (wie etwa das Arrestverfahren und der Hauptsacheprozeß), so bildet jedes ein selbständiges Verfahren, das sich unabhängig von dem anderen erledigen kann. Wird hingegen im **Wiederaufnahmeverfahren** eine frühere Entscheidung aufgehoben, so lebt das frühere Verfahren auch i. S. von § 7 wieder auf. Soweit das **Streitwertfestsetzungsverfahren** oder das **Kostenansatzverfahren** nach der durch rechtskräftige Entscheidung oder in anderweitiger Weise eingetretenen Erledigung des Verfahrens durchgeführt werden, hat auf den Fristlauf des § 7 keinen Einfluß.

10 Anderweitig erledigt wird ein Verfahren regelmäßig durch Vergleich oder Klagerücknahme, ein Rechtsmittelverfahren auch durch Rechtsmittelrücknahme. Auch der tatsächliche Stillstand eines Verfahrens kann zu dessen Erledigung führen. Maßgebend für die Frist des § 7 ist dann der Zeitpunkt, in dem der Wille der Parteien, das Verfahren als erledigt zu betrachten, dem Gericht erkennbar wird. Das kann durch eine ausdrückliche Erklärung der Parteien oder aufgrund der Umstände des einzelnen Falles geschehen. Ein Beschluß, durch den das Ruhen des Verfahrens angeordnet wird, erledigt das Verfahren i. S. von § 7 allein noch nicht. Es muß vielmehr noch eine geraume Frist verstrichen sein, ehe der Lauf der Frist beginnen kann. In der Regel wird man in solchen Fällen den Zeitpunkt nehmen, zu dem nach der Aktenordnung die Akten des nicht mehr betriebenen Verfahrens wegzulegen sind.[25] Im Streitfall ist der sich auf den Fristablauf des § 7 berufende Kostenschuldner für die Erledigung beweispflichtig.[26]

11 Die **Änderung des Wertfestsetzungsbeschlusses** (S 2) ist nur bis zum Ablauf von 6 Monaten zulässig, nachdem die Entscheidung in der Hauptsache Rechtskraft erlangt oder

23 KG, JW 1937, 2469; *Oe/Wi/He,* § 7 Rn. 26.
24 KG, JW 1937, 2475 = JVBl. 1937, 327.
25 A. M. OLG Nürnberg, JurBüro 1981, 1230.
26 Im Ergebnis wohl auch *Oe/Wi/He* § 7 Rn. 31.

das Verfahren sich anderweitig erledigt hat, § 25 Abs. 1 S 4 GKG. Erfolgt eine Änderung der Streitwertfestsetzung, kann der Kostenansatz durch den Kostenbeamten berichtigt werden, § 4 Abs. 3 S 2. Hierfür beginnt eine Frist von 3 Monaten zu laufen zur Nachforderung der Kosten, die sich aus der Werterhöhung ergeben, S 2. Das kann zu einer Verlängerung, niemals aber zu einer Verkürzung der Frist des § 7 S 1 führen. Denn S 2 soll den S 1 nicht einengen, sondern erweitern.

Die **Dreimonatsfrist beginnt** erst zu laufen, wenn der Streitwertfestsetzungsbeschluß dadurch wirksam geworden ist, daß er den am Verfahren nach § 25 GKG Beteiligten zugestellt worden ist, § 329 Abs. 2 S 2 ZPO.[27] 12

Ist der **Streitwert erstmalig festgesetzt** worden, liegt keine Änderung der Wertfestsetzung vor, so daß S 2 nicht anwendbar ist. Hatte der Kostenbeamte in solchen Fällen bereits den Kostenansatz nach dem nach seiner Meinung zutreffenden Streitwert vorgenommen und erfolgt die richterliche Festsetzung erst nach dem Ablauf der Frist des § 7 S 1, ist die Kostenforderung noch binnen der Dreimonatsfrist des § 7 S 2 zulässig. Denn wenn schon bei einer Änderung des Streitwertfestsetzungsbeschlusses die Nachforderung binnen dieser Frist zulässig ist, muß sie erst recht bei einer erstmaligen Streitwertfestsetzung möglich sein. Dasselbe gilt auch, wenn der Streitwert auf eine Beschwerde abgeändert wurde. Dann beginnt die Frist mit der Zustellung der Streitwertänderungsentscheidung.[28] 13

Sind die **Fristen** des § 7 **abgelaufen**, so stehen dem trotzdem durch einen berichtigten Kostenansatz in Anspruch genommenen Kostenschuldner die Rechtsbehelfe des § 5 GKG zur Verfügung.[29] Die Staatskasse dagegen kann nach Fristablauf auch nicht im Wege der Erinnerung, statt einer Nachforderung, durch eine gerichtliche Entscheidung die Änderung des irrigen Kostenansatzes erzwingen. Denn auch der Erinnerungsrichter hat zu prüfen, ob eine i Erg zu einer Nachforderung führende Änderung des Kostenansatzes zulässig ist. Im Ergebnis führt § 7 also zu einer einseitigen Befristung des Erinnerungsrechts der Staatskasse, während der Kostenschuldner den früheren Kostenansatz auch weiterhin unbefristet mit der Erinnerung angreifen kann. Wollte man auch der Staatskasse das Recht zugestehen, die Änderung des irrigen Kostenansatzes des § 7 im Wege des Erinnerungsverfahrens zu erzwingen, würde § 7 bedeutungslos werden. 14

Im Falle der **Wiederaufnahme** eines Verfahrens oder der **Fortsetzung** eines zunächst für erledigt gehaltenen Verfahrens, leben auch die Fristen des § 7 wieder auf. 15

Nach dem Ablauf der Ausschlußfrist des § 7 dürfen auch solche Kosten nicht mehr nachgefordert werden, die anstelle des nicht berechtigten oder fallengelassenen Teils einer Einzel- oder Gesamtforderung geltend gemacht werden.[30] 16

27 OLG Düsseldorf, MDR 2000, 789, 790. A.M. *Hartmann* § 7 Rn. 16; *Oe/Wi/He* § 7 Rn. 31.
28 OLG Düsseldorf, NJW-RR 2000, 1382.
29 OLG Düsseldorf, NJW-RR 2000, 1382.
30 OLG Düsseldorf, RPfleger 1990, 480.

§ 8
Nichterhebung von Kosten wegen unrichtiger Sachbehandlung

Kosten, die bei richtiger Behandlung der Sache nicht entstanden wären, werden nicht erhoben. Das gleiche gilt für Auslagen, die durch eine von Amts wegen veranlaßte Verlegung eines Termins oder Vertagung einer Verhandlung entstanden sind. Für abweisende Bescheide sowie bei Zurücknahme eines Antrags kann von der Erhebung von Kosten abgesehen werden, wenn der Antrag auf unverschuldeter Unkenntnis der tatsächlichen oder rechtlichen Verhältnisse beruht.

Die Entscheidung trifft das Gericht. Solange nicht das Gericht entschieden hat, können Anordnungen nach Abs. 1 im Verwaltungsweg erlassen werden. Eine im Verwaltungsweg getroffene Anordnung kann nur im Verwaltungsweg geändert werden.

Übersicht

1 **Allgemeines:** Die auch in Arbeitsgerichtsverfahren, Verwaltungs- und Finanzgerichtssachen anwendbare Vorschrift will den Rechtssuchenden von Gebühren und Auslagen freihalten, die bei richtiger Sachbehandlung durch die Organe der staatlichen Rechtspflege nicht erwachsen wären, oder aus einer vom Amts wegen veranlaßten Verlegung eines Termins oder einer Vertagung einer Verhandlung entstanden sind oder auf unverschuldeter Unkenntnis des Rechtssuchenden beruhen. Dogmatisch handelt es sich hier um eine Billigkeitsnorm zur Ermöglichung eines Ausgleichs von Härten, die bei einer strikten Anwendung des Gesetzes auftreten und die deutlich über das Maß dessen hinausgehen, was noch dem allgemeinen Prozeß(kosten)risiko immanent ist,[1] nicht aber um einen Fall der Amtshaftung.[2] Teilweise ist die Nichterhebung geboten (Abs. 1 S 1 und 2), teilweise in

1 Vgl. *Oe/Wi/He* § 8 Rn. 4
2 So aber wohl OLG Karlsruhe, JurBüro 1999, 204 m. Anm. v. D. *Meyer*

das Ermessen der zur Entscheidung oder Nichtentscheidung berufenen Stelle gesetzt (Abs. 1 S 3). Ähnliche Bestimmungen sind z. B.: § 9 Abs. 2 GKG (Mehrkosten bei Verweisung), § 44 GKG (Zurücknahme eines Strafantrags). Den umgekehrten Fall eines Fehlverhaltens der Partei behandeln z. B.: § 34 GKG (Verzögerung des Rechtsstreits), § 95 ZPO (Säumnis oder Verschulden). Daneben gibt es noch Verwaltungsvorschriften über den Erlaß von Kosten (dazu unten, Rn. 19).

2 Kosten der im § 1 bezeichneten Art, die durch **unrichtige Sachbehandlung**, d. h. durch eine fehlerhafte Anwendung des Verfahrensrechts im weitesten Sinne entstanden sind, **dürfen** nicht erhoben werden. Die Vorschrift bezieht sich demzufolge ausschließlich auf **Gerichtskosten** (Gebühren und Auslagen) nach dem GKG.[3] § 8 bietet hingegen keine gesetzliche Grundlage, die Staatskasse zur Übernahme der einem Beteiligten infolge unrichtiger Sachbehandlung etc. entstandenen **außergerichtlichen Mehrkosten** zu verpflichten.[4] Solche Mehrauslagen, die Parteien, Beschuldigten oder Beteiligten durch eine unrichtige Sachbehandlung durch das Gericht erwachsen, sind nicht von § 8 GKG erfaßt.[5] Auch auf den Ausspruch über die Erstattung notwendiger Auslagen eines Beschuldigten/Angeklagten im Strafverfahren (§§ 465, 473 StPO) ist § 8 nicht anwendbar.[6] Die nach § 130 BRAGO auf die Staatskasse übergegangenen Kosten für den Prozeßkostenhilfeanwalt fallen ebenfalls nicht unter § 8.[7] Allerdings löst noch **nicht jede unrichtige Sachbehandlung** als solche die Anwendung des § 8 aus. Vielmehr muß diese als Nichtbeachtung eindeutiger Normen offenkundig[8] und ursächlich (unten, Rn. 9)[9] in dem Sinne sein, daß die Mehrkosten darauf beruhen, Abs. 1 S 1. So ist etwa § 8 nicht anwendbar bei einer unrichtigen Entscheidung über richtig angefallene Kosten.[10] Infrage kommt eine unrichtige Behandlung durch einen Angehörigen der staatlichen Rechtspflege,[11] gleichgültig, welche Aufgabe er im konkreten Verfahren hat, also auch, wenn die Staatsanwaltschaft[12] und ihre Hilfsbeamten oder die der Staatsanwaltschaft gleichstehende Verwaltungsbehörde im Bußgeldverfahren (sofern es zu einem gerichtlichen Verfahren kommt)[13] die Sache unrichtig behandelt hat. Ausreichend ist sogar, wenn ein Gerichtswachtmeister falsch gehandelt hat.[14]

3 **Nicht unter § 8** fällt hingegen die unrichtige Sachbehandlung durch einen Gerichtsvoll-

3 Zutreffend weist *Hartmann* § 8 Rn. 5, darauf hin, daß gerade dieses häufig übersehen und deshalb vorschnell § 8 GKG bemüht wird.

4 Vgl. z. B. OVG Berlin, NVwZ-RR 1998, 405; OVG Koblenz, NVwZ-RR 1995, 362 und etwa bei D. *Meyer* Strafrechtsentschädigung und Auslagenerstattung, 3. Aufl., Teil II Rn. 23 m. N.

5 Das ist völlig unstr. Vgl. etwa BGH, NStZ 2001, 135 (bei *Kusch*); BPatG, GRUR 1984, 341; OLG Hamburg, RPfleger 1983, 175; LG Düsseldorf, MDR 1985, 60; *Hartmann* § 8 Rn. 1.

6 BGH, NStZ 2000, 499 und NStZ 1989, 191; OLG Hamm, NStZ-RR 2000, 320.

7 *Oe/Wi/He* § 8 Rn. 8; *Lappe* § 8 Rn. 3.

8 Ganz h. M. Vgl. die zahlreichen Nachweise bei *Oe/Wi/He* § 8 Rn. 10. A. M. E. *Schneider* MDR 2001, 914.

9 Dazu m. N. E. *Schneider* MDR 2001, 915.

10 AG Ebern, JurBüro 1973, 464; *Hagen* NJW 1970, 1017. Vgl. dazu auch bei E. *Schneider* MDR 2001, 915 m. N. in Fn 16.

11 BFH, RPfleger 1992, 365.

12 OLG München, JurBüro 1978, 101; LG Hildesheim, RPfleger 1962, 454.

13 LG Tübingen, AnwBl. 1972, 239.

14 OLG Koblenz, RPfleger 1981, 37; *Hartmann* § 8 Rn. 6; *Oe/Wi/He* § 8 Rn. 11.

zieher (– hier gilt § 7 GV-KostG als lex specialis –), durch einen Sachverständigen[15] oder in Bezug auf Polizeikosten.[16] Auch dann, wenn es sich um einen Fehler des Finanzamtes handelt, wird § 8 GKG idR nicht anwendbar sein, es sei denn, daß das Finanzamt in einer konkreten einzelnen Rechtssache gehandelt hat und dabei der Fehler unterlaufen ist.[17] Nicht hierher gehören auch solche unrichtigen Sachbehandlungen, die nicht vom Gericht allein, sondern auch von den Parteien mitverursacht worden sind.[18]

4 Im Rahmen des § 8 kommt es darauf an, ob der **Angehörige der staatlichen Rechtspflege** objektiv unrichtig gehandelt hat. Unerheblich ist es, ob die Parteien und/oder ihre Vertreter unrichtig gehandelt haben.[19] Auf ein Verschulden bei der unrichtigen Sachbehandlung kommt es grundsätzlich nicht an,[20] gleichviel ob ein solches im Zurechnungsbereich des Gerichts oder in der Sphäre des Kostenschuldners liegt,[21] sofern letzterer das Gericht nicht absichtlich getäuscht hat.[22] Davon zu unterscheiden ist allerdings die nicht auf der Ebene des Verschuldens liegende Mitverursachung der unrichtigen Sachbehandlung durch die Partei, welche zu einer Nichtanwendung des § 8 führen kann (vgl. unten, Rn. 9), insbesondere dadurch, daß die Partei den Fehler des Gerichts hätte verhindern können.[23] Denn die Nichterhebung von Kosten ist bereits eine Privilegierung des Kostenschuldners, der ohne § 8 GKG sonst Schadensersatzansprüche wegen Amtspflichtverletzung auf Befreiung von der Kostentragungspflicht geltend machen müßte, in welchem Rahmen § 254 BGB allemal anwendbar ist.[24] Auch Fehlleistungen oder Versagen mechanischer Einrichtungen des Gerichts können als unrichtige Sachbehandlung i. S. des § 8 angesehen werden, wenn und soweit sie unrichtig eingegebene Befehle ausführen (= Unfähigkeit des Bedieners) oder mangelhaft überwacht werden.[25]

5 Die Frage nach einer unrichtigen Sachbehandlung wird naturgemäß ganz überwiegend im Zusammenhang mit der Aufhebung einer gerichtlichen Entscheidung im Instanzenzug und deren Zurückverweisung gestellt, nicht zuletzt auch mit Seitenblick auf § 839 Abs. 2 BGB. Die **Zurückverweisung** einer Sache wegen eines Verfahrensfehlers vom höheren an das niedrigere Gericht für sich allein muß aber noch keine unrichtige Sachbehandlung der Vorinstanz i. S. v. § 8 indizieren.[26] In der Regel kann das jedoch gewichtiges Indiz dafür abgeben.[27] Man wird hier differenzieren müssen: Wenn die Zurückverweisung wegen

15 OLG Hamburg, MDR 1978, 237 = JurBüro 1978, 898; *Oe/Wi/He* § 8 Rn. 11.

16 *Hartmann* § 8 Rn. 1. A. M. LG Lüneburg, VersR 1985, 1200 m. N.

17 Vgl. *Hartmann* § 8 Rn. 6; *Schall*, BB 1988, 380. Dazu auch bei *Lappe* NJW 1987, 1860.

18 OLG Nürnberg, JurBüro 1997, 149 = MDR 1997, 302; OLG Düsseldorf, NJW-RR 1997, 1159.

19 BGH, JurBüro 1980, 406 m. Anm. v. *Mümmler* = RPfleger 1980, 32; *Oe/Wi/He* § 8 Rn. 12 m. N.

20 OLG Köln, JurBüro 1972, 243; E. *Schneider* MDR 2001, 915.

21 OLG Köln, JurBüro 1972, 243. Mißverständlich insoweit OLG Karlsruhe, JurBüro 1999, 204 m. Anm. v. D. *Meyer*.

22 *Mümmler* JVBl. 1971, 224.

23 A. M aber *Schneider* MDR 2001, 914. Dazu kritisch *Hansens* JurBüro 2002, 124.

24 Vgl. *Hansens* JurBüro 2002, 124.

25 *Kerkhoff* ZAP 1996, 737 (Fach 14, S. 341).

26 BGH, GA 1982, 324; OLG Koblenz, NJW-RR 1996, 1429; OLG Köln, NJW-RR 2001, 1724, 1725; OLG München, MDR 1990, 348 m. Anm. v. *Schneider*; *Hartmann* § 8 Rn. 9; A. M.: KG, JurBüro 1997, 654; OLG Hamm, DRiZ 1979, 375; *Warburg* NJW 1973, 25; E. *Schneider* MDR 2001, 915.

27 Vgl. dazu bei D. *Meyer* Strafrechtsentschädigung und Auslagenerstattung, 4. Aufl., II/23.

eines **offensichtlichen schweren Verfahrensfehlers**[28] oder einer **offensichtlichen, eindeutigen Verkennung des materiellen Rechts**[29] erfolgen muß, wird eher ein Fall des § 8 gegeben sein, während leichtere Verfahrensfehler regelmäßig nicht ausreichen dürften.[30] So kann,[31] nicht aber muß,[32] ein Fall des § 8 vorliegen, wenn die Aufhebung wegen eines absoluten Revisionsgrundes nach § 551 ZPO, z. B. wegen falscher Besetzung des Gerichts,[33] erfolgt wie der notwendige Neubeginn einer strafrechtlichen Hauptverhandlung wegen unrichtiger Besetzung des Gerichts.[34] Ein schwerer Verfahrensfehler idS liegt sicherlich auch vor, wenn das Berufungsgericht in demselben Rechtsstreit wiederholt die erstinstanzliche Entscheidung aufhebt und zurückverweist.[35] Auf keinen Fall ist § 8 aber anwendbar, wenn die Zurückverweisung aufgrund einer abweichenden Beurteilung einer Rechtsfrage,[36] insbesondere einer wissenschaftlichen Streitfrage[37] oder der Berufung auf eine höchstrichterliche – noch nicht ausdrücklich aufgegebene – Gesetzesauslegung,[38] erfolgt oder wenn sie nur aufgrund einer Ermessensvorschrift geschieht,[39] es sei denn, es liegt ein offensichtlicher Ermessensfehlgebrauch (Willkür) vor. Auch wenn das Gericht im Laufe des Verfahrens seine Rechtsansicht ändert und wegen des früheren Standpunkts Kosten entstanden ist, liegt eine unrichtige Sachbehandlung nicht vor. Denn der Richter muß ständig seine frühere Ansicht prüfen und ggf korrigieren.[40] Selbstverständlich kann auch die Bestimmung des § 8 niemals dazu mißbraucht werden, eine Sachentscheidung, (einschließlich des Kostenausspruchs)[41] auf ihre Richtigkeit oder gar Zweckmäßigkeit,[42] insbesondere nicht Zweckmäßigkeit des Procedere,[43] nachzuprüfen.[44] Demzufolge kann es dem Justizfiskus auch nicht iS von § 8 GKG zum Nachteil gereichen, wenn das Gericht (im Anwaltsprozeß) nicht auf einen Antrag hinweist, der weniger Kosten verursacht.[45] Naturgemäß ist die Rspr zur Problematik einer unrichtigen Sachbehandlung iS des § 8 äußerst kasuistisch.[46]

Als **unrichtige Sachbehandlung kann (nicht muß)** z. B. **angesehen werden:** 6

– Die Vertretung einer völlig unhaltbaren, einen offensichtlichen Gesetzesverstoß ent-

28 OLG Koblenz, JurBüro 1995, 210 = NStZ-RR 1998, 128.
29 OLG Karlsruhe, JurBüro 1999, 425; ThürOLG, JurBüro 1999, 435, 437.
30 OLG München, MDR 1990, 348 m. Anm. v. *Scheider*; vgl. auch *Hartmann* § 8 Rn. 10 m. N.
31 BGH, NJW 1992, 2039.
32 A. M. *Zöller-Gummer* ZPO, § 539 Rn. 3; *B-L-A-H* ZPO, § 539 Rn. 4.
33 BGH, BGHR-GKG § 8 – Nichterhebung 3 = StV 2000, 435.
34 BGHR-§ 8 GKG – Nichterhebung 3 – = StV 2000, 435; BGH, NStZ 2001, 135 (bei *Kusch* Nr. 23).
35 OLG Düsseldorf, MDR 1995, 212.
36 BGHZ 93, 213.
37 OLG Schleswig, SchlHA 1986, 46. A. M. OLG Karlsruhe, OLGZ 77, 486.
38 OLG Köln, NJW-RR 2001, 1724, 1725.
39 *Hartmann* § 8 Rn. 10.
40 OLG Koblenz, NJW-RR 1996, 1429.
41 OLG Schleswig, SchlHA 1998, 144.
42 OLG Hamm, NStZ-RR 2000, 320; LG München, JurBüro 1999, 424.
43 OLG Hamm, NStZ 2000, 320.
44 OLG Frankfurt/Main, JurBüro 1995, 210; *Hartmann* § 8 Rn. 12. m. N.
45 *Hartmann* § 8 Rn. 15.
46 Vgl. dazu auch die ausfen Zusammenstellungen bei *Hartmann* § 8, Rnn 14. ff und *Oe/Wi/He* § 8 Rn. 13.

haltene **Rechtsansicht.**[47] Das ist aber nicht schon dann der Fall, wenn in der obergerichtlichen Rspr dazu unterschiedliche Ansichten vertreten werden,[48] und zwar selbst dann nicht, wenn das Gericht einer Mindermeinung folgt, die vom übergeordneten Gericht erkennbar nicht geteilt wird. Grundsätzlich gilt das auch dann für die Kosten des Revisionsverfahrens, wenn der (Einzel)richter (beim Finanzgericht) über eine Klage zu einem Zeitpunkt entscheidet, in welchen ihm bekannt war, daß das Revisionsgericht über zahlreiche vom gleichen Gericht entschiedene Parallelfälle streitig entscheiden wird.[49] Solches muß der Rechtssuchende in Ansehung der richterlichen Unabhängigkeit grundsätzlich in Kauf nehmen. Die Grenze zur unrichtigen Sachbehandlung kann aber dann überschritten sein, wenn sich ein Untergericht gegen eine Rechtsansicht des übergeordneten Gerichts in rechtlich nicht mehr nachvollziehbarer Weise völlig sperrt.

- Mehrkosten durch begründete **Ablehnung** von Richtern oder Sachverständigen.[50]
- Auslagen für die Anforderung zu vieler **Abschriften.**[51]
- Wenn und soweit durch **Antragsüberschreitung** Mehrkosten verursacht wurden (Verstoß gegen den Grundsatz „ne ultra petita", § 308 ZPO).[52]
- Verletzung von **Aufklärungs- und/oder Hinweispflichten.**[53] Diesem Aspekt wird im Hinblick auf die Neufassung des § 139 ZPO große Aufmerksamkeit zu widmen sein,
- Wenn das Gericht einen **Aussetzungsantrag** bis zu einer anstehenden grundsätzlichen Klärung durch das Ober-(Revisions)gericht ohne nachvollziehbare Erwägungen übergeht. Denn dann wäre eine Ermessenausübung insoweit willkürlich. Erst Recht trifft das zu, wenn § 249 ZPO nicht beachtet wird.[54]
- Falsche **Belehrung** über den Vertretungszwang[55] oder unrichtige **Rechtsmittelbelehrung**[56] (jedoch nicht, wenn der Verteidiger die Unrichtigkeit ohne weiteres hätte erkennen können).[57]
- Eine von vornherein völlig **überflüssige Beweisaufnahme**[58] kann eine unrichtige Sachbehandlung sein. Das gilt aber nicht, wenn sich die Beweisaufnahme später infolge Änderung der Prozeßlage als nicht mehr entscheidungserheblich erweist (z. B. wenn der Beklagte die – begründete – Einrede der Verjährung erst nach Verkündung des Beweisbeschlusses oder gar nach erfolgter Beweisaufnahme erhebt) oder wenn das Gericht in anderer Besetzung wegen anderer rechtlicher Beurteilung von der beschlossenen Be-

47 OLG München, MDR 1990, 348; OLG Nürnberg, JurBüro 1959, 429.
48 OLG Frankfurt/Main, JurBüro 1975, 1224.
49 A. M. BFH, NVwZ-RR 2000, 552.
50 *Hartmann* § 8 Rn. 14.
51 BGH, WoM 1985, 35 (zu § 35 KostO).
52 *Hartmann* § 8 Rn. 15.
53 BFH, BStBl. II 1979, 296. Dazu auch bei E. *Schneider* MDR 2001, 917 m. N.
54 *Hartmann* § 8 Rn. 17.
55 OLG Schleswig, JurBüro 1978, 1225 = SchlHA 1978, 108. Vgl. auch OLG Hamm, JurBüro 1977, 1420 = MDR 1977, 940.
56 BGH, JurBüro 1980, 460 m. Anm. v. *Mümmler*; OLG Celle, JurBüro 1968, 725; OLG München, JurBüro 1978, 101; LG Essen, RPfleger 1962, 98.
57 OLG Zweibrücken, NStZ-RR 2000, 319.
58 OLG München, NJW-RR 1998, 1695 = MDR 1998, 1437: LG Frankfurt/Main, JurBüro 1986, 1679; OLG Schleswig, SchlHA 1989, 78; OLG Düsseldorf, JurBüro 1989, 1272. Dazu auch bei *Schneider* MDR 2000, 751/752.

weiserhebung absieht.[59] Selbstverständlich sind in solchen Fällen tunlichst Maßnahmen zur Vermeidung von Kosten zu treffen, so daß die Unterlassung einer Abladung von Zeugen und Sachverständigen,[60] wenn und soweit das noch möglich gewesen wäre, zur Anwendung des § 8 führen kann. Das gilt natürlich auch im Falle einer von Amts wegen **zu spät** veranlaßten Verlegung oder Vertagung eines Termins.[61]

- Die verspätete Aufnahme eines **Eilantrags** für Beweissicherung.[62]
- Einholung von kostenträchtigen **Gutachten** im Rahmen der Amtsaufklärung ohne vorherige Anhörung des Betroffenen oder seines Vertreters.[63] Gleiches kann in Ausnahmefällen auch für entbehrliche Blutgruppengutachten (hier: offensichtlich andere Hautfarbe) gelten.[64]
- Eine Nichterhebung von Kosten ist jedenfalls dann geboten, wenn das Berufungsgericht in demselben Rechtsstreit *wiederholt* die erstinstanzliche Entscheidung wegen wesentlicher, offensichtlicher Mängel aufhebt und die Sache zurückverweist.[65]
- **Mahnbescheidsantrag:** Entgegennahme eines ungewöhnlichen Antrags von einer Person, die nach den Gesamtumständen als nicht geschäftsfähig wirkt und anwaltlich nicht vertreten ist.[66]
- Unterlassen einer **Mitteilungspflicht**, soweit der Beteiligte dadurch Kostennachteile hat.[67]
- Die Zulassung als **Nebenkläger** im Jugendstrafverfahren entgegen § 80 Abs. 3 JGG.[68]
- Nichtbeachtung der **Prozeßunfähigkeit** (z. B. § 53 ZPO).[69]
- Unrichtig idS ist idR auch ein Verfahrensverstoß wie die Verletzung des Grundsatzes der Gewährung **rechtlichen Gehörs** (Art. 103 Abs. 1 GG; § 278 Abs. 3 ZPO)[70] in allen seinen Varianten,[71] wenn die Verletzung rechtlichen Gehörs für Mehrkosten nach dem GKG ursächlich war. So sind z. B. Kosten nach KV 1960 niemals unter § 8 GKG subsumierbar.
- Einholung von **Rechtsgutachten** über inländisches Recht[72] („iura novit curia").
- Der Erlaß eines unzulässigen **Teilurteils.**[73]
- **Übergehen** eines entscheidungserheblichen Vortrages einer Partei oder eines beweiserheblichen Beweisantrages.[74]

59 OLG Stuttgart, Die Justiz 1996, 137; OLG Düsseldorf, JurBüro 1995, 45; *E. Schneider* MDR 2001, 918.
60 OLG Stuttgart, OLGZ 69, 188; LG Bad Kreuznach, MDR 1972, 539.
61 OLG Hamm, MDR 1988, 1066; OLG Düsseldorf, MDR 1978, 339; LG Bamberg, JurBüro 1970, 498.
62 LG Frankfurt/Main, MDR 1985, 153.
63 AG Zschopau, ZfS 1994, 422; LG Freiburg, MDR 1993, 911 = ZfS 1993, 385 = FamRZ 1993, 911; LG Baden-Baden, ZfS 1994, 263.
64 OLG Schleswig, SchlHA 1989, 78.
65 OLG Rostock, MDR 1995, 212; OLG Düsseldorf, JurBüro 1985, 44.
66 LG Kiel, SchlHA 2002, 26.
67 OLG Düsseldorf, JurBüro 1994, 302.
68 OLG München, JurBüro 1978, 101.
69 BGH, NJW 1988, 51; OLG München, NJW-RR 1989, 256.
70 BVerfG, RPfleger 1974, 12; BGHZ 27, 170; BFH, NJW 1977, 1080 = JurBüro 1977, 936; OLG Saarbrücken, MDR 1996, 1191; OLG Köln, RPfleger 1979, 347.
71 BGH, JZ 1977, 165 (L).
72 OLG Karlsruhe, FamRZ 1990, 1367 (zu § 16 KostO)
73 OLG Köln, NJW-RR 1992, 908.
74 OLG Saarbrücken, MDR 1996, 1191; OLG Köln, JurBüro 1974, 507 = MDR 1974, 498.

- Ablehnung eines **Vertagungsantrages** wegen kurzfristigen Wechsels des Prozeßbevollmächtigten[75] oder Verweigerung einer Schriftsatznachlaßfrist,
- Entscheidung durch ein **unrichtig besetztes Gericht.**[76]
- Bei prozeßordnungswidrigen Feststellungen des Erstgerichts,[77]
- Bei Bewilligung von Prozeßkostenhilfe mit offensichtlich rechtlich unhaltbarer Begründung.[78]
- Durchführung einer fehlerhaften Beweisaufnahme, die deshalb wiederholt werden muß,[79]
- Unrichtig idS ist auch die Verkündung einer Entscheidung zum angesetzten Verkündungstermin, wenn die Parteien angezeigt hatten, daß sie sich noch außergerichtlich verglichen haben,[80]
- Die **Trennung von Verfahren** in verschiedene Einzelverfahren ohne ersichtlichen Grund.[81]
- Bei der offensichtlich gesetzwidrigen **Zulassung eines Rechtsmittels** (der Berufung[82] oder der Revision[83]).
- **Zustellung** eines versehentlich unrichtigen Entscheidungssatzes[84] oder einer falschen Entscheidungsform wie Beschluß statt Urteil,[85] eines Urteils ohne Tatbestand,[86] einer falschen[87] oder verspäteten[88] Zustellung. Ebenso die Veranlassung einer mit hohen, in keinem vernünftigen Verhältnis zum Streitwert stehenden Kosten verbundenen öffentlichen Zustellung ohne Anforderung eines entsprechenden Auslagenvorschusses[89] (– nicht aber, wenn die Partei die öffentliche Zustellung beantragt hatte, und das Gericht nicht noch einmal wegen der entstehenden Auslagen Bedenken geäußert hat –).[90]
- Die **Zwangsvollstreckung** aus einem hierzu offensichtlich ungeeigneten Titel.[91]

7 Aber **nicht jede unrichtige Sachbehandlung** stellt für sich allein schon einen schwerwiegenden, offensichtlichen Gesetzesverstoß dar.[92] Zusätzlich müssen die Kosten auf die unrichtige Sachbehandlung **beruhen** (d. h. die Kosten müssen iS der Adäquanztheorie

75 OLG Köln, NJW 1979, 1834; *Mümmler* JVBl. 1971, 224.
76 BGHZ 27, 170.
77 OLG Düsseldorf, JurBüro 1975, 1226.
78 OLG Braunschweig, JurBüro 1979, 870.
79 BGH, NStZ-RR 1998, 319.
80 OLG Schleswig, SchlHA 1996, 140.
81 BGH, NJW-RR 1997, 832; OLG München, NJW-RR 1998, 1080; OVG Münster, NJW 1978, 720.
82 OLG München, JurBüro 1978, 102.
83 BGH, JurBüro 1973, 724 = NJW 1973, 1239; BGH, JurBüro 1980, 533; BGH, MDR 1980, 203.
84 OLG Köln, JurBüro 1972, 243 = VersR 1972, 651 (L); OLG Karlsruhe, NJW 1973, 1989.
85 OLG Celle, NdsRPfl. 1973, 182.
86 BGH, KostRspr. GKG § 8 Nr. 27 m. Anm. v. *Schneider*.
87 KG, NJW 1969, 1444 = JurBüro 1969, 872.
88 OLG Düsseldorf, NJW-RR 1993, 828.
89 LG Koblenz, MDR 1999, 1024 = NJW-RR 1999, 1744.
90 LG München, JurBüro 1999, 424.
91 OLG Düsseldorf, RPfleger 1956, 181 (L).
92 BGH, KostRspr. GKG 1957 § 7, Nrn. 5 und 26.

ursächlich sein).[93] Das kommt z. B. im § 321a ZPO zum Ausdruck. Die entgegenstehende Ansicht, wonach allein schon dann an eine Anwendbarkeit von § 8 GKG zu denken sei, wenn kein offensichtliches Versehen oder kein klarer Rechtsverstoß gegen eindeutige gesetzliche Vorschriften vorliegt,[94] ist abzulehnen. Denn in dem Verfahren nach § 8 kann und soll nicht jedes scheinbare oder auch tatsächliche, aber nicht offensichtliche oder für die Entstehung von Kosten nicht adäquate, Fehlverhalten nachgeprüft werden, zumal es idR ohnehin kaum möglich sein wird, im nachhinein zu sagen, was objektiv richtig war oder daß die Rechtsmittelentscheidung dem objektiven Recht mehr entspricht als die aufgehobene Entscheidung des unteren Gerichts. Unsere Rechtsordnung ist nun einmal so angelegt, daß jedes Gericht das Recht unabhängig auslegt und anwendet, wobei kontroverse Meinungen systemimmanent sind und vom Kostenschuldner als allgemeines Prozeßkostenrisiko einkalkuliert werden müssen. Deshalb muß § 8 GKG auf Fälle beschränkt bleiben, in denen das Versehen oder der Gesetzesverstoß offensichtlich und zweifelsfrei ist. Wenngleich das von der überwiegenden Rspr immer wieder – zu Recht – betont wird, hält sie sich i Erg aber häufig nicht an ihre eigenen Grundsätze, insbesondere im Zusammenhang mit Aufhebung und Zurückweisung im Rechtsmittelverfahren.[95]

Keine unrichtige Sachbehandlung liegt vor, wenn der eingenommene Rechtsstand- 8
punkt oder die vorgenommene Würdigung des Sachverhalts vertretbar sind, mag das Gericht auch im Laufe des Verfahrens die rechtliche oder tatsächliche Beurteilung aufgeben oder sie das Rechtsmittelgericht ablehnen; denn sonst dürften niemals Rechtsmittelkosten erhoben werden, wenn ein Rechtsmittelgericht die Entscheidung des unteren Gerichts aufhebt.[96] Eine Nachprüfung gerichtlicher Entscheidungen auf ihre Richtigkeit oder auf deren rechtliche Vertretbarkeit ist dem Verfahren nach § 8 grundsätzlich entzogen,[97] und zwar auch dann, wenn es sich um einen Fehler handelt, der die Dienstaufsichtsbehörde zu einer Anordnung nach § 8 Abs. 2 S 1 hätte veranlassen können.[98] Denn insoweit enthält § 8 Abs. 1 eine abschließende Regelung, wonach die Kompetenz der Dienstaufsichtsbehörde endet, sobald das Gericht die Entscheidungsverantwortlichkeit übernommen hat. Hat ein Gericht in noch irgendwie sachlich und rechtlich vertretbarer Weise eine Beweisaufnahme angeordnet, verwertet es aber wegen einer Änderung seiner tatsächlichen oder rechtlichen Beurteilung das Beweisergebnis nicht, so liegt keine unrichtige Sachbehandlung vor. Das gilt auch, wenn sich die Beweisaufnahme als unzweckmäßig[99] darstellt (z. B. eine Beweisaufnahme über wertneutrale Positionen beim Zugewinnausgleich).[100] Denn es ist niemals Sinn des § 8, die Zweckmäßigkeit des gerichtlichen

93 KG, JurBüro 1997, 653; OLG Koblenz, VersR 1989, 379. Dazu auch bei *E. Schneider* MDR 2001, 915; *Hartmann* § 8 Rn. 41, jeweils m. w. N.

94 So KG, JurBüro 1997, 654; OLG Hamm, JurBüro 1980, 104 = DRiZ 1979, 374; OLG Zweibrücken, NJW 1974, 507 m. abl. Anm. v. *Lehmann* NJW 1974, 1290 *Lappe* Rn. 1; *Schneider*, JurBüro 1975, 869; JurBüro 1969, 531. Vgl. dazu auch die äußerst kritischen Anmerkungen von *Schneider* in Justizspiegel, 2. Aufl, 1999 (z. B. S. 238 ff.); *E. Schneider* MDR 2001, 915.

95 *E. Schneider* MDR 2001, 915 (m. N. in Fußnote 14).

96 BGHZ 93, 231; *Hartmann* § 8 Rn. 9; Vgl. auch oben Rn. 5.

97 KG, JVBl. 1966, 20; KG, JurBüro 1966, 694; OLG Frankfurt/Main, NJW 1959, 538.

98 A. M. OLG Frankfurt/Main, NJW 1959, 538.

99 *Oe/Wi/He* § 8 Rn. 16; *Mümmler* JVBl. 1971, 223.

100 OLG München, NJW-RR 1998, 1695 = MDR 1998, 1437.

Verfahrens zu überprüfen.[101] Diese Frage wird sich häufig stellen, wenn das Gericht im Rahmen der Terminsvorbereitung kostenträchtige Anordnungen wie die Anordnung des Einzeltransports eines inhaftierten Zeugen im Strafverfahren[102] oder im Zivilverfahren solche nach § 273 ZPO (z. B. vorsorgliche Ladung eines Dolmetschers zum Termin bei ausländischen Beteiligten, der sich dann als unnötig erweist)[103] oder Beweisbeschlüsse nach § 358a ZPO erläßt.[104] Daran ändert auch das obligatorische Güteverfahren nach § 278 ZPO nichts. Da nach dessen Scheitern unverzüglich in die mündliche Verhandlung übergegangen werden soll, kann es regelmäßig nicht ermessenfehlerhaft sein, vorbereitende Anordnungen nach § 273 ZPO zu treffen oder Beschlüsse nach § 358a ZPO zu erlassen. Umgekehrt liegt auch keine unrichtige Sachbehandlung vor, wenn das Gericht bei Ausländerbeteiligung nicht vor vornherein einen Dolmetscher hinzuzieht, weil idR erst bei der Abhörung des Ausländers abgeschätzt werden kann, wieweit er der deutschen Sprache zu folgen in der Lage ist.[105] Anders kann es aber liegen, wenn der Dolmetscher nicht geladen wird, wenn dessen Notwendigkeit bei der Terminsvorbereitung offenkundig ist oder wenn eine Partei bzw. der Zeuge solches beantragt hat.[106] Keine unrichtige Sachbehandlung liegt auch vor, wenn die Staatsanwaltschaft einen kranken Staatsanwalt in die Verhandlung entsendet und die Hauptverhandlung deshalb nicht sofort vertagt wird, weil der Staatsanwalt trotz Erkrankung noch an der Sitzung teilnimmt.[107] Verfahrensverzögerungen infolge von Urlaub, Erkrankung oder anderer Verhinderung von Richtern oder Schöffen sind hinzunehmen und können deshalb keine Grundlage für die Nichterhebung dadurch verursachter Mehrkosten abgeben.[108] Anderes kann aber dann gelten, wenn die Verzögerung schon bei der Terminsplanung mit großer Wahrscheinlichkeit vorhersehbar war und das Gericht keine zumutbaren Vorkehrungen (z. B. Ergänzungsrichter/-schöffen) getroffen hat. Keine unrichtige Sachbehandlung liegt vor, wenn das Gericht in gleicher oder anderer Besetzung eine Sache tatsächlich oder rechtlich anders beurteilt.[109] Weiter dann, wenn nach Ansicht des Rechtsmittelgerichts eine vom unteren Gericht angeordnete Beweisaufnahme nicht notwendig war,[110] wenn eine (kostspielige) Beweisaufnahme erfolgte, obwohl kein Kostenvorschuß gezahlt war,[111] wenn das Gericht es unterlassen hat, einen weiteren Sachverständigenvorschuß anzufordern, nachdem sich herausgestellt hat, daß die ursprüngliche Anforderung zu niedrig war,[112] oder wenn Entschädigung an einen Sachverständigen gezahlt wird, der durch seine Ungeschicklichkeit abgelehnt wird.[113] Bei

101 OLG Hamm, NStZ-RR 2000, 320.
102 OLG Hamm, NStZ-RR 2000, 320.
103 Vgl. dazu etwa OLG Düsseldorf, NJW-RR 1998, 1694.
104 Vgl. dazu bei *D. Meyer* JurBüro 1992, 517.
105 OLG Düsseldorf, NJW-RR 1998, 1695. A. M. LAG Hamm, MDR 1986, 172.
106 *Hartmann* § 8 Rn. 19.
107 BGH, NStZ 2001, 135 (bei *Kusch* Nr. 24).
108 OLG Hamm, NStZ-RR 2000, 320.
109 OLG Neustadt, MDR 1964, 606 (L), OLG München, RPfleger 1956, 28; OLG Nürnberg, JurBüro 1961, 559.
110 OLG Hamm, JurBüro 1969, 989 m. krit. Anm. v. *Schneider* = RPfleger 1969, 315.
111 KG, RPfleger 1962, 123 (L).
112 SaarOLG, JurBüro 1995, 316.
113 OLG Koblenz, KostRspr. GKG § 8 Nr. 31 (L) m. abl. Anm. v. *Lappe* und *Schneider* = ZStW 81, 116 m.

unklaren Erklärungen oder Eingaben, insbesondere von rechtunkundigen Personen, kann Rückfrage geboten sein, während bei einem Rechtsanwalt ein einmaliger schriftlicher Hinweis genügt.[114] Eine unrichtige Sachbehandlung liegt aber nicht vor, wenn das Gericht einen eindeutigen, aber unzweckmäßigen oder sinnlosen Antrag verbescheidet, ohne den Antragsteller vorher aufzuklären[115] oder auf die Möglichkeit eines mit geringeren Kosten verbundenen Antrags hinzuweisen.[116] Eine durch einen Rechtsanwalt vertretene Partei muß nicht ohne weiteres auf einen drohenden Fristablauf hingewiesen werden,[117] wie auch eine unzutreffende Rechtsmittelbelehrung nicht zum Absehen von den Kosten des Rechtsmittelverfahrens führt.[118] Die Einholung eines Gutachten im Sorgerechtsverfahren ist trotz übereinstimmenden Vorschlags der Parteien dann nicht sachwidrig, wenn Belange des Kindeswohls das Gutachten fordern.[119] Soweit eine Entscheidung im Rahmen des Ermessens liegt, kommt eine unrichtige Sachbehandlung grundsätzlich nicht infrage,[120] es sei denn, es liegt ein Ermessensmißbrauch vor. Erfolgt eine Prozeßtrennung (§ 145 ZPO), können die Parteien nicht im Wege des § 8 geltend machen, daß sie durch die Prozeßtrennung mit höheren Kosten belastet worden seien, es sei denn, daß die Trennung ohne jeden verständlichen Grund erfolgte.[121] Auch eine völlig ungerechtfertigte Verzögerung des Rechtsstreits kann sich ausnahmsweise als unrichtige Sachbehandlung darstellen. In der Regel wird man das aber nicht annehmen können, zumindest wird es an einer Mehrkostenverursachung fehlen.[122] Ähnlich kann es auch liegen, wenn eine Beweisaufnahme nur deshalb (in der nächsten Instanz) wiederholt werden muß, weil das Ergebnis unzureichend protokolliert worden war.[123] Auch der „doppelte" Absatz von Gerichtskosten, wenn dieselbe Klage (– meist zeitlich versetzt –) aufgrund eines Versehens des Prozeßbevollmächtigten zweimal eingereicht wird, denn Organisationsmängel des Prozeßbevollmächtigten gehen stets zu Lasten der Partei.[124]

Nicht zu erheben sind nur die Kosten, die bei richtiger Sachbehandlung nicht erwachsen 9
wären (Ursächlichkeit).[125] Kosten, die bei richtiger Sachbehandlung auch entstanden wären, die sich aber gerade wegen der unrichtigen Sachbehandlung für den Kostenschuldner i Erg als zwecklos erwiesen haben, fallen nicht hierunter.[126] Wird z. B. wegen unrichtiger Sachbehandlung durch das Berufungsgericht im Revisionsverfahren das Beru-

Anm. v. Müller = RPfleger 1981, 37; OLG Frankfurt/Main, NJW 1977, 1502; OLG Koblenz, RPfleger 1981, 37. Vgl. auch BGH, RPfl. 1976, 178.

114 OLG Hamm, JurBüro 1968, 991.

115 OLG Karlsruhe, JurBüro 1999, 204; KG, JW 1939, 121 = JVBl. 1939, 62.

116 OLG Frankfurt/Main, MDR 1956, 241 = RPfleger 1956, 50 = JurBüro 1956, 299; *Oe/Wi/He* § 8 Rn. 20. Vgl. aber OLG Köln. AnwBl. 1966, 133.

117 BGH, NJW 1960, 766.

118 OLG Zweibrücken, NStZ-RR 2000, 319.

119 OLG Zweibrücken, JurBüro 1997, 372.

120 Vgl. VG Schleswig, JVBl. 1972, 141; *Oe/Wi/He* § 8 Rn. 16 lit. e.

121 OVG Münster, NJW 1978, 720 (L) = DÖV 1978, 417 (L).

122 Vgl. auch *Hartmann* § 8 Rn. 42.

123 KG, JurBüro 1997, 653.

124 OLG Düsseldorf, JurBüro 1999, 485 = MDR 1999, 1156 = NJW-RR 1999, 1670.

125 BGHZ 27, 170; OLG Hamm, JurBüro 1963, 638.

126 A. A. LG Stuttgart, RPfleger 1990, 539; *Oe/Wi/He* § 8 Rn. 10.

fungsurteil samt dem ihm zugrunde liegenden Verfahren aufgehoben, sind die Kosten des Revisionsverfahrens voll und die des Berufungsverfahrens insoweit nicht zu erheben, als sie durch das Verfahren entstanden sind, das vor dem Berufungsgericht infolge jener Verstöße wiederholt werden muß. Dabei ist zu beachten, daß die pauschale Verfahrensgebühr des ersten Verfahrens (KV Nr. 1210) nach §§ 27, 33 GKG nur einmal erhoben werden darf.[127] Werden in dem neuen Berufungsverfahren die im aufgehobenen Verfahren gewonnenen Beweismittel ganz oder z T verwendet, sind die Kosten insoweit natürlich zu erheben. Auslagen der Rechtsmittelinstanz, die bei richtiger Sachbehandlung in gleicher Höhe bei dem unteren Gericht entstanden wären, sind auch dann zu erheben, wenn die übrigen Kosten des Rechtsmittelverfahrens nicht zu erheben sein sollten, z. B. wenn das Rechtsmittelgericht einen Beweis erhebt, den das Erstgericht zu Unrecht nicht erhoben hat. Selbst wenn hier in der Unterlassung der Beweisaufnahme durch das Erstgericht ein offensichtlicher Rechtsverstoß und damit eine unrichtige Sachbehandlung iS des § 8 gegeben wäre, sind die Auslagen nicht durch die unrichtige Sachbehandlung entstanden.[128] Sind die Prozeßbevollmächtigten in einen Sitzungsaal geladen und dort erschienen, um einen Vergleich zu richterlichem Protokoll zu erklären und hat das Gericht währenddessen im richtigen Sitzungssaal ein Urteil verkündet, so darf eine Urteilsgebühr nicht erhoben werden[129] bzw. hat eine Ermäßigung der allgemeinen Verfahrensgebühr nach KV Nr. 1211 lit. c zu erfolgen. Hat das Erstgericht die Sache unrichtig behandelt und wird deshalb Berufung eingelegt, die sich aber aus anderen Gründen als unberechtigt erweist, so sind die Kosten beider Verfahren zu erheben. Wenn das Rechtsmittelverfahren durch einen Antrag auf Urteilsberichtigung oder -ergänzung vermeidbar gewesen wäre, sind die Kosten des trotzdem überflüssigerweise durchgeführten Rechtsmittelverfahrens zu erheben. Das gilt auch, wenn eine Entscheidung zwar offensichtlich falsch begründet ist, sich i Erg aber als richtig erweist. Ist eine Partei durch unrichtige Sachbehandlung iS von § 8 Kostenschuldner geworden (§ 49 S 1 GKG), so sind von ihr die entstandenen Kosten selbst dann nicht zu erheben, wenn diese bei richtiger Sachbehandlung möglicherweise auch entstanden wären.[130] Die Kosten erwachsen aber bei einer Wiederholung des Verfahrens nach nunmehr richtiger Sachbehandlung. Wird die Bescheidung eines Antrags auf Bewilligung von Prozeßkostenhilfe übersehen, kommt es darauf an, ob dem Antrag stattzugeben war oder nicht. War er unbegründet, sind dem Kostenschuldner durch die Verzögerung keine höheren Kosten erwachsen. Für eine Nichterhebung ist dann kein Raum. War das Gesuch begründet, ist durch die rückwirkende Bewilligung von Prozeßkostenhilfe zu helfen. Geschieht das nicht oder ist das nicht mehr möglich, sind die Kosten zu erheben nach den Bestimmungen, die das Gericht trifft, und von der Partei gezahlte Gerichtskosten in diesen Grenzen zurückzuerstatten. Dagegen liegt keine unrichtige Sachbehandlung vor, so daß dann auch keine Kostenniederschlagung möglich ist, wenn der Antrag auf Prozeßkostenhilfe wegen Aussichtslosigkeit abgewiesen worden war und die Partei am Ende den Prozeß doch gewinnt. Auch im umgekehrten Fall der Bewilligung von Prozeßkostenhilfe

127 OLG Köln, MDR 1972, 1044.
128 OLG München, RPfleger 1956, 57 (L).
129 LG Essen, KostRspr. GKG 1957, § 7 Nr. 1.
130 OLG Frankfurt/Main, KostRspr. GKG § 8 Nr. 16 m. Anm. v. *Schneider* = JurBüro 1979, 406 = RPfleger 1979, 152.

und späterer Abweisung der Klage liegt allein deshalb noch keine unrichtige Sachbehandlung vor.[131] Denn im PKH-Prüfungsverfahren ist nur eine summarische Erfolgsprognose geboten, nicht aber eine Vorwegnahme der Hauptsacheentscheidung. Nur ausnahmsweise, nämlich dann, wenn die entscheidungserheblichen Tatsachen, die zur späteren Klageabweisung führen, zur Zeit der PKH-Entscheidung vorgetragen, unstreitig gewesen und vom Gericht übersehen wurden, mag eine unrichtige Sachbehandlung vorliegen.[132] Das gilt auch, wenn eine PKH-Antrag erst zusammen mit dem Urteil beschieden wird. Auch hier liegt nicht allein deshalb ein Fall des § 8 GKG vor,[133] weil es – jedenfalls der anwaltlich vertretenen – Partei unbenommen bleibt, vor Bescheidung des PKH-Antrags zur Sache nicht zu verhandeln. Keine falsche Sachbehandlung liegt vor, wenn das Gericht in vertretbarer Weise eine Beweisaufnahme anordnet, deren Ergebnis es später aber wegen Änderung der tatsächlichen oder rechtlichen Beurteilung nicht verwertet[134] oder wenn Beweiserhebungen vorgenommen wurden und die Klage später wegen Verjährung, die der Beklagte zunächst nur unklar geltend gemacht hatte, abgewiesen wird.[135]

Auslagen, die durch eine von **Amts wegen veranlaßte Verlegung eines Termins oder die Vertagung einer Verhandlung** anfallen, sind nach Abs. 1 S 2 nicht zu erheben. 10
Gebühren erwachsen in solchen Fällen nicht. An Auslagen kommen hauptsächlich in Betracht Zeugen- und Sachverständigenkosten, Reisekosten, Kosten einer öffentlichen Bekanntmachung, Ladungskosten für den neuen Termin. Die Terminsverlegung oder die Vertagung muß **von Amts wegen veranlaßt** worden sein, z. B., weil der Angeklagte oder sein Verteidiger zu dem Termin nicht geladen worden waren und deshalb nicht erschienen sind oder weil die gesetzlichen Mindestladungsfristen nicht eingehalten worden waren und das Gericht auf Antrag vertagen muß. Dabei kann es ausreichen, wenn ein Verfahrensbeteiligter von dem Anlaß in Form einer Anregung oder eines Antrages Mitteilung macht.[136] In jedem Fall ist es aber erforderlich, daß die Verlegungs- oder Vertagungsgründe **ausschließlich** im Zurechnungsbereich des staatlichen Rechtspflegeorgans liegen. Hat ein anderer Verfahrensbeteiligter die Verlegung oder Vertagung mitveranlaßt, so ist zu fragen, ob das Gericht die Verlegung oder Vertagung auch unabhängig von dem zugleich oder vorher eingegangenen Antrag oder Bekanntwerden des Anlasses hätte vornehmen **müssen.**[137] Zu erheben sind die Auslagen somit immer dann, wenn die Verlegung oder Vertagung aus Anlässen erfolgt, die nicht ausschließlich in der Sphäre des Gerichts liegen, wobei es auf ein etwaiges Nichtverschulden der Partei (z. B.: Krankheit) nicht ankommt.

Für **abweisende Bescheide** sowie bei **Zurücknahme eines Antrags** kann – nach pflichtgemäßem Ermessen des Gerichts[138] – von der Erhebung von Kosten (Gebühren und 11

131 A. M. OLG Schleswig, SchlHA 1989, 1989, 111 (dazu krit. *Hartmann* GKG, § 8 Rn. 29.
132 So im Fall des OLG Braunschweig, mitgeteilt bei *E. Schneider* MDR 2001, 916.
133 A. M. *E. Schneider* MDR 2001, 916.
134 OLG Düsseldorf, JurBüro 1995, 45.
135 OLG Schleswig, JurBüro 1995, 43 = SchlHA 1995, 27.
136 LG Bamberg, JurBüro 1970, 498 m. zust. Anm. v. *Mümmler*.
137 Vgl. auch *Hartmann* § 8 Rn. 45.
138 OLG Stuttgart, RPfleger 1963, 206.

Auslagen) abgesehen werden, Abs. 1 S 3. **Abweisende Bescheide** können in der Form eines Urteils, eines Beschlusses oder einer Verfügung ergehen und auf formellen oder sachlichen Gründen beruhen. Die **Zurücknahme eines Antrags** liegt in der Zurücknahme eines jeden Gesuchs, durch das von der Justizbehörde ein Tätigwerden verlangt wurde. Hierher gehören auch die Klagerücknahme und die Rechtsmittelrücknahme. Voraussetzung für die Nichterhebung von Kosten in solchen Fällen ist, daß der Antrag, der dem abweisenden Bescheid zugrunde lag oder der zurückgenommen wurde, auf **unverschuldeter Unkenntnis der tatsächlichen oder rechtlichen Verhältnisse beruhte.** Unverschuldet ist der Irrtum über die Sachlage oder der Rechtsirrtum, wenn der Antragsteller zur Aufklärung der Sach- und Rechtslage und zu deren Würdigung das nach Lage des Falles Zumutbare getan hat, bevor er den Antrag stellte, ebenso bei unrichtiger Belehrung über den Vertretungszwang oder Rechtsmittel. Das Verschulden ihres Prozeßbevollmächtigten hat die Partei sich nach allgemeinen Grundsätzen zurechen zu lassen (§ 85 Abs. 2 ZPO).[139]

12 Bei mangelhaften Rechtskenntnissen wird es einer Partei idR zuzumuten sein, sich bei der Geschäftsstelle des Gerichts oder bei einem Rechtsanwalt Auskunft einzuholen. Hat die Partei einen Prozeßbevollmächtigten, so kommt es darauf an, ob auch dessen Unkenntnis unverschuldet war (§ 85 ZPO).[140] Ist sie es nicht, sind die Kosten von der Partei zu erheben. Eine unverschuldete Unkenntnis fehlt, wenn die Partei über die Sach- und Rechtslage vor Antragstellung hinreichend belehrt wurde.[141]

13 Unverschuldete Unkenntnis über **tatsächliche Verhältnisse** kann z. B. vorliegen bei einem Antrag auf Mahnbescheid gegen eine Person, von deren Tod der Antragsteller keine Kenntnis haben konnte,[142] nicht aber bei Rechtshandlungen eines vollmachtlosen Vertreters,[143] weil dieser bis zur Genehmigung für die Kosten haftet.

14 Unverschuldete Nichtkenntnis der **rechtlichen Verhältnisse** kann z. B. vorliegen, wenn eine Frage von grundsätzlicher Bedeutung während des Rechtsmittelverfahrens höchstrichterlich geklärt wird,[144] nicht aber bei der Entscheidung über schwierige Rechtsfragen, deren Zweifelhaftigkeit der Partei bekannt sein konnten.[145]

15 **Entscheidung:** Das gerichtliche Verfahren richtet sich nach § 5 GKG.[146] Stellt eine Partei im Hinblick auf einen ergangenen Kostenansatz den Antrag, gemäß § 8 die Kosten nicht zu erheben, so handelt es sich um eine Erinnerung gegen den Kostenansatz.[147] In sonstigen Fällen ist § 5 GKG sinngemäß anwendbar.[148] Ein Antrag nach § 8 ist auch dann möglich, wenn der Kostenansatz noch nicht erfolgt ist. Voraussetzung ist allein, daß ein Rechts-

139 OLG Düsseldorf, JurBüro 1999, 485 = MDR 1999, 1156.
140 KG, RPfleger 1962, 118 (L).
141 *Schall* StB 1995, 312.
142 AG Köln, JurBüro 1968, 418.
143 BFH, BB 1969, 474.
144 *Offerhaus* NJW 1974, 1978.
145 BFH, JurBüro 1969, 1055 (L).
146 KG, RPfleger 1962, 118 (L).
147 KG, DR 1941, 1106.
148 RGZ 28, 412; 16, 291.

schutzbedürfnis vorhanden ist.[149] Ob der Vertreter der Staatskasse das Verfahren nach § 8 auch zugunsten des Kostenschuldners betreiben kann, ist zweifelhaft.[150] Die Entscheidung kann von Amts wegen oder auf Antrag ergehen. Das Verfahren ist nicht befristet und kann auch noch nach Rechtskraft, nach Beendigung des Kostenansatzverfahrens und nach Zahlung der Kosten stattfinden.[151] Die Darlegungs- und Beweislast für die Entscheidung nach § 8 Abs. 1 S 1 und 2 hat die Staatskasse,[152] während Umstände, die ein Ermessensfehlgebrauch iS von § 8 Abs. 1 S 3 begründen, der Kostenschuldner darzulegen und zu beweisen hat.

Zuständig für die auf Antrag oder von Amts wegen zu treffende Entscheidung ist das 16
gemäß § 5 berufene Gericht, bei dem das Verfahren, dessen Kosten nicht erhoben werden sollen, durchgeführt wurde (vgl. §§ 4, 5 GKG).[153] Die Entscheidung über die Nichterhebung von Kosten eines Rechtsmittelverfahrens steht daher dem Rechtsmittelgericht und nicht dem unteren Gericht zu, selbst wenn das Rechtsmittelgericht bei der Zurückverweisung die Kostenentscheidung dem Erstgericht übertragen hat.[154] Das Rechtsmittelgericht kann aber nicht die Nichterhebung von Kosten des unteren Gerichts anordnen, da es zu einer solchen Entscheidung nicht befugt ist (§ 5 Abs. 1 S 1 GKG). Ist das Rechtsmittel infolge Zurücknahme gar nicht an das Rechtsmittelgericht gelangt, bleibt das Erstgericht allerdings zuständig.[155] Der Einzelrichter ist zuständig, wenn ihm die Sache gem. § 348 ZPO übertragen war, nicht aber ein beauftragter oder ersuchter Richter. Der Rechtspfleger entscheidet nur, soweit das zugrundeliegende Geschäft ihm übertragen war. Die Entscheidung ist auch dann, wenn sie im Zusammenhang mit einem Kostenausspruch in der Hauptsache steht, jedenfalls dann eine Erstentscheidung, die nicht den Zulässigkeitsbeschränkungen der §§ 99 Abs. 1, 568 Abs. 3 ZPO unterliegen, wenn ein bislang am Rechtsstreit beteiligter Dritter dadurch beschwert ist.[156]

Sofortige Beschwerde (§ 5 Abs. 2 GKG): Sie ist – auch isoliert –[157] nur zulässig, wenn der 17
Beschwerdewert mehr als 50 € beträgt (§ 567 Abs. 2 S 2 ZPO). Entscheidet z. B. das Landgericht als Berufungsgericht über die Nichterhebung von Kosten des Berufungsverfahrens nach § 8 GKG, ist eine sofortige Beschwerde unzulässig.[158] Das Verfahren ist gebühren-, aber nicht auslagenfrei. Eine Kostenerstattung findet nicht statt (§ 5 Abs. 6 GKG analog). Die Gebühr für das Beschwerdeverfahren richtet sich nach KV Nr. 2501. Beschwerdeberechtigt ist nur, wer durch das Verfahren beschwert ist, also der Zahlungspflichtige oder die Staatskasse. Eine Beschwerde ist auch dann nicht ausgeschlossen, wenn die Entschei-

149 OLG München, JurBüro 1978, 101; KG, JurBüro 1977, 1587 = RPfleger 1977, 227; OLG Köln, AnwBl. 1966, 133.
150 Vgl. einerseits KG, JurBüro 1977, 1587 und LG Berlin, JurBüro 1979, 1391 andererseits.
151 KG, JW 1935, 304; KG, DR 1941, 1106.
152 Insoweit zutr E. *Schneider* MDR 2001, 915.
153 ThürOLG, JurBüro 1999, 435; KG, JurBüro 1994, 654; ; *Hartmann* § 8 Rn. 54. A. M. OLG Koblenz, JurBüro 1992, 113.
154 OLG Hamm, JurBüro 1980, 104.
155 BFH, NJW 1968, 912.
156 TürOLG, JurBüro 1999, 435.
157 OLG Düsseldorf, JurBüro 1995, 45.
158 OLG München, MDR 2001, 1318.

dung über die Nichterhebung von Kosten im Urteilstenor aufgenommen ist. Enthält die Entscheidung den Ausspruch, sie sei gebührenfrei ergangen, ist der Kostenbeamte auch dann daran gebunden, wenn sie verfehlt ist. Die Staatskasse kann aber Beschwerde oder Gegenvorstellung erheben. Eine weitere Beschwerde ist ausgeschlossen (§ 5 Abs. 2 S 3 GKG analog).

18 **Anordnungen im Verwaltungswege** können ergehen, solange das Gericht noch nicht entschieden hat, Abs. 2 S 2. Eine Anhängigkeit des Verfahrens nach § 8 bei Gericht steht einer Anordnung der Verwaltungsbehörde nicht im Wege, wohl aber eine Entscheidung des Gerichts, mag dagegen auch die Beschwerde erhoben worden sein. Ergeht eine Anordnung im Verwaltungswege, obwohl das Gericht entschieden hat, ist Anfechtung durch Antrag auf gerichtliche Entscheidung nach Art. XI § 1 KostRÄndG 1975 möglich. Eine im Verwaltungswege getroffene Entscheidung nach § 8 kann nur im Verwaltungswege geändert werden, Abs. 2 S 3. Ein ablehnender Bescheid der Verwaltungsbehörde steht einer gerichtlichen Entscheidung nicht im Wege.[159] Ist eine Nichterhebungsanordnung im Verwaltungswege ergangen und erläßt – unzulässigerweise – das Gericht trotzdem eine Entscheidung, kann das Gericht diese Entscheidung auf eine Beschwerde im Wege der Abhilfe aufheben (§ 5 Abs. 4 S 1 GKG analog), falls der Beschwerdewert erreicht ist. Ändert die Verwaltungsbehörde ihre Anordnung zum Nachteil des Kostenschuldners ab, kann dieser im Wege der Erinnerung hierüber die Entscheidung des Gerichts herbeiführen.

19 Die **Zuständigkeit für die Verwaltungsentscheidungen** regelt § 44 KostVfg. Daneben gibt es den **Kostenerlaß im Gnadenwege**. Wegen Nichterhebung von Kosten bei Bewilligung von **Prozeßkostenhilfe** vgl. § 9 KostVfg und bei sonstigem **Unvermögen** vgl. § 10 KostVfg.

20 In **Sozialgerichtsverfahren** ist die Niederschlagung der Pauschgebühr in § 190 SGG besonders geregelt.

§ 9
Verweisungen

(1) Verweist ein erstinstanzliches Gericht oder ein Rechtsmittelgericht ein Verfahren an ein erstinstanzliches Gericht desselben oder eines anderen Zweiges der Gerichtsbarkeit, so ist das frühere erstinstanzliche Verfahren als Teil des Verfahrens vor dem übernehmenden Gericht zu behandeln.

(2) Mehrkosten, die durch die Anrufung eines Gerichts entstehen, zu dem der Rechtsweg nicht gegeben oder das für das Verfahren nicht zuständig ist, werden nur dann erhoben, wenn die Anrufung auf verschuldeter Unkenntnis der tatsächlichen oder rechtlichen Verhältnisse beruht. Die Entscheidung trifft das Gericht, an das verwiesen worden ist.

159 *Hartmann* § 8 Rn. 58; *Oe/Wi/He* § 8 Rn. 41.

Die Vorschrift regelt die **Verweisung** des **gesamten** Verfahrens von einem Gericht an ein anderes Gericht im Gegensatz zu § 33 GKG, der den umgekehrten Fall der **Zurückverweisung** an das Gericht der unteren Instanz zum Gegenstand hat. Die Bestimmung des § 9 gilt für sämtliche gemäß § 1 GKG nach dem GKG zu behandelnde Verfahren, also auch für die Verwaltungsgerichts-, Finanzgerichts- und Arbeitsgerichtsverfahren. Übereinstimmende Bestimmungen enthalten auch die ZPO (§ 281 Abs. 3 S 1), die VwGO (§ 155 Abs. 4) und die FGO (§ 136 Abs. 4). Nicht anwendbar ist § 9, wenn nur ein **Teil** des Verfahrens an ein anderes Gericht verwiesen wird (**Teilverweisung**). In solchen Fällen entstehen die Kosten bei dem nunmehr zuständigen Gericht erneut.[1] 1

Verweisung, Abs. 1: In Frage kommen Verweisungen wegen **Unzulässigkeit des Rechtswegs** (z. B.: §§ 17 Abs. 3, Abs. 4 GVG; 41 VwGO; 34 FGO; 52 SGG); **wegen mangelnder örtlicher oder sachlicher Zuständigkeit** (z. B.: §§ 282 ZPO; 83 VwGO; 70 FGO, 32 Abs. 2 WZG; 19 Abs. 2 GebrMG); **wegen nachträglicher sachlicher Unzuständigkeit** durch Klageerweiterung, Widerklage oder Zwischenfeststellungsklage (§ 506 ZPO); **nach Widerspruch oder Einspruch im Mahnverfahren** (§§ 696 ff. ZPO) oder wegen Fehlens der sachlichen Zuständigkeit bei Anfechtungsklagen im Genossenschaftskonkurs nach §§ 112, 114 GenG. Gleichgültig ist, ob die Verweisung durch ein erstinstanzliches Gericht oder durch ein Rechtsmittelgericht erfolgt oder ob Urteil statt Beschluß ergeht oder umgekehrt. Die Verweisung kann erfolgen vom Amtsgericht zu einem anderen Amtsgericht oder zu einem Landgericht, vom Landgericht zum Amtsgericht oder zu einem anderen Landgericht, durch das Berufungs- oder Revisionsgericht im Wege des Urteils an das zuständige untere Gericht, wenn ein unteres Gericht durch Urteil seine Unzuständigkeit ausgesprochen hat und erst im Rechtsmittelverfahren der Verweisungsantrag gestellt wurde oder wenn ein Landgericht in seiner Eigenschaft alsBerufungsgericht eine Sache an sich als das zuständige Gericht des ersten Rechtszuges verweist,[2] oder im Wiederaufnahmeverfahren, ferner vom BayObLG an den BGH (§ 7 EGZPO), vom Rheinschifffahrtsgericht zum Schiffahrtsgericht,[3] vom ordentlichen Gericht zum Arbeitsgericht oder umgekehrt (§§ 48, 48 a ArbGG), vom Landwirtschaftsgericht zum ordentlichen Gericht und umgekehrt (§ 12 Abs. 3 LwVG),[4] vom Familiengericht zum ordentlichen Gericht und umgekehrt. Abs. 1 gilt auch bei Verweisungen nach dem WEG und bei Verweisungen von einer Gerichtsbarkeit zur anderen allgemein. 2

Wird bei einem Gericht von einer Abteilung an eine andere oder von einer Kammer/einem Senat an eine andere/einen anderen verwiesen, so erfolgt die Verweisung nicht an ein anderes Gericht iS des § 9. Die Bestimmung gilt dann aber **sinngemäß**.[5] Gleiches gilt auch, wenn die Sache nicht förmlich verwiesen, sondern formlos abgegeben wird oder wenn das Empfangsgericht sich nicht an die Verweisung/Abgabe gebunden fühlt und 3

1 OLG München, JurBüro 1996, 546 = MDR 1996, 642; *Hartmann* § 9 Rn. 3.
2 OLG Köln, HRR 1939, 324.
3 BGH, VersR 1974, 692.
4 Dazu *Roß* JVBl. 1967, 73.
5 *Hartmann* § 9 Rn. 3; *Oe/Wi/He* § 9 Rn. 2.

zurückverweist/zurückgibt.[6] Ebenso bei Abgabe des Verfahrens an das nach § 36 ZPO bestimmte Gericht.[7]

4 **Beide Verfahren** bilden **kostenrechtlich eine Instanz**, jedoch nur die erstinstanzlichen Verfahren. Das ist klar, soweit ein Gericht erster Instanz an ein anderes Gericht erster Instanz verweist. Wenn aber ein **Rechtsmittelgericht** das Verfahren an ein erstinstanzliches Gericht verweist,[8] bilden nicht etwa das Rechtsmittelverfahren und das erstinstanzliche Verfahren eine Instanz, sondern das frühere erstinstanzliche Verfahren, das Gegenstand der Rechtsmittelentscheidung war, und das Verfahren vor dem erstinstanzlichen Gericht, an das die Sache durch das Rechtsmittelgericht verwiesen wurde, bilden zusammen eine Instanz. Diese Regelung entspricht dem § 33 GKG für die Zurückverweisung an das untere Gericht. Für das Rechtsmittelverfahren kommen ohne Rücksicht auf die Verweisung die Kosten nach den Vorschriften in Ansatz, die für das Verfahren vor dem verweisenden Rechtsmittelgericht gelten.[9]

5 Daraus, daß die beiden erstinstanzlichen Verfahren eine Kosteninstanz bilden, folgt: Die Gebühren hinsichtlich eines jeden Teils des Streitgegenstandes werden nur einmal erhoben, auch wenn die Gebühren sowohl in dem Verfahren vor dem verweisenden Gericht als auch im Verfahren vor dem Gericht, an das verwiesen ist, anfallen, § 27 GKG. Sind innerhalb der beiden eine Instanz bildenden Verfahren von einzelnen verschiedenen Wertteilen für gleiche Handlungen Gebühren zu berechnen, so ist § 21 GKG anzuwenden. Bestehen verschiedene Kostenvorschriften für das verweisende und für das übernehmende Gericht, hat die Gebührenberechnung nach den Vorschriften zu erfolgen, welche für das Gericht gelten, an das verwiesen ist. Dabei sind die Gebührentatbestände, auch die Fälligkeit, Streitwerterhöhungen und -ermäßigungen,[10] so zu behandeln, wie wenn der Rechtsstreit von Anfang an bei dem Gericht anhängig gewesen wäre, an das verwiesen ist. Die Parteien sollen durch die Verweisung nicht schlechter, aber auch nicht besser gestellt werden, als wenn der Prozeß von Anfang an bei dem zuständigen Gericht anhängig gewesen wäre.[11] Hat z. B. vor dem Arbeitsgericht eine mündliche Verhandlung stattgefunden, so kann eine nach der Verweisung an das ordentliche Gericht erfolgte Klagerücknahme nicht mehr den Wegfall der allgemeinen Verfahrensgebühr oder eine Ermäßigung (KV Nrn. 1210, 1211) bewirken.[12] Selbst wenn das Gericht, an das verwiesen ist und das dem GKG unterliegt, wegen Nichteinzahlung des Kostenvorschusses nicht mehr tätig wird, sind die Kosten für alle im Laufe des Verfahrens entstandenen Gebührentatbestände nach dem GKG anzusetzen.[13] Nicht zu folgen ist der Ansicht, insgesamt dürften nicht höhere Kosten als bei getrennter Berechnung angesetzt werden, weil § 9 eine Kosten-

6 *Hartmann* § 9 Rn. 5.
7 *Oe/Wi/He* § 9 Rn. 2.
8 Vgl. BVerwG, RPfleger 1992, 132 (Verweisung durch BGH als Revisionsgericht an BVerwG als erstinstanzliches Gericht).
9 *Oe/Wi/He* § 9 Rn. 3, 9.
10 OLG Frankfurt/Main, JurBüro 1976, 369; *Oe/Wi/He* § 9 Rn. 6.
11 OLG Nürnberg, RPfleger 1956, 297 (L); KG, JurBüro 1962, 34; OLG München, RPfleger 1957, 356.
12 OLG Frankfurt/Main, JurBüro 1977, 1114; OLG Düsseldorf, JurBüro 1971, 615.
13 KG, JurBüro 1970, 168 m. abl. Anm. von *Ort*, JVBl. 1970, 272; *Oe/Wi/He* § 9 Rn. 5; LAG Hamm, JVBl. 1968, 214.

begünstigungsvorschrift sei.[14] Denn § 9 Abs. 1 bezweckt nur, daß die Parteien nicht besser und nicht schlechter gestellt werden sollen, als wenn der Prozeß von Anfang an beim richtigen Gericht anhängig gewesen wäre. Der Termin zur Güteverhandlung vor dem Arbeitsgericht, mit der die mündliche Verhandlung beginnt (§ 54 ArbGG), stellt sich nach der Verweisung der Sache an ein ordentliches Gericht als Termin zur mündlichen Verhandlung iS von KV Nr. 1211 dar.[15] Zuviel gezahlte Gebühren sind zurückzuzahlen. Es fehlt jeder Rechtsgrund, für eine Instanz höhere als die gesetzlichen Gebühren (das sind jene, die vor dem Gericht, an das verweisen wird, gelten) einzubehalten. Die ursprünglich berechtigte Gebührenerhebung hat sich eben im nachhinein als unberechtigt erwiesen.[16] Wird eine einstweilige Verfügung gemäß § 942 ZPO vom Amtsrichter erlassen und findet das Rechtfertigungsverfahren vor dem Arbeitsgericht statt, handelt es sich um **einen** Rechtsstreit. Die Gebühren sind vom Arbeitsgericht so anzusetzen, als wäre das Verfahren von Anfang an bei dem Arbeitsgericht anhängig gewesen.

Auch die Auslagen des früheren Verfahrens sind als **Auslagen** des Verfahrens vor dem 6
übernehmenden Gericht zu behandeln.[17] Denn Abs. 1 macht keinen Unterschied zwischen Gebühren und Auslagen. Die Auslagen können aber ganz oder teilweise als Mehrkosten iS von Abs. 2 in Betracht kommen.

§ 9 ist auch anwendbar, wenn an das Gericht eines anderen Bundeslandes verwiesen wird. 7
Das ist in der KostVfg im einzelnen geregelt. Ebenso für eine Verweisung vom Arbeitsgericht zum ordentlichen Gericht oder umgekehrt.

Für den Verweisungsbeschluß wird keine Gebühr erhoben. Die Vorschrift gilt auch, wenn 8
ein Gericht, an das die Sache verwiesen wurde, an ein anderes Gericht weiter verweist oder die Sache an das verweisende Gericht zurückgibt.

Mehrkosten, Abs. 2: Die Bestimmung des Abs. 2 ist eine Ergänzung des § 8 Abs. 1 S 3 9
GKG. Mehrkosten können sein Gebühren und/oder Auslagen, z. B. die Kosten eines Rechtsmittelverfahrens, wenn erst im Rechtsmittelverfahren die Unzulässigkeit des Rechtswegs oder die sachliche Zuständigkeit erkannt wird.[18] Erhöhte Auslagen können beispielsweise entstehen, wenn Zeugen zu dem unzuständigen Gericht einen weiteren Weg hatten als zu dem zuständigen oder durch Beweiserhebungen zur Frage der Zuständigkeit, wenn die Beweiserhebungen sich bei unmittelbarer Anrufung des zuständigen Gerichts erübrigt hätten.

Die Mehrkosten müssen **durch Anrufung** des unzuständigen Gerichts entstanden sein. 10
Daher sind die Gebührenunterschiede zwischen dem Verfahren vor dem früheren Gericht und dem übernehmenden Gericht (z. B. bei Verweisung vom Sozialgericht an das ordentliche Gericht) keine Mehrkosten.

Verschuldete Unkenntnis: Die Mehrkosten sind grundsätzlich nicht anzusetzen. Sie 11
werden aber dann erhoben, wenn die Anrufung des unzuständigen Gerichts auf ver-

14 So *Hartmann* § 9 Rn. 7; *Lappe* § 9 Rn. 2.
15 OLG München, RPfleger 1957, 356; KG, JurBüro 1962, 34.
16 Vgl. bei *Oe/Wi/He* § 9 Rn. 11.
17 *Oe/Wi/He* § 9 Rn. 5; *Hartmann* § 9 Rn. 11.
18 *Mümmler* JurBüro 1975, 1158.

schuldeter Unkenntnis der tatsächlichen oder rechtlichen Verhältnisse auf Seiten der Partei beruht, Abs. 2 S 1. Das Verhalten der Partei muß somit ursächlich für die fehlerhafte Anrufung des Gerichts gewesen sein. Es genügt eine Unkenntnis der tatsächlichen oder rechtlichen Verhältnisse, erst recht aber ein wissentliches Verhalten wie etwa die bewußt unrichtige Behauptung der Voraussetzungen eines nicht zutreffenden Gerichtsstandes.

12 Die Partei verschuldet die Unkenntnis der tatsächlichen Verhältnisse, wenn sie vor Beschreitung des Rechtsweges den Wohnsitz des Gegners nicht auf amtlichem Wege zu ermitteln versucht. Ist die Partei durch einen Rechtsanwalt vertreten, muß sie sich dessen Verschulden zurechnen lassen. An die Rechtskenntnisse eines Rechtsanwaltes sind selbstverständlich höhere Anforderungen zu stellen als an die der Partei. Aber auch der nicht durch einen Rechtsanwalt vertretenen Partei ist es zuzumuten, sich durch Erkundigungen auf der Geschäftsstelle des Gerichts über den richtigen Rechtsweg Gewißheit zu verschaffen.

13 Als **Grad des Verschuldens** gilt der Maßstab des § 276 BGB. **Leichte Fahrlässigkeit** reicht also aus.

14 Trifft das Gericht ein **Mitverschulden**, dann beruht die Anrufung nicht mehr allein auf dem Verschulden der Partei, so daß ein Verschulden der Partei dann nicht mehr nachzuweisen sein wird. Die Vermutung spricht aber dafür, daß das Gericht verfahrensordnungsgemäß verfährt. Dagegen wird ein Verschulden der Partei eindeutig sein, wenn sie trotz Belehrung oder eines Hinweises durch das Gericht oder andere Stellen auf ihren Standpunkt beharrt. Der Partei ist in solchen Fällen ohne weiteres zuzumuten, zu klären, ob die erteilten Belehrungen oder Hinweise zutreffend sind. Das gilt etwa dann, wenn das Amtsgericht als Notgericht (z. B. § 919 Abs. 2 ZPO) eine bei ihm eingereichte Entscheidung erst nach mündlicher Verhandlung an das sachlich zuständige Landgericht verweist.[19]

15 **Kostenschuldner** ist die Partei, auf deren verschuldeter Unkenntnis das fehlerhafte Verfahren beruht. Voraussetzung für ihre Inanspruchnahme ist, daß das Gericht, an das verwiesen worden ist, entscheidet, daß die Partei die Mehrkosten zu tragen hat, Abs. 1 S 2.

16 **Entscheidung des Gerichts:** Zuständig ist das Gericht, an das verwiesen worden ist, ggf. auch der Einzelrichter. Die Entscheidung kann von Amts wegen oder auf Antrag ergehen. Wenn sie nicht mit einem Urteil verbunden ist, kann sie durch nachträglichen Beschluß ergehen. Sie ist nicht fristgebunden. Der Partei ist stets rechtliches Gehör zu gewähren, weil die Feststellung eines Verschuldens Voraussetzung ist. Für die Entscheidung ist keine Gebühr vorgesehen.

17 Gegen die Entscheidung ist in sinngemäßer Anwendung des § 5 Abs. 2 GKG sofortige **Beschwerde** zulässig.[20] Denn es handelt sich letztendlich um eine Entscheidung des Gerichts über einen Kostenansatz.

19 Vgl. OLG Frankfurt/Main, MDR 1998, 1122.

20 *Oe/Wi/He* § 9 Rn. 17, *Lappe* § 9 Rn. 7; a. M. *Hartmann* § 9 Rn. 17 (Erinnerung).

§ 10
Verjährung, Verzinsung

(1) Ansprüche auf Zahlung von Kosten verjähren in vier Jahren nach Ablauf des Kalenderjahres, in dem das Verfahren durch rechtskräftige Entscheidung über die Kosten, durch Vergleich oder in sonstiger Weise beendet ist.

(2) Ansprüche auf Rückerstattung von Kosten verjähren in vier Jahren nach Ablauf des Kalenderjahres, in dem die Zahlung erfolgt ist. Die Verjährung beginnt jedoch nicht vor dem im Abs. 1 bezeichneten Zeitpunkt. Durch die Einlegung der Erinnerung oder Beschwerde mit dem Ziel der Rückerstattung wird die Verjährung wie durch Klageerhebung gehemmt.

(3) Auf die Verjährung sind die Vorschriften des Bürgerlichen Gesetzbuches anzuwenden; die Verjährung wird nicht von Amts wegen berücksichtigt. Die Verjährung der Ansprüche auf Zahlung von Kosten beginnt auch durch die Aufforderung zur Zahlung oder durch eine dem Schuldner mitgeteilte Stundung erneut. Ist der Aufenthalt des Kostenschuldners unbekannt, so genügt die Zustellung durch Aufgabe zur Post unter seiner letztbekannten Anschrift. Bei Kostenbeträgen unter 25 Euro beginnt die Verjährung weder erneut noch wird sie oder ihr Ablauf gehemmt.

(4) Ansprüche auf Zahlung und Rückerstattung von Kosten werden nicht verzinst.

1 **Allgemeines:** Die durch Art. 37 Abs. 6 des „Gesetzes zur Modernisierung des Schuldrechts" vom 26. 11. 2001 (BGBl. I, 3138) dem neuen Rechts ohne sachliche inhaltlich Änderungen sprachlich angepaßte Vorschrift behandelt einmal die **Verjährung** des Anspruchs der Staatskasse auf Kosten nach dem GKG, also auf Zahlung der Gebühren und Auslagen.[1] Daneben kann im Einzelfall auch noch die nach allgemeinen Grundsätzen zu beurteilende Frage der **Verwirkung** zu prüfen sein.[2] Zum anderen ist klargestellt, daß Rückerstattungen nicht verzinst werden.

2 Der Anspruch auf Zahlung von Kosten (Abs. 1) verjährt in 4 Jahren. Gemeint sind nur solche Kosten, die **originär nach dem GKG** zu berechnen sind. Ansprüche, die auf die Staatskasse übergegangen sind, zählen nicht dazu. So verjährt z. B. der Anspruch der Staatskasse auf die übergegangenen Prozeßkostenhilfeanwaltskosten erst in 30 Jahren.[3]

3 **Die Frist des § 10 beginnt** zu laufen mit dem Ablauf des Jahres, in dem das Verfahren durch rechtskräftige **Entscheidung über die Kosten,** durch Vergleich oder in anderer Weise beendet wurde. Unerheblich ist dabei, ob der Kostenansatz schon erfolgt ist. Denn andernfalls könnte nicht die Aufforderung zur Zahlung oder die Stundungsmitteilung eine verjährungsunterbrechende Wirkung haben (Abs. 3 S 2). Andererseits kann die Verjährungsfrist nicht eher beginnen, als ein Kostenansatz möglich ist. Hängt der Kostenan-

1 OLG Karlsruhe, MDR 1988, 799.
2 Dazu OLG Hamburg, MDR 1969, 229; LG Köln, JurBüro 1967, 496.
3 LG Wuppertal, JurBüro 1975, 359; *Oe/Wi/He* § 10 Rn. 3.

satz kraft gesetzlicher Vorschrift von Umständen ab, die erst später eintreten, so kann der Lauf der Verjährungsfrist erst in Gang gesetzt werden, wenn diese Umstände eintreten.[4]

4 Eine **rechtskräftige Entscheidung über die Kosten** muß vorliegen. Deshalb sind rechtskräftige Urteile, die keine Kostenentscheidung enthalten (z. B.: Teil- und Grundurteile), für den Lauf der Verjährungsfrist nicht maßgebend. Die Verjährung kann sich aber immer nur auf die Kosten des Verfahrens beziehen, das mit einer Kostenentscheidung abgeschlossen ist. So z. B. bei einem Wechsel- oder Urkundenvorbehaltsurteil nur auf die Kosten des Wechsel- oder Urkundenprozesses,[5] nicht aber auf die des nachfolgenden Verfahrens. Auch rechtskräftige Kostenentscheidungen nach §§ 91 a, 269 Abs. 3, 515 Abs. 3 ZPO bilden eine Grundlage für den Beginn des Laufs der Verjährungsfrist. Enthält die Entscheidung keinen Kostenausspruch, kann sich die Verjährung nur auf die Antragshaftung beziehen.[6]

5 Bei **Vergleichen** gilt nichts anderes. Sie kommen nur in Betracht, wenn sie das Verfahren beenden, also nicht Zwischen- oder Teilvergleiche. Der das Verfahren beendende Vergleich muß nicht notwendig eine Kostenregelung enthalten, da in einem solchen Fall § 98 ZPO die Kostenregelung trifft. Anders liegt es nur, wenn die Parteien sich ausdrücklich nur über die Hauptsache vergleichen und die Kostenentscheidung dem Gericht überlassen. In solchen Fällen liegt nur ein das Verfahren noch nicht beendender Teilvergleich vor.

6 **Auf sonstige Weise:** Kann das Verfahren beendet werden durch Klagerücknahme oder durch Rücknahme eines Rechtsmittels, falls dadurch die Rechtskraft des Verfahrens insgesamt eintritt. Für das Gericht ist das Verfahren in sonstiger Weise in jedem Fall erst dann beendet, wenn der Wille der Parteien, das Verfahren auch als beendet zu betrachten, erkennbar geworden ist. Im Zweifel ist der Erledigungswille durch Rückfrage bei den Parteien zu klären.[7] In der Regel kann der Zeitpunkt dann angenommen werden, wenn die Akten nach der Aktenordnung wegzulegen sind.[8] Ein Antrag des Gläubigers, das Verfahren auf eidesstattliche Versicherung ruhen zu lassen, beendet das Verfahren iS von § 10 jedenfalls allein noch nicht.[9]

7 Für den Fristlauf des § 10 ist es ohne Belang, ob die Kosten fällig oder bezifferbar sind,[10] wie auch Kostenteilforderungen verjähren können.

8 **Verjährung des Rückerstattungsanspruchs:** Ein gegenüber der Staatskasse bestehender Anspruch auf Rückerstattung von Kosten, Abs. 2, verjährt ebenfalls in 4 Jahren. Auch diese Frist beginnt zu laufen mit dem Ablauf des Kalenderjahres, in dem der Anspruch entstanden ist (§§ 61 ff.), keinesfalls aber vor dem Ende des Kalenderjahres, in dem das Verfahren durch rechtskräftige Entscheidung über die Kosten, durch Vergleich oder anderweitig beendet ist, Abs. 2 S 2.

4 OLG München, RPfleger 1961, 421 (L) (Gebühr für die Beschw des Gemeinschuldners gegen Konkurseröffnungsbeschluß).
5 *Hartmann* § 10 Rn. 2.
6 *Hartmann* § 10 Rn. 2.
7 OLG Schleswig, SchlHA 1994, 54; *Oe/Wi/He* § 10 Rn. 4.
8 OLG Schleswig, JurBüro 1994, 680.
9 LG Duisburg, JurBüro 1958, 211.
10 OLG Karlsruhe, MDR 1988, 799.

Entstanden ist der Rückerstattungsanspruch bei der tatsächlichen Leistung (Zahlung) ohne Rechtsgrund oder bei späterem Wegfall des Rechtsgrundes (z. B.: Zahlung einer nicht geschuldeten Gebühr). Das gilt auch dann, wenn die Überforderung auf der Annahme eines unrichtigen Streitwertes durch den Kostenbeamten beruht. Anders liegt es, wenn der Streitwert richterlich festgesetzt und später geändert wurde. Dann ist der Rückforderungsanspruch erst mit der Änderung des Streitwertes entstanden. Hinsichtlich nichtverbrauchter Vorschüsse entsteht der Rückforderungsanspruch erst mit der Mitteilung der endgültigen Kostenrechnung. Der Anspruch auf Rückerstattung von Kosten, die nach § 8 GKG nicht zu erheben sind, entsteht erst mit der Rechtskraft der Anordnung nach § 8 GKG. Nimmt der Kläger erst nach längerem Ruhen des Verfahrens die Klage zurück, kann ihm die Verjährung des Rückerstattungsanspruchs nicht entgegengehalten werden, da der Anspruch auf Rückerstattung der Gebühr erst mit der Klagerücknahme entsteht. 9

Neubeginn und Hemmung der Verjährung, Abs. 3, richten sich grundsätzlich nach den Bestimmungen der §§ 194 ff. BGB, also die Hemmung nach §§ 203 ff. BGB und der **Neubeginn** nach § 212 BGB. Als einzige Ausnahme gilt, daß die Verjährung der Ansprüche auf Zahlung von Kosten, Abs. 1, auch durch die Aufforderung zur Zahlung oder die dem Schuldner mitgeteilte Stundung neu beginnt, Abs. 3, S 2. Diese Wirkung tritt schon ein bei formloser Zahlungsaufforderung oder Stundungsmitteilung, sofern sie dem Kostenschuldner zugegangen sind. Ist der Aufenthalt des Kostenschuldners unbekannt, tritt die Unterbrechung ein durch Zustellung durch Aufgabe zur Post, §§ 175, 213 ZPO, unter der letztgenannten Anschrift des Kostenschuldners, Abs. 3 S 3. Mit der Aufgabe zur Post wird die Zustellung als bewirkt angesehen, auch wenn die Sendung den Empfänger tatsächlich nicht erreicht, § 175 Abs. 1 ZPO.[11] Adressat und Empfänger der Zahlungsaufforderung oder der Stundungsmitteilung muß der Kostenschuldner sein. Ist er inzwischen verstorben, genügt es nicht, wenn das an den Verstorbenen gerichtete Schreiben dessen Erben zugeht.[12] Eine Unterbrechung der Verjährung findet auch statt durch die Mitteilung an den Schuldner, daß er noch vorbehaltlich weiterer Beträge hafte (Mithaftvermerk).[13] Eine Unterbrechung findet selbstverständlich auch statt durch Teilzahlung, Anerkenntnis und durch Vollstreckungshandlungen. Die Einstellung des Einziehungsverfahrens durch die Gerichtskasse enthält keine Stundungsmitteilung und unterbricht als bloße Verwaltungshandlung folglich auch nicht die Verjährung.[14] Hemmung und Neubeginn sind für den Erst- und Zweitschuldner getrennt zu beurteilen,[15] so daß die Verjährung der Kostenhaftung des Zweitschuldners gehemmt ist, solange gegen den Erstschuldner vollstreckt wird.[16] (Vgl. dazu auch bei § 58 Rn. 16, 17) 10

Eine Besonderheit bildet die **Stundung als** ein Fall des **Neubeginns der Verjährung.** Anders als im BGB, wo die Stundung nur einen Hemmungstatbestand darstellt (§ 205 11

11 Vgl. auch BGHZ 8, 314.
12 OLG Hamm, RPfleger 1964, 126; *Oe/Wi/He* § 10 Rn. 8; *Lappe* Rn 3.
13 OLG Düsseldorf, JurBüro 1979, 872; OLG Hamm, RPfleger 1967, 232; *Oe/He/Wi*, § 10 Rn. 16; *Lappe* § 10 Rn. 4.
14 *Oe/Wi/He* § 10 Rn. 17, 21; *Hartmann* § 10 Rn. 6.
15 H. M. Vgl. etwa bei *Hartmann* § 10 Rn. 6 m. w. N.
16 So zutr AG Neuruppin, JurBüro 2001, 375. A. M. aber OLG Stuttgart, JurBüro 2001, 597; OLG Schleswig, JurBüro 1984, 1699; LG Berlin, RPfleger 1982, 313; *Hartmann* § 10 Rn. 6.

BGB), gilt hier, daß erst nach Wegfall der Stundung eine neue Verjährungsfrist zu laufen beginnt.[17]

12 Die **Verjährung ist gehemmt** nach Maßgabe der §§ 203 ff. BGB (mit Ausnahme der Stundungsfälle). Wird die Einziehung eingestellt und das Kostensoll wegen Uneinziehbarkeit gelöscht, tritt keine Hemmung ein.[18] Eine Hemmung tritt z. B. ein: Durch die mit dem Ziele der Rückerstattung erhobene Erinnerung oder Beschwerde, und zwar bis zur Entscheidung über die Erinnerung oder die Beschwerde; durch die Bewilligung von Prozeßkostenhilfe.[19]

13 Die Verjährung ist nicht von Amts wegen zu beachten. Daraus folgt, daß in Unkenntnis der Verjährung vorbehaltlos gezahlte Kosten oder solche, die nicht zur Abwendung der Zwangsvollstreckung geleistet wurden, nicht zurückgefordert werden können, § 222 Abs. 2 BGB.

14 Die Einrede der Verjährung kann nach allgemeinen Regeln **verwirkt** werden. So z. B., wenn der Kostenschuldner durch arglistiges Verhalten (wie etwa die Vortäuschung seiner Zahlungsunfähigkeit) die Verjährung herbeigeführt hat.[20]

15 Logischerweise kann die Frist nur neu beginnen, wenn sie schon begonnen hat. Eine vor Beginn der Verjährungsfrist bewilligte Stundung kann demzufolge keine Frist neu beginnen lassen, sondern nur deren Neubeginn nur bis zum Ende der Stundung hinausschieben.[21]

16 **Mehrheit von Schuldnern:** Bei mehreren Kostenschuldnern läuft die Verjährungsfrist für jeden Kostenschuldner gesondert und unabhängig vom Lauf der Frist gegenüber anderen Kostenschuldnern. Das gilt auch für Gesamtschuldner, § 425 BGB. Eine Hemmung oder Unterbrechung erfolgt bei Gesamtschuldnern nur gegenüber demjenigen, bei dem die Voraussetzungen der Hemmung oder Unterbrechung gegeben sind, und zwar selbst dann, wenn der eine Gesamtschuldner Geschäftsführer des anderen ist.[22] Etwas anderes gilt nur bei solchen Kostenschuldnern, die nach bürgerlichem Recht für die Kostenschuld eines anderen kraft Gesetzes haften, § 54 Nr. 3 GKG.[23] Beim Zweitschuldner ist die Verjährung bis zum Eintritt der in § 58 Abs. 2 GKG bezeichneten Voraussetzungen gehemmt.[24] Eine erfolglose Zwangsvollstreckung in das Vermögen des Erstschuldners setzt die Verjährungsfrist zu dem Zeitpunkt in Lauf, in dem die Staatskasse von ihr Kenntnis erlangt.[25]

17 **Bagatellbeträge:** Bei (restlichen[26]) Kostenbeträgen unter 25 € tritt weder eine Hemmung noch ein Neubeginn der Verjährung ein, Abs. 3 S 4. Die Bestimmung bezieht sich nur auf

17 Vgl. auch *Hartmann* § 10 Rn. 10.
18 *Oe/Wi/He* § 10 Rn. 17, 21.
19 BGH, NJW-RR 1997, 831 (entspr § 10 Abs. 3).
20 *Oe/He/Wi*, § 10 Rn. 10.
21 *Hartmann* § 10 Rn. 10; *Oe/Wi/He* § 10 Rn. 16.
22 OLG Schleswig, JurBüro 1976, 225.
23 Vgl. auch BGH, MDR 1977, 737 = WRP 1977, 759.
24 OLG München, Rpfleger 1961, 421 (L); OLG Nürnberg, RPfleger 1963, 177 (L).
25 LG Berlin, JurBüro 1982, 885.
26 *Oe/Wi/He* § 10 Rn. 19.

den Anspruch der Staatskasse auf Zahlung der Kosten, nicht auf Ansprüche des Kostenschuldners auf Rückerstattung.

Verfahren: Die Einrede der Verjährung ist im Wege der Erinnerung oder der Beschwerde nach § 5 durchzusetzen, und zwar auch dann, wenn die Verjährung des Anspruchs auf Kostenzahlung erst nach dem Abschluß des Kostenansatzverfahrens eingetreten ist (§ 8 JBeitrO i.V.m. § 5 GKG). **18**

Verzinsung: Mit dem durch Gesetz vom 10. 12. 2001 (BGBl. I, 3422) wird klargestellt, daß Ansprüche auf Rückerstattung nicht verzinst werden. Damit hat der Gesetzgeber einen sich anbahnenden Meinungsstreit in der Rspr und im Schrifttum (Vgl. unten, § 3 Rn. 11; § 4 Rn. 17) den Boden entzogen. **19**

§ 11
Höhe der Kosten

(1) Kosten werden nach dem Kostenverzeichnis der Anlage 1 zu diesem Gesetz erhoben.

(2) Die Gebühren richten sich nach dem Wert des Streitgegenstandes (Streitwert), soweit nichts anderes bestimmt ist. Die Gebühr bei einem Streitwert bis 300 Euro beträgt 25 Euro).[1] Die Gebühr erhöht sich bei einem

Streitwert bis ... Euro	für jeden angefangenen Betrag von weiteren ... Euro	um ... Euro
1 500	300	10
5 000	500	8
10 000	1 000	15
25 000	3 000	23
50 000	5 000	29
200 000	15 000	100
500 000	30 000	150
über 500 000	50 000	150

Eine Gebührentabelle für Streitwerte bis 500 000 Euro ist diesem Gesetz als Anlage 2 beigefügt.

(3) Der Mindestbetrag einer Gebühr ist 10 Euro. Gebühren werden auf den nächstliegenden Cent auf- oder abgerundet; 0,5 Cent werden aufgerundet.

1 Vgl. Vorbemerkungen vor § 1 Rn. 7–8.

Übersicht

1 **Allgemeines:** Abs. 1 stellt klar, daß die kostenpflichtigen Tatbestände ausschließlich dem KV zu entnehmen sind. Enthält das Kostenverzeichnis keinen Gebührentatbestand, ist das Verfahren gerichtgebührenfrei (z. B.: Anordnung der Fortdauer der aufschiebenden Wirkung im verwaltungsgerichtlichen Verfahren[2]). Nach Abs. 2 ist für die Gebühren grundsätzlich der Streitwert maßgebend. Eine Ausnahme gilt nur, wenn das KV ausdrücklich Festgebühren vorsieht (z. B.: KV Nrn. 1426, 1427, 1640–1645, 1800–1804, 1901–1903, 1905, 2400, 2501, 3401, 4230, 4305, 5100, 5200, 5300, 5400). Abs. 3 legt fest, daß der Mindestbetrag einer Gebühr 10 € beträgt.

2 Die Vorschrift des § 11 ist primär anwendbar auf alle in § 11 Abs. 1 und Abs. 2 genannten Verfahren, wobei das KV aber verschiedentlich wieder Ausnahmen macht. Lediglich der Abschnitt „Auslagen" des KV (Teil 9, Nrn. 9000 ff.) gilt für alle Verfahrensarten gemeinsam. Wegen des Arbeitsgerichtsverfahrens unten, Rn. 31.

3 Das KostRÄndG 1994 hat nicht nur eine Erhöhung der Wertgebühren um durchschnittlich 25% gebracht, sondern gleichzeitig auch eine neue Tabellenstruktur eingeführt. Danach

2 SächsOVG, JurBüro 1999, 260.

ist die Tabelle bis zu einem Streitwert von 500 000 € von früher 90 auf jetzt 48 Wertstufen verkürzt worden. Außerdem ist eine Grundpauschale von 50 € für Zustellungsauslagen sowie Auslagen für Telekommunikationsleistungen in die Tabelle eingearbeitet worden, so daß solche Auslagen nur noch ausnahmsweise besonders berechnet werden (vgl. auch KV amtliche Anweisung vor Nr. 9000), nämlich nur, soweit sie einen Betrag von 50 € übersteigen.

Kosten: Für einen Kostenansatz müssen folgende **Voraussetzungen** erfüllt sein: 4

- Nennung eines gebührenpflichtigen Verfahrensvorgangs im **Kostenverzeichnis (KV)**,
- ein **Streitwert** des gebührenpflichtigen Verfahrensvorgangs, sofern nicht ausnahmsweise eine Festgebühr vorgesehen ist,
- die Bestimmung des nach dem Streitwert für den gebührenpflichtigen Verfahrensvorgang geschuldeten €-Betrages, der sich aus der **Tabelle Anlage 2** ergibt.

Kosten, Abs. 1, sind Gebühren und Auslagen, § 1 Abs. 1. Im KV sind die Verfahrensvorgänge, für die Kosten erwachsen, abschließend aufgezählt. Was nach dem KV nicht ausdrücklich als kostenpflichtig bezeichnet ist, ist kostenfrei (§ 1 Abs. 1). Gelegentlich sagen das GKG und andere Gesetze ausdrücklich, daß ein bestimmter Verfahrensvorgang, der nach dem KV gebührenpflichtig sein könnte, gebührenfrei ist. In solchen Fällen können nur die im KV Nrn. 9000 ff. vorgesehenen Auslagen anfallen. Wenn und soweit das GKG keine besondere Gebühr bestimmt, ist die Tätigkeit des Gerichts entweder durch eine Verfahrensgebühr abgegolten oder gebührenfrei. Auf den Umfang der ausgeübten gerichtlichen Tätigkeit kommt es nicht an. 5

Bei den **Gebühren** handelt es sich im wesentlichen um Verfahrens- und Entscheidungsgebühren. Die **Verfahrensgebühren** decken die gerichtliche Tätigkeit in der gesamten gebührenrechtlichen Instanz ab, während die **Entscheidungsgebühren** nur durch den besonderen Tatbestand einer im KV genannten Entscheidung ausgelöst werden. 6

Die Gebühren richten sich nach dem Streitwert, sofern nicht im KV ausnahmsweise Festgebühren vorgesehen sind. Ihre Höhe ist der Tabelle (Anl. 2) zu entnehmen, Abs. 2. Der Mindestbetrag ist 10 €, Abs. 3, wovon es aber auch einige Ausnahmen gibt, die dem KV – gelegentlich auch besonderen Gesetzen – zu entnehmen sind. Der Mindestbetrag von 10 € ist auch dann zu nehmen, wenn nur eine Bruchteilsgebühr in Frage kommt, und zwar für jede einzelne in Ansatz zu bringende Gebühr und nicht etwa nur für den Gesamtbetrag der Gebühren.[3] Der Mindestbetrag gilt aber nur für die Gebühren, nicht für die Auslagen, welche auch weniger als 10 € betragen können und dann nach Abs. 3 S 2 zu runden sind. Die Rundung bezieht sich nur auf die Gebühren und gilt für den Gesamtbetrag, also nicht für jede einzelne Gebühr.[4] Auslagen sind auch insoweit in tatsächlicher Höhe anzusetzen. Auch in **Arbeitsgerichtsverfahren** ist die Mindestgebühr durch das KostRÄndG 1994 auf 10 € angehoben worden. 7

Wer Kostenschuldner ist und wann die Kosten – u. U. vorschußweise – zu zahlen sind, ist im 7. Abschnitt, § 49 ff. GKG, geregelt. 8

3 *Oe/Wi/He* § 11 Rn. 7.
4 *Oe/Wi/He* § 11 Rn. 7, 9.

9 **Streitwert:** Soweit nichts anderes bestimmt ist (z. B. Festgebühren oder Höhe der verhängten Strafe/Geldbuße), richten sich die Gebühren nach dem **Streitwert.** Streitwert ist der **Wert des Streitgegenstandes,** Abs. 2 S 1. Vorschriften über die Berechnung des Wertes des Streitgegenstandes enthalten die §§ 12–26, 28–32, 35–39, 48–48a GKG. Dazu kommen noch die Wertvorschriften in anderen Gesetzen, wie etwa § 53 PatG, § 247 AktG und die der ZPO. Im einzelnen unten, Anhang zu § 12.

10 Beim Streitwert ist zu unterscheiden zwischen dem **Prozeßstreitwert** und dem **Gebührenstreitwert.** Nach dem **Prozeßstreitwert** richten sich die sachliche Zuständigkeit in vermögensrechtlichen Streitigkeiten (§§ 2 ZPO, 23 Nr. 1, 71 Abs. 1 GVG), der Anwaltszwang (§§ 2, 78 ZPO), die Zulässigkeit von Rechtsmitteln (§§ 2, 511a Abs. 1, 546 Abs. 1 S 1, 567 Abs. 2 ZPO), die vorläufige Vollstreckbarkeit (§§ 2, 708 Nr. 11 ZPO). Materielle Grundlagen des Prozeßstreitwertes sind hauptsächlich in der ZPO (§§ 3 9 ZPO), aber auch in anderen Gesetzen (z. B. § 148 KO) enthalten. Für den Gebührenstreitwert sind vor allem der Zuständigkeits- und Zulässigkeitsstreitwert bedeutsam (z. B. § 24 S 1 GKG).

11 Der **Gebührenstreitwert** ist ein spezieller Streitwert, nach dem sich grundsätzlich die Gerichtsgebühren richten (§ 12 Abs. 1 GKG), und zwar sowohl für den im Einzelfall konkret bestimmten Wert als auch dann, wenn es seiner nicht bedarf (z. B. bei ausschließlicher Zuständigkeit eines Gerichts). Gebührenstreitwert und Prozeßstreitwert sind häufig identisch, müssen es aber nicht sein[5] (vgl. § 12 Abs. 2 und 3 GKG). Der Gebührenstreitwert wird nach den Vorschriften über den Prozeßstreitwert bemessen, „soweit *im* GKG nichts anderes bestimmt ist". Das bedeutet: In der Regel ist der in den §§ 3–9 ZPO bestimmte Prozeßstreitwert auch der nach § 12 Abs. 1 GKG maßgebende Gebührenstreitwert, soweit in den §§ 14–22 GKG keine abweichenden Bestimmungen enthalten sind.

12 **Streitgegenstand**[6] ist in bürgerlichen Rechtsstreitigkeiten und die § 1 Abs. 2 genannten Familiensachen das, was der Antragsteller mit seinem Antrag im Verfahren unmittelbar begehrt.[7] Maßgebend sind die der Entscheidung des Gerichts unterstellten Anträge des Klägers oder Widerklägers bzw. des sonstigen Antragstellers (z. B.: im Mahnverfahren, Arrest- oder einstweiligen Verfügungs-, Betreuungs-, Aufgebots- oder Zwangsvollstreckungsverfahrens). Im Verwaltungs- und Finanzgerichtsverfahren ist Streitgegenstand, worüber nach dem Antrag des Klägers entschieden werden soll (§ 13 Abs. 1). Geht der Antrag auf eine bezifferte Geldleistung, so ist der Betrag der begehrten Geldleistung maßgebend (§ 13 Abs. 2), wobei es gleichgültig ist, ob der Prozeßbevollmächtigte sich im Rahmen seiner Aufträge und Weisungen der Partei gehalten hat.[8] Auf das Interesse des Gegners kommt es nicht an.[9] In besonderen Fällen ist das Gericht aber befugt, zu bestimmen, daß für die Zahlung von Gerichtskosten für eine Partei nur von einem Teil des Streitwertes ausgegangen werden kann (z. B.: §§ 247 AktG, 144 PatG, 17a GebrMG, 31a WZG, 23a UWG). Eindeutig formulierte Klageanträge lassen regelmäßig für eine Auslegung keinen Raum, auch wenn sich aus der Begründung ergibt, daß tatsächlich mehr

5 Vgl. z. B. BGH, MDR 1995, 530.
6 Vgl. dazu grundsätzlich bei *Thomas/Putzo* ZPO, Einl. II Rn. 11 ff.
7 *Thomas/Putzo* Einl. II Rn. 14.
8 KG, RPfleger 1962, 154 (L).
9 OLG Köln, JurBüro 1971, 718; *Thomas/Putzo* Einl. II Rn. 15.

oder weniger gefordert werden soll.[10] Bei offensichtlichen Schreib- oder Rechenfehlern ist aber immer das wirklich Gewollte zu bewerten. Ist der Antrag unklar, kann zur Aufklärung die Antragsbegründung herangezogen werden.[11] Natürlich ist das Gericht nicht gehindert, im Zweifel beim Antragsteller nachzufragen.

Entscheidet das Gericht über mehr, als beantragt worden ist, so ist zu prüfen, ob das Gericht damit nicht einem stillschweigend gestellten Widerklageantrag entsprochen hat.[12] Die Vermutung spricht nämlich für ein prozeßordnungsgemäßes Verfahren des Gerichts.[13] Liegt aber eine eindeutige Überschreitung der gestellten Anträge, also ein Verstoß gegen § 308 ZPO vor, so dürfen die Verfahrens- und Entscheidungsgebühren nur nach dem Wert der von den Parteien gestellten Anträge berechnet werden. Das folgt aus § 49 GKG, wonach nur der Antrag und der ihm zugrundeliegende Wert für die Kostenpflicht maßgebend ist.[14] Das gilt auch für den Fall, daß das Rechtsmittelgericht über im ersten Rechtszug verbliebene Ansprüche mitentscheidet.[15] Ob ein solches Verfahren prozessual überhaupt zulässig ist,[16] ist für die kostenrechtliche Beurteilung irrelevant. Maßgebend für den Streitwert sind auch hier nur die zugrundeliegenden Anträge, die auch stillschweigend gestellt werden können. Haben die Parteien im Rechtsmittelverfahren keinen klageerweiternden Antrag gestellt, so haben sie für die über ihren Antrag hinausgehende Entscheidung auch keine Verfahrens- und Entscheidungsgebühren zu zahlen.[17] Sofern in solchen Fällen ein Streitwert nach dem Wert des Rechtsmittelurteils dem Kostenansatz zugrundegelegt wird, kann sich der Kostenschuldner auf eine unrichtige Sachbehandlung nach § 8 GKG berufen. Denn es ist kostenrechtlich eine unrichtige Sachbehandlung, einer Partei mehr zuzusprechen, als Gegenstand des Verfahrens der Instanz war. Das ist auch im § 14 Abs. 2 S 1 GKG klargestellt, wonach der Wert des Streitgegenstandes des Rechtsmittelverfahrens durch den Wert des Streitgegenstandes der ersten Instanz begrenzt ist, es sei denn, daß dieser erweitert wird oder § 15 Abs. 1 GKG zutrifft. Eine Erweiterung des Streitgegenstandes ist aber ohne Antrag nicht möglich. Eine Werterhöhung scheidet ohnehin aus. 13

Bei **offensichtlichen Schreib- und Rechenfehlern** ist Streitwert, was tatsächlich gewollt ist.[18] Beruht der unrichtige Klagantrag auf einer falschen Beurteilung der Sach- oder Rechtslage, so ist der Streitwert der – wenn auch zu Unrecht – tatsächlich geforderte Betrag. Die Ansicht, das auch ein auf Zahlung eines bestimmten Betrages gerichteter Klagantrag nach den Klagegründen auszulegen sei,[19] ist verfehlt. 14

Es kommt auch niemals darauf an, in welcher Höhe der Antrag gerechtfertigt ist oder was 15

10 A. M. OLG Frankfurt/Main, RPfleger 1963, 95.
11 BGH, NJW 1962, 806 = JurBüro 1962, 277 = MDR 1962, 391; KG, JR 1955, 468.
12 BGH, MDR 1963, 127.
13 OLG München, JurBüro 1961, 450, *Schneider* MDR 1961, 949.
14 BGH, NJW 1973, 2206 = MDR 1974, 36.
15 VGH Mannheim, NJW 1977, 1255.
16 Vgl. BGH, VersR 1977, 430; MDR 1959, 909.
17 *Lappe* § 14 Rn. 3. A. M. *Schneider* MDR 1971, 437.
18 BGH, RPfleger 1959, 111 (L); OLG Braunschweig, RPfleger 1964, 97 (L).
19 OLG Frankfurt/Main, RPfleger 1965, 289 (L), MDR 1962, 992 = JurBüro 1962, 688 = Rpfleger 1963, 95.

der Antragsteller mit seinem Antrag mittelbar erreichen will, also nicht auf sein mittelbares wirtschaftliches Interesse. Ebenso bleibt das mit der Höhe des Streitwertes verbundene Prozeßkostenrisiko idR unberücksichtigt.[20] Ausnahmen insoweit bilden aber die §§ 247 AktG, 144 PatG, 26 GebrMG, 142 MarkG, 23a UWG sowie §§ 12a, 12b GKG.

16 Wird nur ein **Teilbetrag** einer Forderung geltend gemacht, richtet sich der Streitwert nur nach dem Wert des eingeklagten Teils[21] (§ 21 GKG). Das gilt auch dann, wenn die Parteien vereinbart haben, daß ein Feststellungsurteil über den eingeklagten Teil für den gesamten Anspruch gelten soll.[22] Die gegenteilige Ansicht,[23] wonach auch das mittelbare Interesse maßgebend sein soll, steht die ausdrückliche Bestimmung des § 23 Abs. 1 GKG entgegen, die auch bei der jüngsten Änderung des GKG nicht novelliert worden ist und wonach der Wert des Streitgegenstandes nicht anzugeben ist, wenn er „in einer bestimmten Geldsumme besteht", sowie die des § 13 Abs. 2 GKG für Verwaltungs- und Finanzgerichtssachen.

17 Soweit **kein bestimmter Antrag gestellt und die Entscheidung über die Höhe in das Ermessen des Gerichts gestellt wird**, ist das Interesse des Klägers nach § 3 ZPO zu schätzen. Der geschätzte Wert kann grundsätzlich nicht niedriger sein als ein etwa zuerkannter Betrag. Der geschätzte Wert bleibt für den betreffenden Rechtszug maßgebend, und zwar auch dann, wenn er im Rechtsmittelverfahren herabgesetzt wurde.[24] Hat der Kläger einen **Mindestbetrag ausdrücklich beantragt**, dann bildet dieser in jedem Fall die unterste Grenze des Streitwerts und darf nicht unterschritten werden.[25] Hat der Kläger einen **Mindestbetrag nur vorgeschlagen**, ohne ihn zu beantragen, kann dieser Vorschlag nur unverbindliche Anhaltspunkte für den Streitwert bieten.[26] Das ist jedoch streitig. So sollen nach weitverbreiteter Ansicht die vom Kläger gemachten **zahlenmäßigen Angaben** über die Höhe und die Größenordnung seines Anspruchs für den Streitwert **verbindlich** sein.[27] Dem kann aber so nicht gefolgt werden. Zwar wird man dann, wenn der Kläger einen zahlenmäßigen Rahmen angibt, idR davon ausgehen, daß die Höchstgrenze des bezeichneten Rahmens auch die Obergrenze des Interesses bildet. Wenn aber aus der Klagebegründung hervorgeht, daß der vom Kläger genannte Oberbetrag offensichtlich unangemessen (zu hoch oder zu niedrig) ist, wird man nicht davon ausgehen dürfen, jedenfalls nicht, ohne dem Kläger vorher Gelegenheit zur Stellungnahme gegeben zu haben (§ 139 ZPO). Dabei ist aber immer vom Sachvortrag des Klägers auszugehen, nicht von dem letzten Endes erwiesenen Sachverhalt. Es ist daher der Betrag zu schätzen, der zuzusprechen gewesen wäre, wenn sich der Sachvortrag des Klägers als richtig erwiesen hätte,[28] nicht aber der dem Kläger letzten Endes zuerkannte Betrag.[29]

20 OLG Celle, NJW 1964 1527.
21 Vgl. dazu ausf bei *Schneider* Streitwert, „Teilforderung" Rn. 4299 ff.
22 BGH, RPfl. 1966. 46.
23 *Holste* AnwBl. 1959, 46 und 1961, 54; *Geissler* AnwBl. 1961, 101.
24 OLG Köln, NJW 1963, 659 = MDR 1963, 422.
25 Unstr. VGl. etwa KG, MDR 1973, 146 = JurBüro 1973, 148; OLG Schleswig, JurBüro 1971, 613.
26 OLG München, JurBüro 1980, 125 mit abl. Anm. v. *Mümmler*.
27 Vgl. etwa BGH, VersR 1979, 472; OLG Schleswig, JurBüro 1980, 604.
28 Das ist nicht unstr. Vgl. etwa wie hier: KG, MDR 1973, 146 = VersR 1973, 575 = JurBüro 1973, 148; OLG Schleswig, JurBüro 1971, 613 und bei *Schneider* Streitwert, „unbezifferte Anträge" Rn. 4311 ff.
29 So aber u. a. BGH; VersR 65, 48; OLG Düsseldorf, RPfleger 1981, 317.

Die Höhe des Streitwertes wird auch nicht dadurch beeinflußt, wenn die Leistung an **einen Dritten** oder an eine **Personengemeinschaft** gefordert wird, mag der Antragsteller an dieser auch beteiligt sein. 18

Mehrere selbständige Ansprüche sind grundsätzlich zusammenzurechnen. Einzelheiten dazu unten bei § 19 GKG. Wird im Wege der Klageänderung ein Anspruch gegen einen anderen Anspruch ausgetauscht (z. B. ein Schadensersatzanspruch statt des ursprünglichen Herausgabeanspruchs), so sind die beiden Ansprüche nicht zusammenzurechnen,[30] soweit es bei demselben Streitgegenstand verbleibt und nur die Anspruchsgrundlage ausgetauscht wird. Anders verhält es sich, wenn die Klageänderung in einer Erweiterung der Klage um neue Streitgegenstände besteht, während die bisherigen Ansprüche für erledigt erklärt werden oder sonstwie aus dem Prozeß ausscheiden. Hier muß jedenfalls für die Verfahrensgebühr zusammengerechnet werden, wenn dem erweiterten Anspruch ein zu berücksichtigender Wert zukommt. Wenn nach einer mündlichen Verhandlung die klagende Partei einen nicht zugelassenen Schriftsatz nachreicht, mit dem sie die Klage erweitern will, bleibt der Streitwert unverändert, wenn das Gericht den unzulässigen Schriftsatz nicht in das Verfahren einführt.[31] 19

Verfahrensverbindung[32] **und -trennung:** Werden Verfahren mit verschiedenen Streitwerten **verbunden**, so gibt es von der Verbindung an für das verbundene Verfahren nur einen Streitwert, der aus der Summe der Einzelstreitwerte der verbundenen Verfahren zusammensetzt. Die aus den Einzelstreitwerten vor der Verbindung bereits erwachsenen Gebühren bleiben aber bestehen. Wenn und soweit nach der Verbindung die gleichen Gebühren noch einmal entstehen, so sind sie mit den vorher entstandenen Gebühren zu verrechnen.[33] Umgekehrt gibt es für die **Verfahrenstrennung** für jedes der getrennten Verfahren ab der Trennung einen selbständigen Streitwert. Die vor der Trennung aus dem gemeinsamen Streitwert erwachsenen Gebühren, die nach der Trennung noch einmal entstehen, sind auf die in den getrennten Verfahren neu erwachsenen Gebühren anteilmäßig zu verrechnen.[34] Wenn Verfahren verbunden werden, die **denselben Streitgegenstand** haben (z. B.: zwei gleichzeitig anhängige Scheidungssachen), dann tritt keine Streitwerterhöhung ein, wenn auch der Streitwert identisch ist; andernfalls gilt der höhere Streitwert (§ 19 Abs. 1 S 3 GKG). 20

Werden **Haupt- und Hilfsansprüche** geltend gemacht, so werden die Ansprüche gemäß § 19 nur zusammengerechnet, wenn über die Hilfsansprüche entschieden worden ist. Eine Ausnahme gilt nur dann, wenn Haupt- und Hilfsanspruch denselben Gegenstand betreffen. Im einzelnen dazu unten, § 19 GKG. 21

Zwischen- und Nebenentscheidungen (z. B. das Verfahren über die Zulassung der Berufung im verwaltungsrechtlichen Verfahren)[35] haben grundsätzlich denselben Streit- 22

30 KG, JurBüro 1968, 610 = RPfleger 1968, 289.
31 OLG Oldenburg, RPfleger 1968, 314 (L); *Schneider* JurBüro 1967, 954.
32 Dazu *D. Meyer* JurBüro 1999, 239.
33 Vgl. BayVGH, BayVBl. 1973, 250.
34 FG Baden-Württemberg, AnwBl. 1977, 505 (L) = EFG 1977, 336.
35 VGH Baden-Württemberg, JurBüro 1998, 94.

wert wie das Hauptverfahren.[36] Anders kann es nur liegen, wenn es im Zwischenverfahren nur um den technischen Verfahrensablauf geht wie etwa über die Frage, wann über das Bestehen oder Nichtbestehen des Klageanspruchs entschieden werden soll oder über die Ablehnung von Richtern oder Sachverständigen. In solchen Fällen soll verbreiteter Ansicht zufolge das Interesse an der Entscheidung gemäß § 3 ZPO besonders geschätzt werden, das regelmäßig geringer als das der Hauptsache sein soll.[37]

23 Beim **Grundurteil** wird der Streitwert durch den Wert der Anträge bestimmt, über die eine Grundentscheidung angestrebt wird.[38]

24 Steht dem Kläger hinsichtlich mehrerer mit der Klage geltend gemachter Ansprüche ein **Wahlrecht** zu, so ist immer von dem höheren Streitwert auszugehen, solange der Kläger sich nicht für den einen oder anderen Anspruch entschieden hat. Hat aber der **Beklagte** das Recht, nach seiner Wahl den einen oder den anderen Anspruch zu erfüllen, dann entscheidet bis zur Ausübung des Wahlrechts durch den Beklagten der Wert des geringeren Streitgegenstandes.[39]

25 **Bedingte Ansprüche** sind nicht mit dem vollen Betrag zu bewerten. Ihr Wert ist nach § 3 ZPO zu schätzen.[40]

26 Ohne Einfluß auf den Streitwert ist es, wenn **Verurteilung Zug-um-Zug** gefordert wird, wie überhaupt die Abhängigkeit der Klageforderung von einer Gegenleistung unbeachtlich zu bleiben hat.[41] Anders liegt es aber dann, wenn der Kläger mit der Klage nur einen Restbetrag begehrt, der nach Abzug der Gegenforderung des Beklagten zu seinen Gunsten verbleibt.

27 Das **Gegenvorbringen des Beklagten** hat grundsätzlich keinen Einfluß auf die Berechnung des Wertes des Streitgegenstandes, insbesondere nicht ein Anerkenntnis oder in den Fällen des § 19 GKG. Im übrigen gilt § 19 GKG.

28 Muß bei einem **Vergleich** dessen Wert bestimmt werden, kann es vorkommen, daß dieser höher ist, als der Wert des anhängigen Streitgegenstandes, nämlich dann, wenn über nicht anhängige Gegenstände mitverglichen wird. In solchen Fällen ist der einbezogene Wert der Klage bei der Bestimmung des Vergleichswertes (KV Nr. 1660) hinzuzurechnen.

29 Führt eine Partei, der **Prozeßkostenhilfe nur für einen Teil des Streitgegenstandes** bewilligt wurde, ihre Rechtsverfolgung wegen des übrigen Teils auf eigene Kosten durch, so sind die Gebührenbeträge des Gerichts für den von der Prozeßkostenhilfe nicht erfaßten

36 BGH, JurBüro 1962, 213 = NJW 1962, 345 = MDR 1962, 302 (Zwischenurteil über Sicherheitsleistung, über Prozeßkosten); OLG Düsseldorf, JurBüro 1972, 1021 = RPfleger 1972, 463; KG, JurBüro 1965, 750 (Streitwert des Zwischenverfahrens über die Zuständigkeit).

37 Vgl. etwa BGHZ 22, 283. *Schneider* MDR 1973, 542; *Mümmler* JurBüro 1980, 963 und bei *Schneider* Streitwert, „Zwischenstreit" Rn. 5202 ff.

38 Vgl. bei *Schneider* Streitwert, „Grundurteil" Rn. 2315 ff.

39 RGZ 55, 81 und bei *Schneider* Streitwert, „Wahlschuld" Rn. 4989 ff.

40 Vgl. bei *Schneider* Streitwert, „bedingte Rechte" Rn. 653 ff.

41 Vgl. näher bei *Schneider* Streitwert, „Gegenforderung", „Gegenleistung" Rn. 1890 ff., „Zug-um-Zug-Leistung".

Teil der Unterschied zwischen den Gebühren, die durch den von der Prozeßkostenhilfe nicht gedeckten Teil allein entstehen würden.[42]

Im **Kostenfestsetzungsverfahren** nach § 104 ZPO können Gerichtsgebühren nur im **30**
Beschwerdeverfahren anfallen, das Verfahren einschließlich der Entscheidung über die Erinnerung gebührenfrei ist. Streitwert der Beschwerdegebühr nach KV 1905 ist in diesen Fällen nicht der Betrag, über den die Entscheidung im Beschwerdeverfahren ergangen ist, sondern der Betrag, hinsichtlich dessen die Beschwerde als unzulässig verworfen oder zurückgewiesen wurde.

Im **Arbeitsgerichtsverfahren** gelten besondere Gebühren- und Streitwertvorschriften **31**
nach § 12 ArbGG mit Gebührenverzeichnis (GV) zu § 12 Abs. 1 ArbGG.

Nach Art. 8 i.V.m. Anl. I Kapitel II Sachgebiet A Abschnitt III Nr. 19 Buchstabe a des **32**
Einigungsvertrages sind die Beträge der Tabelle der Anlage 2 ermäßigt. Die Bestimmung ist verfassungsrechtlich unbedenklich.[43] Die Ermäßigung betrug bis zum 30. 6. 1996 20% und ist ab dem 1. 7. 1996 auf **10%** herabgesetzt worden. Sie tritt ein, wenn der Kostenschuldner seinen allgemeinen Gerichtsstand im Beitrittsgebiet (Neue Bundesländer und das ehemalige Ost-Berlin) hat. Ob das Verfahren vor einem Gericht der alten oder der neuen Bundesländer stattfindet, ist unerheblich. In beiden Fällen gilt die Ermäßigung.[44]

ZWEITER ABSCHNITT
Rechtstreitigkeiten vor den ordentlichen Gerichten und den Gerichten der Verwaltungs- und Finanz- und Sozialgerichtsbarkeit

§ 12
Wertberechnung in bürgerlichen Rechtsstreitigkeiten, Familien- und Lebenspartnerschaftssachen (§ 1 Abs. 2)

(1) In bürgerlichen Rechtsstreitigkeiten und in den in § 1 Abs. 2 genannten Familien- und Lebenspartnerschaftssachen richten sich die Gebühren nach dem für die Zuständigkeit des Prozeßgerichts oder die Zulässigkeit des Rechtsmittels maßgeblichen Wert des Streitgegenstandes, soweit nichts anderes bestimmt ist. In Rechts-

42 BGH, RPfleger 1959, 3 (L).
43 BVerfG, JurBüro 1998, 256.
44 Das ist inzwischen h. M.; vgl. BGH, MDR 1996, 205; OLG Nürnberg, AnwBl. 1996, 644 und MDR 1998, 371; OLG Köln, VersR 1995, 435; OLG Koblenz, VersR 1996, 605; OLG Düsseldorf, DtZ 1995, 295; KG, JurBüro 1993, 149; *Hartmann* § 11, vor Rn. 1; *Oe/Wi/He* § 11 Rn. 59 f. A. M.: z. B.: OLG Hamm, MDR 1997, 205; OLG München, MDR 1996, 749; OLG Schleswig, DNotZ 1996, 22; OLG Stuttgart, DNotZ 1996, 9 und MDR 1996, 269.

streitigkeiten aufgrund des Unterlassungsklagengesetzes darf der Streitwert 250 000 Euro nicht überschreiten.

(2) In nichtvermögensrechtlichen Streitigkeiten ist der Wert des Streitgegenstandes unter Berücksichtigung aller Umstände des Einzelfalles, insbesondere des Umfangs und der Bedeutung der Sache und der Vermögens- und Einkommensverhältnisse der Parteien, nach Ermessen zu bestimmen. In Ehesachen und in Lebenspartnerschaftssachen des § 661 Abs. 1 Nr. 1–3 der Zivilprozeßordnung ist für die Einkommensverhältnisse das in drei Monaten erzielte Nettoeinkommen der Eheleute oder der Lebenspartner einzusetzen. In Kindschaftssachen ist von einem Wert von 2 000 Euro auszugehen, in einer Scheidungsfolgesache nach § 623 Abs. 2, 3, 5, § 621 Abs. 1 Nr. 1, 2 oder 3 der Zivilprozeßordnung von 900 Euro. Der Wert darf nicht über 1 Million Euro angenommen werden; in Ehesachen und in Lebenspartnerschaftssachen des §§ 661 Abs. 1 Nr. 1 bis 3 der Zivilprozeßordnung darf er nicht unter 2 000 Euro angenommen werden.

(3) Ist mit einem nichtvermögensrechtlichen Anspruch ein aus ihm hergeleiteter vermögensrechtlicher Anspruch verbunden, so ist nur ein Anspruch, und zwar der höhere, maßgebend.

Übersicht

1 **Allgemeines:** Die Bestimmung regelt die Wertberechnung in **bürgerlichen Rechtsstreitigkeiten** (das sind die nach der ZPO vor die ordentlichen Gerichte gebrachten Verfahren) und in den im § 1 Abs. 2 genannten **Folgesachen** einer Scheidung oder Aufhebung einer Lebenspartnerschaft. Sie gilt sinngemäß auch für die Gebühren im Insolvenzverfahren und im schiffahrtsrechtlichen Verteilungsverfahren, § 35 GKG. Für Verfahren vor den

Gerichten der **Verwaltungs- der Finanz- und Sozialgerichtsbarkeit** gilt hingegen § 13 GKG. Soweit § 12 ArbGG keine Sondervorschriften enthält, ist § 12 auch im **Arbeitsgerichtsverfahren** anzuwenden (vgl. auch unten, Rn. 38). Da die Vorschrift zwingend ist und ein Gegenstand entweder nur vermögensrechtlich oder nur nichtvermögensrechtlich sein kann, ist eine sinngemäße Anwendung des Abs. 1 auf nichtvermögensrechtliche Streitigkeiten und des Abs. 2 auf vermögensrechtliche Streitigkeiten ausgeschlossen.[1]

Anwendung der §§ 3–9 ZPO: Die §§ 3–9 ZPO, § 182 InsO dienen primär der Bestimmung des Wertes des Streitgegenstandes für die sachliche Zuständigkeit des Gerichts, § 2 ZPO. Sie sind aber auch für die Berechnung der Gerichtskosten maßgebend, soweit nicht die §§ 12 Abs. 2 und Abs. 3 bis 22 GKG etwas anderes bestimmen. Diese Vorschriften gehen dann für die Kostenberechnung nach dem GKG als leges speciales vor. Eine nach den Vorschriften der ZPO für die Zuständigkeit des Gerichts oder die Zulässigkeit eines Rechtsmittels erfolgte Wertfestsetzung ist nach § 24 GKG auch für die Gerichtsgebühren in jedem Fall verbindlich mit Ausnahme der Fälle der §§ 14–20 GKG. Bei nichtvermögensrechtlichen Streitigkeiten (z. B. Bewertung immatrieller Schäden) kann aber eine höhere Bestimmung erfolgen.[2] Bei jedem Antrag hat der Antragsteller den Wert des Streitgegenstandes oder seine Wertvorstellungen anzugeben, sofern er nicht in einer bestimmten Geldsumme besteht oder sich aus früheren Anträgen ergibt. Die Partei ist an diese Angaben nicht gebunden, § 23 GKG.[3] (Vgl. auch § 24, Rn. 3–5). **2**

Das **KostRÄndG 1994** hat den § 12 sprachlich vereinfacht,[4] ohne daß damit sachliche Änderungen verbunden sind. So ist davon abgesehen worden, die Aufzählung entsprechender Vorschriften der ZPO beizubehalten, weil neben den bisher im § 12 Abs. 1 aufgezählten Bestimmungen für die Wertberechnung noch **weitere Regelungen** existieren, die durch die weit gefaßte Verweisung jetzt unmittelbar **Bestandteil des GKG** geworden sind. **3**

Nichtvermögensrechtliche Streitigkeiten (Abs. 2) betreffen alle Ansprüche, die nicht auf Geld oder geldeswerte Leistungen gehen, nicht in Ansprüche auf Geld umwandelbar sind und ihren Ursprung in Verhältnissen haben, denen kein Vermögenswert zukommt,[5] z. B.: ein Persönlichkeitsrecht, ein Widerrufs- oder Unterlassungsanspruch,[6] eine Verletzung des Namensrechts, ein Anspruch auf presserechtliche Gegendarstellung o. ä.[7] **4**

Vermögensrechtlich dagegen sind alle Ansprüche, denen ein unmittelbarer wirtschaftlicher Wert zukommt[8] oder die im wesentlichen der Wahrung wirtschaftlicher Belange dienen sollen,[9] also Ansprüche auf geldeswerte Leistung.[10] Dabei ist es gleichgültig, **5**

1 RGZ 10, 322.
2 OLG Frankfurt/Main, JurBüro 1964, 206 = MDR 1964, 246.
3 OLG Köln, AnwBl. 1962, 129.
4 Vgl. dazu BT-Drucks. 12/6962, S. 61.
5 RGZ 144, 149; *Schneider* Streitwert, „Nichtvermögensrechtliche Streitigkeit“ Rn. 3385.
6 OLG Schleswig, JurBüro 2002, 316.
7 Vgl. *Hartmann* § 12 Rn. 9 ff.; *Lappe* § 12 Rn. 8, *Thomas/Putzo* Einl. IV Rn. 34 m. w. N.
8 BGHZ 14, 72, 74; BGHZ 83, 109; *Thomas/Putzo* Einl. IV; Rn. 1–2; *Vollkommer* in Zöller, § 1 Rn. 13.
9 BGHZ 89, 200.
10 LAG Bremen, AnwBl. 1984, 165.

welcher Art das Rechtsverhältnis ist, auf dem sie beruhen.[11] Ist ein Anspruch aus einem Rechtsverhältnis abgeleitet, das einen Vermögenswert hat, ist regelmäßig auch der Anspruch vermögensrechtlich.[12] Entspringt der Anspruch einem Rechtsverhältnis, dem kein wirtschaftlicher Wert zukommt und der deshalb nicht vermögensrechtlich ist, so kann ein darauf beruhender Anspruch vermögensrechtlicher oder nichtvermögensrechtlicher Art sein, je nachdem, ob ihm Geldeswert zukommt oder nicht. So kann eine Klage über die Rechtmäßigkeit eines Ausschlusses aus einer Gesellschaft einen vermögensrechtlichen Anspruch betreffen, wenn der Kläger damit vermögensrechtliche Interessen verfolgt.[13] Er ist aber nichtvermögensrechtlich, wenn es ihm ausschließlich oder überwiegend um die Ehre geht.[14] Auf die Einwendungen des Beklagten kommt es bei der Beurteilung, ob eine vermögens- oder nichtvermögensrechtliche Streitigkeit vorliegt, nicht an. Es ist allein der Vortrag des Klägers maßgeblich.[15] Ein vermögensrechtlicher Anspruch wird nicht dadurch zu einem nichtvermögensrechtlichen, daß der Beklagte nichtvermögensrechtliche Einwendungen erhebt[16] oder umgekehrt. Eine nichtvermögensrechtliche Sache kann aber dann und soweit zu einer vermögensrechtlichen werden, als der Kostenstreit zur Hauptsache geworden ist.[17] Unerheblich für die Beurteilung, ob der Rechtsstreit vermögens- oder nichtvermögensrechtlich ist, ist auch, ob es sich um eine Leistungs- oder Feststellungsklage handelt.[18]

6 Während es sich bei § 12 um eine Sondervorschrift für bürgerliche Rechtsstreitigkeiten und bestimmte Scheidungsfolgesachen handelt, enthält § 13 GKG die entsprechenden Vorschriften für die Verwaltungs-, Finanz- und Sozialgerichtsbarkeit. Eine entsprechende Anwendung des § 13 GKG auf Fälle des § 12 oder umgekehrt ist sonach ausgeschlossen.[19]

7 **Beispiele** für Streitigkeiten **nichtvermögensrechtlicher** Art:[20] In Betracht kommen vor allem Ehesachen und Lebenspartnerschaftssachen nach § 606 ZPO (Verfahren auf Scheidung bzw. Aufhebung einer Lebenspartnerschaft, Aufhebung einer Ehe/Lebenspartnerschaft, Feststellung des Bestehens oder Nichtbestehens einer Ehe/Lebenspartnerschaft zwischen den Parteien oder auf Herstellung des ehelichen Lebens bzw. des lebenspartnerschaftlichen Lebens, § 661 Abs. 2 ZPO); einstweilige Anordnungen nach § 620 Nrn. 1–3, 5, 7 ZPO; die Verfahren in anderen Familiensachen nach § 621 Abs. 1 Nrn. 1–3 ZPO oder Lebenspartnerschaftsachen; Kindschaftssachen nach § 640 Abs. 2 ZPO, insbesondere Feststellungsklagen nach § 640 Abs. 2 Nr. 1 ZPO über das Bestehen oder Nichtbestehen eines Eltern-Kind-Verhältnisses (– vor allem Mutter-/Vaterschaftsfeststellungklagen – §§ 1591 – 1594 BGB[21]oder § 1741 BGB –), aber auch über die (Un-)Wirksamkeit einer Vaterschafts-

11 *Hartmann* § 12 Rn. 4 ff.; *Lappe* § 12 Rn. 8; *Thomas/Putzo* Einl. IV Rn. 1.
12 RGZ 88, 332.
13 BGHZ 13, 5.
14 *Thomas/Putzo* Einl. IV Rn. 4; *Vollkommer* in Zöller, § 1 Rn. 15 m. w. N.
15 BGH, JZ 1982, 512.
16 RGZ 61, 89.
17 OLG Schleswig, SchlHA 1974, 113.
18 Zur Abgrenzung vgl. auch *Schumann* BB 1983, 506; *Schack* MDR 1984, 456.
19 OVG Münster, KostRspr GKG § 13 Nr. 16. A. M. OLG Braunschweig, JurBüro 1977, 403. Dazu auch OLG Köln, JurBüro 1971, 718.
20 Dazu auch bei *Schneider* Streitwert, „Nichtvermögensrechtliche Streitigkeiten" Rn. 3391 ff.

anerkennung (§§ 1595–1598d BGB); Klage auf Herausgabe von Kindern;. Nichtvermögensrechtlich sind auch die Streitigkeiten um sonstige ideelle Werte wie z. B. Name, Ehre und sonstige Persönlichkeitsrechte (Recht am eigenen Bild, Tagebuch);[22]der Anspruch auf Abdruck einer Gegendarstellung;[23]Ansprüche auf Unterlassung von störenden Anrufen;[24] Mitgliedschaften in sog. idealen Vereinen (§ 21 BGB)[25] oder politischen Parteien[26] (sofern damit nicht ausschließlich oder überwiegend wirtschaftliche Zwecke verfolgt werden).[27] Bei der Klage auf Unterlassung ehrverletzender Handlungen liegt ein nichtvermögensrechtlicher Gegenstand vor, wenn die Klage auf die §§ 823 Abs. 2 BGB i. V. m. 185, 186 StGB gestützt[28] oder die Unterlassung ehrverletzender Behauptungen im Wahlkampf begehrt wird[29] oder wenn einem Rechtsanwalt Unterschlagungen von Mandantengeldern vorgeworfen wird,[30] ein vermögensrechtlicher Gegenstand aber dann, wenn die Unterlassung wegen Schädigung des Kredits (§ 824 BGB) begehrt wird.[31]Auch wenn ein Privatklageverfahren im Zivilrechtsstreit mitverglichen wird, ist hierfür ein nichtvermögensrechtlicher Wert anzusetzen.[32] Weiter können in Betracht kommen: Die Umbettung einer Leiche[33] oder die Beisetzung in einer bestimmten Grabstätte,[34] der Anspruch auf Einsicht in die Personalakten,[35] Verfassungsbeschwerden wegen Verletzung von Grundrechten,[36] im Arbeitsrecht bei vielen Klagen des Betriebsrates wegen seiner Rechte.[37]

Ein **Zwischenstreit** richtet sich grundsätzlich nach der Art des **Hauptsacheverfahrens.** 8
Wenn das Hauptsacheverfahren vermögensrechtlich ist, dann ist auch der Zwischenstreit vermögensrechtlich und umgekehrt. Das gilt auch für das **Richter- und Sachverständigenablehnungsverfahren.**[38] **Beim Zwischenstreit um ein Zeugnisverweigerungsrecht** kommt es darauf an, ob für die Aussageverweigerung vermögensrechtliche oder nichtvermögensrechtliche Gründe maßgeblich sind.[39] Der Streitwert bemißt sich dabei nach dem Interesse dessen, der das Zwischenfeststellungsverfahren betreibt.

Vermögensrechtlich sind die auf Geld oder Sachwerte gehenden Ansprüche, auch ein aus 9

21 KG, NJW 1973, 1050.
22 KG, JurBüro 1969, 1190 = RPfleger 1970, 34.
23 BGH, NJW 1963, 151 = MDR 1963, 42.
24 NGH, NJW 1985, 979.
25 OLG Frankfurt/Main, RPfleger 1966, 25; KG JurBüro 1969, 1193 = RPfleger 1969, 442.
26 KG, JurBüro 1970, 309 m. Anm. v. *Schneider.*
27 OLG Celle, NJW 1964, 359 = MDR 1964, 65.
28 BGH, NJW 1985, 979; BGH, VersR 1991, 202.
29 OLG Köln, VersR 1974, 151 (L), OLG Bamberg, JurBüro 1973, 459 m. Anm. v. *Mümmler.*
30 OLG Schleswig, JurBüro 2002, 316.
31 BGH, MDR 1969, 747; OLG München, JurBüro 1972, 534; OLG Frankfurt/Main, JurBüro 1969, 538 und JurBüro 1974, 1114; vgl. auch bei *Hartmann* § 12 Rn. 11.
32 OLG Köln, JurBüro 1994, 743.
33 RGZ 108, 219.
34 RG, HRR 1931, 138; RG, JR 1926, Nr. 792.
35 OLG Köln, JurBüro 1980, 578.
36 BVerfG, JurBüro 154, 411.
37 Vgl. bei *Schneider* Streitwert, „Nichtvermögensrechtliche Streitigkeit Rn. 3404.
38 A. M. z. B.: OLG Köln, RPfleger 1987, 166; OLG Koblenz, JurBüro 1991, 1509.
39 Streitig. Vgl. einerseits z. B. OLG Köln, RPfleger 1973, 321 = VersR 1973, 832 (L) (immer nichtvermögensrechtlich) und KG, JurBüro 1968, 739 = NJW 1968, 1937 (immer vermögensrechtlich).

dem Urheberrecht erwachsender Unterlassungsanspruch, wenn er – neben der Wahrung ideeller Belange – auch dem Schutz der vermögensrechtlichen Interessen des Urhebers an der ihm durch das Urheberrecht vorbehaltenen wirtschaftlichen Auswertung seines Werkes dienen soll.[40] Auch wenn es dem Kläger ausschließlich um die Verteidigung seiner Ehre geht, kann der Anspruch ausnahmsweise vermögensrechtlich sein.[41] Vermögensrechtlich sind ferner Ansprüche auf Zeugniserteilung nach § 73 HGB; auf Unterlassung einer Boykotthetze;[42] der Anspruch auf Mitgliedschaft bei einem auf einen wirtschaftlichen Zweck gerichteten Verein oder einer eingetragenen Genossenschaft;[43] Klage aufgrund kreditschädigender und zugleich ehrverletzender Behauptungen;[44] Klagen auf Verletzung des Namensrechts, wenn damit auch wirtschaftliche Zwecke verfolgt werden;[45] der Auskunftsanspruch nach §§ 1605, 1361 Abs. 4 S 4 BGB;[46] der Anspruch auf eine Hausbesichtigung nach §§ 2038, 745 BGB;[47] eine mit einer Kündigungsdrohung verbundene Abmahnung[48] oder auf Entfernung einer Abmahnung aus der Personalakte.[49]

10 **Streitwert in nichtvermögensrechtlichen Angelegenheiten:** Der **Mindeststreitwert** beträgt – außer in Ehesachen 300 €. In Ehesachen ist der Mindeststreitwert mit 2 000 € anzusetzen (Abs. 2 S 4). Der **Höchststreitwert** beträgt 1 Million € (Abs. 2 S 4). Für Kindschafts- und Scheidungsfolgesachen nach §§ 623 Abs. 1, 4, § 621 Abs. 1 Nr. 1–3 ZPO ist ein Ausgangswert von 900 € genannt (Abs. 2 S 3). Während in Ehe/Lebenspartnerschaftssachen die untere Grenze von 2 000 € nicht unterschritten werden darf, kann der Ausgangswert von 900 € bis zu einem Betrag von 300 € unterschritten werden.

11 Für sämtliche nichtvermögensrechtliche Streitigkeiten gilt, daß ihr Wert bei Beachtung der Höchst- und Mindestgrenzen unter **Berücksichtigung aller Umstände des Einzelfalles nach Ermessen** zu bestimmen ist (Abs. 2 S 2). Es müssen somit alle Umstände des Einzelfalles berücksichtigt werden.[50] Welches Gewicht ihnen im Einzelfall zukommt, ist nach pflichtgemäßem Ermessen zu entscheiden, mit Ausnahme der Einkommensverhältnisse in Ehesachen, für die das in drei Monaten erzielte Nettoeinkommen der Eheleute/Lebenspartner einzusetzen ist (Abs. 2 S 2). Die im Abs. 2 S 2 genannten Umstände sind aber nur Regelbeispiele („insbesondere"). Entscheidend ist das Ergebnis der Gesamtwürdigung aller Umstände, die sowohl streitwertermäßigend als auch streitwerterhöhend wirken können, soweit sie einen sachgemäßen Bezug zur Gebührenerhebung haben.[51] Das gilt auch für Ehesachen, bei denen die Einkommensverhältnisse nur gleichrangig neben anderen Gesichtspunkten zu berücksichtigen sind.[52] Die Bewilligung von Prozeßkosten-

40 BGH, GRUR 1958, 101 (L).
41 BGH, GRUR 1981, 297.
42 RGZ 61, 89.
43 RGZ 89, 336.
44 OLG Köln, MDR 1963, 510.
45 BayObLG, RPfleger 1970, 446; *Hartmann* § 12 Rn. 7; *Schmidt* JurBüro 1963, 267.
46 BGH, NJW 1982, 1651.
47 BGH, NJW 1982, 1765.
48 BAG, MDR 1982, 694.
49 LAG Hamm, MDR 1984, 877.
50 Vgl. OLG Düsseldorf, JurBüro 1995, 252.
51 BVerfGE 80, 107; OLG München, JurBüro 192, 350.

hilfe läßt lediglich Rückschlüsse auf die Einkommens- und Vermögensverhältnisse der Parteien zu, nicht aber auf die sonstigen für den Streitwert maßgeblichen Bemessungskriterien.[53] Im einzelnen:

Umfang der Sache: Der Umfang einer Sache kann nur dann berücksichtigt werden, wenn 12
er aus dem Rahmen dessen fällt, was in vergleichbaren Sachen üblich ist.[54] Daher ist zu berücksichtigen nur der größere oder geringere Umfang einer Sache, gemessen an dem Leitbild der ZPO für eine nichtvermögensrechtliche Streitigkeit der in Betracht kommenden Verfahrensart[55] und dem erfahrungsgemäßen Umfang eines solchen Verfahrens, und zwar so, wie er sich aus der Sicht des Gerichts darstellt.[56] Darauf, welche Arbeit der Anwalt oder die Partei für die vorgerichtliche oder außergerichtliche Betreuung der Sache aufzuwenden hat, kommt es grundsätzlich nicht an.[57] In Betracht zu ziehen sein können etwa der Umfang der Akten, die Aufbereitung des Stoffes durch die Parteien, die Dauer des Rechtsstreits, die Häufigkeit und der Umfang der Beweisaufnahmen,[58] die Kürze oder die Länge der Ausführungen einer Partei,[59] der Umfang der zu prüfenden Beiakten,[60] eine rechtliche Schwierigkeit,[61] Art und Umfang einer Folgesache,[62] die Einbeziehung ausländischen Rechts.[63] Dabei kommt es allein auf den tatsächlichen Umfang an, den das Gericht vom Beginn bis zum Ende einer Gebühreninstanz abarbeiten mußte. Endet das Verfahren, bevor es einen größeren Umfang angenommen hatte, so wirkt das streitwertmindernd, auch wenn ein solches Verfahren idR einen größeren Umfang hat.[64] Die Streitwertminderung hängt von den Umständen des einzelnen Falles ab. Von einer Festlegung bestimmter Quoten[65] ist abzuraten. Bei einer einverständlichen Scheidung auf die erste mündliche Verhandlung mit Verzicht der Parteien auf Rechtsmittel sowie Tatbestands- und Entscheidungsgründe kann ein Abschlag von 30% gerechtfertigt sein.[66] Bei einer vorzeitigen Beendigung des Rechtsstreits (z. B.: Klagerücknahme) ist der tatsächlich entstandene Umfang zu bewerten, und nicht der, den die Sache angenommen hätte, wenn der

52 Unstr. Vgl. etwa OLG Frankfurt, JurBüro 1976, 797; OLG Düsseldorf, AnwBl. 1977, 412; *Schneider* Streitwert, „Ehesachen".
53 OLG Saarbrücken, JurBüro 1982, 421 m. Anm. v. *Mümmler*; KG, NJW 1976, 899 = JurBüro 1976, 340; LG Duisburg, AnwBl. 1977, 402.
54 OLG Koblenz, JurBüro 1979, 1675; OLG Düsseldorf, JR 1962, 263; OLG Schleswig, JurBüro 1960, 124.
55 OLG Koblenz, JurBüro 1999, 475; OLG Bamberg, JurBüro 1976, 217 m. Anm. v. *Mümmler*.
56 OLG Bamberg, JurBüro 1977, 1590; OLG Celle, JurBüro 1976, 797; OLG Düsseldorf, AnwBl. 1986, 250; OLG Köln, JurBüro 1976, 1540; *Hartmann* § 12 Rn. 23.
57 OLG Zweibrücken, JurBüro 1979, 1864; OLG Köln, JurBüro 1974, 1538; OLG Bamberg, JurBüro 1976, 217; *Hartmann* § 12 Rn. 24.
58 Vgl. dazu *Schneider* JurBüro 1975, 1558.
59 *Hartmann* § 12 Rn. 25.
60 *Hartmann* § 12 Rn. 25.
61 OLG Koblenz, JurBüro 1975, 1620; OLG Nürnberg, JurBüro 1975, 1620.
62 OLG Düsseldorf, FamRZ 1991, 1079.
63 BayObLG, NJW-RR 1999, 1375; OLG Koblenz, JurBüro 1975, 1092.
64 OLG Frankfurt/Main, JurBüro 1976, 797; JurBüro 1977, 379; AnwBl. 1977, 71 m. Anm. v. *H. Schmidt*; OLG Bamberg, JurBüro 1977, 1590.
65 So z. B. OLG Zweibrücken, JurBüro 1979, 1333; 1978, 1917 (25%); OLG Frankfurt/Main, JurBüro 1978, 1851 (1/3); OLG München, JurBüro 1972, 1091.
66 OLG Koblenz, JurBüro 1999, 475.

Rechtsstreit nicht vorzeitig beendet worden wäre. Denn das Gesetz stellt nun einmal auf den tatsächlichen Umfang ab und nicht auf einen potentiellen. Jeder einzelne Gesichtspunkt kann sowohl streitwerterhöhend als auch – mindernd wirken und ist für sich zu bewerten. So kann ein erheblicher Umfang auch dann streitwerterhöhend wirken, wenn die übrigen Umstände des einzelnen Falles auf die Streitwertbemessung keinen Einfluß haben.[67] Ein – auch noch so erheblicher – Umfang hat aber dann außer Betracht zu bleiben, wenn er durch unrichtige Sachbehandlung seitens des Gerichts verursacht ist.[68]

13 Der Umfang einer Sache wird häufig erst nach Beendigung des Gebührenrechtszuges zu beurteilen sein, so daß eine **Änderung der Streitwertfestsetzung** (§ 25 GKG) erforderlich werden kann. Der verschiedene Umfang der Sache kann auch dazu führen, daß in derselben Sache in den einzelnen Instanzen verschiedene Werte anzunehmen sind.[69]

14 Die **Bedeutung der Sache** ist danach zu beurteilen, welcher Wert ihr für die Parteien zukommt, wie etwa die mit der Entscheidung verbundenen wirtschaftlichen Folgen.[70] So ist etwa der Gegenstandswert einer Klage eines Betriebsrats auf Unterlassung der Schließung eines Betriebes vor Durchführung eines Interessenausgleichs hauptsächlich nach der Bedeutung der Sache für den um seine Beteiligungsrechte besorgten Betriebrat zu bemessen.[71] Zu berücksichtigen kann auch sein, wenn die Entscheidung den Parteien eine Grundlage für eine außergerichtliche Auseinandersetzung gibt oder wenn sie – bei sog. Musterprozessen – wenigstens für eine Partei Grundlage künftiger Verhaltensweisen abgeben kann. Das Interesse der Öffentlichkeit hingegen ist niemals zu beachten.[72] Bei Unterlassungs- oder Widerrufsklagen kann auch beachtlich sein, welches Gewicht ihnen von den Parteien zugemessen wird, insbesondere auf die Stellung der Partei im öffentlichen Leben.[73] Welche Bedeutung die Parteien der Angelegenheit beimessen, kann sich aus einer von ihnen vereinbarten Abfindungssumme ergeben. Nehmen die Parteien aus Streitsucht, Haß oder ähnlichen unedlen Motiven wegen objektiv weniger bedeutungsvoller Gegenstände die Gerichte in Anspruch, kann sowohl die Bedeutung, die die Parteien dem Rechtsstreit beimessen als auch der Umstand, daß das Gericht wertvolle Ressourcen für die Belästigung mit objektiven Bagatellen binden muß, Grund sein, die Sache höher zu bewerten.[74]

15 **Vermögens- und Einkommensverhältnisse beider** Parteien, nicht einer von ihnen, sind zu berücksichtigen.[75] Diesen kommt insbesondere dann ein besonderes Gewicht zu, wenn die übrigen Faktoren nur durchschnittlich oder sogar weniger gewichtig sind.[76] Neben dem Einkommen kann das Vermögen einer Partei aber nur soweit berücksichtigt

67 OLG Nürnberg, JurBüro 1963, 171.
68 *Schneider* JurBüro 1975, 1558.
69 OLG Nürnberg, RPfleger 1966, 290 (L).
70 OLG Schleswig, JurBüro 2002, 316.
71 LAG Mecklenburg-Vorpommern, MDR 2001, 337.
72 OLG Köln, JurBüro 1980, 577; *Schneider* Streitwert, „Nichtvermögensrechtliche Streitigkeiten" Rn. 3415.
73 KG, NJW 1969, 1305 = JurBüro 1969, 320 = RPfleger 1969, 135; OLG Celle, JurBüro 1970, 860.
74 Dazu auch bei *Schneider* Streitwert, „Nichtvermögensrechtliche Streitigkeiten" Rn. 3422.
75 KG, RPfleger 1962, 119 (L).
76 OLG Düsseldorf, JurBüro 1995, 252, 253.

werden, als es nicht schon beim Einkommen unmittelbar (Erträgnisse) oder mittelbar Berücksichtigung gefunden hat.[77] Das Vermögen ist dabei in seinem Bestand (Substanz), nicht nach seinem Ertrag zu berücksichtigen, weil letzterer zu den Einkommensverhältnissen zählt. Im übrigen ist auszugehen vom gesamten wirtschaftlichen Lebenszuschnitt der Parteien, der ihrer Einkommens- und Vermögenslage entspricht,[78] und zwar bezogen auf den Zeitpunkt des Urteils.[79] Darauf, ob die Parteien über ihre Verhältnisse leben oder ob sie eine bescheidenere Lebensweise an den Tag legen, kommt es nicht an. Das Gesetz verlangt auch nicht eine Zusammenrechnung der Verhältnisse beider Parteien, sondern nur eine Berücksichtigung. Hat eine Partei ein höheres und die andere ein geringeres Einkommen, so muß zur Wertbemessung trotzdem von der Summe beider Vermögen ausgegangen und das so ermittelte Gesamteinkommen bzw. -vermögen als Ausgangspunkt genommen werden. Das kann im Einzelfall dazu führen, daß der minderbemittelten Partei eine beträchtliche Kostenlast entsteht. Hier kann über die Prozeßkostenhilfe oder über § 93a ZPO geholfen werden.

Das Gesetz verlangt nicht die Anrechnung des Vermögens als solchem, sondern die Be- 16
rücksichtigung der Vermögensverhältnisse der Parteien, wie sie sich auf der Grundlage ihres Vermögens objektiv ergeben.[80] Dadurch ist der Ermessensspielraum für die Berücksichtigung des Vermögens sehr weit und ermöglicht, ein geringeres Vermögen außer Betracht zu lassen. So kann und soll alles Vermögen, das den wirtschaftlichen Lebenszuschnitt der Parteien nicht maßgeblich beeinflußt und sie über den durchschnittlichen bürgerlichen Rahmen nicht heraushebt, unberücksichtigt gelassen werden. Üblicher Hausrat, ein PKW der Mittelklasse,[81] wie überhaupt kurzlebige Wirtschaftsgüter,[82] und Sparguthaben von geringer bis mittlerer Einlagenhöhe sind daher nicht als Vermögen zu rechnen.[83] Man wird den Parteien, ähnlich dem Vermögenssteuerrecht, Mindestbeträge an Vermögen zubilligen müssen, die nicht zu berücksichtigen sind. Solche Beträge müssen den jeweiligen wirtschaftlichen Verhältnissen angepaßt sein. Man wird dabei allerdings nicht soweit gehen dürfen, daß man bei der Bemessung der Gerichtsgebühren – auch wenn sie als Sondersteuern gesehen werden – die für die Vermögenssteuer geltenden Bewertungsgrundsätze, insbesondere die dort geltenden Vermögenssteuerfreibeträge – mit oder ohne prozentuale Abschläge[84] – schematisch übernimmt oder nur vermögenssteuerpflichtiges Einkommen heranzieht[85] oder vermögenssteuerrechtliche Freibeträge grundsätzlich unbeachtet läßt.[86] Entscheidend ist, daß eine wirtschaftliche Gesamtbetrachtung der

77 KG, JR 1963, 388.
78 OLG Koblenz, JurBüro 1979, 1675; OLG Hamm, RPfleger 1957, 60.
79 *Hartmann* § 12 Rn. 30 m. w. N.
80 Vgl. dazu etwa OLG Düsseldorf, FamRZ 1994, 249.
81 *Mümmler* JurBüro 1976, 4.
82 OLG Frankfurt/Main, JurBüro 1977, 703.
83 KG JurBüro 1965, 297; OLG Düsseldorf, JurBüro 1975, 504; OLG Köln, JurBüro 1975, 503; OLG Saarbrücken, AnwBl. 1972, 321; OLG Bamberg, JurBüro 1976, 1231 (Fall überdurchschnittlichen Lebenszuschnitts).
84 Vgl. OLG Bamberg, JurBüro 1980, 409; OLG München, JurBüro 1979, 1541; OLG Zweibrücken, JurBüro 1979, 1864; OLG Koblenz, JurBüro 1979, 1675; OLG Düsseldorf, JurBüro 1975, 504; OLG Köln, MDR 1975, 767; OLG Frankfurt/Main, JurBüro 1978, 1851.
85 So aber eine weit verbreitete Ansicht der Rspr. Vgl. etwa OLG Braunschweig, JurBüro 1980, 239;

vermögensrechtlichen Situation, iVm den anderen Bewertungsfaktoren, eine die Interessen des Justizfiskus und der Parteien billig erscheinende Bewertung ergibt. Bei der Berücksichtigung des Vermögens sind selbstverständlich die auf dem Vermögen ruhenden **Lasten** sowie **erhebliche** tatsächliche **Schulden** (– bei Grundstückslasten z. B. die Valutierung der Pfandrechte –)[87] abzuziehen. Grundbesitz ist mit dem Verkehrswert, nicht mit dem Einheitswert anzusetzen.[88] Einfamilienhäuser und Eigentumswohnungen sind – soweit es sich nicht um ausgesprochene Luxusobjekte handelt – nicht unbedingt als außergewöhnliche Vermögensgegenstände der Parteien anzusehen.[89] Natürlich ist bei Privatvermögen zu berücksichtigen, daß auch Aufwendungen zur Erhaltung des Vermögens anfallen können, die dann in Abzug zu bringen sind. Insgesamt hängt hier alles von den Umständen des Einzelfalles ab. Auf jeden Fall ist aber die Ansicht abzulehnen, daß das Vermögen oder dessen Erträgnisse schematisch einen bestimmten Prozentsatz des Streitwertes ausmachen müsse.[90] So kann ein Vermögen, das mit einem lebenslangen Nießbrauch belastet ist, als ein solches ohne Ertrag zu bewerten[91] und ertragbringendes Vermögen im Einzelfall auch nur beim Einkommen zuzuschlagen sein.[92] Das gilt auch für landwirtschaftliches Grundvermögen. Besitzen beide Parteien kein anrechenbares Aktivvermögen und sind sie andererseits erheblich verschuldet, kann auch dieser Umstand sich streitwertmindernd auswirken. Die Bewilligung von Prozeßkostenhilfe läßt nur Rückschlüsse auf die Vermögens- und Einkommensverhältnisse zu, muß aber nicht notwendigerweise zu einer Streitwertherabsetzung führen.[93]

17 Die **Einkommensverhältnisse** bilden neben dem Umfang und der Bedeutung der Sache und neben den Vermögensverhältnissen, von denen sie nicht scharf zu trennen sind, einen weiteren, bei der Bestimmung des Streitwertes zu berücksichtigenden Umstand. In welchem Umfang sie zu berücksichtigen sind, bleibt mit Ausnahme der Ehe/Lebenspartnerschaftssachen, in denen das in drei Monaten erzielte Nettoeinkommen der Partner die Mindestgrenze bildet, dem Ermessen vorbehalten. Das gilt auch für die Kindschafts- und Scheidungsfolgesachen, in denen der Betrag von 900 € nur einen Ausgangswert bildet, der ohne weiteres unterschritten werden kann. Eine weitere absolute Grenze ist nur durch die Mindest- und Höchstwerte nach Abs. 2 S 4 gezogen. Bei der Beurteilung der erforderlichenfalls von Amts wegen zu ermittelnden Einkommensverhältnisse sind Einkommens- und Umsatzsteuerbescheide wegen der Möglichkeiten steuerbegünstigender Abschrei-

OLG Frankfurt/Main, JurBüro 1976, 1093; OLG Köln, JurBüro 1975, 503; OLG München, JurBüro 1971, 701, 698.

86 OLG Saarbrücken, JurBüro 1982, 482. Vgl. auch OLG Nürnberg, JurBüro 1977, 376; OLG Bamberg, JurBüro 1977, 1423; LG Bayreuth, JurBüro 1976, 796; *Oswald* NJW 1976, 2252.

87 OLG Schleswig, JurBüro 1976, 1091; OLG München, JurBüro 1980, 894.

88 Vgl. OLG München, AnwBl. 1985, 203.

89 OLG Bamberg, JurBüro 1974, 217; AG Groß Gerau, JurBüro 1992, 113 m. Anm. v. *Mümmler*; Vgl. auch OLG Köln, FamRZ 1987, 183 (Ansatz von 3 Kaltmieten). Zw. auch *Hartmann* § 12 Rn. 31.

90 *Hartmann* § 12 Rn. 31. Das ist indessen str. Vgl. dazu bei *Schneider* Streitwert, „Ehesachen".

91 OLG Celle, JurBüro 1969, 1189 = NdsRPfl. 1970, 18 = MDR 1970, 154 (L).

92 Vgl. KG, RPfleger 1962, 118, 119; OLG Nürnberg, JurBüro 1961, 453; OLG Celle, NdsRPfl. 1962, 113.

93 OLG Saarbrücken, JurBüro 1980, 893 m. Anm. v. *Mümmler*. A. M. OLG Hamm, JurBüro 1979, 1675. Vgl. auch OLG Hamm, JurBüro 1980, 237.

bungen oder Rücklagen nur mit Vorsicht verwertbar.[94] Zu beachten ist auch, daß ein höheres Einkommen auch höhere Rücklagen ermöglicht, da der für den Unterhalt oder für das Bestreiten der allgemeinen Lebenshaltung benötigte Bruchteil des Einkommens mit steigenden Einkünften immer geringer wird. Maßgebend ist nur das tatsächliche Einkommen der Parteien, nicht dagegen solches, das sie erzielen könnten. Demzufolge hat die Nur-Hausfrau außer realisierbaren Unterhaltsansprüchen nach §§ 1360 ff. BGB kein Einkommen idS.[95] Bei schwankendem Einkommen ist vom Jahreseinkommen auszugehen.[96] Die Angaben der Parteien, deren Glaubhaftmachung durch Vorlage von Lohn- und Gehaltsbescheinigungen verfügt werden kann, können auch aufgrund der allgemeinen Lebenserfahrung über das Einkommen bestimmter Berufsgruppen und des Lebenszuschnitts der Parteien auf ihren Wahrheitsgehalt überprüft und bewertet werden, was aber wiederum nicht soweit zu gehen braucht, daß das Gericht eine „Ersatz-Steuerveranlagung" vornimmt.[97] Bei der Ermittlung des Einkommens kommen in Betracht: Einnahmen aus selbständiger und unselbständiger Arbeit; Lohn oder Gehalt; Urlaubs- und Weihnachtsgeld sowie andere Gratifikationen; ein zusätzliches 13. (oder weiteres) Gehalt; Renten; Mietvergünstigungen durch Dienst- oder Werkswohnungen und andere Sachbezüge; Kindergeld; Unterhaltsgeld nach § 153 SGB III;[98] Krankengeld, Blindenbeihilfe,[99] Ausbildungsbeihilfen;[100] Sozialhilfeleistungen;[101] Arbeitslosenhilfe;[102] BAföG-Leistungen, soweit sie nicht darlehnsweise erfolgen.[103] Dazu rechnen auch Einkünfte aus Miet- oder Pachteinnahmen, aus Kapitalvermögen und einmaligen tariflichen Sockelbeträgen, Abfindungszahlungen. Entnahmen aus einem Gewerbetrieb sind auch dann als Einkommen zu bewerten, wenn der Betrieb aus steuerlichen Gesichtspunkten mit Verlust arbeitet.[104]

Einkommensverhältnisse in Ehe- und Lebenspartnerschaftssachen: Für die Bewertung von Ehe- Lebenspartnerschaftssachen trifft das Gesetz eine Sonderregelung insoweit, als das in **drei Monaten erzielte Nettoeinkommen** der Eheleute/Lebenspartner, mindestens aber 2 000 € einzusetzen ist, um so wenigstens für Ehe-/Lebenspartnerschaftssachen eine einheitliche Bewertung des Einkommens sicherzustellen[105] und so die Bemessung der Einkommensverhältnisse zu vereinfachen. Unter Nettoeinkommen iS des GKG versteht man schlechthin den Betrag, der nach Abzug der Steuern und der anderen 18

94 Dazu *Mümmler* JurBüro 1978, 12.
95 *Hartmann* § 12 Rn. 41.
96 OLG Nürnberg, RPfleger 1956, 269 (L); OLG Frankfurt/Main, RPfleger 1955, 209 (L).
97 OLG Bamberg, JurBüro 1977, 1426, *Hartmann* § 12 Rn. 41.
98 OLG Karlsruhe, NJWE-FER 1999, 306.
99 OLG Saarbrücken, JurBüro 1991, 983.
100 Vgl. dazu *Mümmler* JurBüro 1978, 1,11.
101 *Hartmann* § 12 Rn. 38. **A. M.** OLG Nürnberg, FamRZ 1997, 35; OLG München, JurBüro 1979, 1539; OLG Bremen, JurBüro 1992, 113; AG Pankow, JurBüro 2000, 311.
102 OLG Düsseldorf, FamRZ 1994, 250; a. M. OLG Celle, FamRZ 2000, 1520. OLG Bremen, JurBüro 1992, 113.
103 OLG München, JurBüro 1980, 892.
104 KG, NJW 1970, 1930 (L) = MDR 1970, 854 (L) = JurBüro 1970, 680; OLG Koblenz, JurBüro 1979, 1675.
105 OLG Bamberg, JurBüro 1976, 1233.

gesetzlichen Abzüge vom Bruttoeinkommen letztlich als Lohn, Gehalt oder sonstiges Einkommen verbleibt.[106] Dabei ist die Möglichkeit zu beachten, daß Eheleute bzw. Lebenspartner als Arbeitnehmer auf Grund eines Antrags auf Lohnsteuerermäßigung von vornherein auf der Lohnsteuerkarte feststellen lassen, was für die Berechnung der Lohnsteuer vom Bruttoarbeitslohn als steuerfrei abzuziehen ist, oder daß sie den Lohn- oder Einkommenssteuerjahresausgleich beantragen. In solchen Fällen ist für die Beurteilung des Nettoeinkommens natürlich die tatsächlich zu zahlende Lohn/Einkommenssteuer zugrundezulegen, und zwar ohne Berücksichtigung etwaiger anderer die Steuerschuld mindernde Abzüge (z. B. Verlustabzug aus Vermietung und Verpachtung, Altersfreibeträge). Bei der Streitwertbemessung sind hingegen zu berücksichtigen Abzüge für Kirchensteuer und Beiträge zur gesetzlichen Sozialversicherung[107] oder Beiträge zur freiwilligen Krankenversicherung oder Alterssicherung, soweit sie angemessen sind und soweit man solche nicht als „sonstige Umstände" berücksichtigt.[108] Auf Grund von Lohn/Gehaltsabtretungen oder -pfändungen beruhende Minderungen sind indessen beim Nettoeinkommen nicht zu berücksichtigen. Bei Parteien, die in der Landwirtschaft tätig sind, können Besonderheiten gelten.[109] Auch das Einkommen Selbständiger und/oder freiberuflich Tätiger kann Schwierigkeiten bei der Feststellung bereiten.[110] Aber auch bei der Bemessung des Einkommens ist vor jeder Art von Schematismus abzuraten.[111] Das Gericht darf auch frei würdigen, ob die Partei nur ein Arbeitsverhältnis mit geringem Einkommen vortäuscht.[112] oder ob die Angaben auch sonstwie unglaubhaft sind.[113]

19 Das **dreimonatige Nettoeinkommen** errechnet sich dadurch, daß die letzten drei Monate vor Einreichung des Antrags zugrundegelegt werden (§ 12 Abs. 1 GKG i. V. m. § 4 ZPO analog).[114] Im Laufe eines Jahres nicht monatlich oder dreimonatlich erzielte Einkünfte, wie ein 13.Monatsgehalt, Urlaubs- oder Weihnachtsgeld oder andere im Laufe des Jahres einmalig zu zahlende Beträge sind, anteilmäßig hinzuzurechnen.[115] Das gilt nicht, wenn solche Zahlungen nicht vorhersehbar sind. Dann sind sie wie auch im Laufe des Verfahrens eintretende Einkommensminderungen (etwa durch vorübergehende Arbeitslosigkeit) nur als sonstige Umstände erhöhend oder mindernd anzusetzen.[116] Tritt während des Verfahrens eine Steigerung des Nettoeinkommens ein, die über das Ende der Gebühren-

106 KG, NJW 1976, 899 = JurBüro 1976, 340 = AnwBl. 1976, 164 = MDR 1976, 500 (L); OLG Bamberg, JurBüro 1976, 217 m. Anm. v. *Mümmler*. Vgl. auch OLG Koblenz, NJW 1977, 257 m. abl. Anm. v. H. *Schmidt* = JurBüro 1977, 69 und *Niehaus* AnwBl. 1976, 375.
107 Vgl. OLG Nürnberg, JurBüro 1976, 800.
108 So OLG Bamberg, JurBüro 1978, 1056.
109 Vgl. etwa OLG Bamberg, JurBüro 1977, 241; OLG Celle, JurBüro 1969, 870.
110 Dazu OLG Frankfurt/Main, JurBüro 1977, 701; OLG Bamberg, JurBüro 1977, 1425; KG, JurBüro 1970, 680 = MDR 1970, 854.
111 Vgl. OLG Hamm, RPfleger 1989, 104; *Hartmann* § 12 Rn. 34.
112 Vgl. dazu OLG Bamberg, JurBüro 1977, 1117.
113 KG, JurBüro 1975, 365.
114 OLG Bamberg, JurBüro 1976, 217; KG, NJW 1976, 899; *Hartmann* § 12 Rn. 37.
115 **A. M.** (als sonstige Umstände zu berücksichtigen): KG, NJW 1976, 899 = JurBüro 1976, 340; OLG Nürnberg, MDR 1976, 800.
116 Vgl. aber OLG Düsseldorf, JurBüro 1980, 410.

instanz fortwirkt, so ist in sinngemäßer Anwendung des § 15 Abs. 1 GKG dieser dreimonatige höhere Betrag bei der Streitwertfestsetzung zu nehmen.[117]

Sonstige Umstände: Nach Abs. 1 S 2 sind bei nichtvermögensrechtlichen Streitigkeiten **alle Umstände** des Einzelfalles zu berücksichtigen. Sie treten neben den Umfang der Sache und den Einkommens- und Vermögensverhältnissen der Parteien, die „insbesondere" zu werten sind. Als sonstige Umstände kommen z. B. in Betracht: die **Zahl und** das **Alter unterhaltsberechtigter Kinder.**[118] Dabei ist zu bedenken, daß Kinder idR wegen steuerlicher Kinderfreibeträge und Kindergeldzahlungen eine Erhöhung des Nettoeinkommens bewirken können, andererseits solche sozialen Leistungen die tatsächlichen Unterhaltsaufwendungen für Kinder bei weitem nicht ausgleichen können. Die Einkommensverhältnisse kinderloser Eheleute bzw. Lebenspartner sind deshalb regelmäßig erheblich günstiger als die gleichstehender Eheleute bzw. Lebenspartner mit Kindern. Es ist daher angemessen, für jedes Kind – auch für nichteheliche Kinder eines Ehegatten bzw. Lebenspartners – einen gewissen Betrag vom Nettoeinkommen abzuziehen, dessen Höhe aber anhand der tatsächlichen Verhältnisse des Einzelfalles ermittelt werden sollte. Jedenfalls ist es nicht angebracht, sich hier auf feste Sätze festzulegen,[119] da das schnell zu schematischer Handhabung führt und am Ende wieder Ungerechtigkeiten mit sich bringt. Einkommensmindernd kann auch die **Belastung mit sonstigen Unterhaltspflichten** (z. B. gegenüber einer geschiedenen Ehefrau oder eines ehemaligen Lebenspartners oder den Eltern) sein oder **besondere notwendige Mehraufwendungen** für getrennte Haushaltsführung, Pflegekosten für Angehörige o. ä. 20

Streitwerterhöhende sonstige Umstände können ferner sein: Urlaubs- und Weihnachtsgeld; ein zusätzliches 13. oder weiteres Monatsgehalt; tarifvertraglich nicht monatlich gewährte Sockelbeträge; Einkünfte aus Kapitalvermögen und ein erhöhtes Einkommen durch steuerliche Verlustabzüge; Mehreinkommen durch vorübergehende Beschäftigung eines Ehegatten bzw. Lebenspartners, wenn sie die Einkommensverhältnisse maßgeblich beeinflussen.[120] Naturaleinkommen jeder Art, soweit diese auch einkommen/lohnsteuermäßig erfaßt werden;[121] unentgeltliche regelmäßige Geld- und/oder Sachzuwendungen, die ein Ehegatte bzw. Lebenspartner von Dritten erhält, und zwar unabhängig davon, ob dadurch der Lebenszuschnitt der Parteien spürbar besser gestaltet wird.[122] 21

Streitwertmindernde sonstige Umstände können z. B. sein: Eine durch vorübergehende Arbeitslosigkeit bedingte oder sonstige Einkommensminderung; Beiträge zu privaten Kranken- oder Altersversorgungskassen, soweit diese sich in einem angemessenen Rahmen halten; ins Gewicht fallende Zinszahlungen, insbesondere im Zusammenhang mit 22

117 OLG Düsseldorf, JurBüro 1980, 410; OLG Hamm, JurBüro 1979, 249; OLG Bamberg, JurBüro 1981, 1704; *Hartmann* § 12 Rn. 37; *Schneider* MDR 1991, 402. A. M. *Mümmler* JurBüro 1976, 4.
118 KG, JR 1962, 426.
119 So aber wohl die überwiegende Ansicht der Rspr und des Schrifttums. Vgl. etwa OLG Bamberg, JurBüro 1979, 246; JurBüro 1976, 217 m. Anm. v. *Mümmler* und die Nachw. bei *Hartmann* § 12 Rn. 39.
120 OLG Düsseldorf, JurBüro 1972, 647.
121 Einschränkend insoweit OLG Köln, JurBüro 1969, 1191.
122 So aber KG, JurBüro 1969, 1191.

Bauschulden; nicht unerhebliche Geldschulden;[123] erhöhte Werbungskosten iS des Lohn/Einkommenssteuerrechts, wenn und soweit sie das Einkommen außergewöhnlich mindern.[124]

23 Bei der Ermittlung des Streitwerts auf Grund besonderer Umstände ist abzustellen auf den Zeitraum des Jahres, in den die Instanz fällt. Überschneidungen lassen sich bei der Ausübung des Ermessens berücksichtigen. In Ehesachen sind die so ermittelten Umstände aber immer nur mit 3/12. anzurechnen.

24 Es ist selbstverständlich, daß bei der Festsetzung des Streitwertes eine **Gesamtabwägung** stattzufinden hat und der eine Bemessungsgesichtspunkt einen anderen kompensieren kann. Im Rahmen des Ermessens kann z. B. der Höchststreitwert auch dann festgesetzt werden, wenn nicht alle Umstände des Einzelfalles den Durchschnitt im Höchstmaß überschreiten.[125]

25 **Scheidungsfolgesachen/Folgesachen einer aufgelösten Lebenspartnerschaft:** Hier sind nur die Verfahren nach §§ 623 Abs. 2, 3 und 5, 621 Abs. 1 Nr. 1, 2 oder 3 ZPO (Regelung der elterlichen Sorge,[126] Regelung des persönlichen Umganges mit dem Kinde,[127] Herausgabe eines Kindes) nichtvermögensrechtlich. Für sie bestimmt Abs. 2 S 3, daß von einem Wert von 900 € auszugehen ist (Ausgangswert). Das bedeutet, daß immer dann ein Streitwert von 900 € anzunehmen ist, wenn weder Umfang und Bedeutung der Sache noch die Vermögens- und Einkommensverhältnisse der Parteien noch sonstige Umstände ein Unter- oder Überschreiten dieses Betrages angezeigt erscheinen lassen.[128] Ansonsten darf der Rahmen von 300 € bis 1 Million € ausgeschöpft werden. So kann etwa die Anhörung der Ehegatten bzw. Lebenspartner im Rahmen des § 613 ZPO zur elterlichen Sorge eine Erhöhung des Streitwertes rechtfertigen.[129]

26 **Mehrere Scheidungsfolgesachen und Lebenspartnerschaftsaufhebungsfolgesachen:** Jedes Verfahren nach § 621 Nrn. 1–3 ZPO § 661 ZPO hat einen eigenen Streitwert.[130] Die Streitwerte sind aber untereinander mit dem Streitwert der Scheidungssache bzw. Lebenspartnerschaftssache zusammenzurechnen, da die Scheidungssache bzw. Lebenspartnerschaftssache und die Folgesachen gebührenrechtlich als ein Verfahren gelten (§ 19a GKG). Keine Folgesache liegt aber vor, wenn ihre Voraussetzungen fehlen.[131] Beziehen sich die einzelnen getrennt zu bewertenden Folgesachen auf mehrere Kinder, so handelt es sich doch nur um eine Folgesache, deren Wert aber wegen des größeren Umfangs und der größeren Bedeutung der Sache höher zu bewerten sein kann, als eine

123 OLG Schleswig, JurBüro 1976, 1091 m. Anm. v. *Mümmler.*
124 OLG Zweibrücken, JurBüro 1973, 453; OLG Bamberg, JurBüro 1973, 982.
125 OLG Nürnberg, AnwBl. 1970, 233.
126 Zur Verfassungsmäßigkeit der Best vgl. BVerfG, NJW 1992, 2411.
127 OLG Zweibrücken, JurBüro 2000, 649; OLG Karlsruhe, JurBüro 2000, 253.
128 OLG Hamm, RPfleger 1989, 104; OLG Düsseldorf, AnwBl. 1983, 88.
129 AG Rendsburg, SchlHA 2001, 76; *Driest*, FamRZ 2000, 1384. A. M. aber OLG Düsseldorf, FamRZ 2000, 1518, 1519; OLG Nürnberg, FamRZ 2000, 1519.
130 OLG Düsseldorf, 1980, 1543 m. Anm. v. *Mümmler.*
131 OLG Düsseldorf, JurBüro 1980, 735 m. Anm. v. *Mümmler*; OLG Schleswig, JurBüro 1978, 1361 = SchlHA 1978, 122.

solche, die sich nur auf ein Kind bezieht.[132] Die in § 630 Abs. 1 Nrn. 1–3 ZPO vorgesehenen Mitteilungen haben auf den Streitwert keinerlei Einfluß, wenn nicht das Familiengericht über die Folgesachen trotz der Mitteilung zu entscheiden hat;.[133] Die Regelung des persönlichen Verkehrs mit dem Kinde ist neben der Regelung der elterlichen Sorge und der Herausgabe des Kindes besonders zu bewerten. Trotz desselben Ausgangswertes von 900 € ist aber die Regelung des persönlichen Verkehrs mit dem Kinde idR geringer zu bewerten wie die der Regelung der elterlichen Sorge und der Herausgabe, da letzteren Scheidungsfolgesachen ein ungleich höherer Stellenwert zukommt.

27 Für **nichtvermögensrechtliche einstweilige Anordnungen** in Familiensachen und Lebenspartnerschaftssachen gemäß § 620 S 1 Nrn. 1–3 und 5 ZPO ist im KV keine Gebühr vorgesehen, so daß sich hier eine Streitwertberechnung für die Gerichtskosten des ersten Rechtszuges erübrigt. Eine Gebühr erwächst aber in Beschwerdeverfahren nach § 620 c S 1 ZPO und nach § 620 f S 3 ZPO (vgl. KV Nr. 1906). Der Streitwert dieser Beschwerdeverfahren richtet sich, soweit er nichtvermögensrechtlich ist, nach Abs. 2 S 1, 4, also nicht unter 300 € und nicht über 1 Million €. Man kann hier in Anlehnung an § 8 Abs. 2 S 3 BRAGO von einem Ausgangswert in Höhe von 500 € ausgehen.

28 **Kindschaftssachen** sind: Feststellung des Bestehens oder Nichtbestehens eines Eltern-Kind-Verhältnisses zwischen den Parteien einschließlich der Feststellung der Wirksamkeit oder Unwirksamkeit einer Anerkenntnis der Vaterschaft; Feststellung des Bestehens oder Nichtbestehens der elterlichen Sorge der einen Partei über die andere (§ 640 ZPO). Die Vorschrift ist sinngemäß auch anwendbar auf Klagen Dritter, welche die Abstammung einer Person zum Gegenstand haben. Für Kindschaftssachen ist als Ausgangswert der Betrag von 2 000 € bestimmt, Abs. 2 S 3. Damit ist die allgemeine Bedeutung von Kindschaftssachen durch das Gesetz bereits bewertet. Der für Ehesachen nach Abs. 2 S 4 bestimmte Mindestwert gilt hier nicht. Eine Änderung des Wertes nach oben bis zu 1 Million € oder nach unten bis 300 € ist nur dann angebracht, wenn die Berücksichtigung aller Umstände des einzelnen Falles solches gebieten, Abs. 2 S 1. Solche Umstände können z. B. sein: Ein besonderer Umfang des Verfahrens; eine besondere, über der einer jeden Kindschaftssache liegende Bedeutung etwa erbrechtlicher oder gesellschaftlicher Art; die Vermögens- und Einkommensverhältnisse der Parteien. Eine Beschränkung auf das in drei Monaten erzielte Nettoeinkommen gibt es hier nicht, so daß immer vom Jahreseinkommen auszugehen ist. Nach Abs. 2 S 1 sind die Vermögens- und Einkommensverhältnisse der Parteien maßgebend, also auch die des idR vermögens- und einkommenslosen Kindes. Das würde bei durchschnittlichen Vermögens- und Einkommensverhältnissen der anderen Partei, einem nicht ungewöhnlichen Umfang und einer durchschnittlichen Bedeutung der Sache dazu führen, daß idR der Streitwert in Kindschaftssachen den Ausgangswert von 2 000 € unterschreiten müßte. Dem Sinn und Zweck des Gesetzes entspricht es aber, daß der Ausgangswert von 2 000 € die üblicherweise vorhandene Einkommens- und Vermögenslosigkeit des Kindes bereits berücksichtigt.,[134] so daß nur ins Gewicht fallendes

132 H. M. vgl. z. B. OLG Bamberg, JurBüro 1980, 241 m. Anm. v. *Mümmler*; OLG Köln, JurBüro 1981, 588 OLG Hamm, JurBüro 1982, 1050.
133 OLG Celle, JurBüro 1978, 103 m. Anm. v. *Mümmler*.
134 OLG Stuttgart, RPfleger 1957, 67; *Schneider* JurBüro 19967, 95.

Vermögen und Einkommen des Kindes zu einer Erhöhung des Ausgangswertes führen kann und eine Ermäßigung allein wegen einer schlechten wirtschaftlichen Situation nur des Kindes nicht in Betracht kommt. Eine Ermäßigung des Streitwertes wird also nur in Betracht zu ziehen sein, wenn auch die andere Partei in unterdurchschnittlicher Einkommens- und Vermögenslage lebt und der Sachverhalt einfach gelagert ist.[135] Wenn sich die Kindschaftssache in tatsächlicher oder rechtlicher Hinsicht als besonders schwierig erweist, was etwa durch die Einholung mehrerer Gutachten oder die Prüfung und/oder Anwendung ausländischen Rechts indiziert sein kann, wird regelmäßig eine Anhebung des Ausgangswertes geboten sein.[136]

29 Maßgebend für die Festsetzung des Streitwertes in Kindschaftssachen ist ebenfalls der **Zeitpunkt der Einreichung der Klage.** Wenn sich im Laufe des Verfahrens die für die Bemessung bedeutenden Umstände erheblich ändern, kommt eine Streitwertänderung nach § 25 GKG in Betracht.

30 Wenn eine Kindschaftssache **mehrere Kinder** betrifft, dann liegen auch mehrere Ansprüche vor (§ 5 ZPO) mit der Folge, daß die Streitwerte zusammenzurechnen sind, selbst wenn es sich um Zwillinge handelt, deren Vaterschaft angefochten wird.[137]

31 **Sonstige nichtvermögensrechtliche Gegenstände.** In allen nichtvermögensrechtlichen Angelegenheiten, in denen nicht die Sondervorschriften für Ehesachen, Scheidungsfolgesachen und Kindschaftssachen gelten, ist der Streitwert unter Berücksichtigung aller Umstände des Einzelfalles, insbesondere des Umfangs und der Bedeutung der Sache sowie der Vermögens- und Einkommensverhältnisse der Parteien nach dem Ermessen zu bestimmen (Abs. 2 S 1) mit der Maßgabe, daß der Wert nicht über 1 Million € und nicht unter 300 € angenommen werden darf. Hierher gehören z. B.: Die Klage auf **Feststellung des Rechts zum Getrenntleben.** Sie ist keine Ehesache, § 606 Abs. 1 ZPO. Hier wird man sich an die Streitwertbemessung für Ehesachen zu orientieren haben.,[138] ohne aber ab den Mindestwert von 2 000 € gebunden zu sein;[139] die **Klage auf Herausgabe eines Kindes,** soweit es sich nicht um eine Scheidungsfolgesache handelt, gelten ebenfalls die Bestimmungen des Abs. 2 S 1 und 4. Es ist von einem Regelstreitwert von 2 000 € auszugehen.[140] Bei nichtvermögensrechtlichen Klagen wegen Angriffe auf die **Ehre** ist die Schwere des Angriffs, der Persönlichkeit des Beleidigers und des Beleidigten, insbesondere dessen Stellung im öffentlichen Leben, sein Bekanntheitsgrad zu berücksichtigen sowie das Genugtuungsinteresse des Beleidigten. Man wird sich hier an die Bemessungskriterien für Schmerzensgeldansprüche wegen der Verletzung allgemeiner Persönlichkeitsrechte anlehnen müssen und sollte mit der Bemessung des Streitwertes nicht zu sehr zurück-

135 OLG Bamberg, JurBüro 1971, 178.

136 OLG Hamburg, MDR 1962, 662; OLG Schleswig, MDR 1958, 780 = NJW 1958. 1733; OLG Köln, NJW 1960, 2197 = JurBüro 1960, 533. Vgl. dazu auch bei *Hartmann* § 12 Rn. 42; *Mümmler* JurBüro 1974, 1801; *Schneider* Streitwert Rn. 2585 ff.

137 OLG Hamm, RPfleger 1965, 379; KG, RPfleger 1965, 280; AG Saarbrücken, FamRZ 1993, 827 (L); *Hartmann* § 12 Rn. 43.

138 KG, JurBüro 1969, 868.

139 A. M. *Schneider* Streitwert Rn. 1968.

140 Vgl. LG Bayreuth, JurBüro 1978, 1360; *Schneider* Streitwert Rn. 2583.

haltend sein und von einem Ausgangswert von nicht unter 2 000 € ausgehen.[141] In der Regel bildet der Auffangwert nach § 13 Abs. 2 Satz 2 einen brauchbaren Ansatzpunkt,.[142]

Maßgeblicher Zeitpunkt der Bemessung ist entsprechend § 4 Abs. 1 ZPO für die nichtvermögensrechtlichen Streitigkeiten der Beginn des Verfahrens, also der Zeitpunkt der Einreichung der Klage oder des das Verfahren auslösenden Antrags. Der Wert richtet sich also zunächst nach den Umständen, die zu diesem Zeitpunkt erkennbar sind.[143] Da aber alle Umstände des Einzelfalles berücksichtigt werden müssen, diese aber erst am Ende des Verfahrens abgewogen werden können, ist der Streitwert ggf. nach § 25 GKG zu berichtigen.[144] Verfehlt ist es, wenn man auf den Zeitpunkt der letzten mündlichen Verhandlung abstellen will.[145] Denn jedenfalls nach der Änderung der ZPO durch das RPflEntlG 1993 ist nicht mehr das Landgericht für nichtvermögensrechtliche Streitigkeiten ausschließlich zuständig, so daß der Zuständigkeitsstreitwert ohnehin vor Einreichung der Klage abgeklärt werden muß. Zu den Umständen, die zu berücksichtigen sind, zählt auch eine etwaige Änderung der Einkommens- und Vermögensverhältnisse der Parteien während des Rechtsstreits,[146] wenn diese erheblich sind. Da die Umstände sich ändern können, kann der Streitwert der ersten Instanz und der Rechtsmittelinstanzen verschieden sein.[147] 32

Mehrere Ansprüche nichtvermögensrechtlicher Art sind zusammenzuzählen (Abs. 1 i. V. m. § 5 ZPO). Wird ein aus einem nichtvermögensrechtlichen Anspruch hergeleiteter vermögensrechtlicher Anspruch geltend gemacht, gilt Abs. 3. Handelt es sich um Klage und Widerklage oder wechselseitige Rechtsmittel hinsichtlich desselben Streitgegenstandes, gilt § 19 GKG. Bei Klagen auf die Herausgabe mehrerer Kinder sind die Streitwerte zusammenzuzählen.[148] Insoweit kann nicht anderes gelten als bei allgemeinen Herausgabeklagen (Abs. 1 i. V. m. § 5 ZPO). Eine **Ausnahme** gilt nur nach **§ 19 a GKG** für **Scheidungsfolgesachen**, wonach eine Scheidungsfolgesache auch dann als ein Gegenstand zu bewerten ist, wenn sie mehrere Kinder betrifft (§ 19 a Abs. 1 S 2). Dann ist aber der Ausgangswert von 900 € anzuheben. Die Ausnahmevorschrift des § 19 a Abs. 1 S 2 hat ihren Grund in der Ehescheidung, dem Elternrecht und der Elternpflicht. Als Sondervorschrift darf § 19a Abs. 1 S 2 nicht auf andere Kindesherausgabeansprüche angewandt werden. Dagegen sind nach § 19 a Abs. 1 S 2 auch die Regelung der elterlichen Sorge über mehrere Kinder und die Regelung des persönlichen Verkehrs des nichtsorgeberechtigten Elternteils mit mehreren Kindern – soweit es sich um eine Scheidungsfolgesache handelt – mit einem einheitlichen Wert zu bemessen. Andererseits bestimmt § 19 a Abs. 1 S 1 aber auch, daß die Werte der Scheidungs- und der Scheidungsfolgesachen nach § 621 ZPO einzeln zu berechnen und zu einem Gesamtwert zusammenzurechnen sind. Das gilt für jede einzelne Folgesache, gleichgültig, ob sie vermögens- oder nichtvermögensrechtlich ist 33

141 Vgl. dazu bei *Schneider* Streitwert Rn. 1188 ff. m. w. N.
142 Vgl. BAG, JurBüro 1998, 647 = NZA 1998, 670.
143 OLG Schleswig, RPfleger 1962, 393 (L).
144 OLG Köln, JurBüro 1960, 533; KG, NJW 1973, 1985 = JurBüro 1973, 980.
145 So z. B. OLG Bamberg, JurBüro 1976, 54.
146 OLG Celle, MDR 1964, 65; OLG Hamburg, JurBüro 1963, 412.
147 OLG Nürnberg, JurBüro 1963, 345.
148 KG. JurBüro 1966, 489. A. M. *Lappe* § 12 Rn. 10.

und ob sie voneinander abhängig sind.[149] Die Anwendung des § 12 Abs. 3 GKG ist ausdrücklich ausgeschlossen, § 19 a Abs. 1 S 3 GKG. Bei der Anfechtung der Ehelichkeit mehrerer Kinder sind die Streitwerte zu addieren.[150] (vgl. oben, Rn. 30), wobei bei Zwillingen bei der Endsumme ein Abzug vorgenommen werden kann, jedoch – insbesondere bei einfacher Sachlage – nicht muß.[151] Bei Klagen auf Unterlassung und Zurücknahme einer ehrkränkenden Äußerung liegen streitwertrechtlich zwei getrennt zu bewertende Anträge vor.[152] Für mehrere ehrkränkende Behauptungen, die zusammen erfolgt sind (etwa in einem Buch oder in einem Gespräch), ist ein einheitlicher Streitwert zu bestimmen, wenn sie Gegenstand eines Verfahrens sind, mögen auch die Klageanträge aufgegliedert sein.[153] Wenn der Streitgegenstand teils nichtvermögensrechtlich und teils vermögensrechtlich ist, ohne daß der eine aus dem anderen hergeleitet wird (z. B.: Klage auf Unterlassung einer sowohl ehrverletzenden als auch kreditschädigenden Behauptung), darf der Streitwert die Mindestwerte nach Abs. 2 nicht unterschreiten, während die Höchstgrenzen des Abs. 2 wegen § 3 ZPO überschritten werden dürfen.[154]

34 **Verbindung vermögensrechtlicher und nichtvermögensrechtlicher Ansprüche, Abs. 3:** An sich sind vermögensrechtliche und nichtvermögensrechtliche Ansprüche zusammenzuzählen, § 5 ZPO.[155] Eine Ausnahme bestimmt Abs. 3 nur für den Fall, daß ein vermögensrechtlicher Anspruch geltend gemacht wird, der aus einem gleichfalls geltend gemachten nichtvermögensrechtlichen Anspruch hergeleitet wird. Abs. 3 ist aber nicht anzuwenden, wenn nur mehrere nichtvermögensrechtliche Ansprüche geltend gemacht werden, auch wenn sie voneinander abhängen (z. B.: Unterlassung und Widerruf). In solchen Fällen erfolgt immer eine Zusammenrechnung.[156] Keine Anwendung des Abs. 3 auch für Scheidungssachen und Folgesachen, § 19 a S 3 GKG.

35 Im Falle des Abs. 3 ist nur ein Anspruch, und zwar der höhere für den Streitwert maßgebend. Der Anspruch muß sich objektiv aus dem anderen herleiten. Auf die Darlegung der Parteien kommt es dabei nicht an. Die Vorschrift des Abs. 3 ist auch anwendbar, wenn die Verbindung des vermögensrechtlichen Anspruchs mit dem nichtvermögensrechtlichen Anspruch in einem Verfahren unzulässig ist.

36 **Beispiele:** Wird gemäß § 643 ZPO mit der Klage auf Feststellung des Bestehens der nichtehelichen Vaterschaft der Antrag verbunden, den Beklagten zur Leistung des (Regel)-Unterhalts zu verurteilen, so wird ein nichtvermögensrechtlicher Anspruch mit einem aus diesem abgeleiteten vermögensrechtlichen Anspruch verbunden und damit Abs. 3 anwendbar.[157] Gleiches gilt, wenn ein Ehegatte das Recht zum Getrenntleben und die

149 Vgl. *Mümmler* JurBüro 1978, 323.
150 KG, JurBüro 1960, 220; OLG Hamm, RPfleger 1965, 379.
151 So aber wohl AG Saarbrücken, FamRZ 1993, 827 (L).
152 KG, JurBüro 1969, 320.
153 OLG Frankfurt/Main, JurBüro 1963, 38.
154 Vgl. dazu aber OLG München, JurBüro 1977, 852; OLG Frankfurt/Main, JurBüro 1969, 872; *Schneider* JurBüro 1965, 589.
155 OLG Hamm, JurBüro 1951, 21.
156 *Hartmann* § 12 Rn. 48; *Schneider* Streitwert Rn. 2849 ff., 2874.
157 OLG Karlsruhe, JurBüro 1998, 419; OLG München, JurBüro 1981, 1376 m. Anm. v. *Mümmler*; KG,

Zahlung von Unterhalt nach § 1361 BGB fordert.[158] Denn § 19a Abs. 1 S 1, 3 GKG gilt nur für Scheidungs- und Folgesachen, wozu das Recht zum Getrenntleben nicht gehört. Ein Anspruch auf Schmerzensgeld ist hingegen niemals aus dem Anspruch auf Unterlassung und Widerruf herzuleiten, so daß Abs. 3 in solchen Fällen nicht gilt.[159]

Welcher von den Ansprüchen den höheren Wert hat, ist dadurch zu ermitteln, daß die Werte der einzelnen Ansprüche bestimmt und miteinander verglichen werden. Da der nichtvermögensrechtliche Streitwert mindestens 300 € beträgt, ist dieser immer maßgebend, wenn der vermögensrechtliche Streitwert darunterliegt. **Im Falle des Abs. 3** beträgt deshalb der **Mindeststreitwert 300 €**.[160] **37**

Die Vorschrift des § 12 GKG ist in **Arbeitsgerichtssachen** nur soweit anwendbar, als das ArbGG keine Sonderregelungen (vgl. § 12 Abs. 7 ArbGG) enthält. In nichtvermögensrechtlichen Streitigkeiten ist § 12 Abs. 2, 3 anwendbar. **38**

Anhang zu § 12

Soweit in vor dem 1. 1. 2002 ergangenen Entscheidungen Streitwerte in DM-Beträgen angegeben worden waren, sind diese der Einfachheit halber jeweils auf den hälftigen Betrag in € wiedergegeben.

§ 3 ZPO
Nach Ermessen bestimmter Wert

Der Wert wird von dem Gericht nach freiem Ermessen festgesetzt; es kann eine beantragte Beweisaufnahme sowie von Amts wegen die Einnahme des Augenscheins und die Begutachtung durch Sachverständige anordnen.

Die Vorschrift ist für die Wertberechnung anwendbar, soweit nicht die §§ 14–20 GKG etwas anderes bestimmen, § 12 GKG. Auch außerhalb bürgerlicher Rechtsstreitigkeiten und Scheidungsfolgesachen ist die Bestimmung gelegentlich für anwendbar erklärt worden. So z.B. für die Gebühren in Insolvenzverfahren und schiffahrtsrechtlichen Verteilungsverfahren (§ 35 GKG). Soweit die ZPO in ihren Streitwertbestimmungen der §§ 4–9 eine anderweitige Regelung trifft, geht diese als lex specialis der des § 3 ZPO vor. **1**

Wegen des Streitgegenstandes, vgl. § 11, Rn. 12. Nach freiem Ermessen ist der Wert des **2**

NJW 1973, 1050 = JurBüro 1973, 465; OLG Hamm, RPfleger 1984, 333; *Hartmann* § 12 Rn. 46. **A. M.** OLG Hamburg, OLG-Report Bremen/Hamburg/Schleswig-Holstein 1997, 45.

158 OLG Saarbrücken, NJW 1975, 1791.
159 OLG Frankfurt, JurBüro 1974, 1414.
160 Vgl. dazu *Matthias* MDR 1953, 713

Streitgegenstandes festzusetzen, wenn er sich nicht eindeutig aus dem der Wertberechnung zugrunde zu legenden Antrag ergibt (vgl. § 11, Rn. 13), oder wenn nicht die Bestimmungen der §§ 14–22 GKG, §§ 4–9 ZPO, § 182 InsO oder § 12 Abs. 1 S 2 (früher § 22 AGBG) Platz greifen. Nur in diesem Rahmen ist das Gericht bei seiner Entscheidung frei. Das freie Ermessen ist selbstverständlich in den Grenzen des pflichtgemäßen Ermessens auszuüben und ermächtigt nicht zu willkürlichen Entscheidungen.

3 Sondervorschriften enthalten § 144 PatG, § 17a GebrMG, §§ 23a, 23b UWG, § 142 MarkenG, § 247 AktG, wonach das Gericht anordnen kann, daß eine Partei Gebühren nur nach einem Teil des Streitwertes zu entrichten hat. Das Interesse eines Beteiligten an einem möglichst hohen oder möglichst niedrigen Streitwert hat dann unberücksichtigt zu bleiben.

4 Eindeutig ist der Streitwert, wenn der Antrag auf Zahlung einer **bestimmten Geldsumme** oder die Befreiung von einer ziffernmäßig bestimmten Verbindlichkeit gerichtet ist. Der Streitwert einer geltend gemachten Forderung mindert sich grundsätzlich nicht, wenn diese uneinbringlich ist.[1] Wird Klage auf Zahlung einer erst in der Zukunft fällig werdenden unverzinslichen Forderung erhoben, so werden die Zwischenzinsen nicht abgezogen.[2] Gleichgültig ist, ob der Gegner anerkennt oder Einwendungen erhebt. Allerdings können seine Einwendungen wie auch die Klagebegründung Hinweise auf den Streitwert geben. Hat der Streitgegenstand einen **Verkehrswert**, so ist dieser maßgebend und nicht der Wert, den die Parteien angeben. Fehlt ein Verkehrswert, ist das Interesse des Klägers maßgebend,[3] nicht das möglicherweise verschiedene Interesse des Beklagten.[4] Im Rechtsmittelverfahren gilt § 14 GKG, wonach die Anträge des Rechtsmittelführers maßgeblich sind. Für die Streitwertbemessung nach § 3 ZPO sind schwierige, persönliche, familiäre oder wirtschaftliche Verhältnisse der Partei – außer in den Fällen des § 12 Abs. 2 GKG – unmaßgeblich.

5 Wenn der Streitwert nach dem freien Ermessen festzusetzen ist, kann das Gericht **von Amts wegen** die Einnahme des Augenscheins und die Begutachtung durch Sachverständige anordnen. Es kann – muß aber nicht[5] – auf Antrag auch eine Beweisaufnahme anderer Art anordnen. Ein Beweisaufnahmeverfahren richtet sich dann nach den Bestimmungen der ZPO über die Beweisaufnahme. Wegen der Kosten einer Abschätzung durch Sachverständige vgl. § 26 GKG. Die Parteien sind verpflichtet, bei jedem Antrag den Wert des Streitgegenstandes anzugeben, § 23 GKG.

6 **Einzelfälle:**

Die Rspr ist sehr kasuistisch und schwankend. Im Folgenden können deshalb nur Orientierungspunkte gesetzt werden.

7 **AGB-Gesetz:** s. Verbandsklagen

Ablehnung von **Richtern:** Maßgebend ist das **Interesse des Ablehnenden,** welches

1 Ausnahme § 148 KO, vgl. RGZ 54, 411.
2 OLG Braunschweig, RPfleger 1964, 97 (L); RGZ 118, 321.
3 OLG Düsseldorf, JurBüro 1995, 254.
4 RGZ 45, 402.
5 KG, OLGZ 20, 283.

seiner Ansicht nach stets geringer sein soll als der Wert der Hauptsache,[6] während andere dem Wert der Hauptsache ansetzen wollen.[7] Überzeugender ist aber die Ansicht, wonach hier von einer nichtvermögensrechtlichen Streitigkeit ausgegangen werden muß, dessen Wert nach § 12 Abs. 2 GKG zu bestimmen ist.[8]

Ablehnung eines **Sachverständigen:** Auch hier ist das **Interesse des Ablehnenden** maßgebend,[9] das aber nach einer Ansicht nur mit einem Bruchteil des Wertes der Hauptsache anzusetzen sein soll,[10] während andere auch hier den Wert der Hauptsache nehmen[11] oder den Gegenstandswert des Beweisthemas, zu dem der Sachverständige gehört werden soll.[12] Da der Sachverständige aber Gehilfe des Richters ist, kann hier nichts anderes gelten, als bei der Richterablehnung. Es ist also eine nichtvermögensrechtliche Streitigkeit iS v. § 12 Abs. 2 GKG anzunehmen.[13]

Abnahme von Sachen: Maßgebend ist das Interesse des Klägers an der Abnahme, auch wenn der Kaufpreis noch nicht bezahlt worden und das Bestehen des Kaufvertrages streitig ist.[14]

Abmahnung: Bruttomonatsverdienst. Bei mehreren aufeinanderfolgenden A. für die erste und zweite je ein Bruttomonatverdienst, jede weitere innerhalb eines Zeitrums von 6 Monaten 1/3. des Bruttomonatsverdienstes.[15] Bei gleichzeitigem Widerrufsverlangen ist dieses gesondert zu bewerten.[16] (Vgl. auch § 12 Abs. 7 ArbGG).

Abstammung: Vgl. § 12 Abs. 2 GKG. Vgl. oben, § 12, Rn. 28.

Änderungskündigung: Vgl. § 17, Rn. 20 und § 12 ArbGG.[17]

Aktien: Verkehrswert.

Allgemeine Geschäftsbedingungen: Vgl. § 12 Abs. 2 S 2 (Unterlassungsklagegesetz).

Altenteil: Vgl. § 9 ZPO, Rn. 4.

Anerkenntnis: Höhe des anerkannten (Teils des) Anspruchs.

Anfechtung:

– *der Ehelichkeit:* Vgl. § 12 Abs. 2 GKG.

6 Vgl. OLG München, WRP 1972, 541; OLG Nürnberg, JurBüro 1960, 169; OLG Hamburg, MDR 1958, 47 (L); OLG Frankfurt/Main, MDR 1980, 145; KG, RPfleger 1962, 153 (L); *Dri/Oe/He* § 12 „Ablehnung"; *Mümmler* JurBüro 1980, 961.
7 BGH, NJW 1968, 796 = JurBüro 1968, 525; OLG Koblenz, NJW-RR 1998, 1222; OLG Düsseldorf, JurBüro 1982, 761; OLG Hamm, MDR 1978, 582 = JurBüro 1978, 738; OLG Schleswig, RPfleger 1962, 226 (L); *Hartmann* § 12 GKG, Anh I Rn. 10.
8 So OLG Köln, MDR 1979, 177; OLG Koblenz, JurBüro 1980, 1509; *Schneider* Streitwert Rn. 80 und N. *Schneider* MDR 2001, 130.
9 OLG Frankfurt/Main, JurBüro 1980, 279 = MDR 1980, 145.
10 OLG Hamburg, NJW 1970, 1239; OLG Bremen, JurBüro 1976, 1356; *Dri/Oe/He* § 12, „Ablehnung".
11 OLG München, ZSW 1981, 97: OLG Nürnberg, JurBüro 1966, 876 (L).
12 OLG Nürnberg, KostRspr. § 3 ZPO, Nr. 218.
13 *Schneider* Streitwert Rn. 93.
14 KG, JurBüro 1961, 89; OLG Stuttgart, RPfleger 1964, 162 (L).
15 LAG Hessen, NZA-RR 2000, 438.
16 LAG Schl-Holst, NZA-RR 2001, 496.
17 Vgl. dazu auch HessLAG, JurBüro 1999, 475.

- *nach dem Anfechtungsgesetz:* Das Interesse des Klägers, also seine Forderung, höchstens aber der Wert des Gegenstandes, aus dem die Befriedigung gesucht wird, abzüglich der Belastungen.[18]
- *nach der KO:* Das Interesse des Klägers.[19]
- *von Gesellschaftsbeschlüssen:* Vgl. „Gesellschaft".
- *eines Grundstückkaufvertrags:* Das Interesse an der Nichtigkeit des Vertrages, nicht der Grundstückswert.[20]

Anmeldung zum Handelsregister: Maßgeblich ist das Interesse des Klägers.[21]

Arbeitsgerichtsverfahren: Vgl. § 12 ArbGG.

Arbeitspapiere: Streitigkeiten über die Aushändigung, Ausstellung etc. idR 250 €.[22]

Arrest: Vgl. § 20 GKG.

Aufgebotsverfahren: Das Interesse des Klägers.[23]

Aufhebungsverfahren nach § 926 ZPO: Grundsätzlich Wert des Anordnungsverfahrens.[24]

Auflassung: Verkehrswert des Grundstücks, auch bei Zug-um-Zug-Antrag, selbst dann, wenn der Wert der Gegenrechte erheblich geringer ist.[25] Bei Zustimmung zum Vollzug ist ggf. auch der Wert einer streitigen Gegenforderung zu berücksichtigen.[26] Vgl. § 6 ZPO.[27]

Auskunft: Interesse an der Auskunftserteilung.[28] In der Regel ein Bruchteil desjenigen Anspruchs, dessen Geltendmachung mit der Auskunftserteilung vorbereitet oder erleichtert werden soll,[29] Aufwand für Zeit und Kosten für die Erfüllung des Anspruchs.[30]

Ausschließung eines Genossen oder Gesellschafters: Vgl. unter „Genossenschaft" und „Gesellschaft".

Aussetzung:

- *des Verfahrens:* Vgl. § 11, Rn. 22.
- *der Zwangsvollstreckung:* Vgl. „Zwangsvollstreckung".

Automatenaufstellvertrag: Vgl. „Dauervertrag".

8 **Bau.** Bei einer Verpflichtung zur Errichtung eines Baues auf einem Erbbaugrundstück ist der Wert frei zu schätzen.[31]

18 OLG Schleswig, JurBüro 1969, 1209 = SchlHA 1970, 18; KG, JurBüro 1957, 181.
19 Vgl. *Schneider* Streitwert, Anfechtung Rn. 2746 ff.
20 OLG Düsseldorf, JurBüro 1961, 161; LG Wiesbaden, JurBüro 1979, 1650.
21 OLG Frankfurt/Main, NJW 1959, 945; OLG Koblenz, RPfleger 1956, 147 (L).
22 LAG Köln, MDR 2000, 670.
23 LG Hildesheim, RPfleger 1965, 241. Im einzelnen dazu bei *Schneider* Streitwert Rn. 296 ff.
24 KG, JurBüro 2002, 479.
25 OLG Stuttgart, JurBüro 2002, 424.
26 BGH, NJW 2002, 684 = MDR 2002, 295.
27 Dazu bei *Mümmler* JurBüro 1980, 962.
28 BGH, FamRZ 1993, 46 m. N.
29 BGH, NJW 1973, 369.
30 BGHZ 128, 85 = BGH, NJW 1995, 664.
31 OLG Frankfurt/Main, RPfleger 957, 390.

Bauhandwerkerhypothek: Auszugehen ist vom Wert der zu sichernden Forderung ohne Kosten.[32] In der Regel 1/3–1/2 der zusichernden Forderung.[33]

Baulandsachen:[34]

- *Besitzeinweisungen*: In der Regel 20% des Wertes des Gegenstandes, um dessen Besitz es geht.[35]
- *Grenzregelung*: Wert der Teilfläche, die im Wege des Flächentausches oder einer einseitigen Zuteilung an einen anderen Eigentümer gehen soll.[36]
- *Unbezifferte Entschädigungsansprüche*: Hier gelten die allgemeinen Grundsätze[37] (vgl. § 11, Rn. 17).
- *Umlegungsverfahren*: Maßgebend ist das Interesse des Klägers.[38] Wendet sich der Kläger etwa gegen die Einbeziehung seines Grundstücks in ein Umlegungsverfahren, dann beträgt der Streitwert etwa 20% des Wertes von Grund und Boden.[39]

Bedingte Ansprüche: Vgl. § 11, Rn. 25.

Befangenheit: Vgl. oben Rz. 7 „Ablehnung von Richtern".

Befreiung von einer Verbindlichkeit: Das zu schätzende[40] Interesse des Klägers, das idR dem Nennbetrag der Forderung entsprechen wird.[41] Bei Dauerleistungen oder wiederkehrenden Leistungen gelten die Bestimmungen der §§ 8, 9 ZPO.[42] Keine Ermäßigung nach § 17 GKG.[43]

Beiordnung: Vgl. „Beschwerde".

Beleidigung: Vgl. § 12, Rn. 31.

Bereicherungsanspruch: Der Wert der Geldforderung. Bei Sachen vgl. § 6 ZPO.

Berichtigung des Grundbuchs: Das Interesse des Klägers, das idR dem Wert des zu berichtigenden Rechtes entsprechen wird, aber auch wesentlich geringer sein kann.

Berufung: Regelmäßig der Wert der Beschwer. Im einzelnen dazu bei § 14 GKG.

Beschränkte Erbenhaftung: Beschwer durch Versagung ist die Schulddifferenz.[44]

Beschwerde: KV Nrn. 1900–1906, 2500–2502.[45] Der Wert des Beschwerdegegenstandes ist selbständig zu bestimmen nach dem mit der Beschwerde verfolgten Begehren, nicht nach dem Streitgegenstand des Hauptprozesses.

32 KG, RPfleger 1962, 156; LG Tübingen, BauR 1984, 309.
33 OLG Schleswig, JurBüro 1971, 538; OLG Koblenz, AnwBl. 1974, 24. Vgl. dazu auch bei *Schneider* Streitwert Rn. 609 ff.
34 Vgl. dazu ausf bei *Schneider* Streitwert Rn. 615 ff.
35 BGH, NJW 1973, 2202.
36 BGH, JurBüro 1968, 797 = RPfleger 1968, 322.
37 OLG Köln, JurBüro 1970, 606.
38 BGH, MDR 1978, 658 = RPfleger, 1978, 95. Dazu auch *Mümmler* JurBüro 1980, 967.
39 BGHZ 49, 317.
40 BGH; JurBüro 1975, 325 = RPfleger 1974, 428 = NJW 1974, 2128.
41 OLG Köln, JurBüro 1978, 1062.
42 Vgl. im einzelnen dazu bei *Schneider* Streitwert Rn. 658 ff.
43 BGH, JurBüro 1972, 499; BGH, NJW 1974, 2128.
44 OLG Bamberg, KostRspr. § 3 Nr. 140.
45 Vgl. dazu bei *Schneider* Rn. 3818 ff.

Besitzstreitigkeiten: Der Wert richtet sich nach § 6 ZPO. Im Fall der Besitzstörung ist § 3 ZPO maßgebend.[46]

Bestandsschutzklage: Verbindung arbeitsrechtlicher B. mit Vergleich: Zusammenrechnung der vollen künftigen und bis zum Vergleichsschluß fällig werdenden Beträge.[47]

Betagter Anspruch: Wert des Anspruchs ohne Abzug von Zwischenzinsen.[48]

Beweisaufnahme: Der Wert richtet sich nach dem Gegenstand des Beweises. Wenn die Beweisaufnahme sich nur auf einen Teil des Streitgegenstandes erstreckt, ist dessen Wert maßgeblich. Vgl. aber KV Nrn. 1210, 1211.

Beweisverfahren, selbständiges: Vgl. KV Nrn. 1600, 2300–2320. Die Bewertung ist streitig und geht vom vollen Wert des vorzubereitenden Hauptverfahrens[49] oder den Vorstellungen (Interessen) des Antragstellers[50] bis zu einem Bruchteil von 20% davon. In der Regel wird man 50% des Wertes gemäß den Vorstellungen des Antragstellers bei Antragseinreichung zu nehmen haben.[51] Die vom Sachverständigen festgestellten tatsächlichen Mängelbeseitigungskosten[52] sind hingegen nicht maßgeblich, weil diese mit dem bei Beginn des Verfahrens vorhandenen wirtschaftlichen Interesse des Antragstellers selten identisch sein werden. (vgl. auch § 15 GKG). Denn unbeschadet dessen, daß die antragstellende Partei ihre Wertangabe jederzeit berichtigen kann (§ 23 Abs. 2 GKG) und sogar das Gericht zur Korrektur befugt ist (§ 25 Abs. 2 S 2 GKG), drückt sie mit ihren Wertvorstellungen bei der Antragstellung ihr wirtschaftliches Interesse aus, verbunden mit der Übernahme des streitwertabhängigen Kostenrisikos. Bei nachfolgendem Hauptsacheverfahren ist stets der Hauptsachewert zu nehmen, soweit das Beweisverfahren verwertet wird.[53]

Bezugsberechtigung/-verpflichtung: Der Wert richtet sich nach dem Rückkaufwert[54] bzw. nach dem Gewinnverlust, den der Kläger durch die Klage verhindern will,[55] oder nach der Umsatzminderung.[56]

Bucheinsicht: Vgl. oben, Rn. 20 „Auskunft“.

Bürgschaft: Betrag der Hauptforderung, von der Freistellung gefordert wird, § 6 ZPO, und nicht die Summe, auf die der Bürge wahrscheinlich oder möglicherweise in Anspruch genommen werden könnte.[57]

46 OLG Düsseldorf, MDR 1991, 353; LG Bielefeld, FamRZ 1992, 1095.
47 LArbG Hamm, JurBüro 2002, 311.
48 Vgl. *Voormann* MDR 1987, 722; *Hartmann* Anh. zu § 12 (§ 3 ZPO) Rn. 29. A. M. LAG Köln, MDR 1987, 169.
49 Vgl. etwa bei BLAH, Anh. Zu § 3 Rn. 102; *Schneider* Streitwert Rn. 4024 a m. N.
50 OLG Koblenz, MDR 2001, 356.
51 So zutr OLG Schleswig, SchlHA 1997, 264; JurBüro 1999, 595; OLG Celle, RPfleger 1997,452; OLG Karlsruhe, JurBüro 1997, 531.
52 So etwa OLG Frankfurt/Main, NJW 2000, 2364 (LS) = NZBau 2000, 81, JurBüro 1993, 554; OLG Naumburg, JurBüro 1999, 596 = NJW-RR 2000, 286; OLG Köln, NJW-RR 2000, 802, NJW-RR 1997, 1292; OLG Düsseldorf, JurBüro 1997, 532.
53 OLG München, MDR 2002,357.
54 LG Münster, JurBüro 1975, 1621 m. abl. Anm. v. *Mümmler*.
55 KG, JurBüro 1969, 1195 = RPfleger 1969, 443; OLG Bamberg, MDR 1977, 935.
56 OLG Neustadt, MDR 1962, 413.
57 OLG München, RPfleger 1956, 48; OLG Karlsruhe, AnwBl. 1973, 168; LG Berlin, JurBüro 2002, 478.

Bürgschaftsurkunde: Einer zusammen mit der Zahlung verlangten Herausgabe der Bürgschaftsurkunde kommt kein besonderer Streitwert zu.[58]Wenn mit der Herausgabe die Inanspruchnahme des Bürgen verhindert werden soll, ist damit verfolgte wirtschaftliche Interesse maßgebend, regelmäßig der Bürgschaftsbetrag.[59]

Darlehen: Höhe des geforderten Darlehensbetrages ohne Zinsen (§ 22 GKG).[60] Zinsen **9**
rechnen nur dann zum Streitwert, wenn sie als Hauptsache gefordert werden.[61] Bei Klage auf Befreiung von der Mithaftung der Wert des von der Partei übernommene oder der gesetzliche Anteil[62] (vgl. auch „Scheidungssachen" und § 12, Rn. 25).

Dauervertrag: Wenn es sich nicht um die im § 9 ZPO genannten Verträge handelt, soll der Wert nach § 3 ZPO zu berechnen sein, weil Dauerverträge idR kürzere Laufzeiten haben, als die im § 9 ZPO bezeichneten Vertragsarten.[63] Daneben ist auch der Gewinn maßgeblich.[64] Auch ein Automatenaufstellvertrag der üblichen Art ist nicht nach § 16 GKG, sondern nach § 3 ZPO zu bewerten.[65] Bei Miet- oder Pachtverträgen gilt § 16 GKG, bei Arbeitsverträgen zunächst § 12 ArbGG.

Dauerwohnrecht: Wert der Inhaberschaft ist nach § 9 ZPO zu bestimmen.[66] Bei Löschung ist die Wertminderung des Grundstücks durch das (entfallende) Dauerwohnrecht maßgebend.[67] Ansonsten gilt § 16 GKG.

Deckungsschutz: Vgl. „Versicherung".

Dienstbarkeit, beschränkte persönliche, § 1090 BGB: Der Wert ist nach § 3 ZPO zu bestimmen.[68] Zur Grunddienstbarkeit unten, § 7 ZPO.

Direktklage: Wie Anspruch gegen den Schädiger. Der Gebührenwert bei wiederkehrenden Leistungen richtet sich nach § 17 Abs. 2 Satz 1 GKG.[69]

Drittschuldner: Der vom Drittschuldner verlangte Betrag bzw. das gegen den Drittschuldner bestehende Interesse.[70] Bei Lohn-/Gehaltsansprüchen dreifacher Jahreswert der gepfändeten Leistungen.[71]

Drittwiderspruchsklage: Interesse des Klägers. Der Streitwert ist nach § 6 ZPO zu bestimmen.[72]

58 OLG Bamberg, JurBüro 1974, 1437.
59 LG Hamburg, JurBüro 2002, 81; LG Berlin, JurBüro 2002, 478.
60 BGH, JurBüro 1959, 390; OLG Köln, JurBüro 1960, 305.
61 Vgl. BGH, WM 1981, 1092.
62 OLG Karlsruhe, JurBüro 1998, 472.
63 Vgl. OLG Bremen, RPfleger 1989, 427 (Stromlieferung); KG, NJW 1956, 1206 (Fernsprechanschluß); *Hartmann* Anh. zu § 12 Rn. 30.
64 OLG Bamberg, MDR 1977, 935.
65 OLG Koblenz, VersR 1980, 1123; *Hartmann* Anh. zu § 12 Rn. 30.
66 *Hartmann* Anh. zu § 12 Rn. 30. A. M. AG Frankfurt/Main, AnwBl. 1984, 449.
67 OLG Frankfurt/Main, RPfleger 1958, 19.
68 OLG Nürnberg, JurBüro 1967, 829; *Schumann* NJW 1967, 2046.
69 BGH, NJW 1982, 1399.
70 OLG München, JurBüro 1985, 1522; LAG Düsseldorf, MDR 1992, 59 m. w. N.; *Scheider* MDR 1990, 21.
71 LAG Düsseldorf, JurBüro 1992, 92, 92; LAG Baden-Württemberg, JurBüro 2002, 196 m. Anm. v. *Romeyko*.
72 Vgl. bei *Schneider* Streitwert Rn. 978 ff. m. N.

Duldung der Zwangsvollstreckung: Maßgebend ist der Wert der zu vollstreckenden Forderung, höchstens aber der Wert des Vermögens, in das vollstreckt wird. Wenn eine Duldungsklage neben der Leistungsklage erhoben wird, ist nur der Wert der Leistungsklage maßgebend.

10 **Ehesachen:** Vgl. § 12 Abs. 2 GKG und unten, „Scheidungsfolgesachen".

Ehewohnung: Regelung als Scheidungsfolgesache, § 621 Nr. 7 ZPO. Streitwert ist der einjährige Mietwert (§ 21 Abs. 2 HausrVO). § 20 Abs. 2 S 2 GKG unanwendbar, da diese Bestimmungen nur einstweilige Anordnungen betrifft.

Ehre: Vgl. § 12 Abs. 2 GKG (dort Rn. 31).

Eidesstattliche Versicherung: Bruchteil des Wertes dessen, was der Kläger sich aufgrund der Versicherung mehr erhofft (etwa 1/5.).[73]

Eigentum: Herausgabeklage: Wert des Herausverlangten.

Einstweilige Verfügungen (Anordnungen): Prozeßwert wie Hauptsache. Gebührenwert jedoch nur ein Bruchteil davon nach Sicherungsinteresse und Vorläufigkeit des Rechtsschutzes (etwa 1/3–1/2). Maßgebend § 20 Abs. 1 GKG.

E-Mail: Einstweilige Verfügung auf Unterlassung von Zusendung 350 €.[74]

Enteignungsverfahren: Streitgegenstand ist vermögensrechtlicher Natur.[75] Geht der Streit um die Zulässigkeit der Enteignung, ist Streitwert der Wert der zu enteignenden Sache (Grundstück etc.).[76] Bei Entschädigung ist Streitwert der Unterschiedsbetrag zwischen der festgesetzten und der als Entschädigung geforderten Summe.[77] Bei Streit um Ersatzland 20% des Wertes der enteigneten Fläche.[78]

Entfernungsverlangen: einer Abmahnung aus Personalunterlagen

– Monatsvergütung.[79]

Entlastung des Geschäftsführers: Vgl. unter „Gesellschaft".

Erbauseinandersetzung: Anteil des Klägers[80] an den streitigen Gegenständen.[81]

Erbbaurecht:

- Klage auf *Bestellung*: § 6 ZPO.[82]
- Klage auf *Übertragung eines Erbbaurechts*: Frei zu schätzender Wert ohne Belastungen,[83] und zwar auch dann, wenn der Übernehmer des Erbbaurechts die Kosten des Bauwerks auf dem Erbbaugrundstück überwiegend getragen hat.[84]

73 BGH, NJW 1991, 1833; OLG Zweibrücken, FamRZ 1987, 393; OLG Köln, FamRZ 1990, 1128.
74 KG, JurBüro 2002, 371.
75 BGH, JurBüro 1972, 684, 686.
76 BGH, JurBüro 1968, 797.
77 OLG Neustadt, RPfleger 1963, 65 (L).
78 BGH, MDR 1967, 827 = NJW 1967, 2308. Vgl. dazu auch bei *Schneider* Streitwert Rn. 1442 ff.
79 LAG Schl.-H., NZA-RR 2001, 496.
80 BGH, NJW 1975, 1415.
81 BGH, NJW 1969, 1350.
82 OLG Saarbrücken, AnwBl. 1978, 106.
83 BGH, JurBüro 1982, 697; OLG Celle, JurBüro 1974, 880 (Heimfallanspruch).
84 OLG Köln, JurBüro 1973, 854.

- Klage auf *Erhöhung des Erbbauzinses*: Unterschied zwischen vereinbartem und verlangtem Erbbauzins nach § 9 ZPO (3,5-facher Jahresbetrag).[85]
- Klage zur *Verpflichtung, auf einem Erbbaugrundstück ein Wohnhaus zu errichten*: Zu schätzendes Interesse des Klägers.

Erbschaft: Grundsätzlich der Wert des begehrten Anteils unter Abzug evtl. Pflichtteilsansprüche des Klägers.[86]

- *Erbunwürdigkeitsklage*: Interesse des Klägers an der für ihn im Obsiegensfall sich ergebenden Besserstellung[87] bzw. der Anteil des Klägers am Nachlaß.[88]
- Streit um *Eintritt der gesetzlichen Erbfolge*: Wert des Erbteils des klagenden Miterben[89] unter Abzug des Pflichtteils, wenn gesetzlicher Erbe gegen den testamentarischen Erben klagt.[90]
- Klage auf *Feststellung der Nichtigkeit eines Testaments*: Nur Interesse des Klägers an der Feststellung, nicht der gesamte Nachlaß. Ebenso bei Klage um Testamentsauslegung,[91] wegen Feststellung der Rechtsgültigkeit eines Testaments[92] oder des Eintritts der gesetzlichen Erbfolge.[93]
- Klage auf *Feststellung der Un-/Wirksamkeit des Rücktritts von einem Erbvertrag*: Ein Viertel des reinen Vermögens des Erblassers.[94]
- Klage auf *Auskunftserteilung und Vorlegung eines Nachlaßverzeichnisses*: Interesse des Klägers.[95]
- Klage auf *Aufhebung der Erbengemeinschaft*: Interesse des Klägers,[96] das idR nicht höher sein wird als sein Erbanteil,[97] aber auch dem der ganzen Erbmasse entsprechen kann.[98]
- Klage eines Abkömmlings auf *Aufhebung der fortgesetzten Gütergemeinschaft*: Halber Anteil des Klägers.[99]
- Klage eines *Miterben auf Übertragung eines Nachlaßgrundstücks*: Verkehrswert des Grundstücks abzüglich des Erbanteils des Klägers.[100]

85 OLG München, JurBüro 1977, 1002; OLG Frankfurt/Main, JurBüro 1977, 1132; OLG Celle, JurBüro 1972, 517.
86 BGH, MDR 1975, 389 = RPfleger 1975, 127.
87 BGH, JurBüro 1960, 205 = RPfleger 1959, 317 = MDR 1959, 232; OLG Frankfurt/Main, JurBüro 1971, 540.
88 BGH, NJW 1970, 197 = JurBüro 1969, 1168 = RPfleger 1970, 17.
89 OLG Bamberg, JurBüro 1975, 1367.
90 BGHZ 75, 539 (L) = JurBüro 1975, 461 = MDR 1975, 389.
91 BGH, NJW 1956, 1877; KG, RPfleger 1962, 154 (L).
92 OLG Koblenz, RPfleger 1956, 146 (L).
93 OLG Schleswig, SchlHA 1958, 83.
94 OLG Celle, NJW 1962, 540 (L) = NdsRPfl. 1962, 57.
95 KG, JurBüo 1973, 151.
96 BGH, NJW 1975, 1415 = MDR 1975, 741 = JurBüro 1975, 1197 = RPfleger 1975, 353 = BB 1975, 1465.
97 KG, 1962, 154 (L).
98 OLG Celle, RPfleger 1961, 211; OLG Braunschweig, RPfleger 1956, 115 (L).
99 BGH, MDR 1973, 125.
100 BGH, NJW 1972, 909 = MDR 1973, 125 = JurBüro 1972, 497.

- Klage auf *Feststellung der Ausgleichspflicht nach § 2050 BGB*: Interesse des Klägers an der Ausgleichung.[101]
- Klage eines *Miterben auf Grundbuchberichtigung*: Verkehrswert des Grundstücks abzüglich des Erbteils des bereits eingetragenen Miterben.[102]
- Klage der *Miterben auf Mitwirkung bei Auflassung* eines Nachlaßgrundstücks an Dritte: Wert des Grundstücks.[103] Ebenso wenn der gesamte Nachlaß an einen Dritten zur Versteigerung herausgegeben werden soll.[104]
- Klage eines *Miterben gegen Miterben* auf Leistung an die Gemeinschaft: Klagegegenstand abzüglich des Anteils des beklagten Miterben an der Nachlaßschuld.[105]
- Klage eines *Miterben gegen einen Nachlaßschuldner* nach § 2039 BGB: Wert der eingeklagten Forderung.[106] Das gilt auch, wenn ein Dritter gegen einen Miterben eine den gesamten Nachlaß betreffende Forderung geltend macht.
- Antrag auf *Beschränkung der Haftung auf den Nachlaß*: Interesse des Erben an der Haftung.[107]

Erbschein: Herausgabe § 3 ZPO, also nicht Nachlaßwert, sondern ein nach der Mißbrauchsmöglichkeit bemessener Bruchteil.[108]

Erledigterklärung nach § 91a ZPO: Die Frage ist sehr strittig:[109]

- *beiderseitige volle Erledigterklärung*: Wert der entstandenen bis zur Zustimmung bzw. zum Vorliegen beider Erklärung entstandenen Kosten.[110]
- *beiderseitige teilweise Erledigterklärung*: Erst von da an der Wert des nicht erledigten Teils zuzüglich der Zinsen und Kosten des erledigten Teils.[111]
- *einseitige volle Erledigungserklärung*: Sehr streitig. Die Ansichten reichen vom unveränderten Streitwert der Klageforderung bis zum Feststellungswert wie bei einer positiven Feststellungsklage.[112]
- *einseitige teilweise Erledigungserklärung*: Dem Wert der verbliebenen Hauptsache zuzüglich des Wertes des erledigten Teils der Hauptsache.[113]

Ermessen: In das Ermessen des Gerichts gestellter Betrag. Vgl. § 11, Rn. 17.

11 **Fälligkeit:** Bei Leistungsklagen ohne Einfluß auf den Streitwert. Bei Feststellungsklagen ist der Wert das Interesse des Klägers an der Feststellung der Fälligkeit wie der Wert der Abzinsung[114] oder das Interesse des Beklagten an der Hinauszögerung der Fälligkeit.[115]

101 BGH, RPfleger 1957, 247 = FamRZ 1956, 381.
102 BGH, MDR 1958, 676 = JurBüro 1958, 387.
103 BGH, NJW 1956, 1071 = RPfleger 1956, 308.
104 OLG Hamburg, RPfleger 1951, 633; 1958, 37 (L). Dazu kritisch *Schneider* JurBüro 1977, 433.
105 BGH, NJW 1967, 443 = MDR 1967, 202 = JurBüro 1967, 125.
106 OLG Düsseldorf, MDR 1962, 912.
107 BGH, NJW 1970, 1742.
108 *Lappe* Münchener Kommentar zur ZPO, § 3 Rn. 116.
109 Vgl. dazu bei *Schneider* Streitwert Rn. 1487 ff.
110 H. M. vgl. z. B. *Thomas/Putzo* § 3 Rn. 57.
111 BGH, JurBüro 1981, 1489.
112 Vgl. dazu etwa OLG Frankfurt/Main, MDR 1995, 207 und bei *Thomas/Putzo* § 3 Rn. 59 ff. m. N.
113 Ebenfalls sehr str. Vgl. bei *Thomas/Putzo* § 3 Rn. 62.
114 Vgl. *Lappe* Münchener Kommentar zur ZPO, § 3 Rn. 118.
115 LG Bielefeld, AnwBl. 1980, 256.

Familiensachen: Vgl. § 12, Rn. 18 ff.

Feriensache: Bei Zwischenstreit um Antrag nach § 227 Abs. 3 ZPO: Interesse des Beschwerdeführers.[116]

Fernsprechanschluß: Interesse des Klägers ist nach § 3 ZPO zu schätzen, da es sich regelmäßig um eine kürzere Frist als nach § 9 ZPO handelt.[117]

Fernwärme: Das Interesse des Klägers ist nach § 3 ZPO und nicht nach § 8 ZPO zu schätzen.[118]

Feststellungsklage: Maßgeblich ist das Feststellungsinteresse des Klägers. Es entspricht bei der

- *negativen* (leugnenden) *Feststellungsklage* idR dem Wert des Rechts, dessen Nichtbestehen festgestellt werden soll, also dem vollen Wert der aus dem Rechtsverhältnis abgeleiteten und nicht etwa nur eingeklagten Forderung[119] das gilt auch in Fällen wiederkehrender Leistungen[120] oder eines Unterlassungsanspruchs;[121]
- *positiven (behauptenden) Feststellungsklage* im allgemeinen nur einen Bruchteil des Leistungsanspruchs, und zwar etwa 50–70%.[122] Im Einzelfall können aber auch geringere Bruchteile genügen.[123] Wenn hingegen sicher ist, daß der Beklagte aufgrund eines Feststellungsurteils auch leisten wird, kann auch der volle Wert des Leistungsanspruchs eingesetzt werden.[124] Zu berücksichtigen ist auch, wie hoch das Risiko eines künftigen Schadens und einer tatsächlichen Inanspruchnahme des Beklagten ist.[125] Abzustellen ist immer auf den Zeitpunkt des Abschlusses der Verhandlung;[126]
- *Häufung einer Feststellungs- und einer Leistungsklage:* Hier kommt es darauf an, ob der Feststellungsklage eine selbständige Bedeutung zukommt;[127]
- *Konkursfeststellungsklage:* Der Wert richtet sich nach der voraussichtlichen Konkursdividende unter Außerbetrachtlassung sonstiger Sicherungsrechte.[128]
- *Zwischenfeststellungsklage* nach § 256 Abs. 2 ZPO: Der Wert ist unabhängig vom Wert des ursprünglichen Streitgegenstandes zu bestimmen.[129]

Finanzgerichtsverfahren: Vgl. § 13 GKG.

116 OLG Braunschweig, NdsRpfl. 1963, 255; OLG Köln, JurBüro 1961, 563 (etwa 1/10–1/5 der Hauptsache).
117 KG, NJW 1956, 1206.
118 BGH, NJW-RR 1989, 381.
119 So die ganz überwiegende Ansicht. Wie hier vgl. etwa: BGHZ 2, 276; NJW 1970, 2925; BAG, JZ 1961, 666; *Hartmann* Anh. I zu § 12 Rn. 54 m. N. des Streitstandes.
120 OLG München, NJW-RR 1988, 190.
121 *Hartmann* Anh. I zu § 12 Rn. 54; a. M. OLG München, DB 1986, 1920.
122 Unstr. Vgl. etwa BGH, NJW 1965, 2298; BGH, JurBüro 1975, 1598.
123 OLG Celle, JurBüro 1969, 978 (50%); OLG Frankfurt/Main, AnwBl. 1982, 436 (40%); OLG Frankfurt/Main, JurBüro 1991, 410.
124 OLG Köln, NJW 1960, 2248. A. M. BGH, NJW-RR 1988, 690 m. w. N.
125 BGH, NJW-RR 1991, 509.
126 OLG Frankfurt/Main, MDR 1989, 743.
127 BGH, NJW-RR 1992, 698.
128 BGH, NJW 1964, 1229. Vgl. auch *Schneider* MDR 1974, 101.
129 RG, HRR 1935, 814.

Firma: Vgl. „Name", „Unterlassung".

Fischereirecht: Der Wert ist zu schätzen.[130]

Folgesachen: § 12 Abs. 2 GKG „Scheidungsfolgesachen".

Forderung: Deren Wert unabhängig von etwaiger Gegenleistung, vgl. § 11, Rn. 26.

Freigabe von Bankguthaben: Maßgeblich ist der volle Betrag des Bankguthabens, nicht nur das Interesse des Klägers daran, sofort über das Guthaben verfügen zu können.[131]

Freistellung: Vgl. „Befreiung" (Rn. 28) und „Grundstück".

12 **Gebrauchsmuster:** Vgl. „Unterlassung".

Gegendarstellung: Vgl. § 12, Rn. 31.

Gegenforderung: Vgl. § 11, Rn. 26.

Gegenleistung: Vgl. § 11, Rn. 26. und § 6 ZPO, Rn. 7.

Geldforderung: Maßgebend ist nach § ZPO das Interesse des Klägers, das sich mit dem Betrag der Forderung deckt. Ob eine Forderung einbringlich ist, ist unerheblich (anders bei Klagen nach § 148 KO).

Gemeinnützigkeit: Fiktiver wirtschaftlicher Wert in Anlehnung an vergleichbare nicht gemeinnützige Gegenstände.[132]

Gemeinschaft: Bei Klage auf Aufhebung der G. oder Ausschluß aus der G. das Interesse des Klägers.[133] Vgl. auch bei „Erbschaft", „Gütergemeinschaft".

Genehmigung: Interesse des Klägers ist gem. § 3 ZPO zu schätzen.[134] Wegen verwaltungsrechtlicher Genehmigungen gilt § 13 GKG.

Genossenschaft:

- *Anfechtung eines Generalversammlungsbeschlusses*: Bei der Schätzung des Interesses des Klägers ist gem. dem Gedanken des § 247 Abs. 1 AktG auch das Interesse der Genossenschaft zu würdigen.[135]
- *Ausschluß eines Genossen*: Maßgeblich ist der zu schätzende Wert des Genossenschaftsanteils des Ausgeschlossenen, wenn mit der Klage Vermögensinteressen verfolgt werden.[136] Geht es nur um die Wiederherstellung der Ehre des Ausgeschlossenen, gilt § 12 GKG (vgl. § 12, Rn. 31).

Geräuschimmission: Unterlassungsklage für einen bestimmten Zeitraum gegen G durch eine Vielzahl von Haustieren 1 500 €.[137]

Geschäftsbedingungen: Vgl. Allgemeine Geschäftsbedingung.

130 Vgl. BGH, MDR 1969, 916 = JurBüro 1969, 835; OLG Celle, JurBüro 1972, 197.
131 OLG Kiel, SchlHA 1947, 205.
132 Vgl. *Lappe* Münchener Kommentar zur ZPO, § 3 Rn. 123.
133 OLG Frankfurt/Main, JurBüro 1979, 1195.
134 Vgl. bei *Schneider* Streitwert Rn. 1919 ff.
135 Vgl. OLG Oldenburg, NJW 1953, 1716; OLG Bamberg, JurBüro 1980, 759; *Schneider* Streitwert Rn. 1927.
136 OGHBRZ, RPfleger 1949, 469.
137 LG Bonn, JurBüro 2001, 593.

Geschmacksmuster: Vgl. „Unterlassung".

Gesellschaft:

– *Anteil:* Verkehrswert des Anteils.[138]
– *Ausschließung eines Gesellschafters:* soweit vermögensrechtliche Interessen:

Bewertung unter Berücksichtigung des Wertes der Geschäftsanteile des Klägers.[139]

– *Streit um die Vergütung eines Organmitglieds:* § 9 ZPO.
– *Entlastung eines Geschäftsführers:* Der zu erwartende Schadensersatzanspruch.[140]
– *Eintragung in das Handelsregister:* Interesse des Klägers an der Offenlegung der wirklichen Verhältnisse, idR 1/10 seiner Einlage.[141]
– *Anfechtungs- und Nichtigkeitsklage* nach §§ 246, 249 AktG: vgl. § 247 AktG.

Gewerblicher Rechtsschutz: Vgl. „Unterlassung"

Grenzscheidungsklage aus § 920 BGB: Zu schätzendes Interesse des Klägers.[142] Bei Streit um Zulässigkeit einer Grenzregelung der Wert der Teilfläche, die an den anderen Teil gehen soll.[143]

Grundbuchberichtigung: Interesse des Klägers, das sich aus der Berichtigung ergibt und nicht der Wert des Grundstücks.[144]

Grundbucheintragung: Wert des Anspruchs, auf dem die Eintragung beruht.[145]

Grund des Anspruchs: Der Wert des geltend gemachten Anspruchs.[146]

Grunddienstbarkeit: Wert ist nach § 7 ZPO zu bestimmen.

Grundpfandrecht: Vgl. bei § 6 ZPO.

Grundschuld: wie Hypothek

Grundstück: Maßgeblich ist der Verkehrswert, nicht der Einheitswert, auch wenn Herausgabe vom Besitzstörer verlangt wird.[147] Das gilt auch bei Vereinbarung betreffend die Übertragung eines Grundstücksanteils im Rahmen eines im Verbundverfahren geschlossenen Scheidungsfolgenvergleichs.[148]

Grundurteil: *s. „Grund des Anspruchs".*

Güterstand: Bei Klage auf Aufhebung der fortgesetzten Gütergemeinschaft ist Streitwert der halbe Anteil des klagenden Abkömmlings am Gesamtgut.[149]

138 OLG Frankfurt/Main, JurBüro 1980, 606.
139 BGHZ 19, 175.
140 KG, JurBüro 1962, 281.
141 MDR 1971, 768 (L) = BB 1971, 721.
142 LG Hildesheim, NdsRpfl. 1966, 216.
143 BGH, JurBüro 1968, 797 = RPfleger 1968, 322.
144 LG Dresden, JurBüro 2000, 83.
145 Vgl. *Hartmann* § 12, Anh. I Rn. 40.
146 BGH, VersR 1976, 988 m. N.
147 A. M. OLG Frankfurt/Main, MDR 1981, 759.
148 OLG Bremen, JurBüro 1999, 640.
149 BGH, NJW 1973, 50 = JurBüro 1973, 121. s. auch unter „Erbschaft", oben Rn. 62.

13 **Haftbefehl:** Für das Beschwerdeverfahren Streitwert analog § 58 Abs. 3 Nr. 11 BRAGO.[150]

Handelsregister:

- *Anmeldung:* Bei beantragter Feststellung des Rechtsverhältnisses Wert des Anteils.[151]
- *bloße Anmeldung:* Nur ein Bruchteil des Anteilswertes.[152]

Handelsvertreter iS v. § 84 HGB ist selbständiger Gewerbetreibender.

- *Vertraglich vereinbartes Ruhegeld (Altersrente):* § 9 ZPO, nicht § 17 GKG.[153] Wenn ein Angestellter iS des § 84 Abs. 2 HGB Geschäfte vermittelt, gilt aber § 17 GKG.[154]
- *Für Ausgleichs- und Karenzentschädigung:* Der geforderte Betrag.[155]
- *Stufenklage mit gleichzeitigem Anspruch nach § 89b HGB:* Wert der Stufenklage und des Ausgleichsanspruchs sind zusammenzurechnen.[156]

Hausrat:

- *Einstweilige Nutzungsregelung, § 620 Ziff. 7 ZPO:* Anzuwenden ist § 3 ZPO, § 20 Abs. 2 S 2 GKG. Maßgeblich ist der Wert der zeitlich begrenzten Nutzung, etwa des Verkehrswerts der Sachen,[157]
- *Verteilung des Hausrats:* Verkehrswert der Gegenstände (des Hausrats),[158] denn § 20 Abs. 2 S 2 GKG ist unanwendbar, weil diese Bestimmung nur für einstweilige Regelungen gilt.[159]

Heimfall: Verkehrswert des Erbbaurechts.

Herausgabe: Maßgeblich ist grundsätzlich der Wert der Sache, § 6 ZPO.

- *Zurückbehaltungsrechte:* Grundsätzlich ohne Einfluß auf den Streitwert.[160]
- *eines gebrauchten Kraftfahrzeugs:* Verkehrswert zum Zeitpunkt der Klageerhebung.[161]
- *eines Kraftfahrzeugbriefs:* Zu schätzendes Interesse des Klägers.[162]
- *eines sicherungsübereigneten Gegenstandes* und Rückzahlung eines Darlehns: In entsprechender Anwendung des § 6 ZPO der geringere Wert der Forderung oder des Gegenstandes.[163]
- *Vorbehaltseigentum:* Stets der Wert der Sache.

150 H. M. Vgl. etwa OLG Köln, JurBüro 1976, 385 und bei *Schneider* Streitwert Rn. 2323 m. N.
151 *Lappe* Münchener Kommentar zur ZPO, § 3 Rn. 126.
152 BGH, RPfleger 1979, 194.
153 LAG Nürnberg, NZA-RR 2001, 53; OLG Frankfurt/Main, MDR 1974, 1928 = RPfleger 1974, 363; *Schneider* BB 1976, 1298.
154 Vgl. *Bogs* VersR 1977, 198.
155 OLG Karlsruhe, Die Justiz 1971, 306.
156 LG Bayreuth, JurBüro 1977, 1747.
157 OLG Düsseldorf, JurBüro 1992, 53; OLG Köln, FamRZ 1989, 417.
158 OLG Nürnberg, MDR 1997, 510; *Mümmler* JurBüro 1982, 23.
159 Vgl. auch OLG Zweibrücken, RPfleger 1980, 201.
160 OLG Koblenz, RPfleger 1956, 147.
161 OLG Neustadt, Rfleger 1957, 238 (L).
162 OLG Köln, JurBüro 1962, 168; OLG Nürnberg, MDR 1969, 1020.
163 BGH, NJW 1959, 939 = MDR 1959 385 (L).

– *Urkunde:* Bei Wertpapieren der verbriefte Wert (z. B.: Kurswert beim Verhandlungsschluß),[164] sonst der nach dem Interesse des Klägers zu schätzende Wert.[165]
– *eines unbebauten Grundstücks:* Verkehrswert.[166]

Hilfsantrag: Vgl. § 19 Abs. 1 GKG.
Hilfsaufrechnung: Vgl. § 19 Abs. 3 GKG.

Hilfswiderklage: Vgl. § 19 Abs. 1 GKG.

Hinterlegung: Grundsätzlich ist das Interesse des Klägers an einer Hinterlegung maßgebend. Bei Klage auf Auszahlung oder Zustimmung zu einer solchen aber der Betrag einschließlich der bis zu Beginn der Instanz[167] bzw. bis zum Schluß der Verhandlung[168] aufgelaufenen Zinsen.

Hypothek:

– *Klage auf Löschung:* Betrag der eingetragenen Hypothek,[169] und zwar stets der Nennwert ohne Rücksicht darauf, wieweit sie noch valutiert.[170]
– *Streit um Abtretung:* Nennwert der Hypothek.[171]
– *Klage auf Kraftloserklärung eines Hypothekenbriefs:* Interesse des Antragstellers.[172]

Immissionen: Bei Klage auf Schutz gegen I. maßgebend das nach § 3 ZPO zu schätzende **14**
Interesse des Klägers gemäß der Wertminderung für das beeinträchtigte Grundstück in Anlehnung an § 7 ZPO.[173]

Impfschaden: Wert von Rentenansprüchen aus Impfschäden ist der fünffache Jahresbetrag der Rente, § 17 Abs. 2 GKG.[174]

Jagd- und Fischereirechte: Wert nach § 3 ZPO zu schätzen.[175] **15**

Kaufvertrag: **16**

– *Klage auf Zahlung des Kaufpreises:* Betrag des eingeklagten Betrages.
– *Klage auf Abnahme:* Vgl. oben „Abnahme".
– *Klage auf Lieferung:* Wert der Sachen, § 6 ZPO.

Kindschaftssachen: § 12 Abs. 2 GKG.

Klageänderung: Keine Addition der Werte vor und nach der Änderung.[176]

164 BGH, NJW 1989, 2755.
165 BGH, FamRZ 1992, 170. Im einzelnen dazu etwa bei *Hartmann* § 12, Anh I Rn. 69 m. N.
166 OLG Celle, RPfleger 1960, 413.
167 BGH, NJW 1967, 930 (L) = MDR 1967, 280 = JurBüro 1967, 395.
168 OLG Schleswig, JurBüro 1976, 239.
169 OLG Düsseldorf, MDR 2000, 543; OLG Celle, MDR 1977, 935; OLG Frankfurt/Main, JurBüro 1977, 720.
170 OLG Saarbrücken, MDR 2001, 897
171 OLG Köln, JMBlNRW 1969, 274.
172 LG Hildesheim, NJW 1964, 1232.
173 OLG Nürnberg, JurBüro 1967, 827; OLG Schleswig, JurBüro 1973, 637.
174 BGH, JurBüro 1970, 389 = MDR 1970, 401.
175 RG, JW 1938, 1841 = HRR 1938, 832.
176 KG, RPfleger 1968, 289.

Klagehäufung: § 5 ZPO.

Klagerücknahme: Beim Antrag nach § 269 Abs. 3 ZPO ist § 3 ZPO anwendbar (etwa 1/10. der Hauptsache).[177] Beim Streit um die Wirksamkeit der Rücknahme jedoch Wert der Hauptsache.[178]

Konkurssachen: *§ 148 KO.* Vgl. auch Insolvenz.

Kosten: § 4 ZPO, § 22 GKG.

Kraftfahrzeug, Kraftfahrzeugbrief: s. Herausgabe.

Kraftloserklärung: Vgl. Rn. 18 „Aufgebotsverfahren".

Kündigung: Ersetzung der Zustimmung des Betriebsrates zur außerordentlichen Kündigung 3 Monatsgehälter.[179]

Kündigungsschutzklage: § 12 Abs. 7 ArbGG. Streitwert ist wegen des sozialen Schutzzwecks des § 12 Abs. 7 ArbGG möglichst gering zu halten;[180] bei mehreren K in einem Abstand von weniger als 3 Monaten ist der zwischen den Kündigungen liegende Zeitraum maßgebend.[181]

Künftige Leistung: Wert der Klageforderung, Zwischenzinsen sind nicht abzuziehen.[182]

17 **Leasing:** Es gelten die gleichen Grundsätze wie bei der Miete.[183]

Leibgedinge: Wert ist nach § 3 ZPO, nicht nach § 9 ZPO zu schätzen. Der Anspruch auf wiederkehrende Leistungen richtet sich allerdings nach § 9 ZPO.

Löschung:

- *einer Auflassungsvormerkung:* § 6 ZPO.
- *einer Hypothek oder Grundschuld:* s. „Hypothek" (oben, Rn. 13) und „Grundschuld" (oben, Rn. 12).
- *eines Warenzeichens oder Gebrauchsmusters:* Interesse des Klägers nach § 3 ZPO zu schätzen.

Lohn- und Gehaltsforderungen: § 17 GKG.

Lohnpfändungen: § 12 Abs. 7 ArbGG. Höchstens 3-facher Jahreswert des monatlich geforderten Pfändungsbetrages ohne Hinzurechnung von Rückständen.[184]

18 **Mehrwertsteuer:** Sie ist keine Nebenforderung iS v. § 22 GKG, § 4 ZPO und deshalb der Hauptforderung hinzuzusetzen. Die auf Zinsen entfallende Mehrwertsteuer ist aber nicht zu berücksichtigen, wenn die Zinsen Nebenforderung sind.[185]

Miete: Grundsätzlich gilt für Mietstreitigkeiten § 16 GKG. Die Rspr zur Bewertung von

177 Vgl. *Schneider* JurBüro 1970, 897.
178 *Hartmann* § 12, Anh. I Rn. 73.
179 LAG Nürnberg, MDR 2001, 1378.
180 LAG Schleswig-Holstein, JurBüro 2001, 196.
181 LAG Nds., NZA-RR 2001, 495.
182 RGZ 118, 321.
183 OLG Frankfurt/Main, MDR 1978, 145.
184 LAG Schleswig-Holstein, JurBüro 2001, 196.
185 BGH, RPfleger 1976, 427 = BB 1976, 1850 = JZ 1976, 789.

Mietstreitigkeiten ist äußerst kasuistisch und unübersichtlich.[186] Im Folgenden soll nur auf einzelne häufig vorkommende Beispiele hingewiesen werden:

- *Herausgabeklage des Mieters gegen den Vermieter:* Es gilt § 6 ZPO, wenn nicht – was regelmäßig der Fall sein wird – der Weigerung des Vermieters ein Streit über das Bestehen oder über die Dauer des Mietverhältnisses zugrunde liegt. Dann gilt § 16 GKG.
- *Einsicht in die Nebenkostenbelege:* Interesse des Klägers; etwa 10–20% der Hauptsacheklage.[187]
- *Räumungsklage gegen den Mieter:* Jahresmietzins, wenn nicht der auf die streitige Zeit entfallende Zins geringer ist, § 16 GKG. Das gilt auch bei einem Streit über das Bestehen des Mietverhältnisses. Beträgt die frei vereinbarte Kündigungsfrist weniger als 12 Monate, so ist nur der auf die Dauer der Kündigungsfrist entfallende Mietzins maßgeblich.[188]
- *Klage wegen Wirksamkeit einer fristlosen Kündigung:* § 16 GKG.[189] Wenn der Streit nur um die Feststellung der Kündigungsmöglichkeit geht, gilt aber § 3 ZPO.[190]
- *Klage auf Abschluß eines Mietvertrages:* Wert ist nach § 3 ZPO zu schätzen.[191] Wird neben dem Antrag auf Feststellung des Bestehens eines Mietverhältnisses hilfsweise der Antrag auf Abschluß eines Mietvertrages mit gleichem Inhalt verfolgt, ist der höhere Wert des Hilfsantrages maßgebend, wenn darüber entschieden wird.[192]
- *Mieterhöhungsklage über Wohnraum:* Höchstens der Jahresbetrag des zusätzlich geforderten Mietzinses, § 16 Abs. 5 GKG. Soweit es sich nicht um Wohnraum handelt, gilt allerdings § 3 ZPO, so daß der Wert auch höher sein kann als der Streitwert nach § 16 Abs. 5 GKG.[193] Keinesfalls ist aber § 9 ZPO anwendbar, auch wenn der Mietvertrag für mehr als 3 1/2 Jahre fest geschlossen ist.[194]
- *Klage auf Zahlung rückständiger Miete:* Streitwert der Forderung. Wird die Klage während des Verfahrens wegen Zahlungen ermäßigt oder wegen weiterer Rückstände erhöht, so ist der Streitwert der Verfahrensgebühr die Summe aller geltend gemachten, auch der erledigten Beträge, während die Urteilsgebühr nach dem Urteil zugrundeliegenden Betrag zu berechnen ist.
- *Vermächtnis auf unentgeltliche Überlassung von Wohnraum:* Der Wert ist nach § 3 ZPO zu schätzen.[195]

186 Vgl. dazu etwa bei *Hartmann* § 12, Anh. 1 Rn. 76 ff.; *Schneider* Streitwert Rn. 2914 ff.; *Mümmler* JurBüro 1980, 977.
187 LG Köln, JurBüro 1997, 597 = MDR 1997, 894.
188 LG Hamburg, NZM 2000, 759.
189 BGH, MDR 1958, 601 = JurBüro 1958, 295 = RPfleger 1958, 215; OLG Frankfurt/Main, MDR 1967, 313.
190 OLG Frankfurt/Main, MDR 1967, 313.
191 OLG Koblenz, JurBüro 1132; OLG Hamburg, MDR 1970, 333.
192 OLG Frankfurt/Main, MDR 1963, 60.
193 BGH, NJW 1958, 1967 = MDR 1958, 513; OLG Hamm, JurBüro 1976, 1683; OLG Hamburg, MDR 1964, 855; OLG Schleswig, SchlHA 1961, 21.
194 OLG Hamm, MDR 1966, 685 (L); a. M. BGH, NJW 1966, 778 = JurBüro 1966, 309.
195 KG, RPfleger 1962, 154.

- *Pflicht des Mieters zur Duldung von Umbauarbeiten und Reparaturen:* Höchstens der Jahresbetrag der voraussichtlichen Mieterhöhung, § 16 Abs. 5 GKG.[196]
- *Räumungsfristverfahren:* Die bis zum Ablauf der Räumungsfrist zu zahlende Nutzungsentschädigung.[197]
- *Mietmängel*: Anspruch auf Beseitigung bemißt sich nach §§ 3, 9 ZPO, also dem 3 1/2-fachen Jahresbetrag der Minderungsquote[198] bzw. dem dreifachen Jahresbetrag der Mietminderung.[199]
- *Haustierhaltung:* Zu schätzende Zusatzabnutzung.[200]

Minderung: Maßgeblich ist der Betrag, um den der Kläger die Gegenleistung heruntersetzen will, maximal die Höhe der Gegenleistung.[201] § 19 Abs. 3 GKG ist nicht anwendbar.[202]

Mitbenutzungsrecht: Wert ist geringer anzusetzen als bei Mitbesitz oder Miteigentum.[203]

Miteigentum: Streitwert bestimmt sich nach dem Interesse des Mitberechtigten an der Berechtigung.[204]

Modernisierung: 36-facher Monatsbetrag der voraussichtlichen Mietzinserhöhung.[205]

19 **Name:** In der Regel nichtvermögensrechtliche Streitigkeit, § 12 Abs. 2 GKG. Wenn die Klage aber auch vermögensrechtlichen Interessen dienen soll (z. B. auf Unterlassung des Gebrauchs eines Firmennamens oder eines Kennzeichnungsmittels), ist das Interesse des Klägers an der Unterlassung maßgeblich.[206]

Nebenforderung: § 4 ZPO; § 22 GKG. s. a. „Mehrwertsteuer".

Nebenintervention:

- Streitwert für ein *Zwischenurteil auf Zulässigkeit:* Interesse des Nebenintervenienten, das geringer sein kann als der Wert des Hauptprozesses.[207]
- Streitwert der *durchgeführten Nebenintervention:* Interesse des Nebenintervenienten am Erfolg seiner Nebenintervention, muß sich nicht notwendigerweise mit dem Wert des Hauptprozesses decken. Es ist nach § 3 ZPO frei zu schätzen und kann den Wert der

196 Streitig. Wie hier etwa LG Hannover, WoM 1989, 433; LG Köln, WoM 1989, 566; *Hartmann* § 12, Anh. I Rn. 81. a. M. (3-facher Jahresbetrag) LG Berlin, ZMR 1985, 343 und WoM 1989, 433; LG Fulda, WoM 1992, 243; LG Hamburg, ZMR 1985, 127; KreisG Weißwasser, WoM 1992, 468.
197 LG Kempten, AnwBl. 1968, 58.
198 OLG Düsseldorf, MDR 2001, 354.
199 Vgl. LG Hamburg, WoM 1992, 447 (str).
200 LG Hamburg, WoM 1987, 232; *Hartmann* § 12, Anh. I Rn. 83 m. w. N.
201 KG, RPfleger 1962, 155 (L).
202 OLG Köln, MDR 1979, 413.
203 OLG Nürnberg, RPfleger 1956, 298 (L).
204 OLG Hamm, JurBüro 1977, 1616.
205 LG Berlin, NZM 1998, 304.
206 OLG Frankfurt/Main, JurBüro 1974, 224 = RPfleger 1974, 117; OLG Koblenz, WRP 1957, 124; *Schmidt* JurBüro 1963, 267; *Schalhorn* JurBüro 1972, 203.
207 RGZ 111, 140; BGH, JurBüro 1953, 305 = NJW 1953, 745 (L); OLG Frankfurt/Main, JurBüro 1964, 516.

Hauptsache erreichen,[208] aber auch darunter liegen. Es ist nicht nach den vom Nebenintervenienten gestellten Anträgen zu bemessen.[209]

Nichteheliche Abstammung: vgl. Abstammung

Nichtigkeit eines Vertrages: Feststellungsklage: Wert der Leistung, von der der Kläger befreit werden oder die er zurückerhalten soll.[210]

Nichtigkeitsklage: Vgl. „Gesellschaft" und „Wiederaufnahmeverfahren".

Nichtvermögensrechtliche Ansprüche: § 12 Abs. 2 GKG.

Nießbrauch:

- *Einräumung eines Nießbrauchs:* Wert ist nach § 3 ZPO zu schätzen.[211] Anhaltspunkt kann der Jahresreinertrag oder die voraussichtliche Dauer des Nießbrauchs sein, wobei die vom Nießbraucher zu zahlenden Lasten abzuziehen sind.[212]
- *Herausgabe eines Grundstücks an den Nießbraucher:* Verkehrswert des Grundstücks, § 6 ZPO.[213]
- *Löschung eines Nießbrauchs:* Wert bestimmt sich nach § 3 ZPO.[214]
- *Vormerkung auf Eintragung des Nießbrauchs:* Niedriger als der Wert des Nießbrauchs. Anhaltspunkte sind § 24 Abs. 3 KostO[215] oder § 16 Abs. 3 GKG.[216]

Notanwalt, §§ 78b, c ZPO: Wert der Hauptsache.[217]

Notwegrecht: Streitwert ist in sinngemäßer Anwendung des § 7 ZPO zu bestimmen aus dem Unterschiedsbetrag zwischen Wert des Grundstücks mit und ohne Notwegrecht.[218]

Nutzungen, wiederkehrende: § 9 ZPO.

Offene Handelsgesellschaft: Vgl. oben „Gesellschaft". 20

Ordnungsgeld: Bei Verhängung gem. §§ 141, 380, 409, 411 ZPO oder Anordnung nach §§ 177, 178 GVG ist der verhängte Betrag maßgebend. Bei Festsetzung nach den §§ 888, 890 ZPO gilt das Interesse des Gläubigers an der Abwehr eines weiteren Verstoßes,[219] das sich dem Wert der Hauptsache nähern kann.[220] Das gilt auch, wenn das Ordnungsmittel nur angedroht wird.[221]

Pacht: Vgl. § 16 GKG und oben, „Miete" sowie unten, § 9 ZPO. Klagt ein Dritter auf 21
Feststellung der Nichtigkeit eines Pachtvertrages, bestimmt sich der Streitwert nach

208 OLG München, JurBüro 1973, 1085.
209 KG, MDR 1978, 761 = JurBüro 1978, 1063; OLG Hamburg, MDR 1977, 1026 = JurBüro 1977, 1434, *Schneider* Streitwert Rn. 3358.
210 OLG Celle, AnwBl. 1984, 448.
211 OLG Celle, RPfleger 1960, 413; OLG Nürnberg, RPfleger 1956, 298 (L).
212 OLG Schleswig, SchlHA 1950, 261; RPfleger 1962, 426 (L).
213 OLG Celle, RPfleger 1960, 413.
214 OLG Frankfurt/Main, MDR 1962, 742 = JurBüro 1962, 422; OLG Nürnberg, RPfleger 1963, 217 (L).
215 OLG Bamberg, JurBüro 1975, 649.
216 OLG Köln, WM 1985, 125. Vgl. auch OLG Schleswig, SchlHA 1986, 46 (Schätzung nach § 3 ZPO).
217 OLG Bremen, JurBüro 1977, 125; OLG Zweibrücken, JurBüro 1977, 1001.
218 *Schneider* ZMR 1976, 193.
219 KG, RPfleger 1970, 97; OLG Nürnberg, MDR 1984, 762.
220 OLG Frankfurt/Main, RPfleger 1970, 73.
221 OLG Celle, NJW 1963, 2031.

dessen Interesse.[222] Das gilt auch, wenn Miterben gegen andere Miterben auf Feststellung der Wirksamkeit eines von der Erbenmehrheit mit einem Dritten geschlossenen Pachtvertrages klagen.[223] Wenn der Verpächter die Unrichtigkeit eines über die angemessene Höhe des Pachtzinses erstattetes Schiedsgutachten geltend macht, ist das Interesse des Klägers der Unterschied des geschätzten Pachtzinses zur begehrten Pachtsumme auf die Dauer des Pachtvertrages.[224]

Patent: In Patentnichtigkeitsverfahren ist Streitwert das Interesse der Allgemeinheit an der Vernichtung des angegriffenen Patents, das im allgemeinen dem gemeinen Wert des Patents bei Erhebung der Klage entspricht.[225] Bei Patentstreitigkeiten sieht § 144 PatG die Möglichkeit vor, zugunsten wirtschaftlich schwacher Parteien den Streitwert niedriger anzusetzen. Der Streitwert einer Patentverletzungsklage richtet sich nach dem Schaden des Klägers, nicht nach dem Gewinn des Beklagten. Der dem Kläger entzogene Reingewinn kann am Umsatz des Beklagten gemessen werden.[226]

Persönlichkeitsrecht: Vgl. Beleidigung, Ehre, Unterlassung, Widerruf.

Pfandrecht: § 6 ZPO.

Preisbindung: Vgl. „Unterlassung".

Presse: Vgl. § 12, Rn. 31.[227]

Prozeßhindernde Einreden: Wert der Hauptsache.[228]

Prozeßkostenhilfe: Vgl. § 11, Rn. 29.

Prozeßvergleich: Vgl. Vergleich.

22 **Q**

23 **Rangvorbehalt,** Klage auf: § 6 ZPO.[229]

Räumung: § 16 Abs. 2 GKG. Vgl. auch unter „Miete".

Ratenzahlung: Werden in einem Prozeßvergleich für den durch Teilurteil erledigten Teil des Klagebegehrens Ratenzahlungen vereinbart, ist der Wert der Ratenvereinbarung frei zu schätzen. Auch wenn ein Kaufpreis in Raten zu begleichen ist, ist nicht § 9 ZPO, sondern § 3 ZPO anwendbar.[230]

Reallast: Maßgeblich ist § 9 ZPO.[231]

Rechnungslegung: Wert bestimmt sich grundsätzlich nach § 3 ZPO nach dem Interesse

222 BGH, RPfleger 1959, 110 (L) = JurBüro 1955, 237.
223 BGH, RPfleger 1959, 110 (L).
224 OLG Celle, MDR 1966, 769.
225 BGH, NJW 1957, 144 = RPfleger, 1959, 111 = GRUR 1957, 79; BPatG, GRUR 1987, 287. Dazu auch *Struif* GRUR 1985, 248.
226 OLG Karlsruhe, BB 1975, 109; OLG Frankfurt/Main, GRUR 1954, 227.
227 Dazu auch bei *Koebel* NJW 1967, 535.
228 OLG München, RPfleger 1956, 30 (Einrede der Unzuständigkeit); KG, MDR 1957, 366 (Einrede der Rechtshängigkeit).
229 Dazu *Schneider* JurBüro 1969, 1029.
230 OLG Bamberg, JurBüro 1962, 689.
231 OLG Nürnberg, JurBüro 1964, 684; OLG Frankfurt/Main, MDR 1982, 411 = RPfleger 1982, 157.

des Klägers an der Erleichterung und Begründung seines Zahlungsanspruchs.[232] In der Regel 1/4. des mutmaßlichen Zahlungsanspruchs.[233] Je nach den Umständen des Falles kann der Wert auch den der Hauptsache erreichen.[234]

Rechtsanwalt: Klage auf Unterlassung der Behauptung einer Veruntreuung von Mandantengeldern: (10 000 €).[235]

Rechtsmittel: Vgl. § 14 GKG.[236]

Renten: Maßgeblich ist § 9 ZPO, falls nicht § 17 GKG eingreift.

Richterablehnung: Vgl. „Ablehnung".

Rückerstattung nach § 717 ZPO: Der Wert kann nicht höher sein, als der des vorangegangenen Rechtsstreits. Zinsen und Kosten werden nicht hinzugerechnet.[237]

Rückkaufsrecht: Bei Klage auf Herausgabe auf Grund des Rückkaufsrechts gilt § 6 ZPO, bei Streit über den Bestand oder Inhalt des Rückkaufsrechts gilt § 3 ZPO.[238]

Schadensersatz: 24

- Bei einer *bezifferten Forderung* ist Streitwert der geforderte Betrag.
- Bei einer *unbezifferten Forderung* ist nach §§ 3, 287 ZPO zu schätzen.
- Bei *Wiederherstellung in natura* ist nach §§ 3, 6 ZPO zu bewerten.
- Bei Klage auf *Befreiung von Schadensersatzforderung*: Betrag, für den der Kläger in Anspruch genommen wird.[239]
- Bei Klage auf *Ersatz künftigen Schadens*: Der nach § 3 ZPO zu schätzende voraussichtliche Schaden, der bei Feststellungsklagen um etwa 20% zu mindern ist.[240]
- Klage, bei der die *Höhe des Anspruchs in das Ermessen* des Gerichts gestellt wird. Vgl. oben, § 11, Rn. 17.

Scheidungsfolgesachen: Vgl. § 12, Rn. 25.

Schiedsgerichtsverfahren:

- *Aufhebung eines Schiedsspruchs*: Betrag des Verfahrens ohne Zinsen und Nebenforderungen.[241]
- *Vollstreckbarkeitserklärung*: Streitwert des Schiedsspruchs bzw. Schiedsvergleichs.

Schmerzensgeld: Vgl. unter „Schadensersatz".[242] In der Regel die ausdrücklichen Vorstellung des oder der sich aus dem Klägervortrag zu bewertenden Betrages[243] als Mindest-

232 BGH, RPfleger 1959, 110.
233 OLG Köln, VersR 1976, 1154.
234 BGH, MDR 1962, 564; LG Landau, ZMR 1990, 21.
235 OLG Schleswig, JurBüro 2002, 316.
236 Dazu *Märten* Die Streitwertbemessung bei nachträglicher Rechtsmittelbeschränkung, 1981.
237 *Hartmann* § 12, Anh I Rn. 94.
238 OLG Nürnberg, JurBüro 1963, 110.
239 BAG, NJW 1960, 1173.
240 Vgl. dazu etwa BGH, NJW-RR 1991, 509 = WM 1991, 657 und bei *Schneider* Streitwert Rn. 3937 ff.
241 BGH, NJW 1957, 103; OLG Köln, KTS 1970, 52.
242 Vgl. auch die zahlreichen Nachweise bei *Hartmann* § 12, Anh. I Rn. 99 ff.
243 OLG Zweibrücken, JurBüro 1998, 260.

betrag. Wenn das Gericht tatsächlich einen höheren Betrag zuspricht, dann der letztlich zuerkannte Betrag.

Selbständiges Beweisverfahren:

- *Während des Prozesses:* Streitwert des Prozesses, soweit Gegenstand des Beweisverfahrens zum Streitgegenstand der Hauptsacheklage wird[244] bzw. des Beweisgegenstandes.[245]
- *Isoliertes selbständiges Beweisverfahren:* Sehr strittig. Die Rspr ist schwankend und noch stark im Fluß. Die vertretenen Ansichten gehen vom vollen Wert des Beweisgegenstandes bis zu einem Bruchteil davon aus, wobei auch die Durchsetzbarkeit des Hauptanspruchs vom selbständigen Beweisverfahren abhängt. Überzeugend ist wohl die Ansicht, die auf einen Bruchteil des Beweiswertes (1/3.–1/2.) abstellt. Vgl. auch „Beweisverfahren".

Sicherheitsleistung nach §§ 108 ff. ZPO: Streitwert der Hauptsache, nicht der der Kosten.[246]

Sicherstellung von Forderungen: § 6 ZPO und unten „Vormerkung".

Sicherungseigentum: Wegen enger Verwandtschaft mit dem Pfandrecht ist § 6 ZPO anwendbar. Bei Klage auf Rückübertragung deshalb Wert der gesicherten Forderung, wenn dieser geringer ist, als der Wert der Sache.[247] Ebenso bei Klage auf Rückzahlung des Darlehens und Herausgabe der sicherungsübereigneten Sache.[248]

Siedlungsrecht: Interesse des Berechtigten.[249]

Sparbuch: Vgl. „Urkunde".

Straffestsetzungsverfahren: Vgl. „Ordnungsgeld".

Streitgenosse: Es findet keine Addition statt, soweit es wirtschaftlich um einen Gegenstand geht.[250] Vgl. auch „Nebenintervention".

Streithilfe: Vgl. „Nebenintervention".

Streitwertbeschwerde: Unterschiedsbetrag zwischen dem festgesetzten und dem begehrten Betrag.

Stufenklage: Vgl. „Auskunft", „Rechnungslegung". Maßgeblich ist das Interesse des Klägers[251] nach dem höchsten Anspruch[252] (§ 18 GKG).[253]

25 **Tankstellenvertrag:** In der Regel wird man hier von einem Pachtvertrag iS v. § 16 GKG auszugehen haben, auch wenn der Pachtzins in Form von Umsatzbeteiligung (mit)ent-

244 OLG Koblenz, NJW-RR 2000, 1239 = MDR 2000, 669.
245 OLG Koblenz, BB 1985, 2202.
246 BGH, NJW 1962, 345 = JurBüro 1962, 113; OLG Hamburg, MDR 1974, 53.
247 BGH, NJW 1959, 939; OLG Koblenz, MDR 1968, 334.
248 OLG Frankfurt/Main, MDR 1962, 60 = JurBüro 1962, 228.
249 BGH, MDR 1973, 40 = RPfleger 1972, 398.
250 OLG Karlsruhe, MDR 1991, 353 m. N.
251 BGH, NJW 1964, 2061.
252 Vgl. etwa OLG Stuttgart, FamRZ 1990, 74.
253 Dazu auch bei *Hartmann* § 12, Anh. I Rn. 108 ff. m. N.

richtet wird. Der Streitwert ist sonach nach § 16 GKG und nicht nach § 9 ZPO zu berechnen.[254]

Teilklage: Maßgebend ist der geforderte (Teil)anspruch.

Teilstreitwert: Vgl. § 21 GKG.

Teilungsversteigerung: Streitwert ist nach § 3 ZPO zu ermitteln. Der Wert bestimmt sich nach dem Gebot abzüglich des Eigenanteils. Im übrigen vgl. „Zwangsversteigerung", „Drittwiderspruchsklage".

Teilzeitanspruch: § 12 Abs. 7 S 2 ArbGG.[255] Klage nach dem TzBfG v. 21. 12. 2000 (BGBl. I, S. 1966) auf Herbsetzung der Arbeitszeit 2 Monatseinkommen.[256]

Testament: Vgl. „Erbschaft".

Testamentsvollstrecker: s. „Erbschaft". Rechtsstreit um Bestehen der Testamentsvollstreckung ist vermögensrechtlich.[257] Streitwert ist nach §§ 3 ZPO, 12 Abs. 1 GKG zu bestimmen, wobei das objektive Amtsinteresse maßgebend ist. Dieses ist mit einem Bruchteil des Nachlasses (maximal die Hälfte) zu bewerten.[258]

Trennung von Verfahren: Vom Zeitpunkt der Trennung in mehrere Prozesse ist der Einzelwert eines jeden Prozesses zu bestimmen. Vgl. auch § 11, Rn. 20.

Treuhänder: Antrag auf Einsetzung ist gemäß § 3 ZPO nach dem Erfolg, den diese Maßnahme für den Kläger haben soll, zu bewerten.[259]

Überbau: Bei Klage auf Beseitigung ist maßgebend die Wertminderung, die das Grund- **26**
stück des Klägers durch den Überbau erleidet.[260] Das gilt auch im einstweiligen Verfügungsverfahren.[261]

Übereignung: Vgl. „Herausgabe". Maßgebend ist der Wert der Sache, § 6 ZPO.

Übergabe einer Sache: § 6 ZPO.

Überweisung einer Forderung: § 6 ZPO, maximal der Wert des Pfandrechts.

Umlegungsverfahren: Vgl. „Baulandsachen", oben Rn. 8.

Umweltschutz: Interesse des Klägers,[262] das je nach Begründung der Klage nach § 3 ZPO oder nach § 12 Abs. 2 GKG zu bewerten ist.[263]

Unbezifferter Antrag: Vgl. § 11, Rn. 17.

Unfall: Verschiedenartige Ansprüche sind zu addieren. Bei eingeschränktem Antrag

254 Vgl. dazu auch *Schalhorn* JurBüro 1974, 169. Dazu auch bei *Schneider* Streitwert Rn. 4293, 4294.
255 *Kliemt* NZA 2001, 63. A. M. *Ennemann* NZA 2001, 1190 (§ 3 ZPO).
256 LAG Düsseldorf, JurBüro 2002, 144; LAG Berlin, MDR 2001, 636.
257 OLG Schleswig, JurBüro 1966, 152.
258 OLG Schleswig, JurBüro 1966, 152; *Schneider* Streitwert Rn. 4323.
259 OLG Hamm, RPfleger 1956, 140.
260 BGH, NJW-RR 1986, 337 = JurBüro 1986, 910; OLG Frankfurt/Main, JurBüro 1959, 169; LG Bayreuth, JurBüro 1970, 437 m. Anm. v. *Mümmler*; LG Bayreuth, JurBüro 1985, 441.
261 OLG Frankfurt/Main, JurBüro 1962, 365.
262 Vgl. *Roth* NJW 1972, 925.
263 Vgl. auch *Hartmann* § 12, Anh. I Rn. 115.

(„sofern Ansprüche nicht auf Sozialversicherungsträger übergegangen sind“) sind übergegangene Anträge abzuziehen.[264]

Unlterer Wettbewerb: Vgl. „Unterlassung“.

Unterhalt:

- *gesetzliche Unterhaltspflicht:* § 17 GKG.
- *andere Unterhaltspflichten:* § 9 ZPO. Nur ein eindeutig auf den nicht freiwillig gezahlten Spitzenbetrag beschränkter Antrag begrenzt den Wert darauf.[265]
- *ungewolltes Kind:* Anspruch der Eltern auf Ersatz ihrer Unterhaltsaufwendungen § 9 ZPO,[266]
- *Unterhaltsgeld nach § 153 SGB III:* erhöht die finanzielle Leistungsfähigkeit der Familie und wirkt sich als originäre Leistung entsprechend streitwerterhöhend im Rahmen des § 12 Abs. 2 aus.[267]

Unterlassung:

- *Allgemeine Geschäftsbedingungen:* § 12 Abs. 1 S 2 GKG. Maßgeblich ist das Interesse des Klägers, wobei je angegriffene Klausel 1 500 – 2 500 € eingesetzt werden können.[268]
- *Beleidigung, Ehre:* § 12 Abs. 2. Vgl. dort, Rn. 31.
- *Besitz und Eigentum:* § 3 ZPO. Maßgeblich ist die Wertminderung, die der Kläger durch die Störung erleidet.[269]
- *Ehestörung:* Keine Ehesache, so daß Streitwert nach dem Interesse des Klägers auch unter 2 000 € liegen kann.[270]
- *Ehre:* Vgl. Beleidigung.
- *Gewerblicher Rechtsschutz:* Beeinträchtigung des Rechts des Klägers, idR seine voraussichtliche Umsatzschmälerung.[271]
- *Mehrere gleichgerichtete Ansprüche gegen verschiedene Beklagte:* Auszugehen ist vom höchsten Interesse eines Klägers, für jeden weiteren Kläger ein Zuschlag, der seinem Interesse, ggf. selbständig zu vollstrecken entspricht.[272]
- *Mietvertrag:* Unterlassungsklage aufgrund eines Mietvertrages ist keine Mietsache, so daß § 3 ZPO und nicht § 16 GKG gilt.[273]
- von *Werbesendungen* per Telefax.[274]
- *Wettbewerbsstreitigkeiten:* Festsetzung des Streitwertes hat keinen Sanktionscharakter, so daß besonders grobe Verstöße oder Rücksichtslosigkeit einer Partei auf den Streitwert keinerlei Einfluß haben.[275]

264 BGH, VersR 1961, 887.
265 OLG Bamberg, JurBüro 1992, 625.
266 BGH, NJW 1981, 1318.
267 OLG Karlsruhe, NJW-RR 1999, 306.
268 Vgl. *Bunte* DB 1980, 358.
269 OLG Köln, JurBüro 1990, 246.
270 Vgl. bei *Schneider* Streitwert Rn. 4498 ff.
271 Vgl. z. B. OLG Karlsruhe, MDR 1980, 59 und bei *Schneider* Streitwert Rn. 1970 ff.
272 KG, NJW-RR 2000, 285.
273 LG Hannover, WoM 1985, 128.
274 AG Siegburg, JurBüro 2002, 422.
275 OLG Bremen, OLG-Report Bremen/Hamburg/Schleswig-Holstein 1997, 363.

- *Widerruf*: Antrag auf Widerruf ist regelmäßig nicht geringer zu bewerten als der auf Unterlassung. Wird neben Unterlassung Widerruf begehrt, sind jeweils gesonderte Streitwerte zu bestimmen und zu addieren.[276]
- *Zwangsvollstreckung*, Unzulässigkeit der: Streitwert ist unter Berücksichtigung des § 4 ZPO zu bemessen.[277] Zu zahlende Zinsen und Kosten bleiben außer Betracht.

Urkunde:

- *Herausgabe von Wertpapieren:* Kurswert.[278]
- *Herausgabe von Beweisurkunden:* Interesse des Klägers am Besitz der Urkunde.[279]
- *Streit um Vorlegung zur Einsichtnahme:* Das nach § 3 ZPO zu bewertende Interesse des Klägers, das mit 1/4 des Hauptsachewertes angenommen werden kann.[280] Das gleiche gilt auch für Wechselurkunden, Sparkassenbücher u. ä.

Urteilsberichtigung: Interesse des Beschwerdeführers, das den Wert der Hauptsache erreichen kann.[281]

Valuta: Bei ausländischer Währung ist maßgebend der Kurswert bei Beginn der Instanz, 27
sofern nicht der Kurswert bei Beendigung der Instanz höher ist.

Vaterschaft: Vgl. „Abstammung"; „Unterhalt".

Verbandsklagen: Ausschließlich Interesse der Allgemeinheit an der Beseitigung der gesetzwidrigen Bestimmung, wenn es um Klagen gemeinnütziger Vereinigungen geht,[282] sonst das Interesse des Klägers.[283]

Verein:

- *wirtschaftlicher Verein:* Verfolgt der Verein wirtschaftliche Zwecke, ist der Streit vermögensrechtlich. Der Wert wird bestimmt durch das wirtschaftliche Interesse.
- *Idealverein:* Stehen keine eigenen wirtschaftlichen Interessen im Streit, dann handelt es sich um eine nichtvermögensrechtliche Streitigkeit, § 12 Abs. 2 GKG. Der Streitwert ist unter Berücksichtigung der gesamten Umstände des Einzelfalles zu bestimmen.[284]

Vergleich:[285] Der Wert des Vergleichs richtet sich danach, worüber der Vergleich geschlossen, d. h. welcher Streit beigelegt wurde.[286] Es ist idR der Betrag, auf den sich die Parteien verglichen haben[287] bzw. das zu bewertende Interesse. Es ist nicht zulässig, den Wert von

276 OLG Celle, WRP 1969, 382.
277 BGH, MDR 1968, 662 = NJW 1968, 1275 = JurBüro 1968, 885.
278 OLG Köln, JurBüro 1971, 713.
279 KG, JurBüro 1970, 794; OLG Nürnberg, MDR 1969, 1012.
280 OLG Köln, MDR 1983, 321.
281 OLG Frankfurt/Main, JurBüro 1980, 1893.
282 BGH, NJW-RR 2001, 352; *Oe/Wi/He* Streitwert 7 Rn. 17 „Verbandsklagen" m. w. N.
283 BGH, NJW 1967, 2402 = MDR 1967, 987; *Oe/Wi/He* Streitwert 7 Rn. 17 „Verbandsklagen".
284 OLG Frankfurt/Main, JurBüro 1985, 1083.
285 Dazu im einzelnen bei *Schneider* RPfleger 1986, 81 und MDR 1990, 682 sowie Streitwert Rn. 4559 ff.
286 Vgl. z. B. OLG Bamberg, JurBüro 1984, 254.
287 OLG Schleswig, JurBüro 1955, 192; OLG Hamburg, FamRZ 1987, 184.

Vergleichen künstlich niedrig zu halten.[288] Geht der Streit aber allein um die Rechtswirksamkeit eines Prozeßvergleichs, ist nur das Interesse des Klägers an der Wirksamkeit des Vergleichs zu nehmen, solange der ursprüngliche Prozeß nicht im Nachverfahren weitergeführt wird.[289] Ist im Kostenfestsetzungsverfahren der Streitwert zu bestimmen, führt der Vergleich – anders als für die Rechtsanwaltsgebühren – nicht zu einer Erhöhung des Streitwerts.[290]

Vergleichsverfahren: s. Vorbem. vor § 35, Rn. 2.

Verkehrswert: Der im freien Verkauf zu erzielende Wert.

Verlustigkeitserklärung: § 515 ZPO: Betrag der Kosten, die in der Rechtsmittelinstanz bis zum Antrag nach § 515 ZPO entstanden sind.:[291]

Vermögensabgabe: Zeitwert der Vermögensabgabe, nicht § 9 ZPO.

Veröffentlichungsbefugnis: Vgl. „Unterlassung". Wert ist neben der Unterlassungs- oder Schadensersatzklage besonders zu berechnen.[292]

Versicherung:[293]

- *Deckungsprozeß:* Anwendbar sind die §§ 3, 9 ZPO.[294]
- *Leistung:* Der geforderte Betrag, begrenzt durch die Versicherungssumme.
- *Feststellung:* Interesse des Klägers. Bei Klage auf Feststellung des Fortbestandes 3 1/2-faches Jahresprämienaufkommen.[295] Ebenso bei Klage auf künftige Beitragsbefreiung.[296]

Versorgungsausgleich: § 17a GKG.

Verteilungsverfahren: Wert der Verteilungsmasse einschließlich der Zinsen und Kosten. Bei Widerspruch gegen den Teilungsplan ist maßgebend der Wert des Interesses des Klägers.[297]

Vertrag: Bei Klage auf Feststellung der Nichtigkeit ist Streitwert der Wert der Leistung, von dem der Kläger freigestellt werden will.[298]

Verzugszinsen: Wenn sie selbständig eingeklagt werden, ist deren Wert nach § 3 ZPO zu berechnen.[299]

Vollstreckbarerklärung eines ausländischen Titels: Der nach deutschem Recht zu bestimmende Wert des Titels ohne Zinsen und Kosten.

288 OLG Köln, JurBüro 1961, 292.
289 OLG Bamberg, JurBüro 1998, 541.
290 LAG Köln, MDR 1999, 121.
291 BGHZ 15, 394; OLG Schleswig, JurBüro 1956, 190; OLG Koblenz, JurBüro 1983, 558. Vgl. aber auch bei *Schneider* Streitwert Rn. 4737 ff.
292 OLG Hamburg, MDR 1977, 142.
293 Vgl. *Schneider* Streitwert Rn. 4751 ff.
294 BGH, NJW 1974, 2128 und NJW 1982, 1399 m. N.
295 OLG Köln, MDR 1996, 1194 = JurBüro 1996, 598.
296 OLG München, JurBüro 2000, 416.
297 OLG Bamberg, JurBüro 1991, 1691.
298 OLG Saarbrücken, AnwBl. 1978, 467.
299 BGHZ 36, 147.

Vollstreckungsabwehrklage:[300] Maßgebend ist der Umfang der Ausschließung von der Zwangsvollstreckung.[301]

Vollstreckungsklausel: Wert des beigetriebenen Anspruchs.[302]

Vollstreckungsschutz im Verfahren nach §§ 765a, 813a ZPO: Interesse des Klägers.[303]

Vorbehaltseigentum: Vgl. „Herausgabe", § 6 ZPO.

Vorbereitender Anspruch: Vgl. „Herausgabe", „Stufenklage".

Vorkaufsrecht: Interesse des Klägers an der Feststellung des Bestehens des Rechts.[304] Bei Klage auf Herausgabe aufgrund des Vorkaufsrechts ist der Wert nach § 6 ZPO zu bestimmen.

Vormerkung: Streitwert der Klage auf Eintragung oder Löschung ist nach § 3 ZPO zu bestimmen. Ihr Wert beträgt einen Bruchteil des vorzumerkenden Rechts.[305]

Vormundschaftliche Genehmigung: Vgl. „Genehmigung".

Wahlschuld: **28**

- *Wahlrecht des Klägers:* Wert der vom Kläger gewählten Leistung, im Zweifel der der höheren.
- *Wahlrecht des Beklagten:* Der niedrigere Wert.

Währung: Vgl. „Valuta".

Wandlung: Nach § 3 ZPO zu schätzender Wert des Rechtsverhältnisses, idR Wert der Forderung. Wird aufgrund der Wandlung Herausgabe der Sache verlangt, ist deren Wert maßgebend, § 6 ZPO. Wird Rückzahlung des Kaufpreises verlangt, ist der geforderte Betrag anzusetzen.

Warenzeichen: Vgl. „Unterlassung".

Wärmelieferungsvertrag: Interesse des Klägers ist nach § 3 ZPO zu schätzen, § 8 ZPO ist unanwendbar.[306]

Wechsel: Eingeklagte Wechselsumme ohne Zinsen und Kosten. Bei Streit um Herausgabe des Wechsels ist das Interesse des Klägers nach § 3 ZPO zu bestimmen.[307] Vgl. auch „Urkunde".

Wegerecht: Bodenwert der beanspruchten Grundstücksfläche.[308]

Wegnahme: Wert der Sache.[309] Vgl. auch „Herausgabe".

300 Dazu bei *Hartmann* § 12, Anh. I Rn. 133 und *Schneider* Streitwert Rn. 4907ff, jeweils m. w. N.
301 BGH, NJW-RR 1988, 444; OLG Hamm, RPfleger 1991, 387.
302 OLG Köln, RPfleger 1969, 247. Vgl. auch OLG Köln, MDR 1980, 852.
303 AG Hannover, NdsRPfl. 1970, 177.
304 BGH, JurBüro 1957, 224.
305 OLG Schleswig, JurBüro 1971, 538 (1/2); OLG Koblenz, AnwBl. 1974, 27 (1/3); OLG Bremen, AnwBl. 1976, 441 (9/10).
306 BGH-RR 1989, 381.
307 LG Kiel, JurBüro 1964, 212.
308 OLG Frankfurt/Main, JurBüro 1970, 435.
309 KG, RPfleger 1971, 227.

Weiterbeschäftigungsanspruch: Im Kündigungsschutzverfahren zusätzlich mit 1 Bruttomonatsgehalt.[310]

Wertpapier: Vgl. „Herausgabe", „Urkunde".

Wertsicherungsklausel: Interesse des Klägers an der Klausel, nach § 3 ZPO zu schätzen.[311]

Wettbewerb: Vgl. „Unterlassung".

Widerklage: Vgl. § 19 GKG.

Widerruf: Vgl. § 12, Rn. 31 und „Ehre", „Unterlassung". Maßgeblich ist § 3 ZPO.[312]

Widerspruchsklage:

- *nach § 771 ZPO:* S. „Drittwiderspruchsklage". Maßgebend ist Höhe der gepfändeten Forderung ohne Zinsen und Kosten.
- *nach § 773 ZPO:* Gesamtwert der Leistung.
- *nach § 180 ZVG:* Wert ist nach § 3 ZPO zu schätzen.[313]

Wiederaufnahmeverfahren: Streitwert des angefochtenen Urteils, so-weit dieses beseitigt werden soll,[314] ohne Kosten des Vorverfahrens und Zinsen.[315]

Willenserklärung: Interesse des Klägers an der Abgabe.[316] Bei einer Abgabe zur Einkommenssteuererklärung z. B. der Wert des erstrebten Steuervorteils.[317]

Wohnrecht: Der Wert ist nach § 7 ZPO und nicht nach § 3 ZPO zu bestimmen.[318]

Wohnungseigentum: Bei Streit um Entziehung ist das Interesse des Klägers am Eigentumswechsel maßgebend, idR der objektive Verkehrswert.[319] Bei einem Streit um Herausgabe des Wohnungseigentums ist der Verkehrswert maßgebend.[320]

29 **X, Y**

30 **Zeugnis:** Der arbeitsrechtliche Anspruch richtet sich nach § 3 ZPO. Richtlinie ist die Höhe eines Monatslohns.[321]

Zeugnisverweigerungsrecht: Bei vermögensrechtlichen Streitigkeiten ist maßgebend § 3 ZPO, bei nichtvermögensrechtlichen Sachen ist § 12 Abs. 2 GKG einschlägig. Bei der Bewertung ist jeweils der Wert der Hauptsache mit zu berücksichtigen.[322]

310 LAG Nds., NZA-RR 2001, 495.
311 OLG Bamberg, JurBüro 1962, 689.
312 OLG Celle, NdsRpfl. 1970, 207.
313 BGH, FamRZ 1991, 547.
314 BGH, AnwBl. 1978, 260.
315 OLG Hamburg, MDR 1969, 228.
316 KG, WoM 1992, 323; OLG München, AnwBl. 1988, 645.
317 OLG Düsseldorf, JurBüro 1995, 254.
318 *Hartmann* § 12, Anh. I Rn. 140.
319 BayObLG WoM 1990, 95.
320 BGH, WM 1967, 662.
321 Vgl. etwa LAG Köln, JurBüro 1992, 24 m. w. N.
322 KG, NJW 1968, 1937.

Zinsen: § 4 ZPO, § 22 GKG. Soweit Zinsen zur Hauptforderung werden, gilt § 3 ZPO und nicht § 9 ZPO.[323]

Zug-um-Zug: Vgl. § 11, Rn. 26.

Zugewinn: Der begehrte Betrag bzw. Interesse des Klägers am vorzeitigen Zugewinn.[324]

Zukunftsschaden: Vgl. „Schadensersatz".

Zurückbehaltungsrecht: Vgl. § 11, Rn. 26.

Zustimmung: Vgl. „Willenserklärung".

Zwangsvollstreckung: Grundsätzlich ist der Wert der beizutreibenden Forderung ohne Zinsen und Kosten maßgebend.[325]

- *Erwirkung einer Handlung oder Unterlassung:* Wert der Durchführung für den Gläubiger,[326] idR dem Wert der Hauptsache gleichstehend.
- *Einstellung, Beschränkung, Aufhebung:* Der Rest der titulierten Schuld[327] ohne Zinsen und Kosten.
- *Vollstreckungsklage:* Wert des zu vollstreckenden Anspruchs.
- *Unzulässigkeit:* Höhe des gesamten (Teils) des Zahlungsanspruchs, der vollstreckt werden soll.[328]

Zwischenfeststellungsklage: Vgl. „Feststellungsklage".

Zwischenstreit: Wert ist nach der Bedeutung der Aussage des Zeugen für die Hauptsache zu schätzen.[329]

§ 4 ZPO
Zeitpunkt, Nebenforderungen

(1) Für die Wertberechnung ist der Zeitpunkt der Einreichung der Klage, in der Rechtsmittelinstanz der Zeitpunkt der Einlegung des Rechtsmittels, bei der Verurteilung der Zeitpunkt des Schlusses der mündlichen Verhandlung, auf die das Urteil ergeht, entscheidend; Früchte, Nutzungen, Zinsen und Kosten bleiben unberücksichtigt, wenn sie als Nebenforderungen geltend gemacht werden.

(2) Bei Ansprüchen aus Wechseln iS des Wechselgesetzes sind Zinsen, Kosten und Provisionen, die außer der Wechselsumme gefordert werden, als Nebenforderungen anzusehen.

323 BGH, BB 1981, 1491.
324 Im einzelnen dazu bei *Schneider* Streitwert Rn. 5135 ff. m. N.
325 Im einzelnen dazu bei *Hartmann* § 12, Anh. I Rn. 144 ff.
326 BayObLGZ 1988, 444.
327 OLG Koblenz, JurBüro 1991, 109.
328 BGH, NJW 1962, 806.
329 KG, NJW 1968, 1937 (str. Vgl. dazu bei *Schneider* Streitwert Rn. 5200, 5201).

1 Die Vorschrift regelt, soweit §§ 14, 15, 22 GKG, 8 BRAGO nicht als leges speciales vorgehen, den für die Wertberechnung maßgeblichen Zeitpunkt. Außerdem stellt sie klar, welche Nebenforderungen bei der Berechnung des Streitwertes unberücksichtigt zu bleiben haben.

2 Für die Bestimmung des Kostenstreitwertes ist maßgebend der Zeitpunkt der **Einreichung der Klage oder der Rechtsmittelschrift.** Das gilt grundsätzlich auch für Ehesachen.[1] Welcher Streitwert sich aus den Anträgen des Rechtsmittelklägers ergibt, ist nach §§ 14, 15 GKG zu bestimmen. Soweit das Verfahren nicht durch eine Klage eingeleitet wird, ist der Zeitpunkt der Einreichung des Antrags maßgebend, durch den das Verfahren in Gang gesetzt wird. Bei einer Klage auf wiederkehrende Leistungen werden die nach der Klageerhebung fällig gewordenen Beträge – gleichviel, ob sie beziffert sind oder nicht – in keiner Instanz streitwertmäßig selbständig berücksichtigt.[2] Bei einem Übergang von der Feststellungs- zur Leistungsklage sind die bis zur Erhebung der Leistungsklage erwachsenen Rückstände mitzurechnen.[3],[4]

3 **Einreichung der Klage oder des Antrags:** Die **Klage** oder der einer Klage gleichstehende Antrag ist eingereicht, wenn der Schriftsatz bei dem Gericht eingegangen oder ein Antrag zu Protokoll des Gerichts genommen ist, nicht der Zeitpunkt der Zustellung an den Gegner. Unerheblich ist es, ob die Klage oder der Antrag bei der Einreichung mangelhaft war oder ob das Gericht überhaupt zuständig ist. Bei der **Berufung** ist der Zeitpunkt des Eingangs der Berufungsschrift maßgebend (§ 15 GKG). Das gilt auch für die **Revision.**[5] Soweit die Revision aber wertabhängig ist, ist maßgebend der Zeitpunkt des Berufungsurteils, weil anders die Beschwer des Revisionsführers nicht beurteilt werden kann.[6]

4 **Verurteilung:** Es kommt auf den Schluß der letzten mündlichen Verhandlung an. Wenn eine solche nicht stattgefunden hat, tritt an deren Stelle der Ablauf der Frist nach § 128 Abs. 2 S 2, Abs. 3 S 2 ZPO.

5 **Eine Verbindung oder Trennung von Verfahren** kann gerichtskostenmäßig nur für die Zukunft wirken. Maßgebend für die evtl. Neubestimmung des Streitwertes der einzelnen Verfahren ist der Zeitpunkt des Erlasses des Verbindungs-/Trennungsbeschlusses.

6 **Nebenforderungen** sind aus dem Hauptanspruch abgeleitete Forderungen, die in demselben Verfahren mit dem Hauptanspruch geltend gemacht werden.[7] Sie sind dann für die Bestimmung des Streitwertes unbeachtlich. Werden sie indessen in einem gesonderten Prozeß eingeklagt oder sind sie nach Erledigung des Hauptsacheanspruchs der alleinige Streitgegenstand geworden, ist ihr Streitwert maßgebend.[8] Sie sind auch dann dem Streitwert der Hauptsache hinzurechnen, wenn sie neben dem Hauptanspruch geltend gemacht werden, **es sei denn, daß es sich um Früchte, Nutzungen, Zinsen oder Kosten**

1 KG, RPfleger 1962, 155 (L) und oben, § 12 Rn. 31.
2 BGH, NJW 1960, 1459 = JurBüro 1960, 351; OLG Frankfurt/Main, RPfleger 1955, 209.
3 BGHZ 2, 112 (L); NJW 1953, 104.
4 BGH, VersR 1974, 605.
5 BGH, VersR 1982, 591.
6 Vgl. auch bei *Hartmann* § 12, Anh. I, § 4 Rn. 4.
7 OLG Bamberg, JurBüro 1976, 344; OLG Celle, MDR 1988, 414; OLG Schleswig, Rpfleger 1982, 301.
8 BGH, LM § 15 GKG Nr. 1; BGHZ 26, 175.

handelt. Derartige hinzurechnende Nebenforderungen können z. B. sein: Mit der Klage geforderter Zubehör einer Sache, Futterkosten, Lagergeld, Frachten, Hinterlegungskosten wie überhaupt alle als Nebenforderung geltend gemachten Schäden sowie ziffernmäßig genannte Kosten[9] oder auf die Hauptforderung entfallende Mehrwertsteuer, während die auf die als nicht hinzurechnende Nebenforderung geltend gemachten Zinsen und Mehrwertsteuer außer Betracht zu bleiben haben.[10]

Früchte (§ 99 BGB), **Nutzungen** (§ 100 BGB) und **Zinsen** bleiben unberücksichtigt, und 7
zwar unabhängig davon, ob es sich um gesetzliche oder vertragliche Zinsen handelt. Verzugszinsen aus der Hauptforderung sind auch dann nicht zu berücksichtigen, wenn die Verzugszinsen im Klagantrag ausgerechnet sind und mit der Hauptforderung in einem einheitlichen Forderungsantrag zusammengefaßt worden sind.[11] Zinsen sind auch dann der Hauptforderung nicht zuzuschlagen, wenn sie unter dem Gesichtspunkt des Schadensersatzes geltend gemacht werden.[12] Allerdings verliert eine Zinsforderung ihre Eigenschaft als Nebenforderung, wenn und soweit sie nach Erledigung der Hauptsache als Hauptforderung weiterverfolgt wird. Soweit **Hinterlegungszinsen** gefordert werden, handelt es sich nicht um Nebenforderungen, so daß diese dem Hauptantrag zuzuschlagen sind.[13]

Kosten: Sie sind neben dem Hauptanspruch auch dann als nicht hinzuzurechnende 8
Nebenforderung zu betrachten, wenn der Kläger sie in dem bezifferten Hauptanspruch eingerechnet hat.[14] Sie werden erst dann zu einem Hauptanspruch, wenn sie nach Erledigung aller Hauptansprüche noch als Streitgegenstand verbleiben.[15] Gemeint sind allerdings nur die vor Klageerhebung oder vor der sonstigen Einleitung des Verfahrens entstandenen Kosten,[16] wie z. B. die Kosten eines Privatgutachtens, „Bearbeitungsgebühren“,[17] eines Vorprozesses,[18] einer Kündigung, Untersuchungskosten für die Beschaffenheit der Ware, Mahnkosten, Inkassokosten[19] u. ä. Sie bleiben stets Nebenforderung, auch wenn sie sich auf einen bereits erledigten Teil der Hauptsache beziehen.[20] Nicht zu den Kosten iS des § 4 ZPO zählen z. B. Kosten, die in einem ausländischen Urteil allein oder neben der Hauptforderung genannt sind[21] oder Steuersäumniszuschläge. Sie dem Streitwert zuzuschlagen.

Bei Ansprüchen aus Wechseln bleiben Zinsen, Kosten und Provisionen selbst dann 9
außer Betracht, wenn es sich um eine Regreßklage handelt, mit der die an den Nachmann gezahlten Beträge an Hauptsache, Zinsen, Provision und Kosten geltend gemacht werden.

9 BGH, RPfleger 1959, 111. Vgl. dazu im einzelnen bei *Hartmann* § 12, Anh. I, § 4 ZPO Rn. 10–12 m. N.
10 BGH, NJW 1977, 583 (L) = JurBüro 1976, 1629.
11 BGH, NJW 1956, 830 (L); OLG Köln, JurBüro 1980, 578; OLG Bamberg, JurBüro 1978, 1549.
12 BGH, VersR 1957, 244.
13 BGH, NJW 1967, 930 (L) = MDR 1967, 280 = JurBüro 1967, 395.
14 BGH, NJW-RR 1988, 1199 m. N.
15 OLG Köln, GRUR 1985, 459.
16 OLG Bamberg, JurBüro 1976, 344; OLG München, BB 1988, 1843.
17 OLG Köln, VersR 1974, 605 (L).
18 OLG Bremen, RPfleger 1957, 274 (L).
19 OLG Saarbrücken, JurBüro 1977, 1277.
20 BGH, RPfleger 1955, 12, OLG München, VersR 1974, 605 (L); OLG Koblenz, JurBüro 1974, 1144.
A. A. OLG Hamm, RPfleger 1973, 101 (L); OLG Köln, VersR 1974, 605 (L).
21 BGH, LM Nr. 7 zu § 4 ZPO.

Gleichgültig ist hier auch, ob die Geltendmachung im Wechselprozeß oder im ordentlichen Verfahren erfolgt, sofern es sich nur um einen Anspruch aus einem Wechsel iS des Wechselgesetzes handelt. Wird dagegen aus dem Grundgeschäft geklagt, z. B. eine Schadensersatz- oder Bereicherungsklage erhoben, ist § 4 Abs. 1 ZPO anwendbar.

10 § 4 Abs. 2 ZPO gilt sinngemäß auch für den **Scheckprozeß.**

§ 5 ZPO
Wert bei mehreren Ansprüchen

Mehrere in einer Klage geltend gemachte Ansprüche werden zusammengerechnet; dies gilt nicht für den Gegenstand der Klage und der Widerklage.

1 Die Bestimmung regelt die Berechnung des Streitwertes beim Zusammentreffen mehrerer Ansprüche in einem Verfahren. Für die Wertberechnung der **Gerichtsgebühren** ist nur der erste Halbsatz des § 5 über § 11 Abs. 2 S 1 GKG anwendbar, weil für Klage und Widerklage sowie für wechselseitige Rechtsmittel **§ 19 GKG eine Spezialregelung** getroffen hat (vgl. dort).

2 Die Bestimmung des § 5 ZPO gilt nicht nur für Klagen, sondern auch für **andere Verfahren** wie etwa Arrest oder einstweilige Verfügung. Sie ist auch anzuwenden, wenn in rechtlich unzulässiger Weise mehrere Ansprüche in einer Klage geltend gemacht oder Prozesse verbunden werden. Es spielt auch keine Rolle, ob die Häufung der Ansprüche auf Antrag einer Partei oder auf Anordnung der Prozeßverbindung durch das Gericht beruht.

3 **Weitere Sondervorschriften** für die Streitwertberechnung bei Anspruchshäufungen enthält das GKG im § 16 für Miet- und Pachtverhältnisse, § 17 für wiederkehrende Leistungen, § 18 für die Stufenklage, § 19 für Aufrechnung und Hilfsansprüche, § 19a für Scheidungs- und Scheidungsfolgesachen.[1]

4 Als **Grundsatz** des § 5 gilt, daß mehrere mit derselben Klage nebeneinander[2] geltend gemachte Ansprüche zusammenzurechnen sind. Andernfalls ist für eine Zusammenrechnung kein Raum. Es gilt dann der höhere Anspruch. Eine Zusammenrechnung kommt in Betracht sowohl bei Klagen mehrerer Kläger (Klägerhäufung)[3] als auch bei der Verfolgung mehrerer Ansprüche durch einen Kläger (subjektive oder objektive Klagehäufung, § 260 ZPO).[4] Dabei kommt es auf die materielle Rechtslage an und nicht darauf, wie die Klage begründet ist. So erfolgt z. B. bei einer Vollstreckungsgegenklage mit Antrag auf Löschungsbewilligung eine Addition der Werte.[5]

1 Vgl. dazu auch: *Frank* Anspruchsmehrheiten im Streitwertrecht, 1986; *Schneider* MDR 1973, 979; *Schumann* NJW 1982, 2800.
2 KG, RPfleger 1962, 155 (L).
3 BGH, VersR 1991, 330; OLG Celle, NdsRPfl. 1969, 111; LG Freiburg, JurBüro 1968, 406.
4 OBGH, VersR 1981, 157; OLG Koblenz, GRUR 1984, 909; OLG München, MDR 1993, 286.
5 OLG Düsseldorf, MDR 2000, 543 = JurBüro 2000, 310.

Voraussetzung für eine Zusammenrechnung ist aber stets, daß die verschiedenen Ansprüche auch einen **eigenständigen Wert** haben, mithin verschiedene Streitgegenstände betreffen.[6] So findet z. B. keine Zusammenrechnung statt, wenn mehrere Klagen vorliegen oder miteinander verbunden werden, die denselben Gesamtschuldanspruch betreffen,[7] oder wenn der eine Anspruch in dem anderen enthalten ist (z. B.: Widerspruchsklage nach § 771 ZPO, verbunden mit dem Antrag auf Feststellung des Eigentums an dem Gegenstand der Zwangsvollstreckung). Auch der Antrag auf Rückzahlung des beigetriebenen Betrages im Zuge einer Drittwiderspruchsklage begründet keinen eigenständigen Wert.[8] 5

In den Fällen der **Prozeßverbindung**[9] werden die bis zur Verbindung angefallenen Gebühren gesondert berechnet[10] (vgl. § 11, Rn. 20; § 19, Rn. 10). Das gilt auch für die allgemeine Verfahrensgebühr. Soweit nach der Verbindung Gebühren anfallen, die nicht schon vor der Prozeßverbindung aus den mehreren Ansprüchen erwachsen sind, ist für sie der zusammengerechnete Streitwert der mehreren Ansprüche maßgebend. 6

Erfolgt eine **Prozeßtrennung** (§ 145 ZPO), so wird von der Trennung an der Streitwert jeden Verfahrens selbständig gerechnet (vgl. § 11, Rn. 20, § 19 Rn. 11). Die Parteien können nicht einwenden, daß sie durch die Verfahrenstrennung mit höheren Kosten belastet worden seien, es sei denn, es liegt ein Fall der unrichtigen Sachbehandlung gem. § 8 GKG vor. 7

Nicht zusammenzurechnen sind auch mehrere Ansprüche, von denen nur die Erfüllung des einen oder es anderen begehrt wird (**Wahlschulden**). 8

Bei der Widerspruchsklage gegen mehrere Pfandgläubiger wegen derselben gepfändeten Sache sind die Werte der einzelnen Ansprüche gesondert zu berechnen und dann zu addieren, weil es sich um mehrere selbständige und voneinander unabhängige Ansprüche handelt. Ist aber der Wert des Pfandgegenstandes geringer als die Summe der zusammengezählten Ansprüche, dann ist ersterer maßgebend, § 6 S 2 ZPO. 9

Keine Zusammenrechnung von **Haupt- und Nebenanspruch** findet dann statt, wenn §§ 4 ZPO, 22 GKG anwendbar sind. Bezieht sich aber eine Handlung nur auf Nebenforderungen, sind deren Wert zusammenzuzählen, § 22 Abs. 2 GKG, mit Ausnahme der Kosten des betreffenden Rechtsstreits, die erst Streitgegenstand werden, wenn Haupt- und Nebenforderungen iS des § 4 ZPO, § 22 GKG erledigt sind. Auch bei der **Stufenklage** findet keine Zusammenrechnung statt. Hier ist stets der höhere der verbundenen Anträge maßgebend, § 18 GKG, sofern sich die Handlung nicht ausscheidbar auf den geringeren Wert bezieht. 10

Im Arbeitsgerichtsverfahren gilt dasselbe, soweit nicht die Bestimmung des § 12 ArbGG etwas anderes bestimmt.[11] So sind z. B. der Wert der Kündigungsschutzfeststellungsklage 11

6 BGH, AnwBl. 1976, 339; BGH, VersR 1981, 157; BGH, VersR 1991, 330.
7 OLG Nürnberg, RPfleger 1956, 298 (L).
8 OLG Schleswig, SchlHA 1958, 113; OLG Schleswig, JurBüro 1958, 426 und RPfleger 1962, 426 (L).
9 Vgl. dazu *Schneider* MDR 1974, 9.
10 Vgl. OLG Köln, VersR 1992, 518; OLG München, AnwBl. 1981, 155.
11 LAG Hamburg, MDR 1977, 525.

und einer Klage auf Gehaltsbezüge zusammenzurechnen.[12] Zu beachten ist hier auch, daß die Wertfestsetzung sachlichrechtlich zugleich eine Festsetzung des Beschwerdewertes der höheren Instanz abgibt.[13]

§ 6 ZPO
Wert bei Besitz- und Pfandrechten

Der Wert wird bestimmt durch den Wert einer Sache, wenn es auf deren Besitz und durch den Betrag einer Forderung, wenn es auf deren Sicherstellung oder ein Pfandrecht ankommt. Hat der Gegenstand des Pfandrechts einen geringeren Wert, so ist dieser maßgebend.

1 Die Vorschrift bestimmt den Streitwert für den Fall, daß der Besitz einer Sache streitig ist. Dazu gehört auch die Feststellung des Eigentums daran;[1] Eine Klage mit dem Ziel der Bestellung des Erbbaurechts[2] oder die Verfolgung eines Anspruchs auf Auflassung;,[3] die Sicherstellung einer Forderung oder ein Pfandrecht zählt ebenfalls hierzu. § 6 ZPO gilt nicht für einen Räumungsanspruch, wenn er wegen Beendigung eines Miet-, Pacht- oder ähnlichen Nutzungsverhältnisses erhoben wird, § 16 GKG, wobei es ausreicht, wenn nur der Beklagte sich darauf beruft (vgl. § 16, Rn. 5).[4] Klagt z. B. die in Scheidung lebende Ehefrau gegen ihren Mann auf Räumung und Herausgabe des Hauses, ist nicht § 6 ZPO, sondern § 16 GKG, § 21 HausrVO anwendbar, so daß der einjährige Nutzungswert als Streitwert gilt;[5] Das gilt auch, wenn eine Wohnungsbaugesellschaft auf Räumung und Herausgabe eines Eigenheims wegen Rücktritts vom Bewerbervertrag klagt[6] oder wenn der Streit um vorzeitige Besitzeinweisung nach dem BBauG geht (dann ist § 20 GKG anzuwenden);[7] Der Streitwert ist nicht nur nach den Angaben des Klägers, sondern nach freiem Ermessen des Gerichts (§ 3 ZPO, 12 Abs. 1 GKG) zu bemessen.[8]

2 **Besitz der Sache:** Hierunter fällt jede Art von Besitz, also Eigenbesitz, Fremdbesitz und mittelbarer Besitz;[9] Streitgegenstand ist der Besitz einer Sache bei allen Besitzklagen, aber auch bei Klagen aus Eigentum, gleichgültig, ob es sich um Feststellungsklagen oder um Leistungsklagen handelt.[10] Auch Klagen auf Lieferung von Waren oder auf Erklärung der

12 LAG Mannheim, JurBüro 1982, 580.
13 BGH, VersR 1981, 157; BAG, BB 1975, 885.
1 KG, MDR 1970, 152.
2 OLG Saarbrücken, AnwBl. 1978, 107.
3 OLG Bamberg, JurBüro 1992, 629.
4 Vgl. zur Abgrenzung von § 6 ZPO zu § 16 GKG OLG Braunschweig, JurBüro 1968, 483.
5 OLG Köln, MDR 1999, 637 m. abl. Anm. v. N. *Schneider*; LG Frankenthal, RPfleger 1970, 363.
6 OLG Köln, JMBlNRW 1974, 69.
7 OLG Hamburg, NJW 1965, 2404; vgl. auch OLG München, RPfleger 1971, 439.
8 OLG Schleswig, OLG-Report Bremen/Hamburg/Schleswig-Holstein 1997, 95.
9 BGH, RPfleger 1959, 112 (L).
10 A. M. OLG Frankfurt/Main, MDR 1981, 589 = JurBüro 1981, 759 (§ 3 ZPO).

Auflassung gehören hierher, sofern nur der Besitz der Sache streitgegenständlich ist. Das ist aber nicht der Fall, wenn die Klage auf Abnahme von Waren;[11] oder auf die Entgegennahme der Auflassungserklärung gestützt wird. Denn dann ist nicht der Besitz streitig. In solchen Fällen ist § 3 ZPO anzuwenden.[12] Auch bei Besitzstörungsklagen geht es nicht um das Recht auf den Besitz selbst, sondern um die Unterlassung von Störungen des Besitzes, so daß dann § 3 ZPO einschlägig ist. Wenn es aber um das Recht auf Besitz als solches geht, spielt es keine Rolle, auf welchen Rechtsgrund das Besitzrecht gestützt wird.

Beispiele für die Anwendung des § 6: Eine auf **Auflassung** eines Grundstücks gerich- 3
tete Klage, und zwar unabhängig davon, ob die Auflassung als Erfüllung oder infolge Wandelung eines Kaufvertrages oder eines Rücktritts vom Vertrag begehrt wird;[13] **Herausgabe** des Besitzes von einem Nutzungsberechtigten **nach Erwerb** im Wege der **Zwangsversteigerung;**[14] der Besitz des **Testamentsvollstreckers; Herausgabeklagen aller Art**, selbst wenn es sich um einen nur ganz kurzen und vorübergehenden Besitz handelt;[15] Übertragung einer Sache unter Anrechnung auf den **Zugewinnausgleich;**[16] Klage des **Käufers auf Übergabe** der Sache, nicht aber des Verkäufers auf Abnahme;[17] Herausgabe von **Vorbehalts- oder Sicherungseigentum;**[18] Herausgabe **hinterlegter Sachen;**[19]

Beispiele für eine Nichtanwendbarkeit des § 6: Abwehrklagen; Streit darüber, ob das 4
Grundstück in ein Umlegungsverfahren einzubeziehen ist;[20] die **vorläufige Regelung** durch Arrest oder einstweilige Verfügung (§ 20 GKG);[21] Ansprüche auf Herausgabe von Beweis- oder anderen Urkunden, die keine Wertträger sind.[22] Zustimmung zum Vollzug einer **Auflassung**, die wegen streitiger Ggenforderung verweigert wird (Streitwert ist nach § 3 ZPO zu schätzen);.[23]

Wert der Sache: Maßgebend ist grundsätzlich der **Verkehrswert**. Das ist der gemeine 5
Wert, also der Betrag, der sich bei Veräußerung zur Zeit der Einreichung der Klage erzielen läßt.[24] Dieser ist nach § 3 ZPO zu schätzen;[25] Bei Klagen auf Feststellung des Eigentums an einem Grundstück und bei Grundstücken überhaupt ist also nicht der Einheitswert[26] oder

11 OLG Karlsruhe, Die Justiz 1970, 12.
12 Vgl. dazu auch *Vollkommer* RPfleger 1973, 63; *Waltinger* RPfleger 1972, 87.
13 OLG Schleswig, RPfleger 1980, 239 = AnwBl. 1980, 255; OLG München, JurBüro 1979, 896; OLG Köln, MDR 1973, 147; OLG Nürnberg, JurBüro 1963, 170.
14 LG Berlin, RPfleger 1990, 35.
15 *Hartmann* § 12, Anh. 1, § 6 ZPO Rn. 2. A. M. OLG Hamm, MDR 1990, 449.
16 OLG Frankfurt/Main, MDR 1990, 58.
17 OLG Stuttgart, RPfleger 1964, 162.
18 OLG Frankfurt/Main, NJW 1970, 334.
19 KG, AnwBl. 1978, 107.
20 BGHZ 49, 319.
21 Dazu OLG Köln, NJW 1965, 2404.
22 *Hartmann* § 12, Anh. I, § 6 ZPO Rn. 3.
23 BGH, NJW 2002, 684 = MDR 2002, 295.
24 OLG Frankfurt/Main, MDR 1990, 58.
25 OLG Nürnberg, JurBüro 1961, 508; OLG Köln, JurBüro 1962, 350.
26 BGH, NJW 1970, 2018; RPfleger 1970, 329; KG, NJW 1970, 334; OLG Hamburg, RPfleger 1949, 419.

der Ertragswert;[27] maßgebend. Bei der Auflassung kommt nur der Bodenwert in Betracht.[28] Bei Edelmetallen ist der Ankaufskurs maßgebend;[29] Bei Sicherungseigentum oder Vorbehaltseigentum ist der Betrag der zu sichernden Forderung maßgebend, es sei denn der Sicherungsgegenstand hat einen geringeren Wert.[30] Klagt aber der Verkäufer einer unter Eigentumsvorbehalt verkauften Sache auf Herausgabe der Sache, so bestimmt sich der Gegenstandswert nach dem Wert der herausverlangten Sache und nicht nach dem Wert der Restkaufpreisforderung;[31]

6 **Lasten**, z. B. valutierende Grundpfandrechte, sind grundsätzlich nicht zu berücksichtigen,[32] mit Ausnahme von auf einem Grundstück ruhende dingliche Rechte oder Lasten, die den Wert des Grundstücks erhöhen oder mindern (z. B. Wegerechte oder Baubeschränkungen);[33]

7 Grundsätzlich unberücksichtigt zu bleiben haben auch **Gegenrechte oder Einwendungen des Beklagten**, die den Streitwert nicht beeinflussen, wie etwa ein Zurückbehaltungsrecht, Zug-um-Zug-Leistungen.[34] Wollte man hier Ausnahmen zulassen, wären die Grenzen kaum eindeutig zu ziehen. Das Kostenrisiko wäre für die Parteien nicht mehr kalkulierbar. Den Parteien muß es im übrigen überlassen bleiben, den für sie kostengünstigeren Weg zu wählen. Ficht z. B. ein Beklagter ein Urteil auf Herausgabe von Sachen nur deshalb an, weil ein von ihm geltend gemachtes Zurückbehaltungsrecht nicht in voller Höhe anerkannt worden ist, ist in der Berufungsinstanz für den Wert des Beschwerdegegenstandes nicht der Streitwert der Klage, sondern das Interesse des Rechtsmittelklägers an der begehrten Abänderung des Urteils maßgebend, nach oben durch den Wert des Klageanspruchs begrenzt (§ 14 Abs. 2 S 1 GKG);[35] Auch bei der Klage eines Vorkaufsberechtigten auf Übertragung eines Grundstücks kommt es nicht darauf an, was der Kläger als Gegenleistung bietet.[36] Macht der Kläger einen Anspruch auf Auflassung eines inzwischen vom Beklagten bebauten Grundstücks geltend, kommt es auf den Verkehrswert des bebauten Grundstücks an;[37] Bei auf Teilzahlung gekauften Gegenständen, deren Rück – oder Herausgabe verlangt wird, ist die Wertminderung (im ersten Jahr etwa 25 %)[38] vom Kaufpreis abzusetzen. Bei der Klage des Mieters auf Wegnahme eingebauter Sachen

27 OLG Köln, MDR 1973, 147.
28 OLG Bamberg, JurBüro 1992, 629.
29 BGH, NJW-RR 1991, 1210.
30 BGH, NJW 1959, 939 = MDR 1959, 385 (L) = JurBüro 1959, 203.
31 OLG Frankfurt/Main, JurBüro 1970, 173.
32 BGH, RPfleger 1959, 112 (L); KG, RPfleger, 1974, 439; OLG München, MDR 1981, 501. **A. M.** aber OLG Frankfurt/Main, MDR 1981, 590; OLG Karlsruhe, NJW 1968, 110; LG Köln, NJW 1977, 255 m. w. N.; *Hartmann* § 12, Anh. I, § 6 ZPO Rn. 5.
33 OLG Karlsruhe, JurBüro 1955, 446; JurBüro 1958, 387 = MDR 1958, 676. Vgl. dazu auch OLG Neustadt, RPfleger 1963, 66 (L).
34 Vgl. etwa OLG Stuttgart, JurBüro 2002, 424 und AnwBl. 1982, 529 m. N.; OLG Bamberg, JurBüro 1978, 428.
35 BGH, NJW 1973, 654 = JurBüro 1973, 416.
36 OLG Neustadt, RPfleger 1957, 239 (L).
37 OLG Frankfurt/Main, JurBüro 1962, 228.
38 KG, RPfleger 1962, 156 (L).

ist deren Wert nach dem Ausbau maßgebend;[39] Hat der Beklagte die Sache während des Rechtsstreits werterhöhend repariert, ist der erhöhte Wert anzusetzen.[40] Der Streitwert auf Zustimmung zur Auszahlung eines hinterlegten Geldbetrages richtet sich nach dem vom Kläger beanspruchten Teil der Masse;[41]

Der maßgebende **Zeitpunkt für die Wertberechnung** nach § 6 ZPO ist nach § 4 ZPO zu bestimmen. Entscheidend ist der Wert zur Zeit des Eingangs der Klage oder ein etwaiger höherer Wert bei Beendigung der Instanz (§ 15 Abs. 1 GKG). **8**

Für die Wertberechnung ist es unerheblich, ob das mit der Klage geltend gemachte Recht befristet ist oder nicht. Geht aber der Anspruch auf die **Vorzeigung oder Vorlegung** einer Sache (z. B. einer Urkunde), so ist nicht deren Besitz streitig. Hier ist der Streitwert nach § 3 ZPO zu schätzen. Anders, wenn die Herausgabe der Sache (Urkunde) begehrt wird. Dann ist deren Wert Streitgegenstand. Ist die Urkunde Träger eines selbständigen Rechts, bemißt sich ihr Wert nach dem Recht, das sie dem Besitzer verleiht. Andernfalls, z. B. bei Beweisurkunden, Legitimationspapieren und dgl. (Hypotheken- und Grundschuldbriefe, Sparkassenbüchern, Pfandscheinen, Quittungen), ist der Wert nach dem Interesse des Klägers zu schätzen. **9**

Wenn es um die **Sicherstellung von Forderungen** geht, ist immer der Betrag der Forderung, deren Sicherstellung verlangt wird, Streitgegenstand. Wird nur die Sicherstellung einer Teilforderung verlangt, ist nur der verlangte Teil Streitgegenstand.[42] Darauf, ob der Kläger schon andere Sicherheiten in Händen hat oder ob er nur eine zusätzliche Sicherheit haben will, kommt es nicht an;[43] In Frage kommen alle Fälle der Sicherstellung einer Forderung, soweit es sich nicht um ein Pfandrecht handelt. Das können sein: Klage auf Sicherstellung des Zugewinnausgleichsanspruches nach § 1389 BGB; auf Sicherstellung nach § 324 ZPO; auf Leistung einer Bürgschaft; auf Feststellung der Bürgschaftsverpflichtung oder auf Freistellung von einer Bürgschaftsverpflichtung (auf die Summe, auf die der Bürge wahrscheinlich oder möglicherweise in Anspruch genommen wird, kommt es aber nicht an);[44] Eintragung einer Vormerkung;[45] Stets muß es sich aber um eine Klage auf Sicherstellung handeln. **10**

Die Vorschrift des § 6 ZPO ist **auch** anwendbar, wenn die Klage nicht auf Bestellung der Sicherheit, sondern auf **Rückgabe** geht. So z. B. auf Befreiung von einer Bürgschaft. Gleichgültig ist, ob die zu sichernde Forderung bedingt oder betagt ist oder ob Leistungs- oder Feststellungsklage erhoben wird. Auch bei der Klage auf Bestellung eines Sequesters zur Sicherung der Befriedigung aus den Einnahmen eines Grundstücks richtet sich der Streitwert nach dem Wert der zu sichernden Forderung.[46] **11**

39 KG, JurBüro 1971, 460.
40 OLG Köln, JurBüro 1971, 86.
41 OLG Schleswig, JurBüro 1976, 239; KG, JurBüro 1978, 427.
42 OLG München, JurBüro 1977, 176 = RPfleger 1977, 176.
43 OLG Schleswig, RPfleger 1957, 1.
44 OLG München, RPfleger 1956, 58 (L); OLG Stuttgart, RPfleger 1957, 97 (L).
45 KG, NJW 1954, 1687.
46 KG, RPfleger 1962, 155 (L).

12 **Streitwert ist der Betrag der zu sichernden Forderung,** der nach den Bestimmungen der §§ 12–22 GKG, 3–9 ZPO zu berechnen ist. Nebenforderungen werden nicht mitgerechnet. Betrifft die Sicherung nur einen Teilbetrag der Forderung, so ist nur dieser Teilbetrag maßgebend. Auf den Wert der Sicherung, der höher oder geringer sein kann als der Wert der Forderung, kommt es – anders als beim Pfandrecht – nicht an. Es erfolgt auch keine Zusammenrechnung des Streitwertes der Forderungsklage mit dem gleichzeitig geltend gemachten Anspruch auf Sicherung. Anders liegt es nur, wenn mit der Hauptsacheklage ein Antrag auf Arrest oder einstweilige Verfügung verbunden ist. Dann hat jedes Verfahren seinen eigenen Wert, der für Arrest und einstweilige Verfügung nach § 20 GKG zu schätzen ist.

13 Ist ein **Pfandrecht** Gegenstand des Streites, so ist gleichfalls der Betrag der Forderung maßgebend, mithin der eingetragene Nennwert ohne Rücksicht darauf, ob und wieweit das Pfandrecht noch valutiert;,[47] es sei denn, daß das Pfandrecht einen geringeren Wert hat. Der Begriff des Pfandrechts ist hier weit auszulegen. Gemeint sind Grundpfandrechte, vertragliche, gesetzliche und Pfändungspfandrechte. Künftige Pfandrechte fallen hierunter nur, soweit sie sich auf bestimmt bezeichnete Gegenstände beziehen, an denen das Pfandrecht bestellt werden soll. Bei der Zwangsvollstreckung in körperliche Sachen und in Forderungen und andere Vermögensrechte ist § 6 S 2 ZPO unanwendbar, solange noch kein Pfandrecht entstanden ist.[48]

14 Bei einem Streit um Pfandrechte kommt jede Klageart in Betracht, und zwar sowohl Feststellungs- als auch Leistungsklagen. So rechnen z. B. dazu Klagen auf Bestellung einer Bauhandwerkersicherungshypothek[49] auf Feststellung des Bestehens oder Nichtbestehens eines Pfandrechts wie die Erteilung einer Löschungsbewilligung, die Klage des Grundpfandgläubigers auf Duldung der Zwangsvollstreckung in das belastete Grundstück oder die Widerspruchsklage nach § 771 ZPO dagegen.[50] Gleichgültig ist, ob über den Bestand der gepfändeten Forderung gestritten wird[51] oder um den Rang.[52] Bei der Klärung der Frage, ob der Gegenstand des Pfandrechts einen geringeren Wert hat als die Forderung, ist zu beachten, daß die gepfändete Forderung ihre mögliche Sonderstellung (z. B. nach § 17 GKG oder § 12 Abs. 7 ArbGG) durch die Pfändung nicht verliert. So bei der Drittwiderspruchsklage.[53] Bei einer Klage gegen den Besitzer eines Pfandgegenstandes ist § 6 ZPO nur anwendbar, wenn die Klage darauf gestützt wird, daß das Pfandrecht nicht oder nicht mehr besteht.[54] Andernfalls – etwa wenn die Klage auf Eigentums- oder Besitzrechte gestützt wird – ist der Wert der Sache maßgebend. Um Pfandrechte geht auch die Klage eines die Pfandsache nicht besitzenden Pfand- oder Vorzugsberechtigten auf vorzugsweise Befriedigung (§ 805 ZPO) und die Klage auf abgesonderte Befriedigung aus einzelnen

47 OLG Saarbrücken, MDR 2001, 897
48 OLG München, RPfleger 1959, 74 = AnwBl. 1958, 76 = NJW 1958, 1687 = DGVZ 1958, 126.
49 KG, RPfllegerr 1962, 156 (L).
50 KG, RPfleger 1962, 155 (L); OLG Neustadt, RPfleger 1957 (L).
51 OLG Köln, RPfleger 1974, 164.
52 OLG Celle, NdsRPfl. 1964, 107; OLG Frankfurt/Main, RPfleger 1956, 318.
53 Vgl. hierzu LAG Niedersachsen, JurBüro 1980.
54 OLG Celle, NJW 1957, 1640.

Gegenständen der Insolvenzmasse,[55] nicht hingegen das Aufgebotsverfahren zur Kraftloserklärung eines Hypothekenbriefes.[56]

Der Streitwert einer Klage auf Löschung einer Vormerkung bemißt sich hingegen nach § 3 ZPO, auch wenn die Vormerkung die Eintragung einer Sicherungshypothek betrifft.[57] **15**

Der **Streitwert** im Falle des § 6 S 2 ZPO wird bestimmt durch einen Vergleich des Streitwertes der Forderung mit dem Wert des Pfandrechts, das zur Sicherung der Forderung dienen soll. Ist der Wert des Gegenstandes geringer als der Wert der Forderung, ist ersterer maßgebend. Der Streit um das Pfandrecht darf nicht höher bewertet werden als der Streit um die persönliche Forderung, für die das Pfand bestellt wurde.[58] In der Regel wird aber der Wert der Forderung anzusetzen sein.[59] Eine Vorpfändung ist nicht zu berücksichtigen.[60] **16**

Einzelfragen: **17**

- *Anschlußpfändung*: Klagt der Gläubiger, ist seine Forderung maßgebend, begrenzt durch den Wert des Pfandgegenstandes. Wird er verklagt, etwa im Weg des Drittwiderspruchs, sind die vorhergehenden Pfandrechte nicht abzuziehen.[61]
- *Auflassung:* Verkehrswert des Grundstücks, auch wenn Auflassung nur wegen eines verhältnismäßig geringen offenen Kaufpreisrestes verweigert wird.[62]
- *Auflassungsvormerkung:* Wie bei der einstweiligen Verfügung. Wenn es um die Löschung geht, ist Höhe der Nachteile maßgebend, die durch die Löschung wirtschaftlich bewirkt werden.[63]
- *Einstweilige Verfügung* zur Sicherung eines Rechts (etwa durch Vormerkung): Das Interesse des Klägers an der Sicherung nach § 3 ZPO zu schätzen. Es wird idR mit einem Bruchteil der Forderung zu bewerten sein.[64]
- *Grundschuld:* Es gelten die gleichen Grundsätze wie bei der Hypothek.[65]
- *Grundstückswert:* Kommt es auf den Verkehrswert des Grundstücks an, sind die das Grundstück belastenden Grundpfandrechte nicht abzusetzen (vgl. oben, Rn. 6).
- *Herausgabe:* Wird Herausgabe verlangt, ist der höhere Wert der Pfandsache maßgebend. Verlangt ein Dritter Herausgabe oder erhält der Besitzer die Sache wegen seines Pfandrechts zurück, gilt § 6 ZPO.[66]

55 OLG Bremen, RPfleger 1957, 274 (L).
56 LG Hildesheim, RPfleger 1965, 241 (anwendbar ist § 3 ZPO).
57 OLG München, MDR 1965, 145.
58 KG, NJW 1956, 472.
59 OLG Köln, Der Betrieb 1974, 429.
60 BGH, NJW 1952, 1235; *Berg* NJW 1952, 548; *Hartmann* § 12, Anh. I, § 6 ZPO Rn. 11. A. M. *Schumann* in Stein-Jonas-Schumann, § 6 Rn. 2 (nur Überschuß).
61 BGH, NJW 1952, 1355 = RPfleger 1959, 112 (L); *Berg* NJW 1952, 548.
62 OLG München, JurBüro 1997, 419 = MDR 1997, 599.
63 BGH, LM § 3 Nr. 47 (25% des Verkehrswertes, nach Zwangsversteigerung 5% des Verkehrswertes). Vgl. auch OLG Bamberg, JurBüro 1990, 1511; OLG Frankfurt/Main, AnwBl. 1983, 174. *Schneider* MDR 1983, 639; *Hartmann* § 12, Anh. I, § 6 ZPO Rn. 15 m. w. N.
64 H. M.: vgl. etwa OLG Bremen, AnwBl. 1976, 441; OLG Düsseldorf, NJW 1953, 424; OLG Frankfurt/Main, Der Betrieb 1983, 2354. A. A. OLG Zweibrücken, RPfleger 1967, 2 (anzuwenden ist § 6).
65 Vgl. etwa OLG Neustadt, RPfleger 1957, 239 (L); OLG Bremen, RPfleger 1957, 275.
66 *Hartmann* § 12, Anh. I, § 6 ZPO Rn. 12.

- *Höchstbetragshypothek:* Bei Löschung derjenige Höchstbetrag der Forderung, der sich aus dem Grundbuch ergibt,[67] bei Abtretung kommt es auf den Nennwert an.[68]
- *Löschung einer Hypothek:* Maßgeblich ist ihr Nennbetrag.[69]
- *Rangstreit:* Der Wert wird nach der kleineren Forderung errechnet,[70] auch bei Klage um Schaffung eines Rangvorbehalts.[71]
- *Währungsumstellung:* Ist die Hypothek vor einem Währungsstichtag zurückgezahlt worden[72] oder behauptet der Grundstückseigentümer, die Hypothek sei nicht entstanden und deshalb Eigentümergrundschuld, ist der Wert des 1 : 1 umgestellten Betrages maßgeblich.[73] Das gilt allerdings nicht für die Umstellung von DM auf € (vgl. vor § 1, Rn. 7).
- *Widerspruchsklage:* Höhe der Forderung, für die gepfändet wird mit der Höchstbegrenzung durch den Wert des Pfandgegenstandes.

18 **Entsprechende Anwendung:** § 6 ZPO ist bei einer **Anfechtung innerhalb und außerhalb**[74] **des Insolvenzverfahrens** sinngemäß anzuwenden.[75] In solchen Fällen ist vom Wert des Zurückzugewährenden abzüglich der Belastungen[76] auszugehen, soweit nicht diejenige Forderung, wegen der die Anfechtung erfolgt, geringer ist.[77] Entsprechend ist der Wert auch im Falle eines Unterhaltsanspruchs anzusetzen, und nicht nach § 17 GKG. Zinsen und Kosten sind dann als Teil der Forderung dem Hauptanspruch zuzuschlagen.[78] Wenn die Anfechtung ein Grundstück der Zwangsvollstreckung unterwerfen soll, gilt der Grundstückswert abzüglich der Lasten (Versteigerungswert).[79]

§ 7 ZPO
Wert bei Grunddienstbarkeit

Der Wert einer Grunddienstbarkeit wird durch den Wert, den sie für das herrschende Grundstück hat, und wenn der Betrag, um den sich der Wert des dienenden Grundstücks durch die Dienstbarkeit mindert, größer ist, durch diesen Betrag bestimmt.

67 OLG Hamburg, RPfleger 1951, 570.
68 OLG Köln, JMBlNRW 1969, 274.
69 OLG Celle, MDR 1977, 935; OLG Frankfurt/Main, JurBüro 1977, 720 m. N. **A. M.** OLG Hamburg, MDR 1975, 847 (Restbetrag); OLG Köln, MDR 1980, 1025 (Interesse des Klägers an der Löschung, § 3 ZPO).
70 OLG Celle, NdsRPfl. 1964, 107; **a. M.** OLG Frankfurt/Main, AnwBl. 1982, 111 (analog § 23 Abs. 3 S 1 KostO).
71 Vgl. *Schneider* JurBüro 1969, 1029.
72 OLG Hamburg, RPfleger 1951, 571; OLG Schleswig, SchlHA 1964, 262.
73 BGH, NJW 1954, 877.
74 OLG Schleswig, JurBüro 1969, 1209 m. Anm. v. *Schneider* = RPfleger 1969, 435 = SchlHA 1970, 18.
75 BGH, KTS 1982, 449.
76 KG, JurBüro 1957, 181.
77 *Hartmann* § 12, Anh. I, § 6 ZPO Rn. 16.
78 BGH, KTS 1982, 449.
79 *Hartmann* § 12, Anh. I, § 6 ZPO Rn. 16.

Die Vorschrift bestimmt nur den Streitwert für **Grunddienstbarkeiten** iS des § 1018 BGB, also dann, wenn über die Bestellung, Bestehen, Umfang oder Beseitigung (Löschung) gestritten wird. Gleichgültig ist, ob der Eigentümer des herrschenden oder des dienenden Grundstücks oder ein Dritter klagt. 1

Nicht anzuwenden ist § 7 ZPO auf **persönliche Dienstbarkeiten oder Nießbrauch**. In 2
diesen Fällen bestimmt sich der Wert nach § 3 ZPO. Auch auf Reallasten, deren Wert nach § 9 ZPO zu bestimmen ist, findet § 7 ZPO keine Anwendung. In diesen Fällen fehlen nämlich Beziehungen zwischen einem herrschenden und einem dienenden Grundstück. Auch auf rein schuldrechtliche Verpflichtungen einer Partei, auf ihrem Grundstück Maßnahmen der anderen Partei zu dulden, unterfallen nicht dem § 7 ZPO.

Entsprechend anwendbar ist § 7 ZPO auf Rechtsverhältnisse, die der Grunddienstbar- 3
keit ähnlich sind. Das sind z.B nachbarrechtliche Eigentumsbeschränkungen wie Licht- und Fensterrechte.[1] Nicht anwendbar ist § 7 ZPO aber bei Ansprüchen aufgrund nachbarrechtlicher Besitzstörungen wie Abwehr von Immissionen, soweit der Kläger nicht seinen Anspruch auf die Behauptung stützt, der Beklagte berufe sich zu Unrecht auf eine Grunddienstbarkeit. Entsprechend ist § 7 ZPO aber auf Streitigkeiten um **Notweg**rechte anzuwenden[2] (vgl. auch oben, § 3 ZPO, Rn. 19). Bei einem Überbau ist allerdings § 7 ZPO unanwendbar; hier ist nach § 3 ZPO zu schätzen.

Zur **Bestimmung des Streitwerts** ist der Wert, den die Grunddienstbarkeit für das 4
herrschende Grundstück hat, mit dem Betrag zu vergleichen, um den sich der Wert des dienenden Grundstücks durch die Dienstbarkeit mindert. Der größere der beiden Werte ist maßgebend. Die Werterhöhung und die Wertminderung sind nach § 3 ZPO zu bestimmen. Dabei sind die Kosten zu berücksichtigen, die mit der Beseitigung einer als unerlaubt bekämpften Anlage verbunden sind.[3] Als Anhaltspunkt kann auch die dauernde Erhöhung oder Minderung der Erträgnisse aus dem Grundstück dienen oder die Aufwendungen, die der Eigentümer machen müßte, um das Grundstück auch ohne die Grunddienstbarkeit nutzen zu können. Bei einem Wegerecht ist der Bodenwert der beanspruchten Fläche maßgebend.[4]

Rechtsmittelstreitwert: In der Rechtsmittelinstanz wird der Wert nach dem Interesse des 5
Rechtsmittelführers an der Abänderung des angegriffenen Urteils bemessen. Ein mögliches höheres Interesse des Rechtsmittelgegners bleibt unberücksichtigt.[5]

1 BGH, RPfleger 1959, 112 (L); OLG Scheswig, RPfleger 1957, 2 (L).
2 OLG Stuttgart, RPfleger 1964, 163; OLG Schleswig, RPfleger 1957, 2 (L); *Hartmann* § 12, Anh. I, § 7 ZPO Rn. 1; *Schneider* ZMR 1976, 193 m. N. **A. M.** OLG Köln, JurBüro 1991, 1386 (§ 9 ZPO); *Thomas/Putzo* § 3 Rn. 111.
3 RGZ 63, 98.
4 OLG Frankfurt/Main, JurBüro 1970, 435; LG Bayreuth, JurBüro 1980, 930.
5 So für die Revisionsinstanz BGHZ 23, 205 = JurBüro 1957, 226 (L) = RPfleger 1957, 375 = NJW 1957, 790.

§ 8 ZPO
Wert bei Miete oder Pacht

Ist das Bestehen oder die Dauer eines Pacht- oder Mietverhältnisses streitig, so ist der Betrag er auf die gesamte streitige Zeit fallenden Pacht oder Miete, und wenn der fünfundzwanzigfache Betrag des einjährigen Entgelts geringer ist, dieser Betrag für die Wertberechnung entscheidend.

Die Bestimmung des § 8 ZPO hat nur Bedeutung für die sachliche Zuständigkeit der Gerichte. Für die Gebührenberechnung nach dem GKG ist allein § 16 GKG maßgebend.

§ 9 ZPO
Wert bei wiederkehrenden Nutzungen und Leistungen

Der Wert des Rechts auf wiederkehrende Nutzungen oder Leistungen wird nach dem dreieinhalbfachen Wert des einjährigen Bezugs berechnet. Bei bestimmter Dauer des Bezugsrechts ist der Gesamtbetrag der künftigen Bezüge maßgebend, wenn er der geringere ist.

1 **Allgemeines:** Für die Bestimmung des Gerichtskostenwertes will § 9 ZPO nur solche Rechte treffen, die ihrer Natur nach und erfahrungsgemäß eine geraume Dauer haben oder mit Rücksicht auf den Grund der Unbestimmtheit des Zeitpunkts des Wegfalls des Rechts haben können.[1] Grundsätzlich gilt bei der Streitwertfestsetzung nach dem GKG für wiederkehrende Leistungen oder Nutzungen § 17 GKG,[2] insbesondere geht dessen Abs. 2 als lex specialis vor.

2 **§ 9 ZPO** ist z. B. **nicht anwendbar** für:

- Ansprüche auf *Ratenzahlungen* zur Tilgung eines Kaufpreises[3] oder zur Rückführung eines Darlehens.
- Ansprüche auf Grund *gesetzlicher Unterhaltspflicht*. Wenn allerdings streitig ist, ob eine vertragliche Unterhaltsverpflichtung vorliegt, die über die gesetzliche Pflicht hinausgeht, dann gilt § 9 für den überschießenden Betrag.[4] Bei einem Streit um die Befreiung von der gesetzlichen Unterhaltspflicht, gilt nicht § 9 ZPO, sondern § 3 ZPO (nicht § 17 GKG).[5]
- Ansprüche auf Zahlung einer *Geldrente* wegen der Tötung oder Verletzung eines Menschen durch *unerlaubte Handlungen*.
- Ansprüche von *Arbeitnehmern auf wiederkehrende Leistungen*. Ob zu den Arbeitnehmern

1 BGHZ 36, 144; OLG Schleswig, SchlHA 1962, 270.
2 OLG Hamburg, FamRZ 1982, 322.
3 OLG Bamberg, JurBüro 1962, 698.
4 OLG Hamburg, FamRZ 1982, 322.
5 BGH, NJW 1974, 2128; OLG Oldenburg, FamRZ 1991, 966 m. N.

auch Organmitglieder einer Gesellschaft oder einer Genossenschaft und deren Hinterbliebene gehören, ist streitig. Dazu unten, Rn. 3.
- Rentenzahlungsansprüche auf Grund einer *Aufopferung*.[6]
- Ansprüche *Versicherter gegen ihre Versicherung* auf Leistungen nach dem Versicherungsvertrag.
- Geltendmachung von *Ausgleichsansprüchen* nach § 17 StVG bzw. § 426 BGB.[7]
- Direktklage eines Sozialversicherungsträgers nach § 640 RVO.[8]

Anwendbar ist § 9 aber z. B. für: 3

- Dienstleistende und andere *Nichtarbeitnehmer* wie Handelsvertreter[9] oder Organmitglieder einer Gesellschaft oder Genossenschaft und deren Hinterbliebene.[10] Wenngleich solche Personen den Arbeitnehmern im Einzelfall näher stehen können als freiberuflich tätigen Personen, soweit ihnen im Innenverhältnis Gehalts- und Versorgungsbezüge zustehen, ist es doch wenig praktikabel, im Rahmen der Streitwertfestsetzung für die Gerichtskosten im Einzelfall zu differenzieren und abzuklären, ob ihre arbeitnehmerähnliche Stellung überwiegt oder nicht.[11] Die allgemeine Abgrenzung nach dem Arbeitnehmerbegriff iS des Arbeitsrechts ist praktikabler zu handhaben.
- Ansprüche auf *vertragliche Rentenzahlungen* oder wegen vertraglicher Übernahmen einer Weiterzahlung von Versicherungsbeiträgen.[12]
- Klage auf künftige Beitragsbefreiung aus Versicherungsvertrag.[13]
- Ersatzansprüche der Eltern für Unterhaltsaufwendungen für ungewollte(s) Kind(er) durch fehlgeschlagene Sterilaistion o. ä.[14]

Rechte auf **wiederkehrende Leistungen oder Nutzungen** (§ 100 BGB) sind z. B.: Schenkung einer Rente (§ 520 BGB); Leibrente[15] (§ 759 BGB); Altenteils- oder Leibgedingerechte auf wiederkehrende Leistungen;[16] Überbaurente (§ 912 BGB);[17] Notwegrente (§ 917 BGB); Reallast[18] (§ 1105 BGB); Dienstbarkeit; Tankstellenvertrag;[19] nicht auf Gesetz beruhende Unterhalts- oder Rentenansprüche aller Art; Klage auf Erhöhung eines Miet- oder Pachtzinses;[20] Streitigkeiten um unbefugtes Benutzen eines Parkplatzes.[21] 4

Voraussetzung sind **wiederkehrende**, d. h. gleichbleibende Leistungen, die auf demselben Rechtsgrund beruhen und sich in regelmäßigen und unregelmäßigen, größeren oder 5

6 OLG Frankfurt/Main MDR 1974, 1028; *Schneider* BB 1976, 1300.
7 OLG Celle, NdsRPfl. 1962, 224.
8 BGH, NJW 1972, 1760 = JurBüro 1772, 777.
9 OLG Frankfurt/Main, MDR 1974, 1028.
10 BGH, NJW 1981, 2466; BGH, NJW-RR 1990, 1124 m. N.; *Hartmann* § 12, Anh. I, § 9 Rn. 3.
11 So aber OLG Schleswig, JurBüro 1980, 408; OLG Koblenz, MDR 1980, 319.
12 OLG Celle, JurBüro 1968, 830.
13 OLG München, JurBüro 2000, 416.
14 BGH, NJW 1981, 1318.
15 OLG Schleswig, RPfleger 1957, 2 (L); LG Oldenburg, JurBüro 1951, 269.
16 OLG Bamberg, MDR 1961, 859.
17 OLG Celle, JR 1951, 26.
18 OLG Bremen, RPfleger 1957, 275 (L).
19 *Schalhorn* JurBüro 1970, 169 m. N.
20 OLG Köln, MDR 1991, 545 m. w. N. (abl *Schneider* MDR 1991, 501).
21 OLG Nürnberg, RPfleger 1966, 323 (L).

kleineren Zeitabschnitten wiederholen. So sind z.B. ein lebenslängliches Wohnrecht,[22] ein Nießbrauch oder ein Provisionsanspruch[23] keine Rechte auf wiederkehrende Leistung. Gleichbleibend idS sind auch wiederkehrende Leistungen, die wechselnde Jahresbeträge beinhalten. Der Streitwert wird dann unter Zugrundelegung des höchsten, nicht eines durchschnittlichen Jahresbetrages ermittelt,[24] vorausgesetzt, daß der dreieinhalbfache Wert zugrundezulegen ist. Kommt ein geringerer Zeitraum in Betracht, sind die in diese Zeit fallenden höheren oder geringeren Jahresbeträge zusammenzurechnen. Für die Dekkungsklage gegenüber einer steigenden (dynamischen) Rente nimmt der BGH[25] allerdings einen Mittelwert. Bei unregelmäßigen Bezugsrechten ist hingegen der Jahresdurchschnitt maßgebend.[26]

6 § 9 ZPO ist nur anwendbar, wenn das **gesamte Recht** auf wiederkehrende Nutzungen oder Leistungen Gegenstand der Klage ist, nicht aber, wenn nur einzelne Leistungen auf Grund des Rechts verlangt werden.[27] Danach kann § 9 ZPO anwendbar sein bei Klagen auf künftige, wiederkehrende Leistungen, deren Ende unbestimmt ist, z. B. bei der Klage auf künftige Zinsen aus einem noch nicht zur Rückzahlung fälligen (Hypotheken-)Darlehens, das nur durch Kündigung fällig werden kann;[28] bei einem Streit über die künftige Erhöhung des Erbbauzinses;[29] bei einer Vollstreckungsgegenklage, wenn behauptet wird, das Recht auf wiederkehrende Leistungen bestehe nicht mehr; bei einer Abänderungsklage nach § 323 ZPO.

7 Bei der **behauptenden (positiven) Feststellungsklage** ist der Streitwert nach allgemeinen Regeln (vgl. oben, § 3 ZPO, Rn. 11) etwas geringer zu bemessen als bei einer Leistungsklage, während bei der **leugnenden (negativen) Feststellungsklage** der Streitwert nach den vollen Sätzen des § 9 ZPO zu bestimmen ist.[30] Beim **Übergang von der Feststellungs- zur Leistungsklage** sind die bis zum Übergang fällig gewordenen Rentenbeträge bei der Streitwertfestsetzung einem nach § 9 ZPO berechneten Streitwert hinzuzusetzen.[31] Nach der Einreichung der Leistungsklage fällig werdende Rückstände sind nicht mitzurechnen. Das gilt auch für die bis zum Beginn der Rechtsmittelinstanz fällig gewordenen Renten.[32] Werden aber die im Verlaufe des Rechtsstreits fällig gewordenen Renten neben dem Feststellungsantrag durch einen Leistungsantrag geltend gemacht, ist zusammenzurechnen.[33] Auch bei der **Vollstreckungsgegenklage** werden Rückstände bis zur Einreichung dieser Klage hinzugerechnet.[34]

22 OLG Schleswig, SchlHA 1950, 261, 292; OLG Braunschweig, RPfleger 1964, 97 (L); *Schumann* NJW 1967, 2046.
23 OLG Stuttgart, RPfleger 1964, 163 (L).
24 BGH, NJW 1953, 104; OLG Bamberg, JurBüro 1971, 536; LG Essen, MDR 1976, 676 m.N.
25 BGH, JurBüro 1972, 499.
26 OLG Bamberg, RPfleger 1953, 47.
27 KG, RPfleger 1951, 408.
28 KG, OLGZ 23, 77; OLG Celle, NdsRPfl. 1965, 229.
29 OLG Frankfurt/Main, JurBüro 1977, 1132; OLG München, JurBüro 1977, 1003.
30 BGHZ 2, 276; OLG München, MDR 1962, 223.
31 BGHZ 2, 74.
32 BGH, NJW 1960, 1459 = MDR 1960, 663 = JurBüro 1960, 351 = RPfleger 1960, 307.
33 BGH, RPfleger 1959, 113 (L).
34 OLG Kassel, JVBl. 1936, 324 = HRR 1938, 472; OLG Kiel, JW 1938, 826.

Der **Streitwert** bestimmt sich nach dem **dreieinhalbfachen Jahresbetrag**, wenn der **künftige Wegfall** des Bezugsrechts **gewiß**, der **Zeitpunkt des Wegfalls** aber **ungewiß** ist (unbestimmte Dauer). Ist aber sicher, daß das Recht weniger als dreieinhalb Jahre dauern wird, ist der – ggf. nach § 3 ZPO zu schätzende – geringere Wert anzunehmen. Das kann auch bei einem Rentenanspruch eines hochbetagten Gläubigers der Fall sein, wenn nach der Lebenserfahrung oder im Einzelfall davon ausgegangen werden darf, daß er sein Recht keine dreieinhalb Jahre mehr in Anspruch nehmen können wird.[35] 8

Bei **bestimmter Dauer**, ist der Gesamtbetrag der künftigen Bezüge maßgebend, höchstens aber der dreieinhalbfache Jahreswert, S. 2. 9

Hierher zählt das Bezugsrecht aus einer Rentenschuld, einer vererblichen Reallast, aus einer Überbaurente nach § 912 BGB oder das wiederkehrende Entgelt für eine Dienstbarkeit.[36] Auch wenn bei Unterlassungsklagen in Wettbewerbssachen unbestimmt ist, wie lange die verbotene oder schädigende Handlung angedauert hätte, ist vom 3-fachen Jahresbetrag der Schädigung auszugehen.[37] Von bestimmter Dauer ist auch ein Bezugsrecht (z. B. eine wiederkehrende Leistung), das bis zu einem bestimmten Tag gewährt werden soll, wie überhaupt jedes kalendermäßig begrenzte Bezugsrecht. Ist bei einem solchen Bezugsrecht der Gesamtbetrag der künftigen Bezüge geringer als der dreieinhalbjährige Jahresbetrag, so ist der geringere Wert maßgebend. Dabei kommen nur künftige Bezüge, nicht die schon früher geleisteten in Betracht. 10

Wiederkehrende Leistungen (Renten) aus Anlaß der Tötung eines Menschen oder einer Körperverletzung sind jedoch nach § 17 Abs. 2 zu berechnen (Vgl. dort, Rn. 14 ff.). 11

§ 148 Konkursordnung

Der Wert des Streitgegenstandes eines Prozesses über die Richtigkeit oder das Vorrecht einer Forderung ist mit Rücksicht auf das Verhältnis der Teilungs- zur Schuldenmasse vom Prozeßgericht nach freiem Ermessen festzusetzen.

§ 148 KO gilt nur noch für die am 31. 12. 1998 noch anhängig gewesenen Verfahren. Insoweit wird auf die Erläuterungen in der Vorauflage verwiesen. Ab dem 1. 1. 1999 ist das Insolvenzrecht anzuwenden. § 148 KO ist durch § 182 InsO ersetzt worden.

§ 182 InsO
Streitwert

Der Wert des Streitgegenstandes einer Klage auf Feststellung einer Forderung, deren Bestand vom Insolvenzverwalter oder von einem Insolvenzgläubiger bestritten worden ist, bestimmt sich nach dem Betrag, der bei der Verteilung der Insolvenzmasse für die Forderung zu erwarten ist.

35 Vgl. auch bei *Hartmann* § 12, Anh. I, § 9 ZPO Rn. 8 m. N.
36 OLG Neustadt, JurBüro 1954, 107.
37 OLG Nürnberg, RPfleger 1956, 299.

1 § 182 InsO betrifft nur die eigentliche Insolvenzforderung[1] und bezieht sich auf **Streitigkeiten darüber, ob die Insolvenzforderung richtig ist** und **über** dessen **Vorrecht** im Falle der §§ 174, 179 InsO, also wenn ein Insolvenzgläubiger gegen den Insolvenzverwalter oder gegen einen widersprechenden Gläubiger entsprechende Klage erhebt. Ansprüche auf abgesonderte Befriedigung (§§ 26, 49–52 InsO) gehören nicht hierher, sondern sind nach § 6 ZPO zu bewerten.[2] Das gilt auch, wenn die Klage sich gegen den Schuldner richtet.[3] Wenn sich die Klage aus einer bestrittenen Forderung sowohl gegen den Schuldner als auch gegen den Insolvenzverwalter oder einen widersprechenden Dritten richtet, liegen verbundene Verfahren vor, wobei für das Verfahren gegen den Schuldner der Betrag der Forderung und für das Verfahren gegen den Insolvenzverwalter oder gegen den widersprechenden Gläubiger § 182 InsO maßgebend ist.[4] Der Streitwert der Klage gegen den Insolvenzverwalter auf Feststellung einer Forderung richtet sich auch dann nach § 182 InsO, wenn der Schuldner Vermögen hat, das nicht zum Insolvenzverfahren herangezogen werden kann[5] oder wenn zugunsten des Gläubigers ein Arrest und zur Abwendung des Arrestvollzuges eine Bankbürgschaft bestehen.[6] § 182 InsO gilt auch in einem Verwaltungsstreitverfahren um die Richtigkeit einer im Insolvenzverfahren angemeldeten Forderung.[7]

2 Wird ein bei der Insolvenzeröffnung **anhängiger Rechtsstreit aufgenommen**, bestimmt sich der Streitwert für die noch nicht angefallenen Kosten nach § 182 InsO, während die bereits erwachsenen Gebühren aus dem ursprünglichen Streitwert zu berechnen sind.[8] Das gilt auch, wenn statt des bisherigen Klageantrages nunmehr ein neuer Antrag auf Feststellung der bestrittenen Forderung gestellt wird.[9] Gleichgültig ist, ob die Klage begründet ist, sofern in dem Rechtsstreit die Richtigkeit oder das Vorrecht Streitgegenstand ist.

3 Die **Streitwertfestsetzung** erfolgt nach freiem (pflichtgemäßem) Ermessen mit Rücksicht auf das Verhältnis der Teilungs- zur Schuldenmasse. **Teilungsmasse** ist die Summe der Vermögenswerte, die nach Abzug der Forderungen der Absonderungsberechtigten und der Massegläubiger übrigbleibt. **Schuldenmasse** sind die im Insolvenzverfahren angemeldeten Forderungen, gleichgültig, ob ein Vorrecht geltend gemacht wird oder nicht. Auch bestrittene, noch nicht festgestellte, bereits eingeklagte und noch nicht prozeßbefangene Forderungen sind, bei der Berechnung des Streitwertes mit einem Betrag zu berücksichtigen, der ihnen mit Wahrscheinlichkeit zukommt. Das Bestehen von Siche-

1 *Hartmann* § 12, Anh. II, § 182 InsO Rn. 1.
2 OLG Frankfurt/Main, KTS 1980, 66.
3 BGH, JurBüro 1966, 853 = RPfleger 1966, 329 = MDR 1966, 996.
4 OLG Karlsruhe, OLGZ 15, 50.
5 BGH, RPfleger 1959, 110 (L) – für Vermögen in der damaligen DDR –; *Kilger/Schmidt* KO, § 148, Anm. 2.
6 BGH, NJW 1964, 1229 = JurBüro 1964, 497 = MDR 1964, 482; BayObLG MDR 1974, 323 = Rpfleger 1974, 112 ; OLG Celle, JurBüro 1974, 1025; *Schneider* MDR 1974, 101.
7 OVG Münster, BB 1982, 2074.
8 BGH, ZIP 1980, 429 = WPM 1980, 504; OLG Köln, JurBüro 1986, 1244; OLG Schleswig, JurBüro 1981, 1381; *Kilger/Schmidt* KO, § 148, Anm. 1 a.
9 OLG Nürnberg, JurBüro 1962, 425; OLG Stuttgart, RPfleger 1957, 68 (L); RGZ 76, 292; 109, 152.

rungsrechten, wie einer Bürgschaft für die geltend gemachte Forderung, hat auf deren Streitwert keinerlei Einfluß.[10]

Geht der **Streit nur um das Vorrecht** einer Forderung und nicht um diese selbst, so berechnet sich der Streitwert nach dem Unterschied der auf die bevorrechtigte und auf die nichtbevorrechtigte Forderung entfallenden Dividende. Der Anspruch auf abgesonderte Befriedigung des Gläubigers aus dem Anspruch des Schuldners gegen einen Versicherer nach § 157 VVG richtet sich nach dem Betrag der gegen den Versicherer erhobenen Forderung, nicht nach § 182 InsO.[11] 4

Nach **freiem Ermessen** ist zu schätzen unter Berücksichtigung des Umstandes, welche Insolvenzdividende voraussichtlich auf die Forderung entfallen wird. Freies Ermessen besagt nur, daß das Gericht die Höhe der voraussichtlichen Insolvenzquote nicht exakt zu ermitteln braucht, sondern frei schätzen kann.[12] Zinsen[13] oder für die Forderung bestehende anderweitige Sicherheiten[14] bleiben unberücksichtigt. Bei der Prognose der zu erwartenden Dividende kommt es auf den Zeitpunkt der Klageerhebung an.[15] Stellt sich am Ende des Verfahrens heraus, daß die Prognose fehlerhaft war, ist eine Änderung des Streitwertes im Rahmen des § 25 GKG möglich.[16] Kommt bei der Prognose kein Wert heraus, weil keine Teilungsmasse mehr zu erwarten ist, ist der Streitwert nach der niedrigsten Stufe zu berechnen, da § 182 InsO keine Gebührenfreiheit für diesen Fall gewähren will.[17] Auch ein zur Zeit seines Entstehens wertloser Titel berechtigt nicht, über den Mindestsatz hinauszugehen. Die Ansicht, daß in solchen Fällen den Wert von 10% der Forderung genommen werden soll,[18] ist abzulehnen. 5

§ 247 Aktiengesetz
Streitwert

Den Streitwert bestimmt das Prozeßgericht unter Berücksichtigung aller Umstände des einzelnen Falles, insbesondere der Bedeutung der Sache für die Parteien, nach billigem Ermessen. Er darf jedoch ein Zehntel des Grundkapitals, wenn dieses Zehntel mehr als 500 000 Euro beträgt, eine 500 000 Euro nur insoweit übersteigen, als die Bedeutung der Sache für den Kläger höher zu bewerten ist.

Macht eine Partei glaubhaft, daß die Belastung mit den Prozeßkosten nach dem gemäß Abs. 1 bestimmten Streitwert ihre wirtschaftliche Lage erheblich gefährden

10 OLG Frankfurt/Main, JurBüro 1980, 1411.
11 RG, JW 1939, 498.
12 OLG Frankfurt/Main, NJW 1973, 1888.
13 OLG München, NJW 1967, 1374.
14 OLG Karlsruhe, MDR 1958, 251.
15 OLG Frankfurt/Main, KTS 1980, 66.
16 OLG Karlsruhe, HRR 1931, 1377.
17 Das ist im wesentlich unstr. Vgl. etwa BGH, MDR 1993, 287; OLG Bamberg, JurBüro 1978, 24 m. w. N.
18 So z. B.: OLG Frankfurt/Main, KTS 1986, 709 m. N.; *Hartmann* § 12, Anh. II, § 182 InsO Rn. 8.

würde, so kann das Prozeßgericht auf ihren Antrag anordnen, daß ihre Verpflichtung zur Zahlung von Gerichtskosten sich nach einem ihrer Wirtschaftslage angepaßten Teil des Streitwerts bemißt. Die Anordnung hat zur Folge, daß die begünstigte Partei die Gebühren ihres Rechtsanwalts ebenfalls nur nach diesem Teil des Streitwerts zu entrichten hat. Soweit ihr Kosten des Rechtsstreits auferlegt werden oder soweit sie diese übernimmt, hat sie die vom Gegner entrichteten Gerichtsgebühren und die Gebühren seines Rechtsanwalts nur nach dem Teil des Streitwerts zu erstatten. Soweit die außergerichtlichen Kosten dem Gegner auferlegt oder von ihm übernommen werden, kann der Rechtsanwalt der begünstigten Partei seine Gebühren von dem Gegner nach dem für diesen geltenden Streitwert beitreiben.

Der Antrag nach Abs. 2 kann vor der Geschäftsstelle des Prozeßgerichts zur Niederschrift erklärt werden. Er ist vor der Verhandlung zur Hauptsache anzubringen. Später ist er nur zulässig, wenn der angenommene oder festgesetzte Streitwert durch das Prozeßgericht heraufgesetzt wird. Vor der Entscheidung über den Antrag ist der Gegner zu hören.

1 Während für die Bemessung des **Streitwerts** für die Gerichtskosten grundsätzlich das Interesse des die Gerichte bemühenden Klägers maßgebend ist, bestimmt § 247 AktG für die Anfechtungsklage nach § 246 AktG und für die Nichtigkeitsklage nach § 249 AktG, daß das Prozeßgericht den Streitwert nach billigem Ermessen unter Berücksichtigung aller Umstände des einzelnen Falles, insbesondere der Bedeutung für beide Parteien zu bestimmen hat, S. 1. Das Interesse des Klägers bleibt aber als absolute Obergrenze des Streitwerts insofern als Maßstab, als die in S. 2 gegebenen Höchstgrenzen (ein Zehntel des Grundkapitals, 500 000 €) nur überschritten werden dürfen, wenn die Bedeutung der Sache für den Kläger höher zu bewerten ist. Die Absätze 2 und 3 enthalten eine den §§ 53 PatG, 17a GebrMG, 23a, 23b UWG und 142 MarkenG entsprechende Regelung, wonach zugunsten einer kapitalschwachen Partei der Streitwert mit Wirkung für diese Partei herabgesetzt werden kann.

2 Die Festsetzung hat nach **billigem, d. h. pflichtgemäßem Ermessen** des Prozeßgerichts zu erfolgen. Dabei sind alle Umstände des Falles zu berücksichtigen, vornehmlich die Bedeutung der Sache für beide Parteien, aber auch für die Gesellschaft und andere Aktionäre.[1] Das Gericht muß erwägen, welche Folgen wirtschaftlicher und persönlicher Art die Entscheidung für die Beteiligten im Falle des Obsiegens des Klägers hat. Zu den sonstigen Umständen des einzelnen Falles, die sich nicht in der Bedeutung der Sache für die beiden Parteien erschöpfen, wird auch ihre Bedeutung für Dritte zu rechnen sein, wenn und soweit sie im Falle des Obsiegens davon wirtschaftlich oder persönlich tangiert werden. Im Einzelfall mag auch das Interesse der Allgemeinheit für die Streitwertbemessung Bedeutung erlangen. Auch der Umfang der Sache kann zu berücksichtigen sein. Ein die Zuständigkeitsgrenze der Landgerichte nicht erreichender Streitwert kann demnach auch in Betracht kommen.[2]

1 BGH, JurBüro 1982, 218 = ZIP 1981, 1335 = WM 1981, 1344.
2 Die Entsch BGH, NJW 1967, 1762 = JurBüro 1967, 686 ist seit dem RPflEntlG 1993 überholt.

Höchstgrenze, Abs. 1, S. 2: Sie beträgt grundsätzlich ein Zehntel des Grundkapitals oder, wenn dieses mehr als 500 000 € beträgt, 500 000 €. Eine Überschreitung dieser Grenze ist aber zulässig, wenn die Bedeutung der Sache für den Kläger höher zu bewerten ist. Dagegen darf man, wenn lediglich das Interesse der Beklagten oder sonstige Umstände höher zu bewerten wären, die Höchstgrenze nicht überschreiten. 3

Herabsetzung des Streitwerts zugunsten einer kapitalschwachen Partei, Abs. 2 und 3: Es gelten die gleichen Grundsätze wie bei der sinngleichen Bestimmung des § 144 PatG. Es wäre z. B. Ermessensmißbrauch, die Vergünstigung für eine völlig aussichtslose und mutwillige Rechtsverfolgung zu gewähren.[3] 4

Die für das AktG gegebene Sondervorschrift darf in Abs. 1, nicht aber in den Absätzen 2 und 3 sinngemäß auf GmbH, Genossenschaften und Gewerkschaften angewendet werden.[4] 5

§ 144 Patentgesetz

Macht in einer Patentstreitsache eine Partei glaubhaft, daß die Belastung mit den Prozeßkosten nach dem vollen Streitwert ihre wirtschaftliche Lage erheblich gefährden würde, so kann das Gericht auf ihren Antrag anordnen, daß die Verpflichtung dieser Partei zur Zahlung von Gerichtskosten sich nach einem ihrer Wirtschaftslage angepaßten Teil des Streitwerts bemißt. Die Anordnung hat zur Folge, daß die begünstigte Partei die Gebühren ihres Rechtsanwalts ebenfalls nur nach diesem Teil des Streitwerts zu entrichten hat. Soweit ihr Kosten des Rechtsstreits auferlegt werden oder soweit sie diese übernimmt, hat sie den von dem Gegner entrichteten Gerichtsgebühren und die Gebühren seines Rechtsanwalts nur nach dem Teil des Streitwerts zu erstatten. Soweit die außergerichtlichen Kosten dem Gegner auferlegt oder von ihm übernommen werden, kann der Rechtsanwalt der begünstigten Partei seine Gebühren von dem Gegner nach dem für diesen geltenden Streitwert beitreiben.

Der Antrag nach Abs. 1 kann vor der Geschäftsstelle des Gerichts zur Niederschrift erklärt werden. Er ist vor der Verhandlung zur Hauptsache anzubringen. Danach ist er nur zulässig, wenn der angenommene oder festgesetzte Streitwert später durch das Gericht heraufgesetzt wird. Vor der Entscheidung über den Antrag ist der Gegner zu hören.

Zweck der Vorschrift ist, einer wirtschaftlich schwachen Partei die Durchführung eines Patentstreits auch dann zu ermöglichen, wenn ihre Mittel zur Begleichung der aus dem 1

3 OLG Hamm, Der Betrieb 1977, 763; *Reeb* BB 1970, 865 m. krit. Bem. von *Steinmetz* BB 1970, 1196.
4 BGH, MDR 1970, 219 = RPfleger 1970, 18 = BB 1969, 1453; OLG Bamberg, JurBüro 1980, 759; OLG Frankfurt/Main, JurBüro 1968, 829 = RPfleger 1968, 398; OLG Celle, RPfleger 1974, 233.

Streitwert berechneten Gebühren nicht ausreichen würden.[1] Denn gerade bei Patentstreitigkeiten sind die Streitwerte sehr hoch, so daß auch das Institut der Prozeßkostenhilfe hier kein vollwertiger Ersatz wäre.[2]

2 Eine **Patentstreitsache** liegt vor, wenn mit der Klage ein Anspruch aus einem im PatG geregelten Rechtsverhältnis verfolgt wird, § 143 PatG. Der Begriff ist weit auszulegen und gilt auch im Berufungsverfahren vor dem BGH und im Nichtigkeitsverfahren vor dem BPatG.[3] Er umfaßt alle im Zusammenhang mit einem Patentrecht befindlichen Ansprüche, auch die Auswirkungen einer Patenteinschränkung auf den zwischen den Parteien bestehenden Lizenzvertrag.[4] Es reicht aus, wenn eine Patentverletzung im Ausland erfolgt.[5] Im Rechtsbeschwerdeverfahren vor dem BGH ist die Bestimmung entsprechend anzuwenden (§§ 102 Abs. 2, 121 Abs. 1 PatG).

3 **Antragsberechtigt** ist jede Partei, also sowohl der Kläger als auch der Beklagte, wenn die Belastung mit den Prozeßkosten nach dem vollen Streitwert ihre wirtschaftliche Lage erheblich gefährden würde. Das muß glaubhaft gemacht werden, § 294 ZPO. Angehörigen fremder Staaten kann die Vergünstigung auch dann gewährt werden, wenn eine Gegenseitigkeit nicht verbürgt ist.[6] Es ist nicht erforderlich, daß die Partei unbemittelt ist iS der Vorschriften der §§ 129 ff. PatG oder gar der §§ 114 ff. ZPO. Die Herabsetzung kann auch zugunsten einer Partei erfolgen, der Verfahrenskostenhilfe bewilligt worden ist.[7] Auch einer juristischen Person kann die Vergünstigung gewährt werden, selbst wenn die Voraussetzungen der Verfahrenskostenhilfe nicht gegeben sind.[8] Es muß aber eine erhebliche Gefährdung der Wirtschaftslage zu besorgen sein, die nach einem strengen Maßstab zu beurteilen ist.[9] Die Gefährdung der Wirtschaftslage kann auch erst nach der Antragstellung entstanden sein.[10]

4 Anders als bei der Prozeßkostenhilfe sind die **Aussichten des Rechtsstreits** nicht zu prüfen, es sei denn, daß der beabsichtigte Rechtsstreit für die wirtschaftlich schwache Partei völlig aussichtslos und/oder seine Führung mutwillig und damit rechtsmißbräuchlich ist.[11]

5 Für die Beurteilung kommen selbstverständlich nur die **notwendigen Kosten** des Rechtsstreits iS von § 91 ZPO in Betracht.[12] Dabei sind Anwaltskosten des Antragstellers nur zu berücksichtigen, soweit Anwaltszwang besteht oder die Inanspruchnahme eines Anwalts

1 BGH, GRUR 1982, 672.
2 *Hartmann* § 12, Anh. III, § 144 PatG Rn. 2.
3 BGH, GRUR 1982, 672.
4 OLG München, MDR 1964, 62 = AnwBl. 1964, 178.
5 *Hartmann* § 12, Anh. III, PatG Rn. 4.
6 BGHZ 73, 315.
7 BGH, RPfleger 1959, 110 (L); OLG Karlsruhe, RPfleger 1957, 44 (L).
8 BGH, RPfleger 1959, 110 (L); OLG Düsseldorf, BB 1977, 360 = Der Betrieb 1977, 1598 (L) = AnwBl. 1977, 167.
9 OLG Köln, WRP 1976, 261; OLG Nürnberg, JurBüro 1962, 584.
10 BPatGE 24, 169.
11 OLG Hamm, Der Betrieb 1977, 763; OLG Köln, WRP 1976, 261; OLG Karlsruhe, WRP 1973, 49. Vgl. auch *Hartmann* § 12, Anh. III, PatG Rn. 7.
12 OLG Karlsruhe, WRP 1973, 49.

zur zweckentsprechenden Rechtsverfolgung notwendig erscheint. Anders die Anwaltskosten des Gegners, da der Antragsteller nicht verhindern kann, daß sich der Gegner eines Anwalts bedient. Zu berücksichtigen sind die zu erwartenden Gerichtskosten und gesetzlichen Rechtsanwaltskosten in dem betreffenden Rechtszug.

Der **Antrag** ist **für jeden Rechtszug neu** zu stellen, mithin auch für das Verfahren vor dem BGH,[13] und zwar grundsätzlich vor Beginn der Verhandlung zur Sache. Später ist er nur noch zulässig, wenn der angenommene oder festgesetzte Streitwert danach durch das Gericht heraufgesetzt wird,[14] oder wenn das Gericht den Streitwert erst später erstmals festsetzt und dadurch die Kosten das für die Partei tragbare Maß übersteigen.[15] Hat sich das Verfahren ohne Verhandlung zur Hauptsache erledigt und wird darauf erstmalig der Streitwert festgesetzt, so kann der Antrag aus § 144 PatG nur noch innerhalb einer angemessenen Frist gestellt werden.[16] Für die Antragstellung besteht **kein Anwaltszwang.** Rechtliches Gehör des Gegners ist ausdrücklich vorgeschrieben. Auch die Staatskasse ist als Beteiligte zu hören. Hat eine Partei selbst den Streitwert angegeben oder seine Festsetzung auf den höheren Betrag beantragt und über diesen Streitwert verhandelt, ist der Antrag nicht mehr zulässig (§ 144 Abs. 3 S. 3 PatG).[17] Dagegen ist unabhängig von § 144 PatG eine Herabsetzung des Streitwerts nach § 25 GKG möglich, wenn der angenommene oder festgesetzte Streitwert zu hoch ist. Die Bestimmung des § 144 PatG ist auch im Verfahren über eine einstweilige Verfügung anwendbar.[18] 6

Die **Entscheidung** des Gerichts ergeht durch Beschluß im Verfahren nach § 25 GKG und ist zu begründen. Es ist vom vollen Streitwert der Sache auszugehen und darzulegen, nach welchem Teil des Streitwerts die begünstigte Partei etwaige Kosten zu zahlen hat, also Festsetzung des vollen und des ermäßigten Streitwerts.[19] Ist die Partei unbemittelt iS der §§ 114ff. ZPO, so können Verfahrenskostenhilfe und Prozeßkostenhilfe nebeneinander erfolgen. Sie schließen sich gegenseitig nicht aus. Die Entscheidung hat nach pflichtgemäßem Ermessen zu ergehen, das nur auf Ermessensfehler hin überprüfbar ist. 7

Gegen die Entscheidung des Gerichts ist die **Beschwerde nach § 25 GKG** gegeben[20] und nicht die nach § 567 ZPO.[21] Beschwerdeberechtigt sind die Parteien und die Staatskasse. Der **Beschwerdewert** besteht für den Antragsteller in den Mehrkosten (Gerichts- und Anwaltskosten), für die er wegen der Verweigerung der Streitwertherabsetzung im Falle seines Unterliegens oder der Zahlungsunfähigkeit seines Gegners aufzukommen hat, für den Gegner in den Gerichtskosten, die er infolge der Streitwertherabsetzung auch im Falle seines Obsiegens zu zahlen hat, für die Staatskasse im Unterschiedsbetrag der Gerichtskosten nach dem erhöhten und dem ermäßigten Streitwert, auch wenn für die Gerichtskosten aus dem erhöhten Wert der Gegner haftet. 8

13 OLG Frankfurt/Main, JurBüro 1976, 347; OLG Karlsruhe, WRP 73, 49.
14 BPatGE 24, 169; Struif, GRUR 1985, 252.
15 BGH, RPfleger 1959, 110 (L).
16 BGH, NJW 1965, 1333 = MDR 1965, 522.
17 OLG Hamburg, GRUR 1957, 146.
18 OLG Köln, WRP 1976, 261.
19 OLG Frankfurt/Main, JurBüro 1976, 347.
20 OLG Frankfurt/Main, JurBüro 1976, 347; OLG Karlsruhe, WRP 1973, 49.
21 So aber OLG Köln, WRP 1976, 261.

9 Die Bewilligung nach der Vergünstigung nach § 144 PatG wirkt hinsichtlich der die begünstigten Partei treffenden Gerichtsgebühren und der Gebühren ihres eigenen Anwalts und des Gegenanwalts. Demgemäß ist der Berechnung der die begünstigten Partei treffenden Gerichtsgebühren, der von der begünstigten Partei ihrem Anwalt geschuldeten Gebühren und der von der begünstigten Partei dem Gegner zu erstattenden Rechtsanwaltsgebühren der geringere Wert zugrundezulegen. Dagegen wird die Verpflichtung des nicht begünstigten Gegners, die Gerichtsgebühren und die Gebühren seines Anwalts aus dem vollen Streitwert zu zahlen und die Gebühren des Anwalts der begünstigten Partei nach dem vollen Streitwert zu erstatten, nicht berührt. Wenn die Kosten zwischen den Parteien nach Bruchteilen verteilt sind, sind die Bruchteile nur aus dem ermäßigten Wert zu berechnen.[22] Daneben bleibt aber die Antragstellerhaftung der nichtbegünstigten Partei aus dem vollen Streitwert bestehen. Der Antragsteller haftet als Zweitschuldner für die Gerichtskosten auch soweit, als die begünstigte Partei sie nicht zu zahlen hat, weil für die Berechnung der von ihr geschuldeten Gebühren der Streitwert herabgesetzt ist.[23] Die Gebühren des Verfahrenskostenhilfeanwalts berechnen sich nach dem vollen, nicht nach dem herabgesetzten Streitwert.[24] Die Streitwertherabsetzung wirkt nur für die Gebühren, nicht auch für die Auslagen.[25]

10 Die nach § 144 PatG getroffene Anordnung kann nachträglich rückwirkend geändert werden, wenn sich herausstellt, daß ihre Voraussetzungen nicht gegeben waren, § 25 GKG.

§ 26 Gebrauchsmustergesetz
Herabsetzung des Streitwerts

Macht in bürgerlichen Rechtsstreitigkeiten, in denen durch Klage ein Anspruch aus einem der in diesem Gesetz geregelten Rechtsverhältnisse geltend gemacht wird, eine Partei glaubhaft, daß die Belastung mit den Prozeßkosten nach dem vollen Streitwert ihre wirtschaftliche Lage erheblich gefährden würde, so kann das Gericht auf ihren Antrag anordnen, daß die Verpflichtung dieser Partei zur Zahlung von Gerichtskosten sich nach einem ihrer Wirtschaftslage angepaßten Teil des Streitwerts bemißt. Die Anordnung hat zur Folge, daß die begünstigte Partei die Gebühren ihres Rechtsanwalts ebenfalls nur nach diesem Teil des Streitwerts zu entrichten hat. Soweit ihr Kosten des Rechtsstreits auferlegt werden oder soweit sie diese übernimmt, hat sie die von dem Gegner entrichteten Gerichtsgebühren und die Gebühren seines Rechtsanwalts nur nach dem Teil des Streitwerts zu erstatten. Soweit die außergerichtlichen Kosten dem Gegner auferlegt oder von ihm übernommen werden, kann der Rechtsanwalt der begünstigten Partei seine Gebühren von dem Gegner nach dem für diesen geltenden Streitwert beitreiben.

22 KG, DR 1940, 1381.
23 KG, GRUR 1941, 96 = DR 1941, 794.
24 BGH, AnwBl. 1953, 332.
25 OLG München, JurBüro 1960, 135 = GRUR 1960, 79.

Der Antrag nach Abs. 1 kann vor der Geschäftsstelle des Gerichts zur Niederschrift erklärt werden. Er ist vor der Verhandlung zur Hauptsache anzubringen. Danach ist er nur zulässig, wenn der angenommene oder festgesetzte Streitwert später durch das Gericht heraufgesetzt wird. Vor der Entscheidung über den Antrag ist der Gegner zu hören.

Die Erläuterungen zu § 144 PatG gelten sinngemäß.[1] Die Herabsetzung des Streitwerts ist 1
auch zulässig, wenn die Klage zugleich auf die Bestimmungen des BGB gestützt wird.[2]

§§ 23a, 23b Gesetz über den unlauteren Wettbewerb

§ 23a[1]

Bei der Bemessung des Streitwerts für Ansprüche auf Unterlassung von Zuwiderhandlungen gegen die §§ 1, 3, 4, 6, 6a bis 6c, 7, 8 ist es wertmindernd zu berücksichtigen, wenn die Sache nach Art und Umfang einfach gelagert ist oder eine Belastung einer der Parteien mit den Prozeßkosten nach dem vollen Streitwert angesichts ihrer Vermögens- und Einkommensverhältnisse nicht tragbar erscheint.

§ 23b

Macht in bürgerlichen Rechtsstreitigkeiten, in denen durch Klage ein Anspruch aufgrund dieses Gesetzes geltend gemacht wird, eine Partei glaubhaft, daß die Belastung mit den Prozeßkosten nach dem vollen Streitwert ihre wirtschaftliche Lage erheblich gefährden würde, so kann das Gericht auf ihren Antrag anordnen, daß die Verpflichtung dieser Partei zur Zahlung von Gerichtskosten sich nach einem ihrer Wirtschaftslage angepaßten Teil des Streitwerts bemißt. Das Gericht kann die Anordnung davon abhängig machen, daß die Partei außerdem glaubhaft macht, daß dievon ihr zu tragenden Kosten des Rechtsstreits weder unmittelbar noch mittelbar von einem Dritten übernommen werden. Die Anordnung hat zur Folge, daß die begünstigte Partei die Gebühren ihres Rechtsanwalts ebenfalls nur nach diesem Teil des Streitwerts zu entrichten hat. Soweit ihr Kosten des Rechtsstreits auferlegt werden oder soweit sie diese übernimmt, hat sie die von dem Gegner entrichteten Gerichtsgebühren und die Gebühren seines Rechtsanwalts nur nach dem Teil des Streitwerts zu erstatten. Soweit die außergerichtlichen Kosten dem Gegner auferlegt oder von ihm übernommen werden, kann der Rechtsanwalt der begünstigten Partei seine Gebühren von dem Gegner nach dem für diesen geltenden Streitwert beitreiben.

1 Vgl. auch bei *Pastor* WRP 1965, 271.
2 BGH, NJW 1968, 593 = WRP 1968, 183.
1 I. d. F. des Geses zur Änderung des Geses gegen den unlteren Wettbewerb v 25. Juli 1994 (BGBl. I, 1738).

Der Antrag nach Abs. 1 kann vor der Geschäftsstelle des Gerichts zur Niederschrift erklärt werden. Er ist vor der Verhandlung zur Hauptsache anzubringen. Danach ist er nur zulässig, wenn der angenommene oder festgesetzte Streitwert später durch das Gericht heraufgesetzt wird. Vor der Entscheidung über den Antrag ist der Gegner zu hören.

1 Auch hier kann auf die Erläuterungen zu § 144 PatG verwiesen werden. Das dort Gesagte gilt sinngemäß. Die verfassungsmäßig unbedenklichen[2] Vorschriften der §§ 23a, 23b UWG unterscheiden sich von § 144 PatG dadurch, daß das Gericht bei § 23b UWG Glaubhaftmachung verlangen kann, daß die von der kostenbegünstigten Partei zu tragenden Kosten des Rechtsstreits weder unmittelbar noch mittelbar von einem Dritten übernommen werden, S. 2. Das sollte man auch idR im Interesse des Justizfiskus verlangen.[3] Überhaupt sollte man bei der Herabsetzung nach §§ 23a, 23b UWG restriktiv verfahren, jedenfalls aber die Bestimmung nicht schematisch anwenden.[4]So ist z. B. der Wert im Eilverfahren nicht geringer anzusetzen, als im Hauptsachverfahren[5]

2 Das gilt insbesondere bei der Frage, ob eine Sache **einfach gelagert** ist **oder nicht.** So werden rechtlich einfach gelagerte Sachen, die routinemäßig und noch dazu von einem sachkundigen und auf Fragen des Wettbewerbsrechts spezialisierten Anwalt oder vor einem auf Wettbewerbssachen spezialisierten Spruchkörper des Gerichts bearbeitet werden, idR als nicht besonders schwierig zu beurteilen sein.[6] Auch der Umfang der eingereichten Klageschrift kann für die Einfachheit aufschlußreich sein,[7] während ein Streit um die Prozeßführungsbefugnis unbeachtlich in diesem Zusammenhang sein kann.[8] Wenn dagegen eine Sache mehrere Instanzen beansprucht[9] oder wenn umfangreiche Unterlagen durchzuarbeiten sind,[10] wird man nicht mehr von einer einfach gelagerten Sache sprechen können.

3 Die auch als Schutzmaßnahme gegen Rechtsmißbrauch durch Verbandsklagen[11] gedachten §§ 23a, 23b UWG verbieten es, einem Wettbewerbsschutzverband allein deshalb, weil er (auch) im öffentlichen Interesse tätig ist, Streitwertherabsetzung zu bewilligen.[12] Vielmehr ist in jedem Einzelfall die Kostenlast festzustellen und dann zu prüfen, ob eine Herabsetzung des Streitwerts billig ist.[13]

2 OLG Koblenz, GRUR 1989, 764. Vgl. auch BVerfG, NJW-RR 1991, 1134.
3 Wegen der Voraussetzungen im einzelnen vgl. KG, AnwBl. 1978, 142; OLG Hamburg, WRP 1979, 382 m. Anm. v. *Borck*; OLG Köln, WRP 1976, 261; OLG Frankfurt/Main, JurBüro 1980, 904 (Verband); KG, WRP 1979, 308; OLG Koblenz, WRP 1981, 333 (Streitwert); *Mümmler* JurBüro 1980, 983; *Ulrich* GRUR 1989, 401.
4 OLG Koblenz, GRUR 1989, 764; OLG Schleswig, SchlHA 1987, 60. A. M. KG; GRUR 1987, 453 (regelmäßig Herabsetzung um 50%).
5 OLG Köln, JurBüro 2000, 648.
6 OLG Köln, GRUR 1988, 776 und NJW-RR 1988, 304.
7 OLG Köln, NJW-RR 1988, 304.
8 OLG Köln, JurBüro 2000, 648; OLG Koblenz, GRUR 1991, 66.
9 BGH, NJW-RR 1990, 1323.
10 OLG Koblenz, GRUR 1988, 474.
11 OLG Koblenz, GRUR 1988, 474.
12 BGH, Der Betrieb 1990, 41.
13 BGH, NJW-RR 1990, 1323; OLG Frankfurt/Main, GRUR 1989, 133.

Nach ihrem Sinn und Zweck sind die Bestimmungen der §§ 23a, 23b UWG auch auf Verfahren der **Einstweiligen Verfügung** anzuwenden.[14] Die Anhörung des Gegners und die Entscheidung kann in solchen Fällen auch noch nach dem Erlaß der Einstweiligen Verfügung erfolgen.[15] Lediglich der Antrag muß vor einer mündlichen Verhandlung oder – falls sie unterbleibt – vor Erlaß der Entscheidung über den Antrag auf Erlaß der Einstweiligen Verfügung angebracht worden sein. Bei einem Widerspruch ist aber beim Instanzenzug stets zu prüfen, ob der angenommene Streitwert bleiben darf.[16] 4

Auch hier ist eine Herabsetzung zulässig, wenn die Klage oder der Antrag im Eilverfahren zugleich auf Bestimmungen des BGB oder auf andere Anspruchsgrundlagen außerhalb des UWG gestützt wird.[17] 5

§ 23b UWG hat neben § 23a UWG nur noch eine geringe Bedeutung;[18] denn es reicht – was die Regel sein wird –, daß jedenfalls eine der im § 23a UWG genannten Vorschriften verletzt ist.[19] 6

§ 142 Markengesetz
Streitwertbegünstigung

Macht in bürgerlichen Rechtsstreitigkeiten, in denen durch Klage ein Anspruch aus einem der in diesem Gesetz geregelten Rechtsverhältnisse geltend gemacht wird, eine Partei glaubhaft, daß die Belastung mit den Prozeßkosten nach dem vollen Streitwert ihre wirtschaftliche Lage erheblich gefährden würde, so kann das Gericht auf ihren Antrag anordnen, daß die Verpflichtung dieser Partei zur Zahlung von Gerichtskosten sich nach einem ihrer Wirtschaftslage angepaßten Teil des Streitwerts bemißt.

Die Anordnung hat zur Folge, daß die begünstigte Partei die Gebühren ihres Rechtsanwalts ebenfalls nur nach diesem Teil des Streitwerts zu entrichten hat. Soweit ihr Kosten des Rechtsstreits auferlegt werden oder soweit sie diese übernimmt, hat sie die von dem Gegner entrichteten Gerichtsgebühren und die Gebühren seines Rechtsanwalts nur nach dem Teil des Streitwerts zu erstatten. Soweit die außergerichtlichen Kosten dem Gegner auferlegt oder von ihm übernommen werden, kann der Rechtsanwalt der begünstigten Partei seine Gebühren von dem Gegner nach dem für diesen geltenden Streitwert beitreiben.

Der Antrag nach Abs. 1 kann vor der Geschäftsstelle des Gerichts zur Niederschrift erklärt werden. Er ist vor der Verhandlung zur Hauptsache anzubringen. Danach

14 OLG Köln, WRP 1976, 261; a. M. *Pastor* WRP 1965, 271.
15 OLG Hamburg, GRUR 1985, 148.
16 OLG Koblenz, GRUR 1990, 58.
17 BGH, NJW 1968, 593.
18 OLG Koblenz, GRUR 1989, 764; OLG Köln, GRUR 1988, 716.
19 OLG Köln, GRUR 1988, 775.

ist er nur zulässig, wenn der angenommene oder festgesetzte Streitwert später durch das Gericht heraufgesetzt wird. Vor der Entscheidung über den Antrag ist der Gegner zu hören.

1 § 142 MarkenG ist mit § 144 PatG inhaltsgleich. Auf die Erläuterungen zu § 144 PatG wird verwiesen.

§ 12a
Wertberechnungen im Beschwerdeverfahren nach dem Gesetz gegen Wettbewerbsbeschränkungen und nach dem Wertpapiererwerbs- und Übernahmegesetz.

(1) Im Verfahren über Beschwerden gegen Verfügungen der Kartellbehörde und über Rechtsbeschwerden (§§ 63 und 74 des Gesetzes gegen Wettbewerbsbeschränkungen) und über Beschwerden gegen Verfügungen der Bundesanstalt für Finanzdienstleistungsaufsicht (§ 48 des Wertpapiererwerbs- und Übernahmegesetzes) bestimmt sich der Wert nach § 3 der Zivilprozeßordnung. Im Verfahren über Beschwerden eines Beigeladenen (§ 54 Abs. 2 Nr. 3 des Gesetzes gegen Wettbewerbsbeschränkungen ist der Streitwert nach der sich aus dem Antrag des Beigeladenen für ihn ergebenden Bedeutung der Sache nach Ermessen zu bestimmen, jedoch nicht unter 250 000 Euro.

(2) Im Verfahren über Beschwerden gegen Entscheidungen der Vergabekammer (§ 116 des Gesetzes gegen Wettbewerbsbeschränkungen) einschließlich des Verfahrens über den Antrag nach § 115 Abs. Abs. 2 S. 2 und 3, § 118 Abs. 1 S. 3 und nach § 121 des Gesetzes gegen Wettbewerbsbeschränkungen beträgt der Streitwert 5 vom Hundert der Auftragssumme.

1 Die Bestimmung ist eingefügt durch das VgRÄndG (BGBl. 1998 I, S. 2512, 2547) und seit dem 1. 1. 1999 in Kraft. Sie ist ergänzt durch Art. 8 des Gesetzes vom 20. 12. 2001 (BGBl. I, 3822). In ihrem sachlichen Geltungsbereich enthält sie eine vorrangige Sonderregelung und läßt außerhalb ihres Geltungsbereichs die allgemeinen gesetzlichen und/oder von der Rspr entwickelten Lehren unberührt.[1] Insbesondere bezweckt sie eine angemessene Bewertung und keine allgemeine Herabsetzung des Streitwertes zugunsten des wirtschaftlich Schwächeren.

2 **Abs. 2** ist auch für die Festsetzung des Gegenstandswertes im Nachprüfungsverfahren vor der Vergabekammer anwendbar.[2] Der Gegenstandswert ist regelmäßig mit 5 % der Brutto-Auftragssumme, hilfsweise der Angebotssumme anzusetzen.[3] Notfalls ist sie nach § 3 ZPO zu schätzen, wobei auch der Wert von bei der Ausschreibung geförderten Erfüllungsbürg-

1 *Hartmann* § 12 a, Rn. 1.
2 OLG Stuttgart, NZBau 2000, 599; ThürOLG Jena, JurBüro 2002, 434.
3 BayObLG, JurBüro 2002, 144; JurBüro 2002, 362.

schaften ein Indiz sein kann[4] Als **Auftragssumme** iS dieser Bestimmung ist bei Verträgen mit längerer Laufzeit als 48 Monate das 48-fache der voraussichtlichen monatlichen Zahlung anzusetzen.[5]

§ 12b
Wertberechnungen in Streitsachen und in Rechtsmittelverfahren (§ 1 Abs. 3) des gewerblichen Rechtsschutzes.

(1) **In Verfahren nach dem Patentgesetz, dem Gebrauchsmustergesetz, dem Markengesetz, dem Geschmacksmustergesetz, dem Halbleiterschutzgesetz, dem Schriftzeichengesetz und dem Sortenschutzgesetz ist der Wert nach billigem Ermessen zu bestimmen.**

(2) **Die Vorschriften über die Anordnung der Streitwertbegünstigung (§ 144 Patentgesetz, § 26 Gebrauchsmustergesetz, § 142 Markengesetz) sind anzuwenden.**

Die seit dem 1. 11. 1998 geltende Bestimmung ist durch das PatGÄndG vom 16. 7. 1998 (BGBl. I, S. 1827) eingefügt und in ihren Geltungsbereich eine Sonderbestimmung. Regelungszweck des Abs. 1 ist die Beibehaltung der bisherigen Ermäßigungsmöglichkeit zum Zwecke der Ermöglichung eines effektiven Rechtsschutzes auch für den wirtschaftlich Schwächeren. 1

Die Vorschrift gilt nur in den genannten Verfahren, und zwar in allen Instanzen. Gleichgültig ist dabei, ob es sich um einen Zivilprozeß oder um eine andere Verfahrensart handelt. 2

„Billiges Ermessen" heißt auch hier, daß nach pflichtgemäßem Ermessen zu verfahren ist. Es dabei in erster Linie die wirtschaftlichen Interessen des Klägers, insbesondere auf das von der Verletzungshandlung ausgehende wirtschaftliche Gefährdungspotential auszugehen, während das Ausmaß der vom Beklagten verübten oder diesem nachgewiesenen Verletzung eine nur untergeordnete Bedeutung zukommt.[1] Die in Abs. 2 bezeichneten Wertbegünstigungen sind aber zwingend anzuwenden. 3

4 ThürOLG Jena, JurBüro 2002, 434, 435.
5 OLG Celle, NZBau 2001, 111.
1 OLG Zweibrücken, JurBüro 2001, 41.

§ 13
Wertberechnung in Verfahren vor Gerichten der Verwaltungs-, Finanz- und Sozialgerichtsbarkeit.

(1) In Verfahren vor den Gerichten der Verwaltungs- Finanz- und Sozialgerichtsbarkeit ist der Streitwert vorbehaltlich der folgenden Vorschriften nach der sich aus dem Antrag des Klägers für ihn ergebenden Bedeutung der Sache nach Ermessen zu bestimmen. Bietet der bisherige Sach- und Streitstand hierfür keine genügenden Anhaltspunkte, so ist ein Streitwert von 4000 Euro anzunehmen.

(2) Betrifft der Antrag des Klägers eine bezifferte Geldleistung oder einen hierauf gerichteten Verwaltungsakt, so ist deren Höhe maßgebend.

(3) In Verfahren vor den Gerichten der Verwaltungsgerichtsbarkeit über Ansprüche nach dem Vermögensgesetz darf der Streitwert nicht über eine 500000 Euro und bei Rechtsstreitigkeiten nach dem Krankenhausfinanzierungsgesetz nicht über 2,5 Millionen Euro angenommen werden.

(4) In Verfahren, welche die Begründung, die Umwandlung, das Bestehen oder die Beendigung eines besoldeten öffentlich-rechtlichen Dienst- oder Amtsverhältnisses betreffen, ist Streitwert

a) der 13-fache Betrag des Endgrundgehalts zuzüglich ruhegehaltsfähiger Zulagen, wenn Gegenstand des Verfahrens ein Dienst- oder Amtsverhältnis auf Lebenszeit ist;

b) in sonstigen Fällen die Hälfte des sich nach Buchstabe a) ergebenden Betrages, die Hälfte des 13-fachen Anwärtersonderzuschlages oder die Hälfte des für die Dauer eines Jahres vereinbarten Gehaltes.

Betrifft das Verfahren die Verleihung eines anderen Amtes oder den Zeitpunkt einer Versetzung in den Ruhestand, ist Streitwert die Hälfte des sich nach S. 1 ergebenden Betrages.

(5) Ist mit einem im Verfahren nach Abs. 4 verfolgten Klagebegehren ein aus ihm hergeleiteter vermögensrechtlicher Anspruch verbunden, so ist nur ein Klagebegehren, und zwar das wertmäßig höhere, maßgebend.

(6) Dem Kläger steht gleich, wer sonst das Verfahren der ersten Instanz beantragt hat.

(7) In Verfahren vor den Gerichten der Sozialgerichtsbarkeit darf der Streitwert nicht über 2,5 Millionen Euro angenommen werden.

Übersicht

Allgemeines: Die Vorschrift gilt für die Wertberechnung in Verwaltungs-, Finanz- und Sozialgerichtssachen. Sie ist für diese Verfahren maßgebend, soweit nicht in den §§ 14 ff. GKG abweichende Regelungen enthalten sind. Mit der Einfügung des § 13 GKG sollten und wurden zahlreiche Streitfragen beseitigt, die sich zum früheren Gerichtskostenrecht vor allem in Verwaltungsgerichtssachen um die Frage rankten, ob ein Streitgegenstand vermögens- oder nichtvermögensrechtlicher Art war. Soweit noch Verfahren des ersten Rechtszuges, Berufungen, Revisionen oder Beschwerden, die vor dem 15. 9. 1975 anhängig geworden sind, abzuwickeln sind, ist gem. Art. 5 § 2 Abs. 1 KostRÄndG 1975 das frühere Recht weiter anzuwenden. § 13 GKG sieht eine generelle Höchstbegrenzung des Streitwerts mit Ausnahme der im Abs. 3 ausdrücklich bezeichneten Fälle nicht vor. Abweichendes gilt nach Abs. 7 allgemein nur für Sozialgerichtsbarkeit. § 12 Abs. 2 S. 4 GKG ist im Rahmen des § 13 GKG nicht anwendbar. Durch die Neufassung des § 13 durch das KostRÄndG 1994 wurde vor allem die Streitwertberechnung für Statusangelegenheiten neu geregelt (dazu unten, Rn. 22–25). 1

Verfahren vor den Gerichten der Verwaltungs-, Finanz- und Sozialgerichtsbarkeit: 2
Gemeint sind hier alle Verfahren, die sich nach der VwGO, der FGO und dem SGG, soweit in dem Rechtszug weder der Kläger noch der Beklagte zu den in § 183 SGG bezeichneten Personen gehört, richten. Auf bürgerliche Rechtsstreitigkeiten ist § 13 nicht anwendbar. Entsprechend anzuwenden[1] ist § 13 aber – soweit nicht Sondervorschriften bestehen – in den Verfahren des § 110 Abs. 2 BRAGO, nach § 9 BBesG, vor einem Disziplinargericht[2] und im Prüfungsverfahren nach §§ 66 Abs. 1, 62 Abs. 1 Ziff. 4c DRiG.[3] Denn die §§ 12 und 13 GKG regeln je für sich den Streitwert für unterschiedliche Verfahrensarten vollständig und der in § 3 ZPO für die Zivilgerichtsbarkeit eingeräumte Ermessensspielraum reicht aus, so

1 *Hartmann* § 13 Rn. 2.
2 VGH München, NVwZ-RR 1989, 54.
3 BGH, KR § 13 Nr. 462.

daß für den Anwendungsbereich des § 3 ZPO kein Bedarf besteht, § 13 GKG entsprechend heranzuziehen. Zudem würde der im § 13 GKG bestimmte Annahmewert von 4000 € vielfach weit über das in den Fällen des § 3 ZPO gebotene Streitwertmaß hinausgehen. Die Streitwertvorschrift des § 13 Abs. 1 S. 1 GKG ist mit dem Rechtsstaatsprinzip ohne weiteres vereinbar.[4]

3 **Maßgebend** für die Streitwertberechnung in Verwaltungs-, Finanz- und Sozialgerichtssachen ist allein die **Bedeutung der Sache,** so wie sie sich bei objektiver Betrachtungsweise für den Kläger aufgrund seiner Anträge darstellt (Abs. 1 S. 1). Es kommt insbesondere nicht darauf an, welche Bedeutung die Angelegenheit für den Beklagten oder andere Beteiligte hat[5] und welche Anträge diese stellen, mögen ihre Interessen auch noch so groß sein. Darauf kann es nur bei einer Widerklage und einem Anschlußrechtsmittel ankommen, wenn deren Streitwerte zu bestimmen sind. Der Widerkläger oder der Rechtsmittelführer ist dann insoweit in die Rolle des Klägers geschlüpft, so daß der Streitwert seines Antrags in den Grenzen des § 19 GKG zu werten ist. Insbesondere öffentliche Interessen bleiben grundsätzlich außer Betracht, wenn und soweit sie sich nicht mit denen des Klägers decken. Auch bei sog. **„Musterprozessen"** ist der Streitwert nur am Interesse des Klägers auszurichten.[6] Der Aspekt des Musterprozesses kann aber dann für den Streitwert relevant sein, wenn gerade der Kläger daran Interesse hat[7] und das Interesse aus dem Antrag erkennbar ist oder das Gericht den Antrag des Klägers nur so verstehen muß.[8] Fehlt ein klar formulierter Antrag, ist das Klagebegehren maßgebend, wie es sich aus dem Vorbringen des Klägers ergibt.[9] Wenn das Verfahren nicht durch eine Klage, sondern durch einen sonstigen Antrag in erster Instanz eingeleitet wird, ist das Interesse des Antragstellers maßgebend (Abs. 6). Der Streitwert des Rechtsmittelverfahrens richtet sich nach § 14 GKG, dessen Anwendung in § 13 Abs. 1 S. 1 vorbehalten ist.

4 Bei der Beurteilung, welche **Bedeutung die Sache** für den Kläger oder sonstige Antragsteller hat, kommt es allein auf den gestellten Antrag an. Ein weitergehendes Interesse hat unberücksichtigt zu bleiben (z. B.: familiäre Interessen, Liebhaberwerte,[10] die allgemeine wirtschaftliche Lage des Klägers/Antragstellers).[11] Unerheblich ist, ob der Anspruch für einen Dritten unmittelbar oder mittelbar finanzielle Auswirkungen hat oder haben kann.[12] Fernziele, die der Kläger/Antragsteller möglicherweise weiter verfolgen will, seine Absichten und Pläne für die Zukunft, scheiden auch dann aus, wenn sie amtsbekannt sind und das Verfahren ihre spätere Verwirklichung einleiten, ermöglichen oder wenigstens erleichtern soll.[13] Die mit der Klage oder mit dem Antrag unmittelbar verfolgten Absich-

4 BVerfG, NVwZ 1999, 1104.
5 BayVGH, BayVBl. 1978, 60; BVerwG, AnwBl. 1977, 507.
6 BFH, BStBl II, 1976, 685.
7 VGH München, BayVBl. 1982, 443.
8 VGH München, NVwZ 1991, 1198.
9 Vgl. *Hartmann* § 13 Rn. 8.
10 VGH Mannheim, NJW 1977, 827.
11 BVerwG, DVBl. 1977, 653.
12 BVerwG, DVBl. 1972, 682; VGH Bad.-Württ., Die Justiz 1980, 214.
13 VGH Mannheim, NJW 1977, 827.

ten und Ziele sind für die Beurteilung der Frage nach der Bedeutung der Sache für den Kläger/Antragsteller indessen von ausschlaggebender Bedeutung.

Wenn bei der Auslegung des Klageantrags in bezug auf die Bedeutung der Sache Zweifel 5
bestehen, kann das Gericht nach § 23 GKG Aufklärung verlangen. Das wird idR in solchen Fällen auch notwendig sein, weil die Kenntnis von der wirklichen Bedeutung der Sache für den Kläger die Grundlage für nach dem Ermessen zu treffende Streitwertentscheidung des Gerichts bildet.

Gleichgültig ist für den Kostenstreitwert nach § 13 GKG, ob der zu bewertende **Antrag** 6
zulässig ist oder nicht.[14] Auch ein unzulässiger Antrag hat seinen Kostenstreitwert. Die Festsetzung verschiedener Streitwerte ist nach § 14 S. 2 zulässig. Das gilt auch, wenn sich der Steuerpflichtige im Revisionsverfahren gegen die Festsetzung einer zu niedrigen Einkommenssteuer wehrt und eine Erhöhung der Einkommenssteuer anstrebt.[15]

Mehrere Streitpunkte: Begehrt ein Steuerpflichtiger mit der Anfechtungsklage gegen 7
einen Steuerbescheid in einem Streitpunkt eine Erhöhung der Steuer und in einem anderen Streitpunkt eine Herabsetzung, so sind zur Ermittlung des Streitwertes der Betrag der Erhöhung und der Herabsetzung zusammenzuzählen.[16]

Sind mehrere Gegenstände in einem **Verfahren verbunden**, ist nur ein Streitwert nach 8
dem Gesamtinteresse des Klägers festzusetzen.[17] Vor der Verbindung getrennt erhobene Klagen sind für die vor der Verbindung angefallenen Gebühren getrennt zu bewerten.[18] Mehrere Streitwerte entstehen auch, wenn der Kläger seine ursprüngliche **Klage ermäßigt.**[19] Hier gilt für die bis zur Ermäßigung angefallenen Gebühren der ursprüngliche (höhere) und danach der verbleibende Streitwert.

Jedes Verfahren nach § 13 **hat nur einen Streitwert**, der für Kläger, Antragsteller, 9
Beklagte und Beigeladene maßgeblich ist. Das gilt auch bei mehreren Anträgen, die auf das gleiche wirtschaftliche Ziel gerichtet sind.[20] Eine Ausnahme gilt nur für den Fall, daß bei einer Verbindung mehrerer Ansprüche in einem Verfahren ein Beteiligter sich nur hinsichtlich eines der streitbefangenen Ansprüche an dem Verfahren beteiligt (z. B.: Baugenehmigungsverfahren wegen zweier Gebäude, der Beteiligte wendet sich nur gegen die Baugenehmigung eines bestimmten Hauses, während er sich wegen des anderen Hauses am Verfahren nicht beteiligt). Erheben etwa die Eigentümer verschiedener Grundstücke gemeinsam in einer Klageschrift öffentlich-rechtliche Nachbarklagen, so werden mehrere prozessuale Ansprüche geltend gemacht, von denen jeder einen eigenen Streitwert hat, die dann entsprechend §§ 5 ZPO, 13 Abs. 1 S. 1 GKG zusammenzuzählen sind.[21] Verfahren über **einstweilige Anordnungen (§ 80a Abs. 3 VwGO)** und solche **nach § 80 Abs. 5 VwGO, § 69 Abs. 3, Abs. 5 FGO** sind selbständige Verfahren nach § 13 Abs. 1 GKG mit

14 BFH, BStBl. II, 1970, 494; 1979, 29; 1975, 234.
15 BFH, BStBl. II, 1975, 37; 1975, 304; 1970, 493 = BB 1970, 994.
16 BFH, BStBl. II, 1971, 691, = BB 1971, 1351.
17 BayVGH, BayVBl. 1979, 700 = AnwBl. 1980, 220 = NJW 1969, 2168 = BB 1969, 1120.
18 BFH, BStBl. II, 1968, 778.
19 BFH, BStBl. II, 1969, 319.
20 OVG Berlin, MDR 1996, 1079.
21 BayVGH, BayVBl. 1980, 124.

jeweils eigenem Streitwert nach dem Interesse des Antragstellers (vgl. § 20 Abs. 3 GKG, KV Nrn. 2210, 3210). Mehrere solcher Verfahren gelten innerhalb eines Rechtszuges aber als ein Verfahren (KV Nr. 2210, 3210). Der Streitwert solcher einstweiliger Regelungen wird idR geringer zu bemessen sein als der der Hauptsache.[22] Das gilt aber nicht, wenn der Antrag weitgehend auf eine Vorwegnahme der Hauptsache zielt[23] oder die Wirkungen des Eilverfahrens denen eines Hauptsacheverfahrens de facto gleichkommen.[24]

10 Eine **vorzeitige Beendigung des Verfahrens**, etwa durch Klagerücknahme, hat auf den Streitwert keinen Einfluß.[25]

11 Der **Umfang der Sache** ist für den Streitwert **ohne** jede **Bedeutung.**[26] Das gilt auch für die **Einkommens- und Vermögensverhältnisse** des Klägers, während die Kosten des vom Kläger mit der Klage verfolgten Vorhabens oder der wirtschaftliche Wert des von ihm mit der Klage erstrebten Erfolges gebührend zu berücksichtigen sind.[27] Bei einer Klage, die nicht auf eine bezifferte Geldleistung iS des Abs. 2 geht, ist deren wirtschaftlicher Hintergrund zu berücksichtigen.[28] Der Streitwert kann sich zusätzlich oder auch allein aus den sonstigen Auswirkungen der begehrten Entscheidung, etwa auf die Stellung des Klägers in der Gesellschaft oder Familie, auf seinen sozialen Status überhaupt, oder auf das betroffene Recht ergeben.[29] Das ist besonders zu beachten, wenn sich die Auswirkungen auf einen längeren Zeitraum erstrecken, wie z. B. bei einem Berufszulassungsverfahren oder bei einer Berufsversagung.[30] Dieser Grundsatz hat bei der mit dem KostÄndG 1994 im neuen Abs. 4 erfolgten Regelung für beamtenrechtliche Statusfragen Pate gestanden, so daß diese Regelung auf ähnliche Streitgegenstände entsprechend anwendbar sein kann. Die Bedeutung der Sache für den Kläger kann auch daran gemessen werden, wie er sein (vermeintliches) Recht verfolgt. Es ist zwar grundsätzlich nicht zu beanstanden, wenn eine Partei keine Kosten scheut, um in schon querulatorisch anmutender Weise immer wieder dieselbe Sache von neuem zur Entscheidung vorzulegen, oder wenn sie aus objektiv nicht ganz lauteren Motiven (Haß, Feindschaft) eine Sache verfolgt. Gleichwohl lassen solche Verhaltensweisen Rückschlüsse darauf zu, daß die Sache von der Partei jedenfalls als bedeutsam angesehen wird, was durchaus mit einer höheren Streitwertbemessung „honoriert" werden darf. Das sollte aber nur bei unzulässigen, völlig unbegründeten oder rechtsmißbräuchlichen Klagen so gehandhabt werden. Ein nur subjektives Interesse einer Partei an einem möglichst hohen oder möglichst niedrigen Streitwert darf hingegen nicht berücksichtigt werden, wenn damit erkennbar Ziele verfolgt werden, die zu den unmittelbaren wirtschaftlichen Auswirkungen eines Obsiegens für die Partei in Ansehung des Rechtsgedankens des § 242 BGB in keiner vernünftigen Beziehung zu setzen sind. Es ist auch unzulässig, den Streitwert deshalb niedriger anzusetzen, weil

22 BayVGH, BayVBl. 1976, 276.
23 BVerfG, NVwZ-RR 1994, 105.
24 KreisG Greifswald, VIZ 1992, 329.
25 BayVGH, BayVBl. 1975, 403; VGH Mannheim, NJW 1977, 827.
26 BVerwG, AnwBl. 1977, 507.
27 VGH Mannheim, NVwZ-RR 1990, 386 (Wert der erstrebten Erlaubnis).
28 BayVBl. 1978, 60.
29 *Hartmann* § 13 Rn. 9.
30 Vgl. BSG, AnwBl. 1982, 30; *Hartmann* § 13 Rn. 10.

das Kostenrisiko des Klägers – aus welchen Gründen auch immer – verringert werden soll (sog. „Sozialrabatt“).[31] Das ist kein Gesichtspunkt, der sich aus dem Antrag des Klägers oder aus der Bedeutung der Sache für ihn ergibt. Hier muß es dem Gesetzgeber vorbehalten bleiben, erforderlichenfalls Abhilfe zu schaffen. Eine entsprechende Anwendung des § 144 PatG scheidet aus.[32] Das Rechtsstaatsprinzip des Grundgesetzes kann es allerdings im Einzelfall gebieten, von einer so hohen Streitwertfestsetzung abzusehen, die es dem Bürger unmöglich macht, das Gericht anzurufen.[33]

Die **Anhaltspunkte** für die Bedeutung der Sache **müssen genügend sein.** Bei der Her- **12**
anziehung der Eltern zu den Kosten nach § 94 Abs. 2 SGB VIII z. B. entsprechend § 17 Abs. 1 und 4.[34] Eine Bewertung nach fiktiven Kriterien, die nur in der Vorstellung des Gerichts existieren, ist unzulässig.[35] Das ist der Fall, wenn sie das Interesse des Klägers an der erstrebten Entscheidung und damit die Bedeutung der Sache für ihn hinreichend durchschaubar machen. Das Gesetz geht dabei davon aus, daß die in Abs. 1 S. 2 gebotene Ersatzwertlösung nur ausnahmsweise Platz greifen soll, und daß im Laufe des Verfahrens meist noch genügend Anhaltspunkte offenbar werden. Solange die Instanz noch nicht abgeschlossen ist, kann das Gericht gemäß § 23 GKG vom Kläger/Antragsteller eine Streitwertangabe verlangen.

Um eine möglichst gerechte **Ermessensentscheidung** über den Streitwert zu gewähr- **13**
leisten, aber auch, um unnötigen Streitwertbeschwerden vorzubeugen, sollte das Gericht die **Parteien und sonstigen Beteiligten im Streitwertfestsetzungsverfahren hören,** gleichgültig, ob die Streitwertfestsetzung vor oder nach Beendigung der Instanz durchgeführt wird. Eine Anhörung sollte nur in ganz eindeutigen Fällen, wozu insbesondere die des Abs. 2 zählen, unterbleiben. Die Anhörung ist auch nicht unzulässig. Lediglich eine Beweisaufnahme findet insoweit nicht statt,[36] von den Möglichkeiten des § 26 GKG abgesehen, welcher nach § 13 Abs. 1 GKG anwendbar ist.

Das **Ermessen des Gerichts** bei der Streitwertbestimmung ist nach allgemeinen Regeln **14**
auszuüben, nämlich pflichtgemäß und unter Beachtung der vorgegebenen Kriterien. Dem Gericht ist dabei ein Spielraum für die Beurteilung der Bedeutung der Sache für den Kläger/Antragsteller eingeräumt. Es darf den Wert schätzen. Die Verwaltungsgerichte sind nicht gezwungen, sich bei der Streitwertbemessung an den Gegenstandsfestsetzungen des BVerfG zu orientieren.[37] Die Grenzen des Ermessens sind erst dann überschritten, wenn das Gericht Willkür walten läßt. Im Interesse einer einheitlichen Streitwertbemessung in vergleichbaren Fällen darf es auch schematisieren oder pauschalieren.[38] Es ist im Interesse der Abschätzung des Kostenrisikos der Beteiligten geboten, daß die Gerichte sich möglichst an die von den obersten Gerichten oder von den Obergerichten verfolgte Streitwert-

31 *Hartmann* § 13 Rn. 14, m. w. N.; a. M. VGH Mannheim, NVwZ-RR 1990, 385; OVG Münster, GewArch 1976, 381.
32 *Lappe* § 13 Rn. 6.
33 BVerfG, NJW 1997, 311, m. w. N.; *Hartmann* § 13 Rn. 14.
34 BVerwG, JurBüro 2002, 81.
35 OVG Hamburg, NVwZ-RR 1998, 341.
36 BayVGH, BayVBl. 1978, 221.
37 BVerfG, NVwZ 1999, 1104.
38 *Hartmann* § 13 Rn. 14.

festsetzungen orientieren und kann ermessensfehlerhaft sein, wenn ohne einsichtigen Grund davon abgewichen wird. Wertvolle Anhaltspunkte, die sich in der Praxis bewährt haben, enthält z. B. der unten im Anh. zu § 13, Rn. 6 ff. abgedruckte Streitwertkatalog für die Verwaltungsgerichtsbarkeit.[39]

15 **Einzelnes:** Grundsätzlich hat es für die Streitwertbemessung keine Bedeutung, ob der Kläger vermögensrechtliche oder nichtvermögensrechtliche Interessen verfolgt. Auch letztere sind bei Vorliegen genügender Anhaltspunkte nach Abs. 1 S. 1 (mit)zu bewerten, ggf. dem nach Abs. 2 zu bestimmenden Wert zuzuschlagen. Soweit der Kläger wirtschaftliche Interessen verfolgt, hat sich die Streitwertbemessung danach auszurichten. Anhaltspunkte dafür können sein der voraussichtliche Kostenaufwand des Klägers und/oder seine Gewinnerwartung in einer überschaubaren Zeit. Bei der Verfolgung beruflicher Interessen wird es darauf ankommen, ob das Verfahren dem Kläger unmittelbar Zugang zum Beruf verschaffen soll (z. B. Genehmigung eines Gewerbes) oder ob es nur um die Voraussetzungen dafür geht, daß der Kläger unter Erfüllung sonstiger Voraussetzungen später seinen Beruf ergreifen kann (z. B. bei einem Streit um einen Studienplatz). In beamtenrechtlichen Sachen, die nicht unter die Spezialregelung der Absätze 4 oder 5 fallen, gibt der ideelle und/oder wirtschaftliche Vorteil, den der Kläger mit dem Verfahren anstrebt, Anhaltspunkte. Bei politischen, weltanschaulichen oder kirchlichen Sachen ergibt sich die Bedeutung der Sache, z. B. aus dem Umfang einer geplanten Angelegenheit und der vom Kläger damit erstrebten Wirkung. Bei persönlichen Angelegenheiten sind der Erfolg und seine Auswirkungen, wie sie sich für den Kläger bei objektiver Betrachtungsweise und nicht nach seinen Wunschvorstellungen ergeben können, maßgebend.

16 Auch aus der Natur der gewählten oder zulässigen **Klageart** können sich Anhaltspunkte für die objektive Bedeutung der Sache ergeben.[40] Bei einer **Anfechtungsklage** ist das Interesse des Klägers an dem Wegfall des Verwaltungsakts maßgeblich, so daß etwa bei der Anfechtung eines Zahlungsgrundbescheides das Interesse mit 80% des zu erwartenden Gesamtbetrages zu bewerten ist.[41] Der Streitwert einer **Verpflichtungsklage** entspricht dem Interesse des Klägers an dem begehrten Verwaltungsakt, so daß bei einer bloßen Klage auf Bescheidung der Wert regelmäßig geringer sein wird.[42] Geht es um eine **Leistungsklage**, ist der Wert aus identisch mit dem der begehrten Leistung für den Kläger, die in Anlehnung an die von den Zivilgerichten entwickelten Grundsätzen bewertet werden kann.[43] So ist z. B. bei einem Streit um die Ausübung oder das Bestehen eines gemeindlichen Vorkaufsrechts vom Wert des Grundstücks auszugehen und davon ein Prozentsatz (5%) zu nehmen.[44] Das gilt auch für **Feststellungsklagen,**[45] wobei der Wert einer **Fortsetzungsfeststellungsklage** (§§ 113 Abs. 1 S. 4 VwGO, 100 Abs. 1 S. 4 FGO)

39 NVwZ 1991, 1156 = DÖV 1992, 257 = DVBl. 1991, 1239.
40 Vgl. dazu auch bei *Hartmann* § 13 Rn. 12.
41 BVerwG, NVwZ 1988, 1019.
42 OVG Hamburg, ZBR 1980, 289; *Hartmann* § 13 Rn. 12 m. N.
43 *Hartmann* § 13 Rn. 12.
44 OVG Bautzen, NVwZ-RR 1995, 237.
45 Vgl. z. B. VGH München, BayVBl. 1986, 60.

regelmäßig geringer sein muß als der Wert der Hauptklage.[46] Das gilt sinngemäß auch für andere Rechtsbehelfe, wie z. B. für das Abänderungsverfahren nach § 80 Abs. 7 VwGO.[47]

In **Finanzgerichtssachen** ist nicht das einzelne Besteuerungsmerkmal, sondern die Rechtmäßigkeit des die Steuer (den Steuermeßbetrag) festsetzenden Steuerbescheides (Steuermeßbescheids) Streitgegenstand.[48] Bei Steuern, die (wie etwa die Vermögenssteuer) für mehrere Jahre veranlagt werden, ist als Streitwert der doppelte Jahresbetrag angemessen. Der einfache Jahresbetrag kommt in Betracht, wenn auf dem der Steuerfestsetzung folgenden nächsten Stichtag eine Hauptveranlagung oder Neuveranlagung stattfindet,[49] sofern die Klage nicht auf eine bezifferte Geldleistung oder auf einen hierauf gerichteten Verwaltungsakt geht, weil dann Abs. 2 gilt. 17

Einen dem § 12 Abs. 4 S. 4 entsprechenden **Höchstbetrag** gibt es – mit Ausnahme der im Abs. 3 genannten Klagen nach dem Vermögensgesetz[50] und dem Krankenhausfinanzierungsgesetz– in Verwaltungs- oder Finanzgerichtsstreitigkeiten nicht. In Sozialgerichtverfahren darf der Streitwert allerdings 2,5 Millionen € nicht überschreiten (Abs. 7). Nach den Vorstellungen des Gesetzgebers soll durch die Obergrenze von 2,5 Millionen € das Kostenrisiko überschaubar gehalten werden.[51] Der Abs. 3 ist sinngemäß auch heranzuziehen für die Bestimmung des Streitwerts in Investitionsvorrangverfahren.[52] 18

Fehlen genügende Anhaltspunkte ist ein Streitwert von 4 000 € anzusetzen[53] – sog. Annahmewert – (Abs. 1 S. 2). Das gilt für eine vorläufige Streitwertfestsetzung nach § 25 GKG, solange „der bisherige Sach- und Streitstand" keine genügenden Anhaltspunkte bietet. Sobald aber genügende Anhaltspunkte vorhanden sind, zu deren Angabe der Kläger über § 23 GKG, der nach § 13 Abs. 1 S. 1 anwendbar ist, angehalten werden kann, scheidet eine weitere Anwendung des Abs. 1 S. 2 aus. Nur wenn ausnahmsweise auch bei der Beendigung des Verfahrens keine genügenden Anhaltspunkte für die Bedeutung der Sache für den Kläger gegeben sind, bleibt es bei einem Streitwert von 4 000 €. Die Bestimmung des Abs. 1 S. 2 darf nicht dazu dienen, die gebotene Streitwertermittlung nach den gegebenen Anhaltspunkten gemäß Abs. 1 Satz 1 zu unterlassen,[54] zumal Fälle nicht ungewöhnlich sind, in denen ein Streitwert von 4 000 € übersetzt wäre. Der **in den Grenzen des Abs. 1 S. 2 unveränderliche Annahmewert** von 4 000 € kann schnell zu ungerechten Ergebnissen führen. Wenn aber ein Kläger trotz Belehrung durch das Gericht es unterläßt, Anhaltspunkte zu seinem Interesse an der Sache zu geben (vgl. § 23 GKG), hat er es sich selbst zuzuschreiben, wenn das Gericht wegen unzureichender Anhaltspunkte den Streit- 19

46 BVerwG, AnwBl. 1989, 235; VGH Kassel, NVwZ-RR 1992, 218 m. w. N.; OVG Lüneburg, AnwBl. 1987, 95; FG Baden-Württemberg, EFG 1985, 364.
47 OVG Lüneburg, NVwZ-RR 1999, 813.
48 BFH, NJW 1968, 1948.
49 BFH, BStBl. II 1972, 627 = BFHE 105, 462 = BB 1972, 1308; BFHE 69, 1 = BStBl. III 1959, 262.
50 Zum Streitwert bei Fragen nach dem VermG vgl. auch BVerwG, VIZ 1995, 35 = ZIP 1994, 1808. = NJW 1995, 609 = JurBüro 1995 = NJW 1995, 677 (bei *Melullis*), 145 KreisG Greifswald, VIZ 1992, 329; BezG Potsdam, VIZ 1992, 325.
51 Begr. z. RegE des 6. SGG-ÄndG, BT-Drucksache 14/5943 zu § 197a des Entws.
52 VG Weimar, VIZ 1994, 618.
53 VGH Mannheim, NVwZ-RR 1999, 813.
54 A. M. *Hartmann* § 13 Rn. 16.

wert auf 4 000 € annimmt. Andererseits sind aber auch Fälle denkbar, in denen niemand genügende Anhaltspunkte für das Interesse des Klägers geben kann. Dann greift Abs. 1 S. 2 Platz. Das gilt auch, wenn das Vorbringen des Klägers so verworren ist, daß es einen bestimmten Streitgegenstand nicht erkennbar werden läßt[55] oder selbst für eine Schätzung jeglicher Anhaltspunkt dafür fehlt, was der Kläger will.[56] Denn bei dem Betrag von 4 000 € handelt es sich nur um einen subsidiären Ausnahmewert (fiktiven Streitwert),[57] nicht aber um einen Ausgangswert oder gar um einen Regelwert.[58]

20 **Beispiele:** Der Auffangwert (Annahmewert) kann z. B. in Betracht kommen:[59] Bei Klagen auf Namensänderung, Änderung einer Beurteilung, Klagen gegen Abschiebung von Ausländern, bei unsicherer Prognose hinsichtlich der Auswirkungen der Entscheidung, bei Personalvertretungssachen, bei Streit um Eintragungen in ein Wählerverzeichnis[60] oder um einen Sitz im Rundfunkrat,[61] bei einer nur vorsorglich gegen eine Steuerschätzung erhobenen Klage[62] oder einer Klage auf Buchführungserleichterung,[63] im Verfahren über die Richterablehnung[64] (wobei je nach Zahl der abgelehnten Richter der Auffangstreitwert zu teilen sein soll),[65] bei einem Streit um eine Fahrtenbuchauflage[66] oder bei einem solchen um die Erteilung oder Entziehung einer Fahrerlaubnis, wenn aus dem Antrag des Klägers kein in Geldwert bezifferter Wert hervorgeht,[67] die bloße Anmeldung eines Gewerbes,[68] bei einem Streit um eine Überleitungsanzeige,[69] oder um eine Gaststättenerlaubnis,[70] bei Erteilung oder Entziehung eines Vertriebenenausweises,[71] bei Streitigkeiten im Prüfungsrecht, die nicht den unmittelbaren Zugang zum Beruf eröffnen,[72] bei Streit um die Zustimmung zur Kündigung eines Schwerbehinderten,[73] bei Streitigkeiten um einen Investitionsbescheid.[74]

21 **Antrag auf eine bezifferte Geldleistung oder einen hierauf gerichteten Verwaltungsakt, Abs. 2:** Die Vorschrift besagt zunächst, was sich aus Abs. 1 S. 1 ohnehin schon ergibt, nämlich, daß bei einer Klage auf Geldleistung oder einen hierauf gerichteten Verwaltungsakt die Höhe der mit dem Antrag begehrten Geldleistung den Streitwert

55 BFH, BStBl. II 1978, 135 = BB 1978, 292.
56 FG Baden-Württemberg, EFG 1986, 146.
57 Vgl. *Noll* NJW 1976, 221; *Hartmann* § 13 Rn. 17.
58 BVerfG, AnwBl. 1975, 438; BVerwG, NJW 1989, 3233.
59 Vgl. auch bei *Hartmann* § 13 Rn. 17.
60 VGH Mannheim, NVwZ-RR 1990, 386.
61 OVG Bremen, KostRechtspr. § 20 Nr. 69.
62 FG Kassel, EFG 1978, 344.
63 FG Hamburg, EFG 1979, 514.
64 VGH Kassel, NVwZ-RR 1993, 109.
65 VGH Kassel, NVwZ-RR 1993, 109.
66 VGH München, NZV 1992, 128.
67 VGH München, NVwZ-RR 1991, 391.
68 VGH Mannheim, GewA 1994, 417 = NVwZ-RR 1995, 62 (L).
69 VGH München, NVwZ-RR 1993, 334.
70 VGH Kassel, NVwZ-RR 1993, 672.
71 OVG Koblenz, NVwZ-RR 1992, 387 (L).
72 VGH München, NVwZ 1991, 597.
73 OVG Münster, NVwZ-RR 1992, 448.
74 OVG Sachsen-Anhalt, VIZ 1993, 217.

bestimmt. Gemeint sind hier solche Leistungen, die unmittelbar in das Vermögen des Klägers übergehen.[75] Denn in solchen Fällen ist ein genügender Anhaltspunkt für das Interesse des Klägers eklatant. Geht die Leistung nicht unmittelbar in das Vermögen des Klägers über (z. B. Sicherheitsleistung), ist der Streitwert nach Abs. 1 S. 1 zu bestimmen.[76] Unter Abs. 2 fallen auch Leistungen der Sozialhilfe,[77] Bescheinigungen über Grundsteuer- und Gewerbesteuerfreiheit, Bewilligungsbescheide, Abgabenbescheide. Die Vorschrift schließt aus, daß ein etwaiges Interesse des Klägers, das über den Antrag auf die konkret erstrebte Geldleistung hinaus erkennbar wird, bei der Streitwertfestsetzung berücksichtigt werden darf, soweit es nicht Gegenstand eines besonderen Streitpunktes ist, der dann zusätzlich zu bewerten ist.[78]

Statusverfahren: Mit den durch das KostRÄndG 1994 neu eingefügten Absätzen 4 und 5 ist der Streitwert in Statusverfahren und in Beförderungsangelegenheiten der **Beamten, Richter, Berufssoldaten und Soldaten auf Zeit** erstmals gesetzlich geregelt. Das war dringend geboten, weil die Rspr gerade in diesen Sachen besonders zerstritten war. Die Bewertung dieser Angelegenheiten schwankte zwischen dem in Anlehnung an § 17 Abs. 3 GKG zugrundegelegten dreifachen Jahresbetrag der Bezüge, während andererseits unter Hinweis auf § 13 Abs. 1 S. 1 GKG nur der einfache Jahresbetrag genommen wurde. Wieder andere Gerichte orientierten sich am Endgrundgehalt im Eingangsamt mit oder ohne Ortszuschlag, wobei auch noch unterschieden wurde, ob es sich um einen Beamten auf Lebenszeit oder nicht handelt. Der Gesetzgeber hat es deshalb als geboten erachtet, das Kostenrisiko in Statusverfahren einerseits kalkulierbar zu machen, andererseits die Kosten in einem sozial gerechtfertigten Rahmen zu halten und drittens die bis dahin bestehende Benachteiligung der in einem Dienst oder Amtsverhältnis stehenden Bediensteten zu beseitigen.[79] 22

Die neu geschaffene Streitwertbestimmung berücksichtigt die erheblich stärkere Rechtsposition eines Dienst- oder Amtsverhältnisses gegenüber einem Arbeitsverhältnis, das nach § 12 Abs. 7 ArbGG zu bewerten ist. Betrifft das Statusverfahren ein **Dienst oder Amtsverhältnis auf Lebenszeit**, so ist für den Streitwert der **13-fache Betrag des Endgrundgehalts zuzüglich ruhegehaltsfähiger Zulagen** maßgebend (Abs. 4 S. 1 lit. a). **In allen anderen Fällen** (z. B.: Beamter auf Widerruf, Beamter auf Probe, Soldat auf Zeit) ist als Streitwert mit der **Hälfte dieses Betrages** einzusetzen (Abs. 4 S. 1 lit. b), weil andere Dienst- oder Amtsverhältnisse eine weniger gesicherte Rechtsposition beinhalten oder weil sie befristet sind. Etwas anderes soll auch gelten, wenn die Streitigkeit nur einen sog. **„Teilstatus"** betrifft; hier soll sich der Streitwert nur nach dem zweifachen Jahresbetrag der Differenz zwischen dem Teilstatus, den der Beamte innehat, und dem Teilstatus, den er erstrebt, bemessen werden.[80] Das Gesetz hat dabei nicht auf die tatsächlichen Bezüge, sondern auf das Endgrundgehalt zuzüglich ruhegehaltsfähiger Zula- 23

75 OVG Münster, VerwRspr 31, 762.
76 *Hartmann* § 13 Rn. 20 m. N.
77 OVG Bremen, JurBüro 2002, 80.
78 BFH, BStBl. II 1977, 306.
79 Vgl. BT-Drucks. 12/6992, S. 62.
80 BVerwG, NVwZ-RR 2000, 188.

gen abgestellt, um ohne Rücksicht auf Familienstand, Dienstalter, mit nicht ruhegehaltsfähigen Stellenzulagen verbundene ausgeübte Tätigkeiten für alle Ämter einer Besoldungsgruppe einheitliche Streitwerte zu gewährleisten.[81]

24 Der 13-fache Betrag ist deshalb bestimmt, um pauschal die durchschnittlich in einem Jahr zu gewährenden Bezüge einschließlich der jährlichen Sonderzuwendungen zu erfassen.[82] Bei den Anwärterbezügen ist dementsprechend auf die Hälfte des 13-fachen Anwärtergrundbetrages zuzüglich eines Anwärtersonderzuschlags abgestellt. Soweit für ein Amtsverhältnis das Gehalt vertraglich vereinbart wird (so z. B. § 8a Abs. 3 des Bundesbahngesetzes, § 12 Abs. 5 des Poststrukturgesetzes), ist die Hälfte des für ein Jahr zu zahlenden Gehalts maßgebend, wobei vertragliche Sonderzuwendungen mit zu berücksichtigen sind.

25 Betrifft die Sache kein eigentliches Statusverfahren, sondern die Verleihung eines anderen Amtes (Beförderung, Laufbahnwechsel) oder den Zeitpunkt der Versetzung in den Ruhestand, beträgt der Streitwert nur die Hälfte des für Statusverfahren geltenden Wertes (Abs. 4 S. 2).[83] Der Grund liegt darin, daß solche Verfahren für den Betroffenen objektiv weniger bedeutend sind als ein Statusverfahren.[84] Nicht hierher gehören aber die sog. „Konkurrentenklagen", die stets mit dem Auffangwert zu bewerten sind.[85] Denn hier geht es für den Antragsteller unmittelbar nicht auf einen Anspruch auf Verleihung eines anderen Amtes (Laufbahnwechsel, Beförderung), sondern nur um die Erlangung einer weiteren Chance dafür.

26 Wenn mit einem Verfahren, das nach Abs. 4 zu bewerten ist, die Verfolgung eines daraus hergeleiteten vermögensrechtlichen Anspruchs verbunden, so sind die Streitwerte nicht zu addieren, sondern es gilt der Streitwert des höheren Klagebegehrens. Mit dieser dem § 12 Abs. 3 GKG nachempfundenen Bestimmung soll in solchen Fällen eine unangemessene Wertaddition verhindert werden.[86]

27 **Abs. 6** stellt klar, daß in Verfahren erster Instanz, die nicht durch eine Klage, sondern durch einen Antrag eingeleitet werden, das Interesse des Antragstellers dem Interesse des Klägers iS der Bestimmungen der Absätze 1–5 gleichsteht.

28 **„Vorbehaltlich der folgenden Vorschriften"**: Gemeint sind damit die Bestimmungen der §§ 14–26 GKG, soweit sie für die Streitwertfestsetzung in Verwaltungsgerichts- oder Finanzgerichtsverfahren unmittelbar oder sinngemäß in Betracht kommen.

29 Im Gegensatz zu § 12 Abs. 1 fehlt im § 13 eine Bezugnahme auf § 4 ZPO. Der für die **Wertberechnung maßgebliche Zeitpunkt** ist daher nicht ausdrücklich im Gesetz bestimmt. Aber § 15 GKG, der im § 13 Abs. 1 vorbehalten ist, besagt, daß der Streitwert bei Beendigung der Instanz mit dem zu Beginn der Instanz zu vergleichen ist und der höhere

81 BT-Drucks. 12/6992, S. 62.
82 BT-Drucks. 12/6962, S. 62.
83 Die Entsch des BVerwG, NVwZ-RR 1995, 361 (L), betrifft noch altes Recht und ist überholt.
84 BT-Drucks. 12/6962, S. 62.
85 So z. B. VGH München, NVwZ-RR 2000, 332.
86 BT-Drucks. 12/6962, S. 62.

der beiden maßgeblich sein soll. Im gleichen Sinne ist also in Verwaltungsgerichts-, Finanzgerichts- und Sozialgerichtssachen zu verfahren.[87]

Für **Nebenforderungen** sowie für steuerrechtliche Nebenleistungen gilt § 22 GKG. **30**

Für die **Festsetzung** und die **Anfechtung** des Streitwerts gelten die §§ 24 und 25 GKG. **31**
Der Streitwertbeschluß muß in nachvollziehbarer Weise die Erwägungen des Gerichts, insbesondere die wesentlichen Ermessensgesichtspunkte erkennen lassen.[88]

Anhang zu § 13

Übersicht

Teil I: Sondervorschriften

§ 83 b Asylverfahrensgesetz 1

Gerichtskosten, Gegenstandswert

Gerichtskosten (Gebühren und Auslagen) werden in Streitigkeiten nach diesem Gesetz nicht erhoben.

In Streitigkeiten nach diesem Gesetz beträgt der Gegenstandswert in Klageverfahren, die die Asylanerkennung einschließlich der Feststellungen der Voraussetzungen nach § 51 Abs. 1 des Ausländergesetzes und die Feststellung von Abschiebehindernissen betreffen, 3 000 Euro, in sonstigen Klageverfahren 1 500 Euro. In Verfahren des vorläufigen Rechtsschutzes wegen aufenthaltsbeendender Maßnahmen nach diesem Gesetz beträgt der Gegenstandswert 1 500 Euro, im übrigen die Hälfte des Wertes der Hauptsache. Sind mehrere natürliche Personen an demselben Verfahren beteiligt, erhöht sich der Wert für jede weitere in Klageverfahren um 900 Euro und in Verfahren des vorläufigen Rechtsschutzes um 600 Euro.

87 Vgl. VGH München, BayVBl. 1984, 221; *Hartmann* § 13 Rn. 13; *Lappe* § 13 Rn. 10.
88 VGH Mannheim, Die Justiz 1990, 107.

2 Die Bestimmung wurde durch Art. 1 Ziff. 46 des Gesetzes vom 30. 6. 1993 (BGBl. I, 1062) eingefügt und gilt ab dem 1. 7. 1993.[1] Für die Streitigkeiten nach dem AsylVerfG, in denen Gerichtskosten nicht erhoben werden, gelten für die Bestimmung des Gegenstandswertes, der etwa für die Gebühren des Rechtsanwalts maßgebend ist, die Festbeträge des § 83b Abs. 2 AsylVerfG. Der Gesetzgeber hat mit dieser Bestimmung die bis dahin herrschende Zersplitterung der Rspr auf diesem Gebiet beseitigt. Die Neuregelung gilt auch für die am 1. 7. 1993 anhängig gewesenen Verfahren.[2]

3 **§ 6 Abs. 3 Vermögenszuordnungsgesetz**[3]

Gerichtskosten werden in Verfahren nach diesem Gesetz nicht erhoben. Der Gegenstandswert beträgt unabhängig von der Zahl und dem Wert der jeweils betroffenen Vermögensgegenstände 5 000 Euro.

4 Die Bestimmung ist nur anzuwenden auf solche Verfahren, die vor dem 25. 12. 1993 noch nicht anhängig waren.[4]

Teil II: Streitwertkatalog für die Verwaltungsgerichtsbarkeit

5 **Allgemeines**: Aufgrund einer Anregung der Präsidenten der Oberverwaltungsgerichte/Verwaltungsgerichtshöfe ist in den Jahren 1988/89 im BVerwG ein Streitwertkatalog für die Verwaltungsgerichtsbarkeit mit dem Ziel erarbeitet worden, die arg zersplitterte und kaum mehr überschaubare Streitwertrechtsprechung zu vereinheitlichen.[5] Dieser in der Folgezeit von Richtern der Verwaltungsgerichtsbarkeit überarbeitete Entwurf ist schließlich im Jahre 1991 als „Streitwertkatalog für die Verwaltungsgerichtsbarkeit – StrWK“ veröffentlicht worden.[6] **Der Katalog**, dem keinerlei Bindungswirkung zukommt,[7] **enthält Empfehlungen (Richtwerte) für die Praxis** und kann selbstverständlich aufgrund von Besonderheiten des Einzelfalles modifiziert werden. Aus Gründen der Praktikabilität und im Interesse der Rechtssicherheit und Berechenbarkeit sollten die Gerichte sich bei der Streitwertbemessung aber weitestgehend an die dort ausgesprochenen Empfehlungen halten, obwohl auch diese ihre Schwächen haben können.[8] Im wesentlichen besteht auch bei den Gerichten die Tendenz, sich an die im StrWK vorgeschlagenen Richtwerte zu halten, soweit es um Ermessensentscheidungen bei der Streitwertfestsetzung geht.[9,10]

1 Vgl. dazu auch bei *Lappe* NJW 1994, 1192.
2 BVerwG, DVBl. 1994, 537.
3 I. d. F. v. 29. 3. 1994 – BGBl. I, 709.
4 BVerwG, LKV 1994, 259; OVG Bautzen, LKV 1994, 64.
5 Vgl. NVwZ 1989, 1042 und dazu *Sendler* NVwZ 1989, 1041.
6 NVwZ 1991, 1156 = DÖV 1992, 257 = DVBl. 1991, 1239.
7 BVerfG, NVwZ-RR 1994, 107.
8 Vgl. dazu etwa bei *Hartmann* Anh. I zu § 13 Rn. 3–4 m. N.
9 Vgl. VGH Mannheim, NVwZ 1991, 597.
10 Zur Entwicklung des Streitwertrechts nach dem Streitwertkatalog vgl. auch *Zimmer* NVwZ 1995, 138; NVwZ 1991, 12ff. mit Einf. von *Schinkel.*

Wenn der Katalog angewendet wird, ist die zur Zeit der Klageerhebung/Antragstellung gültige Fassung anzuwenden.[11]

Streitwertkatalog[12]

Infolge der Währungsumstellung auf Euro sind die im Original als DM ausgewiesenen Werte der Einfachheit halber halbiert. **6**

I. Allgemeines

1. Die unter II genannten bezifferten Werte sind Richtwerte, die für die Mehrheit der Fälle eine nach § 13 angemessene Bewertung darstellen. Soweit Investitionssummen, Gewinne etc. erwähnt sind, ist ein mittlerer Wert zu schätzen. Die Richtwerte können unter- oder überschritten werden, wenn der Einzelfall dazu Anlaß gibt. Der Auffangwert wird dort genannt, wo im Regelfall eine Wertbestimmung nach anderen Maßstäben nicht möglich erscheint. **7**

2. In Streitsachen, für die unter II kein Vorschlag gemacht wird, bestimmt das Gericht den Streitwert unter Berücksichtigung der Umstände des Einzelfalles und der unter II getroffenen Bewertungen.

3. Werden mehrere Anträge mit selbständiger Bedeutung gestellt, so werden die Werte addiert (entsprechend § 5 ZPO). Dies gilt auch für den Fall, daß neben einem Verwaltungsakt eine Zwangsmittelandrohung oder Verwaltungsgebührenfestsetzung im Streit ist. Für Hilfsanträge gilt § 19 Abs. 3 GKG.

4. Klagen mehrere Kläger gemeinschaftlich, sind die Werte der einzelnen Sachen zu addieren, es sei denn, die Kläger begehren oder bekämpfen eine Maßnahme als Rechtsgemeinschaft.

5. Feststellungsklagen und Fortsetzungsfeststellungsklagen sind ebenfalls so zu bewerten wie eine auf das vergleichbare Ziel gerichtete Anfechtungs- bzw. Verpflichtungsklage. Entsprechendes gilt für Normenkontrollanträge.[1]

6. Wird lediglich Bescheidung beantragt, so kann der Streitwert einen Bruchteil, mindestens jedoch 1/2 des Wertes der entsprechenden Verpflichtungsklage betragen.

II. Einzelgebiete

1.	**Abfallentsorgung**	**8**
1.1	Klage des Errichters/Betreibers	

11 OVG Schleswig, SchlHA 1998, 320.
12 In der Neufassung Januar 1996 (Vgl. NVwZ 1996, 563 = DVBl. 1996, 605 = AnwBl. 1996, 393). Dazu auch *Geiger* BayVBl. 1997, 106.
1 Vgl. BVwerG, JurBüro 1995, 255.

1.1.1	auf Zulassung einer Anlage	2,5% der Investitionssumme oder Anlageänderung
1.1.2	gegen belastende Nebenbestimmung	Betrag der Mehrkosten
1.1.3	gegen Untersagung des Betriebs (Stillegungsanordnung)	1% der Investitionssumme
1.1.4	gegen sonstige Ordnungsverfügung	Betrag der Aufwendungen
1.1.5	gegen Mitbenutzungsanordnung[1]	Anteil der Betriebskosten (einschließlich Abschreibung) für Dauer der Mitbenutzung
1.2	Klage eines drittbetroffenen Privaten	
1.2.1	wegen Eigentumsbeeinträchtigung durch den Plan	Betrag der Wertminderung des Grundstücks
1.2.2	wegen sonstiger Beeinträchtigungen	10000 (ggf. zusätzlich zum Betrag der Eigentumsbeeinträchtigung durch den Plan)
1.2.3	gegen Vorbereitungsarbeiten	5000 €
1.3	Klage einer drittbetroffenen Gemeinde	50000 €
1.4	Klage des Abfallbesitzers	
1.4.1	Beseitigungsanordnung	15 € je cbm Abfall
1.4.2	Untersagungsverfügung	15000 €
2.	**Abgabenrecht**[2]	
2.1	Abgabe[3]	Betrag der streitigen Abgabe, bei wiederkehrenden Leistungen: fünffacher Jahresbetrag, sofern nicht die voraussichtliche Belastungsdauer geringer ist
2.2	Stundung	6% des Hauptsachewertes je Jahr (§ 238 AO)
3.	**Asylrecht**	s. Asylverfahrensrecht
4.	**Atomrecht**	
4.1	Klage des Errichters/Betreibers	
4.1.1	auf Genehmigung oder Teilgenehmigung oder Planfeststellung[4] einer Anlage, §§ 7, 9, 9b AtG	2,5% der mit Genehmigung oder Teilgenehmigung ermöglichten Investitionssumme

1 Vgl dazu auch VGH Kassel, JurBüro 1992, 188 (3000€/1000 t).
2 Vgl. OVG Koblenz, NVwZ-RR 1995, 62 (Grundlagenfeststellung 2/3 des 5-fachen Jahresbetrages).
3 Vgl. BVerwG, NVwZ-RR 1989, 279 und weitere Nachw bei *Hartmann* § 13, Anh I B Rn. 13.
4 Vgl. auch bei „Planfeststellung".

4.1.2	auf Aufbewahrungsgenehmigung, § 6 AtG	1% der für Aufbewahrung(sanlage) getätigten Investitionssumme
4.1.3	gegen belastende Nebenbestimmungen	Betrag der Mehrkosten
4.1.4	Vorbescheid nach § 7a AtG	1% der Investitionssumme für die beantragten Maßnahmen
4.1.5	Standortvorbescheid	1% der Gesamtinvestitionssumme
4.2	Klage eines drittbetroffenen Privaten[5]	wie Abfallentsorgung Nr. 1.2
4.3	Klage einer drittbetroffenen Gemeinde	50 000 €
5.	**Ausbildungsförderung**[6]	
5.1	Klage auf bezifferte Leistung	geforderter Betrag
5.2	Klage auf Erhöhung der Förderung	Differenzbetrag im Bewilligungszeitraum
5.3	Klage auf Verpflichtung zur Leistung in gesetzlicher Höhe	gesetzlicher Bedarfssatz für den streitigen Bewilligungszeitraum
5.4	Klage auf Änderung der Leistungsform	1/2 des bewilligten Förderbetrages
5.5	Klage auf Vorabbescheidung	gesetzlicher Bedarfssatz im ersten
6.	**Ausländerrecht**	
6.1	Aufenthaltserlaubnis, Aufenthaltsberechtigung, Aufenthaltsbewilligung, Aufenthaltsbefugnis	Auffangwert[7]
6.2	Ausweisung[8]	Auffangwert
6.3	Duldung, Abschiebung	1/2-Auffangwert
7.	**Bau- und Bodenrecht**[9]	
7.1	Klage auf	
7.1.1	Einfamilienhaus	15 000 €
7.1.2	Mehrfamilienhaus	7 500 € je Wohnung
7.1.3	Einzelhandelsbetrieb	100 €/qm Verkaufsfläche[10]
7.1.4	Spielhalle	1000 €/qm Nutzfläche

5 Vgl. BVerwG; NVwZ-RR 1994, 384 (30 000 €) und JurBüro 1992, 447; JurBüro 1993, 173.
6 Vgl. dazu die Nachweise bei *Hartmann* Anh I B zu § 13 Rn. 16.
7 Vgl. dazu auch OVG Saarlouis, JurBüro 2000, 420.
8 Vgl. dazu BVerwG, NVwZ-RR 1991, 669; VGH Kassel, NVwZ-RR 1993, 56.
9 Dazu auch BVerwG, NVwZ-RR 1993, 108; OVG Lüneburg, NVwZ-RR 1993, 167; OVG Hamburg, NVwZ-RR 1993, 108 und die Nachweise bei *Hartmann* Anh. I B zu § 13 Rn. 18.
10 BVerwG, JurBüro 1997, 198.

	(ohne Nebenräume)	
7.1.5	Großflächige Werbetafel Euroformat (3,80 × 2,70)	2 500 €
7.1.6	Imbißstand	5 000 €
7.1.7	sonstige Anlagen regelmäßig	je nach Einzelfall: Bruchteil der Rohbaukosten, Bodenwertsteigerung oder wirtschaftliches Interesse (Jahresnutzwert) Jedoch bei allen Fällen, bei denen das wirtschaftliche Interesse des Klägers an der Baugenehmigung durch die oben genannten Beträge nicht angemessen erfaßt, werden kann, z. B. – bei Nutzungsänderung – bei der Anlage von Plätzen – bei der Aufstellung von Buden, Imbisswagen das wirtschaftliche Interesse, der Jahresnutzwert
7.2	Erteilung eines Bauvorbescheides, einer Teilungsgenehmigung	mindestens 1/2 des Ansatzes für die Baugenehmigung
7.3	Bauverbot, Stillegung, Nutzungsverbot, Räumungsgebot	Höhe des Schadens, des Ertragverlustes oder der Aufwendungen
7.4	Beseitigungsanordnung	Zeitwert der zu beseitigenden Substanz plus Abrißkosten
7.5	Vorkaufsrecht	
7.5.1	Anfechtungsklage des Käufers	25% des Kaufpreises
7.5.2	Anfechtungsklage des Verkäufers	Preisdifferenz, mindestens Auffangwert
7.6	Klage eines Drittbetroffenen	
7.6.1	Nachbar	5 000 €, mindestens Betrag einer Grundstückswertminderung
7.6.2	Nachbargemeinde[11]	25 000 €
7.7	Normenkontrolle gegen Bebauungsplan	5 000 € bis 50 000 €
8.	**Beamtenrecht**	
8.1	Gesamtstatus, Teilstatus,[12] gesamter Besoldungs- und Unterhaltsanspruch	s. GKG § 13
8.2	Laufbahnprüfung	Auffangwert

11 VGH München, NVwZ-RR 2001, 228.
12 BVerwG, NVwZ-RR 2000, 188 = JurBüro 2000, 253.

8.3	Versetzung, Abordnung, Umsetzung, Beurlaubung, dienstliche Beurteilung und ähnliche Einzelfragen	Auffangwert
8.4	Genehmigung einer Nebentätigkeit	Gesamtbetrag der Einkünfte aus der Nebentätigkeit, höchstens Jahresbetrag
8.5	Gewährung von Trennungsgeld	Gesamtbetrag des Trennungsgeldes, höchstens Jahresbetrag
8.6	Besoldungsdienstalter	einfacher Jahresbetrag der Differenz (Anerkennung bestimmter Zeiten) zwischen den Dienstaltersstufen
9.	**Bergrecht**	
9.1.1	Klage des Unternehmers auf Planfeststellung[13] eines Rahmenbetriebsplans	2,5 % der Investitionssumme
9.1.2	Zulassung eines Rahmenbetriebsplans	1 % der Investitionssumme
9.1.3	Zulassung eines Sonder- oder Hauptbetriebsplans	2,5 % der Investitionssumme
9.1.4	gegen belastende Nebenbestimmungen	Betrag der Mehrkosten
9.2	Klage eines drittbetroffenen Privaten	wie Abfallentsorgung Nr. 1.2
9.3	Klage einer drittbetroffenen Gemeinde	50 000 €
10.	**Flurbereinigung**	
10.1	Anordnung der Regelflurbereinigung	1 125 €/ha einbezogene Fläche
10.2	Entscheidungen im Flurbereinigungsverfahren	streitiger Antrag oder wirtschaftliches Interesse des Klägers
11.	**Freie Berufe, Recht der –**	
11.1	Berufsberechtigung, Eintragung, Löschung	Jahresbetrag des erzielten oder erwarteten Gewinns, mindestens 10 000 €
11.2	Mitgliedschaft im berufsständigen Versorgungswerk, Befreiung	einfacher Jahresbetrag des Beitrags
11.3	Rentenanspruch	dreifacher Jahresbetrag der Rente[14]
12.	**Friedhofsrecht**	
12.1	Grabnutzungsrechte	Auffangwert
12.2	Umbettung	1/2 Auffangwert
12.3	Grabmalgestaltung	1/2 Auffangwert

13 Vgl. auch bei „Planfeststellung".
14 OVG Münster, NVwZ-RR 1998, 527.

12.4	Gewerbliche Betätigung auf Friedhöfen	Betrag des erzielten oder erwarteten Jahresgewinns, mindestens 10 000 €
13.	**Gesundheitsverwaltungsrecht**[15]	
13.1	Approbation	Jahresbetrag des erzielten oder erwarteten Verdienstes, mindestens 20 000 €
13.2	Zusatzbezeichnung eines Arztes	10 000 €
13.3	Erlaubnis nach § 10 BÄO	15 000 €
14.	**Gewerberecht**[16]	
14.1	Gewerbeerlaubnis,[17] Gaststättenkonzession	Jahresbetrag des erzielten oder erwarteten Gewinns, mindestens 10 000 €
14.2	Gewerbeuntersagung[18]	
14.2.1	ausgeübtes Gewerbe	Jahresbetrag des erzielten oder erwarteten Gewinns, mindestens 10 000 €
14.2.2	erweiterte Gewerbeuntersagung	Erhöhung um 5 000 €
14.3	Eintragung/Löschung in der Handwerksrolle,[19, 20]	Jahresbetrag des erzielten oder erwarteten Gewinns, mindestens 10 000 €
14.4	Meisterprüfung	10 000 €
14.5	Gesellenprüfung	5 000 €
14.6	Sperrzeitregelung	Jahresbetrag des erzielten oder erwarteten zusätzlichen Gewinns, mindestens 5 000 €
14.7	Zulassung zu einem Markt	erwarteter Gewinn, mindestens 250 € pro Tag
15.	**Hochschulrecht, Recht der Führung akademischer Grade**	
15.1	Anerkennung der Hochschulreife, Zulassung zum Studium, Immatrikulation, Exmatrikulation	Auffangwert
15.2	Zwischenprüfung	Auffangwert
15.3	Diplomprüfung, Graduierung, – Nachgraduierung	10 000 €

15 Vgl. auch bei *Hartmann* Anh. I B zu § 13 Rn. 22 m. N.
16 Vgl. OVG Koblenz, NVwZ-RR 1994, 303 (Konkurrentenklage).
17 Bloße Anmeldung eines Gewerbes hat den Regelstreitwert von 4 000 €, VGH Mannheim, NVwZ-RR 1995, 62 (L) = GewA 1994, 417.
18 Dazu vgl. BVerwG, NVwZ-RR 1994, 182 (L); Vgl. auch VGH Baden-Württemberg, JurBüro 1995, 146 (5 000 €).
19 Gilt auch für die Anerkennung als Sachverständiger (OVG Schleswig, AnwBl. 1992, 303).
20 BVerwG, NVwZ-RR 1992, 516 (6 000 €).

15.4	Leistungsnachweis	1/2 Auffangwert
15.5	Promotion, Entziehung des Doktorgrades	10 000 €
15.6	Nostrifikation	10 000 €
15.7	Habilitation	15 000 €
15.8	Lehrauftrag	Auffangwert
15.9	Ausstattung eines Instituts/Lehrstuhls	10% der streitigen Mehrausstattung, mindestens 5 000 €
15.10	Hochschulwahlen	Auffangwert
16.	**Immissionsschutzrecht**[21]	
16.1	Klage des Errichters/Betreibers	
16.1.1	auf Genehmigung oder Teilgenehmigung oder Planfeststellung einer Anlage	2,5% der mit der Genehmigung oder Teilgenehmigung ermöglichten Investitionssumme, mindestens aber Auffangwert
16.1.2	gegen belastende Nebenbestimmung, nachträgliche Anordnung	Betrag der Mehrkosten
16.1.3	Vorbescheid (soweit nicht unter 16.1.4 einschlägig)	1% der Investitionssumme für die beantragten Maßnahmen, mindestens Auffangwert
16.1.4	Standortvorbescheid	1% der Gesamtinvestitionssumme, mindestens Auffangwert
16.1.5	Stillegung, Betriebsuntersagung	1% der Investitionssumme, soweit nicht feststellbar entgangener Gewinn, mindestens Auffangwert
16.1.6	sonstige Anordnungen im Einzelfall	Betrag der Aufwendungen
16.2	Klage eines drittbetroffenen Privaten	s. Abfallentsorgung 1.2
16.3	Klage einer drittbetroffenen Gemeinde	50 000 €
17.	**Jagdrecht**	
17.1	Bestand und Abgrenzung von Jagdbezirken	7 500 €
17.2	Verpachtung von Jagdbezirken	Jahresjagdpacht
17.3	Erteilung/Entzug des Jagdscheins	6 000 €
17.4	Jägerprüfung	Auffangwert

21 BVerwG, NVwZ-RR 1993, 445 = BauR 1993, 445.

18.	**Kinder- und Jugendhilferecht**	
18.1	Laufende Leistungen	Wert der streitigen Leistung, höchstens Jahresbetrag
18.2	Einmalige Leistungen, Kostenerstattung, Aufwendungsersatz, Kostenersatz	Wert der streitigen Leistung
18.3	Überleitung von Ansprüchen	1/2 des Wertes der Leistungen in dem Zeitraum, für den die Überleitung ausgesprochen wurde, höchstens 1/2 des Jahresbetrags
18.4	Heranziehung zur Kostentragung	streitiger Betrag
18.5	Erteilung der Erlaubnis nach Art. 1 § 45 KJHG	Jahresgewinn aus dem Betrieb, mindestens 10 000 €
18.6	Pflegeerlaubnis nach Art. 1 § 44 KJHG	Auffangwert
19.	**Kommunalrecht**	
19.1	Kommunalwahl	
19.1.1	Anfechtung durch Bürger	Auffangwert
19.1.2	Anfechtung durch Partei, Wählergemeinschaft	mindestens 12 500 €
19.1.3	Anfechtung durch Wahlbewerber	mindestens 6 000 €
19.2	Sitzungs- und Ordnungsmaßnahmen	2 000 €
19.3	Benutzung/Schließung einer Gemeindeeinrichtung	wirtschaftliches Interesse, mindestens 1/2 Auffangwert
19.4	Anschluß- und Benutzungszwang	ersparte Anschlußkosten
19.5	Kommunalaufsicht	10 000 €
20.	**Krankenhausrecht**	
20.1	Aufnahme in den Krankenhausbedarfsplan	Jahresbetrag der Investitionspauschale je Planbett
20.2	Festsetzung von Pflegesätzen	streitiger Anteil des Pflegesatzes x Bettenzahl x Belegungsgrad
21.	**Kriegsdienstverweigerung**	
21.1	Klage auf Anerkennung	Auffangwert
22.	**Kriegsopferfürsorge**	
22.1	Streit um Leistungen	wie Sozialhilfe
23.	**Land- und Forstwirtschaft, Recht der –**	
23.1	Festsetzung einer Referenzmenge	streitige Referenzmenge x 0,10 €/kg

23.2	Sortenzulassung	10 000 €
24.	**Lastenausgleichsrecht**	
24.1	Hauptentschädigung	Grundbetrag des § 246 LAG unter Berücksichtigung des § 245 LAG, sofern kein beziffeter Betrag streitig
24.2	Hausratsentschädigung	Sockelbetrag des § 295 Abs. 1 LAG, sofern kein bezifferter Betrag streitig
24.3	Feststellungsverfahren	1/2 des Grundbetrages der Hauptentschädigung, sofern kein bezifferter Antrag streitig
24.4	Reparationsschäden	1/2 des Grundbetrages nach der Tabelle zu § 33 RepG, sofern kein bezifferter Betrag streitig
25.	**Lebensmittelrecht**	
25.1	Einfuhr-, Verkaufsverbot, Vernichtungsauflage	Verkaufswert der betroffenen Ware
25.2	Sonstige Maßnahmen	Jahresbetrag der zu erwartenden wirtschaftlichen Auswirkung
26.	**Erlaubnisse für Luftpersonal**	
26.1	Privatflugzeugführer	5 000 €
26.2	Berufsfugzeugführer	10 000 €
26.3	Verkehrsflugzeugführer	15 000 €
26.4	sonstige Erlaubnisse für Luftpersonal	5 000 €
27.	**Mutterschutzrecht**	
27.1	Streit um Zustimmung zur Kündigung	Auffangwert
28.	**Namensrecht**	
28.1	Änderung des Familiennamens oder des Vornamens	Auffangwert
28.2	Namensfeststellung	Auffangwert
29.	**Paßrecht**	
29.1	Personalausweis, Reisepaß	Auffangwert
30.	**Personalvertretungsrecht**	Auffangwert
31.	**Personenbeförderungsrecht**	Vgl. Verkehrswirtschaftsrecht
32.	**Pflegegeld**[22]	Wert der streitigen Leistung, höchstens Jahresbetrag

22 Vgl. VGH München, BayVBl. 1992, 30 und 414.

33.	**Planfeststellungsrecht**[23]	
33.1	Klage des Errichters/Betreibers	
33.1.1	auf Planfeststellung einer Anlage oder Änderung des Planfeststellungsbeschlusses	2,5 % der Investitionssumme
33.1.2	gegen belastende Nebenbestimmungen	Betrag der Mehrkosten
33.2	Klage eines drittbetroffenen Privaten[24]	wie Abfallentsorgung Nr. 1.2
33.3	Klage einer drittbetroffenen Gemeinde[25]	50 000 €
34.	**Polizei- und Ordnungsrecht**	
34.1	Anordnung gegen Tierhalter	Auffangwert
34.2	Obdachloseneinweisung	Auffangwert
34.3	Streit um erkennungsdienstliche Maßnahmen und kriminalpolizeiliche Unterlagen	Auffangwert
35.	**Prüfungsrecht**	
35.1	Das Studium abschließende Staatsprüfung, ärztliche oder pharmazeutische Prüfung (mit Ausnahme des dritten Abschnitts dieser Prüfungen	5 000 €
35.2	Den Vorbereitungsdienst abschließende Staatsprüfung, dritter Abschnitt der ärztlichen oder pharmazeutischen Prüfung	10 000 €
35.3	sonstige berufseröffnende Prüfungen	10 000 €
35.4	Sonstige Prüfungen[26]	Auffangwert
36.	**Rundfunkrecht**	
36.1	Hörfunkkonzession	150 000 €
36.2	Fernsehkonzession (vgl. aber Rn. 15)	250 000 €
36.3	Kanalbelegung	wie Hörfunk-/Fernsehkonzession
36.4	Einräumung von Sendezeit	10 000 €

23 Dazu BVerwG NVwZ-RR 1993, 331.
24 Vgl. dazu auch BVerwG, NVwZ-RR 1993, 331 m. N.; BVerwG, NVwZ 1991, 567; BVerwG, JurBüro 1992, 331;VGH Mannheim, AnwBl. 1994, 45.
25 Vgl. dazu auch VGH München, NVwZ-RR 2001, 228, 229.
26 Vgl. BVerwG, NVwZ-RR 1993, 304 (studienbegleitende Leistungsnachweise).

37.	**Schulrecht**[27]	
37.1	Errichtung, Zusammenlegung, Schließung einer Schule (Klage der Eltern bzw. Schüler)	Auffangwert
37.2	Genehmigung zum Betrieb[28] einer Ersatzschule	25 000 €
37.3	Schulpflicht, Einweisung in eine Sonderschule, Entlassung aus der Schule	Auffangwert
37.4	Aufnahme in eine bestimmte Schule oder Schulform	Auffangwert
37.5	Versetzung, Zeugnis[29]	Auffangwert
37.6	Reifeprüfung	Auffangwert
38.	**Schwerbehindertenrecht**	
38.1	Zustimmung der Hauptfürsorgestelle	Auffangwert
39.	**Soldatenrecht**	
39.1	Berufsoldaten	wie Beamte auf Lebenszeit
39.2	Soldaten auf Zeit	wie Beamte auf Probe
40.	**Sozialhilfe**[30]	
40.1	Laufende Leistungen	Wert der streitigen Leistung,[31] höchstens Jahresbetrag
40.2	Einmalige Leistungen	streitiger Betrag
40.3	Überleitung von Ansprüchen	Auffangwert
40.4	Auskunft nach § 116 BSHG	1/2-Auffangwert
40.5	Streitigkeiten um Aufwendungsersatz (§ 11 Abs. 2 1. Halbsatz, § 29 S 2 BSHG) Streitigkeiten um Kostenersatz	streitiger Betrag streitiger Betrag
40.6	Streitigkeiten um Kostenansatz (§§ 92 ff. BSHG)	streitiger Betrag
41.	**Staatsangehörigkeitsrecht**	
41.1	Einbürgerung[32]	doppelter Auffangwert
41.2	Feststellung der Staatsangehörigkeit	doppelter Auffangwert

27 Vgl. OVG Schleswig, NVwZ-RR 1992, 280.
28 Vgl. BVerwG, JurBüro 1992, 488.
29 Für Schulstrafen: OVG Schleswig, NVwZ-RR 1992, 280 (3 000 €).
30 Vgl. VGH Kassel, NVwZ-RR 1993, 331.
31 Vgl. OVG Bremen, JurBüro 2002, 80.
32 Vgl. BVerwG, BayVbl. 1994, 221; NVwZ-RR 1994, 182 (L).

42.	**Straßen und Wegerecht** (ohne Planfeststellung)	
42.1	Sondernutzung[33]	zu erwartender Gewinn bis zur Grenze des Jahresbetrages, mindestens 500 €
42.2	Sondernutzungsgebühr	streitiger Betrag, höchstens fünffacher Jahresbetrag der streitigen Gebühr
42.3	Widmung, Einziehung	wirtschaftliches Interesse, mindestens 5 000 €
43.	**Subventionsrecht**	
43.1	Vergabe einer Subvention:	
43.1.1	Leistungsklage	streitiger Betrag
43.1.2	Konkurrentenklage	50% des Subventionsbetrages
43.2	Bescheinigung, als Voraussetzung für	75% der zu erwartenden Subvention
43.3	zinsloses oder zinsermäßigtes Darlehen	Zinsersparnis; im Zweifel pauschaliert: zinsloses Darlehen 25%, zinsermäßigtes Darlehen 10% des Darlehensbetrages
44.	**Vereins- und Versammlungsrecht**	
44.1	Vereinsverbot[34]	
44.1.1	durch oberste Landesbehörde	10 000 €
44.1.2	durch oberste Bundesbehörde	25 000 €
44.2	Auskunftsverlangen	Auffangwert
44.3	Versammlungsverbot	Auffangwert
45.	**Verkehrsrecht**	
45.1	Fahrererlaubnis[35] Klassen 1b, 4 und 5	1/2-Auffangwert
45.2	Fahrerlaubnis Klasse 1, Fahrerlaubnis Klasse 3	Auffangwert
45.3	Fahrerlaubnis Klasse 2	1 1/2 -Auffangwert
45.4	bei beruflicher Nutzung	Zuschlag von 1/2-Auffangwert
45.5	Fahrerlaubnis zur Fahrgastbeförderung	2-facher Auffangwert
45.6	Fahrtenbuchauflage[36]	250 € je Monat

33 Vgl. BVerwG, VBlBW 1994, 96 (Abgrenzung vom Nutzungsvertrag).
34 Nachbarschaftsklage gegen Gestattung eines Straßenfestes 500 € bei fünftägigem Fest, OVG Koblenz, NVwZ-RR 1995, 62 (L). Bei bundesweiten Wirkungen ist angemessene Überschreitung gerechtfertigt, BVerwG MDR 1992, 734.
35 Vgl. auch BVerwG bei Buchholz Nr. 360 zu § 13; OVG Bautzen, LKV 1994, 224; VGH Mannheim, JurBüro 1992, 487.
36 BVerwG, NJW 1989, 1624; OVG Lüneburg, DAR 1993, 364 und NVwZ-RR 1994, 183.

45.7	Verkehrsregelnde Anordnung	Auffangwert
45.8	Sicherstellung, Stillegung eines Kraftfahrzeugs	1/2-Auffangwert
45.9	Nachschulung, erneute Ablegung der Befähigungsprüfung	50% des Streitwerts für die jeweilige Genehmigung
46.	**Verkehrswirtschaftsrecht**	
46.1	Güterfernverkehrsgenehmigung	20000 €
46.2	Bezirksverkehrsgenehmigung	15000 €
46.3	Nahverkehrsgenehmigung	10000 €
46.4	Taxigenehmigung	10000 €
46.5	Mietwagengenehmigung	5000 €
46.6	Linienverkehr mit Omnibussen	15000 € je Linie
46.7	Gelegenheitsverkehr mit Omnibussen	15000 €
46.8	Konkurrentenklage	50% des Streitwertes für die jeweilige Genehmigung
47.	**Vermögensrecht**	
47.1	Rückübertragung	
47.1.1	Grundstück	aktueller Verkehrswert
47.1.2	Unternehmen	aktueller Verkehrswert
47.1.3	sonstige Vermögensgegenstände	wirtschaftlicher Wert
47.2	Besitzeinweisung	30% des aktuellen Verkehrswertes
47.3	Investitionsbescheinigung	30% x (Grundstückskaufpreis + Investition)
47.4	Investitionsvorrangbescheid	30% des aktuellen Verkehrswertes
48.	**Vertriebenen- und Flüchtlingsrecht**	
48.1	Erteilung oder Entziehung eines Vertriebenenausweises[37]	Auffangwert
48.2	Erteilung oder Rücknahme eines Aufnahmebescheids/einer Bescheinigung nach § 15 BVFG	Auffangwert
49.	**Waffenrecht**	
49.1	Waffenschein[38]	5000 €

37 A. M. OVG Koblenz, NVwZ-RR 1992, 387 (Auffangwert).
38 VGH Mannheim, NVwZ-RR 1992, 448.

49.2	Waffenbesitzkarte[39]	Auffangwert zuzüglich 500 € je Waffe
49.3	Munitionserwerbsberechtigung	1 000 €
49.4	Waffenhandelserlaubnis	s. Gewerbeerlaubnis
50.	**Wasserrecht** (ohne Planfeststellung)	
50.1	Erlaubnis, Bewilligung	wirtschaftlicher Wert
50.2	Anlagen an oder in Gewässern	
50.2.1	gewerbliche Nutzung	Jahresgewinn
50.2.2	nichtgewerbliche Nutzung	Auffangwert
50.2.3	Steganlagen incl. ein Bootsliegeplatz	Auffangwert zuzüglich 500 € für jeden weiteren Liegeplatz
51.	**Weinrecht**	
51.1	Veränderung der Rebfläche	1 €/qm Rebfläche
51.2	Genehmigung zur Vermarktung oder Verarbeitung von nicht verkehrsfähigem Wein	1,50 €/Liter
52.	**Wohngeldrecht**	
52.1	Miet- oder Lastenzuschuß	streitiger Zuschuß, höchstens Jahresbetrag
53.	**Wohnraumrecht**	
53.1	Anerkennung als steuerbegünstigte Wohnung	Gesamtbetrag der Steuerersparnis
53.2	Bewilligung öffentlicher Mittel	Zuschußbetrag zuzüglich 10% der Darlehenssumme
53.3	Erteilung einer Wohnberechtigungsbescheinigung	Auffangwert
53.4	Fehlbelegungsabgabe[40]	streitiger Betrag, höchstens Jahresbetrag
53.5	Freistellung von der Wohnungsbindung	Auffangwert je Wohnung
53.6	Zweckentfremdung	
53.6.1	Erlaubnis mit Ausgleichszahlung bei laufender Zahlung	Betrag der Ausgleichszahlung, Jahresbetrag
53.6.2	Erlaubnis ohne Ausgleichszahlung	Auffangwert

39 Abw. BVerwG, GewArch 1992, 314; VGH Mannheim bei *Mellius* MDR 1994, 338.
40 Abw. OVG Hamburg, NJW-RR 1993, 335.

53.6.3	Aufforderung, Wohnräume wieder Wohnzwecken zuzuführen	falls eine wirtschaftlich günstigere Nutzung stattfindet, Jahresbetrag des Interesses. Sonst Auffangwert je Wohnung
53.7	Wohnungsaufsichtliche Anordnung	veranschlagte Kosten der geforderten Maßnahmen

Alphabetischer Streitwertschlüssel 9

Abänderungsverfahren nach § 80 Abs. 7 VwGO: unabhängig vom Streitwert des vorausgegangenen Aussetzungsverfahrens zu bewerten.[41] 10

Abbruchgenehmigung: Regelmäßig 2/3. des Wertes der für die Genehmigung des abzubrechendes Bauwerks anzusetzen wäre.

Abfall: Vgl. Streitwertkatalog 1. Vgl. auch unter Altlasten.

Abgaben: Vgl. Streitwertkatalog 2.

Abgrabung: Wert des aus der Abgrabung erwarteten Gewinns; Erlös aus Abgrabung und Verfüllung (pauschal 2,5 €/cbm).[42]

Abitur: Streitwertkatalog 37. 6.

Ablehnung von Richtern/Sachverständigen: Vgl. Streitwertkatalog Teil I, Ziff. 9. 20% des Wertes der Hauptsache, höchstens 5 000 €[43] oder Auffangwert.[44] Die Rspr ist hier noch sehr uneinheitlich.[45] Vgl. auch oben, § 13, Rn. 20.

Abrißverfügung: Vgl. Streitwertkatalog 7. 4.

Abwahl von Kommunalen Wahlbeamten: Interesse des Abgewählten. § 17 Abs. 3 GKG analog.

Abwasser: Wert der zur Abwehr der Nachteile aufzuwendenden Kosten.[46]

Ackerflächen – Stillegung: Höhe der Stillegungsprämie (§ 17 Abs. 1 GKG ist unanwendbar).[47]

Akteneinsicht: Auffangwert.[48]

Altlasten: Orientierung an den tatsächlichen Sanierungskosten, ausnahmsweise Auffangwert.[49] Vgl. auch Streitwertkatalog 1 (Abfall).

Anerkennung ausländischer Grade: Nostrifikation. Vgl. Streitwertkatalog 15. 6.

41 OVG Lüneburg, NVwZ-RR 1999, 813.
42 OVG Münster, NVwZ-RR 1999, 479.
43 Vgl. VGH Mannheim, NVwZ-RR 1994 303 = MDR 1994, 338.
44 VGH Kassel, MDR 1993, 302.
45 Vgl. dazu bei *Oe/Wi/He* Streitwerthandbuch, S. 305; *Hartmann* § 13 Anh. I Rn. 9.
46 OVG Münster, KR § 20 GKG Nr. 31.
47 VGH Kassel, Agrarrecht 1994, 55.
48 OVG Münster, KR § 13 GKG Nr. 569.
49 OVG Berlin, NVwZ-RR 2001, 277.

Anerkennungsbescheid im Wohnungsbau: Höhe des steuerlich ersparten Betrages.[50]

Anschluß-/Benutzungszwang: Streitwertkatalog 19.4.

Anwohnerparkausweis: 2 500 €.[51] Vgl. auch Streitwertkatalog 45.7.

Apotheker: Streitwertkatalog 13.1 (Approbation).[52]

Architektenliste: Streitwertkatalog 11.1.

Artenschutz: Bruchteil des Verkehrswertes (50–80%).[53]

Arzneimittel: Bei Streit um Zulassung ist von der Bedeutung der Sache für den Kläger auszugehen, idR erwarteter Jahresgewinn.[54]

Arztrecht: Streitwertkatalog 13.1.

Asylrecht: Vgl. oben Rn. 1–2. Bei Leistungen nach dem Asylbewerberleistungsgesetz: Jahresbetrag der wiederkehrenden Leistungen (§ 17 Abs. 1);[55] wenn es nur darum geht, ob Geld- oder Sachleistungen zu gewähren sind 1/4. des Jahreswertes.[56]

Atomrecht: Streitwertkatalog 4.

Aufbaudarlehen: Geldbetrag des begehrten Darlehens (§ 13 Abs. 2).

Aufenthaltserlaubnis: Im vorläufigen Rechtsschutzverfahren gegen Versagung zur Ausübung einer selbständigen Tätigkeit 1/2-Auffangwert.[57]

Auflage: Höhe der sich aus der Auflage ergebenden Kosten oder Ersparnisse.

Auflösungsantrag, Arbeitsverhältnis: 1 Bruttomonatsgehalt.[58]

Aufwendungsdarlehen: Geldbetrag des Darlehens (§ 13 Abs. 2).

Ausbildungsförderung: Keine Gerichtskosten (§ 188 VwGO). Streitwertfestsetzung nur auf Antrag nach § 10 Abs. 1 BRAGO.[59] Antrag auf Förderung als Darlehn und Zuschuss je zur Hälfte: ¾ des gesamten Förderungsbetrags.[60] Klage auf Auskunftserteilung gegen den Unterhaltsverpflichteten über seine Einkunftsverhältnisse: Regelwert.[61]

Ausfuhrgenehmigung: 1/3. des voraussichtlichen Jahresgewinns, der aus der beabsichtigten Ausfuhr der betreffenden Ware zu erwarten ist.[62]

Auskunftserteilung: Wirtschaftliches Interesse des Klägers, idR Wert des für die Auskunftserteilung erforderlichen Zeitaufwandes.[63]

50 OVG Hamburg, DWW 1980, 173 = ZMR 1980, 249.
51 OVG Münster, KR Nr. 131 zu § 13 GKG m. krit. Anm. von *Noll*.
52 Dazu auch OVG Münster, NJW 1999, 2760 (Psychologischer Therapeut).
53 Vgl. bei *Oe/Wi/He* Streitwerthandbuch, S. 308.
54 BVerwG, JurBüro 1991, 1539 = NVwZ 1991, 1180.
55 OVG Weimar, NVwZ-Beilage 1997, 56 (L).
56 OVG Weimar, NVwZ-Beilage 1997, 56 (L).
57 OVG Saarlouis, JurBüro 2000, 420.
58 ArbG Würzburg, NZA-RR 2001, 107.
59 Vgl. dazu bei *Oe/Wi/He* Streitwerthandbuch, S. 313.
60 OVG Münster, NVwZ-RR 2001, 412.
61 OVG Münster, NVwZ-RR 2001, 413.
62 VGH Kassel, MDR 1994, 217.
63 OVG Greifswald, NVwZ-RR 2001, 279.

Ausländerrecht: Streitwertkatalog 6. Bei Duldung und Abschiebeanordnung im Hauptsachverfahren 1/2 – Auffangwert[64] idR Auffangwert,[65] bei Duldung voller Auffangwert jedenfalls dann, wenn sich das mit der Klage verfolgte Sachinteresse nicht exakt in einem Geldwert ausdrücken lässt;[66] Verkürzung der Sperrfrist nach § 8 I 2 AuslG Regelwert.[67]

BaföG: s. „Ausbildungsförderung". 11

Baugenehmigung: Streitwertkatalog 7.1. Für Verpflichtungsklage auf Erteilung zur Klärung des Standorts und der Art des Vorhabens.[68] Entgegen Streitwertkatalog ist bei Klage auf Erteilung stets die durch die Genehmigung zu erwartende Bodenwertsteigerung zu nehmen.[69] Baugenehmigung für eine Windkraftanlage 1/10 des Substanzwertes.[70] Bein Einfamilienhaus regelmäßig 15 000 €, bei Streit über Bebaubarkeit des Grundstück Erhöhung um Wert der mutmaßlichen Bodenwertsteigerung.[71]

Baunachbarstreit: Streitwertkatalog 7.6.1.[72] Bei Klage gegen Genehmigung kann auch die substantiiert dargelegte Wertminderung des klägerischen Grundstücks maßgebend sein.[73]

Baurecht: Streitwertkatalog 7.

Bauvoranfrage: Bei Klärung der Bebaubarkeit eines Grundstücks die nach der Feststellung der Bebaubarkeit zu erwartende Steigerung des Grundstückswertes.[74]

Bauvorbescheid: Streitwertkatalog 7.2.[75] 1/2 des wirtschaftlichen Jahresnutzwertes bei einem wirtschaftlich zu nutzenden Bauwerk;[76] 1/10. des Wertes der mutmaßlichen Bodenwertsteigerung.[77] Für Doppelhaus Mittelwert von Streitwertkatalog 7.1.1. und 7.1.2.[78]

Beamtenrecht: Vgl. § 13 Abs. 3–5 und Streitwertkatalog 8 und „Konkurrentenklage"; „Erholungsurlaub".

Bebauungsplan: Streitwertkatalog 7.7.

Beförderung gefährlicher Güter: Vgl. Streitwertkatalog 46. Zusätzlicher Jahresgewinn.[79]

Befreiung von der Grunderwerbsteuer: Volle Höhe der Steuerschuld.

64 VGH München, NVwZ-Beilage I 2000, 92.
65 VGH München, NVwZ-Beilage I 1999, 35.
66 VGH Mannheim, NVwZ-RR 1999, 813.
67 HessVGH, JurBüro 2001, 595.
68 VGH Mannheim, NVwZ-RR 1998, 459.
69 VGH Baden-Württemberg, JurBüro 1999, 197.
70 OVG Nordrhein-Westfalen, JurBüro 2001, 479.
71 BVerwG, NVwZ 2001, 1055.
72 Abweichend VG Darmstadt, NJW 1998, 2992 (L). Vgl. auch OVG Greifswald, NVwZ-RR 1999, 279.
73 BVerwG, NVwZ 1999, 879.
74 VGH Baden-Württemberg, JurBüro 1998, 264.
75 VGH Baden-Württemberg, JurBüro 1998, 264.
76 OVG Münster, JurBüro 1999, 421.
77 VGH München, NVwZ-RR 2001, 614 = BauR 2001, 934 = JurBüro 2002, 144.
78 BVerwG, NVwZ-RR 2001, 802 = BauR 20001, 1565.
79 OVG Berlin, NVwZ-RR 1991, 672.

Beigeladener: Der für den Beigeladenen betreffende (Anteil des) Streitwert(s) für den Kläger.[80]

Bergrecht: Vgl. Streitwertkatalog 9. Festsetzung nach Ermessen des Gerichts aus der sich aus dem Antrag ergebenden Bedeutung der Sache für den Kläger.[81]

Berufserlaubnis: Durchschnittliche Jahreseinnahmen, die von einem Angehörigen des jeweiligen Berufes zu erzielen sind.[82]

Berufsständisches Versorgungswerk: Streitwertkatalog 11. 3.

Berufsunfähigkeitsrente: § 17 Abs. 3 GKG.

Bescheidungsklage: Bruchteil, mindestens aber 1/4 der entsprechenden Verpflichtungsklage.

Beseitigungsanordnung: Abzustellen ist auf die Bedeutung der Sache für den Kläger, Abbruch-/Beseitigungskosten sowie Substanzwert.[83]

Besoldung: Vgl. Streitwertkatalog 8. 6.

Beweisverfahren: wie bei zivilrechtlichen Streitigkeiten (Bruchteil, etwa 1/3–1/2 des Hauptsachewerts).[84]

Bootsliegeplatz: Streitwertkatalog 50. 3. 2.

12 **Campingplatz:** Für Genehmigung Wert des geschätzten (Jahres)gewinns aus dem Betrieb für den Bewilligungszeitraum.[85]

Chefarztbeteiligung: Streit ist Kassenarztstreitigkeit iS v. § 116 Abs. 2 BRAGO, idR der für einen bestimmten Zeitraum zu erwartende Bruttogewinn.[86]

13 **Darlehen:** Darlehensbewilligungsbescheid Betrag des Darlehns abzgl. evtl. geleisteter Tilgungen.[87]

Diplomprüfung: Streitwertkatalog 15. 3. Für Zwischenprüfungen Auffangwert. Für Vorprüfungen 1/2 –Auffangwert.[88]

14 **Einbürgerung:** Streitwertkatalog 41. 1.

Emissionsbegrenzung: Schätzbetrag der dem Kläger bei der Befolgung der streitigen Anordnung entstehenden Kosten.[89]

Empfangsbekenntnis: Streit um Pflicht zur Übersendung an Gericht bzw. Frankierung Auffangwert.[90]

80 OVG Lüneburg, NVwZ-RR 2001, 278.
81 BVerwG, JurBüro 1997, 88.
82 VGH Mannheim, AnwBl. 1988, 677.
83 BVerwG, JurBüro 1990, 523.
84 VGH München, NVwZ-RR 2001, 278.
85 BVerwG, KR § 13 Nr. 340.
86 LSG Stuttgart, MedR 1989, 211. Dazu auch *bei Oe/Wi/He* Streitwerthandbuch, S. 326.
87 OVG Bremen, JurBüro 1991, 580.
88 BVerwG, Beschl v. 4. 9. 1998, 7 C 33/89.
89 VGH Kassel, NVwZ-RR 1998, 786.
90 OLG Hamm, JurBüro 1997, 601.

Enteignung: Bei Streit über Zulässigkeit Verkehrswert der streitgegenständlichen Fläche.[91]

Entlassung aus der Schule: Vgl. Schulrecht und Streitwertkatalog 37. 3.

Entwicklungsbereich: entwicklungsrechtliche Genehmigung etwa 10% des vereinbarten Kaufpreises.[92]

Erbengemeinschaft: Bei Streit um Rückerstattung Wert des jeweiligen Erbteils.[93]

Erhaltungssatzung: Unterschied des wirtschaftlichen Wertes zwischen Gültigkeit und Ungültigkeit, Wertverlust.

Erholungsurlaub: 50 € je Urlaubstag.[94]

Erledigung der Hauptsache: Kosteninteresse.[95]

Ersatzschulen: Streitwertkatalog 37. 2.

Ersatzvornahme: Höhe der Kosten der Ersatzvornahme.[96]

Erschließungsbeitrag: Streitwertkatalog 2. 1.

Fahrerlaubnis: Streitwertkatalog 45. **15**

Entziehung: bei mehreren Klassen Streitwert nach dem der höchsten Klasse gem. Streitwertkatalog.[97]

Fahrtenbuch: Streitwertkatalog 45. 6.

Familienkasse: Streitigkeiten mit Familienkasse des Arbeitsamts über Kindergeld Vgl. Streitwert-ABC – Finanzgerichtsbarkeit.[98]

Familienname: Streitwertkatalog 28.

Fehlbelegungsabgabe: Streitiger Betrag, höchstens Jahresbetrag. Vgl. Streitwertkatalog 53. 4.

Fernsehkonzession: Streitwertkatalog 36. 2. Für nichtkommerzielle Konzessionen aber nur Auffangwert.[99]

Feststellungsklage: bei negativer F. Höhe der Geldforderung; sind keine Anhaltspunkte dafür vorhanden Auffangwert.[100]

Flüchtlingsrecht: Streitwertkatalog 48.

Flughafenausbau: Wertverlust der betroffenen Fläche.[101]

Flurbereinigung: Streitwertkatalog 10. 1.

91 BVerwG, KR § 13 GKG Nr. 151; VGH München, BayVBl. 1987, 380.
92 OVG Berlin, MDR 1996, 1079 = NVwZ-RR 1997, 754.
93 BVerwG, VIZ 1999, 733.
94 OVG Koblenz, NVwZ-RR 2001, 279.
95 VGH Mannheim, NVwZ-RR 2000, 329; OVG Bremen, AnwBl. 1994, 251.
96 OVG Berlin, NVwZ-RR 2001, 276.
97 VGH Baden-Württemberg, JurBüro 1997, 199.
98 Dazu bei *D. Meyer* JurBüro 1999, 182.
99 OVG Greifswald, NVwZ-RR 2000, 732.
100 VGH München, NVwZ-RR 2001, 277.
101 VGH Mannheim, NVwZ-RR 1990, 385.

Fortsetzungsfeststellungsklage: Gleicher Wert wie entsprechende Leistungs- oder Anfechtungsklage.

Friedhofsrecht: Streitwertkatalog 12.

16 **Gaststättenerlaubnis:** Streitwertkatalog 14. 1. (s. auch „Nachbarklage").

Gemeindliche Einrichtungen: Im Regelfall ist von einem Wert zwischen 1 000 € und 5 000 € auszugehen.[102] Dazu auch Streitwertkatalog 19. 3.

Gemeindliches Vorkaufsrecht: s. Vorkaufsrecht.

Gesellenprüfung: Streitwertkatalog 14. 5.

Gewerberecht: Vgl. Streitwertkatalog 14.

Grabnutzungsrecht: Streitwertkatalog 12. 1.

Graduierung: Streitwertkatalog 15. 3.

Grundbescheid: Bei Zahlungsverpflichtungen (auch dem Grund nach) nach § 13 Abs. 1.[103]

Grundstücksverkehrsgenehmigung: 1/5 des Verkehrswertes des Grundstücks.[104]

Güterverkehr: Vgl. Streitwertkatalog 46.

17 **Häftlingshilfe:** Es gilt § 13 Abs. 2.

Handwerksrecht: Grundsätzlich wie Gewerberecht (Streitwertkatalog 14.).

Heilkunde: Untersagung der Ausübung 25 000 €.[105]

Hochschulrecht: Streitwertkatalog 15. Ausstattung eines Lehrstuhls Streitwertkatalog 15. 9.[106] Für Numerus-clausus-Verfahren Auffangwert für Hauptsache, für Eilverfahren 1/4 des Auffangwertes.[107] Man wird aber jedenfalls dann, wenn das Eilverfahren – was die Regel sein wird – de facto zu einer endgültigen Zulassung führt, ebenfalls den Auffangwert ansetzen müssen.[108]

Hörfunkkonzession: Streitwertkatalog 36. 1.

18 **Imbißstand:** Sondernutzung (Streitwertkatalog 42. 1). Bei vom Imbißstand ausgehenden Immissionen 5 000 €.[109]

Immissionsschutz: Streitwertkatalog 16.

Informationsstand einer Partei: vgl. „Sondernutzung".

Insolvenzsicherung: Bei Klage gegen Bescheid betr. Beitragskürzung zur Insolvenzsicherung 80% des nach § 17 Abs. 3 zu berechnenden Wertes.[110]

102 Vgl. *Oe/Wi/He* Streitwerthandbuch, S. 341. Dazu auch BVerwG, KR § 13 Nr. 315.
103 Vgl. dazu bei *Oe/Wi/He* Streitwerthandbuch, S. 344 m. N.
104 OVG Bautzen, NVwZ-RR 1998, 460.
105 OVG Münster, JurBüro 1998, 474.
106 OVG Hamburg, NVwZ-RR 1999, 349 L.
107 OVG Münster, JurBüro 1997, 88 m. Anm. v. *Hellstab.*
108 So auch *Hellstab* JurBüro 1997, 89.
109 BVerwG bei *Buchholz* § 13 Nr. 70.
110 BVerwG, JurBüro 1988, 343 = NVwZ 1988, 1919 = KTS 1988, 543.

Investitionsvorrangverfahren: Streitwertkatalog gilt entsprechend.[111]

Jagdrecht: Streitwertkatalog 17. **19**

Juristische Staatsprüfung: Erste Staatsprüfung Streitwertkatalog 15.3. Zweite Staatsprüfung 10 000 €.[112] Bei Wiederholungsprüfung nach „Freischuß" Auffangwert.

Kassenarztrecht: Streit um Arzthonorar Honorarmehrbetrag. Bei Zulassungsstreitigkei- **20**
ten keine Gerichtskosten, weil Sozialgerichtsverfahren. Anwaltshonorar nach § 8 Abs. 2 BRAGO.

Kernkraftwerk: Vgl. „Atomrecht".

Kiesabbau: Höhe des durch den (weiteren) Kiesabbaus zu erzielende Gewinn.[113]

Kindergarten: Streit um (vorläufige) Anerkennung Auffangwert.

Kinder- und Jugendhilferecht: Streitwertkatalog 18.

Kleingartenrecht: Bei Streit um Wohnnutzung 1/2-Jahresmiete für gleichgroße Wohnung.[114]

Kommunalrecht: Vgl. Streitwertkatalog 19.

Kommunalwahl: Vgl. Streitwertkatalog 19. 1.

Konkurrentenklage: im Zusammenhang mit Beförderung und Einstellung im Beamtenrecht bei Verfahren nach § 123 VwGO: 2 000 € (Auffangwert).[115]

Krankenhausrecht: Vgl. Streitwertkatalog 20.

Kriegsdienstverweigerung: Vgl. Streitwertkatalog 21.

Konkurs: *§ 148 KO* (jetzt: § 182 InsO) *ist anwendbar.*[116]

Kriegsopferfürsorge: Streitwert wie Sozialhilfe (Streitwertkatalog 22.).

Lastenausgleich: Vgl. Streitwertkatalog 24. 1–24. 4. **21**

Lebensmittelrecht: Vgl. Streitwertkatalog 25.

Leistungsklagen: Bei Klage auf Tätigwerden gegenüber einem Dritten Interesse des Klägers.[117]

Leistungskontrollen: Vgl. Streitwertkatalog 15. 4. Bei Anfechtungsklage gegen den Bescheid über das endgültige Nichtbestehen der studienbegleitenden Leistungskontrolle 5 000 €.[118]

Linienverkehr: Vgl. Streitwertkatalog 46.

Luftfahrerschein: Vgl. Streitwertkatalog 26.

Marktzulassung: Vgl. Streitwertkatalog 14. 7. **22**

111 BVerwG, VIZ 1999, 214.
112 BVerwG JurBüro 1995, 371.
113 BGH Mannheim, JurBüro 1990, 911 = NVwZ-RR 1990, 386.
114 OVG Bremen, JurBüro 1986, 1542.
115 VGH München, NVwZ-RR 2000, 332.
116 VGH Mannheim, KR Nr. 461; *Lappe* NJW 1994, 112.
117 OVG Münster, NVwZ-RR 1999, 790.
118 BVerwG, NVwZ-RR 1993, 304 = KR GKG § 13 Nr. 476.

Meisterprüfung: Streitwertkatalog 14. 4.

Mietpreisbindung: Bei Verfahren um die Freistellung von der Mietpreisbindung Jahresbetrag der streitigen Mietpreiserhöhung.[119]

Mietwagengenehmigung: Vgl. Streitwertkatalog 46. 5. Für Konzession 5 000 €/Fahrzeug, bei Eilverfahren 2 500 €/Fahrzeug.[120]

Milchgarantiemenge: Vgl. Streitwertkatalog 23. 1.

Modernisierungs-/Instandsetzungsgebot: 20% der voraussichtlichen Kosten der streitigen Maßnahme.[121]

Munitionserwerb: Vgl. „Waffenrecht" und Streitwertkatalog 49. 3.

Mutterschutzgesetz: Zustimmungsverfahren zur Kündigung nach MSchtzG Auffangwert (Streitwertkatalog 27. 1 und 38. 1).[122]

23 **Nachbarklage:** Vgl. Baunachbarstreit. Bei Anfechtung einer Gaststättenerlaubnis wegen Immissionen ist das Interesse des Anfechtenden maßgebend.[123]

Nachgraduierung: Vgl. Streitwertkatalog 15. 3.

Namensrecht: Bei Namensänderung etc. Auffangwert.[124] Bei mehreren Kindern gilt für jedes Kind ein eigener Auffangwert; da insoweit keine Rechtsgemeinschaft besteht.[125] Im übrigen Streitwertkatalog 28.

Naturschutz: Auffangwert.[126]

Nebentätigkeit: Vgl. Beamtenrecht.

Negativzeugnis: Vgl. Vorkaufsrecht.

Nichtzulassungsbeschwerde: Wert des Revisionsverfahrens (§ 14 Abs. 3)

Normenkontrollverfahren: Vgl. Atomrecht, Bebauungsplan, Erhaltungszwang.

Nostrifikation: Streitwertkatalog 15. 6.

Nutzungsuntersagung/-verbot: Jahresnutzwert.[127] Vgl. auch Streitwertkatalog 7. 3.

24 **Obdachloseneinweisung:** Streitwertkatalog 34. 2.

Ordnungsgeld: Höhe des Ordnungsgeldes.[128]

Ordnungsverfügung: Höhe der zur Erfüllung der Verfügung erforderlichen Aufwendungen.[129]

119 OVG Koblenz, BBauBl. 1989, 420 (L).
120 OVG Münster, JurBüro 1998, 542.
121 VGH Kassel, JurBüro 1991, 105.
122 Die Frage ist nach wie vor sehr str. Vgl. bei *Oe/Wi/He* Streitwerthandbuch, S. 392.
123 OVG Rheinland-Pfalz, JurBüro 2000, 81.
124 BVerwG, Beschl. v. 17. 5. 1993 – 6 B 13/93; OVG Münster, DVBl. 1994, 651.
125 VG Darmstadt, NJW 1998, 2992 (L).
126 Vgl. OVG Bremen, JurBüro 1994, 119. Dazu auch bei *Oe/Wi/He* Streitwerthandbuch, S. 361.
127 OVG Münster, NVwZ-RR 1990, 110.
128 VGH München, KR § 13 GKG Nr. 295.
129 OVG München, KR GKG § 13 Nr. 455.

Parteienfinanzierung: Bedeutung der Sache für den Kläger, bei Klagen gegen die Festsetzung idR Höhe des festgesetzten Betrages bzw. des begehrten Betrages.[130] 25

Paßrecht: Vgl. Streitwertkatalog 29. 1.

Personalausweis: Vgl. Streitwertkatalog 29. 1.

Personalvertretungsrecht: Für die Gerichtsgebühren gilt § 12 Abs. 5 ArbGG entsprechend, wonach Gerichtsgebühren nicht anfallen. Für die Anwaltsgebühr gelten nach § 8 Abs. 2 BRAGO die Grundsätze des § 13 Abs. 2 GKG.

Personenbeförderung: Vgl. Linienverkehr (Streitwertkatalog 46.).

Pflegegeld: Vgl. Sozialhilfe (Streitwertkatalog 40.).

Pflegesätze: Vgl. Krankenhausrecht (Streitwertkatalog 20.).

Pilotenschein: Vgl. Luftfahrtschein (Streitwertkatalog 26.).

Planfeststellung: Streitwertkatalog 33.[131] Anfechtung von Planfeststellungsbeschlüssen 30–50% des Verkehrswertes der in Anspruch genommenen Fläche.[132] Klage eines drittbetroffenen Grundeigentümers wegen Eigentumsbeeinträchtigung 10 000 €, wegen Grundstücksgefährdung zusätzlich je 5 000 € je Kläger.[133] Bei Beschluß ohne enteignungsrechtliche Vorwirkung für Kläger 4 000 €.[134]

Polizei- und Ordnungsrecht: Vgl. Streitwertkatalog 34. 1. und 34. 3.

Privatdozentur: Regelmäßig 5 000 €.[135]

Private Grundschule: Vgl. Ersatzschulen (Streitwertkatalog 37. 2.).

Prozeßvergleich: Betrag *über* den verglichen worden ist, nicht der Betrag auf den verglichen wurde.[136]

Prüfungsrecht: Streitwertkatalog 35. 1.

Räumungsanordnung: § 16 GKG unanwendbar; Regelmäßig Auffangwert.[137] 26

Räumungsgebot: Vgl. Streitwertkatalog 7. 3.

Rentenansprüche: s. Berufsunfähigkeitsrente.

Richterrecht: In Prüfungsverfahren nach §§ 66 Abs. 1, 62 Abs. 1 Ziffern 3 und 4 DRiG ist nicht § 12 Abs. 7 ArbGG, sondern § 13 GKG anwendbar. Für Anfechtung der Entlassung eines Richters auf Probe einjähriger Betrag des Endgrundgehalts nach R 1.[138]

Ruhegehalt: Verpflichtungsklage auf anderweitige Festsetzung ist nach § 13 Abs. 1 S. 1

130 OVG Münster, VVwZ 2000, 335 = NVWZ-RR 2000, 333 (L).
131 Vgl. dazu auch die zahlreichen Nachweise bei *Oe/Wi/He* Streitwerthandbuch, S. 365.
132 BVerfG, NVwZ 1999, 1104.
133 OVG Hamburg, NVwZ-RR 1999, 700.
134 OVG Schleswig, NVwZ-RR 2000, 332.
135 BVerwG, KR § 13 GKG Nr. 316.
136 OVG Münster, NVwZ-RR 2000, 332.
137 VGH München, BayVBl. 1988, 476 = KR § 13 GKG Nr. 208 (L).
138 BGH, KR § 13 Nr. 462.

unter Berücksichtigung des Maßstabs nach § 17 Abs. 3 zu bewerten; § 17 Abs. 4 ist unanwendbar.[139]

Ruhegehaltsfähige Dienstzeit: Vgl. Streitwertkatalog 8. 6. **A. A.** VGH Mannheim, JurBüro 1991, 1688 (wie Ruhegehalt).

Rundfunk: Befreiung von der Gebührenpflicht Jahreswert der Gebühr.[140]

Rundfunkrecht: Vgl. Streitwertkatalog 36.

27 **Sachverständiger:** Bei Zulassungsstreitigkeiten, auch bei Anfechtung oder Widerruf, Verdienstmöglichkeit für 1 Jahr.[141] Bei Klagen auf öffentliche Bestellung und Vereidigung nach § 36 GewO 5 000 €.[142]

Schülerbeförderung: Jahresbetrag der Kosten.[143]

Schulrecht: Vgl. Streitwertkatalog 37.

Schwerbehinderter: Vgl. Streitwertkatalog 38.

Sendezeit: Vgl. Rundfunkrecht (Streitwertkatalog 36.).

Sicherstellung eines Kraftfahrzeugs: Streitwertkatalog 45. 8. (1/2-Auffangwert).

Soldatenrecht: Vgl. Streitwertkatalog 39. 1. und 39. 2. (wie Beamtenrecht).

Sondereigentümer: Regelmäßig aus einem Rahmen von 1 500 € bis15 000 €.[144]

Sondernutzung: Vgl. Streitwertkatalog 42. 1.

Sondernutzungsrecht: 10% des von dem konzessionierten Mitbewerber erwirtschafteten Jahresumsatzes.[145]

Sonderschule: s. Schulrecht (Streitwertkatalog 37).

Sozialhilfe: Streitwertkatalog 40; Bei Rücknahme der Bewilligung Summe der bewilligten Leistungen;[146] im übrigen regelmäßig Leistung im Zeitraum bis zum Erlaß des Widerspruchsbescheides.[147]

Sperrzeitverlängerung/-verkürzung: Streitwertkatalog 14. 6. Im Verfahren nach § 80 Abs. 5 VwGO 1/2.

Spielhallenerlaubnis: 2 000 €/Spielgerät.[148] Für Verpflichtungsklage auf Erteilung einer Erlaubnis zum Betrieb 6 000 €/Spielhalle.[149]

Staatsangehörigkeit: Streitwertkatalog 41. 2.

139 VGH Mannheim, NVwZ-RR 1990, 111 = RiA 1989, 213.
140 OVG Hamburg, JurBüro 2000, 534.
141 VGH München, BayVBl. 1982, 668; OLG Schleswig, JurBüro 1992, 330 = AnwBl. 1992, 280.
142 BVerwG, KR § 13 GKG Nr. 319.
143 VGH Kassel, KR § 13 GKG Nr. 393.
144 OVG Münster, JurBüro 1991, 1103 = NVwZ-RR 1992, 11.
145 OVG Schleswig, AnwBl. 1992, 281.
146 OVG Münster, JurBüro 2001, 419.
147 OVG Bremen, JurBüro 2002, 80.
148 BVerwG, GewArch 1992, 63.
149 BVerwG, GewArch 1991, 431 = NVwZ-RR 1992, 516.

Stiftungsrecht: Geschätzter oder tatsächlicher Jahresbetrag der Vermögenserträge der Stiftung.[150]

Stillegung: Für baurechtliche Stillegung Streitwertkatalog 7. 5.

Straßenrecht: Vgl. Streitwertkatalog 42. Klage eines Landes gegen Weisung des Bundes auf Herabstufung der mit der Veränderung der Straßenbaulast verbundene Belastung (3 1/2-facher jährlicher Erhaltungs- und Unterhaltungsaufwand des betreffenden Straßenabschnitts).[151] Für Widmungsstreitigkeiten betr. eines öffentlichen Feld- oder Waldwegs Interesse des Klägers, mindestens 5 000 €.[152] Vgl. auch Streitwertkatalog 42. 3.

Straßenrechtliche Planfeststellung: Vgl. „Planfeststellung".

Stromtarif: Für Streit über Genehmigung von Stromtarifen 70% des zu erwartenden jährlichen Mehrerlöses.[153]

Subventionsrecht: Vgl. Streitwertkatalog 43. 1. Kündigung eines Darlehens nach Widerruf der Suvebtionsbewilligung 1/4 des Verfahrens der Hauptsache (d. i. der Widerruf der Suvention).[154]

Tätigkeitsuntersagung: nach § 48 SGB VIII als Kindergärtnerin Auffangwert.[155] 28

Taxengenehmigung: Streitwertkatalog 46. 4. 10 000 €/Fahrzeug, bei Eilverfahren 5 000 €/Fahrzeug.[156]

Teilungsgenehmigung: Der Wert entspricht dem der entsprechenden Baugenehmigung.[157]

Trennungsgeld: streitiger Betrag, höchstens Jahresbetrag (Streitwertkatalog 8. 5.).

Untätigkeitsklage: Ausmaß des wirtschaftlichen Schadens durch die Verzögerung für 29 den Betroffenen.

Unterrichtsverpflichtung: Für Unterrichtsverpflichtung eines Lehrers Auffangwert.[158]

Vereinsrecht: Streitwertkatalog 44. 1. 30

Verkehrsrecht: Streitwertkatalog 45. 7.

Verlust der Dienstbezüge: Betrag der streitgegenständlichen Bezüge, höchstens 3-facher Jahresbetrag.[159]

Vermögensgesetz: § 13 Abs. 3.

Vermögenszuordnungsgesetz: Es werden keine Gerichtskosten erhoben (§ 6 Abs. 1 S. 3 VZOG).

Versammlungsverbot: s. Vereinsrecht (Streitwertkatalog 44.).

150 OVG Münster, NWVBl. 1994, 393.
151 BVerwG, JurBüro 1998, 263 = NVwZ-RR 1998, 458.
152 BayVGH, JurBüro 1998, 94.
153 OVG Bautzen, NVwZ-RR 1998, 459.
154 OVG Mecklenburg-Vorpommern; JurBüro 2001, 594.
155 VGH Baden-Würtemberg, JurBüro 2000, 421.
156 OVG Münster, JurBüro 1998, 542.
157 OVG Münster, JurBüro 1995, 28.
158 OVG Bremen, KR § 13 Nr. 530.
159 VGH München, ZBR 1989, 24 = NVwZ-RR 1989, 54.

Versetzung: s. Schulrecht (Streitwertkatalog 37. 5.).

Vertriebenenrecht: Streitwertkatalog 48. 1.

Verwaltungszwang: Kosten der Ersatzvornahme.[160]

Vollstreckungsverfahren: Höhe des Zwangsgeldes. Bei bloßer Androhung 1/2 des angedrohten Betrages.[161]

Vorbescheid: Es ist auf die faktische Wirkung der Entscheidung in Bezug auf das Hauptverfahren abzustellen. Wird mit dem Vorbescheid bereits eine dem Planfeststellungsbeschluß ähnliche Wirkung erreicht, 30–50% des Verkehrswertes des betroffenen Grundstücks.[162]

Vorkaufsrecht: Wie Zivilrechtliches Vorkaufsrecht. Für Anfechtungsklage gegen Ausübung Bruchteil des vereinbarten Kaufpreises (etwa 10–25%).[163]

Vorverfahren: Wie für das entsprechende gerichtliche Verfahren.[164]

31 **Waffenrecht:** Streitwertkatalog 49. Widerruf von Waffenbesitzkarten Streitwertkatalog 49. 1.[165]

Wahlrecht: Keine Addition der Streitwerte bei subjektiver Klagehäufung.[166]

Wasserrecht: Streitwertkatalog 50. 1.

Wehrpflichtrecht: Bei Streit um die Einberufung oder die Gewährung von Ausnahmen gilt der Auffangwert.[167]

Wehrübung: Auffangwert.[168]

Weinrecht: Streitwertkatalog 51.

Werbenutzungsvertrag: s. Sondernutzung (Streitwertkatalog 42. 2.); Für Informationsstand einer Partei Auffangwert.[169]

Werbetafel: Streit um Genehmigung 500 €/qm.[170]

Winterbauumlage: Keine Gerichtskosten, weil sozialgerichtliches Verfahren.

Wohnungsrecht: Streitwertkatalog 53.

32 **Zeugnis:** Streitwertkatalog 37. 5.

Zweckentfremdung: Streitwertkatalog 53.

Zulassung der Berufung/Beschwerde: § 14 Abs. 3.

160 OVG Münster, KR § 13 GKG Nr. 158.
161 VGH Mannheim, NVwZ-RR 1998, 692.
162 BVerwG, JurBüro 1999, 195. Vgl. auch VGH München, NVwZ-RR 1999, 413.
163 OVG Lüneburg, JurBüro 2002, 424. Vgl. dazu bei *Oe/Wi/He* Streitwerthandbuch, S. 384.
164 VGH München, NVwZ-RR 1993, 334.
165 OVG Lüneburg, JurBüro 1999, 530 m. Anm. von *Diering*.
166 VGH München, NVwZ-RR 1997, 755.
167 BVerwG, DÖV 1994, 170 = NVwZ- RR 182 (L) und NVwZ 1983, 608; *Hartmann* Anh. I B § 13 Rn. 39.
168 BVerwG, JurBüro 1994, 118.
169 VGH München, JurBüro 2001, 420.
170 VG Meiningen, LKV 1998, 38.

Zulassung eines Arzneimittels: Erwarteter Jahresgewinn aus dem Verkauf.[171]

Zulassung zum Studium: Auffangwert sowohl für Eilverfahren als auch für Hauptsacheverfahren.[172]

Zustimmungsverfahren: Streitwertkatalog 27. 1. und 38. 1.

Zwangsgeld: Höhe des festgesetzten oder angedrohten Zwangsgeldes.[173]

Zwangsmittelandrohung: Bei Verbindung mit Grundverfügung streitwerterhöhend zu berücksichtigen.[174] Selbständige Androhung etwa 1/4 des Wertes der Kosten der Ersatzvornahme.[175]

33

Teil III: Streitwertschlüssel für Finanzgerichtssachen

I. Allgemeines: Wenn nicht der bezifferte Geldbetrag gem. § 13 Abs. 2 GKG anzusetzen ist, ist maßgebend die Bedeutung der Sache für den Kläger, welche durch sein finanzielles Interesse an der erstrebten Entscheidung für den streitigen Veranlagungszeitraum bestimmt wird. Bemessungsgrundlage ist aber immer nur der Steuerbetrag, um den gestritten wird.[176] Mittelbare Auswirkungen, insbesondere auf die Besteuerung der folgenden Jahre bleiben regelmäßig außer Betracht.[177] Nur wenn um eine Entscheidung gestritten wird, die einen Zeitraum von mehreren Jahren umfaßt, ist der zusammengerechnete Betrag maßgebend.[178] Läßt sich der Betrag nicht ermitteln, kann als Wert die Hälfte der festgesetzten Steuer geschätzt werden.[179] 34

II. Einzelfälle

Ablehnung 35

- *des Lohnsteuerjahresausgleichs:* beantragter Lohnsteuererstattungsbetrag,
- *von Richtern:* Interesse des Ablehnenden, idR 1/10. des Hauptsachwertes,[1]
- *von Sachverständigen:* geringerer Wert als der der Hauptsache. Vgl. oben, Anh. zu § 12, Rn. 8.

Abrechnungsbescheid: Nennbetrag der Steuerforderung.[2]

Antrag:

171 BVerwG, JurBüro 1991, 1539.

172 OVG Bremen, JurBüro 1987, 735, 1525. A. M. OVG Münster, JurBüro 1997, 88 (für Eilverfahren 1/4 des Auffangwertes).

173 OVG Bremen, BRS 47, 505.

174 VGH Kassel, NVwZ-RR 2000, 330.

175 OVG Berlin, NVwZ-RR 2001, 276.

176 BFH, KostRspr § 13 Nr. 467.

177 BFH, BStBl. III, 385.

178 BFH, BStBl. II 1969, 587.

179 BGH-NV 1992, 190 m. N.

1 BFH, RPfleger 1977, 250 = BB 1976, 1445.

2 FG Berlin, BB 1970, 64.

– *auf bezifferte Geldleistung* oder darauf gerichteten Verwaltungsakt: § 13 Abs. 2 GKG,
– **auf nicht bezifferte Geldleistung:** Bedeutung der Sache für den Kläger, im Zweifel Auffangstreitwert,
– auf *Aufhebung eines Steuerbescheides:* festgesetzte (Teil)Steuerschuld.

Arrest: § 20 GKG i. V. m. § 3 ZPO, i. d. R. die Hälfte der Hinterlegungssumme.[3]

Artfeststellung:

– *Betriebsgrundstück:* 20 des festgestellten Einheitswertes,[4]
– *Einfamilienhaus:* 50 aus der ganzen Höhe des festgestellten Einheitswertes.[5]

Aufrechnung: § 19 GKG. Ist Bestand der Aufrechnungsforderung Streitgegenstand, dann voller Wert der Forderung.[6] Bei Anfechtung einer Aufrechnung des Finanzamts mit Steuerforderungen: 1/10. des Wertes der Forderungen, wenn es nur um die Zulässigkeit der Aufrechnung geht.[7]

Auskunft: 10% des Wertes der verlangten Auskunftssache.[8] Wenn Wert des Interesses nicht erkennbar ist, dann für jedes Begehren Auffangstreitwert.[9]

Außenprüfung: 50% der mutmaßlichen Mehrsteuer.[10]

Aussetzung:

– wegen schwebender *Musterprozesse:* 5%–10% des streitigen Steuerbetrages,[11]
– *einstweilige* Aussetzung *der Vollziehung:* 1/3. des Hauptsacheverfahrens.[12]

36 **Beitreibung:** Wert des Betrages, der beigetrieben werden soll.[13]

Bekanntgabe: Vgl. „Auskunft"

Beschwer: § 14 Abs. 1 S. 2 GKG. Der Steuerpflichtige kann auch durch Festsetzung einer zu niedrigen Steuer beschwert sein, wenn diese sich später zu seinen Ungunsten auswirken kann.[14]

Besteuerungszeitraum: Wert des Zinsvorteils entsprechend § 238 AO.[15]

Betriebsprüfung: Für Streit über Anordnung 50% der zu erwartenden Mehrsteuer, im Zweifel Auffangwert.[16] Bei Streit um Wiederholung 50% der endgültig erstrebten Steuerherabsetzung.[17]

3 BFHE 86, 786; BFH, BStBl. II 1982, 691.
4 BFH, BB 1976, 1541.
5 BFH, BB 1975, 75; *Offerhaus* NJW 1975, 1951, 1953; *Horn* BB 1973, 828.
6 BFH, NVwZ 1992, 208.
7 FG Berlin, EFG 1976, 583.
8 BFH, BB 1974, 1378.
9 BFH, BStBl. II 1982, 705.
10 BFH, KostRspr. § 13 GKG Nr. 308.
11 BFH, BB 1971, 154; BFH, BStBl. III 1959, 311.
12 BFH, BFHE 87, 410.
13 BFH, BB 1978, 347.
14 BFH, BFHE 87, 431.
15 BFH-NV 1992, 127.
16 BFH, BStBl. II 1985, 257.
17 FG Düsseldorf, EFG 1972, 350.

Betriebsvermögen: Bei Streitigkeiten über Einheitswert 20 der Differenz zwischen festgestellten und begehrten Einheitswert, und zwar auch, wenn der beantragte Wert negativ ist. U. U. kann auch nur 10 ausreichen.[18]

Bevollmächtigter: 1/10. der Hauptsache bei Beschwerde gegen die Anordnung des Finanzgerichts, einen Bevollmächtigten zu bestellen.[19]

Branntwein: Rechtsstreit betreffend die Rechtmäßigkeit der Sicherstellung 50% des Wertes der sichergestellten Gegenstände.[20]

Buchführungserleichterung:[21] In der Regel Auffangstreitwert.[22]

C **37**

Duldungsbescheid: Wert der zugrundeliegenden Steuerforderung bzw. abweichender **38**
Wert der betroffenen Gegenstände.[23]

Eidesstattliche Versicherung nach § 284 AO: Regelmäßig 50% der rückständigen Be- **39**
träge.[24]

Einfamilienhaus: Vgl. „Artfeststellung".

Einfuhrumsatzsteuer: Einfuhrumsatzsteuerbetrag ohne Rücksicht auf Vorsteuerabzugsberechtigung.[25]

Einheitliche Feststellung von Einkünften: Das durch die Auswirkungen auf die Steuerpflicht maßgebliche Interesse der im Verfahren unmittelbar Betroffenen,[26] das pauschal mit einem %-Satz des streitigen Gewinnanteils bewertet werden kann.[27]

Einheitswert: In der Regel -Satz des streitigen Einheitswertes. Bei vor dem 1. 1. 1974 festgestellten Einheitswerten Grundstücke 60 des streitigen Wertunterschiedes.[28] Ermäßigung entsprechend der tatsächlichen Wirkungsdauer, wenn feststeht, daß er Besteuerungsgrundlage für weniger als drei Jahre ist.[29] Bei Bescheiden über Hauptfeststellung 1964 40 des streitigen Wertunterschiedes.[30] Bei Behauptung, die bewerteten Grundflächen seien Teil einer größeren wirtschaftlichen Einheit, ist der Streitwertberechnung die Wertvorstellungen in voller Höhe zugrundezulegen und davon der Tausendsatz zu entnehmen.[31] Vgl. auch „Betriebsvermögen", „Betriebsgrundstück", „Einfamilienhaus".

18 BFH, BFHE 115, 304; FG Düsseldorf, EFG 1968, 429.
19 BFH, BB 1978, 347.
20 BFH, BB 1978, 488 (L).
21 Dazu FG Hamburg, EFG 1979, 514 = KostRspr. GKG § 23 Nr. 26 (L).
22 BFH, BStBl. II 1984, 39; a. M. *Lappe* NJW 1985, 1880.
23 BFH-NV 1992, 690; FG Kassel, EFG 1989, 652.
24 BFH, BB 1977, 1034 = Der Betrieb 1978, 143 (L).
25 BFH, BFHE 113, 407.
26 FG Saarland, EFG 1988, 258.
27 BFH-NV 1993, 377. Vgl dazu auch die zahlreichen Nachweise bei *Hartmann* § 13 Anh. II Rn. 4.
28 BFH, BB 1978, 1507 (L) = Der Betrieb 1978, 2299.
29 BFH, JurBüro 1977, 934.
30 BFH, BFHE 117, 524 = BB 1976, 493.
31 BFH, BFHE 118, 71.

Einkommenssteuer: Unterschied zwischen dem festgesetzten und dem erstrebten Steuerbetrag für ein Jahr ohne einkommenssteuerlich abhängige Zuschläge und Abgaben[32] und Folgesteuern.[33]

Einstweilige Anordnung, § 114 FGO: vgl. § 20 GKG. In der Regel 1/3 des Hauptsachewertes.[34] Bei einstweiliger Anordnung gegen Pfändungsmaßnahmen 10% des Betrages, wegen dem Zwangsvollstreckung betrieben wird.[35] Bei Streit um einstweilige Aussetzung der Vollziehung aber 1/3. des Hauptsachewertes.[36]

Ergänzungsabgabe: Betrag, gegen den sich der Kläger wendet.

Erhöhung: Der volle Betrag der erstrebten Steuererhöhung.[37]

Erlaß § 227 AO: Maßgebend ist der Betrag, um dessen Erlaß gestritten wird.[38]

Erledigung der Hauptsache: Kosteninteresse.[39]

Erstattung: Betrag, um dessen Erstattung gestritten wird.[40]

40 **Fälligkeit:** 10% der Forderung, wenn Forderung unstreitig ist.[41] Bei Streit um Vorverlegung der Fälligkeit (§ 221 AO) Jahresbetrag des Zinsnachteils.[42]

Familienkasse: Höhe des streitigen Betrages, höchstens Jahresbetrag.[43]

Feststellungsklage: negative F.: Wert der entsprechenden Anfechtungsklage.[44]

Forderungspfändung: Vgl. „Beitreibung".

41 **Gesamtgutvermögen:** Streitwert der einheitlichen und gesonderten Feststellung der Anteile beträgt 20% des streitigen Wertunterschiedes gem. den Anträgen des Klägers.[45]

Gesamtstreitwert: Vgl. „einheitliche Feststellung von Einkünften".

Gewinn: Streitwert für die Zurechnung eines der Höhe nach unstreitigen Einheitswertes auf die beteiligten Gesellschafter bestimmt sich nach dem steuerlichen Interesse, das sich unter Berücksichtigung der Sachanträge des Klägers ergibt.[46] Der Streitwert des Verfahrens darüber, ob die einem Gesellschafter gezahlte Vergütung zu seinen gewerblichen oder zu den Einkünften aus nichtselbständiger Arbeit zählt, bestimmt sich nach dem Antrag des Klägers und dem darin zum Ausdruck gekommenen geldlichen Interesse (§ 13 Abs. 1

32 BFH, BStBl. II 1979, 441.
33 BFH, BStBl. III 1967, 291 und BStBl. II 1975, 58. Vgl. i üb die Nachweise bei *Hartmann* § 13 Anh. II Rn. 6.
34 BFH, BFHE 120, 338.
35 BFH, BFHE 120, 338.
36 BFH; BFHE 121, 311.
37 BFH, BB 1970, 994.
38 BFH, BB 1972, 906.
39 BFH, BStBl. II 1989, 106 m. N.
40 BFH, BStBl. II 1971, 603 = BB 1971, 1039 (L).
41 FG Düsseldorf, EFG 1974, 435.
42 FG Saarland, EFG 1975, 24.
43 Vgl. dazu bei *D. Meyer* JurBüro 1999, 182.
44 HessFG, EFG 1968, 513 = JurBüro 1968, 974 (L). FG Münster, EFG 1971, 452.
45 BFH, BStBl. II 1969, 626.
46 BFH, BB 1971, 1267 m. Anm. v. *Roller*.

S. 1 GKG).[47] Der Streitwert der Anfechtung der gesonderten Feststellung des gemeinen Wertes nichtnotierter Anteile an Kapitalgesellschaften entspricht dem einfachen Jahresbetrag der Vermögenssteuer, die auf dem streitigen Wertunterschied der Anteile des Klägers lastet.[48]

Gewinnfeststellung: In Verfahren der einheitlichen Gewinnfeststellung idR 25% des streitigen Gewinnsatzes. Auswirkungen auf die Höhe der Gewerbesteuer bleiben unberücksichtigt. Bei hohen Gewinnen ist ein höherer Prozentsatz angebracht, bei kleineren Gewinnen ein geringerer Prozentsatz bis zu 10%. Ergeben sich im Gewinnfeststellungsverfahren keine Auswirkungen auf die Einkommenssteuerpflicht, ist der Streitwert 1% des streitigen Betrages.[49] Ist allein die Höhe streitig, ist der Streitwert stets nach dem %-Satz des streitigen Gewinnanteils anzusetzenden Interesse des Klägers an der Minderung seiner Einkommenssteuer zu bemessen (§ 13 Abs. 1 S. 1 GKG). Das Interesse der vom Verfahren sonst noch unmittelbar Betroffenen an der Minderung ihrer Einkommenssteuer ist nur dann mit zu bewerten, wenn sie als Mitkläger oder Mitunternehmer der klagenden Gesellschaft am Verfahren beteiligt sind. Folgewirkungen auf andere Steuerpflichtige bleiben außer Betracht.[50] Diese Grundsätze gelten auch, wenn ein Gesellschafter klagt. Bei Klagen der Gesellschaft ist maßgebend das Interesse der Gesellschaft und nicht das der einzelnen Gesellschafter.[51] Der Grundsatz, daß bei Streit um die Gewinnverteilung der einheitlichen Gewinnfeststellung der Streitwert mit 25% des streitigen Gewinns zu bemessen ist, gilt auch, wenn ein Gesellschafter klagt. Ist nicht die Höhe, sondern allein die Verteilung des Gewinns streitig, dann beträgt der Streitwert immer 25% des Teils des Gewinns, um dessen Verteilung gestritten wird.[52] Das gilt auch, wenn der Streit um die ersatzlose Aufhebung des Feststellungsbescheides geht.[53] Ist im Verfahren der einheitlichen Gewinnermittlung einer Abschreibungsgesellschaft die Höhe des Verlustes streitig, so ist der Streitwert idR 50% des streitigen Verlustbetrages.[54] Sind die Verfahren über die Einkommenssteuerveranlagung und die Gewinnermittlung verbunden, so ist neben dem Streitwert der Einkommenssteuerveranlagung nicht auch noch der des Gewinnermittlungsverfahrens zu berücksichtigen.[55] Anders bei getrennten Verfahren.[56] Bei Streit um Veräußerungsgewinn ist als Regelsatz 15% des streitigen Gewinnbetrages zu nehmen,[57] bei höheren Gewinnanteilen der beteiligten Gesellschafter auch höhere Sätze. Hinsichtlich der Beschwer gilt, daß an einem einheitlichen und gesonderten Gewinnfeststellungsverfahren Beteiligte auch dann beschwert sind, wenn die von ihnen erstrebte Herabsetzung

47 BFH, BB 1967, 487; BFH, BB 1972, 906.
48 BFH, BB 1977, 1644 = Der Betrieb 1977, 2262.
49 BFH, BB 1970, 994.
50 BFH, JurBüro 1978, 1319 (L) = WM 1978, 1278 (L) = Der Betrieb 1978, 1259.
51 BFH, BStBl. II 1979, 608.
52 BFH, BB 1974, 261.
53 BFH, BFHE 116, 350.
54 BFH, BStBl. II 1980, 520 = JurBüro 1980, 1805 (L).
55 FG Düsseldorf, EFG 1976, 194.
56 Vgl. dazu BFH, BB 1978, 347.
57 BFH, BFHE 89, 235 = Der Betrieb 1967, 1882.

des Gesamtgewinns zwangsläufig zugleich zu einer Erhöhung des auf ihn entfallenden Gewinnanteils führt.[58]

Gewerbesteuer: Der mit der Klage erstrebte finanzielle Erfolg des Klägers; d. i. der Unterschied zwischen festgestelltem und erstrebtem Steuermeßbetrag.[59]

Grunderwerbssteuer: Wird ein Grundsteuerbescheid in vollem Umfang angefochten, ist der nach dem Bescheid geschuldete Betrag der Streitwert.[60]

Grundsteuer: Wenn es um einen festen Geldbetrag geht, gilt § 13 Abs. 2 GKG, sonst ist zu schätzen. In der Regel ist als Streitwert der auf den streitigen Meßbetrag entfallende Jahressteuerbetrag zu nehmen.[61]

42 **Haftungsbescheid:** Die in dem Bescheid festgestellte Haftungsschuld.[62] Bei Klagen mehrerer Gesellschafter gegen gesonderte Haftungsbescheide gleicher Höhe bemißt sich der Wert nach einer einzigen Haftungsschuld.[63]

Hauptfeststellung: Vgl. „Einheitswert".

Hilfeleistung in Steuersachen: Streitwert bei Untersagung idR das letzte Jahreseinkommen des Betroffenen.[64]

43 **I**

44 **J**

45 **Kapitalgesellschaft:** Vgl. „Gewinnfeststellung"

Kindergeld: Aufhebung einer Festsetzung: Jahresbetrag des Kindergeldes zuzüglich der bei Klageeinreichung zu zahlenden Beträge.[65] s. auch „Familienkasse". Finanzgerichtliches Vorverfahren Interesse des Berechtigten von der Versagung bis zum Erlaß eines Einspruchentscheides.[66]

Kirchensteuer: Maßgebend ist der streitige Betrag, ggf. ohne Hinzurechnung der Kirchenlohnsteuer.[67]

Körperschaftssteuer:[68] Vgl. „Einkommenssteuer". Grundsätzlicher streitiger Betrag.

Kommanditgesellschaft: Vgl. „Auskunft", „Gesellschaft" und " Gewinnfeststellung".

Konkurs: *§ 148 KO* (jetzt: § 182 InsO). Für Feststellungsverfahren nach § 251 Abs. 3 AO kommt es außerhalb der Anwendung von *§ 148 KO* (jetzt: § 182 InsO) auf den Mehrbetrag an, der sich aus dem beanspruchten Vorrecht ergeben würde.[69]

58 BFH, BB 1971, 1038.
59 BFH-NV 1993, 559 und 1994, 55.
60 BFH, BStBl. II 1973, 820.
61 BFH, BStBl. II 1952, 283.
62 BFH, BStBl. II 1972, 181.
63 FG Münster, EFG 1978, 475.
64 BFH, NJW 1979, 1176 (L) und BB 1978, 1508 (L).
65 BFH, NVwZ-RR 2001, 280.
66 FG Baden-Würtemberg,JurBüro 2001, 480.
67 BFH, BStBl. II 1975, 145.
68 Vgl. dazu auch FG Düsseldorf, EFG 1994, 714; FG Hamburg, EFG 1989, 34; FG Saarland, EFG 1994, 124.
69 BFH, BStBl. II 1988, 125.

Kosten: Auch ein Verfahren über Aussetzung der Vollstreckung des Kostenansatzes zählt zu den Streitigkeiten über Kosten, Gebühren und Auslagen iS von § 128 FGO. Die Gerichtskosten, von denen das Finanzamt befreit ist, bleiben bei der Festsetzung des Streitwertes außer Betracht.[70]

Kraftfahrzeugsteuer: Bei unbefristeter Festsetzung der Jahresbetrag, bei befristeter Festsetzung der ganze Betrag.

Lastenausgleich: § 13 Abs. 2 GKG. Anhaltspunkte für den Streitwert bietet der Ablösewert.[71] **46**

Lohnsteuer: Vgl. „Einkommenssteuer". Maßgeblich ist der umstrittene Betrag für das jeweilige Jahr.[72] Bei Freibetrag der sich daraus ergebende Steuerbetrag für höchstens ein Jahr.[73] Bei Klage auf Durchführung des Ausgleichs der beantragte Erstattungsbetrag.[74]

Lohnsteuerhilfeverein: Auffangwert.[75]

Mehrwertsteuer: Vgl. „Umsatzsteuer". **47**

Musterprozeß: Aussetzung oder Ruhen im Hinblick auf einen Musterprozeß 5% des streitigen Steuerbetrages für das Zwischenverfahren.[76] Der Streitwert des Musterverfahrens bleibt deswegen unberührt.

Nachprüfungsvorbehalt, § 164 AO: In der Regel Auffangwert.[77] **48**

Nichtzulassungsbeschwerde, § 115 FGO: Voraussichtlicher Streitwert des angestrebten Revisionsverfahrens.[78]

O **49**

Pfändung: Im Verfahren der einstweiligen Anordnung gegen Pfändungsmaßnahme 10% des Betrages, wegen dem die Zwangsvollstreckung betrieben wird.[79] Ansonsten der Betrag, wegen dem vollstreckt bzw. beigetrieben wird, es sei denn, der Wert des gepfändeten Gegenstandes ist geringer.[80] Vgl. auch § 6 ZPO. **50**

Q **51**

Rechtsbehelfsentscheidung: Bei Anfechtung Wert der angefochtenen Sache.[81] **52**

Rechtsmittel: § 14 GKG.

Revision: Bei Revision und Anschlußrevision sind die Streitwerte beider Rechtsmittel

70 BFH, BB 1971, 991.
71 BFH, BStBl. II 1974, 141.
72 BFH, BStBl. III 1958, 385.
73 BFH, KostRspr. § 13 GKG Nr. 296.
74 BFH, BStBl. II 1973, 685 und 1975, 145.
75 BFH, BStBl. II 1981, 105. Dazu kritisch *Lappe* NJW 1982, 1739.
76 BFH, BB 1973, 1153.
77 BFH, BStBl. II 1980, 417.
78 BFH-NV 1992, 54; BFH-NV 1994, 572.
79 BFH, BStBl. II 1978, 159.
80 BFH, BB 1978, 347.
81 BFH, BStBl. II 1982, 328.

zusammenzurechnen, soweit sie nicht denselben Streitgegenstand betreffen, sonst gilt nur der einfache Wert, vgl. § 19 GKG.

53 **Säumniszuschlag:** Vgl. „Steuersäumniszuschlag".

Schätzung: Voller Unterschiedsbetrag zwischen festgesetzter Steuer und der Steuer, die nach den Angaben der nachgereichten Steuererklärung festzusetzen wäre.[82]

Schlußbesprechung, § 201 AO: Streit um die Verpflichtung zu ihrer Abhaltung 10% der steuerlichen Auswirkungen.[83]

Sicherstellung: Vgl. „Branntwein".

Steuerberatung:

- *Zulassung:* Mehrbetrag der Einkünfte für 5 Jahre,[84]
- *Anerkennung einer Steuerberatungsgesellschaft:* Mindestens 25 000 €,[85]
- *Klage auf Zulassung zum Seminar gem. § 157 StBerG oder zur Prüfung:* Auffangstreitwert,
- *Streit um Bestehen der Prüfung:* Richtwert 5 000 €,[86]
- *Untersagung der Hilfeleistung in Steuersachen oder Widerruf der Bestellung als Steuerberater:* Einkünfte aus dieser Tätigkeit im vergangenen Kalenderjahr.[87]

Steuerbescheid: Bei Anfechtung Unterschiedsbetrag zwischen festgesetzter und angestrebter Steuer.[88]

Steuererklärung: Bei Verpflichtung zur Abgabe halber Betrag der mutmaßlichen Steuerpflicht.[89]

Steuerbescheid: Vgl. „Antrag".

Steuererstattung: Vgl. „Erstattung".

Steuermeßbescheid: Maßgebend ist die Rechtmäßigkeit des Steuermeßbescheides, nicht das einzelne Merkmal.[90] Es kommt auf das finanzielle Interesse des Klägers an der Herabsetzung der späteren Steuer an.[91]

Steuersäumniszuschlag: Er zählt zu den im § 22 GKG genannten Nebenforderungen und ist idR neben dem Hauptsachewert nicht zu bewerten.[92]

Stundung: In der Regel 10% des Steuerbetrages, dessen Stundung begehrt wurde.[93]

54 **T**

55 **Umsatzsteuer:** § 13 Abs. 2. Maßgebend ist der bestrittene Betrag.

82 BFH, BStBl. II 1979, 565.
83 BFH, BStBl. II 1980, 751.
84 BezG Magdeburg, EFG 1992, 296; *Tipke/Kruse* Rn. 103; *Hartmann* Anh. II zu § 13 GKG Rn. 16.
85 BFH, BStBl. II 1990, 75; *Lappe* NJW 1991, 1214.
86 BFH, BStBl. II 1983, 422. Kritisch dazu *Lappe* NJW 1984, 1214.
87 BFH, BStBl. II 1979, 264 und BFH-NV 1992, 406.
88 BFH, JurBüro 1999, 373.
89 FG Berlin, EFG 1988, 504; FG Karlsruhe, EFG 1983, 146.
90 BFH, NJW 1968, 1948.
91 BFH, BFHE 93, 413.
92 BGH, NJW 1956, 1562 = JurBüro 1959, 111 (L).
93 BFH, BStBl. III 1963, 76; BStBl. II 1971, 603; *Mümmler* JurBüro 1978, 1294.

Untätigkeitsklage: 10% des Wertes des streitigen Betrages, hinsichtlich dessen die Behörde tätig werden soll.[94] Wird nur eine bestimmte Tätigkeit gefordert, ist deren Wert maßgebend.,[95]

Verjährung: Betrag der angeblich verjährten Forderung.[96] **56**

Vermögenssteuer: Wert des dreifachen streitigen Jahresbetrages,[97] wenn nicht Neu- oder Hauptveranlagung bevorsteht.[98]

Vermögensverzeichnis, § 284 AO: 50% des rückständigen Betrages.[99]

Vertriebenenausweis, Verpflichtung zur Erteilung: Auffangwert.[100]

Vollstreckung: Höhe der Forderung.[101] Vgl. auch „Pfändung".

Vollziehung: Streitwert um die Aussetzung 10% des Betrages, um dessen Rechtmäßigkeit gestritten wird.[102]

Vorläufigkeitserklärung: Wie „Vollziehung"[103] oder Auffangwert.[104]

Widerruf: Wert des widerrufenen Bescheides. **57**

X,Y **58**

Zinsen: § 22 GKG. Sie bleiben als Nebenforderung außer Betracht. **59**

Zoll: Wert einer verbindlichen Zolltarifauskunft ist idR der Auffangwert.[105]

Zurückweisung eines Bevollmächtigten: 10% des Hauptsachewertes.[106]

Zwangsvollstreckung: Vgl. „Pfändung", „Vollstreckung".

Zwischenentscheidungen: Vgl. „Musterprozeß".

§ 14
Wertberechnung in Rechtsmittelverfahren

(1) Im Rechtsmittelverfahren bestimmt sich der Streitwert nach den Anträgen des Rechtsmittelführers. Endet das Verfahren, ohne daß solche Anträge eingereicht werden, oder werden, wenn eine Frist für die Rechtsmittelbegründung vorge-

94 BFH, BStBl. III 1963, 270.
95 BFH, BStBl. III 1967, 253.
96 FG Berlin, BB 1970, 64.
97 BFH, BStBl. II 1983, 528.
98 BFH, BStBl. II 1972, 627.
99 BFH, BB 1977, 1034.
100 BayVGH, JurBüro 1997, 87.
101 BFH, BStBl. II 1971, 25.
102 BFH, BFHE 118, 298.
103 Vgl. FG Nürnberg, EFG 1993, 604 m. zust. Anm. v. *Noll* KostRspr. § 13 Nr. 504.
104 BFH-NV 1991, 763.
105 BFH-NV 1992, 562.
106 BFH, NVwZ 1983, 376.

schrieben ist, innerhalb dieser Frist Rechtsmittelanträge nicht eingereicht, so ist die Beschwer maßgebend.

(2) **Der Streitwert ist durch den Wert des Streitgegenstandes der ersten Instanz begrenzt. Das gilt nicht, soweit der Streitgegenstand erweitert wird.**

(3) **Im Verfahren über den Antrag auf Zulassung des Rechtsmittels und im Verfahren über die Beschwerde gegen die Nichtzulassung des Rechtsmittels ist Streitwert der für das Rechtsmittelverfahren maßgebende Wert.**

1 § 14 GKG behandelt die Berechnung des Streitwertes in **sämtlichen Rechtsmittelverfahren** (Abs. 1 S 1). Der Begriff des Rechtsmittels idS ist weit auszulegen. Erfaßt sind neben den klassischen Rechtsmitteln wie Berufung, Revision, Rechtsbeschwerde (sofortige/weitere) Beschwerde auch andere Rechtsbehelfe wie Erinnerung, Gegenvorstellung etc., soweit dafür nicht ausdrücklich Kostenfreiheit kraft Gesetzes besteht. Als Ergänzung des § 11 Abs. 2 GKG stellt § 14 Abs. 2 klar, daß der Streitwert des ersten Rechtszuges den Streitwert des Rechtsmittelverfahrens begrenzt, soweit im Rechtsmittelverfahren keine Klageerweiterung erfolgt. Die Vorschrift gilt für die Verfahren vor den ordentlichen Gerichten, mithin auch im WEG-Verfahren,[1] den Gerichten der Verwaltungs-, Sozial- und Finanzgerichtsbarkeit (§ 13 Abs. 1 S 1) und vor den Gerichten der Arbeitsgerichtsbarkeit. Sie bleibt gemäß § 24 S 2 GKG durch § 24 S 1 GKG unberührt, so daß also für die Kosten ein anderer Streitwert gegeben sein kann als für die Zulässigkeit des Rechtsmittels.[2]

2 In **Rechtsmittelverfahren**[3] bestimmt sich der Streitwert grundsätzlich nach den **Anträgen des Rechtsmittelführers.**[4] Ausnahmen sind allerdings möglich (vgl. unten, Rn. 4). Für den Streitwert der Rechtsmittelinstanz ist demzufolge grundsätzlich der Wert des Antrags des Rechtsmittelführers (Berufungs- und Revisionsklägers bzw. Widerklägers, Beschwerdeführers) und nicht der Wert der angefochtenen Entscheidung maßgebend. Ist der Antrag unklar, kann er sich auch aus der Rechtsmittelbegründung ergeben[5] (vgl. § 13, Rn. 21). Denn nach allgemeinen Regeln ist ein unklarer Antrag – anders als bei der Ermittlung der Zulässigkeit des Rechtsmittels[6] – auszulegen.[7] Das Interesse des Rechtsmittelführers kann durchaus von demjenigen der übrigen Prozeßbeteiligten verschieden sein.[8] Bleibt der Streitgegenstand allerdings unverändert oder ist der Antrag eindeutig, wird es beim Fehlen anderer Anhaltspunkte bei dem erstinstanzlichen Streitwert zu verbleiben haben.[9] Stellt der in der ersten Instanz zur Zahlung eines Geldbetrages verur-

1 LG Köln, WM 1989, 661.
2 BFH, BStBl. II 1977, 614 = BB 1977, 1034 = Der Betrieb 1978, 143 (L).
3 Vgl. dazu ausfer z. B. bei *Oe/Wi/He* Streitwerthandbuch. 2. Aufl. 1999, S. 206 ff.
4 BVerwG, DVBl. 1977, 653 = AnwBl. 1977, 597; BVerwG, JurBüro 1995, 255; OLG Stuttgart, MDR 2001, 112, 113; OLG Bamberg, RPfleger 1986, 197; OLG Schleswig, SchlHA 1988, 172.
5 Vgl. BFH, BStBl. II, 1977, 306; BGH, RPfleger 1970, 239.
6 BGH, BB 1976, 815.
7 *Hartmann* § 14 Rn. 3.
8 Vgl. BVerwG, RPfleger 1989, 129.
9 BVerwG, RPfleger 1989, 129; OLG Hamm, JurBüro 1977, 705; *Hartmann* § 14 Rn. 2, 3; *Schneider* MDR 1975, 1028 m. w. N. **A. M.** OLG Düsseldorf, MDR 1975, 1027 mit Bespr. v. *Dinslage* MDR 1976, 235.

teilte Beklagte als Berufungskläger einen uneingeschränkten Antrag auf Abänderung des angefochtenen Urteils, so ist der Streitwert gleich dem Betrag der erstinstanzlichen Verurteilung. Es ist dann belanglos, wenn in der Berufungsbegründung vorgetragen wird, die Urteilssumme sei zwischenzeitlich vom Berufungskläger ganz oder im wesentlichen gezahlt worden.[10] Auf die Zulässigkeit oder die Begründetheit der im Rechtsmittelverfahren gestellten Anträge kommt es niemals an.[11] Der Rechtsmittelantrag kann auch einen höheren Wert haben als das angefochtene Urteil (vgl. auch Abs. 2 S 2). So z. B., wenn das Berufungsgericht auf die Berufung des in erster Instanz zur Auskunftserteilung verurteilten Beklagten die Stufenklage insgesamt abweist. Dann bestimmt sich der Streitwert nicht nur für das vom Kläger verfolgte Revisionsverfahren, sondern auch für das Berufungsverfahren nach dem vollen Streitwert der abgewiesenen Klage.[12]

Der Rechtsmittelkläger braucht nach den einschlägigen Prozeßordnungen (z. B. § 519 Abs. 3 Nr. 2 ZPO; § 120 Abs. 2 S 2 FGO, § 139 Abs. 2 S 2 VwGO) einen Antrag erst am Ende der Rechtsmittelbegründungsfrist zu stellen. Bis dahin bleibt der Streitwert u. U. ungeklärt, so daß mit der Einreichung des Rechtsmittels fällig werdenden Kosten (Gebühren, § 61) der Rechtsmittelinstanz faktisch erst eingefordert werden können, wenn der Antrag feststeht.[13] 3

Scheinanträge: In der Praxis kommt es häufig vor, daß der Rechtsmittelkläger das Rechtsmittel ohne eine Antragstellung einlegt und es dann mit der Rechtsmittelbegründung auf einen bestimmten Betrag, der oft gerade die Zulassungssumme übersteigt, mit oder ohne Erweiterungsvorbehalt beschränkt oder ein Rechtsmittel – etwa infolge eines außergerichtlichen Vergleichs – beschränkt und dann zurücknimmt. Nach heute[14] herrschender Ansicht[15] ist ein eingeschränkter Rechtsmittelantrag des Rechtsmittelklägers bei der Streitwertbemessung dann nicht zu berücksichtigen, wenn er **offensichtlich** nicht auf die Durchführung des Rechtsmittels gerichtet ist. Denn das wäre Rechtsmißbrauch, der auch im Kostenrecht nicht hingenommen zu werden braucht. Allerdings ist bei der Bejahung eines Rechtsmißbrauchs zurückhaltend zu verfahren. Ein solcher muß eklatant erkennbar sein. Allein der Umstand, daß der Rechtsmittelkläger sich bis zum Ende der Rechtsmittelbegründungsfrist vorbehält, welche Anträge er endgültig stellen will, reicht dafür noch nicht aus. Wenn der Gesetzgeber selbst dem Rechtsmittelführer eine so lange Rechtsmittelfrist (Überlegungsfrist) einräumt, kann es nicht verwerflich sein, wenn der Rechtsmittelführer diese nutzt. Es müssen mithin noch weitere objektivierbare Umstände 4

10 OLG Köln, MDR 1972, 791 = VersR 1973, 89.

11 BGH, RPfleger 1973, 89; BFH, NJW 1965, 2414; BFH, BStBl. II, 1970, 493; BStBl. II, 1973, 323; BStBl. II, 1975, 304.

12 BGH, NJW-RR 1992, 1021.

13 BGH, NJW 1974, 1286; OLG Hamburg, MDR 1974, 942; OLG München, MDR 1974, 590; OLG Köln, JMBlNRW 1967, 132.

14 Vgl. zum früheren Streitstand 3. Auflage Rn. 3–3a.

15 Vgl. BGHZ 70, 369 = NJW 1978, 1263 = MDR 1978, 553 = JurBüro 1978, 684 = JZ 1978, 404 = RPfleger 1978, 211 = WM 1978, 436 = Der Betrieb 1978, 1223; BGH, NJW-RR 1998, 335 = JurBüro 1998, 262; OLG Düsseldorf, JurBüro 2001, 642; OLG Saarbrücken, MDR 2000, 1157; OLG Hamm, AnwBl. 1979, 273 und NJW 1978, 786; JurBüro 1978, 802; OLG München, JurBüro 1992, 252 m. Anm. v. *Mümmler*; *Oe/We/He* Streitwerthandbuch, S. 207.

hinzukommen.[16] Im Einzelfall kann es schwierig sein, festzustellen, ob ein Antrag rechtsmißbräuchlich im vorgenannten Sinne ist. Gibt es Anlaß zu Zweifeln, ob der Rechtsmittelführer sein beschränktes Rechtsmittelbegehren im Rechtsmittelverfahren ernsthaft verfolgen wollte, kann und wird das Gericht die Parteien im Rahmen des Streitwertfestsetzungsverfahrens nach § 25 GKG zu einer Erklärung veranlassen und die Äußerungen der Parteien frei würdigen. Ein Hinweis darauf, daß der Rechtsmittelkläger sein ermäßigtes Rechtsmittel nicht durchführen wollte, kann die der Rechtsmittelermäßigung folgende alsbaldige Rechtsmittelrücknahme sein. Das insbesondere dann, wenn sie auf Grund eines den gesamten Rechtsmittelstreit erledigenden außergerichtlichen Vergleichs erfolgt. Es ist aber auch denkbar – und nicht selten anstandslos hinzunehmen –, daß der Antrag zunächst auf einem Teilvergleich beruht und das Rechtsmittel erst nach weiteren, darauf folgenden Vergleichsgesprächen über die Restsumme endgültig zurückgenommen wird.[17] Es gibt auch keinen Erfahrungsgrundsatz der Art, daß in den seltensten Fällen ein unter der Rechtsmittelsumme liegender Antrag nicht ernsthaft auf die Durchführung des Rechtsmittels gerichtet sein wird.[18] Das wird immer im Einzelfall aufzuklären sein. Nur wenn sich dabei herausstellt, daß es sich um einen Scheinantrag handelte, ist er für die Streitwertfestsetzung bedeutungslos. Die Partei hat dann keinen Antrag gestellt, so daß nach § 14 Abs. 1 S 2 zu verfahren, also die Beschwer maßgebend ist.

5 **Beschwer:** Nicht selten endet das Rechtsmittelverfahren, ohne daß Rechtsmittelanträge gestellt werden. Das kann z. B. so sein, wenn der Rechtsmittelführer überhaupt keinen Antrag eingereicht hat[19] oder sein zunächst antragslos angebrachtes Rechtsmittel vor der mit einem Antrag versehenen Begründung zurücknimmt[20] oder das Rechtsmittelverfahren sich nach Anordnung seines Ruhens vor der Einbringung der Rechtsmittelbegründung durch einen Vergleich erledigt.[21] In solchen Fällen bestimmt sich der Streitwert der Rechtsmittelinstanz nach der **Beschwer** des Rechtsmittelführers, also nach dem Betrag, mit dem der Rechtsmittelkläger durch das angefochtene Urteil beschwert ist (S 2).[22] Das stellt Abs. 2 nur klar.[23] Beschwert ist er soweit, als er im vorangegangenen Verfahren unterlegen ist. Das ergibt sich aus einem Vergleich der Anträge des Rechtsmittelklägers in der Vorinstanz und dem dort erzielten Ergebnis.[24] Betrifft z. B. bei einem Rechtsmittel des verurteilten Beklagten der Streit in der höheren Instanz nur noch die Zug-um-Zug zu erbringende Leistung, so ist deren Wert (nach oben durch den Wert des Klageanspruchs begrenzt, Abs. 2 S 1), maßgebend.[25] Bei der Feststellung der Beschwer kommt es nicht auf die Begründung des Urteils an, sondern allein auf den aus dem Urteilstenor zu entneh-

16 OLG Bamberg, JurBüro 1978, 891; OLG Hamm, MDR 1979, 591; OLG Schleswig, SchlHA 1988, 192, jeweils m. w. N.; *Hartmann* § 14 Rn. 4; *Baumgärtel/Klingmüller* VersR 1980, 421.
17 BGHZ 70, 369.
18 So aber wohl *Schneider* NJW 1978, 790, der dann immer den Wert um 1 DM über die Rechtsmittelsumme annehmen will.
19 Vgl. LG Köln, WoM 1989, 661.
20 OLG Köln, MDR 1984, 766.
21 OLG Frankfurt/Main, JurBüro 1991, 107.
22 OLG Stuttgart, MDR 2001, 112, 113.
23 So richtig *Schulte* MDR 2000, 807, 807.
24 OLG Celle, MDR 1975, 767.
25 BGH, NJW 1973, 654 = JurBüro 1973, 416; OLG Nürnberg, MDR 1969, 1020.

mendem Ergebnis.[26] Das gilt auch, wenn ein beschränkter Rechtsmittelantrag erst nach dem Ablauf der Rechtsmittelbegründungsfrist verspätet gestellt wird, weil auch dann innerhalb der Rechtsmittelbegründungsfrist kein Rechtsmittelantrag eingereicht worden ist.[27] Die Beschränkung des Streitwerts der Rechtsmittelinstanz gilt auch dann, wenn das Rechtsmittel selbst verspätet eingelegt worden ist.[28] Ist der Rechtsmittelführer überhaupt nicht beschwert, z. B. weil er den Prozeß im versehentlich angefochtenen Urteil gewonnen hat, so ist der Streitwert der Mindestgebühr (Tabelle bis zu 300 €) der Gebührenberechnung zugrundezulegen.[29] Wenn eine Klage gegen mehrere Streitgenossen durch mehrere Teilurteile getrennt angewiesen wird, liegt jeder einzelnen Berufung der volle Streitwert zugrunde, auch wenn es sich um Gesamtschuldner handelte.[30] Hat bei der einheitlichen und gesonderten Feststellung der Anteile an einem Gesamtgutvermögen nur einer der Beteiligten Revision eingelegt und Sachanträge gestellt, bemißt sich der streitige Wertunterschied danach, was dieser Beteiligte mit der Revision für sich selbst anstrebt. Die Wirkung seiner Anträge auf die Anteile der anderen Beteiligten bleibt außer Betracht, auch wenn sie zu dem Verfahren beigeladen waren.[31]

Für **Beschwerdeverfahren** ist § 14 seit der Neufassung des § 14 durch das JustizMittG 6
uneingeschränkt anwendbar.[32] Wird ein Rechtsmittel zunächst als Berufung eingelegt und später jedoch vorsorglich als sofortige Beschwerde bezeichnet, entstehen für das gesamte Verfahren nur die Gebühren des Beschwerdeverfahrens, wenn das Gericht das Rechtsmittel als sofortige Beschwerde behandelt.[33]

Der Streitwert des Berufungs- und Revisions-/Rechtsbeschwerdeverfahrens ist grundsätz- 7
lich durch den Wert des Streitgegenstandes der ersten Instanz begrenzt, Abs. 2 S 1.[34] Ausnahmen gelten nur für den Fall einer Klageerweiterung (Abs. 2 S 2). Das wird besonders dann bedeutend, wenn das Rechtsmittelgericht ohne einen auch nur stillschweigend gestellten Antrag der Parteien in seiner Entscheidung über die Anträge der Parteien hinausgeht (vgl. § 308 ZPO, § 88 VwGO, § 96 Abs. 1 S 2 FGO).[35] Wird aber gegen ein Berufungsurteil, das über die Anträge der Parteien hinaus entschieden hat, unbeschränkt Revision eingelegt, ist der Streitwert der Revisionsinstanz der Wert des gesamten Berufungsurteils.[36] Die Vorschrift betrifft auch die Fälle, in denen der Beklagte wegen einer angeblichen Gegenforderung ein Zurückbehaltungsrecht im Rechtsmittelverfahren verfolgt. Hier richtet sich der Streitwert nach dem durch den Wert des Streitgegenstandes erster Instanz begrenzten Wertes der Gegenforderung. Kein Fall des § 14 Abs. 2 liegt aber vor, wenn sich der Wert des **unverändert gebliebenen Streitgegenstandes** im Laufe des

26 BFH, BStBl. II, 1976, 713; OLG Jena, MDR 2002, 480.
27 LG Köln, WoM 1989, 661; OLG Bamberg, JurBüro 1976, 483.
28 OLG Bamberg, JurBüro 1978, 890 m. Anm. v. *Mümmler*.
29 OLG München, v. 10.01.1958 – 7 U 1069/58 –.
30 OLG Celle, JurBüro 1959, 175; OLG Düsseldorf, RPfleger 1961, 404 m. Anm. v. *Lappe*.
31 BFH, BStBl. II, 1969, 626.
32 BGBl. I, 1998, 1430 ff. Vgl. dazu *Madert* NJW 1998, 580.
33 OLG Hamm, JurBüro 1992, 891.
34 Vgl. auch BVerwG RPfleger 1989, 129.
35 Vgl. OLG Stuttgart, WRP 1973, 608; *Schneider* JurBüro 1977, 615.
36 BAG, NJW 1968, 271.

Verfahrens erhöht (z. B. infolge der Schwankungen von Wechsel- bzw. Börsenkursen[37] oder einer Wertsteigerung der herauszugebenden Sache). In solchen Fällen ist § 15 anwendbar (vgl. unten, § 15, Rn. 3).

8 Eine **Klageerweiterung** führt nach Abs. 2 S 2 zu einer Erweiterung des Streitgegenstandes, gleichgültig, ob sie zulässig ist oder nicht. Der durch eine unzulässige Klageerweiterung erreichte Streitwert gilt aber nur für die Gebührenberechnung.[38] Kein Fall einer Klageerweiterung idS liegt aber vor, wenn sich der Wert des **unverändert gebliebenen Streitgegenstandes** während des Rechtsmittelverfahrens ändert (erhöht oder ermäßigt), etwa durch Kurschwankungen von Wertpapieren. In solchen Fällen ist nach Abs. 1 S 1 stets der Wert zum Zeitpunkt der Rechtsmitteleinlegung maßgebend.[39]

9 Ist ein **Rechtsmittel mangels Beschwer unzulässig** und sind auch keine Rechtsmittelanträge iS von § 14 Abs. 1 S 2 gestellt, so ist der Streitwert nach §§ 12 GKG, § 3 ZPO, § 13 GKG zu schätzen, wobei gemäß § 14 Abs. 1 S 1 GKG der Streitwert der 1. Instanz das Höchstmaß ist.

10 Abs. 3 stellt klar, daß der Wert für das **Rechtsmittelzulassungs**verfahren und für die Beschwerde gegen die Nichtzulassung dem im Abs. 1 geregelten Wert des Rechtsmittels entspricht. Es sind mithin die im Zulassungsantrag angekündigten Werte oder – falls solche nicht angekündigt sind – die Beschwer des Rechtsmittelführers maßgebend.[40]

§ 15
Zeitpunkt der Wertberechnung

Für die Wertberechnung ist der Zeit der die Instanz einleitenden Antragstellung entscheidend.

1 Die Vorschrift bestimmt, welcher **Zeitpunkt** für den Streitwert maßgebend ist. Der auf diesen Zeitpunkt ermittelte Kostenstreitwert kann sich von dem für die Zuständigkeit des Prozeßgerichts oder die Zulässigkeit des Rechtsmittels festgesetzten Streitwert unterscheiden. § 15 gilt für bürgerliche Rechtsstreitigkeiten und Scheidungsfolgesachen, Verwaltungs- und Finanzgerichtssachen und mit den sich aus § 69 Abs. 2 ArbGG ergebenden Einschränkungen auch für Arbeitsgerichtssachen. Insolvenzverfahren fallen nicht hierunter. Für sie gilt § 37 GKG als lex specialis.

2 Die Bestimmung des § 15 ist durch das KostRÄndG 1994 neu gestaltet und vereinfacht worden. Für die Wertberechnung ist jetzt **ausschließlich der Zeitpunkt der die Instanz einleitenden Antragstellung** maßgebend. Der Grund liegt darin, daß Neuberechnungen

37 BGH, NJW 1982, 341; BGH, NJW-RR 1998, 1452.
38 BFH, BStBl. II, 1979, 27 = AnwBl. 1979, 113 = BB 1978, 1710 (L); BFH, BStBl. II; 1970, 493 = JurBüro 1970, 751.
39 BGH, JurBüro 1999, 195.
40 Vgl. *Madert* NJW 1998, 581; *Otto* JurBüro 1997, 286.

bei Beendigung des Verfahrens weitestgehend überflüssig sein sollen.[1] Eine teilweise Klagerücknahme nach Anhängigkeit aber vor Zustellung wirkt sich auf den Streitwert nicht mehr aus.[2]

Für die Berechnung des Streitwertes zu Beginn der Instanz ist idR der Zeitpunkt des **Eingangs der Klageschrift, eines Mahnbescheidsantrags mit gleichzeitigem Abgabeantrag für den Fall des Widerspruchs,**[3] der Rechtsmitteleinlegungsschrift oder des sonstigen, einer Klageschrift oder Rechtsmittelschrift gleichstehenden Schriftstücks maßgebend.[4] Im Falle der Klageerweiterung, der Widerklage oder eines Anschlußrechtsmittels ist maßgebend der Zeitpunkt des Eingangs der die Klageerweiterung oder die Widerklage ankündigenden Schriftsatzes[5] oder in – Ermangelung eines solchen – der des Antrags im Verhandlungstermin.[6] Demzufolge ist bei Änderungen des Wertes eines unverändert gebliebenen Streitgegenstandes der bei Beginn der Rechtsmittelinstanz festzustellende, u. U. auch höhere Wert maßgebend.[7] Geht der Kläger im Laufe eines Verfahrens von der Feststellungs- zur Leistungsklage über, ist das streitwertmäßig als Klageerhöhung zu bewerten. Spätere, d. h. bis zum Abschluß der Instanz eintretende Wertänderungen, die etwa durch Kursänderungen einer Währung, des Börsenkurswertes oder des Steuerkurswertes eintreten können, haben keinerlei Einfluß mehr auf den Streitwert der Instanz[8] Auch bei einer Prozeßverbindung mehrerer Verfahren verbleibt es grundsätzlich bei den ursprünglichen Einzelwerten.[9] Eine andere Frage ist es indessen, ob und nach welchen Kriterien evtl. Ermäßigungstatbestände bei späterer Erledigung eingreifen.[10] (Vgl. dazu unten, § 21, Rn. 2, 9) 3

Nach der **Beendigung der Instanz** liegende Prozeßhandlungen, z. B. Anträge auf Tatbestands- oder Urteilsberichtigung oder Urteilsergänzung sind für die Streitwertfestsetzung völlig ohne Bedeutung. Selbstverständlich sind auch Anträge auf Streitwert- oder Kostenfestsetzung unbeachtlich. 4

§ 15 GKG gilt auch für Verfahren, die nicht durch eine Klage eingeleitet werden, namentlich für **Arrest oder einstweiliger Verfügung** und **einstweilige Anordnung** sowie andere Sonderverfahren, deren Gebühren sich nach einem Streitwert bemessen. Hier kommt es auf den Zeitpunkt der Einreichung des Antrags an, wobei das ggf. folgende Widerspruchsverfahren mit dem Antragsverfahren eine Instanz bildet, während das Abänderungs- und Aufhebungsverfahren eine neue Instanz einleiten. 5

Auch das **Beweisverfahren** der §§ 485 ff. ZPO ist als besonderes Verfahren zu behandeln, 6

1 BT-Drucks. 12/6992, S. 62.
2 KG, NJW-RR 2000, 215.
3 OLG Hamburg, MDR 1998, 1121. Differenzierend jetzt aber MDR 2001, 294 m. Anm. v. *Schütt*.
4 OLG Oldenburg, NJW-RR 1999, 942 = JurBüro 1999, 374; OLG Hamm, MDR 1997, 506; OLG Bamberg, JurBüro 1977, 856; OLG Karlsruhe, BB 1975, 108; VGH Mannheim, NJW 1977, 827.
5 OLG Düsseldorf, NJW-RR 2000, 1594 = JurBüro 2001, 316.
6 BT-Drucks. 12/6992, S. 62.
7 BGH, NJW 1982, 341; BGH, NJW-RR 1998, 1452.
8 BGH, NJW-RR 1998, 1452.
9 OLG München, JurBüro 1999, 484 m. Anm. v. *D. Meyer*.
10 Vgl. dazu OLG Düsseldorf, NJW-RR 2000, 1594 = JurBüro 2001, 316; OLG München, JurBüro 1999, 484 m. Anm. v. *D. Meyer*; *D. Meyer* JurBüro 1999, 239.

das mit der Einreichung des Antrags beginnt. Für die Wertberechnung sind die Vorstellungen des Antragstellers zur Zeit der Einreichung des Beweisantrags maßgeblich[11] und nicht die sich nach Beendigung des Beweisverfahrens ergebenden Werte.[12] Das folgt schon aus dem eindeutigen Wortlt des § 15. Allerdings sind völlig irreale Vorstellungen des Anragstellers unberücksichtigt zu lassen, insbesondere, was den Beseitigungsaufwand betrifft. Stellt sich aufgrund eines Sachverständigengutachtens heraus, daß mehrere Möglichkeiten zur Mängelbeseitigung bestehen, braucht sich der Antragsteller auch für die Wertberechnung nicht stets auf die kostengünstigste Möglichkeit verweisen zu lassen.

7 Wird das Gericht im **schiedsrichterlichen Verfahren** tätig, so richtet sich der Anfangszeitpunkt nach dem Eingang des Antrags bei Gericht und nicht nach dem Beginn des schiedsrichterlichen Verfahrens.

§ 16
Miet-, Pacht- und ähnliche Nutzungsverhältnisse

(1) Ist das Bestehen oder die Dauer eines Miet-, Pacht- oder ähnlichen Nutzungsverhältnisses streitig, so ist der Betrag des auf die streitige Zeit entfallenden Entgelts und, wenn das einjährige Entgelt geringer ist, dieser Betrag für die Wertberechnung maßgebend.

(2) Wird wegen der Beendigung eines Miet-, Pacht- oder ähnlichen Nutzungsverhältnisses die Räumung eines Grundstücks, Gebäudes oder Gebäudeteils verlangt, so ist ohne Rücksicht darauf, ob über das Bestehen des Nutzungsverhältnisses Streit besteht, das für die Dauer eines Jahres zu entrichtende Entgelt maßgebend, wenn sich nicht nach Abs. 1 ein geringerer Streitwert ergibt. Verlangt der Kläger die Räumung oder die Herausgabe auch aus einem anderen Rechtsgrund, so ist der Wert der Nutzung eines Jahres maßgebend.

(3) Werden der Anspruch auf Räumung von Wohnraum und der Anspruch nach den §§ 574 bis 574b des Bürgerlichen Gesetzbuchs auf Fortsetzung des Mietverhältnisses über diesen Wohnraum in demselben Prozeß verhandelt, so werden die Werte nicht zusammengerechnet.

(4) Bei Ansprüchen nach den §§ 574 bis 574b des Bürgerlichen Gesetzbuchs ist auch für die Rechtsmittelinstanz der für die erste Instanz maßgebende Wert zugrunde zu legen, sofern nicht die Beschwer geringer ist.

(5) Bei Ansprüchen auf Erhöhung der Miete für Wohnraum ist höchstens der Jahresbetrag des zusätzlich geforderten Miete maßgebend.

11 OLG Schleswig, JurBüro 1999, 595 m. Anm. v. *Enders*; OLG Schleswig, OLG-Report 1998, 38; OLG Köln, VersR 1993, 125; OLG Köln, OLG-Report 1998, 6; OLG Celle, OLG Report 1997, 183; OLG Karlsruhe, JurBüro 1997, 531.

12 So aber OLG Naumburg, NJW-RR 2000, 286; OLG Köln, NJW-RR 2000, 802; OLG Köln, NJW-RR 1997, 1292 = OLG Report 1997, 135; OLG Jena, OLG-Report 1998, 24; OLG Frankfurt/Main, OLG Report 1997, 88 und 104; OLG Düsseldorf, JurBüro 1997, 532; *Schneider* MDR 1998, 235 ff.

Die Bestimmung des § 16 ist durch das Mietrechtsreformgesetz vom 19.6.2001 (BGBl. I, 1149) dem neuen Mietrecht ohne inhaltliche Änderungen angepaßt und gilt nur für die Gerichtsgebühren. Ob die Vorschrift über § 57 Abs. 2 Nr. 2 BRAGO auch für die Anwaltsgebühren für die Räumungsvollstreckung anwendbar ist, ist nach der Reform des § 16 durch das KostRÄndG 1994 streitig.[1] Für die sachliche Zuständigkeit ist § 8 ZPO maßgebend. Sie regelt den Streitwert beim Streit über das Bestehen oder über die Dauer eines Miet-, Pacht- oder ähnlichen Nutzungsverhältnisses, oder über die Räumung wegen Beendigung eines derartigen Nutzungsverhältnisses sowie über Räumung und Herausgabe, wenn diese auch aus einem anderen Rechtsgrund begehrt werden. Die für die Zuständigkeit oder die Zulässigkeit eines Rechtsmittels erfolgte Streitwertfestsetzung steht in den Fällen des § 16 einer anderweitigen Festsetzung zur Berechnung der Gerichtsgebühren nicht im Wege, § 24 S 2 GKG. § 15 Abs. 1 GKG ist auch im Rahmen des § 16 anzuwenden. 1

Miet- und Pachtverhältnisse: § 16 ist anzuwenden bei Streitigkeiten aus Miete (§§ 535 ff. BGB) und Pacht (§§ 581 ff. BGB) einschließlich Untermiete[2] oder Unterpacht sowie Streitigkeiten nach Auflösung einer nichtehelichen Lebensgemeinschaft in Bezug auf die Wohnung.[3] Letzteres folgt jetzt auch unmittelbar aus dem Lebenspartnerschaftsgesetz. Im Gegensatz zu § 16 Abs. 2 ist es bei § 16 Abs. 1 unerheblich, ob das Nutzungsverhältnis bewegliche oder unbewegliche Sachen betrifft. So gilt die Bestimmung des § 16 Abs. 1 z. B. auch bei Jagdpachtverträgen[4] oder für Pachtverträge über die Sand- und Kiesausbeutung eines Grundstücks.[5] Die aus sozialen Gründen geschaffene Bestimmung[6] des § 16 ist grundsätzlich weit auszulegen[7] und auf alle Sachverhalte anwendbar, bei denen eine für das Verhältnis von Vermieter und Mieter typische Berechtigung in Streit steht.[8] 2

Ähnliche Nutzungsverhältnisse: Hierzu zählen alle vertraglichen Vereinbarungen miet- oder pachtähnlichen Charakters,[9] wie z. B. der Vertrag zwischen dem Siedlungsträger und dem Siedler,[10] auch soweit er die Gebrauchsüberlassung während der Probezeit zum Gegenstand hat,[11] u. U. auch ein Dauerwohnrecht (dazu unten, Rn. 5, 6). 3

Bei **gemischten Verträgen** (z. B. bei Dienstverträgen mit Anspruch auf freie Wohnung neben Lohn) ist der auf den Miet- oder Nutzungswert entfallende Anteil des Entgelts für 4

1 **Bejahend etwa:** KG, JurBüro 1996, 364; OLG Stuttgart, NZM 1998, 881; OLG Düsseldorf, MDR 1996, 1076; LG Stuttgart, JurBüro 1996, 643; LG Bad Kreuznach, MDR 1996, 1304; LG Köln, JurBüro 1996, 664; LG München, JurBüro 1996, 365; LG Zweibrücken, JurBüro 1996, 364. **Verneinend (§ 9 ZPO):** OLG Zweibrücken, MDR 1996, 858; OLG Karlsruhe, MDR 1996, 860 und JurBüro 1997, 774; OLG Hamm, NJW-RR 1997, 511.
2 OLG Celle, NZM 2000, 190.
3 Thüringer OLG, MDR 1998, 63.
4 BGH, NJW 1962, 446 = RPfleger 1962, 168 = MDR 1962, 293 = JurBüro 1962, 87; OLG Celle, JurBüro 1972, 1080; OLG Bamberg, NJW 1953, 230.
5 OLG Stuttgart, Die Justiz 1972, 204.
6 OLG Düsseldorf, FGPrax 2000, 189; OLG Karlruhe, JurBüro 1997, 478.
7 OLG Frankfurt/Main, AnwBl. 1984, 203; *Hartmann* § 16 Rn. 2.
8 OLG Köln, ZMR 1997, 468 = VersR 1997, 1161 = NJWE-MietR 1997, 273.
9 BGH, RPfleger 1959, 1.
10 OLG Nürnberg, RPfleger 163, 177 (L).
11 OLG Nürnberg, JurBüro 1962, 627.

die Berechnung nach § 16 maßgebend, wenn der Streit nur um die Wohnung oder den zu nutzenden Gegenstand geht. Ist der ganze oder noch ein weiterer Teil des Vertrages Streitgegenstand, sind die anderen Teile besonders zu bewerten (z. B. der Lohnanspruch nach § 17 Abs. 3 GKG). Das kommt auch bei Leasingverträgen in Betracht.[12]

5 Das **Bestehen,** auch **Fortbestehen** (Abs. 3 und 4), oder die **Dauer eines Miet-, Pacht- oder ähnlichen Nutzungsverhältnisses** muß streitig sein. Ist nur dessen **Inhalt** Streitgegenstand, gilt § 3 ZPO. Denn als lex specialis zu den allgemeinen Wertvorschriften der §§ 12 GKG, 3 ZPO ist § 16 GKG nicht analogiefähig.[13] Ob ein solches Nutzungsverhältnis auch tatsächlich besteht, ist gleichgültig. Es genügt, wenn sein Bestand behauptet wird.[14] § 16 ist auch anwendbar bei einer (positiven oder negativen) Feststellungsklage über das Bestehen eines Nutzungsverhältnisses[15] bzw. bei Streitigkeiten um den Fortbestand über einen bestimmten Zeitpunkt hinaus, wobei bei solchen Feststellungsklagen kein Abschlag vorzunehmen ist.[16] Einschlägig ist § 16 auch bei einer Klage mit dem Ziel, festzustellen, ob eine Kündigung wirksam ist oder nicht, und zwar auch dann, wenn inzwischen das Nutzungsverhältnis auch ohne die Kündigung beendet wäre.[17] Für die Anwendung des § 16 reicht es aus, wenn der Kläger ein bestimmtes Mietverhältnis als nichtbestehend erklärt und seine Klage auch darauf stützt, selbst wenn er nicht ausdrücklich vorträgt, der Beklagte berufe sich darauf.[18] Es schadet nichts, wenn die Klage auch noch auf andere Rechtsgründe gestützt wird.[19] Selbst dann, wenn der Anspruch nur aus anderen Gründen als aus einem Miet-, Pacht- oder ähnlichem Nutzungsverhältnis hergeleitet wird, ist § 16 anwendbar, wenn sich aus der Klagebegründung ergibt, daß tatsächlich um das Bestehen oder die Dauer eines Miet- oder Pachtverhältnisses gestritten wird.[20] Entscheidend ist allein, ob letzten Endes über das Eigentum oder über den Bestand eines Mietverhältnisses gestritten wird.[21] § 16 ist deshalb auch anwendbar bei einer Klage auf mietweise Belassung des Klägers in den von ihm innegehabten Räumen[22] oder wenn gegenüber einer auf das Eigentum gestützten Herausgabeklage der Beklagte sich auf das Bestehen eines Miet- oder Pachtverhältnisses beruft[23] oder wenn gegen die Klage auf Löschung des Wohnrechts dessen Fortbestand behauptet wird.[24]

12 OLG Frankfurt/Main, MDR 1978, 145 = JurBüro 1978, 1748.
13 OLG Düsseldorf, MDR 2001, 354; OLG Hamburg, WuM 1995, 595.
14 OLG Karlsruhe, NJW 1956, 310; OLG München, NJW 1953, 1399; **a. M.** OLG Oldenburg, NJW 1955, 956.
15 OLG Düsseldorf, JurBüro 1956, 345.
16 OLG Hamburg, RPfleger 1958, 36 (L); KG, RPfleger 1962, 118 (L).
17 BGH, NJW 1958, 1291 = RPfleger 1958, 215; BGH, RPfleger 1959, 113 = MDR 1958, 601 = JurBüro 1958, 295; OLG Bamberg, NJW 1953, 230; OLG Celle, RdL 1957, 81 = MDR 1958, 167; *Mümmler* JurBüro 1976, 1019.
18 BGH, NJW 1952, 1056 (L) = RPfleger 1959, 112 (L); OLG Nürnberg, RPfleger 1956, 268 (L).
19 BGH, NJW 1953, 384 = RPfleger 1953, 573; LG Mannheim, MDR 1964, 1016.
20 BGH, JurBüro 1953, 495.
21 OLG Nürnberg, RPfleger 1956, 268 (L).
22 OLG München, RPfleger 1956, 29.
23 Vgl. z. B.: BGH, NJW 1967, 2263 = MDR 1967, 829; KG, JurBüro 1978, 892; OLG Nürnberg, MDR 1960, 935 = JurBüro 1960, 400.
24 OLG Düsseldorf, JurBüro 1965, 550.

Beispiele für die Anwendbarkeit des § 16: 6

- *Besitz:* Vgl. Gebrauchsüberlassung.
- *Bürgschaft:* Soweit es um die Klage Vermieters gegen den Bürgen des Mieters geht.[25]
- *Dauerwohnrecht:* § 16 Abs. 1 ist anwendbar bei einem mietähnlichen Dauerwohnrecht, etwa nach §§ 1093 ff BGB[26] oder nach § 31 WEG,[27] nicht aber bei einem Vermächtnis auf unentgeltliche Überlassung von Wohnraum.[28]
- *Gebrauchsüberlassung:* § 16 Abs. 1 ist anwendbar, wenn der Mieter auf Gebrauchsüberlassung klagt.[29]
- *Jagdpachtvertrag:* § 16 Abs. 1 ist anwendbar, wenn es um das Bestehen oder die Dauer geht.[30]
- *Kündigung:* § 16 anwendbar, wenn es um die Feststellung der Wirksamkeit der Kündigung eines Nutzungsverhältnisses geht.[31]
- *Mitmieter:* Klage auf Feststellung einer Mitmieterschaft.[32]
- *Nichtigkeit:* § 16 Abs. 1 ist anwendbar bei Klage auf Feststellung der Nichtigkeit eines Nutzungsverhältnisses.
- *Nießbrauch:* § 16 Abs. 1 ist auch anwendbar bei Streit um einen dinglichen Nießbrauch.[33]
- *Öffentliches Recht:* § 16 Abs. 1 ist anwendbar bei öffentlich-rechtlichen Leistungsverhältnissen auf Gebrauchsüberlassung wie Zwangsmietverträge oder Leistungsanforderungen nach dem Bundesleistungsgesetz oder Einweisungen nach den SOGn der Länder.[34]
- *Räumungsfrist:* § 16 Abs. 1 anwendbar bei Streit um die Bewilligung oder die Dauer einer Räumungsfrist nach § 721 Abs. 3 ZPO.[35]
- *Räumungsklage nach Wandlung* eines Grundstückskaufvertrages.[36]
- *Räumungsverlangen* nach Beendigung einer *nichtehelichen Lebensgemeinschaft.*[37]
- *Tankstellenvertrag:* Vgl. § 3 ZPO, Rn. 178.

Unanwendbar ist § 16, wenn lediglich der **Inhalt** eines Miet- usw. Verhältnisses streitig ist, sofern es sich nicht um eine Dauer handelt[38] oder bei Klagen aus einem **Vorvertrag auf Abschluß** des Mietvertrages,[39] bei Klagen auf **Abschluß eines Mietvertrages mit bestimmten Personen**[40] oder bei Klagen auf Einwilligung in die **Änderung einer Wert-** 7

25 *Hartmann* § 16 Rn. 8.
26 LG Mannheim, Die Justiz 1974, 303 = ZMR 1974, 275.
27 OLG Frankfurt/Main, NJW 1963, 1930 = MDR 1963, 937.
28 KG, JurBüro 1962, 294 = RPfleger 1962, 118 (L) **a. M.** aber KG, JurBüro 1978. 892; LG Lübeck, JurBüro 1959, 430 = SchlHA 1959, 175; LG Bayreuth, JurBüro 1981, 756.
29 *Hartmann* § 16 Rn. 11 gegen OLG Celle, MDR 1989, 272.
30 OLG Bamberg, NJW 1953, 230; LG Saarbrücken, JurBüro 1991, 582.
31 OLG Frankfurt/Main, MDR 1967, 313.
32 LG Berlin, JurBüro 2001, 96.
33 OLG Köln, MDR 1981, 767.
34 OLG Schleswig, SchlHA 1950, 65.
35 LG Stuttgart, RPfleger 1968, 62.
36 OLG Schleswig, SchlHA 1999, 136.
37 Thüringer OLG, MDR 1998, 63.
38 OLG Frankfurt/Main, MDR 1967, 113; OLG Neustadt, JurBüro 1962, 523.
39 OLG Hamburg, MDR 1970, 333.
40 OLG Koblenz, JurBüro 1977, 1132.

sicherungsklausel eines Pachtvertrages. In all diesen Fällen ist nach § 3 ZPO das Interesse des Klägers maßgebend, das auch höher sein kann, als die einjährige Miete/Pacht. Der Streitwert einer Widerklage auf Feststellung, daß dem Kläger keine Ansprüche auf Zahlung von Pacht zustehe, richtet sich sonach nach § 9 ZPO.[41] Auch der Streitwert der Klage auf Zahlung der Miete oder der Pacht richtet sich nicht nach § 16 GKG, sondern nach der geltend gemachten Forderung (§ 3 ZPO). Das gilt auch bei einer Klage auf **Unterlassung einer Störung im Besitz** der Miet- oder Pachtsache oder eines Streits (– auch eines Beweisverfahrens nach § 485 ZPO –) über Sachmängel des Mietobjekts.[42] Der Streitwert der Feststellungsklage über die **Verpflichtung zur Zahlung von Nutzungsentschädigung** bestimmt sich nach § 16, wenn der Bestand des Nutzungsverhältnisses streitig ist, aber nach § 3 ZPO, wenn die Pflicht zur **künftigen Leistung bei vertragslosem** Zustand festgestellt werden soll.[43] Bei der Klage des Mieters gegen den Vermieter auf **Überlassung der Mietsache** ist § 16 anwendbar, wenn die Klage auf den Mietvertrag gestützt wird, aber § 6 ZPO, wenn das Bestehen des Miet- oder Pachtverhältnisses nicht streitig ist. Bei der Klage auf **künftige Rückgabe** der Mietsache ist dagegen § 16 Abs. 2 GKG anzuwenden. Der Streitwert einer **Schadensersatzklage wegen unerlaubter Vermietung** bestimmt sich hingegen stets nach § 12 GKG, § 3 ZPO.[44]

8 **Weitere Beispiele für eine Unanwendbarkeit** des § 16 Abs. 1:

- *Automatenaufstellvertrag:*[45] Vgl. § 3 ZPO, Rn. 7, 9.
- *Geldzahlung:* Soweit es nur um einen Anspruch auf Zahlung von Geld- oder sonstigen Leistungen geht. Es gilt dann § 6 ZPO.
- *Hausratssachen:* Vgl. §§ 19, 20 Abs. 2 GKG.
- *Umgestaltung, Um- oder Ausbau der Miet-/Pachtsache:* Klagen auf Gestattung fallen nicht unter § 16 GKG.[46]
- *unentgeltliche Überlassung:* Es gilt § 6 ZPO.
- *Beeinträchtigung des Wohnwerts einer Eigentumswohnung wegen Baumbewuchses.*[47]

9 Streitig ist, ob und wieweit § 16 anwendbar ist, wenn nicht die Vertragsparteien, sondern **dritte Personen** am Streit beteiligt sind. So soll § 16 nicht anwendbar sein etwa bei einem Streit über den Eintritt eines Dritten in den Mietvertrag oder bei einer Klage auf Feststellung der Wirksamkeit eines mit einem Dritten abgeschlossenen Pachtvertrages.[48] § 16 soll hingegen anzuwenden sein auf Streitigkeiten zwischen dem Vermieter und dem Bürgen des Mieters,[49] beim Streit zwischen Vermieter und Untermieter, Verwandten und Besuchen des Mieters,[50] beim Streit zwischen zwei Parteien, von denen jede Anspruch

41 BGH, KostRspr. GKG 1957, § 12 Nr. 37.
42 OLG Düsseldorf, MDR 2001, 354; vgl. auch bei *D. Meyer* JurBüro 2001, 351.
43 OLG Frankfurt/Main, MDR 1980, 761 = JurBüro 1980, 929 = RPfleger 1980, 299; OLG Bamberg, JurBüro 1969, 955; OLG Frankfurt/Main, JurBüro 1975, 371.
44 *Mümmler* JurBüro 1978, 1293.
45 OLG Koblenz, VersR 1980, 1123 = JurBüro 1980, 1861.
46 LG Mannheim, MDR 1976, 1025; Schmidt, MDR 1972, 430. **a. M.** LG Nürnberg, MDR1972, 430.
47 OLG Düsseldorf, ZMR 2000, 783 = FGPrax 2000, 188 = NZM 2000, 1239 (L).
48 OLG Koblenz, ZMR 1978, 64 m. w. N.
49 OLG Frankfurt, JurBüro 1953, 1953, 445.
50 KG, ZZP 49, 219.

auf die Wohnung erhebt,[51] etwa darum, ob eine Person Mitmieter ist.[52] In solchen Fällen ist die Anwendung des § 16 nicht von vornherein auszuschließen, weil § 16 auch ähnliche Nutzungsverhältnisse umfaßt, die auch bei einem vertragslosen Zustand bestehen können. Ein Beispiel dafür ist das Verhältnis des Eigentümers (Vermieters) zum Untermieter nach Beendigung des Hauptmietverhältnisses.[53] Ob § 16 anzuwenden ist, hängt davon ab, oder der dieser Vorschrift zugrundeliegende soziale Gedanke die Anwendung der Bestimmung auf die konkrete Streitsache rechtfertigt. Das wird für Klagen des Eigentümers gegen den Bürgen des Mieters oder gegen den Untermieter bei rechtmäßiger Untervermietung zu bejahen sein. Andererseits kann das Interesse eines Dritten an der Feststellung der Wirksamkeit des Miet-/Pachtverhältnisses dem Grundgedanken des § 16 so fern liegen, daß die Anwendung des § 3 ZPO geboten ist. Für die Herausgabeklage des Mieters gegen einen Dritten ist § 6 ZPO anwendbar und nicht § 16 GKG.

Räumungsklagen wegen Beendigung eines Miet-, Pacht- oder ähnlichen Nutzungsverhältnisses, Abs. 2 S 1: Im Gegensatz zu Abs. 1 ist hier Voraussetzung, daß es sich um 10
die Räumung eines Grundstücks, Gebäudes oder Gebäudeteils handelt. Unerheblich ist dabei, ob auch über das Bestehen des Nutzungsverhältnisses oder seine Dauer Streit besteht,[54] z. B. wenn die Anfechtung des Nutzungsvertrages behauptet wird.[55] Entscheidend ist, daß der Kläger die Räumung wegen Beendigung des Miet-, Pacht oder ähnlichen Nutzungsverhältnisses begehrt. Dabei ist das Verlangen, vom Mieter zurückgelassene Gegenstände zu entfernen, Teil des mit der Räumungsklage geltend gemachten Anspruchs, so daß ein dafür erforderlicher Kostenaufwand nach § 16 Abs. 2 für den Gebührenstreitwert ohne Belang ist.[56] Die Bestimmung erfaßt also den Streit um die Frage, ob der Beklagte wegen Beendigung des Nutzungsverhältnisses, auch nach einer Zwangsversteigerung,[57] in bestimmten Fällen auch wegen Beendigung eines Nießbrauchs,[58] das Grundstück, das Gebäude oder den Gebäudeteil zu räumen hat. Es kommt nicht darauf an, ob das Nutzungsverhältnis tatsächlich erloschen ist, maßgebend ist der in der Klage genannte Räumungsgrund. Geht die Klage z. B. auf die Duldung von Umbaumaßnahmen, ist der Streitwert nach § 3 ZPO zu schätzen (Interesse des Klägers), das begrenzt wird durch den Wert einer Räumungsklage.[59] Weil die Bestimmung weit auszulegen ist, ist sie auch anwendbar bei der Klage auf Feststellung der Verpflichtung zur Räumung wegen Beendigung des Vertrages sowie bei der Räumungsklage des Grundstückseigentümers gegen den Unterpächter wegen Beendigung des Pachtverhältnisses[60] und wegen vergleichsweiser Auflösung des Pachtverhältnisses.[61] § 16 Abs. 2 ist auch dann anwendbar, wenn der

51 OLG Hamburg, NJW 1965, 2406.
52 LG Berlin, JurBüro 2001, 96.
53 Vgl. KG, RPfleger 1962, 118 (L).
54 BGH, MDR 1995, 530.
55 OLG Bamberg, JurBüro 1981, 1047 = KostRspr. GKG § 16 Nr. 18 (L) m. Anm. v. *Schneider.*
56 BGH, MDR 1995, 530.
57 LG Berlin, RPfleger 1990, 35.
58 OLG Köln, WoM 1985, 125.
59 LG Nürnberg-Fürth, KostRspr. GKG § 16 Nr. 2; LG Mannheim, MDR 1976, 1025.
60 KG, RPfleger 1962, 118 (L); OLG Köln, MDR 1971, 854.
61 OLG Frankfurt/Main, JurBüro 1969, 1213.

Räumungsanspruch auf Nichtigkeit des Miet- oder Pachtverhältnisses gestützt wird.[62] Desgleichen dann, wenn die Räumung und Herausgabe wegen Rücktritts vom Bewerbervertrag seitens einer Wohnbaugesellschaft verlangt wird, auch wenn für die Nutzung bis zur Eigentumsübertragung kein Entgelt vereinbart war,[63] oder wenn der Siedlungsträger nach Kündigung des Nutzungsverhältnisses vom Siedler die Räumung verlangt.[64]

11 **Räumung und Herausgabe aus einem anderen Rechtsgrund, Abs. 2 S 2:** Das ist der Fall, wenn der Kläger die Räumung nicht **allein** wegen der Beendigung des Miet-, Pacht- oder Nutzungsverhältnisses begehrt, sondern **auch** aus Eigentum, Besitz, ungerechtfertigter Bereicherung oder anderem Rechtsgrund. Ist die Klage dagegen **nur** auf den anderen Rechtsgrund gestützt, ist nach § 6 ZPO der Wert der herauszugebenden Sache der Streitwert, es sei denn, sich der Beklagte auf das Bestehen eines Miet-, Pacht- oder ähnlichen Nutzungsverhältnisses beruft. Nach seinem Sinn und Zweck ist § 16 Abs. 2 S 2 GKG auch in diesem Fall anwendbar.[65]

12 Der **Streitwert** ist in den Fällen des § 16 Abs. 2 aus sozialen Gründen[66] ermäßigt und berechnet sich nach dem auf die **streitige Zeit entfallenden Entgelts oder dem geringeren einjährigen Entgelt.** Ist die streitige Zeit kürzer als ein Jahr, ist sie zugrundezulegen, ist sie länger, gilt der Jahresbetrag, **Abs. 1.** Das gilt grundsätzlich auch für Räumungsklagen, **Abs. 2 S 1,** es sei denn, daß die Räumung oder Herausgabe **auch aus einem anderen Rechtsgrund** begehrt wird. Dann gilt der Jahresbetrag der Nutzung **Abs. 2 S 2.** Die für die Streitwertbemessung von Räumungsklagen maßgebliche „streitige Zeit" bei Mietverhältnissen, die mit einer Frist von weniger als 12 Monaten kündbar sind, ist allerdings nur der Zeitraum der Kündigungsfrist.[67]

13 **Streitige Zeit** ist der Zeitraum, hinsichtlich dessen der Kläger oder der Beklagte das Bestehen eines Nutzungsverhältnisses (Miete, Pacht pp.) oder seine Dauer behauptet oder bestreitet. Es kommt darauf an, was der Kläger oder der Beklagte zum Beginn und zum Ende des Nutzungsverhältnisses vortragen. Nur wenn nach ihren insoweit übereinstimmenden Erklärungen das Nutzungsverhältnis weniger als ein Jahr dauert, ist der kürzere Zeitraum der Entgeltberechnung zugrundezulegen. Soweit sich ihre Erklärungen hinsichtlich der Dauer des Nutzungsverhältnisses widersprechen, kommt es auf die von einer der Parteien behauptete längere Zeit an. Wenn z. B. der Kläger behauptet, das Haus sei auf 3 Monate gemietet, während der Beklagte 9 Monate behauptet, ist der letztere Zeitraum maßgebend. Geht eine Behauptung über die Dauer eines Jahres hinaus, ist die Jahresfrist zu nehmen. Das gilt auch für Räumungsklagen nach Abs. 2. Auch hier ist maßgebend, was die Parteien zu **Beginn** des Rechtsstreits vortragen. Behauptet z. B. der Kläger, die Räu-

62 OLG Celle, NdsRPfl. 1955, 230; OLG Hamm, RPfleger 1955, 250.
63 OLG Köln, JurBüro 1978, 1054 und MDR 1974, 323 = JMBlNRW 1974, 69.
64 OLG Nürnberg, JurBüro 1962, 627.
65 H. M.: Vgl. z. B. BGH, BB 1969, 552 und NJW 1967, 2263 = MDR 1967, 829; KG, JurBüro 1978, 892; LG Bayreuth, JurBüro 1977. 1424; OLG Köln, JurBüro 1969, 525; OLG Celle, JurBüro 1968, 251; OLG Schleswig, SchlHA 1954, 19; LG Kassel, RPfleger 1987, 425; OLG Bamberg, JurBüro 1992, 625; *Hartmann* § 16 Rn. 26. **A. A.** LG Lübeck, JurBüro 1960, 219.
66 OLG Frankfurt/Main, AnwBl. 1984, 203.
67 LG Hamburg, NZM 2000, 759.

mung habe am 1. 4. zu erfolgen, während der Beklagte behauptet, er habe erst zum 1. 10. zu räumen, ist die streitige Zeit 6 Monate. Behauptet der Beklagte, er sei überhaupt nicht zur Räumung verpflichtet, ist die Jahresfrist maßgebend. Geben die Parteien keine Erklärung insoweit ab, ist immer das Jahresentgelt als Streitwert zu nehmen. Keinesfalls kommt es für den Streitwert auf die vom Zeitpunkt des Eingangs der Klage an gerechneten Zeitraum bis zum nächstzulässigen Kündigungstermin an.[68] Streitige Zeit kann auch nicht die Dauer des Rechtsstreits sein, welche sich ohnehin niemals abschätzen läßt. Der nächstzulässige Kündigungstermin oder eine vertraglich vereinbarte Endzeit scheiden für die Berechnung der streitigen Zeit jedenfalls dann aus, wenn der Gegner – aus welchem Grund auch immer – sich nicht daran hält.[69]

Entgelt iS des § 16 GKG ist das aufgrund des Miet-, Pacht- oder ähnlichen Nutzungsvertrages zu leistende Entgelt für die Gebrauchsüberlassung. Es gilt also der materielle Mietebegriff des § 535 S 3 BGB (Grundmiete; Bruttokaltmiete[70]).[71] Hierzu zählen nicht nur die eigentliche in Geld zu zahlende oder in Naturalien zu entrichtende Miete oder Pacht, sondern auch solche vertraglichen Gegenleistungen anderer Art, welche dem anderen Teil unmittelbar vermögenswerte Vorteile bringen. Das können z. B. sein die Übernahme von öffentlichen Abgaben und sonstigen Lasten, Landesrentenbankschulden, Grundsteuern, dingliche Kirchensteuern, Feuerversicherungsprämien, Instandsetzungs- oder Instandhaltungskosten, Aufwand für Baukosten und Baukostenzuschüsse.[72] Dagegen zählen solche Leistungen nicht zum Entgelt, die dem Vermieter, Verpächter oder Überlasser nicht selbst zufließen, sondern die dieser nur auf durchlaufende Posten vereinnahmt, wie z. B. Nebenkosten für Licht, Heizung, Warmwasserversorgung, oder Leistungen, die geringfügiger Art sind und im Verkehr nicht als Entgelt für eine Gebrauchsüberlassung angesehen werden.[73] Wenn solche Nebenkosten aber als Pauschalen vereinbart werden in der Weise, daß der Vermieter darüber nicht abzurechnen braucht, werden sie dem Entgelt zuzuschlagen sein.[74] Das ist auch dann der Fall, wenn die Parteien mit Rücksicht auf einen Baukostenzuschuß oder eine andere Gegenleistung des Mieters den zu zahlenden Mietzins für eine bestimmte Zeit, die in die nach § 16 zu berücksichtigende 14

68 LG Flensburg, KostRspr., GKG § 16, Nr. 17 m. Anm. v. *Schneider*.
69 A. M. BGH, RPfleger 1959, 112 (L) und MDR 1959, 1009 = NJW 1959, 2164.
70 AG Hamburg, Bergedorf, NJW-RR 2002, 948.
71 LG München II, NZM 2000, 759; LG Halle, MDR 1995, 208. Vgl. auch OLG München, NZM 1999, 304; LG Dortmund, NZM 2001, 986 = WuM 2001, 450 = NJW-RR 2001, 1591 (Nettomiete).
72 BGHZ 18, 168; OLG Schleswig, JurBüro 1958, 512 = SchlHA 1958, 231 und OLG-Report Hamburg/Bremen/Schleswig-Holstein 1997, 95; OLG Hamm, RPfleger 1976, 435; LG Mainz, MDR 1996, 1080; OLG Düsseldorf, JurBüro 1992, 114; LG Hagen, AnwBl. 1989, 620; *Hartmann* § 16 Rn. 20.
73 Streitig. Wie hier etwa BGHZ 18, 173; OLG Köln, JurBüro 1996, 474 = MDR 1996, 895; OLG Düsseldorf, JurBüro 1992, 114; LG Dortmund, NZM 2001, 986 = WuM 2001, 450 = NJW-RR 2001, 1591; LG Hamburg, ZMR 1992, 397; LG Frankenthal, ZMR 1993, 378 m. Anm. v. *Trimborn*; LG Halle, MDR 1995, 208; LG Saarbrücken, JurBüro 1997, 197 m. Anm. v. *Steinmetz*. A. M. z. B.: OLG Hamm, MDR 2001, 1377; KG, NJW-RR 2001, 443; OLG Düsseldorf, JurBüro 1998, 647; LG Frankfurt/Main, WoM 1976, 270; LG Heilbronn, AnwBl. 1981, 69; LG Oldenburg, JurBüro1981, 1232; LG Köln, JurBüro 1999, 304; LG Augsburg, NZM 2001, 584 (L).
74 OLG Zweibrücken, NZM 2001, 420 (L); OLG Düsseldorf, JurBüro 1992, 114 und ZMR 1993, 223; LG Neuruppin, NZM 1999, 304.

Periode fällt, niedriger eingesetzt haben.[75] Klagt der Hauptmieter gegen den Untermieter, ist die Hauptmiete maßgebend.[76]

15 Das im § 16 genannte Entgelt ist auch maßgebend, wenn eine **negative oder positive Feststellungsklage** vorliegt. Dann ist der sonst bei Feststellungsklagen angebrachte Abschlag idR[77] nicht zu machen.[78] Ist Streitgegenstand nur ein Teil der Räume, so ist – falls nicht nur ein Streit um den Inhalt des Vertrages vorliegt, wo § 3 ZPO anwendbar wäre – das auf diesen Teil entfallende und nicht das gesamte Entgelt maßgebend.[79] Es beeinflußt den Streitwert aber nicht, wenn der auf die Räumung der ganzen Wohnung verklagte Mieter einen Teil der Wohnung untervermietet hat.[80] Die Klage auf Räumung Zug um Zug gegen eine Leistung des Klägers führt auch hier nicht zu einer Streitwerterhöhung. Die Gegenleistung bleibt außer Betracht, selbst wenn der Kläger mit seinem Rechtsmittel nur die Räumung ohne Gegenleistung (Zug um Zug) erreichen will.[81] Einigen sich die Parteien über die Räumung und verspricht der Vermieter dem Mieter eine Abfindung, falls er bis zu einem bestimmten Zeitpunkt räumt, ist die Abfindung bei der Festsetzung des Vergleichswertes besonders zu berücksichtigen.[82] Richtet sich die Klage gegen Haupt- und Untermieter, so ist für den Hauptmieter die auf den ganzen Mietraum, für den Untermieter nur auf dessen Räume entfallende Miete maßgebend. Beide Werte sind aber nicht zusammenzurechnen. Die Gebührenschuld des Hauptmieters ist dann aus dem Streitwert, die des Untermieters aus dem auf diesen entfallenden Teilstreitwert zu berechnen. Wird die Klage gegen den Mieter oder Pächter und gegen einen die Sache nicht besitzenden Dritten erhoben, ist der Streitwert für beide Beklagte nach § 16 Abs. 2 zu bestimmen.[83]

16 Für die Streitwertberechnung maßgebend ist das zwischen den Parteien **vereinbarte oder gesetzlich geschuldete** (und nicht ein vom Kläger behaupteter höherer) **Entgelt maßgebend.**[84] Es gilt also ein objektiver Maßstab. Denn nur das entspricht dem sozialen Anliegen des § 16 GKG. Anderes gilt nur, wenn auch die Höhe des Entgelts Streitgegenstand ist[85] oder wenn der Kläger einen Betrag mit bestimmter Entgelthöhe behauptet, während der Beklagte den Bestand des Vertrages als solchen bestreitet.[86] Ist weder eine gesetzliche noch eine vereinbarter Miete bekannt, ist die Miethöhe zu schätzen, wobei die Parteiangaben berücksichtigt werden können. Hat der Jagdpächter neben einer bestimmten Pacht den Wildschaden zu tragen, so ist auch dieser bei der Bestimmung der Pacht mitzurechnen. Insoweit wird man auf Erfahrungswerte zur durchschnittlichen Höhe eines potentiellen Wildschadens zurückgreifen müssen. Ist aber nach den vertraglichen Verein-

75 KG, JurBüro 1969, 537 = RPfleger 1969, 219.
76 OLG Düsseldorf, MDR 1998, 126.
77 Vgl. aber LG Berlin, JurBüro 2001, 96.
78 OLG Hamburg, RPfleger 1958, 36 (L).
79 KG, RPfleger 1956, 91 (L).
80 OLG Schleswig, RPfleger 1956, 324 (L).
81 OLG Schleswig, RPfleger 1956, 324 (L).
82 OLG Schleswig, RPfleger 1957, 6 (L); OLG Neustadt, RPfleger 1957, 240 (L).
83 OLG Braunschweig, NdsRPfl. 1956, 86.
84 LG Mannheim, NJW 1961, 1266 (L). A. M. LG Augsburg, AnwBl. 1966, 232.
85 OLG Köln, JurBüro 1961, 561.
86 OLG Breslau, JW 1930, 1086.

barungen bei dem Wegfall des Wildschadens ein Mindestbetrag als „weitere Pacht" zu entrichten, so gilt diese Ersatzleistung als Teil der Pacht.[87]

17 Ist das Entgelt in den einzelnen Jahren von **unterschiedlicher Höhe**, so ist zunächst das auf die streitige Zeit entfallende Entgelt maßgebend. Erstreckt sich die streitige Zeit über die Jahresfrist hinaus, ist der höchste Jahresbetrag der streitigen Zeit maßgebend. Bei **unbestimmter Höhe** ist das Entgelt nach § 3 ZPO zu schätzen. Nutzungswert einer Wohnung ist der erzielbare Mietwert.[88] Stellt sich bei Beendigung des Rechtsstreits heraus, daß der angenommene Streitwert zu niedrig oder zu hoch war, ist nach § 25 GKG zu verfahren.

18 Ist infolge einer Erhöhung des Entgelts der zugrundeliegende Wert am Ende des Rechtsstreits höher als bei dessen Beginn, ist § 15 GKG anwendbar.

19 **Mehrere Ansprüche:** Wird neben einem Klageantrag aus § 16 auch das rückständige Entgelt gefordert, sind die Streitwerte aus § 16 und der Streitwert der Entgeltforderung zusammenzuzählen. Wird neben dem Antrag auf Feststellung des Bestehens eines Mietvertrages hilfsweise der Antrag auf Abschluß eines Mietvertrages mit gleichem Inhalt gestellt, ist der sich nach § 3 ZPO richtende höhere Wert nach § 19 Abs. 3 GKG maßgebend. Das Beseitigungsverlangen des Vermieters wird nur insoweit von der Räumungsklage umfaßt, als die Vollstreckung nach § 885 ZPO erfolgt. Bedarf es für die Vollstreckung einer gesonderten Titulierung, hat der Beseitigungsanspruch einen selbständigen Streitwert.[89] Wird der Anspruch auf Räumung und Herausgabe auf mehrere Kündigungen gestützt, erhöht sich deshalb der Streitwert nicht.[90]

20 **Keine Zusammenrechnung** der Werte findet statt, wenn der Anspruch auf Räumung von Wohnraum und der Anspruch nach den §§ 574 – 574b (bis 31. 8. 2001: §§ 556 a, 556 b) BGB auf Fortsetzung des Mietverhältnisses über diesen Wohnraum in demselben Prozeß verhandelt werden, **Abs. 3**. Der nach Abs. 2 zu bestimmende Streitwert des Räumungsverlangens und der nach Abs. 1 zu bemessende Anspruch auf Fortsetzung des Mietverhältnisses werden idR gleich hoch sein.[91] Sollte sich ein Unterschied ergeben, etwa wenn die Fortsetzung für einen Zeitraum von weniger als einem Jahr verlangt wird oder wenn das Gericht die zu zahlende Miete im Urteil rechtsgestaltend auf einen im erstinstanziellen Verfahren liegenden Zeitraum verfügt,[92] ist der höhere der beiden Werte maßgebend.[93] Das gilt auch in der **Rechtsmittelinstanz**, Abs. 4. Vereinbaren die Parteien im Vergleichswege eine höhere Miete, ist die höhere vereinbarte Miete maßgebend für den Vergleichswert.[94] Dem Vergleichswert ist eine unabhängig vom Nutzungsentgelt gewährte Ausgleichszahlung wegen vorzeitiger Räumung hinzuzurechnen.[95] Für das Verfahren auf

87 BGH, NJW 1962, 446 = JurBüro 1962, 87 = MDR 1962, 293.
88 LG Bayreuth, JurBüro 1977, 1424.
89 OLG Hamburg, NJW-RR 2001, 576. A. M. aber BGH, NJW-RR 1995, 781 = ZMR 1995, 245, 247.
90 OLG München, NZM 2001, 749 (L).
91 LG Kassel, AnwBl. 1966, 232.
92 Vgl. *Schmidt/Futterer* MDR 1965, 347.
93 LG Itzehoe, KostRspr. § 16 GKG Nr. 9 m. Anm. v. *Lappe*.
94 LG Kassel, AnwBl. 1966, 232.
95 A. M. OLG Köln, MDR 1971, 854.

Bewilligung, Verkürzung oder Verlängerung einer Räumungsfrist ist die auf die in Frage stehende Zeit enthaltene Miete, höchstens die Jahresmiete maßgebend.[96] Keine Zusammenrechnung findet statt, wenn der Mieter auf Überlassung des Wohnraums und auf Verlängerung des Mietverhältnisses klagt.[97] Der Streitwert einer Klage auf Herausgabe eines gemieteten Grundstücks und Beseitigung der darauf errichteten Bauten richtet sich nach der Jahresmiete zuzüglich der voraussichtlichen Abbruchkosten.[98] Bei einer Klage auf Zahlung von Miete und einer Feststellungswiderklage auf Fehlen eines Mietvertrages ist allein der höhere Wert der Klage oder der Widerklage für den Streitwert maßgebend, § 19 GKG.[99]

21 Kommt ein Anspruch nach §§ 574 –574b (bis 31.8.2001: §§ 556a, 556b BGB) in die **Rechtsmittelinstanz,** so ist der für die erste Instanz maßgebende Wert zugrundezulegen. Es erfolgt also auch hier keine Zusammenrechnung zwischen einem in demselben Prozeß geltend gemachten Anspruch auf Räumung und dem Anspruch auf Fortsetzung des Mietverhältnisses. Das gilt aber nicht, wenn die **Beschwer** des Rechtsmittelverfahrens geringer ist. Dann ist der geringere Wert der Beschwer maßgebend.[100]

22 **Erhöhung der Miete für Wohnraum: Abs. 5** gilt nur für Ansprüche auf Erhöhung der Miete für **Wohnraum.** Für Mieterhöhungsverfahren über andere Gegenstände als Wohnraum ist Abs. 5 nicht anwendbar, sondern § 3 ZPO oder § 9 ZPO.[101] Die gegenteilige Ansicht[102] überzeugt nicht. Allein der Umstand, daß eine Streitwertberechnung nach §§ 3 ZPO oder 9 ZPO im Einzelfall zu „enorm hohen“ Streitwerten führen kann, ist kein Grund, den klaren Wortlt des Gesetzes zu ignorieren. Auch auf die Erhöhung von Erbbauzins ist diese Sonderbestimmung nicht anzuwenden.[103] Auf Pachtverhältnisse scheidet eine entsprechende Anwendung ebenfalls aus. Sinngemäß anzuwenden ist die Bestimmung aber für ein Verfahren wegen Mieteminderung für Wohnraum.[104]

23 Für den **Streitwert** nach Abs. 5 ist maßgebend **höchstens der Jahresunterschiedsbetrag.** Das ist der Betrag zwischen dem bisher zum Zeitpunkt der Klageerhebung[105] geschuldeten Entgelt und dem für die Zukunft geforderten Entgelt, soweit dieser streitig ist. Ein vorprozessuales Anerkenntnis oder eine freiwillig gezahlte und nicht streitige Erhöhung, an der nicht mindestens ein Feststellungsinteresse behauptet wird, ist unbeachtlich.[106] Betrifft die Klage einen geringeren Zeitraum als ein Jahr, ist nur der auf diesen Zeitraum entfallende Unterschiedsbetrag maßgebend. In keinem Fall ist aber ein höherer

96 LG Kempten, AnwBl. 1968, 58.
97 LG Frankenthal, MDR 1968, 419.
98 OLG Köln, AnwBl. 1968, 396.
99 OLG Braunschweig, MDR 1975, 848.
100 *Schmidt/Futterer* MDR 1965, 347.
101 OLG Schleswig, SchlHA 1992, 180; OLG Hamburg, MDR 1990, 1024 für Geschäftsräume; *Mümmler* JurBüro 1984, 332.
102 *Schneider/Herget* Streitwerthandbuch Rn. 1942 ff. und *Oe/Wi/He* Streitwert 6 Rn. 7.
103 *Mümmler* JurBüro 1980, 971 und JurBüro 1979, 173.
104 OLG Schleswig, SchlHA 1991,201; OLG Bamberg, JurBüro 1979, 1866; A. M OLG Düsseldorf, MDR 2001, 354.
105 LG Köln, JurBüro 1999, 305 m. Anm. v. *Enders; Hartmann* § 16 Rn. 35.
106 Vgl. dazu LG Bremen, WoM 1982, 131; AG Stuttgart, ZMR 1974, 156.

Streitwert als ein Jahresunterschiedsbetrag möglich. Der so zu bestimmende Streitwert ist auch maßgebend für den Berufungsstreitwert.[107]

§ 17
Wiederkehrende Leistungen

(1) Bei Ansprüchen auf Erfüllung einer gesetzlichen Unterhaltspflicht ist der für die ersten zwölf Monate nach Einreichung der Klage oder des Antrags geforderte Betrag maßgeblich, höchstens jedoch der Gesamtbetrag der geforderten Leistung. Bei Unterhaltsansprüchen nach den §§ 1612a bis 1612c des Bürgerlichen Gesetzbuchs ist dem Wert nach S 1 der Monatsbetrag des Unterhalts nach dem Regelbetrag und der Altersstufe zugrunde zu legen, die im Zeitpunkt der Einreichung der Klage oder des Antrags maßgebend sind.

(2) Wird wegen Tötung eines Menschen oder wegen der Verletzung des Körpers oder der Gesundheit eines Menschen Schadensersatz durch Entrichtung einer Geldrente verlangt, so ist der fünffache Betrag des einjährigen Bezuges maßgebend, wenn nicht der Gesamtbetrag der geforderten Leistungen geringer ist. Dies gilt nicht bei Ansprüchen aus einem Vertrag, der auf Leistung einer solchen Rente gerichtet ist.

(3) Bei Ansprüchen auf wiederkehrende Leistungen aus einem öffentlich-rechtlichen Dienst- oder Amtsverhältnis, einer Dienstpflicht oder einer Tätigkeit, die an Stelle einer gesetzlichen Dienstpflicht geleistet werden kann, bei Ansprüchen von Arbeitnehmern auf wiederkehrende Leistungen sowie in Verfahren vor den Gerichten der Sozialgerichtsbarkeit, in denen Ansprüche auf wiederkehrende Leistungen dem Grunde oder der Höhe geltend gemacht oder abgewehrt werden, ist der dreifache Jahresbetrag der wiederkehrenden Leistungen maßgebend, wenn nicht der Gesamtbetrag der geforderten Leistungen geringer ist. Ist in Verfahren vor den Gerichten der Verwaltungs- und Sozialgerichtsbarkeit die Höhe des Jahresbetrages nicht nach dem Antrag des Klägers bestimmt oder nach diesem Antrag mit vertretbarem Aufwand bestimmbar, so ist der Streitwert nach § 13 Abs. 1 zu bestimmen.

(4) Die bei der Einreichung der Klage fälligen Beträge werden dem Streitwert hinzugerechnet. Der Einreichung der Klage steht die Einreichung eines Antrags auf Bewilligung der Prozeßkostenhilfe gleich, wenn die Klage alsbald nach Mitteilung der Entscheidung über den Antrag oder über eine alsbald eingelegte Beschwerde eingereicht wird. Die Sätze 1 und 2 sind im vereinfachten Verfahren zur Festsetzung von Unterhalt Minderjähriger entsprechend anzuwenden.

107 LG Hannover, MDR 1994, 1148.

Übersicht

1 **Allgemeines:** Die im Zuge der Neuregelung des Kindesunterhalts wieder einmal umgestaltete Vorschrift gibt Regeln für die Bewertung nur für die dort aufgeführten Ansprüche,[1] wobei eine für die Zuständigkeit oder Zulässigkeit eines Rechtsmittels erfolgte Streitwertfestsetzung in den Fällen des § 17 einer anderweitigen Festsetzung der Gerichtsgebühren nicht im Wege steht, § 24 GKG. Sofern ein Anspruch auf wiederkehrende Leistungen unter keinem der Tatbestände des § 17 fällt, ist der Streitwert nach § 9 GKG zu bestimmen. **§ 17 ist also lex specialis zu § 9.**[2] In Verfahren wegen **Arrestes oder einstweiliger Verfügung/Anordnung** gilt auch hier § 20 GKG. Der für die Hauptsache maßgebende Streitwert kann dabei aber nicht überschritten werden (vgl. Rn. 10).

2 § 17 GKG gilt auch im **arbeitsgerichtlichen Verfahren** (§ 12 Abs. 7 ArbGG) und in den **Verfahren der Verwaltungs-[3], Sozial- und Finanzgerichtsbarkeit.**

1 OLG Köln, JurBüro 1992, 698.
2 OLG Hamm, FamRZ 1988, 402. Dazu auch *Schmidt*, MDR 1981, 986.
3 Dazu aber VGH Kassel, AnwBl. 1984, 560.

Ansprüche auf Erfüllung einer gesetzlichen Unterhaltspflicht, Abs. 1: Gemeint sind 3
nur solche Ansprüche, die auf gesetzlicher Vorschrift beruhen, also Unterhaltsansprüche aus Ehe oder eingetragener Lebenspartnerschaft einschließlich des Trennungs- und Nachtrennungsunterhalts,[4] aus Verwandtschaft (§§ 1601ff. BGB). Nicht anwendbar ist § 17, wenn der Anspruch nicht auf Erfüllung einer gesetzlichen, sondern in sonstiger Weise begründeten Unterhaltspflicht geht. Das kann z. B. sein ein Anspruch aus einem Leibrentenvertrag, aus einer letztwilligen Verfügung usw. Allerdings ist § 17 Abs. 1 Satz 1 auch dann anzuwenden, wenn ein Vertrag zur Erfüllung einer gesetzlichen Unterhaltspflicht geschlossen wurde, der inhaltlich aber nicht über die gesetzliche Unterhaltspflicht hinausgeht.[5] Das wird insbesondere dann der Fall sein, wenn durch Vertrag nur die Zahlungsweise und die Höhe der Rente geregelt werden.[6] Wenn allerdings die vertraglich geregelte Unterhaltspflicht die Grenzen der gesetzlichen Unterhaltspflicht überschreitet, ist wegen des überschießenden Teils § 9 ZPO, im übrigen § 17 anzuwenden. Wenn der Kläger neben einem gesetzlichen Unterhaltsanspruch auch einen vertraglich vereinbarten Unterhaltsanspruch geltend macht, ist sein Klageantrag für die Bewertung maßgebend.[7] Anzuwenden ist § 17 GKG auch, wenn der Anspruch statt auf Geldrenten (ganz oder z T) auf wiederkehrende Naturalleistungen gerichtet ist.[8] Gleiches gilt bei Feststellungsklagen, wenn die gesetzliche Unterhaltspflicht Streitgegenstand ist.[9] Eine entsprechende Anwendung kommt bei der Heranziehung der Eltern zu Kosten in Betracht.[10] Wegen der Klage auf Feststellung der nichtehelichen Vaterschaft im Zusammenhang mit einer Unterhaltsklage, vgl. § 12, Rn. 34.

Klage auf Regelunterhalt, Abs. 1 S 2: Gemeint sind hier Ansprüche nach §§ 1612a–1612c 4
BGB, also die Fälle der auf den Regelunterhalt gerichteten Klage. S 2 beinhaltet eine bloße Wertermittlungsanweisung.[11] Das bedeutet: Da bei Unterhaltsansprüchen nach §§ 1612 a ff. BGB, die nicht als bestimmte Beträge, sondern als Prozentsatze des Regelunterhalts geltend gemacht werden, der für die Entscheidung maßgebende Unterhalt bei Antragstellung oder Klageeinreichung nicht bekannt ist, ist dem Wert nach Abs. 1 S 1 das 12-fache des Unterhalts nach dem Regelbetrag und der Altersstufe zugrunde zu legen, die zur zeit der Einreichung des Antrags oder der Klage maßgebend sind.[12] Danach ist dann nach Abs. 1 S 1 weiter zu berechnen und ggf. der niedrigere Betrag zu nehmen. Wenn aber nur beantragt wird, die bereits titulierte Unterhaltsrente um einen bestimmten Prozentsatz herauf- oder herabzusetzen, liegt in der Sache ein beziffertcr Antrag vor. Es gilt dann Abs. 1 S 1.

§ 17 Abs. 1 ist auch dann anwendbar auf die **Vollstreckungsgegenklage**, wenn der 5

4 OLG Düsseldorf, FamRZ 1990, 1379 und JurBüro 1992, 51.
5 Vgl. dazu OLG Hamburg, JurBüro 1976, 1234 und *Hartmann* § 17 Rn. 4.
6 RGZ 166, 378; OLG Bremen, RPfleger 1957, 271 (L).
7 OLG München, AnwBl. 1980, 293. A. M. OLG Zweibrücken (nur Bewertung nach § 3 ZPO).
8 OLG München, Rspr. 21, 216.
9 OLG Schleswig, SchlHA 1981, 119; OLG Frankfurt/Main, MDR 1955, 304.
10 BVerwG, JurBüro 2002, 81.
11 *Klüsener* JurBüro 1998, 625.
12 *Klüsener* JurBüro 1998, 625; *Hartmann* § 17 Rn. 15; a. M. *Enders* JurBüro 1998, 449, der stets den einfachen Regelsatz nehmen will.

Schuldtitel Ansprüche der im § 17 Abs. 1 genannten Art zum Gegenstand hat,[13] sowie auf eine Klage, mit der ein zur Zahlung einer Unterhaltsforderung iS v. § 17 Abs. 1 Verurteilter die Herausgabe des Titels verlangt mit der Behauptung, das Urteil sei in einer gegen die guten Sitten verstoßenden Weise erwirkt worden.[14] Das gleiche gilt für eine **Abänderungsklage nach §§ 323 bzw. für das Abänderungsverfahren** nach **§ 654 ZPO,** sofern ein Unterhaltsanspruch iS v. § 17 Abs. 1 abgeändert werden soll.[15] Auch die Vollstreckbarkeitserklärung eines ausländischen Titels auf Zahlung gesetzlichen Unterhalts gehört hierher.[16] Bei der Berechnung des Streitwertes ist in solchen Fällen aber nur der Unterschiedsbetrag zwischen der titulierten Forderung und dem mit der Abänderungsklage/dem Abänderungsantrag geforderten Betrag der Berechnung des Jahresbetrages zugrunde zu legen,[17] soweit dieser streitig ist und der Kläger kein Titulierungsinteresse an dem nicht streitigen Teil des Differenzbetrages geltend macht.[18] Ist der Unterhalt als solcher unstreitig und geht es dem Kläger allein um ein Titulierungsinteresse, ist der volle unstreitige Unterhalt zugrunde zu legen, ein Abschlag wegen der bloßen Titulierung kommt nicht in Betracht[19] Etwa geforderte Rückstände sind hinzuzurechnen, Abs. 4.[20] Auf eine sog. **Nachforderungsklage nach § 324 ZPO** ist § 17 Abs. 1 indessen nicht anzuwenden, da es hier nicht um die Erfüllung der Unterhaltsleistung, sondern um deren Sicherstellung geht, so daß in solchen Fällen der Wert nach § 6 ZPO zu errechnen ist. Bei der Bestimmung des Betrages der zu sichernden Forderung kann aber auf § 17 Abs. 1 zurückgegriffen werden.[21]

6 Der Wert eines **Vergleichs oder eines Verzichts,** in dem statt der wiederkehrenden Leistungen eine Abfindungssumme vereinbart oder auf eine solche verzichtet wird, ist nach § 17 Abs. 1 zu bestimmen. Soweit der Abfindungsbetrag den nach § 17 maßgeblichen Streitwert übersteigt, ist für die Berechnung der Vergleichsgebühr der Abfindungsbetrag maßgebend.[22] Das gilt aber nur für einen nach Erhebung einer auf Unterhaltsleistungen nach iS v. § 17 Abs. 1 geschlossenen Prozeßvergleich; wird ein Kapitalabfindungsvergleich hingegen außerhalb des Unterhaltsprozesses geschlossen, kann er schon deshalb nicht unter § 17 fallen, weil es an dem Tatbestandsmerkmal einer wiederkehrenden Leistung fehlt.[23] Wenn aus einem außergerichtlichen Unterhaltsvergleich, der zur Frage der gesetzlichen Unterhaltspflicht keine oder nur unzureichende Vereinbarungen enthält, geklagt wird, kommt es darauf an, was zwischen den Parteien im Zeitpunkt des Vergleichsschlusses streitig war,[24] wobei hinsichtlich freiwilliger (= unstreitig gewesener) Unter-

13 KG, RPfleger 1862, 118 (L); OLG Nürnberg, RPfleger 1963, 178 (L); *Hartmann* § 17 Rn. 16.
14 OLG Neustadt, RPfleger 1957, 236 (L).
15 OLG Nürnberg, RPfleger 1956, 268 (L).
16 OLG Hamburg, OLG-Report Bremen/Hamburg/Schleswig-Holstein 1997, 164.
17 OLG Kiel, SchlHA 1948, 99; *Hartmann* § 17 Rn. 46.
18 OLG Brandenburg, JurBüro 1996, 598.
19 OLG Braunschweig, JurBüro 1996, 367.
20 OLG Hamm, JurBüro 1979, 873.
21 Im Ergebnis so auch *Hartmann* § 17 Rn. 47, der aber § 17 GKG unmittelbar anwenden will.
22 *Markl* FS für Herbert Schmidt, 1981, 85ff. (90) m. N.
23 Vgl. auch OLG Düsseldorf, JurBüro 1992, 51; OLG Hamburg, FamRZ 1987, 184; *Mümmler* JurBüro 1978, 787; *Hartmann* § 17 Rn. 7, jeweils m. N.; **a. M.** OLG Frankfurt/Main, RPfleger 1980, 239; *Schmidt* JurBüro 1977, 444, wonach nur die Kapitalabfindung maßgeblich sei.
24 OLG Dresden, MDR 1999, 1201.

haltszahlungen das bloße Titulierungsinteresse des Anspruchs wohl zu beachten ist[25] aber keinen Einfluß auf den Streitwert hat, insbesondere keine Herabsetzung rechtfertigt.

Einzelfälle: Verspricht der geschiedene unterhaltspflichtige Ehemann seiner geschiedenen Frau in einem Unterhaltsvergleich für den Fall der Wiederverheiratung eine Abfindung, ist der nach § 3 ZPO zu schätzende Wert der Abfindungssumme neben dem Jahresbetrag des § 17 zu berücksichtigen.[26] Bei gegenseitigem Unterhaltsverzicht richtet sich der Wert nach den Umständen des Einzelfalls, insbesondere ist zu analysieren, worauf genau verzichtet wird.[27] Verpflichtet sich eine Partei nur für eine begrenzte Zeit zu Unterhaltszahlungen und verzichtet die andere Partei im übrigen auf Unterhalt, so ist für die Verpflichtung und für den Verzicht ein einheitlicher Gesamtstreitwert nach § 17 Abs. 1 festzusetzen.[28] Die in einem Unterhaltsvergleich übernommene Verpflichtung eines Ehegatten, für den Fall seines Todes den Unterhalt des anderen Ehegatten durch den Abschluß einer Lebensversicherung zu sichern, ist nach § 3 ZPO selbständig zu bewerten.[29] Eine in einem Vergleich enthaltene Regelung, wonach auf die Rechte nach § 323 ZPO verzichtet wird, hat regelmäßig keinen Einfluß auf den Streitwert nach § 17 Abs. 1.[30] Der in einem Vergleich geregelte Unterhaltsanspruch des geschiedenen Ehegatten und ein Anspruch auf Leistung eines Betrages zum Unterhalt des gemeinsamen Kindes sind getrennt zu bewertende selbständige Ansprüche.[31] Bei einem gegenseitigen Unterhaltsverzicht im Rahmen einer Scheidungsvereinbarung ist unter Berücksichtigung der in den §§ 1569 ff. BGB getroffenen Regelungen auf den Jahresunterhaltsbetrag abzustellen, den der andere Teil im gegebenen Fall verlangen könnte, wenn er nicht verzichtet hätte, wobei neben den Rechten des einen Teils auch auf die Leistungsfähigkeit des Verpflichteten (§ 1581 BGB) abzustellen sein wird.[32] Verzichtet eine nicht unterhaltsbedürftige Partei und ist nicht abzusehen, ob und unter welchen Umständen sie wann unterhaltsbedürftig werden wird, ist dem Vergleich nur ein geringer Betrag zugrunde zu legen. Der Streitwert für das Verfahren auf Trennungsunterhalt bemißt sich auch dann nach § 17 Abs. 4, wenn die Ehe letztlich dann doch innerhalb des Jahreszeitraums rechtskräftig geschieden wird.[33] 7

§ 17 Abs. 1 ist auch anwendbar auf **Klagen Dritter oder gegen Dritte**, sofern sie die Erfüllung einer gesetzlichen Unterhaltspflicht zum Gegenstand haben, z. B. gegen den Bürgen oder die Vollstreckungsgegenklage eines Bürgen gegen den Gläubiger; nicht aber auf die Klage eines Dritten auf Befreiung von der gesetzlichen Unterhaltspflicht. Bei letzterer ist § 3 ZPO anzuwenden.[34] 8

25 OLG Bamberg, JurBüro 1992, 628; OLG Düsseldorf, FamRZ 1987, 1281. Abweichend aber OLG Koblenz, AnwBl. 1984, 205; *Hartmann* § 17 Rn. 8.
26 OLG Nürnberg, JurBüro 1962, 226 = RPfleger 1963, 178 (L).
27 OLG Dresden, MDR 1999, 1201.
28 OLG Bamberg, JurBüro 1998, 1982; OLG Stuttgart, RPfleger 1963, 131 (L).
29 OLG Braunschweig, RPfleger 1956, 114 (L).
30 OLG Nürnberg, BayJMBl. 1950, 170, *Hartmann* § 17 Rn. 10.
31 A. M. OLG Celle, NdsRPfl. 1962, 281.
32 OLG Nürnberg, JurBüro 1975, 1351.
33 OLG Karlsruhe, NJW-RR 1999, 582; OLG Köln, JurBüro 1993, 164.
34 BGH, NJW 1974, 2128 = JurBüro 1975, 325.

9 Der Streitwert im Verfahren wegen **Arrestes oder einstweiliger Verfügung** ist nach § 20 Abs. 1 nach § 3 ZPO zu schätzen. Da der Streitwert des Verfahrens wegen Arrestes oder einstweiliger Verfügung nicht größer sein kann, als der der Hauptsache, bildet der nach § 17 Abs. 1 berechnete Streitwert die Obergrenze, die nicht überschritten werden kann.[35] Wird nach Titulierung des Unterhalts im Wege der einstweiligen Anordnung (§ 620 ZPO) der volle, höhere Unterhalt im Wege der Hauptsachklage geltend gemacht, ist der Streitwert aus dem vollen Unterhalt und nicht lediglich aus der Differenz zwischen dem insgesamt begehrten und dem durch einstweilige Anordnung titulierten Unterhalt maßgebend.[36]

10 **Streitwert nach Abs. 1 S 1** ist der Jahresbetrag der wiederkehrenden Leistungen, wenn nicht der Gesamtbetrag der geforderten Leistungen geringer ist. Denn maßgebend ist dann nur der vom Kläger geforderte Betrag.[37] Das bedeutet, daß (anteilige) Kindergeldzahlungen abzuziehen sind.[38] Bei der Streitwertbemessung gelten im übrigen die gleichen Grundsätze wie bei § 16 GKG. Auch wenn die wiederkehrenden Leistungen in den einzelnen Jahren **unterschiedlich hoch** sind, ist der Jahresbetrag der ersten 12 Monate nach Klage-/Antragseinreichung maßgebend. Der Jahresbetrag der höchsten Leistungen ist für die Streitwertbestimmung nicht mehr maßgebend. Die frühere Rspr;[39] ist durch den eindeutigen Wortlt des Gesetzes überholt. Abzustellen ist dabei auf den **Zeitpunkt der Einreichung der Klage oder der Einlegung eines Rechtsmittels** (Abs. 4, § 4 ZPO); das gilt auch, wenn im Laufe des Rechtsstreits (also nach Anhängigmachung) Umstände eintreten, die bewirken, aufgrund derer geringere Leistungen gefordert werden oder der Unterhaltsanspruch nur (noch) eine begrenzte Zeit zum Gegenstand hat.[40] Auch ein Parteiwechsel nach Anhängigkeit der Klage beeinflußt die Höhe des Streitwerts nicht mehr.[41] Maßgebend ist stets das Klagebegehren, mag die Klageforderung auch durch freiwillige Leistungen (teilweise) zugestanden sein.[42] Im Falle des Zugeständnisses **freiwilliger Leistungen** sind diese aber dann nicht zu berücksichtigen, wenn der Kläger ausdrücklich nur einen Betrag „über freiwillig geleistete Zahlungen hinaus" begehrt und keinerlei Feststellungsinteresse bzgl der Titulierung der freiwilligen Zahlungen erkennbar ist. Wenn aber in einem bezifferten Klageantrag zwar ein unstreitiger und regelmäßig gezahlter Sockelbetrag einbezogen ist, der Antrag aber nicht auf den streitigen Spitzenbetrag beschränkt ist, ist der gesamte bezifferte Klageantrag maßgebend.[43] Bei Klage auf Zahlung in **ausländischer Währung** ist maßgebend der Betrag, den der Unterhalts-

35 OLG Hamm, JurBüro 1979, 875 m. Anm. v. *Mümmler*.
36 OLG Karlsruhe, NJW-RR 1999, 582, 583.
37 OLG Brandenburg, JurBüro 2001, 94; vgl. auch *D. Meyer* JurBüro 2001, 522, 580.
38 OLG Karlsruhe, JurBüro 2001, 254.
39 OLG Bamberg, JurBüro 1979, 729 = FamRZ 1979, 537 (L); OLG München, JurBüro 1981, 1376; OLG Schleswig, SchlHA 1978, 92; OLG Nürnberg, JurBüro 1962, 226.
40 OLG Bamberg, JurBüro 1980, 1862.
41 OLG Karlsruhe, NJW-RR 1999, 582.
42 OLG München, AnwBl. 1980, 293; OLG Bamberg, JurBüro 1979, 1680 und JurBüro 1979, 874 m. Anm. *Mümmler*; OLG Schleswig, SchlHA 1978, 212 und JurBüro 1980, 411 m. Anm. v. *Mümmler*; OLG Oldenburg, FamRZ 1979, 64; OLG Koblenz, JurBüro 1978, 554; *Mainka* JurBüro 1975, 715; *Mümmler* JurBüro 1980, 895.
43 OLG Bamberg, OLGZ 1993, 209 = FamRZ 1993, 457.

verpflichtete zur Erfüllung seiner Verpflichtung in der Bundesrepublik Deutschland aufwenden müßte.[44] Darauf, ob der Berechtigte im Ausland lebt, kommt es nicht an. Bei einer **Abänderungsklage** ist der Unterschiedsbetrag zwischen dem bisherigen und dem geforderten künftigen Jahreswert. Wegen des Streitwertes der mit einer Leistungsklage verbundenen Feststellungsklage (vgl. oben, Anh. zu § 12, Rn. 11). Geht der Antrag auf Leistung eines angemessenen in das Ermessen des Gerichts gestellten Unterhaltsbetrages, ist der vom nach seiner Klagebegründung erwartete Unterhaltsbetrag ungeachtet der Zulässigkeit einer solchen Klage;[45] nach § 3 ZPO zu schätzen. Bei einem Antrag auf einverständliche Scheidung erhöhen die Mitteilungen nach § 630 Nr. 3 ZPO den Streitwert nicht.[46] Bei einer **verwaltungsgerichtlichen Anfechtungsklage** gegen auferlegte Erziehungshilfebeiträge ist die Jahressumme der Beträge zuzüglich der bis zur Einreichung der Anfechtungsklage entstandenen Rückstände der Streitwert.[47]

Streitwert nach Abs. 1 S 2: Der für die Klage auf Zahlungen des Regelunterhalts maßgebende Jahresbetrag ist der 12-fache Betrag nach der Regelunterhaltsverordnung (RegbetragsVO).[48] Dazu auch oben, Rn. 4. Grundlage für die Berechnung des Regelbedarfs nach §§ 1612 a–1612 c BGB ist die Regelunterhaltsverordnung (RegbetragsVO).[49] Auszugehen für die Berechnung des Streitwertes nach § 17 Abs. 1 S 2 ist dabei stets die bei Klageerhebung maßgebende Altersstufe der RegbetragsVO[50] unter Berücksichtigung etwaiger Zu- oder Abschläge und nach §§ 1612b und 1612c BGB anzurechnender Beträge.[51] Eine nachträgliche Streitwertänderung gemäß § 15 Abs. 1 Satz 3 und 4 GKG kommt nicht mehr in Betracht.[52] Wird der Regelunterhalt von vornherein mit einem prozentualen Abschlag eingeklagt, so ist dieser auch vom Streitwert zu machen. 11

Einzelfälle zu Abs. 1 S 2: 12

- *Verbindung einer Vaterschaftsklage mit Klage auf Regelunterhalt:* Gemäß § 12 Abs. 3 GKG ist der höhere der beiden Ansprüche maßgebend, weil der vermögensrechtliche Unterhaltsanspruch aus dem nichtvermögensrechtlichen Anspruch auf Vaterschaftsfeststellung abgeleitet ist.
- Klage *nur auf Leistung des Regelunterhalts*, ohne daß nach dem Vorbringen der Parteien eine Anrechnung von Sozialleistungen nach §§ 1612b, 1612c BGB in Betracht kommt oder zu erwarten ist: Streitwert ist der auf den zwölffachen Betrag der jeweiligen Altergruppe der RegbetragsVO festzusetzen, abzüglich der Hälfte des Kindergeldes.[53]
- Fordert der Kläger den *Regelunterhalt und hierzu eine festbezifferte Geldrente*: Vgl. oben, Rn. 4.

44 OLG Frankfurt, JurBüro 1968, 625.
45 Dazu OLG Düsseldorf, FamRZ 1978, 134.
46 OLG Celle, JurBüro 1978, 103 m. Anm. v. *Mümmler*.
47 OVG Münster, DÖV 1973, 66 (L).
48 Vgl. *Hartmann* § 17 GKG Rn. 15.
49 Abgedruckt bei Palandt-*Diederichsen*; BGB, Anh. zu § 1612a BGB.
50 Die früherer, etwa vom OLG Koblenz, FamRZ 1990, 900 vertretene Absicht ist durch die Neufassung des § 17 Abs. 1 GKG überholt.
51 *Hartmann* § 17 Rn. 15.
52 *Mümmler* JurBüro 1970, 281, 287 ist durch die Neufassung des § 17 Abs. 1 S 2 GKG überholt.
53 OLG Karlsruhe, JurBüro 2001, 254; OLG Hamm, FamRZ 1994, 641.

- *Abänderungsklage:* Vgl. oben, Rn. 5.
- Verlangt der Vater *Erlaß von rückständigen Unterhaltsbeträgen*, so bilden diese den Streitwert.
- Rückstände aus der Zeit vor Klageerhebung: Hier gilt Abs. 4.
- *Stundungsanträge:* Haben auf den Streitwert keinen Einfluß.

13 Für die Entscheidung nach § 655 ZPO wird nach Nr. 1801 KV eine Festgebühr von 10 € erhoben, so daß sich eine Streitwertfestsetzung für die erste Instanz erübrigt.

14 **Schadensersatz wegen Tötung eines Menschen oder wegen Verletzung des Körpers oder Gesundheit eines Menschen durch Entrichtung einer Geldrente, Abs. 2:** Die Vorschrift spricht nur allgemein vom Schadensersatz wegen Tötung oder Verletzung eines Menschen durch Entrichtung einer Geldrente. Sie ist daher nicht nur anwendbar auf kraft Gesetzes entstandene Schadensersatzansprüche solcher Art, sondern auch auf solche, die auf einer Vertragsverletzung beruhen.[54]

15 **Schadensersatzansprüche kraft Gesetzes** sind z. B.: Verletzung des Körpers oder der Gesundheit (§ 843 BGB); Tötung (§ 844 BGB); entgangene Dienste (§ 845 BGB);[55] Ansprüche nach § 225 Abs. 3 BEG;[56] §§ 3, 3a, 7 Haftpflichtgesetz, §§ 10, 11, 13 StVG; §§ 21 ff., 38, 47, 53 LuftVerkG; Aufopferung (z. B. Impfschaden);[57] verrentetes Schmerzensgeld nach § 847 BGB.[58] Der Streitwert solcher Ansprüche bleibt unverändert und richtet sich nach § 17 Abs. 2 GKG auch dann, wenn der **Anspruch** kraft Gesetzes (z. B. § 116 SGB X, § 81a BVersG, § 87a BBG) oder aufgrund eines Vertrages **auf einen anderen übergeht.**[59] Gleiches gilt auch bei der **Direktklage** des Sozialversicherers.

16 **Ansprüche aus Vertragsverletzung** können solche sein, die auf positive Vertragsverletzung gestützt werden, wie etwa durch Verletzung des Beförderungsvertrages durch die Eisenbahn,[60] durch Verletzung des Behandlungsvertrages durch einen Arzt oder aufgrund sonstiger Vertragsverletzung, wenn hierauf die gesetzlichen Vorschriften über die Leistung von Schadensersatz durch Entrichtung einer Geldrente entsprechend anwendbar sind. Letzteres kann der Fall sein bei Verletzung von Schutzvorschriften durch den Dienstberechtigten gegenüber dem Dienstverpflichteten nach § 618 Abs. 3 BGB[61] oder der dem Unternehmer gegenüber dem Handlungsgehilfen oder Lehrling (Auszubildenden) bestehenden Pflichten nach § 62 Abs. 3 HGB. Dagegen ist § 17 Abs. 2 nicht, auch nicht entsprechend, sondern § 9 ZPO anwendbar auf eine gegen einen Rechtsanwalt gerichtete Schadensersatzklage wegen Verlustes einer durch § 17 GKG kostenbegünstigten Renten-

54 Unstr. Vgl. BGH, VersR 1979, 86; *Hartmann* § 17 Rn. 19; *Lappe* § 17 Rn. 8.
55 OLG Köln, VersR 1964, 272.
56 BGH, JurBüro 1959, 87 = MDR 1958, 758 (L); BGH, RzW 1965, 528.
57 BGHZ 53, 172.
58 LG Freiburg, RPfleger 1951, 571; OLG Zweibrücken, JurBüro 1978, 1550; OLG Nürnberg, RPfleger 1966, 290 (L).
59 OLG Bamberg, JurBüro 1971, 778 m. Anm. v. *Mümmler*; OLG Köln, NJW 1960, 2248 = JurBüro 1960, 537.
60 BGH, VersR 1979, 86.
61 OLG Stuttgart, JW 1934, 2177.

forderung[62] oder wegen eines Versorgungsanspruchs eines Hinterbliebenen eines Organmitglieds einer Gesellschaft.[63]

Beruhen die Ansprüche auf einen **Vertrag**, der auf **Leistung einer Schadensrente** gerichtet ist, ist nicht § 17 Abs. 2, sondern stets §§ 3 oder 9 ZPO anwendbar, Abs. 2 S 2. Hierher rechnen Ansprüche aus Versicherungs-, Garantie- und Rentenverträgen. Ein Anspruch eines Versicherten gegen seine Haftpflichtversicherung auf Befreiung von der Schadensersatzpflicht durch Zahlung der vom Geschädigten geforderten Geldrente ist ein Anspruch aus einem „auf Leistung einer solchen Rente" iS von Abs. 2 S 2 gerichteter Vertrag (vgl. oben, Anh. § 12, Rn. 9, 27). Auch auf Ausgleichsansprüche nach § 17 StVG oder § 426 BGB ist § 17 Abs. 2 und 3 unanwendbar.[64] Gleiches gilt auch für Ersatzansprüche der Eltern für ein ungewolltes Kind (etwa durch fehlgeschlagene Sterilisation).[65] 17

Der Wert der **Feststellungsklage** kann nicht höher sein als der der Leistungsklage. Er ist bei der negativen Feststellungsklage gleich dem Wert des Rechts, dessen Nichtbestehen festgestellt werden soll und in den Fällen des § 17 Abs. 2 und 3 der Wert der Rente. Bei der positiven Feststellungsklage ist es idR ein geringerer Betrag, der etwa ein Viertel der Rente betragen kann.[66] In besonderen Fällen, wenn zu erwarten ist, daß die Feststellung dem Zahlungsanspruch wirtschaftlich gleichkommt, auch dem fünffachen Jahresbetrag der Rente entsprechen[67] kann. Die **Haftungshöchstbeträge** des § 12 StVG sind ggf. insoweit zu berücksichtigen, als bei unbezifferten Feststellungsanträgen davon auszugehen ist, daß der Kläger nicht mehr will, als ihm § 12 StVG zugesteht. Falls der Kläger nicht ausdrücklich darlegt, daß er aus einem wichtigen Grund eine Kapitalabfindung nach § 13 Abs. 2 StVG i. V. m. § 843 Abs. 3 BGB will, ist bei der Streitwertberechnung von dem Rentenanspruch auszugehen.[68] Ein **Mitverschulden** beeinflußt den Streitwert der Klage nur, wenn und soweit der Kläger es einräumt. **Im Rechtsmittelverfahren** ist der Antrag des Rechtsmittelklägers, beim Fehlen eines Antrages die Beschwer maßgebend, § 14 Abs. 1 GKG. Der Antrag auf Feststellung der Verpflichtung zum **Ersatz künftiger Rentenerhöhungen** ist nach § 17 Abs. 2 GKG i. V. m. § 3 ZPO zu bewerten und hat einen eigenen Streitwert neben dem Anspruch auf Leistung der Rente.[69] 18

Die **Nachforderungsklage** nach § 324 ZPO geht nicht auf Leistung, sondern auf Sicherstellung. Anwendbar ist daher § 6 ZPO. Bei der Bestimmung des der zu sichernden Forderung ist aber auf § 17 Abs. 2 S 1 zurückzugreifen (vgl. auch oben, Rn. 5). 19

Bei der **Abänderungsklage** nach § 323 ZPO ist nur der Unterschiedsbetrag zwischen der bisherigen und der für die Zukunft begehrten Rente der Berechnung des Jahresbetrages 20

62 BGH, NJW 1979, 1045 = MDR 1979, 302 = JurBüro 1979, 193 = VersR 1979, 86.
63 *Hartmann* § 17 Rn. 21.
64 OLG Celle, NdsRPfl. 1962, 224.
65 BGH, NJW 1981, 1381.
66 BGH 1, 43; OLG Köln, MDR 1971, 226; OLG Schleswig, SchlHA 1960, 24.
67 Vgl. etwa OLG Köln, NJW 1960, 2248 = JurBüro 1960, 537.
68 Vgl. *Lappe* § 17 Rn. 24.
69 OLG Köln, JurBüro 1961, 562 = JMBlNRW 1961, 285 und MDR 1971, 226.

zugrunde zu legen. Das gilt auch dann, wenn die Änderung nur unter Vorbehalt angenommen wird.[70]

21 Der **Streitwert** berechnet sich nach dem fünffachen Betrag, der als geldwerte Jahresleistung gefordert wird. Stirbt der Kläger im Laufe des Rechtsstreits, so werden die bis zu einer Klageänderung angefallenen Gebühren dennoch nach § 17 Abs. 2 S 1 berechnet, auch wenn bis dahin der fünffache Jahresbetrag noch nicht erreicht ist. Ist der Gesamtbetrag der geforderten Leistungen geringer als der fünffache Jahresbetrag, so ist der geringere Betrag maßgebend. Ist die geforderte Rente in den einzelnen Jahren unterschiedlich hoch, so sind die fünf höchsten Jahresbeträge maßgebend.[71] Wird in einem Vergleich der Rentenanspruch durch eine Kapitalabfindung (**Abfindungsvergleich**) abgegolten,[72] ist der Streitwert des Vergleichs der fünffache Jahresbetrag und, der Kapitalbetrag, falls die Kapitalzahlung höher ist.[73] Wenn außerdem noch andere Gegenstände in den Vergleich einbezogen worden sind, sind auch deren Werte hinzuzurechnen. Denn der Wert des Vergleichs bestimmt sich grundsätzlich nicht allein nach dem vereinbarten Kapitalbetrag, sondern nach dem Gegenstand des Rechtsstreits, der durch den Vergleich erledigt wurde.[74]

22 **Rückstände** aus der Zeit vor Einreichung der Klage werden nach Maßgabe des Abs. 4 dem fünffachen Jahresbetrag oder einem etwaigen geringeren Betrag der für die Zukunft georderten Leistungen hinzugerechnet.

23 **Ansprüche von Arbeitnehmern pp. auf wiederkehrende Leistungen (Abs. 3).** Sofern der Rechtsstreit nicht vor dem Arbeitsgericht geführt wird:[75] Die Bestimmung des **§ 17 Abs. 3** gilt nicht nur für Arbeitnehmer, sondern auch für Beamte,[76] Richter, Soldaten, Angestellte des privaten und öffentlichen Dienstes, Wehrpflichtige und Ersatzdienstleistende, kurz für alle **in abhängiger Stellung Arbeit oder Dienste Leistende**, die aus dieser Tätigkeit einen Anspruch auf wiederkehrende Leistungen haben. Sinngemäß ist die Bestimmung auch anzuwenden auf Abgeordnete und sonstige ehrenamtlich Tätige, soweit es sich um ihre wiederkehrenden Bezüge, Altersversorgungen – auch solche aus einem berufsständischen Versorgungswerk[77] – oder wiederkehrende Aufwandsentschädigungen handelt. Arbeitnehmer iS dieser Vorschrift sind alle Personen, die auf Grund eines Arbeits- oder Dienstvertrages oder eines öffentlich-rechtlichen Dienstverhältnisses zu Dienstleistungen aus dem Verhältnis, also zur fortgesetzten Verrichtung im wesentlichen gleichartiger Arbeit, verpflichtet sind und dafür einen Anspruch auf Entgelt gegen ihren Arbeitgeber haben. Nicht zu dieser Personengruppe zählen selbständige Unternehmer und Handwerker oder Handelsvertreter,[78] wenn sie nicht auf Grund eines Arbeitsvertrages,

70 LAG Köln, MDR 1999, 1448 (zu § 12 Abs. 7 ArbGG).
71 BGH, RPfleger 1953, 575 = NJW 1953, 104; OLG Bamberg, RPfleger 1953, 47.
72 OLG Düsseldorf, VersR 1977, 868; OLG Frankfurt/Main, MDR 1971, 404.
73 OLG Schleswig, SchlHA 1968, 145; *Hartmann* § 17 Rn. 31; a. M. OLG Hamm, NJW 1966, 162 (immer der Kapitalbetrag).
74 OLG Schleswig, JurBüro 1991, 584; OLG Düsseldorf, JurBüro 1992, 51, jeweils m. Anm. v. *Mümmler*.
75 OLG Köln, JurBüro 1995, 255.
76 A. M. aber BVerwG, NVwZ-RR 2000, 188.
77 OVG Saarlouis, NVwZ-RR 1998, 789 (L); OVG Münster, JurBüro 1997, 197.
78 LAG Nürnberg, NZA-RR 2001, 53.

sondern eines Werkvertrages tätig werden, wohl aber Ärzte, wenn sie auf Grund eines Anstellungsvertrages zur Dienstleistung verpflichtet sind[79] oder Juristen und Volkswirte, die in nichtselbständiger Stellung bei Banken, Versicherungen, Kammern oder sonstigen Wirtschaftsunternehmen angestellt sind. Keine Arbeitnehmer idS sind Ärzte und Rechtsanwälte, die freiberuflich tätig sind. Auch die Organmitglieder einer Gesellschaft oder Genossenschaft können Arbeitnehmer idS sein.

Es muß sich um **wiederkehrende Leistungen** handeln wie z. B. Lohn, Gehalt, Ruhegehalt, Hinterbliebenenversorgung, vor den Sozialgerichten zu verfolgende Sozialleistungen aller Art, auch Schadensersatz.[80] Nicht hierher gehören Sozialhilfeleistungen aller Art,[81] nur gelegentliche Leistungen wie Beihilfen, Weihnachtszuwendungen, wohl aber ein 13.Monatsgehalt, soweit ein Anspruch in bestimmter Höhe darauf besteht oder behauptet wird. Ein Anspruch auf Gewinnbeteiligung zählt aber nicht zu den wiederkehrenden Leistungen iS des § 17 Abs. 3, auch wenn er regelmäßig erfüllt wird, weil er gewinnabhängig und deshalb nicht sicher vorhergesehen werden kann. Für die Beurteilung der Leistung ist es gleichgültig, ob es sich um eine Geld- oder Naturalleistung handelt. Die Leistungen müssen ihren Rechtsgrund aber in einem Arbeitsverhältnis haben und nicht auf einem anderen Anspruch beruhen. Keine Ansprüche auf wiederkehrende Leistungen sind solche auf Nutzung von ununterbrochener Dauer, z. B. auf eine **Werk- oder Dienstwohnung**, auch wenn sie ein Entgelt aus dem Arbeitsverhältnis bilden. Für sie richtet sich der Streitwert nach § 16 GKG, wenn um das Bestehen oder um die Dauer des Nutzungsverhältnisses oder die Verpflichtung zur Herausgabe gestritten wird. Wenn nur um die Überlassung der Wohnung an den Arbeitnehmer gestritten wird, ist § 6 ZPO anzuwenden. Werden daneben Ansprüche aus auf wiederkehrende Leistungen geltend gemacht, sind die Streitwerte aus § 16 GKG und § 6 ZPO mit dem Streitwert nach § 17 Abs. 3 zusammenzurechnen. Bereits fällig gewordene Leistungen sind nicht nach Abs. 3 zu bewerten, sondern nach § 3 ZPO. Sie können als Rückstände nach Abs. 4 zu berücksichtigen sein. 24

Der Streitwert einer **Feststellungsklage** ist nach § 3 ZPO bzw. § 13 Abs. 1 zu schätzen. Da aber der Streitwert der Feststellungsklage niemals höher sein kann als der der Leistungsklage, ist Abs. 3 bei der Bemessung des Streitwertes zu berücksichtigen. 25

Eine **Ausnahme** bestimmt **§ 12 Abs. 7 ArbGG** für den Streit um das Bestehen oder Nichtbestehen eines Arbeitsverhältnisses, wenn damit das **Arbeitsgericht befaßt ist.** Dann ist der Streitwert höchstens nach dem für die Dauer eines Vierteljahres zu leistenden Arbeitsentgelts zu bemessen. Ist damit aber das allgemeine Zivilgericht befaßt, ist § 12 Abs. 7 Satz 1 ArbGG nicht anwendbar.[82] Wird also die Klage auf Feststellung, daß eine Kündigung unwirksam sei, vom Arbeitsgericht an das ordentliche Gericht verwiesen, ist nicht § 17 Abs. 3, sondern § 3 ZPO unter Berücksichtigung von § 12 Abs. 7 ArbGG anwendbar, weil es sich nicht um eine Klage auf wiederkehrende Leistungen handelt.[83] Geht 26

79 LAG Hamm, AnwBl. 1976, 166 = BB 1976, 746 (L).
80 LAG Frankfurt/Main, NJW 1966, 691.
81 OVG Bremen, JurBüro 2002, 80.
82 BGH, NJW 1986, 1178 = JurBüro 1986, 714; OLG Köln, NJW-RR 1994, 318.
83 *Mümmler* JurBüro 1979, 173.

hingegen der Streit beim Arbeitsgericht um wiederkehrende Leistungen, ist nach § 12 Abs. 7 S 2 ArbGG der dreijährige Bezug maßgebend, sofern nicht der Gesamtbetrag der geforderten Leistungen geringer ist. Das gilt auch bei Eingruppierungsstreitigkeiten oder Änderungskündigungsklagen,[84] bei denen es auf den Unterschiedsbetrag ankommt.

27 **Streitwert** der Klage vor den Verwaltungs- und Sozialgerichten ist grundsätzlich nach dem Antrag (Interesse) des Klägers zu bestimmen und unter den Voraussetzungen des Abs. 3 S 2 zu schätzen Im übrigen ist es der dreifache Jahresbetrag der geforderten Leistung, sofern nicht der Gesamtbetrag der geforderten Leistungen geringer ist.[85] Ist der Vertrag auf eine kürzere Zeit als drei Jahre befristet, ist die Dauer des Vertrags maßgebend, weil dann der Gesamtbetrag immer geringer ist, als der dreijährige Betrag (Abs. 3 a. E.). Eine unter drei Jahren liegende Vertragsdauer ist regelmäßig auch dann gegeben, wenn der auf unbestimmte Zeit geschlossene Vertrag vor dem Ablauf von drei Jahren kündbar ist oder ganz allgemein für einen Vertragspartner ein Kündigungsrecht vorsieht.[86] Es sind dann nur die bis zum nächstzulässigen Kündigungstermin zu leistenden Beträge als Streitwert einzusetzen.[87] Das entspricht auch dem Rechtsgedanken des § 12 Abs. 7 ArbGG. Es sind aber auch Fälle denkbar, in denen man von einem längeren Zeitraum bis hin zur vollen Dreijahresfrist ausgehen muß, wie z. B. bei einem Ehegattenarbeitsvertrag.[88] Die Möglichkeit, ein auf mehr als drei Jahre geschlossenes Arbeitsverhältnis wegen eines wichtigen Grundes zu kündigen, kann indessen nicht berücksichtigt werden. Hier gilt vielmehr der Dreijahresbetrag.[89] Bei unterschiedlicher Höhe der geforderten Jahresbeträge sind auch hier die höchsten drei Jahresbeträge maßgebend. Rückstände aus der Zeit vor der Einreichung der Klage werden dem Streitwert nach Abs. 4 hinzugeschlagen. Werden Feststellungs- und Leistungsansprüche mit einer Klage geltend gemacht, sind auch hier ihre Werte nach § 5 ZPO zusammenzurechnen.

28 **Rückstände, Abs. 4:** Bei den in den Absätzen 1–3 genannten Ansprüchen auf wiederkehrende Leistungen sind die Rückstände aus der Zeit vor der Einreichung der Klage dem Streitwert hinzuzurechnen.[90] Umstritten war hier, ob die im Einreichungsmonat entstandenen Ansprüche mit zu den Rückständen rechnen oder wie sich der Zeitpunkt der Einreichung eines Prozeßkostenhilfeantrags auf die Berechnung der Rückstände auswirkt. Das KostRÄndG 1994 hat deshalb den Abs. 4 neu gefaßt und klargestellt, daß alle bereits fälligen Beträge zu den Rückständen zählen. Da Unterhalt im voraus fällig ist (§ 1612 Abs. 3 BGB), ist also der Unterhaltsbetrag des Monats der Klageeinreichung voll als Rückstand hinzuzurechnen.[91] Die Einreichung eines Antrags auf Bewilligung von Prozeßkostenhilfe ist der Einreichung einer Klage gleichgestellt, wenn alsbald nach Mitteilung der Entscheidung über den Prozeßkostenhilfeantrag oder über eine alsbald eingereichte

84 Vgl. LAG Hamburg, JurBüro 1997, 593.
85 Dazu auch OLG Köln, JurBüro 1995, 255.
86 OLG Köln, RPfleger 1974, 164; OLG Köln, NJW-RR 1995, 318.
87 LAG Stuttgart, AnwBl. 1988, 181; vgl. auch OLG Köln, NJW-RR 1995, 318.
88 OLG Köln, RPfleger 1974, 165 m. N.
89 *Lappe* § 17 Rn. 20; *Hartmann* § 17 Rn. 45.
90 OLG Brandenburg, JurBüro 2001, 93,94.
91 OLG Brandenburg, JurBüro 2001, 417; *von König*, JurBüro 2001, 235; *D. Meyer*, JurBüro 2001, 522, 580.

Beschwerde Klage eingereicht wird. Der Gesetzgeber hat dabei den Begriff „alsbald" ausdrücklich aus § 696 Abs. 3 ZPO übernommen. Damit sollte auch ermöglicht werden, daß Vergleichsverhandlungen nicht im Wege stehen, solange die Einreichung der Klage noch in einem den Umständen angemessenen Zeitraum erfolgt.[92]

Maßgeblich ist jetzt als die Einreichung der Klageschrift, also der durch den Eingangsstempel des Gerichts ausgewiesene **Zeitpunkt**, oder der Eingang des Antrags auf Bewilligung der Prozeßkostenhilfe, wenn die übrigen Bedingungen (alsbaldige Einreichung der Klage nach Mitteilung über die Bescheidung des Prozeßkostenhilfeantrags *oder* nach der Entscheidung über die alsbald nach Mitteilung alsbald eingereichte Beschwerde gegen die Prozeßkostenhilfeentscheidung) erfüllt sind. In einem vorgeschalteten Prozeßkostenhilfeverfahren muß der Antragsteller mithin das Erfordernis der alsbaldigen Einreichung dann doppelt erfüllen, wenn und soweit er gegen einen Prozeßkostenhilfebeschluß Rechtsmittel einlegen will. Rückstände iS von Abs. 4 sind diejenigen Raten, die am Tage der Klage- oder der fingierten Klageeinreichung fällig waren. Rückstände, die erst nach diesem Zeitpunkt fällig werden, haben keinen Einfluß auf die Streitwertberechnung, also auch nicht solche, die bis zur Einlegung eines Rechtsmittels aufgelaufen[93] sind oder wegen derer der Kläger seine Klage im Laufe eines längeren Verfahrens durch Umstellung des Antrags ändert.[94] Wird hingegen im Laufe des Rechtsstreits im Wege der **Klageerweiterung** statt der ursprünglich geforderten Rente rückwirkend eine höhere Rente gefordert, berechnet sich der Streitwert vom Zeitpunkt der Klageerweiterung an nach dem höheren Betrag. Der Mehrbetrag gilt dann nicht als Rückstand iS von Abs. 4.[95] Das gilt für Klageerhöhungen allgemein.[96] Wird mit der **Abänderungsklage** nicht nur die Abänderung eines Urteils für die Zukunft, sondern unzulässigerweise auch für die Vergangenheit gefordert, so sind die bis zur Einreichung der Abänderungsklage geforderten Beträge dem Streitwert der Abänderungsklage hinzuzurechnen.[97] Geht der Kläger von der Feststellungsklage zur Leistungsklage über, so sind die bis dahin angefallenen Rückstände, soweit sie geltend gemacht werden, dem Streitwert der Feststellungsklage hinzuzurechnen.[98] Bei der Bestimmung des Rückstands im Falle der Vollstreckbarkeitserklärung eines ausländischen Titels sind als Rückstände die bis zum Erlaß des Bescheides fälligen Beträge, im Falle einer Erhöhung die bis dahin fälligen Differenzbeträge.[99] 29

92 Vgl. BT-Drucks. 12/6962, S. 62/63.
93 *Hartmann* § 17 Rn. 53.
94 BGH, JurBüro 1975, 326; BGH, NJW 1960, 1459 = RPfleger 1960, 307.
95 OLG Düsseldorf, NJW 1957, 1638; OLG Zweibrücken, JurBüro 1978, 1550.
96 OLG Hamburg, MDR 1983, 1032 m. w. N. **gegen** OLG Karlsruhe, FamRZ 1986, 195.
97 LG Freiburg, NJW 1967, 2063.
98 BGHZ 2, 74 = NJW 1951, 802; OLG Bamberg, RPfleger 1953, 47.
99 OLG Hamburg, OLG-Report Bremen/Hamburg/Schleswig-Holstein 1997, 164.

§ 17a
Versorgungsausgleich

Im Verfahren über den Versorgungsausgleich sind maßgebend

1. in den Fällen des § 1587b des Bürgerlichen Gesetzbuches der Jahresbetrag der Rente, die den zu übertragenden oder zu begründenden Rentenanwartschaften entspricht, mindestens jedoch 500 Euro,

2. im Falle des § 1587g Abs. 1 des Bürgerlichen Gesetzbuchs der Jahresbetrag der Geldrente, mindestens jedoch 500 Euro.

1 **Allgemeines:** Der verfassungsmäßig unbedenklichen[1] Vorschrift entspricht für den Bereich der freiwilligen Gerichtsbarkeit § 99 Abs. 2 Nr. 1 und 2 KostO, so daß es wertmäßig keinen Unterschied macht, ob das Verfahren nach dem FGG oder der ZPO abläuft.[2] § 17a GKG ist Sondervorschrift iS des § 1 Abs. 2 GKG zu verstehen.[3] Eine Wertfestsetzung für die Zuständigkeit des Prozeßgerichts oder die Zulässigkeit eines Rechtsmittels berührt die Streitwertbestimmung des § 17a GKG nicht, § 24 S 2 GKG. Nach § 17a GKG findet keine Streitwertfestsetzung statt, wenn nicht wenigstens eine Partei während der Ehe eine Anwartschaft oder Aussicht auf Versorgung erworben hat.[4] Sie findet indessen statt, wenn der Versorgungsausgleich nicht durchgeführt wird, sei es, weil der Scheidungsantrag zurückgenommen wird[5] oder wenn sich ergibt, daß ein Versorgungsausgleich nicht stattfindet.[6]

2 **Die Fälle des § 1587 b BGB:** Hier überträgt das Familiengericht zum Zwecke des Versorgungsausgleichs Rentenanwartschaften von dem einen auf den anderen Ehegatten oder es begründet für den anderen Ehegatten Rentenanwartschaften, wobei das Scheidungsverfahren und das Verfahren über den Versorgungsausgleich als ein Verfahren gelten, § 19a Abs. 1 S 1 GKG.

3 Der **Streitwert** in diesen Fällen richtet sich nach dem Mehrbetrag der Rente, die der andere Ehegatte aus den auf ihn übertragenen oder für ihn begründeten Rentenanwartschaften zu erwarten hat. Wenn sich die Höhe dieser Rente nicht genau ermitteln läßt, ist ihr Betrag insoweit gemäß dem auch hier über § 12 GKG anwendbaren § 3 ZPO zu schätzen. Zeitraubende Berechnungen oder die Einholung von kostenträchtigen Gutachten zu dieser Frage sind nicht geboten, weil sie außer Verhältnis zu den sich hierbei ergebenden etwaigen Gebührenunterschieden stünden.[7] Die Anhörung der Parteien sollte aber erfolgen.

4 Maßgebend ist grundsätzlich der Jahresbetrag der (Mehr-)Rente, die sich aus der Über-

1 BVerfG, FamRZ 1993, 660.
2 OLG Hamburg, FamRZ 1991, 203.
3 Vgl. dazu *Mümmler* JurBüro 1978, 791; 1977, 603.
4 OLG Düsseldorf, JurBüro 1980, 735 m. Anm. v. *Mümmler*; OLG München, JurBüro 1979, 1549; OLG Köln, JurBüro 1978, 1698 m. Anm. v. *Mümmler*.
5 OLG Hamm, JurBüro 1981, 404 m. Anm. v. *Mümmler* = RPfleger 1981, 207.
6 OLG Hamburg, FamRZ 1991, 202. Zum Ganzen auch bei *Gutdeusch/Pauling* FamRZ 1998, 214 ff.
7 OLG Bamberg, JurBüro 1978, 1358, 1057 m. Anm. v. *Mümmler*.

tragung oder[8] Begründung[9] der Rentenanwartschaft für den berechtigten Ehegatten ergibt.[10] Der **Mindeststreitwert** von 500 € ist dann anzusetzen, wenn der rechnerische ermittelte oder nach § 3 ZPO geschätzte Jahresbetrag der Rente unter 500 € liegen würde. Diese Voraussetzung muß immer gegeben oder wahrscheinlich sein. Allein der Umstand, daß die Eheleute sich wieder ausgesöhnt und den Scheidungsantrag zurückgenommen haben, reicht nicht, es sei denn, bei der Rücknahme des Scheidungsantrags war der Umfang des Versorgungsausgleichs noch nicht ausreichend absehbar[11] oder es stellt sich heraus, daß kein[12] oder ein nur geringer Betrag herauskäme.[13] Auch dann, wenn keine genügenden Anhaltspunkte für eine Schätzung vorliegen, kann der Mindestwert genommen werden.[14]

Im Fall des § 1587 g Abs. 1 BGB handelt es sich um den **schuldrechtlichen Versorgungsausgleich**, der durch das Familiengericht durch Festsetzung einer vom anderen Ehegatten zu zahlenden Ausgleichsrente festzusetzen ist. Auch hier gelten die Scheidungssache und das Verfahren über den Versorgungsausgleich als ein Verfahren, § 19a Abs. 1 S 1 GKG. 5

Der Streitwert ist in diesen Fällen nach dem Jahresbetrag der festgesetzten Ausgleichsrente zu bestimmen. Hat der begünstigte Ehegatte aber einen höheren Betrag als festgesetzt verlangt, ist dieser maßgebend. Überschreitet der Jahresbetrag der beantragten oder zuerkannten Ausgleichsrente den Betrag von 500 € nicht, so ist der Mindestwert zu nehmen. Auch wenn ein Ehegatte wegen seiner künftigen Ausgleichsansprüche eine Abfindung in Form der Zahlung von Beiträgen zu einer Rentenversicherung verlangt (§ 1587 Abs. 1 BGB), ist von der sich aus diesen Beitragszahlungen ergebenden Jahresrente auszugehen. Eine Stufenklage auf Auskunftserteilung, § 18, erhöht den Streitwert nicht.[15] Mangels genügender Anhaltspunkte für eine Schätzung kann auch hier der Mindestwert genommen werden. 6

Parteivereinbarungen, § 1587o BGB, sind zu beachten. Soweit eine Kapitalabfindung an den berechtigten Ehegatten gezahlt wird, ist dieser Betrag für die Berechnung der Vergleichsgebühr insoweit von Bedeutung, als die Abfindungssumme den sich aus § 17a GKG zu errechnenden Streitwert übersteigt.[16] Für die Genehmigung einer Vereinbarung über den Versorgungsausgleich ist kein selbständiger Wert anzusetzen.[17] 7

Der Streitwert des Rechtsmittelverfahrens richtet sich bei einer teilweisen Anfechtung der Entscheidung über den Versorgungsausgleich nur nach diesem Teil.[18] Für die Wert- 8

8 OLG Schleswig, SchlHA 1983, 61.
9 OLG Schleswig, SchlHA 1983, 61.
10 OLG Schleswig, SchlHA 1983, 61.
11 OLG Hamm, RPfleger 1981, 207 = JurBüro 1981, 404.
12 OLG Hamburg, FamRZ 1991, 202.
13 OLG Karlsruhe, AnwBl. 1983, 524.
14 OLG Bamberg, JurBüro 1978, 1358, 1057 m. Anm. v. *Mümmler*; OLG Bremen, JurBüro 1980, 1702.
15 OLG Hamburg, FamRZ 1981, 1095.
16 OLG München, JurBüro 1979, 1543 m. Anm. v. *Mümmler*.
17 OLG Hamburg, FamRZ 1991, 202.
18 OLG Frankfurt/Main, JurBüro 1980, 1864; OLG Schleswig, JurBüro 1981, 246. A. M. OLG Düsseldorf, Büro 1980, 1703.

bestimmung des Rechtsmittelverfahrens ist die Bestimmung allerdings unklar. Man wird hier wohl wegen der Besonderheiten des Versorgungsausgleichsverfahrens nicht auf die Sachanträge, sondern auf die Begründung des Rechtsmittels abzustellen haben, um die Beschwer festzustellen.[19]

§ 18 Stufenklage

Wird mit der Klage auf Rechnungslegung oder auf Vorlegung eines Vermögensverzeichnisses oder auf Abgabe einer eidesstattlichen Versicherung die Klage auf Herausgabe desjenigen verbunden, was der Beklagte aus dem zugrundeliegenden Rechtsverhältnis schuldet, so ist für die Wertberechnung nur einer der verbundenen Ansprüche, und zwar der höhere, maßgebend.

1 Die auf alle dem GKG unterfallenden Gerichtszweige anzuwendende Bestimmung des § 18 behandelt die **Stufenklage.**[1] Im wesentlichen sind die Fälle des § 254 ZPO gemeint. Im streitigen FGG-Verfahren gilt die Bestimmung sinngemäß. Ihr Sinn besteht darin, daß hier – abweichend von § 5 ZPO – mehrere in einer Klage verbundene Ansprüche für die Gebührenberechnung nicht zusammengezählt werden, sondern daß nur einer von ihnen, und zwar der höhere, maßgebend ist. Für die sachliche Zuständigkeit der Gerichte und für die Zulässigkeit der Rechtsmittel gilt § 18 ebensowenig[2] wie bei einem Zusammentreffen von Stufenklage und Leistungsklage.[3] Demgemäß steht eine für die Zuständigkeit der Gerichte oder für die Zulässigkeit von Rechtsmitteln erfolgte Streitwertfestsetzung im Falle der Stufenklage einer anderweitigen Festsetzung für die Bestimmung der Gerichtsgebühren nicht im Wege, § 24 S 2 GKG. § 18 ist nicht anzuwenden bei der Fristsetzung nach § 255 ZPO.

2 Bei der Stufenklage[4] müßte an sich, wie für die sachliche Zuständigkeit der Gerichte und die Zulässigkeit eines Rechtsmittels, gemäß § 5 ZPO eine Addition der Streitwerte erfolgen. Da aber durch die Klage auf Rechnungslegung oder auf Vorlegung eines Vermögensverzeichnisses oder auf Abgabe einer eidesstattlichen Versicherung lediglich die Beweisgrundlage für das Verfahren auf Herausgabe desjenigen geschaffen werden soll, was der Beklagte aus dem zugrunde liegenden Rechtsverhältnis schuldet, ist für die Berechnung der Gerichtsgebühren bestimmt, daß hier nur der höhere der verbundenen Ansprüche maßgebend sein soll.[5]

3 **Verfahren auf Rechnungslegung** sind solche, die z. B. §§ 27 Abs. 3, 86, 666, 675, 687,

19 Dazu eingehend bei *Gutdeutsch/Pauling* FamRZ 1998, 214 ff. (217).
1 Vgl. die Üb dazu bei *Schneider* RPfleger 1977, 92.
2 *Hartmann* § 18 Rn. 2.
3 KG, RPfleger 1973, 226; LG Bayreuth, JurBüro 1977, 1734.
4 Dazu BGH, MDR 1963, 204.
5 Unstr: Vgl. etwa OLG Karlsruhe, FamRZ 1990, 74; OLG Hamm, AnwBl. 1981, 69, jeweils m. N.

713, 1214, 1435, 1698, 1890, 1915, 1978, 1991, 2130, 2218 BGB, 340 HGB als Anspruchsgrundlage haben. Nicht dazu gehört aber eine Klage auf vorzeitigem Ausgleich des Zugewinns.[6] Wird allerdings in derselben Klage gemäß §§ 1379, 260 BGB Auskunft und Vorlage eines Verzeichnisses mit oder ohne eidesstattliche Versicherung verlangt, ist § 18 anwendbar.[7] Keine Stufenklage liegt vor, wenn der Kläger zunächst nur Auskunftserteilung begehrt und er nach der im Prozeß erteilten Auskunft zur Leistungsklage übergeht. Jedoch ist in solchen Fällen § 18 sinngemäß anzuwenden, so daß dann der höhere Anspruch maßgebend ist.[8]

Verfahren auf **Vorlegung eines Vermögensverzeichnisses** sind solche, die sich z. B. auf 4
§ 260 Abs. 1 BGB i. V. m. §§ 1377, 2027, 2028, 2127, 2314, 2362 BGB gründen.

Verfahren auf **Abgabe einer eidesstattlichen Versicherung** können z. B. beruhen auf 5
§§ 259; 260; 2028; 2057 BGB.

Der grundsätzlich nach §§ 12 Abs. 1 GKG, 3 ZPO zu bestimmende **Streitwert** bemißt sich 6
nach dem Wert des **höheren Anspruchs**. Das ist idR das Zahlungsinteresse, und zwar bezogen auf den Betrag, der sich am Ende des Rechtsstreits ergibt.[9] Nur dann, wenn die gesamte Stufenklage zurückgewiesen oder abgewiesen wird oder wenn sie „stecken bleibt" (d. h. nicht zuende geführt wird, etwa, weil sich die Parteien außergerichtlich vergleichen),[10] sind die Wertvorstellungen des Antragstellers bei Klageerhebung zu nehmen.[11] Es sind also nicht die einzelnen Werte zusammenzuzählen. Nach a A sollen im Falle einer Stufenklage Gebühren für Handlungen, die nur einen Teil des Streitgegenstandes betreffen, gemäß § 21 Abs. 1 GKG nur nach dem Wert dieses Teils zu berechnen sein, insbesondere bei der „steckengebliebenen" Stufenklage (d. h.: wegen der weiteren Stufen wird der Anspruch nicht mehr weiter verfolgt wird), soll der Wert der beschiedenen Stufe (meist der Auskunftsanspruch) besonders zu bewerten und mit einem Bruchteil des höheren Wertes anzunehmen sein.[12] Es kann danach auch bei der Stufenklage der für die Berechnung der einzelnen Gebühren zugrunde zu legende Streitwert verschieden sein.[13] Um zu klären, welcher Anspruch iS des § 18 höherwertig ist, wären dann die Werte jedes einzelnen in der Stufenklage geltend gemachten Anspruchs zu ermitteln und zu vergleichen. Erforderlichenfalls wäre nach § 25 GKG zu verfahren. Diese Ansicht ist jedenfalls für die erste Instanz unzutreffend. Denn sie würde mit der durch die Einführung der Pauschalgebühr erstrebten Vereinfachung zuwiderlaufen. Zutreffen kann das nur dann, wenn der Antragsteller seine Klage ausdrücklich auf bestimmte Stufen von vornherein beschränkt (– was dann aber keine eigentliche Stufenklage mehr wäre –) oder in den Rechtsmittelinstanzen. So ist z. B. dann, wenn das Rechtsmittelgericht lediglich über eine Rechtsmittel gegen eine Teilentscheidung über eine Stufe (meist: Auskunftsanspruch) zu

6 KG, JurBüro 1963, 492.
7 OLG Schleswig, SchlHA 1975, 104; OLG Frankfurt/Main, JurBüro 1969, 170 = RPfleger 1969, 67.
8 OLG Celle, WRP 1971, 233.
9 KG, NJW-RR 1998, 1615 und NJW-RR 1997, 418 = JurBüro 1997, 595 = MDR 1997, 598.
10 OLG Schleswig, JurBüro 2002, 80.
11 OLG Brandenburg, OLG-NL 1997, 279.
12 OLG Schleswig, MDR 1995, 642.
13 OLG Düsseldorf, MDR 1962, 912.

befinden hat, für das Rechtsmittelverfahren allein der (niedrigere) Wert der Stufe zugrundezulegen.[14]

7 Der Wert des Anspruchs auf **Rechnungslegung** oder auf **Vorlegung eines Vermögensverzeichnisses** ist nach dem Interesse des Klägers an der Auskunftserteilung[15] gemäß § 3 ZPO zu schätzen (vgl. § 12 Abs. 1 GKG). Es wird idR geringer sein als der des Zahlungs- oder Herausgabeanspruchs,[16] keinesfalls aber höher als der des zur Zeit des Eingangs der Klage[17] behauptete Zahlungs- oder Herausgabeanspruch. Andererseits kann er aber auch den aufgrund der Rechnungslegung und der eidesstattlichen Versicherung letzten Endes konkretisierten und geltend gemachten Wert des Zahlungs-/Herausgabeanspruchs übersteigen. Maßgebend ist immer, in welcher Höhe sich der Kläger seines Anspruchs berühmt.[18] Könnte nämlich der Streitwert des Antrags auf Rechnungslegung oder Auskunft nicht höher sein als der des Zahlungs- oder Herausgabeanspruchs, hätten die Verfahren auf Rechnungslegung und eidesstattliche Versicherung keinen Streitwert, wenn sich herausstellt, daß dem Kläger kein Zahlungs- oder Herausgabeanspruch zusteht und der Kläger deshalb keinen solchen Antrag stellt.[19] Dasselbe muß gelten, wenn die Klage abgewiesen wird, ehe ein Zahlungs- oder Herausgabeanspruch gestellt ist, oder wenn sich auf Grund von Rechnungslegung und eidesstattlicher Versicherung nur ein geringerer Zahlungs- oder Herausgabeanspruch ergibt, als der Kläger bei Beginn des Rechtsstreits angenommen und behauptet hat.

8 **Änderungen** des Zahlungs- und Herausgabeanspruchs durch eine im Laufe des Rechtsstreits eingetretene teilweise Erledigung berühren nur die nach diesem Zeitpunkt erwachsenden Gebühren.[20] Verlangt der Kläger mit der Klage die Leistung eines **Teilbetrages** der von ihm behaupteten Forderung und nur wegen des überschießenden Restbetrages Rechnungslegung, so sind die Werte des Leistungsanspruchs und des Rechnungslegungsanspruchs zu addieren, da hinsichtlich dieser beiden Forderungen § 18 nicht zutrifft.[21] Die Frage ist aber streitig. So wird auch die Ansicht vertreten, daß grundsätzlich der ursprüngliche Wert gilt, von dem jedoch ein Abschlag von 50% zu machen sei.[22]

9 Auch der **Wert** des Anspruchs auf **Abgabe der eidesstattlichen Versicherung** ist gemäß § 3 ZPO zu schätzen. Er richtet sich nach dem Erfolg, den sich der Kläger von der Abgabe der eidesstattlichen Versicherung verspricht.[23] Der Wert wird idR geringer sein als der der

14 BGH, MDR 2000, 1028.
15 OLG Köln, VersR 1976, 1154.
16 OLG Düsseldorf, NJW 1961, 2021; OLG Köln, VersR 1976, 1154; OLG Köln, MDR 1969, 582 und JurBüro 1974, 636 (1/5.–1/4.); OLG Frankfurt/Main, JurBüro 1973, 766 (1/2); OLG München, MDR 1972, 247 – L – (1/5.–1/4.).
17 OLG Koblenz, AnwBl. 1989, 397.
18 Vgl. z. B.: OLG Bamberg, JurBüro 1979, 251; OLG Nürnberg, JurBüro 1964, 1439; OLG Frankfurt/Main, JurBüro 1973, 766; OLG Köln, JurBüro 1972, 244 und MDR 1969, 582; OLG Celle, JurBüro 1968, 734.
19 OLG Zweibrücken, JurBüro 1974, 444; OLG Düsseldorf, MDR 1963, 937; LG Bayreuth, JurBüro 1980, 757.
20 OLG Celle, JurBüro 1969, 174; 1968, 734.
21 KG, JurBüro 1973, 226 (L); 1962, 120; LG Bayreuth, JurBüro 1977, 1747.
22 OLG Frankfurt/Main, MDR 1995, 207.
23 KG, RPfleger 1962, 120 (L).

Rechnungslegung, niemals aber höher, da die eidesstattliche Versicherung nur der Durchsetzung des Rechnungslegungsanspruchs dient. Man wird idR von der Hälfte des Wertes des Auskunftsanspruchs ausgehen können.[24]

Für den sich nach Durchführung des Auskunftsanspruchs, des Anspruchs auf Vorlage eines **10** Vermögensverzeichnisses und auf Abgabe der eidesstattlichen Versicherung tatsächlich ergebenden **Streitwert des Zahlungs- oder Herausgabeanspruchs** ist der Betrag der tatsächlich weiter verfolgten Forderung oder der Wert der tatsächlich herausverlangten Gegenstände maßgebend (§ 6 ZPO). Ist dieser Wert bei Beendigung der Instanz höher als bei deren Beginn (z. B. bei Wertpapieren), so ist der höhere Wert zugrundezulegen, § 15 Abs. 1 GKG. Kommt es nicht zu einer Entscheidung über den Zahlungs- oder Herausgabeanspruch, weil sich die Klage vorher erledigt hat, so ist der zu vergleichende Zahlungsanspruch nach § 3 ZPO zu schätzen, wobei die Vorstellungen des Klägers von der Höhe seines Anspruchs maßgebend sind.[25]

Die Streitwerte der einzelnen Gebühren können verschieden hoch sein, wenn einzelne **11** Handlungen nur einen Teil des Streitgegenstandes betreffen, § 21 GKG. Für die allgemeine Verfahrensgebühr ist der höchste Wert der verbundenen Ansprüche maßgebend. Der Streitwert einer **Urteilsgebühr** bemißt sich nach dem Wert des Anspruchs, über den entschieden wird.[26] Das gilt allerdings nur, wenn noch Urteilsgebühren erhoben werden, nämlich in der Berufungs- und Revisionsinstanz. In der ersten Instanz fallen stets Pauschalgebühren an, weswegen auch dann, wenn die Stufenklage „steckenbleibt" (oben, Rn. 6), stets die Gebuhr nach dem Betrag, der am Ende des Verfahrens festgestellt wird, zu bemessen ist.[27] Ergeht nur über den Rechnungslegungsanspruch ein Urteil, so richtet sich der Streitwert der Urteilsgebühr nach dem Wert dieses Anspruchs, mag auch der Streitwert der Verfahrensgebühr höher sein. Der Streitwert der im Verfahren auf Zahlung oder Herausgabe erwachsenen Urteilsgebühr kann geringer sein als der des Urteils im Rechnungslegungsverfahren. Ist das der Fall, dann ist letzterer maßgebend. Denn das ganze Verfahren bildet eine kostenrechtliche Instanz nach § 27 GKG. Die Urteilsgebühr kann deshalb nur einmal, und zwar je aus dem höheren Wert des Urteilsgegenstandes anfallen, auch wenn mehrere Urteile innerhalb derselben Instanz ergehen, § 21 Abs. 2 GKG. Wenn gegen ein im Rechnungslegungsverfahren ergangenes Urteil der Beklagte ein Rechtsmittel einlegt, kann der Streitgegenstand des **Rechtsmittelverfahrens** nicht höher sein als der Streitwert des ergangenen Urteils. Er kann geringer sein, wenn der Beklagte das Urteil nicht in vollem Umfang anficht, § 14 GKG. Maßgebend für die Beschwer des Beklagten ist nur sein Interesse, die Auskunft nicht erteilen zu müssen.[28] Sein Interesse, die Rechtsverfolgung der Gegenseite durch Vorenthaltung der Auskunft zu vereiteln oder zu erschweren, fällt dagegen nicht ins Gewicht.[29]

24 OLG Köln, RPfleger 1977, 116.

25 OLG Bamberg, JurBüro 1985, 595; 1979, 251; *Mümmler* JurBüro 1980, 983.

26 OLG Düsseldorf, MDR 1963, 937.

27 H. M. vgl. z. B. OLG Dresden, MDR 1998, 64; OLG Celle, AnwBl. 1987, 286; KG, Die Justiz 1985, 353; OLG Düsseldorf, JurBüro 1984, 87 m. Anm. v. *Mümmler*; **a. M.**: OLG Dresden, NJW-RR 1997, 1430 = MDR 1997, 691 = OLG-NL 1997, 187 (für die Anwaltsgebühr).

28 BGH, NJW 1970, 1083 = MDR 1970, 671 = JurBüro 1970, 489.

29 BGH, JurBüro 1978, 357 = BB 1978, 429 = Der Betrieb 1978, 627.

§ 19
Klage und Widerklage, Hilfsanspruch, wechselseitige Rechtsmittel, Aufrechnung

(1) In einer Klage und in einer Widerklage geltend gemachte Ansprüche, die nicht in getrennten Prozessen verhandelt werden, werden zusammengerechnet. Ein hilfsweise geltend gemachter Anspruch wird mit dem Hauptanspruch zusammengerechnet, soweit eine Entscheidung über ihn ergeht. Betreffen die Ansprüche im Fall des Satzes 1 oder 2 denselben Gegenstand, ist nur der Wert des höheren Anspruchs maßgebend.

(2) Für wechselseitig eingelegte Rechtsmittel, die nicht in getrennten Prozessen verhandelt werden, ist Abs. 1 S 1 und 3 entsprechend anzuwenden.

(3) Macht der Beklagte hilfsweise die Aufrechnung mit einer bestrittenen Gegenforderung geltend, so erhöht sich der Streitwert um den Wert der Gegenforderung, soweit eine der Rechtskraft fähige Entscheidung über sie ergeht.

(4) Bei der Erledigung des Rechtsstreits durch Vergleich sind die Absätze 1 bis 3 entsprechend anzuwenden.

Übersicht

Allgemeines: Die Vorschrift wurde durch das KostRÄndG 1994 neu gefaßt. Viele der sich um die a F des § 19 rankenden Streitfragen sind damit zumindest teilweise erledigt. So ist beispielsweise die nicht zu rechtfertigende unterschiedliche Behandlung des Hilfsantrags und der Hilfsaufrechnung beseitigt worden. Das bedeutet aber auch, daß bei der Auslegung des § 19 auf die zum alten Recht ergangene Rspr und das Schrifttum zu § 19 nur noch bedingt zurückgegriffen werden kann. Während § 5 ZPO für die sachliche Zuständigkeit der Gerichte bestimmt, daß die Streitwerte von Klage und Widerklage zusammengerechnet werden, regelt § 19 für die Gebührenberechnung, welcher Streitwert bei Klage und Widerklage, bei wechselseitigen Rechtsmitteln und bei Aufrechnung und Hilfsansprüchen gilt. Die Bestimmung des § 19 gilt sowohl für vermögensrechtliche als auch für nichtvermögensrechtliche Streitigkeiten. Die für die gerichtliche Zuständigkeit oder die Zulässigkeit von Rechtsmitteln erfolgte Streitwertfestsetzung steht einer anderweitigen Streitwertfestsetzung zur Berechnung der Gerichtsgebühren nicht im Weg, § 24 S 2 GKG. 1

Infolge der inhaltlichen Änderungen durch das KostRÄndG 1994 ist die Bestimmung gegenüber der alten Fassung neu gegliedert worden. Wegen der vergleichbaren Regelungstatbestände für Klage und Widerklage sowie für hilfsweise geltend gemachte Ansprüche sind diese beiden Fallgruppen im Abs. 1 zusammengefaßt. Die Neufassung knüpft dabei an den auch für den Gebührenstreitwert grundsätzlich nach § 12 Abs. 1 GKG geltenden § 5 ZPO, von dem für diese besonderen Fälle abgewichen wird.[1] Durch Abs. 1 S 3 wird die Addition der Werte ausgeschlossen, wenn es sich um denselben Gegenstand handelt. Dann ist der Wert des höheren Anspruchs maßgebend. Erklärtes Anliegen der Neufassung ist es, so die von Rspr entwickelte Unterscheidung zwischen dem prozessualen und dem kostenrechtlichen Gegenstandsbegriff auch in das GKG zu übernehmen. Nach allgemeiner und auf der Rspr BGH[2] beruhender Ansicht liegen kostenrechtlich nur dann verschiedene Gegenstände vor, wenn die mit der Klage und mit der Widerklage geltend gemachten Ansprüche einander nicht ausschließen, so daß die Zuerkennung des einen Anspruchs nicht notwendigerweise die Aberkennung des anderen zur Folge hat. Andererseits schließt eine derartige wirtschaftliche Betrachtungsweise nicht aus, daß verschiedene, denselben Streitgegenstand betreffende Ansprüche unterschiedlich bewertet werden können. 2

Abs. 2 der Neufassung ist inhaltlich unverändert geblieben und nur redaktionell an den 3

1 Vgl. BT-Drucks. 12/6992, S. 63.
2 BGH, NJW 1965, 444; OLG Köln, JurBüro 1997, 316.

neu gefaßten Abs. 1 angepaßt worden. Da bei wechselseitigen Rechtsmitteln, aber auch bei Klage und Widerklage, verschiedene Parteien tätig werden, wohingegen Haupt- und Hilfsanspruch von derselben Partei geltend gemacht werden, wird nur auf Abs. 1 S 1 und 3 verwiesen.

4 Abs. 3 der Neufassung entspricht dem Abs. 3 S 1 der alten Fassung, deren Abs. 3 S 2 als neuer Abs. 4 angefügt wurde. Diese Bestimmung gilt jetzt auch sowohl für den Fall der Hilfsaufrechnung als auch für den jetzt gleich behandelten Fall der Hilfsansprüche.

5 **Widerklage** ist die von einem Beklagten, dem Widerkläger, im Laufe eines Rechtsstreits gegen den Kläger oder einem Streitgenossen[3] erhobene Klage. Soweit die Widerklage sich aber bei gleichbleibendem Streitgegenstand auch gegen eine bislang am Rechtsstreit nicht beteiligte dritte Person richtet,[4] ist sie gebührenrechtlich eigenständig zu bewerten.[5] Die gebührenrechtlichen Wirkungen treten mit dem Eingang des Schriftsatzes oder mit der Erklärung zu Protokoll in der mündlichen Verhandlung oder der Geschäftsstelle ein (§ 49 GKG i.V.m. §§ 61, 63 GKG). Auf die Zustellung eines eine Widerklage enthaltenden Schriftsatzes kommt es nicht an. Es reicht aus, wenn im Schriftsatz der beabsichtigte Widerklageantrag gemäß § 130 Nr. 2 ZPO angekündigt ist.

6 Es ist gebührenrechtlich unbedeutend, ob die Widerklage überhaupt zulässig oder in der prozessual richtigen Form eingebracht worden ist.[6] Auch eine hilfsweise angekündigte oder erhobene Widerklage (**Eventualwiderklage**)[7] ist grundsätzlich zu bewerten. Denn der mit ihr geltend gemachte Anspruch wird mit ihrer Erhebung zunächst rechtshängig.[8] Das gilt auch, wenn Widerklage gegen eine Widerklage erhoben wird. Ob und wieweit der Widerkläger in der mündlichen Verhandlung den angekündigten Widerklageantrag auch tatsächlich stellt, ist unerheblich. Macht der Beklagte allerdings statt Erhebung einer Widerklage nur Einwendungen oder Einreden geltend oder rechnet er gegen die Klageforderung auf (vgl. Abs. 3), so liegt darin keine Widerklage.

7 Macht der Beklagte hingegen durch einen **Zwischenantrag** im anhängigen Rechtsstreit den ihm durch Vollstreckung eines Vorbehaltsurteils oder eines für vorläufig vollstreckbar erklärten Urteils oder durch eine zur Abwendung der Vollstreckung gemachte Leistung entstandenen **Schadensersatzanspruch** geltend (vgl. §§ 302 Abs. 4; 600 Abs. 2; 717 Abs. 2, Abs. 3 ZPO), so ist ein solcher Antrag gebührenrechtlich wie eine Widerklage zu behandeln.[9] Soweit sich der Schadensersatzanspruch mit der Hauptsacheforderung deckt, tritt durch den Antrag nach §§ 302 Abs. 4; 600 Abs. 2; 717 Abs. 2, Abs. 3 ZPO allerdings keine Streitwerterhöhung nach § 19 ein,[10] wohl aber wenn und soweit er den Hauptsacheanspruch übersteigt (z. B. um Zinsen und Kosten).[11]

3 OLG München, JurBüro 1968, 481 = RPfleger 1968, 232.
4 BGHZ 440, 185.
5 OLG München, RPfleger 1968, 232; *Hartmann* § 19 Rn. 4 i. V. m. Anh. Zu § 13, ZPO § 3 Rn. 138.
6 OLG Frankfurt/Main, RPfleger 1967, 233; OLG Nürnberg, RPfleger 1956, 269 (L); a. M. KG, NJW 1966, 1759.
7 Vgl. dazu BGHZ 21, 13.
8 OLG Stuttgart, RPfleger 1980, 488; OLG Hamm, JurBüro 1978, 64; *Hartmann* § 19 Rn. 4.
9 *Hartmann* § 19 Rn. 21.
10 OLG Köln, JurBüro 1971, 179 = RPfleger 1971, 34.
11 OLG Nürnberg, RPfleger 1956, 269 (L).

Voraussetzung für eine Anwendung des § 19 GKG ist aber immer, daß Klage und Widerklage **in demselben Prozeß**, nicht in getrennten Prozessen, **verhandelt** werden. Liegt z. B. eine Anordnung nach § 145 Abs. 1, Abs. 2 ZPO vor, kommt § 19 nicht mehr in Betracht. Es erfolgt dann eine besondere Kostenabrechnung für jedes der getrennten Verfahren. Eine Ausnahme hiervon trifft das GKG aber für den Fall, daß in demselben Rechtsstreit der Anspruch auf Räumung von Wohnraum und der Anspruch auf Fortsetzung des Mietverhältnisses über diesen Wohnraum nach §§ 556a, 556b BGB verhandelt werden, § 16 Abs. 3, Abs. 4 GKG. In diesem Sonderfall findet keine Zusammenrechnung statt. Führen die Parteien um denselben Streitgegenstand getrennte Prozesse, so wird jeder Rechtsstreit hinsichtlich seines Streitwertes und der Gebühren gesondert behandelt. 8

Wenn das Gericht anordnet, daß die **Verhandlung** zunächst auf eines oder mehrere Angriffs- oder Verteidigungsmittel **zu beschränken** sei (§ 146 ZPO), führt das nicht zu getrennten Prozessen. Eine solche Anordnung ist also für die Anwendung des § 19 Abs. 1 irrelevant.[12] Das gilt auch, wenn demgemäß ein Teilurteil über die Klage oder Widerklage nach § 301 ZPO ergeht. 9

Prozeßverbindung: Werden nach § 147 ZPO mehrere zwischen den Parteien schwebende Prozesse nach § 147 ZPO verbunden und sind in den nunmehr verbundenen Prozessen die Parteirollen vertauscht, so werden in dem verbundenen Verfahren die eine Partei zum Kläger und Widerbeklagten und die andere zum Beklagten und Widerkläger. Gebührenrechtlich hat die Verbindung allerdings keine rückwirkende Kraft.[13] Die bis dahin in den verschiedenen Prozessen angefallenen Gebühren, insbesondere die pauschalisierten Verfahrensgebühren, werden aus den Streitwerten dieser einzelnen Prozesse berechnet. Das gilt auch dann, wenn die einzelnen Prozesse, wie bei gegenseitigen Ehescheidungsanträgen, denselben Streitgegenstand hatten. Lediglich in dem gesetzlich geregelten Fall der einverständlichen Scheidung nach § 630 ZPO entsteht von Anfang an nur eine Verfahrensgebühr. Nach der Verbindung mehrerer Sachen ist die Verfahrensgebühr dann aus dem Gesamtstreitwert der verbundenen Verfahren zu erheben. Das gilt auch bei der Verbindung mehrerer Sachen nach vorangegangenem Mahnverfahren.[14] Tritt nach der Prozeßverbindung eine Erweiterung der Klage oder Widerklage ein, so sind die Verfahrensgebühr und die aus dem erweiterten Streitgegenstand etwa sonst anfallenden Gebühren nach dem nunmehrigen neuen Streitwert zu berechnen. 10

Prozeßtrennung: Die Trennung verbundener Prozesse, § 145 Abs. 2 ZPO, hat zur Folge, daß § 19 GKG ab der Trennung nicht mehr anwendbar ist. Die pauschalen Verfahrensgebühren der früher verbunden gewesenen Verfahren sind nach ihren Einzelwerten getrennt zu berechnen. Die vor der Trennung entstandenen Urteilsgebühren bleiben bestehen. Soweit sie auch nach der Trennung anfallen, sind sie aus dem nunmehrigen Streitwert zu berechnen. Die vor der Prozeßtrennung geleisteten Zahlungen sind anzurechnen. 11

Derselbe Streitgegenstand liegt vor, wenn sich die geltend gemachten Ansprüche gegen- 12

12 *Hartmann* § 19 Rn. 6.
13 KG, RPfleger 1973, 441.
14 OLG München, RPfleger 1970, 184.

seitig ausschließen mit der Folge, daß die Zuerkennung des einen Anspruchs notwendigerweise die Aberkennung des anderen Anspruchs zur Folge hat.[15] Maßgebend dabei ist das Rechtsverhältnis, soweit es – auch unter Einbeziehung einer wirtschaftlichen Betrachtungsweise[16] – dasselbe Interesse betrifft,[17] und nicht das prozessuale Schicksal der geltend gemachten Anträge. Es ist durchaus denkbar, daß Klage und Widerklage, die denselben Streitgegenstand betreffen, abgewiesen werden. Es ist auch unerheblich, wie die Ansprüche begründet werden. Gleichgültig ist auch, ob die Widerklage überhaupt zulässig ist. Eine **Ausnahme** gilt nur, wenn im Wege von Klage und Widerklage verschiedene Teile einer einheitlichen Forderung geltend gemacht werden.[18]

13 **Beispiele** für **denselben** Streitgegenstand:

- Klage auf Herausgabe eines Kraftfahrzeugs und Widerklage auf Aushändigung des dazu gehörenden Kfz-Briefes.[19]
- Klage mehrerer Kläger mit unterschiedlichem Aktienbesitz.[20]
- Klage auf Herausgabe des Kfz-Briefes und Widerklage auf Zahlung des (Rest-)Kaufpreises.[21]
- Klage auf Feststellung, daß Bekl. nicht Eigentümer ist, und Widerklage auf Herausgabe des Fahrzeugs.[22]
- Klage auf Zahlung einer Teilforderung und Widerklage auf Feststellung, daß die ganze Forderung nicht bestehe.[23]
- Klage auf Zahlung einer Restforderung und Widerklage auf Quittungserteilung für die gesamte Forderung.
- Klage auf Forderung aus Schuldschein und Widerklage auf Herausgabe des Schuldscheins.[24]
- Feststellungsklage über das Bestehen eines Mietverhältnisses und Widerklage auf Räumung.[25]
- Klage auf Mietzinsklage und Feststellungswiderklage, daß das Mietverhältnis nicht besteht.[26]
- Klage auf Einwilligung zur Auszahlung eines hinterlegten Betrages an den Hinterleger und Widerklage auf Einwilligung zur Auszahlung an den, zu dessen Gunsten hinterlegt ist.[27]

15 H. M. vgl. z. B. BGHZ 43, 33; BGH, NJW-RR 1992, 1404; LAG Stuttgart, JurBüro 1992, 626 m. zust. Anm. von *Mümmler*; OLG Hamm, JurBüro 1978, 64; *Hartmann* § 19 Rn. 10 m. w. N.
16 LAG Stuttgart, JurBüro 1992, 626 m. Anm. von *Mümmler*; *Hartmann* § 19 Rn. 11.
17 OLG Karlsruhe, NJW 1976, 247 und MDR 1988, 1067.
18 LG Frankfurt/Main, JurBüro 1968, 133.
19 OLG Frankfurt/Main, MDR 1961, 332 = JurBüro 1961, 87; KG, RPfleger 1962, 120 (L); **a. M.** OLG Hamm, RPfleger 1990, 40; OLG Nürnberg, JurBüro 1958, 513; RPfleger 1963, 179 (L).
20 OLG Stuttgart, NZG 2001, 522.
21 KG, KostRspr., § 19, Nr. 3; **a. M.** OLG Saarbrücken, KostRspr. § 19, Nr. 12.
22 KG, JW 1934, 2171.
23 OLG München, RPfleger 1956, 29 (L).
24 OLG Stuttgart, MDR 1980, 678 = JurBüro 1980, 896.
25 RG, JW 1924, 416.
26 OLG Braunschweig, MDR 1975, 848.
27 KG, RPfleger 1962, 120 (L).

- Klage auf Eintragung einer Höchstbetragshypothek zur Sicherung einer Forderung und Widerklage auf Löschung der Vormerkung für diese Hypothek.[28]
- Klage auf Löschung einer Hypothek und Widerklage auf Zahlung der Hypothekenforderung.[29]
- Klage auf Leistung aus einem Vertrag und Feststellungswiderklage, daß der Vertrag nichtig sei.[30]
- Klage auf Leistung aus einem Kaufvertrag und Widerklage auf Wandlung.
- Verlangen geschiedene Eheleute mit Klage und Widerklage vom jeweils anderen Zahlung eines Zugewinnausgleichs, so bemißt sich der Streitwert nach der höheren Forderung, nicht nach der Summe der Beträge von Klage und Widerklage,[31] soweit um ein und denselben Gegenstand gestritten wird; anderenfalls Zusammenrechnung.[32]
- Bei arbeitsgerichtlichen Eingruppierungsstreitigkeiten die hilfsweise beantragte Eingruppierung in eine andere Gruppe.[33]

Verschiedene Streitgegenstände liegen z. B. vor, wenn 14

- zwei miteinander in Geschäftsbeziehungen stehende Kaufleute die ihnen gegenseitig erwachsenen Kaufpreisforderungen mit Klage und Widerklage geltend machen,
- aus einem Unfall die gegenseitig erwachsenen Schadensersatzforderungen mit der Klage und der Widerklage verfolgt werden,[34]
- der Klage eine Teilforderung geltend macht und der Widerkläger die Feststellung begehrt, daß dem Kläger kein weiterer als der geltend gemachte Anspruch zusteht[35] oder soweit die Zeiträume der Klage und Widerklage unterschiedlich sind,[36]
- der Kläger den Restbetrag einer Forderung und der Widerkläger die geleistete Anzahlung zurückfordert.[37]
- der Kläger die Auflassung des gekauften Grundstücks fordert und der Widerkläger Zahlung des Kaufpreises begehrt,[38]
- der Beklagte gegenüber einer Klage auf Lieferung oder Leistung Widerklage auf Schadensersatz begehrt,[39]
- der Kläger Erhöhung, der Widerkläger Herabsetzung der Unterhaltsrente verlangt,[40]
- im Verfahren auf Enteignungsentschädigung der Widerkläger zusätzlich den Wegfall der Folgekosten erstrebt,[41]

28 OLG Nürnberg, JurBüro 1968, 543.
29 RG, JW 1898, 433.
30 BGH, NJW-RR 1992, 1404; OLG Braunschweig, MDR 1975, 848; KG, RPfleger 1962, 120 (L).
31 OLG Köln, MDR 1994, 316.
32 OLG Köln, MDR 2001, 941 = NJW-FER 2001, 271.
33 LAG Brandenburg, JurBüro 2001, 95.
34 OLG Nürnberg, JVBl. 1970, 281.
35 LG Hamburg, WoM 1993, 477: *Hartmann* § 19 Rn. 19.
36 LG Hamburg, WoM 1993, 477.
37 LG Frankfurt/Main, JurBüro 1968, 133 m. Anm. v. *Tschischgale*; OLG Bamberg, JurBüro 1979, 252.
38 OLG Karlsruhe, MDR 1988, 1067.
39 BGH, NJW-RR 2000, 285; LG München II, JurBüro 1950, 46.
40 OLG Hamm, JurBüro 1981, 737 m. Anm. v. *Mümmler* = FamRZ 1981, 809.
41 OLG München, JurBüro 1976, 1358.

- ein Beklagter im Hauptsacheverfahren Widerklage auf Freigabe des zur Abwendung eines Arrestes hinterlegten Betrages fordert,
- mit der Klage die Unzulässigkeit der Zwangsvollstreckung aus einem Schuldtitel erstrebt wird und der Widerkläger die dem Schuldtitel zugrundeliegende, unbestrittene Forderung geltend macht,
- mit der Klage die Auflösung einer GmbH und mit der Widerklage Ausschluß eines Gesellschafters begehrt wird,[42]
- der Kläger und Widerkläger verschiedene Teilansprüche aus demselben Rechtsverhältnis geltend machen,[43]
- Drittwiderspruchsklage erhoben wird mit dem Ziel, die Unzulässigkeit der Zwangsvollstreckung festzustellen und Widerklage auf Herausgabe des Gegenstandes, wegen dem vollstreckt wird, an den Gerichtsvollzieher erhoben wird,[44]
- Kündigungsschutzklage und Weiterbeschäftigungsanspruch.[45]
- Zugewinnausgleich, wenn nicht nur um Vermögenszugehörigkeit ein und desselben Gegenstandes gestritten wird.[46]
- Hauptantrag bezogen auf ein Arbeitsverhältnis und Hilfsantrag auf Handelsvertretervertrag.[47]

15 **Gebührenberechnung:** Liegt **derselbe Streitgegenstand** vor, so sind die Gebühren aus diesem zu berechnen, und zwar aus dem höheren der beiden Werte, z. B. dem der Klage und der Widerklage[48] oder der neben dem gemeinschaftlich erhobenen Anspruch geforderte weitere Anspruch eines Streitgenossen[49] Bei **verschiedenen Streitgegenständen** sind die Streitwerte zu addieren.

16 Die **pauschale Verfahrensgebühr** wird in bürgerlichen Rechtsstreitigkeiten und in Scheidungsfolgesachen hinsichtlich der Widerklage mit der Einreichung des Widerklageschriftsatzes (ggf. mit der Erklärung zu Protokoll der Geschäftsstelle oder in der mündlichen Verhandlung) fällig, § 49 GKG i. V.m § 61 GKG. In Verwaltungs- und Finanzgerichtssachen gilt insoweit § 61 Abs. 1 GKG. **Kostenschuldner** ist gem. § 49 GKG der Widerkläger. Soweit Klage und Widerklage denselben Streitgegenstand haben, haften Kläger und Widerkläger für die pauschale Verfahrensgebühr als Gesamtschuldner, § 58 GKG. Haben Klage und Widerklage verschiedene Streitgegenstände oder decken sich die Streitwerte nur teilweise, so haften Kläger und Widerkläger je nur für den Streitgegenstand ihrer Klage, wie wenn nur ihr Antrag Streitgegenstand gewesen wäre. Dasselbe gilt für die Urteilsgebühren.[50] Die pauschale Verfahrensgebühr fällt auch dann nur einmal an, wenn durch die Widerklage Streitgenossen des Beklagten in das Verfahren einbezogen

42 OLG Düsseldorf, NJW 1966, 1569.
43 OLG Celle, NdsRPfl. 1964, 107; OLG Karlsruhe, NJW 1976, 247; OLG Nürnberg, AnwBl. 1983, 89; OLG Schleswig, AnwBl. 1984, 205.
44 LG Saarbrücken, JurBüro 1999, 309.
45 LAG Nürnberg, JurBüro 2000, 82.
46 LG Köln, MDR 2001, 941 = NJW-FER 2001, 271.
47 LAG Nürnberg, NZA-RR 2001, 53.
48 OLG Hamm, RPfleger 1964, 23; OLG Hamburg, JurBüro 1952, 228.
49 OLG Hamburg, JurBüro 2001, 27; OLG Stuttgart, NZG 2001, 522.
50 OLG Düsseldorf, RPfleger 1956, 181 (L); OLG Schleswig, SchlHA 1954, 120.

werden.[51] Den **Widerkläger** trifft hinsichtlich der Verfahrensgebühr **keine Vorauszahlungspflicht nach § 65 GKG.** Bei der Hilfswiderklage fallen Gebühren – auch die Verfahrensgebühr – erst an, wenn und soweit über sie entschieden wird, Abs. 4.

17 Die für die Hilfswiderklage geltenden Grundsätze (vgl. oben, Rn. 6) gelten in gleicher Weise auch für sämtliche Ansprüche, die von einer Partei ausdrücklich nur hilfsweise geltend gemacht werden, Abs. 1 S 2. Solche **Hilfsansprüche**[52] wirken sich gebührenrechtlich erst dann aus, wenn der Eventualfall eingetreten ist und soweit das Gericht darüber streitig[53] entschieden hat, Abs. 1 S 2. Die Aufrechnung mit einer unstreitigen Gegenforderung hingegen führt nicht zu einer Erhöhung des Streitwertes.[54] Das Gericht hat iS des GKG aber dann noch nicht über einen Hilfsanspruch entschieden, wenn dieser zwar erörtert wurde und die Sache dann mit Erledigung des Hilfsanspruchs durch Vergleich endet oder wenn die Klage hinsichtlich des Hauptantrags zurückgenommen wird, bevor es zu einer Entscheidung iS v. Abs. 1 S 2 kommt,[55] oder wenn der Kläger den Hilfsanspruch nur im Rahmen einer Klageänderung geltend gemacht hat und das Gericht diese nicht zuläßt.[56] Kein Hilfsanspruch iS des Abs. 1 S 2 ist die Hilfsaufrechnung, weil sie im Abs. 3 besonders und abschließend geregelt ist. So kommt denn auch keine Zusammenrechnung in Betracht, wenn das Gericht die Zulässigkeit des Hauptantrags offen läßt und im Falle ihrer Verneinung über den Hilfsantrag entscheidet.[57] Das gilt auch, wenn die Hilfsaufrechnung erst im Rahmen einer Vollstreckungsgegenklage erklärt wird.[58]

18 **Hilfsanträge** kommen **nur** in Betracht, wenn sie einen **höheren Wert** haben als der in erster Linie geltend gemachte Hauptanspruch **und** wenn über sie **entschieden** wird. Beide Voraussetzungen müssen zusammenfallen. Auch wenn Haupt- und Hilfsanspruch verschiedene Streitgegenstände haben, ist der Hilfsanspruch für den Streitwert nur dann relevant, wenn er höherwertig ist und über ihn entschieden wird.[59] Das Nachschieben weiterer Anspruchsgrundlagen für den gleichen Lebenssachverhalt ohne Änderung des Klageantrags ist prozeßrechtlich schon kein Hilfsantrag, auch wenn das Gericht darüber entscheidet. Denn hier liegt schon nicht einmal eine Klagehäufung vor.[60] Für den Streitwert kommt es nur darauf an, welche Anträge (d. h.: welche sachlich rechtlichen Ansprüche, die den Antrag stützen) verbeschieden wurden und welcher davon den höheren Wert hat.

19 Hat der Beklagte **in erster Linie Klageabweisung** beantragt **und für den Fall, daß er mit seinem Klageabweisungsantrag nicht durchdringen sollte, hilfsweise Widerklage** erhoben, kommt Abs. 1 S 2 nicht zur Anwendung. Denn der in Abs. 1 S 2 vorgesehene Vergleich zwischen mehreren Ansprüchen ist dann nicht möglich, weil nur ein

51 OLG München, JurBüro 1968 481 = Rpfleger 1968, 232.
52 Vgl. dazu OLG Frankfurt/Main, MDR 1979, 411; *Schneider* NJW 1975, 2106 m. N.
53 BGH, NJW 2001, 3616.
54 OLG Hamm, MDR 2000, 296.
55 OLG Köln, JurBüro 1997, 435.
56 OLG Düsseldorf, RPfleger 1982, 161.
57 BGH, NJW-RR 1999, 1157.
58 OLG Düsseldorf, NJW-RR 2000, 268.
59 *Mümmler* JurBüro 1978, 7.
60 Vgl. etwa bei *Thomas/Putzo* § 260 Rn. 5.

Anspruch mit einem meßbaren Wert, nämlich der der Hilfswiderklage, auf Seiten des Beklagten gegeben ist. Der in erster Linie vom Beklagten gestellte Antrag auf Klageabweisung ist kein Anspruch iS von Abs. 1 S 2. Wenn die Hilfswiderklage auch einen echten Hilfsanspruch iS von Abs. 1 S 2 bildet, bleibt auf der Seite des Beklagten nur ihr Anspruch maßgebend und das auch nur, wenn über ihn entschieden wird. Keinesfalls darf der vom Beklagten erhobene Hilfswiderklageanspruch mit den Anträgen des Klägers verglichen werden, um festzustellen, welcher Antrag den höheren Wert hat, weil das die in Abs. 1 S 1 getroffene Streitwertregelung u. U. außer Kraft setzen würde. Der in Abs. 1 S 2 vorgesehene Wertvergleich setzt also stets voraus, daß es sich um einen wertmäßig erfaßbaren Hauptanspruch und einen oder mehrere wertmäßig erfaßbare **Hilfsansprüche derselben Partei** handelt. Entscheidet das Gericht über die neben dem Klageabweisungsantrag allein erhobene Hilfswiderklage des Beklagten, so ist deren Streitwert bei der Ermittlung des Streitwertes der Klage und Widerklage gemäß Abs. 1 S 1 zu bewerten. Weist das Gericht die Klage ab, ohne über die Hilfswiderklage zu entscheiden, bleibt deren Wert auch dann außer Betracht, wenn er höher als der Streitwert der Klage ist.[61] Das gleiche gilt auch für **wechselseitige Rechtsmittel**, Abs. 2.

20 Eine **Entscheidung** über den Hilfsanspruch liegt vor, wenn das Gericht dem Hilfsanspruch des Klägers entsprochen oder die Klage (und damit auch den Hilfsanspruch) des Klägers abgewiesen hat[62] oder wenn es der Hilfswiderklage des Beklagten stattgegeben oder diese abgewiesen hat. Erledigt sich die Hauptsache dadurch, daß der Beklagte dem Hauptanspruch des Klägers entspricht, so ist der Wert des Klageanspruchs maßgebend, weil über den Hilfsantrag nicht mehr entschieden wurde.[63] Das Gericht muß den Hilfsantrag in der Sache beschieden haben. Es reicht nicht aus, wenn das Gericht die Verbescheidung des Hilfsantrags aus prozessualen Gründen ablehnt.[64] So etwa, wenn das Berufungsgericht eine Klageerhöhung nicht zuläßt.[65] Hat das Berufungsgericht die Klage (Haupt- und Hilfsantrag) abgewiesen und verweist das Revisionsgericht unter Aufhebung des Berufungsurteils die Sache zur erneuten Verhandlung und Entscheidung zurück, so liegt darin auch eine Entscheidung über den Hilfsantrag.[66] Auch dann, wenn sich der Beklagte nur mit der Aufrechnung verteidigt und für den Fall, daß das Gericht diese für unzulässig halten sollte, Hilfswiderklage wegen der Aufrechnungsforderung erhebt, handelt es sich nicht um eine Hilfsaufrechnung, sondern um eine Primäraufrechnung.[67]

21 **Streitwert:** Maßgebend ist von mehreren geltend gemachten Hilfsanträgen für jede Partei immer nur der höhere ihrer Ansprüche, der verbeschieden wurde. Es erfolgt also – darin liegt der entscheidende Unterschied zum Sonderfall der Hilfsaufrechnung (Abs. 3) – **keine Zusammenrechnung der Ansprüche und Hilfsansprüche**, selbst wenn alle verbeschieden worden sind.[68] Der unter Berücksichtigung von Abs. 1 S 2 ermittelte Streitwert von

61 LG Wuppertal, JurBüro 1979, 1550 m. Anm. v. *Mümmler.*
62 OLG Düsseldorf, JurBüro 1969, 175.
63 OVG Münster, NJW 1973, 1899.
64 OLG Nürnberg, JurBüro 1980, 739 m. Anm. von *Mümmler* = MDR 1980, 238; *Hartmann* § 19 Rn. 31.
65 OLG Schleswig, SchlHA 2002, 26.
66 BGH, KostRspr. GKG § 19, Nr. 13 (L).
67 BGH, NJW-RR 1999, 1736.
68 OLG Düsseldorf, JurBüro 1982, 582.

Klage und ggf. von Hilfsansprüchen ist für das Verfahren maßgebend. Die Verfahrensgebühr für den Hilfsanspruch – auch für eine Hilfswiderklage – fällt an, wenn über den Hilfsanspruch in der Instanz entschieden ist, aber rückwirkend auf den Zeitpunkt, in dem der maßgebende verbeschiedene Hilfsanspruch im Verfahren erstmals geltend gemacht wurde.

Wechselseitige Rechtsmittel, Abs. 2, liegen vor, wenn gegen ein und dasselbe Urteil beide Parteien Rechtsmittel einlegen.[69] Sie liegen auch vor, wenn sie von beiden Parteien gegen dasselbe Urteil nacheinander oder im Wege des Anschlusses eingelegt worden sind.[70] Es hat keinen Einfluß auf den Streitwert für die Verfahrensgebühr, wenn eines der wechselseitigen Rechtsmittel ganz oder z T zurückgenommen wird, und wegen desselben Streitgegenstandes anschließend ein unselbständiges Anschlußrechtsmittel eingelegt wird.[71] Wird zunächst Revision nur wegen einer Zinsforderung eingelegt und folgt sodann Anschlußrevision wegen der Hauptsache, ist nach Einlegung der Anschlußrevision gemäß § 22 Abs. 1 GKG nur noch die Hauptsache Streitgegenstand. Hat eine unselbständige Anschlußrevision einen vor der Revision verschiedenen Streitgegenstand und wird die Annahme der Revision nach § 554b ZPO abgelehnt, so sind die Werte der Revision und der Abschlußrevision zu addieren.[72] 22

Keine wechselseitigen Rechtsmittel iS des Abs. 2 liegen vor, wenn sich die Rechtsmittel gegen verschiedene Urteile richten, z. B. wenn eine Partei gegen ein Teil-, Zwischen- oder Vorbehaltsurteil, die andere Partei gegen das darauf ergangene Endurteil Rechtsmittel einlegt. Hier können wechselseitige Rechtsmittel iS des Abs. 2 erst mit einer Verbindung (§ 147 ZPO) der verschiedenen Rechtsmittelverfahren entstehen. Kein wechselseitiges, sondern ein einseitiges Rechtsmittel liegt auch vor, wenn und soweit nur eine Partei mit ihrem Rechtsmittel die Entscheidung über die Klage und die Widerklage angreift. Legt eine Partei zuerst gegen das Grundurteil und dann gegen das Betragsurteil Berufung ein, so liegen mehrere getrennte Berufungen vor.[73] Das gilt auch bei Rechtsmitteln gegen Teilurteile, die gegen einzelne Gesamtschuldner ergangen sind.[74] Im Falle getrennter Berufungen gegen ein Teilurteil in der Hauptsache und gegen das Schlußurteil über die Zinsen und Kosten liegen bis zur Verbindung getrennte Rechtsmittelverfahren vor.[75] Mehrere Rechtsmittelverfahren (und damit auch verschiedene Streitwerte) sind auch gegeben, wenn nach Erledigung eines Rechtsmittels das gleiche Rechtsmittel nochmals oder das gegnerische Rechtsmittel eingelegt wird.[76] 23

Weitere Voraussetzung für die Anwendbarkeit des Abs. 2 ist, daß die Rechtsmittel **nicht in getrennten Prozessen** verhandelt werden. Eine Trennung wechselseitiger Rechtsmittelverfahren ist nach § 145 ZPO möglich. Durch die Trennung entstehen selbständige Ver- 24

69 BGHZ 7, 152; OLG Celle, JurBüro 1961, 137 = MDR 1961, 67.
70 BFHE 120, 160. A. M. BAG, NJW 1960, 1173.
71 KG, RPfleger 1971. 34 (L).
72 BGHZ 72, 340; *Schneider* MDR 1977, 917.
73 OLG Hamm, JurBüro 1955, 441.
74 OLG Celle, JurBüro 1959, 175.
75 BGH, KostRspr. GKG 1957, § 20, Nr. 5; OLG Hamm, JurBüro 1955, 441; OLG Köln, ZZP 1970, 134.
76 KG, DR 1941, 392; OLG Köln, DR 1940, 124.

fahren, auf die § 19 nicht mehr anzuwenden ist, sondern die gebührenmäßig gesondert zu behandeln sind. Die vor der Trennung geleisteten Zahlungen sind anzurechnen. Ein Sonderfall der Trennung von Verfahren idS liegt auch vor, wenn das Anschlußrechtsmittel ohne mündliche Verhandlung als unzulässig verworfen wird (§§ 522a, 519b Abs. 1 S 2 oder §§ 556 Abs. 2 S 3, 554a Abs. 1 S 2 ZPO) oder wenn in einem Verhandlungstermin zunächst über die Zulässigkeit des Anschlußrechtmittels verhandelt und dieses vor Entscheidung über das zulässige Hauptrechtsmittel als unzulässig abgewiesen wird.[77] Denn hier liegen getrennte Prozesse vor, denen von vornherein ein verfahrensrechtlich unterschiedliches Schicksal beschieden ist.[78] Das gleiche gilt auch, wenn ein von Anfang an unzulässiges Hauptrechtsmittel noch vor Eingang des Anschlußrechtsmittelantrags zurückgewiesen worden war.

25 Den **Streitwert** des jeweiligen Rechtsmittelverfahrens bildet die **Beschwer** des Rechtsmittelklägers, soweit er nicht einen geringeren Betrag zum Gegenstand des Verfahrens macht, § 14 Abs. 1. Haben die wechselseitig eingelegten Rechtsmittel denselben Streitgegenstand, so gilt nur der einfache Streitwert. Das ist z. B. bei Ehesachen der Fall. Wenn von mehreren als Gesamtschuldnern in Anspruch genommenen Kostenschuldnern durch dasselbe Urteil der eine verurteilt und die Klage gegen den anderen abgewiesen wird und nur der Verurteilte wegen der Verurteilung und der Kläger wegen der Abweisung seiner Klage gegen den anderen Beklagten Rechtsmittel einlegt, betreffen die wechselseitig eingelegten Rechtsmittel denselben Gegenstand und es erfolgt keine Zusammenrechnung der Streitwerte der beiden Rechtsmittel.[79] Das gilt auch, wenn die beklagte Partei, die erfolglos Hilfsaufrechnung gegen die Klageforderung erklärt hatte, ihre zunächst ohne Antrag und Begründung eingelegte Berufung zurückgenommen hat.[80]

26 **Verschiedene Streitgegenstände des Rechtsmittelverfahrens** liegen z. B. vor, wenn bei teilweisem Unterliegen beider Parteien jede Partei ein Rechtsmittel einlegt. Denn dann bezieht sich jedes Rechtsmittel auf einen anderen Teil des Streitgegenstandes. Decken sich die Gegenstände des Rechtsmittelverfahrens nur teilweise, so berechnet sich der Gegenstandswert des Rechtsmittelverfahrens, soweit die Gegenstände sich decken, nach dem einfachen Wert, dem die weiteren sich nicht deckenden Werte hinzuzurechnen sind. Bezieht sich eines der Rechtsmittel auf den Hauptanspruch, der andere auf eine Nebenforderung, die nach §§ 12, 22 GKG, 4 ZPO neben der Hauptforderung nicht zu berücksichtigen ist, so ist der Streitwert nur nach dem Hauptanspruch zu bestimmen. Im übrigen sind verschiedene Streitgegenstände der wechselseitigen Rechtsmittelverfahren zusammenzurechnen. Ist der Beklagte antragsgemäß verurteilt worden, an den Kläger eine monatliche Unterhaltsrente in bestimmter Höhe bis zu einem bestimmten Zeitpunkt zu zahlen und legt er dagegen Berufung ein, während der Kläger im Wege der Anschlußberufung und Klageerweiterung die Unterhaltsrente bis zu einem späteren Zeitpunkt begehrt, so betreffen Berufung und Anschlußberufung nicht denselben Streitgegenstand;

77 BAG, NJW 1960, 1173.
78 BAG, NJW 1960, 1173, 1174.
79 BGHZ 7, 152; OLG München, RPfleger 1956, 29 (L); *Hartmann* § 19 Rn. 36, 37.
80 OLG Düsseldorf, NJW-RR 1998, 643 = MDR 1998, 497.

ihre Streitwerte sind dann zu addieren.[81] Der zusammengerechnete Streitwert ist für die Verfahrensgebühr und u. U. auch für die Urteilsgebühren im Rechtsmittelverfahren maßgebend. Für diese Gebühren haftet aber jede Partei als Antragstellerin nur bis zur Höhe der Gebühren, die sich aus dem Streitwert ihres Rechtsmittels errechnen.[82]

Hilfsaufrechnung, Abs. 3: Die durch das GKG 1975 neu eingefügte Vorschrift ist durch das KostRÄndG 1994 neu gefaßt worden (vgl. oben, Rn. 1–4). Voraussetzung für einen Einfluß bei der Streitwertfestsetzung ist, daß der Beklagte die **Aufrechnung** mit einer Gegenforderung im Rechtsstreit geltend macht, daß diese Aufrechnung **hilfsweise** erfolgt und eine der Rechtskraft fähige **Entscheidung** über die zur Aufrechnung gestellte Gegenforderung ergeht bzw. sie durch einen Vergleich sachlich mit erledigt wird (Abs. 4). **27**

Es muß sich um eine echte **Aufrechnung** handeln, §§ 387 ff. BGB. Einreden oder Einwendungen gegen den Anspruch reichen idR nicht.[83] Keine Einwendung, sondern kostenrechtlich als Aufrechnung zu behandeln ist aber die vom **Kläger** im Rahmen einer Vollstreckungsgegenklage hilfsweise erklärte Aufrechnung gegen die titulierte Vollstrekkungsforderung mit eigenen Gegenforderungen.[84] Auch die Hilfsaufrechnung mit Vertragsstrafenansprüchen ist kein Einwand, sondern nach Abs. 3 zu behandeln.[85] Die Aufrechnung muß **Gegenstand des Rechtsstreits** gewesen sein. Gleichgültig ist, ob der Beklagte schon vor Beginn des Rechtsstreits Aufrechnung erklärt hat und sich nur im Prozeß darauf beruft oder ob er erst im Laufe des Prozesses die Aufrechnung erklärt. Es muß sich aber um eine echte, den Bestimmungen der §§ 387 ff. BGB entsprechende Aufrechnung handeln, mithin um einen Anspruch, der von der Klageforderung unabhängig ist.[86] Deshalb hat auch eine Aufrechnung mit nicht näher bestimmten und nachprüfbaren Gegenforderungen (mit nicht substantiierten Forderungen), über die ebenfalls eine in Rechtskraft erwachsende gerichtliche Entscheidung ergehen kann,[87] Wirkung auf den Streitwert. Das gilt auch, wenn das Gericht den Aufrechnungseinwand nicht zugelassen[88] oder in seiner Entscheidung die Aufrechnungsmöglichkeit mangels Gegenseitigkeit der Forderungen oder wegen Unzulässigkeit der Aufrechnung[89] (z. B. wegen eines gesetzlichen oder vertraglichen Aufrechnungsverbotes) verneint hat.[90] Denn dann ist über den Aufrechnungsanspruch nicht sachlich befunden worden. Eine bloß formelle Rechtskraft reicht nicht.[91] **28**

81 LG Passau, KostRspr. GKG § 16 Nr. 5.
82 OLG Hamburg, RPfleger 1958, 36 (L).
83 BGH, MDR 1996, 960 (Zurückbehaltungsrecht); OLG Düsseldorf, MDR 1999, 957 (a. A. aber in BauR 1997, 888); OLG Bamberg, JurBüro 1987, 1383; OLG Hamm, NJW-RR 1992, 448; OLG Köln, VersR 19993, 460; OLG Düsseldorf, AnwBl. 1984, 614.
84 OLG Düsseldorf, MDR 1999, 1092 = JurBüro 1999, 496.
85 OLG Düsseldorf, MDR 1999, 957; OLG Nürnberg, NJW-RR 1999, 1671 = JurBüro 2000, 80.
86 OLG Koblenz, JZ 1985, 1012.
87 Vgl. BGHZ 33, 236; BGH, NJW 1994, 1538; *Thomas/Putzo* § 322 Rn. 46.
88 BGH, JurBüro 1974, 1249 OLG Zweibrücken, RPfleger 1985, 510.
89 OLG Düsseldorf, MDR 1996, 1299; a. M. OLG Köln, JurBüro 1972, 452.
90 OLG Düsseldorf, JurBüro 1982, 265 m Anm. v. *Mümmler*; OLG Köln, JurBüro 1982, 245 (L); OLG Frankfurt/Main, JurBüro 1971, 169 = MDR 1971, 311 (L).
91 Vgl. dazu bei *Hartmann* § 19 Rn. 46 m. N.

29 **Keine Aufrechnung iS von § 19 Abs. 3** liegt vor:

- Wenn ein Bürge mit Gegenforderungen des Hauptschuldners aufrechnet und festgestellt wird, daß diese nicht bestehen,[92]
- Bei Kontokorrent: Wird der Endsaldo eingeklagt, ist für § 19 Abs. 3 kein Raum hinsichtlich der einzelnen zur Aufrechnung gestellten Forderungen.[93] Anders aber, wenn gegen die Endsumme mit einer außerhalb des Kontokorrentverhältnisses entstandenen Forderung aufgerechnet wird.
- Bei Einreden oder Einwendungen wie Mängelrügen[94] einschließlich Schadensersatzansprüche wegen einzelner genau bezeichneter Mängel,[95] Zurückbehaltungsrechte,[96] die Einrede des anderweitig nicht erfüllten Vertrages, Wandlung oder Minderung,[97] Überzahlungseinwände gegen eine Schlußrechnung[98] sowie Pfandrechte,[99] Berufung auf Schlechterfüllung und zur Aufrechnung gestellter Schadensersatzanspruch.[100]
- im Beweisverfahren nach § 485 ZPO Gegenanträge gestellt werden, mit denen der Antragsteller nicht eigene Ansprüche sichern, sondern nur die des Gegners zu Fall bringen will.[101]

30 **Hilfsaufrechnung.**[102] Die Aufrechnung erhöht den Streitwert nur, wenn sie hilfsweise geltend gemacht wird. Das bedeutet, daß der Beklagte die Aufrechnung nur für den Fall erklären will, daß die Klageforderung für begründet erachtet werden sollte, diese zunächst also bestritten hat[103] oder wenn gegen sie Einwände erhoben wurden.[104] Nur dann, d. h. soweit die Klageforderung und die Gegenforderung streitig sind, kann § 19 Abs. 3 zum Zuge kommen.[105] Daher ist § 19 Abs. 3 dann nicht anzuwenden, wenn und soweit die Klageforderung unbestritten ist, es sich also in der Sache um eine sog. **Primäraufrechnung** handelt,[106] und zwar selbst dann, wenn mit der Forderung zunächst hilfsweise und erst später primär aufgerechnet wurde.[107] Streitwert bleibt dann allein die unbestrittene Klageforderung. Keine Primäraufrechnung liegt aber vor, wenn der Beklagte gegenüber einer streitigen Klageforderung mit unstreitigen Gegenforderungen aufrechnet. Denn

92 BGH, NJW 1973, 146 = JurBüro 1973, 122 = RPfleger 1973, 53 = Der Betrieb 1973, 918.
93 BGH, NJW-RR 1997, 1157.
94 OLG Hamm, NJW-RR 1992, 448.
95 KG, NJW-RR 2000, 757 = JurBüro 2000, 419.
96 BGH, MDR 1996, 960.
97 OLG Düsseldorf, AnwBl. 1984, 614.
98 KG, NJW-RR 2000, 757.
99 *Hartmann* § 19 Rn. 43.
100 OLG Düsseldorf, MDR 2001, 113.
101 LG Osnabrück, JurBüro 1998, 548.
102 Vgl. zu den Voraussetzungen der Streitwerterhöhung BGH, NJW-RR 1991, 127.
103 OLG Dresden, MDR 1999, 119.
104 LG Erfurt, JurBüro 1997, 534 m. Anm. v. *D.Meyer*.
105 OLG Köln, FamRZ 1992, 1461; OLG München, Der Betrieb, 1987, 1481; LG Bayreuth, JurBüro 1992, 761; *Hartmann* § 19 Rn. 40; **a. M.** OLG Frankfurt/Main, NJW-RR 1986, 106; *Schneider* MDR 1989, 302.
106 LG Bayreuth, JurBüro 1980, 1374; *Mümmler* JurBüro 1980, 346; **a. M.** LG Hannover, JurBüro 1982, 423.
107 Vgl. BGH, NJW-RR 1999, 1736; OLG Hamm, JurBüro 2002, 316; OLG Karlruhe, NJW-RR 1999, 223 = MDR 1999, 1249.

auch hier erfolgt die Aufrechnung nur für den Fall, daß sich die bestrittene Klageforderung als begründet erweist. Allerdings sind auch dann die Voraussetzungen des § 19 Abs. 3 nicht gegeben (vgl. Rn. 31). Etwas anderes gilt selbstverständlich, wenn zur Haupt- eine Hilfsaufrechnung tritt. Dann hat natürlich in der geltend gemachten Reihenfolge eine Zusammenrechnung zu erfolgen.[108]

Die Aufrechnung muß **bestritten** sein.[109] Der Kläger als Prozeßgegner muß den Bestand der Aufrechnungsforderung bestreiten. Würde er die Forderung nicht bestreiten, würde die Aufrechnung in Höhe der Aufrechnungsforderung zur Tilgung der Klageforderung mit allen prozessualen Folgerungen führen, so daß keine Entscheidung über die Aufrechnungsforderung insoweit notwendig würde. Es reicht aus, wenn die Forderung erst im Laufe des Rechtsstreits streitig wird. 31

Über die Aufrechnungsforderung muß eine **der Rechtskraft fähige Entscheidung** ergangen sein. Nach § 322 Abs. 2 ZPO ist nur die (Sach-)Entscheidung, daß die zur Aufrechnung gestellte Forderung nicht besteht, der Rechtskraft fähig.[110] Diese Voraussetzung ist erfüllt, wenn das Gericht feststellt, daß eine zur Aufrechnung geeignete Gegenforderung nicht vorhanden ist, oder wenn es feststellt, daß die Aufrechnungsforderung zwar vorhanden war, aber durch Aufrechnung mit der Klageforderung untergegangen ist. In beiden Fällen entscheidet das Gericht i Erg in der Sache dahin, daß die Aufrechnungsforderung nicht besteht.[111] Nicht ausreichend ist allerdings, wenn das Gericht die Hilfsaufrechnung ohne weitere Sachprüfung nur für unzulässig erklärt (vgl. Rn. 33).[112] Anders liegt es hingegen, wenn die Hilfsaufrechnung als verspätet zurückgewiesen wird,[113] oder wenn die Aufrechnungsforderung so ungenügend individualisiert ist, daß sie deshalb als unbegründet abgewiesen werden muß (analog § 253 Abs. 2 Nr. 2 ZPO).[114] Denn auch dann hatte das Gericht Mehrarbeit infolge der sachlichen Prüfung des Aufrechnungsvorbringens. Vgl. auch oben, Rn. 28 a. E. 32

Keine der Rechtskraft fähige Entscheidung liegt aber vor, wenn über die Aufrechnungsforderung nicht sachlich entschieden wird, weil die Aufrechnungsforderung ungenügend individualisiert wurde, so daß nicht bestimmbar ist, welche Gegenforderungen mit der Hilfsaufrechnung geltend gemacht werden sollen,[115] oder weil sie aus anderen Gründen – zu Recht oder zu Unrecht – für unzulässig erklärt wurde,[116] so daß es einer Schlüssigkeitsprüfung der Aufrechnung nach § 387 BGB nicht bedurfte. Ist dagegen die Gegenforderung ausreichend bestimmbar, aber der Vortrag unsubstantiiert, kann über sie durch eine der Rechtskraft fähige Entscheidung entschieden werden.[117] Auch ein gegen den Beklagten ergehendes Versäumnisurteil enthält keine der Rechtskraft fähige Entschei- 33

108 BGH, MDR 1992, 307; OLG Karlsruhe, MDR 1989, 921; OLG Schleswig, SchlHA 1987, 131.
109 OLG Hamm, MDR 2000, 296.
110 *Thomas-Putzo* § 322 Rn. 48a.
111 *Hartmann* § 19 Rn. 45; Mümmler JurBüro 1978, 3.
112 BGH, MDR 1991, 240.
113 OLG Frankfurt/Main, MDR 1984, 239.
114 OLG Koblenz, JurBüro 2002, 197.
115 BGH, NJW 1994, 1538; OLG Koblenz, JurBüro 2002, 197.
116 BGH, NJW 2001, 3616.
117 BGH, NJW 1994, 1538.

dung über die vom Beklagten geltend gemachte Hilfsaufrechnung.[118] Weist das Gericht eine Klage als unbegründet ab, ohne auf die zur Aufrechnung gestellte Gegenforderung des Beklagten einzugehen, liegt logischerweise auch keine Entscheidung über die Aufrechnungsforderung vor.[119] Denn Voraussetzung für eine Entscheidung über die Aufrechnung ist immer, daß das Gericht in seinem Urteil die Gegenforderung geprüft und sich mit der Frage ihres Bestandes sachlich auseinandergesetzt hat.[120] Das hat es aber z. B. dann (noch) nicht getan, wenn es in seiner Entscheidung dem Beklagten nach § 302 ZPO die Entscheidung über die Aufrechnung vorbehalten hat. Nimmt der Beklagte, der eine Hilfsaufrechnung erklärt hat, sein Rechtsmittel vor der Entscheidung des Gerichts zurück, so ergeht im Rechtsmittelverfahren keine Entscheidung über die Aufrechnungsforderung.[121] Dasselbe gilt, wenn der Kläger die Klage zurücknimmt, nachdem der Beklagte Hilfsaufrechnung erklärt hat.

34 **Streitwerterhöhung:** Nach § 322 Abs. 2 ZPO ist eine Entscheidung dahingehend, daß die Gegenforderung nicht bestehe, nur bis zur **Höhe des Betrages** der Rechtskraft fähig, für den die Aufrechnung geltend gemacht wird.[122] **Maßgeblich** ist insoweit allein **das Urteil,** nicht die Aufrechnungserklärung.[123] Auch wenn die zur Aufrechnung gestellte Forderung die Klageforderung weit übersteigt und das Gericht diese Gesamtforderung für begründet erklärt, ist für den Streitwert des Rechtsstreits – nicht des Vergleichs – die Aufrechnungsforderung höchstens bis zur Höhe der Klageforderung dem Streitwert hinzuzurechnen. Wird idS mit mehreren Forderungen aufgerechnet, erhöht sich der Gebührenstreitwert um den Wert jeder in der vom Aufrechnenden bestimmten Reihenfolge entschiedenen Gegenforderung bis zur Höhe der Klageforderung.[124] Liegt umgekehrt der Wert der zur Aufrechnung gestellten Forderung unter dem Wert der Klageforderung, so ist die Klageforderung nur mit dem geringeren Wert der Aufrechnungsforderung zusammenzurechnen. Es kommt nicht darauf an, ob das Gericht bei seiner Entscheidung über die Aufrechnungsforderung diese Forderung ganz oder z T für begründet erachtet, sondern allein darauf, daß es über die Aufrechnungsforderung entschieden hat. Vergleichen sich die Parteien, so führt der zur hilfsweise zur Aufrechnung gestellte Betrag auch dann nicht zu einer Streitwerterhöhung, wenn die Parteien sich darüber vergleichen,[125] sondern nur zu einer Berücksichtigung bei der Berechnung des Vergleichswertes.

35 Hat das Gericht in seiner Entscheidung die **Klageforderung nur z T für begründet** erachtet und entscheidet es darüber, ob die vom Beklagten zur Aufrechnung gestellte höhere Gegenforderung berechtigt ist, so ist von der Aufrechnungsforderung nur der Betrag dem Klagestreitwert hinzuzurechnen, der für eine Aufrechnung „verbraucht" wird, also nur der Teilbetrag, hinsichtlich dessen das Urteil die Klage für begründet

118 OLG Köln, JurBüro 1971, 165 = MDR 1971, 311 (L).
119 OLG Köln, JurBüro 1971, 165; OLG Frankfurt/Main, JurBüro 1970, 793.
120 OLG Nürnberg, JurBüro 1971, 181.
121 OLG Köln, JurBüro 1995, 144 m. Anm. v. *Mümmler.*
122 Unstr. Vgl. etwa *Thomas/Putzo* § 322 Rn. 40 ff.; OLG Karlsruhe, MDR 1995, 643.
123 OLG Düsseldorf, MDR 1998, 497 = NJW-RR 1998, 643; OLG Schleswig, SchlHA 1983, 198.
124 BGH, NJW 1998, 995; *von König* JurBüro 2001, 235.
125 LArbG Berlin, JurBüro 2001, 253.

erachtet, nicht der Betrag der gesamten Klageforderung, weil hinsichtlich des höheren Betrages keine der Rechtskraft fähige Entscheidung ergeht.[126]

Wird gegen eine bestrittene Forderung hilfsweise mit **mehreren Gegenansprüchen aufgerechnet**, so ist, wenn und soweit die Klage begründet, die Aufrechnungsforderungen jedoch unbegründet ist, der Streitwert nach der Summe des Klageanspruchs und der Gegenansprüche festzusetzen. Das kann dazu führen, daß sich der Streitwert auf ein Vielfaches des Klagewertes erhöht.[127] Der Betrag jeder einzelnen Gegenforderung ist durch den Betrag der begründeten Klageforderung begrenzt.[128] Von mehreren Aufrechnungsforderungen dürfen aber nur diejenigen berücksichtigt werden, über die eine der Rechtskraft fähige Entscheidung ergangen ist.[129] Hier kann es eine unrichtige Sachbehandlung iS v. § 8 GKG durch das Gericht sein, wenn es über weitere geltend gemachte Aufrechnungsforderungen entscheidet, obwohl es nur eine davon hätte zu bescheiden brauchen (Verstoß gegen § 308 ZPO!). **36**

Wenn in den einzelnen Rechtszügen die Aufrechnungen verschieden behandelt werden, können auch für die einzelnen Rechtszüge unterschiedliche Streitwerte entstehen.[130] Der **Streitwert des Rechtsmittelverfahrens** wird im Falle des § 19 Abs. 3 nicht durch den Streitwert der ersten Instanz bestimmt. § 19 Abs. 3 enthält insoweit eine Sonderregelung, die der Bestimmung des § 14 Abs. 2 S 1 vorgeht, sofern man nicht die Geltendmachung der Aufrechnungsforderung als eine Erweiterung des Streitgegenstandes ansehen will. Der Streitwert der Rechtsmittelinstanz ist gegenüber der Vorinstanz höher, wenn erst die Rechtsmittelinstanz im Gegensatz zur Vorinstanz eine der Rechtskraft fähige Entscheidung über eine Aufrechnungsforderung getroffen hat, über die die Vorinstanz nicht entschieden hat oder die erstmals in der Rechtsmittelinstanz eingebracht wurde. Der höhere Streitwert der Rechtsmittelinstanz führt aber – von den Fällen der Zurückverweisung, § 33 GKG, abgesehen – zu keiner Änderung des Streitwertes der Vorinstanz, auch wenn deren Entscheidung durch das Rechtsmittelgericht aufgehoben oder abgeändert wurde oder wenn die Parteien sich in der Rechtsmittelinstanz vergleichen, so daß es im Rechtmittelrechtszug zu keiner Entscheidung über die Hilfsaufrechnung (mehr) kommt.[131] Denn eine der Rechtskraft fähige Entscheidung liegt nicht vor, wenn die Vorinstanz über die Aufrechnung nicht entschieden hat.[132] Trifft im umgekehrten Fall die Vorinstanz eine der Rechtskraft fähige Entscheidung über die Aufrechnungsforderung, während das Rechtsmittelgericht über die Aufrechnungsforderung nicht entscheidet, so bleibt von dieser Entscheidung der Streitwert der Vorinstanz unberührt.[133] An- **37**

126 OLG Bamberg, JurBüro 1977, 380.
127 A. M. OLG Frankfurt/Main, JurBüro 1980, 1544 m. abl. Anm. v. *Mümmler* = MDR 1980, 587 m. abl. Anm. v. *Schneider*.
128 LG Bayreuth, JurBüro 1978, 893 m. Anm. v. *Mümmler*.
129 Vgl. BGH, NJW 1992, 912 = NJW-RR 1992, 316 m. Anm. v. *Mümmler* JurBüro 1992, 563; OLG Düsseldorf, RPfleger 1994, 129; OLG Köln, BGH, JurBüro 1987, 853 = RPfleger 1987, 37; *Oe/Wi/He*; Streitwerthandbuch „Aufrechnung", S. 29 m. zahlreichen weiteren Nachweisen JurBüro 1992, 683 m. Anm. v. *Mümmler*.
130 Vgl. etwa OLG Jena, MDR 2002, 480.
131 OLG Frankfurt/Main, MDR 2001, 776 = JurBüro 2001, 417 = NJW-RR 2001, 1653.
132 KG, JurBüro 1981, 1232 m. Anm. v. *Mümmler*.

dererseits gilt der Streitwert der Vorinstanz aber auch nicht für das Rechtsmittelverfahren, auch wenn in diesem Verfahren die Entscheidung der Vorinstanz überprüft worden ist. Nur wenn und soweit auch das Rechtsmittelgericht selbst eine, wenn auch von der Vorinstanz abweichende, der Rechtskraft fähige Entscheidung über die Aufrechnungsforderung getroffen hat, ist diese in den Streitwert der Rechtsmittelinstanz einzubeziehen.[134] Wird das Rechtsmittel zurückgenommen, ehe eine der Rechtskraft fähige Entscheidung des Rechtsmittelgerichts über die Aufrechnung ergangen ist, bleibt die Aufrechnungsforderung beim Streitwert des Rechtsmittelverfahrens unberührt. In diesem Fall ist nicht die Beschwer, § 14 Abs. 1 S 2 GKG, maßgebend, sondern der Umstand, daß es an einer der Rechtskraft fähigen Entscheidung über die Aufrechnungsforderung durch das Rechtsmittelgericht fehlt.[135] Das gilt auch, wenn das Rechtsmittel ohne Sachprüfung verworfen wird.[136] Wendet sich das Rechtsmittel nur gegen die Entscheidung über die Aufrechnungsforderung, dann ist nur diese für den Streitwert des Rechtsmittelverfahrens maßgebend.[137] Wird gemäß § 24 GKG der Streitwert für die Zulässigkeit des Rechtsmittels festgesetzt, ist diese Entscheidung nach § 24 Abs. 2 GKG für den Gebührenbemessungswert des § 19 Abs. 3 nicht bindend.[138]

38 Die **Streitwerterhöhung wirkt auf den Zeitpunkt zurück, in dem die Aufrechnung erstmals hilfsweise im Rechtsstreit geltend gemacht worden ist.** Sie erfaßt somit die pauschale Verfahrensgebühr, letztere vom Zeitpunkt der Geltendmachung der Aufrechnung an. Das folgt aus dem Wortlt des § 19 Abs. 3. Eine Vorauszahlung der auf die Aufrechnungsforderung entfallenden Verfahrensgebühr kommt aber nicht in Betracht, da die Gebühr – wenn auch rückwirkend – erst mit der rechtskräftigen Entscheidung erwächst. Die aufrechnende Partei wird hinsichtlich der hilfsweise zur Aufrechnung gestellten bestrittenen Gegenforderungen rückwirkend zur Antragstellerin nach § 49 GKG.[139]

39 **Vergleich, Abs. 4:** Wird der Rechtsstreit, in dem der Beklagte Hilfswiderklage erhoben oder hilfsweise die Aufrechnung mit einer bestrittenen Gegenforderung geltend gemacht hat, durch einen Vergleich erledigt und wird die mit der Hilfswiderklage erhobene oder hilfsweise zur Aufrechnung gestellte Gegenforderung im Vergleich sachlich mitbereinigt, so ist für den Wert des Streitgegenstandes des Verfahrens (KV Nr. 1211 Buchst. c) dem Streitwert der Klageforderung der Wert der zur Aufrechnung gestellten Gegenforderung hinzuzurechnen,[140] soweit die Voraussetzungen des § 19 Abs. 3 S 1 gegeben sind, mit

133 OLG Jena, MDR 2002, 480; LG Kassel, NJW-RR 1992, 831. A. M. aber BGH, KostRspr. Nr. 92 zu § 19 Abs. 3 mit abl. Anm. v. E. *Schneider* und zust. Anm. von *Lappe*.
134 OLG Saarbrücken, JurBüro 1980, 897; a. M. OLG Frankfurt/Main, JurBüro 1981, 248 m. abl. Anm. v. *Mümmler*.
135 OLG Karlsruhe, KostRspr. GKG § 19, Nr. 16 m. Anm. v. *Schneider*; OLG Stuttgart, Die Justiz 1972, 249 (L); *Mümmler* JurBüro 1979, 843; a. M.: BGH, NJW 1979, 1208 (L) = MDR 1979, 133 = JurBüro 1979, 41.
136 KG, MDR 1990, 259 m. N.
137 BGH, KostRspr. GKG § 19 Nr. 33 m. Anm. v. *Schneider*.
138 *Mümmler* JurBüro 1978, 5.
139 *Oe/Wi/He* § 49 Rn. 17; a. M. OLG Bamberg, JurBüro 1980, 1545 m. Anm. v. *Mümmler*.
140 OLG München, MDR 1998, 680.

Ausnahme einer der Rechtskraft fähigen Entscheidung über die Aufrechnungsforderung. An ihre Stelle tritt dann der Vergleich.

Wenn eine zur Aufrechnung hilfsweise geltend gemachte Gegenforderung (Abs. 1 S 2) in einen **Vergleich** einbezogen und erledigt wird, gilt das in Rn. 39 Gesagte entsprechend, Abs. 4, wenn und soweit die zur Aufrechnung gestellte(n) Gegenforderung(en) endgültig durch den Vergleich erledigt werden.[141] Keine Erledigung durch den Vergleich liegt vor, wenn die Parteien die Aufrechnungsforderung im Vergleich ausklammern und sie sich insoweit ihre Rechte vorbehalten. Denn dann ist keine gerichtliche Entscheidung darüber ergangen, die entsprechend Abs. 4 durch den Vergleich ersetzt wird. Auch ein Zwischenvergleich erfüllt diese Voraussetzungen noch nicht, wohl aber ein Teilvergleich, der die Aufrechnungsforderung endgültig bereinigt. Erforderlich ist auch, daß es sich um einen **gerichtlich protokollierten Vergleich** handelt. Ein außergerichtlicher Vergleich reicht nicht aus, weil dieser den Rechtsstreit nicht unmittelbar erledigt.[142] Der beiderseitigen Erledigungserklärung des Rechtsstreits, einer Klagerücknahme oder einem Klageanerkenntnis kommt, wenn sie außerhalb des Prozeßvergleichs erfolgen, keine dem § 322 Abs. 2 ZPO vergleichbare Wirkung zu, so daß für sie § 19 Abs. 3, 4 nicht Platz greift. 40

Streitwerterhöhung: Wenn und soweit die Aufrechnungsforderung durch Prozeßvergleich endgültig erledigt wird, treten die gleichen Wirkungen wie bei einer Erledigung durch ein der Rechtskraft fähiges Urteil ein (Rn. 34). Die pauschale Verfahrensgebühr wird daher rückwirkend auf den Zeitpunkt, in dem die Aufrechnungsforderung im Prozeß geltend gemacht wurde, dem Streitwert der Klage bis zu dessen Höhe hinzugerechnet. Ist die erledigte Aufrechnungsforderung so hoch oder höher als die Klageforderung, ist der Streitwert der Klageforderung zu verdoppeln. Ein die Klageforderung überschießender Betrag ist bei der pauschalen Verfahrensgebühr nicht zu berücksichtigen, da § 19 Abs. 4 die entsprechende Anwendung von § 19 Abs. 1 bis 3 vorschreibt und nur in Abs. 3 ausdrücklich auf den Betrag der Gegenforderung abgestellt ist, der gemäß § 322 Abs. 2 ZPO einer Rechtskraft fähig ist.[143] 41

Für den **Gegenstandswert des Prozeßvergleichs** selbst sind sämtliche zur Aufrechnung gestellten Forderungen, die durch den Vergleich erledigt werden, ohne Begrenzung auf den Klagestreitwert zu erfassen.[144] Die Aufrechnungsforderung ist in voller Höhe Gegenstand des Vergleichs. Ein durch die Aufrechnung verbrauchter Teil ist nicht abzuziehen, da dann gegen das Gebot des § 19 Abs. 3, die Streitwerte der Klage und der Aufrechnungsforderungen zu addieren, verstoßen würde. Werden in den Fällen der sog. Primäraufrechnung die nicht bestrittene Klageforderung und die bestrittene Aufrechnungsforderung verglichen, so tritt zwar keine Erhöhung des Streitwerts für das Verfahren ein. Bei der 42

141 Vgl. dazu OLG Köln, JurBüro 1996, 476 und MDR 1998, 680; OLG München, JurBüro 1978, 122; LG Bayreuth, JurBüro 1980, 1219.

142 OLG Koblenz, JurBüro 1977, 1264; OLG Nürnberg, JurBüro 1972, 434.

143 Vgl. (zur alten Fassung) z. B.: OLG Köln, MDR 1979, 412 = JurBüro 1979, 566; OLG Frankfurt/Main, MDR 1980, 64 = JurBüro 1980, 242 m. Anm. v. *Mümmler*; **a. M.** aber z. B.: OLG München, KostRspr. GKG § 19, Nr. 14 (L) m. abl. Anm. v. *Lappe*.

144 OLG München, JurBüro 1998, 260; OLG Köln, JurBüro 1996, 476; OLG Frankfurt, MDR 1980, 64 = JurBüro 1980, 242 m. Anm. v. *Mümmler*; *Mümmler* JurBüro 1978, 6.

Berechnung des Wertes des Vergleichsgegenstandes sind aber die hierfür allgemein geltenden Grundsätze anzuwenden. Die nicht bestrittene Klageforderung und die zur Aufrechnung gestellte bestrittene Gegenforderung sind deshalb im Falle der Primäraufrechnung für den Wert des Vergleichsgegenstandes zu addieren. Es ist nicht Sinn und Zweck dieser Bestimmung, die Grundsätze für die Berechnung des Wertes des Vergleichsgegenstandes für den Fall der Hilfsaufrechnung einzuengen, wofür auch kein Bedürfnis bestünde. Rechnet der Beklagte gegen eine bestrittene Klageforderung hilfsweise mit einer unstreitigen Gegenforderung auf und werden durch einen Vergleich die beiden Forderungen erledigt, so erhöht sich zwar der Streitwert für das Verfahren nicht. Zur Berechnung des Vergleichswertes sind aber auch in diesem Falle die beiden Forderungen zusammenzurechnen. Die gerichtliche Vergleichsgebühr (KV Nr. 1653) ist aus dem Betrag zu erheben, um den der Wert des Vergleichsgegenstandes den Wert des Streitgegenstandes übersteigt.

43 **Vergleich bei Klage und Widerklage**: werden der Haupt- und der Hilfsanspruch des Klägers oder eine Hilfswiderklage oder ein sonstiger Hilfsanspruch des Beklagten durch Vergleich bereinigt, so fehlt es an einer Entscheidung über den Hilfsanspruch, so daß sein Wert für den **Streitgegenstand des Verfahrens** selbst dann außer Betracht zu bleiben hat, wenn er höherwertig als der Klageanspruch ist. Insoweit ist der Wortlt des Gesetzes eindeutig und nicht auslegungsfähig. Lediglich bei der Bestimmung des **Gegenstandswertes des Vergleichs** sind die mitverglichenen höherwertigen Hilfsansprüche mit einzubeziehen, denn § 19 Abs. 4 gilt nur für den Streitgegenstand, nicht aber für den des Vergleichs nach KV Nr. 1653.

44 **Zusammenfassung zur Streitwertberechnung Nach § 19 Abs. 3:**

Primäraufrechnung (oben, Rn. 30)	Nur Wert der Aufrechnungsforderung
Primäraufrechung und Hilfsaufrechnung mit weiteren Forderungen (oben, Rn. 30)	Nur Wert der Aufrechnungsforderungen, soweit darüber entschieden wird.
Primäraufrechnung und Widerklage wegen nicht verbrauchter Aufrechnungsforderung	Addition von Wert des entschiedenen Teils der Aufrechnungsforderung und der Widerklage
Aufrechnung mit unstreitigen Gegenansprüchen (oben, Rnn. 31, 36)	Nur Wert der Klageforderung
Aufrechnung mit nicht bestrittenen Gegenforderungen, aber Einwand der Unzulässigkeit der Aufrechnung (oben, Rn. 33)	Nur Wert der Klageforderung
Aufrechnung mit streitigen Gegenforderungen (oben, Rn. 34)	Addition des Werts der Klage und der entschiedenen Aufrechnungsforderungen
Aufrechnung mit höherer Gegenforderung (oben, Rnn. 34, 35)	Addition von Wert der Klage und auf Höhe der Klageforderung begrenzten Wert der Gegenforderung
Vergleich (oben, Rnn. 29–42)	Es gelten die gleichen Grundsätze wie bei Aufrechnung mit höherer Gegenforderung

Unzulässige oder nicht wirksam erklärte Aufrechnung (oben, Rn. 33)	Wert der Aufrechnung bleibt unberücksichtigt. Nur Wert der Klageforderung

§ 19a
Familiensachen und Lebenspartnerschaftssachen

(1) Die Scheidungssache und die Folgesachen (§ 623 Abs. 1–3, 5, § 621 Abs. 1 Nr. 1–9 der Zivilprozeßordnung) gelten als ein Verfahren, dessen Gebühren nach dem zusammengerechneten Wert der Gegenstände zu berechnen sind. Eine Scheidungsfolgesache nach § 623 Abs. 2, 3, 5, § 621 Abs. 1, 2 oder 3 der Zivilprozeßordnung ist auch dann als ein Gegenstand zu bewerten, wenn sie mehrere Kinder betrifft. § 12 Abs. 3 ist nicht anzuwenden.

(2) Abs. 1 S 1 gilt entsprechend, wenn nach § 621a Abs. 2 der Zivilprozeßordnung einheitlich durch Urteil zu entscheiden ist.

(3) Für die Lebenspartnerschaftssachen nach § 661 Abs. 1 Nr. 1 der Zivilprozeßordnung und deren Folgesachen (§ 661 Abs. 2, § 623 Abs. 1 und 5 der Zivilprozeßordnung) gelten Abs. 1 S 2 und 3 und Abs. 2 entsprechend.

(4) Die Bestellung eines Verfahrenspflegers und deren Aufhebung nach § 50 des Gesetzes über die Angelegenheiten der freiwilligen Gerichtsbarkeit sind Teil der Folgesache.

Die im Zuge der Eherechtsreform 1977 eingefügte und im Rahmen der Kindschaftsreform 1
1998 neu redigierte und durch das Lebenspartnerschaftsgesetz ergänzte Bestimmung enthält **Sondervorschriften für Scheidungs-/Lebenspatnerschaftstrennungs- und Folgesachen**, soweit letztere nicht im Verfahren nach dem FGG durchgeführt werden oder – wie der Versorgungsausgleich (§ 17a) – besonderen Bestimmungen unterworfen sind. Nach § 19a sind die Scheidungssache/Lebenspartnerschaftssache und die mit ihr verbundenen Folgesachen gerichtsgebührenmäßig als ein einheitliches Verfahren mit einem Streitwert, der sich aus dem zusammengerechneten Wert der einzelnen Streitgegenstände ergibt, zu behandeln (Abs. 1 Satz 1). Außerdem wird angeordnet, daß eine nichtvermögensrechtliche Folgesache, die sich auf mehrere Kinder bezieht, trotzdem nur als ein Gegenstand iS des Gerichtskostenrechts zu behandeln ist (Abs. 1 S 2), und daß bei Scheidungs-Lebenspartnerschaftstrennungssachen und Folgesachen entgegen der allgemeinen Bestimmung des § 12 Abs. 2 GKG vermögens- und nichtvermögensrechtliche Ansprüche zusammenzuzählen sind (Abs. 1 S 3). Durch das KostRÄndG 1994 ist schließlich iS der in der Rspr und Literatur herrschend gewesenen Ansicht nunmehr gesetzlich verankert worden, daß für den. sog. Scheidungsverbund nach § 621a Abs. 2 S 1 ZPO **nur** noch eine einheitliche **Kostenrechnung nach den Bestimmungen des GKG** erfolgen soll, so daß

die Grundsätze des § 19a Abs. 1 GKG in solchen Fällen sinngemäß gelten (§ 19a Abs. 2). Sinngemäß gilt das jetzt auch für Lebenspartnerschaftssachen (§ 661 ZPO).

2 **Scheidungs-/Lebenspartnerschaftstrennungssache** ist jedes mit dem Ziel der Ehescheidung nach § 622 ZPO oder der Aufhebung der Lebenspartnerschaft nach § 661 ZPO beantragte Verfahren. **Folgesachen** sind die in § 621 Abs. 1 ZPO genannten **Familiensachen,** § 623 Abs. 1, Abs. 4 ZPO bzw. Lebenspartnerschaftssachen, § 661 ZPO, nämlich: Die **Regelung der elterlichen Sorge über ein gemeinsames Kind** in den Grenzen der Zuständigkeit des Familiengerichts (§ 621 Abs. 1 Nr. 1 ZPO), die **Regelung des persönlichen Verkehrs des nicht sorgeberechtigten Elternteils mit dem Kind** (§ 621 Abs. 1 Nr. 2 ZPO), **Herausgabe des Kindes** an den anderen Elternteil (§ 621 Abs. 1 Nr. 3 ZPO), die **Regelung der durch Verwandtschaft begründeten (gesetzlichen) Unterhaltspflicht gegenüber einem Kind** (§ 621 Abs. 1 Nr. 4 ZPO), die **Regelung der durch die Ehe oder Lebenspartnerschaft begründeten gesetzlichen Unterhaltspflicht** (§ 621 Abs. 1 Nr. 5, 661 Abs. 2 ZPO), die **Regelung des Versorgungsausgleichs** (§ 621 Abs. 1 Nr. 6 ZPO – hierfür aber die besondere Bestimmung des § 17a! –), die **Regelung der Rechtsverhältnisse an der Ehewohnung und dem Hausrat** (§§ 621 Abs. 1 Nr. 7, 661 Abs. 2 ZPO), die **Regelung von Ansprüchen aus dem ehelichen/lebenspartnerschaftlichen Güterrecht** (§§ 621 Abs. 1 Nr. 8, 661 Abs. 2 ZPO) und das Verfahren über die Stundung der Ausgleichsforderung und die Übertragung von Vermögensansprüchen bei Zugewinnausgleich (§§ 621 Abs. 1 Nr. 9, 661 Abs. 2 ZPO i.V.m. §§ 1382, 1383 BGB). Außerdem stellt Abs. 3 klar, daß die Bestellung eines Verfahrenspflegers bzw. dessen Abberufung Teil der Folgesache sind.

3 **Ein Verfahren:** Korrespondierend zu §§ 623 Abs. 1, 661 Abs. 2 ZPO bestimmt § 19a Abs. 1 S 1, daß die Scheidungs/Lebenspartnerschaftssache und die Folgesachen als ein Verfahren gelten, die Streitwerte der Scheidungs/Lebenspartnerschaftssache und der Folgesachen zu einem einheitlichen Streitwert zu addieren und die Gebühren der Scheidungs/Lebenspartnerschaftssache und der Folgesachen aus dem einheitlichen Streitwert zu berechnen sind. Voraussetzung für die Zusammenfassung der Verfahren ist, daß die Entscheidung in der Folgesache von einem Ehegatten/Lebenspartner auch rechtzeitig begehrt wird, § 621 Abs. 1, Abs. 2 ZPO.[1] Denn ohne ausdrücklichen Antrag eines Ehegatten bzw. Lebenspartner wird eine Folgesache nicht anhängig iSv. § 19a GKG, auch wenn das Gericht sie von Amts wegen zu behandeln hat.[2] Der Zusatz eines Scheidungsantrags, „der Zugewinnausgleich wird ausgeführt“, stellt noch kein Begehren auf Entscheidung einer Folgesache dar.[3] Eines Antrages bedarf es auch für die Regelung der elterlichen Sorge über ein gemeinschaftliches Kind, sofern nicht aus Gründen des Kindeswohls von Amts wegen zu befinden ist (§§ 1671 ff. BGB) und über die Durchführung des Versorgungsausgleichs in den Fällen des § 1587b BGB (Übertragung und Begründung von Rentenanwartschaften), § 623 Abs. 3 S 1 ZPO, sowie im Falle der von Amts wegen erfolgenden Verweisung einer Familiensache an das Gericht der Ehesache nach §§ 621 Abs. 3, 623 Abs. 4 ZPO. Allerdings

1 OLG Köln, JurBüro 1978, 1698 m. Anm. v. *Mümmler*.
2 OLG Nürnberg, MDR 1980, 675. **A.M.** wohl OLG Schleswig, JurBüro 1978, 1362.
3 OLG Frankfurt/Main, JurBüro 1979, 1682.

muß auch in diesem Falle ein Verfahren eingeleitet worden sein,[4] etwa durch Anfragen nach Versorgungsanwartschaften.[5] Keine Einleitung eines Folgeverfahrens liegt vor, wenn das Gericht nur den Scheidungs-/Lebenspartnerschaftsaufhebungsantrag behandelt und verbescheidet.[6] Wenn aber eine Zusammenfassung der Scheidungs/Lebenspartnerschaftsaufhebungssache und der Folgesachen in verfahrenswidriger Weise erfolgt, ist § 19a gleichwohl anzuwenden.

Ein Verfahren bedeutet, daß die Gebühren für das Verfahren im allgemeinen und die Gebühr für die Entscheidung/Lebenspartnerschaftsaufhebung in jeder Instanz nur einmal erhoben werden dürfen, § 27 GKG, wobei es möglich ist, daß die Gebühr für das Verfahren im allgemeinen höher ist, als die Entscheidungsgebühr, wenn und soweit letztere nur einen Teil des Streitwertes betrifft (§ 21 GKG).[7] Bei einem Antrag auf einverständliche Scheidung/Aufhebung der Lebenspartnerschaft haben die nach § 630 ZPO erforderlichen Erklärungen der Parteien keinen unmittelbaren Einfluß auf den Streitgegenstand des Verfahrens,[8] und zwar auch dann nicht, wenn in einer Einigung nach § 630 Abs. 1 Nr. 3 ZPO die Regelung einer sonstigen Familiensache erfolgt.[9] Hat das Gericht die elterliche Sorge über ein gemeinschaftliches Kind, die Regelung des persönlichen Verkehrs und über den Versorgungsausgleich von Amts wegen zu entscheiden, sind die Werte dieser Folgesachen dem Wert der Scheidungs/Lebenspartnerschaftsaufhebungssache hinzuzurechnen.[10] Werden sonstige Folgesachen, z. B. Unterhaltspflicht, Wohnung und Hausrat, mangels des nach § 623 Abs. 1 erforderlichen Antrags der Parteien nicht in das Scheidungs/Aufhebungsverfahren einbezogen, haben sie auf den Streitwert des Verfahrens keinen Einfluß, selbst wenn über sie eine Vereinbarung gerichtlich beurkundet wird. In diesem Fall entsteht auch keine gerichtliche Vergleichsgebühr nach KV Nr. 1660. Eine Folgesache verliert im familienrechtlichen Verfahren und im Verfahren in Lebenspartnerschaftssachen auch durch ihre Abtrennung nach § 628 Abs. 1 ZPO oder nach § 661 Abs. 2 i. V. m. § 628 Abs. 1 ZPO nicht die Eigenschaft als Folgesache.[11] 4

Zusammengerechneter Wert: Der Streitwert der **Scheidungs/Lebenspartnerschaftsaufhebungssache** folgt aus § 12 Abs. 2 S 1, 2, 4 GKG (vgl. dort). Der Streitwert der **Folgesachen** bestimmt sich nach § 12 Abs. 2 S 3 GKG, soweit sie nichtvermögensrechtlich sind, der des Versorgungsausgleichs nach § 17a GKG. Der Geschäftswert der Wohnungs- und Hausratsregelung richtet sich nach § 21 Abs. 2 HausrVO. Für die Anträge aus dem ehelichen Güterrecht ist der jeweilige, erforderlichenfalls nach § 3 ZPO zu bewertende, Antrag, maßgebend. Soweit Folgesachen iS des Abs. 1 mit dem Scheidungsverfahren oder dem Verfahren über die Aufhebung der Lebenspartnerschaft verbunden werden, § 623 Abs. 1 ZPO, §§ 661 Abs. 2 i. V. m. § 623 Abs. 2 ZPO, ist ihr Wert gesondert festzustellen und mit dem Wert der Scheidungssache oder Aufhebungssache zusammenzuzählen. Aus 5

4 KG, FamRZ 1979, 159.
5 KG, FamRZ 1979, 159; a. M. OLG Hamm, JurBüro 1979, 1336.
6 OLG Nürnberg, MDR 1980, 675 = JurBüro 1980, 897.
7 Vgl. *Mümmler* JurBüro 1978, 785.
8 OLG Celle, JurBüro 1978, 103 m. Anm. v. *Mümmler* = NdsRpfl. 1977, 348.
9 OLG München, JurBüro 1979, 1550.
10 OLG Celle, JurBüro 1978, 103.
11 OLG Bamberg, JurBüro 1979, 1551.

diesem zusammengerechneten Wert berechnet sich dann die allgemeine Verfahrensgebühr und – soweit die Entscheidung auch über die Folgesachen ergeht – die Entscheidungsgebühr. Betrifft die Entscheidung nur einen Teil des Streitgegenstandes, ist nach § 21 GKG nur dieser Teil für die Entscheidungsgebühr maßgebend. Voraussetzung einer Zusammenrechnung ist aber immer, daß die Folgesachen auch tatsächlich Verfahrensgegenstand waren. Die Regelungen der elterlichen Sorge und des Versorgungsausgleichs haben von Amts wegen zu erfolgen (§ 623 Abs. 3 S 1 ZPO). Falls für diese Regelungen die sachlichen Voraussetzungen gegeben sind, z. B. das Vorhandensein eines Kindes, ist der Wert dieser Verfahren zu berücksichtigen. Andere Folgesachen werden aber nur berücksichtigt, soweit sie zum Verfahrensgegenstand gemacht wurden.[12]

6 **Mehrere Kinder,** Abs. 1 S 2: Betrifft eine Folgesache die Regelung für mehrere Kinder, so ist hierfür nur ein Wert anzusetzen. Es muß sich aber um die gleiche Folgesache handeln, z. B. um die Regelung der elterlichen Sorge für jedes Kind. Da Verfahren, die mehrere Kinder betreffen, mindestens eine größere Bedeutung haben dürften als solche, die sich nur auf ein Kind beziehen, werden die für derartige Folgesachen vorgesehenen Werte entsprechend anzuheben sein.[13] Die Vorschrift bezieht sich aber nur auf die nichtvermögensrechtlichen Angelegenheiten nach § 621 Abs. 1 Nrn. 1–3 ZPO. Für nichtvermögensrechtliche Ansprüche (z. B. Unterhalt für mehrere Kinder) sind die Ansprüche nach § 5 ZPO zusammenzurechnen.

7 **Zusammenrechnung von nichtvermögensrechtlichen und vermögensrechtlichen Ansprüchen,** Abs. 1 S 3: Die für solche Fälle im § 12 Abs. 3 GKG getroffene Regelung, wonach jeweils der höhere Anspruch streitwertbestimmend ist, gilt für Scheidungs/Aufhebungs- und Folgesachen nicht. Sie werden grundsätzlich zusammengerechnet, auch wenn sie voneinander abgeleitet sind.[14] In Betracht kommen die nichtvermögensrechtlichen Verfahren der Scheidungs/Aufhebungssache und die Folgesachen nach § 621 Abs. 1 Nrn. 1–3 ZPO gegenüber den vermögensrechtlichen übrigen Folgesachen.

8 Auf die Streitwertberechnung im Verfahren der **einstweiligen Anordnung nach § 620 ZPO** kann § 19 a nicht sinngemäß angewendet werden. Hier gilt § 20 GKG.

9 Für das im § 19 a nicht geregelte **Beschwerdeverfahren** (vgl. §§ 620 c S 1; 620 f S 3 ZPO) ist für die nach KV Nr. 1951 anzusetzende Gebühr der Wert nach § 3 ZPO zu schätzen, wobei sich die sinngemäße Anwendung des § 8 BRAGO anbietet.[15]

12 OLG Bamberg, JurBüro 1978, 1358.
13 H. M. vgl. z. B.: OLG Köln, JurBüro 1981, 588; OLG Bamberg, JurBüro 1980, 408.
14 OLG Celle, JurBüro 1978, 103. Vgl. auch *Göppinger* AnwBl. 1977, 439.
15 *Oe/Wi/He* „Teil 7 – Einstweilige Anordnung“ (S. 72) –; *Mümmler* JurBüro 1978, 324; 861; 1980, 970.

§ 20
Einstweiliger Rechtsschutz, Verfahren nach § 319 Abs. 6 des Aktiengesetzes, auch iVm § 327e des Aktiengestezes, oder § 16 Abs. 3 des Umwandlungsgesetzes

(1) Im Verfahren über einen Antrag auf Anordnung, Abänderung oder Aufhebung eines Arrestes oder einer einstweiligen Verfügung bestimmt sich der Wert nach § 3 der Zivilprozeßordnung. Entsprechendes gilt im Verfahren über den Antrag auf Zulassung der Vollziehung einer vorläufigen oder sichernden Maßnahme des Schiedsgerichts sowie im Verfahren auf Aufhebung oder Abänderung einer Entscheidung auf Zulassung der Vollziehung (§ 1041 der Zivilprozeßordnung).

(2) Ist in einem Verfahren nach § 620 S 1 Nr. 4 und 6, oder § 644 der Zivilprozeßordnung, die Unterhaltspflicht zu regeln, so wird der Wert nach dem sechsmonatigen Bezug berechnet. Im Verfahren nach § 620 S 1 Nr. 7 und 9 der Zivilprozeßordnung, auch iVm § 661 Abs. 2 der Zivilprozeßordnung, bestimmt sich der Wert, soweit die Benutzung der Ehewohnung zu regeln ist, nach dem dreimonatigen Mietwert, soweit die Benutzung des Hausrats zu regeln ist, nach § 3 der Zivilprozeßordnung.

(3) Im Verfahren über einen Antrag auf Erlaß, Abänderung oder Aufhebung einer einstweiligen Anordnung nach § 123 der Verwaltungsgerichtsordnung oder § 114 der Finanzgerichtsordnung und in Verfahren nach § 47 Abs. 8 [jetzt: 6], § 80 Abs. 5 bis 8, § 80 a Abs. 3 der Verwaltungsgerichtsordnung, § 69 Abs. 3, 5 der Finanzgerichtsordnung oder § 50 Abs. 3 3 bis 5 des Wertpapiererwerbs- und Übernahmegesetzes bestimmt sich der Wert nach § 13 Abs. 1.

(4) In Verfahren nach § 319 Abs. 6 des Aktiengesetzes, auch iVm § 327e Abs. 2 des Aktiengestezes, oder § 16 Abs. 3 des Umwandlungsgesetzes bestimmt sich der Wert nach § 3 der Zivilprozeßordnung. Er darf jedoch im Falle des § 319 Abs. 6 des Aktiengesetzes oder des § 16 Abs. 3 des Umwandlungsgesetzes ein Zehntel des Grundkapitals oder Stammkapitals des übertragenen oder formwechselnden Rechtsträgers oder, falls der übertragende oder formwechselnde Rechtsträger ein Grundkapital oder Stammkapital nicht hat, ein Zehntel des Vermögens des Rechtsträgers, höchstens jedoch 500 000 Euro nur insoweit übersteigen, als die Bedeutung der Sache für die Parteien höher zu bewerten ist.

Übersicht

1 **Allgemeines:** Die Vorschrift soll dem Umstand Rechnung tragen, daß die dort aufgeführten Maßnahmen grundsätzlich nur vorläufiger Art sind und daß es deshalb unbillig sein kann, als Streitwert den Betrag des Hauptsacheverfahrens zugrunde zu legen. Die Vorschrift wird durch eine Wertfestsetzung für die Zuständigkeit des Gerichts oder die Zulässigkeit eines Rechtsmittels nicht berührt, § 24 S 2 GKG.

2 **Arrest und einstweilige Verfügung,** Abs. 1: Die Bestimmung ist nur anwendbar bei einem Antrag auf Anordnung, Abänderung oder Aufhebung eines Arrestes oder einer einstweiligen Verfügung, §§ 916 ff., 935 ff. ZPO sowie auf Eilmaßnahmen im Schiedsverfahren, § 1041 ZPO einschließlich des Widerspruchsverfahrens nach § 924 ZPO und des Antrages auf Anordnung der Klageerhebung nach § 926 ZPO. Denn beide gehören zum Anordnungsverfahren und können deshalb keine besonderen Gebühren auslösen. Das Anordnungsverfahren und das Aufhebungsverfahren bilden je für sich ein gesondertes Verfahren (vgl. KV vor Nrn. 1310 ff.). Die Bestimmung gilt auch für Vergleiche über die Sicherstellung des Arrestanspruchs (vgl. KV Nr. 1312 Buchst. c). Entsprechend anzuwenden ist § 20 auf die vorzeitige Besitzeinweisung nach dem BBauG.[1]

3 **Nicht anwendbar** ist § 20 auf das Verfahren zur **Vollziehung des Arrestes,** §§ 928 ff. ZPO. Hier bestimmt sich der Streitwert nach § 6 ZPO.[2] Für Zivilsachen kommt dieser Streitfrage allerdings kaum noch Bedeutung zu, weil nach KV Nr. 1640 eine Festgebühr vorgesehen ist. Für die Verwaltungs- und Finanzgerichtssachen gilt die Sonderregelung nach § 20 Abs. 3 GKG. Gerichtskosten, die durch die Eintragung eines Widerspruchs oder einer Vormerkung im Grundbuch anfallen, sind keine Kosten der Vollziehung.[3] Nicht anwendbar ist § 20 Abs. 1 auch auf die einstweiligen Anordnungen im Eheprozeß nach § 620 ZPO. Insoweit gilt Abs. 2.

4 Der **Streitwert** bestimmt sich nach § 3 ZPO, ist also nach freiem, aber pflichtgemäßem Ermessen des Gerichts zu bestimmen.[4] Maßgebend ist das Interesse des Antragstellers an

1 OLG Hamburg, NJW 1965, 2404.
2 Streitig. Vgl. – wie hier – LG Hannover, JurBüro 1969, 432 einerseits und OLG Hamm, JurBüro 1969, 163 anderseits.
3 OLG München, MDR 1974, 939.
4 OLG Schleswig, SchlHA 1978, 22.

der einstweiligen Regelung oder Sicherung.[5] Das Interesse des Antragsgegners ist für die Streitwertbestimmung irrelevant. Der Streitwert einer einstweiligen Verfügung kann daher geringer sein, als eine in der einstweiligen Verfügung angedrohten Geldstrafe für den Fall einer Zuwiderhandlung.[6] Allerdings kann der Streitwert niemals höher sein. als der volle Wert der Hauptsache im Zeitpunkt des Antrags auf die einstweilige Verfügung oder den Arrest. In der Regel wird er niedriger sein, und zwar etwa 1/3–1/2.[7] Ein unter einem Drittel des Wertes der Hauptsache liegender Wert wäre allerdings kaum gerechtfertigt.[8] Im Einzelfall kann sogar der Wert der Hauptsache erreicht werden.[9] Das wird insbesondere dann der Fall sein müssen, wenn zu erwarten ist, daß durch die einstweilige Entscheidung der Streit abschließend geklärt werden wird, so daß es zu einem Hauptsacheverfahren gar nicht mehr kommt.[10] Das wird vornehmlich in Wettbewerbssachen häufig zutreffen[11] oder dann, wenn nur infolge der Sicherstellung durch den Arrest eine Befriedigungsmöglichkeit gewährleistet ist und für diese Befriedigung voll ausreichende im Wege des Arrestes pfändbare Vermögenswerte des Arrestschuldners vorhanden sind,[12] oder wenn durch einstweilige Verfügung auf Eintragung einer Auflassungsvormerkung der Totalverlust des Grundstücks vermieden werden soll.[13] Der Umfang und die Schwierigkeit des Verfahrens haben aber nur in nichtvermögensrechtlichen Angelegenheiten Einfluß auf den Streitwert.[14] Bei einstweiligen Regelungen muß unter Berücksichtigung der gesamten Darlegungen des Antragstellers dessen wirkliches Begehren klargestellt und in freier Schätzung beziffert werden.[15]

Beispiele: 5

- *Arrest:* Halber Wert der durch Arrest zu sichernden Forderung,[16] teilweise auch nur ein Drittel bis ein Viertel.[17]
- *Auflassungsvormerkung, Eintragung im Grundbuch durch einstweilige Verfügung:* Ein Drittel bis die Hälfte des Interesses des Antragstellers.[18]
- *Besondere Wertvorschriften:* Bestehen für das Hauptsacheverfahren besondere Wertvor-

5 OLG Düsseldorf, WettbR 1996, 44; OLG Koblenz, MDR 1994, 738; OLG Hamburg, MDR 1961, 156; OLG Köln, MDR 1963, 510.

6 OLG Neustadt, JurBüro 1961, 457.

7 Das ist unstr. Vgl. etwa OLG Oldenburg, NJW-RR 1996, 946; LG Frankfurt/Main, JurBüro 1995, 487; OLG Bamberg, JurBüro 1991, 1690; OLG Saarbrücken, JurBüro 1990, 1661; OLG Schleswig, JurBüro 1971, 538, jeweils m. N.

8 So zutr *Hartmann* § 20 Rn. 2 gegen OLG Köln, GRUR 1988, 726 (1/7.–1/8.).

9 OLG Bamberg, JurBüro 1975, 793. Vgl. auch bei *Hartmann* § 20 Rn. 3 m. N.

10 OLG Bamberg, JurBüro 1978, 1552; OLG Schleswig, SchlHA 1978, 22; OLG Köln, JurBüro 1977, 1118; LAG Hamm, AnwBl. 1981, 107. Vgl. auch *Hartmann* § 20 Rn. 4.

11 OLG Frankfurt, JurBüro 1981, 605 = WRP 1979, 792; *Hartmann* § 20 Rn. 4.

12 OLG Celle, JurBüro 1970, 167 = NdsRPfl. 1970, 111.

13 OLG Frankfurt/Main, JurBüro 1958, 253.

14 LG Darmstadt, JurBüro 1976, 1090.

15 OLG Köln, JurBüro 1980, 741.

16 OLG Frankfurt/Main, JurBüro 1960, 221 = MDR 1960 411 (L).

17 Vgl. etwa OLG Bamberg, JurBüro 1980, 278; OLG Celle, JurBüro 1969, 539; KG, JVBl. 1960, 228.

18 OLG Frankfurt/Main, JurBüro 1958, 253.

schriften (z. B.: §§ 12 Abs. 2, 16, 17 GKG, 9 ZPO), so kann der Wert des Eilverfahrens diese Wertgrenzen nicht über-, sondern nur unterschreiten.[19]

- *Besitzstörungen:* Der halbe Wert des Hauptsacheverfahrens.[20]
- *einstweilige Verfügung:* In der Regel der halbe Wert der Hauptsache.[21]
- *ehrverletzende Behauptungen, Unterlassung:* Der Wert des Eilverfahrens hängt vom Interesse des Antragstellers ab und ist der Höhe nach nur durch den Wert eines Hauptsacheverfahrens begrenzt. In der Regel wird er dem Wert der Hauptsache sehr nahe kommen müssen oder diesen sogar erreichen, wenn zu erwarten ist, daß ein Hauptsacheverfahren nicht weiter geführt werden wird.
- *Herausgabe von Sachen:* Der Verkehrswert der Sache bildet die Höchstgrenze des Wertes des Eilverfahrens,[22] selbst wenn der durch die einstweilige Verfügung abzuwendende drohende Schaden des Antragstellers größer wäre.[23]
- *Hinterlegung eines Grundschuldbriefes durch einstweilige Verfügung:* Das Interesse des Antragstellers an der Hinterlegung.
- *Markenrechtsstreitigkeiten:* Nur wenn der markenrechtliche Angriff von besonderer Qualität oder Gefährlichkeit oder sonst objektive Gründe vorliegen, die eine höhere Bewertung zulassen, ist vom Regelstreitwert von 900 € abzuweichen.[24]
- *Mindeststreitwert:* 300 € bei nichtvermögensrechtlichen Streitigkeiten darf auch bei Eilverfahren nicht unterschritten werden.
- *Überbau, Einstellung im Wege der einstweiligen Verfügung:* Interesse des Antragstellers an der Einstellung.
- Vormerkung, Eintragung durch einstweilige Verfügung im Grundbuch, insbesondere zur Sicherung einer Bauhandwerkersicherungshypothek: Ein Drittel bis ein Viertel der zugrundeliegenden (Handwerker-)Forderung.[25]
- *Vormerkung zur Sicherung eines Vorkaufsrechts:* Wie Auflassungsvormerkung.
- *Widerspruch, Eintragung im Grundbuch durch einstweilige Verfügung:* Von einem Drittel bis zur Hälfte des Hauptsachewertes.[26]
- *Zugang, Erzwingung des Zugangs zu einem Grundstück:* 10 % des Verkehrswertes des Grundstücks.[27]

6 Werden **mehrere Ansprüche** geltend gemacht, so sind die Einzelstreitwerte nach den allgemeinen Bestimmungen zusammenzuzählen. Das gilt auch für mehrere nichtvermögensrechtliche Ansprüche. Es ist ohne Einfluß auf den Streitwert, wenn das Eilverfahren wiederholt wird, obwohl ein Verbot vorliegt.[28] Wird in dem Eilverfahren die noch nicht anhängige Hauptsache mitverglichen, sind die Streitwerte des Eilverfahrens und des

19 OLG Hamm, JurBüro 1979, 875.
20 OLG Köln, VersR 1976, 740 (L).
21 OLG Saarbrücken, KostRspr. GKG § 20 Nr. 18 (L).
22 OLG Bamberg, JurBüro 19759, 438.
23 KG, RPfleger 1962, 120 (L).
24 Dazu OLG Schleswig, SchlHA 1998, 163.
25 OLG Düsseldorf, JurBüro 1975, 649 m. w. N.
26 OLG Braunschweig, JurBüro 1974, 1435. Vgl. dazu auch *Schneider* JurBüro 1978, 1603 m. N.
27 OLG München, JurBüro 1973, 1191.
28 OLG Frankfurt/Main, JurBüro 1969, 342.

Hauptsacheverfahrens nur für den Vergleichswert zusammenzuzählen.[29] Ein Antrag, der auf Erlaß des persönlichen und des dinglichen Arrestes gerichtet ist, hat nur einen Streitwert. Werden in einem Antrag sowohl Arrest als auch einstweilige Verfügung beantragt, so hat jeder Antrag einen eigenen Streitwert; beide Werte sind dann zu addieren.[30] Ist einer dieser Anträge nur hilfsweise gestellt, gilt § 19 GKG.

7 Der Streitwert des **Aufhebungsverfahrens** entspricht dem des Anordnungsverfahrens, sofern der Antrag im Aufhebungsverfahren nicht gegenüber dem Anordnungsverfahren beschränkt wird.[31] Beantragt der Arrestschuldner keine Aufhebung nach § 927 ZPO, sondern klagt er auf Abgabe einer Löschungsbewilligung, bestimmt sich der Streitwert nach § 6 ZPO.[32]

8 Das **Zins- und Kostenpauschquantum** ist nicht zu berücksichtigen,[33] weil es sich hierbei um Nebenforderungen iS von § 22 GKG, § 4 Abs. 1 ZPO handelt.[34]

9 Abs. 1 ist auch in **Arbeitsgerichtsverfahren** anzuwenden.

10 **Einstweilige Anordnungen auf Unterhalt in Ehe- Lebenspartnerschafts- und Kindschaftssachen sowie Wohnungs- und Hausratssachen, Abs. 2:** Nach § 620 S 1 Nr. 4, 6 ZPO; § 661 Abs. 2 ZPO kann das Gericht in Ehesachen und in Lebenspartnerschaftssachen auf Antrag im Wege der einstweiligen Anordnung u. a. die Unterhaltspflicht gegenüber einem Kind im Verhältnis der Ehegatten zueinander und den Unterhalt eines Ehegatten regeln. Beide Unterhaltsanordnungen fallen unter Abs. 2. Wird ein unzulässiger Antrag iS von Abs. 2 gestellt, so ist der Streitwert gleichwohl nach § 20 Abs. 2 zu bestimmen. Zulässig ist der Antrag, sobald die Ehesache anhängig oder der Antrag auf Bewilligung von Prozeßkostenhilfe eingereicht worden ist. Wird aber der auf § 620 ZPO gestützte Antrag als ein Antrag auf einstweilige Verfügung umgedeutet, so ist der Streitwert nach § 20 Abs. 1 GKG i.V.m. § 3 ZPO zu bestimmen.

11 **Verfahren nach § 641d ZPO:** Hiernach kann in einem Rechtsstreit auf Feststellung des Bestehens der Vaterschaft das Gericht auf Antrag des nichtehelichen Kindes durch einstweilige Anordnung bestimmen, daß der als Vater beklagte Mann dem Kinde Unterhalt zu zahlen oder für diesen Unterhalt Sicherheit zu leisten hat, und die Höhe des Unterhalts regeln. Sofern es um eine einstweilige Verfügung nach § 1615 o BGB geht, richtet sich der Streitwert aber immer nach Abs. 1.[35]

12 **Nicht anzuwenden** ist Abs. 2 auf Unterhaltsklagen, für die § 17 Abs. 1 GKG einschlägig ist. Ebenso findet Abs. 2 keine Anwendung auf einstweilige Anordnungen hinsichtlich der elterlichen Sorge (§ 620 S 1 Nr. 1 ZPO), des persönlichen Verkehrs mit dem Kinde (§ 620 S 1 Nr. 2 ZPO), der Herausgabe des Kindes an den anderen Elternteil (§ 620 S 1 Nr. 3 ZPO), des Getrenntlebens der Ehegatten/ (§ 620 S 1 Nr. 5 ZPO) wegen Herausgabe oder Benutzung

29 OLG München, JurBüro 1969, 514 m. Anm. v. *Schneider.*
30 OLG München, BayJMinBl. 1952, 164.
31 OLG Bamberg, JurBüro 1974, 1150; OLG Frankfurt/Main, ZIP 1980, 1044 (Beschwwert); OLG Köln, VersR 1973, 1032 (L) = Der Betrieb 1973, 20, 2036 (L); *Schneider* JurBüro 1977, 1516.
32 OLG München, JurBüro 1963, 357; **a. M.** OLG Köln, MDR 1977, 495 (Anwendung des § 20 GKG).
33 OLG Köln, MDR 1962, 60; KG, NJW 1965, 1029 = JurBüro 1965, 224.
34 OLG Köln, MDR 1962, 60 = JurBüro 1961, 621.
35 *Hartmann* § 20 Rn. 17.

von Sachen (§ 620 S 1 Nr. 8 ZPO) und der Leistung eines Prozeßkostenvorschusses (§ 620 S 1 Nr. 9 ZPO) bzw. der entsprechenden einstweiligen Anordnungen in Lebenspartnerschaftssachen (§ 661 Abs. 2 ZPO). Hier ist der Streitwert nach §§ 20 Abs. 1 GKG, 3 ZPO zu bestimmen. Soweit es um eine negative Feststellungsklage gegen eine einstweilige Anordnung geht, richtet sich der Kostenstreitwert ebenfalls immer nach § 17 GKG und nicht nach § 20 Abs. 2.[36]

13 **Der Streitwert** der unter Abs. 2 fallenden einstweiligen Anordnungen berechnet sich nach dem 6-monatigen Bezug (Abs. 2 S 1), wie er sich aus dem Antrag des Antragstellers ergibt. Es kommt nicht darauf an, welchen Betrag das Gericht tatsächlich zuspricht. Selbst wenn die durch die einstweilige Anordnung geregelte Zeit der Unterhaltsleistung wegen einer Beendigung des Rechtsstreits innerhalb der 6-Monatsfrist kürzer als 6 Monate ist, gilt für den Streitwert der 6-monatige Betrag.[37] Anders verhält es sich nur, wenn im Antrag die Unterhaltsleistung von vornherein auf einen kürzeren Zeitraum beschränkt wird, was dann aber im Antrag deutlich zum Ausdruck gebracht werden muß.[38] Dann ist dieser kürzere Zeitraum maßgebend.[39] Umgekehrt erhöht sich der 6-Monatsstreitwert nicht, wenn die einstweilige Anordnung über den Zeitpunkt der Rechtskraft der Ehescheidung oder Aufhebung der Lebenspartnerschaft hinaus wirkt. Auch wenn der Antrag im Falle des § 641 d ZPO nur auf Sicherheitsleistung geht, richtet sich der Streitwert nach dem Sechsmonatsbetrag. Abs. 2 unterscheidet nicht zwischen Zahlung und Sicherheitsleistung. Das wäre auch nicht angemessen, zumal der Streitwert nach dem 6-Monatsbetrag ohnehin sehr niedrig bemessen wird, wenn man bedenkt, daß der Vaterschaftsprozeß sich mitunter über Jahre hinziehen kann.

14 **Freiwillige Leistungen** des Schuldners haben auf den Streitwert keinerlei Einfluß.[40] **Unterhaltsrückstände** sind dagegen hinzuzurechnen, auch wenn ihre Geltendmachung im Verfahren der einstweiligen Verfügung nicht möglich ist.[41] Auch ein unzulässiger Antrag hat einen Streitwert nach Abs. 2. Bei einer **Vollstreckungsgegenklage** gegen eine der in Abs. 2 genannten einstweiligen Anordnungen richtet sich der Streitwert nach Abs. 2. Die bis zur Einreichung der Klage erwachsenen Rückstände sind in entsprechender Anwendung des § 17 Abs. 4 dem Streitwert hinzuzurechnen.[42] Die Werte **mehrerer** der im § 620 ZPO genannten **Verfahren** auf einstweilige Anordnung sind gemäß § 12 Abs. 1 GKG, 5 ZPO zu addieren. Soweit es sich aber um aus einem nichtvermögensrechtlichen Anspruch abgeleitete vermögensrechtliche Ansprüche handelt, ist § 12 Abs. 3 (und nicht die Sonderbestimmung des § 19 a Abs. 1 S 3 GKG) anzuwenden.[43]

15 **Benutzung der Ehewohnung bzw. der gemeinsamen Wohnung der Lebenspartner und des Hausrats, Abs. 2 S 2:** Nach §§ 620 S 1 Nr. 7; 661 Abs. 2 ZPO kann das Gericht in

36 OLG Schleswig, JurBüro 1992, 489, m. w. N.
37 OLG Brandenburg, JurBüro 2001, 94; OLG Nürnberg, JurBüro 1997, 196; OLG Hamm, JurBüro 1982, 105.
38 OLG Hamm, JurBüro 1991, 1535.
39 OLG Nürnberg, JurBüro 1997, 196.
40 KG, RPfleger 1962, 118 (L).
41 OLG Saarbrücken, KostRspr GKG § 20 Nr. 39 (L).
42 OLG Nürnberg, RPfleger 1963, 178 (L); LG Duisburg, JurBüro 1960, 492.
43 A. M. *Herbert Schmidt* JurBüro 1979, 1268.

Ehesachen und in Lebenspartnerschaftssachen auch die Benutzung der Ehe-/Lebenspartnerwohnung und des Hausrats regeln. Während für die endgültige Regelung der Streitwert für das Nutzungsrecht an der Wohnung nach § 21 Abs. 2 HausrVO dem einjährigen Mietwert entspricht, bestimmt Abs. 2 S 2, daß für das einstweilige Anordnungsverfahren insoweit nur der dreimonatige Mietwert maßgebend ist.

Der Streitwert einer einstweiligen Anordnung über die **Benutzung des Hausrats** (§ 620 S 1 Nr. 7 ZPO) richtet sich nach § 3 ZPO. Das deckt sich teilweise mit § 21 Abs. 2 S 2 HausrVO, wonach auch dann, wenn der Streit im wesentlichen nur um die Nutzung des Hausrats geht, das Interesse der Beteiligten an der Regelung maßgebend ist. Für das Verfahren der einstweiligen Anordnung kommt es jedoch nur auf das Interesse des Antragstellers an, während das des Antragsgegners unmaßgeblich zu bleiben hat. Der Wert der Gegenstände ist dabei aber nur mit einem Bruchteil ihres Verkehrswertes, erst recht nicht mit ihrem Neuanschaffungswert, zu berücksichtigen.[44] 16

Vergleich: Nach Abs. 2 berechnet sich auch der Streitwert eines im Verfahren nach § 620 ZPO abgeschlossenen Vergleichs, soweit der Vergleich den Unterhalt oder die Benutzung der Ehewohnung und des Hausrats nur für die Dauer des Rechtsstreits regelt. Geht der Vergleich über diesen Rahmen hinaus, sind für die Berechnung des Wertes des Vergleichsgegenstandes die §§ 12 Abs. 2, 17 Abs. 1 GKG, 3, 6 ZPO, 21 Abs. 2 HausrVO anzuwenden.[45] Ausgleichsleistungen, die im Rahmen eines Vergleichs der andere Ehegatte für die Aufgabe der Wohnung erhält, erhöhen den Wert des Vergleichsgegenstandes nicht.[46] 17

Beschwerde: Soweit Entscheidungen nach §§ 620, 620 b ZPO überhaupt anfechtbar sind (vgl. § 620 c S 2 ZPO), bestimmt sich der Beschwerdewert für die nichtvermögensrechtlichen Angelegenheiten nach § 12 Abs. 2 GKG. Hinsichtlich der Ehewohnung richtet sich der Beschwerdewert nach Abs. 2 (dreimonatiger Mietwert). Wird eine unzulässige Beschwerde erhoben, erwächst die Gebühr nach KV Nr. 2502, deren Wert sich für nichtvermögensrechtliche Angelegenheiten nach § 12 Abs. 2 GKG und für vermögensrechtliche Angelegenheiten nach § 3 ZPO richtet. 18

Einstweilige Anordnungen nach § 123 VwGO usw., Abs. 3: Die mit dem KostRÄndG 1975 neu eingefügte Bestimmung regelt den Streitwert für einstweilige Anordnungsverfahren in Verwaltungs- und Finanzgerichtssachen und für die solchen Angelegenheiten verwandten Verfahren über Maßnahmen wegen der sofortigen Vollziehung oder der Aussetzung oder des Aufschubs der Vollziehung von Verwaltungsakten im gerichtlichen Verfahren der Verwaltungs- und Finanzgerichtsbarkeit. 19

Nach **§ 123 VwGO/§ 114 FGO** kann das Gericht vor und nach der Klageerhebung eine einstweilige Anordnung in bezug auf den Streitgegenstand treffen, um zu vermeiden, daß die Verwirklichung eines Rechts des Antragstellers/Klägers vereitelt oder wesentlich erschwert werden könnte, oder aber Regelungen wegen eines vorläufigen Zustandes treffen. Die einstweilige Anordnung nach §§ 123 VwGO, 114 FGO entspricht ihrem Inhalt nach im wesentlichen der einstweiligen Verfügung nach §§ 935, 940 ZPO. 20

44 *Herbert Schmidt* JurBüro 1979, 1268.
45 OLG Schleswig, JurBüro 1976, 345 m. Anm. v. *Mümmler*.
46 KG, RPfleger 1972, 464 und NJW 1970, 104 (L).

21 **Verfahren über einen Antrag auf Erlaß, Abänderung oder Aufhebung:** Für das Verfahren erster Instanz erwächst ohne Rücksicht auf die Entscheidung des Gerichts im Verwaltungsgerichtsverfahren die Gebühr nach KV Nr. 2210 und im Finanzgerichtsverfahren nach KV Nr. 3210, und zwar sowohl für den Antrag im Anordnungs- als auch für den Antrag im Aufhebungsverfahren. Für das jeweilige Rechtsmittelverfahren zweiter Instanz kommt KV Nr. 2500/3400 zur Anwendung, soweit die Beschwerde nicht verworfen oder zurückgewiesen wird. Dann ist KV Nr. 2502/3402 einschlägig. **Das Anordnungs- und das Aufhebungsverfahren sind gebührenrechtlich zwei getrennte Verfahren.** Beantragt eine Partei die Aufhebung, hilfsweise die Abänderung der einstweiligen Anordnung, ist der Hilfsantrag auf Abänderung für den Streitwert statt des Hauptantrags nur maßgebend, wenn er höherwertiger sein sollte als der Hauptantrag und über ihn entschieden wird, § 19 Abs. 3. In keinem Falle sind aber Haupt- und Hilfsantrag zusammenzuzählen, auch wenn über beide entschieden wird.

22 **Streitwert des Anordnungsverfahrens:** Der Streitwert ist nach § 13 Abs. 1 zu bestimmen. Demnach ist die sich aus dem Antrag des Antragstellers für ihn ergebende Bedeutung der Sache für die nach dem pflichtgemäßen Ermessen des Gerichts zu treffende Entscheidung maßgebend (vgl. dazu oben, § 13, Rn. 3 ff.). Weil es sich nicht um endgültige Entscheidungen handelt, wird der Streitwert des Anordnungsverfahrens idR niedriger sein müssen als der Wert des Hauptsacheverfahrens,[47] und zwar die Hälfte,[48] selten aber weniger als ein Drittel[49] des Wertes der Hauptsache. Nur wenn die einstweilige Anordnung endgültige oder quasi-endgültige Verhältnisse schafft, kann der Streitwert des Anordnungsverfahrens den der Hauptsache erreichen.[50] Er sollte dann aber nicht unter drei Vierteln liegen.[51] Die Anordnung einer Sicherheitsleistung hat keinen Einfluß auf den Streitwert.

23 Die Bestimmung des **§ 13 Abs. 1 S 2 GKG (Auffangwert)** gilt auch für das Anordnungsverfahren. Wenn der bisherige Sach- und Streitstand keine hinreichenden Anhaltspunkte bietet, ist ein Streitwert in Höhe von 4 000 € anzunehmen. Der Annahmewert ist ein Festwert. Er darf folglich nicht mit Rücksicht darauf ermäßigt werden, daß Verfahren wegen einstweiliger Anordnungen regelmäßig niedriger bewertet zu werden pflegen als die korrespondierenden Hauptsacheverfahren. Wenn das Gericht den Annahmewert für nicht angemessen hält, muß es einen der Bedeutung des Antrags des Klägers entsprechenden unter oder über dem Annahmewert von 4 000 € liegenden Streitwert nach § 13 Abs. 1 S 2 bestimmen und von einer Anwendung des § 13 Abs. 1 absehen.[52]

24 **Beispiele:**

- *Zeitlich begrenzte Zuweisung eines Studienplatzes:* Halber Streitwert der Hauptsache.[53]
- *Unbefristete Zuweisung eines Studienplatzes:* Drei Viertel bis voller Hauptsachewert.[54]

47 Unstr. Vgl. etwa BayVGH, NJW 1973, 2046.
48 BayVGH, NJW 1973, 2046.
49 Vgl. *Hartmann* § 20 Rn. 25. Dazu auch z. B.: BFH, JurBüro 1980, 520.
50 Vgl. z. B. FG Saarland, EFG 73, 117.
51 *Hartmann* § 20 Rn. 26.
52 VGH Baden-Württemberg, KostRspr. § 20 Nrn. 6, 7. **A. M.** wohl *Hartmann* § 20 Rn. 26.
53 VGH Mannheim, BWVPr 76, 278.
54 OVG Münster, KostRspr. § 20 GKG Nr. 2.

- *Bafög-Angelegenheit:* Halber Streitwert,[55] aber niedriger, wenn sich der Antrag auf einen kürzeren Zeitraum als im Hauptsacheverfahren bezieht.[56]
- *Aussetzung der Vollziehung eines Versammlungsverbots:* Hauptsachewert.[57]
- *Einstweilige Anordnung nach § 114 FGO:* In der Regel ein Drittel des Hauptsachewertes,[58] wenn keine besonderen Umstände vorliegen.
- *Einstweilige Anordnung gegen eine Vollstreckungsmaßnahme:* In der Regel 10% der Forderung,[59] auch wenn sich die Anordnung auf ein Vollziehungsverbot während eines Klageverfahrens richtet.[60]

§ 47 Abs. 8 [jetzt: 6] VwGO: Die Bedeutung der Sache wird durch den „schweren Nachteil", der abgewehrt werden soll, oder durch die gleichfalls ausreichenden „anderen wichtigen Gründe" sowie durch das „dringende Gebot" der vorläufigen Maßnahme nach § 47 Abs. 8 VwGO geprägt. Diese Gesichtspunkte können vermögensrechtlicher oder nichtvermögensrechtlicher Art sein. Dabei kommt es nicht allein auf das Interesse des Antragstellers, sondern auch auf das öffentliche Interesse an.[61] 25

§ 80 Abs. 5–8 VwGO, § 80a Abs. 3 VwGO, § 69 Abs. 3–4 FGO: Der Streitwert dieser vorläufigen Verfahren wird nach den Bemessungsgesichtspunkten des § 13 Abs. 1 GKG bestimmt, also nach der Bedeutung der Sache für den Antragsteller gemäß seinem Antrag. In aller Regel wird die Bedeutung der Sache geringer anzusehen sein als die der Hauptsache, so daß auch der Streitwert regelmäßig geringer anzunehmen ist.[62] Allerdings gilt auch hier, daß sich der Streitwert dem der Hauptsache nähern kann, wenn die begehrte Maßnahme in ihrer Wirkung Tatsachen schafft, die den Hauptsachegegenstand voll umfassen, also vollendete Tatsachen.[63] Im allgemeinen wird man aber einen Wert nehmen müssen, der zwischen einem Drittel[64] und der Hälfte des Hauptsachewertes liegt. Bei **Abgabesachen** oder bei Anträgen nach **§ 69 Abs. 3, 5 FGO** wird unter Umständen sogar nur ein Zehntel des Hauptsachewertes ausreichend sein.[65] In den Fällen des **§ 80 a Abs. 3 VwGO** ist das Interesse des nach § 80 a Abs. 1 VwGO vorgehenden Dritten an der Aufhebung des einen anderen begünstigenden Verwaltungsaktes maßgebend, das allerdings begrenzt ist durch die nach § 80 a Abs. 3 VwGO erzielbare Aufhebung oder Änderung.[66] Auch hier beeinflußt es den Streitwert nicht, wenn das Gericht die Maßnahme mit einer Sicherheitsleistung oder mit anderen Auflagen verbindet. 26

Die Werte für die Verfahren nach **§§ 319 Abs. 4 AktG, 16 Abs. 3, 4 UmwG** sind nach § 12 Abs. 1 GKG, § 3 ZPO nach billigem Ermessen zu bestimmen, und zwar unter Beachtung 27

55 OVG Hamburg, VerwRspr. 32, 1054 m. N.
56 *Hartmann* § 20 Rn. 25.
57 Vgl. bei *Hartmann* § 20 Rn. 24 m. w. N.
58 BFH, BStBl. II 1977, 80.
59 BFH, BB 1978, 347 und KTS 1983, 151.
60 BGH, NJW 1977, 1216. **A. M.** FG Hamburg, EFG 1978, 94 (5%).
61 *Hartmann* § 20 Rn. 30.
62 H. M. vgl. auch bei *Hartmann* § 20 Rn. 32 m. N.
63 OVG Lüneburg, DÖV 1971, 141.
64 VGH Kassel, NJW 1965, 1829; OVG Hamburg, HambJVBl 1989, 45; vgl. auch *Mellius* MDR 1990, 17.
65 Vgl. OVG Münster, MDR 1984, 344 m. N.; BFH, BStBl. II 1973, 16; FG Münster, EFG 1976, 24.
66 *Hartmann* § 20 Rn. 35.

der Höchstwerte. Soweit die Überschreitung der Höchstwerte zulässig ist, ist die Bestimmung eng auszulegen. Es muß sich schon um eine erhebliche Überschreitung oder um eine nach objektiven Kriterien zu beurteilende überdurchschnittlich große Bedeutung der Sache für die eine oder die andere Partei – nicht notwendig für beide Parteien – handeln.

§ 21
Teile des Streitgegenstandes

(1) **Für Handlungen, die einen Teil des Streitgegenstandes betreffen, sind die Gebühren nur nach dem Wert dieses Teils zu berechnen.**

(2) **Sind von einzelnen Wertteilen in derselben Instanz für gleiche Handlungen Gebühren zu berechnen, so darf nicht mehr erhoben werden, als wenn die Gebühr von dem Gesamtbetrag der Wertteile zu berechnen wäre.**

(3) **Sind für Teile eines Gegenstandes verschiedene Gebührensätze anzuwenden, so sind die Gebühren für die Teile gesondert zu berechnen; die aus dem Gesamtbetrag der Wertteile nach dem höchsten Gebührensatz berechnete Gebühr darf jedoch nicht überschritten werden.**

1 Die auch im **Verwaltungs-, Sozial-, Finanz- und Arbeitsgerichtsverfahren** anwendbare Bestimmung regelt zum einen, aus welchen Wertteilen die Gebühren zu berechnen sind, wenn Handlungen nur einen oder mehrere Teile des Streitgegenstandes betreffen. Zum anderen bestimmt sie, welche Gebührensätze anzuwenden sind, wenn verschiedene Gebührensätze in Betracht kommen. Sie betrifft nur **Gebühren** und ist auf Auslagen nicht entsprechend anzuwenden.[1] Für eine gerichtliche Handlung, also für eine prozessuale Maßnahme der Parteien oder des Gerichts, die Gebühren auslöst, entsteht eine Gebühr nur nach demjenigen abtrennbaren Wert des Streitgegenstandes, den diese Handlung betrifft.[2] Eine ähnliche Bestimmung enthält § 13 BRAGO.

2 **Handlungen, die einen Teil des Streitgegenstandes betreffen**, sind solche prozessualen Maßnahmen, die nicht den gesamten Streitgegenstand des Verfahrens, sondern nur Teile davon erfassen.[3] So hat eine Klagerücknahme z. B. die Ermäßigung der allgemeinen Verfahrenspauschgebühr zur Folge, wenn sich das Verfahren dadurch erledigt (KV Nr. 1211), während eine Erledigungserklärung die pauschale Verfahrensgebühr unberührt läßt (KV Nr. 1211). Wird nach einem vorangegangenen Mahnverfahren die Klage erhöht, so dürfen die Gebühr für den Antrag auf Erlaß des Mahnbescheides (KV Nr. 1100) und die Gebühren nach KV Nrn. 1210, 1211 zusammen die Gebühren nach KV Nrn. 1210, 1211 aus dem gesamten erhöhten Streitwert nicht übersteigen, Abs. 3.[4] Auch kann nur ein Teil des

1 A. M. OLG München, MDR 1989, 166.
2 OLG Oldenburg, JurBüro 1982, 190.
3 Vgl. auch OLG Koblenz, JurBüro 1999, 188.
4 OLG Düsseldorf, JurBüro 1980, 106; LG Krefeld, JurBüro 1978, 1058.

Streitgegenstandes eines Beweisverfahrens im anschließenden Hauptsacheverfahren eingeklagt werden mit der Folge, daß die Kostengrundentscheidung der Hauptsache nur den eingeklagten Teil erfaßt.[5] Das gilt ebenso bei teilweiser Fortsetzung des Streits nach vorangegangenem Mahnverfahren[6] oder der teilweisen Berufungs- oder Revisionsrücknahme. Die Entscheidungsgebühren können sich auf einen oder mehrere Teile des Streitgegenstandes beziehen. Beziehen sich Handlungen nur auf Teile des Streitgegenstandes, so bestimmt Abs. 1, daß der für diese Handlungen maßgebende Streitwert nur aus dem Wert des Teils des Streitgegenstandes zu entnehmen ist, auf den sich die Handlung (z. B.: das Urteil) bezieht. Geht z. B. ein Rechtsmittel auf 5 000 € und ergeht ein Urteil – etwa wegen vorheriger Erledigung der übrigen Streitpunkte – nur noch hinsichtlich einer Klageforderung von 2 000 €, so ist die allgemeine Verfahrensgebühr (z. B. KV Nr. 1220) aus 5 000 € und die Urteilsgebühr (z. B. KV Nrn. 1226, 1227) aus 2 000 € zu berechnen.

Der **Abs. 2** behandelt den Fall, daß **von einzelnen Wertteilen in derselben Instanz für** 3
gleiche Handlungen Gebühren zu berechnen sind. **Voraussetzung** ist:

– Daß es sich um **verschiedene Wertteile** handelt. Das ist nicht gegeben, wenn und 4
soweit die Wertteile sich decken. Nur soweit die Wertteile sich nicht decken, sind sie für die Gebührenberechnung zu addieren (z. B. die Werte verschiedener Teilurteile). Eine **Prozeßverbindung oder Prozeßtrennung** berührt die vor der Verbindung oder Trennung bereits angefallenen Gebühren aber nicht[7] (vgl. hierzu § 19, Rn. 10, 11). Dasselbe gilt auch bei der Verbindung mehrerer Klagen zu Klage und Widerklage und von verschiedenen Rechtsmitteln zu wechselseitigen Rechtsmitteln. Keine verschiedenen Teile eines Streitgegenstandes sind die in § 4 ZPO, § 22 GKG genannten Nebenforderungen (Früchte, Nutzungen, Zinsen, Kosten, vgl. § 22 GKG). Die Urteilsgebühr des Rechtsmittelverfahrens ist nur aus dem den Gegenstand des Rechtsmittelverfahrens bildenden Streitwert eines Teilurteils zu berechnen, auch wenn das Rechtsmittelverfahren nicht nur das Teilurteil, sondern auch den der unteren Instanz verbliebenen Restanspruch abweist.[8]

– Daß **gleiche gebührenpflichtige Handlungen** gegeben sind (z. B. mehrere Teilur- 5
teile). Es ist dann jede Gebühr aus ihrem eigenen Streitwert unabhängig von der Höhe der anderen Gebühr zu berechnen.

– Daß einzelnen verschiedenen Wertteile gleiche Gebühren **innerhalb derselben In-** 6
stanz angefallen sind. Das entspricht der grundsätzlichen Regelung des § 27 GKG. Der **Instanzbegriff des GKG** unterscheidet sich von denen der ZPO und der BRAGO. Er umfaßt alle innerhalb eines Rechtszuges erfolgenden prozessualen Vorgänge, beginnend mit dem Eingang des das Verfahren einleitenden Antrages, nicht mit dessen Zustellung (z. B. der Klage, des Rechtsmittels, des Arrestantrags usw.) und endigend mit der den Rechtszug abschließenden letzten Prozeßhandlung (z. B. der Klagerücknahme, der Verkündung des Endurteils, einem vor Gericht abgeschlossenen oder einem dem Gericht mitgeteilten außergerichtlichen Vergleich) oder einem den Rechtsstreit in

5 OLG Koblenz, MDR 2000, 669 = NJW-RR 2000, 1239.
6 OLG Hamburg, MDR 2001, 294 m. Anm. v. *Schütt*.
7 OLG München, JurBüro 1999, 484 m. Anm. v. *D.Meyer*.
8 BGH, MDR 1959, 909.

sonstiger Weise erledigenden Vorgang (z. B. fortdauerndes Ruhen des Verfahrens). Wann eine Instanz idS tatsächlich beendet ist, ist nicht immer leicht zu sagen. Auch die Ergänzung eines Urteils gehört noch zur Instanz. Ein Rechtsmittelverfahren oder eine neue Klage wegen desselben Streitgegenstandes bilden aber immer eine neue Instanz gegenüber dem früheren Verfahren.

7 Handelt es sich um verschiedene Wertteile, verschiedene gebührenpflichtige Handlungen und dieselbe Instanz (Rn. 4–6), so darf für die betreffenden gleichen Handlungen – als etwa für mehrere Teilurteile – als Gebühr nicht mehr erhoben werden, als wenn die Gebühr von dem Gesamtbetrag der einzelnen verschiedenen Wertteile zu berechnen wäre, Abs. 2. Das gilt auch für ein Ergänzungsurteil nach § 321 ZPO, das als Endurteil gegenüber dem vorangegangenen unvollständigen Urteil (Teilurteil) gilt. Bei der Abweisung eines Antrags auf Ergänzungsurteil erwächst aber keine Gebühr.

8 Sind **Streitgenossen** beteiligt, so werden die im Verfahren erwachsenden Gebühren ohne Rücksicht auf die Einzelbeteiligung der Streitgenossen so berechnet, als wenn jede Partei nur aus einer Person bestünde. Die Haftung der einzelnen Streitgenossen für diese Gebühren kann aber unterschiedlich sein. Haben die Streitgenossen eine Klage als Gesamtgläubiger erhoben, so haftet jeder von ihnen als Antragsteller gesamtschuldnerisch mit den anderen Streitgenossen auf die aus dem ganzen Streitwert berechneten Gebühren, §§ 49, 59 GKG. Sind dagegen die Streitgenossen an dem gesamten Streitgegenstand nur teilweise beteiligt, so haftet jeder Genosse als Antragsteller nur für die Gebühren, die aus seinem Streitgegenstand angefallen sind. Die Summe der von allen Streitgenossen zu erhebenden Gebühren darf aber nicht höher sein, als die Gebühr aus dem Gesamtbetrag der einzelnen Wertteile. Ebenso ist zu verfahren, wenn die Kosten nicht nach Bruchteilen, sondern nur hinsichtlich einzelner Wertteile unter die Streitgenossen verschieden verteilt sind. Sind die Kosten unter den einzelnen Streitgenossen nach Bruchteilen verteilt, so schuldet jeder Streitgenosse als Entscheidungsschuldner (§ 54 Nr. 1 GKG) den sich hieraus ergebenden Bruchteil der aus dem ganzen Streitwert, ohne Rücksicht auf die tatsächliche Beteiligung des Streitgenossen, errechneten Gebühren.[9]

9 Bei **verschiedenen Gebührensätzen für einzelne Teile des Streitgegenstandes** sind die für die einzelnen Teile angefallenen Gebühren gesondert zu berechnen und in Ansatz zu bringen (Abs. 3 Halbs 1), es sei denn, daß die Summe der einzelnen Gebühren höher ist als eine Gebühr aus dem zusammengerechneten Wert der einzelnen Teile, die nach dem höchsten Gebührensatz der einzelnen Gebühren berechnet ist (Abs. 3, Halbsatz 2). **Voraussetzung** ist dabei, daß es sich um **gleiche Gebühren** handelt. Abs. 3 gilt deshalb nicht, wenn und soweit Verfahrens- und Entscheidungsgebühren zusammentreffen. Eine Ausnahme gilt nur für Gebühr für das Mahnverfahren, KV Nr. 1100. Sie ist mit der allgemeinen Verfahrensgebühr zusammenzurechnen, wie sich aus KV Nr. 1210 ergibt, die den Rechtsgedanken des Abs. 3 übernimmt, wobei aber dann, wenn nur ein Teilbetrag der im Mahnverfahren geltend gemachten Forderung nach dem Einspruch in das Streitverfahren übergeht, die weitere 2,5-Gebühr nach dem verbleibenden (ermäßigten) Anspruch zu

9 OLG Bremen, RPfleger 1957, 272.

berechnen ist.[10] Vgl. dazu näher unten bei KV 1100 ff. Für **Sondergebühren**, wie die Verzögerungsgebühr (§ 34 GKG, KV Nr. 1680), ist die Bestimmung aber **nicht anwendbar**, selbst wenn die Gebühr mehrmals aus verschiedenen Teilen des Streitgegenstandes in verschiedener Höhe auferlegt wird. Denn Abs. 3 will der Gebührengerechtigkeit dienen. Es ist nicht sein Zweck, verhängte Prozeßstrafgebühren zu mildern. Höchster Gebührensatz ist die nach dem KV im gegebenen Verfahren zu berechnende höchste Gebühr. Das können mehrere Gebühren, aber auch Festbeträge sein.

§ 22
Nebenforderungen

(1) Bei Handlungen, die außer dem Hauptanspruch auch Früchte, Nutzungen, Zinsen oder Kosten als Nebenforderungen betreffen, wird der Wert der Nebenforderung nicht berücksichtigt.

(2) Bei Handlungen, die Früchte, Nutzungen, Zinsen oder Kosten als Nebenforderungen ohne den Hauptanspruch betreffen, ist der Wert der Nebenforderung maßgebend, soweit er den Wert des Hauptanspruchs nicht übersteigt.

(3) Bei Handlungen, welche die Kosten des Rechtsstreits ohne den Hauptanspruch betreffen, ist der Betrag der Kosten maßgebend, soweit er den Wert des Hauptanspruchs nicht übersteigt.

Allgemeines: Die auch im **Verwaltungs-, Finanz- Sozialgerichts- und Arbeitsgerichtsverfahren** anwendbare Vorschrift ergänzt als Unterfall des § 21 GKG[1] die §§ 21 GKG, 4 ZPO. Wie in § 21 bestimmt ist, daß für gleiche Handlungen, die in derselben Instanz von einzelnen Wertteilen vorgenommen werden, niemals mehr erhoben werden darf, als wenn die Gebühr aus dem Gesamtbetrag der Wertteile zu berechnen wäre (§ 21 Abs. 2 Halbs 1), schreibt § 22 vor, daß Früchte, Nutzungen, Zinsen und Kosten für den Streitwert als Nebenforderungen neben dem Hauptanspruch unberücksichtigt bleiben und daß der Wert des Hauptanspruchs die obere Grenze des Streitwertes bildet, wenn sich die Handlungen nur auf die Früchte, Nutzungen, Zinsen oder Kosten beziehen, die neben dem Hauptanspruch geltend gemacht sind. Der Streitwert der Hauptsache soll also in diesem Fall nicht überschritten werden, auch wenn der Wert der Nebenforderungen höher ist. Während nach § 4 Abs. 1 ZPO als Nebenforderung geltend gemachte Früchte, Nutzungen, Zinsen und Kosten unberücksichtigt bleiben, bestimmt § 22 GKG, daß diese Nebenforderungen mit ihrem auf den Wert der Hauptsache begrenzten Streitwert zu berücksichtigen sind, soweit sich die Handlungen nur auf sie beziehen. Abs. 3 behandelt den Streitwert der Kosten des Rechtsstreits, der wegen des Hauptanspruchs durchgeführt 1

10 OLG Hamburg, MDR 2001, 294 m. Anm. v. *Schütt*.
1 *Hartmann* § 22 Rn. 1.

wurde. Entsprechend anwendbar ist § 22 auf die Gebühren im Insolvenz- und schiffahrtsrechtlichen Verteilungsverfahren.

2 **Hauptanspruch mit Nebenforderungen, Abs. 1:** Die Vorschrift war notwendig, weil § 4 ZPO i.V.m. § 12 Abs. 1 GKG nur für bürgerliche Rechtsstreitigkeiten und Scheidungsfolgesachen gilt. Nunmehr ist die Regelung des Abs. 1 auch für Verwaltungsgerichts- und Finanzgerichtssachen unmittelbar anwendbar.

3 Abs. 1 klärt entsprechend dem § 4 Abs. 1 Halbs 2 ZPO, daß der **Wert von Nebenforderungen neben dem Streitwert der Hauptsache unberücksichtigt** bleibt, wenn sich die Handlungen (Begriff. § 21, Rn. 2) sowohl auf den Hauptanspruch wie auf die Nebenforderungen beziehen. Das ist etwa dann der Fall, wenn über den Bestand der Hauptforderung und den aus ihr erwachsenen Zinsanspruch gestritten wird. Das gilt auch für Vollstreckungsgegenklagen.[2] Dann sind für die Verfahrensgebühr und für die Urteilsgebühr nur der Hauptsachebetrag ohne Zinsen als Gebührenstreitwert maßgebend. Beziehen sich aber die Handlungen nur auf die Nebenforderungen ohne den Hauptanspruch, z. B. bei einem Streit um die Zinsen nach einem Teilurteil über die Hauptsache oder die Nebenforderungen (Zinsen) sind novierend – etwa durch abstraktes Schuldanerkenntnis – z T der Hauptsache geworden,[3] ist Abs. 2 anzuwenden. Vgl. im übrigen Anhang zu § 12, § 4 ZPO, Rn. 6.

4 Die Vorschrift gilt nicht für alle Nebenforderungen, sondern nur für die im Abs. 1 ausdrücklich genannten, nämlich für **Früchte** (§ 99 BGB), **Nutzungen** (§ 100 BGB), **Zinsen** und **Kosten**. Kosten iS des Absatzes 1 sind nicht die Kosten, die anläßlich der Durchführung des Verfahrens erst erwachsen sind. Diese Kosten sind im Abs. 3 als „Kosten des Rechtsstreits“ bezeichnet und besonders geregelt. Es sind hier vielmehr Kosten gemeint, die vor der Einleitung des Verfahrens angefallen sind und **mit der Klage** neben dem Hauptanspruch **geltend gemacht werden**. Solche Kosten können z. B. sein: Bearbeitungsgebühren anläßlich einer Unfallfinanzierung,[4] vorgerichtliche Mahnkosten, Inkassokosten, Kreditgebühren.[5] Andere Nebenforderungen wie z. B. Zubehör der mit der Klage geforderten Sache, Futterkosten, Lagergeld, Hinterlegungskosten, Hinterziehungszinsen[6] und als Nebenforderung geltend gemachte Schäden werden von Abs. 1 nicht erfaßt. Sie sind schon nach § 4 ZPO, § 173 VwGO, § 155 FGO dem Streitwert der Hauptsache hinzuzurechnen. Bezieht sich eine gebührenpflichtige Handlung nur auf sie, gilt § 21.

5 Die in Abs. 1 bezeichneten **Nebenforderungen müssen als Nebenforderungen neben dem Hauptanspruch** geltend gemacht sein.[7] Sind von Anfang an nur Nebenforderungen (z. B. Zinsen eines getilgten Darlehens) eingeklagt, so sind sie Hauptsache. Dasselbe gilt, wenn neben dem Restbetrag eines Darlehens die Zinsen des ganzen Darlehens verlangt

2 OLG Koblenz, JurBüro 1999, 197.
3 OLG Koblenz, JurBüro 1999, 197.
4 OLG Köln, VersR 1974, 605 (L).
5 OLG Bamberg, JurBüro 1976, 343.
6 FG Düsseldorf, EFG 1977, 513.
7 OVG Münster, DÖV 1971, 141 (L) = ZMR 1970, 364; OLG Celle, JurBüro 1971, 1066 (Vollstreckungsgegenklage); OLG Hamburg, MDR 1969, 228 (Wiederaufnahmeklage).

werden, für die auf den nicht eingeklagten Teil des Darlehens entfallenden Zinsen.[8] Dann zählen letztere zur Hauptsache (*Beispiel:* Aus einem Darlehen über 10 000 € werden 1 000 € Hauptsache und Zinsen aus 10 000 € gefordert. Hier sind nur die Zinsen aus 1 000 € Nebenforderung, die Zinsen aus 9 000 € sind Hauptsache. Der Wert der Hauptsache beträgt dann 1 000 € zuzüglich der auszurechnenden Zinsen auf 9 000 €). Sind Zinsen Nebenforderung, so ist auch die auf diese Zinsen entfallende **Mehrwertsteuer** Nebenforderung.[9] Die auf die Hauptsache entfallende Mehrwertsteuer ist aber dem Wert der Hauptsache hinzuzurechnen.[10] Werden neben einer Hauptforderung Verzugszinsen aus der Hauptforderung geltend gemacht, so sind die Verzugszinsen bei der Streitwertberechnung selbst dann nicht zu berücksichtigen, wenn die Verzugszinsen im Klagantrag ausgerechnet und mit der Hauptforderung zu einem einheitlichen Forderungsbetrag zusammengefaßt sind.[11] Werden von einer einheitlichen Forderung Teilzahlungen abgezogen, sind sie zunächst auf die fälligen Zinsen zu verrechnen, § 367 BGB.[12] Erstreckt sich eine Bürgschaft außer auf die Hauptsumme auch auf Zinsen, Kosten, Provisionen und Spesen, so handelt es sich im Verhältnis zwischen Gläubiger und Bürgen insoweit um Nebenverpflichtungen, die bei der Streitwertberechnung außer Betracht bleiben.[13] Wird auf Aufhebung eines Schiedsspruchs geklagt, so sind die Kosten des schiedsrichterlichen Verfahrens und die im Schiedsspruch zuerkannten Zinsen Nebenforderungen und bleiben deshalb bei der Streitwertberechnung unberücksichtigt.[14]

Beziehen sich die Handlungen sowohl auf den Hauptanspruch als auch auf die in Abs. 1 genannten Nebenforderungen, wird der Wert der Nebenforderungen dem Streitwert der Hauptsache nicht hinzugerechnet. Für die Verfahrensgebühr ist daher bei einer Klage auf Zahlung der Hauptsache und von Früchten, Nutzungen, Zinsen und Kosten als Streitwert nur der Wert der Hauptsache maßgebend. Das gilt auch für die Entscheidungsgebühren, wenn die Entscheidung die Hauptsache und die Nebenforderungen erfaßt. Sobald aber eine Handlung nur eine oder mehrere der in Abs. 1 genannten Nebenforderungen allein erfaßt, ist Abs. 2 anzuwenden. 6

Nebenforderungen ohne den Hauptanspruch, Abs. 2, sind nach ihrem Wert, keinesfalls aber höher als nach dem Wert des Hauptanspruchs anzusetzen. Die in Abs. 2 genannten Nebenforderungen sind dieselben wie die Nebenforderungen des Abs. 1. Während Abs. 1 die Fälle behandelt, daß Handlungen sich auf die Hauptsache und auf die Nebenforderungen beziehen, behandelt Abs. 2 die Fälle, in denen die Handlungen sich **allein** auf eine oder mehrere der in Abs. 2 genannten Nebenforderungen beziehen, z. B. ein Teilurteil oder ein Rechtsmittel nur die Zinsen zum Gegenstand hat. In diesen Fällen ist den durch die Handlungen ausgelösten Gebühren nur der Wert der Nebenforderung zugrunde zu legen, nach oben begrenzt durch den Wert des Hauptanspruchs. Bezieht sich die Handlung 7

8 OLG Frankfurt/Main, JurBüro 1978, 590.
9 BGH, NJW 1977, 583 (L) = JurBüro 1976, 1629 = RPfleger 1976, 427 = JZ 1976, 789 = BB 1976, 1580.
10 LG Hannover, NdsRPfl. 1974, 157; *Schneider* JurBüro 1979, 1589.
11 BGH, NJW 1956, 830 (L); OLG Köln, JurBüro 1980, 578; OLG Bamberg, JurBüro 1978, 1549; OLG München, JurBüro 1976, 238.
12 OLG Hamm, JurBüro 1968, 765; *Lappe* § 22 Rn. 4.
13 BGH, JurBüro 1958, 390 = MDR 1958, 765.
14 BGH, NJW 1957, 79 = RPfleger 1959, 112 (L).

auf eine Zinsforderung, die den Hauptsachestreitwert weit übersteigt, so ist trotzdem die sich auf die Zinsforderung ohne den Hauptanspruch beziehende Handlung höchstens mit dem Hauptsachestreitwert zu bewerten. Zinsen auf die im Streit befindliche Hauptforderung sind auch dann Nebenforderungen, wenn sie erst mit der Anschlußberufung in den Rechtsstreit eingeführt werden.[15] Das gilt auch, wenn Gegenstand eines Rechtsmittels zunächst nur die Zinsforderung ist und im Wege der Anschlußrevision auch die Hauptforderung zum Gegenstand des Verfahrens gemacht worden ist. Streitwert des Revisionsverfahrens ist dann nur noch die Hauptforderung. Die Nebenforderung hat einen eigenen Gebührenstreitwert nur bis zur Einlegung der Anschlußrevision. Die gegenteilige Ansicht[16] verkennt, daß der Gesetzgeber mit demselben Gesetz im § 57 Abs. 2 S 1 BRAGO eine andere Regelung getroffen hat, die nicht auf § 22 Abs. 2 übertragen werden soll.

8 Werden neben einer **Enteignungsentschädigung** Zinsen hieraus verlangt, sind sie gemäß Abs. 1 als Nebenforderung nicht zu berücksichtigen. Anders verhält es sich aber hinsichtlich der in der Hauptsacheforderung als Nutzungsentgang enthaltenen Zinsen. **Hinterlegungszinsen** sind bei Klage auf Einwilligung in die Auszahlung der hinterlegten Streitsumme keine Nebenforderung und deshalb dem Streitwert hinzuzurechnen.[17]

9 Wenn **nach völliger Erledigung des Hauptanspruchs** der Streit nur noch um die Nebenforderungen geht, werden diese zur Hauptsache und unterliegen dann nicht mehr der Begrenzung auf den Wert des früheren Hauptanspruchs.[18] Das gilt auch, wenn von mehreren in der Klage geltend gemachten Hauptansprüchen einer erledigt ist und neben den nicht erledigten übrigen Hauptansprüchen Nebenforderungen aus den erledigten Hauptansprüchen geltend gemacht werden. Auch dann werden die Nebenforderungen aus dem erledigten Hauptanspruch zur Hauptforderung ohne Begrenzung auf den Wert des früheren Hauptanspruchs, z. B. die Zinsen aus einem nicht mehr im Streit stehenden Teil des Hauptanspruchs.[19] Die Frage ist allerdings streitig.[20] Erfolgen gebührenpflichtige Handlungen hinsichtlich solcher zur Hauptsache gewordenen Nebenforderungen, so ist der Streitwert der Gebühr aus dem Wert der Nebenforderung zu berechnen. Ist dieselbe Gebühr bereits aus dem früheren Hauptanspruch angefallen, aus dem die Nebenforderung abgeleitet ist, so darf die Summe der beiden Gebühren nicht höher sein als eine Gebühr aus dem höheren der beiden Ansprüche. Die Werte des früheren Hauptanspruchs und der zum nunmehrigen Hauptanspruch gewordenen Nebenforderung dürfen nicht zusammengerechnet werden. Beziehen sich gebührenpflichtige Handlungen auf Nebenforderungen, deren Hauptanspruch noch anhängig ist, so errechnen sich die Gebühren aus dem Wert der

15 OLG Schleswig, SchlHA 1976, 14.
16 OLG Köln, MDR 1976, 323 = JurBüro 1976, 1229 = RPfleger 1976, 28.
17 BGH, NJW 1967, 930 (L) = MDR 1967, 280 = JurBüro 1967, 395 = BB 1969, 552.
18 H. M. Vgl. z. B. OLG Schleswig, JurBüro 1976, 238; *Hartmann* § 22 Rn. 5; *D.Meyer* JurBüro 1999, 126 (127).
19 BGHZ 26, 175 = NJW 1958, 342 = JurBüro 1958, 131 = RPfleger 1958, 93 m. Anm. v. *Lappe*; OLG Frankfurt/Main, JurBüro 1978, 590 und JurBüro 1970, 988; LG Wuppertal, AnwBl. 1978, 108 (L) m. Anm. v. *H.Schmidt*.
20 A. M. z. B. OLG Köln, JMBlNRW 1974, 45 = VersR 1974, 505 (L) und JurBüro 1974, 1594 = BB 1974, 1414 = Der Betrieb 1974, 2203.

den Gegenstand der gebührenpflichtigen Handlung bildenden Nebenforderung. Dieser Wert kann unter, aber nicht über dem Wert des zugehörigen Hauptanspruchs liegen, Abs. 2. Sollte diese Gebühr schon in derselben Instanz aus dem vollen Wert des Hauptanspruchs angefallen sein, ist sie für die Handlung aus der Nebenforderung nicht nochmals zu erheben, § 27. War sie nur aus einem Teil des Hauptanspruchs erwachsen, dürfen die Teilgebühr aus der Hauptsache und dieselbe Gebühr aus der Nebenforderung zusammen den Betrag einer aus dem ganzen Hauptanspruch berechneten Gebühr nicht übersteigen, § 21 Abs. 2.

Die **Handlungen** (z. B. ein Teilurteil) dürfen **nur die Nebenforderungen, nicht auch den** zur Nebenforderung gehörenden **Hauptanspruch betreffen.** Das ist etwa der Fall, wenn ein Urteil über den Zinsanspruch, nicht aber auch über den Hauptanspruch ergeht. Ist ein Urteil über die ganze Hauptsache und die Nebenforderungen ergangen, so ist für die Urteilsgebühr nur der Wert der Hauptsache maßgebend, auch wenn ihr Wert geringer ist als der Wert der Nebenforderung. Ist über einen Teil des Hauptanspruchs und über eine Nebenforderung, die sich auf einen anderen Teil des Hauptanspruchs bezieht, eine gebührenpflichtige Handlung erfolgt, so bilden der Teil des Hauptanspruchs und die Nebenforderung den Streitwert. Der Wert der Nebenforderung darf aber nicht höher angenommen werden als der Wert des Hauptanspruchsteils, auf dem sie beruht. Dasselbe gilt, wenn mehrere Teilurteile über Teile der Hauptsache und über Nebenforderungen ergehen. Dann dürfen die Gebühren aus den Einzelstreitwerten zusammen nicht höher sein als eine Gebühr aus dem zusammengerechneten Streitwert des Hauptanspruchsteils und der Nebenforderung, § 21 Abs. 2. **10**

Der **Streitwert** richtet sich nach dem Wert der Nebenforderung, auf die sich die Handlung bezieht, darf aber den Streitwert des Hauptanspruchs, auf dem die Nebenforderung beruht, nicht übersteigen. Mehrere Nebenforderungen sind zusammenzurechnen, soweit sich die Handlung auf sie bezieht. Ist der Wert der Nebenforderung bei dem Erlaß des Urteils oder der anderweitigen Beendigung der Instanz höher als im Zeitpunkt der Erhebung der Klage oder der Einlegung des Rechtsmittels, so ist für die Gebührenberechnung der höhere Wert maßgebend, § 15 Abs. 1, der aber auch in diesem Fall den Hauptsachestreitwert nicht übersteigen darf. **Maßgebend als obere Wertgrenze ist immer der Hauptsachestreitwert, zu dem die Nebenforderung gehört, im Zeitpunkt der Handlung, die sich auf die Nebenforderung bezieht.** Ist der Hauptsachestreitwert z. B. in diesem Zeitpunkt infolge von Teilerledigungen nur noch gering, ist der geringere Streitwert als obere Grenze maßgebend, soweit sich die Nebenforderung hierauf bezieht. Der Wert der Nebenforderung richtet sich, wenn er, wie der Zinsanspruch, auf Geld geht, nach dem Geldbetrag im Zeitpunkt der Beendigung der Instanz.[21] Sonst ist er nach § 3 ZPO zu schätzen. **11**

Handlungen über die Kosten des Rechtsstreits ohne den Hauptanspruch, Abs. 3: Abs. 3 regelt, welcher Streitwert maßgebend ist, wenn der Streit nur noch um die gerichtlichen und außergerichtlichen **Kosten** geht, **die in dem Rechtsstreit erwachsen sind.** Kosten des Rechtsstreits sind die Kosten des betreffenden Verfahrens, während die in **12**

21 OLG Köln, JurBüro 1972, 244; OLG Celle, JurBüro 1971, 237 = MDR 1972, 404 (L).

Abs. 1 genannten Kosten umgekehrt solche sind, die außerhalb des Verfahrens erwachsen und im Klageantrag als Nebenforderungen zusätzlich geltend gemacht werden. Keine Kosten des Rechtsstreits liegen vor, wenn ein rechtskräftig zum Schadensersatz verurteilter Versicherungsnehmer gegen seinen Haftpflichtversicherer auf Befreiung von der Urteilssumme und den zu seinen Lasten festgesetzten Kosten klagt. In solchen Fällen gehören die Kosten zur Hauptsache.[22] Wird dagegen mit einer auf § 826 BGB gestützten Klage begehrt, die Zwangsvollstreckung aus einem nach der Behauptung des Klägers erschlichenen Urteil nebst Kostenfestsetzungsbeschluß zu unterlassen, so sind die festgesetzten Kosten solche des Rechtsstreits und deshalb dem Streitwert nicht hinzuzurechnen.[23]

13 Anwendbar ist Abs. 3 erst dann, wenn der Hauptanspruch mit allen in Abs. 1 erwähnten Nebenforderungen erledigt ist.[24] Eine Anerkenntniserklärung beendet den Rechtsstreit noch nicht, so daß bis zur Urteilsverkündung die Hauptsache den Streitgegenstand bestimmt und die Kosten außer Ansatz bleiben.[25] Das Wort „Hauptanspruch" umfaßt in Abs. 3 im Gegensatz zu der Bedeutung, die es im Abs. 1 hat, auch die Nebenforderungen des Abs. 1. Es ist darunter der ursprünglich in dem Verfahren geltend gemachte Anspruch zu verstehen.[26] Die Kosten müssen durch die Erledigung der bisherigen Hauptansprüche samt ihren Nebenforderungen zum Hauptanspruch geworden sein. Das trifft dann nicht zu, wenn nur die Klage, nicht aber die Widerklage erledigt ist. Auch wenn von dem Hauptanspruch und den Nebenforderungen des Abs. 1 nur noch ein geringer Teil unerledigt ist, kommt eine Bewertung der Kosten nicht in Betracht.[27] Das gilt nicht nur, wenn der Hauptanspruch erst teilweise erledigt ist,[28] sondern auch wenn noch Nebenforderungen iS von Abs. 2 unerledigt sind.[29] In diesem Fall ist der Streitwert ausschließlich nach Abs. 2 zu berechnen. Einigen sich die Parteien über die Hauptsache und die Kosten, richtet sich der Wert des Vergleichs nur nach der Hauptsache, nicht auch nach den Kosten.[30]

14 Es müssen **gebührenpflichtige Handlungen hinsichtlich der Kosten** des Rechtsstreits vorliegen. Sind gleichartige Handlungen hinsichtlich der Hauptsache, eines Teils der Hauptsache oder von Nebenforderungen iS des Abs. 2 und nach Erledigung von Hauptsache und Nebenforderungen auch hinsichtlich der Kosten erfolgt, entsteht aus der Handlung über die Kosten kein gesonderter Gebührenanspruch (z. B. wenn nach einem Teilurteil über die Hauptsache ein Schlußurteil über die Kosten ergeht). Wird gegen ein Teilurteil über die Hauptsache und gegen das später ergangene Schlußurteil über die Kosten ein Rechtsmittel eingelegt, so liegen bis zur Verbindung zwei getrennte Rechts-

22 BGH, MDR 1976, 649 = RPfleger 1976, 207 = VersR 1976, 477.
23 BGH, NJW 1968, 1275 = JurBüro 1968, 885 = RPfleger 1968, 662 = BB 1969, 552.
24 BGH, NJW 1964, 664 = JurBüro 1964, 110 = RPfleger 1964, 172 = MDR 1964, 231.
25 OLG Köln, KostRspr, GKG § 22 Nr. 4.
26 OLG Bamberg, JurBüro 1972, 163 m. Anm. v. *Mümmler*.
27 OLG Oldenburg, MDR 1989, 1006; *Hartmann* § 22 Rn. 9.
28 BGH, RPfleger 1955, 12; KG, JurBüro 1977, 1427; OLG München, JurBüro 1976, 801 = MDR 1976, 759; OLG Koblenz, JurBüro 1974, 1144; OLG Düsseldorf, JurBüro 1972, 816 = VersR 1972, 1171; OLG Köln, JurBüro 1969, 558.
29 *Schneider* JurBüro 1979, 1589, 1594.
30 OLG Köln, JurBüro 1973, 865; 1970, 803.

mittelverfahren mit je einem selbständigen Streitwert vor.[31] Richtet sich die Berufung aber gegen ein Urteil, durch das nach Erledigung eines Teils der Hauptsache über den nicht erledigten Teil der Hauptsache und über die Kosten entschieden wurde, sind die Prozeßkosten auch insoweit nicht zu berücksichtigen, als sie auf den erledigten Teil der Hauptsache entfallen.[32] Die Urteilsgebühr für ein Teilurteil und die Gebühr für einen Beschluß nach § 91a ZPO sind verschiedenartig und können deshalb nebeneinander bestehen.

Der **Streitwert der Kosten** bemißt sich nach der Summe der bis zur Erledigung der Hauptsache nebst Nebenforderungen erwachsenden gerichtlichen und außergerichtlichen Kosten der Parteien einschließlich der Mehrwertsteuer der Rechtsanwälte.[33] Die im Verfahren über die Kosten und Auslagen erst neu entstandenen Gebühren und Auslagen werden nicht mit zum Streitwert gerechnet. Nach oben ist der Streitwert der Kosten durch den des Hauptanspruchs begrenzt. Der Kostenstreitwert des Abs. 3 kann daher niemals höher sein als der der Hauptsache. Streitgegenstand iS des Abs. 3 kann auch nur ein Teil der Kosten sein, z. B. bei einem Antrag auf einstweilige Einstellung der Zwangsvollstrekkung aus einem klagabweisenden Urteil. Hier sind Streitgegenstand nur die von dem Kläger an den Beklagten zu erstattenden Kosten.[34] 15

§ 23
Angabe des Wertes

(1) Bei jedem Antrag ist der Wert des Streitgegenstandes, sofern dieser nicht in einer bestimmten Geldsumme besteht oder sich aus den früheren Anträgen ergibt, und auf Erfordern auch der Wert eines Teils des Streitgegenstandes schriftlich oder zu Protokoll der Geschäftsstelle anzugeben.

(2) Die Angabe kann jederzeit berichtigt werden; § 130a der Zivilprozeßordnung gilt entsprechend.

Die auch in **Verwaltungsgerichts-, Sozialgerichts-, Finanzgerichts- und Arbeitsgerichtsverfahren** anwendbare Vorschrift will in Erweiterung der in § 253 Abs. 3 ZPO zum Zwecke der Bestimmung der gerichtlichen Zuständigkeit bei Klagen und Widerklagen gegebenen Vorschrift dem Kostenbeamten eine Grundlage für die Berechnung der Gebühren und dem Gericht einen Anhaltspunkt für die Streitwertfestsetzung (§ 25 GKG) geben. Es handelt sich um eine **Ordnungsvorschrift**. Sie gilt auch für Gebühren im Insolvenzverfahren und im schiffahrtsrechtlichen Verteilungsverfahren (§ 35 GKG). Nach §§ 253 Abs. 3, 621b ZPO soll die Klageschrift, wenn der Streitgegenstand nicht in einer bestimmten Geldsumme besteht, die Angabe des Wertes des Streitgegenstandes enthalten. 1

31 OLG Hamm, JurBüro 1955, 441.
32 BGH, MDR 1963, 44 = JurBüro 1962, 677. A. M. OLG Düsseldorf, MDR 1979, 676; OLG Nürnberg, RPfleger 1963, 219 (L).
33 *Schneider* JurBüro 1968, 194.
34 BGH, RPfleger 1959, 2 (L).

2 **Wertangabe,** Abs. 1: Sie hat **bei jedem Antrag** zu erfolgen, der ein **gebührenpflichtiges Verfahren** einleitet. Hierzu gehören: Klage, Klageerweiterung, Widerklage, Rechtsmittelanträge, Anträge auf Arrest und einstweilige Verfügung (§ 20), Anträge auf Einleitung eines selbständigen Beweisverfahrens, Zwangsvollstreckungsanträge, Verfahren auf eidesstattliche Versicherung und Richterablehnungsgesuche. Die Verpflichtung bleibt bestehen, solange ihr nicht genügt ist oder solange keine gerichtliche Streitwertfestsetzung erfolgt ist. Anzugeben ist der nach Meinung der Partei richtige Streitwert. Es kann sich dabei auch – etwa beim Antrag auf Durchführung eines Beweisverfahrens nach §§ 485 ff. ZPO – um einen – notwendigerweise – vorläufigen Wert handeln.[1] Die Parteien sind aber an die Angabe nicht gebunden.

3 **Keine Wertangabe** ist erforderlich,

- wenn der Wert des Streitgegenstandes in einer bestimmten Geldsumme besteht. Hier kann die Angabe den Anträgen mühelos entnommen werden. Das trifft nicht nur bei Leistungsklagen auf Geld zu, sondern auch bei Feststellungsklagen und Vollstreckungsgegenklagen, soweit sie sich auf bestimmte Geldforderungen beziehen. Eine bestimmte Geldsumme liegt nicht vor, wenn die Forderung auf Leistung in ausländischer Währung geht oder wenn sie zwar bestimmbar, aber nicht errechnet ist (z. B. bei Klagen auf Zinsleistungen oder bei Ansprüchen aus einem Kontokorrentverhältnis). Die Wertangabe ist immer nötig, wenn der Streitwert nach § 3 ZPO oder § 13 GKG zu schätzen ist, oder wenn er aus dem Antrag nicht klar ersichtlich ist, sowie stets bei nichtvermögensrechtlichen Streitigkeiten nach § 12 Abs. 2 GKG,
- wenn der Streitwert sich aus früheren Anträgen ergibt. Das ist der Fall, wenn er bereits bei früheren Anträgen angegeben oder vom Gericht festgesetzt wurde. Streitwertangaben, die in anderen Verfahren gemacht wurden, entbinden nicht.

4 Anzugeben ist immer nur der **gesamte Wert** des Streitgegenstandes. Erfordern aber der Kostenbeamte oder das Gericht die Angabe des **Wertes eines Teils des Streitgegenstandes,** so muß die Partei diesem Verlangen entsprechen. Sie sollte die Anfrage unverzüglich beantworten, um Nachteile zu verhindern.[2] Erforderlichenfalls hat das Gericht aufzuklären, was durch Schätzung erfolgen kann.[3] Die Angabe des Wertes von Teilen des Streitgegenstandes – auch eine Aufgliederung des ganzen Streitgegenstandes – kann notwendig werden bei Handlungen, die nur einen Teil des Streitgegenstandes betreffen (§ 21 Abs. 1 GKG).

5 Die Angabe des Streitwertes ist die **Pflicht des jeweiligen Antragstellers,** nicht auch seines Gegners. Diesem steht es frei, sich zu äußern. Die Angabe des Streitwertes hat schriftlich oder zu Protokoll der Geschäftsstelle zu erfolgen. Sie unterliegt nicht dem Anwaltszwang, § 78 Abs. 2 ZPO.

6 Die **Befolgung** der Vorschrift **kann unmittelbar nicht erzwungen werden**. Doch kann die Nichtbefolgung zu mittelbaren Nachteilen führen, z. B. zur Kostentragung, wenn eine Abschätzung durch Sachverständige erforderlich wird, § 26 S 2 GKG. Auch die Verhän-

1 OLG Naumburg, MDR 1999, 1093.
2 Vgl. dazu BGH, NJW 1972, 1948, 1949.
3 OLG Schleswig, JurBüro 1999, 595 m. Anm. v. *Enders*.

gung einer Verzögerungsgebühr (§ 34 GKG) kann in Betracht kommen. **Unrichtige Angaben** können zu denselben Rechtsfolgen führen wie die völlige Unterlassung der Angabe (vgl. § 26 Abs. 2 GKG).

Berichtigung, Abs. 2: Sie ist jederzeit in derselben Weise möglich wie die Wertangabe. Sie kann auch auf Anregung des Kostenbeamten erfolgen. Aus der Möglichkeit einer Berichtigung folgt, daß die Partei an ihre frühere Wertangabe nicht gebunden ist.[4] Andererseits sind auch der Kostenbeamte und das Gericht an die Wertangabe nicht gebunden, selbst wenn die Parteien übereinstimmende Angaben machen.[5] Ist ein Streitwertbeschluß ergangen, ist aber für eine Berichtigung durch eine Partei kein Raum mehr, wenn sich Umstände, die für die Festsetzung des Streitwerts bedeutend sind, erst nach der letzten mündlichen Verhandlung bekannt werden.[6] Eine trotzdem erfolgte Berichtigung kann aber als Antrag auf Änderung des Streitwertbeschlusses oder als Beschwerde gegen den Streitwertbeschluß umzudeuten sein.[7] 7

§ 24
Wertfestsetzung für die Zuständigkeit des Prozeßgerichts oder die Zulässigkeit des Rechtsmittels

Ist der Streitwert für die Entscheidung über die Zuständigkeit des Prozeßgerichts oder die Zulässigkeit des Rechtsmittels festgesetzt, so ist die Festsetzung auch für die Berechnung der Gebühren maßgebend. Die §§ 14–20 bleiben unberührt.

Der Sinn dieser Bestimmung liegt darin, widersprechende Streitwertfestsetzungen zu vermeiden, wenn und soweit die Streitwertfestsetzung für die Zuständigkeit des Gerichts oder die Zulässigkeit eines Rechtsmittels und für die Gebührenberechnung nach denselben Vorschriften zu erfolgen hat. Dadurch soll vermieden werden, daß in derselben Angelegenheit unter Annahme eines niedrigeren Streitwertes ein Rechtsmittel für unzulässig erklärt wird und aus einem höheren Streitwert die Gebühren berechnet werden müssen.[1] (Vgl. dazu auch § 12, Rn. 1–2). 1

Die **Streitwertfestsetzung für die Entscheidung über die Zuständigkeit des Prozeßgerichts oder die Zulässigkeit eines Rechtsmittels erfolgt** regelmäßig in den Entscheidungsgründen (Urteil, Beschluß), welche die Zuständigkeit des Gerichts oder die Zulässigkeit eines Rechtsmittels im Hinblick auf die hierfür maßgebenden Wertgrenzen verneint oder bejaht. Im letzteren Fall reicht es nicht aus, wenn das Gericht schlechthin erklärt, es sei zuständig oder das Rechtsmittel sei zulässig, oder wenn es die Zuständigkeit 2

4 Vgl. OLG Köln, JMBlNRW 1961, 60 und AnwBl. 1962, 129; OLG Neustadt, JurBüro 1961, 457; KG, RPfleger 1962, 121 (L).
5 OLG Neustadt, JurBüro 1961, 457; *Hartmann* § 23 Rn. 8.
6 OLG Bremen, OLG-Report Bremen/Hamburg/Schleswig-Holstein 1997, 302.
7 OLG Koblenz, WRP 1981, 333.
1 Vgl. *Schneider* JurBüro 1974, 823.

oder die Zulässigkeit stillschweigend bejaht.[2] Es muß sich schon mit den für die Zuständigkeit oder die Zulässigkeit maßgeblichen Wertbeträgen ausdrücklich befaßt haben, wobei allerdings die Feststellung genügt, daß die hierfür maßgeblichen Wertgrenzen erreicht seien.[3] Erst recht liegt eine bindende Streitwertfestsetzung vor, wenn das Gericht in den Gründen der Entscheidung über die Zuständigkeit oder über die Zulässigkeit des Rechtsmittels den Streitwert beziffert. Keine für den Wertansatz nach dem GKG bindende Entscheidung liegt vor, wenn das Gericht zunächst einen Streitwertfestsetzungsbeschluß und dann in einem gesonderten Verweisungsbeschluß erläßt, mag der Streitwertfestsetzungsbeschluß auch der Vorbereitung der Verweisung gedient haben. Denn ein Beschluß nach § 24 liegt nur vor, wenn die Streitwertfestsetzung in einer Entscheidung enthalten ist, die in der für eine Entscheidung über die sachliche Zuständigkeit erforderlichen Form ergangen ist.[4] Eine Abänderung der Entscheidung über die Zuständigkeit oder die Zulässigkeit eines Rechtsmittels ist nur im Wege der Anfechtung der Hauptentscheidung möglich.[5] Auch eine Abänderung der Entscheidung von Amts wegen ist ausgeschlossen, selbst wenn die Entscheidung offensichtlich falsch ist. Das gilt jedenfalls dann, wenn Umstände erst nach der letzten mündlichen Verhandlung bekannt werden.[6] Eine Streitwertfestsetzung für die Zulässigkeit des Rechtsmittels liegt auch in der Entscheidung, durch die das Oberlandesgericht den Wert der Beschwer gem. § 546 Abs. 2 ZPO in seinem Urteil festsetzt.

3 Die **Streitwertfestsetzung ist maßgebend**, d. h. es darf **keine** ihr **widersprechende** anderweitige Streitwertfestsetzung für Gerichtsgebühren erfolgen. Hat das Gericht die Zuständigkeit des Prozeßgerichts oder die Zulässigkeit eines Rechtsmittels im Hinblick auf die hierfür maßgeblichen gesetzlichen Wertgrenzen bejaht oder verneint, so bindet die Wertfestsetzung für die Gerichtsgebühren nur insoweit, als die für die Zuständigkeit oder die Zulässigkeit des Rechtsmittels gesetzlich geregelten Wertgrenzen nicht verletzt werden dürfen.[7] Hat beispielsweise das Amtsgericht seine Zuständigkeit verneint und die Sache an das Landgericht verwiesen, so darf für die Gerichtsgebühren kein niedrigerer, wohl aber ein höherer Streitwert angenommen werden.[8] Dasselbe gilt umgekehrt im Falle der Verweisung vom Landgericht zum Amtsgericht oder wenn das Gericht bei Bejahung oder Verneinung seiner Zuständigkeit oder der Zulässigkeit des Rechtsmittels einen bestimmten Betrag als Streitwert genannt hat.[9] Der BGH kann daher den Kostenstreitwert für die Revisionsinstanz auf einen Betrag festsetzen, der über der vom Berufungsgericht bestimmten Beschwer liegt.[10] Die Festsetzung des Wertes von Teilen des Streitgegenstandes ist innerhalb der durch eine Festsetzung aus § 24 gezogenen Grenzen stets

2 KG, JurBüro 1980, 1220.
3 OLG Köln, JurBüro 1975, 1354.
4 KG, JurBüro 1965, 487; 750; MDR 1959, 136.
5 KG, JR 1950, 731; MDR 1955, 177 = JurBüro 1955, 158 (L); MDR 1959, 136; OLG Braunschweig, RPfleger 1956, 115 (L); OVG Lüneburg, SchlHA 1957, 208.
6 OLG Bremen, OLG-Report Bremen/Hamburg/Schleswig-Holstein 1997, 302.
7 KG; MDR 1959, 136; OLG Nürnberg, JurBüro 1960, 168.
8 OLG Frankfurt/Main, JurBüro 1964, 206 = MDR 1964, 246; OLG Nürnberg, RPfleger 1963, 179 (L).
9 OLG Nürnberg, RPfleger 1963, 179 (L); OLG Celle, NJW 1957, 1640.
10 BGH, KostRspr. GKG § 24 Nr. 1.

zulässig. Streitwerterhöhungen oder Ermäßigungen, die nach einer Streitwertfestsetzung aus § 24 erfolgen, sind für die Gerichtsgebühren aber immer zu berücksichtigen. Bei einer Entscheidung über die Frage der Zuständigkeit oder der Zulässigkeit eines Rechtsmittels ist das Prozeßgericht an eine von ihm etwa bereits vorgenommene Streitwertfestsetzung für die Gerichtsgebühren aus § 25 GKG nicht gebunden. Für die Gerichtsgebühren gilt dann der für die Zuständigkeit oder die Zulässigkeit des Rechtsmittels festgesetzte Streitwert, sofern nicht eine der Ausnahmen nach S 2 vorliegt, und nicht der durch diese Entscheidung überholte Beschluß nach § 25 GKG.

Die **Bindung** gilt grundsätzlich **nur für die Instanz**, für die die Festsetzung nach § 24 4
erfolgt ist. Hebt aber das Rechtsmittelgericht die vom Erstrichter getroffene Entscheidung hinsichtlich des der angefochtenen Entscheidung zugrunde gelegten Streitwertes auf, so ist auch für den Rechtszug beim Erstgericht die Entscheidung des Rechtsmittelgerichts bindend. Anders aber, wenn das Rechtsmittelgericht aus anderen Gründen entscheidet. Keinesfalls wirkt die Entscheidung nach § 24 aber für andere Verfahren.

Ausnahmen, S 2: In den Fällen, in denen die Streitwertberechnung für die Gerichtskosten 5
nach anderen Gesichtspunkten erfolgt als für die Zuständigkeit oder für die Zulässigkeit eines Rechtsmittels, bindet seine für die Entscheidung über die Zuständigkeit oder die Zulässigkeit von Rechtsmitteln erfolgte Streitwertfestsetzung nicht. Insoweit sind jene anderen Vorschriften leges speciales gegenüber § 24 S 1. Die in Betracht kommenden Einzelfälle sind die Bestimmungen der §§ 14–20 GKG (vgl. § 14, Rn. 1; § 16, Rn. 1; § 17, Rn. 1; § 17a, Rn. 1; § 18, Rn. 1; § 19, Rn. 1; § 20, Rn. 1).

Arbeitsgerichtsverfahren: Nach der ausdrücklichen Vorschrift des § 12 Abs. 7 S 3 ArbGG 6
findet **§ 24 S 1** auf die Wertberechnung im Arbeitsgerichtsverfahren **keine** Anwendung; vgl. auch §§ 61 Abs. 1; 69 Abs. 2 ArbGG.[11]

§ 25
Wertfestsetzung für die Gerichtsgebühren

(1) Sind Gebühren, die sich nach dem Streitwert richten, im voraus zu zahlen, setzt das Prozeßgericht beim Eingang einer Klage oder eines Antrags den Wert ohne Anhörung der Parteien durch Beschluß vorläufig fest, wenn Gegenstand des Verfahrens nicht eine bestimmte Geldsumme in Euro ist. Einwendungen gegen die Höhe des festgesetzten Wertes können nur im Verfahren nach § 6 geltend gemacht werden.

(2) Soweit eine Entscheidung nach § 24 S 1 nicht ergeht oder nach § 24 S 2 nicht bindet, setzt das Prozeßgericht den Wert für die zu erhebenden Gebühren durch Beschluß fest, sobald eine Entscheidung über den gesamten Streitgegenstand ergeht oder sich das Verfahren anderweitig erledigt; in Verfahren vor den Gerichten der Finanzgerichtsbarkeit gilt dies nur dann, wenn ein Beteiligter oder die Staats-

11 LAG Hamm, JurBüro 1980, 246 = MDR 1980, 172 = AnwBl. 1980, 74.

kasse die Festsetzung beantragt oder das Gericht sie für angemessen erachtet. Die Festsetzung kann von dem Gericht, das sie getroffen hat, und, wenn das Verfahren wegen der Hauptsache oder wegen der Entscheidung über den Streitwert, den Kostenansatz oder die Kostenfestsetzung in der Rechtsmittelinstanz schwebt, von dem Rechtsmittelgericht von Amts wegen geändert werden. Die Änderung ist nur innerhalb von sechs Monaten zulässig, nachdem die Entscheidung in der Hauptsache Rechtskraft erlangt oder das Verfahren sich anderweitig erledigt hat.

(3) Gegen den Beschluß findet die Beschwerde statt, wenn der Wert des Beschwerdegegenstandes 50 Euro übersteigt. § 5 Abs. 2 S 3, Abs. 3 S 1, Abs. 4 S 1, 2 und 5 und Abs. 5 ist entsprechend anzuwenden. Die Beschwerde ist ausgeschlossen, wenn das Rechtsmittelgericht den Beschluß erlassen hat. Sie ist nur zulässig, wenn sie innerhalb der in Abs. 2 S 3 bestimmten Frist eingelegt wird; ist der Streitwert später als einen Monat nach Ablauf dieser Frist festgesetzt worden, so kann sie noch innerhalb eines Monats nach Zustellung oder formloser Mitteilung des Festsetzungsbeschlusses eingelegt werden.

(4) Das Verfahren über die Beschwerde ist gebührenfrei. Kosten werden nicht erstattet.

Übersicht

Allgemeines: Die durch das KostRÄndG 1994 überarbeitete Bestimmung regelt das Verfahren zur Festsetzung des für die Gerichtsgebühren maßgebenden Streitwertes. Sie ist jedoch im Verhältnis zur Bestimmung des § 24 GKG subsidiär. D. h.: Nur soweit eine Entscheidung nach § 24 GKG noch nicht ergangen ist, bleibt noch Raum für eine Gebührenwertfestsetzung nach § 25. Denn es ist u. a. auch Sinn dieser Regelung, einander widersprechende Gerichtsentscheidungen zu vermeiden.[1] Der für die Berechnung der Gerichtsgebühren endgültig zugrunde gelegte Wert kann auch im Wege des Erinnerungs- oder Beschwerdeverfahrens gegen den Kostenansatz bemängelt werden, wobei eine gerichtliche Überprüfung in jenem Verfahren aber ein solches nach § 5 GKG und nicht nach § 25 darstellt. Das Verfahren nach § 5 GKG kann – und sollte idR auch – ausgesetzt werden, bis das förmliche Verfahren nach § 25 durchgeführt worden ist. Unter Umständen kann eine Erinnerung nach § 5 GKG auch als Antrag auf Streitwertfestsetzung nach § 25 umgedeutet werden.[2] § 25 gilt auch für die Gebührenwertfestsetzung in Insolvenzverfahren und schiffahrtsrechtlichen Verteilungsverfahren (§ 35), während im Verfahren nach dem Strafvollzugsgesetz § 25 Abs. 2 S 3 und 4, Abs. 3 und 4 entsprechend anzuwenden ist (§ 48a GKG). Desgleichen ist § 25 anwendbar im Verfahren nach § 247 AktG, § 144 PatG, § 26 GebrMG, §§ 23 a/b UWG und § 142 MarkG.[3] Die Vorschrift gilt auch im Verwaltungsgerichts-, Sozialgerichts- und Finanzgerichtsverfahren sowie im Arbeitsgerichtsverfahren (dazu unten Rn. 56). 1

Solange weder eine Wertfestsetzung durch das Gericht zur Entscheidung über die Zuständigkeit oder die Zulässigkeit eines Rechtsmittels nach §§ 24, 25 GKG durchgeführt ist, hat der Kostenbeamte nach den gesetzlichen Streitwertvorschriften der Kostenberechnung 2

1 So zutr *Schneider* JurBüro 1994, 823 ff.
2 OLG Frankfurt/Main, JurBüro 1979, 601; OLG Bamberg, JurBüro 1976, 185.
3 Vgl. etwa OLG Frankfurt, JurBüro 1976, 347; OLG Karlruhe, WRP 1973, 49.

zugrunde zu legenden Streitwert selbst zu ermitteln, §§ 4 Abs. 1, 27 Abs. 1 KostVfg. Das kann etwa dann der Fall sein, wenn ein gerichtlicher Streitwertbeschluß eine Prozeßverbindung nicht berücksichtigt.[4] Auch das Verfahren über die Zulassung eines Rechtsmittels bedarf keiner Streitwertfestsetzung.[5] Hierin liegt dann noch keine Streitwertfestsetzung nach § 25, für die der Kostenbeamte ohnehin nicht zuständig ist. Erforderlichenfalls hat der Kostenbeamte seinen Kostenansatz später zu berichtigen, was aber wegen des § 25 Abs. 1 nur sehr selten notwendig sein wird. Erst recht kommt bei einer Prozeßtrennung keine Streitwertfestetzung für die abgetrennten oder verbliebenen Teile in Betracht, weil dieser schon für sämtliche Teile feststeht.[6]

3 **Formlose Wertfestsetzung, Abs. 1:** Nach Abs. 1 soll in Verfahren, deren Gegenstand nicht eine bestimmte Geldsumme in inländischer Währung ist und in denen nach dem GKG eine Vorauszahlungspflicht besteht, bereits zu Beginn des Verfahrens von Amts wegen eine vorläufige Festsetzung des Gebührenwertes stattfinden. Soweit eine bestimmte Geldsumme in inländischer Währung gefordert ist, ist das Verfahren nach Abs. 1 nicht erforderlich, weil der Gebührenberechnungswert sich ohne weiteres aus dem Klagantrag ergibt. Wenn nach dem GKG keine Vorauszahlungspflicht besteht, braucht auch keine vorläufige Festsetzung zu erfolgen. In solchen Fällen wird nämlich nur der nach anderen Vorschriften festzusetzende Zuständigkeitsstreitwert vonnöten sein. Mit der Bestimmung des Abs. 1 soll erreicht werden, daß der Kostenbeamte bereits bei Anforderung der Vorauszahlung idR auch dann von dem voraussichtlich endgültigen Wert ausgehen kann, wenn der Gegenstand des Verfahrens nicht eine bestimmte Geldsumme in inländischer Währung ist. Um zusätzlichen Aufwand zu vermeiden, soll die vorläufige Wertfestsetzung ohne Anhörung der Parteien erfolgen. Deren Anspruch auf rechtliches Gehör wird bei der endgültigen Festsetzung gewahrt.[7] Natürlich ist das Gericht vor einer vorläufigen Festsetzung nicht gehindert, in geeigneten Fällen den Kläger aufzufordern, seine Vorstellungen über den Streitwert mitzuteilen, wenn dieser Angaben nach § 23 Abs. 1 GKG unterlassen hat. Im übrigen können die Parteien mit der nach § 6 GKG möglichen Beschwerde gegen die Höhe des geforderten Vorschusses oder der Vorauszahlung auch Einwände gegen die Höhe des vorläufig festgesetzten Streitwertes erheben.[8]

4 **Voraussetzungen für die vorläufige Wertfestsetzung** nach Abs. 1 sind:

- *Vorauszahlungspflicht* nach Maßgabe der §§ 65 ff. GKG.
- *Wertabhängigkeit.* Die zu zahlende Gebühr muß nach dem KV von einem Wert abhängig sein (vgl. dazu oben, § 11, Rn. 7, 9). Soweit das GKG ausnahmsweise eine Festgebühr vorsieht, bedarf es einer vorläufigen Wertfestsetzung nicht. Soweit allerdings beide Gebührenarten zusammentreffen, ist entsprechend dem Sinn des § 25 Abs. 1 eine vorläufige Wertfestsetzung geboten.[9]
- *Keine bestimmte €-Forderung.* Wenn nicht ausschließlich ein bestimmter €-Betrag gefor-

4 FG Münster, JurBüro 1970, 495 (L).
5 VGH Mannheim, NVwZ-RR 1997, 758 = DÖV 1997, 965 = DVBl 1997, 1325 = VBlBW 1997, 262.
6 OVG Saarlouis, NVwZ-RR 1998, 789 (L).
7 Vgl. BT-Drucks. 12/6962, S. 63–64.
8 BT-Drucks. 12/6962, S. 64.
9 Vgl. *Hartmann* § 25 Rn. 8.

dert wird, ist § 25 Abs. 1 anwendbar. So z. B., wenn neben einem €-Betrag auch noch ein Betrag in ausländischer Währung verlangt wird oder wenn eine Zahlungsklage mit einer Räumungsklage verbunden wird. Das gleiche gilt auch, wenn der €-Betrag nicht eindeutig zu beziffern ist, etwa bei einer an einen Lebenshaltungsindex anknüpfenden Summe oder bei einem auf einen anderen Wert (z. B. Basiszinssatz) bezogenen Betrag.[10] Natürlich handelt es sich auch nicht um eine bestimmte €-Summe, wenn diese nur bestimmbar ist oder gar in das Ermessen des Gerichts gestellt wird. In solchen Fällen muß das Gericht den Streitwert festsetzen, zumal dann, wenn von der Höhe des Streitwertes die Zulässigkeit eines Rechtsmittels abhängt.[11] Nicht nur bestimmbar, sondern betragsmäßig bestimmt ist ein auf einen festen €-Betrag bezogener Wert (z. B. bei der Räumungsklage, § 16).

Liegen die genannten Voraussetzungen vor, dann hat das Gericht **von Amts wegen** den vorläufigen Wert festzusetzen, sobald die Klage oder der Antrag bei Gericht eingegangen ist (§ 15 GKG). Das Gericht hat den vorläufigen Wert in solchen Fällen unverzüglich festzusetzen und soll vorher keine weiteren Handlungen vornehmen. Das muß ggf. nochmals erfolgen, wenn ein weiterer der vorläufigen Festsetzung bedürftiger Antrag (Gegenantrag, Widerklage) eingeht.[12] 5

Nach dem Wortlaut des Abs. 1 S 1 erfolgt die vorläufige Festsetzung **ohne Anhörung der Parteien**, was in Ansehung des Art. 103 Abs. 1 GG unschädlich ist, weil die Festsetzung nur vorläufig ist und bei einer endgültigen Festsetzung in jedem Fall zu erfolgen hat. Gleichwohl ist eine Anhörung, wenn dadurch das Verfahren nicht verzögert wird oder dem Sinn des Prozeßrechts (etwa bei Eilantragen, die ohne vorherige mündliche Verhandlung entschieden werden) zuwiderlaufen würden, nicht verboten.[13] Entsprechend dem Sinn und Zweck des Abs. 1, möglichst gleich am Anfang des Verfahrens den richtigen Streitwert zu wissen, wird es ohne weiteres erlaubt sein, in Zweifelsfällen beim Kläger/Antragsteller nachzufragen, wobei ihm auch kurze Fristen gesetzt werden können, Das folgt schon aus § 23 GKG, wonach es zu einer ordnungsgemäßen Klageerhebung gehört, den Streitwert mitzuteilen. 6

Die vorläufige Streitwertfestsetzung erfolgt durch einen Beschluß des Gerichts, bei Kollegialgerichten des Spruchkörpers. Er ist den Parteien mitzuteilen oder zu verkünden. Eine kurze stichwortartige Begründung kann zweckmäßig sein, ist aber nicht geboten. Denn einmal präjudiziert der vorläufige Streitwert nichts, zum anderen kann auch in den Fällen möglicher indirekter Anfechtung über § 6 GKG (vgl. dazu oben, Rn. 3) jederzeit Abhilfe geschaffen werden. Die Mitteilung erfolgt formlos. 7

Außer im Verfahren nach § 6 GKG sind Einwendungen gegen die vorläufige Festsetzung der Höhe des Wertes nicht statthaft, § 25 Abs. 1 S 2. Insbesondere ist die Beschwerde ausgeschlossen.[14] 8

10 Vgl. *Hartmann* § 25 Rn. 9.
11 OLG Koblenz, NJW-RR 2000, 71.
12 Vgl. *Hartmann* § 25 Rn. 10.
13 A. M. *Hartmann* § 25 Rn. 12.
14 OLG Brandenburg, MDR 2000, 174.

9 Eine **Änderung** der vorläufigen Wertfestsetzung ist jederzeit bis zur endgültigen Festsetzung möglich. Das folgt schon aus der Natur der Festsetzung als nur vorläufig. Sie kommt namentlich dann in Betracht, wenn sich der Gesamtkostenwert infolge Klageänderung oder von Gegenansprüchen etc. verändert, aber auch dann, wenn Umstände zutage treten, die bei der ursprünglichen vorläufigen Festsetzung noch nicht erkennbar waren oder übersehen worden sind, vgl. auch oben, Rn. 5.

10 **Endgültige Wertfestsetzung, Abs. 2:** Es soll „mit jeder Entscheidung über den gesamten noch anhängigen Streitgegenstand oder nach Beendigung des Verfahrens auf andere Weise eine Wertfestsetzung von Amts wegen erfolgen. Durch die Wertfestsetzung soll dem Kostenbeamten insbesondere erspart bleiben, anhand der Akten zu prüfen, ob sich der Streitwert durch Klageerweiterung oder Widerklage im Laufe des Verfahrens noch verändert hat."[15]

11 **Voraussetzung** einer endgültigen Festsetzung nach Abs. 2 ist:

- *Eine endgültige Entscheidung über den gesamten Streitgegenstand:* Der gesamte Streitgegenstand muß – zumindest zunächst – endgültig entschieden sein. Die Art und Form sind unerheblich. So kommt z. B. in Betracht ein Endurteil, insbesondere bei einer Stufenklage,[16] ein Vorbehaltsurteil, eine Kostenentscheidung nach § 91a ZPO oder eine solche nach § 269 Abs. 3 ZPO. Auch eine Klagerücknahme ohne Antrag nach § 269 Abs. 3 ZPO gehört – jedenfalls in Zivilrechtsstreitigkeiten – hierher.[17] Ein Grund- oder Teilurteil hingegen erfaßt den Streitgegenstand noch nicht vollständig. Auch eine einseitige Teilerledigung des Mahnverfahrens in der Weise, daß der Gläubiger nur einen Teil der Forderung aufrechterhält, läßt den Streitwert für das folgende Streitverfahren unberührt.[18] Auch während einer Aussetzung des Rechtsstreits (etwa nach § 246 ZPO) darf keine Streitwertfestsetzung von Amts wegen erfolgen.[19]
- *Eine anderweitige Erledigung des gesamten Rechtsstreits:* Das können sein: beiderseitige wirksame Erledigungserklärungen, ein vorbehaltsloser oder nicht mehr unter einen Vorbehalt fallender Prozeßvergleich, eine Aussetzung des Rechtsstreits, das Nichtbetreiben durch die Parteien über einen Zeitraum von mehr als 6 Monaten,[20] oder das Ruhen des Verfahrens über einen Zeitraum von mehr als 6 Monaten. Ebenso bei Klagerücknahme ohne Kostenantrag nach § 269 Abs. 3 ZPO.[21]
- *Keine Bindung nach § 24 GKG.* Wenn eine Entscheidung nach § 24 S 1 vorliegt oder eine solche nach § 24 S 2 bindet, ist eine weitere Wertfestsetzung nach § 25 Abs. 2 ausgeschlossen.
- Das *Beweisverfahren nach §§ 485ff. ZPO* ist regelmäßig erst mit der Beendigung des Hauptverfahrens erledigt,[22] es sei denn, das Hauptverfahren hat sich durch das Ergebnis

15 BT-Drucks. 12/6962, 64. Kritisch dazu für den Bereich der Finanzgerichtsbarkeit *Zenke* StB 1994, 509.
16 OLG Brandenburg, JurBüro 1997, 394 m. Anm. v. *D.Meyer.*
17 A. M. BVerwG, JurBüro 1997, 255 (für Verwaltungsrechtsstrkeiten) m. krit. Anm. v. *Hellstab.*
18 OLG München, JurBüro 1996, 368.
19 BGH, NJW 2000, 1199.
20 Vgl. OLG Hamm, MDR 1971, 495; *Hartmann* § 25 Rn. 18.
21 OLG Rostock, MDR 1995, 212.
22 OLG Naumburg, MDR 1999, 1093 = JurBüro 1999, 596.

des Beweisverfahrens erledigt. Eine unterschiedliche Streitwertfestsetzung nur für die außergerichtlichen Auslagen eines Beteiligten ist aber – besonders im Insolvenzverfahren – nicht ausgeschlossen.[23]

12 Ein **Antrag** ist nicht nötig, weil die endgültige Festsetzung ausdrücklich **von Amts wegen** vorgeschrieben ist („... setzt ... fest ...“). Wird ein solcher von einer Partei, von einem sonstwie am Verfahren Beteiligten oder von einem am Verfahren beteiligten Rechtsanwalt (§ 9 Abs. 2 BRAGO) eingebracht, ist er als Anregung zur Überprüfung der vorläufigen oder auf endgültige Wertfestsetzung zu behandeln. Eine solche Anregung wird selbstverständlich auch durch die von dem zuständigen Bezirksrevisor vertretene Staatskasse gegeben werden können. Auch die Vorlage der Akten durch den Urkundsbeamten der Geschäftsstelle kann als Anregung idS gesehen werden, den Wert endgültig festzusetzen.

13 Liegen die Voraussetzungen für eine endgültige Wertfestsetzung vor (vgl. oben, Rn. 11), ist das Gericht zu einer **Entscheidung von Amts** wegen nicht nur berechtigt, sondern **verpflichtet.**[24] Ein Ermessen zur endgültigen Festsetzung hat das Gericht außer im finanzgerichtlichen Verfahren grundsätzlich nicht.[25]

14 **Zuständig** für die endgültige Festsetzung ist stets das **Prozeßgericht**, vor dem die Instanz abgeschlossen wurde, wenn und soweit der Gegenstand bei ihm anhängig war oder in einem Vergleich erfaßt wurde,[26] also die Kammer, der Einzelrichter, der Vorsitzende der Kammer für Handelssachen (§ 349 Abs. 2 Ziff. 11 ZPO) oder der Senat. Der Urkundsbeamte der Geschäftsstelle nimmt idS niemals eine (vorläufige oder gar endgültige) Wertfestsetzung vor. Prozeßgericht idS ist auch das Arrestgericht und in der Zwangsvollstreckung das Vollstreckungsgericht, das aber nur den Wert seines Zwangsvollstreckungsverfahrens festsetzen kann. Beim **selbständigen Beweisverfahren** ist Prozeßgericht das Gericht, bei dem dieses Verfahren durchgeführt wurde, und die ihm im Instanzenzug übergeordneten Gerichte, niemals aber das Gericht, welches das Beweisergebnis verwertet.[27] Die Streitwertfestsetzung für den Berufungsrechtszug des Patentnichtigkeitsverfahrens verbleibt dem Bundespatentgericht, falls das Rechtsmittel vor Abgabe der Akten an den BGH zurückgenommen wurde.[28] Soweit der **Rechtspfleger** eine Sache in eigener Zuständigkeit entscheidet (§ 4 RPflG), hat er auch den Wert endgültig festzusetzen.[29] Im Mahnverfahren ist § 25 Abs. 2 nicht anwendbar.[30]

15 Jede **Instanz** hat **für sich** festzusetzen.[31] Ist eine Sache vom Amtsgericht an das Landgericht verwiesen, so setzt das Landgericht auch hinsichtlich eines im Verfahren vor dem Amtsgericht schon erledigten Teils der Streitsache endgültig fest. Dasselbe gilt auch für den umgekehrten Fall einer Verweisung vom Landgericht an das Amtsgericht oder von

23 KG, NJW-RR 2000, 1622.
24 OVG Münster, NVwZ-RR 1999, 402.
25 *Hartmann* § 25 Rn. 20.
26 OLG Hamm, JurBüro 1980, 238; OLG Bremen, JurBüro 1979, 1395.
27 OLG Hamm, NJW 1976, 116; OLG Saarbrücken, JurBüro 1968, 903; *Markl* JVBl. 1969, 179.
28 BGH, MDR 1970, 138 = JurBüro 1970 165.
29 BayObLG; RPfleger 1974, 392; *Hartmann* § 25 Rn. 23.
30 LAG Düsseldorf, JurBüro 1999, 532.
31 BGH, RPfleger 1987, 38; BFH, BStBl. II 1977, 42; KG, VersR 1981, 151.

einer Gerichtsbarkeit an die andere (etwa: vom Arbeitsgericht an das ordentliche Gericht und umgekehrt). Setzt das Gericht einer höheren Instanz den Streitwert für sein Verfahren endgültig fest, so kann es nicht gleichzeitig den Streitwert des Verfahrens der unteren Instanz mit festsetzen.[32] Das kann sogar ohne Rücksicht auf einen Antrag oder an das Verschlechterungsverbot geschehen.[33] Der Abs. 3 gibt dem Rechtsmittelgericht nur die Möglichkeit, eine bereits erfolgte Streitwertfestsetzung des unteren Gerichts im Beschwerdeverfahren zu ändern.[34] Niemals kann die untere Instanz nach § 25 den Streitwert für die höhere Instanz festsetzen, auch nicht, wenn das höhere Gericht bei einer Zurückverweisung die Kostenentscheidung dem Vordergericht übertragen hat. Denn die Übertragung insoweit kann sich immer nur auf die grundsätzliche Kostentragungspflicht beziehen, niemals aber auf die Höhe des Streitwerts oder auf die Beschwer. Im Kostenfestsetzungs- und -ansatzverfahren ist der Rechtspfleger oder der Kostenbeamte an die ergangenen Streitwertfestsetzunsgbeschlüsse gebunden. Das Erinnerungs- und Beschwerdegericht kann lediglich den Streitwert des Kostenfestsetzungs- oder -ansatzverfahrens, nicht aber den des zugrunde liegenden Hauptsacheverfahrens, förmlich festsetzen.[35]

16 **Anhörung der Parteien**: Nach allgemeinen Grundsätzen (Art. 103 Abs. 1 GG) hat das Gericht den Parteien und den weiteren Beteiligten (z. B. den Nebenintervenienten[36]) vor der endgültigen Festsetzung rechtliches Gehör zu gewähren.[37] Es gelten hier die Verfahrensgrundsätze der §§ 567 ff. ZPO. Ob das Gericht über den Kostenstreitwert mündlich verhandelt, steht in seinem freien Ermessen. Es ist insoweit an Anträge eines Beteiligten nicht gebunden. Entscheidet das Gericht aber in mündlicher Verhandlung, besteht auch in Anwaltsprozessen **kein Anwaltszwang** (arg. §§ 5 Abs. 5,6 S 2).

17 Im Zeitpunkt der Entscheidung muß selbstverständlich ein **Rechtsschutzbedürfnis** gegeben sein,[38] das auch dann noch besteht, wenn der Kostenbeamte bereits einen Kostenansatz vorgenommen hat.[39] Ein solches wird aber nur ausnahmsweise fehlen, so etwa, wenn mit Sicherheit keinerlei Gerichtsgebühren anfallen[40] und auch die Anwaltskosten nicht von einer gerichtlichen Wertfestsetzung nach § 25 Abs. 2 abhängig sind.[41]

18 Die Entscheidung erfolgt durch einen **förmlichen Beschluß**. Zulässig ist es auch, wenn das Gericht die endgültige Festsetzung in die Urteilsformel oder in die Entscheidungsgründe aufnimmt.[42] Insoweit bleibt die Entscheidung aber ein selbständiger Beschluß, der nur im Rahmen des § 25 angefochten oder geändert werden kann. Dagegen enthält ein außerhalb eines Entscheidungssatzes oder der Gründe eines Urteils angebrachter Vermerk „Streitwert ... €" nicht in jedem Fall eine Festsetzung iS des § 25 Abs. 2. Es muß vielmehr

32 OLG Köln, VersR 1973, 1032 und DGVZ 1986, 151.
33 LAG Thüringen, MDR 2001, 538.
34 Vgl. dazu *Mümmler* JurBüro 1972, 671 (zum alten Recht).
35 OLG Hamm, JurBüro 1959, 473.
36 OLG München, NJW-RR 1998, 420 = MDR 1998, 788.
37 HessLAG, JurBüro 1999, 306; OLG Brandenburg, OLG-NL 1994, 250.
38 BFH; BStBl. II 1988, 289; *Hartmann* § 25 Rn. 25.
39 BFH, BB 1978, 1507.
40 LG München, AnwBl. 1988, 72.
41 *Hartmann* § 25 Rn. 25.
42 OVG Saarland, JurBüro 1997, 198, 199; *Wenzel* BB 1981, 166; *Hartmann* § 25 Rn. 26.

der Wille des Prozeßgerichts, den Streitwert endgültig festsetzen zu wollen, eindeutig erkennbar sein.[43] Eine alsbald nach dem Eingang der Klage erfolgte Festsetzung wird im Zweifel nur als Festsetzung des Zuständigkeitsstreitwertes anzusehen sein,[44] insbesondere dann, wenn diese mit einer Verweisungsanregung verbunden wird.[45] Es ist nicht notwendig, kann aber mitunter zweckmäßig sein, auf die vorläufige Festsetzung hinzuweisen.

Die endgültige Streitwertfestsetzung kann auch für **einzelne Prozeßabschnitte** oder Teile des **Streitgegenstandes** erfolgen, soweit durch eine Entscheidung oder auf andere Weise der Streitgegenstand endgültig erledigt wird. 19

Die endgültige Streitwertfestsetzung nach § 25 Abs. 2 wirkt für und gegen alle am Prozeß, einschließlich des Kostenfestsetzungsverfahrens, Beteiligten,[46] insbesondere auch für den Gebührenprozeß des Rechtsanwalts (§ 9 Abs. 2 BRAGO). 20

Die Bestimmungen über den an die Stelle der weggefallenen **Gerichtsferien** getretenen Anspruch auf Terminsverlegung nach § 227 ZPO[47] sind (auch nicht entsprechend) anwendbar. 21

Bei der **Entscheidung** über die Höhe des endgültig festzusetzenden Wertes ist das **Klagebegehren** maßgebend (vgl. § 11, Rn. 12 ff.). Darauf, ob die geltend gemachten Ansprüche (teilweise) bestritten sind oder nicht, kommt es nicht an, wie das Gericht auch an übereinstimmende Angaben oder Vorstellungen der Parteien nicht gebunden ist.[48] Es sind alle im Zeitpunkt der letzten mündlichen Verhandlung oder dem der letzten mündlichen Verhandlung gleichstehenden Zeitpunkt zu berücksichtigen.[49] Umstände oder Tatsachen, die nicht allen am Streitwertfestsetzungsverfahren Beteiligten bekannt gegeben worden sind oder von denen sie in prozeßordnungsgemäßer Weise nicht hätten Kenntnis erlangen können (z. B. vertrauliche Umsatzzahlen), müssen unberücksichtigt bleiben.[50] 22

Grundsätzlich bedarf die endgültige Streitwertfestsetzung einer **Begründung.**[51] Von einer Begründung kann aber abgesehen werden, wenn die Höhe des Streitwertes mit den Beteiligten – was zweckmäßigerweise im Protokoll oder in einem Aktenvermerk festgehalten werden sollte, nicht aber muß – erörtert wurde[52] und/oder der Streitwert gemäß den übereinstimmenden Vorstellungen der Beteiligten endgültig[53] festgesetzt wird, wenn in keinerlei Rechte der Parteien eingegriffen wird[54] oder wenn mit einer Anfechtung nicht gerechnet zu werden braucht. Zum Ausdruck gebracht werden soll aber 23

43 *Hartmann* § 25 Rn. 26.
44 OLG München, MDR 1998, 1242.
45 OLG Köln, NJW-RR 1998, 279.
46 OLG Hamm, RPfleger 1956, 77 (L); *Hartmann* § 25 Rn. 33.
47 Ges v 28. 10. 1996 – BGBl. I, 1546.
48 OLG Brandenburg, MDR 1997, 106; KG, RPfleger 1962, 121.
49 OLG Bamberg, JurBüro 1980, 1865.
50 KG, NJW 1975, 743 (L) = RPfleger 1975, 109 = AnwBl. 1974, 394.
51 BVerfGE 6, 44; OLG Köln, NJW-RR 1991, 1280.
52 *Hartmann* § 25 Rn. 29.
53 Vgl. OLG Bamberg, JurBüro 1975, 1463 (keine Beschwer der Parteien).
54 BVerfG, NJW 1957, 298.

stets, daß es sich um eine endgültige Festsetzung handelt.[55] Wenn und soweit aber gegen nicht begründeten Beschluß eine zulässige Beschwerde eingelegt wird, muß das Gericht die Begründung nachholen, soweit es der Beschwerde nicht abhilft.[56]

24 Haben alle Parteien wirksam **Rechtsmittelverzicht** gegen die Wertfestsetzungsentscheidung nach § 25 Abs. 2 erklärt, ist selbstverständlich auch keine Begründung notwendig. Das gilt auch, wenn der zutreffende Kostenstreitwert sich aus dem Streitstoff selbst ergibt.[57] Ob eine übereinstimmende Erklärung der Prozeßbevollmächtigten als Rechtsmittelverzicht zu betrachten ist,[58] mag zweifelhaft sein. Jedenfalls dürfte es dann einer Beschwer mangeln (dazu unten, Rn. 46).

25 Die **Begründung** braucht nur **stichwortartig** zu sein. Es reicht, wenn die wesentlichen für die Entscheidung des Gerichts maßgeblichen Gesichtspunkte genannt werden. Ausreichend ist auch die Bezugnahme auf den (begründeten) Beschluß der vorläufigen Festsetzung nach Abs. 1 oder auf den Inhalt eines Schriftsatzes einer Partei, dem das Gericht im wesentlichen folgt.

26 **Mitteilung.** Der endgültige Streitwertfestsetzungsbeschluß braucht nicht förmlich zugestellt zu werden. Die Frist des § 25 Abs. 2 S 3, Abs. 3 S 3 GKG ist keine eigentliche Rechtsmittelfrist,[59] sondern eine Ausschlußfrist (Vgl. unten, Rn. 48). Ergeht er in der mündlichen Verhandlung, reicht die Verkündung nach § 329 Abs. 1 ZPO. Eine **förmliche Zustellung** ist aber geboten, wenn nach einer Kostenfestsetzung eine Streitwertfestsetzung erfolgt und diese Wertfestsetzung von der Wertberechnung des Kostenfestsetzungsbeschlusses abweicht, § 107 ZPO.

27 **Kosten.** Die Entscheidung über die endgültige Streitwertfestsetzung ist gebührenfrei. Außergerichtliche Kosten sind allerdings zu erstatten.[60] Denn § 25 Abs. 4 bezieht sich ausdrücklich nur auf das Beschwerdeverfahren.

28 Der Beschluß erwächst **nicht in äußere Rechtskraft.** Eine rechtskräftige Entscheidung über die Anwaltsgebühren im Prozeß zwischen dem Anwalt und seinem Mandanten steht eine Abänderbarkeit des Kostenstreitwertbeschlusses nicht entgegen.[61]

29 Eine falsche endgültige Festsetzung des Kostenstreitwertes kann eine **Amtshaftung** auslösen.[62] Denn Streitwertfestsetzungsbeschlüsse sind nicht dem Richterprivileg unterworfen.[63] Allerdings werden die Voraussetzungen für einen Amtshaftungsanspruch wegen

55 Vgl. dazu bei *Hartmann* § 25 Rn. 28 m. N.

56 Unstr. Vgl. etwa OLG Dresden, JurBüro 1998, 317 = OLG-NL 1998, 144; OLG Frankfurt/Main, GRUR 1989, 934; OLG Hamm, RPfleger 1989, 104.

57 OLG Bamberg, JurBüro 1978, 1360.

58 Verneinend OLG München, JurBüro 2000, 141.

59 OVG Hamburg, NVwZ-RR 1993, 167.

60 Vgl. z. B. OLG München, NJW 1968, 1937; OLG Nürnberg, NJW 1968, 849; *Hartmann* § 25 Rn. 33; a. M.: OLG Schleswig, SchlHA 1975, 67; OLG Frankfurt/Main, NJW 1975, 742; OLG Hamburg, MDR 1966, 770; OVG Münster, DVBl. 1972, 838.

61 *Hartmann* § 25 Rn. 34.

62 *Matzen* AnwBl. 1976, 333; *Hartmann* § 25 Rn. 34.

63 BGHZ 36, 144.

§ 839 Abs. 1 S 1, Abs. 3 BGB nur in seltenen, schon an Rechtsbeugung grenzenden, Fällen gegeben sein.

Änderung des endgültigen Streitwertfestsetzungsbeschlusses. Nach Abs. 2, S 2, 3 kann das Gericht, das den endgültigen Wertfestsetzungsbeschluß erlassen hat, oder das Rechtsmittelgericht, wenn der Streit bereits in der Rechtsmittelinstanz schwebt, die Wertfestsetzung **von Amts wegen** ändern. Dabei beziehen sich die Begriffe „Verfahren" und „Hauptsache" auf das Verfahren, für welches der Streitwert festgesetzt wurde und geändert werden soll, und nicht etwa – im Falle eines vorangegangenen Eilverfahrens – auf das dazu gehörende Hauptsacheverfahren.[64] In entsprechender Anwendung der Bestimmung kann das Rechtsmittelgericht den Streitwert auch dann von Amts wegen ändern, wenn das Verfahren nur noch wegen einer nach § 99 Abs. 2 ZPO isoliert anfechtbaren Kostenentscheidung schwebt.[65] Selbstverständlich kann das auch auf einen insoweit als Anregung aufzufassenden Antrag eines Beteiligten geschehen.[66] Folgt das Gericht indessen einer solchen Anregung nicht, wird es diese als Beschwerde gegen die Wertfestsetzung behandeln, falls der Anregende beschwert ist.[67] Im Zweifel wird das Gericht nachzufragen haben. 30

Voraussetzung für eine Änderung ist, daß bereits ein förmlicher endgültiger gerichtlicher Streitwertfestsetzungsbeschluß nach § 25 Abs. 2 GKG ergangen ist. 31

Keine Änderung hingegen ist die **Berichtigung** einer als offenbar unrichtig erkannten Wertfestsetzung nach § 319 ZPO.[68] 32

Änderungsfrist, Abs. 2 S 3: Im Interesse aller Beteiligten an einer sicheren Rechtslage ist die Möglichkeit zur Änderung des endgültigen Wertfestsetzungsbeschlusses auf 6 Monate befristet. Hat die Entscheidung in der Hauptsache – gemeint ist hier der Hauptsacheanspruch samt Nebenforderungen und Kosten[69] – Rechtskraft erlangt oder hat sich das Verfahren anderweitig erledigt (vgl. § 7, Rn. 10), ist die Änderung des endgültigen Wertfestsetzungsbeschlusses nur innerhalb von 6 Monaten ab Rechtskraft oder endgültiger Erledigung des Verfahrens möglich.[70] Das gilt selbst dann, wenn die Parteien unrichtige Angaben gemacht haben.[71] Hat der Kläger die Klage zurückgenommen, so beginnt die 6-Monatsfrist mit der gerichtlichen Kostenentscheidung zu laufen, wenn diese binnen zwei Wochen nach der Klagerücknahme beantragt und anschließend der Streitwert festgesetzt wird.[72] Die nach den Bestimmungen der §§ 186 ff. ZPO zu berechnende Frist beginnt aber erst nach endgültiger Erledigung des Rechtsstreits überhaupt und nicht nach der Erledigung der Instanz.[73] Auch der rechtskräftige Abschluß eines Rechtsmittelverfahrens setzt die Frist noch nicht in Lauf, wenn der Rechtsstreit in der Hauptsache 33

64 BVerwG, NVwZ-RR 1998, 142.
65 OLG Brandenburg, JurBüro 1998, 648.
66 VGH Mannheim, JurBüro 1992, 110.
67 *Hartmann* § 25 Rn. 39.
68 OLG Celle, JurBüro 1976, 1338.
69 Vgl. etwa OLG Nürnberg, AnwBl. 1981, 499.
70 VGH Baden-Würtemberg, JurBüro 1996, 645; OLG Köln, MDR 1973, 236 (L).
71 OLG Nürnberg, NJW-RR 1999, 613.
72 OLG Rostock, MDR 1995, 212.
73 OLG München, JurBüro 1991, 951.

durch Zurückverweisung in die untere Instanz noch nicht erledigt ist.[74] In Ehesachen beginnt im Verfahren der einstweiligen Anordnung (§§ 620 ff. ZPO) die Frist nicht vor der Erledigung der Hauptsache zu laufen.[75] Ob noch abgetrennte Folgesachen anhängig sind, ist unerheblich.[76] Im Arrestverfahren beginnt der Fristlauf, wenn der Arrestantrag endgültig zurückgewiesen oder dem Aufhebungsantrag rechtskräftig stattgegeben oder bei Aufrechterhaltung des Arrestes der Hauptsacheprozeß endgültig abgeschlossen ist.[77] Im Finanzgerichtverfahren beginnt die Frist nach einem Gerichtsbescheid des BFH, wenn kein Beteiligter mehr einen Antrag auf mündliche Verhandlung stellen kann.[78] Im selbständigen Beweisverfahren ist die Beendigung dieses Verfahrens maßgebend[79] und nicht des Verfahrens, in dem der Beweis verwertet wird,[80] auch wenn dieses vergleichsweise endet und das Ergebnis des Beweisverfahrens nicht mehr verwertet wird.[81] Dafür sprechen vor allem praktische Gesichtpunkte insbesondere dann, wenn dem Beweisverfahren kein Hauptprozeß folgt.[82] Das Beweisverfahren ist mit der Beendigung der Beweisaufnahme, regelmäßig also mit der Übersendung des Sachverständigengutachtens an die Parteien oder der mündlichen Anhörung des Sachverständigen abgeschlossen. Richtet sich die Klage gegen mehrere Gesamtschuldner, so beginnt die Frist erst mit der Erledigung des Rechtsstreits gegen alle Gesamtschuldner wegen aller erhobenen Ansprüche.[83] Das gilt grundsätzlich auch, wenn nur ein Teil des Rechtsstreits rechtskräftig oder anderweitig endgültig erledigt ist. Durch Parteiwechsel wird das Verfahren noch nicht iS von Abs. 2 S 3 endgültig erledigt. Wird ein Verfahren nach längerem Ruhen wieder aufgenommen, so beweist das, daß das Verfahren tatsächlich noch nicht erledigt war, die Frist des Abs. 2 S 3 mithin noch nicht abgelaufen ist. Die Frist für einen Änderungsbeschluß ist noch gewahrt, wenn er vor dem Ablauf der Frist verkündet oder unterzeichnet wurde.

34 Die Frist des Abs. 2 S 3 gilt nur für die Abänderung eines endgültigen Wertfestsetzungsbeschlusses und nicht für eine erstmalige Festsetzung. Erfolgt die erstmalige endgültige Festsetzung erst kurz vor dem Ablauf der Frist Abs. 2 S 3, so kann die Festsetzung noch innerhalb angemessener Nachfrist geändert werden.[84] Angemessen ist eine Frist von einem Monat nach dem endgültigen Streitwertfestsetzungsbeschluß.[85]

35 Ist das Gericht von der Unrichtigkeit einer endgültigen Wertfestsetzung überzeugt, dann **muß** es – soweit die Frist des S 3 noch nicht abgelaufen ist – den Wertfestsetzungsbeschluß

74 BGH, NJW 1961, 1819 = JurBüro 1961, 493 = MDR 1961, 926.
75 KG, JurBüro 1978, 1700.
76 OLG Schleswig, SchlHA 1981, 119; OLG München, JurBüro 1991, 951; *Hartmann* § 25 Rn. 55.
77 OLG Frankfurt/Main, JurBüro 1958, 130 = MDR 1958, 348 = RPfleger 1958, 287.
78 BFH, JurBüro 2001, 593.
79 OLG Nürnberg, MDR 2002, 538.
80 LG Detmold, MDR 2000, 910; LG München I, AnwBl. 1978, 231; LG Bayreuth, JurBüro 1991, 259; a. M. OLG Celle, MDR 1993, 1019; OLG Düsseldorf, MDR 1997, 692 = JurBüro 1997, 532; OLG Naumburg, MDR 1999, 193.
81 OLG Düsseldorf, JurBüro 1997, 532 = MDR 1997, 692.
82 LG Detmold, MDR 2000, 910 m. kritischer Besprechung von *Schneider* MDR 2000, 1230.
83 OLG Karlsruhe, Die Justiz 1963, 60.
84 BGH, MDR 1964, 483 = NJW 1964, 2062 und MDR 1979, 577 = GRUR 1979, 433; OLG Köln, JurBüro 1977, 540.
85 BGH, NJW 1966, 2061 = MDR 1966, 907 = JurBüro 1966, 763.

ändern.[86] Die Unrichtigkeit kann sowohl darauf beruhen, daß das Gericht bei der Festsetzung wesentliche Gesichtspunkte übersehen hat, als auch darauf, daß neue Gesichtspunkte zutage treten.[87] Nachträgliche Erkenntnismöglichkeiten sind stets zu berücksichtigen und zu nutzen.[88] Auch eine Änderung der höchstrichterlichen Rspr kann eine Streitwertänderung rechtfertigen,[89] wozu auch schon die Änderung der Rspr des dem festsetzenden Gericht übergeordneten Beschwerdegerichts ausreichen kann. Obwohl die Parteien kein förmliches Antragsrecht haben, können auch Anregungen und Gegenvorstellungen der Parteien zu einer Änderung Anlaß geben, sofern diese noch binnen der Frist des Abs. 2 S 3 berücksichtigt werden können. Die Streitwertfestsetzung kann auch dann geändert werden, wenn sie auf übereinstimmenden Angaben der Parteien beruht.[90]

Auswirkungen der Änderung auf die Kostenentscheidung: Die Änderung einer endgültigen Streitwertfestsetzung kann zur Folge haben, daß eine inzwischen rechtskräftig gewordene **Kostenentscheidung ungerecht** wird. In solchen Fällen ist es streitig, ob eine Streitwertänderung nach § 25 Abs. 2 noch zulässig ist. Während die einen dann die Zulässigkeit der Streitwertänderung ablehnen,[91] soll nach a A die Bestimmung des § 25 Abs. 2 ohne Rücksicht auf mögliche Auswirkungen[92] auf die Kostenentscheidung oder nur bei Herabsetzung[93] zulässig sein. Beide einander widersprechenden Ansichten nehmen ein Unrecht in Kauf, nämlich einen sachlich unzutreffenden Streitwert oder eine sachlich unrichtige Kostenentscheidung. Um solche Ergebnisse zu vermeiden, wird vorgeschlagen, die Bestimmung des § 319 ZPO in diesen Fällen weitherzig zugunsten einer „Berichtigung" der Kostenentscheidung auszulegen.[94] 36

Stellungnahme: Die Frage ist im letztgenannten Sinne zu lösen. Stellt sich nämlich heraus, daß ein früher endgültig festgesetzter Wert sachlich unrichtig ist, so **muß** er geändert werden, solange die hierfür vorgesehene Frist des § 25 Abs. 2 S 4 noch nicht abgelaufen ist. Dem gesetzlichen Gebot darf nicht mit der Begründung zuwidergehandelt werden, die Änderung des Streitwerts auf seinen wirklichen Wert wirke sich nachträglich 37

86 BGH, NJW 1962, 584; OLG Nürnberg, JurBüro 1968, 543; OLG Bamberg, JurBüro 1977, 1422; OLG Celle, JurBüro 1969, 174. **A. M.** aber BGH, JurBüro 1972, 499, der insoweit nur eine Ermächtigung, aber keine Pflicht zur Änderung sieht).

87 OLG Frankfurt/Main, NJW 1962, 1921; OLG München, JurBüro 1963, 298.

88 **A. M.** OLG Schleswig, RPfleger 1962, 425 (L).

89 **A. M.** OLG Hamm, JurBüro 1979, 1546 = MDR 1979, 591 und NJW 1973, 198 = MDR 1973, 147 m. Anm. v. *Schneider* MDR 1973, 418; LG Kiel, VersR 1975, 1037.

90 OLG Koblenz, JurBüro 1999, 188; VGH München, JurBüro 1999, 197. Vgl. aber auch OLG Köln, JurBüro 1979, 1554.

91 BGH, MDR 1977, 925; OLG Düsseldorf, NJW-RR 1992, 1532; OLG Köln, JurBüro 1977, 1134; OLG Nürnberg, MDR 1969, 853; OLG Celle, NJW 1969, 279 m. abl. Bespr. von *Hartung* MDR 1978, 195; *H.Schmidt* MDR 1968, 886.

92 OLG Düsseldorf, NJW-RR 1992, 1407; OLG Köln, BB 1979, 1378; VGH Kassel, AnwBl. 1988, 180; OLG Hamm, VersR 1977, 935; OLG Köln, MDR 1977, 584 = RPfleger 1977, 187; KG, NJW 1975, 2107 und NJW 1970, 255 = MDR 1970, 60; *Schneider* MDR 1972, 100; wohl auch OLG Düsseldorf, JurBüro 1977, 707.

93 OLG Celle, NJW 1974, 371; OLG Zweibrücken, JurBüro 1970, 984.

94 OLG Düsseldorf, AnwBl. 1990, 845 und NJW-RR 1992, 1407 m.N.; OLG Frankfurt/Main, NJW 1970, 436; LG Hechingen, VersR 1975, 93; *Hartmann* § 25 Rn. 40; *Hartung* MDR 1978, 195; *Speckmann* NJW 1972, 235.

auf eine gerichtliche Kostenentscheidung aus, die dadurch unrichtig werde. Von der Höhe des Streitwertes hängen u.a. die den Rechtsanwälten zu zahlenden Gebühren ab, so daß der Gebührenwert materiell rechtliche Auswirkungen hat. Das Interesse der Rechtsanwälte grundsätzlich geringer zu werten, als die Kostenbelastung der Parteien, stellt einen auch verfassungsrechtlich nicht unbedenklichen Eingriff in die Berufsausübung der Rechtsanwälte dar. Es ist deshalb schwer zu rechtfertigen, daß eine bei richtigem Streitwert unrichtige Kostenentscheidung aufrechterhalten werden müßte. Ist somit der Streitwert zu ändern und führt die Änderung dazu, daß die inzwischen rechtskräftig gewordene Kostenentscheidung unrichtig ist, so ist es Aufgabe der Gerichte, die durch eine gebotene Streitwertänderung nachträglich fehlerhaft gewordene Grundlage für die Kostenentscheidung in eine richtige umzuwandeln, zumal die Parteien regelmäßig auf eine solche Verfahrensentwicklung keinen oder nur einen geringen Einfluß nehmen können. Denn eine durch die Streitwertänderung unrichtig gewordene Kostenentscheidung kann im Verhältnis zueinander jedenfalls eine der Parteien, gegenüber der Staatskasse aber beide Parteien zu höheren Kosten verpflichten als eine dem geänderten Streitwert angepaßte Kostenentscheidung. Richtig ist nun, daß für die Handhabung solcher Fälle eine unmittelbar anwendbare Vorschrift – wie etwa § 107 ZPO – für das Kostenfestsetzungsverfahren fehlt. Das Verfahrensrecht ist aber nicht um seiner selbst Willen da, sondern es hat die Aufgabe, die Durchsetzung sachlicher Ansprüche zu ermöglichen. Zeigt sich – wie hier –, daß eine Lücke im Verfahrensrecht, die zu ungerechten Ergebnissen führt, ist es Aufgabe der Gerichte, diese Lücke in angemessener Weise zu schließen. Eine sinngemäße Anwendung des § 319 ZPO bietet sich hier ohne weiteres an. Denn jedenfalls nach der zulässigen Änderung des Streitwertes ist die Kostenentscheidung „offenbar unrichtig" geworden.[95]

38 **Zuständigkeit für die nachträgliche Änderung:** Zuständig ist nur das Gericht, welches die endgültige Streitwertfestsetzung getroffen oder das Rechtsmittelgericht, wenn das Verfahren wegen der Hauptsache oder wegen der Entscheidung über den Streitwert, den Kostenansatz oder die Kostenfestsetzung in der Rechtsmittelinstanz schwebt.

39 Das **untere Gericht** kann immer nur seine eigene endgültige Streitwertfestsetzung ändern. Dabei ist es gleichgültig, ob die Sache noch in derselben Instanz schwebt oder zwar bereits in einer höheren Instanz anhängig ist. Im letzteren Fall darf aber das Rechtsmittelgericht noch keine endgültige Festsetzung des Kostenstreitwerts auch für die untere Instanz vorgenommen, d.h. dessen Entscheidung bereits abgeändert haben.[96] Ist die endgültige Festsetzung schon im Beschwerdeverfahren bestätigt worden, darf es aufgrund neuer Tatsachen den endgültigen Streitwertbeschluß ändern, wobei es aber nicht in Widerspruch zu der Entscheidung des Rechtsmittelgerichts geraten darf. Hat das Rechtsmittelgericht zur Entscheidung über die Zuständigkeit des Gerichts oder die Zulässigkeit eines Rechtsmittels gemäß § 24 GKG den Streitwert festgesetzt, ist diese Festsetzung auch für das untere Gericht grundsätzlich bindend, sofern nicht eine der im § 24 GKG genannten Ausnahmen vorliegt (vgl. auch § 24, Rn. 3). Eine durch das Rechtsmittelgericht für die untere Instanz erfolgte Festsetzung – gleichgültig ob erstmalig oder auf eine Beschwerde –

95 So auch OLG Düsseldorf, MDR 2001, 1074 = JurBüro 2002, 82..
96 Vgl. OLG Frankfurt/Main, MDR 1982, 589; *Hartmann* § 25 Rn. 44.

darf das untere Gericht niemals abändern. Insoweit ist allein das Rechtsmittelgericht zur Abhilfe befugt. Solange aber noch keine Änderungsentscheidung durch das Rechtsmittelgericht ergangen ist, darf das untere Gericht seinen Streitwertfestsetzungsbeschluß ändern, auch wenn die Hauptsache bei dem Rechtsmittelgericht noch anhängig ist.

Das **Rechtsmittelgericht**, auch der entscheidende und der vorbereitende Einzelrichter nach §§ 526, 527 ZPO,[97] ist für die Abänderung zuständig, wenn es wegen (mindestens eines Teils)[98] der Hauptsache, einer Streitwertbeschwerde oder einer Beschwerde gegen den Kostenansatz oder die Kostenfestsetzung mit der Sache erstmalig oder erneut[99] befaßt ist.[100] Zuständig ist also das mit der Sache befaßte Berufungs-, Revisions- und Beschwerdegericht, jedoch nur solange, als die Sache in der Rechtsmittelinstanz schwebt.[101] Voraussetzung ist nicht, daß das Rechtsmittelgericht in zulässiger Weise mit dem Rechtsmittel befaßt ist. Bei einem unzulässigen Rechtsmittel gibt es keine Änderungsmöglichkeit.[102] Das gilt natürlich erst Recht, wenn das Rechtsmittel lediglich zu dem Zweck eingelegt wird, eine Streitwertänderung durch das Rechtsmittelgericht zu erreichen.[103] Wenn das Rechtsmittelgericht lediglich im Prozeßkostenhilfeverfahren mit der Sache befaßt ist, kann es den Streitwertfestsetzungsbeschluß der unteren Instanz allerdings nicht ändern,[104] wohl aber bei Beschwerde im Verfahren zur Festsetzung der Prozeßkostenhilfeanwaltskosten.[105] Hat das Rechtsmittelgericht den Streitwertfestsetzungsbeschluß des unteren Gerichts geändert, so darf es diese seine Entscheidung von Amts wegen oder auf eine Gegenvorstellung der Beteiligten auch noch ändern, wenn es mit der Sache selbst in der Rechtsmittelinstanz nicht mehr befaßt ist. Ebenso wie es seine Streitwertfestsetzung für das Rechtsmittelverfahren auch noch nach dem Abschluß des Rechtsmittelverfahrens innerhalb der Frist des Abs. 2 S 4 ändern kann,[106] muß es auch seinen hinsichtlich der unteren Instanz erlassenen Änderungsbeschluß ändern können. Denn andernfalls wäre dieser Beschluß unabänderbar, weil ihn das untere Gericht niemals ändern darf (vgl. Rn. 39). **40**

Die **Entscheidung** erfolgt durch Beschluß ohne obligatorische (aber empfehlenswerte) Anhörung der Parteien. Erläßt das Gericht einen endgültigen Streitwertfestsetzungsbeschluß, ohne eine vorhergegangene endgültige Wertfestsetzung zu erwähnen, so ist anzunehmen, daß der spätere Beschluß der maßgebende ist und eine Abänderung des ersten Beschlusses in sich schließt.[107] **41**

97 OLG Frankfurt/Main, JurBüro 1991, 1387.
98 VGH Kassel, AnwBl. 1988, 180.
99 OVG Saarlouis, JurBüro 1994, 240.
100 BGH, VersR 1989, 817 m. w. N.; *Hartmann* § 25 Rn. 47; **abw.** *Schneider* MDR 1972, 100; **a. M.** LG Aachen, MDR 1990, 63.
101 BGH, RPfleger 1959, 2 (L) und VersR 1989, 817.
102 *Hartmann* § 25 Rn. 49; Lappe § 25 Rn. 17; OVG Bremen, KostRspr. § 25 GKG Nr. 65; OLG Hamm, RPfleger 1973, 106; OLG Celle, JurBüro 1964, 274.
103 BGH, NJW 1952, 66.
104 *Schneider* MDR 1972, 99; *Hartmann* § 25 Rn. 50.
105 KG, JurBüro 1978, 1700; OLG Köln, JurBüro 1981, 1011.
106 BGH, NJW 1962, 584; OLG Stuttgart, RPfleger 1957, 67 (L); OLG Hamm, RPfleger 1973, 106.
107 KG, RPfleger 1962, 121 (L).

42 Für die – in jedem Fall nicht dem Anwaltszwang unterliegende[108] – sog. einfache[109], d. h. unbefristete **Beschwerde, Abs. 3,** gelten folgende Grundsätze:

43 **Voraussetzung** ist, daß ein endgültiger **Streitwertfestsetzungsbeschluß** für die Gerichtsgebühren nach **§ 25 Abs. 2** ergangen ist. Eine nur vorläufige Festsetzung nach § 25 Abs. 1 genügt nicht.[110] Ist das zweifelhaft ob der Beschluß endgültig ist, insbesondere dann, wenn nicht eindeutig ist, ob nur ein Beschluß nach § 24 GKG oder ein solcher über die Zuständigkeit der Gerichte vorliegt, ist der Antrag auszulegen. Ggf. kann auch eine Umdeutung statthaft sein.[111] In solchen Fällen kann – wenn die Voraussetzungen gegeben sind – die „Beschwerde" als Anregung für eine endgültige Erstfestsetzung behandelt werden. Wenn durch Auslegung nicht abgeklärt werden kann, auf welcher Grundlage das Gericht den Kostenstreitwert endgültig festgesetzt hat, ist die als Rechtsmittel bezeichnete Eingabe als Beschwerde unzulässig, weil andernfalls dem Beschwerdeführer die Beschwerdebegründung und dem Beschwerdegericht die Entscheidung unnötig erschwert würde.[112] Eine im Verfahren nach § 5 GKG auf die Annahme eines unzutreffenden Streitwertes gestützte Beschwerde ist regelmäßig als eine solche gegen die gerichtliche Streitwertfestsetzung zu behandeln.[113]

44 Das **Rechtsmittelgericht** darf den Streitwert noch nicht endgültig festgesetzt haben, Abs. 3 S 2. Das kann z. B. dann der Fall sein, wenn das Landgericht als Berufungsgericht den Kostenstreitwert seinerseits erstmals endgültig festgesetzt hat oder wenn es als Berufungsgericht den endgültigen Festsetzungsbeschluß des Amtsgerichts abgeändert hat.[114]

45 **Keine Anfechtung** des Wertfestsetzungsbeschluses **zusammen mit der Anfechtung oder Verwerfung oder einer Zurückverweisung der Berufung nach §§ 522 Abs. 1 S 1, 522 Abs. 2 ZPO.** Hier kann nur das Revisionsgericht von Amts wegen einen anderen Kostenstreitwert von Amts wegen bestimmen.

46 Wie bei jedem Rechtsmittel muß auch hier eine **Beschwer** des Beschwerdeführers vorliegen. Eine solche ist gegeben, wenn eine **Partei** sich gegen eine zu hohe[115] Wertfestsetzung wendet, während der **Anwalt** aus eigenem Recht nur bei einem zu niedrig[116] festgesetzten Wert beschwert sein kann, und zwar auch dann, wenn zwischen ihm und der Partei eine über das gesetzliche Honorar hinausgehende Honorarvereinbarung besteht.[117]

108 OVG Bautzen, JurBüro 1998, 94 = OLG-NL 1997, 694.
109 OLG Koblenz, JurBüro 2002, 310.
110 OLG Köln, JurBüro 1996, 194; ausfer dazu *D.Meyer* JurBüro 2000, 396; **A. M.** *Schneider* Streitwertkommentar Rn. 1618, 4221 und MDR 2000, 380.
111 KG, JurBüro 1965, 486.
112 OLG Frankfurt/Main, NJW 1968, 409; *Hartmann* § 25 Rn. 56.
113 OLG Oldenburg, JurBüro 1992, 169.
114 Unstr; vgl. z. B. OLG Köln, FamRZ 1986, 695; KG, NJW 1983, 2950 m. w. N., *Schneider* MDR 1972, 372.
115 KG-NJWE-WettbR 1998, 139; BFH, BFHE 105, 461; BB 1970, 652; KG; NVersR 1999, 165; OVG Münster, DÖV 1978, 816.
116 Unstr; vgl. etwa BGH, NJW-RR 1986, 737; BFH, BB 1972, 564; OLG Köln, NJW-RR 1999, 1303; BayObLG, WoM 1992, 334; KG, MDR 1970, 854 = JurBüro 1970, 682; OLG Düsseldorf, JurBüro 1991, 585; VGH Mannheim, MDR 1992, 299; *Hartmann* § 25 Rn. 59.
117 Vgl. *Hartmann* § 25 Rn. 60, m. N.

Diese Frage ist indessen nicht völlig unstreitig.[118] Demgemäß muß man eine von einem Rechtsanwalt auf Herabsetzung des Streitwertes eingelegte Beschwerde im Zweifel als im Namen der Partei, eine auf Erhöhung im Zweifel als im eigenen Namen eingelegt anzusehen haben.[119] Das gilt aber nur, wenn Zweifel verbleiben. Das Interesse einer Partei, die Rechtsmittelsumme für die Zulässigkeit eines Rechtsmittels zu erreichen, rechtfertigt eine Streitwertbeschwerde nach § 25 niemals.[120] Andererseits ist es aber nicht erforderlich, daß die beschwerdeführende Partei Gerichtskosten treffen. Es genügt ihr Interesse an der Feststellung des Streitwerts für die Gebühren, für die sie als Widerklägerin oder Zweitschuldnerin haftet[121] oder die sie ihrem Rechtsanwalt schuldet.[122] Ausnahmsweise kann eine Partei auch durch einen zu geringen Streitwert beschwert sein, so etwa, wenn sie durch die Festsetzung eines höheren Streitwerts eine höhere Sicherheitsleistung des Gegners für die Prozeßkosten erstrebt[123] und diese nicht von Honorarvereinbarungen abhängig sind. Beschwert ist eine Partei auch durch eine völlige Ablehnung einer Wertfestsetzung, es sei denn, daß sie ersichtlich keinerlei Gebührenpflicht trifft.[124] Die **Staatskasse** kann demgegenüber sowohl bei einer zu niedrigen als auch bei einer zu hohen Wertfestsetzung beschwert sein.[125] Im letztgenannten Fall trifft das aber nur zu, wenn sie deshalb dem im Verfahren der Prozeßkosten-hilfe beigeordneten Anwalt mehr vergüten muß.[126] Im innerdienstlichen Bereich der Staatskasse gelegene Vorgänge berühren das Beschwerderecht aber nicht.[127] Wer – ohne Mitteilung nach § 54 Ziff. 2 GKG – nur **außergerichtliche Kosten übernommen** hat, ist nicht beschwert.[128] Ebenso ist auch nicht beschwert, wer der Festsetzung des endgültigen Kostenstreitwerts zugestimmt hatte (Gedanke des „venire contra factum proprium").[129] Das muß auch dann gelten, wenn der Streitwert durch übereinstimmende Erklärung der Prozeßbevollmächtigten festgesetzt wird.[130] Eine rechtskräftige Entscheidung über eine Gebührenklage steht einer Streitwertbeschwerde nicht entgegen.[131] Bei einem **selbständigen Beweisverfahren** kann eine Beschwer schon wegen möglicher sachlichrechtlicher Ersatzansprüche gegeben sein.[132] Eine Beschwer einer Partei ist auch dann gegeben, wenn der Gegner eine Streitwertermäßigung (etwa nach § 144 PatG) erhalten hat.[133]

Sonderfragen der Statthaftigkeit: Im Verfahren der einstweiligen Anordnung nach 47

118 Vgl. die Nachweise bei *Hartmann* § 25 Rn. 60.
119 OLG Düsseldorf, JurBüro 1953, 260.
120 LG Bayreuth, JurBüro 1979, 405; LG Freiburg, NJW 1969, 700 m. Anm. v. *Meyer*.
121 OLG Frankfurt/Main, WRP 1975, 164; OLG Karlsruhe, Die Justiz 1974, 89.
122 OLG Nürnberg, BayJMinBl. 1956, 19.
123 A. M. KG, JurBüro 1957, 231.
124 KG, RPfleger 1962, 121 (L).
125 OLG Bamberg, AnwBl. 1984, 95.
126 Vgl. etwa OLG Brandenburg, JurBüro 2001, 93, 94; KG, AnwBl. 1984, 612; VGH Mannheim, JurBüro 1992, 420.
127 Vgl. i üb dazu auch OLG Frankfurt/Main, MDR 1957, 560.
128 *Hartmann* § 25 Rn. 63; a. M. *Freund* NJW 1956, 9.
129 OLG Hamm, FamRZ 1997, 691; OLG Bamberg, JurBüro 1975, 1463.
130 A. M. OLG München, JurBüro 2001, 141.
131 KG, JurBüro 1970, 853.
132 LG Münster, MDR 1989, 554; *Hartmann* § 25 Rn. 63; a. M. LG Braunschweig, JurBüro 1985, 1213.
133 *Hartmann* § 25 Rn. 62.

§ 620 ZPO ist die Streitwertbeschwerde auch möglich, wenn die einstweilige Anordnung nach § 620c ZPO unanfechtbar ist. Die einstweilige Anordnung soll nur einstweilig wirken. Das rechtfertigt eine teilweise Verweigerung der Beschwerde. Die Streitwertfestsetzung nach § 25 Abs. 2 dagegen wird endgültig, so daß sie beim Vorliegen der sonstigen Voraussetzungen überprüfbar sein muß.[134] Durch die Verweisung des § 25 Abs. 3 S 1 (2. Halbsatz) ist klargestellt, daß Beschwerden gegen Entscheidungen der Oberlandesgerichte nicht statthaft sind, und zwar auch nicht solche im Kartellverwaltungsstreitverfahren.[135] oder des Rechtsmittelgerichts im Insolvenzverfahren.[136] Insoweit kann nur eine Abänderung auf eine Gegenvorstellung erfolgen.[137] Eine Beschwerde gegen eine Entscheidung des Rechtsmittelgerichts ist auch dann ausgeschlossen, wenn dieses einen groben Verfahrensverstoß – etwa einen Verstoß gegen die Pflicht zur Gewährung rechtlichen Gehörs – begangen hat.[138] Insoweit mag der Beschwerte das BVerfG anrufen. Auch in Wehrpflichtsachen findet nach § 34 Abs. 3 S 2 WehrpflG keine Beschwerde statt.[139]

48 **Beschwerdefrist:** Die Beschwerde ist an sich als **(sofortige) Beschwerde** (§ 567 ZPO) unbefristet. Denn es handelt sich um eine solche nach § 5,[140] für die eine Notfrist nicht bestimmt ist (§ 569 Abs. 1 S 1 ZPO). Ihre Zulässigkeit ist aber zeitlich durch § 25 Abs. 3 S 3 begrenzt. Sie kann nur innerhalb von 6 Monaten, gerechnet ab dem im Abs. 2 S 3 genannten Zeitpunkt (vgl. oben, Rn. 33), zulässig erhoben werden.[141] Ist aber der Streitwert später als einen Monat vor Ablauf dieser Frist festgesetzt worden, so kann die Beschwerde noch innerhalb eines Monats nach Zustellung oder formloser Mitteilung des Streitwertfestsetzungsbeschlusses eingelegt werden, Abs. 3 S 3 Halbs 2. Dasselbe muß gelten, wenn der Streitwertfestsetzungsbeschluß erstmals nach Ablauf der in Abs. 2 S 3 bestimmten Frist zulässigerweise (vgl. oben, Rn. 34) noch ergangen ist.[142] Sinngemäß ist Abs. 3 S 3 auch für den Fall anwendbar, in dem das Gericht in unzulässiger Weise nach dem Ablauf der an Abs. 2 S 3 genannten Frist eine Änderung der endgültigen Wertfestsetzung vorgenommen hat. Die Frist ist eine Ausschlußfrist, so daß eine Wiedereinsetzung bei schuldloser Versäumung nicht möglich ist.[143]

49 Eine **Verwirkung des Beschwerderechts** ist angesichts der klaren gesetzlichen Befristung nicht mehr denkbar.

50 **Beschwerdewert:** Der Wert des Beschwerdegegenstandes muß 50 € übersteigen. Das gilt auch für eine Streitwertbeschwerde im verwaltungsgerichtlichen Verfahren (§§ 1, 13 GKG).[144] Er berechnet sich aus dem Unterschied der Gebühren, die sich für den Beschwer-

134 A. M. OLG Hamburg, FamRZ 1980, 906.
135 KG, NJW 1961, 179.
136 OLG Köln, NZI 2001, 91.
137 OLG Braunschweig, RPfleger 1964, 66 (L).
138 OLG Celle, NdsRPfl. 1974, 127.
139 VGH Kassel, NJW 1967, 365.
140 OLG Koblenz, JurBüro 2002, 310.
141 H. M. Vgl. auch *Rummel* MDR 2002, 623.
142 BGH, GRUR 1979, 433; OLG Schleswig, SchlHA 1978, 180; OLG Nürnberg, JurBüro 1963, 43 und RPfleger 1966, 291 (L).
143 VGH Baden-Würtemberg, JurBüro 1996, 645.
144 VGH Mannheim, JurBüro 1994, 34 m. Anm. v. Hellstab; OVG Hamburg, HbgJVBl. 1994, 19; VGH

deführer unter Zugrundelegung des angefochtenen und des erstrebten Streitwerts ergeben, und kann für die einzelnen Beteiligten durchaus verschieden sein. Bei einer Beschwerde der Staatskasse besteht er in dem Unterschiedsbetrag der jeweiligen Gerichtsgebühren unter Einrechnung möglicher Prozeßkostenhilfeanwaltskosten. Bei einer Beschwerde einer Partei kommt es an auf den Unterschiedsbetrag der Gerichtsgebühren und der Gebühren des eigenen und des gegnerischen Anwalts,[145] wobei die dem Rechtsanwalt zu zahlende Mehrwertsteuer mit zu berücksichtigen ist.[146] Liegt bereits eine Kostenentscheidung vor, ist der Beschwerde der Partei nur der Unterschiedsbetrag der Gebühren zugrundezulegen, die sie nach der Kostenentscheidung treffen, auch derer für die sie der Staatskasse und ihrem Rechtsanwalt haftet.[147] Der Wert einer Streitwertbeschwerde des Prozeßkostenhilfeanwalts richtet sich nach den Wahlanwaltsgebühren.[148] Ist in der Streitwertbeschwerde ein bestimmter Antrag entgegen der Verpflichtung des Beschwerdeführers dazu[149] nicht gestellt, so ist, wenn die Beschwerdebegründung nichts Gegenteiliges ergibt, davon auszugehen, daß der Beschwerdeführer eine Abänderung jedenfalls in der Höhe erstrebt, bei der der Beschwerdewert erreicht ist.[150] Bei den zugrundezulegenden Gebühren ist nicht von den von der Partei irrigerweise angenommenen, sondern von den tatsächlich geschuldeten auszugehen,[151] die im Laufe eines Verfahrens üblicherweise anfallen. Infrage kommen die Gebühren für die Instanz, deren Streitwert festgesetzt wurde. Wurde der Streitwert in einem Beschluß für **mehrere Verfahren** festgesetzt, richtet sich der Beschwerdewert nach dem Unterschiedsbetrag der in den mehreren Verfahren erwachsenen Gebühren. Wird der Streitwert für das Verfahren und einen in dem Verfahren abgeschlossenen Vergleich durch getrennte Beschlüsse festgesetzt, ist für eine gegen beide Beschlüsse gerichtete Beschwerde eine Zusammenrechnung der Beschwerdewerte geboten, da beide Beschlüsse einander ergänzen sollen. Legen gegen dieselbe Entscheidung verschiedene Beteiligte Beschwerde ein und wollen die einen eine Herabsetzung, die anderen eine Erhöhung des Streitwertes, so ist die Erreichung des Beschwerdewertes für jede Beschwerde gesondert zu prüfen. Der **Beschwerdewert** muß zum **Zeitpunkt der Einreichung** der Beschwerde erreicht sein.[152] Eine **teilweise Abhilfe,** durch die der Beschwerdewert unter die Beschwerdesumme sinkt, macht die (restliche) Beschwerde unzulässig.[153] Eine an sich zulässige Erweiterung der Anträge in der Beschwerdeinstanz erhöht den Gegenstand des Beschwerdeverfahrens, nicht aber den Beschwerdewert.[154] Neues Vorbringen ist in der Beschwerdeinstanz möglich.[155]

Kassel, MDR 1994, 737; VGH Mannheim, JurBüro 1994, 34; *Hartmann* § 25 Rn. 64; A. M. OVG Hamburg, MDR 1993, 917 (200,– DM).

145 VGH Baden-Württemberg, MDR 1976, 609.

146 OLG Hamm, RPfleger 1969, 64; OLG München, JurBüro 1974, 1591.

147 KG, RPfleger 1962, 121 (L).

148 OLG Schleswig, JurBüro 1978, 1361 = SchlHA 1978, 122, SchlHA 1963, 248.

149 OLG Nürnberg, RPfleger 1963, 179 (L).

150 KG, MDR 1970, 854 = JurBüro 1970, 682.

151 BayObLG, RPfleger 1960, 99.

152 BGH, NJW 1951, 195.

153 Vgl. z. B. OLG Hamm, JurBüro 1982, 582 m. Anm. v. *Mümmler*.

154 BGH, NJW 1963, 368 und 1965, 2424 = Der Betrieb 1965, 1238 OLG Celle, JurBüro 1969, 541 m. Anm. v. *Schalhorn*; OLG Bamberg, JVBl. 1962, 190 und JurBüro 1962, 428.

51 **Beschwerdeberechtigung:** vgl. oben, Rn. 47 „Beschwer". Der Streitwertfestsetzungsbeschluß nach § 25 Abs. 2 wirkt für und gegen alle, die nach dem GKG und nach dem Kostenfestsetzungsverfahren unmittelbare Ansprüche haben oder unmittelbar zur Kostentragung verpflichtet sind. Wer nur mittelbar aufgrund einer Gebührenordnung oder nach §§ 103 ff. ZPO für Kosten einzustehen hat, wird durch die Streitwertfestsetzung nach § 25 Abs. 2 nicht beschwert und ist folglich auch nicht beschwerdeberechtigt. Beschwerdeberechtigt sind daher die Parteien, die Beteiligten im Verwaltungs- und Finanzgerichtsverfahren, die Rechtsanwälte und die Staatskasse,[156] wobei verfahrensrechtlich das Beschwerderecht der Rechtsanwälte nicht weiter geht als das der Parteien.[157] Im Verwaltungsgerichtsverfahren können sich einer Streitwertbeschwerde die Prozeßbevollmächtigten und jeder Prozeßbeteiligte anschließen.[158]

52 Zum **Verfahren und** zur **Entscheidungsform** der Beschwerde verweist § 25 Abs. 3 S 1 auf die Bestimmung des § 5 Abs. 3 S 1, Abs. 4 S 1, 2 und 5 GKG. Auf das dort Gesagte (§ 5, Rn. 35 ff.) wird verwiesen. Ein Verschlechterungsverbot (reformatio in peius) besteht im Streitwertfestsetzungsverfahren nicht.[159] Eine Beschwerde an einen obersten Gerichtshof des Bundes ist in jedem Fall ausgeschlossen (§ 25 Abs. 3 S 1 i. V. m. § 5 Abs. 2 S 3 GKG).

53 **Kosten:** Für das Beschwerdeverfahren werden keine Gebühren erhoben (Abs. 4 S 1). Auslagen sind aber zu erstatten. Um neuen Streit zu verhindern,[160] ist die Kostenerstattung ausdrücklich ausgeschlossen worden (Abs. 4 S 2). Demzufolge ist auch keine Kostenentscheidung zu Lasten des Gegners des Beschwerdeführers auszusprechen.[161] Auch wegen der Gerichtsauslagen findet kein ausdrücklicher Ausspruch statt.[162] Voraussetzung ist aber immer, daß es sich um eine statthafte Beschwerde handelt.[163] Unstatthafte Beschwerden hingegen sind nicht gebührenfrei.[164]

54 Als Rechtsbehelf eigener Art ist eine **Gegenvorstellung** in jeder Lage des Verfahrens grundsätzlich statthaft.[165] Sie ist zulässig, wenn und soweit eine Beschwerde nach Abs. 2 zulässig ist[166] und ein Rechtsschutzbedürfnis vorliegt.[167] Dieses wird aber wegen der stets erforderlichen Beschwerdemöglichkeit selten zu bejahen sein.[168] Die Domäne der Gegenvorstellung liegt demnach bei Entscheidungen des Rechtsmittelgerichts, die mit der Beschwerde nicht mehr angreifbar sind.[169] Gegenvorstellungen sind aber kein Instrument dafür, eine Überprüfung unanfechtbarer gerichtlicher Entscheidungen nur mit dem Ziel

155 OLG Köln, AnwBl. 1969, 53.
156 OLG Düsseldorf, MDR 2000, 789.
157 OLG Celle, JurBüro 1970, 150 = RPfleger 1970, 103.
158 OVG Lüneburg, SchlHA 1965, 221.
159 OLG Brandenburg, JurBüro 1997, 196.
160 BGH, NJW 1993, 2592.
161 LG Frankfurt/Main, RPfleger 1985, 208; *Hartmann* § 25 Rn. 75.
162 OVG Bautzen, LKV 1994, 64; VGH Kassel, AnwBl. 1984, 49 m. N.
163 BVerwG, NVwZ-RR 1965, 361.
164 BGHR GKG § 25 Abs. 4 S 1 – Gebührenbefreiung 1 –; OLG Koblenz, NJW-RR 2000, 1239.
165 Vgl. etwa BSG, MDR 1992, 386 und bei *Hartmann* § 25 Rn. 76 ff.
166 BGH, NJW-RR 1986, 737.
167 Dazu bei *Schneider* MDR 1972, 568.
168 *Hartmann* § 25 Rn. 79 („ausnahmsweise").
169 Vgl. zur Zulässigkeit der Gegenvorstellung auch OVG Münster, NVwZ-RR 1992, 387.

zu erreichen, eine „zweckmäßigere" oder „richtigere" Entscheidung zu erwirken; sie müssen, wenn sie schon beachtlich sein sollen, innerhalb der für die Streitwertbeschwerden zu beachtenden Fristen (§ 25 Abs. 2 S 3; Abs. 3 S 3) eingebracht werden.[170]

Arbeitsgerichtsverfahren: Nach § 12 Abs. 3 S 3 ArbGG ist § 24 S 1 GKG im Arbeitsgerichtsverfahren unanwendbar. Eine für die Zulässigkeit des Rechtsmittels erfolgte Streitwertfestsetzung nach §§ 6 Abs. 1, 69 Abs. 2 ArbGG verhindert daher nicht, daß für die Gebühren ein anderer Streitwert gemäß § 25 festgesetzt wird.[171] Das ist schon deshalb geboten, weil das Arbeitgericht bei der Festsetzung immer von den zuletzt gestellten Sachanträgen ausgeht und prozeßgeschichtlich überholte gebührenmäßig relevante Vorgänge (z. B. Teilurteile, Teilvergleiche, Teilerledigungen etc.) dann „unter den Tisch" fallen würden. Maßgebend für die Gebührenstreitwertberechnung ist § 12 Abs. 7 ArbGG. Soweit diese Bestimmung nicht unmittelbar Platz greift, können auch § 12 Abs. 1 GKG und die im § 24 S 2 GKG genannten Vorschriften – soweit sie einschlägig sind – angewandt werden.[172] Fehlt eine Streitwertfestsetzung im Urteil oder ist sie für die Berechnung der Gebühren nicht maßgebend, muß der Streitwert nach § 25 Abs. 2 GKG festgesetzt werden. Selbstverständlich dürfen die für den Gebührenstreitwert maßgebenden Umstände nur dem bisherigen Prozeßmaterial entnommen werden.[173] Der Beschluß kann vom Amts wegen geändert werden und ist mit der Beschwerde angreifbar.[174] 55

§ 26
Schätzung des Wertes

Wird eine Abschätzung durch Sachverständige erforderlich, so ist in dem Beschluß, durch den der Wert festgesetzt wird (§ 25), über die Kosten der Abschätzung zu entscheiden. Diese Kosten können ganz oder teilweise der Partei auferlegt werden, welche die Abschätzung durch Unterlassen der ihr obliegenden Wertangabe durch unrichtige Angabe des Wertes, durch unbegründetes Bestreiten des abgegebenen Wertes oder durch eine unbegründete Beschwerde veranlaßt hat.

Allgemeines: Die Vorschrift bezieht sich nur auf die Wertfestsetzung nach § 25 GKG i. V. m. § 3 ZPO. Die nach §§ 24 GKG, 3 ZPO für die Ermittlung des Streitwertes für die sachliche Zuständigkeit des Prozeßgerichts, für die Zulässigkeit eines Rechtsmittels beantragten Beweisaufnahme, von Amts wegen vorgenommenen Augenscheinseinnahme oder Begutachtung durch Sachverständige entstandenen Kosten zählen zu den Prozeßkosten, die von den Parteien getragen werden müssen. Die Bestimmung gilt über § 35 GKG auch im Insolvenzverfahren und im schiffahrtsrechtlichen Verteilungsverfahren. Die 1

170 OVG Münster, NVwZ-RR 1999, 479.
171 LAG Hamm, MDR 1980, 172 = JurBüro 1980, 246.
172 LAG Düsseldorf, MDR 2000, 708; LAG Hamm, AnwBl. 1981, 106, jeweils m. N.
173 LAG Düsseldorf, MDR 2000, 708, 709.
174 Dazu auch bei *Creutzfeldt* NZA 1998, 458.

Vorschrift ist insoweit unvollständig, als sie nicht sagt, wer die Kosten zu tragen hat, wenn und soweit sie nicht gemäß S 2 einer Partei auferlegt werden. Das bedeutet, daß die Kosten dann dem Staat zur Last fallen, § 1 Abs. 1 GKG.[1] § 26 ist im Verwaltungs-, Sozial- und Finanzgerichtsgerichtsverfahren unanwendbar,[2] wohl aber in Arbeitsgerichtsverfahren (– wo sie aber nur eine sehr geringe Bedeutung hat –)[3] anwendbar.

2 **Voraussetzungen:** Es muß zunächst eine **Abschätzung zum Zwecke der Wertfestsetzung nach § 25 Abs. 2 GKG** erfolgt sein. Diese Abschätzung muß auch **erforderlich** gewesen sein. Soweit es um die Abschätzung durch Sachverständige geht, wird das nur sehr selten notwendig werden. Sie ist nur geboten, wenn die Angaben der Parteien offensichtlich zu niedrig sind und sie trotz Aufforderung des Gerichts, Anknüpfungstatsachen mitzuteilen und glaubhaft zu machen (§ 23 GKG), nicht oder nur unzureichend reagiert haben und auch das Gericht nicht über ausreichende Sachkunde (etwa durch häufige Befassung mit ähnlichen Sachen, keine Spezialzuständigkeit) besitzt.[4]

3 § 26 spricht expressis verbis nur von den Kosten einer Abschätzung durch Sachverständige. Nach § 3 ZPO sind aber auch Beweiserhebungen anderer Art, insbesondere durch Augenschein, möglich. Man wird **§ 26 sinngemäß** auch auf solche Beweisaufnahmen anzuwenden haben, da kein Grund erkennbar ist, andere durch Beweisaufnahmen notwendig gewordene Kosten auszuschließen.

4 **Kosten der Abschätzung** sind die durch die Abschätzung verursachten Kosten (Gebühren und Auslagen, § 1 GKG), vor allem die an den Sachverständigen nach dem ZSEG gezahlte Entschädigung, bei anderen Beweisaufnahmen (Rn. 3) erforderlich gewordenen Zeugenauslagen oder die durch eine Augenscheinseinnahme entstandenen Kosten. Auslagen des Gerichts sind nach KV Teil 9 zu erstatten.

5 Die **Entscheidung über die Kosten** ist **zwingend vorgeschrieben,** aber nur, wenn ein Fall nach S 2 vorliegt, also wenn sie einer Partei auferlegt werden. Für den Fall, daß sie keiner Partei auferlegt werden müssen, ist eine Entscheidung überflüssig, weil die Kosten ohnehin zu Lasten der Staatskasse gehen. Wenn ein Fall des S 2 vorliegt, ist ein Kostenausspruch auch dann zu treffen, wenn die pflichtige Partei Kosten- oder Auslagenfreiheit genießt. Denn in der Sache stellt § 26 auch eine Sanktionsbestimmung wegen schuldhafter Obliegenheitsverletzung der Partei dar. Auch eine kosten- oder auslagenbefreite Partei hat die ihr aufgegebenen Obliegenheiten zu erfüllen.

6 Es trifft zwar zu, daß die Abschätzung durch Sachverständige oder andere Beweiserhebungen grundsätzlich im Interesse der Staatskasse erfolgt.[5] Das ist nur ein Gesichtspunkt. Denn auch die Rechtsanwälte können durchaus ein Interesse an einer richtigen und den tatsächlichen Verhältnissen entsprechende Streitwertfestsetzung haben (§ 9 BRAGO). Desgleichen dient eine richtige Streitwertfestsetzung am Ende auch den Parteien. Zumindest der Antragsgegner kann daran interessiert sein, nicht mit Klagen überzogen zu werden,

1 So auch *Hartmann* § 26 Rn. 10.
2 *Hartmann* § 26 Rn. 3.
3 *Tschischgale* S. 37.
4 Vgl. auch *Hartmann* § 26 Rn. 4.
5 So *Hartmann* § 26 Rn. 10.

bei denen er mittelbar auch von einem potenten Gegner einem übermäßigen Kostenrisiko ausgesetzt wird (vgl. auch § 12 Abs. 1 i.V.m. § 3 S 2 ZPO). Denkbar ist auch, daß die Staatskasse sich an dem Streitwertfestsetzungsverfahren nach § 25 GKG gar nicht beteiligt. Dann aber ist nicht einsichtig, aus welchem Grunde ihr dann aus ihrer Sicht unnötige und oft sehr erhebliche Kosten auferlegt werden. § 26 sagt nämlich nichts weiter, als daß über Kosten entschieden werden muß und wem sie auferlegt werden können.

Das Gericht **kann** die Kosten einer Partei auferlegen, S 2. Das bedeutet, daß das Gericht **7**
insoweit nach freiem, jedoch pflichtgemäßem Ermessen zu befinden hat.

Das Gericht kann die Kosten – oder einen Teil der Kosten – einer Partei, bei Streitgenossen **8**
einzelnen von ihnen, aber auch beiden Parteien als Gesamtschuldner oder quotenmäßig auferlegen. Auch den im Streitwertfestsetzungsverfahren nach § 25 GKG aus eigenem Recht Beteiligten (z. B. Rechtsanwälten, § 9 BRAGO) können die Kosten auferlegt werden,[6] nicht aber dem gesetzlichen Vertreter einer Partei oder ihrem Prozeßbevollmächtigten in dieser Eigenschaft, auch wenn ihn ein Verschulden trifft. Dieses ist dann der vertretenen Partei zuzurechnen.[7] Der in die Kosten des Streitwertfestsetzungsverfahrens nach § 25 GKG Verurteilte wird hinsichtlich dieser Kosten Erstschuldner nach § 58 Abs. 2 vor der antragstellenden Partei, § 49 GKG.

Voraussetzung der Kostentragungspflicht nach § 26 GKG ist, daß die Partei, der **9**
Rechtsanwalt oder auch die Staatskasse, welche die Kostenfestsetzung betreibt, die Abschätzung **veranlaßt** hat. Dabei ist grundsätzlich kein Verschulden erforderlich.[8] Auch ein entschuldbarer Irrtum für die Annahme einer Veranlassung kann ausreichen.

Die Veranlassung kann erfolgen durch: **10**

- *Unterlassen der gebotenen Wertangabe:* Die Partei veranlaßt hier die Kosten nach § 26 GKG erst, wenn sie zur Wertangabe ausdrücklich und mit Fristsetzung aufgefordert wurde, wozu das Gericht nach § 139 ZPO jedenfalls dann gehalten ist, wenn es eine Beweisaufnahme vorzunehmen gedenkt.
- *Unrichtige Wertangaben:* Gleichgültig ist dabei, ob die Wertangaben bewußt oder irrtümlich unrichtig waren. Allerdings ist auch hier vorherige Mitteilung nach § 139 ZPO mit Fristsetzung geboten.
- *Unbegründetes Bestreiten des angegebenen Wertes:* Auch insoweit kommt es auf ein Verschulden nicht an. Erweist sich das Bestreiten als begründet, kommt die Alternative der „unrichtigen Wertangabe" durch den anderen in Betracht. Dabei ist an die Angaben des Antragstellers idR ein schärferer Maßstab anzulegen als an die des Gegners.[9]
- *Unbegründete Beschwerde:* Auch hier kommt es grundsätzlich nicht darauf an, ob ein Verschulden des Beschwerdeführers vorliegt oder nicht. Erweist sich die Beschwerde aber als begründet, kommt eine Auferlegung nach der Variante „unrichtige Wertangaben" in Betracht.

Liegt in den Fällen des S 2 ein **Verschulden** vor, hat das allerdings eine Auswirkung auf **11**

6 OLG Nürnberg, JurBüro 1968, 242; *Markl* JVBl. 1969, 180.
7 *Hartmann* § 26 Rn. 17.
8 VGH Mannheim, NVwZ-RR 1991, 670. A.M. *Hartmann* § 26 Rn. 11.
9 *Hartmann* § 26 Rn. 14.

den Ermessensspielraum des Gerichts nach S 1. Handelt es sich um Vorsatz oder grobe Fahrlässigkeit, wird das Gericht die Kosten regelmäßig der Partei oder dem Beteiligten aufzuerlegen haben, der sie iS von S 2 veranlaßt hat. Das kann z. B. dann der Fall sein, wenn der Prozeßgegner die Angaben des Antragstellers oder Beschwerdeführers bestreitet, obwohl er weiß oder hätte wissen müssen, daß sie objektiv richtig sind.

12 Hat die Staatskasse kein überwiegendes Interesse an der Beweisaufnahme (vgl. Rn. 6), werden die Kosten stets einem anderen Beteiligten aufzuerlegen sein, wobei dann die Verschuldensfrage keine Rolle spielt, sondern Billigkeitsgesichtspunkte maßgebend sein werden.

13 **Verfahren:** Die Entscheidung hat in dem Beschluß – ggf. in einem Abänderungsbeschluß – zu erfolgen, durch den die endgültige Wertfestsetzung nach § 25 GKG ergeht. Ist sie unterblieben, kann eine Berichtigung oder Ergänzung entsprechend §§ 319, 321 ZPO vorgenommen werden.

14 **Zuständig** ist das Gericht. Soweit der Rechtspfleger zur Entscheidung nach § 25 Abs. 2 über die Wertfestsetzung zuständig ist, hat er auch nach § 26 zu entscheiden.

15 **Der Beteiligte**, dem die Kosten auferlegt werden sollen, ist – mindestens durch die Anheimgabe, binnen einer Frist zum Streitwert Stellung zu nehmen – zu hören.[10] Das folgt schon daraus, daß die Kostenentscheidung auch ohne Antrag ergehen kann (vgl. auch § 308 Abs. 2 ZPO).

16 Nach allgemeinen Regeln ist eine mündliche Verhandlung nicht vorgeschrieben, andererseits aber auch nicht verboten.

17 **Rechtsmittel:** Gegen den Beschluß nach § 26 ist die einfache Beschwerde statthaft. Sie ist entsprechend § 99 Abs. 1 ZPO aber immer nur zusammen mit der endgültigen Wertfestsetzung nach § 25 Abs. 2 GKG statthaft. Hat das Gericht aber nach § 26 isoliert entschieden (Rn. 13), ist gegen einen Beschluß nach §§ 319, 321 ZPO die einfache Beschwerde nach § 567 Abs. 1 ZPO zulässig und nicht die sofortige Beschwerde nach §§ 319 Abs. 3, 321 Abs. 2 ZPO. Das folgt aus § 25 Abs. 3 GKG, denn die Entscheidung nach § 26 ist nur ein Annex zu der nach § 25 Abs. 3 GKG. Die Höhe der Kosten kann mit der Beschwerde aber nicht angegriffen werden.

§ 27
Einmalige Erhebung der Gebühren

Die Gebühr für das Verfahren im allgemeinen und die Gebühr für eine Entscheidung werden in jeder Instanz hinsichtlich eines jeden Teils des Streitgegenstandes nur einmal erhoben.

1 **Allgemeines:** Die allgemeine Verfahrensgebühr und die Entscheidungsgebühren sollen

10 *Hartmann* § 26 Rn. 5.

in jeder Instanz für jeden Teil des Streitgegenstandes nur einmal erhoben werden, also keine mehrmalige Erhebung der Gebühren in einer Instanz für jeden Streitwertteil. Das Wort „einmal“ im Gesetzestext bedeutet nicht, daß die Entscheidungsgebühr auch dann nur einmal erhoben werden darf, wenn im KV mehrere Gebühren vorgeschrieben sind, sondern daß diese mehreren Gebühren aus jedem Teil des Streitgegenstandes nur einmal erhoben werden dürfen. Die einmal erhobene Gebühr gilt pauschal alle weiteren gleichartigen Gebühren ab.

Die Vorschrift gilt für die **allgemeinen Verfahrensgebühren** in bürgerlichen Rechts- 2
streitigkeiten und Scheidungsfolgesachen sowie in Verwaltungsgerichts-, Sozialgerichts- und Finanzgerichtsstreitigkeiten, für die Zwangsversteigerungs- und Zwangsverwaltungsverfahren und sinngemäß auch in Insolvenz- und schiffahrtsrechtlichen Verteilungsverfahren.[1] Auch im Arbeitgerichtsverfahren ist die Bestimmung anwendbar. Entscheidungsgebühren fallen an für **Urteile und Beschlüsse.**

Instanz: Es gilt der Instanzbegriff des GKG (vgl. § 21, Rn. 6). Eine zeitliche Grenze 3
zwischen den einzelnen Instanzen besteht nicht. Es ist durchaus möglich, daß eine Handlung noch zur vorangegangenen kostenrechtlichen Instanz gehört, während gleichzeitig bereits ein Rechtsmittelverfahren als neue Instanz läuft. Es kann auch eine bereits beendete Instanz durch neue noch zur Instanz gehörende Handlungen wieder aufleben, z. B. durch Anträge nach §§ 269 Abs. 3, 515 Abs. 3 ZPO nach Klage- bzw. Berufungsrücknahme oder durch Urteilsvervollständigung eines in abgekürzter Form ergangenen Anerkenntnis- oder Versäumnisurteils (§ 313 b ZPO),[2] die zur Instanz zu rechnenden Kostenfestsetzungs- und Kostenansatzverfahren.

Dieselbe Instanz liegt z. B. vor: 4

- *Ehescheidungsantrag* und eine später im gleichen Verfahren gestellter Eheaufhebungsantrag.[3]
- *Erledigung der Hauptsache:* Im Verfahren gegenüber mehreren Streitgenossen stellen Vorgänge, die zur Erledigung im Verhältnis zu einem Streitgenossen führen und solche, die zur Erledigung im Verhältnis zum anderen Streitgenossen führen, Vorgänge derselben Instanz dar.[4]
- *Grundurteil:* Grundurteil (§ 304 ZPO) und das dazugehörende Betragsurteil stellen dieselbe Instanz dar,[5] und zwar auch dann, wenn im Rechtsmittelverfahren darüber entschieden worden ist.[6] Das gilt natürlich nicht, wenn und soweit die Klage von vornherein nur den Grund betrifft (z. B. Feststellungsklagen, § 256 ZPO).
- *Klageänderung:* Selbst wenn damit ein Parteiwechsel verbunden ist oder die Klage auf weitere am Verfahren bisher nicht beteiligte Personen erstreckt wird, liegt dieselbe Instanz vor.[7]

1 *Oe/Wi/He* § 27 Rn. 1.
2 Vgl. *Hartmann* § 27 Rn. 15.
3 OLG Hamm, JurBüro 1969, 1171 m. Anm. v. *Schneider.*
4 *Hartmann* § 27 Rn. 6.
5 OLG Hamm, JurBüro 1971, 145.
6 OLG Bremen, JurBüro 1976, 483 m. Anm. v. *Lappe.*
7 OLG München, JurBüro 1968, 481; *Markl* JVBl. 1969, 180.

- *Nachverfahren:* Vgl. unten, Rn. 5.
- *Pfändung und Überweisung* mehrerer Forderungen eines Schuldners gegen verschiedene Drittschuldner.[8]
- *Prozeßverbindung:* Vgl. „Prozeßtrennung".
- *Prozeßvergleich:* Vgl. „Vergleich".
- *Prozeßtrennung* und Verbindung: Hinsichtlich vor und nach der Verbindung/Trennung durchgeführtes Verfahren.[9] Die vor der Verbindung erwachsenen Gebühren bleiben indessen unberührt,[10] Umgekehrt sind die nach der Trennung nach den neuen Streitwerten der getrennten Verfahren gesondert zu berechnen, wobei bereits nach den ursprünglichen Streitwerten der getrennten Verfahren gezahlte Gebührenbeträge im Verhältnis der Streitwerte zueinander auf die nunmehrigen allgemeinen Verfahrensgebühren anzurechnen sind.[11]
- *Rechtsmittel:* Legen mehrere Parteien oder Streitgenossen gegen *dasselbe* Urteil ein Rechtsmittel ein, liegt eine Instanz vor,[12] auch wenn das in getrennten Schriftsätzen geschieht. Werden die Rechtsmittel in verschiedenen Verhandlungen nach Trennung verhandelt, dann liegen ab der Trennung verschiedene Verfahren vor. Anders liegt es aber, wenn eine Partei mehrere in derselben Sache ergangene Urteile (z. B. Teil- oder Vorbehaltsurteile) durch getrennten Rechtsmittel anficht oder wenn eine Partei gegen eine in früher zurückgewiesener Sache ergangenes Urteil erneut ein Rechtsmittel einlegt. In solchen Fällen liegen liegt eine neue Instanz vor.[13]
- *Streitgenossen:* Es bleibt auch dann dieselbe Instanz, wenn das Verfahren gegen verschiedene Streitgenossen verschieden verläuft..[14]
- *Streitwerterhöhung* durch einen nicht zulässigen Schriftsatz, wenn das Gericht den Schriftsatz in den Rechtsstreit einführt.[15]
- *Stufenklage:* Sämtliche Stufen (Auskunft, Eidesstattliche Versicherung, Zahlungs/Herausgabeklage) gehören zur selben Instanz.
- *Unterbrechung:* Fortsetzung des Verfahrens nach Unterbrechung oder Ruhen des Verfahrens eröffnen keine neue Instanz.[16]
- *Vergleich:* Fortsetzung des Verfahrens nach einem Vergleich mit der Behauptung, der Vergleich sei ungültig.[17]
- *Versäumnisurteil:* Der Einspruch gegen ein Versäumnisurteil eröffnet keine neue Instanz.
- *Verweisung* der Sache an einen anderen Spruchkörper oder an ein anderes Gericht.[18] Ebenso bei Zurückverweisung der Sache an das Vordergericht.
- *Vorbehaltsurteil:* Das Nachverfahren nach einem Vorbehaltsurteil gem. § 302 ZPO hin-

8 LG Zweibrücken, RPfleger 1977, 76; *Dri/Oe/He* KV Nr. 1149 Rn. 10.
9 BGH, BStBl. II, 1968, 778; FG Münster, EFG 1970, 456.
10 KG, JurBüro 1963, 415.
11 FG Hamburg, EFG 1976, 354.
12 Vgl. *Hartmann* § 27 Rn. 13.
13 *Hartmann* § 27 Rn. 13.
14 OLG Hamm, RPfleger 1963, 28.
15 *Schneider* JurBüro 1967, 954.
16 OLG Hamm, JurBüro 1969, 1191 m. Anm. v. *Schneider.*
17 BGH, MDR 1977, 308; OLG Koblenz, JurBüro 1978, 702.
18 OLG Frankfurt/Main, JurBüro 1977, 1114; KG, JurBüro 1970, 65.

sichtlich der Aufrechnung begründet keine neue Instanz. Dasselbe gilt auch für die Nachverfahren im Urkunden-, Wechsel- oder Scheckprozeß.[19] Ebenso bei Abstandnahme vom Urkundenprozeß[20] und Übergang vom Schiedsverfahren in das ordentliche Verfahren.
- *Zulässigkeitsrüge:* Vgl. „Zwischenurteil".
- *Zuständigkeitsbestimmung:* Vgl. „Zwischenurteil".
- *Zwischenurteil:* Fortsetzung des Verfahrens nach einem Zwischenurteil über prozeßhindernde Einreden.[21]

Verschiedene Instanzen liegen z. B. vor: 5
- *Anfechtungsklage* im Aufgebotsverfahren.[22]
- *Arrest- und einstweiliges Verfügungsverfahren* gegenüber dem Hauptsacheverfahren.[23]
- selbständiges *Beweisverfahren* und das spätere Hauptsacheverfahren.[24]
- *Ehescheidungsanträge:* Wechselseitige getrennte Ehescheidungsanträge begründen bis zur Verbindung verschiedene Instanzen.[25]
- *Erneute Klage:* Wenn nach Zurücknahme, Abweisung oder Widerklage oder nach Zurücknahme oder Verwerfung eines Rechtsmittels die Klage oder Widerklage erneut erhoben oder das Rechtsmittel wiederum eingelegt wird. Das gilt aber nicht, wenn nur die Klage oder Widerklage durch Fallenlassen eines Anspruchs ermäßigt und dann durch erneute Geltendmachung wieder erhöht wird.[26]
- *Grundurteil:* Berufungsverfahren gegen das Grundurteil und das in der ersten Instanz weiter geführte Betragsverfahren.
- *Nachverfahren:* Verschiedene Instanzen sind das gegen ein Grundurteil geführte Rechtsmittelverfahren und ein parallel weitergeführtes Nachverfahren.
- *Rechtsmittel:* Einlegung von Rechtsmitteln gegen mehrere Urteile (z. B. gegen Grund- und Betragsurteil, Teil- und Schlußurteil, Vorbehalts- und Nachverfahrensurteil). Mehrere Verfahren liegen auch dann vor, wenn das Rechtsmittel sich gegen mehrere Teilurteile richtet, durch die zunächst die Klage gegen den einen, dann gegen den anderen als Gesamtschuldner in Anspruch genommenen Streitgenossen abgewiesen wurde.[27] Desgleichen, wenn ein Rechtsmittel nach Rücknahme oder Verwerfung erledigt war und dann erneut eingelegt wird[28] oder wenn nach Zurückverweisung und erneuter Entscheidung wieder ein Rechtsmittel eingelegt wird.[29] Ergeht zu einem Urteil, gegen das

19 OLG Nürnberg, JurBüro 1962, 425; *Hartmann* § 27 Rn. 10.
20 OLG Koblenz, MDR 1970, 339.
21 LAG München, KostRspr. ArbGG § 12 Nr. 9.
22 *Hartmann* § 27 Rn. 6.
23 OLG Karlsruhe, Die Justiz 1977, 98.
24 KG, MDR 1976, 846.
25 A. M. mit unterschiedlichen Begren aber die wohl h. M. vgl. etwa: OLG Düsseldorf, JurBüro 1970, 1081; OLG Nürnberg, JurBüro 1975, 211 m. zust. Anm. v. *Mümmler.*
26 OLG Bamberg, JurBüro 1976, 866.
27 OLG Celle, NdsRPfl. 1959, 136; OLG Düsseldorf, MDR 1961, 66 = RPfleger 1961, 404 m. Anm. v. *Lappe;* a. M. wohl *Hartmann* § 27 Rn. 13.
28 BFH, BStBl. II 1970, 852; a. M. OLG Hamburg, MDR 1972, 877 = JurBüro 1972, 800 m. abl. Anm. v. *Lappe.*
29 BFH, BStBl. II 1970, 852 = BB 1970, 1466 = HFR 1970, 587.

ein Rechtsmittel eingelegt wurde, ein Ergänzungsurteil und wird auch dagegen ein Rechtsmittel eingelegt, so wird hierdurch eine besondere Instanz nur eingeleitet, soweit das Rechtsmittel gegen das Ergänzungsurteil den Beschwerdegegenstand des ersten Rechtsmittels erweitert (z. B. wenn das Ergänzungsurteil einen weiteren Klageanspruch betrifft), im übrigen oben, Rn. 3. Mehrere Instanzen auch, wenn gegen ein und dasselbe Urteil Berufung und Sprungrevision (§ 556a ZPO) oder Berufung und Beschwerde eingelegt wird.[30] Verweist das Revisionsgericht nicht an die Berufungsinstanz, sondern an die 1. Instanz zurück, bildet ein etwaiges Berufungsverfahren gegen ein erneutes Urteil der ersten Instanz eine neue Instanz.[31] Eine Klageerweiterung im Berufungsverfahren über den Grund des Anspruchs erhöht den Streitwert der ersten Instanz erst, wenn der erweiterte Antrag in das fortgesetzte Verfahren der ersten Instanz eingeführt wird.[32] Das Beschwerdeverfahren bildet immer eine eigene Instanz neben dem Hauptverfahren.

- *Vergleich:* Streit um die Auslegung eines Prozeßvergleichs.[33]
- *Wiederaufnahme* eines Verfahrens leitet stets eine neue Instanz ein.[34]
- Zurückverweisung: Nach Zurückverweisung eröffnet ein neues Rechtsmittel eine neue Instanz.[35]

6 Innerhalb einer Instanz dürfen die Verfahrens- und Urteilsgebühren **hinsichtlich eines jeden Teils des Streitgegenstandes** nur einmal erhoben werden. Es dürfen also diese Gebühren hinsichtlich eines jeden Wert(teil)s nur einmal in Ansatz gebracht werden, mögen auch mehrere Handlungen (Urteile) hinsichtlich desselben Streitgegenstandes erfolgen. Das schließt aber nicht aus, daß für einen Gebührentatbestand aus demselben Streitgegenstand die für diesen Tatbestand im KV evtl. vorgesehenen mehreren Gebühren erwachsen. Fallen Urteilsgebühren für mehrere Wertteile an, so darf für jede dieser Gebühren nicht mehr erhoben werden, als wenn die Gebühr von dem Gesamtbetrag der Wertteile zu berechnen wäre, § 21 Abs. 2.

§ 28 (aufgehoben)

§ 29
Zwangsversteigerung

(1) Bei der Zwangsversteigerung von Grundstücken sind die Gebühren für das Verfahren im allgemeinen und für die Abhaltung des Versteigerungstermins nach dem gemäß § 74a Abs. 5 des Gesetzes über die Zwangsversteigerung und die

30 *Hartmann* § 27 Rn. 8.
31 KG, MDR 1969, 938 = RPfleger 1969, 360.
32 OLG Schleswig, JurBüro 1976, 1680 = SchlHA 1977, 15.
33 BGH, MDR 1977, 308.
34 BFH, BB 1985, 985; OLG München, JurBüro 1962, 296.
35 BFH, BStBl. II.

Zwangsverwaltung festgesetzten Wert zu berechnen. Ist ein solcher Wert nicht festgesetzt, so ist der Einheitswert maßgebend. Weicht der Gegenstand des Verfahrens vom Gegenstand der Einheitsbewertung wesentlich ab oder hat sich der Wert infolge bestimmter Umstände, die nach dem Feststellungszeitpunkt des Einheitswerts eingetreten sind, wesentlich verändert, oder ist ein Einheitswert noch nicht festgestellt, so ist der Wert nach den Grundsätzen der Einheitsbewertung geschätzte Wert maßgebend. Wird der Einheitswert nicht nachgewiesen, so ist das Finanzamt um Auskunft über die Höhe des Einheitswerts zu ersuchen; § 30 der Abgabeordnung steht der Auskunft nicht entgegen.

(2) Die Gebühr für die Erteilung des Zuschlags bestimmt sich nach dem Gebot ohne Zinsen, für das der Zuschlag erteilt ist, einschließlich des Werts der nach den Versteigerungsbedingungen bestehenbleibenden Rechte zuzüglich des Betrages, in dessen Höhe der Ersteher nach § 114a des Gesetzes über die Zwangsversteigerung als aus dem Grundstück befriedigt gilt. Im Fall der Zwangsversteigerung zur Aufhebung einer Gemeinschaft vermindert sich der Wert nach S 1 um den Anteil des Erstehers an dem Gegenstand des Verfahrens; bei Gesamthandeigentum ist jeder Mitberechtigte wie ein Eigentümer nach dem Verhältnis seines Anteils anzusehen.

(3) Die Gebühr für das Verteilungsverfahren bestimmt sich nach dem Gebot ohne Zinsen, für das der Zuschlag erteilt ist, einschließlich des Wertes der nach den Versteigerungsbedingungen bestehenden Rechte. Der Erlös aus einer gesonderten Versteigerung oder sonstigen Verwertung (§ 65 des Gesetzes über die Zwangsversteigerung und die Zwangsverwaltung) wird hinzugerechnet.

(4) Sind mehrere Gegenstände betroffen, so ist der Gesamtwert maßgebend.

(5) Bei Zuschlägen an verschiedene Ersteher wird die Gebühr für die Erteilung des Zuschlags von jedem Ersteher nach dem Wert der auf ihn entfallenden Gegenstände erhoben. Eine Bietergemeinschaft gilt als ein Ersteher.

Die Bestimmung bezieht sich nach der Neustrukturierung des Kostenverzeichnisses durch das KostRÄndG 1994 nur noch auf das der Eröffnungsentscheidung oder der Entscheidung über den Beitritt und nach Terminanberaumung folgende Verfahren sowie auf die Abhaltung des Versteigerungstermins. Die Eröffnungsentscheidung bzw. Beitrittsentscheidung selbst ist mit der Festgebühr nach KV Nr. 5210 abgegolten, während die Anberaumung eines Termins mit der allgemeinen Verfahrensgebühr abgegolten ist.[1] 1

Nach Abs. 1 S 1 ist für das **Zwangsversteigerungsverfahren im allgemeinen** der gemäß § 74a Abs. 5 ZVG vom Vollstreckungsgericht zu ermittelnde **Verkehrswert**[2] des Grundstücks maßgebend, der erforderlichenfalls nach Anhörung von Sachverständigen bestimmt werden muß. Der Wert der **beweglichen Gegenstände**, auf die sich die Versteigerung erstreckt, ist frei zu schätzen und dem Verkehrswert des Grundstücks zuzuschla- 2

1 Vgl. BT-Drucks. 12/6962, S. 24.
2 Vgl. auch LG Paderborn, RPfleger 1989, 168.

gen. Der Wertfestsetzungsbeschluß des Vollstreckungsgerichts, der nur im Verfahren nach dem ZVG mit der befristeten Erinnerung anfechtbar ist, ist für das Gericht bei der Kostenberechnung absolut bindend. Vom Vollstreckungsgericht festgesetzt und damit bindend ist der Wert aber erst, wenn er rechtskräftig, d. h. nicht mehr anfechtbar ist.[3]

3 Soweit das Vollstreckungsgericht **keinen Wert festgesetzt** hat, ist der **Einheitswert** für die Gebührenberechnung maßgebend, Abs. 1, S 2, den der Kostenschuldner nachzuweisen hat. Unterläßt er das, ist das Finanzamt entsprechend Abs. 1 S 4 um Auskunft über die Höhe zu ersuchen.

4 **Vom Einheitswert abzuweichen** hat das Gericht bei der Wertberechnung, wenn eine wesentliche Abweichung des Wertes des Verfahrensgegenstandes vom Einheitswert vorliegt, sich der Wert infolge von Umständen verändert hat, die nach dem Feststellungszeitpunkt des Einheitswertes eingetreten sind, und noch kein Einheitswert festgestellt worden ist. Ein höherer Wert des Verfahrensgegenstandes kann z. B. vorliegen, wenn dem Zwangsversteigerungsverfahren auch Maschinen und Betriebsanlagen unterliegen.[4] Für eine Veränderung des Einheitswertes dürfen allerdings nur solche Umstände herangezogen werden, die auch für die Festsetzung des Einheitswertes beachtlich sind. Das Gericht hat mithin nach den Grundsätzen des BewG zu ermitteln, was auch gilt, wenn noch kein Einheitswert festgesetzt worden ist.[5]

5 Abs. 1 S 4 stellt klar, daß das die Schweigepflicht des § 30 AO einer einzuholenden **Auskunft des Finanzamts** über die Höhe des Einheitswertes nicht entgegensteht, wenn der Kostenschuldner den Nachweis nicht erbringt. Nach der Struktur des § 29 Abs. 1 soll die Datenanforderung beim Finanzamt aber das letzte Mittel zur Wertermittlung sein. Das entspricht auch dem Verfassungsrecht folgenden und für jede Datenweitergabe geltenden Grundsatz der Verhältnismäßigkeit.[6]

6 Der Wert für die **Abhaltung des Versteigerungstermins**, der neben dem Verfahren im allgemeinen zu vergüten ist (Abs. 1 S 1 „und"), ist nach den gleichen Grundsätzen wie der Wert für das Verfahren im allgemeinen zu ermitteln, wenn und soweit nicht eine Wertfestsetzung nach § 74a Abs. 5 ZVG vorliegt. Das oben (Rn. 2–5) Gesagte gilt entsprechend.

7 Der Wert für die Erteilung des Zuschlags (**Zuschlagsgebühr**, Abs. 2) nach KV Nr. 5130 wird nicht dem nach § 74a ZVG festgesetzten oder nach dem nach den Grundsätzen des Abs. 1 ermittelten Wert, sondern nach dem **Gebot** ohne Zinsen berechnet, für das der Zuschlag erteilt wird. Demzufolge scheiden etwaige höhere, aber zurückgewiesene Gebote bei der Berechnung des Gebührenwerts aus. Gemäß § 60 ZVG bewilligte Zahlungsfristen sind für die Wertberechnung ohne Belang. Zinsen werden nach der ausdrücklichen Anweisung des Gesetzes nicht hinzugerechnet. Ob gemäß § 114a ZVG der Ersteher hinsichtlich seiner Forderung ganz oder teilweise aus dem Grundstück als befriedigt zu erachten ist, berührt den Wert ebenfalls nicht. Gleichgültig ist auch, ob der Wert des Grundstücks geringer ist als das Gebot, für das der Zuschlag erteilt wird.

3 Vgl. auch *Lappe* § 29 Rn. 3; a. M. *Oe/Wi/He* § 29 Rn. 7.
4 LG München, RPfleger 1973, 71.
5 BT-Drucks. 12/6962, S. 64; *Hartmann* § 29 Rn. 3.
6 BT-Drucks. 12/6962, S. 64.

Nach den Versteigerungsbedingungen bestehenbleibende Rechte (Abs. 2 S 1) sind dem Gebot, für das der Zuschlag erteilt wird, hinzuzurechnen. Ein **nicht nach den Versteigerungsbedingungen**, sondern nach einer **Vereinbarung** zwischen dem Berechtigten und dem Ersteher gem. § 91 Abs. 2 ZVG **bestehenbleibendes Recht** wird nach der Neuregelung durch das KostRÄndG 1994 ebenfalls hinzugerechnet.[7] Die neben dem geringsten Gebot kraft Gesetzes bestehenbleibenden Belastungen sind bei der Berechnung des Gebührenwertes ebenfalls nicht zu berücksichtigen, weil es sich auch um „nach den Versteigerungsbedingungen bestehenbleibende Rechte" handelt, welche ohne Rücksicht auf die Versteigerungsbedingungen kraft Gesetzes erhalten bleiben. Die Nichtberücksichtigung dieser Rechte ist auch berechtigt. Ein derartig – etwa mit einer Notweg- oder Überbaurente belastetes – Grundstück ist weniger wert als ein gleichartiges und von solchen Rechten freies Grundstück. Stellt die Belastung eine echte Wertminderung dar, wird sie das Gebot des Erstehers beeinflussen. Es wäre nicht richtig, sein Gebot für den Gebührenwert um den Wert dieser Belastungen zu erhöhen. Anders bei nach den Versteigerungsbedingungen übernommenen bestehenbleibenden Rechten. Sie ergeben zusammen mit dem Bargebot die vom Ersteher zu erbringende Leistung und werden deshalb zu Recht dem Bargebot hinzugerechnet.[8] 8

Der Wert der nach den Versteigerungsbedingungen **bestehenbleibenden Rechte** bemißt sich nach dem Kapitalbetrag oder nach ihrem Ablösebetrag, auch wenn dieser den Grundstückswert übersteigt.[9] Höchstbetragshypotheken werden dabei mit dem eingetragenen Höchstbetrag bewertet. Gleichgültig ist, ob bei den Rechten eine Löschungsvormerkung eingetragen ist oder ob der Ersteher schon vor dem Zuschlag persönlich haftete oder selbst Gläubiger der Hypothek oder Grundschuld ist.[10] Der **Erlös aus einer gesonderten Versteigerung oder sonstigen Verwertung** (§ 65 ZVG) wird nicht hinzugerechnet. **Gesamtgrundpfandrechte** sind mit ihrem vollen Wert zu berücksichtigen, wenn der Zuschlag der belasteten Grundstücke auf Grund eines Gesamtaufgebots erfolgt oder die Grundstücke einzeln mit der Gesamthypothek zugeschlagen werden. Wird das Gesamtgrundpfandrecht auf die belasteten Grundstücke gem. § 64 Abs. 1 ZVG nach Teilbeträgen verteilt, so ist bei der Berechnung des Wertes lediglich der auf das zugeschlagene Einzelgrundstück entfallende Teilbetrag zu berücksichtigen. Werden mehrere Grundstücke gemeinsam versteigert, ist deren Gesamtwert maßgebend (Abs. 4). 9

Teilungsversteigerung, Abs. 2 S 2: Wird eine Zwangsversteigerung zur Aufhebung einer Gemeinschaft betrieben, § 180 ZVG, wird bei der Berechnung des der Zuschlagsgebühr zugrunde zu legenden Wertes der Anteil des Erstehers an dem Verfahrensgegenstand abgezogen, Abs. 2 S 2 Halbs 1. Handelt es sich um **Bruchteilseigentum**, so ist auf den nach S 1 errechneten Wert sich ergebende Bruchteil zu errechnen und von dem nach S 1 errechneten Wert abzuziehen (Beispiel: der Wert nach Abs. 2 S 1 beträgt 90 000 €. Ist der Ersteher Miteigentümer zu einem Drittel, ist die Zuschlagsgebühr aus 60 000 € zu berechnen). Ist der Versteigerungsgegenstand in **Gesamthandseigentum**, so ist so zu 10

7 *Hartmann* § 29 Rn. 5. **A.M.** *Oe/Wi/He* § 29 Rn. 18.
8 **A. M.** aber *Oe/Wi/He* § 29 Rn. 18.
9 **A. M.** LG Freiburg, Die Justiz 1977, 349.
10 *Hartmann* § 29 Rn. 5; *Oe/Wi/He* § 29, Rn. 19; **a. M.** *Lappe* § 29 Rn. 4.

verfahren, wie wenn jeder Miteigentümer einen Bruchteil besäße, Abs. 2 S 2 Halbs 2. Ist z. B. ein Nachlaßgrundstück einer aus 5 Personen bestehenden Erbengemeinschaft zwecks Aufhebung der Gemeinschaft zu versteigern, so ist die Gebühr nur aus einem Fünftel des Wertes zu berechnen. Wird der Zuschlag an mehrere Personen erteilt, die an dem Versteigerungsgegenstand als Miteigentümer oder als Gesamthandseigentümer beteiligt waren, so ist für die Berechnung der von den einzelnen Erstehern geschuldeten Zuschlagsgebühren der Wert zugrundezulegen, der sich unter Berücksichtigung des jeweiligen Anteils des Erstehers an dem Versteigerungsgegenstand ergibt. Ein Ersteher, für den sich eine geringere Gebühr ergibt, haftet dann nur bis zur Höhe der auf ihn entfallenden Gebühr mit dem Ersteher, der für die Zuschlagsgebühr aus dem höheren Wert aufzukommen hat. **Anteil des Erstehers** iS dieser Vorschrift ist nur das Miteigentum, kein wirtschaftliches Recht, wie es etwa ein Pfandrecht an dem Gegenstand verleiht. Die Gebühren für die Eintragung des Erstehers im Grundbuch richten sich stets nach der KostO.[11]

11 **Verteilungsverfahren:** Die Verteilungsgebühr (KV Nrn 5140, 5141) bestimmt sich wie bei der Zuschlagsgebühr mit der Ausnahme, daß der **Erlös einer gesonderten Versteigerung oder sonstigen Verwertung,** § 65 ZVG, **hier** dem Wert, der sich aus dem Gebot ohne Zinsen und nach den Versteigerungsbedingungen bestehenbleibenden Rechten bestimmt, **hinzugerechnet** wird, Abs. 3 S 2. Ein durch Vereinbarung der Beteiligten nach § 91 Abs. 2 ZVG bestehenbleibendes Recht bleibt außer Betracht.[12]

12 **Mehrheit von Gegenständen,** Abs. 4: Sind von der Zwangsversteigerung mehrere Gegenstände betroffen (vgl. § 18 ZVG), so ist für die Berechnung der Gebühren nach Abs. 1 bis 3 der Gesamtwert maßgebend. Werden verbundene Verfahren getrennt, so tritt nach der Trennung Gebührenberechnung nach den einzelnen Werten ein, wobei aber zu beachten ist, daß die Verfahrensgebühren für jedes Verfahren von den nach der Trennung maßgebenden Werten zu erheben sind. Eine auf verbundene Verfahren bereits gezahlte Verfahrensgebühr ist auf die nunmehr geschuldeten Gebühren anzurechnen. Soweit die verbundenen Verfahren nicht einheitlich verlaufen, findet Abs. 4 nur insoweit Anwendung, als hinsichtlich mehrerer Grundstücke dieselben Gebühren erwachsen, nicht aber, wenn ein gebührenpflichtiger Vorgang sich nur auf ein Grundstück bezieht. Dagegen ist es unschädlich, wenn die Gebühren hinsichtlich der einzelnen Grundstücke innerhalb desselben Verfahrens getrennt anfallen. Sind aber in den verbundenen Verfahren vor der Verbindung bereits Gebühren nach den getrennten Werten angefallen, so werden sie durch die nachfolgende Verbindung der Verfahren nicht berührt.

13 **Mehrere Gegenstände** liegen vor, wenn jeder von ihnen Gegenstand eines gesonderten Zwangsversteigerungsverfahrens sein könnte, z. B. grundbuchrechtlich selbständige Grundstücke, Miteigentumsanteile, grundstücksgleiche Berechtigungen. Gleichgültig ist, ob die Behandlung der mehreren Gegenstände in einem Verfahren oder die Verbindung mehrerer Verfahren zu einem Verfahren zulässigerweise erfolgt ist. Nach § 18 ZVG

11 OLG Düsseldorf, JVBl. 1971, 62; LG Bayreuth, JurBüro 1976, 85; LG Aschaffenburg, JVBl. 1971, 233.
12 LG Krefeld, RPfleger 1978, 392.

ist die Verbindung möglich, wenn mehrere Grundstücke desselben Schuldners oder mehrere Grundstücke, die für dasselbe Recht haften, versteigert werden sollen.

Verschiedene Ersteher, Bietergemeinschaft, Abs. 5: Erfolgt der Zuschlag an **verschiedene Ersteher,** ist für jeden Ersteher nur der Wert der auf ihn entfallenden Gegenstände für die **Zuschlagsgebühr** maßgebend, Abs. 5 S 1. Dagegen gilt eine **Bietergemeinschaft** als ein Ersteher, Abs. 5 S 2, für die das Gesamtgebot einschließlich aller bestehenbleibenden Rechte maßgebend ist. Das gilt auch, wenn die einzelnen Grundstücke entsprechend § 63 Abs. 1 ZVG einzeln angeboten und zugeschlagen werden. Erfolgen aber Zuschläge an verschiedene Ersteher in dem Sinne, daß einzelne Grundstücke verschiedenen Erstehern aufgrund von Einzelangeboten zugeschlagen werden, dann wird die Zuschlagsgebühr auch nach dem für den einzelnen Gegenstand maßgebenden Wert besonders berechnet und vom einzelnen Ersteher nach § 53 Abs. 2 S 1 GKG besonders erhoben. **14**

Werden **mehrere Grundstücke einer Gemeinschaft** aufgrund eines gemeinsamen Antrags sämtlicher an der Gemeinschaft Beteiligten versteigert, hat nach Abs. 2 S 2 bei der Berechnung der Zuschlagsgebühr der Anteil des Erstehers an dem Gegenstand außer Betracht zu bleiben. Erstehen die mehreren an der Gemeinschaft Beteiligten je eines der Einzelgrundstücke für sich, so berechnet sich die Zuschlagsgebühr für den einzelnen Ersteher nach dem um den Teil des Erstehers an der Gemeinschaft verminderten Wert des erstandenen Grundstücks. **15**

§ 30
Zwangsverwaltung

Die Gebühr für die Durchführung des Zwangsverwaltungsverfahrens bestimmt sich nach dem Gesamtwert der Einkünfte.

Als Verfahren der Zwangsverwaltung iS des § 30 GKG kommt nur das förmliche Verfahren nach §§ 146–161, 172, 173 ZVG in Betracht, das die Befriedigung des betreibenden Gläubigers durch zwangsweise Bewirtschaftung, nicht durch Veräußerung bezweckt. Hierunter fällt auch die Zwangsverwaltung auf Antrag des Insolvenzverwalters nach § 172 ZVG und die auf Antrag des Gläubigers erfolgende Fortsetzung einer ergebnislosen Zwangsversteigerung als Zwangsverwaltung, §§ 77 Abs. 2 ZVG. Nach anderen Vorschriften ergehende Verwaltungsmaßnahmen, die das Gericht im Rahmen des Zwangsversteigerungsverfahrens trifft, z. B. Sicherungsmaßregeln nach § 25 ZVG, die gerichtliche Verwaltung nach § 94 ZVG (die keine Zwangsmaßnahme gegen den Schuldner, sondern eine Sicherungsmaßregel gegen den Ersteher darstellt) oder Anordnungen über die Bewachung und Verwahrung eines Schiffes, § 165 ZVG, oder eines Luftfahrzeuges, § 171c ZVG, fallen ebensowenig unter § 30 GKG wie die Anordnung einer Sequestration im Wege der einstweiligen Verfügung, § 938 ZPO, wohl aber die Zwangsverwaltung eines Grundstücks, die ein Gläubiger auf Grund der in einer einstweiligen Verfügung getroffenen Anordnung beim Vollstreckungsgericht beantragt. Gleichgültig für die Anwendbarkeit des § 30 GKG **1** ist, wer zum Zwangsverwalter bestellt ist, der sog. Institutsverwalter, § 150a ZVG, oder der Schuldner, § 150b ZVG.

2 **Außergerichtliche Zwangsverwaltungen**, z. B. nach dem preußischen Gesetz betreffend die Zwangsvollstreckung aus Forderungen landwirtschaftlicher (ritterschaftlicher) Kreditanstalten vom 3. 8. 1897 (GS S. 388), lösen die Gebühr nicht aus.

3 Das vom Anordnungsverfahren, § 28 ZVG, zu unterscheidende **Zwangsverwaltungsverfahren beginnt** mit dem Wirksamwerden der Beschlagnahme, nicht mit dem Erlaß des Anordnungsbeschlusses, also mit der Zustellung des Anordnungsbeschlusses an den Schuldner oder Eigenbesitzer, §§ 146, 22, 147 ZVG, oder mit dem Eingang des Ersuchens um Eintragung des Zwangsverwaltungsvermerks beim Grundbuchamt, sofern auf das Ersuchen die Eintragung demnächst erfolgt, §§ 22, 147 ZVG. Maßgebend ist das erste der für den Eintritt der Beschlagnahme entscheidende Ereignis. Das Verfahren **endet** mit dem Wirksamwerden des Aufhebungsbeschlusses, auch wenn die Rechnungslegung erst nach dem Aufhebungsbeschluß erfolgt, § 161 ZVG, oder mit dem Eingang der Antragsrücknahme bei Gericht.

4 Der **Wert** richtet sich nach dem Gesamtwert der Einkünfte aus dem zwangsverwalteten Gegenstand, die im Laufe des für die Fälligkeit der Gebühr maßgeblichen Jahres (§ 62 Abs. 3 GKG) erzielt werden. Maßgebend ist nicht das Kalenderjahr, sondern das mit dem Tag der Beschlagnahme beginnende Jahr, KV Nr. 5210. Es endet mit dem Tag, der vor der Wiederkehr des Beschlagnahmetages endet. Wenn die Beschlagnahme weniger als ein Jahr gedauert hat, sind die im dem kürzeren tatsächlichen Zeitraum angefallenen Einkünfte zugrunde zu legen.

5 **Einkünfte sind die Bruttoerträgnisse (Nutzungen)** und nicht nur die Überschüsse. Nicht zu den Einkünften zählt der Erlös aus Verkäufen von Gegenständen, die zum wirtschaftlichen Bestand (Substanz) des Grundstücks gehören, wohl aber der Zins aus der Anlage des erzielten Erlöses. Von den Einkünften sind keine Abzüge zu machen, auch nicht die dem Zwangsverwalter oder der Aufsichtsperson zustehende Vergütung oder die laufenden öffentlichen Lasten. Ist bei einem landwirtschaftlichen, forstwirtschaftlichen oder gärtnerischen Grundstück der Schuldner zum Verwalter bestellt, so ist hierfür keine Vergütung abzuziehen, auch nicht in Höhe der Erträgnisse, die er u. U. zur Befriedigung seiner und seiner familiären Bedürfnisse verwenden darf. Der Schuldner erhält als Verwalter keine Vergütung, §§ 150b, 150c ZVG. Auch die dem Schuldner nach § 149 Abs. 3 S 1 ZVG zur Verfügung gestellten Mittel sind nicht abzuziehen.[1] Andererseits ist der Mietwert der dem Schuldner gemäß § 149 Abs. 1 ZVG unentgeltlich überlassenen Wohnräume nicht den Einkünften zuzurechnen.[2] Auch die Hypothekengewinnabgabe ist nicht abzuziehen, wie auch Grundsteuern und andere auf dem Gegenstand der Zwangsverwaltung lastende Abgaben wie Müllabfuhrgebühren usw. unberücksichtigt zu bleiben haben. Nur die tatsächlichen Einkünfte zählen, nicht die ihnen zugrunde liegenden Forderungen, z. B. bei dem Zwangsverwalter gegenüber unwirksamen Zahlungen Dritter an den Schuldner.[3]

1 *Oe/Wi/He* § 30 Rn. 5–6.
2 *Oe/Wi/He* § 30 Rn. 8.
3 *Oe/Wi/He* § 30 Rn. 7, 9.

Gehen nach der Beendigung der Zwangsverwaltung noch Zahlungen bei dem Zwangsverwalter ein, rechnen sie nicht mehr mit. Ein neben der Zwangsversteigerung laufendes Zwangsverwaltungsverfahren wird durch den Zuschlag nicht beendet. Die bis zur förmlichen Beendigung des Zwangsverwaltungsverfahrens erfolgenden Einkünfte sind deshalb dem Gebührenwert hinzuzurechnen.[4]

Werden in demselben Verfahren **mehrere Grundstücke** zwangsverwaltet, ist der Gesamtwert der Einkünfte in sinngemäßer Anwendung des § 29 Abs. 4 GKG maßgebend,[5] wobei für den Beginn des Gebührenjahres hinsichtlich der Einkünfte aus den mehreren Grundstücken der Beginn des ersten Zwangsverwaltungsverfahrens maßgebend ist.[6] Nicht abzuziehen sind auch die auf dem Anwesen ruhenden Hypotheken, Grundschulden und Rentenschulden und die auf sie zu leistenden Zins- und Tilgungsbeträge. 6

§ 31
Schiffe, Schiffsbauwerke, Luftfahrzeuge und grundstücksgleiche Rechte

Die §§ 29 und 30 gelten entsprechend für die Zwangsversteigerung von Schiffen, Schiffsbauwerken und Luftfahrzeugen sowie für die Zwangsversteigerung oder die Zwangsverwaltung von Rechten, die den Vorschriften der Zwangsvollstreckung in das unbewegliche Vermögen unterliegen, einschließlich der unbeweglichen Kuxe.

Die Vorschrift regelt die Gebührenwerte bei der Zwangsversteigerung von Schiffen (Binnenschiffen und Seeschiffen), Schiffsbauwerken (vgl. §§ 162–171 ZVG) und Luftfahrzeugen (§§ 171a–171n ZVG), sowie von Rechten, die der Zwangsvollstreckung in das unbewegliche Vermögen unterliegen. Hierher gehören Erbbaurechte, Wohnungs- und Stockwerkseigentum, Bergwerksberechtigungen, unbewegliche Kuxe, gewerbliche Realrechte, Hochseekabel. In diesen Fällen sind die Vorschriften über die Zwangsversteigerung (§ 29 GKG) und die Zwangsverwaltung (§ 30 GKG), letztere soweit möglich, entsprechend anwendbar. Die Zwangsverwaltung von Schiffen, im Bau befindlichen oder fertigen Schwimmdocks[1] und Luftfahrzeugen ist unzulässig (§ 870a ZPO, § 99 Ges. über Rechte an Luftfahrzeugen v. 26. 2. 1959 – BGBl. I 1959, 57). Die Zwangsvollstreckung in einen Schiffspart, d. i. der Anteil eines Mitreeders an der Reederei (§ 489 ff. HGB), richtet sich nach den Vorschriften über die Zwangsvollstreckung in das bewegliche Vermögen (§ 858 ZPO). Gerichtskosten hierfür werden nach KV Nr. 1640 berechnet. Dagegen unterliegt die Zwangsversteigerung von Bruchteilseigentum an Schiffen und Schiffsbauwerken dem ZVG. Für die Zwangsvollstreckung in Ersatzteile eines Luftfahrzeugs gelten die Vorschriften über die Zwangsvollstreckung in körperliche Sachen. Für das Verfahren des Vollstrek- 1

4 *Oe/Wi/He* § 30 Rn. 9.
5 *Oe/Wi/He* § 30 Rn. 11.
6 *Oe/Wi/He* § 30 Rn. 11.
1 Vgl. *Oe/Wi/He* § 31 Rn. 1.

kungsgerichts auf Festsetzung des Mindestgebots wird hier ein Viertel der vollen Gebühr erhoben nach dem Betrag der beizutreibenden Forderung, höchstens jedoch nach dem Wert der Sache (§§ 100, 101 des Ges. über Rechte an Luftfahrzeugen). Wird ein Schiff, Schiffsbauwerk oder Luftfahrzeug aufgrund eines Arrestes gepfändet, sind die Vorschriften über die Pfändung beweglicher Sachen anwendbar.[2] Daß § 31 auch für die in §§ 172 ff. ZVG genannten besonderen Zwangsversteigerungen gilt, folgt aus § 29 Abs. 2 S 2.

2 **Einzelnes:** Entsprechend anzuwenden sind die Bestimmungen der §§ 29 und 30 GKG über die Werte. Die Kosten der gemäß §§ 165, 171c ZVG anzuordnenden Bewachung und Verwahrung zählen zu den Kosten des Verfahrens nach § 109 ZVG, nicht aber zu dem Anspruch nach § 10 Abs. 1 Nr. 1, Abs. 2 ZVG. Für diese Auslagen (KV Nr. 9009) kann gemäß § 68 Abs. 3 GKG vom betreibenden Gläubiger ein Vorschuß gefordert werden. Die Fortsetzung des Verfahrens darf aber von der Vorschußleistung nicht abhängig gemacht werden. Soweit eine Wertfestsetzung nach § 74 a ZVG nicht erfolgt (z. B. bei Seeschiffen, § 169 a ZVG), ist der Wert nach dem auch hier anwendbaren § 25 GKG festzusetzen, für Binnenschiffe nach § 15 des Binnenschiffahrtsvollstreckungsschutzgesetzes (RGBl. I, 1933, S. 289, 365; 1934, S. 251, 1082). Das gleiche gilt für Schiffsbauwerke und Schwimmdocks. Wenn ein Wert nach § 74 a Abs. 5 ZVG nicht festgesetzt ist, ist der Wert mangels eines Einheitswertes nach § 25 GKG zu bestimmen.[3] Das gilt auch bei Luftfahrzeugen.[4]

§ 32
Zwangsliquidation einer Bahneinheit

Bei der Zwangsliquidation einer Bahneinheit bestimmt sich die Gebühr nach dem Gesamtwert der Bestandteile der Bahneinheit.

1 Die Bestimmung ist durch das KostRÄndG 1994 insoweit geändert worden, als der frühere Abs. 1 infolge des Wegfalls des § 28 GKG gestrichen worden ist. Für die Entscheidung über den Antrag auf Eröffnung der Zwangsliquidation einer Bahneinheit ist jetzt die Festgebühr nach KV Nr. 5230 zu erheben.

2 Die Bestimmung betrifft die **Zwangsliquidation** einer Bahneinheit, also nicht eine freiwillige Liquidation, und auch nicht eine Zwangsversteigerung und Zwangsverwaltung. In den beiden letztgenannten Fällen sind die §§ 29 und 30 unmittelbar anzuwenden.[1] Der Zweck der Zwangsliquidation einer Bahneinheit ist die abgeschlossene Befriedigung der Pfandgläubiger der Bahn aus den Bestandteilen der Bahneinheit.

3 **Verfahrensgebühr** für das Zwangsliquidationsverfahren: Es wird die halbe Gebühr nach KV Nr. 5232 erhoben, die sich bei Einstellung des Verfahrens auf eine viertel Gebühr

2 *Oe/Wi/He* § 31 Rn. 2.
3 *Oe/Wi/He* § 31 Rn. 8, 9.
4 *Oe/Wi/He* § 31 Rn. 11.
1 *Oe/Wi/He* § 32 Rn. 1.

ermäßigt, KV Nr. 5233. Die halbe Gebühr wird für das ganze Verfahren erhoben, das nach der Entscheidung über den Antrag auf Eröffnung der Zwangsliquidation folgt. Nur wenn das Verfahren deshalb eingestellt wird, weil es nicht zu einer abschließenden Durchführung kommt, tritt die Ermäßigung nach KV Nr. 5233 ein. Keine Einstellung iS dieser Vorschrift liegt vor, wenn das Verfahren nach seiner Durchführung, also nach Erteilung des Erlöses und Rechnungslegung aufgehoben wird. § 29 GKG ist also nicht entsprechend anwendbar.

Wert: Die Gebühr wird nach dem Gesamtwert der Bestandteile der Bahneinheit, also ihres beweglichen und unbeweglichen Vermögens, berechnet. Maßgeblich ist der Verkehrswert, nicht der Einheitswert, zur Zeit der Eröffnung des Verfahrens. Sollte er bei Beendigung des Verfahrens höher als bei der Eröffnung sein, ist nach § 15 Abs. 1 GKG der höhere Wert maßgebend. Die auf den Bestandteilen der Bahneinheit lastenden Verbindlichkeiten sind nicht abzuziehen.[2] 4

§ 33
Zurückverweisung

Wird eine Sache zur anderweitigen Verhandlung an das Gericht der unteren Instanz zurückverwiesen, so bildet das weitere Verfahren mit dem früheren Verfahren vor diesem Gericht iS des § 27 eine Instanz.

Allgemeines: Die auch im Arbeitsgerichtsverfahren anwendbare Bestimmung behandelt den Fall, daß ein höheres Gericht die Sache an ein niederes Gericht zurückverweist, während § 9 GKG den Umfang der Instanz für die Fälle regelt, daß das Verfahren vor dem Gericht, an das verwiesen wird, mit dem Verfahren vor dem verweisenden Gericht eine Instanz bildet. Die Bestimmung des § 33 kann sinngemäß auch auf andere Verfahren, z. B. auf Arrest und einstweilige Verfügung, § 20 GKG, Anwendung finden. Die Bedeutung der Vorschrift liegt darin, daß innerhalb einer Instanz die Gebühr für das Verfahren im allgemeinen und die Gebühr für eine Entscheidung hinsichtlich eines Teils des Streitgegenstandes nur einmal erhoben werden darf, § 27 GKG. 1

Zurückverweisung: In Frage kommen die Zurückverweisung durch Berufungsurteil, §§ 538, 539 ZPO, durch Revisionsurteil, §§ 565, 566 a ZPO sowie durch Beschwerdeentscheidung,[1] im Verwaltungsgerichtsverfahren nach §§ 130, 144 VwGO und im Finanzgerichtsverfahren nach § 127 FGO. Auch eine Zurückverweisung durch das BVerfG an ein Fachgericht zählt hierher.[2] Die Vorschrift ist aber nur anzuwenden, wenn an das Gericht der unteren Instanz zurückverwiesen wird. Erfolgt die Zurückverweisung an ein anderes Gericht, z. B. bei der Sprungrevision an das Oberlandesgericht, § 566 a Abs. 5 ZPO, so wird 2

2 *Dri/Oe/He* § 32 Rn. 2.
1 Vgl. *Oe/Wi/He* § 33 Rn. 1.
2 OVG Lüneburg, NJW 1966, 468; *Dri/Oe/He* § 33 Rn. 3.

hierdurch bei dem nunmehr mit der Sache befaßten Gericht eine neue Instanz begründet.[3] Anders liegt es, wenn die Zurückverweisung nur an ein anderes unteres Gericht erfolgt, z. B. statt an das LG X an das LG Y. Bei der Zurückverweisung an das Gericht der unteren Instanz, dessen Entscheidung aufgehoben wurde, bildet das bei diesem unteren Gericht vor und nach der Zurückverweisung durchgeführte Verfahren eine Instanz iS des § 27 GKG.[4] Es wird daher für beide Verfahren nur eine allgemeine Verfahrensgebühr und evtl. nur eine Entscheidungsgebühr erhoben, soweit es sich um denselben Streitgegenstand handelt. Dagegen bleibt § 21 GKG auch hier anwendbar. Die im Verfahren vor der Zurückverweisung angefallenen Gebühren bleiben bestehen (z. B. eine Urteilsgebühr für das im Rechtsmittelrechtszug aufgehobene Urteil). Ergeht nach der Zurückverweisung nochmals ein Urteil, das eine besondere Urteilsgebühr auslöst, so wird dennoch nur eine Urteilsgebühr für das gesamte Verfahren erhoben, soweit die Urteile denselben Streitgegenstand hatten. Hat sich aber in dem Verfahren nach der Zurückverweisung ein neuer Urteilstatbestand ergeben, der im vorangegangenen Verfahren noch nicht vorgelegen hat (z. B. im ersten Verfahren ein Grund- oder Vorbehaltsurteil, im weiteren Verfahren ein Endurteil), so sind beide Gebühren zu erheben, wie wenn kein Rechtsmittelverfahren dazwischen gelegen hätte.[5] Erledigt sich die Sache in dem weiteren Verfahren nach der Zurückverweisung durch Klagerücknahme, Anerkenntnis- oder Verzichtsurteil oder durch einen Vergleich, kommen die Ermäßigungstatbestände nach KV Nr. 1211 zum Zuge.

3 **Neue Gebühren** fallen in den Verfahren nach der Zurückverweisung dann an, wenn und soweit sie im ersten Verfahren noch nicht entstanden sind, etwa bei nachträglicher Klageerweiterung. Sind die vor der Zurückverweisung bei dem unteren Gericht angefallenen Gebühren wegen unrichtiger Sachbehandlung (§ 8 GKG) nicht zu erheben, so können sie selbstverständlich im weiteren Verfahren neu anfallen, auch wenn sie denselben Streitgegenstand betreffen.

4 Gelangt das nach der Zurückverweisung ergangene Urteil **abermals** in das **Rechtsmittelverfahren**, so bilden das frühere und das neue Rechtsmittelverfahren verschiedene Instanzen, da weder ein Fall der Verweisung noch der Zurückverweisung vorliegt.[6] Das gilt auch für den Fall, daß das Revisionsgericht die Sache nicht an das Berufungsgericht, sondern an das Gericht erster Instanz zurückverweist und hierauf ein neues Berufungsverfahren folgt.[7]

5 Hebt das Rechtsmittelgericht, das nach der erneuten Entscheidung angerufen wurde, die Sache abermals auf und verweist es wieder zurück, gelten die gleichen Grundsätze.

3 *Hartmann* § 33 Rn. 2; **a. M.** KG, NJW 1969, 2151.
4 BFH, BStBl. II 1974, 141, *Hartmann* § 33 Rn. 2.
5 *Oe/Wi/He* § 33 Rn. 2.
6 BGH, BB 1970, 1466; 1972, 1535; OLG Köln, RPfleger 1963, 362 (L); *Hartmann* § 33, Rn. 2.
7 KG, NJW 1969, 938 = JurBüro 1969, 983 = RPfleger 1969, 360.

§ 34
Verzögerung des Rechtsstreits

(1) Wird außer im Fall des § 355 der Zivilprozeßordnung durch Verschulden des Klägers, des Beklagten oder eines Vertreters die Vertagung einer mündlichen Verhandlung oder die Anberaumung eines neuen Termins zur mündlichen Verhandlung nötig oder ist die Erledigung des Rechtsstreits durch nachträgliches Vorbringen von Angriffs- oder Verteidigungsmitteln, Beweismitteln oder Beweiseinreden, die früher hätten vorgebracht werden können, verzögert worden, so kann das Gericht dem Kläger oder dem Beklagten von Amts wegen eine besondere Gebühr in Höhe einer Gebühr auferlegen. Die Gebühr kann bis auf ein Viertel ermäßigt werden. Dem Kläger, dem Beklagten oder dem Vertreter stehen gleich der Nebenintervenient, der Beigeladene, der Vertreter des Bundesinteresses beim Bundesverwaltungsgericht und der Vertreter des öffentlichen Interesses sowie ihre Vertreter.

(2) Gegen den Beschluß findet die Beschwerde statt, wenn der Wert des Beschwerdegegenstandes einhundert 50 Euro übersteigt. § 5 Abs. 2 S 2 und 3, Abs. 3 S 1 und 3, Abs. 4 S 1, 2 sowie Abs. 5 und 6 ist entsprechend anzuwenden.

Übersicht

1 **Allgemeines:** Die aus verfassungsrechtlicher Sicht unbedenkliche[1] Vorschrift gibt eine Möglichkeit zu Sanktionen zur Bekämpfung der Prozeßverschleppung. Als Ordnungs-/Strafmaßnahme gedacht, soll sie mit dazu beitragen, subjektiv mißbräuchliche,[2] d. h. bewußte und leichtfertige Prozeßverschleppung durch die Prozeßbeteiligten zu bekämpfen. Sie ist ein Gegenstück zu § 8 GKG, der sich u a. mit einem entsprechenden Fehlverhalten der Gerichte befaßt.[3] Der Wert der Vorschrift ist zweifelhaft. Zu rigoros angewandt, kann sie am Ende dazu beitragen, das für eine gedeihliche Rechtspflege erforderliche Prozeßklima zu beeinträchtigen.[4] Das gilt aber in gleicher Weise auch für andere Möglichkeiten, welche die Prozeßordnungen bieten, um Prozeßverschleppung zu sanktionieren (z. B. die §§ 95, 296, 531 ZPO, § 192 SGG). Wie in allen Fällen der Anwendung solcher Sanktionenvorschriften sollte das Gericht Verständnis für die persönlichen und wirtschaftlichen Verhältnisse der Parteien und die betrieblichen Möglichkeiten einer Rechtsanwaltskanzlei zeigen, insbesondere aber sich bemühen, keine in der Sache nicht begründbaren strengeren Maßstäbe anzulegen, als bei der Beurteilung ähnlicher nach § 8 GKG zu ahndender Fallgestaltungen. Die Anwendung des § 34 GKG sollte sich idR auf objektiv schwere, eindeutige Verschleppungsfälle beschränken.[5] Eine Verzögerungsgebühr kann auch nach § 34 BVerfGG verhängt werden.

2 Weil § 34 GKG in der Sache als Ordnungs(straf)maßnahme zu sehen ist, kann die Verzögerungsgebühr auch gegen Parteien, denen **Prozeßkostenhilfe bewilligt** ist oder denen **Gebührenfreiheit** zusteht,[6] sowie gegen andere Prozeßbeteiligte, wie z. B. gegen einen Streithelfer,[7] verhängt werden. Die Bestimmung soll nicht nur den Parteiinteressen, sondern auch dem Interesse der Allgemeinheit an einer raschen Abwicklung der Prozesse dienen, also einer effektiven Ausnutzung der immer knapper werdenden wirtschaftlichen und personellen Kapazitäten der Rechtspflege. Es können deshalb auch beide Parteien gleichzeitig mit der Sondergebühr des § 34 GKG belegt werden.[8] Die Gebühr nach § 34 GKG gehört nicht zu den nach § 91 ZPO erstattbaren Kosten des Rechtsstreits, sondern ist eher den besonderen Kosten für die Säumnis etwa nach §§ 95, 97 Abs. 2, 344 ZPO, 137 FGO, § 192 SGG vergleichbar.

3 § 34 GKG ist **anwendbar** in allen nach dem GKG zu bewertenden **bürgerlichen Rechtsstreitigkeiten,** das der ZPO unterworfen ist und in denen eine mündliche Verhandlung stattfindet,[9] einschließlich des Arrestverfahrens oder des Verfahrens über eine einstweilige Verfügung, im Beschwerdeverfahren oder im Verfahren über die Vollstreckbarerklärung

1 BGH, NJW 1970, 727.
2 Vgl. dazu auch *Völker* JurBüro 2001, 567 ff = MDR 2001, 1325 ff.
3 *Schneider* JurBüro 1976, 18.
4 Vgl. zur Vorschrift des § 34 GKG ausf die kritischen Ausführungen von *Schneider* JurBüro 1976, 5 ff.
5 *Schneider* JurBüro 1976, 5 ff.; *Schrader* DRiZ 1974, 290.
6 Vgl. auch *Völker* JurBüro 2001, 569 = MDR 2001, 1328.
7 *Schrader* DRiZ 1974, 291, *Hartmann* § 34 Rn. 9.
8 OLG Düsseldorf, VersR 1977, 726; OLG München, RPfleger 1961, 422 (L).
9 OLG München, FamRZ 1979, 300.

eines Schiedsspruchs,[10] im Verfahren der **Verwaltungs-, Sozial- und Finanzgerichtsbarkeit**[11] und im **Arbeitsgerichtsverfahren.** Ob eine mündliche Verhandlung stattgefunden hat oder nicht, ist ohne Belang. Es kommt nur darauf an, ob das Verfahren durch nachträgliches Vorbringen von Angriffs- und Verteidigungsmittel etc. verzögert worden ist. Im einzelnen:

Objektive Voraussetzungen der ersten Alternative zur Verhängung einer Vezögerungsgebühr sind Verhaltensweisen eines Beteiligten, durch die die Notwendigkeit einer **Vertagung** oder einer **Anberaumung eines neuen Termins zur mündlichen Verhandlung** veranlaßt wird, durch die das Verfahren verzögert zu Ende gebracht werden kann. 4

Vertagung (vgl. etwa §§ 227, 251 a, 335, 337 ZPO): Sie setzt voraus, daß der Termin zur mündlichen Verhandlung bereits begonnen hat, also ein Aufruf zur Sache erfolgt war. Ob tatsächlich mündlich verhandelt wird oder nicht, ist unerheblich. Nicht ausreichend ist hingegen, wenn nur ein Termin anberaumt worden war und dieser wegen Verhinderung einer Partei vor dem Aufruf zur Sache verlegt wird. Es muß mithin mindestens eine Partei am Gerichtsort vorhanden sein, so daß ein Versäumnisurteil auf Grund einer mündlichen Verhandlung ergehen kann. Die Säumnis beider Parteien dürfte indessen regelmäßig nicht ausreichen.[12] Insoweit ist das Ruhen des Verfahrens (§ 251a Abs. 3 ZPO) anzuordnen, was als – wenn auch milde – Sanktion im Einzelfall ausreichen kann. Allerdings darf auch nicht außer Betracht gelassen werden, daß § 34 GKG auch dem Interesse der Allgemeinheit an einer zügigen Abwicklung der Prozesse dient, also einer effektiven Ausnutzung der immer knapper werdenden wirtschaftlichen und personellen Kapazitäten der Rechtspflege.[13] In jedem Fall ist es nicht zulässig, eine Verzögerungsgebühr wegen Nichtvorauszahlung der Kosten festzusetzen, weil auch insoweit die Folgen nach § 65 GKG ausreichend sind. Ein Termin, der **nur zur** Durchführung einer **Beweisaufnahme** anberaumt ist, ist kein Termin zur mündlichen Verhandlung, wenn nicht gleichzeitig nach § 370 ZPO die Fortsetzung der mündlichen Verhandlung bestimmt war.[14] Denn § 355 ZPO ist vom Gesetz ausdrücklich ausgenommen. Deshalb kann auch keine Verzögerungsgebühr bei Säumnis vor einem beauftragten oder ersuchten Richter verhängt werden, auch wenn dadurch eine Verzögerung des Rechtsstreits bewirkt wird. Muß der Rechtshilfetermin wegen Säumnis von Zeugen und/oder Sachverständigen vertagt werden, gelten die §§ 380, 409 ZPO. Versäumt eine zu vernehmende Partei den Termin vor dem Prozeßgericht, so kann neben den Folgen aus §§ 141, 454, 613 ZPO auch die Verzögerungsgebühr verhängt werden, weil § 34 GKG die tatsächliche Verzögerung sanktionieren will, während die Bestimmungen der §§ 141, 454, 613 ZPO das persönliche Erscheinen der Parteien erzwingen wollen.[15] Auch bei einem Nichterscheinen der Parteien zu einer Güteverhandlung (§ 278 Abs. 3 ZPO) ist § 34 unanwendbar, weil dann sofort in die mündliche Verhandlung überzugehen ist 5

10 *Hartmann* § 34 Rn. 3.
11 BFH, Der Betrieb 1982, 1444.
12 A. M. aber *Hartmann* § 34 Rn. 5.
13 So zutr *Völker* JurBüro 2001, 570 = MDR 2001, 1329.
14 So auch *Völker* JurBüro 2001, 570 = MDR 2001, 1328.
15 OLG Köln, NJW 1972, 1999; OLG Köln, MDR 1974, 240; *Hartmann* § 34 Rn. 1; a. M. OLG Celle, NJW 1961, 1825; *Dri/Oe/He* § 34 Rn. 9; *Schneider* JurBüro 1976, 14.

(§ 279 ZPO), eine Verzögerung mithin nicht stattfinden kann. Allerdings wird es selten notwendig sein, die Sanktionen nach der ZPO und nach dem GKG nebeneinander zu verhängen.[16]

6 Der **Antrag** einer Partei **auf Vertagung** ist nicht erforderlich.[17] Wenn indessen eine erschienene Partei Vertagung beantragt, weil die Voraussetzungen für eine Versäumnisentscheidung nicht vorliegen, darf das Gericht niemals eine Verzögerungsgebühr verhängen.[18]

7 Wird die **Anberaumung eines neuen Termins** zur mündlichen Verhandlung notwendig, z. B. weil der ursprünglich anberaumte Termin aufgehoben werden mußte oder weil das Gericht einen neuen Verhandlungstermin statt einer Vertagung ansetzt,[19] kann die säumige nicht aber die erschienene Partei, die keinen Antrag gestellt hat, mit einer Gebühr nach § 34 GKG belegt werden. Denn eine Pflicht zur Antragstellung besteht nicht. Voraussetzung ist nicht, daß früher schon ein Verhandlungstermin stattgefunden hat. Es reicht auch die Terminsanberaumung nach einem Einspruch gegen ein verschuldetes Versäumnisurteil, auch wenn es im schriftlichen Verfahren ergangen ist, wobei allerdings eine Verschleppungsabsicht eklatant sein muß.[20] Denn idR ist es keiner Partei verwehrt, ein Versäumnisurteil gegen sich ergehen zu lassen, zumal dem Gegner dadurch keine wesentlichen Nachteile entstehen können und die Justiz auch kaum mehrbelastet wird. Die Anberaumung eines neuen **Verkündungstermins** reicht indessen nicht aus zur Verhängung einer Gebühr nach § 34 GKG.

8 **Verzögerung des Rechtsstreits:** In den Fällen der ersten Alternative (Vertagung oder Anberaumung eines neuen Verhandlungstermins) unterstellt das Gesetz, daß dadurch eine Verzögerung des Rechtsstreits eintritt. Daraus folgt: Auch wenn das Gericht, um eine längere Verzögerung zu vermeiden, den Termin nur um kurze Zeit verlegt, kann die Gebühr grundsätzlich verhängt werden.[21] Der allgemeine Verhältnismäßigkeitsgrundsatz gebietet es aber, die Gebühr nur dann zu verhängen, wenn eine nur kurze Verzögerung im Einzelfall **wesentlich** ist.[22] Die Wesentlichkeit hängt allerdings nicht davon ab, ob und wieweit das Gericht zur Vorbereitung des neuen Termins weiter (oder wieder) in den Prozeßstoff einarbeiten muß.[23] Denn die bloße Verursachung unnötiger Mehrarbeit des Gerichts rechtfertigt eine Verzögerungssanktion nicht, wenn dadurch die sachliche Erledigung nicht verzögert wird.[24] Erledigt sich der Rechtsstreit durch außergerichtliche Einigung der Parteien vor einem weiteren Termin, liegt gleichfalls keine Verzögerung vor.[25]

9 Weiter ist objektiv erforderlich, daß das Verhalten des Prozeßbeteiligten für die Vertagung

16 Vgl. auch OLG Celle, NJW 1961, 1825 = NdsRPfl. 1961, 204.
17 *Hartmann* § 34 Rn. 13; *Völker* JurBüro 2001, 570 = MDR 2001, 1329.
18 *Hartmann* § 34 Rn. 6.
19 OLG Koblenz, VersR 1984, 1175.
20 LAG Bayer, KostRspr. GKG 1957, § 47 Nr. 2; *Oe/Wi/He* § 34 Rn. 13.
21 OLG Köln, JurBüro 1975, 796.
22 OLG Hamm, NJW 1975, 2026 = JurBüro 1975, 1479 = AnwBl. 1975, 361; NJW 1972, 1286 = JurBüro 1972, 537; *Schneider* JurBüro 1976, 9; *Oe/Wi/He* § 34 Rn. 15.
23 *Oe/Wi/He* § 34 Rn. 15, m. N.
24 Vgl. etwa OLG Hamm, JurBüro 1972, 537; *Oe/Wi/He* § 34 Rn. 15.
25 *Oe/Wi/He* § 34 Rn. 15; *Völker*, JurBüro 2001, 571 = MDR 2001, 1329.

oder für die Anberaumung des neuen Verhandlungstermins **nötig**, also **ursächlich**[26] war. Das ist dann nicht der Fall, wenn und soweit aus anderen Gründen als dem Verhalten des Prozeßbeteiligten eine Vertagung oder Terminsverlegung in derselben Weise nötig wird.[27] Die Amtserforschungspflicht des Finanzgerichts (§ 76 FGO) schließt § 34 GKG nicht aus, ebensowenig § 77 FGO.[28] Haben mehrere Parteien oder Parteivertreter die Verzögerung gemeinsam verursacht, so können sie sich nicht darauf berufen, daß das Verhalten der jeweils anderen die Vertagung nötig gemacht habe. In solchen Fällen können vielmehr sämtliche Teile mit der Verzögerungsgebühr belegt werden.[29] Über die Notwendigkeit entscheidet bei der Vertagung das pflichtgemäße Ermessen des Gerichts,[30] bei der Terminsverlegung das des Vorsitzenden. Die richtige Ausübung des Ermessens ist im Beschwerdeverfahren über die Verhängung der Verzögerungsgebühr überprüfbar. Ist eine mündliche Verhandlung – was der Regelfall sein wird – zweckdienlich, so wird die Vertagung oder die Anberaumung des Termins nicht dadurch unnötig, daß die Parteien mit einer Entscheidung ohne mündliche Verhandlung (§ 128 ZPO) einverstanden sind. Wird der Gegenpartei Schriftsatznachreichung eingeräumt (§ 283 ZPO), oder wird das Ruhen des Verfahrens angeordnet (§ 251a ZPO), erfolgt im ersten Fall keine Verzögerung, im zweiten Fall keine Vertagung, so daß auch keine Verzögerungsgebühr verhängt werden kann.[31] Eine Verzögerungsgebühr ist auch unzulässig, wenn die Vertagung durch einen Antrag nach § 283 ZPO, den das Gericht ggf. anzuregen hat (§ 139 ZPO), vermieden werden könnte.[32] Die Möglichkeit der Zurückweisung nachträglichen Vorbringens (§§ 296, 530, 531, 615 ZPO), deren Voraussetzungen festgestellt sein müssen,[33] schließt die Verzögerungsgebühr aber idR aus, weil dadurch schon die Zurückweisung ausreichend sanktioniert wird. Erledigt sich der Rechtsstreit vor dem neuen Termin, so hat die Vertagung oder die Verlegung des Termins zu keiner Verzögerung geführt.[34] Das gilt auch, wenn der erschienene Prozeßbevollmächtigte keinen zur Entscheidungsreife führenden Antrag gegen den säumigen Prozeßgegner stellt[35] oder wenn in einem Scheidungsverfahren eine Partei nur ungenügende Auskünfte über die zur Regelung des Versorgungsausgleichs erheblichen Vermögensumstände gibt.[36]

Verschulden: Das Verhalten des Prozeßbeteiligten muß nach dem Wortlaut des § 34 verschuldet sein.[37] Es gilt der Verschuldensmaßstab des § 276 BGB, so daß schon die **10**

26 LAG Sachsen-Anhalt, AnwBl. 2001, 444.
27 LG Koblenz, JurBüro 1978, 402 = AnwBl. 1978, 103; OLG Hamm, RPfleger 1989, 303; AnwBl. 1973, 358; OLG Nürnberg, JurBüro 1965, 300; JurBüro 1968, 901.
28 BFH, BStBl. II 1970, 626 = NJW 1970, 2320 (L) = BFHE 99, 182 = JurBüro 1970, 944 (L) = BB 1970, 1335 = Der Betrieb 1970, 205.
29 OLG Düsseldorf, VersR 1977, 726; OLG München, RPfleger 1961, 422 (L).
30 OLG München, NJW-RR 2001, 71.
31 OLG Frankfurt/Main, JurBüro 1962, 367 = MDR 1962, 746.
32 OLG Zweibrücken, JurBüro 1978, 269; OLG Hamm, NJW 1971, 1662 = MDR 1971, 769 (L) = JurBüro 1971, 704; OLG Düsseldorf, AnwBl. 1975, 235.
33 LAG Sachsen-Anhalt, AnwBl. 2001, 444.
34 OLG Celle, JurBüro 1955, 375 = NdsRPfl. 1955, 153; *Oe/Wi/He* § 34 Rn. 15.
35 OLG Hamm, OLGZ 1989, 363.
36 OLG Bamberg, FamRZ 1979, 299; OLG München, FamRZ 1979, 300.
37 OLG Hamm, JurBüro 1977, 1270; RPfleger 1989, 303; OLG Koblenz, VersR 1984, 1175.

Fahrlässigkeit ausreicht. Ein grobes Verschulden[38] oder eine Verschleppungsabsicht[39] soll nach h. M. nicht erforderlich sein. Ein Rechtsirrtum kann idR nicht entschuldigen. Richtiger Ansicht nach darf man den Begriff des Verschuldens aber nicht überspannen. Es muß den Verhältnissen des Lebens, insbesondere der Arbeitsbelastung der Parteien und der Rechtsanwälte ausreichend Rechnung getragen werden (vgl. oben, Rn. 1). Denn die Vorschrift soll vor allem leichtfertige, gewissenlose oder gleichgültige Prozeßbeteiligte treffen.[40] Verschulden iS des § 34 wird nur dann anzunehmen sein, wenn keine Gründe ersichtlich oder glaubhaft gemacht sind, die das Verhalten des Prozeßbeteiligten, das zur Vertagung oder zur Anberaumung eines neuen Termins geführt hat, verständlich und damit auch entschuldbar erscheinen lassen.[41] In diesem Sinne sind Prozeßverschleppungsabsicht und Schlamperei niemals entschuldbar. Ob eine solche vorliegt, ist nach freier Überzeugung des Gerichts zu beurteilen, ohne daß sie „offen zutage treten" muß.[42] Das Bemühen einer Partei nach gründlicher Vorbereitung oder um einen Vergleich ist hingegen immer entschuldbar,[43] sofern rechtzeitig eine Aufhebung des Termins deswegen angezeigt wird.

11 **Einzelfälle:** Verschulden ist möglich bei verspäteter Bestellung eines Anwalts[44] oder bei verspäteter Mitteilung von Schriftsätzen[45] nach richterlicher Fristsetzung (etwa nach §§ 273, 275, 276, 277 ZPO)[46] (und zwar auch dann, wenn der Fristablauf vor dem Tag der Terminsanberaumung lag),[47] bei mangelhafter schriftlicher Vorbereitung im Anwaltsprozeß (§§ 129 ff. ZPO), insbesondere bei Nichtbefolgung von Aufklärungsanordnungen nach §§ 139, 141, 273, 697 ZPO, bei schuldhafter Unterlassung der Zahlung von auferlegten Zeugengebührenvorschüssen,[48] bei Nichterscheinen der Parteien, deren Erscheinen angeordnet war, bei mangelhafter Vorbereitung des mündlichen Vortrages oder bei Geltendmachung neuer Tatsachen im Termin, auf die sich die Gegenpartei nicht sofort erklären kann oder braucht (– sofern nicht vernünftige Gründe für das verspätete Vorbringen sprechen –), bei wahrheitswidrigem Vorbringen (§ 138 ZPO),[49] bei Einbringung eines prozeßverzögernden offensichtlich unbegründeten Ablehnungsantrags,[50] das unentschuldigte „Platzenlassen" eines mit dem Sachverständigen fest vereinbarten Besichtigungstermins.[51]

38 OLG Koblenz, JurBüro 1975, 1358.
39 *Schrader* DRiZ 1974, 291.
40 OLG Hamm, OLGZ 1989, 364; LAG Sachsen-Anhalt, AnwBl. 2001, 444.
41 OLG Celle, JurBüro 1969, 322.
42 Zu enge Anorderungen stellen daher LAG Sachsen-Anhalt, AnwBl. 2001, 444; LAG Bayern, KR § 47 GKG 1957, Nr. 2.
43 OLG Celle, NdsRPfl. 1955, 153; OLG Frankfurt/Main, JurBüro 1960, 82, 302 = MDR 1960, 411.
44 OLG Koblenz, NJW 1975, 395 (L) = MDR 1975, 587 = JurBüro 1975, 212 = VersR 1975, 670; OLG Bamberg, JurBüro 1970, 50; OLG Celle, MDR 1962, 746; OLG Hamm, JurBüro 1962, 684.
45 OLG Koblenz, NJW 1975, 395; OLG Köln, JurBüro 1975, 797.
46 OLG Koblenz, JurBüro 1975, 1356 m. Anm. v. *Mümmler* = MDR 1975, 943; OLG Celle, NdsRPfl. 1976, 136.
47 *Büttner* NJW 1975, 1349; a. M. OLG München, NJW 1975, 495 m. N.
48 OLG Düsseldorf, VersR 1977, 726.
49 *Schrader* DRiZ 1974, 291.
50 OLG Düsseldorf, MDR 1984, 1175.
51 LG Flensburg, JurBüro 1996, 44.

Kein Verschulden (Unanwendbarkeit des § 34 GKG) etwa in folgenden Fällen: Das Gericht hatte für die Beibringung von Behördenakten keine oder keine angemessene Frist gesetzt,[52] der verspätete Schriftsatz war wegen wesentlicher Hinderungsgründe (Krankheit, unvermeidbare Überbelastung) nicht rechtzeitig eingebracht, unnötige Mehrarbeit des Gerichts wird ohne Verschleppungsabsicht verursacht,[53] die Partei nutzt eine gesetzliche oder ihr gegebene Frist voll aus und Vertagung wird notwendig, weil zwischen Einlassungsfrist und Termin kein genügender Zeitraum liegt,[54] ein rechtzeitig eingereichter Schriftsatz macht wegen seines großen Umfangs eine Terminsverlegung erforderlich, Unterlassung einer vom Gericht angeordneten Auskunft, wenn eine Auskunftspflicht nicht gegenüber dem Gericht besteht (z. B. Versorgungsausgleich),[55] eine zum Termin erschienene Partei beantragt statt Versäumnisurteil Vertagung, der Vertreter der erschienenen Partei beantragt gegen die nichterschienene Partei kein Versäumnisurteil.[56] 12

Ein übereinstimmender Vertagungsantrag oder das Einverständnis des Gegners mit einer Vertagung schließt eine Gebühr nach § 34 nicht grundsätzlich aus, weil die Parteien eine derartige Vereinbarung nicht wirksam treffen können.[57] Indessen sollte man in solchen Fällen mit der Auferlegung einer Verzögerungsgebühr zurückhaltend verfahren. So kommt eine Verzögerungsgebühr jedenfalls dann nicht in Betracht, wenn der übereinstimmende Vertagungsantrag wegen schwebender außergerichtlicher Vergleichbemühungen gestellt wird, auch wenn diese später scheitern. 13

Das Verschulden des Vertreters einer Partei oder eines Beteiligten wird im Rahmen des § 34 dem Vertretenen zugerechnet. 14

Ausnahme. Nach **§ 355 ZPO** ist der Antrag auf Erlaß eines Versäumnisurteils oder einer Entscheidung nach Aktenlage zurückzuweisen: Wenn die erschienene Partei die vom Gericht wegen eines von Amts wegen zu berücksichtigenden Umstandes erforderliche Nachweisung nicht zu beschaffen vermag (Abs. 1 Nr. 1), wenn die nicht erschienene Partei nicht ordnungsgemäß, insbesondere nicht rechtzeitig geladen war (Abs. 1 Nr. 2); wenn der nicht erschienenen Partei ein tatsächliches mündliches Vorbringen oder ein Antrag nicht rechtzeitig mittels Schriftsatzes mitgeteilt war (Abs. 1 Nr. 3) oder dem Beklagten im schriftlichen Vorverfahren nach § 276 ZPO notwendige Mitteilungen und Belehrungen nicht erteilt worden waren (Abs. 1 Nr. 4). In solchen Fällen ist eine Verzögerungsgebühr in den Fällen des § 34 Abs. 1 S 1, 1. Alternative ausdrücklich ausgeschlossen. 15

Verzögerung des Rechtsstreits durch nachträgliches Vorbringen von Angriffs-, oder Verteidigungsmitteln, Beweismitteln oder Beweiseinreden, Abs. 1 S 1, 2. Alternative: Das nachträgliche Vorbringen ist nach den gleichen Maßstäben wie bei §§ 282, 286 ZPO zu beurteilen, d. h., die Angriffsmittel etc. hätten schon in einem früheren Termin vorgebracht werden können.[58] Nicht zu den Angriffs- oder Verteidigungsmitteln 16

52 VGH Kassel, NVwZ 1997, 669.
53 OLG Hamm, NJW 1968, 2386 = JurBüro 1968, 904.
54 OLG Hamm, JurBüro 1968, 901.
55 OLG Bamberg, JurBüro 1979, 1682; FamRZ 1979, 299 m. Anm. v. *Paul* FamRZ 1979, 835.
56 OLG Hamm, OLGZ 1989, 363.
57 *Hartmann* § 34 Rn. 13; *Völker* JurBüro 2001, 571 = MDR 2001, 1329.
58 OLG Köln, OLGZ 1973, 367; *Schrader* DRiZ 1974, 291; *Hartmann* § 34 Rn. 16.

zählen die Klage und die Widerklage[59] oder gar Rechtsmittel, da sie den Angriff selbst darstellen, also schon begrifflich keine Angriffs*mittel* sind, auch nicht reine Rechtsausführungen. Die Beweismittel und Beweiseinreden gehören zu den Angriffs- und Verteidigungsmitteln. Beweismittel sind die in der ZPO zum Zwecke des Beweises vorgesehenen Hilfsmittel (§§ 371–455 ZPO), also Augenschein, Zeugen, Sachverständige, Urkunden, Behördenakten[60] und Parteivernehmung. Die Beweiseinreden richten sich gegen das Beweismittel, z. B. die Behauptung, das Beweismittel sei ungeeignet oder unzulässig.[61]

17 **Nachträgliches Vorbringen** ist ein außerhalb der in der ZPO für das Vorbringen gegebenen Fristen einschließlich der Möglichkeit, daß das Gericht für einen rechtzeitigen Vortrag der Parteien hätte Sorge tragen können.[62] Voraussetzung ist, daß die Partei oder der Beteiligte die Angriffsmittel etc. hätte früher vorbringen können. Die Partei muß bei pflichtgemäßem Verhalten zur früheren Geltendmachung objektiv und subjektiv in der Lage gewesen sein. Sie darf mit den Mitteln nicht aus taktischen Gründen zurückgehalten haben, etwa um den Gegner zu überrumpeln. Andererseits hat aber die Partei das Recht, über die ihr gegebenen prozessualen Möglichkeiten zu verfügen. Es muß also kein vernünftiger Grund dafür vorgelegen haben, daß die Partei oder der Beteiligte die frühere Geltendmachung zurückgehalten hat, wenn eine Verzögerungsgebühr verhängt werden soll. Auch die erst nachträgliche, nicht rechtzeitige Ermittlung von Angriffs- oder Verteidigungsmitteln kann idS schuldhaft sein, so etwa, wenn sich im Beweisaufnahmetermin bei der Vernehmung eines Zeugen herausstellt, daß es der falsche Sachbearbeiter war und die Partei dann den richtigen Sachbearbeiter nennt. Wenn sich aber erst im Laufe des Rechtsstreits zeigt, welche Beweismittel überhaupt benötigt werden, liegt selbstverständlich kein Verschulden vor.

18 Das verspätete Vorbringen allein muß tatsächlich zu einer Verzögerung des Rechtsstreits geführt haben, es muß also dafür **allein ursächlich** sein.[63] Das ist regelmäßig nicht der Fall, wenn das verspätete Vorbringen nach §§ 296, 530, 531, 615 ZPO zurückgewiesen wird oder eine Vertagung durch Schriftsatznachlaß vermieden werden kann[64] oder auch das verspätete Vorbringen der Rechtsstreit nicht rascher zu Ende geführt worden wäre, wohl aber, wenn eine weitere mündliche Verhandlung oder eine neue Beweisaufnahme erforderlich wird, die schon früher gemeinsam mit einer anderen hätte erfolgen können.[65] Ist das Procedere des Gerichts für eine Verzögerung mitursächlich, etwa weil es nicht alle Möglichkeiten zur Verhinderung einer Verzögerung ausgeschöpft hat, kann eine Anwendung des § 34 ausgeschlossen sein.[66] In gleicher Weise liegt auch schon keine Verzögerung idS vor, wenn eine Partei die „Flucht in die Säumnis" ergreift und gegen

59 OLG Hamm, JurBüro 1967, 55.
60 Zweifelnd VGH Kassel, NVwZ 1997, 669.
61 BGH, MDR 1958, 501 = ZZP 72, 213.
62 BGH, NJW 1975, 1745.
63 OLG München, NJW-RR 2001, 71. Dazu auch *Schmidt* MDR 2001, 308, 311.
64 OLG Düsseldorf, NJW-RR 1995, 638 = MDR 1995, 752.
65 Vgl. dazu auch bei *Hartmann* § 34 Rn. 17 m. w. N.
66 Vgl. dazu etwa OLG Düsseldorf, NJW-RR 1995, 638; AnwBl. 1975, 235; OLG Hamm, NJW 1975, 2026; OLG Zweibrücken, JurBüro 1978, 270; *Hartmann* § 34 Rn. 17.

das Versäumnisurteil normgerecht Einspruch einlegt.[67] Denn in solchen Fällen nimmt die Partei nur ihr gesetzlich gegebene Möglichkeiten wahr, mögen diese auch vom Gesetzgeber so nicht bedacht gewesen sein.

Besondere Gebühr: Die Gebühr nach § 34 GKG tritt **neben** die sonst im Rechtsstreit erwachsenden Gebühren, insbesondere schließt die Möglichkeit einer Kostenentscheidung etwa nach 95 ZPO, 192 SGG die Verhängung einer Verzögerungsgebühr nicht aus[68]. Sie kann in derselben Instanz gegen dieselbe Partei auch mehrmals verhängt werden. § 21 Abs. 3 GKG gilt für § 34 nicht. Besteht eine Partei aus mehreren Streitgenossen, so kann die Gebühr nach § 34 wegen derselben Verzögerung gegen jeden oder gegen einzelne Streitgenossen verhängt werden.[69] Vom Ausgang des Verfahrens wird die Gebühr des § 34 nicht berührt. Eine Androhung oder Auferlegung der Gebühr ist kein Grund zur Richterablehnung.[70] 19

Als Verzögerungsgebühr ist idR (Normalfall[71]) eine volle Gebühr nach der Tabelle Anl. § 11 GKG aufzuerlegen[72] (vgl. KV Nrn. 1659, 2320, 3310, 4320; GV ArbGG Nr. 9400). Wenn die Verzögerungsgebühr erstinstanzlichen Zivilrechtssachen verhängt wird, ist wohl ebenfalls nur von einer 1/1-Gebühr und nicht von der 3/1-Pauschalgebühr auszugehen.[73] Das Gericht kann aber nach pflichtgemäßem Ermessen die Gebühr bis auf eine Viertelgebühr ermäßigen, wobei es dem Gericht freisteht, die Ermäßigung in Bruchteilen der vollen Gebühr oder in festen Beträgen zu verhängen. Bemessungsgrundlagen können sein: Die Schwere des Verschuldens, seine Auswirkung, der Streitwert als Grundlage der Gebühr in Relation zu den Vermögensverhältnissen des Gebührenschuldners. Eine Ermäßigung sollte aber die Ausnahme bleiben. Wenn die Verzögerungsgebühr im Berufungs- oder Revisionsrechtszug auferlegt wird, ist ebenfalls von der vollen Gebühr auszugehen, eine automatische Erhöhung findet nicht statt. 20

Gebührenschuldner ist nur der Prozeßbeteiligte, dem die Gebühr auferlegt ist, nicht sein Vertreter, wenn dieser sich schuldhaft verhalten hat. Insoweit ist der Abs. 1 S 3 wenig glücklich gefaßt. Er ist so zu verstehen, daß außer dem Kläger und dem Beklagten auch den im S 3 genannten Beteiligten die Verzögerungsgebühr auferlegt werden kann und daß auch diesen Beteiligten ein Verschulden ihrer Vertreter zuzurechnen ist.[74] Er ist jedenfalls nicht so zu verstehen, daß über den S 3 auch die Vertreter der Prozeßbeteiligten mit der Verzögerungsgebühr belastet werden können. Denn das stünde im Widerspruch zu S 1, wo expressis verbis als Gebührenschuldner nur der Kläger und der Beklagte genannt sind. Es spricht auch nichts dafür, daß über S 3 wieder die Möglichkeit geschaffen werden sollte, 21

67 LAG Hamm, NZA-RR 2001, 383.
68 H. M. Vgl. *Oe/Wi/He* § 34, Rn. 4; *Hartmann* § 34, Rn. 4; *Völker* JurBüro 2001, 569 = MDR 2001, 1327/28.
69 OLG Nürnberg, JurBüro 1965, 300.
70 BFH, BStBl. II 1977, 350 = JurBüro 1977, 936.
71 OLG München, NJW-RR 2001, 71, 72.
72 Vgl. LG Koblenz, AnwBl. 1978, 103; *Hartmann* § 34 Rn. 26; a. M. *Schneider* JurBüro 1976, 5, 17.
73 Vgl. auch *Oe/Wi/He* § 34 Rn. 19.
74 *Oe/Wi/He* § 34 Rn. 8; *Völker*, JurBüro 2001, 572 = MDR 2001, 1330. A. M. E. *Schneider* JurBüro 1976, 5, 8.

die Vertreter der Prozeßbeteiligten zu bestrafen.[75] Nebenintervenienten und Beigeladene schulden persönlich die ihnen auferlegte Verzögerungsgebühr. Keine Mithaftung des Klägers oder Beklagten, wenn ihnen keine Verzögerungsgebühr auferlegt ist. Der Vertreter des Bundesinteresses beim Bundesverwaltungsgericht und der Vertreter des öffentlichen Interesses sowie ihre Vertreter haften nicht persönlich für die ihnen auferlegte Verzögerungsgebühr. Kostenschuldner ist hier der Fiskus, dem die Möglichkeit einer dienstaufsichtsrechtlichen Würdigung und eines Rückgriffs offensteht. Schuldner der Gebühr ist auch nicht der in die Prozeßkosten verurteilte Gegner, § 54 Nr. 1 GKG, wohl aber ein Übernahmeschuldner, wenn er diese Gebührenschuld ausdrücklich übernommen hat, § 54 Nr. 2 GKG. Die allgemeine Erklärung, daß er die Kosten des Verfahrens übernehme, reicht nicht. Gegen Streitgenossen kann die Gebühr einheitlich, und zwar gegen jeden einzelnen in voller Höhe verhängt werden, wenn sie am Rechtsstreit in gleicher Weise beteiligt sind und sie ein gleich großes Verschulden trifft. Andernfalls ist nach ihrer Beteiligung am Streitgegenstand und dem Maß ihres Verschuldens zu unterscheiden.[76]

22 **Fälligkeit** in bürgerlichen Rechtsstreitigkeiten gem. § 61 GKG, in Verwaltungsgerichts- und Finanzgerichtssachen gem. § 63 Abs. 1 GKG mit Erlaß des Beschlusses, auch bei der armen Partei und deren Gegner. Fälligkeit im Arbeitsgerichtsverfahren nach Beendigung des Verfahrens oder nach sechsmonatigem Stillstands, § 12 Abs. 4 S 1 ArbGG.

23 **Streitwert** ist der Wert des Streitgegenstandes zur Zeit der Verzögerungshandlung oder -unterlassung und nicht der zum Zeitpunkt des Erlasses des Beschlusses.[77] Denn wie bei jeder Strafmaßnahme kommt es auf die Umstände zur Zeit der „Tat" an. Veranlaßt die Partei die Verzögerung des Verfahrens nur bzgl eines Teils des Streitgegenstandes, so kann das bei der Bestimmung der Höhe der Gebühr und der Festsetzung ihres Streitwertes berücksichtigt werden.

24 **Zuständig** für die Verhängung der Verzögerungsgebühr ist das Gericht, also die Kammer, der Senat, der Einzelrichter, das mit der Sache zur Zeit der Verzögerung befaßt ist, nicht aber der beauftragte oder ersuchte Richter und schon gar nicht der Urkundsbeamte der Geschäftsstelle.

25 Die Entscheidung ergeht **von Amts wegen**. Anträge der Beteiligten können nur als Anregung behandelt werden, so daß ein Antrag auch nicht zu verbescheiden ist. Ob das Gericht eine Verzögerungsgebühr verhängen will oder nicht, steht in seinem **Ermessen**.[78]

26 Dem betroffenen Beteiligten ist in jedem Fall **rechtliches Gehör** zu gewähren.[79] Er muß angemessene Zeit zur Rechtfertigung haben und darf insbesondere nicht überrumpelt werden. Beweisaufnahme über das Entschuldigungsvorbringen ist möglich.[80] U. U. muß das Gericht zur Verschuldensfrage von Amts wegen Ermittlungen anstellen.[81]

75 *Oe/Wi/He* § 34 Rn. 8.
76 OLG Nürnberg, JurBüro 1965, 300.
77 So aber *Hartmann* § 34 Rn. 27.
78 OLG Düsseldorf, AnwBl. 1975, 235.
79 BFH, NJW 1970, 112; OLG Hamm, MDR 1978, 150 = JurBüro 1978, 271, m. N.
80 *Hartmann* § 34 Rn. 21.
81 OLG Stuttgart, NJW 1970, 1611; *Hartmann* § 34 Rn. 21.

27 Die Entscheidung ergeht durch zu begründenden[82] **Beschluß** bei freigestellter mündlicher Verhandlung, der noch bis zur Verkündung des die Instanz beendenden Urteils oder Erlaß einer anderen Entscheidung, in der die Gebühr verhängt wird, möglich ist.[83] Der Beschluß ist als Vollstreckungstitel dann, wenn er nicht verkündet wird, von Amts wegen zuzustellen,[84] § 329 Abs. 3 ZPO. Die Entscheidung ergeht gebührenfrei. Die Verhängung einer Verzögerungsgebühr durch Urteil statt durch (gesonderten) Beschluß ist nicht grundsätzlich unzulässig.[85] Die (versehentlich) in Urteilsform gefaßte Verzögerungsgebührauferlegung ist dann aber nach § 34 Abs. 2 S 1 GKG unabhängig von anderen gegen das Urteil möglichen Rechtsbehelfen anfechtbar.[86] Denn die Beschwerde richtet sich dann allein gegen den Grund und die Höhe der Verzögerungsgebühr und kann schon deshalb keine Umgehung des § 99 Abs. 1 ZPO (Unzulässigkeit einer isolierten Kostenentscheidung) sein.[87]

28 Gegen den Beschluß ist die **Erinnerung** (§ 573 ZPO, früher: einfache Beschwerde) möglich, Abs. 2. Der Gesetzgeber hat im Zuge der ZPO-Reform 2001 die Terminologie der ZPO (noch) nicht übernommen.

29 **Erinnerungs(Beschwerde)berechtigt** ist die mit der Verzögerungsgebühr belegte Partei bzw. der Beteiligte, niemals die aber die Gegenpartei oder der Vertreter einer Partei, dessen Verschulden die Partei sich nach § 34 zurechnen lassen mußte.[88] Die Gegenpartei mag zwar durch die eingetretene Verzögerung als solche beschwert sein, niemals aber durch eine Unterlassung der Sanktion nach § 34. Auch der Staatskasse kommt kein Erinnerungsrecht wegen der Nichtverhängung oder einer zu niedrigen Festsetzung der Verzögerungsgebühr zu. Sie ist aber zu hören, wenn das festsetzende Gericht im Abhilfeverfahren oder wenn das Erinnerungsgericht einen nach § 34 ergangenen Beschluß aufheben oder herabsetzen will. Die Verweigerung des rechtlichen Gehörs in diesen Fällen gibt der Staatskasse ein Recht zur Gegenvorstellung oder zur Erinnerung.

30 **Zulässigkeit:** Der **Wert der Erinnerung** muß mindestens 50 € betragen, Abs. 2 S 1. Gegen Beschlüsse des OLG oder eines anderen letztinstanzlichen Gerichts ist ebenfalls keine Erinnerung statthaft, Abs. 2 S 2 i.V.m. § 5 Abs. 2. Das gilt auch für unanfechtbare Beschlüsse des Erstgerichts.[89]

31 Für die schriftlich oder durch Erklärung zu Protokoll der Geschäftsstelle einzureichende und keinem Anwaltszwang unterliegende (Abs. 2 i.V.m. § 5, Abs. 5) Erinnerung besteht **keine Frist.** Das die Verzögerungsgebühr verhängende Gericht kann der Erinnerung ganz oder teilweise abhelfen oder analog § 153 StPO wegen geringfügigen Verschuldens das Verfahren einstellen. Gleichermaßen kann auch das Erinnerungsgericht verfahren. Nach 1659 ist dann die reduzierte, im Fall der Einstellung analog § 153 StPO keine Gebühr

82 OLG Stuttgart, NJW 1970, 1611.
83 LAG Düsseldorf, MDR 1996, 1196.
84 OLG Düsseldorf, OLGZ 1965, 191; *Hartmann* § 34 Rn. 22.
85 OLG Celle, MDR 2001, 350; a. M. *Schmidt* MDR 2001, 308 ff.
86 OLG Celle, MDR 2001, 350.
87 Insoweit unzutr *Schmidt* MDR 2001, 308, 310.
88 *Oe/Wi/He* § 34 Rn. 27.
89 OLG Neustadt, MDR 1958, 702.

anzusetzen. Das Erinnerungsgericht hat auch zu prüfen, ob das Gericht bei der Vertagung oder bei der neuen Terminsanberaumung im Rahmen seines pflichtgemäßen Ermessens gehandelt hat. Hat das Vordergericht gegen den Grundsatz der Gewährung rechtlichen Gehörs verstoßen, ist Heilung ohne Zurückverweisung möglich.[90]

32 **Gebühren**: Das Erinnerungsverfahren ist gebührenfrei, Kosten werden nicht erstattet (Abs. 2 S 2 i. V. m. § 5 Abs. 6). Auslagen werden nach allgemeinen Grundsätzen berechnet.

DRITTER ABSCHNITT Insolvenzverfahren, schiffahrtsrechtliches Verteilungsverfahren

Vorbemerkungen

1 Der mit dem Inkrafttreten der Insolvenzreform völlig neu gefaßte dritte Abschnitt (§§ 35–39 GKG) regelt die Gebühren im Insolvenzverfahren und im schiffahrtsrechlichen Verteilungsverfahren. Dabei sind die bisher für das Vergleichs-, Konkurs- und Gesamtvollstreckungsverfahren geltenden Regelungen im wesentlichen auf das Insolvenzverfahren übertragen worden. Die Gebührenhöhe bemißt sich idR nach dem Wert des nach §§ 35–39 zu berechnenden Streitgegenstandes. § 35 erklärt einzelne Vorschriften des 2. Abschnitts und § 3 ZPO für entsprechend anwendbar und bestimmt damit die Berechnung der Gebühren nach dem Wert des Gegenstandes und die Wertfestsetzung. Für die Gebühren im Insolvenzverfahren (KV Nrn. 5110 ff.) bestimmt § 37 die Werte, während § 38 die Wertmaßstäbe für Beschwerden im Insolvenzverfahren (KV Nrn. 5130 ff.) beschreibt. § 39 bestimmt die Gebührenwerte für das schiffahrtsrechtliche Verteilungsverfahren nach der SeeVertO.

2 Für Verfahren, die noch vor dem Inkrafttreten der Insolvenzreform, also bis zum 31. 12. 1998 beantragt worden sind, gilt das alte Recht weiter (§ 73 Abs. 3). Da für diese Verfahren regelmäßig mit einer längeren Dauer bis zum Abschluß gerechnet werden muß und die Gebühren mit der Antragstellung fällig werden, wird wegen des noch anzuwendenden alten Rechts auf die Erläuterungen in der Vorauflage verwiesen.

3 Mit der Überarbeitung der InsO durch Gesetz vom 26. 10. 2001 (BGBl. I, 2710) können Gerichtskosten für alle Personen, die eine Restschuldbefreiung erlangen können, gestundet werden (§§ 4a – 4d InsO). Die Regelung ist weitestgehend an die Bestimmungen über die Prozeßkostenhilfe nach §§ 114 ff. ZPO angelehnt.

4 Nach §§ 14, 17 Abs. 2 S 8 des Ausführungsgesetzes zum deutsch-österreichischem Konkursantrag v. 8. 3. 1985 (BGBl. I, 535) gelten für diesen Bereich besondere Kostenbestimmungen.

90 OLG Hamm, MDR 1978, 150; *Hartmann* § 34 Rn. 29.

§ 35
Entsprechend anzuwendende Vorschriften

Für die Gebühren im Insolvenzverfahren und im schiffahrtsrechtlichen Verteilungsverfahren gelten die §§ 22, 23, 25, 26 dieses Gesetzes und § 3 der Zivilprozeßordnung entsprechend.

Die Bestimmung regelt für sämtliche Insolvenzverfahren nach der InsO und für das schiffahrtsrechtliche Verteilungsverfahren die den Gebühren zugrundezulegenden Wertvorschriften. Einzelne Bestimmungen des zweiten Abschnitts über die Gebühren in bürgerlichen Rechtsstreitigkeiten und § 3 ZPO sind anwendbar. Die Aufzählung ist abschließend. Die nicht ausdrücklich erwähnten Vorschriften des 2. Abschnitts sind nicht – auch nicht sinngemäß – anwendbar. Besondere Wertvorschriften enthalten die §§ 37, 38, 39 GKG. Die allgemeinen Vorschriften des Abs. 1 gelten uneingeschränkt. 1

Einzelnes: Entsprechend anzuwenden sind die folgenden Bestimmungen: 2

- *§ 22 GKG*, wonach Nebenforderungen bei der Streitwertfestsetzung unberücksichtigt bleiben;
- *§ 23 GKG*, wonach bei jedem Antrag der Streitwert vom Antragsteller anzugeben ist, sofern er nicht aus einer Geldsumme besteht oder sich aus früheren Angaben ergibt;
- *§ 25 GKG* betreffend das Wertfestsetzungsverfahren für die Gerichtsgebühren. Es erfolgt auf Antrag einer Partei, auf Antrag der Staatskasse oder von Amts wegen. Bis dahin hat der Urkundsbeamte der Geschäftsstelle den Wert entsprechend den Wertvorschriften zugrunde zu legen. Eine Änderung des Wertansatzes durch das Gericht ist möglich. Gegen die Wertfestsetzung findet die Beschwerde nach § 25 Abs. 2 GKG statt;
- *§ 26 GKG* über die Kosten der Abschätzung des Wertes durch Sachverständige. Welche Werte im einzelnen zugrunde zu legen sind, ergibt sich aus den §§ 37 bis 39. Der für die Wertberechnung maßgebende Zeitpunkt folgt aus §§ 37 Abs. 1.
- *§ 3 ZPO*, wonach die Wertfestsetzung grundsätzlich nach freiem Ermessen des Gerichts stattfindet. Beweisaufnahme, Augenschein und Begutachtung durch Sachverständige sind aber möglich. Da für die Berechnung der Masse die Zeit der Beendigung des Verfahrens maßgebend ist (§ 37 Abs. 1), ist der Wert der Masse bis zur Beendigung des Verfahrens zu schätzen. § 15 GKG ist nicht anwendbar. § 3 ZPO hat Bedeutung für den Beschwerdewert im schiffahrtsrechtlichen Verteilungsverfahren.

Unanwendbar sind die im § 35 nicht genannten Bestimmungen des zweiten Abschnitts, insbesondere § 12 Abs. 1. Daraus folgt, daß auch die §§ 4–9 ZPO, § 182 InsO nicht anwendbar sind. Für Früchte, Nutzungen, Zinsen gilt § 22. Andere Nebenforderungen sind bei der Wertberechnung mit zu berücksichtigen, soweit sie bis zur Eröffnung des Verfahrens oder Abweisung des Eröffnungsantrags erwachsen sind. Für die Berechnung des Betrages der Forderung eines Gläubigers, der den Antrag auf Eröffnung des Insolvenzverfahrens gestellt hat (§ 37 Abs. 2 GKG), ist nicht das Verhältnis der Teilungs- zur Schuldenmasse, sondern der volle Betrag der Forderung oder der geringere Wert der 3

Masse maßgebend. Wird ein Insolvenzverfahren gegen mehrere Schuldner durchgeführt, sind für die verbundenen Verfahren die Werte und die Gebühren besonders zu berechnen.[1]

4 **Gebührenfreiheit:** Insoweit gelten die allgemeinen Bestimmungen, vgl. § 2. Nach §§ 4a – 4d InsO können die Gebühren gestundet werden.

5 Wegen der **Kostenschuldner** in Insolvenzverfahren, insbesondere hinsichtlich der Auslagen, vgl. §§ 50, 51.

§ 36 (aufgehoben)

§ 37
Wertberechnung

(1) **Die Gebühren für den Antrag auf Eröffnung des Insolvenzverfahrens und für die Durchführung des Insolvenzverfahrens werden nach dem Wert der Insolvenzmasse zur Zeit der Beendigung des Verfahrens erhoben. Gegenstände, die zur abgesonderten Befriedigung dienen, werden nur in Höhe des für diese nicht erforderlichen Betrages angesetzt.**

(2) **Ist der Antrag auf Eröffnung des Insolvenzverfahrens von einem Gläubiger gestellt, so wird die Gebühr für das Verfahren über den Antrag nach dem Betrag seiner Forderung, wenn jedoch die Insolvenzmasse geringer ist, nach diesem Wert erhoben.**

1 **Allgemeines:** Die Vorschrift gilt nur für die Berechnung der Gebühren sowohl für das **Insolvenzeröffnungsverfahren** (KV Nrn. 5110, 5111) als auch für das **Insolvenzdurchführungsverfahren** (KV Nrn. 5212 ff.). Wer Kostenschuldner ist, bestimmt § 50.

2 **Wertberechnung für die Gebühren des Abs. 1:** Maßgebend für die Gebühren des Eröffnungs- und des Durchführungsverfahrens ist grundsätzlich der Wert der Insolvenzmasse zur Zeit der **Beendigung** des Verfahrens. Für die **Gebühr des Gläubigers** als Antragsteller ist maßgebend der Betrag seiner Forderung oder der Betrag der Insolvenzmasse, wenn er geringer ist als der der Forderung. Wird in einem Beschluß das Insolvenzverfahren über das Vermögen mehrerer Schuldner eröffnet, handelt es sich verfahrensrechtlich und damit auch gebührenrechtlich um eine entsprechende Anzahl mehrerer getrennter Insolvenzen. Die Werte dieser Insolvenzen sind jeweils getrennt nach der den einzelnen Schuldnern betreffenden Insolvenzmassen zu berechnen. Hat ein Gläubiger den Insolvenzantrag gestellt und ist für die Gebührenberechnung im Eröffnungsverfahren seine Forderung maßgebend (Abs. 2), ist die Eröffnungsgebühr nach dem Betrag dieser Forderung in jedem der mehreren Insolvenzverfahren zu erheben.[1] Für bestimmte Hand-

1 OLG Oldenburg, RPfleger 1953, 533.

1 OLG Oldenburg, RPfleger 1953, 533.

lungen, nämlich für den besonderen Prüfungstermin nach § 177 InsO und für Entscheidungen über Anträge im Restschuldbefreiungsverfahren (§§ 296, 297, 300, 303 InsO) sind Festgebühren vorgesehen (KV Nrn. 5118, 5119).

3 **Insolvenzmasse:** Eine Legaldefinition der Insolvenzmasse enthält der durch §§ 36, 37 InsO konkretisierte § 35 InsO. Es ist das gesamte dem Schuldner gehörende Vermögen, auch wenn es der Zwangsvollstreckung nicht unterläge, zuzüglich des von ihm während des Verfahrens erlangten Vermögens (§ 35 InsO) einschließlich der Früchte, Nutzungen, Zinsen.[2] § 22 GKG ist unanwendbar, weil es sich bei der Aktivmasse nicht um einen Hauptanspruch iS von § 22 Abs. 1 GKG handelt. Anders verhält es sich im Fall des Abs. 2. Führt der Insolvenzverwalter ein Geschäft des Schuldners weiter, ist dieses Geschäft nach seinem Wert zu berücksichtigen, der sich aus Aktiven und Passiven und dem Façonwert ergibt, und der zu schätzen ist.[3] Gegenstände, die der abgesonderten Befriedigung dienen, sind nur mit dem Betrag anzusetzen, der nach der abgesonderten Befriedigung verbleibt (§§ 49–52 InsO). Der zur Tilgung der **Massekosten und Masseschulden** benötigte Teil der Insolvenzmasse ist nicht abzuziehen. **Nicht zur Insolvenzmasse** gehören die Gegenstände, die dem Gemeinschuldner nicht gehören und deshalb auszusondern sind. Die vom Insolvenzverwalter freigegebenen Gegenstände (etwa wegen Nichtverwertbarkeit) zählen ebenfalls nicht zur Aktivmasse.

4 **Abgesonderte Befriedigung** (Abs. 1 S 2): Das Absonderungsrecht ist die Befugnis, aus einzelnen Gegenständen, die zur Masse gehören, für eine Forderung Befriedigung zu suchen, z. B. ein Pfandrecht. Gegenstände, die einer abgesonderten Befriedigung dienen, werden nur mit dem Betrag zur Aktivmasse gerechnet, der nach abgesonderter Befriedigung übrigbleibt.[4]

5 **Maßgeblicher Zeitpunkt:** Zwar werden die Gebühren bereits mit der Antragstellung bzw. dem Beginn des Durchführungsverfahrens fällig, § 61 GKG. Der maßgebliche Zeitpunkt für die Berechnung der Insolvenzmasse ist aber die Zeit der **Beendigung des Verfahrens** (Abs. 1 S 1). Der Wert der Insolvenzmasse ist daher für die vorläufige bei Fälligkeit erforderliche Gebührenberechnung zu schätzen. Das Ergebnis ist dann gemäß dem sich bei der Beendigung des Verfahrens ergebenden Wert zu berichtigen. Als Grundlage für die Schätzung kann das vom Insolvenzverwalter zu errichtende Verzeichnis dienen. Wird das Insolvenzverfahren nicht bis zum Abschluß durchgeführt, so ergibt sich als Wert der Insolvenzmasse der aus ihrer Verwertung erzielte Erlös.

6 Wird der Antrag auf Eröffnung des Verfahrens zurückgenommen oder abgewiesen oder das Verfahren eingestellt, ist bei Verfahren auf Antrag eines Gläubigers dessen Forderung oder der geringere Betrag der Insolvenzmasse maßgebend, bei Verfahren auf Antrag des Schuldners die Insolvenzmasse, welche, soweit notwendig, zu schätzen ist.[5] Die §§ 4–9 ZPO sind unanwendbar. Ist überhaupt keine Insolvenzmasse vorhanden, ist die Mindestgebühr nach KV Nr. 5211 zu erheben,[6] also 12,50 € (§ 11 Abs. 2 S 2).

2 *Oe/Wi/He* § 37 Rn. 4.
3 *Lappe* § 37 Rn. 5; **a. M.** (der nach Abzug der Geschäftsausgaben verbleibende Einnahmeüberschuß) LG Hof, RPfleger 1966, 85; *Hartmann* § 37 Rn. 4.
4 Vgl. *Braun/Riggert/Kind* S. 62.
5 *Hartmann* § 37 Rn. 4; *Meyer-Stolte* RPfleger 1986, 110, m. N.

7 **Schuldenmasse** ist die Summe der im Insolvenzverfahren festgestellten und – soweit Feststellung fehlt – der angemeldeten bis zur Beendigung des Verfahrens nicht zurückgenommenen Forderungen einschließlich der bis zur Insolvenzeröffnung als Nebenforderung erwachsenen Vertragsstrafen, nicht aber der Früchte, Nutzungen, Zinsen und Kosten.[7] Denn man darf nicht die Forderung eines Gläubigers für die Berechnung der Schuldenmasse und für den Fall des § 37 Abs. 4 unterschiedlich berechnen. Das stünde im Widerspruch zu § 35 GKG, der die Anwendung des § 22 GKG schlechthin gebietet. Gleichgültig ist die Qualität der Forderungen handelt. Maßgebend sind die Nennbeträge der Forderungen, nicht ihre Werte. Betagte Forderungen gelten als fällig. **Maßgebender Zeitpunkt** ist für die Berechnung der Schuldenmasse die Beendigung des Verfahrens (Abs. 1 S 1).

8 **Betrag der Forderungen eines Gläubigers,** Abs. 2. Maßgebend ist zunächst der angemeldete, nicht der dem Gläubiger tatsächlich zustehende Betrag der Forderung.[8] Denn es kann dem Gläubiger nicht verwehrt werden, sich im Interesse der Kostenersparnis an dem Insolvenzverfahren nur mit einer Teilforderung zu beteiligen. Meldet der Gläubiger dann aber zur Insolvenztabelle einen höheren Betrag an, ist dieser höhere Betrag der Betrag seiner Forderung iS von Abs. 2.[9] Hinzuzurechnen sind die bis zur Antragszurücknahme oder bis zur rechtskräftigen Abweisung des Antrags auf Eröffnung des Insolvenzverfahrens oder bis zur Eröffnung des Verfahrens als Nebenforderung erwachsenen Vertragsstrafen, nicht aber Früchte, Zinsen, Nutzungen und Kosten.[10] Unmaßgeblich ist, welchen Wert die Forderung tatsächlich hat, inwieweit sie im Verfahren zum Zuge kommt oder ob sie bestritten wird.

9 **Maßgebender Zeitpunkt** ist der Wert der Forderung bei ihrer Anmeldung. Hat er zunächst nur einen Teil der Forderung angegeben, gilt nur dieser, der dann mit später nachgeschobenen Teilen addiert wird. Ist der Wert der Insolvenzmasse geringer als der Betrag der Forderung, ist der Wert der Insolvenzmasse maßgebend. Die Mindestgebühr beträgt jedoch 100,00 € (KV Nr. 5111), um die Hemmschwelle zur Auslösung des so bedeutsamen und langwierigen Insolvenzverfahrens spürbarer werden zu lassen.

§ 38
Beschwerden

Bei der Beschwerde des Schuldners gegen den Beschluß über die Eröffnung des Insolvenzverfahrens oder gegen die Abweisung des Eröffnungsantrages mangels

6 *Hartmann* § 37 Rn. 9; *Meyer-Stolte* RPfleger 1983, 332 und 375; **a. M.** LG Krefeld, RPfleger 1983, 332; LG Mainz, Rechtspfleger 1986, 110 (maßgebend auch dann die Forderung).
7 **A. M.** *Hartmann* § 37 Rn. 6; *Oe/Wi/He* § 37 Rn. 20.
8 *Oe/He/Wi* § 37 Rn. 20; *Hartmann* § 37 Rn. 6.
9 LG Freiburg, RPfleger 1992, 312.
10 *Oe/Wi/He* § 37 Rn. 20.

Masse gilt § 37 Abs. 1 bis 3. Bei der Beschwerde eines sonstigen Antragstellers gegen die Abweisung des Eröffnungsantrags gilt § 37 Abs. 2.

Allgemeines: Auch die Regelungen für die Kosten im Beschwerdeverfahren sind im Zuge der Insolvenzreform sinngemäß übernommen worden. Die Vorschrift gilt für **alle Beschwerden**, auch weitere Beschwerden, **im Insolvenzverfahren**, mögen sie einfache oder sofortige Beschwerden sein. So ist gegenüber dem alten Recht hinzugekommen, daß nunmehr der Schuldner ein Beschwerderecht nach § 6 InsO hat, wenn die Eröffnung des Verfahrens mangels Masse abgelehnt wurde. Sie ist auch anwendbar auf Beschwerden im Zusammenhang mit der Wiederaufnahme eines Insolvenzverfahrens. § 38 gibt – allerdings nicht erschöpfend – Vorschriften über den Beschwerdewert. **Mehrere selbständige Beschwerdeverfahren** lösen die Gebühr mehrmals aus. § 27 GKG gilt insoweit gemäß § 35 GKG nicht. Mehrere Beschwerden gegen dieselbe Entscheidung (z. B.: mehrerer Gläubiger) lösen – jedenfalls bei Beschwerden über die Abweisung des Eröffnungsantrags – getrennte Beschwerdegebühren aus, mögen die Beschwerden auch in einem Schriftsatz eingebracht worden sein. 1

Eine vorangehende Entscheidung im **Erinnerungsverfahren** ist gerichtsgebührenfrei, aber auslagenpflichtig (§ 11 Abs. 6 Satz RPflG). Wird die Beschwerde vor dem Ergehen einer gerichtlichen Verfügung zurückgenommen, fällt eine Beschwerdegebühr nicht an (§ 11 Abs. 6 S 2 RPflG). 2

Beschwerdewert: Bei einer **Beschwerde des Schuldners** oder seines gesetzlichen Vertreters ist der Wert der Beschwerde mit dem der Insolvenzmasse identisch. (vgl. dazu § 37, Rn. 3) bzw. der etwaige geringere Wert der Schuldenmasse (vgl. dazu § 37, Rn. 7) maßgebend. Ohne Bedeutung ist der wirtschaftliche Vorteil, den die Durchführung des Zwangsvergleichs für den Schuldner bedeuten würde. Abzustellen ist immer auf den Zeitpunkt der Beendigung des Verfahrens (vgl. § 37, Rn. 5). Vor diesem Zeitpunkt kann die Verjährung der Beschwerdegebühr nicht beginnen, weil ein endgültiger Kostenansatz früher nicht möglich ist.[1] 3

Bei der **Beschwerde eines sonstigen Antragstellers**, also eines Gläubigers oder seines gesetzlichen Vertreters, Vorstandsmitglieds oder Liquidators gegen die Abweisung des Eröffnungsantrags (S 2) richtet sich der Beschwerdewert nach § 37 Abs. 2 GKG. Somit ist der Betrag der Forderung des Beschwerdeführers ohne Zinsen und Kosten maßgebend, aber der Betrag der Insolvenzmasse (vgl. § 37, Rn. 3), wenn dieser geringer ist als der Betrag der Forderung. 4

Bei **sonstigen Beschwerden** ist maßgebend der Wert des verworfenen oder zurückgewiesenen Beschwerdegegenstandes, so daß bei einer zurückgewiesenen Beschwerde des Insolvenzverwalters gegen ein Zwangsgeld dessen Betrag, bei einer Beschwerde gegen die Festsetzung seiner Vergütung der Mehrbetrag, den der Beschwerdeführer mit der Beschwerde erstrebt, maßgebend ist. Soweit der Beschwerdewert sich nicht ziffernmäßig errechnen läßt, ist er nach §§ 35 GKG, 3 ZPO zu schätzen. Das kann etwa zutreffen bei Beschwerden im Verfahren wegen eidesstattlicher Versicherung. 5

1 OLG München, RPfleger 1961, 421 (L.).

§ 39
Schiffahrtsrechtliches Verteilungsverfahren

Die Gebühren für den Antrag auf Eröffnung des schiffahrtsrechtlichen Verteilungsverfahrens und für die Durchführung des Verteilungsverfahrens richten sich nach dem Betrag der festgesetzten Haftungssumme. Ist diese höher als der Gesamtbetrag der Ansprüche, für deren Gläubiger das Recht auf Teilnahme an dem Verteilungsverfahren festgestellt wird, so richten sich die Gebühren nach dem Gesamtbetrag der Ansprüche.

1 **Allgemeines:** Das schiffahrtsrechtliche Verteilungsverfahren ist geregelt in der seerechtlichen Verteilungsordnung vom 21. 6. 1972 (BGBl. I 1972, 953) – SeeVertO. Es ist nicht zu verwechseln mit dem Dispacheverfahren nach §§ 728 HGB, 149 ff. FGO, 123 KostO.[1] Das Verfahren ist den Bestimmungen der §§ 872–882 ZPO nachgebildet. § 39 GKG bestimmt, welche Werte den im schiffahrtsrechtlichen Verteilungsverfahren erwachsenden Gebühren (KV Nrn. 5120–5125) zugrunde zu legen sind. Nach § 35 GKG gelten auch hier die Bestimmungen der §§ 22, 23, 25, 26 GKG, 3 ZPO entsprechend.

2 Im Verfahren über den **Antrag auf Eröffnung** des schiffahrtsrechtlichen Verteilungsverfahrens wird eine Gebühr nach KV Nr. 5120 berechnet, deren Kostenschuldner der Antragsteller ist (§ 52 GKG) und die mit Antragsstellung fällig wird (§ 61 GKG). Sie wird berechnet nach dem Betrag der festgesetzten Haftungssumme, welcher sich nach § 487a HGB bestimmt. Der Betrag wird gemäß § 5 SeeVertO vom Gericht festgesetzt. Wird er auf Erinnerung oder Beschwerde geändert, ist für die Gebührenberechnung der letzte festgesetzte Wert maßgebend. Das gilt auch, wenn die nachträgliche Erweiterung des Verfahrens nach § 30 SeeVertO beantragt wird. Hier ist wegen des beantragten Mehrbetrages der die Erweiterung beantragende Schuldner Antragsteller und damit Kostenschuldner (§ 30 Abs. 5 SeeVertO).

3 **Gesamtbetrag der Ansprüche der teilnahmeberechtigten Gläubiger,** S 2: Der Anspruch und das Recht seines Gläubigers auf Teilnahme wird im Prüfungsverfahren – soweit unstreitig – festgestellt und vom Gericht in die Tabelle eingetragen. Diese Eintragung wirkt wie ein rechtskräftiges Urteil zugunsten des Gläubigers und gegen alle Gläubiger und Schuldner von Ansprüchen, die an dem Verfahren teilnehmen, sowie gegen den Sachwalter (§ 19 SeeVertO). Die Summe dieser Ansprüche bildet den Gesamtbetrag der Ansprüche, der nach S 2 mit dem Betrag der festgesetzten Haftungssumme zu vergleichen ist. Wird sie im Laufe des Verfahrens berichtigt (§ 19 Abs. 3 SeeVertO), ist der berichtigte Gesamtbetrag maßgebend. Bei der Berechnung des Wertes der Forderungen der Gläubiger sind die im § 22 GKG genannten Früchte, Nutzungen Zinsen und Kosten nicht mitzurechnen.[2]

4 Der Betrag der festgesetzten Haftungssumme und der Gesamtanspruch der teilnahmeberechtigten Gläubiger sind miteinander zu vergleichen. Ergibt sich, daß der Gesamtbetrag

1 *Hartmann* § 39 Rn. 1.
2 A.M. *Oe/Wi/He* § 39 Rn. 3.

der Ansprüche der Gläubiger niedriger ist als die Haftungssumme, ist als Gebührenwert nur der Gesamtbetrag der Ansprüche der Gläubiger zugrunde zu legen, S 2 (vgl. auch § 37 Abs. 2 GKG).

Für die **Durchführung des Verteilungsverfahrens** wird nach KV Nr. 5123 eine doppelte **5**
Gebühr berechnet, deren Kostenschuldner der Antragsteller ist (§ 52 GKG) und die mit dem Eröffnungsbeschluß nach § 7 SeeVertO fällig wird (§ 61 GKG). Auch hier ist der Betrag der festgesetzten Haftungssumme maßgebend (S 1). Falls der Gesamtbetrag der Ansprüche der teilnahmeberechtigten Gläubiger niedriger sein sollte als die Haftungssumme, ist der Gesamtbetrag der Ansprüche maßgebend, S 2.

Für einen **besonderen Prüfungstermin** (§ 11 SeeVertO) ist im KV Nr. 5125) eine Fest- **6**
gebühr bestimmt. Für die Beschwerdegebühr nach KV Nr. 5135 ist der Beschwerdewert nach §§ 35 GKG, 3 ZPO zu bestimmen.

VIERTER ABSCHNITT
Strafsachen

Vorbemerkungen

Strafsachen iS des GKG sind die Verfahren vor den ordentlichen Gerichten, die nach der **1**
Strafprozeßordnung und dem JGG durchgeführt werden (§ 1 GKG) und auf Verhängung einer kriminellen Strafe gerichtet sind, sowie das Verfahren nach §§ 440 ff., 444 Abs. 3 StPO, das die selbständige Einziehung, den Verfall, die Vernichtung oder Unbrauchbarmachung von Gegenständen, die Vermögenseinziehung oder die Abführung des Mehrerlöses beim Fehlen eines Beschuldigten oder die Festsetzung einer strafrechtlichen Sanktion gegen eine Juristische Person zum Ziele hat (vgl. § 40 Abs. 6 Nr. 1 GKG). Sinngemäß anwendbar sind die Bestimmungen des 4. Abschnitts auf Forst- und Feldrügesachen (§ 70 GKG). Die Gebühren im gerichtlichen Verfahren nach dem Gesetz über Ordnungswidrigkeiten (OWiG) richten sich nach § 48 GKG. Zu den Gerichtskosten des Strafverfahrens zählen auch die Kosten des staatsanwaltschaftlichen Ermittlungsverfahrens, § 462 a Abs. 1 S 2 StPO (§ 1 Rn. 10).

Keine Strafsachen idS sind Dienststrafsachen und Ehrengerichtsverfahren, finanzbe- **2**
hördliche Verfahren (mit Ausnahme des gerichtlichen Straf- oder Bußgeldverfahrens nach §§ 369 ff. AO). Ordnungs-,Ungebühr- und Zwangsstrafen (z. B. nach §§ 56, 177, 178 GVG, 51, 70, 77 StPO) lösen – außer in Beschwerdeverfahren (KV Nr. 6703) – keine Gebühren nach dem GKG aus (vgl. auch § 1, Rn. 13). Nicht anzuwenden ist das GKG auch auf die Kosten der Strafvollstreckung (§ 10 JVerwKostO, §§ 12, 14 Abs. 4 KostVfg). Soweit sie hiernach überhaupt erhoben werden, werden sie fällig, sobald sie entstanden sind. Wegen der Kosten des gerichtlichen Verfahrens nach dem StVollzG, vgl. § 48 a GKG, KV Nrn. 8000 ff.

Voraussetzung für einen Gerichtskostenanspruch gegenüber einem Verurteilten sind **3**

eine **gerichtliche Kostenentscheidung** und eine **rechtskräftig erkannte Strafe oder Maßregel der Besserung und Sicherung** bzw. eine Entscheidung nach §§ 440 ff. StPO. Erhoben werden **Pauschgebühren**, die das Verfahren eines Rechtszuges einschließlich des vorangegangenen Ermittlungsverfahrens und eines isoliert durchgeführten Annexverfahrens (z. B. wegen der Entschädigungsgrundentscheidung nach §§ 8, 9 StrEG) abgelten. Auch die im Ermittlungsverfahren entstandenen Auslagen sind von dem rechtskräftig Verurteilten zu erheben. Wie überall im GKG wird auch hier keine Gebühr erhoben, wenn sie nicht ausdrücklich vorgesehen ist. Auslagen hat der Verurteilte nur insoweit zu tragen, als sie ihren Grund in der Tat haben, derentwegen die Sanktion erfolgte, §§ 465, 466 StPO. Außer im Fall KV Nr. 6400 entstehen für die Einstellung des Verfahrens keine Gebühren.

4 Die **Fälligkeit** der Kosten tritt gegenüber dem Verurteilten erst mit der Rechtskraft der Entscheidung ein (§ 63 Abs. 2 S 1 GKG). Keine Haftung des Nachlasses, wenn der Verurteilte vor dem Eintritt der Rechtskraft stirbt (§ 465 Abs. 3 StPO). In anderen Fällen, wenn der Kostenschuldner kein verurteilter Beschuldigter ist, werden die Gebühren und Auslagen fällig, sobald eine unbedingte Entscheidung über die Kosten ergangen oder das Verfahren oder die Instanz beendet ist (§ 63 Abs. 1 GKG).

5 Für den Privat- und Nebenkläger besteht nach Maßgabe des § 67 GKG eine **Vorschußpflicht**.

6 Für **Privatklagesachen** bestehen besondere Gebührenregelungen. Wird der Beschuldigte verurteilt, treffen ihn dieselben Kosten wie bei einer Verurteilung auf Grund öffentlicher Klage (§§ 45, 40 Abs. 1 GKG, KV Nrn. 6520 ff.). Wird der Beschuldigte nicht verurteilt und auch das Verfahren nicht wegen Geringfügigkeit eingestellt, erwachsen Festgebühren in verschiedener Höhe, je nachdem, ob das Verfahren durch Urteil oder ohne Urteil erledigt wurde, KV Nrn. 6540 ff. Nach erfolgloser Wiederaufnahme durch den Privatkläger gelten KV Nrn. 6570, 6571. In Privatklagesachen und bei Nebenklage besteht eine Vorschußpflicht des Privatklägers und desjenigen, der als Privatkläger oder Nebenkläger eine Berufung oder Revision eingelegt oder eine Wiederaufnahme des Verfahrens beantragt (§§ 67, 68 Abs. 1, Abs. 2 GKG, §§ 379 a, 390 Abs. 4, 401 Abs. 1 StPO).

7 Zu den Kosten in Strafsachen gehören grundsätzlich auch die Kosten für die Vollstreckung *rechtskräftiger* Verurteilungen. Das GKG ist für die Erhebung dieser Kosten jedoch nicht anwendbar, weil die Vollstreckung Justizverwaltungsangelegenheit ist und deshalb die JVKostO gilt (vgl. oben, § 2, Rn. 12). Für die Erhebung von Haftkosten gelten Sonderbestimmungen,[1] während die Kosten sonstiger Haft aus KV 9010, 9011 zu entnehmen sind. Im einzelnen gilt insoweit:

Art des Vollzuges	**Höhe**	**Voraussetzungen**
Freiheitsstrafe	§ 10 Abs. 2 JVKostO	§ 10 Abs. 1 JVKostO und § 50 StVollzG
Sicherungsverwahrung	§ 10 Abs. 2 JVKostO	§ 10 Abs. 1 JVKostO und § 50 StVollzG
Unterbringung	§ 10 Abs. 2 JVKostO	§ 10 Abs. 1 JVKostO

1 Vgl. dazu OLG Zweibrücken, RPfleger 1994, 81.

Untersuchungshaft/einstweilige Unterbringung (außer Zwangshaft)	GKG-KV 9011 i. V. m. § 10 Abs. 2 JVKostO	§ 10 Abs. 1 JVKostO
Zwangshaft	KV-GKG 9010 i. V. m. § 10 Abs. 2 JVKostO	In voller Höhe ohne Einschränkung nach § 10 Abs. 1 JVKostO
Haft nach dem IRG	§ 10 Abs. 2, 3 JVKostO	In voller Höhe ohne Einschränkung nach 3 10 Abs. 1 JVKostO, soweit nicht gem. § 75 IRG verzichtet wurde.

§ 40
Grundlage der Gebührenbemessung

(1) In Strafsachen bemessen sich die Gerichtsgebühren für alle Rechtszüge nach der rechtskräftig erkannten Strafe.

(2) Ist neben einer Freiheitsstrafe auf Geldstrafe erkannt, so ist die Zahl der Tagessätze der Dauer der Freiheitsstrafe hinzuzurechnen; dabei entsprechen dreißig Tagessätze einem Monat Freiheitsstrafe.

(3) Ist auf Verwarnung mit Strafvorbehalt erkannt, so bestimmt sich die Gebühr nach der vorbehaltenen Geldstrafe.

(4) Eine Gebühr wird für alle Rechtszüge auch bei rechtskräftiger Anordnung einer Maßregel der Besserung und Sicherung erhoben. Ist die Maßregel neben einer Strafe angeordnet worden, so wird die Gebühr gesondert berechnet.

(5) Wird im Strafverfahren oder im selbständigen Verfahren nach den §§ 440, 441 der Strafprozeßordnung die Einziehung, der Verfall, die Vernichtung, die Unbrauchbarmachung oder die Abführung des Mehrerlöses angeordnet, so wird wegen der Anordnung einer dieser Rechtsfolgen eine Gebühr nur für das gegen dieses Erkenntnis gerichtete Rechtsmittel- oder Wiederaufnahmeverfahren erhoben. Wird im Nachverfahren (§ 439 der Strafprozeßordnung) der Antrag verworfen, gilt S 1 entsprechend.

Übersicht

1 **Allgemeines:** Der durch das KostÄndG 1994 überarbeitete § 40 enthält die Grundlagen für die Gebührenbemessung in Strafsachen. Im Gegensatz zur Gebührenbemessung in bürgerlichen Rechtsstreitigkeiten werden in Strafsachen die Gebühren nach der **rechtskräftig erkannten Strafe** bemessen. Strafe iS des GKG ist die im **Urteilstenor ausgesprochene Strafe,** mag sie auch eine aus mehreren Einzelstrafen gebildete **Gesamtstrafe** sein. Die Summe der Einzelstrafen, aus denen eine Gesamtstrafe gebildet wird, kommt grundsätzlich für die Gebührenbemessung nicht in Betracht (vgl. auch § 41 GKG). Wenn im KV (Teil 6, Nrn. 6110 ff.) ein Gebührentatbestand fehlt, darf nach allgemeinen Grundsätzen auch keine Gebühr erhoben werden. Das trifft z. B. zu für ein Haftprüfungsverfahren nach § 117 StPO[1] oder für das gerichtliche Entschädigungsgrundverfahren nach § 9 StrEG. Auslagen sind geschuldet, soweit Kosten auferlegt oder übernommen werden (§ 54 Nrn. 1–2 GKG). Beschwerdegebühren in Strafsachen erwachsen unter den Voraussetzungen nach KV Nr. 6700–6703, auch wenn das mit der Beschwerde angegriffene Verfahren gebührenfrei ist. Ob Strafen im Gnadenwege oder aufgrund einer Amnestie ganz oder teilweise erlassen oder ob auf sie die Untersuchungshaft oder eine andere Freiheitsentziehung angerechnet werden (§ 51 StGB), berührt die Gebühr nicht, soweit nicht im Gnaden- oder Amnestiegesetz oder in einem anderen Gesetz insoweit eine besondere Regelung getroffen ist. Mangels einer Gebührenvorschrift darf auch keine Gebühr erhoben werden, wenn der zur Kostentragung Verurteilte für **straffrei erklärt** ist oder im Urteil **von Strafe abgesehen** wird (§§ 260 Abs. 4, 465 Abs. 1 S 2, 468 StPO). Auslagen sind aber auch in solchen Fällen einzuziehen (§ 465 Abs. 1 S 2 StPO). Maßgebend ist hier der Urteilsausspruch, wonach der Beschuldigte für straffrei erklärt oder gegen ihn von Strafe abgesehen, er aber trotzdem zur Kostentragung verurteilt sein muß. Anders verhält es sich, wenn nach § 27 JGG die Entscheidung über die Jugendstrafe zur Bewährung ausgesetzt wird. Erkennt der Richter dann doch auf Strafe, § 30 Abs. 1 JGG, und sieht er nicht gemäß § 74 JGG davon ab, dem Angeklagten die „Kosten und Auslagen aufzuerlegen", ist die Gebühr zu erheben. Wird aber nicht auf Strafe erkannt, sondern der Schuldspruch getilgt, sind auch keine Kosten zu erheben. Bei **mehreren Verurteilten** ist die Gebühr von jedem gesondert zu erheben (§ 42 GKG). Wegen der Höhe der Gebühren (vgl. KV Nrn. 6110 ff.).

1 *Oe/Wi/He* § 40 Rn. 8.

Maßregeln der Besserung und Sicherung (§ 61 StGB) sowie **Einziehung, Verfall, Vernichtung, Unbrauchbarmachung, Abführen des Mehrerlöses (§§ 73 ff. StGB, §§ 431, 442 Abs. 1 StPO)**, werden nur nach § 40 Abs. 5 GKG berücksichtigt. Eine entsprechende Anwendung ist auf Nebenstrafen (z. B. das Fahrverbot nach § 44 StGB) oder Nebenfolgen (das sind alle gesetzlichen Nebenfolgen einer strafgerichtlichen Verurteilung oder Anordnung einer Maßregel der Besserung und Sicherung, die damit ex lege oder durch Richterspruch verbunden sind) nicht zulässig.[2] Solche Sanktionen haben auf die Gebühr keinen Einfluß, und zwar auch dann nicht, wenn das Urteil allein deswegen angefochten wird. In solchen Fällen entsteht für das Rechtsmittelverfahren keine Gebühr, sondern nur eine Auslagenerstattungspflicht bei Verurteilung in die Kosten.[3] Ebenso, wenn eine Strafentscheidung nur wegen der Kosten angefochten wird. 2

Für die Gebührenberechnung maßgebend ist nur die **rechtskräftig erkannte** Strafe (Abs. 1). Wird dem Verurteilten Wiedereinsetzung in den vorigen Stand gewährt (§ 235 StPO), richtet sich die Gebühr nur nach dem neu ergehenden Urteil. Die frühere Verurteilung, gegen die Wiedereinsetzung gewährt wurde, ist nicht mehr maßgebend, da sie durch die Wiedereinsetzung weggefallen ist. Gleichgültig ist auch, welches Strafgericht (Strafrichter, Jugendrichter, Schöffengericht, Strafkammer usw.) die Strafe ausgesprochen hat, auf welche Straftat die Anklageschrift und der Eröffnungsbeschluß abgestellt hatten, ob das Verfahren langwierig oder von nur kurzer Dauer war, ob mehrere Hauptverhandlungen stattgefunden haben, oder ob verwiesen worden war (z. B. vom Strafrichter wegen nicht ausreichender Strafgewalt an die Strafkammer). Unmaßgeblich ist ferner, wer das Rechtsmittel eingelegt und/oder das Rechtsmittelverfahren betrieben hatte (vgl. z. B. § 298 StPO). Auch hier ist für die Gebührenberechnung die rechtskräftig erkannte Strafe maßgebend. Gesetzliche Vertreter haften für die Kostenschuld nur mit dem Vermögen des Vertretenen.[4] Das gilt auch bei Wiederaufnahmeanträgen nach dem Tode des Verurteilten durch den Ehegatten oder Verwandte (§ 361 Abs. 2 StPO). **Entscheidend ist stets die am Ende verbleibende rechtskräftige Strafe.** Doch muß das Gericht bei teilweisem Erfolg des Rechtsmittels die Gebühr ermäßigen, wenn das der Billigkeit entspricht (§ 473 Abs. 4 StPO). Ein nur teilweiser Erfolg iS dieser Vorschrift liegt aber nicht vor, wenn das Rechtsmittel hinsichtlich einzelner von mehreren Taten erfolgreich ist. Dann hat der Angeklagte die Kosten nur insoweit zu tragen, als sie durch das Verfahren entstanden sind, in dem er verurteilt wurde (§ 465 Abs. 1 S 1 StPO).[5] Bei Jugendlichen kann das Gericht von der Auferlegung der Kosten absehen, § 74 JGG. In solchen Fällen findet auch keine Kostenerhebung statt. Keine Kostenpflicht besteht auch, soweit Freispruch erfolgt, sofern nicht von den Möglichkeiten des § 467 Abs. 2–5 StPO Gebrauch gemacht wurde. Dann können aber nur Auslagen erhoben werden. Hat der Angeklagte allerdings ausdrücklich in solchen Fällen entgegen der Intention und dem ausdrücklichen Wortlt des Gesetzes die „Kosten des Verfahrens“ übernommen – was grundsätzlich zulässig ist –,[6] sind auch Gebühren zu 3

2 *Oe/Wi/He* § 40 Rn. 40.
3 *Oe/Wi/He* § 40 Rn. 40.
4 BGH, NJW 1956, 520 (L).
5 BGHSt. 5, 52.
6 Vgl. dazu *D.Meyer* JurBüro 1992, 3 ff.

erheben, sofern nach dem KV welche vorgesehen sind. Auch bei einer Einstellung des Verfahrens können – von den Ausnahmen nach KV Nr. 6400 abgesehen – keine Kosten erhoben werden. Hier ist aber eine Ermäßigung oder Niederschlagung der Gebühr nach § 44 GKG möglich. Auch dann, wenn die Staatsanwaltschaft von der Erhebung der öffentlichen Klage absieht, ist ein Kostenansatz nicht möglich. Nur ausnahmsweise ist auch dann eine Gebühr zu erheben, wenn das Gericht nicht rechtskräftig auf eine Strafe erkannt hat, nämlich in den Fällen der Anordnung einer Maßregel der Besserung und Sicherung (Abs. 5 S 1), im Privatklageverfahren (KV Nrn. 6510 ff.) und im selbständigen Einziehungsverfahren (KV Nrn. 6310 ff.).

4 Die Strafe muß **rechtskräftig** erkannt sein. Die im ersten Rechtszug ausgesprochene Strafe ist demnach nicht maßgebend, wenn sie deshalb nicht rechtskräftig wird, weil der Angeklagte während des Rechtsmittelverfahrens stirbt (§ 465 Abs. 3 StPO) oder wenn das Verfahren eingestellt wird. Stets ist Voraussetzung eine **gerichtliche Kostenentscheidung**, die den Kostenschuldner bestimmt, § 54 Nr. 1 GKG. Die Staatskasse ist an den gerichtlichen Kostenausspruch absolut gebunden. Sie hat nicht die Befugnis, die gerichtliche Kostenentscheidung anzufechten, und zwar auch dann nicht, wenn sie offensichtlich fehlerhaft ist (vgl. § 5, Rn. 11).

5 Die **Gebühren sind für jeden Rechtszug nach der letzten Endes rechtskräftig erkannten Strafe** zu bestimmen. Es wird somit für jede Instanz nur eine gleich hohe Gebühr (Verfahrensgebühr) erhoben, die sich aber aus mehreren Einzelbeträgen – z. B. bei der Anordnung einer Maßregel zur Besserung und Sicherung neben einer Strafe (Abs. 4 S 2) – zusammensetzen kann. Das gilt auch, wenn in derselben Instanz mehrere rechtskräftige Urteile gegen denselben Angeklagten ergehen. Auch für ein Urteil in verbundenen Strafsachen ist nur eine Gebühr zu berechnen. In der Rechtsmittelinstanz findet keine Gebührenerhöhung statt (vgl. KV Nrn. 6120, 6130). Allerdings kann sich die Gebühr bei einer Erledigung des Rechtsmittelverfahrens ohne Urteil auf ein Viertel ermäßigen (KV Nrn. 6121, 6131). Bei teilweisem Erfolg eines Rechtsmittels **hat** das Gericht die Gebühr zu ermäßigen und die entstandenen Auslagen angemessen zu verteilen, soweit das der Billigkeit entspricht (§ 473 Abs. 4 StPO). Das ist aber eine Frage der Kostengrundentscheidung des Hauptsachegerichts und hat, wenn und soweit das Gericht von dieser Möglichkeit – aus welchen Gründen auch immer – keinen Gebrauch gemacht hat, für den Gerichtskostenansatz keine Bedeutung. Welche Strafen bei einer Erledigung im Rechtsmittelverfahren in den vorangegangenen Entscheidungen ausgesprochen worden waren, ist gleichgültig, wenn und soweit sie nicht rechtskräftig wurden. Spricht das Rechtsmittelgericht im Gegensatz zur Vorinstanz frei oder stellt es das Verfahren ein, fällt keine Gebühr für das gesamte Verfahren mehr an. Hat das Berufungsgericht die vom Erstgericht erkannte Strafe abgeändert und wurde seine Entscheidung rechtskräftig, sind die Gebühren für beide Rechtszüge nach der vom Berufungsgericht erkannten Strafe zu berechnen. Verwirft das Revisionsgericht die Revision, richten sich auch die Gebühren für das Revisionsverfahren nach der durch die Revisionsentscheidung rechtskräftig gewordenen Strafe. Hebt das Revisionsgericht das angefochtene Urteil auf und verweist es die Sache zurück, ist nach der auf die erneute Hauptverhandlung erkannten rechtskräftigen Strafe auch die Gebühr für das Revisionsverfahren zu erheben, es sei denn, daß der

Angeklagte aufgrund der Kostenentscheidung des Revisionsgerichts die Kosten der Revisionsinstanz nicht oder nur teilweise zu tragen hat. Dann gilt selbstverständlich insoweit der Kostengrundausspruch des Revisionsgerichts. Maßgebend ist im Berufungs- oder Revisionsverfahren aber nur der Teil der Strafe, auf den sich das Berufungs- oder Revisionsverfahren bezieht (vgl. dazu bei § 40 a GKG).

Rechtszug: Der erste Rechtszug umschließt das Verfahren vor dem Erstgericht, der Rechtsmittelrechtszug das vor dem Berufungs- oder Revisionsgericht. Der Berufungs- oder Revisionsrechtszug beginnt mit der Einlegung der Berufung bzw. der Revision. Ein Verfahren endet regelmäßig mit dem Urteil oder mit der Einstellung, das Rechtsmittelverfahren auch mit der Zurücknahme oder Verwerfung bzw. der Nichtannahme des Rechtsmittels. Aber auch eine spätere Amtshandlung des betreffenden Gerichts kann noch zur Instanz rechnen. Wird die Sache an ein anderes Gericht verwiesen oder das Urteil aufgehoben und die Sache zurückverwiesen, so bilden das frühere Verfahren und das nach der Verweisung/Zurückverweisung folgende weitere Verfahren zusammen eine Instanz. Das gilt auch dann, wenn an ein anderes Gericht zurückverwiesen wird. Wird nach der Zurückverweisung erneut ein Rechtsmittel eingelegt, entsteht dadurch gebührenrechtlich **kein** neues Rechtsmittelverfahren. Die Berufungs- und die Revisionsgebühr können also wegen derselben Tat nur einmal erwachsen.[7] Ebenso bilden das (weitere) Verfahren nach einer Wiedereinsetzung in den vorigen Stand und nach Einspruchseinlegung gegen einen Strafbefehl (§ 40 a Abs. 3 GKG) mit dem vorangegangenen Verfahren einen Rechtszug.[8] Wegen des Wiederaufnahmeverfahrens (vgl. § 43 GKG). Die Gebühr gilt die gesamte gerichtliche Tätigkeit innerhalb einer Instanz ab, sofern nicht besondere Gebühren im KV vorgesehen sind (z. B. Beschwerden, KV Nrn. 6700 ff., Entschädigung des Verletzten, KV Nr. 6800). Daher erwächst keine besondere Gebühr etwa für Entscheidungen über Anträge auf Aufhebung eines Haftbefehls oder der Beschlagnahme. Abgegolten ist auch das staatsanwaltschaftliche Ermittlungsverfahren und gesonderte Annexverfahren, etwa nach § 8 Abs. 1 S 2 StrEG. 6

Das Strafbefehlsverfahren bildet einen Rechtszug, solange nicht durch Urteil entschieden ist. Im letzten Fall gilt § 40 a Abs. 3 GKG. 7

Die **Verbindung** von Verfahren schafft **einen** Rechtszug, die **Trennung** von Verfahren hat **verschiedene** Rechtszüge zur Folge. Dabei spielt es keine Rolle, ob die Verbindung oder Trennung in unzulässiger Weise erfolgte. Dann mag im Einzelfall § 8 GKG eingreifen. 8

Für das **Strafvollstreckungsverfahren** gilt § 48 a GKG. 9

Jugendstrafe: Bei einer Verurteilung eines Jugendlichen oder Heranwachsenden zu einer Jugendstrafe gilt nichts anderes. Jugendstrafe ist der Freiheitsentzug nach § 17 JGG. Keine Jugendstrafen sind kraft gesetzlicher Definition die Erziehungsmaßregeln und die Zuchtmittel des JGG, so daß insoweit auch keine Gebühren anfallen können.[9] Auslagen sind von dem verurteilten Jugendlichen zu erheben, wenn und soweit ihm die Kosten des Verfah- 10

7 BGH, KostRspr. GKG 1957, § 67, Nr. 3 (L); *Hartmann* KV 6120 Rn. 1; *Oe/Wi/He* § 40 Rn. 17 ff.
8 *Oe/Wi/He* § 40 Rn. 16.
9 Vgl. auch *Hartmann* § 40 Rn. 14.

rens auferlegt sind, § 464 StPO. Davon wird häufig nach § 74 JGG abgesehen werden. Entscheidend ist hier, daß eine Verurteilung zu einer Jugendstrafe erfolgte. Ob die Strafsache vor einem Jugendgericht oder im Wege der Verbindung vor dem für allgemeine Strafsachen zuständigen Gericht durchgeführt wurde, ist ohne Belang. Die Aussetzung der Jugendstrafe zur Bewährung berührt die Gebührenpflicht nicht. Wird dagegen die Entscheidung über die Verhängung der Jugendstrafe ausgesetzt (§§ 27 ff. JGG), erwächst solange keine Gebühr, als eine Jugendstrafe nicht ausgesprochen ist.

11 **Geldstrafe als alleinige Hauptstrafe:** Wird die Geldstrafe als alleinige Hauptstrafe verhängt, ist für die Gebührenbemessung die Anzahl der festgesetzten Tagessätze (§ 40 StGB) maßgebend (KV Nr. 6110 lit. b). Die Ersatzfreiheitsstrafe (§ 43 StGB) bleibt außer Betracht. Bei mehreren Geldstrafen sind die Tagessätze für die Gebührenberechnung zu addieren.

12 **Geldstrafe neben einer Freiheitsstrafe,** Abs. 2: Wird neben einer Freiheitsstrafe auf Geldstrafe erkannt (§§ 41, 43 a StGB), ist die Gebühr für die Geldstrafe nicht nach KV Nr. 6110 gesondert zu berechnen und der Gebühr für die Freiheitsstrafe hinzuzuzählen, sondern die Tagessätze der Geldstrafe (§§ 43, 43 a Abs. 3 StGB) sind der Freiheitsstrafe hinzuzurechnen. Aus der sich so ergebenden um die Tagessätze erhöhten Freiheitsstrafe ist die einheitliche Gebühr nach KV Nr. 6110 lit. a zu bestimmen. Dabei sind dreißig Tagessätze als ein Monat Freiheitsstrafe zu rechnen (Abs. 2 Halbs 2).

13 **Gesamtstrafe nach §§ 53, 54 StGB:** Für die Gebührenrechnung nach KV Nrn. 6110 ff. ist die im Urteil erkannte Gesamtstrafe maßgebend. Auf die ihr zugrundeliegenden Einzelstrafen kommt es nicht an. Das gilt auch, wenn die Gesamtstrafe sich nach § 54 Abs. 3 StGB aus Freiheitsstrafen und Geldstrafen zusammensetzt. Wird aber ein Rechtsmittel nur hinsichtlich einer Einzelstrafe eingelegt, ist für die Berechnung der Gebühren für das Rechtsmittelverfahren nur die Einzelstrafe zugrunde zu legen, die Gegenstand des Rechtsmittelverfahrens war (§ 40 a GKG). Wegen der nachträglichen Bildung einer Gesamtstrafe (vgl. § 41 GKG).

14 **Verwarnung mit Strafvorbehalt** (Abs. 3, §§ 59 ff. StGB): Die Gebühr bemißt sich nach der im Schuldspruch bestimmten Geldstrafe, gleichgültig, ob der Beschuldigte zu der vorbehaltenen Strafe verurteilt wird (§ 59 b Abs. 1 StGB).[10]

15 **Anordnung einer Maßregel der Besserung und Sicherung,** Abs. 4: Auch hier wird für jeden Rechtszug eine Gebühr erhoben, sofern die Anordnung einer Maßregel (§ 61 StGB) rechtskräftig ergangen ist, Abs. 4, S 1. Die Gebühr wird **neben** der Gebühr aus einer ebenfalls rechtskräftig erkannten Strafe gesondert berechnet. Sie wird auch dann erhoben, wenn daneben auf Freispruch erkannt wurde oder wenn die Maßregel selbständig angeordnet worden ist. Werden mehrere Maßregeln in derselben Entscheidung nebeneinander angeordnet, fällt die Gebühr für jede Maßregel (kumulativ) an.[11] Das ist etwa dann der Fall, wenn gegen den Täter Berufsverbot (§ 70 StGB) und Führungsaufsicht (§ 68 StGB) verhängt wird. Richtig ist zwar, daß es sich hier nicht um eine Aktgebühr, sondern um eine echte

10 *Hartmann* § 40 Rn. 17; *Oe/Wi/He* § 40 Rn. 42.
11 A. M. *Oe/Wi/He* § 40 Rn. 46.

Verfahrensgebühr handelt.[12] Daraus folgt aber noch nicht zwingend, daß nicht jede Maßregel für sich bewertet werden darf. Der Wortlaut der Bestimmung ist insoweit eindeutig. Auch entspricht das dem Sinn des § 40 GKG. Die Festgebühr ist nur deshalb für jede Maßnahme sinnvoll, weil ein „Verrechnungsmaßstab" wie etwa im Verhältnis der Geld- zur Freiheitsstrafe fehlt. Auch wenn mehre Maßregeln (gleicher oder verschiedener Art) wegen anderer (weiterer) Straftaten angeordnet werden (z. B. die Verlängerung einer Führerscheinsperre wegen weiterer Verkehrverstöße[13]), entsteht die Gebühr von 41 € erneut. Wenn die Erlaubnis zum Führen von Kraftfahrzeugen entzogen (Maßregel nach § 61 Nr. 5 StGB) und daneben die Einziehung des Führerscheins angeordnet wird (Nebenfolge polizeilicher Art der Maßregel nach § 61 Nr. 5 StGB, vgl. § 69 Abs. 3 StGB), fällt lediglich die Gebühr nach KV Nr. 6110 lit. c an. Anders ist es, wenn es sich bei der Einziehung des Führerscheins nicht nur um die Nebenfolge nach § 69 Abs. 3 StGB handelt, sondern um eine echte Einziehung (etwa eines gefälschten Führerscheins) nach § 74 StGB; dann fällt selbstverständlich noch eine weitere Gebühr nach § 40 Abs. 5 GKG (KV Nr. 6110 lit. c) an. Hat der Täter keine Fahrerlaubnis und wird deshalb nur eine isolierte Sperrfrist nach § 69 a Abs. 1 S 3 StGB bestimmt, ist auch das eine gebührenpflichtige Maßregel iS des Abs. 4.[14]

Für die Anordnung einer Maßregel der Besserung und Sicherung iS von Abs. 4 ist eine **Festgebühr** in Höhe von 41 € vorgesehen (KV Nr. 6110 lit c). Eine **Ermäßigung bei** der Entziehung der Fahrerlaubnis ist nicht möglich. Wird die Fahrerlaubnis durch **Strafbefehl** entzogen, fällt in jedem Fall nur die halbe Gebühr an (KV Nrn. 6111, 6112). Die Vorschrift ist sinngemäß auch anzuwenden, wenn ein Jagdschein nach § 41 BJagdG entzogen wird.[15] 16

Einziehung, Verfall etc., Abs. 5: Die Bestimmung regelt den Fall, daß im Strafverfahren oder im sog. objektiven Verfahren nach §§ 440 ff. StPO die Einziehung, der Verfall, die Vernichtung, die Unbrauchbarmachung oder die Abführung des Mehrerlöses angeordnet wird. In diesen Fällen werden Gebühren nur für ein gegen die Entscheidung des Strafgerichts gerichtetes **Rechtsmittel- und Wiederaufnahmeverfahren** (Abs. 5, S 1) oder bei der **Zurückweisung eines Antrags im Nachverfahren** gemäß § 439 StPO (Abs. 5 S 2) erhoben. Für die **erste Anordnung** der Einziehung pp. oder für den **erfolgreichen Antrag im Nachverfahren** entsteht also **niemals eine Gebühr**. Diese Grundsätze gelten auch, wenn die Einziehung pp. auf Antrag eines Nebenklägers oder eines Privatklägers im Privatklageverfahren erfolgte. 17

Nach § 442 Abs. 1 StPO steht die **Beseitigung eines gesetzwidrigen Zustandes** der Einziehung gleich. Im § 40 Abs. 5 S 1 und auch im KV ist dieser Fall nicht erwähnt. Deshalb ist eine ausdehnende Auslegung des § 40 Abs. 5 S 1 GKG auf diesen Fall nach § 1 Abs. 1 GKG ausgeschlossen. 18

Die **Gebühren** für Handlungen nach § 40 Abs. 5 GKG werden nach KV Nrn. 6310 bis 6325 berechnet. **Kostenschuldner** ist derjenige, dem durch die gerichtliche Entscheidung die 19

12 *Oe/Wi/He* § 40 Rn. 46.
13 *Hartmann* KV 6110 Rn. 6.
14 *Oe/Wi/He* § 40 Rn. 44.
15 *Oe/Wi/He* § 40 Rn. 45, m. N.

Kosten des Verfahrens auferlegt worden sind (§ 54 Nr. 1 GKG). Das ist bei einer Einziehung im Rahmen eines Strafverfahrens der Verurteilte, wenn und soweit er ein gegen die Einziehung pp. gerichtetes Rechtsmittel- oder Wiederaufnahmeverfahren betrieben hat. Das gilt auch für ein Rechtsmittel- oder Wiederaufnahmeverfahren im Nachverfahren. Kostenschuldner für die Zurückweisung eines Antrags eines Neben- oder Privatklägers auf selbständige Einziehung ist der Neben- oder Privatkläger, dem die Kosten auferlegt sind. Eine Kostenübernahme nach § 54 Nr. 2 GKG dürfte selten sein, ist aber nicht undenkbar und ggf. beachtlich. Im ersten Rechtszug können die Kosten dem Privatkläger oder einem sonstigen Antragsteller auferlegt werden, nicht aber dem Einziehungsbeteiligten nach § 431 StPO. Die Kosten eines zurückgenommenen oder erfolglosen Rechtsmittels können auch den Nebenkläger oder Einziehungsbeteiligten treffen, der es eingelegt hat. Wird dem Antrag stattgegeben, die Einziehung pp. also ausgesprochen, hat die Staatskasse die Kosten des ersten Rechtszuges zu tragen.[16] Allein die Tatsache, daß jemand Einziehungsbeteiligter ist, kann noch keine Kostenpflicht begründen. Wird der Antrag eines Privat- oder Nebenklägers erst in der Rechtsmittelinstanz zurückgewiesen, treffen den Privat/Nebenkläger die Kosten sämtlicher Rechtszüge.

20 **Vorschußpflichtig** ist gem. § 67 GKG der Privatkläger, der das Verfahren betreibt. Für den Angeklagten im Strafverfahren und bei Antrag der Staatsanwaltschaft besteht keine Vorschußpflicht. In gleicher Weise ist auch der ein Rechtsmittel- oder Wiederaufnahmeverfahren betreibende Neben/Privatkläger vorschußpflichtig (§ 67 Abs. 2 GKG).

§ 40a
Beschränkung eines Rechtsmittels oder des Einspruchs gegen einen Strafbefehl

(1) Wird bei Verurteilung wegen selbständiger Taten ein Rechtsmittel auf einzelne Taten beschränkt, so bemißt sich die Gebühr für das Rechtsmittelverfahren nach der Strafe für diejenige Tat, die Gegenstand des Rechtsmittelverfahrens ist. Bei Gesamtstrafen ist die Summe der angefochtenen Einzelstrafen maßgebend. Ist die Gesamtstrafe, auch unter Einbeziehung der früher erkannten Strafe, geringer, so ist diese maßgebend.

(2) Wird das Rechtsmittel auf die Anordnung einer Maßregel der Besserung und Sicherung beschränkt, so wird die Gebühr für das Rechtsmittelverfahren nur wegen der Anordnung erhoben.

(3) Die Absätze 1 und 2 gelten für das weitere Verfahren nach Einspruch gegen einen Strafbefehl entsprechend.

1 Die Bestimmung wurde durch das KostRÄndG 1994 neu in das GKG aufgenommen. Sie

16 BGHSt. 5, 100.

vereinheitlicht die bislang unterschiedliche Gebührenbemessung bei einem auf einzelne, selbständige Taten beschränkten Rechtsmittel und bei einem gleichermaßen beschränkten Einspruch gegen einen Strafbefehl[1] (§§ 318, 344, 410 Abs. 2 StPO). Sie spiegelt im Kostenrecht den Grundsatz wider, daß die Beschränkung eines Rechtsbehelfs auf Teile einer Verurteilung auch eine Beschränkung der Überprüfung der Entscheidung zur Folge hat.[2]

Abs. 1 schreibt die schon bis dahin gängige Praxis und h A in der Rspr gesetzlich fest, wie sie sich bei der Auslegung des § 40 GKG, der diese Fälle mitbehandelt hatte, bei der Verurteilung zu einer **Strafe** herausgebildet hat. Danach richtet sich die Gebühr nach der Strafe für diejenigen Taten, die Gegenstand des Rechtsmittelverfahrens sind. Bei Gesamtstrafen ist also die Einzelstrafe oder die Summe der Einzelstrafen maßgebend, wenn nicht die Gesamtstrafe unter Einbeziehung der früher erkannten Strafe geringer ist als die Summe der Einzelstrafen (Abs. 1 S 2). Diese Obergrenze soll verhindern, daß für ein beschränktes Rechtsmittel höhere Gebühren als für ein unbeschränktes Rechtsmittel anfallen.[3] 2

Betrifft das beschränkte Rechtsmittel nur eine **Nebenfolge**, die allein keine Gebühr auslöst, können auch für das Urteil in der höheren Instanz keine Gebühren entstehen.[4] 3

Abs. 2 stellt klar, daß sich die Gebühr für ein auf die Anordnung einer Maßregel der Besserung und Sicherung beschränktes Rechtsmittel ausschließlich nach der für die Anordnung in KV Nr. 6110 lit. c bestimmten Betragsgebühr richtet.[5] 4

Nach Abs. 3 ist jetzt eindeutig bestimmt, daß die Grundsätze der Abs. 1 und 2 auch bei der **Beschränkung des Einspruchs** gegen einen Strafbefehl gelten. Das war deshalb erforderlich, weil die Praxis in den Fällen der Beschränkung des Einspruchs gegen einen Strafbefehl bislang weitestgehend andere Kriterien zu Grunde gelegt hatte.[6] Vgl. auch KV Nrn. 6111, 6112. 5

Für die Anwendung des § 40 a GKG ist es unerheblich, ob die Beschränkung des Rechtsmittels oder des Einspruchs zulässig war oder nicht. Wird z. B. die Berufung oder der Einspruch gegen einen Strafbefehl zurückgenommen, weil die unzulässige beschränkte Einlegung als unbeschränkt behandelt werden mußte, sind insoweit die Gebühren nach KV Nrn. 6121, 6131 zu erheben. Wenn das als beschränkt eingelegte Rechtsmittel aus Rechtsgründen als unbeschränkt behandelt werden mußte, ist für die Gebühr der Rechtsmittelinstanz auf die nach § 40 maßgebliche Strafe abzustellen. 6

Von vornherein nicht anwendbar ist die Bestimmung des § 40 a GKG in den Fällen der sog. „horizontalen" Beschränkung des Rechtsmittels, d. h., wenn dieses auf den Rechtsfolgenausspruch als Ganzen, nicht aber gegen den Schuldspruch, gerichtet ist. Dann gilt für die Gebührenbemessung stets § 40 GKG. 7

1 Vgl. BT-Drucks. 12/6962, S. 65.
2 *Hartmann* § 40 a Rn. 1.
3 So BT-Drucks. 12/6962, S. 65.
4 *Hartmann* § 40 a Rn. 2.
5 BT-Drucks. 12/6992, S. 65.
6 BT-Drucks. 12/6992, S. 65.

§ 41
Nachträgliche Bildung einer Gesamtstrafe oder einer Einheitsstrafe

(1) Wird aufgrund des §§ 55 Abs. 1 des Strafgesetzbuches eine Gesamtstrafe gebildet, so bemißt sich die Gebühr für das neue Verfahren nach dem Betrag, um den die Gesamtstrafe die früher erkannte Strafe übersteigt. Dies gilt entsprechend, wenn ein Urteil, in dem auf Jugendstrafe erkannt ist, nach § 31 Abs. 2 des Jugendgerichtsgesetzes in ein neues Urteil einbezogen wird.

(2) In den Fällen des §§ 460 der Strafprozeßordnung und des § 66 des Jugendgerichtsgesetzes verbleibt es bei den Gebühren für die früheren Verfahren.

1 Werden mehrere selbständige Straftaten durch ein Urteil erledigt, so ist nach §§ 53, 54 StGB eine Gesamtstrafe zu bilden. Diese Gesamtstrafe gibt die Grundlage für die Gebührenbemessung nach § 40 GKG (vgl. oben, § 40, Rn. 13). Zuweilen kommt es vor, daß das Gericht die Bildung einer Gesamtstrafe – aus welchen Gründen auch immer – nicht vornimmt, so daß dieses nach § 55 StGB nachträglich zu geschehen hat. Das gilt auch im Jugendstrafrecht nach Maßgabe des § 31 Abs. 2 JGG. Nur in solchen Fällen greift § 41 Abs. 1. Dagegen ist § 41 Abs. 1 unanwendbar, wenn die mehreren Urteilen selbständig ergangen sind und erst nachträglich in einem besonderen Beschluß gemäß § 460 StPO eine Gesamtstrafe gebildet oder nach § 66 JGG eine Einheitsstrafe ausgesprochen wird. Denn dieser Beschluß ist gebührenfrei und die Gebühren der früheren Verurteilungen bleiben unberührt (§ 41 Abs. 2).

2 Die **Gebühr** nach Abs. 1 wird so berechnet, daß der Gebührenbemessung der Teil der Strafe zugrundegelegt wird, um den die frühere Strafe erhöht wurde (**Zusatzstrafe**[1]). Es kommt also nur auf den Betrag an, um den die nach § 55 Abs. 1 StGB gebildete Gesamtstrafe die frühere (Gesamt-)Strafe übersteigt. Lautete z. B. die erste (Gesamt)strafe auf 1 Jahr und 1 Monat Freiheitsstrafe, die spätere Strafe auf 1 Jahr und 2 Monate Freiheitsstrafe, so ist die Gebühr aus einer Freiheitsstrafe von 1 Monat zu erheben. Das gilt auch, wenn die Gebühr für die frühere Strafe und die für die neu gebildete Gesamtstrafe in einer Gebührenstufe liegen.[2] Beispiel: Die frühere Strafe betrug 30 Tagessätze Geldstrafe, die neu gebildete Gesamtstrafe beträgt 60 Tagessätze Geldstrafe. Hier beträgt die Gebühr nach KV Nr. 6110 lit. b 41 €. Die für das (oder die) frühere(n) Verfahren erwachsenen Gebühren bleiben unberührt. Eine Ausnahme gilt nur, wenn eine der früheren Strafen bereits eine Gesamtstrafe ist, die nunmehr aufgelöst werden muß. Dann ist die Summe der früheren Einzelstrafen (bzw. die frühere Gesamtstrafe mit der neuen Gesamtstrafe) zu vergleichen. Es erwächst dann keine zusätzliche Gebühr nach § 41 Abs. 1 GKG, wenn die neue Gesamtstrafe nicht höher ist als eine frühere Gesamtstrafe.[3] Ist sie höher, dann ist der Unterschied

1 Vgl. *Wagner* RPfleger 1951, 21.
2 *Oe/Wi/He* § 41 Rn. 5.
3 *Oe/Wi/He* § 41 Rn. 6.

zwischen der alten und der neu gebildeten Gesamtstrafe Bemessungsgrundlage für die Gebühr.

War wegen einer früheren Tat auf eine **Maßregel der Besserung und Sicherung** nach § 40 Abs. 3 GKG oder nach § 40 Abs. 5 GKG erkannt und hat das Gericht bei der neuen Verurteilung über diese Maßregeln neu entschieden, sind die Gebühren des § 40 Abs. 3 und 5 GKG dann nach dem neuen Urteil zu berechnen. Eine bereits für die frühere Maßregel angesetzte Gebühr ist anzurechnen. Waren gegen einen Jugendlichen nur Erziehungsmaßregeln oder Zuchtmittel angeordnet und wird nunmehr Jugendstrafe verhängt, ist nur die Jugendstrafe maßgebend. 3

Auslagen: Insoweit findet keine Zusammenrechnung statt. Sie sind für jedes Verfahren gesondert zu erheben. 4

§ 42
Mehrere Angeschuldigte

(1) Betrifft eine Strafsache mehrere Angeschuldigte, so ist die Gebühr von jedem gesondert nach Maßgabe der gegen ihn erkannten Strafe oder angeordneten Maßregel der Besserung und Sicherung zu erheben. Wird in einer Strafsache gegen einen oder mehrere Angeschuldigte auch eine Geldbuße gegen eine juristische Person oder eine Personenvereinigung festgesetzt, so ist eine Gebühr auch von der juristischen Person oder Personenvereinigung nach Maßgabe der gegen sie festgesetzten Geldbuße zu erheben.

(2) Wird wegen derselben Tat eine der in § 40 Abs. 5 bezeichneten Nebenfolgen angeordnet, so wird nur eine Gebühr erhoben. § 58 bleibt unberührt.

Die durch das KostRÄndG 1994 um die Möglichkeit des Gebührenansatzes bei Festsetzung einer Verbandsgeldbuße erweiterte Bestimmung regelt das gebührenrechtliche Verhältnis **mehrerer verurteilter Angeschuldigter** zur Staatskasse, und zwar für alle Rechtszüge, sofern auch am Rechtsmittelverfahren mehrere Verurteilte beteiligt waren (vgl. § 60 GKG, § 466 StPO). Da die Gebührenpflicht des verurteilten Angeschuldigten von der gegen ihn rechtskräftig erkannten Strafe abhängig ist, entspricht es der Billigkeit, daß die Gebührenpflicht eines jeden Verurteilten sich nach der gegen ihn erkannten Strafe richtet. Die gegen Mitangeklagte ausgesprochenen Strafen berühren ihn nicht. 1

Die Vorschrift gilt auch für mehrere im **Privatklageverfahren** Verurteilte, § 45 GKG. Soweit keine Verurteilung im Privatklageverfahren erfolgt, entstehen die Gebühren nach KV Nrn. 6510 ff. ohne Rücksicht auf die Zahl der Beschuldigten nur einmal. Das gilt auch bei der **Nebenklage**. Mehrere Antragsteller im **Klageerzwingungsverfahren**, mehrere Anzeigende oder mehrere Privat- oder Nebenkläger schulden gesamtschuldnerisch nur eine Gebühr. 2

Anwendbar ist § 42 GKG auch, wenn neben einer Strafe oder selbständig auf eine **Maßregel der Besserung und Sicherung** erkannt ist, Abs. 1. Eine Ausnahme bestimmt Abs. 2 3 für den Fall, daß **wegen derselben Tat** auf Einziehung, Verfall etc. erkannt wird. Hier wird **nur eine Gebühr** erhoben, auch wenn mehrere Angeschuldigte an der Tat beteiligt waren. Vgl. auch unten, Rn. 5, 13.

4 **Eine Strafsache** (vgl. Vorbem. vor § 40, Rn. 7) betrifft mehrere Angeschuldigte iS von § 40 GKG, wenn in einem und demselben Verfahren gegen mehrere Angeschuldigte verhandelt wird, wobei es gleichgültig ist, ob sie untereinander Teilnehmer iS von 25 ff. StGB waren oder nicht.[1]

5 Die Gebühr ist in diesem Falle **von jedem Verurteilten gesondert** zu erheben, Abs. 1. Grundlage der Gebührenberechnung ist für jeden einzelnen die gegen ihn erkannte Strafe oder – im Falle des Abs. 1 S 2 festgesetzte Geldbuße –. Er haftet nicht für die von den Mitverurteilten geschuldeten Gebühren. Anders liegt es nur in den Fällen des Abs. 2. Sind **Maßregeln der Besserung und Sicherung** angeordnet, ist hierfür die Gebühr nach § 40 Abs. 4, KV Nr. 6110 lit. c von jedem Mitverurteilten zu erheben, gegen den eine Maßregel festgesetzt worden ist. Die Gebühr ist also unter Umständen wegen desselben Urteils mehrfach zu erheben, wobei jeder Mitverurteilte immer nur für die gerade ihn treffende Gebühr haftet, nicht auch für Gebühren der übrigen Verurteilten.

6 **Bei Einziehung** pp. (Abs. 2) gilt als Ausnahme von den Grundsätzen des Abs. 1, daß die Nebenfolgen **wegen derselben Tat** ausgesprochen werden. Ob dieselbe Tat vorliegt, ist nicht nach strafrechtlichen Grundsätzen zu bestimmen. Sie kann auch bei einem sonstigen Zusammenhang gegeben sein, z. B. wenn die Verurteilten nicht bewußt zusammenwirkten. Eine Tat idS liegt auch vor, wenn der eine Angeklagte wegen Diebstahls, der andere wegen Hehlerei[2] oder Begünstigung oder wenn mehrere Angeschuldigte wegen gegeneinander wechselseitig begangener Körperverletzung, auch als fahrlässige Nebentäter, verurteilt werden und die von ihren zur Tat benutzten Gegenstände der Einziehung verfallen.[3] Ohne ein Mitwirken, d. h. ohne einen kausalen Beitrag an der Tat eines anderen, kann indessen nicht von derselben Tat iS von § 42 GKG gesprochen werden.[4]

7 Liegt dieselbe Tat vor, dann haften mehrere wegen der Tat Verurteilte für die Gebühren des § 40 Abs. 5, KV Nrn. 6310 ff. als **Gesamtschuldner** ohne Rücksicht auf das Maß ihrer Beteiligung und der Frage, ob ihnen der Gegenstand der Einziehung gehörte oder nicht, (Abs. 2 S 2).[5] Da die Gebühren nur im Berufungs-, Revisions- und Wiederaufnahmeverfahren entstehen, ist weitere Voraussetzung, daß auch diese Verfahren von mehr als einem Beteiligten betrieben werden. Der Ausspruch der Einziehung der zum Monopoldelikt verwendeten Gegenstände richtet sich auch gegen den Gehilfen, der nicht Eigentümer oder Besitzer dieser Geräte ist.[6] Die Vorschrift gilt auch dann, wenn das Strafverfahren und die Entscheidung **mehrere Angeklagte und mehrere durch sie verübte Taten** zum Gegenstand hat. Handelt es sich aber um **mehrere Angeklagte** und wird wegen ver-

1 Vgl. dazu bes die Kommentare zu § 466 StPO, z. B. bei Kleinknecht/*Meyer-Goßner* Rn. 1, m. N.
2 OLG Stuttgart, Die Justiz 1972, 19.
3 BayObLG, RPfleger 1960, 306; OLG Hamm, RPfleger 1955, 13; *Oe/Wi/He* § 42 Rn. 10; Kleinknecht/*Meyer-Goßner* § 466 Rn. 1.
4 OLG Celle, MDR 1960, 1033.
5 OLG Köln, NJW 1956, 196 (L).
6 Vgl. auch BGH, RPfleger 1959, 2 (L).

schiedener Straftaten die Einziehung pp. angeordnet, erwächst insoweit, als es sich nicht um eine aufgrund derselben Tat erfolgende Einziehung handelt, die Gebühr für jede Einziehungsmaßnahme gesondert. Wird z. B. gegen den Angeklagten A die Einziehung eines von ihm zu seiner allein begangenen Tat benutzten Gegenstandes und gegen den Angeklagten B auf Einziehung eines anderen Gegenstandes zu einer ohne Beteiligung des A begangenen Tat erkannt, erwächst für jede Einziehungsanordnung eine selbständige Gebühr, da es sich dann nicht um aufgrund derselben Tat erfolgende Einziehung handelt. **Aber auch hier gilt, daß eine Gebühr nicht für die erste Einziehungsanordnung, sondern nur für ein gegen dieses Erkenntnis gerichtetes Rechtsmittel- oder Wiederaufnahmeverfahren erwächst** (§ 40 Abs. 5).

Betreiben **mehrere Angeklagte ein Rechtsmittel- oder Wiederaufnahmeverfahren** 8 gegen eine Einziehungsanordnung, erwächst hierfür nur eine Gebühr, wenn sich die Rechtsmittel- oder Wiederaufnahmeverfahren gegen dieselbe Einziehungsanordnung richten, nicht aber wenn sie Einziehungsmaßnahmen zum Gegenstand haben, an denen die Angeklagten, die das Rechtsmittel- oder Wiederaufnahmeverfahren betreiben, nicht gemeinsam beteiligt sind. Soweit mehrere Angeklagte an der Einziehungsmaßnahme wegen derselben Tat beteiligt sind, haftet jeder von ihnen gem. § 58 GKG als Gesamtschuldner für die ganze Gebühr. Die Gebühr muß aber nur einmal entrichtet werden. Der Angeklagte, der sie zahlt, hat einen Ausgleichsanspruch gegen die an derselben Tat mitbeteiligten Angeklagten, den er außerhalb des Gerichtskostenansatzverfahrens zivilrechtlich geltend machen kann. Wenn gegen die Einziehung desselben Gegenstandes sowohl ein oder mehrere Angeklagte und gleichzeitig ein oder mehrere Einziehungsbeteiligte das Rechtsmittel- oder Wiederaufnahmeverfahren betreiben, wird auch in diesem Fall, soweit es sich um dieselbe Tat handelt, Abs. 2 dahin auszulegen sein, daß nur eine Gebühr erwächst. Anders wäre es, wenn die Rechtsmittel- und Wiederaufnahmeverfahren verschiedene Einziehungsanordnungen aufgrund verschiedener Taten zum Gegenstand hätten. Dann würden für jede Einziehungsanordnung verschiedene Gebühren entstehen. Soweit es sich um denselben Einziehungsgegenstand handelt, haften für die Gebühr Angeklagte und Nebenbeteiligte als Gesamtschuldner, §§ 54 Nr. 1, 58 GKG.

Auslagen: Die Auslagenhaftung mehrerer Beteiligter ergibt sich aus *§ 466 StPO*, welcher 9 bestimmt:

„Mitangeklagte, gegen die in bezug auf dieselbe Tat auf Strafe erkannt oder eine Maßregel der Besserung und Sicherung angeordnet wird, haften für die Auslagen als Gesamtschuldner. Dies gilt nicht für die durch die Tätigkeit eines bestellten Verteidigers oder eines Dolmetschers und durch die Vollstreckung, die einstweilige Unterbringung oder die Untersuchungshaft entstandenen Kosten sowie für Auslagen, die durch Untersuchungshandlungen, die ausschließlich gegen einen Mitangeklagten gerichtet waren, entstanden sind“.

Für die **Auslagen** haften die Beteiligten iS des oben, Rn. 6, Gesagten stets gesamtschuldnerisch, und zwar ohne daß es eines besonderen Ausspruchs in der Kostengrundentscheidung bedarf. Ein solcher – grundsätzlich zulässiger – Ausspruch wird sogar für überflüssig angesehen.[7] Bei der Beteiligung eines Verurteilten an nur einzelnen Akten einer fortgesetzten Tat des Mitangeklagten kommt es darauf an, ob sich die Fortsetzungshandlungen des Mitangeklagten, die dieser allein ausgeführt hat, hinsichtlich der Auslagen von dem gemeinsamen Teil der Tat ausscheiden lassen.[8] Die Strafe oder die Maßregel der Besserung und Sicherung braucht nicht im gleichen Urteil ausgesprochen worden zu sein. Auslagen, die sich aber eindeutig dem Handeln eines Mitangeklagten allein zuordnen lassen, fallen niemals unter die Gesamthaftung.[9] Wird von zwei Angeklagten der eine verurteilt und der andere freigesprochen, so hat der Verurteilte alle Kosten des Verfahrens zu tragen mit Ausnahme derjenigen Auslagen, die ausscheidbar allein auf das Verfahren gegen den Freigesprochenen entfallen sind.[10] Eine gesamtschuldnerische Haftung findet auch nicht statt, wenn und soweit diese vor einer Verbindung oder nach einer Trennung der Verfahren erwachsen sind. Die gesamtschuldnerische Haftung entfällt auch wegen der Auslagen eines Mitverurteilten, dem sie durch Amnestie oder Gnadenerweis erlassen sind, so daß der nicht amnestierte oder nicht begnadigte Mitverurteilte nicht solche Auslagen zu tragen hat, die im Innenverhältnis den Amnestierten oder Begnadigten treffen.

10 Ausnahmen von der gesamtschuldnerischen Haftung bestehen nach § 466 S 2 StPO für Auslagen, die für die Vergütung des Pflichtverteidigers und des Dolmetschers sowie für die Vollstreckung, die Untersuchungshaft oder die einstweilige Unterbringung für einen Mitangeklagten entstehen. Das gilt natürlich auch für die Vollstreckungskosten einer Maßregel der Besserung und Sicherung (§ 463 StPO) und für Auslagen, die Untersuchungshandlungen betreffen, welche sich ausschließlich gegen einen der Mitangeklagten richten. So z. B. die allein wegen dessen Einlassung erforderlichen Beweiserhebungen[11] einschließlich einer etwaigen Unterbringung nach § 81 StPO oder § 73 JGG und Untersuchungen nach § 81a StPO. Das gilt auch für Auslagen, die wegen schuldhafter Säumnis eines Mitangeklagten erwachsen sind (§ 467 Abs. 2 StPO).

11 Ist ein Mitangeklagter für straffrei erklärt oder hat das Gericht eine Verwarnung mit Strafvorbehalt ausgesprochen, dann tritt die gesamtschuldnerische Haftung für die Auslagen erst ein, wenn das Gericht eine Verurteilung in die Kosten ausgesprochen hat, § 465 Abs. 1 S 2 StPO.[12] Ebenso, bei Aussetzung der Verhängung einer Jugendstrafe mit Bewährungsfrist (§ 27 JGG) und bei Anordnung von Erziehungsmaßregeln und Zuchtmitteln gegen Jugendliche.[13]

12 Sinngemäß gilt die Bestimmung für das Rechtsmittelverfahren, wenn mehrere Angeklagte ein Rechtsmittel betreiben. Es haben dann der Verurteilte und der für straffrei erklärte Angeschuldigte je die Auslagen zu tragen, die in bezug auf ihre Tat entstanden sind, allein zu tragen. Werden gemäß § 74 JGG einem Jugendlichen keine Kosten auferlegt, haftet der Mitverurteilte nicht für den Kostenanteil, den im Innenverhältnis gemäß § 426 BGB der Jugendliche tragen müßte.[14]

7 Kleinknecht/*Meyer-Goßner* Rn. 2.
8 *Oe/Wi/He* § 42, Rn. 12.
9 Vgl. dazu bei *D.Meyer* DAR 1989, 397.
10 OLG Hamm, JMBlNRW 1966, 119; *D.Meyer* DAR 1989, 397.
11 Vgl. *Hilger* in Löwe-Rosenberg, StPO, 24. Aufl., § 466 Rn. 17; Kleinknecht/*Meyer-Goßner* Rn. 3; *Bode* NJW 1969, 214.
12 *Oe/Wi/He* § 42 Rn. 7.
13 *Mümmler* JurBüro 1974, 673; *Oe/Wi/He* § 42 Rn. 8.
14 *Oe/Wi/He* § 42, Rn. 13; *Ort* JVBl 1970, 97, 99.

Abs. 2 bestimmt, daß in den Fällen des § 40 Abs. 5 GKG auch bei einer Mehrheit von Angeschuldigten wegen derselben Tat nur einmal entstehen, ohne daß die gesamtschuldnerische Haftung nach § 58 GKG berührt wird. Vgl. auch oben, Rn. 3, 5. 13

Es steht in pflichtgemäßem Ermessen des Kostenbeamten, ob und in welchem Umfang er die Auslagen von dem einen oder dem anderen Mitangeklagten einfordert, § 8 Abs. 3 KostVfg.[15] 14

Der Ausgleichsanspruch der Mitangeklagten untereinander ist stets im Zivilverfahren auszutragen.[16] 15

§ 43
Wiederaufnahme des Verfahrens

Wird nach Anordnung der Wiederaufnahme des Verfahrens (§ 370 Abs. 2 der Strafprozeßordnung) das frühere Urteil aufgehoben, so gilt für die Gebührenerhebung das neue Verfahren mit dem früheren Verfahren zusammen als ein Rechtszug. Dies gilt auch für das Wiederaufnahmeverfahren, das sich gegen einen Strafbefehl richtet (§ 373 a der Strafprozeßordnung).

Die Bestimmung hat die Gebührenerhebung für das **Wiederaufnahmeverfahren** der §§ 359 ff. StPO zum Gegenstand. Zu unterscheiden ist die Verwerfung des Antrags auf Wiederaufnahme als unzulässig oder die Ablehnung eines solchen Antrages, weil er unbegründet ist, die Anordnung des Wiederaufnahmeverfahrens mit nachfolgender Aufrechterhaltung des früheren Urteils und die Anordnung des Wiederaufnahmeverfahrens mit nachfolgender Aufhebung des früheren Urteils. In den ersten beiden Fallgruppen wird der Antrag entweder als unzulässig zurückgewiesen (§ 368 StPO) oder als unbegründet verworfen (§ 370 StPO). In den beiden anderen Fallgruppen wird die Wiederaufnahme des Verfahrens angeordnet (§ 370 Abs. 2 StPO) und entweder das frühere Urteil aufrechterhalten oder mit nachfolgendem neuen Urteil aufgehoben oder geändert. Nur den letzten der genannten Fälle der Aufhebung eines Urteils oder eines Strafbefehls unterfällt der Gebührenbestimmung des § 43 GKG. Sinngemäß gilt diese Bestimmung auch in den Fällen der Wiederaufnahme eines Privatklageverfahrens auf Antrag des Verurteilten (§ 46 GKG) und im gerichtlichen Ordnungswidrigkeitenverfahren (§ 48 GKG). 1

Wird nach Anordnung der Wiederaufnahme aufgrund der erneuten Hauptverhandlung durch ein neues Urteil das frühere **Urteil aufrechterhalten** (§ 373 StPO), wird die Gebühr nach KV Nr. 6201 erhoben, und zwar nach Maßgabe der den Gegenstand des Wiederaufnahmeverfahrens bildenden Straftat und der für sie im früheren rechtskräftigen Urteil erkannten Strafe (Freiheitsstrafe, Geldstrafe, Maßregeln der Besserung und Sicherung – § 40 Abs. 4 GKG –; Anordnung von Nebenfolgen – § 40 Abs. 5 GKG –, soweit sie Gegen- 2

15 Vgl. auch KG, JR 1967, 43.
16 OLG Koblenz, RPfleger 1990, 36.

stand des Wiederaufnahmeverfahrens waren). Die Gebühr erwächst **neben** den im früheren Verfahren entstandenen Gebühren.

3 Die Gebühr gilt für das gesamte Wiederaufnahmeverfahren einschließlich des Anordnungsverfahrens. Werden gegen das Urteil Rechtsmittel (Berufung, Revision) eingelegt, bestimmt sich die Gebührenpflicht für diese Rechtsmittelverfahren nach KV Nrn. 6120–6131. Die Gebühren sind auch dann zu erheben, wenn in dem früheren Verfahren entsprechende Gebühren erwachsen waren.

4 **Aufhebung des früheren Urteils,** S 1: Diesen Fall regelt § 43 GKG. Hier sind für das Wiederaufnahmeverfahren keine besonderen Gebühren zu berechnen. Das frühere und das nach Anordnung der Wiederaufnahmeverfahren durchgeführte Verfahren gelten als **ein** Rechtszug, wobei gleichgültig ist, ob der Verurteilte oder die Staatsanwaltschaft den erfolgreichen Wiederaufnahmeantrag gestellt hat. Das frühere Verfahren ist das Verfahren, das mit dem auf die Wiederaufnahme aufgehobenen Urteil geendet hat. War es z. B. ein Berufungsverfahren, sind für das frühere und das neue Verfahren die Gebühren nach KV Nr. 6201 i. V. m. Nr. 6120 nur einmal zu erheben, wobei Voraussetzung ist, daß auch das neue Urteil einen gebührenpflichtigen Tatbestand nach § 40 GKG enthält, die Kosten dem Angeklagten auferlegt wurden und das Urteil rechtskräftig ist. Auch die im vorangegangenen Rechtszug oder in den sonstigen vorangegangenen Rechtszügen erwachsenen Kosten sind neu auf der Grundlage der nunmehr rechtskräftigen Strafe zu berechnen. Für jede Instanz ist nur eine Gebühr zu erheben.

5 Dasselbe gilt, wenn das frühere Verfahren ein Verfahren des ersten Rechtszuges war. Erfolgt im Wiederaufnahmeverfahren ein Freispruch oder eine Einstellung des Verfahrens, entfallen insoweit alle auch in den vorangegangenen Verfahren erwachsenen Gebühren einschließlich der in früheren Rechtsmittelverfahren schon entstanden gewesenen Gebühren. Unerheblich ist, ob die Aufhebung des früheren Urteils oder der Freispruch ohne (§ 371 StPO) oder aufgrund (§ 373 StPO) neuer Hauptverhandlung erfolgen. Gezahlte Kosten sind dann zurückzuerstatten (§ 467 StPO, § 36 KostVfg).

6 **Wiederaufnahme gegen einen Strafbefehl** (**S 2**): Nach § 373a StPO kann auch eine Wiederaufnahme eines nach einem rechtskräftigen Strafbefehl abgeschlossenen Verfahrens erfolgen. In diesem Fall sind die Gebühren ebenfalls nach KV Nrn. 6200, 6201 zu erheben. Im Ergebnis sind das dieselben Gebühren wie für einen Strafbefehl nach KV Nrn. 6111, 6112.

7 Wird der Strafbefehl nach der Anordnung der Wiederaufnahme durch das neue Urteil aufrechterhalten, ist die Gebühr nach KV Nr. 6201 zu erheben. Wird aber der Strafbefehl aufgehoben, dann gilt das neue Verfahren mit dem früheren Verfahren als ein Rechtszug. Das oben (Rn. 4–5) Gesagte gilt dann entsprechend.

8 Wird die **Wiederaufnahme** nur hinsichtlich **einzelner von mehreren** in einem Urteil zusammengefaßten **Einzelstrafen** betrieben, erwachsen die Gebühren nur aus den Fällen, die den Gegenstand des Wiederaufnahmeverfahrens bilden. Sind mehrere in einem Urteil zusammengefaßte Fälle Gegenstand des Wiederaufnahmeverfahrens und hat das Verfahren nur hinsichtlich einzelner Fälle, also nur **teilweise Erfolg**, sind die Gebühren für die einzelnen Fälle getrennt zu berechnen.

Bei der **Wiederaufnahme** auf Antrag des **verurteilten Privatbeklagten** gilt § 43 GKG sinngemäß (§ 45 GKG). Es entstehen also auch hier die Gebühren nach KV Nrn. 6200, 6201. 9

§ 44
Zurücknahme des Strafantrages

Das Gericht kann die Gebühr, die regelmäßig zu erheben ist, wenn das Verfahren nach Eröffnung des Hauptverfahrens infolge der Zurücknahme des Antrags, durch den es bedingt war, eingestellt wird, herabsetzen oder beschließen, daß von der Erhebung der Gebühr abgesehen wird.

Nach § 44, KV Nr. 6400 ist regelmäßig eine **Festgebühr** in Höhe von 30 € zu erheben, 1 wenn das gerichtliche Strafverfahren durch Rücknahme des Strafantrags endet. § 44 räumt die Möglichkeit ein, diese Gebühr herabzusetzen oder ganz niederzuschlagen. § 44 GKG ist als Pendant zu § 470 StPO gedacht, wonach der Antragsteller die Kosten des Verfahrens zu tragen hat, wenn das Verfahren wegen Rücknahme des Strafantrags, durch den es bedingt war, eingestellt wird. Eine Kostenentscheidung des Gerichts nach § 470 StPO ist aber nicht Voraussetzung für einen Gebührenansatz, insbesondere für eine Ermäßigung oder Niederschlagung nach § 44. Sie ist aber immer vorrangig und für den Kostenansatz bindend.

Voraussetzungen für einen Kostenansatz nach § 44 ist ein Strafantrag, die Erhebung der 2 öffentlichen Klage durch die Staatsanwaltschaft oder ein ihr gleichstehender Akt (z. B. Antrag auf Erlaß eines Strafbefehls), Eröffnung des Hauptverfahrens auf die Anklage der Staatsanwaltschaft (bzw. Erlaß des Strafbefehls), Zurücknahme des Strafantrags und als deren Folge die Einstellung des Verfahrens.

Die Stellung des Strafantrags ist geregelt in den §§ 77–77d StGB, seine Rücknahme im 3 § 77d StGB. Die **Staatsanwaltschaft** muß die öffentliche Klage erhoben oder das Verfahren in einer der öffentlichen Klage gleichstehenden Weise gerichtshängig gemacht haben. § 44 ist deshalb nicht im Privatklageverfahren anzuwenden. Hier gilt u. U. KV Nr. 6523.

Das Verfahren muß auf dem Strafantrag beruhen. Beruht es nicht allein auf dem 4 Strafantrag, etwa weil die Staatsanwaltschaft unabhängig davon das öffentliche Interesse angenommen und deshalb das Verfahren von Amts wegen eingeleitet oder weiter betrieben hat, oder war das Verfahren sogar von Amts wegen zu betreiben, ist die Gebühr nach § 44 niemals zu erheben.

Beruht das Verfahren auf **mehreren Strafanträgen** und wird es wegen Rücknahme 5 sämtlicher Anträge (– sei es nacheinander, sei es zugleich –) eingestellt, dann sind alle Rücknahmen für die Einstellung des Verfahrens ursächlich. Die Gebühr nach KV Nr. 6400 erwächst dann aber nur einmal. Mehrere Gebühren erwachsen nur dann, wenn die Anträge wegen verschiedener Antragsdelikte gestellt worden waren.

6 Das **Hauptverfahren** muß **eröffnet** sein. Der Eröffnung des Hauptverfahrens gleich steht der Erlaß eines Strafbefehls. Denn nach einem Einspruch gegen einen Strafbefehl ersetzt dieser den Eröffnungsbeschluß. Im Fall des § 212 StPO wird der Beginn der Hauptverhandlung, und zwar der Aufruf zur Sache, dem Eröffnungsbeschluß gleichgesetzt. Erfolgt die Rücknahme des Strafantrags vor dem als Eröffnung des Hauptverfahrens maßgebenden Zeitpunkt, fällt die Gebühr nach § 44 nicht an, selbst dann, wenn trotz der Antragsrücknahme versehentlich das Hauptverfahren noch eröffnet wurde. Wird ein Strafbefehl zugestellt und der Strafantrag binnen der Einspruchsfrist zurückgenommen, fällt die Gebühr des § 44 ebenfalls nicht an.

7 **Die Einstellung des Verfahrens muß auf der Antragsrücknahme beruhen.** Wird das Verfahren aus anderen Gründen eingestellt, fällt die Gebühr nicht an, ebensowenig, wenn der Angeklagte freigesprochen wird. Ob die Einstellung des Verfahrens durch Beschluß oder auf eine Hauptverhandlung erfolgt, spielt keine Rolle. Es muß das ganze Hauptverfahren eingestellt worden sein.

8 Keine Gebühr nach KV Nr. 6400 ist zu erheben, wenn nur wegen **einzelner Straftaten** der Antrag zurückgenommen wird, das auch wegen anderer Straftaten eröffnete Hauptverfahren aber nicht hinsichtlich aller Taten wegen der Zurücknahme des Strafantrags eingestellt wird. Verbleiben also nach der Antragsrücknahme noch weitere Strafvorwürfe und wird dann wegen des Restes das Verfahren nach § 153 StPO eingestellt, beruht die Einstellung nicht ausschließlich auf der Antragsrücknahme.

9 Für die **Auslagen** haften mehrere Strafantragsteller gesamtschuldnerisch, soweit die Auslagen auf Grund der Strafanträge entstanden sind, nicht aber, soweit sie wegen einer Straftat entstanden sind, hinsichtlich derer nicht alle den Antrag gestellt hatten. Dann haften für solche Auslagen nur die besonderen Antragsteller. Nach § 470 S 2 StPO können die Kosten, also auch die Auslagen, der Staatskasse auferlegt werden.

10 **Die Gebühr** beträgt ohne Rücksicht auf die Art und Zahl der zugrundeliegenden Straftaten 30 € (KV Nr. 6400), sofern das Gericht (der Richter, nicht der Rechtspfleger) nicht nach § 44 verfährt. Sie entsteht mit dem Einstellungsbeschluß, nicht erst mit deren Rechtskraft (§ 63 Abs. 1 GKG). Das Gericht kann die Gebühr bis auf den Mindestsatz von 10 € (§ 11 Abs. 3 S 1 GKG) ermäßigen oder volle Gebührenfreiheit gewähren. Es ist insoweit nur an eine Grundentscheidung des Strafgerichts nach § 470 StPO gebunden, welche aber dem Kostenansatzverfahren vorgeht. D. h. eine Entscheidung nach § 44 hat stets durch den Richter zu erfolgen und soll idR zugleich oder gleich nach dem Kostenausspruch gem. § 470 StPO ergehen.[1] Das Gericht entscheidet nach pflichtgemäßem Ermessen und von Amts wegen. Die Verpflichtung zum Tragen von **Auslagen** wird von einer Entscheidung nach § 44 nicht berührt. Insoweit ist nur eine Entscheidung nach § 470 S 2 StPO zu beachten. Nach § 8 Abs. 1 S 3 GKG kann von der Gebühren- und Auslagenerhebung abgesehen werden, wenn ein zurückgenommener Antrag aus Unkenntnis der tatsächlichen oder rechtlichen Verhältnisse beruhte. Indessen wird die Bestimmung des § 8 GKG hier kaum jemals praktisch relevant werden.

1 *Oe/Wi/He* § 44 Rn. 3; *Hartmann* § 44 Rn. 2.

Kostenschuldner ist derjenige, dem das Gericht gemäß § 470 StPO die Kosten auferlegt hat (§ 54 Nr. 1 GKG). Er kann erst in Anspruch genommen werden, wenn eine Entscheidung nach § 470 StPO ergangen ist, die nicht rechtskräftig zu sein braucht. Liegt keine Entscheidung nach § 470 StPO vor, ist der Strafantragsteller Kostenschuldner. Eine Kostenübernahme durch den Angeklagten oder eines anderen Dritten ist ohne weiteres möglich. Sind die Kosten zwischen dem Antragsteller und der Staatskasse nach § 470 StPO verteilt, haftet jeder nur nach dem ihn betreffenden Teil. Hat der Angeklagte dem Gericht gegenüber die Kostentragung nach Maßgabe des § 54 Nr. 2 GKG übernommen und werden sie trotzdem nach § 470 StPO dem Antragsteller auferlegt, so haften Antragsteller und Angeklagter für die Kosten als Gesamtschuldner. 11

Vorbemerkungen vor §§ 45, 46

Die Gebühren in **Privatklagesachen,** auch bei **Widerklage,** regeln die §§ 45, 46, KV Nrn. 6510 ff. Für die **Nebenklage** sind die Bestimmungen KV Nrn. 6600 ff. maßgebend. Während in dem von Amts wegen zu betreibenden Strafverfahren regelmäßig Voraussetzung für die Erhebung der Gebühren eine rechtskräftig erkannte Strafe oder Maßregel der Besserung und Sicherung ist (§ 40 GKG), besteht in Privatklageverfahren eine **Gebührenpflicht in jedem Fall,** und zwar auch dann, wenn das Verfahren nicht mit einer Verurteilung endet, sondern durch Freispruch, Straffreierklärung, Zurückweisung, Klagerücknahme oder Einstellung, sofern letztere nicht wegen Geringfügigkeit erfolgt. Letzteres folgt aus dem Gesetzestext vor KV Nr. 6540. Das gilt auch, wenn das Privatklageverfahren in einer Rechtsmittelinstanz ohne Verurteilung endet. Wer letztlich gebührenpflichtig ist, und wonach sich die Gebühren bemessen, zeigt sich erst nach Beendigung des Verfahrens. Dabei ist auch eine Kostenentscheidung nach § 471 Abs. 3 StPO zu beachten. 1

Wegen der **Auslagen**erstattung im Privatklageverfahren sind neben dem GKG noch die Bestimmungen der §§ 471, 472, 473 StPO einschlägig. 2

Eine **Vorschußpflicht** für Gebühren und Auslagen regeln die Bestimmungen der §§ 67, 68 Abs. 2 GKG, 379a, 390 Abs. 4 StPO. 3

Zur Inanspruchnahme eines **Kostenschuldners** ist auch hier erforderlich, daß ihm die Kosten gemäß §§ 465, 471 StPO auferlegt sind oder daß er sie übernommen hat (§ 54 GKG) bzw. daß ein Fall der Kostenhaftung nach § 54 Nr. 3 GKG gegeben ist. Die in § 471 Abs. 4 StPO bestimmte gesamtschuldnerische **Haftung mehrerer Privatkläger** gilt auch hinsichtlich der Gerichtskosten (§ 60 GKG). 4

Dem Privat[1]-/Nebenkläger (§ 397a StPO) kann **Prozeßkostenhilfe** bewilligt werden mit der Folge, daß er rückständige und künftige Gerichtskosten nur insoweit und in der Weise zu zahlen hat, wie das Gericht es im Einzelfall bestimmt (§ 122 ZPO). Das **Verfahren** über die Prozeßkostenhilfe richtet sich nach den Bestimmungen der StPO und der ZPO. Sie wird 5

1 Vgl. Kleinknecht/*Meyer-Goßner* § 379 Rn. 7 ff.

auch in Strafsachen für jeden Rechtszug besonders bewilligt. Die Beiordnung eines Rechtsanwalts richtet sich ebenfalls nach den einschlägigen Vorschriften der StPO und der ZPO.

6 **Privatklageverfahren und Amtsverfahren.** Übernimmt die Staatsanwaltschaft die Verfolgung einer Privatklagesache, wird der Privatkläger zum Nebenkläger (§ 377 Abs. 3 StPO). Seine Gebührenpflicht bestimmt sich dann nach KV Nrn. 6600 ff., die des Beschuldigten nach § 40 GKG. Bereits erwachsene Kosten eines abgeschlossenen Rechtszuges werden von der Übernahme nicht berührt, sondern richten sich weiter nach den Bestimmungen über Privatklagesachen.

7 **Verbindung von Verfahren.** Werden eine Privatklagesache und ein Offizialverfahren verbunden, wird der Privatkläger nicht zum Nebenkläger. Seine Gebührenpflicht richtet sich dann (weiter) nach dem von ihm betriebenen Verfahren so, wie wenn nur die Privatklage anhängig gemacht worden wäre. Wird der Privatbeklagte wegen des Privatklagedelikts verurteilt, bestimmt sich seine Gebührenpflicht nach § 45 GKG. Maßgebend ist dann die gegen ihn verhängte Strafe. Das gilt auch im Falle einer Gesamtstrafe, die aus der Strafe für die Privatklage und für das Offizialdelikt gebildet wurde. Maßgebend ist die Gesamtstrafe. Werden mehrere Privatklagesachen verbunden, die sich gegen denselben Privatbeklagten richten und die nicht mit einer Verurteilung enden, so bleiben die bis zu der Verbindung entstandenen Gebühren bestehen. Nach der Verbindung können die Gebühren, falls keine Verurteilung erfolgt, nur noch einfach erwachsen bei gesamtschuldnerischer Haftung der Privatkläger. Richten sich aber die mehreren Verfahren gegen verschiedene Privatkläger, fallen im Falle des § 45 GKG die Gebühren für jeden Verurteilten gesondert an, während im Falle einer Nichtverurteilung der Beschuldigten die Gebühren nach KV Nrn. 6510 ff. nur einfach erwachsen.[2] Wird ein Beschuldigter verurteilt und der andere freigesprochen, sind für den Verurteilten die Gebühren nach §§ 45, 46 GKG, für den Freigesprochenen nach KV Nrn. 6510 ff. zu bestimmen.[3] Die bis zur Verbindung entstandenen **Auslagen** treffen nur den Kostenschuldner des Verfahrens, in dem sie entstanden sind (§ 466 StPO). Die **Trennung** verbundener Verfahren berührt bereits entstandene Gebühren nicht.

8 Die **Widerklage** ist gebührenrechtlich neben der Privatklage selbständig. Wird der Privatkläger auf Grund der Widerklage zu einer Strafe verurteilt, erwachsen die Gebühren nach §§ 40, 45 GKG. Erfolgt daneben aufgrund der Privatklage auch eine Bestrafung des Widerklägers, gilt das auch für ihn. Eine Zusammenrechnung der Strafen des Privatklägers und des Widerklägers für die Gebührenberechnung findet nicht statt. Werden beide freigesprochen oder tritt eine sonstige Erledigung ein, so erwachsen hieraus für jeden Kostenpflichtigen die Gebühren nach KV Nrn. 6510 ff. Wird der Privatkläger aufgrund der Widerklage verurteilt und führt seine Privatklage zum Freispruch oder zu einer sonstigen Erledigung, erwachsen die Gebühren auch nach §§ 45, 40 GKG und daneben auch nach KV Nrn. 6510 ff. Ebenso ist auch umgekehrt zu verfahren, wenn die Widerklage erfolglos bleibt und der Widerkläger zur Strafe verurteilt wird.

9 **Nebenkläger:** Vgl. oben (Rn. 1) und KV Nrn. 6600 ff.

2 *Oe/Wi/He* § 45 Rn. 5.
3 *Oe/Wi/He* § 45 Rn. 2.

§ 45
Verurteilung im Privatklageverfahren

Für das Verfahren auf erhobene Privatklage gelten, wenn der Beschuldigte zu einer Strafe verurteilt wird, die §§ 40–43

Die Vorschrift regelt die Gebühren bei einer **Verurteilung** des Privatbeklagten zu einer Strafe. Wenn das Verfahren anderweitig als durch eine Verurteilung ein Ende findet, kommen KV Nrn. 6510 ff. zum Tragen. Wenn der Privatbeklagte zu einer Strafe verurteilt wird, werden die Gebühren so berechnet, wie wenn der Privatbeklagte in einem Offizialverfahren verurteilt worden wäre. § 45 GKG gilt auch für den Fall, daß der Widerbeklagte verurteilt wird. Vgl. im übrigen Vorbem. vor §§ 45, 46, Rn. 1, 8. Wegen des Einflusses von Prozeßkostenhilfe vgl. Vorbem. vor §§ 45, 46, Rn. 5. Wegen der Verbindung von Privatklageverfahren untereinander und/oder mit Offizialverfahren, vgl. Vorbem. vor §§ 45, 46 Rn. 7. 1

Das **Privatklageverfahren** ist geregelt in der §§ 374 ff. StPO. Eine gerichtliche Kostenentscheidung ergeht nach §§ 464, 465, 471 StPO. Eine gerichtliche Kostenverteilung nach dem Ausspruch des Strafgerichts ist für das Entstehen der Gebühren nach dem GKG aber nicht Voraussetzung. Hier ist nur maßgebend, ob der Angeklagte zu einer Strafe verurteilt worden ist oder nicht, so daß entweder die §§ 45, 40 GKG oder KV Nrn. 6510 ff. zur Anwendung kommen. Die hiernach zu errechnenden Gebühren sind aber nach der gerichtlichen Kostenentscheidung zu verteilen. Das Gericht kann in seiner Kostenentscheidung auch die Auslagen verteilen (§§ 471, 473 StPO). 2

Zu einer Strafe verurteilt ist der Beschuldigte, also der Privatbeklagte oder der Widerbeklagte, wenn gegen ihn auf eine der in § 40, KV Nr. 6110 vorgesehenen Strafen rechtskräftig erkannt wurde. Die Strafe ist auch hier maßgebend für die Gebühren aller Rechtszüge, deren Kosten den Angeklagten treffen. Ist er nur **teilweise** zur Strafe verurteilt, **teilweise freigesprochen**, kommt nur § 45 GKG, KV Nr. 6510, daneben nicht auch noch KV Nrn. 6540 ff. zur Anwendung.[1] Denn § 45 GKG, KV Nr. 6510 ist anwendbar „bei Verurteilung zu einer Strafe". Sind dagegen von mehreren Beschuldigten der eine zur Strafe verurteilt, der andere aber nicht, wird die Gebühr für den einen aus §§ 45, 40 GKG, KV Nr. 6110, für den anderen aus KV Nrn. 6510 ff. berechnet.[2] Bei Geldstrafen gilt das bei § 40, Rn. 11, 12 Gesagte, bei Einziehung, Ersatzeinziehung etc. das bei § 40, Rn. 17 ff. Gesagte und beim Zusammentreffen von Freiheits- und Geldstrafen das zu § 40, Rn. 12 Gesagte. Maßregeln der Besserung und Sicherung dürfen in Privatklageverfahren nicht angeordnet werden (§ 384 Abs. 1 S 2 StPO). Geschieht das doch, liegt eine unrichtige Sachbehandlung iS von § 8 GKG vor. 3

Bei nachträglicher Bildung einer **Gesamtstrafe** (§ 41 GKG) nach § 55 StGB, also wenn in das Privatklageverfahren ergehende auf Strafe ltende Urteil eine frühere Strafe einbezogen wird, ist die Gebühr für das Privatklageverfahren nur aus dem Betrag zu berechnen, um 4

1 *Oe/Wi/He* § 45 Rn. 2.
2 *Oe/Wi/He* § 45 Rn. 2.

den die neue im Privatklageverfahren gebildete Gesamtstrafe die frühere Strafe übersteigt (vgl. § 41, Rn. 2). Das gilt aber nicht, wenn nach § 460 StPO erst nachträglich durch Beschluß die Gesamtstrafe gebildet wird. Hier wird die Gebühr für das Privatklageverfahren nach der im Privatklageverfahren erkannten Strafe berechnet (vgl. § 41, Rn. 1).

5 Werden **mehrere Privatbeklagte** verurteilt (§ 42 GKG), ist auch hier die Gebühr von jedem gesondert nach Maßgabe der gegen ihn rechtskräftig erkannten Strafe zu erheben. Richtet sich das Verfahren gegen mehrere Beschuldigte, ohne daß sie zu einer Freiheitsstrafe verurteilt werden, kommt nicht § 45 i.V. m. § 42 GKG, sondern KV Nrn. 6510 ff. zur Anwendung mit der Maßgabe, daß die Gebühren nur einfach erwachsen. Wird auf eine der in § 40 Abs. 5 GKG bezeichneten Maßnahmen (Einziehung etc.) erkannt, kommt es darauf an, ob sie wegen derselben Tat erfolgten. Dann haften die mehreren wegen der Tat Verurteilten gesamtschuldnerisch für die nach § 42 GKG nur einmal zu erhebende Gebühr. Liegen dagegen mehrere selbständige Taten vor, ist die Gebühr getrennt nach Straftaten zu berechnen, wobei nur von dem wegen der jeweiligen Tat Verurteilten die Gebühren aus § 40 Abs. 5 GKG, KV Nr. 6200, 6201 zu erheben ist.

6 Die zu erhebenden **Gebührensätze** sind nach § 40 GKG, KV Nrn. 6110 ff. zu bestimmen. Sie richten sich letztlich nach der rechtskräftig erkannten Strafe. Im Privatklageverfahren kommen in Betracht Freiheitsstrafen und Geldstrafen (einschließlich Einziehung etc.), nicht aber Maßregeln der Besserung und Sicherung.

7 **Im Berufungs- und Revisionsverfahren** ist vorausgesetzt, daß der Beschuldigte letztendlich rechtskräftig zu Strafe verurteilt wird und die Kosten des Rechtsmittels zu tragen hat. Gleichgültig ist, in welchem Rechtszuge die am Ende rechtskräftige Strafe ausgesprochen wurde. Hat das Rechtsmittel des Angeklagten Erfolg und endet das Privatklageverfahren durch Freispruch, Einstellung oder Straffreierklärung usw., sind KV Nrn. 6540 ff. anwendbar, falls es sich um ein Rechtsmittel des Privatklägers handelt, KV Nrn. 6520–6532. Das zu Freispruch, Einstellung, Straffreierklärung usw. führende Rechtsmittel des Beschuldigten ist gebührenfrei, da hierfür keine Gebühr vorgesehen ist (§ 1 Abs. 1 GKG). Das gilt auch für die Klagerücknahme im Rechtsmittelverfahren.[3] Auch wenn der Beschuldigte rechtskräftig zu einer Strafe verurteilt wurde, hat er die Kosten eines erfolglosen Rechtsmittels des Privatklägers nicht zu tragen. Bei teilweisem Erfolg ist nach § 473 Abs. 4 StPO Gebührenermäßigung möglich, die aber vom Strafgericht in der Kostenentscheidung ausgesprochen worden sein muß.

8 Haben beide Parteien **gegenseitig Rechtsmittel** eingelegt, so gilt folgendes: Bleiben beide Rechtsmittel erfolglos, haben der verurteilte Angeklagte nach Maßgabe der gegen ihn ausgesprochenen rechtskräftigen Strafe die Gebühr aus §§ 45, 40 GKG, der kostenpflichtige Privatkläger die Festgebühr nach KV Nrn. 6521, 6531 zu tragen. Führt das Rechtsmittel des Angeklagten zum Erfolg und bleibt das Rechtsmittel des Privatklägers erfolglos, treffen den Privatkläger nach KV Nrn. 6510 ff., im umgekehrten Fall den Angeklagten nach § 45 GKG, KV Nrn. 6510 ff. die Gebühren ihres Rechtsmittels. Bei teilweisem Erfolg hat das Gericht die Gebühr zu ermäßigen und die Auslagen ganz oder teilweise der Staatskasse aufzuerlegen, sofern es unbillig wäre, eine Partei damit zu

3 *Oe/Wi/He* § 45 Rn. 2.

belasten (§ 473 Abs. 4 StPO), was aber im Kostenansatzverfahren ohne Grundentscheidung nicht berücksichtigt werden darf.

Führt das Rechtsmittel zur **Zurückverweisung**, kommt es darauf an, wer nach der endgültigen Kostenentscheidung die Kosten des Rechtsmittels zu tragen hat. Ist es der zu Strafe verurteilte Angeklagte, sind §§ 45, 40 GKG anwendbar, sonst KV Nrn. 6520 ff. Keine Gebühr entsteht bei Revisionsrücknahme vor Ablauf der Begründungsfrist, KV Nr. 6561. Betrifft das Rechtsmittelverfahren nur einen keine Gebühr auslösenden Gegenstand (z. B. Kostenpunkt, Veröffentlichungsbefugnis), so ist auch ein erfolgloses Rechtsmittel gebührenfrei.[4] 9

Wiederaufnahme des Verfahrens. Die Gebührentatbestände KV Nrn. 6570, 6571 betreffen nur Wiederaufnahmeanträge des Privat**klägers/Widerklägers**. Für Wiederaufnahmeanträge des im Privatklageverfahren Verurteilten gilt § 43 GKG sinngemäß. Auch hier ist Voraussetzung, daß der Angeklagte rechtskräftig zu Strafe verurteilt wurde. Die Strafe bildet die Grundlage der Gebührenberechnung bei der Verwerfung des Wiederaufnahmeantrags als unzulässig oder unbegründet oder dessen Ablehnung und bei der Aufrechterhaltung des früheren Urteils nach Anordnung der Wiederaufnahme. Führt das Wiederaufnahmeverfahren zu einer Aufhebung des früheren Urteils und wird der Angeklagte abermals zu einer Strafe rechtskräftig verurteilt, sind das frühere und das neue Verfahren als ein Rechtszug zu betrachten. Für das frühere und das neue Verfahren wird dann nur eine Gebühr nach der letztlich erkannten Strafe berechnet (§ 43 S 1 GKG). Wird der Angeklagte in dem wiederaufgenommenen Verfahren rechtskräftig freigesprochen, fällt die Rechtsgrundlage für eine Anwendung der §§ 45, 43 GKG weg. Dann sind die Gebühren nach KV Nrn. 6540 ff. zu berechnen. Dabei wird aber § 43 S 1 GKG sinngemäß insoweit anzuwenden sein, als das frühere und das neue Verfahren gebührenrechtlich als ein Rechtszug gelten. Für das aufgehobene Verfahren sind dann keine Gebühren zu erheben, wohl aber Auslagen, die – z. B. als Säumnisfolgen – z T auch den freigesprochenen Angeklagten treffen können (§ 467 Abs. 2 StPO). § 43 S 2 GKG ist für das Privatklageverfahren gegenstandslos. 10

Wegen der Gebühren bei Nichtverurteilung des Angeklagten, vgl. KV Nrn. 6540 ff. und bei Wiederaufnahmeantrag des Privatklägers KV Nrn. 6570, 6571. 11

Kostenschuldner ist derjenige, der nach gerichtlicher Entscheidung oder dem Gericht gegenüber wirksamer Übernahmeerklärung (§ 54 Nr. 1, 2 GKG) die Kosten ganz oder teilweise zu tragen hat. Das können nach § 471 Abs. 3 StPO der Privatkläger oder der Beschuldigte sein. Auslagen sind von dem nach der Kostenentscheidung Pflichtigen zu ersetzen (vgl. §§ 465, 471, 473 StPO). 12

Die **Fälligkeit** tritt ein mit dem rechtskräftigen auf Strafe ltenden Urteil (§ 63 Abs. 2 S 1 GKG). 13

4 *Oe/Wi/He* § 54 Rn. 36.

§ 46
Wiederaufnahme eines Privatklageverfahrens

Wird die Wiederaufnahme eines Privatklageverfahrens auf Antrag des Privatklägers angeordnet, so ist, sofern auf eine höhere Strafe erkannt wird, § 43 S 1 anzuwenden.

1 **Allgemeines:** In § 46 sind die Gebühren bei einem **Wiederaufnahmeantrag des Privatklägers** geregelt. Für die Wiederaufnahme des Privatbeklagten oder des Widerbeklagten sind die §§ 45, 43 GKG maßgebend (vgl. § 45, Rn. 10). Bei Aufhebung des Urteils und Verhängung einer **höheren** Strafe bilden das frühere und das neue Verfahren zusammen eine Instanz, so daß hierfür nur eine Gebühr nach der neu erkannten Strafe zu berechnen ist. Diese Strafe ist dann für die Gebühren des früheren Verfahrens in allen Instanzen maßgebend. Bei Freisprechung oder Straffreierklärung und bei Einstellung im neuen Verfahren kommen die Gebühren nach KV Nrn. 6510 ff. in Betracht. Die für das frühere Verfahren nach § 45 GKG erhobene Gebühr fällt weg.

2 **Gebühren:** Für die Höhe der Gebühren ist es gleichgültig, bei welchem Gericht der Antrag eingebracht worden ist. Keine Gebühr ist zu erheben, wenn der Antrag vor seiner Verbescheidung zurückgenommen wird. Wegen der Gebühren bei mehreren Beschuldigten oder mehreren Privatklägern, vgl. unten (Rn. 8). Für einen Wiederaufnahmeantrag zugunsten des Beschuldigten sind dieselben Gebühren zu erheben wie bei einem Wiederaufnahmeantrag zuungunsten des Beschuldigten.

3 Ist der **Wiederaufnahmeantrag erfolglos,** beträgt die Gebühr 15 € (KV Nr. 6570), wobei es gleichgültig ist, ob der Antrag unzulässig oder unbegründet war.

4 Wird zwar die **Wiederaufnahme** auf Antrag des Privatklägers **angeordnet,** aber schließlich das frühere **Urteil aufrecht erhalten** (§ 373 Abs. 1 StPO), ist eine Gebühr von 60 € zu erheben (KV Nr. 6571). Diese Gebühr ist neben den für das vorangegangene Verfahren erhobenen Gebühren anzusetzen.

5 Wird nach Anordnung des Wiederaufnahmeverfahrens auf Antrag des Privatklägers auf eine **höhere** Strafe erkannt, (§ 373 StPO), bildet das neue auf die Wiederaufnahme durchgeführte Verfahren mit dem früheren Verfahren zusammen einen Rechtszug, §§ 46, 43 GKG. Die Gebühren sind dann für alle Rechtszüge gemäß § 45 GKG so zu berechnen, wie wenn lediglich das neue Verfahren durchgeführt worden wäre. Bereits für das frühere Verfahren erwachsene Gebühren sind auf die im neuen Verfahren erwachsenen Gebühren anzurechnen. Daneben fällt für das Wiederaufnahmeverfahren keine besondere Gebühr an. War in dem früheren Verfahren Freispruch oder Straffreierklärung erfolgt, ist bei nunmehriger Verurteilung zu Strafe „auf eine höhere Strafe" erkannt.[1] Es sind dann die vom Privatkläger im vorangegangenen Verfahren entrichteten Gebühren auf die Gebühren nach § 45 GKG anzurechnen. Ein nicht verbrauchter Teil ist zurückzuerstatten. Dabei ist aber zu beachten, daß die Haftung des Privatklägers, wenn das Wiederaufnahmeurteil

1 *Oe/Wi/He* § 46 Rn. 7.

rechtskräftig geworden ist, nur in Höhe seiner Gebührenvorschußpflicht nach § 67 GKG bestehen bleibt und er deshalb auch nur bis zu diesem Betrag auf die Kostenschuld des Verurteilten, die sich aus § 45 GKG errechnet, in Anspruch genommen werden darf. Eine **höhere Strafe** idS ist auch die ihrer Art nach schwerere (z. B.: Freiheitsstrafe statt Geldstrafe), selbst wenn sich nach der höheren Strafe eine geringere Gebühr errechnet als nach der niedrigeren. Nicht die Höhe der Gebühr, sondern die Höhe der Strafe ist maßgebend.[2] Auch wenn im Wiederaufnahmeverfahren nur zusätzlich zur früheren Strafe auf eine Nebenfolge nach § 40 Abs. 5 GKG erkannt wird, liegt eine höhere Strafe vor. Das gilt auch, wenn nunmehr eine Bekanntmachungsbefugnis zuerkannt wird.

Wurde auf den Antrag des Privatklägers das frühere Urteil im Wiederaufnahmeverfahren 6
aufgehoben und der frühere Verurteilte jetzt freigesprochen oder für straffrei erklärt oder erledigt sich das Verfahren in sonstiger Weise, ist § 46 nicht anwendbar. Denn dann ist nicht auf eine höhere Strafe erkannt. Es erwächst zu Lasten des Privatklägers die Gebühr nach KV Nr. 6571 in Höhe von 60 €. Daneben werden für das frühere Verfahren etwaige zu Lasten des Privatklägers erwachsene Gebühren nach KV Nrn. 6510 ff. erhoben.[3] Dagegen fällt eine im früheren Verfahren etwa erwachsene Gebühr aus §§ 45, 40 GKG weg.

Wird der Angeklagte zu einer **geringeren Strafe** verurteilt, ist nach KV Nr. 6571 eine 7
Gebühr von 60 € für das Wiederaufnahmeverfahren zu erheben; daneben fällt die nach § 45 GKG aus der neu erkannten geringeren Strafe zu berechnende Gebühr für das vorangegangene Verfahren an. Nach dem früheren Urteil aus der höheren Strafe zuviel erhobene Gebühren sind dem Verurteilten zu erstatten.[4]

Kostenschuldner ist der, dem die Kosten durch die Kostenentscheidung (§ 473 StPO) oder 8
durch Übernahmeerklärung zur Last fallen (§ 54 Nr. 1, 2 GKG). Bei **mehreren Beschuldigten** sind die für sie etwa erwachsenen Gebühren für jeden Beschuldigten besonders zu berechnen (§§ 45, 42 GKG). Jeder verurteilte Beschuldigte haftet bis zur Höhe der ihn persönlich treffenden Gebühren. Stellen den Wiederaufnahmeantrag **mehrere Privatkläger** gegen denselben Beschuldigten, so erwachsen die Gebühren nur einmal (§ 60 GKG i. V. m. § 471 Abs. 4 StPO). Soweit der Privatkläger gebührenpflichtig ist, erwächst die Gebühr für jeden Antrag nur einmal ohne Rücksicht auf die Zahl der Beschuldigten. Der Privatkläger ist **vorschußpflichtig** für die Gebühren und Auslagen (§§ 67 Abs. 1 S 1, 68 Abs. 2 GKG).

Die **Fälligkeit** tritt ein, wenn die Kosten dem verurteilten Beschuldigten zur Last fallen, 9
mit der Rechtskraft des Urteils (§ 63 Abs. 2 S 1 GKG). Wenn und soweit der Privatkläger die Kosten zu tragen hat, werden sie ohne Rücksicht auf die Rechtskraft mit der Kostenentscheidung fällig (§ 63 Abs. 1 GKG).

2 So auch *Oe/Wi/He* § 46 Rn. 7.
3 *Oe/Wi/He* § 46 Rn. 8.
4 *Oe/Wi/He* § 46 Rn. 9.

§ 47
Vollstreckung in das Vermögen

Für das Verfahren zur Vollstreckung einer Entscheidung über einen aus der Straftat erwachsenen vermögensrechtlichen Anspruch oder über die Erstattung von Kosten (§§ 406 b, 464 b der Strafprozeßordnung) werden die Gebühren nach den Vorschriften für bürgerliche Rechtsstreitigkeiten gesondert erhoben.

1 **Allgemeines:** Die Vorschrift ist auf das gerichtliche Bußgeldverfahren entsprechend anwendbar (§ 48 GKG) und bezieht sich auf die Vollstreckung eines im Strafverfahren mit Erfolg geltend gemachten vermögensrechtlichen Anspruchs (§§ 403, 406, 406 b StPO) und aus einem im Strafverfahren ergangenen Kostenfestsetzungsbeschluß nach § 464 b StPO. Insoweit sind die für die Vollstreckung in bürgerlichen Rechtsstreitigkeiten geltenden Gebührenvorschriften maßgebend. Sie sind neben den Gebühren für das Strafverfahren und neben der Gebühr für das Entschädigungsverfahren (KV Nr. 6800) besonders zu erheben. Für die Beschwerde im Kostenfestsetzungsverfahren bestimmt KV Nr. 6702, daß die Gebühr nach der Tabelle der Anlage 2 des GKG zu erheben ist, soweit die Beschwerde verworfen oder zurückgewiesen wird. Für Beschwerden gegen Entscheidungen, die im Zuge einer Zwangsvollstreckung aus dem Kostenfestsetzungsbeschluß ergehen, gilt KV Nr. 2501.

2 **Voraussetzungen:** Während das Verfahren zur Erwirkung der Entscheidung über einen aus der Straftat erwachsenen vermögensrechtlichen Anspruch und die Kostenerstattungspflicht nach den Gebühren für Strafsachen (KV Nrn. 6110–6800) bewertet wird, sind für das Verfahren zur Vollstreckung einer derartigen Entscheidung die Gebühren für bürgerliche Rechtsstreitigkeiten zu erheben. Geschieht die Beitreibung durch den Gerichtsvollzieher, bestimmen sich die Kosten nach dem GVKostG. Wird dagegen im Zuge der Vollstreckung die Hilfe des Gerichts nach der ZPO – nicht zu verwechseln mit der Tätigkeit des Gerichts als Strafvollstreckungsbehörde – in Anspruch genommen, findet das GKG Anwendung, und zwar in seinen Vorschriften für bürgerliche Rechtsstreitigkeiten.

3 **Gebühren:** Infrage kommen KV Nrn. 1640–1643. Wegen einer Beschwerde in Kostenfestsetzungsverfahren, vgl. Rn. 1. Die Gebühren sind neben den Gebühren für das Strafverfahren zu erheben.

4 **Kostenschuldner** ist der Vollstreckungsschuldner für die notwendigen Kosten der Zwangsvollstreckung (§§ 54 Nr. 4 GKG, 788 ZPO), u. U. als Entscheidungsschuldner, wenn z. B. eine Beschwerdeentscheidung ihm die Kosten auferlegt (§ 54 Nr. 1 GKG). Auch eine Kostenübernahme kommt in Frage (§ 54 Nr. 2 GKG). Mit dem Vollstreckungsschuldner haftet bei der Vollstreckung von vermögensrechtlichen Ansprüchen (§ 403 StPO) und Kostenfestsetzungsbeschlüssen (§ 464 b StPO) der Antragsteller (§ 49 GKG) als Gesamtschuldner (§ 58 Abs. 1 GKG).

FÜNFTER ABSCHNITT
Gerichtliche Verfahren nach dem Gesetz über Ordnungswidrigkeiten

Vorbemerkungen

Das Ordnungswidrigkeitenverfahren ist ein Verwaltungsverfahren, welches in den §§ 35 ff. OWiG geregelt ist. Für die Verfolgung von Ordnungswidrigkeiten ist idR die Verwaltungsbehörde zuständig, soweit nicht ausdrücklich das Gericht dazu berufen ist. Das ist der Fall, wenn der Betroffene gegen einen Bußgeldbescheid der Verwaltungsbehörde Einspruch einlegt und dann nach §§ 68 ff. OWiG die Zuständigkeit auf das Gericht übergeht. Nur die aus der gerichtlichen Tätigkeit erwachsenen Kosten behandelt das GKG in § 48, KV Nrn. 7110–7710. Zur gerichtlichen Tätigkeit rechnet auch, wenn im Falle der Halterhaftung nach § 25 a StVG die Staatsanwaltschaft eine abschließende Kostenentscheidung zu treffen hat (KV Nr. 7110). 1

Die Gebühren und Auslagen des Verfahrens vor der Verwaltungsbehörde sind im §§ 105 ff. OWiG geregelt. Gebühren und Auslagen für das gerichtliche Verfahren werden nur erhoben, wenn im GKG Gebührenvorschriften enthalten sind (§ 1 GKG). Über die Gebührentatbestände des § 48 GKG, KV Nrn. 7110 ff. hinaus ist deshalb für die Gebührenerhebung kein Raum. 2

Wegen der **Auslagen:** Vgl. §§ 54 Nr. 1, 55 GKG. 3

§ 48

Für das gerichtliche Verfahren nach dem Gesetz über Ordnungswidrigkeiten gelten § 40 Abs. 1 und 5, §§ 40 a, 42, 43 und 47 sinngemäß.

Allgemeines: Nach § 48 ist bestimmt, daß die Gerichtsgebühren in Verfahren nach dem OWiG nach der rechtskräftig erkannten Sanktion des OWiG (Geldbuße oder Nebenfolge) zu bestimmen ist. Das gilt auch, wenn diese Sanktionen gegen eine juristische Person festgesetzt werden. Auch die Gebührenbemessungsgrundsätze für das Strafverfahren bei der Festsetzung einer Sanktion gegen mehrere Beschuldigte und bei einer Wiederaufnahme des Verfahrens sowie bei Vollstreckung in das Vermögen gelten hier sinngemäß. Daneben sind selbstverständlich auch die allgemeinen Vorschriften des GKG anwendbar, z. B. § 8 GKG. Wenn im GKG keine besonderen Gebühren vorgesehen sind, ist das gerichtliche Verfahren gebührenfrei. Wird gegen einen Bußgeldbescheid der Verwaltungsbehörde Einspruch eingelegt und ergeht darauf durch das Gericht eine Sachentscheidung, wird damit auch die Kostenentscheidung in dem Bußgeldbescheid hinfällig (vgl. §§ 105, 107 OWiG). Eine Ausnahme besteht für den Fall, daß der Einspruch nach Beginn der 1

Hauptverhandlung zurückgenommen oder verworfen wird, KV Nr. 7200. Hier fällt eine halbe Gebühr neben den Kosten des Verfahrens vor der Verwaltungsbehörde an.

2 Soweit die Staatsanwaltschaft im **Zwischenverfahren** des § 69 OWiG tätig wird, handelt sie noch als Verwaltungsbehörde, so daß Gebühren nach dem GKG nicht anfallen. Eine Ausnahme ist nur in KV Nr. 7710 vorgesehen.

3 Geht das Gericht gemäß § 81 OWiG vom **Bußgeldverfahren zum Strafverfahren** über, ist für das weitere Verfahren das OWiG nicht mehr anwendbar, § 81 Abs. 3 OWiG. Es sind dann auch die Kostenvorschriften für das OWi-Verfahren nicht weiter anwendbar, sondern die Gebührenbestimmungen für das allgemeine Strafverfahren nach §§ 40 ff., KV Nrn. 6110 ff. Geht im umgekehrten Fall das Strafverfahren in das OWi-Verfahren über (§ 82 OWiG), so ist auf dieses Verfahren dann § 48 OWiG, KV Nrn. 7110 ff. anzuwenden. Den Fall einer Verbindung von Straftaten und Ordnungswidrigkeiten behandelt § 83 OWiG.

4 Sinngemäß anwendbar ist § 40 Abs. 1 GKG, wonach sich die Gerichtsgebühren für alle Rechtszüge nach der rechtskräftig erkannten Strafe richten. Im Bußgeldverfahren ist somit maßgebend die letztendlich rechtskräftig erkannte Geldbuße. Das gilt auch für das Wiederaufnahmeverfahren. Wird auf eine Rechtsbeschwerde die Entscheidung des Amtsgerichts aufgehoben und die Sache zurückverwiesen, entsteht dadurch kein neuer Rechtszug beim Amtsgericht. Das frühere Verfahren und das zurückverwiesene Verfahren bilden einen Rechtszug iS von §§ 40 Abs. 1, 48 GKG. Das gilt auch in dem Fall, wenn gegen die zweite Entscheidung des Amtsgerichts wieder Rechtsbeschwerde eingelegt wird. Beide Rechtsbeschwerdeverfahren sind dann ein Verfahren idS.[1]

5 Sinngemäße Anwendung von § 40 Abs. 5 GKG, der die Anordnung der Einziehung etc. dahin regelt, bedeutet, daß wegen der Maßnahme Gebühren nur für ein gegen dieses Erkenntnis gerichtetes Rechtsmittel- oder Wiederaufnahmeverfahren erhoben werden. Die Bestimmung gilt auch für das Nachverfahren gemäß § 439 StPO i. V. m. § 46 OWiG (§ 40 Abs. 5 S 2 GKG). Rechtsmittelverfahren im Ordnungswidrigkeitenverfahren sind die Rechtsbeschwerde, die Berufung und die Revision.

6 Sinngemäß ist auch § 42 GKG anwendbar für den Fall mehrerer Betroffener. Auf das zu § 42 GKG Gesagte wird verwiesen.

7 Für die Gebühren im Wiederaufnahmeverfahren in einer Bußgeldsache gilt § 43 GKG sinngemäß. Demzufolge werden auch im Bußgeldverfahren im Fall der Aufhebung der früheren Entscheidung das neue Verfahren und das frühere Verfahren als eine Einheit angesehen (vgl. KV Nrn. 7400 ff.). Die Wiederaufnahme im Bußgeldverfahren ist geregelt in den §§ 85, 86 OWiG. Für die Gebührenpflicht spielt es keine Rolle, ob sich das Wiederaufnahmeverfahren gegen eine Entscheidung der Verwaltungsbehörde oder gegen eine gerichtliche Entscheidung richtet. Auch wenn eine Bußgeldentscheidung der Verwaltungsbehörde im Wiederaufnahmeverfahren aufgehoben wird, gilt das wiederaufgenommene und das frühere Verfahren als ein Rechtszug. Richtete sich das Wiederaufnahmeverfahren gegen eine Entscheidung der Verwaltungsbehörde und wurde diese im Wie-

1 OLG Karlsruhe, NJW 1974, 1719.

deraufnahmeverfahren aufgehoben, so entfallen dadurch die Kosten des Verfahrens vor der Verwaltungsbehörde (vgl. §§ 107 ff. OWiG). Endet das Wiederaufnahmeverfahren mit einem Freispruch, fallen dem Betroffenen auch keine Gerichtsgebühren zur Last. Das gleiche gilt, wenn das Verfahren eingestellt wird. Endet das Wiederaufnahmeverfahren mit einer Bußgeldentscheidung und ggf. auch der Anordnung von Nebenfolgen, kommen die Gebühren nach KV Nrn. 7400 ff. in Betracht. Richtet sich das Wiederaufnahmeverfahren gegen die Entscheidung des Rechtsbeschwerdegerichts, bildet im Falle einer Aufhebung des früheren Urteils des Beschwerdegerichts das neue Rechtsbeschwerdeverfahren zusammen mit dem früheren einen Rechtszug. Im Falle der erneuten Festsetzung einer Geldbuße erwächst dann für das Rechtsbeschwerdeverfahren nur eine Gebühr.

Erfolgt die Aufhebung des Bußgeldbescheides in einem späteren Strafverfahren (§ 86 8
OWiG), handelt es sich um die gesetzliche Rechtsfolge, die eintritt, wenn der Betroffene, gegen den ein Bußgeldbescheid ergangen war, später in einem Strafverfahren wegen derselben Handlung verurteilt wird. Hier hat das Gericht den korrespondierenden Bußgeldbescheid aufzuheben. Die notwendige Folge der Aufhebung ist, daß auch die Kostenfolgen des Bußgeldverfahrens entfallen und Kosten nur für das spätere Strafverfahren erhoben werden dürfen. Die bereits für das Bußgeldverfahren erhobenen Kosten sind zu verrechnen oder zurückzuzahlen.

Der sinngemäß anwendbare § 47 GKG bestimmt, daß für das Verfahren der Vollstreckung 9
einer Entscheidung über den aus einer Ordnungswidrigkeit erwachsenen vermögensrechtlichen Anspruch oder über die Erstattung von Kosten Gebühren nach den Vorschriften für bürgerliche Rechtsstreitigkeiten gesondert erhoben werden. Die Gebühren fallen also auch hier zusammen mit denen im Ordnungswidrigkeitenverfahren an.

SECHSTER ABSCHNITT
Gerichtliche Verfahren nach dem Strafvollzugsgesetz

§ 48 a

In gerichtlichen Verfahren nach dem Strafvollzugsgesetz gelten die §§ 13, 20 Abs. 3, 25 Abs. 2 S 2 und 3, Abs. 3 und 4 entsprechend. Der Wert ist von Amts wegen festzusetzen.

Die Vorschrift regelt den **Wert** der Gebühren, die im Verfahren nach dem Strafvollzugs- 1
gesetz gemäß KV Nrn. 8000–8020 erwachsen können. Hiernach fallen Gebühren an bei Zurückweisung des Antrags, bei Zurücknahme des Antrags, bei Verwerfung der Rechtsbeschwerde und bei Zurücknahme der Rechtsbeschwerde und bei einstweiligen Anordnungen nach § 114 StVollzG.

Das **gerichtliche Verfahren** nach dem Strafvollzugsgesetz ist geregelt in §§ 109–121 2

StVollzG. Hiernach gibt es einen Antrag des Strafgefangenen auf gerichtliche Entscheidung und gegen die gerichtliche Entscheidung die Rechtsbeschwerde. Sind in einer dieser gerichtlichen Entscheidungen dem Strafgefangenen die Kosten des Verfahrens auferlegt, hat er die angefallenen Gebühren und Auslagen zu tragen.

3 **Gebühren** fallen an:

- Bei Zurückverweisung des Antrags eine Gebühr, KV Nr. 8000,
- Bei Zurücknahme des Antrags eine halbe Gebühr, KV Nr. 8001,
- Bei Verwerfung der Rechtsbeschwerde eine Gebühr, KV. Nr. 8010,
- Bei Zurücknahme der Rechtsbeschwerde eine halbe Gebühr, KV Nr. 8011,
- Bei Zurückweisung des Antrags auf Erlaß einer Entscheidung nach § 114 Abs. 2 StVollzG eine halbe Gebühr, KV Nr. 8020.

4 § 48a GKG regelt nur den der Gebührenbestimmung zugrunde zu legenden **Wert**. Dieser muß von Amts wegen festgesetzt werden, § 48 a S 2 GKG. Maßgebend für die Höhe des Wertes ist § 13 GKG. Für das Wertfestsetzungsverfahren ist § 25 GKG teilweise entsprechend anzuwenden, § 48 a S 1 GKG.

5 Der Wert ist nach den für das Verfahren vor den Verwaltungs- und Finanzgerichten getroffenen Grundsätzen zu bestimmen. Hiernach ist der Wert nach der **Bedeutung der Sache** zu bestimmen, die diese für den Antragsteller hat. Maßgebend ist daher immer, was der Antragsteller mit seinem Antrag erreichen will und was er zur Begründung seines Ziels vorträgt. Die Würdigung seines Vorbringens in der gerichtlichen Entscheidung kann lediglich Rückschlüsse, Anhaltspunkte darauf zulassen, welche Bedeutung der Antragsteller seinem Antrag beigemessen hat. Ob die Entscheidung eine grundsätzliche Bedeutung auch für andere Strafgefangene oder gar für die Justizverwaltung hat, ist belanglos.[1] Die (subjektive) Bedeutung der Sache, so wie der Antragsteller es sieht und darlegt, ist nach Ermessen zu bewerten.

6 Geht es dem Antragsteller um eine bezifferte Geldleistung oder einen hierauf gerichteten Verwaltungsakt, ist nach § 13 Abs. 2 GKG deren Höhe maßgebend. Das trifft aber nur zu, wenn der Antragsteller einen Geldbetrag für sich beansprucht oder einen darauf gerichteten Anspruch abwehren will. Geht es ihm lediglich darum, über einen Geldbetrag frei verfügen zu dürfen, ist nicht der Geldbetrag als Wert maßgebend, sondern die Bedeutung einer etwaigen Verfügungsbeschränkung als das Interesse des Antragstellers an einer freien Verfügung.

7 Nur wenn ausnahmsweise der bisherige Sach- und Streitstand keine genügenden Anhaltspunkte für eine Bewertung der Bedeutung der Sache für den Antragsteller bietet, ist der Auffangwert von *4000*[2] anzunehmen (§ 13 Abs. 1 S 2). Die Höhe dieses Auffangwertes allein gebietet es schon, in einem Verfahren nach dem StVollzG den Wert der Bedeutung der Sache für den Antragsteller möglichst auf Grund aller Umstände des Einzelfalles sorgfältig zu schätzen. Man sollte vom Auffangwert nur dann Gebrauch machen, wenn jeder Anhaltspunkt für eine Schätzung (z. B. Dauer der Freiheitsstrafe, ihre Auswirkungen auf die Zukunft des Antragstellers und seine Pflichten gegenüber Angehörigen, insbe-

1 *Hartmann* § 48 a Rn. 4.

2 A. M. – jedoch ohne nähere Begr – *Hartmann* § 48 a Rn. 4 (2 000 €).

sondere gegenüber Unterhaltsberechtigten) fehlt. Ergeben sich im weiteren Verlauf des Verfahrens (z. B. im Rechtsbeschwerdeverfahren) genügend Anhaltspunkte für die Bedeutung der Sache für den Antragsteller, so ist ein auf 8 000 DM (*4 000*) ltender Festsetzungsbeschluß zu berichtigen (§§ 48a, 25 Abs. 1 S 3, 4 GKG).

Die **Wertfestsetzung** hat **von Amts wegen** zu erfolgen, S 2. Die Entscheidung kann auch **8**
von Amts wegen geändert werden, und zwar von dem Gericht, das die Wertfestsetzung getroffen hat, sowie durch das Rechtsmittelgericht, wenn das Verfahren wegen der Hauptsache oder wegen der Entscheidung über den Kostenansatz in der Rechtsmittelinstanz schwebt (§ 25 Abs. 1 S 3 GKG). Hauptsache ist hier das Verfahren nach dem StVollzG. Die Änderung ist an eine Frist von 6 Monaten gebunden, nachdem die Entscheidung in der Hauptsache, also nach dem StVollzG, Rechtskraft erlangt oder das Verfahren sich anderweitig erledigt hat (§ 25 Abs. 1 S 4 GKG).

Beschwerde (§ 25 Abs. 2, 3 GKG): Der Wert des Beschwerdegegenstandes muß 100 DM **9**
(*50*) übersteigen. An einen obersten Gerichtshof des Bundes ist eine Beschwerde unstatthaft. Das Gericht, das über den Antrag entschieden hat, kann abhelfen. Eine weitere Beschwerde findet nicht statt. Gegen einen Beschluß des Rechtsbeschwerdegerichts ist ebenfalls keine Beschwerde möglich. Die Beschwerdefrist beträgt 6 Monate, nachdem die mit der Beschwerde anfechtbare Entscheidung Rechtskraft erlangt hat oder das Verfahren sich anderweitig erledigt hat. Ist der Wert später als einen Monat vor Ablauf dieser Frist festgesetzt worden, kann die Beschwerde noch binnen eines Monats nach Zustellung oder formloser Mitteilung des Festsetzungsbeschlusses eingelegt werden. Die Beschwerde gegen die Wertfestsetzung kann zu Protokoll der Geschäftsstelle oder schriftlich eingelegt werden. Die Mitwirkung eines Anwalts ist nicht erforderlich. Das Verfahren über die Beschwerde gegen die Wertfestsetzung ist gebührenfrei. Kosten werden nicht erstattet. Vgl. dazu auch § 10 JKostO.

SIEBENTER ABSCHNITT
Kostenzahlung und Kostenvorschuß

Vorbemerkungen

Übersicht

1 **Systematik:** Im 7. Abschnitt ist geregelt, **wer** Schuldner der Kosten (d. s. Gebühren und Auslagen, § 1 GKG) gegenüber der **Staatskasse** ist. Die Kostenpflicht eines Verfahrensbeteiligten gegenüber Dritten, insbesondere gegenüber dem Prozeßgegner oder einem anderen Verfahrensbeteiligten, richtet sich nach den hierfür gegebenen Vorschriften (z. B.: §§ 91 ff. ZPO, 464 StPO). Die §§ 49–53 GKG sagen aus, wer primär nach dem GKG als Kostenschuldner für einzelne Verfahrensarten in Betracht kommt (sog. **Veranlassungsschuldner**), während § 54 GKG weitere, nämlich durch Gerichtsentscheidung ausdrücklich bestimmte Schuldner (sog. **Entscheidungsschuldner**), welche gegenüber der Staatskasse die Kostentragungspflicht ausdrücklich übernommen haben (sog. **Übernahmeschuldner**) und die kraft Gesetzes haftenden Schuldner nennt. Die §§ 55 und 56 GKG enthalten zusätzliche Bestimmungen über den **Auslagenschuldner** in besonderen Fällen, während § 57 GKG regelt, wann die Kostenhaftung eines Entscheidungsschuldners wieder erlischt. Die **Haftung mehrerer Kostenschuldner** ist in den §§ 58 und 59 GKG geregelt, während § 60 GKG die Kostenzahlungspflicht in besonderen Fällen erweitert. Die im § 60 GKG genannten Bestimmungen der ZPO, KO und StPO ergänzen das GKG unmittelbar. §§ 61–64 GKG bestimmen den Zeitpunkt der **Fälligkeit** der Gebühren und Auslagen. § 65 GKG schließlich behandelt die **Vorauszahlungspflicht und die Vorschußpflicht** in Verfahren vor den **ordentlichen Gerichten.** Sie hat die Fälle zum Gegenstand, in denen das Gericht nicht tätig werden soll, bevor bestimmte Gebühren vorweg geleistet worden sind. In den §§ 66–69 GKG ist die Vorschußpflicht für Gebühren und Auslagen geregelt. Es sind Bestimmungen zur Sicherung der Staatskasse in bestimmten Fällen. Die gerichtliche Tätigkeit ist aber davon nicht in jedem Falle abhängig. Das **Wie** der Zahlung an die Gerichtskasse, d. h., ob durch Verwendung von Gerichtskostenmarken, durch Barzahlung, Überweisung o. ä. ist im GKG nicht geregelt.

2 In **Arbeitsgerichtssachen** werden Gebühren und Auslagen erst fällig, wenn das Verfahren in dem Rechtszug beendet ist, wenn es sechs Monate geruht hat oder sechs Monate von den Parteien nicht betrieben wurde. Kostenvorschüsse werden in Arbeitsgerichtssachen nicht erhoben.

3 Die **Fälligkeit** der Gebühren und Auslagen in **Verwaltungs-, Sozial- und Finanzgerichtssachen** regelt § 63 GKG. In diesen Verfahren besteht keine Gebührenvorauszah-

lungs- und keine Gebührenvorschußpflicht. Jedoch ist nach § 68 GKG die Einforderung eines Auslagenvorschusses möglich.

Prozeßkostenhilfe: Durch das Prozeßkostenhilfegesetz vom 13. 6. 1980 (BGBl. I, S. 677) i. d. F. des PKHÄndG 1994 (BGBl. I, 1994, 2954) hat die Partei, der Prozeßkostenhilfe gewährt worden ist, gar keine Gerichtskosten und Kosten des beigeordneten Anwalts zu zahlen oder nur vom Gericht bestimmte Teilbeträge zur Deckung der Kosten zu entrichten. Das kann dazu führen, daß die Partei in Teilbeträgen die auf sie entfallenden Gerichtskosten und die Kosten ihres beigeordneten Anwalts ganz oder teilweise begleichen muß. Die Voraussetzungen der Bewilligung von Prozeßkostenhilfe und das Verfahren sowie die Auswirkungen auf die Rechtsanwaltsgebühren und der Übergang von Ansprüchen des Prozeßkostenhilfeanwalts auf die Bundes- oder Landeskasse ist in den §§ 114 ff. ZPO, 121 ff. BRAGO bzw. in den übrigen Verfahrensordnungen geregelt. Insoweit wird auf die einschlägige Kommentarliteratur verwiesen. Prozeßkostenhilfe kann auch in Strafverfahren, Insolvenzverfahren, Zwangsversteigerungs- und ähnlichen Verfahren, Finanzgerichtsverfahren, Verwaltungsgerichtsverfahren und in Arbeitsgerichtsverfahren bewilligt werden. 4

Für das **Kostenansatzverfahren** ist die Bewilligung der Prozeßkostenhilfe, welche den Kostenansprüchen nach dem GKG stets vorgeht,[1] **bindend**,[2] so daß ein Prozeßkostenhilfebeschluß stets beachtet werden muß. Das hat zur Folge, daß nach dem Zeitpunkt der Rechtswirksamkeit eines Prozeßkostenhilfebewilligungsbeschlusses keine Gerichtskosten mehr erhoben werden dürfen, während bei rückwirkender Bewilligung von Prozeßkostenhilfe bereits gezahlte Gerichtskosten zu erstatten sind,[3] soweit sie nicht zur Verrechnung auf die vom Kostenschuldner bereits gezahlten Monatsraten dienen. Das gilt auch für Gerichtskostenvorschüsse, wobei es keine Rolle spielt, ob die nach diesem Zeitpunkt gezahlten Beträge schon vorher fällig waren oder nicht. Vor dem Zeitpunkt der Rechtswirksamkeit gezahlte und von einer etwaigen Rückwirkung nicht erfaßte Kosten sind hingegen grundsätzlich nicht zurückzuerstatten (vgl. dazu aber § 58, Rn. 27). Denn der § 120 ZPO hat nicht zur Folge, daß die Partei Zahlungen auf noch nicht fällige Kosten leisten muß oder daß sie über die Vorauszahlungs- und Vorschußpflicht hinaus Vorschüsse zu leisten hat. Derjenige, dem die Prozeßkostenhilfe bewilligt ist, darf nicht schlechter gestellt werden als ein anderer Kostenschuldner. Würde die Bewilligung aufgehoben, müßte die Partei auch nur die bisher fällig gewordenen oder vorzuschießenden Kosten nachzahlen.[4] 5

Wird die **Prozeßkostenhilfe nur teilweise** bewilligt, d. h. nur hinsichtlich eines Teils des Streitgegenstandes, so sind die **Gebühren** für den von der Prozeßkostenhilfe nicht erfaßten Streitgegenstand so zu berechnen, daß zunächst die Gebühren aus dem gesamten Streitwert ermittelt werden. Hiervon sind die Gebühren abzuziehen, die sich aus dem Streitwert ergeben, für den Prozeßkostenhilfe bewilligt ist. Der verbleibende Unterschiedsbetrag ist dann anzusetzen.[5] 6

1 *Hartmann* vor § 49 Rn. 8.
2 OLG Koblenz, JurBüro 1980, 1693.
3 BGH, MDR 1963, 827.
4 Vgl. auch bei *Mümmler* JurBüro 1981, 9.
5 Vgl. OLG München, JurBüro 1997, 205 = MDR 1997, 298; OLG Hamburg, OLG-Report Bremen/Hamburg/Schleswig-Holstein, 1997, 342. Dazu auch bei *Mümmler* JurBüro 1981, 9.

7 Bei **Auslagen** im Falle teilweiser Bewilligung von Prozeßkostenhilfe kommt es zunächst darauf an, ob die Auslagen sich nur auf den einen oder anderen Streitgegenstand beziehen. Sind sie dem Streitgegenstand, für den Prozeßkostenhilfe bewilligt ist, eindeutig zuzuordnen, sind sie nur nach den Bestimmungen, die das Gericht insoweit im Prozeßkostenhilfebewilligungsbeschluß getroffen hat, gegen die Partei geltend zu machen (§ 122 ZPO). Umgekehrt sind sie zu Lasten der als Kostenschuldnerin in Betracht kommenden nicht unvermögenden Partei anzusetzen, wenn sie sich nur auf den von der Prozeßkostenhilfe nicht betroffenen Teil beziehen. Ist eine solche Zuordnung der Auslagen nicht möglich, fallen sie stets unter die Prozeßkostenhilfe.

8 **Kosten des Prozeßkostenhilfeverfahrens:** Gebühren werden für das Prozeßkostenhilfeverfahren nicht erhoben (§ 1 GKG). Geht aber ein im Prozeßkostenhilfeverfahren geschlossener Vergleich über den Gegenstand des Prozeßkostenhilfeverfahrens hinaus, erwächst hierfür die gerichtliche Vergleichsgebühr nach KV Nr. 1660. In gleicher Weise erwächst ggf. die Beschwerdegebühr[6] nach KV Nrn. 1905, 1906. **Auslagen** hingegen, die im Prozeßkostenhilfeverfahren entstehen (z. B.: Zeugen-, Sachverständigen-, Ortsbesichtigungsauslagen), hat die antragstellende Partei zu tragen (§ 49 GKG).[7] Das gilt auch für die Auslagen des Beschwerdeverfahrens gegen eine Prozeßkostenhilfeentscheidung oder dann, wenn der Antragsteller sein Gesuch zurücknimmt oder wenn im Prozeßkostenhilfeverfahren ein Vergleich geschlossen wird, sofern dafür nicht ausnahmsweise[8] Prozeßkostenhilfe bewilligt wird. Daneben kann im Falle eines Vergleichs ein weiterer Auslagenschuldner nach § 54 Nr. 2 GKG treten. Die im Rechtsstreit unterlegene Partei wird Entscheidungsschuldnerin gemäß § 54 Nr. 1 GKG hinsichtlich der im Prozeßkostenhilfeverfahren erwachsenen gerichtlichen Auslagen für Zeugen und Sachverständige, nicht auch sonstiger gerichtlicher Auslagen (§ 118 Abs. 1 ZPO). War der unterlegenen Partei die Prozeßkostenhilfe bewilligt, können die von ihr geschuldeten gerichtlichen Auslagen des Prozeßkostenhilfeverfahrens nur nach den vom Gericht für die Prozeßkostenhilfe getroffenen Bestimmungen (§ 122 ZPO) verlangt werden. Der unterlegene Gegner der mittellosen Partei hat die im Prozeßkostenhilfeverfahren erwachsenen gerichtlichen Auslagen für Zeugen und Sachverständige zu tragen (§ 118 Abs. 1 ZPO).

9 **Prozeßkostenhilfe für das Prozeßkostenhilfeverfahren** ist grundsätzlich nicht möglich.[9] Aus praktischen Gründen wird sie aber für Sühneverhandlungen und Vergleiche im Prozeßkostenhilfeverfahren zugelassen.[10]

10 Der Prozeßkostenhilfe **ähnliche Vorschriften** sind Kosten- oder Gebührenfreiheit nach § 2 GKG; Befreiung von der Gebührenvorauszahlungspflicht (§ 65 Abs. 2, Abs. 7 S 1 Nrn. 3 und 4); die neben der Prozeßkostenhilfebewilligung zulässige[11] Streitwertherabsetzung

6 OLG Nürnberg, RPfleger 1963, 180 (L).

7 OLG Celle, JurBüro 1965, 910 = NJW 1966, 114 = MDR 1966, 157; OLG Hamm, RPfleger 1961, 258 (L).

8 Vgl. bei *Thomas/Putzo* ZPO, § 114 Rn. 1.

9 BGHZ 91, 311.

10 OLG Köln, FamRZ 1993, 1472; OLG Schleswig, FamRZ 1985, 88; OLG München, FamRZ 1987, 239; OLG Hamm, FamRZ 1987, 1062; OLG Frankfurt/Main, FamRZ 1982, 1225; vgl. auch bei *Thomas/Putzo* ZPO, § 114 Rn. 1.

11 Vgl. *Reeb* BB 1970, 865; kritisch dazu *Steinmetz* BB 1970, 1196.

nach §§ 144 PatG, 26 GebrMG, 23 a,b UWG, 142 Marken; Unterbleiben des Kostenansatzes wegen Unvermögens des Schuldners gem. § 10 KostVfg. Nicht hierher gehören die Bestimmungen über die Sicherheitsleistung für die Prozeßkosten nach §§ 100 ff. ZPO, 379 StPO, die nicht dem Schutz des Staatsinteresses an der Sicherung der Kosten, sondern ausschließlich dem Schutz der Parteien dienen.

Wirkung der Prozeßkostenhilfe für die mittellose Partei, §§ 122, 125 ZPO, § 9 KostVfg.: Die Bundes- oder Landeskasse darf die rückständigen und künftig erwachsenen Gerichtskosten (§ 1 GKG) nur nach den vom Gericht bei der Bewilligung der Prozeßkostenhilfe getroffenen Bestimmungen geltend machen (§ 122 Abs. 1 Nr. 1 ZPO). Fälligkeit und Kostenschuld bleiben von der Prozeßkostenhilfe unberührt. Bereits entrichtete Gerichtskosten werden von der Prozeßkostenhilfe nur insoweit berührt, als die Zahlung nach dem Wirksamwerden des Bewilligungsbeschlusses erfolgt ist. Bei rückwirkender Bewilligung ist der im Bewilligungsbeschluß genannten Zeitpunkt maßgebend. Auf den Zeitpunkt des Eingangs des Antrags kommt es nur an, wenn das Gericht die Rückwirkung auf diesen Zeitpunkt ausspricht. Auf das Datum des Beschlusses oder des Zugangs an die Parteien kommt es niemals an. Sind die Kosten vor der Bewilligung angesetzt und der Gerichtskasse zur Einziehung überwiesen, ersucht der Kostenbeamte die Kasse, die Kostenforderung zu löschen, soweit eine Zahlungsbestimmung nicht getroffen ist und die Kosten nicht gezahlt worden sind. Vor der Bewilligung der Prozeßkostenhilfe geleistete Zahlungen sind nicht zurückzuerstatten, auch wenn sie unter Vorbehalt erfolgt sind.[12] Das ergibt sich aus § 122 Abs. 1 Nr. 1 a ZPO, wo nur die rückständigen, also die noch nicht gezahlten, und die künftig erwachsenden Gerichtskosten genannt sind. Das gilt aber nicht für den Fall, daß die mittellose Partei Reisekosten iS von KV 9008 lit. b (etwa für die Anreise zum Termin) verauslagt hat, jedenfalls dann, wenn sie vor Antritt der Reise einen Antrag auf Reiseentschädigung gestellt hatte. 11

Einfluß der Prozeßkostenhilfebewilligung auf die Verpflichtung zur Erstattung der dem Gegner erwachsenden Kosten, § 123 ZPO, § 58 Abs. 2 S 2 GKG: Die Bewilligung von Prozeßkostenhilfe hat keinen Einfluß auf die Verpflichtung zur Erstattung der dem Gegner erwachsenen Kosten. Das ist bedeutsam, wenn die **obsiegende, nichtarme Partei** Gerichtskosten gezahlt hat. Sie kann dann die Gerichtskosten von der mittellosen Partei beitreiben. Das gilt insbesondere, wenn die nichtarme Partei als Zweitschuldner für die Gerichtskosten in Anspruch genommen wird (§ 58 GKG). Die mittellose Partei kann die von ihr an den Gegner gezahlten Gerichtskosten nicht von der Staatskasse zurückerhalten.[13] 12

Wirkung gegenüber der nichtarmen Partei: Soweit sie als Klägerin, Widerklägerin, Berufungs- oder Revisionsklägerin auftritt, kann sie wegen der sie an sich treffenden Gerichtskosten (§ 49 GKG) aus Gründen des Gleichbehandlungsgebots nicht von der Staatskasse in Anspruch genommen werden,[14] wenn und soweit die Kosten die mittellose 13

12 OLG Schleswig, SchlHA 1990, 57; OLG Düsseldorf, JurBüro 1990, 381. A. M. OLG Hamburg, MDR 1997, 1287; LG Hamburg, JurBüro 1999, 477.

13 Vgl. z. B.: BVerwG, NJW 1974, 252; OLG Braunschweig, MDR 1997, 1071; OLG Hamm, JurBüro 1975, 664 m. Anm. v. *Mümmler*.

14 BVerfG, NJW 1999, 3186 = JurBüro 1999, 540. Dazu *Lappe* NJW 1999, 3173.

Partei nicht aufgrund einer Übernahmeerklärung treffen oder sie die Kosten in einem Prozeßvergleich übernommen hat.[15] Anders ist es, wenn die mittellose Partei Entscheidungsschuldnerin nach § 54 Nr. 1 GKG ist. Hier gilt § 58 Abs. 2 S 1 GKG. Der kostenpflichtige Antragsteller kann die Staatskasse darauf verweisen, sie möge zunächst die Aufhebung der Prozeßkostenhilfebewilligung gegen die mittellose Partei erwirken. Es spielt auch keine Rolle, ob Klage und Widerklage oder wechselseitige Rechtsmittel dieselben oder verschiedene Streitgegenstände betreffen. Soweit der nichtarmen Partei ein Erstattungsanspruch gegen die mittellose Partei zusteht, kann sie gegen die mittellose Partei das Kostenerstattungsverfahren betreiben, § 123 ZPO.

14 Befindet sich die **nichtarme Partei nur in der Rolle der beklagten Partei**, so ist sie von den in § 122 Abs. 1 Nr. 1a ZPO genannten Kosten einstweilig befreit, es sei denn, daß Zahlungen der mittellosen Partei an die Staatskasse bestimmt werden, § 122 Abs. 2 ZPO. Sie ist dann weder zu einer Gebührenvorauszahlung (§ 65 GKG) verpflichtet noch zur Zahlung eines Auslagenvorschusses für Zeugen und Sachverständige. Das gilt aber nur für die Kosten, die nach der Bewilligung der Prozeßkostenhilfe anfallen. Vor Bewilligung gezahlte Kosten, auch Vorschüsse, sind der mittellosen Partei nicht zurückzuzahlen, es sei denn, daß § 58 Abs. 2 S 2 GKG anwendbar ist. Die nichtarme Partei wird aber kostenpflichtig, wenn und soweit sie Kosten nach § 54 Nr. 2 GKG übernommen hat[16] oder zur Tragung der Kosten rechtskräftig verurteilt ist (§ 125 Abs. 2 ZPO). Wenn der Rechtsstreit ohne Urteil über die Kosten endet (z. B.: durch Vergleich, Klagerücknahme, längeres Ruhen), erlischt ebenfalls die einstweilige Kostenbefreiung der nichtarmen beklagten Partei. War sie nur in der Rolle der Beklagten, hat sie nur für die Auslagen aufzukommen, die sie als Antragstellerin treffen, sofern sie nicht die Kosten nach § 54 Nr. 2 GKG übernommen hat.

15 Bei **teilweiser Bewilligung von Prozeßkostenhilfe** ist auch die beklagte nichtarme Partei nur zu diesem Teil einstweilen kostenbefreit. Die einstweilige Stundung für die nichtarme Partei erlischt, wenn die Bewilligung von Prozeßkostenhilfe gem. § 124 ZPO aufgehoben wird. Keine einstweilige Stundung tritt auch dann und soweit ein, als die nichtarme Partei ihre Anträge erweitert, ohne daß ihr hierfür Prozeßkostenhilfe bewilligt worden ist. Besitzen von **mehreren Streitgenossen** nicht alle Prozeßkostenhilfe, so kann zugunsten der beklagten nichtarmen Partei eine einstweilige Kostenbefreiung nur hinsichtlich von Kosten eintreten, die allein im Verfahren gegen die mittellose Partei entstanden sind. Nicht anwendbar ist § 122 Abs. 2 ZPO, wenn die im ersten Rechtszug unterlegene nichtarme Partei ein Rechtsmittel einlegt und in diesem Verfahren obsiegt. Sie haftet dann als Rechtsmittelklägerin für die Kosten des Rechtsmittelverfahrens nach § 49 GKG. Die Wirkung der Gebührenbefreiung nach § 122 Abs. 2 ZPO erstreckt sich immer nur auf die Instanz, für die Prozeßkostenhilfe bewilligt und in der die mittellose Partei Klägerin, Rechtsmittelklägerin usw. ist.

16 Wird die **nichtarme Partei rechtskräftig in die Prozeßkosten verurteilt**, hört ihre

15 BVerfG, MDR 2000, 1157; OLG Karlsruhe, JurBüro 2000, 28 = NJW 2000, 1121; OLG Koblenz, JurBüro 2000, 206 = MDR 2000, 113 = NJW 2000, 1122.
16 LG Hildesheim, JVBl. 1961, 144.

einstweilige Kostenbefreiung auf. Sie kann dann auf die Gerichtskosten so in Anspruch genommen werden, wie wenn der mittellosen Partei Prozeßkostenhilfe nicht bewilligt worden wäre. Das gilt sowohl für die der mittellosen Partei gestundeten Gerichtskosten (§ 125 Abs. 2 ZPO) als auch für Gerichtskosten, von deren Entrichtung die nichtarme Partei gemäß § 122 Abs. 2 ZPO einstweilen befreit war (§ 125 Abs. 2 ZPO). Voraussetzung ist aber, daß die Kostenentscheidung rechtskräftig ist. Die rechtskräftige Kostenentscheidung muß nicht gerade in einem Urteil ergangen sein, es genügt auch ein rechtskräftiger Beschluß (etwa nach § 91a ZPO).[17] Wenn ein Arrest oder eine einstweilige Verfügung durch Beschluß ergangen ist und dem Antragsteller Prozeßkostenhilfe bewilligt war, kommt eine Rechtskraft des Arrest- oder des EV-Beschlusses nicht in Betracht. Die nichtarme Partei kann dann auf die ihr und der mittellosen Partei gestundeten Gerichtskosten erst in Anspruch genommen werden, wenn sie in einem nachfolgenden Widerspruchsverfahren rechtskräftig in die Kosten verurteilt wurde oder wenn das Verfahren in sonstiger Weise als beendet anzusehen ist (z. B. dadurch, daß kein Widerspruch gegen den Arrest- oder EV-Beschluß eingelegt wird), § 125 Abs. 2 ZPO. Die Kostenbefreiung der nichtarmen Partei hört auch dann auf, wenn die nichtarme Partei durch eine vor Gericht abgegebene oder dem Gericht mitgeteilte Erklärung die Kosten übernommen hat oder sonst für sie haftet.[18] Die nichtarme Partei hat dann in den Grenzen der Kostenübernahme oder sonstigen Kostenhaftung sowohl die Gerichtskosten zu tragen, von denen die mittellose Partei einstweilen befreit war, als auch ihre eigenen bisher gestundeten.

Hat der Rechtsstreit **ohne Entscheidung über die Kosten** sein Ende gefunden (z. B. **17**
durch außergerichtlichen Vergleich, Klagerücknahme ohne Antrag nach § 269 ZPO oder längeres Ruhen des Verfahrens, mag es ausdrücklich angeordnet worden oder durch längeres Nichtbetreiben des Verfahrens eingetreten sein), sind von der nichtarmen Partei die sie treffenden Gerichtskosten ebenfalls einzuziehen, § 125 Abs. 2 ZPO. Auch wenn in einem das Verfahren beendenden Vergleich die mittellose Partei die Kosten übernommen hat, kann die nichtarme Partei gemäß § 125 Abs. 2 ZPO auf die Gerichtskosten in Anspruch genommen werden, von denen sie einstweilen befreit war. Wurden die Kosten rechtskräftig der als (Berufungs-, Revisions-)Klägerin aufgetretenen mittellosen Partei auferlegt, so darf die nichtarme Partei auf die ihr nach § 122 Abs. 2 ZPO gestundeten Kosten (Auslagen) nicht in Anspruch genommen werden. Gleichgültig ist dabei, ob die Kostenentscheidung durch Urteil oder als Beschluß ergeht.[19]

Erlöschen der Prozeßkostenhilfe: Die Prozeßkostenhilfe ist an die Person des Bedürf- **18**
tigen gebunden. Sie erlischt:

- *Mit dem Tode* der Person, der sie bewilligt war. Der Erbe muß erforderlichenfalls erneut Prozeßkostenhilfe beantragen. Die vor dem Tode der mittellosen Partei entstandenen Kosten sind Nachlaßverbindlichkeiten.[20] Haben beide Parteien Prozeßkostenhilfe, so berührt der Tod der einen Partei die Kostenbefreiung der anderen nicht. Nach dem Tod

17 LG Trier, RPfleger 1959, 66.
18 LG Hildesheim, JVBl 1961, 144.
19 LG Trier, RPfleger 1959, 66.
20 OLG Stuttgart, JurBüro 1974, 1606; *Schneider* NJW 1962, 1335.

einer mittellosen Partei kann ihr keine Prozeßkostenhilfe mehr bewilligt werden.[21] Es ist aber rückwirkende Bewilligung an die Erben möglich, falls bei diesen die Voraussetzungen vorliegen.

- *Mit einem sonstigen Ausscheiden* der mittellosen Partei aus dem Rechtsstreit, z. B. Parteiwechsel.
- *Mit der Rechtskraft eines die Bewilligung aufhebenden oder sie ändernden Bescheides* durch das Gericht nach § 124 ZPO, bei dem das Verfahren gerade anhängig ist. Die Änderung ist möglich zugunsten[22] oder zuungunsten der Partei. Nach Beendigung des Verfahrens ist dafür das Gericht erster Instanz für alle Instanzen zuständig.

19 Die **Folge** des Erlöschens bzw. der Änderung der Prozeßkostenhilfe ist, daß dann die durch die Bewilligung von Prozeßkostenhilfe gegebenen Beschränkungen bei dem Ansatz der Gerichtskosten entfallen bzw. im Umfang der Änderung zu beachten sind.

20 **Übergang von Ansprüchen auf die Bundes- oder Landeskasse:** Der beigeordnete Anwalt hat gegen die Staatskasse einen Anspruch auf Erstattung der Gebühren und notwendigen Auslagen (§§ 121 ff. BRAGO). Soweit der Gegner der Partei in die Kosten verurteilt ist, ist der beigeordnete Rechtsanwalt auch berechtigt, seine Gebühren und Auslagen zu den in der BRAGO für den Rechtsanwalt, der nicht beigeordnet ist, vorgesehenen Sätzen beizutreiben (§ 126 ZPO). Soweit der beigeordnete Rechtsanwalt aus der Bundes- oder Landeskasse seine Kosten (Gebühren und Auslagen) nach §§ 121 ff. BRAGO erstattet erhalten hat, geht der dem beigeordneten Rechtsanwalt nach § 126 ZPO zustehende Anspruch gegen den Gegner der Partei ex lege auf die Bundes- oder Landeskasse über, § 130 BRAGO. Dieser Kostenerstattungsanspruch der Bundes- oder Landeskasse ist nach den Vorschriften über die Einziehung der Gerichtskosten geltend zu machen. Damit werden diese Kosten aber nicht Gerichtskosten, sondern sie bleiben außergerichtliche Kosten.[23] Ein nichtarmer Streitgenosse hat daher auch nicht die Kosten des im Prozeßkostenhilfeverfahren beigeordneten Rechtsanwalts des mittellosen Streitgenossen zu tragen.[24] Solange die Kostenentscheidung, auf die der Anspruch des Rechtsanwalts gegen den Gegner gemäß § 126 ZPO beruht, nicht rechtskräftig ist, können die Parteien rechtswirksam einen von der Kostenentscheidung abweichenden Vergleich schießen, selbst wenn dadurch der Kostenanspruch des Rechtsanwalts aus § 126 ZPO und damit auch der der Bundes- oder Landeskasse untergeht.[25] Ein solcher Vergleich wäre nur unwirksam, wenn eine der Sach- und Rechtslage nicht entsprechende und offensichtlich nur zum Zwecke der kostenrechtlichen Begünstigung der nichtarmen Partei zu Lasten der Bundes- oder Landeskasse gehende Vereinbarung getroffen wäre.[26] Ein nach Rechtskraft der Kostenentscheidung geschlossener Vergleich kann den Kostenanspruch des Rechtsanwalts

21 OLG Hamm, MDR 1977, 409 = JurBüro 1977, 1284 = RPfleger 1977, 108.

22 Vgl. *Mümmler* JurBüro 1980, 1458.

23 Vgl. z. B. BGH, RzW 1956, 370 = JVBl. 1957, 22; KG, JurBüro 1974, 866 = RPfleger 1974, 233; *Mümmler* JurBüro 1977, 1198.

24 Wegen eines bürgerlich-rechtlichen Ausgleichsanspruchs der Staatskasse vgl. OLG Bamberg, JurBüro 1971, 78 m. Anm. v. *Mümmler*.

25 OLG Köln, JMBlNRW 1972,146; LG Bayreuth, JurBüro 1974, 1403 m. Anm. v. *Mümmler*; OLG Frankfurt/Main, NJW 1969, 144 = JurBüro 1968, 898 = RPfleger 1969, 23.

26 OLG München, JurBüro 1973, 752; OLG Frankfurt/Main, JurBüro 1961, 345 = MDR 1961, 780;

und der Staatskasse nicht mehr beeinträchtigen.[27] Der nach § 130 BRAGO auf die Staatskasse übergegangene Anspruch gegen die unterlegene Partei auf Erstattung der dem Prozeßkostenhilfeanwalt der obsiegenden Partei gezahlten Gebühren und Auslagen kann gegen eine unterlegene Partei, der Prozeßkostenhilfe bewilligt war, geltend gemacht werden.[28] Der von der Staatskasse gemäß § 130 BRAGO in Anspruch genommene Gegner der mittellosen Partei kann auch Einwendungen gegen die Höhe der dem Prozeßkostenhilfeanwalt gezahlten Kosten erheben.[29] Der Anspruch des Prozeßkostenhilfeanwalts gegen die Staatskasse wird durch die Aufrechnung von Kostenforderungen zwischen den Parteien nicht berührt.[30] Der auf die Staatskasse übergegangene Anspruch verjährt nicht gemäß § 10 GKG, sondern in 30 Jahren, da es sich um keine Gerichtskosten handelt.[31]

§ 49
Kostenschuldner in Streitverfahren

In bürgerlichen Rechtsstreitigkeiten, Verfahren nach § 1 Abs. 2 und in Verfahren vor den Gerichten der Verwaltungs-, Sozial- und Finanzgerichtsbarkeit ist Schuldner der Kosten derjenige, der das Verfahren der Instanz beantragt hat. In dem Verfahren, das gemäß § 700 Abs. 3 der Zivilprozeßordnung dem Mahnverfahren folgt, ist Schuldner der Kosten nach S 1, wer den Vollstreckungsbescheid beantragt hat.

Übersicht

Mümmler JurBüro 1973, 183, 269; 1974, 566, 1225; *Schalhorn* JurBüro 1973, 22. Vgl. auch BVerfG, MDR 2000, 1157.

27 OLG Köln, MDR 1956, 363.
28 OLG Hamburg, JurBüro 1972, 1024; OLG Frankfurt/Main, RPfleger 1969, 217; OLG Schleswig, SchlHA 1960, 238 = JurBüro 1960, 446.
29 BGH, MDR 1978, 214.
30 A. M. OLG Schleswig, JurBüro 1971, 155.
31 LG Wuppertal, JurBüro 1975, 359.

1 **Allgemeines:** Die durch das KostRÄndG 1994 überarbeitete[1] Vorschrift bestimmt, wer in bürgerlichen Rechtsstreitigkeiten (vgl. § 12, Rn. 1), in den im § 1 Abs. 2 GKG genannten Familiensachen und in Verwaltungs-, Finanz- und Sozialgerichtssachen Kostenschuldner ist, weil er das Verfahren beantragt hat (**sog. Antragshaftung**). Diese Haftung wird durch § 49 GKG begründet. Daneben bilden die verfahrensrechtlichen Kostenvorschriften, z. B. bei Klagerücknahme (§ 269 ZPO, 155 Abs. 2 VwGO, 136 Abs. 2 FGO), keine Rechtsgrundlage für den Kostenansatz durch den Kostenbeamten. Von der Antragstellerhaftung zu unterscheiden ist die Vorauszahlungs- und Vorschußpflicht nach § 65 GKG. **Die Antragstellerhaftung besteht ohne Rücksicht auf den Ausgang des Verfahrens** und eine etwaige Kostenentscheidung. Ist auch ein Kostenschuldner nach § 54 GKG vorhanden, bleibt daneben gesamtschuldnerisch die Kostenschuld des Antragstellers bestehen, § 58 Abs. 1 GKG. Sie soll dann lediglich zweitrangig, als sog. **Zweitschuldnerhaftung**, geltend gemacht werden, § 58 Abs. 2 GKG.[2] Die Vorschrift des § 49 GKG geht von dem Gedanken aus, daß letztlich für die Kosten derjenige einstehen soll, der durch seinen Antrag ein Verfahren veranlaßt hat, und zwar auch dann, wenn er den Antrag später wieder – aus welchen Gründen auch immer – zurücknimmt.[3] Die Kostenhaftung des Antragstellers ist besonders wichtig, wenn der Gegner als Entscheidungsschuldner zahlungsunfähig ist. Wegen der Antragstellerhaftung für Dokumentenpauschalen, vgl. § 56 GKG und wegen der Kostenschuldner im Insolvenz-, schiffahrtsrechtlichen Verteilungs-, Zwangsversteigerungs- und Zwangsverwaltungsverfahren, vgl. §§ 50–53 GKG.

2 Ein **Antrag** iS des § 49 GKG ist eine Prozeßhandlung, die das Verfahren in Gang bringt, z. B. die Klageschrift, die Rechtsmittelschrift, der Arrestantrag oder der Antrag auf Erlaß einer einstweiligen Verfügung, der Antrag im Mahnverfahren, der Antrag auf Durchführung des Beweisverfahrens nach §§ 485 ff. ZPO.[4] Auch Erklärungen zu Protokoll oder in der mündlichen Verhandlung können ein Verfahren einleiten. Entscheidend ist, daß ersichtlich die Durchführung eines Verfahrens der in § 49 GKG bezeichneten Art begehrt wird, mag auch das Gericht für die bei ihm anhängig gemachte Sache nicht zuständig oder der Rechtsweg ausgeschlossen sein (vgl. § 1, Rn. 3). Gleichgültig ist auch, ob es sich um ein streitiges oder um ein nicht streitiges Verfahren handelt. Die Klage gilt kostenrechtlich bereits mit dem Eingang der Klageschrift bei Gericht als erhoben.[5] Auch der Eingang einer eigenhändig unterschriebenen „Zweitschrift" kann genügen[6] sowie ein in elektronischer Form (§ 126a BGB) eingereichter Schriftsatz (§ 130a ZPO) oder ein Telefax. Wird einem Prozeßkostenhilfegesuch der Entwurf einer Klage beigefügt, dann gilt die Klage in dem Zeitpunkt als eingereicht, in dem der Kläger zu erkennen gibt, daß er nunmehr den

1 Vgl. dazu BT-Drucks. 12/6962, S. 65/66.
2 OLG Karlsruhe, JurBüro 1995, 42, 43.
3 Vgl. LG Mainz, NZI 1998, 311 = JurBüro 1998, 425.
4 OLG Hamburg, MDR 1998, 248 = OLG-Report Bremen/Hamburg/Schleswig-Holstein 1997, 403.
5 OLG Bamberg, JurBüro 1973, 856.
6 BFH, BStBl. II, 1978, 11.

Klageentwurf als Klageschrift behandelt wissen wolle, etwa durch Verlesung des Antrags aus der „Klageschrift" in der mündlichen Verhandlung.[7] In den Rechtsmittelinstanzen sind förmliche Sachanträge nicht unbedingt notwendig.[8] Es ist sogar ein für das Gericht nicht erkennbarer Willensmangel in der Person des Prozeßbevollmächtigten bei der Einlegung eines Rechtsmittels (z. B. versehentliche Einreichung der unterzeichneten Rechtsmittelschrift durch eine Bürokraft) unbeachtlich.[9] Eine Irrtumsanfechtung scheidet aus, weil es sich um eine prozessuale Erklärung handelt. Ob der Beklagte geschäfts-(prozeß)-fähig ist, wirkt sich auf die Antragstellerhaftung nicht aus.[10] Kein Antrag (auf Durchführung eines neuen Verfahrens) liegt aber vor, wenn der Antrag im Beweisverfahren nach § 485 ff. ZPO keinen neuen Beweisgegenstand betrifft, sondern nur darauf abzielt, eine bereits gewonnenes Beweisergebnis zu ergänzen.[11]

Antragsteller ist, wer das Verfahren der Instanz als (Berufungs-, Revisions-)Kläger oder wer durch seinen Antrag ein sonstiges Verfahren der in § 49 GKG bezeichneten Art in Gang gebracht hat. Das kann im Beweisverfahren nach §§ 485 ff. ZPO auch der Antragsgegner sein, soweit er eigene Anträge zu selbständigen Beweisthemen stellt.[12] Kein Antragsteller iS des § 49 GKG ist hingegen, wer lediglich in Vertretung eines anderen handelt (z. B.: als Prozeßvertreter, gesetzlicher Vertreter).[13] Auch derjenige, der nur als Beteiligter (z. B. als Beigeladener oder Nebenintervenient) in ein Verfahren hineingezogen wird, ist kein Antragsteller, sofern er nicht eigene Anträge stellt.[14] Insolvenz-, Nachlaß-, Zwangsverwalter, Testamentsvollstrecker sind als **Parteien kraft Amtes** zwar Antragsteller. Sie haften aber nicht mit ihrem eigenen Vermögen, sondern nur mit dem von ihnen verwalteten Vermögen. Macht jemand ein fremdes Recht im eigenen Namen geltend, so ist nur er Antragsteller und nicht derjenige, dessen Recht er geltend macht (z. B. der Zedent). Der ursprüngliche Rechtsinhaber kann auch nicht mit der Begründung, es liege ein Scheinvertrag vor, als Antragsteller in Anspruch genommen werden.[15] Wer als gesetzlicher Vertreter auftritt, ohne es zu sein, ist Antragsteller, nicht die Partei, für die er auftritt.[16] Wer **ohne Vertretungsmacht** für einen anderen einen Antrag stellt, haftet bis zur Genehmigung durch den anderen als Antragsteller persönlich.[17] Wer für einen anderen einen Prozeßbevollmächtigten bestellt, ohne hierzu ermächtigt zu sein, haftet als Antragsteller.[18] Die Partei haftet jedoch dann, wenn sie den Antrag kannte und in der Lage war, dessen Einbringung zu verhindern[19] oder wenn sie die vollmachtslose Klageerhebung genehmigt.[20] War aber eine Prozeßvollmacht erteilt, ist der Bevollmächtigte dadurch 3

7 BGH, RPfleger 1972, 304 = FamRZ 1972, 453; OVG Saarlouis, AnwBl. 1969, 401.
8 BGH, RPfleger 1970, 239; OLG Saarbrücken, NJW 1970, 434 = VersR 1970, 383 (L).
9 OLG Karlsruhe, NJW 1975, 1933 = Die Justiz 1975, 475 (L).
10 OLG Hamburg, MDR 1998, 1123 (In der Sache ist die Entsch allerdings überholt).
11 OLG Schleswig, SchlHA 2001, 221.
12 OLG Koblenz, NJW-RR 1998, 547 = ZMR 1997, 419 = WuM 1997, 383.
13 Vgl. BGH, RPfleger, 1959, 109 (L).
14 Vgl. auch bei *Oe/Wi/He* § 49 Rn. 3.
15 RGZ 72, 97.
16 Vgl. OLG Koblenz, JurBüro 1997, 536 m. Anm. v. *D.Meyer*; *Hartmann* § 49 Rn. 4; *Oe/Wi/He* § 49 Rn. 5; *D.Meyer* JurBüro 1997, 288.
17 BGH, RPfleger 1959, 3 (L); BayVGH, BayVBl. 1973, 193; OLG Köln, JurBüro 1970, 798.
18 OLG Hamburg, MDR 1967, 399.

ermächtigt, auch einen Bevollmächtigten für die höheren Instanzen zu bestellen (§ 81 ZPO). In diesem Falle haftet die Partei als Antragstellerin auch für ein aufgrund der Bestellung beantragtes Rechtsmittelverfahren, auch wenn der Auftrag, das Rechtsmittel einzulegen, ohne Wissen oder gar gegen den erklärten Willen der Partei erfolgt ist.[21] Wendet die als Antragsteller in Anspruch genommene Partei ein, sie habe keine Prozeßvollmacht erteilt, ist im Erinnerungs- und Beschwerdeverfahren nach § 5 GKG die Frage der Vollmachtserteilung zu prüfen. Kann das nicht festgestellt werden, haftet die Partei als Anragsteller nicht,[22] sondern der vollmachtslose Vertreter. Gesetzliche Vertreter, Prozeßbevollmächtigte usw. können durch Übernahmeerklärung Kostenschuldner nach § 54 Nr. 2 GKG werden. Im Falle der Rechtsnachfolge im Prozeß (§ 265 ZPO) haftet der Rechtsvorgänger neben dem Rechtsnachfolger für die bis zur Übernahme des Rechtsstreits erwachsenen Kosten als Antragsteller. Ebenso haftet der Erbe, der einen Rechtsstreit aufnimmt, auch für die vor der Aufnahme entstandenen, den Erblasser nach § 49 GKG treffenden Kosten. Nimmt der Insolvenzverwalter einen durch das Insolvenzverfahren unterbrochenen Prozeß auf oder wird er gegen ihn aufgenommen, werden nur die nach der Aufnahme entstehenden Gerichtskosten Masseschulden. Zu den nach der Aufnahme entstehenden Gerichtskosten zählt auch die allgemeine Verfahrensgebühr, da sie im Laufe des Rechtsstreits immer wieder von neuem entsteht. Wird der Insolvenzverwalter zur Tragung der gesamten Kosten des Rechtsstreits verurteilt, werden auch die vor der Aufnahme entstandenen Gerichtskosten Masseschulden (§ 54 Nr. 1 GKG). Im Falle der **Aufrechnung** mit hilfsweise zur Aufrechnung gestellten Gegenforderungen wird die aufrechnende Partei rückwirkend zur Antragstellerin, soweit über die Gegenforderungen eine die Rechtskraft fähige Entscheidung ergeht oder sie durch einen Vergleich erledigt werden.[23] Denn wenn und soweit sich der Streitwert durch die Erklärung der Aufrechnung erhöht, muß hierfür wie bei einer Widerklage ein Kostenschuldner nach § 49 GKG gegeben sein. Es wäre unbillig, den Antragsteller des Verfahrens für die Gerichtskosten der vom Gegner zur Entscheidung gestellten bestrittenen Aufrechnungsforderungen als Antragsteller haften zu lassen. Es muß daher insoweit die aufrechnende Partei Antragstellerin sein. Diese Lösung entspricht dem Sinn und Zweck des § 49 GKG. Wenn ein Fall des § 19 Abs. 3 GKG gegeben ist, wirkt die Haftung der aufrechnenden Partei auf den Zeitpunkt zurück, zu dem die Aufrechnung im Prozeß geltend gemacht wurde.[24]

4 **Mehrere Antragsteller** haften als Gesamtschuldner, soweit sich ihre Anträge auf dasselbe Verfahren und denselben Gegenstand beziehen[25] (§ 58 Abs. 1 GKG). Auch Streitgenossen haften als Gesamtschuldner, (§ 59 GKG). Sonach haften mehrere Gesamtgläubiger, welche dieselbe Forderung in einer Klage geltend machen, als Gesamtschuldner; ebenso bei Klage

19 BGH, MDR 1997, 198 = NJW-RR 1997, 510 = MDR 1997, 198 = LM § 49 GKG 1975 Nr. 1; OLG Hamburg, MDR 2001, 1192; *Hartmann* § 49 Rn. 4; *D.Meyer* JurBüro 1997, 288.
20 OLG Hamburg, MDR 2001, 1192.
21 BGH, RPfleger 1959, 3 (L).
22 OLG Hamburg, MDR 2001, 1192.
23 *Oe/Wi/He* § 49 Rn. 17; **a. M.** OLG Bamberg, JurBüro 1980, 1545 m. Anm. v. *Mümmler*; *Lappe* in der Anm. zu KostRspr. Nr. 92 zu § 19 Abs. 3.
24 Vgl. auch BGH, RPfleger 1975, 83.
25 OLG Hamburg, OLG-Report Bremen/Hamburg/Schleswig-Holstein 1997, 218.

mehrerer Streitgenossen auf Nichtigkeit eines Patents.[26] Haben mehrere Kläger in einer Klage Forderungen geltend gemacht, die nach dem Klageantrag ihnen nicht gemeinsam, sondern nur einzelnen von ihnen zustehen sollen, haftet jeder Kläger nur für die auf seine Klageforderung entfallenden Kosten. Die Haftung des Antragstellers geht nur so weit, wie er sich am Verfahren beteiligt. Nimmt er seine Klage zurück und ergeht dann ein Urteil für oder gegen seinen Streitgenossen, der mit ihm klagte, haftet der Kläger, der die Klage vorher rechtswirksam zurückgenommen hat, für die Urteilsgebühr nicht mehr. Er haftet in der ersten Instanz also nur für die nach KV Nr. 1211 Buchstabe a) anzusetzende Gebühr. Entstehen besondere Kosten allein hinsichtlich des Streitgegenstandes eines bestimmten Streitgenossen (z. B. Auslagen für eine Beweisanordnung hinsichtlich des Streitgegenstandes dieses Streitgenossen), haftet für diese besonderen Kosten nur der betreffende Streitgenosse als Antragsteller. Das gilt ebenso bei besonderen Angriffsmitteln.

Auch Kläger und Widerkläger sowie gegenseitige Rechtsmittelkläger haften jeder 5
für die Kosten, die auf den Streitwert seiner Klage, Widerklage oder seines Rechtsmittels entfallen, und zwar haftet jeder von ihnen nur für die Kosten, die entstanden wären, wenn sein Anspruch der einzige Gegenstand des Verfahrens wäre.[27] Die Haftung beschränkt sich nicht etwa nur auf den Teil der gesamten Gerichtskosten, die nach dem Verhältnis der einzelnen Streitgegenstände zueinander auf diese entfällt.[28] Die Staatskasse darf den einzelnen Antragsteller nur bis zur Höhe der auf dessen Streitwert entfallenden Gebühren in Anspruch nehmen, insgesamt aber keinen höheren Gesamtbetrag an Gebühren fordern, als sich bei Berechnung der Gebühren aus dem Gesamtbetrag ergibt. *Beispiel*: Betrug der Streitwert der Klage 5 000 € und jener der Widerklage 2 000 €, darf die Staatskasse die Gebühren höchstens aus dem Gesamtstreitwert von 7 000 € erheben. Der Kläger schuldet aber als Antragsteller die Gebühren aus einem Streitwert von 5 000 €, der Widerkläger aus seinem Streitwert von 2 000 €. Die Staatskasse darf die Gebühren aus 7 000 € ansetzen, kann aber innerhalb dieser Grenze den Kläger nur auf die Gebühren aus 5 000 € und den Widerkläger nur auf die Gebühren aus 2 000 € in Anspruch nehmen. Zahlt der Kläger die Gebühren aus 5 000 €, hat der Widerkläger nur noch den Unterschiedsbetrag zwischen den Gebühren aus 5 000 € und 7 000 € zu entrichten. Würde umgekehrt der Widerkläger den ihn betreffenden Betrag aus 2 000 € voll zahlen, müßte der Kläger nur noch den Unterschiedsbetrag zwischen den Gebühren aus 2 000 € und 7 000 € entrichten. Soweit hiernach Kläger und Widerkläger für dieselben Spitzenbeträge haften, sind sie Gesamtschuldner (§ 58 Abs. 1 GKG).[29] Sie haften aber nicht über die Beträge hinaus, die auf ihren Einzelstreitwert entfallen,[30] auch nicht zusätzlich für den Unterschiedsbetrag der nach dem zusammengerechneten Streitwert von Klage und Widerklage und bei Einzelberechnung sich ergebenden Gebührensumme.[31]

26 BGH, RPfleger 1959, 239 (L).
27 OLG Hamm, JurBüro 1970, 422; OLG Frankfurt/Main, JurBüro 1970, 52 = JVBl. 1970, 35; a. M. OLG Hamburg, JurBüro 1973, 1188.
28 OLG Schleswig, SchlHA 1954, 120 = RPfleger 1956, 325 (L); LG Waldshut, NJW 1963, 1209.
29 OLG Düsseldorf, JMBlNRW 1952, 50 = RPfleger 1956, 181 (L).
30 OLG Hamburg, RPfleger 1958, 36 (L).
31 OLG Düsseldorf, JMBlNRW 1952, 50.

6 Dieselben Grundsätze gelten für **Rechtsmittelverfahren**, und zwar sowohl für das selbständige Anschlußrechtsmittel[32] als auch für das unselbständige.[33] Der Anschlußberufungskläger, der sich der Berufung nur für den Fall ihres Erfolges angeschlossen hat, haftet der Staatskasse auch dann als Zweitschuldner für die allgemeine Verfahrensgebühr, wenn diese Bedingung nicht eingetreten ist.[34]

7 Der **Streitgenosse** des Klägers wird nicht dadurch zum Kostenschuldner für das Rechtsmittelverfahren, daß er, nachdem der Kläger das Rechtsmittel eingelegt hat, bei dessen Untätigkeit den Anspruch in der Rechtsmittelinstanz weiter verfolgt.[35] Hat der Streitgenosse aber selbständig das Rechtsmittel eingelegt, haftet er als Antragsteller des Verfahrens auch dann, wenn die Hauptpartei später selbständig das Rechtsmittel einlegt.[36] Wenn die gebührenpflichtige Handlung nur die Klage oder die Widerklage oder nur eines der Rechtsmittel betrifft, haftet für die durch die Handlung ausgelöste Gebühr nur der Antragsteller, dessen Anspruch die Handlung betrifft. Dasselbe gilt für Auslagen. Für die Auslagen einer vor der Widerklage oder Anschlußberufung angeordneten Beweisaufnahme besteht eine Antragstellerhaftung des Widerklägers bzw. Anschlußberufungsführers auch dann nicht, wenn das vorliegende Beweisergebnis auch zur Entscheidung über die Widerklage bzw. Anschlußberufung ohne neue Beweisanordnung verwertet wird. Entstehen aber Auslagen sowohl für die Klage als auch für die Widerklage oder für beide Rechtsmittel, haften die Parteien für sie gesamtschuldnerisch. Soweit Klage und Widerklage oder wechselseitig eingelegte Rechtsmittel, die nicht in getrennten Prozessen verhandelt werden, **denselben Streitgegenstand** haben (§ 19 GKG), haften die Parteien gesamtschuldnerisch für die Kosten (§ 58 Abs. 1 GKG). Das kann z. B. bei Ehesachen der Fall sein.[37] Die Zahlung der Kosten durch eine Partei tilgt auch die Kosten der anderen.[38] Haben bei einer Zug-um-Zug-Verurteilung der Beklagte wegen der Hauptsache und der Kläger wegen der Höhe der Gegenforderung Berufung eingelegt, ist der Streitwert der Berufung des Klägers neben dem Streitwert der Berufung des Beklagten über die Hauptsache nicht zu berücksichtigen. Der Kläger ist aber hinsichtlich des nach seinem Interesse an der Abänderung des Urteils zu bemessenden Streitwerts des von ihm betriebenen Berufungsverfahrens Antragsteller. Das zeigt sich im Falle einer vorzeitigen Erledigung der Berufung des Beklagten oder bei Prozeßhandlungen, die nur das zum Gegenstand des Berufungsverfahrens des Klägers gemachte Zurückbehaltungsrecht betreffen.

8 Der **Streitgenosse** einer Partei, der **Gebührenfreiheit genießt**, schuldet als Antragsteller der Instanz nur die Hälfte der Gebühren, wenn die gebührenfreie Partei für dieselben

32 OLG Hamburg, RPfleger 1958, 36 (L).

33 OLG München, JurBüro 1975, 1230; KG, JurBüro 1973, 546; OLG Bamberg, JurBüro 1972, 902 m. Anm. v. *Mümmler*; OLG Düsseldorf, NJW 1968, 410.

34 OLG Celle, NJW 1959, 777.

35 BGH, RPfleger 1955, 44.

36 OLG Hamburg, NJW 1953, 1973; KG, RPfleger 1962, 123; a. M. BGH, NJW 1963, 1178 = JurBüro 1963, 605 = MDR 1963, 748.

37 OLG Frankfurt/Main, NJW 1956, 678; OLG Hamm. JVBl 1960, 93 = RPfleger 1960, 412.

38 LG Köln, JurBüro 1967, 427.

Kosten als Antragstellerin der Instanz haftet und deshalb ein Ausgleichsanspruch unter den Streitgenossen besteht.[39]

9 Die Bewilligung von **Prozeßkostenhilfe** an den (Rechtsmittel)beklagten berührt die Antragstellerhaftung des (Rechtsmittel-)Klägers nur, wenn die mittellose Partei Entscheidungsschuldnerin nach § 54 Nr. 1 GKG ist (§ 58 Abs. 2 S 2 GKG), nicht aber bei Kostenübernahme nach § 54 Nr. 2 GKG.[40] Andererseits haftet der Kläger nicht für die an den Prozeßkostenhilfeanwalt der beklagten Partei gezahlten Prozeßkostenhilfeanwaltskosten, weil diese keine Gerichtskosten sind. Ist dem Berufungskläger Prozeßkostenhilfe nur für die Anschlußberufung und nicht auch für die Berufung bewilligt worden, erstreckt sich die Prozeßkostenhilfe nicht auf die durch die Berufungseinlegung entstandene allgemeine Verfahrensgebühr.[41]

10 Wird **Einspruch gegen den Vollstreckungsbescheid** eingelegt, ist eine kostenrechtlich neue Instanz in Form des Streitverfahrens eröffnet. Der Gesetzgeber hat mit überzeugenden Gründen[42] festgelegt, daß dann nicht derjenige als Antragsteller haftet, der den – auch unzulässigen[43] – Einspruch eingelegt, sondern derjenige, der den Vollstreckungsbescheid beantragt hat.[44] In der Regel ist das der Kläger als Antragsteller des Mahnverfahrens.[45] Es kann aber auch der Beklagte sein, vor allem in den Fällen, in denen der Kläger den Anspruch nicht begründet und der Beklagte eine Sach- oder Säumnisentscheidung erzwingen will.

11 **Kostenschuldner** ist, wer im Verfahren entstandene Kosten (Gebühren oder Auslagen) der Staatskasse schuldet. Der Begriff hat nichts mit der in der ZPO geregelten Erstattungspflicht der Kosten an den Gegner nach §§ 91 ff. ZPO zu tun. Wer Kostenschuldner nach dem GKG ist, ergibt sich ausschließlich aus den §§ 49–56 GKG. Danach kommt neben dem Antragsteller hauptsächlich der Entscheidungs- und der Übernahmeschuldner in Betracht. Mehrere Kostenschuldner desselben Verfahrensgegenstandes haften als Gesamtschuldner.

12 **Umfang der Haftung des Antragstellers:** Der Antragsteller haftet grundsätzlich für alle in der durch seinen Antrag eingeleiteten Instanz erwachsenen Kosten, auch für jene, die durch Verteidigungsmaßnahmen des Gegners entstehen (z. B. für die Auslagen der nur vom Gegner benannten Zeugen und Sachverständigen oder der armen Partei gezahlten Reisekosten).[46] Auf die Beweislast kommt es nicht an.[47] Vorschußpflichtig ist für solche Auslagen aber nur der Gegner (§ 68 GKG). Vom Antragsteller können sie erst nach Fälligkeit verlangt werden. Der Antragsteller haftet auch für die Kosten eines Zwischenurteils, weil das ihm zugrunde liegende Verfahren keine eigene Instanz bildet. Macht der

39 BGHZ 12, 270 = NJW 1954, 513; OLG Düsseldorf, RPfleger 1954, 199.
40 BVerfG, MDR 2000, 1157; OLG Nürnberg, JurBüro 1979, 869.
41 KG, JurBüro 1970, 69.
42 Vgl. BT-Drucks. 12/6962, S. 65–66.
43 OLG Düsseldorf, JurBüro 2002, 90.
44 OLG Düsseldorf, JurBüro 2002, 90, 91; *Hartmann* § 49 Rn. 18; *Oe/Wi/He* § 49 Rn. 25.
45 OLG Düsseldorf, JurBüro 1998, 149 = NJW-RR 1997, 1295; OLG Hamburg, JurBüro 19996, 318; *Hartmann* § 49 Rn. 18; *Oe/Wi/He* § 49 Rn. 25.
46 OLG München, JurBüro 1972, 804.
47 OLG Bamberg, JurBüro 1979, 879.

Beklagte durch einen Zwischenantrag im anhängigen Rechtsstreit den ihm durch die Vollstreckung eines Vorbehaltsurteils oder eines für vorläufig vollstreckbar erklärten Urteils oder durch eine zur Abwendung der Vollstreckung gemachte Leistung entstandenen Schadensersatzanspruch geltend (§§ 302 Abs. 4; 600 Abs. 2; 717 Abs. 2, 3 ZPO), wird er insoweit Antragsteller dieses gebührenrechtlich als Widerklage zu behandelnden Verfahrens. Ebenso im Falle der Aufrechnung nach § 19 Abs. 3 GKG. Der Antragsteller ist auch Schuldner der Schreibgebühren nach § 56 GKG, mit Ausnahme solcher, die deshalb entstehen, weil der Gegner es unterlassen hat, die erforderliche Zahl von Abschriften beizufügen. Auch für die Kosten, die nach §§ 380, 390, 402, 409 ZPO Zeugen und Sachverständigen auferlegt werden können, haftet der Antragsteller gesamtschuldnerisch mit diesen Schuldnern, nicht aber für an Zeugen oder Sachverständige zu Unrecht gezahlte Beträge, soweit unrichtige Sachbehandlung vorliegt (§ 8 GKG),[48] sowie für die der anderen Partei auferlegte Verzögerungsgebühr nach § 34 GKG.

13 Die **Fälligkeit** der Gebühren und Auslagen ergibt sich aus §§ 61–64 GKG; 184 Abs. 1 SGG.

14 **Bürgerliche Rechtsstreitigkeiten** (vgl. dazu § 12, Rn. 1): Hierher gehören das Zivilprozeßverfahren einschließlich des Mahnverfahrens, das Arrest- und einstweilige Verfügungsverfahren, das Prozeßkostenhilfeverfahren, die **Familiensachen** wie überhaupt die im KV Teil 1 genannten Verfahren. **Verwaltungs-, Sozial- und Finanzgerichtsverfahren** sind die in KV Teile 1–4 bezeichneten Verfahren nach der VwGO, dem SGG und dem FGG.

15 Das **Verfahren der Instanz** ist hier nicht im prozessualen Sinne,[49] sondern wie bei § 27 GKG zu verstehen, so daß auf die dort gemachten Ausführungen verwiesen wird (vgl. § 27, Rn. 6 ff.). Auch ein während der Aussetzung des Verfahrens (§ 148 ZPO) angekündigter Antrag löst die Wirkung von § 49 aus, auch wenn der Antrag im Verlaufe des weiteren Verfahrens nicht gestellt wird.[50] Jedes Rechtsmittelverfahren (Berufung, Revision, Beschwerde), ferner jedes Wiederaufnahmeverfahren (Nichtigkeitsklage, Restitutionsklage) bildet eine eigene Instanz. Ein nicht unterschriebener Antrag löst nur dann und rückwirkend Gebühren aus, wenn im Verlaufe des Verfahrens eine Heilung des Mangels eintritt. Jeder Antragsteller haftet nur für die Kosten der durch ihn beantragten Instanz, also der Kläger für die Klage und der Widerkläger für die Widerklage. Die Haftung des Widerklägers tritt auch dann ein, wenn er die Widerklage nur zum Zwecke der Verteidigung erhoben hat. Nach Erledigung der Klage wird der Widerkläger für das weitere Verfahren desselben Rechtszuges alleiniger Antragsteller. Im Rechtsmittelverfahren ist der Rechtsmittelführer Antragsteller. Gleichgültig ist es, ob die im Rechtsmittelverfahren ergehende Kostenentscheidung dem Rechtsmittelkläger, seinem Gegner oder beiden teilweise die Kosten auferlegt werden. Hierdurch kann nur ein zusätzlicher Haftungsgrund nach § 54 GKG eintreten. Auch der Rechtsmittelanschlußkläger ist Antragsteller der durch seinen Antrag eingeleiteten Instanz (vgl. oben, Rn. 5). Ein Streitgehilfe, der ein Rechtsmittel einlegt, ist und bleibt Antragsteller, auch wenn die von ihm unterstützte Partei

48 OLG Nürnberg, JurBüro 1959, 39.
49 OLG Karlsruhe, JurBüro 1995, 42, 43.
50 A. M. aber OLG Oldenburg, RPfleger 1968, 314 (L).

nachträglich ein Rechtsmittel einlegt[51] (vgl. dazu auch oben, Rn. 7). Daß eine Partei als Antragsteller der Instanz und aufgrund einer Kostenentscheidung oder Kostenübernahme haftet, bedeutet noch nicht, daß sich diese Haftung jeweils auf verschiedene Teile der Gesamtkosten erstreckt, so daß die verschiedenen Haftungen nebeneinander geltend gemacht werden können. Sie wäre nur dann möglich, wenn der Partei bestimmte Teile der Kosten über ihre Haftung als Antragsteller hinaus auferlegt worden wären. Ohne eine solche Entscheidung haftet die Partei auch bei einer Haftung aus mehreren Rechtsgründen jeweils nur für denselben Anteil an den Kosten.[52] Vereinbaren die Parteien durch einen Vergleich im Nachverfahren gegenseitige Aufhebung aller Kosten, kann die mit der Berufung gegen das Grundurteil unterlegene Partei nicht verlangen, daß ihr von der Staatskasse die gezahlten vollen Gerichtskosten des Berufungsverfahrens zur Hälfte auf die von ihr zu zahlende Hälfte der Gerichtskosten erster Instanz angerechnet werden.[53] Nimmt der Kläger Streitgenossen als Gesamtschuldner in Anspruch und wird er durch zwei nacheinander ergangene Teilurteile mit der Klage gegen den einen Gesamtschuldner in vollem Umfang und gegen den anderen Gesamtschuldner teilweise abgewiesen, so schuldet er, wenn er gegen beide Teilurteile Berufung einlegt, als Antragsteller der hierdurch eingeleiteten mehreren Rechtsmittelinstanzen die allgemeine Verfahrensgebühr für jedes Rechtsmittelverfahren gesondert.[54] Die spätere Verbindung der gegen verschiedene Urteile eingelegten Rechtsmittel zu einem Rechtsmittelverfahren hat auf die für jedes Rechtsmittelverfahren bereits entstandenen allgemeinen Verfahrensgebühren keinen Einfluß.[55]

Einzelfälle: 16

- *Arrest- und einstweilige Verfügungsverfahren,* (KV Nr. 1311): Schuldner der Kosten des Anordnungsverfahrens und des Rechtfertigungsverfahrens nach § 942 ZPO ist der Gläubiger als Antragsteller. Das Verfahren vor dem Amtsgericht und dem Gericht der Hauptsache gilt als ein Rechtsstreit. Das Abänderungs- und das Aufhebungsverfahren bilden eine eigene Instanz; Kostenschuldner ist hier der Schuldner als Antragsteller. Im Rechtsmittelverfahren ist der Rechtsmittelführer Antragsteller des Rechtsmittelverfahrens. Der Widerspruch gegen den Arrest oder die einstweilige Verfügung begründet keine neue Instanz. Gegenüber dem Hauptsacheverfahren bildet das Arrest- oder einstweilige Verfügungsverfahren immer eine eigene Instanz, auch wenn die Verfahren verbunden werden. Legt der Antragsgegner Widerspruch ein und beantragt er außerdem die Aufhebung der einstweiligen Verfügung wegen Ablauf der inzwischen gesetzten Klagefrist, wird er durch letzteren Antrag zum Antragsteller des Aufhebungsverfahrens.[56] Für die Kosten der Sequestration haftet in erster Linie der Entscheidungsschuldner und zweitschuldnerisch der Antragsteller des Verfahrens, in dem die Anordnung erfolgt.[57]

51 OLG Hamburg, NJW 1953, 1873.
52 KG, RPfleger 1962, 122 (L).
53 OLG München, RPfleger 1956, 30 (L).
54 OLG Düsseldorf, MDR 1961, 66 = RPfleger 1961, 404 m. Anm. v. *Lappe* = JurBüro 1961, 138.
55 OLG München, JurBüro 1964, 274 = AnwBl. 1964, 77 = NJW 1964, 601.
56 OLG Frankfurt/Main, JurBüro 1962, 297.
57 OLG Köln, JMBlNRW 1966, 120.

- *Aufrechnung*: Vgl. oben, Rn. 12.
- *Berufung, Revision:* Antragsteller ist der Berufungs- bzw. Revisionskläger, auch wenn das Rechtsmittel nur als Anschlußrechtsmittel eingelegt wurde.
- *Beschwerdeverfahren* (KV 1220 ff., 1520 ff., 1900 ff., 2500 ff., 3400 ff.): Antragsteller ist der Beschwerdeführer.
- *Beweisverfahren* (KV 1600, 2300, 3300): Es bildet eine eigene Instanz. Kostenschuldner ist, wer das Beweisverfahren beantragt hat, mag er auch in dem Prozeß, auf den sich das Beweisverfahren bezieht, der Beklagte sein.[58] Das gilt auch, wenn das Beweisverfahren innerhalb eines laufenden Verfahrens beantragt wird.
- *Eidesstattliche Versicherung*, KV 1643: Für den Antrag auf Bestimmung des Termins zur Abnahme einschließlich der Anträge auf Erzwingung der Angabe ist der Gläubiger als Antragsteller Kostenschuldner.
- *Einspruch:* Richtet er sich gegen ein Versäumnisurteil, bleibt der Kläger oder Rechtsmittelkläger Antragsteller, und zwar auch dann, wenn der Einspruch als unzulässig verworfen oder mit einem Antrag auf Wiedereinsetzung verbunden wird.[59] Richtet er sich gegen einen Vollstreckungsbescheid, gilt S 2.
- *Einstweilige Anordnung und Verfahren nach § 80 Abs. 5 VwGO, § 69 Abs. 3, 4 FGO:* Kostenschuldner ist immer der Antragsteller dieser Verfahren ohne Rücksicht auf seine Stellung im Hauptsacheverfahren. Mehrere Entscheidungen innerhalb eines Rechtszuges gelten ebenso als eine Entscheidung, wie auch das Verfahren vor dem Vorsitzenden und vor dem Gericht als ein Verfahren anzusehen sind. Im Beschwerdeverfahren ist der Beschwerdeführer Kostenschuldner nach § 49 GKG für die Beschwerdegebühr, auch wenn das Beschwerdegericht keine Kostenentscheidung getroffen hat.[60]
- *Einstweilige Verfügung*: Vgl. „Arrest“.
- *Hilfsantrag* (vgl. § 19 Abs. 3 und bei § 19, Rn. 27 ff.): Wenn der Hilfsantrag den Streitwert des Verfahrens übersteigt und über ihn entschieden wird, ist für den höheren Wert die Partei Antragstellerin, die den Hilfsantrag gestellt hat. Die Antragstellerhaftung tritt rückwirkend ein auf den Zeitpunkt, in den der Hilfsantrag in dem Rechtsstreit geltend gemacht wurde.
- *Mahnverfahren*, KV 1100: Antragsteller ist der Gläubiger, der den Mahnbescheid beantragt. Wird Widerspruch eingelegt, so ist Antragstellerin des weiteren Verfahrens die Partei, die den Antrag auf Durchführung des streitigen Verfahrens gestellt hat. Denn der Antrag eröffnet kostenrechtlich eine neue Instanz.[61] Das bedeutet, daß der Kläger als Antragsteller für das streitige Verfahren haftet, wenn er (auch schon bedingt im Mahnantrag) den Antrag nach § 696 Abs. 1 S 1 ZPO gestellt hat,[62] oder Beklagte, wenn er nicht nur bloß Widerspruch eingelegt, sondern einen eigenen Antrag auf Durchführung des

58 OLG Schleswig, JurBüro 1977, 1626; OLG München, RPfleger 1973, 446; OLG Celle, NdsRPfl. 1974, 127; KG, JurBüro 1976, 1384.
59 Einschränkend aber LG Regensburg, JurBüro 1966, 234 m. Anm. v. *Tschischgale.*
60 OLG Karlsruhe, JurBüro 1995, 42, 43; OLG München, JurBüro 1966, 145 = NJW 1966, 602.
61 KG, JurBüro 1980, 581 = RPfleger 1980, 121; OLG München, MDR 1984, 948; *Hartmann* § 49 Rn. 13; *Lappe* § 49 Rn. 8.
62 *Hartmann* § 49 Rn. 13, m. w. N.

streitigen Verfahrens gestellt hat.[63] Legt der Schuldner gegen einen Vollstreckungsbescheid **Einspruch** ein, ist er gemäß § 49 S 2 GKG Antragsteller.

- *Nachverfahren:* Es bildet gegenüber dem Verfahren, das zu dem Vorbehaltsurteil geführt hat, keine neue Instanz (§ 600 ZPO).[64] Getrennte Berufungsverfahren gegen das Vorbehalts- und das Nachurteil bilden aber kostenrechtlich verschiedene Instanzen.[65]
- *Nebenintervention:* Der Zwischenstreit über die Zulassung eines Nebenintervenienten (Streitgehilfen), § 71 ZPO, bildet keine besondere Instanz. Anders aber das Beschwerdeverfahren nach § 71 ZPO, welches eine eigene Instanz ist.
- *Prozeßkostenhilfeverfahren:* Es bildet kostenrechtlich gegenüber dem Hauptverfahren eine eigene Instanz. Der Antragsteller haftet aber nur für die Auslagen, weil das Verfahren gerichtsgebührenfrei ist. Im Beschwerdeverfahren ist der Beschwerdeführer Antragsteller und haftet für die dort entstehenden Gebühren. Stellen beide Parteien einen Beschwerdeantrag, haften sie als Gesamtschuldner.
- *Revision:* Vgl. „Berufung".
- *Schiedsrichter:* Schuldner ist, wer das Verfahren beantragt hat. In der Regel ist das eine der Schiedsparteien. Stellen beide den Antrag, haften sie gesamtschuldnerisch, § 58 GKG. Stellt ein Schiedsrichter den Antrag erkennbar in seinem Namen, haftet er persönlich als Antragsteller.
- *Schiedsspruch, Schiedsvergleich:* Das Widerspruchsverfahren nach §§ 1042c Abs. 2, 1044 Abs. 3 ZPO bildet keine eigene Instanz. Kostenschuldner nach § 49 GKG ist der Antragsteller des Verfahrens.
- *Sequestration:* Vgl. unter „Arrest- und einstweilige Verfügung".
- *Urkunden- und Wechselprozeß:* Wird vom Urkunden-/Wechselprozeß Abstand genommen, bildet das gesamte Verfahren vor und nach der Abstandnahme eine Instanz. Das gilt auch nach einem Vorbehaltsurteil.
- *Vergleich:* Hinsichtlich der Vergleichsgebühr, KV Nrn. 1211 lit. c, 2310, ist Antragstellerin jede an dem Vergleich beteiligte Partei,[66] weil die Protokollierung eines Vergleichs nur mit dem Willen beider Parteien zulässig ist.
- *Verweisung, Zurückverweisung* (§§ 9, 33 GKG): Das weitere Verfahren nach Verweisung einer Sache oder Zurückverweisung bildet keine neue Instanz. Wird aber gegen ein nach Zurückverweisung ergangenes Urteil erneut ein Rechtsmittel eingelegt, so bildet das neue Verfahren vor dem Rechtsmittelgericht eine neue Instanz.[67]
- *Vorbescheid* nach § 84 VwGO, § 90 FGO: Die Fortsetzung des Verfahrens bildet keine neue Instanz.
- *Wechselprozeß:* Vgl. „Urkunden- und Wechselprozeß".
- *Widerklage:* Der Widerkläger ist für die Widerklage stets Antragsteller, und zwar auch dann, wenn er damit nur seine Verteidigung bezweckt.[68]

63 OLG Karlsruhe, JurBüro 1995, 43; *Hartmann* § 49 Rn. 5.
64 H. M.: vgl. u. a. *Hartmann* § 49 Rn. 15; **a. M.:** OLG Koblenz, MDR 1970, 339.
65 OLG München, JurBüro 1964, 274 = AnwBl. 1964, 77 = NJW 1964, 601.
66 OLG Hamburg, RPfleger 1958, 36 (L); **a. M.** OLG München, NJW 1973, 1889 = JurBüro 1973, 1193.
67 BFH, BB 1970, 1466.
68 OLG Hamburg, MDR 1989, 272; *Hartmann* § 49 Rn. 5.

- *Wiederaufnahmeverfahren (Nichtigkeits-, Restitutionsklage):* Es bildet eine neue selbständige Instanz.
- *Zurückverweisung:* Vgl. „Verweisung".
- *Zustellungsersuchen:* Antragsteller ist, wer die Geschäftsstelle mit der Ausführung des Zustellungsersuchens beauftragt.
- *Zwangsvollstreckung:* Kostenschuldner ist der jeweilige Antragsteller der besonderen Zwangsvollstreckungsverfahren, mag er auch im Prozeßverfahren nicht der Antragsteller gewesen sein oder den Vollstreckungstitel nicht erwirkt haben. Mehrere Zwangsvollstreckungsverfahren innerhalb eines Rechtszuges gelten als ein Verfahren, sofern sie denselben Anspruch und denselben Gegenstand betreffen.
- *Zwischenurteil:* Vgl. „Nebenintervention".

17 **Arbeitsgerichtsverfahren:** Die Vorschrift des § 49 GKG gilt auch in Arbeitsgerichtssachen.

§ 50
Kostenschuldner im Insolvenzverfahren

(1) Im Insolvenzverfahren ist der Antragsteller Schuldner der Gebühr für das Verfahren über den Antrag auf Eröffnung des Insolvenzverfahrens. Wird der Antrag abgewiesen oder zurückgenommen, so ist der Antragsteller auch Schuldner der in dem Verfahren entstandenen Auslagen.

(2) Der Insolvenzgläubiger, der die Versagung oder den Widerruf der Restschuldbefreiung beantragt, ist Schuldner der Kosten.

(3) Im übrigen ist Schuldner der Gebühren und Auslagen der Schuldner des Insolvenzverfahrens.

1 Vorbehaltlich möglicher und auch zulässiger anderweitiger Entscheidungen des Gerichts, welche zu einer vorrangigen Haftung nach §§ 54, 60 führen können,[1] gelten für das Verhältnis des Kostenschuldners zu Staatskasse folgende Regeln: Im **Eröffnungsverfahren** ist der Antragsteller (dazu oben, § 49, Rn. 3), also der Schuldner im Fall der KV 5110 oder der antragstellende Gläubiger im Fall der KV 5111 Kostenschuldner der Gebühren und Auslagen, wenn der Antrag auf Eröffnung des Insolvenzverfahrens abgewiesen oder zurückgenommen wird, nicht aber, wenn es anderweitig (etwa durch Erledigungserklärung) nicht (mehr) eröffnet wird.[2] Wenn dem Antrag stattgegeben wird, ist der Insolvenzschuldner Kostenschuldner der Gebühr nach KV 5110 und der Auslagen, der Gläubiger aber nur Schuldner der Gebühr nach KV 5111. Die Gerichtsgebühren und die Auslagen zählen zu den Massekosten, auch wenn im Nachlaßinsolvenzverfahren Erbe und Gemeinschuldner ein kostenbefreites Land ist[3] (vgl. auch § 60 GKG). Reicht die Masse zur Deckung

1 Vgl. AG Paderborn, RPflG. 1993, 366; *Oe/Wi/He* § 50 Rn. 2; *Hartmann* § 50 Rn. 1.
2 LG Frankenthal, JurBüro 2002, 329.

der Gerichtsgebühr nicht aus, bleibt der Antragsteller haftbar. Ein antragstellender Gläubiger haftet dann auch für die Kosten vorläufiger Maßnahmen (Sequestration).[4] Andernfalls ist sie dem Antragsteller, der gezahlt hat, aus der Masse zu erstatten. Ein Gläubiger hat als Antragsteller nur einen Anspruch darauf, daß die Kosten aus der Masse vorweg berichtigt werden, und, wenn er sie bereits gezahlt hat, daß sie ihm aus der Masse erstattet werden. Hat der Insolvenzschuldner die Gebühr nach KV 5110 gezahlt, ist diese Zahlung auf die Gebühr für die Durchführung des Verfahrens anzurechnen (KV 5113, 5114). Es erfolgt dann keine Rückzahlung an ihn.

Von **mehreren Antragstellern** haftet jeder für die durch seinen Antrag ausgelösten 2
Kosten.[5] Gesetzliche Vertreter, Vorstandsmitglieder, Liquidatoren usw., denen das Recht zur Antragstellung eingeräumt ist, handeln für den Gemeinschuldner und sind deshalb nicht persönliche Kostenschuldner (vgl. oben, § 49, Rn. 3). Die **Träger der Sozialversicherung** haben im Insolvenzverfahren keine Gebührenfreiheit (vgl. § 2, Rn. 8; § 35, Rn. 4).

Für das **Verfahren über den Antrag auf Wiederaufnahme des Insolvenzverfahrens** 3
vor der Entscheidung haftet der Antragsteller.

Das gleiche gilt auch für **Verfahren über einen vor der Wiederaufnahme gestellten** 4
Antrag auf Anordnung von Sicherungsmaßregeln.

Durchführung des Insolvenzverfahrens (KV 5112): Schuldner der Gerichtskosten ist 5
nur der **Insolvenzschuldner**, Abs. 3. Die Kosten sind Massekosten. Auf die Gerichtskosten kann die Staatskasse den Konkursverwalter in Anspruch nehmen. § 60 GKG. Die **Inanspruchnahme des Insolvenzverwalters als Kostenschuldner** ist aber auf die Insolvenzmasse beschränkt.[6] Der Kostenansatz erfolgt gegen den Insolvenzverwalter wie gegen jeden anderen Kostenschuldner. Ihm steht die Erinnerung nach § 5 GKG zu. Etwaige Haftungsansprüche gegen den Insolvenzverwalter auf Schadensersatz wegen schuldhafter Pflichtverletzung kann die Staatskasse nur im Prozeßwege verfolgen.

Besonderer Prüfungstermin (KV 5118): Dieser Fall ist im § 50 GKG nicht geregelt. 6
Schuldner jeder einzelnen Gebühr nach KV 5118 und der Auslagen ist gemäß § 60 GKG i. V. m. § 177 InsO der Gläubiger der Forderung, zu deren Prüfung der Termin bestimmt wurde.[7] Gesamtgläubiger einer Forderung haften gemeinsam. Im übrigen haftet jeder Gläubiger für seine eigene Gebührenschuld. Gläubiger, deren Forderung im besonderen Prüfungstermin mitgeprüft werden, obwohl der Termin hierfür nicht bestimmt war, sind ebenfalls Kostenschuldner, weil die Gebühr nach KV Nr. 4140 nicht für die Terminsanberaumung, sondern für die Forderungsprüfung entsteht. Für die **Auslagen**, mit Ausnahme der Kosten der öffentlichen Bekanntmachung des besonderen Prüfungstermins (KV Nr. 9004), haften alle Gläubiger, die für die Anberaumung des Termins eine Gebühr schulden, als Gesamtgläubiger in voller Höhe. Die Kosten des besonderen Prüfungster-

3 LG Regensburg, RPfleger 1964, 287 m. zust. Bem. von *Stöber*.
4 LG Mainz, JurBüro 1998, 425 = NZI 1998, 131.
5 LG Gießen, JurBüro 1996, 486; *Hartmann* § 50 Rn. 2.
6 RGZ 124, 351.
7 *Oe/Wi/He* § 50 Rn. 4.

mins sind keine Massekosten (§§ 53, 54 InsO), da sie nicht für das gerichtliche Verfahren entstanden sind. Es besteht auch keine Kostenschuld des Gemeinschuldners, weil es sich um vermeidbare und damit nicht um notwendige Kosten handelt.

7 Auch für die **Durchführung des wieder aufgenommenen Insolvenzverfahrens** sind keine zusätzlichen Kosten anzusetzen.

8 **Beschwerden (KV 5130–5135):** Wer Kostenschuldner im Beschwerdeverfahren ist, bestimmt § 50 GKG nicht ausdrücklich. Die Gebühren dafür sind vorgesehen im KV 5130–5135. Das Beschwerdeverfahren bildet kostenrechtlich eine besondere Instanz mit eigenen Streitwertvorschriften für die Beschwerde des Insolvenzschuldners und eines Insolvenzgläubigers, (§ 38 GKG). Für die in den §§ 49–53 GKG geregelten Verfahren kennt das GKG die Antragstellerhaftung, so auch für das Insolvenzverfahren. Es ist undenkbar, daß die Beschwerdeverfahren nach KV 5130–5135 von der Antragstellerhaftung ausgenommen sein sollen.

9 **Beschwerde gegen den Beschluß über die Eröffnung des Insolvenzverfahrens:** Hier ist der Beschwerdeführer Kostenschuldner. Der Insolvenzschuldner wird auch hier Kostenschuldner, wenn er der Beschwerdeführer ist oder wenn ihm die Kosten der Beschwerde auferlegt werden (§ 54 Nr. 1 GKG). § 50 Abs. 3 GKG ist unanwendbar. Die **Auslagen** haben der Entscheidungsschuldner und der Antragsteller des Beschwerdeverfahrens zu tragen (§ 58 Abs. 1 GKG), es sei denn, daß der Beschwerde gegen die Nichteröffnung des Insolvenzverfahrens durch das Beschwerdegericht stattgegeben wird. In diesem Falle treffen den obsiegenden Beschwerdeführer keine Auslagen, wie sich aus der sinngemäßen Anwendung des § 50 Abs. 1 S 2 GKG zum Ausdruck gekommenen Grundgedankens ergibt. Schuldner der Auslagen ist dann der Insolvenzschuldner (§ 50 Abs. 3 GKG). Eine Niederschlagung der Auslagen ist unstatthaft.[8]

10 **Sonstige Beschwerden (KV 5135):** Kostenschuldner ist in diesen Fällen der Beschwerdeführer als Antragsteller. Daneben kann auch ein Kostenschuldner nach § 54 GKG treten. **Auslagen** werden nur erhoben, wenn und soweit die Beschwerde verworfen oder zurückgewiesen ist oder wenn und soweit das Beschwerdegericht die Kosten dem Gegner des Beschwerdeführers auferlegt hat. Soweit dem Insolvenzverwalter die Kosten treffen, haftet er mit der Masse (§§ 53, 54 InsO), es sei denn, daß er Beschwerde im eigenen Namen – etwa gegen einen Zwangsgeldbeschluß oder die Festsetzung seiner Vergütung – erhoben hat. Dann haftet er natürlich persönlich. Treffen die Kosten den Insolvenzschuldner, haftet er mit seinem konkursfreien Vermögen und nicht mit der Masse. Soweit nach § 50 Abs. 3 GKG der **Insolvenzschuldner neben einem Antragsteller** haftet, sind beide **Gesamtschuldner,** § 58 Abs. 1 GKG. Das gilt auch für einen Antragsteller neben einem etwaigen Entscheidungsschuldner aus § 54 GKG.

11 Für Kosten, die im Zusammenhang mit Anträgen zur Restschuldbefreiung (§§ 290, 296, 297, 300, 303 InsO) gestellt werden, haftet unabhängig vom Erfolg des Antrags immer der antragstellende Gläubiger. Denn es soll durch die Bestimmung des Abs. 3 gewährleistet

8 OLG Hamburg, RPfleger 1958, 35 (L).

werden, daß Insolvenzgläubiger nur in aussichtsreichen Fällen solche Anträge stellen und die Staatskasse mit diesen Auslagen niemals belastet wird.[9]

Fälligkeit: Vgl. §§ 61, 63 GKG. 12

Wertberechnung: Vgl. §§ 35, 37, 38 GKG. 13

§ 51 (aufgehoben)

§ 52
Kostenschuldner im schiffahrtsrechtlichen Verteilungsverfahren

Im schiffahrtsrechtlichen Verteilungsverfahren ist Schuldner der Kosten der Antragsteller.

Allgemeines: Die Vorschrift bestimmt, wer Schuldner der Kosten (Gebühren und Auslagen) im schiffahrtsrechtlichen Verteilungsverfahren (vgl. §§ 39, 61 GKG, KV 5120 ff.) ist. 1

Kostenschuldner ist stets der **Antragsteller** (Vgl. dazu § 49, Rn. 3) des Verfahrens. Er schuldet die Gebühren für die **Eröffnung** des Verfahrens (KV 5120) und für die **Durchführung** desselben (KV 5135). Dagegen ist er nicht Antragsteller und somit auch nicht Kostenschuldner für einen **besonderen Prüfungstermin.** Bei der hierfür nach KV 5125 anfallenden Gebühr ist der Gläubiger, der den besonderen Prüfungstermin beantragt hat, als Antragsteller der Kostenschuldner. Der jeweilige Antragsteller ist auch Schuldner der Auslagen (§ 1 GKG). 2

Beschwerdeverfahren (KV 5135): Hier erwächst eine Gebühr nur, soweit eine Beschwerde verworfen oder zurückgewiesen wird. Da das Beschwerdeverfahren eine eigene Instanz bildet, ist Schuldner der Gebühr nach KV 5135 der Beschwerdeführer. Vor ihm haftet aber ein etwaiger Entscheidungsschuldner (§ 54 Nr. 1 GKG). Die **Auslagen** des Beschwerdeverfahrens treffen den Antragsteller, soweit die Beschwerde verworfen, zurückgewiesen oder zurückgenommen wird. Für die Auslagen des Beschwerdeverfahrens haftet der Antragsteller aber nicht, soweit der Beschwerde stattgegeben wird. Sind die Kosten aber dem Gegner auferlegt, ist dieser Schuldner der Auslagen, KV 9000. 3

9 BT-Drucks. 12/3803, Seiten 72, 73.

§ 53
Kostenschuldner im Zwangsversteigerungs- und Zwangsverwaltungsverfahren

(1) Im Zwangsversteigerungs- und Zwangsverwaltungsverfahren sowie im Verfahren der Zwangsliquidation einer Bahneinheit ist vorbehaltlich des Absatzes 2 Schuldner der Kosten der Antragsteller, soweit die Kosten nicht dem Erlös entnommen werden können. In Beschwerdeverfahren ist Schuldner der Kosten der Beschwerdeführer.

(2) Schuldner der Kosten für die Erteilung des Zuschlags ist, vorbehaltlich des § 54 Nr. 3, nur der Ersteher. Im Falle der Abtretung des Rechts aus dem Meistgebot oder der Erklärung, für einen Dritten geboten zu haben (§ 81 des Gesetzes über die Zwangsversteigerung und die Zwangsverwaltung), haften der Ersteher und der Meistbietende als Gesamtschuldner.

Übersicht

1 **Allgemeines:** Die Vorschrift bestimmt, wer Kostenschuldner im Zwangsversteigerungs- und -verwaltungsverfahren ist. Die in diesen Verfahren anfallenden Gebühren regeln KV Nrn5210ff. Die Fälligkeit der Gebühren ist in § 62 GKG, der Auslagen in § 63 GKG geregelt. Für die Gebührenvorschußpflicht gilt § 66 GKG.

Kostenschuldner: Grundsätzlich haftet für die Gebühren der **Antragsteller** (vgl. dazu § 49, Rn. 3). Er ist der Schuldner der Gebühr für die Entscheidung über die Anordnung und für die Entscheidung über den Beitritt sowie für das Verfahren im allgemeinen bei der Zwangsversteigerung/verwaltung, KV 5210 –5215, 5220 – 5221, 5230 – 5233. 2

Antragsteller ist der das Verfahren betreibende Gläubiger, der Insolvenzverwalter (§ 172 ZVG), der antragsberechtigte Erbe und Personen in ähnlicher Rechtsstellung (§ 175 ZVG) und der Teilhaber einer Gemeinschaft (§ 180 ZVG). Er haftet für die in Rn. 2 genannten Gebühren, soweit die Kosten nicht dem Erlös entnommen werden können. Eine Ausnahme gilt für die Anordnungs- und Beitrittsgebühr, KV Nr. 5100, 5200, 5300. Denn hierzu bestimmt § 109 ZVG, daß diese Kosten dem Versteigerungserlös nicht zu entnehmen sind. Neben dem Antragsteller haftet der Vollstreckungsschuldner für die notwendigen Kosten der Zwangsvollstreckung (§ 54 Nr. 4 GKG). Bei der Frage, welche Kosten notwendig sind, wird es darauf ankommen, was der Gläubiger bei der ihm bekannten und erkennbaren Sachlage für notwendig halten durfte. Auch bei Antragsrücknahme ohne vorherige Befriedigung der Forderung des Gläubigers oder bei Aufhebung des Verfahrens nach § 31 ZVG kann der Antrag des Gläubigers iS des § 54 Nr. 4 GKG notwendig gewesen sein. Auch wenn dem Antragsteller **Prozeßkostenhilfe** bewilligt worden ist, können die Kosten des Anordnungsverfahrens nicht dem Versteigerungserlös entnommen werden. Sie sind als Forderung zum Verfahren anzumelden. Um Verlust zu vermeiden, muß die Kostenrechnung unverzüglich erstellt und mit dem Hinweis auf die Möglichkeit einer Anmeldung der Kostenforderung im Zwangsversteigerungsverfahren an die Gerichtskasse gegeben werden (§§ 10 Abs. 2, 37 Nr. 4, 110 ZVG, § 4 Abs. 4 KostVfg). In gleicher Weise ist zu verfahren, wenn der **Antragsteller Gebührenfreiheit** genießt.[1] Für **Auslagen** (z. B. für das Einrücken in öffentliche Blätter) kann ein Vorschuß erhoben werden (§ 68 Abs. 3 GKG). Der mit Vertretungsmacht handelnde **Vertreter**, auch der gesetzliche Vertreter, haftet für die Gebühr nicht mit seinem eigenen Vermögen. Kostenschuldner ist der Vertretene. Dagegen haftet der Vertreter ohne Vertretungsmacht nach allgemeinen Regeln mit seinem eigenen Vermögen. Erfolgt eine nachträgliche Zustimmung (Genehmigung) des Vertretenen, fällt die Kostenhaftung des Vertreters rückwirkend weg. Dann wird durch die Genehmigung der Vertretene alleiniger Kostenschuldner der Gebühren, die durch die genehmigten Rechtshandlungen des Vertreters ohne Vertretungsmacht entstanden sind. Die **Partei kraft Amtes** (z. B. der Nachlaßverwalter, Testamentsvollstrecker, Insolvenzverwalter) ist in dieser Eigenschaft Kostenschuldner, sofern sie den Antrag stellt. Sie haftet aber nur mit dem von ihr in dieser Sache verwalteten Vermögen. 3

Mehrere Anträge: Da die Gebühr nach KV 5210 u. a. „für die Entscheidung" erwächst (KV 5210), löst **jede selbständige Entscheidung** über die Anordnung und über den Beitritt oder die Abweisung eines solchen Antrags sowie die Entscheidung über einen Wiederversteigerungsantrag nach § 133 ZVG **eine selbständige Gebühr** aus. Das gilt auch, wenn der Gläubiger dem von ihm betriebenen Verfahren beitritt oder der Antrag sich gegen mehrere Miteigentümer richtet. Beschränkt ein Gläubiger in einer gebührenrechtlich unwirksamen Weise seinen Antrag auf einen Teilbetrag der fälligen Forderung und wird 4

1 LG Kiel, SchlHA 1960, 209; *Nicken* SchlHA 1960, 213; *Stöber* JVBl. 1962, 248.

trotz dieser Beschränkung die Gebühr vorschriftsmäßig aus dem vollen Wert der fälligen Forderung erhoben, löst der in demselben Verfahren erfolgende spätere Beitritt des Gläubigers wegen der Restforderung keine neue Gebühr aus. Denn der Gläubiger hat schon anläßlich seines ersten Antrags die Anordnungsgebühr aus der ganzen Forderung zahlen müssen. Damit ist auch sein späterer Beitritt wegen dieser bereits gebührenrechtlich erfaßten Forderung mit abgegolten (§ 21 Abs. 2 analog).[2] Beantragt ein Gläubiger in einem Antrag die Versteigerung mehrerer Grundstücke, erläßt das Gericht aber mehrere **getrennte Beschlüsse**, so erwachsen mehrere **getrennte Anordnungsgebühren**. Die Mehrkosten sind aber gem. § 8 GKG nicht zu erheben, wenn und soweit fehlerhafte Sachbehandlung gegeben ist. Dagegen erwächst nur **eine Gebühr**, wenn über den mehrere Grundstücke betreffenden Antrag desselben Gläubigers oder einen Antrag mehrerer Gläubiger oder über mehrere getrennte Anträge desselben Gläubigers oder mehrerer Gläubiger in **einem Beschluß** entschieden wird.[3] Liegt ein einheitlicher Anordnungsbeschluß vor, ist nur eine Gebühr zu erheben, auch wenn später eine Trennung in mehrere Verfahren erfolgt. Umgekehrt berührt eine spätere Verbindung mehrerer Verfahren zum Zwecke einheitlicher Durchführung die für die getrennten Anordnungsentscheidungen erwachsenen Gebühren nach KV 5210 nicht. **Mehrere Gläubiger** haften für die durch einen einheitlichen Beschluß entstehende Anordnungsgebühr als Gesamtschuldner für die gesamte Festgebühr. Eine proportionale Quotelung der Festgebühr kommt nicht in Betracht. Betreiben das Verfahren ein kostenbefreiter und ein von den Kosten nicht befreiter Gläubiger, haftet nur der nicht kostenbefreite Gläubiger, gleichgültig, ob es sich um dieselbe Forderung oder um verschiedene Forderungen handelt. Beantragen mehrere Gläubiger die Zwangsversteigerung zum Zwecke der Aufhebung der Gemeinschaft (§ 180 ZVG) und wird über den Antrag in einem Beschluß entschieden, gilt nichts anderes. Ein später beitretender Miteigentümer schuldet die Gebühr nach KV 5210 für den durch seinen Beitritt ausgelösten besonderen Beschluß über die Zulassung des Beitritts.

5 Wird über die **Anordnung der Zwangsverwaltung und der Zwangsversteigerung in einem Beschluß** entschieden, erwachsen hierfür mehrere Gebühren, nämlich nach KV 5210 und 5220, da mehrere in einem Beschluß zusammengefaßte Gebührentatbestände vorliegen. Dagegen fällt keine besondere Gebühr an für den Beschluß auf Überleitung des Zwangsversteigerungs- in das Zwangsverwaltungsverfahren (§ 77 ZVG) oder die Anordnung der gerichtlichen Sicherungsverwahrung nach § 94 ZVG.

6 Soweit hinsichtlich der Zwangsvollstreckung eines Gläubigers Einstellung des Verfahrens erfolgt, scheidet er als Gesamtschuldner für die während der Einstellung des Vollstreckungsverfahrens anfallenden Gebühren aus.

7 Die Gebühr für die Entscheidung über den Antrag auf **Anordnung der Zwangsversteigerung bzw. der Zwangsverwaltung** (bzw. für die Entscheidung über den Beitritt zu diesen Verfahren) richtet sich nach KV Nr. 5210 bzw. 5220 und ist als Festgebühr von 51 € für jeden Beschluß ausgestaltet. Kostenschuldner ist nach Abs. 1 der Antragsteller, also derjenige, der den Antrag gestellt hat oder der Gläubiger, der seinen Beitritt erklärt hat.

2 *Oe/Wi/He* KV Nr. 5100 Rn. 14; vgl. auch *Stöber* JVBl. 1960, 275.
3 *Oe/Wi/He* § 53 Rn. 7.

Antragsteller sind auch der Erbe, der den Antrag stellt, und Personen in ähnlicher Rechtsstellung (§ 175 ZVG) sowie der Teilhaber einer Gemeinschaft (§ 180 ZVG). Die Kosten für das Antragsverfahren können aus dem Erlös nicht entnommen werden, §§ 109, 155 ZVG, und zwar auch dann nicht, wenn der Antragsteller **Kostenfreiheit** genießt oder wenn ihm **Prozeßkostenhilfe** bewilligt worden ist. Die von dem Antragsteller zu tragenden Kosten zählen zu den Kosten der die Befriedigung aus dem Grundstück bezweckenden Rechtsverfolgung, die der Gläubiger mit dem Rang seines Anspruchs aus dem Versteigerungserlös erhält, sofern er sie spätestens im Versteigerungstermin vor der Aufforderung zur Abgabe von Geboten anmeldet (§§ 10 Abs. 2, 37 Nr. 4, 45, 110 ZVG). Für das Anordnungsverfahren kann ein Gebührenvorschuß in Höhe der Gebühr nach KV 5210 bzw. 5220 erhoben werden (vgl. dazu bei § 66 GKG). Die Anordnung des Verfahrens darf aber nicht von der Zahlung des Vorschusses abhängig gemacht werden. Der Antragsteller haftet auch für die Auslagen des Anordnungs-/Beitrittsverfahrens.

Gebühr für das Zwangsversteigerungsverfahren im allgemeinen bis zur Bestimmung des Versteigerungstermins (KV 5212) und **Auslagen:** Die Gebühr gilt die nicht mehr zum Anordnungsverfahren gehörende, auf den Weiterbetrieb des Verfahrens gerichtete Tätigkeit ab, ohne die Bestimmung des ersten Versteigerungstermins, wofür die Gebühr nach KV 5215 anfällt. Die Gebühr und die Auslagen sind dem Versteigerungserlös vorweg zu entnehmen (§ 109 ZVG). Sofern die Gebühr und die Auslagen nicht dem Versteigerungserlös vorweg entnommen werden können, trifft die Kostenhaftung den oder die Antragsteller, auf deren Antrag das Verfahren durchgeführt wird. Den beigetretenen Gläubiger trifft aber die Gebühr nur insoweit, als sie auch entstanden wäre, wenn nur die durch seinen Beitritt veranlaßten und für ihn wirksamen Prozeßhandlungen des Gerichts vorgenommen worden wären, wenn also auf seinen Antrag die Verfahrensgebühr auslösende Handlungen des Gerichts erfolgten.[4] Das gleiche gilt auch für mehrere Antragsteller.[5] Neben dem Antragsteller kommt auch die Haftung des Vollstreckungsschuldners nach § 54 Nr. 4 GKG, 788 ZPO in Betracht, soweit die Durchführung des Verfahrens notwendig war, nicht aber bei Zwangsversteigerung zur Aufhebung einer Gemeinschaft. 8

Gebührenvorschußpflicht: Vgl. § 66 Abs. 1 GKG. Die Fortsetzung des Verfahrens kann aber von der Zahlung eines Vorschusses nicht abhängig gemacht werden. 9

Auslagenvorschuß: Vgl. § 68 GKG. 10

Gebühr für die Bestimmung des ersten Versteigerungstermins und das weitere Verfahren (KV 5215): Sie deckt die gesamte gerichtliche Tätigkeit ab, beginnend mit dem ersten Versteigerungstermin ab, soweit hierfür nicht Sondergebühren (wie für die Erteilung des Zuschlags nach KV Nr. 5130 oder für das Verteilungsverfahren gem. KV 5218) vorgesehen sind. Schuldner der Gebühren und Auslagen – soweit sie nicht dem Versteigerungserlös entnommen werden können – ist der Antragsteller des Verfahrens. Das gilt auch für die Haftung des Vollstreckungsschuldners. Spätestens mit der Bestimmung des Zwangsversteigerungstermins ist ein Vorschuß nach § 66 Abs. 1 GKG sowie ein Auslagenvorschuß nach § 68 GKG zu erheben. Wird der Vorschuß nicht oder zu niedrig erhoben 11

4 LG Hamburg, JVBl. 1961, 133; *Stöber* JVBl 1960, 175.
5 *Oe/Wi/He* § 53 Rn. 11.

und bleiben deshalb Gerichtskostenforderungen nach Durchführung des Verteilungsverfahrens ungedeckt, darf der Antragsteller nicht nachträglich für die ungedeckten Kosten in Anspruch genommen werden.[6] Andererseits darf von der Zahlung des Vorschusses die Fortsetzung des Verfahrens nicht abhängig gemacht werden.

12 **Gebühr für die Abhaltung des Versteigerungstermins**, KV 5215: Schuldner dieser Gebühr und der Auslagen ist der Antragsteller. Seine Haftung tritt aber nur ein, wenn die Kosten dem Erlös nicht entnommen werden können, wie § 109 ZVG vorschreibt. Es besteht eine **Vorschußpflicht** nach § 66 Abs. 1 GKG. Die Fortsetzung des Verfahrens darf davon aber nicht abhängig gemacht werden. Neben dem Antragsteller haftet der Vollstreckungsschuldner für die notwendigen Kosten (§ 54 Nr. 4 GKG). Die Gebühr wird nur einmal erhoben, auch wenn mehrere Termine stattfinden (vgl. KV 5215„mindestens").

13 **Gebühr für das Verteilungsverfahren im Zwangsversteigerungsverfahren (KV 5218)**: Die Kosten des Verteilungsverfahrens sind dem Versteigerungserlös zu entnehmen mit Ausnahme der Kosten, die durch nachträgliche Verteilungshandlungen entstehen und für die der Antragsteller der nachträglichen Handlungen haftet (§ 109 ZVG). Soweit die Kosten dem Erlös nicht entnommen werden können, haftet für sie der Antragsteller. Da der Ersteher für die Gebühr nach KV 5218 nicht Kostenschuldner ist, kann er gegen die im Teilungsplan enthaltene Gerichtskostenrechnung nicht Rechtsmittel einlegen.[7]

14 Die **Vorschußpflicht** richtet sich nach §§ 66 Abs. 1, 68 GKG.

15 **Gebühr für den Antrag und für den Beitritt zur Zwangsverwaltung (KV 5220)**: Das oben, Rn. 7 Gesagte gilt entsprechend.

16 **Jahresgebühr für das Zwangsverwaltungsverfahren (KV 5221)**: Die Kosten für die Durchführung des Zwangsverwaltungsverfahrens sind dem Erlös zu entnehmen (§ 155 ZVG), auch wenn einer der Beteiligten persönliche Gebührenfreiheit genießt. Soweit die Kosten dem Erlös nicht entnommen werden können, haftet der Antragsteller, wozu auch ein beigetretener Gläubiger zählt. Werden Nutzungen erzielt, sind die vom Antragsteller gezahlten Kosten diesem zurückzugewähren. **Mehrere Antragsteller** und wer zum Beitritt durch Beschluß zugelassen ist, haften gesamtschuldnerisch (§ 58 GKG), auch wenn die Teilnahme kein volles Jahr gedauert hat. Es kommt auch nicht darauf an, wie hoch die Forderung ist, mit welcher der Gläubiger am Verfahren beteiligt ist. Neben dem Antragsteller kann auch der Vollstreckungsschuldner haften. Der Zwangsverwalter ist nicht Kostenschuldner. Er haftet aber der Staatskasse für eine gesetzmäßige Verwaltung und die Bezahlung der Kosten aus den Nutzungen. Nach § 66 Abs. 2 GKG ist ein **jährlicher Gebührenvorschuß** zu erheben, ohne daß die Fortsetzung des Verfahrens davon abhängig gemacht werden darf. Die **Auslagenvorschußpflicht** folgt aus § 68 GKG.

17 **Gebühr für die Entscheidung über die Eröffnung über den Antrag auf Eröffnung der Zwangsliquidation einer Bahneinheit (KV 5230)**: Schuldner der Gebühr und der Auslagen ist der Antragsteller. Die Kosten dürfen dem Erlös nicht entnommen werden (§ 109 ZVG analog). Die Bahnaufsichtsbehörde hat gem. § 2 GKG Gebührenfreiheit.

6 LG Kiel, JurBüro 1979, 42 m. Anm. v. *Mümmler*.

7 LG Krefeld, JVBl. 1960, 94; *Oe/Wi/He* § 53 Rn. 13.

Daneben kommt eine Haftung des Vollstreckungsschuldners in Betracht. In entsprechender Anwendung der §§ 66 Abs. 1, 68 GKG besteht eine Vorschußpflicht.

Allgemeine Verfahrensgebühr für das Zwangsliquidationsverfahren einer Bahneinheit (KV 18

5232m 5233): Die Gebühren und Auslagen sind dem Erlös zu entnehmen. Soweit das nicht möglich ist, haftet der Antragsteller für die Kosten.

Beschwerdeverfahren (Abs. 1 Satz 2, KV 5240, 5241): Die Gebühren und Auslagen (KV 9000 ff.) hat der Beschwerdeführer zu tragen. Diese Kosten sind nicht dem Erlös zu entnehmen. Auch eine Haftung des Schuldners kommt nicht in Betracht, da eine erfolglose Beschwerde eines Gläubigers nicht notwendig war. 19

Übertragung der Kostenforderung gegen den Ersteher auf die Gerichtskasse (§§ 118, 128 ZVG): Verzichtet hier die Gerichtskasse nicht binnen 3 Monaten dem Gericht gegenüber auf die Rechte aus der Übertragung, wird der Antragsteller frei.[8] 20

Haftung des Erstehers und des Meistbietenden (Abs. 2): Der Ersteher ist Schuldner der Kosten für die Erteilung des Zuschlags, KV 5217. Der Antragsteller und der Vollstreckungsschuldner haften nie für diese Gebühr, die auch nicht dem Versteigerungserlös entnommen werden darf (§ 109 ZVG).[9] Das gilt auch für die Zustellungsauslagen des Zuschlagsbeschlusses an die nicht erschienenen Beteiligten.[10] Im Falle der Wiederversteigerung nach § 133 ZVG hat der Ersteher nicht für die Kosten des früheren Zuschlags aufzukommen. 21

Wenn für die **Versteigerung mehrerer Gegenstände** Zuschläge an **verschiedene Ersteher** erteilt werden, wird die Zuschlagsgebühr von jedem Ersteher besonders erhoben, und zwar nach dem Wert des von ihm erstandenen Gegenstandes. Es haftet also kein Ersteher für die Schuld des anderen (vgl. auch bei § 29 GKG). Es ist in diesem Zusammenhang unschädlich, daß die Summe der Zuschlagsgebühren höher sein kann, als bei der Erteilung des Zuschlages an einen Ersteher. Wird der Zuschlag an **mehrere Ersteher (Bietergemeinschaft)** erteilt, so haften sie als Gesamtschuldner für die ganze Gebühr. Erwerben sie aber selbständige Bruchteile, ist für jeden Ersteher die Gebühr nach dem Wert seines Bruchteils zu berechnen. Bei persönlicher **Kostenfreiheit** des Erstehers sind die Kosten nicht zu erheben (§ 2 GKG). Etwaige **Auslagen** treffen den Ersteher. Bei Zuschlägen an verschiedene Ersteher haben sie die auf sie entfallenden ausscheidbaren Auslagen jeder für sich zu tragen, die nicht ausscheidbaren Auslagen aber als Gesamtschuldner. Die Kosten der Eintragung des Erstehers im Grundbuch sind keine Kosten des Zwangsversteigerungsverfahrens und treffen stets den Ersteher. 22

Neben dem Ersteher haften als Gesamtschuldner: 23

- Wer nach den Vorschriften des bürgerlichen Rechts für die Kostenschuld eines anderen kraft Gesetzes haftet (§§ 54 Nr. 3, 53 Abs. 2 S 1; 58 GKG).
- Der Abtretungsempfänger, wenn der Meistbietende das Recht aus dem Meistgebot an

8 *Oe/Wi/He* § 53 Rn. 10.
9 LG Freiburg, JurBüro 1991, 1211 m. Anm. v. *Mümmler*.
10 LG Freiburg, JurBüro 1991, 1211.

ihn abgetreten und er die Verpflichtung aus dem Meistgebot übernommen hat, Abs. 2 S 2; § 81 Abs. 2 ZVG).
- Der **Dritte,** wenn der Meistbietende erklärt, **für ihn geboten** zu haben (Abs. 2 S 2; § 81 Abs. 2 ZVG), sofern der Dritte die Erklärung des Meistbietenden nicht bestreitet.

24 **Haftung des Vollstreckungsschuldners:** Er haftet neben dem Antragsteller für die notwendigen Kosten der Zwangsvollstreckung (§ 54 Nr. 4 GKG). Es kommt darauf an, was der Gläubiger bei der ihm bekannten und erkennbaren Sachlage für notwendig halten durfte. Danach kann es sich auch dann um notwendige Kosten handeln, wenn der Gläubiger den Antrag zurücknimmt, ohne befriedigt zu sein, oder im Falle der Aufhebung des Verfahrens nach § 31 ZVG. Bei einer Zwangsversteigerung zum Zwecke der Aufhebung einer Gemeinschaft (§ 180 ZVG) ist kein Vollstreckungsschuldner vorhanden. Hier haften nur der oder die Antragsteller, nicht aber die übrigen Miteigentümer.

§ 54
Sonstige Kostenschuldner

Kostenschuldner ist ferner

1. **derjenige, dem durch gerichtliche oder staatsanwaltschaftliche Entscheidung die Kosten des Verfahrens auferlegt sind;**
2. **derjenige, der sie durch eine vor Gericht abgegebene oder dem Gericht mitgeteilte Erklärung oder in einem vor Gericht abgeschlossenen oder dem Gericht mitgeteilten Vergleich übernommen hat; dies gilt auch, wenn bei einem Vergleich ohne Bestimmung über die Kosten diese als von beiden Teilen je zur Hälfte übernommen anzusehen sind;**
3. **derjenige, der für die Kostenschuld eines anderen kraft Gesetzes haftet;**
4. **der Vollstreckungsschuldner für die notwendigen Kosten der Zwangsvollstreckung.**

Übersicht

Allgemeines: Die Vorschrift bestimmt, wer außer den in den §§ 49 bis 53 GKG behandelten Kostenschuldnern als weiterer, zusätzlicher Kostenschuldner in Betracht kommt. Sie gilt für alle Verfahren, auf die das GKG anwendbar ist, sowie im Arbeitsgerichtsverfahren. Weitere Bestimmungen über die Kostenschuld enthalten: § 55 GKG für bestimmte Auslagen, § 56 GKG für Schreibauslagen, § 60 GKG für besondere Fälle. Die Bestimmung des § 54 GKG hat besonders für Straf- und Ordnungswidrigkeitensachen Bedeutung (KV Nrn. 6110 ff. und 7110 ff.). 1

Sonstige Kostenschuldner: „Kostenschuldner ist **ferner . . .**" sagt, daß die Kostenschuld nach § 54 eine in anderen Bestimmungen begründete Kostenschuld nicht ausschließt, sondern neben sie tritt. So tritt sie etwa in bürgerlichen Rechtsstreitigkeiten neben die Kostenschuld des Antragstellers nach § 49 GKG.[1] Es ist auch möglich, daß derselbe Kostenschuldner aus mehreren Gründen haftet. So z. B. der Kläger nach § 49 GKG und nach § 54 Nr. 1, wenn ihm durch eine gerichtliche Entscheidung – etwa bei Klageabweisung – die Kosten des Rechtsstreits auferlegt worden sind. Es können aber auch die einzelnen Haftungstatbestände des § 54 nebeneinander in einer Person auftreten. So z. B. dann, wenn der in die Kosten des ersten Rechtszuges verurteilte Entscheidungsschuldner in einem im zweiten Rechtszug geschlossenen Vergleich die Kosten des gesamten Rechtsstreits übernimmt (vgl. § 57 S 1 GKG). 2

Es kommt aber auch nicht selten vor, daß **mehrere verschiedene Schuldner** für ein und dieselben Kosten haften. So z. B. der Kläger als Antragsteller nach § 49 GKG, der in die Kosten verurteilte Beklagte als Entscheidungsschuldner nach § 54 Nr. 1 oder aus Kosten- 3

1 Vgl. dazu OLG Koblenz, VersR 1980, 1149.

übernahme nach § 54 Nr. 2. Mehrere Kostenschuldner haften dann grundsätzlich als Gesamtschuldner (§ 58 Abs. 1 GKG). Erstschuldner gegenüber den anderen Schuldnern sind aber nach § 58 Abs. 2 S 1 GKG der Entscheidungsschuldner und der Übernahmeschuldner gegenüber den übrigen Kostenschuldnern, z. B. gegenüber dem Antragsteller (§ 49 GKG) oder gegenüber dem Vorschußschuldner (§§ 67, 68 GKG). Wegen der Haftung des Zweitschuldners, wenn der in die Kosten verurteilte Erstschuldner Prozeßkostenhilfe bewilligt bekommen hat, trifft § 58 Abs. 2 S 2 GKG eine besondere Regelung. Auch Streitgenossen und Beigeladene haften als Gesamtschuldner, es sei denn, daß durch eine gerichtliche Entscheidung die Kosten unter sie verteilt sind (§ 59 GKG).

4 Gegen die Inanspruchnahme eines Kostenschuldners aus § 54 ist das **Erinnerungs- und Beschwerdeverfahren** nach § 5 GKG gegeben. Der Kostenbeamte und die ihm im Instanzenzug übergeordneten Stellen (Erinnerungsgericht, Beschwerdegericht) sind aber an die Kostenentscheidung des Prozeßgerichts oder an die Übernahmeerklärung gebunden.[2] Sie sind allerdings nicht gehindert, die Kostenentscheidung oder die Übernahmeerklärung nach allgemeinen Regeln auszulegen.[3] Der Einwand des Entscheidungsschuldners, er habe keinen Auftrag und keine Vollmacht zur Durchführung des Rechtsstreits erteilt, ist daher im Kostenansatzverfahren unzulässig.[4]

5 **Entscheidungsschuldner (§ 54 Nr. 1):** Voraussetzung für die Inanspruchnahme des Entscheidungsschuldners ist eine im GVG, der VwGO, des SGG, der FGO oder in einem sonstigen Bundes- oder Landesgesetz vorgesehene **gerichtliche Entscheidung.** Die Kostenentscheidung eines Schiedsgerichts begründet z. B. gegenüber der Staatskasse keine Kostenhaftung, es sei denn, die Schiedsvereinbarung kann in eine solche nach § 54 Nr. 2–4 gedeutet werden. Kostenschuldner ist grundsätzlich der jeweilige Antragsteller des Verfahrens. Gerichtliche Kostenentscheidungen sind regelmäßig in Urteilen oder Beschlüssen (z. B. in Beschwerdeverfahren) enthalten, oder in Vorbescheiden, wenn sie nach § 84 Abs. 2 VwGO, § 90 Abs. 3 FGO als Urteile wirken, in Entscheidungen in Arrestsachen oder Verfahren der einstweiligen Verfügung,[5] in Strafbefehlen, Vollstreckungsbescheiden oder Mahnbescheiden.[6] Wird eine einstweilige Verfügung oder ein Arrest ohne mündliche Verhandlung mit Kostenentscheidung gegen den Antragsgegner erlassen, so wird dieser erst Entscheidungsschuldner, wenn die Zustellung der einstweiligen Verfügung oder der Arrestbefehl an ihn nachgewiesen ist.[7] Eine einstweilige Anordnung, durch die einem Ehegatten die Leistung eines Kostenvorschusses auferlegt worden ist, ist kein Kostenausspruch iS des § 54 Nr. 1.[8] Eine im Verfahren der einstweiligen Anordnung nach § 123 VwGO, 114 FGO ergehende Kostenentscheidung ist nach § 54 Nr. 1 maßgebend. Die im Rechtsstreit ergehende Kostenentscheidung erfaßt auch die Kosten eines vorangegangenen Mahnverfahrens (§ 696 Abs. 1 S 5 ZPO), sowie in den Grenzen von § 91 Abs. 3 ZPO auch

2 BFH, JurBüro 1977, 233 = BB 1977, 1138 = DB 1977, 2422; OLG Bamberg, JurBüro 1973, 654 m. Anm. v. *Mümmler*; OLG Celle, NJW 1971, 1905.
3 BGH, NJW 1973, 665, 667 = MDR 1973, 421 = JurBüro 1973, 512.
4 OLG München, RPfleger 1961, 422 (L).
5 Vgl. dazu *Schneider* JurBüro 1968, 291.
6 *Hartmann* § 54 Rn. 3; **a. M.** *Oe/Wi/He* § 54 Rn. 3.
7 OLG Koblenz, NJW-RR 2000, 1239.
8 *Oe/Wi/He* § 54 Rn. 3; **a. M.**, aber einschränkend, OLG München, RPfleger 1956, 30 (L).

die Gebühren des Güteverfahrens vor einer Gütestelle. Die Kosten eines selbständigen Beweisverfahrens, das dem Rechtsstreit der Parteien vorangegangen war oder selbständig innerhalb eines laufenden Verfahrens durchgeführt wurde, zählen zu den Gerichtskosten des Rechtsstreits, und zwar auch ohne eine diesbzgle ausdrückliche Kostenentscheidung.[9] Das gilt allerdings nur soweit, wie das Beweissicherungsverfahren auch für den Rechtsstreit verwertet, also in diesen eingeführt wird und die Kostenentscheidung des Hauptverfahrens mit der des Beweissicherungsverfahrens übereinstimmt.[10] Fehlt bei einer Entscheidung im Verfahren wegen Arrestes oder einstweiliger Verfügung die Kostenentscheidung, zählen die Kosten nur zu denen des Hauptsacheverfahrens, wenn die Entscheidung im Hauptsacheverfahren sie ausdrücklich oder stillschweigend einbezieht. Werden im Eilverfahren dem Antragsgegner – etwa im Verfahren nach §§ 921, 937 Abs. 2 ZPO – ohne vorherige Anhörung die Kosten auferlegt und hat er auch nachträglich – etwa, weil die Anordnung nicht vollzogen wurde – kein rechtliches Gehör gehabt, ist der Ansatz von Gerichtskosten im Verfahren nach § 5 aufzuheben.[11] Allerdings braucht der Kostenbeamte dieser Frage nicht von Amts wegen nachzugehen und sich etwa die Wahrung der Vollziehungsfrist vor dem Kostenansatz nachweisen zu lassen.[12] Die im Verfahren der einstweiligen Anordnung nach §§ 127 a, 620, 621 f; 641 d ZPO entstandenen Kosten gelten für die Kostenentscheidung als Teil der Kosten der Hauptsache, § 620 g ZPO. Sie hat also die Partei zu tragen, der die Kosten der Hauptsache auferlegt worden sind, falls sie nicht in sinngemäßer Anwendung von § 96 ZPO einer anderen Partei auferlegt wurden. Das gilt auch für etwaige gerichtliche Auslagen des Anordnungsverfahrens, falls es zu keiner Entscheidung kommt. Bei Klagerücknahme bleibt die Entscheidungsschuldnerhaftung solange bestehen, bis eine andere gerichtliche Entscheidung nach § 269 Abs. 3 ZPO ergangen ist.[13]

Die **gerichtliche Entscheidung** muß die Kosten des Verfahrens ganz oder teilweise zum Gegenstand haben und sie dem Schuldner ausdrücklich auferlegen.[14] Der mit der Sachentscheidung verbundene Ausspruch des Gerichts, daß jemand die Gerichtskosten als gesetzlicher Kostenschuldner zu tragen habe, hat nicht die Bedeutung einer Kostenentscheidung nach § 54 Nr. 1, sondern enthält nur einen nicht bindenden innerdienstlichen Hinweis an den Kostenbeamten.[15] 6

Sind die **Kosten verteilt**, entsteht die Kostenschuld des einzelnen Entscheidungsschuldners nur hinsichtlich des ihm auferlegten Kostenteils. Es sind dann alle Gebühren und Auslagen zusammenzuzählen, die in dem von der Kostenentscheidung erfaßten Verfahren 7

9 BGHZ 20, 4, 15; OLG München, JurBüro 1981, 1091; 1973, 1082; *Oe/Wi/He* § 54 Rn. 3; *Hartmann* § 54 Rn. 9; **a. M.** OLG Frankfurt/Main, JurBüro 1981, 1088; OLG Celle, JurBüro 1974, 639; OLG Schleswig, JurBüro 1977, 1626.
10 KG, MDR 1976, 846 = JurBüro 1976, 1834; OLG Köln, JurBüro 1978, 1978, 1820; OLG Schleswig, JurBüro 1978, 1880; 1976, 1546.
11 OLG Hamburg, MDR 1999, 60; AG Grevenbroich, MDR 1999, 60; LG Bremen, KostRspr., § 54 Nr. 13 m. Anm. v. *Schneider*; *Oe/Wi/He* § 54 Rn. 4.
12 KG, NJW-RR 2000, 732.
13 **A. M.:** *Oe/Wi/He* § 54 Rn. 3. Vgl. auch OLG Düsseldorf, JurBüro 1974, 354; 1970, 792.
14 OLG Bamberg, JurBüro 1992, 684.
15 KG, NJW 1969, 850.

erwachsen sind, und dann nach den einzelnen Quoten auf die einzelnen Kostenschuldner zu verteilen.

8 Die **Kosten des Verfahrens** umfassen alle Kosten mit Ausnahme solcher, die ausdrücklich ausgenommen sind und der Verzögerungsgebühr nach § 34 GKG. Zu den Verfahrenskosten rechnen auch die notwendigen Schreibauslagen, nicht aber solche, die unnötigerweise entstanden sind (vgl. § 56 S 2 GKG). Sind die Kosten gegeneinander aufgehoben, haftet jeder Entscheidungsschuldner für die Hälfte der Gerichtskosten (§ 92 Abs. 1 S 2 ZPO). Wenn ein Strafverfahren mehrere Straftaten betrifft und der Angeklagte teils freigesprochen, teils verurteilt worden ist, muß er die Kosten des Verfahrens tragen, soweit sie wegen der Tat entstanden sind, wegen der er verurteilt worden ist oder eine Maßregel der Besserung und Sicherung gegen ihn verhängt wurde (§ 465 Abs. 1 S 1 StPO). Das gilt auch, wenn das Gericht den Angeklagten mit Strafvorbehalt verwarnt oder von Strafe abgesehen hat (§ 465 Abs. 1 S 2 StPO). Die übrigen Kosten verbleiben bei der Staatskasse. Teilweise ausscheidbar können die Kosten eines schriftlichen Sachverständigengutachtens sein, das sich in wesentlichen Teilen mit den Anklagepunkten befaßt, in denen Freispruch erfolgte (§ 465 Abs. 2 StPO).[16] Maßgebend ist aber stets die Kostenentscheidung des Gerichts. Eine Korrektur im Kostenansatzverfahren ist nicht möglich, auch nicht, wenn das Strafgericht die Bestimmung des § 465 Abs. 2 StPO offensichtlich übersehen hat. Insoweit mag der Angeklagte eine Entscheidung des Strafgerichts nach § 465 Abs. 2 StPO mit der sofortigen Beschwerde nach § 464 Abs. 3 StPO erwirken.[17] Werden die zum Nachteil des Angeklagten eingelegten Berufungen der Staatsanwaltschaft und des Nebenklägers kostenpflichtig verworfen, hat der Nebenkläger als Entscheidungsschuldner für die der Staatskasse im Berufungsverfahren entstandenen Auslagen nur zur Hälfte einzustehen.[18]

9 Die Entscheidung kann auch die **Kosten eines bestimmten Verfahrensabschnitts** zum Gegenstand haben (z. B. eines Rechtszuges), die durch die Anrufung eines unzuständigen Gerichts entstandenen Kosten (§ 281 Abs. 3 ZPO) oder Säumniskosten. Werden z. B. bei Klagerücknahme dem Kläger die Kosten auferlegt (§ 269 Abs. 3 ZPO) und dem Beklagten Säumniskosten (§ 344 ZPO), ist der Beklagte nicht Entscheidungsschuldner hinsichtlich der Gerichtsgebühren.[19] Sofern diese Kosten nicht ausdrücklich ausgenommen sind, hat sie der Entscheidungsschuldner zu tragen, selbst wenn sie auch dem Säumigen, der sie verursacht hat, auferlegt worden sind. Letzterer wird für den ihn treffenden Kostenanteil Entscheidungsschuldner.[20] Für die Verzögerungsgebühr nach § 34 GKG ist aber immer nur die Partei, der sie auferlegt worden ist, Entscheidungsschuldner. Die Unterbrechung des Verfahrens nach § 240 ZPO erstreckt sich nicht auf den Ansatz der Gerichtskosten gegen den vom Insolvenzverfahren nicht betroffenen Entscheidungsschuldner.[21]

10 Ist im ersten Rechtszug der Kläger und im zweiten Rechtszug der Beklagte Antragsteller

16 OLG Hamm, RPfleger 1963, 171.
17 Vgl. dazu näher bei *D.Meyer* Strafrechtsentschädigung und Auslagenerstattung, 3. Aufl. 1994, II Rn. 8, m. w. N.
18 OLG Hamm, NJW 1958, 2077; OLG Stuttgart, NJW 1963, 2286.
19 OLG München, JurBüro 1997, 95.
20 A. M. LG Göttingen, NJW 1967, 2171.
21 OLG Stuttgart, JurBüro 1991, 952.

und werden die Kosten des gesamten Verfahrens, also ohne Teilung nach Instanzen, zwischen den Parteien verteilt, haften als Antragsteller der Instanzen der Kläger für die Kosten des ersten Rechtszuges und der Beklagte für die des zweiten Rechtszuges als Antragsteller nach § 49 GKG. Es sind zunächst die Kosten zu berechnen, die jeder Partei nach der Kostenverteilung als Erstschuldnerin treffen (§ 58 Abs. 2 GKG). Sodann ist festzustellen, ob und inwieweit die einzelne Partei für die Kosten über ihre erstschuldnerische Haftung hinaus auch noch als Zweitschuldnerin als Antragstellerin in Anspruch genommen werden kann. Bei der Feststellung der Antragstellerhaftung ist zu berücksichtigen, daß die einzelne Partei als Antragstellerin für die ganzen Kosten des von ihr betriebenen Rechtszuges haftet, während sie nach der Kostenentscheidung nur eine Quote der Kosten zu tragen hat. Sie bleibt daher für die überschießende Quote Zweitschuldnerin als Antragstellerin. Eine Verrechnung der als Antragsteller für einen Rechtszug gezahlten gesamten Kosten auf die nach der Kostenentscheidung geschuldeten Kosten des anderen Rechtszuges ist unzulässig.[22] Lautet – zu Unrecht – etwa die Kostenentscheidung dahin, daß der Kläger die Kosten der Klage, der Widerkläger die Kosten seiner Widerklage und jeder Rechtsmittelkläger die Kosten seines Rechtsmittels zu tragen habe, so ist diese Entscheidung dahin auszulegen, daß jede Partei auch nur insoweit Entscheidungsschuldnerin sein soll, als sie als Antragstellerin die Kosten schuldet.[23] Eine Aufteilung nach Streitwerten kommt nicht in Betracht.[24] Denn jede Partei soll nach der Kostenentscheidung für die Kosten ihres Verfahrens voll einstehen. Soweit es sich um nicht ausscheidbare Auslagen handelt, haften die Parteien für diese Beträge als Gesamtschuldner, nicht nur für Bruchteile. Ebenso haftet jeder für die Gebühren aus seinem Streitgegenstand. Keine Partei haftet aber insgesamt nicht für höhere Gebühren als aus dem Gesamtstreitwert. Auch eine etwa weitergehende Vorschußhaftung bleibt von der Kostenentscheidung unberührt (§ 69 GKG). Hier gilt das vorstehend zur Antragstellerhaftung Gesagte sinngemäß.

Es ist unerheblich, ob die Kostenentscheidung in einem Beschluß oder in einem Urteil **11**
enthalten ist, wie auch grundsätzlich weder eine **Rechtskraft** noch eine vorläufige Vollstreckbarkeit erforderlich ist.[25] Eine Ausnahme gilt nur in Straf- und Ordnungswidrigkeitensachen und im Falle des § 125 ZPO.[26] Die Kostenpflicht aus der Entscheidung bleibt auch bestehen, wenn die Entscheidung durch ein Rechtsmittel angegriffen oder die Zwangsvollstreckung eingestellt wird.[27] Sie erlischt erst, wenn und soweit die Entscheidung durch eine andere gerichtliche Kostenentscheidung aufgehoben oder abgeändert wird (§ 57 S 1 GKG). Eine Unterbrechung wegen eines Insolvenzverfahrens wirkt nicht auf den Ansatz von Gerichtskosten gegen einen von der Unterbrechung nicht betroffenen Entscheidungsschuldner.[28] Auch die Kostenübernahmeerklärung in einem Vergleich läßt die durch gerichtliche Entscheidung begründete Kostenpflicht nicht wegfallen. Ebensowenig können auch andere Parteivereinbarungen solches bewirken,[29] Eine vor Rechtskraft

22 RGZ 148, 216; OLG München, RPfleger 1956, 30 (L).
23 *Hartmann* § 54 Rn. 8.
24 So aber *Oe/Wi/He* § 54 Rn. 8; *Mümmler* JurBüro 1978, 1137.
25 OLG Frankfurt/Main, JurBüro 1981, 778.
26 OLG Nürnberg, NJW 1960, 636.
27 OLG Stuttgart, RPfleger 1961, 309 = Die Justiz 1961, 165; OLG Schleswig, RPfleger 1962, 394 (L).
28 MDR 1991, 1097 m. N.

des Urteils getroffene von der Kostenentscheidung abweichende Parteivereinbarung ist gegenüber der Staatskasse nicht wirksam, wenn sie in der Absicht erfolgt, dieser den Erstattungsanspruch nach § 130 BRAGO zu nehmen.[30] Wird eine Kostenentscheidung durch eine andere gerichtliche Entscheidung aufgehoben oder abgeändert, werden bereits gezahlte Kosten auch dann zurückerstattet, wenn die Zahlung nur aufgrund der aufgehobenen oder abgeänderten Entscheidung erfolgt ist (§ 57 S 2 GKG). Das ist aber nicht der Fall, wenn die Zahlungspflicht auch auf anderen Vorschriften beruhte (z. B. auf § 49 GKG). Ob die Kostenentscheidung richtig oder falsch ist, ist gleichgültig. Das gilt auch für unrichtige Kostenentscheidungen,[31] Denn es ist nicht Aufgabe des Kostenansatzverfahrens, die Richtigkeit von Kostenentscheidungen nachzuprüfen und fehlerhafte Entscheidungen zu berichtigen.[32] Eine Ausnahme insoweit mag gelten, wenn die Kostenentscheidung offensichtlich grob rechtswidrig ist,[33] Die Haftung kann erst durch die Aufhebung der Entscheidung beseitigt werden. Sie besteht auch dann, wenn kein Auftrag zur Prozeßführung vorgelegen hat und deshalb eine Antragstellerhaftung nicht eintritt. Auch eine fehlerhaft verkündete Entscheidung ist eine gültige Rechtsgrundlage für die Inanspruchnahme als Entscheidungsschuldner.

12 In **Straf- und Ordnungswidrigkeitensachen** kommt dem § 54 Nr. 1 besondere Bedeutung zu. Hier wird der Verurteilte erst mit dem Eintritt der Rechtskraft der Kostenentscheidung Kostenschuldner (§§ 40, 48, 63 GKG). Die in den §§ 67, 68 Abs. 2 GKG begründete Vorschußpflicht des Privat- oder Nebenklägers bleibt auch bestehen, wenn die Kosten einem anderen auferlegt oder von einem anderen übernommen sind (§ 69 GKG). Daneben gibt es in Straf- und Ordnungswidrigkeitensachen keine Antragstellerhaftung. Eine Kostenschuld kann aber auch in § 60 GKG i. V. m. §§ 466, 471 Abs. 4, 472 StPO begründet sein. Es darf aber beim Fehlen einer Kostenentscheidung § 60 GKG nicht auf andere, dort nicht genannte Fälle erstreckt werden, als nicht etwa auf die §§ 465, 473 StPO. Gesetzliche Vertreter haften für die Kosten nicht persönlich, sondern nur mit dem Vermögen des Angeklagten, soweit es ihrer Verwaltung untersteht.[34]

13 Der **Entscheidungsschuldner** ist **immer Erstschuldner** der ihm durch die Entscheidung auferlegten Kosten, also auch der Auslagen einschließlich der Dokumentenpauschalen nach § 56 S 1 GKG. Ihm gegenüber treten andere Kostenschuldner (z. B. Antragsteller nach § 49 GKG), nicht aber ein Übernahmeschuldner nach § 54 Nr. 2 GKG zurück. Das gilt natürlich nicht, wenn der Zweitschuldner – etwa als Antragsteller nach § 49 – seine Kostenschuld schon entrichtet hatte,[35] Die gesamtschuldnerische Haftung bleibt zwar bestehen (§ 58 Abs. 1 GKG), die Staatskasse muß sich aber in den Grenzen nach § 58 Abs. 2 GKG zuerst an den Erstschuldner halten, ehe sie einen Zweitschuldner in Anspruch nimmt. Ist dem Entscheidungsschuldner Prozesskostenhilfe – auch mit Ratenzahlung[36]

29 OLG Koblenz, JurBüro 1976, 104 m. Anm. v. *Mümmler*; OLG Frankfurt/Main, JurBüro 1974, 1151; LG Bayreuth, JurBüro 1974, 1403; KG, JVBl. 1972, 260 = MDR 1972, 960.
30 OLG München, JurBüro 1973, 752.
31 OVG Münster, NJW 1972, 118.
32 Vgl. dazu auch bei *D.Meyer* NJW 1972, 12 und JurBüro 1979, 963.
33 Vgl. *Mümmler* JurBüro 1984, 1058 (str).
34 BGH, NJW 1956, 520 (L) = RPfleger 1959, 109 (L).
35 OLG Düsseldorf, NJW-RR 1997, 1295 = JurBüro 1998, 149.

– bewilligt, ist § 58 Abs. 2 S 2 GKG anwendbar. Die Haftung eines anderen Kostenschuldners soll in diesem Fall nicht geltend gemacht werden.

Vergleichs- oder Übernahmeschuldner, § 54 Nr. 2: Grundlage der Kostenhaftung ist in diesen Fällen nicht eine gerichtliche Entscheidung, sondern eine ausdrücklich oder von Gesetzes wegen unterstellte (§ 98 ZPO, § 160 VwGO) Erklärung, daß die Kosten übernommen werden. Andere Kostenschuldner, z. B. Antragsteller, sind ihm gegenüber Zweitschuldner (§ 58 Abs. 2 S 1 GKG). Lediglich ein etwaiger Entscheidungsschuldner derselben Kosten ist mit ihm gesamtschuldnerisch Erstschuldner. Daneben bleibt auch eine Kostenvorschußpflicht bestehen (§ 69 GKG). Die Kostenübernahme kann auf einen bestimmten Teil der Kosten (z. B. auf einen Bruchteil der Gesamtkosten oder auf die Auslagen oder auf einzelne Gebühren) beschränkt werden. Erforderlichenfalls ist der Sinn einer Übernahmeerklärung zu ermitteln. Die Kostenübernahme kann gegenstandslos sein, wenn wegen sachlicher oder persönlicher Kostenfreiheit Kosten nicht anzusetzen sind. Prozeßkostenhilfeanwaltskosten zählen nicht zu den Gerichtskosten. Daher verpflichtet eine Übernahme von Gerichtskosten nicht zur Zahlung der Prozeßkostenhilfeanwaltskosten der Gegenpartei. 14

Übernahmeschuldner können die Parteien, aber auch Dritte sein. Auch die arme Partei, der Prozeßkostenhilfe bewilligt worden ist, kann sich zur vollen oder teilweisen Kostenübernahme verpflichten und haftet dann im Umfange der Übernahme als Übernahmeschuldner. Die Wirkungen der Prozeßkostenhilfe greifen dann nicht mehr,[37] was verfassungsrechtlich unbedenklich ist.[38] Die Kostenübernahme kann auch noch erklärt werden, wenn das Verfahren durch Entscheidung oder Rücknahme des Antrags, auf dem es beruhte, erledigt ist. Es haften dann ein Übernahmeschuldner und ein etwaiger Entscheidungsschuldner als Gesamtschuldner nebeneinander, ohne daß einer von ihnen Zweitschuldner iS des § 58 GKG wäre. Die Übernahmeerklärung kann die Kostenschuld des Entscheidungsschuldners nicht beseitigen. Denn nur eine andere gerichtliche Entscheidung, nicht aber eine Parteivereinbarung,[39] kann die durch gerichtliche Entscheidung begründete Verpflichtung zur Zahlung von Kosten zum Erlöschen bringen. Das gilt auch in Ehesachen. Es wird aber dem Willen der Parteien entsprechen, den Übernahmeschuldner vor dem Entscheidungsschuldner in Anspruch zu nehmen, so daß de facto auch so verfahren werden sollte. Das gilt auch, wenn im Straf- oder Bußgeldverfahren trotz einer Kostenübernahmeerklärung eine Kostenentscheidung ergeht. 15

Eine vor Gericht abgegebene oder gegenüber dem Gericht mitgeteilte Erklärung muß vorliegen. Sie muß nicht notwendig im Rahmen eines Vergleichs erfolgt sein, wie auch eine Erklärung außerhalb des Verfahrens abgegeben werden kann. Die Übernahmeerklärung kann zu Protokoll des Gerichts oder in formloser Weise geschehen, z. B. durch Erklärung eines Rechtsanwalts, die Haftung für Dokumentenpauschalen oder andere 16

36 OLG Naumburg, JurBüro 2002, 149.

37 OLG Nürnberg, MDR 2000, 1034; OLG Karlsruhe, JurBüro 2000, 28= NJW 2000, 1121; OLG Koblenz, JurBüro 2000, 206 = MDR 2000, 113 = NJW 2000, 1122. **A.M.** LG Frankfurt/Main, NJW 2000, 1120 = MDR 2000, 479 m. abl. Anm. v. *Schütt* MDR 2000, 668.

38 BVerfG, MDR 2000, 1157 = NJW 2000, 3271.

39 BGH, NJW-RR 2001, 285.

Auslagen übernehmen zu wollen.[40] Erforderlich ist nur, daß sie eindeutig ist. Die bewußte Zahlung an sich nicht geschuldeter Kosten kann eine stillschweigende Übernahmeerklärung enthalten. Bei Zahlung durch einen Prozeßbevollmächtigten wird im Zweifel anzunehmen sein, daß er für die von ihm vertretene Partei zahlt. Erklärt er, daß er für die vom Gericht geforderten Kosten- oder Auslagenvorschüsse aufkomme, liegt darin idR eine Übernahmeerklärung des Rechtsanwalts und nicht eine solche der von ihm vertretenen Partei. Die Mitteilung kann in Form eines Schriftsatzes oder in der Übermittlung einer privaten oder öffentlichen Urkunde erfolgen, in der die Übernahmeerklärung enthalten ist. Die Mitteilung muß an das Gericht nach dem Willen der die Kosten übernehmenden Person oder ihres Vertreters gelangt sein. Teilt die Gegenpartei dem Gericht die Kostenübernahme des Gegners mit, kommt es darauf an, ob sie zu dieser Mitteilung von der übernehmenden Partei ermächtigt war. Es genügt auch eine Bestätigung einer derartigen gegnerischen Mitteilung durch die übernehmende Partei. Die einseitige Erklärung einer nichtbevollmächtigten Gegenpartei stellt aber keine Übernahmeerklärung der anderen Partei dar. Eine gegen den Willen der Partei oder zufällig an das Gericht gelangte Mitteilung über die außergerichtlich vereinbarte Kostenübernahme begründet noch keine Kostenschuld. Es genügt aber, wenn lediglich die Tatsache des Vergleichs und die darin enthaltene Kostenvereinbarung ohne den sonstigen Vergleichsinhalt dem Gericht mitgeteilt wird. Die Erklärung bedarf keiner Annahme, Zugang an das Gericht reicht aus. Wird sie nur bedingt abgegeben (etwa in einem Widerrufsvergleich), entsteht die Kostenschuld erst mit dem Eintritt der Bedingung. Die Erklärung ist eine Prozeßhandlung und kann deshalb nicht wegen Irrtums oder Täuschung angefochten und auch nicht widerrufen werden.[41] Wird aber der Vergleich, auf dem sie beruht, rechtsgültig für unwirksam erklärt, verliert auch sie ihre Wirkung. Das gilt aber nicht, wenn die Parteien im Wege der Vereinbarung den zugrunde liegenden Vergleich rückwirkend wieder aufheben.[42] Denn die Parteien können nicht über eine wirksam durch die Prozeßerklärung der Kostenübernahme entstandene öffentlich-rechtliche Gläubigerstellung des Staats disponieren. Die Übernahmeerklärung kann sich auch auf künftig erwachsende Kosten beziehen, wenn und soweit ihr Umfang aus der Erklärung eindeutig erkennbar ist.[43] Erklärungen der Parteien nach § 7 ZSEG zur Einwilligung der Zahlung einer besonderen Entschädigung an den Sachverständigen sind idS auf die über die nach §§ 3, 5 ZSEG hinausgehenden Entschädigungen zu verstehen, so dass insoweit auch die Wirkungen der Prozesskostenhilfe entfallen (vgl. oben, Rn. 15 und KV 9005, Rn. 38). So ist die Erklärung eines **Rechtsschutzversicherers**, daß er für den Prozeß bzw. für eine Instanz Deckung gewährt, idR als Übernahmeerklärung für die dem Versicherungsnehmer entstehenden Kosten – sei es als Entscheidungs-, Übernahme- oder Antragsschuldner – zu deuten. Auch wenn ein Rechtsanwalt für die von seinen Mandanten zu zahlenden Kosten oder Auslagen „stark sagt", ist er in entsprechender Anwendung des § 54 Nr. 2 GKG als weiterer Kostenschuldner insoweit zu behandeln.[44] Die Erklärung ist indessen auszulegen, was dazu führen kann, daß

40 Vgl. *Schneider* JurBüro 1975, 1034.

41 OLG Bamberg, JurBüro 1977, 1594; OLG Zweibrücken, RPfleger 1983, 369; *Hartmann* § 54 Rn. 12.

42 BGH, NJW 1965, 1524 = JurBüro 1965, 130; BSG; NJW 1963, 2292. Vgl. auch *Clasen* NJW 1965, 382.

43 Vgl. LG Hildesheim, JVBl. 1961, 144.

44 OLG Düsseldorf, JurBüro 1997, 374 = NJW-RR 1997, 826 und JurBüro 1991, 382.

der Rechtsanwalt nur für den geforderten Vorschuß, nicht aber für die tatsächlich entstandenen darüber hinaus gehenden Auslagen haftet.[45] Der Gegner einer Prozeßkostenhilfepartei kann sich nicht auf die §§ 122 Abs. 2, 125 Abs. 2 ZPO berufen, wenn er Kosten durch eine dem Gericht gegenüber abgegebene Erklärung übernommen hat.

Eine **Kostenübernahme** kann auch in **Strafsachen** erfolgen. Insbesondere kommt das im 17
Zusammenhang mit der Rücknahme eines Strafantrags oder in einem Privatklageverfahren vor. Derartige Übernahmeerklärungen sind in jedem Fall wirksam, auch wenn der mit der Übernahmeerklärung erhoffte Erfolg nicht eintritt. So ist z. B. eine im Hinblick auf die erhoffte Einstellung des Strafverfahrens erklärte Übernahme der Kosten des Verfahrens auch dann wirksam, wenn das Verfahren nicht eingestellt wird.[46] Denn die mit der Übernahme verbundene Bedingung ist nicht zulässig und damit unwirksam. Etwas anderes gilt nur dann, wenn eine Bedingung ausdrücklich zulässig ist wie z. B. bei § 470 Nr. 2 StPO.[47] Die Übernahmeerklärung bleibt verbindlich, und zwar auch dann, wenn eine solche gesetzliche Kostenentscheidung gar nicht zulässig wäre.[48]

Ein vor Gericht abgeschlossener oder dem Gericht mitgeteilter Vergleich steht in 18
Gegensatz zu der einseitigen vor Gericht abgegebenen oder dem Gericht mitgeteilten Erklärung und unterscheidet sich von ihr dadurch, daß er einen Vertrag darstellt. Die Frage, ob der Vergleich ein gegenseitiges Nachgeben enthalten müsse, ist hier müßig, da – wenn kein Vergleich vorliegt – jedenfalls eine in der Vereinbarung enthaltene, vor Gericht abgegebene oder dem Gericht mitgeteilte Erklärung der Kostenübernahme vorliegt. Gleichgültig ist, ob der Vergleich gerichtlich oder außergerichtlich abgeschlossen worden ist. Im letzteren Fall muß er aber nach dem Willen des aus dem Vergleich zur Übernahme der Kosten Verpflichteten an das Gericht gelangt sein. Es kann auch ausreichen, wenn eine Partei den Vergleich, der die Kostenübernahme der anderen Partei enthält, dem Gericht mitteilt. Denn die Vermutung spricht in solchen Fällen dafür, daß das mit dem Willen der anderen Partei geschehen ist. Der Vergleich muß nicht notwendig vor dem Prozeßgericht und schon gar nicht in demselben Rechtsstreit abgeschlossen worden sein. Er kann auch in einem anderen Verfahren oder vor einem anderen Gericht zustande gekommen sein. Wird er aber dem Gericht mitgeteilt, wird eine in ihm enthaltene Kostenübernahmeerklärung wirksam. Kostenschuldner aus § 54 Nr. 2 GKG ist nicht jede am Vergleich beteiligte Partei, sondern nur die Partei, die in dem Vergleich die Kosten übernommen hat und nur in dem Ausmaße, in dem sie es erklärt hat. Das gilt auch für einen dem Vergleich beigetretenen Dritten. Eine in einem bedingten Vergleich enthaltene Kostenübernahmeerklärung wird erst mit dem Eintritt der Bedingung wirksam.

Ändern die Parteien den Vergleich nachträglich ab, bleibt die bereits erklärte Kosten- 19
übernahme gegenüber der Staatskasse wirksam, und zwar auch dann, wenn die Parteien den Vergleich rückwirkend wieder aufheben. Anders verhält es sich nur, wenn die Nichtigkeit des Vergleichs rechtskräftig festgestellt wird. Dann fällt auch die Kostenschuld

45 OLG Düsseldorf, JurBüro 1997, 374 = NJW-RR 1997, 826.

46 A. M.: OLG Köln, NJW 1962, 1024.

47 AG Bayreuth, JurBüro 1981, 591; *Oe/Wi/He* § 54 Rn. 14; **a. M.** OLG Bamberg, JurBüro 1974, 767; OLG Hamm, NJW 1971, 2230 = RPfleger 1971, 447.

48 Vgl. dazu näher bei *D.Meyer* JurBüro 1992, 3 und JurBüro 1989, 1431.

gegenüber der Staatskasse rückwirkend weg. Im Kostenansatzverfahren ist ein Streit über die Wirksamkeit des Vergleichs nicht auszutragen. Es reicht aber, wenn die Partei eine rechtskräftige Entscheidung über die Nichtigkeit des Vergleichs vorlegt oder wenn diese ausnahmsweise offenkundig ist (z. B. bei Mangel an der Geschäftsfähigkeit des Übernehmenden). Haben die Parteien ein Rücktrittsrecht in dem Vergleich vereinbart und fällt der Vergleich wegen Ausübung des Rücktritts weg, entfällt in gleicher Weise auch die übernommene Kostenhaftung. Wenn die Übernahmeerklärung keine Beschränkung enthält, umfaßt sie die bis zum Abschluß des Vergleichs angefallenen Kosten.[49]

20 Hat eine Partei, die **Gebührenfreiheit** genießt, zusammen mit ihrem Streitgenossen durch Vergleich die Hälfte der Gerichtskosten übernommen, hat als Übernahmeschuldner der Streitgenosse nur ein Viertel der Gerichtskosten zu zahlen. Vereinbaren die Parteien durch einen Vergleich im Nachverfahren (§ 304 ZPO) gegenseitige Kostenaufhebung, kann die mit der Berufung gegen das Grundurteil unterlegene Partei nicht verlangen, daß ihr von der Staatskasse die gezahlten vollen Gerichtskosten des Berufungsverfahrens zur Hälfte auf die von ihr zu zahlende Hälfte der Gerichtskosten erster Instanz angerechnet werden.[50] Eine zwischen den Parteien eines Ehescheidungsverfahrens in einer Auseinandersetzungsvereinbarung getroffene Bestimmung über die Kosten des Hauptsacheverfahrens beseitigt nicht die durch Urteil geschaffene Haftung für die Gerichtskosten aus § 54 Nr. 1 GKG. Soweit die Parteien in der Vereinbarung Kosten übernehmen, werden sie zusätzliche Kostenschuldner nach § 54 Nr. 2 GKG neben einer Entscheidungsschuldnerhaftung nach § 54 Nr. 1 GKG.[51] Die einmal entstandene Entscheidungsschuldnerhaftung nach § 54 Nr. 1 GKG kann nicht durch eine in einem Vergleich erfolgende Kostenübernahme beseitigt werden, sondern nur durch eine andere gerichtliche Entscheidung über die Kostenpflicht (§ 57 GKG). Die Übernahme kann auch die Kosten eines anderen bereits rechtskräftig abgeschlossenen Verfahrens abweichend von der in dem anderen Verfahren getroffenen rechtskräftigen Kostenentscheidung erfassen.[52] Die vergleichsweise Übernahme der Kosten des Wechselprozesses erfaßt im Zweifel die Kosten des Vor- und Nachverfahrens.[53] Eine vor der Rechtskraft des Urteils getroffene Parteivereinbarung, die von dem Kostenausspruch des Urteils abweicht, ist der Staatskasse gegenüber nicht wirksam, wenn sie die Absicht verfolgt, dieser den Erstattungsanspruch nach § 130 BRAGO zu nehmen.[54] Ein Prozeßbevollmächtigter kann die Kostenmithaftung für Schreibauslagen nach § 54 Nr. 2 GKG durch Erklärung gegenüber dem Gericht übernehmen. Allerdings kann eine solche Erklärung auch als selbstschuldnerische Bürgschaft des Prozeßbevollmächtigten auszulegen sein.[55] Hat der Beklagte in einem im Prozeßkostenhilfeverfahren geschlossenen Vergleich die Kosten des Rechtsstreits übernommen, ist er aus dieser Übernahme der Kosten verpflichtet, die gerichtliche allgemeine Verfahrensgebühr zu zahlen.[56] Haben der im ersten Rechtszug obsiegende

49 Vgl. dazu etwa OLG Nürnberg, JurBüro 1962, 476.
50 OLG München, RPfleger 1956, 30 (L).
51 OLG Frankfurt/Main, JurBüro 1974, 1151; KG, MDR 1976, 318; 1972, 960 = JurBüro 1972, 806.
52 OLG München, JurBüro 1969, 1004.
53 OLG Hamm, JurBüro 1975, 1083 = RPfleger 1975, 322.
54 OLG München, JurBüro 1973, 752.
55 OLG Hamm, RPfleger 1975, 37.

mittellose Kläger und der Beklagte nach Einlegung der Berufung einen Vergleich geschlossen, durch den die Kosten des Rechtsstreits gegeneinander aufgehoben werden, kann der Beklagte auf die Gerichtskosten des ersten Rechtszuges aus einer Übernahmeverpflichtung (also zur Hälfte) in Anspruch genommen werden.[57] § 58 Abs. 2 S 2 GKG ist auf den Fall der Kostenübernahme nicht anwendbar.[58]

Nach § 98 ZPO, § 160 VwGO unterstellte Kostenübernahmeerklärung, Halbsatz 2: 21
Voraussetzung ist, daß die Parteien einen Vergleich geschlossen haben, ohne daß in ihm eine Kostenregelung getroffen worden ist (d. h., ohne daß über die Kostenfrage etwas gesagt ist). Die Vorschrift ist nicht anwendbar, wenn die Kostenregelung in einem Teilvergleich vorbehalten ist oder wenn die Parteien vereinbart haben, über die Kostenfrage eine gerichtliche Entscheidung herbeizuführen.[59] Sind die Kosten eines Streitgehilfen oder eines Beigeladenen im Vergleich von der Kostenregelung ausgenommen, trifft für die Kosten weder § 98 ZPO noch § 160 VwGO zu. Für diese Teilkosten gilt dann § 54 Nr. 2 Halbs 2 GKG nicht.[60] Haben die Parteien bei einer **Vereinbarung in einer Ehesache** keine Kostenregelung getroffen, gelten die Kosten der Vereinbarung gemäß § 98 ZPO als gegeneinander aufgehoben. Die Regelung des § 93 a Abs. 1 S 3 ZPO greift nicht Platz, weil sie eine Vereinbarung über die Kosten voraussetzt.[61] Die §§ 98 ZPO, 160 VwGO gelten zunächst für gerichtliche Vergleiche; sie sind aber sinngemäß auch auf außergerichtliche Vergleiche anwendbar.[62] Es kann daher aufgrund eines dem Gericht mitgeteilten außergerichtlichen Vergleichs, der keine Kostenregelung enthält, jede der Parteien auf die Hälfte der Gerichtskosten in Anspruch genommen werden.

Soweit § 98 ZPO anwendbar ist, sind die **Kosten als gegeneinander aufgehoben** anzusehen. Das bedeutet, daß die Gerichtskosten jeder Partei zur Hälfte zur Last fallen, § 92 Abs. 1 S 2 ZPO. Ebenso § 160 VwGO. Dann ist jede der an dem Vergleich beteiligten Parteien für die sie treffende Hälfte Kostenschuldner nach § 54 Nr. 2 GKG. Besteht eine Partei aus mehreren Personen, haften sie für die auf sie entfallende Hälfte als Gesamtschuldner. 22

Kostenschuld kraft gesetzlicher Haftpflicht, Nr. 3: Die Haftpflicht kann im bürgerlichen oder im öffentlichen Recht begründet sein. Sie muß **kraft Gesetzes**, also auf Grund gesetzlicher Vorschrift (z. B.: §§ 419, 1967, 2382, 2383 BGB) begründet sein, und zwar muß das Gesetz die Haftung gegenüber einem Dritten begründen.[63] Es genügt nicht, daß 23

56 OLG Nürnberg, RPfleger 1963, 179 (L).

57 OLG Nürnberg, NJW 1960, 636.

58 OLG München, NJW-RR 2001, 1578; OLG Nürnberg, JurBüro 1979, 869; OLG Hamm, JurBüro 1979, 733; *Mümmler* JurBüro 1977, 1678.

59 BGH, NJW 1965, 103; OLG Nürnberg, JurBüro 1979, 1565; OLG Braunschweig, JurBüro 1969, 439; OLG Bremen, NJW 1968, 1238; OLG Celle, JurBüro 1968, 831; VGH Kassel, NJW 1966, 1674; BayVGH, BayVBl. 1972, 415; OVG Koblenz, NJW 1967, 1437.

60 A. M. BGH, NJW 1967, 983; OLG Celle, NJW 1976, 2170.

61 So auch OLG Koblenz, JurBüro 1977, 557; MDR 1977, 57; OLG Hamm, MDR 1975, 147; OLG Braunschweig, NdsRPfl. 1970, 10; OLG Schleswig, JurBüro 1970, 61; OLG Hamburg, MDR 1967, 138; *Mümmler* JurBüro 1977, 95; *Göppinger* AnwBl. 1977, 436; **a. M.** KG, MDR 1975, 763 = JurBüro 1975, 816; LG Lübeck, SchlHA 1967, 85; wohl auch OLG Bamberg, JurBüro 1973, 550; *Diederichsen* NJW 1977, 601; *Bergerfurth* NJW 1972, 1840.

62 BayVGH, BayVBl. 1972, 415; OVG Koblenz, NJW 1967, 1437.

das Gesetz bestimmt, welche schuldrechtlichen Pflichten die Vertragsparteien zueinander haben.[64] Deshalb begründet z. B. § 150 VVG keine Haftung der Versicherung gegenüber der Staatskasse, da in dieser Vorschrift nur im Verhältnis des Versicherungsnehmers zur Versicherung bestimmt ist, daß der Versicherer dem Versicherten die durch die Verteidigung gegen einen geltendgemachten Anspruch erwachsenen gerichtlichen und außergerichtlichen Kosten zu tragen hat.[65] Wer sich durch Vertrag verpflichtet, für die Kostenschuld eines anderen zu haften, wird nicht nach § 54 Nr. 3 GKG Kostenschuldner. Er kann aber Kostenschuldner nach § 54 Nr. 2 GKG sein, wenn und soweit die Voraussetzungen dafür vorliegen. Auch dann, wenn dem Erblasser Prozeßkostenhilfe zustand, haftet der Erbe der Staatskasse nicht nach Nr. 3 für die Kosten, die bis zur Aufnahme des Rechtsstreits durch den Erben entstanden sind. Nimmt er den Prozeß jedoch auf, können die Kosten in seiner Person neu entstehen.[66]

24 Der Haftende kann der Staatskasse alle Einreden (z. B. Verjährung) und Einwendungen entgegenhalten, die auch dem Kostenschuldner offenstehen, für dessen Schuld er haftet. Anders liegt es nur beim Kostenzweitschuldner, der nach einem Entscheidungs- oder Übernahmeschuldner haftet.

25 Der Haftende kann von der Staatskasse unmittelbar in Anspruch genommen werden. Seine Kostenhaftung muß nicht in einer Entscheidung ausgesprochen sein.[67] Gegen seine Inanspruchnahme steht ihm die Möglichkeit der Erinnerung nach § 5 GKG offen (vgl. auch §§ 4, 8 JBeitrO).[68] Ist der von Amts wegen zu erbringende[69] Nachweis einer bestrittenen gesetzlichen Haftpflicht nicht zu erbringen, hat die Inanspruchnahme des Kostenschuldners zu unterbleiben. Die Haftpflicht muß festgestellt sein.[70] Der als Kostenschuldner in Anspruch zu Nehmende ist aber verpflichtet, zur Klärung der Frage beizutragen, ob seine Haftung nach § 54 Nr. 3 GKG besteht. Tut er das nicht, kann dieser Umstand bei der Feststellung des Sachverhalts zu seinen Lasten verwertet werden.

26 **Einzelne Fallgruppen:**

27 **Vermögensübernahme:** Der Vermögensübernehmer haftet nach allgemeinen Grundsätzen auch für die Gerichtskosten. Daneben bleibt die Haftung des ursprünglichen Kostenschuldners bestehen. Sie kann nicht durch eine Vereinbarung zwischen dem Übernehmer und dem Kostenschuldner zum Nachteil der Staatskasse ausgeschlossen oder beschränkt werden. Überträgt eine Partei während eines schwebenden Rechtsstreits ihr Vermögen auf einen anderen, haftet dieser sowohl für die bereits entstandenen als auch für die noch entstehenden Gerichtskosten des anhängigen Prozesses, auch wenn der Übernehmer nicht in den Rechtsstreit eintritt. Dabei haftet der Vermögensübernehmer jedenfalls für die Gerichtskosten, die in der bei Übernahme des Vermögens schwebenden

63 Vgl. OLG Schleswig, SchlHA 1984, 167.
64 *Hartmann* § 54 Rn. 21; a. M. BVerwG, RPfleger 1993, 375.
65 RGZ 124, 235.
66 OLG Düsseldorf, MDR 1987, 1031.
67 OLG Schleswig, SchlHA 1984, 167.
68 BGH, RPfleger 1956, 12; 1959, 1 (L).
69 *Hartmann* § 54 Rn. 23.
70 RGZ 97, 175.

Instanz angefallen sind oder noch anfallen werden.[71] Für die Haftungsbegründung reicht es aus, wenn der Rechtsgrund des Anspruchs bereits vor der Vermögensübernahme bedingt oder wenigstens als Anwaltschaft entstanden ist.[72] Demzufolge besteht der Erstattungsanspruch des Staates gegen den später Verurteilten bereits in dem Zeitpunkt, in dem die staatlichen Organe zur Verfolgung des Täters tätig werden[73] (genauer wohl, wenn er nach den Bestimmungen der StPO den Status des Beschuldigten erhält). Die Haftung des Vermögensübernehmers wird idR sogar die Kosten der Rechtszüge erfassen, die bei der Vermögensübernahme noch nicht begonnen haben.[74] Eine Vermögensübernahme und damit eine Kostenhaftung kann auch vorliegen, wenn lediglich ein Grundstück übernommen wird, das das wesentliche Vermögen des Kostenschuldners darstellt. Auf den Verkehrswert des Grundstücks und darauf, ob die übernommenen dinglichen Lasten diesen Wert erreichen, kommt es nicht an.[75] Es tritt aber dann keine persönliche Haftung des Erwerbers ein, wenn die Staatskasse vor dem Erwerb wegen ihrer Kostenforderung bereits eine Zwangshypothek eintragen lassen hat.[76] Eine bei der Vermögensübernahme laufende Verjährungsfrist läuft gegenüber dem Vermögensübernehmer weiter.[77]

Haftung nach Handelsrecht: Es gelten auch hier die allgemeinen Regeln. Der Übernehmer eines Handelsgeschäfts haftet für die Kostenschulden des früheren Inhabers, soweit die den Forderungen zugrundeliegenden Prozesse ihren Grund im Betrieb des Handelsgeschäfts hatten (§ 25 HGB). Dasselbe gilt auch, wenn ein Erbe das Handelsgeschäft fortführt (§ 27 HGB). Tritt jemand als persönlich haftender Gesellschafter oder als Kommanditist in das Geschäft eines Einzelhandelskaufmannes ein, haftet die Gesellschaft, auch wenn sie die frühere Firma nicht fortführt, für alle im Betrieb des Geschäfts entstandenen Verbindlichkeiten des früheren Geschäftsinhabers, also auch für seine im Betrieb des Geschäfts begründeten Gerichtskostenschulden (§ 28 HGB). Die Gesellschafter einer offenen Handelsgesellschaft haften für die Gerichtskostenschulden der Gesellschaft der Staatskasse als Gesamtschuldner persönlich (§ 128 HGB), desgleichen der Kommanditist bis zur Höhe seiner Einlage, soweit er sie noch nicht geleistet hat (§ 171 HGB). Hat ein Kommanditist die Leistung seiner Einlage bewiesen, obliegt es der Staatskasse, zu beweisen, daß eine Rückzahlung der Einlage oder einer Rückzahlung gleichkommende Gewinnentnahme erfolgt ist.[78] Soweit die Handlung durch Eintragung in das Handelsregister oder in sonstiger Weise ausgeschlossen werden kann, muß sie ohne schuldhaftes Zögern erfolgen.[79] Andernfalls wäre sie unwirksam. 28

Erbenhaftung: Der Erbe haftet für die Nachlaßverbindlichkeiten, also auch für Gerichtskostenschulden des Erblassers (§ 1967 BGB).[80] Der Erbschaftskäufer haftet vom Abschluß 29

71 BGH, RPfleger 1956, 12; 1959, 3 (L); BGH, BB 1975, 1218.
72 BGH, MDR 1963, 670.
73 BGH, RPfleger 1959, 3 (L).
74 BGH, NJW 1959, 287 = MDR 1959, 118 = RPfleger 1959, 92 = JurBüro 1959, 81.
75 OLG Hamm, RPfleger 1963, 214.
76 OLG München, NJW 1965, 1443 = JurBüro 1965, 488.
77 BGH, NJW 1977, 1879 = MDR 1977, 737 = WRP 1977, 759.
78 BFH, BStBl. II 1978, 651; BGH, Der Betrieb 1979, 436.
79 BGHZ 29, 1.
80 Vgl. auch OLG Schleswig, SchlHA 1984, 167.

des Kaufes an den Nachgläubigern, also auch der Staatskasse, in den Grenzen der §§ 2382, 2383 BGB. Bis zur Beendigung einer Testamentsvollstreckung kann sich die Staatskasse nur an den Nachlaß halten. Der Nachlaß des Angeklagten haftet für die Kosten des Strafverfahrens nicht, wenn das Urteil zur Zeit des Erbfalls noch nicht rechtskräftig war, § 465 Abs. 3 StPO, mag die Rechtskraft auch nur hinsichtlich einer Nebenstrafe[81] oder der Frage der Strafaussetzung zur Bewährung gefehlt haben, das Urteil im übrigen aber rechtskräftig gewesen sein.[82]

30 **Gesellschafter:** Vgl. „Handelsrecht", Rn. 28.

31 **Gesellschaftsschuld:** Vgl. § 735 BGB und unter „Handelsrecht", Rn. 28.

32 **Familienrecht:**

- *Haftung für Prozeßkosten des Ehegatten:* Bei gesetzlichem Güterstand der *Zugewinngemeinschaft* haftet kein Ehegatte für die Prozeßkosten des anderen Ehegatten, da es an einer dies bestimmenden gesetzlichen Vorschrift fehlt. Dasselbe gilt auch für den Güterstand der *Gütertrennung.* Für den Güterstand der *Gütergemeinschaft* enthalten die §§ 1437, 2438 (insbesondere 1438 Abs. 2), 1459, 1460 (insbesondere 1460 Abs. 2), 1480, 1489 BGB Haftungsvorschriften.[83] Die in § 1360 a BGB begründete Prozeßkostenvorschußpflicht der Ehegatten wirkt nur im Innenverhältnis und begründet keine Kostenhaftung nach außen.[84] Für im Rahmen des § 1357 BGB (Schlüsselgewalt) vollzogene Rechtshandlungen haften beide Ehegatten auch gegenüber der Staatskasse.[85]
- *Haftung für Prozeßkosten der Kinder:* Ein Anspruch des Kindes gegenüber den Eltern oder sonstigen Personensorgeberechtigten auf Leistung eines Prozeßkostenvorschusses hat seine Grundlage allein im Innenverhältnis zwischen Eltern und Kind. Er begründet keine Kostenhaftung nach außen.[86] Eltern als Revisionsführer haften für die Kosten des Revisionsverfahrens nur mit dem Vermögen des Angeklagten, soweit es ihrer Verwaltung untersteht.[87]

33 **Haftung nach öffentlichem Recht** kommt in Betracht, wenn durch öffentlich-rechtliche Maßnahmen Änderungen in der ursprünglich als Kostenschuldner in Betracht kommenden Partei eintreten, z. B. durch Vereinigung von Gemeinden, aber auch durch Vermögensübernahme. Nach § 125 Wirtschaftsprüferordnung und § 150 des Steuerberatungsgesetzes tritt eine gesetzliche Kostenhaftung der Wirtschaftsprüferkammer bzw. Berufskammer für Steuerberater ein, soweit Gerichtskosten nicht anderweitig eingezogen werden können.

34 **Prozeßkostenhilfe:** War dem Erblasser oder dem ursprünglich Haftenden Prozeßkostenhilfe bewilligt, dürfen die Kosten im Umfange der Prozeßkostenhilfebewilligung nicht

81 BayObLG, NJW 1957, 1448.
82 OLG Köln, JMBlNRW 1960, 248.
83 Vgl. dazu ausf *Meyer* RPfleger 1958, 297.
84 BGH, NJW 1954, 349 = JurBüro 1954, 112 = RPfleger 1959, 3 (L); *Oe/Wi/He* § 54 Rn. 48.
85 *Oe/Wi/He* § 54 Rn. 49.
86 *Meyer* RPfleger 1958, 297; *Oe/Wi/He* § 54 Rn. 46; *Hartmann* § 54 Rn. 27.
87 BGH, RPfleger 1956, 188 (L).

eingezogen werden.[88] Nimmt der Erbe oder der Vermögensübernehmer den Prozeß aber in eigenem Namen auf, entstehen in seiner Person neue Gerichtskosten[89]

Verein: Vgl. § 54 BGB wegen der Schuld des rechtsfähigen Vereins. Ein Vorstandsmitglied eines nicht rechtsfähigen Vereins haftet nicht persönlich für die Gerichtskosten des Vereins.[90] 35

Treugeber: Keine Haftung für Kosten des Treunehmers[91] 36

Vollstreckungsschuldner, Nr. 4: Kostenschuldner der notwendigen Kosten der Zwangsvollstreckung ist gegenüber der Staatskasse der **Vollstreckungsschuldner** (d. i. der Schuldner, gegen den die Zwangsvollstreckung betrieben wird). Bei einer juristischen Person wird deren gesetzlicher Vertreter, der für sie die eidesstattliche Versicherung abgegeben hat, nicht persönlicher Vollstreckungsschuldner, auch nicht bei einer Einmanngesellschaft.[92] Ähnlich bestimmt § 788 ZPO, daß der Vollstreckungsschuldner dem Gläubiger die notwendigen Kosten der Zwangsvollstreckung zu erstatten hat[93] Der Vollstreckungsschuldner kann auf die notwendigen Kosten der Zwangsvollstreckung unmittelbar und ohne ausdrückliche Entscheidung über seine Verpflichtung zur Kostentragung in Anspruch genommen werden. Vollstreckungsschuldner idS ist auch der Kostenschuldner, von dem die Gerichtskosten zwangsweise beigetrieben werden. Er haftet nach § 54 Nr. 4, § 11 JBeitrO unmittelbar für die bei der Pfändung von Forderungen und anderen Vermögensrechten entstandenen Kosten. **Gesamtschuldner** haften auch für die bei der **Vollstreckung** gegen ihre Mitschuldner entstandenen notwendigen Kosten.[94] 37

Neben dem Vollstreckungsschuldner können auch noch **andere Kostenschuldner** vorhanden sein (z. B. der Gläubiger, der die Zwangsvollstreckung beantragt hat, als Antragsteller nach § 49 GKG). Es haften dann für die Gerichtskosten der Vollstreckungsschuldner und der die Zwangsvollstreckung beantragende Gläubiger als Gesamtschuldner (§ 58 Abs. 1 GKG).[95] Sind dem Vollstreckungsschuldner durch gerichtliche Entscheidung die Kosten der Zwangsvollstreckung ausdrücklich auferlegt, haftet er gegenüber dem Gläubiger als Erstschuldner, aber nur soweit es sich um die notwendigen Kosten der Zwangsvollstreckung handelt (§ 58 Abs. 1 S 2 GKG). Fehlt eine Kostenentscheidung zu Lasten des Vollstreckungsschuldners, kann § 58 Abs. 2 GKG nicht angewendet werden, da er nicht das Verhältnis des Antragstellers zum Vollstreckungsschuldner behandelt. Gleichwohl wird aber der Kostenbeamte zuerst versuchen müssen, die Kosten vom Schuldner zu erlangen. Soweit der Gläubiger durch einen unnötigen Antrag nicht notwendige Zwangsvollstrekkungskosten veranlaßt hat, ist er Alleinschuldner, da der Vollstreckungsschuldner nur für 38

88 OLG Düsseldorf, MDR 1999, 830 = NJW-RR 1999, 1086 und MDR 1987, 1031; KG, RPfleger 1986, 281.
89 OLG Düsseldorf, MDR 1987, 1031.
90 BVerwG, JurBüro 1999, 598; a. M. VGH Baden-Württemberg, JurBüro 1999, 205.
91 Vgl. *Hartmann* § 54 Rn. 35.
92 OLG München, JurBüro 1966, 235.
93 Vgl. dazu BGH, BB 1975, 1218.
94 LG Mannheim, NJW 1971, 1320 = MDR 1971, 769 (L); LG Hamburg, MDR 1969, 583; LG Hannover, NdsRPfl. 1969, 208; *Quandt* JurBüro 1959, 51; a. M. OLG München, NJW 1974, 957 = VersR 1974, 812 (L); LG Osnabrück, MDR 1972, 700.
95 LG Köln, JMBlNRW 1966, 120.

die notwendigen Kosten der Zwangsvollstreckung aufzukommen hat. Soweit der Vollstreckungsschuldner auch Antragsteller ist, haftet er für die aus diesen Anträgen erwachsenen Gerichtskosten nach § 49 GKG, ohne daß es darauf ankommt, ob der Antrag notwendig war oder nicht. Der Gläubiger kann in diesen Fällen Kostenschuldner durch gerichtliche Entscheidung (§ 54 Nr. 1) oder Kostenübernahme (§ 54 Nr. 2) werden. Der Vollstreckungsschuldner darf auf die Kosten der Zwangsvollstreckung auch herangezogen werden, wenn der Gläubiger persönliche Kostenfreiheit genießt oder wenn ihm Prozeßkostenhilfe bewilligt worden ist.

39 **Notwendige Kosten** der Zwangsvollstreckung sind solche, die zur zweckentsprechenden Durchführung der Zwangsvollstreckung erforderlich waren (§§ 788, 91 ZPO).[96] Es sind also die insoweit nach §§ 788, 91 ZPO entwickelten Grundsätze für die Beurteilung der Notwendigkeit anzuwenden.[97] Der Vollstreckungsschuldner soll auch der Staatskasse nicht für die Gerichtskosten von Vollstreckungshandlungen haften, die der Gläubiger unnötigerweise betrieben hat. Es kommt nicht darauf an, ob die Vollstreckungshandlung objektiv unnötig war, sondern darauf, ob sie vom Standpunkt des Gläubigers aus im Zeitpunkt der Fälligkeit der Kosten der Zwangsvollstreckung (Antragstellung, § 61 GKG) notwendig erscheinen mußte. Nicht notwendig sind Kosten, die dadurch entstanden, daß der Gläubiger Vollstreckungshandlungen unternahm, deren Aussichtslosigkeit ihm bekannt war.[98] (z. B. wiederholte Pfändungsversuche, obwohl keine Anhaltspunkte vorhanden waren), daß sich die Vermögenslage des Schuldners verbessert habe. Aber der Gläubiger ist nicht verpflichtet, den Schuldner zur Zahlung aufzufordern oder ihm vor der Vollstreckung eine Frist zur freiwilligen Leistung zu setzen. Nicht notwendig sind auch unzulässige oder unbegründete Zwangsvollstreckungsmaßnahmen. Darum besteht auch keine Haftung des Vollstreckungsschuldners für abgelehnte Anträge des Gläubigers oder bei erfolglosen Beschwerden des Gläubigers.[99] Für die durch Zurücknahme des Antrags erledigten Verfahren haftet der Vollstreckungsschuldner, wenn sich der zunächst berechtigte Antrag durch Leistung des Schuldners erledigt hat oder wenn die Zurücknahme eines zunächst vertretbaren Antrags wegen inzwischen erkannter Aussichtslosigkeit des Antrags erfolgte. Wird aber ein von vornherein erkennbar aussichtsloser Antrag zurückgenommen, haftet der Schuldner für die Kosten des Verfahrens nicht. Nicht notwendig sind die Mehrkosten, die dadurch erwachsen, daß der Gläubiger einzelne Vollstreckungsanträge stellte, die in einem Antrag hätten zusammengefaßt werden können.[100] Wird der der Zwangsvollstrekkung zugrunde liegende **Vollstreckungsbescheid aufgehoben**, entfällt rückwirkend die Grundlage für die Anwendung des § 54 Nr. 4. Die Kosten sind dann dem Vollstreckungsschuldner – soweit eine anderweitige Haftung nicht gegeben ist – zurückzuerstatten. Soweit der Gläubiger einseitig (etwa durch einen Vergleich) auf seine Rechte aus dem Vollstreckungsbescheid verzichtet, berührt das die Haftung nach § 54 Nr. 4 allerdings nicht. Denn dann würde der Staatskasse einseitig ein Schuldner genommen. Wird ein Arrest oder

96 LG Wuppertal, JurBüro 1997, 548.
97 OLG Köln, RPfleger 1986, 240; OLG Hamm, RPfleger 1975, 75; *Hartmann* § 54 Rn. 37.
98 OLG München, NJW 1958, 1687 = AnwBl. 1958, 76.
99 OLG München, NJW 1959, 393.
100 OLG München, NJW 1959, 393.

eine einstweilige Verfügung aufgehoben, entfällt die Kostenschuld des Vollstreckungsschuldners nur dann, wenn der Arrest oder die einstweilige Verfügung nur deshalb aufgehoben wurden, weil die Maßnahme von vornherein unbegründet oder unzulässig war.

Wird die **Vollstreckungsmaßnahme wieder aufgehoben**, haftet der Vollstreckungsschuldner nicht, wenn die Aufhebung deshalb erfolgte, weil die Zwangsvollstreckungsmaßnahme von vornherein erkennbar unzulässig oder unbegründet war. Denn dann waren die Kosten auch nicht notwendig. In allen anderen Fällen bleibt der Vollstreckungsschuldner für die Kosten haftbar. Die Tatsache, daß das Gericht gemäß § 788 Abs. 3 ZPO die Kosten des Verfahrens dem Gläubiger auferlegt hat, begründet für sich allein noch nicht die Entlassung des Vollstreckungsschuldners aus der Haftung nach § 54 Nr. 4 GKG. Es kommt vielmehr darauf an, welche Gründe für die Kostenentscheidung des Gerichts maßgebend waren.[101] Ob es sich um notwendige Kosten der Zwangsvollstreckung handelte, ist auf Erinnerung im Verfahren nach § 5 GKG nachzuprüfen. 40

Gerichtskosten der Zwangsvollstreckung kommen in Betracht (z. B. in den Verfahren nach KV Nrn. 1640 ff.). Zu den Kosten der Zwangsvollstreckung zählen auch die Kosten der Ausfertigung und Zustellung des Urteils nach § 788 Abs. 1 S 2 ZPO. Keine Kosten der Zwangsvollstreckung sind die Kosten eines Arrest- oder einstweiligen Verfügungsverfahrens. Auch die Gerichtsgebühren für die Eintragung eines durch einstweilige Verfügung angeordneten Widerspruchs oder einer Vormerkung im Grundbuch sind keine Zwangsvollstreckungskosten.[102] 41

§ 55
Auslagenschuldner in besonderen Fällen

Der Betroffene, der im gerichtlichen Verfahren nach dem Gesetz über Ordnungswidrigkeiten den Einspruch gegen einen Bußgeldbescheid zurücknimmt, ist Schuldner der entstandenen Auslagen.

Die Vorschrift bezieht sich nur auf **Auslagen** (nicht auf Gebühren) und nur auf die bei Gericht und der Staatsanwaltschaft, soweit sie nach § 69 OWiG nicht als Verwaltungsbehörde gehandelt hat (vgl. § 69 Abs. 4 S 2 OWiG, § 25 a StVG, KV Nr. 7710), entstandenen Auslagen nach KV Nrn. 9 000 ff., nicht hingegen auf die bei der Verwaltungsbehörde oder bei der Staatsanwaltschaft als Verwaltungsbehörde entstandenen Auslagen.[1] Einer besonderen Kostenentscheidung bedarf es nicht, denn es handelt sich um eine gesetzliche Haftung.[2] 1

Den Bußgeldbescheid trifft die Verwaltungsbehörde in eigener Zuständigkeit (vgl. § 65 2

101 *Oe/Wi/He* § 54 Rn. 57.
102 OLG München, MDR 1974, 939.
1 Vgl. OLG Zweibrücken, MDR 1995, 1072; LG Darmstadt, MDR 1998, 309.
2 OLG Zweibrücken, MDR 1995, 1072.

OWiG, §409 AO). Eine Zurücknahme des Einspruchs gegen den Bußgeldbescheid ist nach § 71 OWiG, § 411 Abs. 3 StPO bis zur Verkündung eines Urteils erster Instanz zulässig. Im Falle der Zurücknahme eines Einspruchs gegen einen Bußgeldbescheid sind die Auslagen von dem Betroffenen, der den Antrag zurückgenommen hat, zu tragen. Er ist somit Schuldner der Auslagen.

3 **Fällig** werden die Auslagen mit der Rechtskraft des Bußgeldbescheides, § 63 Abs. 2 S 2 GKG.

§ 56
Schuldner der Dokumentenpauschale und bestimmter sonstiger Auslagen

(1) Schuldner der Dokumentenpauschale ist ferner derjenige, der die Erteilung der Ausfertigungen und Abschriften beantragt hat. Sind Abschriften angefertigt worden, weil die Partei oder der Beteiligte es unterlassen hat, einem von Amts wegen zuzustellenden Schriftsatz die erforderliche Anzahl von Abschriften beizufügen, so ist der Schuldner der Dokumentenpauschale nur die Partei oder der Beteiligte.

(2) Schuldner der Auslagen über die Versendung von Akten ist nur derjenige, der die Versendung beantragt hat.

1 Die auch in Verwaltungsgerichts- und Finanzgerichtsverfahren sowie in Arbeitsgerichtssachen anwendbare Vorschrift ist durch das KostRÄndG 1994 wegen des neu eingefügten Auslagentatbestandes nach KV Nr. 9003 um den Abs. 2 ergänzt. Nach der in Abs. 1 S 1 getroffenen Regelung ist Schuldner der Dokumentenpauschale der Antragsteller neben sonstigen Kostenschuldnern, soweit nicht eine Partei oder ein sonstiger Schuldner die Auslagen wegen seiner prozessualen Säumnis verursacht hat (Abs. 1 S 2). Abs. 2 betrifft die Erstattungspflicht für Kosten eines Aktenversandes.

2 **Dokumentenpauschale,** Abs. 1, werden als Auslagen erhoben für Ausfertigungen und Abschriften, die auf Antrag erteilt oder angefertigt werden (KV Nr. 9000 Nr. 1) oder die deshalb erhoben werden, weil die Partei oder der Beteiligte es unterläßt, einem von Amts wegen zuzustellenden Schriftsatz die erforderliche Anzahl von Abschriften beizufügen (KV Nr. 9000 Nr. 1). Einer Partei, einem Beteiligten oder einem Beschuldigten erteilte Ausfertigungen oder Abschriften, worunter auch Fotokopien rechnen, sind auslagenfrei im Rahmen von KV 9000 Anm 2–4. Die Höhe der Dokumentenpauschale regelt KV 9000 Ziff. 1.

3 Schuldner der Dokumentenpauschale, mit Ausnahme der in Abs. 1 S 2 genannten Dokumentenpauschale, sind die Kostenschuldner nach §§ 49–54 GKG. Dabei ist es gleichgültig, ob die Dokumentenpauschale auf Seiten der kostenpflichtigen Partei oder deren Gegner erwachsen sind. **Neben** diese Kostenschuldner tritt als weiterer Kostenschuldner der Dokumentenpauschale nach Abs. 1 S 1 der Antragsteller („ferner"). Damit ist nicht der

Antragsteller iS des § 49 GKG gemeint, sondern derjenige, auf dessen Antrag die Ausfertigungen oder Abschriften erteilt werden (vgl. KV Nr. 9000 Nr. 1 „auf Antrag").[1] Gegenüber einem etwaigen Entscheidungsschuldner ist der Antragsteller nach Abs. 1 Satz 1 nur Zweitschuldner (§ 58 Abs. 2 S 1).[2] Soweit die nach § 56 Abs. 1 S 1 GKG auslagenpflichtige Partei kostenerstattungsberechtigt ist, kann sie auch die Erstattung der ihr erwachsenen notwendigen Dokumentenpauschale im Rahmen des § 91 ZPO vom Gegner verlangen.[3] Einer Partei, der Prozeßkostenhilfe bewilligt ist, hat auch die Dokumentenpauschale, jedenfalls im Rahmen des Notwendigen, nur in den Grenzen der gerichtlichen Festsetzung von Raten nach § 120 ZPO zu tragen. Soweit keine Notwendigkeit besteht, kann die Ausfertigung der auf Antrag zu erteilenden Ausfertigungen und Abschriften auch gegenüber der mittellosen Partei von der vorherigen Zahlung eines die Dokumentenpauschale deckenden Betrages abhängig gemacht werden, § 64 Abs. 2 GKG.[4] Wird der Gegner der mittellosen Partei rechtskräftig verurteilt, hat er die Dokumentenpauschale der mittellosen Partei zu tragen, § 125 ZPO.

Antragsteller ist die Partei oder der Beteiligte, nicht ihr Vertreter, mag er auch als Prozeßbevollmächtigter, Verteidiger oder gesetzlicher Vertreter tätig gewesen sein. Er kann aber die Kostenmithaftung durch Erklärung gegenüber dem Gericht nach § 54 Nr. 2 GKG übernehmen. Dann haftet er neben der kostenpflichtigen Partei oder Antragstellerin nach § 56. Werden aufgrund einer allgemeinen Vereinbarung des Rechtsanwalts oder einer für den Rechtsanwalt verbindlichen Vereinbarung seiner Standesvertretung mit der Justizverwaltung dem Rechtsanwalt ohne Einzelantrag Ausfertigungen oder Abschriften in einem gerichtlichen Verfahren übermittelt, gelten diese als auf Antrag des Prozeßbevollmächtigten für die Partei übersandt.[5] Anders ist es nur bei einer Kostenübernahme für den Einzelfall. Wenn ein Rechtsanwalt Abschriften bestellt, die er im Innenverhältnis seiner Partei nicht in Rechnung stellen darf (§ 27 BRAGO), haftet gleichwohl die von ihm vertretene Partei für die Dokumentenpauschale, es sei denn, der Rechtsanwalt hat gegenüber der Staatskasse ausdrücklich die Alleinübernahme erklärt.[6] Denn der Umstand, ob und wieweit der Anwalt die Abschriften im Innenverhältnis zur Partei abrechnet oder abrechnen darf, ist im Verhältnis zur Staatskasse irrelevant. 4

Dokumentenpauschale nach § 56 Abs. 1 S 2: Wenn eine Dokumentenpauschale dadurch entstehen, daß eine Partei oder ein Beteiligter es unterläßt, einem von Amts wegen zuzustellenden Schriftsatz die erforderliche Zahl von Abschriften beizufügen, sind nur die Partei oder der Beteiligte, die es unterlassen haben, ihren prozessualen Pflichten zu genügen, Schuldner der dadurch veranlaßten Dokumentenpauschale.[7] Daneben kommt kein anderer Schuldner in Betracht.[8] Für solche Dokumentenpauschale haftet dieser Ver- 5

1 KG, RPfleger 1962, 122 (L). Dazu auch *Zenke* StB 1997, 119.
2 KG, RPfleger 1962, 122 (L).
3 KG, RPfleger 1956, 88 (L).
4 OLG Nürnberg, BayJMBl. 1963, 46.
5 KG, RPfleger 1956, 88 (L); 1962, 122 (L); a. M. BFH, BStBl. II 1977, 325 = JurBüro 1977, 934 = Der Betrieb 1977, 570; ArbG Hannover, AnwBl. 1971, 208. Dazu auch OLG Hamm, RPfleger 1975, 37.
6 A. M.: OLG Nürnberg, JurBüro 1962, 282; *Hartmann* § 56, Rn. 2.
7 BayVGH, BayVerwBl. 1979, 380.
8 *Hartmann* § 56 Rn. 4.

fahrensbeteiligte auch dann, wenn ihm im Urteil keine Kosten auferlegt worden sind.[9] Das gilt auch, wenn bei der Einreichung eines zuzustellenden Schriftsatzes per Telefax die erforderlichen Abschriften nicht per Telefax mitübermittelt und auch nicht unverzüglich und unter Ankündigung im Telefax nachgeliefert werden.[10]

6 **Auslagen für Aktenversendung, Abs. 2:** Für diese Auslagen (vgl. KV Nr. 9.003) haftet allein derjenige, der den Aktenversand beantragt hat (Vgl. dazu die Nachweise bei KV Nr. 9.003). Eine Aktenversendung liegt immer dann vor, wenn die Akte oder auch Teile davon über eine bloße Aushändigung mit oder ohne Quittung hinaus verschickt werden. Es müssen aber die Akten oder Aktenteile körperlich versandt werden. Wird dafür eine anders Medium wie z. B. Telefax oder Fotokopie verwandt, handelt es sich nicht um eine Aktenversendung,[11] sondern um die Erteilung von zusätzlichen Abschriften iS von Abs. 1 S 1, so daß dann KV 9000 Nr. 1 gilt. Werden Akteninhalte per Datenträger übermittelt, gilt KV 9000 Nr. 2.

§ 57
Erlöschen der Zahlungspflicht

Die durch gerichtliche oder staatsanwaltschaftliche Entscheidung begründete Verpflichtung zur Zahlung von Kosten erlischt, soweit die Entscheidung durch eine andere Entscheidung aufgehoben oder abgeändert wird. Soweit die Verpflichtung zur Zahlung von Kosten nur auf der aufgehobenen oder abgeänderten Entscheidung beruht hat, werden bereits gezahlte Kosten zurückerstattet.

1 Die auch im Verwaltungsgerichts-, Finanzgerichts- und Arbeitsgerichtsverfahren anwendbare Vorschrift betrifft nur die auf gerichtlicher Entscheidung beruhende Kostenpflicht gemäß § 54 Nr. 1 GKG.[1] Es wäre unbillig, einen Kostenschuldner aufgrund einer ergangenen und später wieder aufgehobenen oder zugunsten des Schuldners abgeänderten Kostenentscheidung weiterhin in Anspruch zu nehmen oder aufgrund der Entscheidung schon gezahlte Kosten nicht zurückzuerstatten. Da es sich um eine Ausnahmevorschrift zu § 54 Nr. 1 GKG handelt, ist sie eng auszulegen.[2] Trotzdem ist sie auf den Fall des § 54 Nr. 4 GKG hinsichtlich der notwendigen Kosten der Zwangsvollstreckung anzuwenden, weil die Aufhebung der der Zwangsvollstreckung zugrundeliegenden Entscheidung letztlich auch eine auf gerichtliche Entscheidung beruhende Kostenpflicht aufhebt. Keine entsprechende Anwendung ist hingegen möglich, wenn die höhere Instanz keine nach § 19 Abs. 3 GKG der Rechtskraft fähige Entscheidung getroffen hat.[3]

9 BVerwG, NJW 1967, 170.
10 VGH Kassel, NJW 1991, 316; NJW 1992, 3055; *Hartmann* § 56 Rn. 4.
11 A. M. *Hartmann* § 56 Rn. 5.
1 Dazu *Müller* DGVZ 1995, 182.
2 OLG Nürnberg, BayJMBl. 1954, 166.
3 OLG Saarbrücken, AnwBl. 1980, 155; *Hartmann* § 57 Rn. 1.

§ 57 betrifft nur die Kostenpflicht. Auch wenn diese wegfällt, bleibt eine etwa entstandene Vorschußpflicht (z. B. nach §§ 67–69 GKG) bestehen. Der § 57 hat immer nur denselben Kostenschuldner zum Gegenstand. Treten neben ihn andere Kostenschuldner, wird seine Verpflichtung davon nicht berührt, auch wenn die weiteren Kostenschuldner als Übernahmeschuldner nach § 54 Nr. 2 GKG ebenfalls Erstschuldner (§ 58 Abs. 2 S 1 GKG) werden.[4] Wegen der Kostenrückzahlung für den Fall, daß einer von Kosten befreiten Partei Kosten auferlegt werden oder daß sie die Kosten übernimmt, vgl. § 2 Abs. 4 GKG. 2

Die Verpflichtung zur Kostenzahlung muß durch **gerichtliche Entscheidung** begründet gewesen sein. Die Vorschrift ist deshalb unanwendbar, wenn die Parteien die Änderung einer in einem Vergleich getroffenen Kostenregelung vereinbaren. In diesem Fall bleibt die nach § 54 Nr. 2 GKG entstandene Kostenschuld aus Übernahme bestehen.[5] Das Gleiche gilt auch im umgekehrten Fall, wenn eine gerichtliche (erstinstanzliche) Kostenentscheidung in einem gerichtlichen Vergleich (in der zweiten Instanz) geändert wird.[6] 3

Eine **andere gerichtliche Entscheidung** muß die vorausgegangene gerichtliche Entscheidung **aufgehoben oder abgeändert** haben. Gleichgültig ist, ob die Entscheidung von dem Gericht ergeht, das die Erstentscheidung erlassen hat oder von einem anderen Gericht. Sie kann auch im Rechtsmittel- oder Wiederaufnahmeverfahren ergehen. Aber stets muß es eine gerichtliche Entscheidung sein. Es genügt nicht, wenn die Parteien in einem Vergleich eine Kostenregelung treffen, die von einer früheren gerichtlichen Entscheidung abweicht, z. B. in einem im zweiten Rechtszug geschlossenen Vergleich[7] oder in einer Scheidungsvereinbarung.[8] 4

Wird die **Klage zurückgenommen**, wird ein bereits ergangenes, aber noch nicht rechtskräftiges Urteil wirkungslos, ohne daß es einer ausdrücklichen Aufhebung bedarf (§ 269 Abs. 3 ZPO). Die in dem wirkungslos gewordenen Urteil enthaltene Kostenentscheidung wird daher durch Klagerücknahme und nicht durch eine gerichtliche Entscheidung außer Kraft gesetzt, so daß die durch die nachträglich wirkungslos gewordene Entscheidung begründete Kostenpflicht nicht nach § 57 GKG erlischt.[9] Ein nach Klagerücknahme ergehender Beschluß nach § 269 Abs. 3 ZPO enthält aber eine abändernde Kostenentscheidung.[10] 5

Einer der Hauptanwendungsfälle des § 57 GKG ist gegeben, wenn ein Rechtsmittelgericht die vom Erstgericht getroffene Entscheidung einschließlich der Kostenentscheidung aufhebt oder abändert und eine andere Kostenentscheidung trifft. Aber selbst dann, wenn das Rechtsmittelgericht nur die frühere Entscheidung aufhebt, und die Sache zur erneuten Verhandlung und Entscheidung an das Erstgericht zurückverweist, erlischt schon die 6

4 OLG Karlsruhe, NJW-RR 2001, 1365; KG, RPfleger 1962, 123 (L).
5 BGH, NJW-RR 2001, 285.
6 OLG Dresden, OLG-NL 2001, 168.
7 OLG Karlsruhe, NJW-RR 2001, 1365; KG, RPfleger 1962, 123 (L); OLG Nürnberg, RPfleger 1963, 180 (L).
8 KG, MDR 1976, 318; JurBüro 1972, 806 = MDR 1972, 960; OLG Frankfurt/Main, JurBüro 1974, 1151.
9 OLG Düsseldorf, JurBüro 1970, 792 = RPfleger 1970, 365.
10 OLG Düsseldorf, JurBüro 1974, 354 = RPfleger 1974, 234; a. M. *Oe/Wi/He* § 57 Rn. 3.

durch die frühere Entscheidung begründete Kostenpflicht. Aber sonstige Haftungsgründe (z. B. als Antragsteller nach § 49 GKG) bleiben bestehen.

7 Die Kostenschuld erlischt mit dem Wirksamwerden der Entscheidung (Verkündung). Die Entscheidung braucht weder rechtskräftig noch vollstreckbar zu sein.[11] War dem im ersten Rechtszug obsiegenden Kläger Prozeßkostenhilfe bewilligt und endet der zweite Rechtszug durch einen Vergleich, in dem der Kläger auch die Kosten des ersten Rechtszuges übernimmt, liegt gegen den Beklagten eine die Verpflichtung zur Zahlung begründende Kostenentscheidung überhaupt noch nicht vor, weil in diesem Falle die Zahlungspflicht des Beklagten gemäß § 125 ZPO erst entsteht, wenn die Verurteilung in die Kosten rechtskräftig ist.[12]

8 Die **einstweilige Einstellung der Zwangsvollstreckung** aus einer Kostenentscheidung hebt die frühere Kostenentscheidung weder auf noch ändert sie die Kostenentscheidung ab. Sie bringt daher die durch die Entscheidung begründete Zahlungspflicht nicht zum Erlöschen.[13]

9 Wird die frühere Entscheidung **abgeändert**, bleibt die Zahlungsverpflichtung nur nach der abgeänderten Fassung der Kostenentscheidung bestehen. Wird die frühere Entscheidung nur hinsichtlich eines Kostenschuldners aufgehoben, hinsichtlich des anderen aber aufrechterhalten, so bleibt gegenüber dem letzteren die Zahlungspflicht bestehen, während sie gegenüber dem ersteren entfällt. Wird die Kostenentscheidung dahin abgeändert, daß statt der zur Kostentragung verurteilten Partei die Gegenpartei die Kosten zu tragen habe, erlischt die Zahlungspflicht der zuerst verurteilten Partei.

10 Die Aufhebung oder Abänderung der gerichtlichen Kostenentscheidung **berührt nur die Kostenpflicht des Entscheidungsschuldners.** Haftet er aus einem anderen Grund (z. B. als Antragsteller nach § 49 GKG), wird diese Haftung durch den Wegfall der Entscheidungsschuldnerhaftung nur insofern berührt, als er nunmehr nicht mehr Erstschuldner, sondern Zweitschuldner ist (§ 58 Abs. 2 S 1 GKG). Eine von der gerichtlichen Entscheidung abweichende Kostenregelung in einem Vergleich oder in einer Scheidungsvereinbarung kann neben dem weiter haftenden Entscheidungsschuldner einen zusätzlichen Übernahmeschuldner schaffen.[14]

11 **Rückerstattung bereits gezahlter Kosten** (S 2): Soweit die auf die frühere Kostenentscheidung begründete Zahlungspflicht weggefallen ist, darf der Kostenschuldner aus der weggefallenen Entscheidung nicht mehr in Anspruch genommen werden. Hat er aber die Kosten bereits gezahlt, sind sie ihm zurückzuerstatten, wenn er sie **nur** auf Grund der aufgehobenen Kostenentscheidung gezahlt hatte. War er aber noch aus einem anderen Rechtsgrund Kostenschuldner, dann bleibt auch seine Kostenschuld insofern bestehen und für eine Rückerstattung ist kein Raum. War die in einer sonstigen Vorschrift begründete Kostenpflicht geringer als die nach der weggefallenen Kostenentscheidung, sind nur die Kosten zu erstatten, die über den sonstigen Haftungsgrund hinaus allein auf Grund der

11 OLG Schleswig, RPfleger 1962, 394 (L).
12 OLG Nürnberg, NJW 1960, 636 = RPfleger 1963, 180 (L).
13 OLG Stuttgart, RPfleger 1961, 309; 1964, 131 (L); OLG Schleswig, RPfleger 1962, 394 (L).
14 LG Bayreuth, JurBüro 1974, 1403.

weggefallenen Kostenentscheidung gezahlt waren. Wegen der Rückzahlung von Kosten in dem Fall, daß einer von Kosten befreiten Partei die Kosten des Verfahrens auferlegt oder daß sie von ihr übernommen werden, vgl. § 2 Abs. 4 GKG.

§ 58
Mehrere Kostenschuldner

(1) Mehrere Kostenschuldner haften als Gesamtschuldner.

(2) Soweit ein Kostenschuldner aufgrund von § 54 Nr. 1 oder 2 haftet, soll die Haftung eines anderen Kostenschuldners nur geltend gemacht werden, wenn eine Zwangsvollstreckung in das bewegliche Vermögen des ersteren erfolglos geblieben ist oder aussichtslos erscheint. Soweit einem Kostenschuldner, der auf Grund von § 54 Nr. 1 haftet, die Prozeßkostenhilfe bewilligt oder ein Betrag für die Reise zum Ort einer Verhandlung, Vernehmung oder Untersuchung für die Rückreise gewährt worden ist, soll die Haftung des anderen Kostenschuldners nicht geltend gemacht werden.

Übersicht

1 Die durch das KostRÄndG 1994 geringfügig modifizierte, auch im Verwaltungs-, Sozial- und Finanzgerichtsverfahren anwendbare Vorschrift bestimmt im Interesse der Staatskasse, daß bei Beteiligung mehrerer Kostenschuldner, die jeder für sich allein für bestimmte Kosten haften würden – mit Ausnahme der Auslagen nach §§ 56 Abs. 1 S 2, Abs. 2 und 34 GKG – grundsätzlich insoweit eine Gesamtschuldnerhaftung iS der §§ 421 ff. BGB besteht. M. a. W.: Soweit die mehreren Kostenschuldner dieselben Gebühren und Auslagen (gleichviel aus welchem Gebührentatbestand) schulden, haftet jeder vorbehaltlich einer andersltenden Entscheidung des Gerichts (§ 426 BGB)[1] auf den ganzen Betrag. Der Staatskasse gegenüber kann sich ein gesamtschuldnerisch haftender Kostenschuldner auf die Mithaftung eines anderen Kostenschuldners nur insoweit berufen, als er im Rahmen des Abs. 2 verlangen kann, daß zuerst ein Entscheidungs- oder Übernahmeschuldner in Anspruch herangezogen oder daß er wegen der Prozeßkostenhilfe des Entscheidungsschuldners nicht in Anspruch genommen werden soll. Entsprechend anwendbar ist § 58 Abs. 2 im Falle des § 69 GKG (Fortdauer der Vorschußpflicht).[2] In § 42 Abs. 2 S 2 GKG (mehrere Angeschuldigte) ist auf § 58 ausdrücklich hingewiesen.

2 **Mehrere Kostenschuldner** iS des Abs. 1 sind dann gegeben, wenn hinsichtlich derselben Kosten (Gebühren und/oder Auslagen) mehrere Kostenschuldner vorhanden sind. So z. B., wenn der Kläger als Antragsteller nach § 49 GKG haftet und der Beklagte aufgrund einer Kostenentscheidung oder Kostenübernahme nach § 54 GKG für dieselben Kosten. Sie haften dann insoweit als Gesamtschuldner jeder auf den ganzen Betrag und nicht nach Bruchteilen oder Quoten. Es muß sich aber immer um Kosten **derselben Instanz** handeln, so daß eine Gesamtschuldnerhaftung nicht stattfindet, wenn eine Partei für die Kosten der ersten und die andere für die Kosten der zweiten Instanz haftet. **Sind die Kosten** zwischen den Parteien **nach Bruchteilen oder nach Quoten** verteilt, besteht eine gesamtschuldnerische Haftung nur insoweit, als eine Partei auch aus einem anderen Rechtsgrund für die Kosten der Gegenpartei haftet. Sind z. B. dem Kläger die Kosten zu 1/3, dem Beklagten zu 2/3. auferlegt, so haftet der Kläger als Antragsteller für die gesamten Kosten und als Entscheidungsschuldner nur für 1/3. der Kosten. Wegen der dem Beklagten treffenden 2/3. haftet er mit dem Beklagten zusammen gesamtschuldnerisch für 1/3. Dasselbe gilt, wenn die Kosten gegeneinander aufgehoben sind, jede Partei also nach § 92 Abs. 1 S 2 ZPO, § 160 VwGO, die Hälfte der Gerichtskosten zu tragen hat.

3 **Gesamtschuldner:** Die Gesamtschuldnerschaft ist nach allgemeinen Regeln (§ 421 ff. BGB) zu beurteilen. Die Gesamtschuldner schulden danach die Leistung in der Weise, daß jeder die ganze Leistung zu bewirken verpflichtet ist, der Gläubiger aber die Leistung nur einmal zu fordern berechtigt ist. Eine gesamtschuldnerische Kostenhaftung liegt also nur dann vor, wenn die Staatskasse ein und dieselben Kosten zwar von mehreren Personen, aber insgesamt nur einmal fordern darf (z. B. vom Kläger als Antragsteller und vom Beklagten als Entscheidungsschuldner). Dasselbe gilt von den notwendigen Kosten einer einheitlich gegen mehrere Gesamtschuldner gerichteten **Zwangsvollstreckung.**[3] Gesamtschuldnerisch haften die Gläubiger als Antragsteller (§ 49 GKG) und der Vollstrek-

1 VGH Stuttgart, RPfleger 1981, 72.

2 OLG Karlsruhe, NJW-RR 2001, 1365, 1366.

3 LG Mannheim, MDR 1971, 769 (L); LG Hamburg, MDR 1969, 583; LG Hannover, NdsRPfl. 1969,

kungsschuldner nach § 54 Nr. 4 GKG. Stellen z. B. mehrere Gläubiger einen Insolvenzantrag gegen denselben Schuldner und werden die Anträge mangels Masse abgewiesen, nachdem die Verfahren verbunden worden sind, haften die Antragsteller für die im Verfahren entstandenen Auslagen (Veröffentlichungs-, Sachverständigenauslagen) als Gesamtschuldner.[4] Haben beide Parteien Beweis durch Benennung desselben Zeugen oder Sachverständigenbeweis durch Bezeichnung desselben Beweisthemas angeboten, haften sie für die Beweisauslagen als Gesamtschuldner.[5] Diese Haftung bleibt bestehen, auch wenn die Kosten nur einer Partei auferlegt werden[6] oder wenn sie von einem vorrangig haftenden Schuldner nicht eingezogen werden können.[7]

Kläger und Widerkläger haften als Gesamtschuldner, soweit die Streitgegenstände übereinstimmen (§ 49 GKG) und soweit sie in die Kosten verurteilt worden sind.[8] Das gilt auch für die selbständige oder unselbständige **Anschlußberufung.**[9] 4

Keine gesamtschuldnerische Haftung besteht, wenn eine Partei als Antragsteller und Entscheidungsschuldner haftet, der anderen Partei aber eine Verzögerungsgebühr nach § 34 GKG auferlegt ist. Hier haftet der Kläger für die gesamten Verfahrenskosten ohne die Verzögerungsgebühr, der Beklagte aber nur für die Verzögerungsgebühr, nicht aber für die übrigen Kosten des Verfahrens. 5

Wegen der Inanspruchnahme als Gesamtschuldner, vgl. auch §§ 7, 8 KostVfg.[10] Diese Bestimmung soll wegen der Selbstbindung der Verwaltung dazu führen, von einem Gesamtschuldner die gesamten Gerichtskosten jedenfalls dann nicht verlangt werden können, wenn eine Aufteilung auf die Gesamtschuldner zu derart kleinen Beträgen führt, daß nach den Kleinbetragsregelungen der Länder von der Rechnungsstellung abzusehen ist.[11] 6

In **Strafsachen** haften im **Amtsverfahren** (Offizialverfahren) rechtskräftig verurteilte Mitangeklagte, soweit gegen sie in bezug auf dieselbe Tat Strafe erkannt oder eine Maßregel der Besserung und Sicherung angeordnet wurde, für die Auslagen als Gesamtschuldner. Ausgenommen sind aber die durch die Tätigkeit eines bestellten Verteidigers oder eines Dolmetschers und durch die Vollstreckung, die einstweilige Unterbringung oder den Vollzug der Untersuchungshaft oder sonstiger vorläufiger Strafverfolgungsmaßnahmen entstandenen Kosten, soweit sie ausschließlich nur gegen einen der Mitangeklagten gerichtet waren (§ 466 StPO).[12] Das gilt auch, wenn die Verurteilung in verschiedenen 7

208; *Mümmler* JurBüro 1972, 939; a. M. OLG München, NJW 1974, 957 = VersR 1974, 812 (L); LG Osnabrück, MDR 1972, 700.

4 LG Gießen, JurBüro 1996, 486.

5 OLG München, JurBüro 1975, 1230 = NJW 1975, 2027 (L); OLG Düsseldorf, MDR 1974, 321; OLG Bamberg, JurBüro 1972, 902.

6 OLG Düsseldorf, RPfleger 1974, 821; OLG München, JurBüro 1971, 705 = RPfleger 1971, 329.

7 OLG Hamburg, OLG-Report Bremen/Hamburg/Schleswig-Holstein 1997, 218.

8 OLG Frankfurt/Main, JurBüro 1970, 52; OLG Hamm, JurBüro 1970, 422.

9 OLG München, JurBüro 1975, 1230; KG, JurBüro 1973, 546; OLG Bamberg, JurBüro 1972, 902; OLG Düsseldorf, NJW 1968, 410 = JurBüro 1967, 754.

10 Vgl. dazu auch OLG Karlsruhe, NJW-RR 1365, 1366.

11 OLG München, NJW-RR 2000, 1744.

12 Vgl. dazu auch *D.Meyer* DAR 1989, 397.

Entscheidungen erfolgte und wenn die Gesamthaftung in der Entscheidung nicht ausdrücklich erwähnt ist. Keine Gesamthaftung findet allerdings wegen der Straftaten statt, hinsichtlich derer nicht dieselbe Tat vorlag.

8 **Staatsanwaltschaft und Nebenkläger**, die beide vergeblich gegen den Angeklagten Rechtsmittel eingelegt haben, sind nicht mehrere Kostenschuldner iS von § 58 GKG. Hier haftet der Nebenkläger für die Auslagen zur Hälfte.[13]

9 Im **Privatklageverfahren** haften mehrere Privatkläger für die sie treffenden Kosten als Gesamtschuldner, auch wenn die Verfahren erst nachträglich verbunden wurden. Ebenso haften mehrere Beschuldigte hinsichtlich der Auslagen als Gesamtschuldner (§ 60 GKG i.V.m. § 471 Abs. 4 StPO).

10 **Erst- und Zweitschuldnerhaftung (Abs. 2)**: Während Abs. 1 im Interesse der Staatskasse bestimmt, daß mehrere Kostenschuldner als Gesamtschuldner haften, ordnet Abs. 2 die **Voraussetzungen** und die **Reihenfolge** der Inanspruchnahme der einzelnen Schuldner durch die Staatskasse an. Er bringt die Unterscheidung zwischen den sog. **Erstschuldnern** (§ 8 KostVfg), die in erster Linie als Kostenschuldner in Anspruch genommen werden sollen, und den sog. **Zweitschuldnern**, deren Inanspruchnahme nur dann erfolgen soll, wenn eine Zwangsvollstreckung in das bewegliche Vermögen der Erstschuldner erfolglos geblieben ist oder aussichtslos erscheint. Der Zweitschuldner soll demzufolge nur subsidiär haften. Das gilt allerdings nur für den unmittelbaren Anwendungsbereich des GKG, nicht jedoch im Bereich der KostO.[14] Die **Vorschußpflicht** bleibt hingegen bestehen, auch wenn ein Kostenschuldner vorhanden ist (§ 69 S 1). Ein noch nicht gezahlter Vorschuß darf aber nur unter den Voraussetzungen des § 58 Abs. 2 eingefordert werden (§ 69 S 2 GKG). Eine Pflicht zur Rückzahlung oder Verrechnung vorschußweise gezahlter Beträge folgt aus § 58 Abs. 2 S 1 grundsätzlich nicht. Vorschüsse sind aber dann und soweit zurückzuzahlen, als keine Vorschußpflicht bestand.[15] Ein nicht verbrauchter Auslagenvorschuß darf gegenüber einem Zweitschuldner ohne sein Einverständnis nicht auf Kosten verrechnet werden, für die er nicht haftet.[16]

11 Die **gnadenweise Niederschlagung** einer Kostenforderung gegen den Erstschuldner hat auch die Befreiung der mithaftenden Personen, also auch des Zweitschuldners, zur Folge, es sei denn, daß sich die Niederschlagung nur auf die Haftung des zunächst Verpflichteten ausdrücklich beschränkt. Liegt eine solche Beschränkung auf den Erstschuldner vor, kann sich der Zweitschuldner nicht mehr auf § 58 Abs. 2 GKG berufen.[17] Es kann dann der in Anspruch genommene Kostenzweitschuldner den Erstschuldner im Wege der Kostenerstattung in Anspruch nehmen.

12 Als **Erstschuldner** nennt Abs. 2 S 1 GKG **nur** den **Entscheidungsschuldner** iS von § 54 Nr. 1 GKG **und den Übernahme- und Vergleichsschuldner** iS von § 54 Nr. 2 GKG. Wenn in einem Vergleich keine Kostenregelung getroffen ist, sind Erstschuldner auf

13 OLG Hamm, RPfleger 1959, 61.
14 KG, NJWE-FER 1999, 330.
15 OLG Oldenburg, NdsRPfl. 1978, 33.
16 KG, JurBüro 1969, 173 = JVBl 1969, 115; *Oe/Wi/He* § 68 Rn. 13; **a. M.** OLG Celle, JurBüro 1967, 440.
17 OLG Nürnberg, BayJMBl. 1954, 166 = RPfleger 1956, 298 (L).

Grund des Vergleichs die Vergleichsschließenden je zur Hälfte (§ 54 Nr. 2 Halbs 2 GKG i.V.m. § 98 ZPO). Für die Kostenschuldner aus Haftung kraft bürgerlichen Rechts (§ 54 Nr. 3 GKG) und den Vollstreckungsschuldner (§ 54 Nr. 4 GKG) ist in Abs. 2 keine Regelung getroffen. Daraus folgt, daß die Bestimmung des Abs. 2 insoweit nicht anwendbar ist.

Mehrere Erstschuldner können nach allgemeinen Regeln als Gesamtschuldner in Anspruch genommen werden, ohne daß einer verlangen könnte, die Staatskasse möge sich zuerst an den anderen halten oder ihn nur auf den Teil in Anspruch nehmen, der ihn im Innenverhältnis gegenüber den anderen Erstschuldnern trifft.[18] Das gilt auch von Streitgenossen, soweit sie nach § 59 GKG als Gesamtschuldner haften. Ist zugunsten des zur Kostentragung verurteilten Beklagten gem. § 144 PatG der Streitwert herabgesetzt, ist er nur für die aus dem herabgesetzten Streitwert zu berechnenden Gebühren Erstschuldner. Der Kläger kann auf diesen Betrag in Anspruch genommen werden, ohne daß er sich auf § 58 Abs. 2 S 1 GKG berufen könnte. 13

Zweitschuldner sind nach Abs. 2 alle Kostenschuldner, die nicht Erstschuldner sind. Das sind vor allem die Kostenschuldner nach §§ 49 bis 53, 54 Nrn. 3, 4 GKG, insbesondere der Antragsteller nach § 49 GKG. Solange noch keine gerichtliche Kostenentscheidung ergangen oder eine Übernahme erfolgt ist, kann sich der Antragsteller gegen seine Inanspruchnahme nicht auf Abs. 2 berufen. Eine gemäß § 620 g ZPO ergangene Entscheidung, „die Kosten des Beschwerdeverfahrens gelten für die Kostenentscheidung als Teil der Kosten der Hauptsache“ ist keine Kostenentscheidung iS des Abs. 2, solange in der Hauptsache noch keine Kostenentscheidung ergangen ist.[19] 14

Mehrere Zweitschuldner haften untereinander der Staatskasse als Gesamtschuldner nach allgemeinen Regeln. Keiner kann verlangen, daß die Staatskasse zuerst gegen den einen oder anderen vorgehen oder gegen ihn nur einen Teil der Kostenschuld geltend machen könne. Das gilt auch von Streitgenossen, soweit sie nach § 59 GKG als Gesamtschuldner haften. 15

Inanspruchnahme der Erstschuldner und Zweitschuldner durch die Staatskasse. 16
Die Staatskasse „soll“ sich grundsätzlich zunächst an den oder die Erstschuldner halten, wobei sie hinsichtlich mehrerer Erstschuldner die freie Wahl der Reihenfolge hat. Allerdings können diese nur für noch ausstehende, nicht aber für bereits durch den Zweitschuldner gezahlten Kosten in Anspruch genommen werden.[20] „Soll“ beinhaltet hier eine Rechtspflicht.[21] Verfassungsrechtliche Bedenken gegen die Zweitschuldnerhaftung sind unbegründet.[22] Der Zweitschuldner kann auch dann auf die vollen Kosten in Anspruch genommen werden, wenn nach den Kostenvorschriften der ZPO die Kosten gegeneinander aufzuheben sind, z. B. im Falle des § 93c ZPO.[23] Der Zweitschuldner haftet auch für die

18 OLG Düsseldorf, MDR 1991, 451; KG, MDR 1972, 960 = JurBüro 1972, 806 = JVBl 1972, 260.
19 OLG Nürnberg, JurBüro 1961, 462 = RPfleger 1963, 180 (L); OLG München, JurBüro 1966, 145.
20 OLG Düsseldorf, JurBüro 1998, 149 = NJW-RR 1997, 1295.
21 BGH, NJW 1965, 1227; OLG München, JurBüro 2001, 597; KG, AnwBl. 1969, 435, m. N.; AG Neuruppin, JurBüro 2001, 375; *Hartmann* § 58 Rn. 8; **a. M.** BVerwG, NJW 1974, 252; OLG Bamberg, RPfleger 1991, 36.
22 OLG Frankfurt/Main, JurBüro 1970, 52; OLG Hamm, JurBüro 1973, 549; OLG Schleswig, JurBüro 1971, 184; **a. M.** OLG Saarbrücken, NJW 1969, 2152.

Auslagen, die durch eine gerichtliche Handlung ausgelöst worden sind, die nur mit Rücksicht auf die dem Gegner gewährte Prozeßkostenhilfe nicht von einer Vorschußleistung abhängig gemacht worden sind.[24] Die Inanspruchnahme des Zweitschuldners ist davon abhängig, daß entweder eine Zwangsvollstreckung in das bewegliche Vermögen aller Erstschuldner erfolglos geblieben ist oder aussichtslos erscheint. Dabei reicht es aus, wenn ein Vollstreckungsversuch erfolglos war; mehrere fruchtlose Vollstreckungen sind nicht erforderlich.[25] Insbesondere ist nicht zu verlangen, daß der Schuldner die Eidesstattliche Versicherung abgegeben hat.[26] Auch die Nichteröffnung des Insolvenzverfahrens mangels Masse reicht aus.[27] Es genügt aber nicht, wenn die Staatskasse nur gegen einen von mehreren Erstschuldnern vergeblich vorgegangen ist. Werden einer Partei die nach der Grundentscheidung zu tragenden Gerichtskosten erlassen (z. B. nach der ThürLHO), dürfen diese auch nicht vom Zweitschuldner gefordert werden.[28] Hat der Zweitschuldner die Kosten gezahlt, kann er sich nicht nachträglich auf den Schutz des § 58 Abs. 2 GKG berufen.[29] Das ist nur dann zulässig, wenn die Zahlung auf Grund einer nach Abs. 2 unzulässigen Inanspruchnahme des Zweitschuldners zur Vermeidung der Zwangsbeitreibung unter Vorbehalt erfolgte.[30]

17 Solange die Staatskasse gegen den Zweitschuldner nicht vorgehen darf, ist die Kostenschuld des Zweitschuldners gesetzlich **gestundet**. Die **Verjährung** ist daher gegen ihn gehemmt (§§ 10 Abs. 3 S 1 GKG, 202 BGB).[31] Die Hemmung entfällt allerdings, wenn ein erster Pfändungsversuch gegen den Erstschuldner erfolglos war.[32] Die Verjährung der Gerichtskostenschuld des Zweitschuldners kann auch nicht dadurch verhindert oder erheblich verzögert werden, daß nur gegen einen von mehreren Erstschuldnern Vollstrekkungsversuch unternommen werden.[33] Das gilt auch, soweit dem nach § 54 Nr. 1 GKG Haftenden Prozeßkostenhilfe bewilligt worden ist (§ 58 Abs. 2 S 2 GKG). Die Verjährung kann erst bei Eintritt der Voraussetzungen für die Inanspruchnahme als Zweitschuldner weiter laufen (vgl. dazu auch oben, § 10, Rn. 10).

18 Waren die Voraussetzungen für die Inanspruchnahme als Zweitschuldner einmal gegeben, so ist er weiterhin neben dem Erstschuldner Gesamtschuldner, ohne daß er sich noch auf Abs. 2 berufen könnte.[34]

23 OLG München, JurBüro 1972, 49 = RPfleger 1971, 447.
24 OLG Hamm, JurBüro 1969, 989 = RPfleger 1969, 315.
25 OLG Koblenz, MDR 2000, 976 = JurBüro 2000, 542; OLG Oldenburg, JurBüro 1992, 810.
26 OLG Koblenz, MDR 2000, 976; OLG Oldenburg, JurBüro 1992, 810; OLG München, MDR 1986, 684 = JurBüro 1986, 1222.
27 OLG München, MDR 1986, 684 = JurBüro 1986, 1222.
28 Thüringer OLG, JurBüro 2000, 424.
29 OLG Bremen, JurBüro 1973, 1195; OLG Hamm, NJW 1967, 1475 = MDR 1967, 504 = JurBüro 1967, 494; OLG München, RPfleger 1961, 422 (L).
30 BGH, BB 1969, 739.
31 OLG München, RPfleger 1961, 421 (L); OLG Nürnberg, RPfleger 1963, 177 (L).
32 A.M. OLG Schleswig, SchlHA 1984, 167; LG Berlin, JurBüro 1982, 885 und wohl auch OLG Stuttgart, JurBüro 2001, 597 (Verjährungsfrist gegen den Zweitschuldner wird in Lauf gesetzt).
33 OLG Stuttgart, JurBüro 2001, 597.
34 OLG Hamburg, OLG-Report Bremen/Hamburg/Schleswig-Holstein 1997, 218; OLG Frankfurt/Main, JurBüro 1954, 141; OLG Düsseldorf, RPfleger 1956, 182 (L).

Der in Anspruch genommene Zweitschuldner kann im Wege der **Erinnerung** nach § 5 GKG geltend machen, daß vor ihm der Erstschuldner hafte oder daß die Voraussetzungen nach Abs. 2 nicht gegeben seien.[35] Allerdings ist dann, wenn das Kostenansatzverfahren rechtskräftig abgeschlossen ist, eine weitere oder außerordentliche Beschwerde selbst dann nicht zulässig, wenn die in der rechtskräftig gewordenen Entscheidung zum Ausdruck gekommene Rechtsauffassung später vom Bundesverfassungsgericht für verfassungswidrig angesehen wird.[36] 19

Erfolglose Zwangsvollstreckung in das bewegliche Vermögen: Sie erfolgt entweder in körperliche Sachen (§ 808 ff. ZPO) oder in Forderungen (§ 828 ff. ZPO). Es muß daher entweder ein vergeblicher Vollstreckungsauftrag an den Gerichtsvollzieher erteilt oder die Pfändung von Forderungen oder anderer Vermögensrechte fruchtlos erfolgt sein. Es genügt, wenn entweder die Zwangsvollstreckung in körperliche Sachen oder in Forderungen oder andere Vermögensrechte vergeblich war.[37] Hat der Gerichtsvollzieher Pfandabstand erklärt und gleichzeitig mitgeteilt, daß der Schuldner in einer gut bezahlten Stellung tätig sei, wird die Staatskasse zwar vor Inanspruchnahme des Zweitschuldners idR auch noch eine Vollstreckung durch Forderungspfändung betreiben, sie muß es aber nicht. Denn Voraussetzung ist nur „eine", nicht mehrere erfolglose Zwangsvollstreckungen gegen den Erstschuldner.[38] Sie kann dazu auch – ohne daß der Zweitschuldner etwas dagegen unternehmen kann – sofort gegen den Zweitschuldner vorgehen. Ein weiterer Vollstreckungsversuch gegen den Erstschuldner wird dann vorzunehmen sein, wenn der Zweitschuldner seinen Dauerwohnsitz im Ausland hat und deshalb die Vollstreckung gegen ihn von langer Dauer sein wird[39] oder wenn der Zweitschuldner zahlungsunwillig ist.[40] Nach einem vergeblichen Vollstreckungsversuch gegen den Erstschuldner kann sich der Zweitschuldner nicht mehr auf Abs. 2 S 1 berufen. 20

Es genügt ein erfolgloser Vollstreckungsversuch in das **bewegliche** Vermögen. Selbst wenn der Schuldner wertvollen unbelasteten Grundbesitz hat, muß die Staatskasse nicht die Zwangsversteigerung betreiben.[41] Sie kann sich an den Zweitschuldner halten. Es ist auch nicht erforderlich, daß der Erstschuldner die eidesstattliche Versicherung abgegeben hat. Wurde sie aber abgegeben, wird idR die Zwangsvollstreckung aussichtslos erscheinen. 21

Aussichtslos erscheinende Zwangsvollstreckung: Die Inanspruchnahme eines Zweitschuldners ist auch schon dann möglich, wenn die Zwangsvollstreckung gegen den Erstschuldner **aussichtslos erscheint**, ohne daß ein Versuch der Vollstreckung diese Aussichtslosigkeit ergeben haben müßte. Denn der Fall des erfolglosen Vollstreckungsversuchs ist im Gesetz besonders erwähnt. Die Vollstreckung muß nicht tatsächlich aussichtslos sein. Es reicht aus, wenn sie aussichtslos „erscheint".[42] Soweit die voraus- 22

35 OLG Nürnberg, BayJMBl. 1954, 166; *Hartmann* § 58 Rn. 9.
36 OLG Hamburg, JurBüro 2001, 34 = MDR 2000, 1396.
37 LG Göttingen, RPfleger 1991, 36.
38 OLG Koblenz, MDR 2000, 976; OLG Oldenburg, JurBüro 1992, 810; OLG Schleswig, SchlHA 1984, 168 m. N.; *Hartmann* § 58 Rn. 11.
39 OLG Düsseldorf, JurBüro 1994, 111.
40 OLG Koblenz, RPfleger 1985, 510. Vgl. auch *Hartmann* § 58 Rn. 11.
41 OLG Koblenz, RPfleger 1985, 510; *Hartmann* § 58 Rn. 12.
42 OLG Hamburg, JurBüro 1973, 143.

sichtliche Aussichtslosigkeit nicht amtsbekannt ist, hat der Kostenbeamte hierüber zu ermitteln und im Erinnerungsverfahren seine Beurteilungsgrundlagen offen zu legen.[43]

23 **Aussichtslosigkeit** ist gegeben, wenn der Gerichtsvollzieher den Auftrag unerledigt zurückgibt mit dem Bemerken, daß die Vermögenslosigkeit des Schuldners amtsbekannt sei, z.B. weil kurze Zeit vorher ein vergeblicher Vollstreckungsversuch unternommen wurde oder der Schuldner die eidesstattliche Versicherung abgegeben hat. Sie ist aber iS dieser Vorschrift auch dann aussichtslos, wenn der Schuldner noch unbelasteten Grundbesitz hat. Denn nur die Zwangsvollstreckung in das bewegliche Vermögen muß aussichtslos sein. Aussichtslosigkeit ist auch gegeben, wenn nach Fälligkeit der Kostenforderung über das Vermögen des Erstschuldners das Insolvenzverfahren eröffnet worden ist[44] oder wenn ein Antrag auf Eröffnung des Insolvenzverfahrens gestellt wurde.

24 Die Tatsache, daß **im Ausland zu vollstrecken** wäre, macht die Vollstreckung allein noch nicht aussichtslos.[45] Da aber Sinn und Zweck einer Zwangsvollstreckung in das bewegliche Vermögen die rasche Befriedigung des Gläubigers ist, liegt eine Aussichtslosigkeit vor, wenn die Vollstreckung im Ausland erfahrungsgemäß lange Zeit in Anspruch nimmt.[46] Die Vorschriften des 7. Abschnitts sollen den Kostenanspruch der Staatskasse sichern und nicht erschweren. Deshalb bestimmt Abs. 1 auch, daß mehrere Kostenschuldner als Gesamtschuldner haften. Die im Interesse des Zweitschuldners gegebene Vorschrift des Abs. 2 S 1 darf nicht zum Schaden der Staatskasse führen.[47] Wäre die Vollstreckung im Ausland mit unverhältnismäßig hohen Kosten verbunden, liegt ebenfalls eine Aussichtslosigkeit vor, weil es der Staatskasse nicht zuzumuten ist, eine Vollstreckung mit hohem Kostenaufwand zu versuchen, wenn sie mit geringerem Aufwand Befriedigung vom Zweitschuldner erlangen kann.[48] Ehe die Staatskasse aber den Zweitschuldner in Anspruch nimmt, muß sie dem im Ausland befindlichen Erstschuldner die Kostenrechnung mit Zahlungsaufforderung übersandt haben oder in geeigneten Fällen die deutsche Auslandsvertretung ersuchen, den im Ausland befindlichen Erstschuldner zur freiwilligen Zahlung anzuhalten. Sind pfändbare Vermögensstücke eines Erstschuldners, dessen Aufenthalt unbekannt ist, vorhanden, muß zunächst die Vollstreckung in diese Vermögensgegenstände erfolgen, bevor der Zweitschuldner in Anspruch genommen werden darf.

25 Aussichtslos erscheint die Zwangsvollstreckung immer auch dann, wenn dem **Erstschuldner Prozeßkostenhilfe bewilligt** ist, gleichgültig, ob mit oder ohne Ratenzahlung. Das gilt vor allem dann, wenn die mittellose Partei in einem Vergleich die Kosten übernommen hat. Der Zweitschuldner kann, wenn er glaubt, daß er Erstschuldner trotz der ihm

43 KG, JurBüro 1979, 735 = RPfleger 1979, 152 = AnwBl. 1979, 433.

44 OLG München, JurBüro 1966, 236 = JVBl. 1966, 116 = RPfleger 1966, 219.

45 OLG Hamm, NJW 1966, 2277 = JurBüro 1966, 788; OLG München, JurBüro 1966, 337 = MDR 1966, 516.

46 OLG Düsseldorf, JurBüro 1994, 111.

47 OLG Düsseldorf, JurBüro 1994, 111.

48 BGH, RPfleger 1975, 432; OLG Frankfurt/Main, JurBüro 1970, 52; JurBüro 1964, 439 = RPfleger 1965, 315; KG, NJW 1967, 506 = JurBüro 1967, 56 = RPfleger 1967, 233; OLG München, NJW 1960, 539 = JurBüro 1960, 126; *Hartmann* § 58 Rn. 11. Vgl. auch § 8 KostVfg.

bewilligten Prozeßkostenhilfe zahlungsfähig ist, die Kostenerstattung gegen die mittellose Partei betreiben.

Haftung des Zweitschuldners bei Prozeßkostenhilfe des Entscheidungsschuldners (§ 58 Abs. 2 S 2): Die Bewilligung von Prozeßkostenhilfe hat auf die Verpflichtung zur Erstattung der dem Gegner erwachsenen Kosten keinen Einfluß (§ 125 ZPO). Die Folge dieser Regelung ist, daß die Prozeßkostenhilfe für die mittellose Partei ihre Schutzwirkung verliert, wenn der nicht arme Gegner von der mittellosen Partei Gerichtskosten verlangen kann, für die der mittellosen Partei Prozeßkostenhilfe bewilligt ist. Um dieses Ergebnis wenigstens teilweise zu vermeiden, bestimmt § 58 Abs. 2 S 2 GKG, daß die nichtarme Partei als Zweitschuldnerin nicht in Anspruch genommen werden soll, wenn der die Prozeßkostenhilfe besitzenden Partei durch **gerichtliche Entscheidung** die Kosten des Verfahrens auferlegt worden sind (§ 54 Nr. 1 GKG).[49] Denn wenn die nichtarme Partei der Staatskasse keine Gerichtskosten zahlen muß, hat die nichtarme Partei auch keinen Erstattungsanspruch gegen die mittellose Partei. Diese Vergünstigung gilt aber **nur, wenn die mittellose Partei Entscheidungsschuldnerin** nach § 54 Nr. 1 GKG ist. Sie gilt nicht, wenn die mittellose Partei die Kosten nach § 54 Nr. 2 GKG übernommen hat[50] oder wenn die mittellose Partei nach § 54 Nrn. 3, 4 GKG haftet. In diesen Fällen darf der Zweitschuldner unter den allgemeinen Voraussetzungen nach § 58 Abs. 2 S 1 GKG in Anspruch genommen werden und kann gegen die mittellose Partei Rückgriff nehmen. 26

Soweit § 58 Abs. 2 S 2 GKG anwendbar ist, hat die Staatskasse auch einen vom Zweitschuldner erhaltenen **Vorschuß** zurückzuzahlen,[51] und zwar – entgegen der früher h. M. und auch noch bis zur 3. Auflage vertretenen Ansicht – auch die Kosten und Auslagen, die der Zweitschuldner schon endgültig[52] gezahlt hat. Das sollte nach der – wenn auch nicht überzeugenden, so doch praktisch verbindlichen „Auslegung" des § 58 durch das BVerfG[53] – nicht mehr streitig sein („Roma locuta, causa finita").[54] Dabei ist es unerheblich, ob die Prozeßkostenhilfe mit oder ohne Ratenzahlungsanordnung gewährt wurde.[55] 27

49 Vgl. auch OLG Koblenz, JurBüro 1991, 954; *Hartmann* § 58 Rn. 17, jeweils m. N.
50 H. M. vgl. z. B. BVerfG, MDR 2000, 1157 = NJW 2000, 3271; BVerfGE 51, 296 = NJW 1970, 2068 = JurBüro 1979, 1979, 1486 = RPfleger 1979, 372; OLG Dresden, NJW-RR 2002, 144 (L); OLG Hamm, JurBüro 1979, 733; OLG Schleswig, JurBüro 1979, 738 m. Anm. v. *Mümmler* = SchhlHA 1979, 44; **a. M.** *Schneider* MDR 1999, 1090 und LG Berlin, JurBüro 1999, 200 (für den Fall, daß die Kostenregelung des Vergleichs der sachlichen Regelung der Hauptsache entspricht).
51 OLG Koblenz, JurBüro 2000, 259; OLG Düsseldorf, JurBüro 1994, 109; OLG Düsseldorf, JurBüro 2000, 87 (unter Aufgabe der bisherigen Rechtsspr.) mit Anm. von *Enders*; *Oe/Wi/He* § 58 Rn. 16a; *Hartmann* § 58 Rn. 18, jeweils m. N.; **a. M.** OLG Hamm, MDR 1994, 104; OLG Schleswig, SchlHA 1979, 182 m. N.
52 OLG Naumburg, JurBüro 2002, 149; **A. M.** *Hartmann* § 58 Rn. 19.
53 BVerfG, JurBüro 2001, 204 m. abl. Anm. von *v. Wedel*; BVerfG, NJW 1999, 3180 = JurBüro 1999, 540 = MDR 1999, 1089 m. zust. Anm. v. *Schneider* und zust. Besprechung von *Hartmann* NJW 1999, 3173 sowie kritischer Anm. von *Schütt*, MDR 1999, 1405 und abler Bespr. von *Wedel* JurBüro 2000, 124; OLG Frankfurt/Main, MDR 1999, 1466; OLG Düsseldorf, JurBüro 2000, 87; OLG Nürnberg, JurBüro 2000, 147; LG Berlin, JurBüro 1999, 200; AG Königswinter, JurBüro 1999, 594. Dazu auch *Wedel* JurBüro 2000, 397; Die entgegenstehende frühere „h. M." (z. B.: BGH, RPfleger 1989, 376; OLG Hamm, MDR 1994, 104 und aus neuerer Zeit noch OLG Zweibrücken, JurBüro 1998, 595; OLG Braunschweig, MDR 1997,

28 Wenn **beiden Parteien Prozeßkostenhilfe** bewilligt war, darf nach Abs. 2 S 2 eine Nachzahlung der Partei, die nur Antragsschuldnerin ist, erst angeordnet werden, wenn eine Nachzahlung der Entscheidungsschuldnerin nicht mehr möglich ist.[56]

29 Aus dem Wort **„soweit"** in Abs. 2 S 2 folgt, daß diese Bestimmung nur für die Kostenforderungen aus derjenigen Instanz anwendbar ist, für die der mittellosen Partei Prozeßkostenhilfe bewilligt ist, während für andere Instanzen, die der Prozeßkostenhilfebewilligung nicht unterfallen, Abs. 1 gilt.[57] Das gilt auch, wenn dem Beklagten lediglich Teil-Prozeßkostenhilfe bewilligt worden ist. Es sind dann die vom Beklagten an den Kläger zu erstattenden Gerichtskosten aus dem Verhältnis des von der PKH erfaßten Streitwerts zu dem nicht von der PKH erfaßten Streitwert zu ermitteln.[58] Wenn einer Partei Prozeßkostenhilfe nur für das Beweisverfahren (§§ 485 ff. ZPO), nicht aber für das Hauptverfahren bewilligt worden ist, ist sinngemäß zu verfahren. Soweit das Ergebnis des Beweisverfahrens im Hauptverfahren verwertet wird, sind nur die im Beeisverfahren entstandene Kosten betroffen und auch nur, soweit Parteiidentität besteht.[59]

30 Abs. 2 S 2 ist nicht anwendbar, wenn der Mittellose die Kosten übernommen hat (§ 54 Nr. 2 GKG),[60] soweit ein Rechtsübergang nach § 130 BRAGO erfolgt ist[61] oder wenn und soweit Eltern und Kinder nach § 621 Abs. 1 Ziffern 1–3 ZPO für gerichtliche Auslagen als Gesamtschuldner haften und einer von ihnen Prozeßkostenhilfe hatte.[62]

31 Abs. 2 S 2 ist auch dann anwendbar, wenn dem Kostenschuldner nach § 54 Nr. 1 GKG unabhängig davon, ob ihm Prozeßkostenhilfe bewilligt worden ist oder nicht, für Reisen zu einem Terminsort zur Teilnahme an einer Vernehmung, einem Termin oder einer anderen Untersuchung für die Hin- und Rückreise nach Maßgabe der bundeseinheitlichen Verwaltungsbestimmungen über die „Bewilligung von Reiseentschädigungen an mittellose Personen und Vorschußzahlungen an Zeugen und Sachverständige".[63] Denn der Zweitschuldner würde sonst auf einen regelmäßig nicht realisierbaren Erstattungsan-

1071; OLG Oldenburg, JurBüro 1998, 654; OLG Düsseldorf, MDR 1997, 106; OLG Schleswig, SchlHA 1997, 80) ist überholt.

54 Zu den Auswirkungen der Entsch des BVerfG vgl. auch *von König* RPflStud. 2000, 188 (mit krit. Anm. zu dem Beitrag von *Hansens* JurBüro 2001, 238).

55 OLG Dresden, JurBüro 2001, 483 = MDR 2001, 1073.

56 Unstr. Vgl. etwa OLG Düsseldorf, RPfleger 1988, 164; *Hartmann* § 58 Rn. 20, jeweils m. N.

57 BGH, MDR 1982, 307; *Hartmann* § 58 Rn. 22.

58 OLG Düsseldorf, JurBüro 2000, 425.

59 LG Saarbrücken, NJW-RR 2001, 1152.

60 H. M. vgl. etwa OLG München, NJW-RR 2001, 1578; OLG Karlsruhe, JurBüro 2000, 28 = NJW 2000, 1121; OLG Koblenz, JurBüro 2000, 206 = MDR 2000, 113 = NJW 2000, 1122; OLG Bamberg, JurBüro 2000, 88 und NJW 2000, 3077 (wonach zutr auch eine analoge Anwendung ausgeschlossen wird); LG Hamburg, JurBüro 2000, 89; OLG Düsseldorf, RPfleger 1987, 487; OLG Hamm, RPfleger 1984, 76; OLG Koblenz, MDR 1986, 243; VersR 1987, 1226; JurBüro 1992, 102; OLG Schleswig, SchlHA 1979, 44, jeweils m. N.; *Wedel* JurBüro 2000, 397; **a. M.** OLG Frankfurt/Main, NJW 2000, 1120; OLG Zweibrücken, RPfleger 1987, 128; *Schneider* MDR 1999, 1090.

61 OLG Köln, FamRZ 1986, 926 m. w. N.

62 OLG Frankfurt/Main, RPfleger 1989, 40; *Hartmann* § 58 Rn. 22.

63 Vom 1. 7. 1988, abgedr bei *Hartmann* Anh. nach § 18 ZSEG m. N. zu den Inkraftsetzungen in den einzelnen Bundesländern.

spruch gegen den Erstschuldner verwiesen, was ebenso unbillig wäre wie im Falle der Bewilligung von Prozeßkostenhilfe für den Erstschuldner.[64]

In **Arbeitsgerichtssachen** bestimmt § 12 Abs. 4 ArbGG, daß § 49 GKG nicht anwendbar ist, soweit ein Kostenschuldner nach § 54 Nr. 1 oder 2 GKG haftet. 32

§ 59
Haftung von Streitgenossen und Beigeladenen

(1) Streitgenossen haften als Gesamtschuldner, wenn die Kosten nicht durch gerichtliche Entscheidung unter sie verteilt sind. Soweit einen Streitgenossen nur Teile des Streitgegenstandes betreffen, beschränkt sich seine Haftung als Gesamtschuldner auf den Betrag, der entstanden wäre, wenn das Verfahren nur diese Teile betroffen hätte.

(2) Abs. 1 gilt auch für mehrere Beigeladene, denen Kosten auferlegt worden sind.

Die Vorschrift ist durch das KostRÄndG 1994 neu gefaßt worden. Sie ergänzt die Bestimmung des § 58 GKG für den Fall, daß **Streitgenossen oder Beigeladene** für dieselben Kosten gegenüber der Staatskasse haften. Sie ist anwendbar für alle dem GKG unterfallenden Verfahren, also auch für Verwaltungsgerichtssachen und Finanzgerichtssachen[1] sowie in Arbeitsgerichtsverfahren. Unanwendbar ist sie nur in Strafsachen, weil insoweit die Bestimmungen der §§ 42 Abs. 1 S 1 GKG, 466, 471 Abs. 4 StPO, 60 GKG als leges speciales vorgehen.[2] 1

Voraussetzungen: Es muß eine **Streitgenossenschaft** iS der §§ 59 ff. ZPO vorliegen. Gleichgültig ist, ob die Streitgenossenschaft auf Seite der Klagepartei oder der beklagten Partei besteht, ob sie notwendig oder freiwillig ist, ob es sich um Streithilfe nach §§ 67, 69 ZPO handelt[3] oder ob sie erst nachträglich durch Prozeßverbindung hervorgerufen wurde.[4] Bei der BGB-Außengesellschaft liegt dann eine Streitgenossenschaft vor, wenn und soweit mehrere oder alle Gesellschafter auftreten; tritt hingegen – zulässigerweise[5] – nur die Gesellschaft als solche auf, ist sie auch nur ein Schuldner,[6] der aber ggf. neben die auch auftretenden Gesellschafter als Streitgenossen behandelt werden kann. Im Insolvenzverfahren reicht es aus, wenn der Antrag von mehreren Personen übereinstimmend eingebracht wurde.[7] Die Bestimmung gilt auch für Streitgenossenschaften in Verwaltungs- und Finanzgerichtsverfahren (§§ 64, 159 VwGO; §§ 59, 135 Abs. 5 FGO). 2

64 Vgl. BT-Drucks. 12/6962, S. 66.
1 BFH, BB 1989, 619.
2 *Hartmann* § 59 Rn. 2.
3 KG, RPfleger 1962, 123 (L).
4 *Hartmann* § 59 Rn. 3.
5 BGH, NJW 2001, 1056.
6 *Hartmann* § 59 Rn. 3.
7 *Hartmann* § 59 Rn. 3.

3 **Kostenhaftung:** Die Streitgenossen haften grundsätzlich für die Kosten als Gesamtschuldner nach den allgemeinen Regeln der §§ 421 ff. BGB. Fehlt eine Entscheidung, durch welche die Kosten unter die Streitgenossen verteilt sind, haften sie nach § 100 Abs. 4 ZPO als Gesamtschuldner, so daß zu 100 % in Anspruch genommen werden kann.[8]

4 Die in der Vergangenheit strittig gewesene und von der grundsätzlichen Gesamtschuldnerschaft zu trennende Frage, aus welchem Streitwert und bis zu welcher Höhe die Streitgenossen als Gesamtschuldner haften,[9] hat der Gesetzgeber mit dem KostRÄndG 1994 iS der bis dahin herrschenden Ansicht in dem Sinne geregelt, daß die Haftung aus § 49 GKG nicht weiter gehen darf als die Beteiligung des einzelnen Antragstellers am Streitgegenstand.[10] So haftet z. B. ein Streitgenosse nicht für die durch die Unterbrechung des Verfahrens gemäß § 240 ZPO wegen des Insolvenzverfahrens gegen einen anderen Streitgenossen entstandenen Mehrkosten, wenn er selbst von dem Insolvenzverfahren nicht betroffen war.[11]

5 **Keine gesamtschuldnerische Haftung** kommt allerdings dann in Betracht, wenn das Gericht eine **Kostenverteilung** iS von § 100 Abs. 3 ZPO ausdrücklich getroffen hat. Eine solche Kostenverteilung kann darin bestehen, daß die Kosten den Unterlegenen nach Kopfteilen (§ 100 Abs. 1 ZPO), wegen einer rechtlichen Verschiedenheit ihrer Beteiligung am Rechtsstreit nach einem anderen Maßstab (§ 100 Abs. 2 ZPO) auferlegt werden, oder daß einem Streitgenossen die Kosten eines besonderen Angriffs- oder Verteidigungsmittels überbürdet werden (§ 100 Abs. 3 ZPO). Keine Kostenverteilung iS des § 59 liegt vor, wenn in der Kostenentscheidung ausdrücklich ausgesprochen wird, daß die Streitgenossen nach § 100 Abs. 1 ZPO für die Kostenerstattung nur nach Kopfteilen haften. Denn damit wird nur festgestellt, was ohnehin bereits kraft Gesetzes gilt.[12] Sind die Kosten unter den Streitgenossen verteilt, ist diese Kostenentscheidung für ihre Haftung als Entscheidungsschuldner maßgebend. Jeder Streitgenosse hat dann ohne Rücksicht darauf, wieweit er an dem Streitwert beteiligt ist, den ihn treffenden Teil der Gerichtskosten zu tragen. Für die Kostenentscheidung des Gerichts ist § 100 ZPO, der allerdings nur die Regelung des Kostenerstattungsanspruchs der obsiegenden Partei zum Gegenstand hat, durch § 60 GKG auch für die Gerichtskosten unmittelbar anwendbar erklärt ist.

6 Hat nach der Kostenentscheidung **jeder beklagte Streitgenosse die im Verfahren gegen ihn erwachsenen Kosten zu tragen**, haftet jeder Streitgenosse für die Kosten, die angefallen wären, wenn sich das Verfahren nur gegen ihn gerichtet hätte. Soweit sich diese Kostenschuld bei mehreren Streitgenossen deckt, etwa weil eine Beweisaufnahme den Anspruch gegen alle Streitgenossen zum Gegenstand hatte, besteht Gesamthaftung der Streitgenossen. Im übrigen haftet jeder Streitgenosse allein. Dasselbe gilt, wenn der Kläger die Kosten gegenüber einem Beklagten zu tragen hat, während der andere Beklagte die Kosten des Klägers zu tragen hat.

7 Im Falle der **Kostenübernahme** (§ 54 Nr. 2 GKG) richtet sich die Kostenschuld nach dieser

8 OLG Koblenz, NJW-RR 2000, 71.
9 Vgl. z. B. OLG Bamberg, JurBüro 1992, 684.
10 BT-Drucks. 12/6962, S. 67. Vgl. auch BVerwG, RPfleger 1993, 374; *Hartmann* § 59 Rn. 8.
11 OLG Stuttgart, JurBüro 1991, 952.
12 BGH, KostRspr. GKG 1957, § 104 Nr. 2; OLG München, JurBüro 1961, 25; *Oe/Wi/He* § 59 Rn. 11.

Erklärung und ihrer Auslegung. Es ist denkbar, daß eine Partei auch Kosten übernimmt, für die sie nach dem sie betreffenden Streitgegenstand nicht haften würde. Haben mehrere eine Kostenschuld übernommen, haften sie im Zweifel insoweit als Gesamtschuldner.[13]

Nach Abs. 2 gilt die Bestimmung des § 59 Abs. 1 auch für mehrere Beigeladene (vgl. § 65 VwGO, § 60 FGO). 8

§ 60
Verpflichtung zur Zahlung der Kosten in besonderen Fällen

Die nach den §§ 53–55, 177, 209 und 269 der Insolvenzordnung sowie den §§ 466 und 471 Abs. 4 der Strafprozeßordnung begründete Verpflichtung zur Zahlung von Kosten besteht auch gegenüber der Staatskasse.

Allgemeines: Die – in der Praxis nahezu bedeutungslose, durch das KostRÄndG 1994 ohne inhaltliche Änderungen neu gefaßte[1] und mit dem Inkrafttreten der Insolvenzordnung angepaßte – Vorschrift bestimmt, daß diejenigen, welche nach den in § 60 GKG genannten Vorschriften Kosten zu tragen haben, unmittelbar gegenüber der Staatskasse haften. Die in der alten Fassung enthaltenen Verweisungen auf § 100 Abs. 4 ZPO und § 472 StPO sind entbehrlich, weil erstere Vorschrift in der Sache nichts anderes aussagt, als das GKG in den §§ 59, 54 Nr. 3 schon selbst geregelt hat, während § 472 StPO seit dem Jahre 1974 in der StPO gestrichen ist, die Verweisung also formal leer lief. 1

§ 60 GKG ist auch in Verfahren vor den **Arbeitsgerichten** anwendbar. 2

Aus der **Insolvenzordnung** kommen durch die Verweisung im § 60 in Betracht: 3

– *§ 53 InsO – Massegläubiger –: Aus der Insolvenzmasse sind die Kosten des Insolvenzverfahrens und die sonstigen Masseverbindlichkeiten vorweg zu berichtigen.*

– *§ 54 InsO – Kosten des Insolvenzverfahrens –: Kosten des Insolvenzverfahrens sind:*

1. *die Gerichtskosten für das Insolvenzverfahren,*
2. *die Vergütungen und die Auslagen des vorläufigen Insolvenzverwalters, des Insolvenzverwalters und der Mitglieder des Gläubigerausschusses.*

– *§ 55 InsO – Sonstige Masseverbindlichkeiten –: Masseverbindlichkeiten sind die Verbindlichkeiten,*

1. *die durch Handlungen des Insolvenzverwalters oder in anderer Weise durch Verwaltung, Verwertung und Verteilung der Insolvenzmasse begründet werden, ohne zu den Kosten des Insolvenzverfahrens zu gehören;*
2. *aus gegenseitigen Verträgen, soweit deren Erfüllung zur Insolvenzmasse verlangt wird oder für die Zeit nach der Eröffnung des Insolvenzverfahrens erfolgen muß;*

13 *Hartmann* § 59 Rn. 6.
1 Vgl. BT-Drucks. 12/6962, S. 67.

3. aus einer ungerechtfertigten Bereicherung der Masse.

II. Verbindlichkeiten, die von einem vorläufigen Insolvenzverwalter begründet worden sind, auf den die Verfügungsbefugnis über das Vermögen des Schuldners übergegangen ist, gelten nach der Eröffnung des Verfahrens als Masseverbindlichkeiten. Gleiches gilt für Verbindlichkeiten aus einem Dauerschuldverhältnis, soweit der vorläufige Insolvenzverwalter für das von ihm verwaltete Vermögen die Gegenleistung in Anspruch genommen hat.

§ 177 InsO – Nachträgliche Anmeldungen –:

I. Im Prüfungstermin sind auch die Forderungen zu prüfen, die nach dem Ablauf der Anmeldefrist angemeldet worden sind. Widerspricht jedoch der Insolvenzverwalter oder ein Insolvenzgläubiger dieser Prüfung oder wird eine Forderung erst nach dem Prüfungstermin angemeldet, so hat das Insolvenzgericht auf Kosten des Säumigen entweder einen besonderen Prüfungstermin zu bestimmen oder die Prüfung im schriftlichen Verfahren anzuordnen. Für nachträgliche Änderungen der Anmeldungen gelten die Sätze 1 und 2 entsprechend.

II. Hat das Gericht nachträgliche Gläubiger nach § 174 Abs. 3 zur Anmeldung ihrer Forderungen aufgerufen und läuft die für diese Anmeldung gesetzte Frist später als eine Woche vor dem Prüfungstermin ab, so ist auf Kosten der Insolvenzmasse entweder ein besonderer Prüfungstermin zu bestimmen oder die Prüfung im schriftlichen Verfahren anzuordnen.

III. Der besondere Prüfungstermin ist öffentlich bekanntzumachen. Zu dem Termin sind die Insolvenzgläubiger, die eine Forderung angemeldet haben, der Verwalter und der Schuldner besonders zu laden.

§ 209 InsO – Befriedigung der Massegläubiger –: Der Insolvenzverwalter hat die Masseverbindlichkeiten nach folgender Rangordnung zu berichtigen, bei gleichem Rang nach dem Verhältnis ihrer Beträge:

1. *die Kosten des Insolvenzverfahrens;*
2. *Masseverbindlichkeiten, die nach der Anzeige der Masseunzulänglichkeit begründet worden sind, ohne zu den Kosten des Verfahrens zu gehören*
3. *die übrigen Masseverbindlichkeiten, unter diesen zuletzt der nach den §§ 100, 101 Abs. 1 S 3 bewilligte Unterhalt.*

II. Als Masseverbindlichkeiten iS des Absatzes 1 Nr. 2 gelten auch die Verbindlichkeiten

1. *aus einem gegenseitigen Vertrag, dessen Erfüllung der Verwalter gewählt hat, nachdem er die Masseunzulänglichkeit angezeigt hatte;*
2. *aus einem Dauerschuldverhältnis für die Zeit nach dem ersten Termin, zu dem der Verwalter nach der ersten Anzeige der Masseunzulänglichkeit kündigen könnte;*
3. *aus einem Dauerschuldverhältnis, soweit der Verwalter nach der Anzeige der Masseunzulänglichkeit für die Insolvenzmasse die Gegenleistung in Anspruch genommen hat.*

– *§ 269 InsO – Kosten der Überwachung –: Die Kosten der Überwachung trägt der Schuldner. Im Falle des § 260 Abs. 3 trägt die Übernahmegesellschaft die durch ihre Überwachung entstehenden Kosten.*

4 Aus der **Strafprozeßordnung** sind durch die Verweisung im § 60 GKG unmittelbar anwendbar:

– *§ 466 StPO: Mitangeklagte, gegen die in bezug auf dieselbe Tat auf Strafe erkannt oder eine Maßregel der Besserung und Sicherung angeordnet wird, haften für die Auslagen als Gesamtschuldner. Dies gilt nicht für die Tätigkeit eines bestellten Verteidigers oder eines Dolmetschers und durch die Vollstreckung, die einstweilige Unterbringung oder die Untersuchungshaft entstandenen Kosten sowie für Auslagen, die durch Untersuchungshandlungen, die ausschließlich gegen einen Mitangeklagten gerichtet waren, entstanden sind.*
– *§ 471 Abs. 4 StPO: Mehrere Privatkläger haften als Gesamtschuldner. Das gleiche gilt hinsichtlich der Haftung mehrerer Beschuldigter für die dem Privatkläger erwachsenen notwendigen Auslagen.*

Zu den Bestimmungen der StPO, vgl. bei §§ 42, 45, 46 GKG. 5

§ 61 Fälligkeit der Gebühren

(1) In folgenden Verfahren wird die Gebühr mit der Einreichung der Klage-, Antrags-, Einspruchs- oder Rechtsmittelschrift oder mit der Abgabe der entsprechenden Erklärung zu Protokoll fällig:

1. In bürgerlichen Rechtsstreitigkeiten einschließlich
a) der Familiensachen nach § 621 Abs. 1 Nr. 4, 5, 8 und 11 der Zivilprozeßordnung und nach § 621 Nr. 10 der Zivilprozeßordnung mit Ausnahme des Verfahrens nach § 1600e Abs. 2 des Bürgerlichen Gesetzbuches und
b) der Lebenspartnerschaftssachen nach § 661 Abs. 4 Nr. 4 und 6 der Zivilprozeßordnung;
2. im Insolvenzverfahren und im schiffahrtsrechtlichen Verteilungsverfahren;
3. und in den Rechtsmittelverfahren des gewerblichen Rechtsschutzes (§ 1 Abs. 3).

(2) Soweit die Gebühr eine Entscheidung oder sonstige gerichtliche Handlung voraussetzt, wird sie mit dieser fällig.

Allgemeines: Die folgenden Vorschriften regeln die Fälligkeit der Gebühren in den dort genannten Verfahren. Wegen der Vorauszahlungspflicht, vgl. § 65 GKG, und wegen der Vorschußpflicht §§ 66, 69 GKG. Die Fälligkeit der Auslagen richtet sich nach §§ 63–64 GKG. 1

In § 61 GKG ist der Zeitpunkt der Fälligkeit nur der Gebühren in den in der Bestimmung genannten Angelegenheiten geregelt. Bei Rechtsstreitigkeiten über Erfindungen eines Arbeitnehmers, für die die für Patentstreitigkeiten zuständigen Gerichte ausschließlich zuständig sind, gilt § 61 ohne die Einschränkung durch § 12 Abs. 4 ArbGG.[1] Die **Fälligkeit** ist zu unterscheiden von der Entstehung der Gebühr, also von der Erfüllung des Gebührentatbestandes. Die Gebühr muß entstanden sein, bevor sie fällig werden kann. Fälligkeit ist erst dann gegeben, wenn die Einziehung der entstandenen Gebühr nach §§ 61 ff. GKG statthaft ist. Zwar treffen häufig das Entstehen und die Fälligkeit der Gebühr 2

1 OLG München, JurBüro 1996, 591.

zeitlich zusammen, jedoch gibt es auch Ausnahmen. So z. B. im Rechtsanwaltsgebührenrecht, wo die Fälligkeit erst unter den im § 16 BRAGO genannten Voraussetzungen eintritt. Im Gerichtskostenrecht werden die Auslagen in bürgerlichen Rechtsstreitigkeiten vom Antragsteller des Verfahrens geschuldet, sobald sie erwachsen sind (§ 49 GKG). Dennoch werden sie – sofern keine Vorschußpflicht besteht – erst unter den im § 63 GKG genannten Voraussetzungen fällig. Die Bewilligung der **Prozeßkostenhilfe** läßt die Entstehung und die Fälligkeit der Gebühren unberührt. Verfahrensgebühren, z. B. die allgemeine Verfahrensgebühr, werden im Laufe des Verfahrens immer wieder von neuem fällig. Anders liegt es bei Handlungs- und Aktgebühren. Eine Prozeßverbindung hat auf die Fälligkeit der bereits vor der Verbindung fällig gewesenen Gebühren keinen Einfluß.[2]

3 Bei der Bestimmung des Fälligkeitszeitpunkts der im § 61 GKG bezeichneten Gebühren ist zu unterscheiden zwischen den Gebühren, die mit der **Einreichung von Klage, Antrag, Einspruch oder Rechtsmittel** fällig werden (Halbsatz 1), und solchen, die eine **Entscheidung oder eine gerichtliche Handlung** voraussetzen (Halbsatz 2). Darüber hinaus sind auch besondere, dem § 61 GKG als leges speciales vorgehende Bestimmungen der Prozeßordnungen zu beachte. So entsteht die Gebühr im Sozialgerichtverfahren erst mit der Rechtshängigkeit (§ 184 SGG), kann mithin nicht vor Zustellung fällig werden.

4 **Einreichung von Klage usw.** im Zivilprozeß, d. h. im Erkenntnis- und im Vollstreckungsverfahren,[3] und in den anderen im § 61 GKG genannten Verfahren: Es gilt hier dasselbe wie bei § 49 (vgl. dort, Rn. 2). Ein Antrag ist das an das Gericht gerichtete Begehren, ein bestimmtes Verfahren durchzuführen. Ein förmlicher Antrag ist nicht notwendig, wenn das Gesetz nicht ausdrücklich (z. B. bei einer Klage) solches fordert.[4] Es reicht idR, wenn aus dem Antrag genügend klar erkennbar ist, was der Antragsteller will. Da das Verfahren von dem Eingang des Antrags usw. bei Gericht abhängig ist, tritt die Fälligkeit der durch den Antrag usw. ausgelösten Gebühr bereits mit dem Eingang des Antrags bei Gericht[5] oder seiner Stellung zu Protokoll ein. Von der Zustellung oder Mitteilung des Antrags usw. an den Gegner ist die Fälligkeit der Gebühr nicht abhängig. Daher tritt die Fälligkeit der allgemeinen Verfahrensgebühr bereits mit dem Eingang der Klage- oder Rechtsmittelschrift bei Gericht oder mit der Erklärung zu Protokoll des Gerichts ein, also mit der Anhängigkeit und nicht erst mit der die Zustellung voraussetzenden Rechtshängigkeit.[6] Das ist jetzt durch die Fassung des Gesetzes ausdrücklich klargestellt worden. Entgegenstehende Ansichten[7] sind durch die gesetzgeberische Klarstellung überholt. Daraus folgt aus, daß im Falle eines Mahnbescheidantrags, in dem bereits im Antrag für den Fall eines Widerspruchs die Abgabe an das Streitgericht beantragt wird, die weiteren 2,5-Gebühren nach KV Nr. 1210 mit dem Eingang des Wider-

2 KG, RPfleger 1956, 88 (L).
3 LG München, RPfleger 1990, 227.
4 OLG Schleswig, SchlHA 1981, 56 m. N.; OLG Düsseldorf, MDR 1987, 1031.
5 OLG Schleswig, SchlHA 1996, 305.
6 Allg. Ansicht; vgl. etwa OLG Düsseldorf, JurBüro 1999, 485 = MDR 1999, 1156; OLG Bamberg, JurBüro 1973, 856.
7 Vgl. z. B. OLG Schleswig, JurBüro 1981, 406.

spruchs bei Gericht entstehen und fällig werden.[8] Die Frage ist allerdings sehr strittig (vgl. dazu bei KV Nrn. 1100, Rn. 2 und 1210, Rn. 13). Wird ein Verfahren irrtümlich durchgeführt, obwohl der erforderliche Antrag fehlt, wird z. B. auf einen Widerspruch gegen einen Mahnbescheid ohne Antrag ein Termin bestimmt und das Verfahren durchgeführt, kann in einer widerspruchslosen Beteiligung der Parteien am Verfahren der erforderliche Antrag zu erblicken sein, der im gegebenen Beispiel die Gebühr nach KV Nr. 1210 fällig werden läßt; andernfalls ist an eine Nichterhebung der weiteren Gebühren nach § 8 GKG zu denken. Reicht der (Verfahrensbevollmächtigte des) Kläger(s) versehentlich dieselbe Klageschrift zweimal ein, ohne daß das Versehen für das Gericht bei Eingang offenkundig ist,[9] wird für jede Klageschrift die allgemeine Verfahrensgebühr fällig.[10]

Der Antrag usw. muß in jedem Fall **unbedingt** sein. Wird z. B. eine Klage oder eine Rechtsmittelschrift gleichzeitig mit einem Prozeßkostenhilfegesuch eingereicht, wird neben dem Prozeßkostenhilfeprüfungsverfahren auch der Rechtstreit als solcher anhängig, wenn nicht deutlich und unmissverständlich zum Ausdruck gebrracht wird, daß die Klage nur unter der Bedingung der Bewilligung von Prozesskostenhilfe als erhoben gelten soll.[11] Wird allerdings dazu erklärt, daß die Klage oder die Rechtsmittelschrift nur im Falle der Bewilligung von Prozeßkostenhilfe als eingereicht gelten soll, wird durch einen solcher Art bedingten Antrag die Verfahrensgebühr noch nicht fällig. Wird dann die Prozeßkostenhilfe verweigert, bedarf es noch eines ausdrücklichen Antrags, das Verfahren in Gang zu setzen, damit die Verfahrensgebühr fällig wird.[12] Das gilt auch, wenn mit dem Prozeßkostenhilfegesuch ein nach § 65 Abs. 7 Nr. 3, 4 GKG verbundener Antrag auf Zustellung der Klage verbunden ist. Wird hingegen die Klage oder die Rechtsmittelschrift zusammen mit dem Prozeßkostenhilfegesuch ohne einschränkenden Zusatz eingereicht, wird die Verfahrensgebühr sofort fällig. Wird später Prozeßkostenhilfe bewilligt, tritt Stundung ein. Zuviel gezahlte Raten sind zurückzuzahlen, eine Verrechnung der überzahlten Beträge mit künftig entstehenden Kosten ist unzulässig.[13] 5

Ein die Fälligkeit begründender Antrag kann **auch im Laufe des Verfahrens** gestellt werden (z. B. bei Klageerweiterung; Widerklage). 6

Die **Fälligkeit tritt** mit dem Eingang des Antrags bei der Einlaufstelle des Gerichts oder mit dem Einwurf in einen dafür bestimmten Briefkasten oder der Abgabe einer entsprechenden Erklärung zu Protokoll der Geschäftsstelle **ein**, nicht erst mit Eingang bei der zuständigen Geschäftsstelle.[14] Für die Fälligkeit einer durch die Widerklage ausgelösten Verfahrensgebühr genügt der Eingang des die Widerklage einleitenden Schriftsatzes. Es ist nicht notwendig, daß die Widerklage auch noch im Termin erhoben wird.[15] 7

Die **Fälligkeit entfällt nicht**, wenn das Verfahren noch vor Zustellung nicht weiter- 8

8 Zutreffend LG Hamburg, NJW-RR 1999, 581; Vgl. auch ausf dazu *D.Meyer* JurBüro 2000, 284.
9 OLG München, MDR 2001, 896 = JurBüro 2001, 536.
10 OLG Düsseldorf, JurBüro 1999, 485 = MDR 1999, 1156 = NJW-RR 1999, 1670.
11 OLG Zweibrücken, NJW-RR 2001, 1653.
12 BGH, RPfleger 1972, 304 = FamRZ 1972, 453.
13 OLG Koblenz, JurBüro 2000, 259.
14 OLG Düsseldorf, JurBüro 1999, 485 = MDR 1999, 1156; *Hartmann* § 61 Rn. 5.
15 OLG Frankfurt/Main, RPfleger 1955, 210 (L).

betrieben wird.[16] Das bedeutet, daß dann im Falle der Erledigung nach der Aktenordnung (Weglage nach 6 Monaten) die Gebühren nicht erstattet werden können, sondern einzuziehen sind. Der Antragsteller kann in solchen Fällen eine Ermäßigung ausdrückliche Rücknahme (KV Nr. 1211, 1. Variante) erreichen. Eine Rücknahmeerklärung, zu der der Antragsteller nicht animiert zu werden braucht, ist jederzeit möglich, wobei für den Rückerstattungsanspruch allerdings die Frist des § 10 Abs. 2 zu beachten ist. Die Frist beginnt jedoch frühestens mit der Weglageverfügung (§ 10 Abs. 2 S 2). Zum anderen wird gemäß § 32 Abs. 4 S 3 der KostVerfg dann, wenn der Verpflichtete einer Aufforderung zur Zahlung des Vorschusses nach § 65 Abs. 1 nicht nachkommt, eine Gebühr nur insoweit angesetzt, als sich der Zahlungspflichtige nicht durch Rücknahme der Klage oder des Antrags von der Verpflichtung zur Zahlung befreien kann. Das bedeutet, daß in solchen Fällen insgesamt nur eine 1,0-Gebühr anzusetzen ist.[17] Das gilt aber nicht, wenn nach Zahlung des Vorschusses das Verfahren nur nicht weiter betrieben wird (z. B. infolge von Aussetzung, Ruhen, Unterbrechung).

9 **Abs. 2:** Die übrigen Gebühren sind solche, die eine **Entscheidung oder eine sonstige gerichtliche Handlung** voraussetzen (z. B. die Urteilsgebühr). **Entscheidungen** idS sind auch Beschlüsse. **Gerichtliche Handlungen** sind Verfügungen (z. B. Terminsbestimmung für die Abgabe der eidesstattlichen Versicherung). Hier tritt die Fälligkeit ein, sobald die gerichtliche Handlung durch die zuständige Gerichtsperson ausgeführt worden ist.

10 **Verzug:** Der Verzug des Kostenschuldners begründet grundsätzlich keine Verzugszinsen.[18]

11 **Fälligkeit eines Rückerstattungsanspruchs:** Wenn im Verlauf eines Verfahrens ein Ermäßigungstatbestand eintritt (z. B. KV 1211), sind die dann überzahlten Gebühren zu erstatten. Der Rückerstattungsanspruch wird fällig, wenn die entsprechende Prozeßhandlung (z. B. Anerkenntnis, Verzicht) wirksam erfolgt ist. Wenn aber – sei es auch durch einen Rechtsirrtum des Rechtspflegers im Kostenfestsetzungsverfahren – eine Festsetzung einer zuviel angemeldeten Gebühr antragsgemäß erfolgt ist, steht ihm dagegen mangels Beschwer kein Rechtsmittel zu.[19]

§ 62
Zwangsversteigerung und Zwangsverwaltung

(1) Die Gebühren für die Entscheidung über den Antrag auf Anordnung der Zwangsversteigerung und über den Beitritt werden mit der Entscheidung fällig. Die Gebühr für die Erteilung des Zuschlags wird mit dessen Verkündung, und,

16 OLG Oldenburg; JurBüro 1995, 317.
17 LG Hamburg, NJW-RR 1999, 581 = JurBüro 1999, 93; LG Bamberg, JurBüro 1998, 147.
18 OLG Düsseldorf, DNotZ 1981, 76; *Hartmann* § 61 Rn. 12.
19 OLG Karlsruhe, JurBüro 2001, 315.

wenn der Zuschlag von dem Beschwerdegericht erteilt wird, mit der Zustellung des Beschlusses an den Ersteher fällig. Im übrigen werden die Gebühren im ersten Rechtszug im Verteilungstermin und, wenn das Verfahren vorher aufgehoben wird, mit der Aufhebung fällig.

(2) **Abs. 1 S 1 gilt im Verfahren der Zwangsverwaltung entsprechend; im übrigen werden die Gebühren mit der Aufhebung des Verfahrens, und, wenn es länger als ein Jahr dauert, am Ende eines jeden Jahres fällig.**

1 **Allgemeines:** Die Vorschrift regelt die Fälligkeit der Gebühren in Verfahren nach dem ZVG. Sie ist durch das KostRÄndG 1994 an die Neustrukturierung der Gebühren im Teil 5 des Kostenverzeichnisses angepaßt worden. Dabei werden nur noch die Gebühren für die Entscheidung über den Antrag auf Anordnung eines dieser Verfahren und über den Beitritt im einzelnen genannt, weil dafür eine besondere Fälligkeit bestimmt ist. Das Entstehen der Gebühr ist geregelt in den §§ 29–31 GKG.

2 **Einzelnes:** Bei der Zwangsversteigerung sind für die Fälligkeit zu unterscheiden zwischen der **Anordnungsgebühr** (Abs. 1 S 1), der **Zuschlagsgebühr** (Abs. 1 S 2) und der **Verfahrens- pp. Gebühr** (Abs. 1 S 3).

3 Die **Anordnungsgebühr** wird fällig mit der Entscheidung über die Anordnung bzw. den Beitritt. Unerheblich ist, ob die Entscheidung dem Antrag stattgibt, oder ob er mit der Entscheidung abgelehnt wird. Eine Zwischenentscheidung löst die Fälligkeit der Gebühr noch nicht aus. Die Entscheidung ist ergangen, wenn sie verkündet oder von der Geschäftsstelle zur Zustellung gegeben worden ist.[1] Bei Rücknahme des Antrags vor der Entscheidung erwächst keine Gebühr.

4 Die **Zuschlagsgebühr** wird fällig mit der Verkündung des Zuschlags.[2] Ob und wann der Zuschlag rechtskräftig wird, ist ohne Belang.[3] Erteilt erst das Beschwerdegericht den Zuschlag, wird die Gebühr fällig mit der Zustellung des Beschlusses an den Ersteher.

5 Die **Verfahrens-, Termins- und Verteilungsgebühr** wird jeweils fällig im Verteilungstermin oder im Falle der vorherigen Aufhebung des Verfahrens schon mit der Herausgabe des Aufhebungsbeschlusses an die Geschäftsstelle. Im Fall einer außergerichtlichen Verteilung (§§ 143 ff. ZVG) tritt die Fälligkeit ein, wenn der Nachweis darüber erbracht ist oder mit dem Ablauf der Zweiwochenfrist.

6 **Zwangsverwaltung (Abs. 2):** Die Fälligkeit der Anordnungsgebühr tritt ein mit der Anordnung (vgl. oben, Rn. 3). In allen anderen Fällen tritt die Fälligkeit erst mit dem Aufhebungsbeschluß ein. Dauert die Zwangsverwaltung mehr als ein Jahr, tritt sie mit der jeweiligen Wiederkehr des Kalendertages der Beschlagnahme ein (§§ 151, 22 ZVG).

7 Die Fälligkeit der **Auslagen** richtet sich nach §§ 63, 64 GKG, die des **Vorschusses** nach § 64 Abs. 2, 68 Abs. 3 GKG.

1 BayObLG, RPfleger 1968, 394; OLG Hamburg, NJW 1970, 1616; *Mümmler* JurBüro 1975, 1151.
2 LG Lüneburg, RPfleger 1988, 112.
3 *Hartmann* § 62 Rn. 3.

§ 63
Fälligkeit der Gebühren in sonstigen Fällen, Fälligkeit der Auslagen

(1) Im übrigen werden die Gebühren sowie die Auslagen fällig, sobald eine unbedingte Entscheidung über die Kosten ergangen ist oder das Verfahren oder die Instanz durch Vergleich, Zurücknahme des Antrags oder anderweitige Erledigung beendigt ist.

(2) In Strafsachen werden die Kosten, die dem verurteilten Beschuldigten zur Last fallen, erst mit der Rechtskraft des Urteils fällig. S 1 gilt in gerichtlichen Verfahren nach dem Gesetz über Ordnungswidrigkeiten entsprechend.

Übersicht

1 Die Vorschrift regelt die Fälligkeit für alle Gebühren, soweit sie nicht in den §§ 61, 62 GKG behandelt sind. Das sind vor allem die Gebühren in Strafsachen, nach dem Ordnungswidrigkeitengesetz, dem Strafvollzugsgesetz und in Finanz- und Verwaltungsgerichtssachen. Außerdem bestimmt die Vorschrift die Fälligkeit der Auslagen, soweit nicht § 64 GKG als lex specialis vorgeht. Neben den Bestimmungen über die Fälligkeit sind die Vorschriften über die Auslagenvorschußpflicht nach §§ 68, 69 GKG zu beachten, wonach der Vorschußpflichtige auch schon vor der Fälligkeit der Auslagen in Anspruch genommen werden kann.

2 **„Im übrigen“** bedeutet, soweit nicht die Fälligkeit in anderen Bestimmungen (§§ 61, 62, 64 GKG) geregelt ist. Unter § 63 GKG fallen daher nur die Gebühren in den in § 61 GKG nicht genannten Familiensachen, in Strafsachen, Strafvollzugssachen, Ordnungswidrigkeitensachen sowie in Verwaltungs- und Finanzgerichtssachen sowie Auslagen mit Ausnahme der in § 64 GKG genannten. In allen diesen Angelegenheiten tritt die Fälligkeit erst mit der Kostenentscheidung oder der anderweitigen Beendigung des Verfahrens oder der Instanz ein (Abs. 1).[1]

Für die Fälligkeit der Gebühren und Auslagen in Straf- und Ordnungswidrigkeitensachen ist zu unterscheiden, ob sie dem verurteilten Beschuldigten/Betroffenen zur Last fallen oder einem Dritten. 3

Soweit **die Kosten dem verurteilten Beschuldigten/Betroffenen zur Last fallen,** werden die Gebühren erst mit der Rechtskraft des Urteils bzw. der Entscheidung (z. B. beim Strafbefehl mit dessen Rechtskraft) einschließlich des Kosten- und Auslagenausspruchs (vgl. unten, Rn. 8) fällig (Abs. 2), gleichgültig, ob die Verurteilung im Offizialverfahren oder im Privatklageverfahren erfolgt ist. Diese Regelung entspricht dem § 40 Abs. 1 GKG bzw. KV Nr. 6703. Auch wenn das Gericht von Strafe absieht, liegt eine Verurteilung iS von § 465 S 2 StPO vor; desgleichen, wenn der für straffrei erklärte Beschuldigte gemäß § 468 StPO in die Kosten verurteilt wurde, oder wenn nur auf eine Maßregel der Besserung und Sicherung erkannt ist, ohne daß gleichzeitig ein auf Strafe ltendes Urteil ergeht. Ebenso fallen die Kosten des Entschädigungsverfahrens (KV Nr. 6800) unter Abs. 2. 4

Gebühren, die **nicht dem verurteilten Beschuldigten/Betroffenen zur Last fallen,** aber auch Kosten, die einem Angeschuldigten, der freigesprochen, gegen den die Eröffnung des Hauptverfahrens abgelehnt oder das Verfahren eingestellt wurde, auferlegt sind (§ 467 StPO), sowie die Kosten eines erfolglosen Wiederaufnahmeantrags, die den Zeugen und Sachverständigen oder sonstigen Dritten auferlegten Kosten, werden fällig, sobald eine unbedingte Entscheidung über die Kosten ergangen ist oder das Verfahren oder die Instanz anderweitig erledigt ist. 5

Für die Fälligkeit der Gebühren und Auslagen in **Verwaltungs- und Finanzgerichtsverfahren** gilt Abs. 1 unbeschränkt. Sie werden, soweit § 64 GKG nicht als Spezialvorschrift vorgeht, erst mit einer unbedingten Kostenentscheidung oder bei Beendigung des Verfahrens auf andere Weise fällig.[2] Ein Vorbescheid beendigt das Verfahren, wenn er die Wirkung eines Urteils hat (§§ 84 Abs. 2 VwGO, 90 Abs. 3 FGO). 6

In **Strafvollzugssachen** gilt das in Rn. 6 Gesagte entsprechend. 7

Eine **unbedingte Entscheidung über die Kosten** ist jede Kostenentscheidung, die nicht an eine Bedingung geknüpft ist. Die fehlende Rechtskraft ist keine Bedingung, so daß auch eine noch nicht rechtskräftige Kostenentscheidung idR unbedingt ist (sofern nicht Abs. 2 gilt). Eine Ausnahme gilt nur für Entscheidungen in Straf- und Bußgeldsachen, welche auch einen rechtskräftigen Kostenausspruch erfordern. Das kommt dann und soweit zum Tragen, als in diesen Sachen die isolierte Anfechtung von Kosten- und Auslagenentscheidungen zulässig ist.[3] Auch eine Vollstreckbarkeit der Kostenentscheidung ist nicht nötig. Die Kostenentscheidung läßt nicht notwendigerweise alle bisher erwachsenen Kosten fällig werden, sondern nur jene, die Gegenstand der Kostenentscheidung sind. Die Fälligkeit aufgrund der Kostenentscheidung kann auch eintreten, bevor die Instanz beendigt ist. 8

1 Vgl. BGH, JurBüro 1981, 372.
2 Vgl. dazu VGH Baden-Württemberg, NJW 1981, 1047 = MDR 1981, 394 = Die Justiz 1980, 409.
3 Vgl. dazu ausfer bei *D.Meyer* JurBüro 1998, 530.

9 Auch die **Beendigung des Verfahrens oder der Instanz**[4] läßt die Kosten fällig werden, z. B. die Beendigung einer Rechtsmittelinstanz durch eine zurückverweisende Entscheidung,[5] das längere Nichtbetreiben des Verfahrens durch die Parteien, der tatsächliche Verfahrensstillstand[6] oder das Ruhen des Verfahrens.[7] Weitere Beendigungsgründe sind der Vergleich, die Zurücknahme der (Privat)klage, des das Verfahren bedingenden Strafantrags oder eines sonstigen, das Verfahren bedingenden Antrags (wie z. B. des Antrags auf gerichtliche Entscheidung gegen einen Ordnungsstrafbescheid der Verwaltungsbehörde). Die Fälligkeit tritt hier ein mit der Rechtswirksamkeit des Vergleichs oder der Rücknahmeerklärung. Behandelt das Gericht die Sache als durch einen Vergleich beendigt, so werden auch die Kosten fällig. Der Kostenbeamte hat nicht zu prüfen, ob das Gericht zu Recht oder zu Unrecht eine Erledigung der Sache durch den Vergleich bejaht und deshalb eine Entscheidung abgelehnt hat. Es darf aber selbstverständlich keine Beendigung des Verfahrens fingiert werden, nur um den Fiskus zur vorzeitigen Gebührenerhebung zu verhelfen.[8]

10 **Auslagen** (mit Ausnahme der im § 64 GKG genannten) werden in bürgerlichen Rechtsstreitigkeiten einschließlich Familiensachen, im Insolvenzverfahren und im schiffahrtsrechtlichen Verteilungsverfahren sowie in Straf-, Ordnungswidrigkeiten- und Strafvollzugssachen, deren Kosten nicht den Verurteilten bzw. Betroffenen treffen, in Verwaltungs- und Finanzgerichtssachen fällig, sobald eine unbedingte Kostenentscheidung, auch über die Auslagen, ergangen ist.[9] Eine solche Entscheidung liegt vor, wenn sie nicht an eine Bedingung geknüpft ist, wobei die Rechtskraft oder die Vollstreckbarkeit keine Bedingung idS ist. Die Kostenentscheidung löst die Fälligkeit auch aus, wenn die Instanz oder das Verfahren noch nicht beendigt ist. Deshalb werden die bis zum Erlaß des Versäumnisurteils entstandenen Auslagen aufgrund der im Versäumnisurteil enthaltenen Kostenentscheidung fällig und bleiben es, auch wenn gegen das Versäumnisurteil Einspruch eingelegt ist oder die Zwangsvollstreckung daraus eingestellt wird. Auch das Vorbehaltsurteil ist eine unbedingte Entscheidung. Der Mahnbescheid hingegen enthält nur eine bedingte Verurteilung. Hier tritt die Fälligkeit erst ein mit dem Erlaß des Vollstreckungsbescheids. Die Anfechtbarkeit einer Entscheidung durch Rechtsmittel oder die Einlegung von Rechtsmitteln berührt die aufgrund der Kostenentscheidung eingetretene Fälligkeit nicht. Die Fälligkeit wird erst wieder beseitigt, wenn die gerichtliche Kostenentscheidung, auf die sie beruhte, durch eine andere gerichtliche Entscheidung aufgehoben oder abgeändert wird (§ 57 GKG).

11 **Die Entscheidung ist ergangen**, wenn sie verkündet oder statt der Verkündung den Parteien zugestellt (vgl. §§ 310, 329 Abs. 3 ZPO, 116 Abs. 2, 3 VwGO, 104 Abs. 2, 3 FGO) oder formlos mitgeteilt ist. Es reicht aus, wenn die Entscheidung nur über die Kosten ergeht. Gleichgültig ist, ob sie in einem Beschluß (z. B. nach §§ 91 a, 269 Abs. 3; 516 Abs. 3

4 Vgl. dazu BGH, NJW 1981, 1048.
5 BGH, JurBüro 1981, 372 = RPfleger 1981, 144 = FamRZ 1981, 253.
6 VGH Stuttgart, RPfleger 1981, 72.
7 Dazu VGH Mannheim, NJW 1981, 1047; *Scholz* BaWüVBl. 1982, 6.
8 OVG Lüneburg, JurBüro 1991, 955.
9 Vgl. OLG Düsseldorf, JMBlNRW 1964, 237.

ZPO; 161, 155 VwGO; 138, 136 FGO) oder in einem Urteil enthalten ist und ob sie die ganzen oder nur einen Teil der Kosten zum Gegenstand hat. In letzterem Falle tritt die Fälligkeit nur hinsichtlich des von der Entscheidung erfaßten Teils der Auslagen ein. Die Auslagen müssen in der Entscheidung nicht ausdrücklich erwähnt sein. Es reicht die Bezeichnung „Kosten" (§ 1 GKG).

Beendigung des Verfahrens durch **Vergleich, Zurücknahme oder auf anderweitige Art.** 12
Hier bewirkt sowohl der gerichtliche als auch der dem Gericht mitgeteilte außergerichtliche Vergleich die Fälligkeit, wenn und soweit dadurch die Beendigung des Verfahrens bewirkt wird. Ein Zwischenvergleich beendet danach das Verfahren nicht, während ein Widerrufsvergleich das Verfahren erst beendet, wenn der Widerruf nicht erfolgt. Es hindert die Fälligkeit nicht, wenn der Vergleich keine Kostenregelung enthält. Da es nur auf die objektive Beendigung des Verfahrens ankommt, spielt es auch keine Rolle, auf welche Weise der Kostenbeamte Kenntnis von der Verfahrensbeendigung erhält. Hat er aber zu Unrecht die Beendigung des Verfahrens angenommen, lag eine Fälligkeit nicht vor, so daß der Kostenansatz dann berichtigt werden muß. Wenn die Parteien den Rechtsstreit fortsetzen zur Klärung der Frage, ob ein rechtswirksamer Vergleich zustande gekommen ist, ist der Kostenansatz erst zu berichtigen, wenn sich herausstellt, daß der Vergleich das Verfahren nicht beendigt hatte. Ist der Kostenansatz noch nicht erfolgt, wird er zweckmäßigerweise bis zur Klärung der Rechtswirksamkeit des Vergleichs aufzuschieben sein.

Zurücknahme der Klage, Widerklage, des Rechtsmittels oder eines sonstigen Antrags 13
bewirken die Fälligkeit, wenn und soweit sie das Verfahren beendigen. Wird das Verfahren nur teilweise beendet, tritt die Fälligkeit nur hinsichtlich der auf den beendeten Teil entfallenden Auslagen ein. Die Fälligkeit tritt auch ein, wenn keine Kostenentscheidung nach § 269 Abs. 3 ZPO, § 516 Abs. 3 ZPO, § 155 Abs. 2 VwGO, § 136 FGO ergeht.

Anderweitige Beendigung liegt beim Ruhen oder längerem Nichtbetreiben des Verfah- 14
rens vor. Ebenso bei Zurückverweisung einer Sache von der oberen zur unteren Instanz, ohne daß eine Kostenentscheidung hinsichtlich der Auslagen der oberen Instanz getroffen worden ist. Ein Arrestverfahren ist anderweitig beendet, wenn der Arrestantrag verbeschieden ist und die Kostenentscheidung der Hauptsacheentscheidung vorbehalten ist. Das selbständige Beweisverfahren ist regelmäßig mit der Durchführung der Beweisaufnahme beendet.

Im **Insolvenzverfahren** tritt die Fälligkeit der Auslagen ebenfalls ein, sobald eine unbe- 15
dingte Kostenentscheidung ergangen ist oder das Verfahren oder die Instanz, auch die Beschwerdeinstanz, beendigt ist. Die Staatskasse wird in diesen Fällen durch die Auslagenvorschußpflicht (§§ 68, 69 GKG) ausreichend geschützt. Als Beendigungsgründe kommen in Betracht: Die Zurücknahme des Eröffnungsantrags, dessen Abweisung, die Aufhebung oder Einstellung des Verfahrens. Diese Grundsätze gelten auch im **schifffahrtsrechtlichen Verteilungsverfahren.**

Im **Zwangsversteigerungs- und Zwangsverwaltungsverfahren** tritt die Fälligkeit der 16
Auslagen ebenfalls ein, sobald eine unbedingte Kostenentscheidung ergangen oder das

Verfahren anderweitig beendigt ist. Auch hier ist die Staatskasse durch die Vorschußpflicht nach §§ 68, 69 GKG geschützt.

17 **Schreibauslagen:** Vgl. § 64 GKG.

18 In **Arbeitsgerichtssachen** regelt § 12 Abs. 4 ArbGG die Fälligkeit der Gebühren und Auslagen. Sie werden erst fällig, wenn das Verfahren in dem Rechtszug beendigt ist, wenn es sechs Monate geruht hat oder von den Parteien sechs Monate lang nicht betrieben worden ist.

19 **Sozialgerichtssachen:** Die nach § 184 SGG entstehende Gebühr wird fällig, sobald die Streitsache durch Zurücknahme des Rechtsbehelfs, durch Vergleich, Anerkenntnis, Vorbescheid, Beschluß oder durch Urteil erledigt ist (§ 185 SGG).

§ 64 Fälligkeit der Dokumentenpauschale und bestimmter sonstiger Auslagen

(1) **Die Dokumentenpauschale und Auslagen für die Versendung von Akten werden sofort nach ihrer Entstehung fällig. Sie können bei der Stelle angesetzt werden, bei der sie entstanden sind.**

(2) **Die Erteilung oder Ausfertigung der auf Antrag zu erteilenden Ausfertigungen und Abschriften sowie die Versendung von Akten können von der vorherigen Zahlung eines die Auslagen abdeckenden Betrages abhängig gemacht werden. § 5 gilt entsprechend.**

1 Die auch in Verwaltungs- und Finanzgerichtsverfahren (nicht aber in Arbeitsgerichtssachen, wo § 12 Abs. 4 ArbGG als lex specialis gilt, und in Sozialgerichtssachen für die Aktenversendung entsprechend)[1] anwendbare Vorschrift ergänzt bzw. modifiziert die §§ 63, 68 GKG für Dokumentenpauschale und Auslagen für Aktenversendung.

2 **Fälligkeit der Dokumentenpauschale (Abs. 1, 1. Alt.):** Dokumentenpauschale idS sind nur die in KV Nr. 9000 behandelten Auslagen. Sie werden sofort mit der Erstellung der auslagenpflichtigen Stücke fällig, und zwar unabhängig davon, ob der Antragsteller sie erhält. Eine Rücknahme des Antrags auf Erteilung der Ausfertigungen oder Abschriften ist nach deren Erstellung wirkungslos. Kostenschuldner ist der Antragsteller (§ 56 Abs. 1 GKG). Die Fälligkeit hat zur Folge, daß der Kostenansatz sofort erfolgen kann.

3 **Fälligkeit der Auslagen für Aktenversand (Abs. 1, 2. Alt.):** Gemeint sind die Auslagen nach KV Nr. 9003. Hier gilt das bei Rn. 2 Gesagte sinngemäß. Ausführlicher dazu bei KV Nr. 9003, Rn. 35–35.

1 LSG Schleswig-Holstein, AnwBl. 1997, 48; SG Stralsund, JurBüro 1998, 370 m. Anm. v. *Enders*; a. M. SG Frankfurt/Main, NZS 1998, 256 (L); SG Düsseldorf, AnwBl. 1997, 693; *Pawlita* AnwBl 1997, 667.

Die **Anfertigung** der Abschriften oder Ausfertigungen oder der **Versand** der Akten kann von der vorherigen Zahlung abhängig gemacht werden. 4

Vorherige Zahlung: Der Kostenschuldner hat vor der Anfertigung oder vor der Absendung der Akten zu zahlen. Der zu zahlende Betrag ist durch Schätzung zu ermitteln. Er soll die Dokumentenpauschale bzw. die Versandkosten (insoweit ist aber eine Pauschale vorgesehen) decken, muß also so hoch sein, daß eine – selbstverständlich jederzeit zulässige – Nachzahlung[2] unnötig wird. Nach Eintritt der Fälligkeit ist der vorschußweise gezahlte Betrag auf die tatsächlich geschuldeten Auslagen zu verrechnen. Zulässig ist erforderlichenfalls auch die Forderung einer weiteren Vorauszahlung. 5

Ob der Kostenbeamte eine **Vorauszahlung** fordert, liegt in seinem freien pflichtgemäßen Ermessen („kann"). Dabei ist besonders § 22 KostVfg zu beachten. Auch soll nach § 25 KostVfg i.V.m. § 10 KostO von einer Zurückbehaltung der Abschriften und Ausfertigungen und der Zurückstellung des Versandes abgesehen werden, wenn der Eingang der Kosten mit Sicherheit zu erwarten ist, oder wenn glaubhaft gemacht wird, daß die Verzögerung der Herausgabe oder des Versandes einem Beteiligten einen nicht oder nur sehr schwer ersetzbaren Schaden bringen würde und nicht anzunehmen ist, daß die Kosten entzogen werden sollen. Der Ansatz der Auslagen hat dann mit dem nächstfolgenden Ansatz von Gebühren, spätestens bei Beendigung des Verfahren zu erfolgen. 6

Zuständig für den Ansatz ist der Kostenbeamte nach § 4 GKG, daneben auch der Kostenbeamte der Stelle, von der die Ausfertigungen oder Abschriften erteilt oder die Versendung der Akten veranlaßt wird. 7

Rechtsbehelfe: Der auf die Vorauszahlung in Anspruch genommene Antragsteller kann gegen die Entscheidung des Kostenbeamten Erinnerung nach § 4 GKG einlegen sowie Beschwerde im Rahmen der §§ 5 und 6 GKG. Über die Erinnerung entscheidet das Gericht der Instanz gebührenfrei. Möglich ist auch die Beschwerde nach § 5 GKG.[3] Der Beschwerdewert muß 50 € übersteigen, sofern sie sich gegen den Ansatz der Auslagen richtet, während Beschwerden gegen die Anordnung der Vorschußforderung an keinen Beschwerdewert gebunden sind (§ 6 GKG). 8

§ 65
Vorauszahlung und Vorschuß in Verfahren vor den ordentlichen Gerichten

(1) In bürgerlichen Rechtsstreitigkeiten soll die Klage erst nach Zahlung der erforderten Gebühr für das Verfahren im allgemeinen zugestellt werden. Im Mahnverfahren soll auf Antrag des Antragstellers nach Erhebung des Widerspruchs die Sache an das für das streitige Verfahren als zuständig bezeichnete Gericht erst abgegeben werden, wenn die erforderte Gebühr für das Verfahren im allgemeinen gezahlt ist; dies gilt entsprechend für das Verfahren nach Erlaß eines Vollstrek-

2 *Hartmann* § 64 Rn. 3.
3 KG, RPfleger 1983, 326.

kungsbescheids unter Vorbehalt der Ausführung der Rechte des Beklagten. Wird der Klageantrag erweitert, so soll vor Zahlung der erforderten Gebühr für das Verfahren im allgemeinen keine gerichtliche Handlung vorgenommen werden; dies gilt auch in der Rechtsmittelinstanz. Die Sätze 1–3 gelten nicht für die Widerklage.

(2) Abs. 1 gilt nicht für Scheidungsfolgesachen, für Folgesachen eines Verfahrens über die Aufhebung der Lebenspartnerschaft, für Familiensachen nach § 621 Abs. 1 Nr. 9 der Zivilprozessordnung, Verfahren nach § 661 Abs. 1 Nr. 7 der Zivilprozeßordnung sowie für Rechtsstreitigkeiten über Erfindungen eines Arbeitnehmers, soweit nach § 39 des Gesetzes über Arbeitnehmererfindungen die für Patentstreitsachen zuständigen Gerichte ausschließlich zuständig sind.

(3) Sofern im Klageverfahren Abs. 1 S 1 Anwendung findet, soll auch der Mahnbescheid erst nach Zahlung der dafür vorgesehenen Gebühr erlassen werden. Wird der Mahnbescheid maschinell erstellt, so gilt S 1 erst für den Erlaß des Vollstreckungsbescheids.

(4) Über den Antrag auf Abnahme der eidesstattlichen Versicherung (§ 889 der Zivilprozessordnung) auf Erteilung der Abschrift eines mit eidesstattlicher Versicherung abgegebenen Vermögensverzeichnisses oder den Antrag auf Gewährung der Einsicht in dieses Schriftstück soll erst nach Zahlung der dafür vorgesehenen Gebühr entschieden werden.

(5) Über Anträge auf gerichtliche Handlungen der Zwangsvollstreckung gemäß § 829 Abs. 1, §§ 835, 839, 846 bis 848, 857, 858, oder 886 der Zivilprozeßordnung soll erst nach Zahlung der Gebühr für das Verfahren und der Auslagen für die Zustellung entschieden werden.

(6) Über den Antrag auf Eröffnung des schiffahrtsrechtlichen Verteilungsverfahrens soll erst nach Zahlung der dafür vorgesehenen Gebühr und der Auslagen für die öffentliche Bekanntmachung entschieden werden.

(7) Die Absätze 1, 4 bis 6 gelten nicht,

1. soweit dem Antragsteller Prozeßkostenhilfe bewilligt ist,
2. wenn dem Antragsteller Gebührenfreiheit zusteht,
3. wenn glaubhaft gemacht wird, daß dem Antragsteller die alsbaldige Zahlung der Kosten mit Rücksicht auf seine Vermögenslage oder aus sonstigen Gründen Schwierigkeiten bereiten würde,
4. wenn glaubhaft gemacht wird, daß eine Verzögerung dem Antragsteller einen nicht oder nur schwer zu ersetzenden Schaden bringen würde; zur Glaubhaftmachung genügt in diesem Falle die Erklärung des zum Prozeßbevollmächtigten bestellten Rechtsanwalts.

In den Fällen der Nrn 3 und 4 ist nicht von der Vorauszahlung oder der Vorschußzahlung zu befreien, wenn die beabsichtigte Rechtsverfolgung aussichtslos oder mutwillig erscheint. Abs. 3 gilt nicht, soweit dem Antragsteller die Prozeßkostenhilfe bewilligt ist oder Gebührenfreiheit zusteht.

Übersicht

Allgemeines: Die §§ 65–69 GKG behandeln die Kostenvorauszahlungs- und die Vorschußpflicht. Bei der **Vorschußpflicht** geht es darum, daß Beträge zur Deckung noch *nicht fälliger* Kosten zum Zwecke späterer Verrechnung auf die tatsächlich entstehenden Gebühren im Voraus zu entrichten sind. Bei der **Vorauszahlung** soll vor Entrichtung *bereits fälliger* Gebühren keine Handlung vorgenommen werden. Wer die Vorauszahlung nicht leistet, hat somit den prozessualen Nachteil einer Untätigkeit des Gerichts und damit u. U. sogar Rechtsverluste (z. B. Verjährung) in Kauf zu nehmen. Nach § 3 GKG darf aber über die Vorschriften der Prozeßordnungen und des GKG hinaus die Tätigkeit der Gerichte von einer Vorschußleistung oder Vorauszahlung nicht abhängig gemacht werden. 1

Die Bestimmungen der §§ 65 ff. GKG sind deshalb eng auszulegen.[1] Zweck dieser Vorschriften ist die Sicherung der Staatskasse vor Ausfällen an Kosten (Gebühren und Auslagen). Eine besondere Gerichtskostenvorschußpflicht für **Ausländer** und **Staatenlose** kennt das GKG nicht.

2 § 65 gilt nur in Verfahren vor den **ordentlichen Gerichten** und hier nur in bürgerlichen Rechtsstreitigkeiten, im Mahnverfahren, im Verfahren zur Abnahme der eidesstattlichen Versicherung, in den im § 65 genannten Zwangsvollstreckungssachen und in schiffahrtsrechtlichen Verteilungsverfahren. Die Bestimmung gilt vor allem nicht im Verwaltungs- und Finanzgerichtsverfahren und im Arbeitsgerichtsverfahren (§ 12 Abs. 4 S 2 ArbGG).[2] Eine Ausnahme besteht aber, wenn die Sache vom Arbeitsgericht an die ordentliche Gerichtsbarkeit verwiesen wird, ohne daß die Verweisung aufgrund einer mündlichen Verhandlung erfolgt.[3] Ist vor dem Arbeitsgericht aber schon mündlich verhandelt worden, darf die nach einer Verweisung folgende Tätigkeit des ordentlichen Gerichts nicht mehr von einem Vorschuß abhängig gemacht werden.[4] Wegen der Auslagen im Verwaltungs- und Finanzgerichtsverfahren, vgl. § 68 GKG. Zu den Rechtsfolgen verspäteter Zahlung und den Pflichten der nicht vermögenden Partei, vgl. § 204 Abs. 2 = 211 a. F. BGB.[5]

3 Vorauszuzahlen sind die in Abs. 1–6 bezeichneten Kosten, sofern nicht Ausnahmen nach Abs. 7 vorliegen. **Die Aufzählung** der Vorauszahlungstatbestände **ist abschließend.**

4 Die Forderung von Vorauszahlungen weiterer Gebühren wäre nach § 3 GKG unzulässig. Das gilt aber nicht für solche gerichtlichen Handlungen, die mit **Auslagen** verbunden sind. Bei ihnen soll die Handlung von der vorherigen Zahlung eines ausreichenden Vorschusses abhängig gemacht werden (§ 68 GKG). Für die Zustellungsauslagen, soweit sie über die in den Verfahrensgebühren im allgemeinen nicht pauschal eingearbeitet sind, ist das ausdrücklich gesagt. Keine Vorauszahlungspflicht besteht auch bei den Gebühren für Arrest und einstweilige Verfügung, weil hier keine Klage i. S. v. Abs. 1 S 1 vorliegt. Das gilt auch für einstweilige Anordnungen.[6] Zur Erstattung nicht verbrauchter Vorschüsse vgl. oben, § 3, Rn. 11.

5 **Gebühr für das Verfahren im allgemeinen (Abs. 1 S 1):** Die **Zustellung der Klage** soll in bürgerlichen Rechtsstreitigkeiten unterbleiben, solange die Gebühr für das Verfahren im allgemeinen (KV Nr. 1220) und evtl. Zustellungsmehrauslagen (§ 68 GKG) nicht entrichtet sind (Abs. 1 S 1). Andere gerichtliche Handlungen als die Zustellung der Klage dürfen von der Vorauszahlung aber nicht abhängig gemacht werden. Vorauszahlungspflichtig ist der Kläger als Schuldner der Gebühr und evtl. Zustellungsmehrauslagen, nicht

1 OLG Düsseldorf, NJW-RR 2000, 367, 368.
2 LG München, RPfleger 1990, 227.
3 *Hartmann* § 65 Rn. 3.
4 OLG Brandenburg, JurBüro 1998, 548 = MDR 1998, 1119 = NJW-RR 1999, 291; **a. M.** OLG Frankfurt/Main, MDR 1960, 508; *Hartmann* § 65 Rn. 3.
5 BGH, NJW 1971, 751 = JurBüro 1971, 325; NJW 1974, 57 = JurBüro 1974, 463 = VersR 1974, 164 MDR 1974, 31; OLG Köln, JMBlNRW 1968, 286; LG Bonn, VersR 1977, 468 (L) und bei *Schneider* MDR 1968, 106.
6 OLG Schleswig, SchlHA 1970, 20.

der Beklagte und schon gar nicht der Rechtsanwalt als Prozeßbevollmächtigter.[7] Wegen der Vorauszahlungspflicht eines Streitgenossen vgl. oben, § 2, Rn. 30.

Zustellung der Klage: Es muß sich um die Zustellung einer Klage im ordentlichen Prozeßverfahren des ersten Rechtszuges handeln, das mit der Klage beginnt. Daher besteht keine Vorauszahlungspflicht der Gebühr und evtl. Zustellungsmehrauslagen für das Berufungs- und Revisionsverfahren.[8] Hier erfolgt die Terminsbestimmung nicht aufgrund der Klage, so daß in Berufungs- und Revisionsverfahren die Zustellung auch ohne Vorauszahlung der Verfahrensgebühr und der Zustellungsauslagen zu erfolgen hat.[9] Aber der Ansatz der mit Einreichung der Rechtsmittelschrift fällig gewordenen Verfahrensgebühr für das Rechtsmittelverfahren (KV Nrn. 2120, 2130) hat gemäß § 13 Abs. 1 KostVfg sofort zu erfolgen. Keine Vorauszahlungspflicht besteht auch bei Verfahren, die nicht durch eine Klage eingeleitet werden (wie z. B. Arrestverfahren, einstweilige Verfügungen, einstweilige Anordnungen oder besondere Verfahren iS v. KV Nrn. 1600 ff.), und zwar auch dann nicht, wenn das Gericht mündliche Verhandlung anordnet. Klageverfahren iS von § 65 liegen indessen vor bei Urkunden- und Wechselsachen, Ehe- und Kindschaftssachen (§ 640 ff. ZPO), bei Klagen im Zwangsvollstreckungsverfahren (§§ 722, 731, 767, 768, 771 ZPO). Keine Vorauszahlungspflicht besteht hingegen bei Scheidungsfolgesachen nach § 621 Abs. 1 Nr. 9 ZPO und in dem Zuständigkeitsbereich der ordentlichen Gerichte unterfallenden Streitigkeiten nach dem Arbeitnehmererfindungsgesetz (Abs. 2) sowie nach Abs. 7. Auch die Nichtigkeits- und Restitutionsklagen nach §§ 598 ff. ZPO sind keine Klageverfahren iS v. § 65, sondern außerordentliche Rechtsbehelfsverfahren, für die keine Vorauszahlungspflicht besteht.[10] Keine (erneute) Vorauszahlungspflicht besteht, wenn ein Verfahren, das lange Zeit geruht hat, wieder aufgenommen wird,[11] gleichviel, ob es schon abgerechnet war oder nicht. Der Antragsteller hat dann aber – etwa, wenn die Akten bereits nach Weglage vernichtet worden sind – ggf. glaubhaft zu machen, daß und in welcher Höhe er bereits einen Vorschuß geleistet hatte.[12] Auch für die Widerklage besteht keine Vorauszahlungspflicht.[13] Die vom Widerkläger geschuldete allgemeine Verfahrensgebühr wird aber mit der Erhebung der Widerklage im Termin oder Einreichung eines Widerklageschriftsatzes fällig (§ 61 GKG) und kann sofort angesetzt und erforderlichenfalls beigetrieben werden. Beantragen beide Ehegatten die Scheidung oder beide Lebenspartner die Aufhebung der Partnerschaft, ist jeder in voller Höhe vorauszahlungspflichtig. 6

Erfolgt die Zustellung, obwohl die erforderte Gebühr und die evtl. Zustellungsmehrauslagen noch nicht geleistet sind, darf der weitere Fortgang des Verfahrens nicht von der nachträglichen Zahlung abhängig gemacht werden.[14] Dabei ist es unerheblich, ob vor der 7

7 BVerwG, NJW 1971, 2086; *Seltmann* VersR 1974, 103; *Hartmann* § 65 Rn. 3.
8 OLG Frankfurt/Main, NJW 1985, 751; *Hartmann* § 65 Rn. 19.
9 *Oe/Wi/He* § 65 Rn. 11.
10 A. M. *Oe/Wi/He* § 65 Rn. 9.
11 LG Münster, JMBlNRW 1955, 32.
12 *Oe/Wi/He* § 65 Rn. 7.
13 OLG Frankfurt/Main, FamRZ 1982, 810; *Hartmann* § 65 Rn. 18; *Oe/Wi/He* § 65 Rn. 10.
14 BGHZ 62, 179; OLG München, NJW-RR 1989, 64; LG Bremen, BB 1993, 1836; *Hartmann* § 65 Rn. 10.

Zustellung überhaupt keine oder versehentlich eine zu geringe Gebühr erfordert und gezahlt worden oder ob die Zahlung der zu geringen Gebühr auf die Annahme eines zu niedrigen Streitwertes zurückzuführen ist. Dasselbe gilt grundsätzlich bei Verweisungen, etwa wenn der erste Verhandlungstermin vor dem Amtsgericht stattgefunden hat und danach die Verweisung an das Landgericht erfolgte. Anders liegt es aber, wenn von einem Gericht, dessen Tätigwerden nicht von einer Vorschußleistung abhängig gemacht werden darf, an ein Gericht, das vorschußforderungsberechtigt ist, verwiesen wird (z. B. Arbeitsgericht verweist – auch nach mündlicher Verhandlung – an Zivilgericht).[15]

8 Nach Zahlung der **„erforderten Gebühr"** bedeutet, daß der Kostenbeamte zuerst die allgemeine Verfahrensgebühr, die mit Eingang der Klage fällig wurde (§ 61 GKG), und evtl. nach § 68 GKG vorauszuzahlende Zustellungsauslagen, die nicht von der in der allgemeinen Verfahrensgebühr eingerechneten Pauschale gedeckt sind, anzusetzen hat. Bestehen Zweifel über die Höhe des Streitwerts, kann er die Streitwertfestsetzung anregen (vgl. § 25 GKG). Ist die in Ansatz gebrachte und angeforderte Gebühr gezahlt, hat die Zustellung zu erfolgen, sofern hierfür die sonstigen Voraussetzungen gegeben sind, selbst wenn später ein höherer Streitwert festgesetzt wird. Denn die erforderte Gebühr wurde gezahlt. Die höhere Gebühr ist nachzuerheben, wenn sie nicht vorausgezahlt ist. Für die Zahlung der erforderten Gebühr besteht keine Frist. Sie ist aber beizutreiben, wie jede andere fällige und angesetzte Gebühr. Hat der Kläger bei Erhebung der Klage die Kosten in der von ihm angenommenen Höhe in Gerichtskostenmarken oder anderswie vorausgezahlt, hat er damit noch nicht die erforderten Kosten gezahlt. Die Zustellung hat aber zu erfolgen, sofern die vom Kläger vorgenommene Kostenberechnung richtig war. Andernfalls hat der Kostenbeamte den fehlenden Betrag – evtl. nach richterlicher Streitwertfestsetzung – zu erfordern, mit der Folge, daß bis zur vollen Zahlung die Zustellung zu unterbleiben hat. Wer die Zahlung bewirkt, ist gleichgültig. Es kann auch statt des Klägers der Beklagte sein.[16] Er kann indessen nicht durch Verzicht auf die Klagezustellung Terminbestimmung erzwingen.[17] Anders liegt der Fall nur, wenn von einem Gericht mit kostenbegünstigtem Verfahren an ein Gericht mit kostenpflichtigem Verfahren verwiesen wird. Dann hat Terminsbestimmung auf Antrag des Beklagten ohne Vorauszahlung zu erfolgen.[18] Für den Zeitpunkt einer bargeldlosen Zahlung kommt es auf die Belastung des Kontos des Zahlungspflichtigen an, nicht auf die Gutschrift für die Gerichtskasse.[19] Übernimmt der Prozeßbevollmächtigte die Haftung für den erforderten Vorschuß, kann die Zustellung der Klage mit dem Eingang der Erklärung des Prozeßbevollmächtigten erfolgen.

9 **„Soll zugestellt werden"**: Das Wort „soll" ist in gleicher Weise zu verstehen wie in § 58 GKG, so daß auf das dort Gesagte (vgl. § 58, Rn. 16) Bezug genommen werden kann. Es verpflichtet das Gericht, die Zustellung der Klage erst nach Zahlung der erforderten Kosten vorzunehmen. Das bedeutet aber – von den Ausnahmen nach Abs. 2, 7 abgesehen

15 OLG Brandenburg, JurBüro 1998, 548 = MDR 1998, 1119 = NJW-RR 1999, 291.
16 OLG Hamm, RPfleger 1961, 260 (L).
17 OLG Schleswig, SchlHA 1978, 69.
18 BGHZ 62, 177 = NJW 1974, 1287 = VersR 1974, 692 = JurBüro 1974, 1386 (L).
19 BayVGH, BayVBl. 1972, 338; *Schneider* JurBüro 1970, 635.

– nicht, daß erst nach Eingang des geforderten Vorschusses zugestellt werden darf. Vielmehr hat das Gericht auch insoweit einen Ermessensspielraum.[20] So z. B., wenn es um drohende Verjährung oder um die Vermeidung allgemeiner drohender Nachteile für den Kläger geht. Allerdings darf der Kläger nicht mehr auf die Zahlungsaufforderung warten, wenn er die Höhe des Vorschusses schon selbst berechnet und im Klageschriftsatz oder im Mahnbescheidantrag eingetragen hat.[21] Eine unter Mißachtung des § 65 Abs. 1 S 1 erfolgte Zustellung ist nicht wirkungslos.[22]

Eine Nichtzulassung der Zustellung ohne Zahlung des Vorschusses ist mit der sofortigen **10** (einfachen) Beschwerde anfechtbar (§ 6 GKG, § 567 ZPO).[23] Das gilt auch, soweit die Vorschußforderung dem Grunde oder der Höhe nach beanstandet werden soll. Vgl. auch unten, Rn. 37.

Verfahrensgebühren nach Widerspruch im Mahnverfahren (Abs. 1 S 2): Wird im **11** Mahnverfahren nach Erhebung des Widerspruchs Antrag auf Durchführung des streitigen Verfahrens gestellt oder gegen einen Vollstreckungsbescheid Einspruch eingelegt, erwächst die Gebühr nach KV Nr. 1210, die zusätzlich zur Gebühr nach KV Nr. 1100 zu erheben ist. Diese Gebühr ist vorauszuzahlen, wenn der Gläubiger den Antrag auf Durchführung des streitigen Verfahrens gestellt hat und es sich entweder um einen Widerspruch gegen einen Mahnbescheid oder einen Antrag auf Fortsetzung des Verfahrens als Nachverfahren zu einem im Urkunden-, Wechsel- oder Scheckmahnverfahren ergangenen Vollstreckungsbescheid, in dem dem Beklagten die Ausführung seiner Rechte vorbehalten war (§ 703 a Abs. 2 Nr. 4 ZPO), handelt. Hier soll die Abgabe der Sache an das im Mahnantrag und Mahnbescheid gem. § 690 Abs. Nr. 5, 692 Abs. 1 Nr. 1 ZPO bezeichnete Gericht zur Durchführung des streitigen Verfahrens erst erfolgen, wenn die Gebühr für das Mahnverfahren (KV Nr. 1100) und für das Verfahren im allgemeinen (KV Nr. 1210) sowie evtl. Zustellungsmehrauslagen vorausgezahlt sind. An sich soll der Mahnbescheid erst nach Zahlung der Gebühr nach KV Nr. 1100 erlassen werden (Abs. 3 S 1). Aber bei maschineller Herstellung des Mahnbescheids besteht die Vorauszahlungspflicht erst für den Vollstreckungsbescheid (Abs. 3 S 2). Deshalb mußte für die Fälle maschineller Herstellung des Mahnbescheids die Vorauszahlungspflicht nach Widerspruch gesondert geregelt werden. Nicht pauschal eingearbeitete Zustellungsauslagen für den Mahnbescheid und Ladung zum Termin oder, statt Ladung, Fristsetzung (§ 697 Abs. 2, 3 ZPO) sind ebenfalls vorauszuzahlen, desgleichen für die Fristsetzung nach § 697 Abs. 1 ZPO. Weder Sinn und Zweck noch der Wortlt von Abs. 1 S 2 Halbs 1 stehen dem entgegen. Denn auch hier handelt es sich um eine „Fristsetzung“.[24] Im übrigen gilt das oben (Rn. 7) Gesagte entsprechend. Nur die Abgabe der Sache hat zu unterbleiben. Ist sie erfolgt, darf die weitere Durchführung des Verfahrens nicht mehr von der Kostenvorauszahlung abhängig gemacht werden.

20 BGH, BB 1993, 1836; OLG Koblenz, FamRZ 1985, 417; *Kronenbitter* AnwBl. 1974, 229.
21 OLG Düsseldorf, MDR 1981, 591; *Hartmann* § 65 Rn. 10. Großzügiger insoweit BGH, BB 1993, 1836.
22 OLG Frankfurt/Main, FamRZ 1982, 810; *Hartmann* § 65 Rn. 13.
23 OLG Koblenz, FamRU 1985, 417; *Hartmann* § 65 Rn. 11.
24 A. M. *Oe/Wi/He* § 65 Rn. 18.

12 **Antragsteller:** Den Terminsantrag nach einem Widerspruch gegen einen Mahnbescheid und einem unter Vorbehalt der Rechte des Beklagten ergangenen Urkunden-, Wechsel- oder Scheckmahnbescheid können der Gläubiger und der Schuldner stellen. Nur beim Antrag des Gläubigers besteht eine Vorauszahlungspflicht, nicht bei einem Antrag des Schuldners. Dieser wird zwar Schuldner der Gebühr als Antragsteller des Verfahrens (§ 49 GKG). Sie ist daher von ihm beizutreiben, es besteht für ihn aber keine Vorauszahlungspflicht.[25]

13 **Nach Erhebung des Widerspruchs oder nach Erlaß des Vorbehaltsvollstreckungsbescheids:** Nur in diesen Fällen besteht eine Vorauszahlungspflicht. Keine Vorauszahlungspflicht ist also gegeben, wenn die Abgabe auf den **Einspruch** gegen einen sonstigen Vollstreckungsbescheid – auch gegen einen vorbehaltlosen Urkunden-, Wechsel- oder Scheckvollstreckungsbescheid – erfolgt. Lediglich die Abgabe hat zu unterbleiben. Andere gerichtliche Handlungen finden statt, auch wenn die Gebühr nicht vorausgezahlt ist. Das gilt auch für einen verspäteten Widerspruch gegen einen Mahnbescheid, wenn und soweit er als Einspruch gegen einen Vollstreckungsbescheid zu behandeln ist.

14 Die Vorschrift des Abs. 1 S 2 gilt nur, wenn ein Mahnverfahren vorausgegangen ist. Auf andere Verfahren (z. B. Arrestverfahren oder einstweilige Verfügungen) ist die Bestimmung nicht sinngemäß anwendbar.

15 **Klageerweiterung (Abs. 1 S 3):** Die Vorschrift ist in Baulandsachen unanwendbar, § 161 Abs. 4 BBauG. Es muß eine Klageerweiterung iS von § 264 Nr. 2 ZPO vorliegen. Wegen der Voraussetzungen ist auf die allgemeinen Bestimmungen zu verweisen.[26] Liegt eine Klageerweiterung idS vor, wird für den neu eingeführten Streitgegenstand die allgemeine Verfahrensgebühr fällig (§ 61 GKG). Sie ist vom Kostenbeamten anzufordern. „Erfordert" ist nur die in Ansatz gebrachte Gebühr, selbst wenn der Ansatz zu niedrig sein sollte. War bei der Klagezustellung die Vorschrift des Abs. 1 S 1 mißachtet worden und wird demgemäß nunmehr die ganze Verfahrensgebühr angefordert, darf die weitere gerichtliche Tätigkeit nicht von der Zahlung der ganzen Gebühr, sondern nur von der des auf die Klageerweiterung entfallenden Teils der allgemeinen Verfahrensgebühr abhängig gemacht werden (vgl. oben, Rn. 7). Das Verfahren ist dann bis zur Zahlung dieses Gebührenteils lediglich hinsichtlich des bisherigen Streitgegenstandes weiterzuführen. Die Vorauszahlungspflicht besteht aber nur, soweit durch die Klageerweiterung eine höhere Gebühr erwächst. Bleibt der Streitwert trotz des erweiterten Klageantrags innerhalb der bisherigen Gebührenstufe, erhöht sich die Gebühr nicht. Es darf dann keine weitere Gebühr angefordert werden, so daß dann auch keine Vorschußpflicht besteht. Die Vorschrift gilt auch für die **Klageerweiterung im Rechtsmittelverfahren** (Abs. 1 S 3 Halbs 2), aber nicht für Widerklagen. Selbstverständlich gilt die Bestimmung nicht für die Erweiterung von Verfahren, die nicht auf eine Klage eingeleitet werden (z. B. Arrestverfahren oder einstweilige Verfügungen). Keine Klageerweiterung liegt vor, wenn in einem Vergleich nicht anhängige Gegenstände einbezogen werden. Im Gegensatz zu Abs. 1 S 2 und 2 sind bei der Klageerweiterung Zustellungsauslagen nicht vorauszuzahlen.[27]

25 OLG Karlsruhe, JurBüro 1995, 43; *Oe/Wi/He* § 65 Rn. 19; *Hartmann* § 65 Rn. 23.
26 Vgl. etwa bei *Thomas/Putzo* ZPO, § 264 Rn. 3–6, m. N.

Keine gerichtliche Handlung: Die Vorschrift soll den Kläger zur Vorauszahlung der auf die Klageerweiterung entfallenden allgemeinen Verfahrensgebühr zwingen.[28] Das darf aber nicht zu einer Benachteiligung des Beklagten führen. Es sind daher nur solche gerichtlichen Handlungen zu unterlassen, die den Interessen des Klägers dienen, nicht solche, die dem Beklagten zugute kommen. Es ist z. B. einem Terminsantrag des Beklagten und einem Antrag des Beklagten auf ein Versäumnisurteil stattzugeben, während das auf Antrag des Klägers das hinsichtlich der Klageerweiterung nicht geschehen dürfte.[29] Von dieser Einschränkung abgesehen, ist aber jegliche gerichtliche Tätigkeit ausgeschlossen, nicht nur die Terminbestimmung, sondern auch Zustellungen oder mündliche Verhandlungen. Wenn die gerichtlichen Handlungen sich auf den ganzen Streitgegenstand, nicht nur auf den erweiterten, beziehen, haben sie zu unterbleiben, obwohl sie wegen der Vorwegleistung der allgemeinen Verfahrensgebühr für die ursprüngliche Klage vorzunehmen wären.[30] Nur wenn sich die gerichtlichen Handlungen trennen lassen, sind sie vorzunehmen oder zu unterlassen. Wenn z. B. eine Beweisanordnung sich nur auf den ursprünglichen Klageantrag oder nur auf den mit der Erweiterung geltend gemachten Anspruch bezieht, hat sie im ersten Falle zu erfolgen, im zweiten Falle bis zur Zahlung des vorauszuzahlenden Gebührenteils zu unterbleiben. Das Wort „soll" verpflichtet alle, deren gerichtliche Handlungen in Frage stehen. Die Verletzung der Vorschrift, also die Vornahme gerichtlicher Handlungen ohne Vorauszahlung, hat aber keine prozessuale Wirkung. 16

Scheidungsfolgesachen usw. (Abs. 2): Für die in Abs. 2 genannten Sachen besteht keine Vorwegleistungspflicht wegen des öffentlichen Interesses an der baldigen Durchführung der Verfahren. Es handelt sich um die Scheidungsfolgesachen gemäß § 623 ff. ZPO, für Familiensachen gemäß § 621 Abs. 1 Nr. 9 ZPO (betreffend die Verfahren nach §§ 1382, 1383 BGB) und für die den ordentlichen Gerichten zugewiesenen Rechtsstreitigkeiten nach dem Arbeitnehmererfindungsgesetz. Die Bestimmung ist eng auszulegen.[31] Die Befreiung von der Vorauszahlungspflicht erstreckt sich demzufolge nicht auf die fällig gewordenen Gerichtsgebühren.[32] 17

Mahnverfahren (Abs. 3): Die Kosten fallen an für jeden selbständigen Mahnantrag. Wird z. B. ein Mahnantrag wiederholt, fallen auch die vorauszuzahlenden Kosten neu an. Für die Entscheidung über den Erlaß eines Mahnbescheids wird nach KV Nr. 1100 eine halbe Gebühr erhoben. Kostenschuldner und Gläubiger ist der Antragsteller, § 49 GKG. Der Mahnbescheid soll erst erlassen werden, wenn die Gebühr nach KV Nr. 1100 und die evtl. nicht pauschal eingerechneten Zustellungsauslagen vorweg entrichtet sind. Das Gesuch um den Erlaß des Mahnbescheids darf aber schon vorher zurückgewiesen werden, wenn der Erlaß offensichtlich nicht erfolgen darf.[33] Der Vollstreckungsbescheid löst keine weitere Gebühr aus. Besonderheiten gelten insoweit nur bei maschinellem Erlaß des 18

27 *Oe/Wi/He* KV Nr. 1210 Rn. 7–9.
28 Vgl. auch OLG Hamm, NJW-RR 1989, 383.
29 Vgl. *Hartmann* § 65 Rn. 17; *Oe/Wi/He* § 65 Rn. 23.
30 *Oe/Wi/He* § 65 Rn. 22.
31 Vgl. OLG Düsseldorf, NJW-RR 2000, 367, 368; *Hartmann* § 65 Rn. 20.
32 OLG Düsseldorf, NJW-RR 2000, 367.
33 *Oe/Wi/He* § 65 Rn. 24.

Mahnbescheids (vgl. oben, Rn. 11). **Erlassen** ist der Mahnbescheid, wenn er unterschriftlich vollzogen und zum Zwecke der Zustellung an den Gerichtswachtmeister oder zur Post hingegeben ist.[34] Wegen der Bedeutung des Wortes „soll" gilt das oben, Rn. 9, 16 Gesagte. Wurde der Mahnbescheid versehentlich oder aus anderen Gründen vor Eingang des Vorschusses erlassen, sind die Gebühr und evtl. Zustellungsauslagen nachzufordern. Das weitere Verfahren, insbesondere auch der Erlaß des Vollstreckungsbescheids, darf von dem Eingang der nachgeforderten Gebühr aber nicht abhängig gemacht werden (vgl. auch oben, Rn. 7). Aber die Zustellung des Vollstreckungsbescheids setzt, sofern sie von Amts wegen erfolgen soll, die Vorauszahlung der Zustellungsauslagen voraus, § 699 Abs. 4 S 2 ZPO. Bei mehreren Zustellungsempfängern sind die dadurch erhöhten Zustellungsauslagen vorauszuzahlen. Das gilt auch bei wiederholter Zustellung, weil auch die dadurch entstehenden Mehrkosten „Auslagen für die Zustellung" sind.

19 **Maschinelle Erstellung des Mahnbescheids (Abs. 3 S 2):** In diesem Falle sind die Gebühr nach KV Nr. 1100 und evtl. Zustellungsmehrauslagen nicht schon vor Erlaß des Mahnbescheids, sondern erst vor Erlaß des Vollstreckungsbescheids vorauszuzahlen. Im übrigen gilt das oben, Rn. 18 Gesagte.

20 Keine Kostenvorauszahlungspflicht besteht, wenn und soweit dem Antragsteller **Prozeßkostenhilfe** bewilligt worden (vgl. dazu auch oben, § 58, Rn. 27 ff.) ist oder soweit er **Gebührenfreiheit** hat (Abs. 7 S 3).

21 **Vermögensverzeichnis (Abs. 4):** Für Anträge auf Erteilung von Abschriften aus dem Vermögensverzeichnis nach § 807 ZPO und auf Einsicht in das Vermögensverzeichnis ist im KV Nrn. 1644, 1645 eine Festgebühr vorgesehen. Abschrifterteilung oder Einsichtgewährung soll erst nach Zahlung dieser Gebühr und der evtl. Zustellungsmehrauslagen bestimmt werden.[35] Die gegenteilige Ansicht[36] überzeugt nicht. Auch hier hat das Wort „soll" dieselbe Bedeutung wie in Abs. 1–3.

22 Die Bestimmung gilt für den Antrag auf auf die Abnahme einer eidesstattlichen Offenbarungsversicherung nach bürgerlichem Recht, nicht aber nach § 889 ZPO sowie Erteilung einer Abschrift des Vermögensverzeichnisses nach § 807 ZPO[37] und für den Antrag auf die Gewährung der Einsicht in das Vermögensverzeichnis (KV 1644, 1645).[38]

23 **Anträge auf gerichtliche Handlungen der Zwangsvollstreckung (Abs. 5):** In Betracht kommen gerichtliche Zwangsvollstreckungshandlungen nach §§ 829 Abs. 1, 835, 839, 846–848, 857, 868, 886 ZPO. Die Aufzählung ist ausschließlich und läßt eine ausdehnende Auslegung auf andere Vorschriften nicht zu. Bei Pfändungs- und Überweisungsbeschlüssen ist sonach allein § 6 GKG anwendbar.[39] Für das Verfahren über Anträge auf gerichtliche Vollstreckungshandlungen in den vorgenannten Fällen erwächst gemäß KV Nr. 1640 eine Gebühr in Höhe von 20 DM (*10 €*), die bereits mit dem Eingang des Antrags fällig

34 Vgl. z. B. LG Schweinfurt, JurBüro 1975, m. Anm. v. *Mümmler.*
35 LG Düsseldorf, JurBüro 1991, 618; *Hartmann* § 65 Rn. 24; *Oe/Wi/He* § 65 Rn. 25, m. w. N.
36 LG Wuppertal, MDR 1991, 1204 = JurBüro 1991, 1654.
37 **A. M.** LG Wuppertal, MDR 1991, 1204 = JurBüro 1991, 1654.
38 *Hartmann* § 65 Rn. 24.
39 LG Stade, JurBüro 1991, 722.

wird, § 61 GKG.[40] § 65 stellt auf die Entscheidung ab, so daß die Sache ohne Vorauszahlung der Gebühr zu bearbeiten ist. Nur die Entscheidung ist von der Vorauszahlung der Gebühr nach KV Nr. 1640 und evtl. Zustellungsmehrauslagen abhängig. Die Auslagenhöhe und damit eine Zahlung richtet sich nach der Zahl der erforderlichen Zustellungen.[41] Wird eine erfolglose Zustellung wiederholt, sind auch die Auslagen der wiederholten Zustellung vorauszuzahlen. Denn die Vorschrift dient der Sicherung der Staatskasse und nicht dem Fortgang des Verfahrens. Eine zurückweisende Entscheidung ist deshalb auch ohne Kostenvorauszahlung zulässig. Das gilt auch für Zwischenverfügungen. In den Fällen des Absatzes 7 hat die Entscheidung ohne Kostenvorauszahlung zu erfolgen. Das Wort „soll" ist auch hier wie in den Absätzen 1–4 zu verstehen. Will der Gläubiger durch ein- und denselben Antrag wegen desselben Anspruchs gegen mehrere Schuldner wegen deren jeweiliger Forderung gegen einen oder mehrere Drittschuldner pfänden, so sind so viele Gebühren geschuldet und vorauszuzahlen, wie Schuldner mit der Vollstreckung überzogen werden.[42]

Eröffnung des schiffahrtsrechtlichen Verteilungsverfahrens (Abs. 6): Für den Antrag 24
auf Eröffnung des schiffahrtsrechtlichen Verteilungsverfahrens erwächst gemäß KV 5120 eine Gebühr, die nach § 61 GKG bereits mit der Antragstellung fällig wird. Das der Entscheidung über die Eröffnung vorausgehende Verfahren ist von der Gebührenvorauszahlung nicht abhängig. Erst die Entscheidung über den Antrag ist von der Vorauszahlung der Gebühr nach KV 5120 und der Auslagen für die öffentliche Bekanntmachung (KV Nr. 9004) abhängig (§ 32 SeeVertO). Nur eine dem Eröffnungsantrag stattgebende Entscheidung ist von der Kostenvorauszahlung abhängig, nicht dagegen eine den Antrag zurückweisende Entscheidung oder Zwischenverfügungen.[43] Auch hier hat das Wort „soll" keine andere Bedeutung als in den Abs. 1–5. In den Fällen des Abs. 7 besteht keine Vorauszahlungspflicht.

Ausnahmen (Abs. 7): Abs. 7 behandelt Ausnahmen für die in den Abs. 1–6 genannten 25
Gebühren und Auslagen. Sie können nicht auf andere Gebühren oder auf Auslagenvorschüsse iS von § 68 GKG Anwendung finden.[44] Für die in Abs. 3 behandelten Kosten im Mahnverfahren trifft Abs. 7 S 3 eine Sonderregelung. Für eine Befreiung nach Abs. 7 ist immer ein Antrag oder zumindest aber ein Hinweis des Klägers erforderlich.[45] Zuständig für die Befreiung ist das Gericht (Vorsitzender oder Einzelrichter).[46]

Prozeßkostenhilfebewilligung für den Antragsteller (Abs. 7 S 1 Nr. 1): Für den An- 26
tragsteller entfällt die Vorauszahlungs- und Vorschußpflicht, wenn und soweit ihm Prozeßkostenhilfe bewilligt worden ist. Für den Antragsgegner entfällt sie, wenn er Antragsteller, Kläger, Berufungskläger oder Revisionskläger ist und ihm nicht gemäß § 120 ZPO Zahlungen an die Bundes- oder Landeskasse auferlegt sind (§ 122 Abs. 2 ZPO). Denn die

40 LG Frankenthal, RPfleger 1984, 288.
41 *Oe/Wi/He* § 65 Rn. 28.
42 LG Braunschweig, NdsRPfl. 1979, 245.
43 *Oe/Wi/He* § 65 Rn. 30.
44 OLG München, RPfleger 1961, 423 (L).
45 BGH, NJW 1960, 766; *Hartmann* § 65 Rn. 30; a. M. OLG Schleswig, SchlHA 1976, 32.
46 OLG Hamm, AnwBl. 1990, 46; *Hartmann* § 65 Rn. 31.

einstweilige Befreiung von den Gerichtskosten hat auch die einstweilige Befreiung von der Vorauszahlungs- und Vorschußpflicht zur Folge. Das Prozeßkostenhilfegesuch als solches hat noch keine befreiende Wirkung. Ist Prozeßkostenhilfe nur für einen Teilanspruch bewilligt, so sind die auf den von der Prozeßkostenhilfe nicht erfaßten Teil des Gegenstandes entfallenden Gebühren vorauszuzahlen,[47] aber nicht evtl. Zustellungsmehrauslagen, es sei denn, daß sie nur auf den von der Prozeßkostenhilfe nicht erfaßten Teil entfallen. Werden sie nicht gezahlt, darf nur hinsichtlich des von der Prozeßkostenhilfe erfaßten Teils Termin bestimmt oder ein Mahnbescheid erlassen werden. Selbst wenn die Parteien über den ganzen Streitgegenstand verhandeln, dürfen gerichtliche Handlungen nur hinsichtlich des Teilbetrages erfolgen, den die Prozeßkostenhilfe deckt. Für den überschießenden Betrag darf weder ein Anerkenntnis- noch ein Versäumnisurteil zugunsten des Klägers ergehen. Aber ein Vergleich über den ganzen Anspruch ist möglich, da er auch ohne Klageerweiterung vor Gericht geschlossen werden könnte. Wenn die Bewilligung der Prozeßkostenhilfe aufgehoben wird, darf der Fortgang des Verfahrens von der Zahlung der Gebühren nicht abhängig gemacht werden.[48] Wegen der Anforderungen an eine nicht vermögende Partei zur Wahrung der Klagefrist (vgl. unten, Rn. 34).

27 **Gebührenfreiheit des Antragstellers (Abs. 7 S 1 Nr. 2)**: Wegen der Gebührenfreiheit, vgl. oben, § 2 GKG. Wer von der Verpflichtung, Gebühren und Auslagen zu zahlen, persönlich oder sachlich befreit ist, hat selbstverständlich auch keine Vorschüsse zu leisten. Die Gebührenfreiheit des Antragsgegners berührt aber die Vorauszahlungspflicht des Antragstellers nicht. Auch wer nur von den Gebühren, nicht aber von Auslagen befreit ist, hat keine der in § 65 genannten (Mehr)Auslagen vorauszuzahlen, da Abs. 1 nicht gilt.[49]

28 **Schwierigkeiten des Antragstellers (Abs. 7 S 1 Nr. 3)**: Antragsteller iS dieser Vorschrift sind alle Parteien, die als Kläger auftreten, also natürliche und juristische Personen, Parteien kraft Amtes usw.[50]

29 Ist der Antragsteller nicht vermögend, hat er die Möglichkeit, Prozeßkostenhilfe zu beantragen, nach deren Bewilligung er nach Abs. 7 S 1 Nr. 1 von der Vorauszahlungspflicht befreit wird. Dann kommt eine Befreiung nach Nr. 3 nicht mehr in Betracht. Es ist aber denkbar, daß der Antragsteller nicht unvermögend ist, weil er über Vermögen verfügt, ihm aber trotzdem die erforderlichen Barmittel fehlen, weil er Vermögensteile nicht oder nicht in zumutbarer Weise sofort flüssig machen kann. In solchen Fällen würde ihm die alsbaldige Zahlung der Kosten Schwierigkeiten bereiten. Mit Rücksicht darauf befreit ihn Abs. 7 S 1 Nr. 3 von der Vorauszahlungspflicht. Sobald die Schwierigkeiten entfallen, ist der Antragsteller aber zur Leistung der Kosten verpflichtet. Er muß dann vorauszahlen, wenn die vorauszahlungspflichtige gerichtliche Handlung noch nicht erfolgt ist. Sonst darf die Fortsetzung des Verfahrens aber nicht von einer Vorauszahlung abhängig gemacht werden.[51] Auch wenn die Schwierigkeiten einer Vorauszahlung glaubhaft gemacht wer-

47 GBHZ 13, 373; OLG München, MDR 1997, 299; *Hartmann* § 65 Rn. 27.
48 *Oe/Wi/He* § 65 Rn. 31.
49 *Oe/Wi/He* § 65 Rn. 33; *Mielke* RPfleger 1970, 159.
50 *Oe/Wi/He* § 65 Rn. 34.
51 *Oe/Wi/He* § 65 Rn. 34.

den, bleibt die Vorauszahlungspflicht bestehen, wenn die beabsichtigte **Rechtsverfolgung aussichtslos oder mutwillig** erscheint (Abs. 7 S 2).

Sonstige Gründe sind denkbar, wenn der Antragsteller augenblicklich oder vorübergehend durch anderweitige Zahlungen besonders stark belastet ist, ohne daß die Voraussetzungen für die Bewilligung von Prozeßkostenhilfe gegeben sind. Das gilt auch, wenn er nur Teilbeträge leisten kann, weil sein übriges Barvermögen oder Einkommen zur Bestreitung des Unterhalts für sich und seine Unterhaltsberechtigten benötigt. In solchen Fällen kann eine **Vorauszahlungspflicht auch auf einen Teil der Kosten beschränkt** und im übrigen die Nachzahlung in Raten angeordnet werden, mit der Folge, daß bei Nichtzahlung der ersten Rate weitere gerichtliche Handlungen zu unterbleiben haben. Von der Einhaltung der weiteren Ratenzahlungen darf aber nach Vornahme der vorauszahlungspflichtigen gerichtlichen Handlungen der Fortgang des Verfahrens nicht abhängig gemacht werden. **30**

Schwierigkeiten sind mehr als bloße Unannehmlichkeiten. Wenn der Antragsteller seine Lage in zumutbarer Weise, z. B. durch Kreditinanspruchnahme oder Geltendmachung seines Unterhaltsanspruchs alsbald verbessern kann, befindet er sich nicht in Schwierigkeiten.[52] **31**

Die **alsbaldige Zahlung** muß Schwierigkeiten bereiten. Die Gebühr muß in absehbarer Zeit gezahlt werden können, so daß bei dauernder Unfähigkeit, die Kosten zu zahlen, keine Befreiung von der Vorauszahlungspflicht nach Abs. 7 S 1 Nr. 3 in Betracht kommt.[53] Hier kann der Antragsteller ggf. Prozeßkostenhilfe beantragen. **32**

Drohender Schaden (Abs. 7 S 1 Nr. 4): Die Vorauszahlungspflicht entfällt auch, wenn eine Verzögerung dem Antragsteller einen nicht oder nur schwer zu ersetzenden Schaden bereiten würde. Ähnlich wie bei § 707 ZPO ist darunter eine Wirkung zu verstehen, die nicht beseitigt oder ausgeglichen werden kann.[54] Insbesondere ist hier an Verjährung oder Ausschluß zu denken. In Betracht kommt aber auch der Vermögensverfall beim Beklagten oder die Gefahr, daß der Beklagte sich ins Ausland absetzen könnte, so daß eine Vollstreckung im Ausland nötig werden würde. Wenn die Klage allerdings aussichtslos erscheint, ist ein drohender Schaden kaum denkbar. Anders mag es zu beurteilen sein, wenn die Erfolgsaussichten nur gering sind. Der drohende Schaden kann auch in der Gefährdung einer Unterhaltsforderung bestehen.[55] Maßgebend ist die Lage zur Zeit der Klageerhebung oder der Anspruchsstellung. Der Kläger oder Antragsteller kann grundsätzlich nicht darauf verwiesen werden, daß er seine Klage oder seinen Antrag schon früher hätte einreichen können. Wenn ein Schaden droht, ist ein Aufschub bis zur Erfüllung der Zahlungspflicht unzumutbar. Das kann der Fall sein bei besonders eilbedürftigen Verfahren, z. B. dem Urkunden-, Wechsel- oder Scheckprozeß, wo kraft Gesetzes schon kürzere Einlassungsfristen gelten, oder in Zwangsvollstreckungssachen. Der Schaden kann aus der Person des Beklagten drohen, aber auch aus anderen Umständen. So z. B., **33**

52 Einschränkender insoweit aber *Oe/Wi/He* § 65 Rn. 36.
53 OLG Celle, JurBüro 1960, 400 = RPfleger 1960, 213; KG, RPfleger 1962, 123 (L).
54 Vgl. BGH, NJW-RR 1995, 213; OLG Köln, FamRZ 1995, 1589; *Hartmann* § 65 Rn. 33; großzügiger aber *Oe/Wi/He* § 65 Rn. 37.
55 OLG Düsseldorf, FamRZ 1992, 80; OLG Schleswig, SchlHA 1982, 198.

wenn der Kläger die Entscheidung deshalb dringend benötigt, weil andere Rechtsverhältnisse davon abhängen, die sich bei Fehlen der Entscheidung für ihn zum Schaden entwikkeln würden.

34 **Glaubhaftmachung:** In den in Abs. 7 S 1 Nrn. 3 und 4 behandelten Fällen ist Voraussetzung von der Befreiung zur Vorauszahlungspflicht, daß der Kläger oder Antragsteller die tatsächlichen Behauptungen, aus denen Zahlungsschwierigkeiten oder der Eintritt eines drohenden Schadens folgt, **glaubhaft** macht. Es gilt insoweit § 294 ZPO.[56] Eine Glaubhaftmachung ist nur dann nicht erforderlich, wenn die Tatsachen aus sich heraus glaubhaft oder gar amtsbekannt sind.[57] Zur Glaubhaftmachung genügt auch die Erklärung des zum Prozeßbevollmächtigten bestellten Rechtsanwalts, Abs. 7 S 1 Nr. 4, Halbs. 2. Liegt seine Erklärung vor, ist eine weitere Prüfung zur Zahlungsschwierigkeit oder zum drohenden Schaden überflüssig. Gibt aber ein nicht zum Prozeßbevollmächtigten bestellter Rechtsanwalt die Erklärung ab oder ein anderer Prozeßbevollmächtigter (vgl. § 157 Abs. 3 ZPO), kann das Gericht auf weitere Glaubhaftmachung bestehen. Das wird aber nur ausnahmsweise nötig sein im Hinblick auf die Standespflichten des Rechtsanwalts. „Erklärung" in diesem Zusammenhang ist mehr als die bloße Behauptung. Der Rechtsanwalt muß daher die Tatsachen substantiiert mitteilen, welche seine Behauptung glaubhaft erscheinen lassen.[58] Man sollte dabei aber nicht zu kleinlich verfahren und den Prozeßbevollmächtigten nicht zwingen, bis in alle Einzelheiten auch Umstände darzulegen, an deren Geheimhaltung seine Partei gegenüber dem Prozeßgegner interessiert sein kann.

35 **Aussichtslosigkeit und Mutwilligkeit der Rechtsverfolgung (Abs. 7 S 2):** Auch wenn die Voraussetzungen des Abs. 7 S 1 Nrn. 3, 4 gegeben sind, bleibt die Vorauszahlungspflicht bestehen, wenn die Rechtsverfolgung aussichtslos oder mutwillig erscheint. Das muß nicht erwiesen sein. Es genügt, wenn nach Sach- und Rechtslage Aussichtslosigkeit oder Mutwilligkeit gegeben **erscheint**. Das kann sich aus der Berufserfahrung des Richters oder Rechtspflegers in gleich gelagerten Fällen, insbesondere aber mit dem Antragsteller oder seinem Gegner ergeben. **Aussichtslosigkeit** kann z. B. vorliegen, wenn ein Anspruch trotz vorangegangener ablehnender Entscheidungen bei nicht oder nur unwesentlich veränderter Sach- und/oder Rechtslage immer wieder verfolgt wird, auch wenn es sich um neue, aber gleich oder ähnlich gelagerte Sachverhalte handelt. **Mutwillen** kann gegeben sein, wenn erkennbar nicht sachliche Gründe, sondern unlautere Motive wie Haß und Feindschaft für den Antragsteller maßgebend sind oder wenn mit Rücksicht auf die für die Beitreibung des Anspruchs bestehenden Aussichten eine andere Partei von einer Prozeßführung abgesehen oder nur einen Teil des Anspruchs gelten machen würde.

36 **Prozeßkostenhilfe oder Gebührenfreiheit im Mahnverfahren (Abs. 7 S 3):** Die in Abs. 3 behandelte Kostenvorauszahlungspflicht im Mahnverfahren tritt dann nicht ein, wenn dem Antragsteller Prozeßkostenhilfe bewilligt ist oder er Gebührenfreiheit hat. Dagegen genügt die Glaubhaftmachung von Zahlungsschwierigkeiten oder eines drohenden Schadens nicht, um den Antragsteller von der Kostenvorauszahlungspflicht zu be-

56 Vgl. dazu auch BGH, NJW-RR 1995, 252 = WM 1995, 212.
57 OLG Schleswig, SchlHA 1976, 31.
58 OLG München, RPfleger 1951, 30 (L); *Oe/Wi/He* § 65 Rn. 39.

freien. Hat der Antragsteller nur Gebührenfreiheit (§ 2 Abs. 1 S 2 GKG), so besteht nach dem Wortlt des Abs. 7 S 3 auch hinsichtlich der evtl. Mehrauslagen Kostenfreiheit. Abs. 3 gilt dann nicht.

Verfahren: Das Verfahren richtet sich nach § 6 GKG und § 22 KostVfg. Der Kostenbeamte hat selbständig die Erhebung der vorauszuzahlenden Gebühr und evtl. Zustellungsmehrauslagen anzuordnen. Beantragt die Partei die Befreiung von der Vorauszahlungspflicht nach Abs. 7, ist die Sache dem Gericht (Spruchkörper oder Einzelrichter) oder dem Rechtspfleger, wenn er zuständig ist, vorzulegen. Diese entscheiden durch **Beschluß**. Gegen die Entscheidung des Rechtspflegers findet die Erinnerung (§ 11 RPflG), gegen die des Gerichts die Beschwerde statt (§ 6 GKG), auch wenn der Wert unter 50 € liegt. Gegenstand des Beschwerdeverfahrens ist die Frage, ob die Tätigkeit des Gerichts zu Recht von der Vorauszahlung abhängig gemacht werden darf und/oder ob die Höhe der geforderten Vorauszahlung richtig ist. Beschwerdeberechtigt ist die in Anspruch genommene Partei, aber niemals die Staatskasse. Eine weitere Beschwerde ist unstatthaft. Auch gegen Beschlüsse des OLG ist eine Beschwerde nicht gegeben. Beruht die Vorauszahlungspflicht nicht auf Bestimmungen des GKG, gilt § 6 GKG nicht. 37

Arbeitsgerichtliches Verfahren: Hier werden keine Kostenvorschüsse erhoben, so daß auch keine Vorauszahlungspflicht bestehen kann, § 12 Abs. 4 ArbGG. Das gilt auch in der Zwangsvollstreckung. Die Bestimmung des § 12 ArbGG geht der des § 65 vor und gilt auch in der Zwangsvollstreckung aus arbeitsgerichtlichen Titeln und bei der Anberaumung eines Termins zur eidesstattlichen Versicherung daraus bei den ordentlichen Gerichten. 38

Verwaltungs- und Finanz- und Sozialgerichtsverfahren: § 65 gilt in diesen Verfahren nicht.[59] 39

§ 66
Vorschuß im Zwangsversteigerungs- und Zwangsverwaltungsverfahren

(1) Im Zwangsversteigerungsverfahren ist spätestens bei der Bestimmung des Zwangsversteigerungstermins ein Vorschuß in Höhe des Doppelten einer Gebühr für die Abhaltung des Versteigerungstermins zu erheben.

(2) Im Zwangsverwaltungsverfahren hat der Antragsteller jährlich einen angemessenen Vorschuß zu zahlen.

Allgemeines: Während für das Zwangsversteigerungs- und Zwangsverwaltungsverfahren § 53 GKG den Kostenschuldner und § 62 GKG die Fälligkeit regeln, bestimmt § 66, wann und in welcher Höhe in diesen Verfahren ein Gebührenvorschuß zu zahlen ist. 1

59 Vgl. auch *Lüke* NJW 1978, 928.

2 **Zwangsversteigerungsverfahren (Abs. 1):** Wegen der Gebühren im Zwangsversteigerungsverfahren, vgl. KV Nrn. 5210 ff.

3 **Zeitpunkt:** Der Vorschuß nach Abs. 1 ist spätestens bei der Bestimmung des Zwangsversteigerungstermins zu erheben. Zu diesem Zeitpunkt ist die Gebühr für das Anordnungsverfahren mit der Entscheidung über die Anordnung bereits fällig geworden (§ 62 Abs. 1 GKG). Bis zur Bestimmung des Zwangsversteigerungstermins erwächst die allgemeine Verfahrensgebühr nach KV Nr. 5212. Da die Gebühren für das Zwangsversteigerungsverfahren mit Ausnahme der Gebühr nach KV Nr. 5210 (Entscheidung über die Anordnung und den Beitritt) und der Zuschlagsgebühr nach KV Nr. 5217 erst im Verteilungstermin fällig werden, es sei denn, daß das Verfahren vorher aufgehoben wurde (§ 62 GKG), ist die Vorschußerhebung zur Sicherung der Staatskasse notwendig. In Abs. 1 ist nur gesagt, daß der Gebührenvorschuß zu erheben, und wann er spätestens anzufordern ist. Der Vorschuß kann auch schon früher angefordert werden, und zwar auch schon für das Anordnungsverfahren jedenfalls in Höhe der Anordnungsgebühr nach KV Nr. 5210. Aber die Anordnung darf nicht von der Vorauszahlung abhängig gemacht werden (vgl. auch § 22 Abs. 1 Nr. 1, Abs. 2 KostVfg). Wurde die Anforderung des Gebührenvorschusses bei der Bestimmung des Zwangsversteigerungstermins übersehen, kann die Anforderung auch noch später erfolgen.[1]

4 **Höhe des Vorschusses:** Als Vorschuß ist das Doppelte einer Gebühr für die Abhaltung des Versteigerungstermins (KV Nr. 5215), also eine volle Gebühr zu erheben. Der Gebühr ist der gemäß § 74 a ZVG festgesetzte Wert zugrunde zu legen. Fehlt ein solcher Wert, ist nach § 29 GVG der Einheitswert maßgebend. Hat sich dieser infolge bestimmter nach dem Feststellungszeitpunkt des Einheitswertes eingetretener Umstände wesentlich verändert, ist der auf der Grundlage des Einheitswertes zu schätzende Wert maßgebend (§ 29 GKG). Im übrigen hat der Kostenbeamte bei der Bestimmung der Höhe des Vorschusses keinen Spielraum. Wenn das Verfahren angeordnet ist, muß er den Vorschuß *in* Höhe und nicht bis zur Höhe der doppelten Gebühr nach KV Nr. 5215 anfordern. Bis dahin wird eine Anforderung in Höhe der Anordnungsgebühr ausreichen. Wegen des Auslagenvorschusses, vgl. § 68 Abs. 3 GKG.

5 **Vorschußschuldner** ist der Gebührenschuldner, also nach § 53 Abs. 1 GKG der Antragsteller und/oder ein beigetretener Gläubiger. Mehrere Antragsteller haften als Gesamtschuldner (§ 58 Abs. 1 GKG).

6 **Zwangsverwaltungsverfahren (Abs. 2):** Wegen der Gebühren für das Zwangsverwaltungsverfahren, vgl. § 30 GKG, KV Nrn. 5220, 5221.

7 **Zeitpunkt der Vorschußerhebung:** Der Vorschuß ist jährlich im Voraus zu entrichten. Gemäß KV Nr. 5210 beginnt der erste Tag mit dem Tag der Beschlagnahme. Von diesem Tag an sind daher die Jahresfristen zu berechnen.

8 **Höhe des Vorschusses:** Es ist ein **angemessener Gebührenvorschuß** zu leisten. Angemessen ist ein solcher, der geeignet ist, die voraussichtlich anfallenden Gebühren zu dekken. Da im ersten Jahr die Gebühren für die Anordnung des Verfahrens nach KV Nr. 5220

1 *Oe/Wi/He* § 66 Rn. 3.

und für die Durchführung des Verfahrens nach KV Nr. 5221 anfallen, wird der Vorschuß für das erste Jahr in Höhe dieser Gebühren, für die weiteren Jahre nur in Höhe der Verfahrensgebühr zu erheben sein. Wegen des der Anordnungsgebühr zugrunde zu legenden Wertes, vgl. oben, § 30, Rn. 4–6.

Vorschußschuldner ist der Antragsteller (§ 53 Abs. 1 GKG). Das ist auch der beigetretene 9
Gläubiger. Mehrere Antragsteller haften als Gesamtschuldner (§ 58 Abs. 1 GKG).

Keine Abhängigmachung: Die Anordnung des Verfahrens, die Zulassung des Beitritts 10
und die Fortsetzung des Verfahrens hat auch dann zu erfolgen, wenn der Vorschuß noch nicht geleistet ist. Es wäre unzulässig, die Anordnung des Verfahrens, die Zulassung des Beitritts oder die Fortsetzung des Verfahrens von einer Vorschußzahlung abhängig zu machen. Gegen einen solchen Beschluß des Gerichts wäre die Beschwerde (gegen einen Beschluß des Rechtspflegers oder gegen eine Anordnung des Kostenbeamten die Erinnerung) gegeben, und zwar auch dann, wenn der Beschwerdewert von 50 € nicht erreicht ist (§ 6 GKG). Das Gericht kann aber das Zwangsverwaltungsverfahren aufheben, wenn die Fortsetzung des Verfahrens besondere Aufwendungen erfordert und der Gläubiger den nötigen Geldbetrag nicht vorschießt (§ 161 Abs. 3 ZVG). Unter Aufwendungen iS dieser Vorschrift sind auch die Gerichtsgebühren für das Zwangsverwaltungsverfahren zu verstehen.

§ 67
Vorschuß in Strafsachen

(1) In Strafsachen hat der Privatkläger und derjenige, der als Privatkläger oder Nebenkläger eine Berufung oder Revision einlegt oder eine Wiederaufnahme des Verfahrens beantragt, einen Gebührenvorschuß in Höhe der Hälfte der bei Freispruch oder Straffreierklärung des Beschuldigten im Privatklageverfahren zu erhebenden Gebühr für die Instanz zu zahlen. Der Widerkläger ist zur Zahlung eines Gebührenvorschusses nicht verpflichtet.

(2) Wer als Privatkläger das Verfahren nach den §§ 440, 441 der Strafprozeßordnung betreibt oder als Privatkläger oder Nebenkläger in einem solchen Verfahren ein Rechtsmittel einlegt oder die Wiederaufnahme des Verfahrens beantragt, hat gleichfalls den in Absatz 1 bestimmten Gebührenvorschuß zu zahlen.

Allgemeines: Die Vorschrift regelt die Gebührenvorschußpflicht in Strafsachen und ist 1
auf den Privat- und Nebenkläger beschränkt. Die Staatskasse oder der Beschuldigte, auch als Widerkläger, brauchen niemals einen Vorschuß zu leisten. Allerdings kann auch dem Antragsteller im Klageerzwingungsverfahren eine Sicherheitsleistung für die Kosten der Staatskasse und des Beschuldigten auferlegt werden (§ 176 Abs. 1 StPO). Abs. 1 gilt für Strafsachen, an denen Privat- oder Nebenkläger beteiligt sind. Abs. 2 behandelt die Vor-

schußpflicht des Privat- oder Nebenklägers im sog. objektiven Verfahren. § 67 wird ergänzt durch § 379 a StPO.

2 **§ 379 a StPO** bestimmt:

I. Zur Zahlung des Gebührenvorschusses nach § 67 Abs. 1 des Gerichtskostengesetzes soll, sofern nicht dem Privatkläger die Prozeßkostenhilfe bewilligt ist oder Gebührenfreiheit zusteht, vom Gericht eine Frist bestimmt werden; hierbei soll auf die nach Abs. 3 eintretenden Folgen hingewiesen werden.

II. Vor Zahlung des Vorschusses soll keine gerichtliche Handlung vorgenommen werden, es sei denn, daß glaubhaft gemacht wird, daß die Verzögerung dem Privatkläger einen nicht oder nur schwer zu ersetzenden Nachteil bringen würde.

III. Nach fruchtlosem Ablauf der nach Abs. 1 gestellten Frist wird die Privatklage zurückgewiesen. Der Beschluß kann mit sofortiger Beschwerde angefochten werden. Er ist von dem Gericht, das ihn erlassen hat, von Amts wegen aufzuheben, wenn sich herausstellt, daß die Zahlung innerhalb der gesetzten Frist eingegangen ist.

3 § 379 a StPO ist nicht nur eine Ergänzung des § 67, sondern steht im Verhältnis dazu als lex specialis. Er bestimmt für die Fälle des § 67, daß vor Zahlung des Vorschusses keine gerichtliche Handlung vorgenommen werden soll, sofern deren Dringlichkeit nicht glaubhaft gemacht wird. Hinsichtlich der Auslagenvorschußpflicht, vgl. bei 68 GKG. Die Vorschußpflicht entfällt, wenn und soweit dem vorschußpflichtigen Antragsteller Prozeßkostenhilfe bewilligt worden ist oder wenn er Gebührenfreiheit hat. Die Vorwegleistungspflicht besteht auch für Rechtsmittel des Privatklägers (§ 390 Abs. 4 i. V. m. § 379 a StPO) und des Nebenklägers (§ 67 Abs. 1). Der Privatbeklagte, der ein Rechtsmittel einlegt, ist dagegen nicht vorauszahlungspflichtig, auch nicht der Widerbeklagte in dieser Eigenschaft, anders aber der Privatkläger.[1] Die zur Zahlung des Vorschusses zwingend[2] zu bestimmende Frist muß angemessen sein, d. h. sie muß zur Einzahlung des Vorschusses genügend Zeit lassen und kann auf Antrag, der noch vor ihrem Ablauf eingehen muß,[3] aber auch von Amts wegen verlängert werden. Sie wird durch das Prozeßkostenhilfegesuch, sofern es noch vor Fristablauf eingeht, gegenstandslos,[4] zumindest hat aber eine Fristverlängerung von Amts wegen bis zur Entscheidung über das Prozeßkostenhilfegesuch zu erfolgen.[5] Bei Rechtsmitteln des Privatklägers darf die Frist nicht vor dem Ablauf der Rechtfertigungsfristen gesetzt werden.[6]

4 Die Frist wird durch einen nach § 35 StPO zuzustellenden **Beschluß des Gerichts** und nicht durch Verfügung des Vorsitzenden bestimmt. Ohne Gerichtsbeschluß ist die Fristbestimmung wirkungslos.[7] Der Kostenbeamte hat vor der Anforderung des Vorschusses

1 Vgl. auch Kleinknecht/*Meyer-Goßner* StPO § 390 Rn. 10 m. N.

2 Vgl. Kleinknecht/*Meyer-Goßner* StPO § 379 a Rn. 2; KMR-*Stöckel* StPO § 379 a Rn. 4; Löwe/Rosenberg-*Wendisch* StPO § 379 a Rn. 6.

3 OLG Hamm, NJW 1973, 1206; OLG Celle, NJW 1966, 1670.

4 OLG Schleswig, SchlA 1951, 65; *Pelchen* in KK § 379 a Rn. 2; Löwe/Rosenberg-*Wendisch* StPO § 379 a Rn. 8; Kleinknecht/*Meyer-Goßner* StPO § 379 a Rn. 4.

5 So OLG Hamm, NJW 1973, 1206.

6 OLG Karlsruhe, Die Justiz 1981, 48; Kleinknecht/*Meyer-Goßner* StPO § 390 Rn. 10.

7 OLG Schleswig, SchlHA 1957, 105; Kleinknecht/*Meyer-Goßner* StPO § 379a Rn. 2 m. w. N.

die Entscheidung des Gerichts mit Fristbestimmung einzuholen (§ 22 Abs. 3 KostVfg). Die Frist beginnt mit der Zustellung des die Zahlungsaufforderung und Fristsetzung enthaltenden Gerichtsbeschlusses,[8] in dem auch das Ende der Frist eindeutig zu bezeichnen ist.[9] Ist das nicht der Fall, ist insbesondere das Ende der Frist nicht eindeutig bestimmt, ist die Fristsetzung unwirksam.[10] Das gilt auch, wenn die Höhe des Vorschusses nicht ziffernmäßig bestimmt oder wenn der Vorschuß zu hoch bemessen worden ist.[11] Die Aufforderung zur Vorschußzahlung kann rechtswirksam auch an den anwaltschaftlichen Vertreter des Privat-/Nebenklägers erfolgen, sofern dieser sich durch eine allgemeine Vertretungsvollmacht legitimiert hat.

Die Zahlung erfolgt bei Barzahlung mit Eingang des Barbetrages, auch wenn der Barbetrag in den Nachtbriefkasten eingeworfen wird. Bei Verwendung von Gerichtskostenmarken ist die Zahlung mit Eingang der Marken bei Gericht bewirkt.[12] Bei Überweisung ist er an dem Tag bewirkt, an dem der Überweisungsauftrag beim Zahlungsinstitut eingegangen ist.[13] Die Zahlungszusage einer Rechtsschutzversicherung oder eines Dritten, auch des Prozeßbevollmächtigten, genügt nicht.[14] 5

Vor dem Ablauf der wirksamen Frist und ohne Zahlung des Vorschusses soll keine **gerichtliche Handlung** vorgenommen werden, es sei denn, es wird glaubhaft gemacht, daß die Verzögerung dem Privat- oder Nebenkläger einen nicht oder nur schwer zu ersetzenden Nachteil bringen würde, § 379 a StPO. Das kann etwa dann der Fall sein, wenn der Beschuldigte sich ins Ausland absetzen will, wenn zu besorgen ist, daß er schwere Beleidigungen oder gravierende Wettbewerbsverstöße fortsetzen oder wiederholen wird.[15] „Gerichtliche Handlungen" sind alle auf den Betrieb des Privatklageverfahrens gegen den Beschuldigten gerichteten Maßnahmen des Gerichts einschließlich der Mitteilung der Privatklage an den Beschuldigten unter Bestimmung einer Erklärungsfrist (§ 382 StPO). Die Mitteilung an die Staatsanwaltschaft ist aber gleichwohl vorzunehmen, da sie dem öffentlichen Interesse dient.[16] Für die Nebenklage gilt § 379a StPO nur, wenn der Nebenkläger unabhängig von der Staatsanwaltschaft ein Rechtsmittel einlegt. Soweit die Staatsanwaltschaft sich am Verfahren beteiligt, nimmt das Verfahren seinen Fortgang, auch wenn der Nebenkläger keinen Gebührenvorschuß geleistet hat. 6

Machen Privat- oder Nebenkläger glaubhaft, daß ihnen die Verzögerung des Verfahrens einen **nicht oder nur schwer zu ersetzenden Nachteil** bringen würde, sind gerichtliche Handlungen auch ohne Vorschußzahlung vorzunehmen. Zur Glaubhaftmachung gelten die gleichen Grundsätze wie bei § 65 GKG, so daß auf das dort Gesagte verwiesen werden 7

8 LG Aachen, NJW 1958, 1599 (L).
9 OLG Hamm, JMBlNRW 1958, 165.
10 Kleinknecht/*Meyer-Goßner* StPO § 379 a Rn. 2.
11 BayObLG; NJW 1954, 1735.
12 OLG Hamm, RPfleger 1960, 28 = NJW 1960, 547.
13 BGH, MDR 1959, 653; OLG Hamm, NJW 1954, 733.
14 OLG Celle, NJW 1966, 1670 m. abl. Anm. v. *Schöndorf* NJW 1966, 20, 76; Kleinknecht/*Meyer-Goßner* StPO § 379 a Rn. 3.
15 Vgl. *Hartmann* § 67 Rn. 12.
16 *Oe/Wi/He* § 67 Rn. 3.

kann (§ 65, Rn. 34). Das Gleiche gilt auch für den Begriff des nicht oder nur schwer zu ersetzenden Nachteils (dazu oben, § 65, Rn. 33).

8 Gerichtliche Handlungen, die unter Verletzung der Bestimmung des § 379 a StPO vorgenommen werden, sind prozessual wirksam. Auch wenn vorschriftswidrig zunächst unter Nichtbeachtung des § 379 a StPO gerichtliche Handlungen vorgenommen wurden, haben weitere gerichtliche Handlungen bis zur Vorschußzahlung zu unterbleiben.

9 Wenn der Vorschuß nicht rechtzeitig gezahlt wird, wird die Privatklage durch Beschluß zurückgewiesen. Das Rechtsmittel oder der Wiederaufnahmeantrag werden verworfen (§ 379 a Abs. 3 StPO). Der Beschluß ist gebührenpflichtig (KV Nrn. 6501, 6522, 6532, 6601). Er ist mit der sofortigen Beschwerde, die sich nach den Bestimmungen der §§ 311 ff. StPO richtet, anfechtbar, § 379 a Abs. 3 StPO. Eine Wiederholung der nach § 379 a StPO rechtskräftig zurückgewiesenen Privatklage ist nicht möglich.[17] Der Beschluß ist aber aufzuheben, wenn sich nachträglich herausstellt, daß die Zahlung doch fristgemäß erfolgt war oder wenn nachträglich Prozeßkostenhilfe bewilligt wird.

10 **Vorschußpflicht in Strafverfahren (§ 67 Abs. 1):** Soweit nicht schon § 379 a StPO als lex specialis anzuwenden ist, gilt: In Strafsachen besteht für den Beschuldigten niemals eine Vorschußpflicht, sondern nur für den Privat- oder Nebenkläger und in den Grenzen des § 176 StPO für den Antragsteller im Klageerzwingungsverfahren. Eine einmal entstandene Vorschußpflicht bleibt auch dann bestehen, wenn die Kosten des Verfahrens einem anderen auferlegt oder von einem Dritten übernommen werden (§ 69 GKG). Es besteht dann keine Rückzahlungspflicht der Staatskasse. Keine Vorschußpflicht bei Prozeßkostenhilfe oder Gebührenfreiheit des an sich Vorschußpflichtigen. Vorschußpflichtig sind:

11 **Der Privatkläger:** Er muß den Gebührenvorschuß **für jede von ihm beantragte Instanz** entrichten, also für den ersten Rechtszug und, soweit er Berufung oder Revision einlegt oder einen Wiederaufnahmeantrag stellt, auch für diese Verfahren. Legt nur der Beschuldigte das Rechtsmittel ein oder beantragt nur der Beschuldigte die Wiederaufnahme des Verfahrens, trifft den Privatkläger insoweit keine Vorschußpflicht.[18] Das gilt auch, wenn er nur als Widerkläger das Rechtsmittel einlegt. Legt er das Rechtsmittel als Privatkläger und Widerkläger ein, trifft ihn die Vorschußpflicht nur in seiner Eigenschaft als Privatkläger.[19] Wenn die Staatsanwaltschaft das Verfahren übernimmt, wird der Privatkläger zum Nebenkläger, § 377 Abs. 3 StPO. Die zu seinen Lasten bereits entstandene Vorschußpflicht wird davon aber nicht berührt, da die Übernahme keine Rückwirkung hat.

12 **Keine Vorschußpflicht** besteht **für Beschuldigte und Widerkläger** (Abs. 1 S 2), auch nicht für den Privatkläger, der nur als Widerbeklagter das Rechtsmittel einlegt.[20] Der Widerkläger bleibt selbst dann von der Kostenvorschußpflicht frei, wenn er nach Erledigung der Privatklage die Widerklage selbständig weiter betreibt oder das Rechtsmittel einlegt oder den Wiederaufnahmeantrag gestellt hat. Das gilt auch, wenn der Widerkläger

17 BayObLG, NJW 1956, 758; OLG Hamm, NJW 1953, 717.
18 OLG Düsseldorf, RPfleger 1965, 284.
19 OLG Bamberg, NJW 1949, 835.
20 OLG Bamberg, NJW 1949, 835.

die Einleitung eines Feststellungsverfahrens nach einem Straffreiheitsgesetz beantragt hat.[21]

Der Nebenkläger ist nur vorschußpflichtig, wenn er eine Berufung oder Revision eingelegt hat oder eine Wiederaufnahme des Verfahrens beantragt. Seine Vorschußpflicht bleibt bestehen, auch wenn andere Nebenkläger oder die Staatsanwaltschaft gleichfalls ein Rechtsmittel beantragt haben. 13

Mehrere Privat- oder Nebenkläger schulden den Vorschuß nur einmal als Gesamtschuldner (§ 60 GKG i.V.m. § 471 Abs. 4 S 1 StPO). Bei Verbindung mehrerer gegen denselben Beschuldigten gerichteter Privatklagen bleibt die vor der Verbindung entstandene Vorschußpflicht bestehen.[22] 14

Höhe des Vorschusses. Sie beträgt die Hälfte der bei Freispruch oder Straffreierklärung des Beschuldigten im Privatklageverfahren zu erhebenden Gebühren nach KV Nrn. 6521, 6531. Der Vorschuß ist für alle im Rechtszug entstehenden Gebühren bestimmt, auch für solche, die den Beschuldigten nach dessen Verurteilung zu einer Strafe treffen. Hat die Staatsanwaltschaft das Verfahren übernommen, haftet der von der Übernahme an zum Nebenkläger gewordene Privatkläger nur für die den Privatkläger letzten Endes treffenden Kosten, nicht aber für die Kosten des nunmehr im Offizialverfahren verurteilten Beschuldigten. 15

Verfahren nach §§ 440, 441 StPO (sog. objektives Verfahren, Abs. 2): Die zu erhebenden Gebühren sind in KV Nrn. 6310 ff. bestimmt. Die Vorschußpflicht trifft den **Privatkläger** hier nur, soweit er das Verfahren ohne Mitwirkung der Staatsanwaltschaft allein oder mit anderen Privatklägern betreibt. Er hat den Vorschuß auch für jeden von ihm betriebenen Rechtszug, also auch für Berufung, Revision und für Wiederaufnahmeanträge zu leisten. Übernimmt die Staatsanwaltschaft das Verfahren, gilt das oben (Rn. 15) Gesagte. Der **Nebenkläger** ist nur vorschußpflichtig, wenn er ein Rechtsmittel einlegt oder ein Wiederaufnahmeverfahren beantragt. Gleichgültig ist, ob neben ihm auch die Staatsanwaltschaft oder ein anderer Verfahrensbeteiligter Rechtsmittel eingelegt haben. **Mehrere Privat- oder Nebenkläger** schulden auch hier den Gebührenvorschuß als Gesamtschuldner. Der **Höhe** nach ist auch hier nur die Hälfte der nach KV Nrn. 6320 ff. bestimmten Gebühren zu zahlen. 16

Rechtsmittel: Gegen die Fristsetzung ist die Beschwerde nach § 304 StPO[23] gegeben (Abs. 3), vgl. dazu auch oben, Rn. 9. Gegen eine Entscheidung des Gerichts, wonach von einer Fristsetzung ausdrücklich Abstand genommen wird, ist kein Rechtsbehelf statthaft.[24] Bleibt das Gericht untätig, kann das nur mit der Dienstaufsichtsbeschwerde moniert werden.[25] Gegen den Beschluß, mit dem das Gericht einen Antrag wegen Nichtzahlung des Vorschusses zurückweist oder verwirft, kommt die sofortige Beschwerde nach § 379 a Abs. 3 StPO in Betracht. Die Vorschrift des § 6 GKG ist hingegen für § 67 unanwendbar. 17

21 BayObLG, RPfleger 1956, 2 (L).
22 *Oe/Wi/He* § 67 Rn. 14.
23 *Hartmann* § 67 Rn. 23; KMR-*Stöckel* StPO § 379 a Rn. 9.
24 *Hartmann* § 67 Rn. 24.
25 *Hartmann* § 67 Rn. 25.

§ 68
Auslagenvorschuß

(1) Wird die Vornahme einer Handlung, mit der Auslagen verbunden sind, beantragt, so hat derjenige, der die Handlung beantragt hat, einen zur Deckung der Auslagen hinreichenden Vorschuß zu zahlen. Das Gericht soll die Vornahme der Handlung von der vorherigen Zahlung des Vorschusses abhängig machen. Dies gilt nicht für die Anordnung einer Haft.

(2) Die Vorschußpflicht nach Abs. 1 besteht in Strafsachen nur für den Privatkläger, den Widerkläger sowie für den Nebenkläger, der Berufung oder Revision eingelegt hat.

(3) Bei Handlungen, die von Amts wegen vorgenommen werden, kann ein Vorschuß zur Deckung der Auslagen erhoben werden. Dies gilt nicht in Strafsachen und in gerichtlichen Verfahren nach dem Gesetz über Ordnungswidrigkeiten.

Übersicht

1 **Allgemeines:** Während § 65 GKG die Vorauszahlung von Gebühren und Auslagen für Zustellung und öffentliche Bekanntmachung und die §§ 66, 67 GKG die Gebührenvorschußpflicht behandeln, regelt § 68 die Auslagenvorschußpflicht. Die Bestimmung gilt für

alle im GKG geregelten Verfahren[1] und begründet eine selbständige, neben einer Haftung aus anderen Vorschriften bestehende Zahlungsverpflichtung des Antragstellers gegenüber der Staatskasse.[2] In Straf- und Ordnungswidrigkeitensachen ist Abs. 1 nur beschränkt, Abs. 3 überhaupt nicht anwendbar. Die in § 68 geregelte Vorschußpflicht besteht nur für Auslagen nach KV Nrn. 9000 ff. Soweit nach anderen Gesetzen (z. B. §§ 379, 402 ZPO) ein Auslagenvorschuß gefordert werden kann, ist § 68 nicht anzuwenden.[3] In solchen Fällen ist § 68 GKG – sofern überhaupt – subsidiär. In Arbeitsgerichtsverfahren gilt dagegen § 12 Abs. 4 ArbGG, wonach keine Vorschüsse zu leisten sind. Auch das Sozialgerichtsverfahren ist grundsätzlich vorschußfrei. Eine Ausnahme ist hier aber im § 109 SGG für die Einholung von Sachverständigengutachten enthalten.

Es ist zu unterscheiden zwischen Handlungen, die auf Antrag (Abs. 1 und 2) und solchen, 2
die von Amts wegen (Abs. 3) vorzunehmen sind.

Zu den **mit Auslagen verbundenen Handlungen auf Antrag (Abs. 1 und 2)** gehören: 3
Auf Antrag einer Partei erfolgende Beweisanordnungen (wie z. B. die Vernehmung von Zeugen und Sachverständigen, die Einholung schriftlicher Sachverständigengutachten oder Zeugenanhörungen, die Augenscheineinnahme einschließlich der vorbereitenden Anordnungen nach § 273 ZPO, § 87 VwGO, § 79 FGO oder vorweggenommene Beweisaufnahmen nach § 358 a ZPO, soweit sie auf Antrag einer Partei beruhen). Weiter gehören hierher die auf Antrag erfolgende Parteivernehmung, die einer mittellosen Partei auf Antrag zu zahlenden Beträge für Reisekosten (KV Nr. 9008 lit. b). Auch wer ein selbständiges Beweisverfahren beantragt, schuldet die dadurch entstandenen Auslagen nach § 49 GKG und ist außerdem nach § 68 Abs. 1 vorschuß- und vorwegleistungspflichtig. Vernimmt das Gericht auf Antrag des Gegners im selbständigen Beweisverfahren weitere Zeugen, ist insoweit der Gegner vorschuß- und vorwegleistungspflichtig. Eine Vorschußpflicht besteht auch für die durch die Hinzuziehung eines Dolmetschers entstehenden Auslagen. Zwar sind Dolmetscher von Amts wegen zuzuziehen (§§ 185, 186 GVG; § 55 Abs. 1 VwGO; § 52 Abs. 1 FGO). Aber das Verlangen, eine der deutschen Sprache nicht mächtige Person zu vernehmen, schließt auch den Antrag auf Hinzuziehung des Dolmetschers in sich.[4] Das gilt natürlich nicht, wenn die Partei ausdrücklich erklärt, die zu vernehmende Person sei der deutschen Sprache hinreichend mächtig und das Gericht den Dolmetscher nur „sicherheitshalber“ hinzuzieht. Dann gilt Abs. 3 mit einer Option auf § 8 GKG. Auch in Straf- und Ordnungswidrigkeitensachen ist eine Spezialregelung gegeben (Abs. 3, vgl. auch KV Nr. 9005 Abs. 2). Wenn aber eine oder beide Parteien der deutschen Sprache nicht mächtig sind, gilt nur Abs. 3, weil dann nach § 185 GVG ein Dolmetscher von Amts wegen hinzuzuziehen ist. Soweit Vorschußpflicht besteht, gibt es aber keine Vorwegleistungspflicht. Das hinsichtlich des Dolmetschers Gesagte muß sinngemäß auch für den Übersetzer gelten. Der Vorschuß ist auch zu leisten für die auf Antrag erfolgenden öffentlichen Ladungen, Zustellungen im Ausland und Bekanntmachungen. In solchen Fällen liegt ein Antrag schon in der Einreichung einer öffentlich oder im

1 Vgl. dazu auch ausf *Hansens*, ZAP 2000, Fach 24.
2 *Mümmler* § 68 Rn. 1; *D. Meyer*, JurBüro 2002, 240.
3 Vgl.OLG Bamberg, NJW-RR 2001, 1578; OLG Stuttgart, MDR 1987, 1036; *Hartmann* § 68 Rn. 1.
4 Vgl. auch KG, NJW 1973, 436 = MDR 1973, 325 = JurBüro 1973, 460; *Mümmler* § 68 Rn. 6.

Ausland zuzustellenden Klage. Anders kann es liegen, wenn die Zustellungen oder Bekanntmachungen von Amts wegen zu erfolgen haben. Dann kommt Abs. 3 in Betracht. Soweit im **Insolvenzverfahren** mit Auslagen verbundene Handlungen auf Antrag vorgenommen werden, ist auch hier der Antragsteller vorschußpflichtig. Dazu gehört auch der Antrag auf Eröffnung dieser Verfahren.[5] Soweit aber nach Abs. 1 für im Rahmen der Durchführung des Verfahrens keine Vorschußpflicht besteht,[6] kann nach Abs. 3 ein Vorschuß, allerdings ohne Vorwegleistungspflicht, angefordert werden.[7] Das ergibt sich auch daraus, daß ein Insolvenzantrag abgewiesen werden kann, wenn nicht ein zur Deckung der Massekosten ausreichender Geldbetrag vorgeschossen wird.[8] Soweit Ermittlungen, die Anordnung der Vorführung des Schuldners oder Sicherungsmaßregeln von Amts wegen erfolgen, kann ein Vorschuß nur nach Abs. 3 erhoben werden. Erfolgt aber eine solche Maßnahme auf einen ausdrücklichen Antrag, ist der Antragsteller nach Abs. 1 vorschuß- und vorwegleistungspflichtig. Die Bestimmung eines besonderen Prüfungstermins erfolgt von Amts wegen. Für die damit verbundenen Auslagen kann ein Vorschuß nach Abs. 3 erhoben werden. Das gleiche gilt sinngemäß für das **schifffahrtsrechtliche Verteilungsverfahren**. Auch im **Zwangsversteigerungs- und Zwangsverwaltungsverfahren** sind Handlungen denkbar, die nicht von Amts wegen, sondern nur auf besonderen Antrag vorgenommen werden (wie z. B. zusätzliche Veröffentlichungen des Zwangsversteigerungstermins in der einschlägigen Fachpresse[9] oder die Einholung zusätzlicher Gutachten). Soweit die Handlungen auf Antrag erfolgen, besteht Vorschuß- und Vorwegleistungspflicht nach Abs. 1. In allen übrigen Fällen kann nach Abs. 3 ein Vorschuß angefordert werden.[10] In **Strafsachen** besteht eine Vorschuß- und Vorwegleistungspflicht nur für den Privatkläger, den Widerkläger sowie für den Nebenkläger, der Berufung oder Revision eingelegt hat, Abs. 2. In **Verwaltungs-, Sozial- und Finanzgerichtssachen** wird idR nur eine Vorschußpflicht nach Abs. 3 in Betracht kommen. Soweit aber Handlungen auf den Antrag einer Partei oder eines Beteiligten vorgenommen werden, findet auch in diesen Verfahren Abs. 1 Anwendung.[11]

4 **Antragsteller** ist, wer die in Frage stehende mit Auslagen verbundene Handlung beantragt hat, und nicht, wer als Antragsteller der Instanz das Verfahren beantragt hat und deshalb nach §§ 49–53 GKG Kostenschuldner ist. Gleichgültig ist auch, wen die Beweispflicht (Beweislast) trifft. Beantragt eine nicht beweispflichtige Partei, einen Beweis zu erheben, ist sie vorschußpflichtig.[12] Umgekehrt wird der Beweispflichtige ebensowenig wie der Antragsteller der Instanz vorschußpflichtig für einen Antrag der nicht beweispflichtigen Partei. Auch wer einen Gegenbeweis antritt, wird zum Antragsteller. Bei Beweis und Gegenbeweis sind beide Parteien gesamtschuldnerisch auslagenvorschußpflichtig, soweit

5 LG Hildesheim, MDR 1957, 111; AG Paderborn, JurBüro 1992, 469; *Hartmann* § 68 Rn. 7.
6 *Mümmler* § 68 Rn. 21.
7 OLG Schleswig, SchlHA 1971, 230.
8 Dazu LG Mainz, RPfleger 1975, 253.
9 Vgl. *Mümmler* § 68 Rn. 20.
10 OLG Koblenz, NJW-RR 2002, 432 (LS).
11 *Mümmler* § 68 Rn. 26, 27.
12 OLG Schleswig, RPfleger 1957, 5 (L).

sie sich auf dasselbe Beweismittel und dasselbe Beweisthema beziehen.[13] Entscheidend ist, wer den Antrag gestellt hat, nicht wer materiellrechtlich beweispflichtig ist. Denn nach den Bestimmungen der ZPO hat das Gericht allen erheblichen Anträgen unabhängig von der Beweispflichtigkeit nachzugehen. Es bleibt der nicht beweispflichtigen Partei allemal unbenommen, kostenauslösende Anträge zu unterlassen, wenn und soweit sie nicht darlegungs- oder beweispflichtig ist. Beantragt z. B. der Kläger eine Beweisaufnahme, die für die Entscheidung über die Widerklage von Bedeutung ist, ist nur der Kläger, nicht auch der Widerkläger (Beklagte) auslagenvorschußpflichtig. Es schadet nicht, daß die Beweisaufnahme auch dem Gegner zugute kommt. Beantragt der Beklagte im Zivilprozeß eine Beweisaufnahme, hat er, obwohl er nicht Antragsteller der Instanz ist, für die durch seinen Antrag entstehenden Auslagen Vorschuß zu leisten.[14] Dementsprechend braucht im Privatklageverfahren ein Privatkläger für die vom Beschuldigten benannten Entlastungszeugen keinen Auslagenvorschuß zu zahlen.[15]

Ein ausdrücklicher **Antrag** ist nicht unbedingt erforderlich. Grundsätzlich stellt schon der Beweisantritt einen Antrag iS von Abs. 1 dar.[16] Daher ist ein Antrag auch schon darin zu erblicken, daß eine Partei einen Zeugen benennt oder ein Sachverständigengutachten als Beweismittel bezeichnet, mag es auch „ohne Übernahme der Beweislast", „unter Protest gegen die Beweislast" oder „vorsorglich" geschehen oder als Antrag auf Vornahme einer prozeßleitenden Verfügung sein.[17] Dabei muß das Begehren nicht ausdrücklich als Antrag bezeichnet werde. Nach allgemeinen Auslegungsregeln reicht es aus, wenn der Wille zur Vornahme der Handlung klar zum Ausdruck kommt. Ein bestimmter Sachverständiger braucht nicht benannt zu sein, weil die Auswahl des Sachverständigen grundsätzlich Sache des Gerichts ist. Daher besteht auch dann eine Vorschußpflicht, wenn das Gericht einen anderen als den vom Antragsteller genannten Sachverständigen bestimmt. Dagegen besteht keine Vorschußpflicht, wenn das Gericht einen Sachverständigen, den die Partei nicht will, sein Gutachten ergänzen läßt, weil schon das erste, zu ergänzende Gutachten, vorschußpflichtig war. Ist aber auf Antrag der Partei zunächst nur ein schriftliches Sachverständigengutachten eingeholt worden und beantragt die Partei nun ergänzend, den Sachverständigen zu laden, um ihn Vorhalte machen zu können, ist sie für die durch die persönliche Ladung des Sachverständigen entstehenden weiteren Auslagen vorschußpflichtig, weil es sich um einen neuen Antrag handelt.[18] Das gilt auch, wenn die dem Sachverständigen vorzuhaltenden Fragen schriftlich formuliert und dieser vorab gebeten wird, zunächst schriftlich Stellung zu nehmen. Anders liegt es bei der Beantragung von Zeugenvernehmungen. Hier entsteht die Vorschußpflicht erst, wenn die beantragende Partei den Zeugen prozeßordnungsgemäß benennt. Der Antrag auf Vernehmung des Zeugen „NN, dessen ladungsfähige Anschrift nachgereicht wird", ist noch kein Antrag idS, weil es schon an einem prozeßordnungsgemäßen Beweisantritt mangelt. Werden von 5

13 OLG Schleswig, SchlHA 2002, 76; OLG Düsseldorf, MDR 1974, 321. A. M. OLG Stuttgart, NJW-RR 2002, 143.
14 LG Osnabrück, JurBüro 1980, 249 m. Anm. v. *Mümmler*.
15 LG Karlsruhe, NJW 1963, 66.
16 OLG Koblenz, VersR 1988, 702; OLG Zweibrücken, RPfleger 1989, 81.
17 OLG Düsseldorf, MDR 1974, 321.
18 OLG Schleswig, RPfleger 1957, 5 (L).

beiden Parteien dieselben Beweismittel benannt und erfolgt die Beweisanordnung für die von den Parteien genannten Beweisfragen, sind beide Parteien als Antragsteller für die genannten durch die Beweisanordnung entstehenden Auslagen gesamtschuldnerisch vorschusspflichtig,[19] und nicht nur der Beweispflichtige.[20] Denn auch der Antritt eines sog. „Gegenbeweises" ist jedenfalls dann ein Antrag idS, und zwar nicht nur, wenn es sich nicht um dasselbe Beweismittel, sondern auch wenn die Beweismittel identisch sind, handelt oder die Beweisanordnung auch auf dem Antrag beruht.[21] Allerdings wird man in solchen Fällen den Beweispflichtigen als Erstschuldner behandeln müssen. Wenn und soweit der Vorschuß zurückgezahlt werden muß, hat die Rückzahlung natürlich an denjenigen zu erfolgen, der den Vorschuß tatsächlich eingezahlt hat.

6 **Im Prozeßkostenhilfebewilligungsverfahren** darf auch vom Gegner der unvermögenden Partei kein Vorschuß verlangt werden, selbst wenn er einen auslagenträchtigen Antrag stellt. Ist dem Kläger, Berufungs- oder Revisionskläger **Prozeßkostenhilfe bewilligt** und ist nicht angeordnet worden, daß von der unvermögenden Partei Zahlungen an die Bundes- oder Landeskasse zu leisten sind, so ist auch sein Gegner nicht vorschußpflichtig (§ 122 Abs. 2 ZPO). Hat er sich aber bei einem Beweisantritt zur Übernahme der Kosten bereit erklärt, so kann er aus dieser Übernahmeerklärung auch auf den Auslagenvorschuß in Anspruch genommen werden, selbst wenn er in dem Rechtsstreit obsiegt und deshalb nach § 125 Abs. 2 ZPO die Kosten nicht tragen müßte, § 54 Nr. 2 GKG.

7 Wer **Auslagenfreiheit** besitzt, ist auch nicht vorschußpflichtig (§ 2 GKG). Eine einstweilige Befreiung von der Auslagenvorschußpflicht ist, abgesehen vom Fall der Prozeßkostenhilfe, nicht möglich. Insbesondere darf die Ausnahmevorschrift des § 65 Abs. 7 Nr. 4 GKG nicht entsprechend auf § 68 angewandt werden.[22]

8 Die **Auslagenfreiheit bleibt bestehen,** auch wenn die Kosten des Verfahrens einem anderen auferlegt sind (§ 54 Nr. 1 GKG) oder von einem anderen übernommen wurden (§ 54 Nr. 2, § 69 S 1 GKG). Daneben ist in bürgerlichen Rechtsstreitigkeiten und in Scheidungsfolgesachen sowie in Verwaltungs- und Finanzgerichtssachen für die Auslagen auch der Antragsteller der Instanz Kostenschuldner nach § 49 GKG. Er ist aber in dieser Eigenschaft nicht vorschußpflichtig, es sei denn, daß er die mit den Auslagen verbundene Handlung beantragt hat. Als Kostenschuldner hat er für die Auslagen erst nach Eintritt von deren Fälligkeit aufzukommen (§ 63 GKG). Der Kläger hat als Antragsteller der Instanz auch für die Auslagen aufzukommen, die durch Anträge der beklagten Partei entstanden sind, selbst wenn der beklagten Partei Prozeßkostenhilfe bewilligt worden war.[23] Der Auslagenvorschußschuldner nach § 68 wird gegenüber dem Entscheidungs- oder Übernahmeschuldner zum Zweitschuldner (§§ 69 S 2, 58 Abs. 2 GKG).[24] Auch nach Vornahme der mit den Auslagen verbundenen Handlung bleibt die Vorschußpflicht bestehen (§ 69 GKG). Der Vorschuß kann daher ganz oder, wenn der eingeforderte Vorschuß nicht

19 OLG Zweibrücken, RPfleger 1989, 81; *Mümmler* § 68 Rn. 10.
20 So aber *Hartmann* § 68 Rn. 12.
21 OLG Schleswig, SchlHA 2002, 76 m. w. N.; OLG Stuttgart, MDR 1998, 1036.
22 OLG München, RPfleger 1961, 423 (L).
23 A. M. OLG Stuttgart, NJW 1958, 107 = JZ 1958, 171 m. abl. Anm. v. *Pohle.*
24 OLG Düsseldorf, JurBüro 1974, 218 = Rpfleger 1974, 81.

ausreicht, z T auch noch nach der Beweisaufnahme eingefordert werden.[25] Die Aushändigung eines bereits erstatteten Sachverständigengutachtens darf aber nicht von der Zahlung des vom Antragsteller eingeforderten Vorschusses abhängig gemacht werden.[26]

Keine Vorschußpflicht besteht, wenn die Handlung nicht mit Auslagen verbunden ist. 9
Das kann z. B. so sein, wenn die Zeugen auf Erstattung ihrer Auslagen vorweg oder nachträglich verzichtet haben. Die Auslagenvorschußpflicht lebt dann auch nicht wieder auf, wenn den Zeugen trotz ihres Verzichts versehentlich eine Entschädigung gewährt wurde.[27] Andererseits kann aber eine Partei aus einer Nichtbeachtung der zugunsten der Staatskasse geschaffenen Vorschußpflichten für sich kein Kostenniederschlagungsrecht herleiten.[28]

Vorwegleistungspflicht (**Abs. 1 S 2**): Das Gericht soll die mit Auslagen verbundene 10
Handlung nicht vornehmen, solange nicht der Vorschuß eingezahlt ist. Es hat z. B. die Ladung und die Vernehmung von Zeugen zu unterbleiben, wenn der Auslagenvorschuß nicht entrichtet ist. Wird aber der Zeuge gestellt und verzichtet er auf Entschädigung, ist die Handlung nicht mehr mit Auslagen verbunden und deshalb vorzunehmen.

Keine Vorwegleistungspflicht besteht, wenn der vorschußpflichtigen Partei Kostenfrei- 11
heit (nicht nur Gebührenfreiheit) zusteht. Bei **Prozeßkostenhilfe** besteht Vorwegleistungspflicht nur nach den Bestimmungen, die das Gericht nach § 120 ZPO getroffen hat. Keine Vorwegleistungspflicht besteht auch für den Beklagten, Berufungs- oder Revisionsbeklagten, wenn der Kläger, Berufungs- oder Revisionskläger Prozeßkostenhilfe bewilligt worden ist und ihm keine Zahlungen auferlegt worden sind (§ 122 Abs. 2 ZPO).

Die übrigen Fallgruppen des § 65 Abs. 7 GKG sind dagegen hier nicht entsprechend 12
anwendbar. Die vorschußpflichtige Handlung soll daher auch dann nicht vorgenommen werden, wenn glaubhaft gemacht wird, daß die alsbaldige Zahlung des Vorschusses dem Vorschußpflichtigen Schwierigkeiten bereiten oder einen nicht oder nur schwer zu ersetzenden Schaden oder Nachteil bringen würde.[29] Das schließt aber nicht aus, daß das Gericht im Einzelfall von der sofortigen Vorwegleistungspflicht absehen kann, wenn es nach seinem pflichtgemäßen Ermessen zwingende Gründe für diese Ausnahme für gegeben ansieht. So etwa, wenn der Verlust des Beweismittels zu besorgen ist. Das Wort „soll" verpflichtet zwar das Gericht, die Vornahme der Handlung idR von der Vorwegleistung abhängig zu machen, will dem Richter aber auch einen gewissen Ermessensspielraum lassen. Das Gericht wäre im übrigen nicht gehindert, etwa nach §§ 144, 273 ZPO zu verfahren.

Außerhalb des GKG sehen eine Vorwegleistungspflicht vor §§ 379, 402 ZPO, § 379 a 13
StPO. Diese Bestimmungen gehen dem § 68 als leges speciales vor.[30] Vgl. auch oben, Rn. 1. Daraus folgt, daß der Kostenbeamte nicht befugt ist, einen Auslagenvorschuß anzufor-

25 OLG München, VersR 1978, 751; OLG Frankfurt/Main, NJW 1963, 1787 = JurBüro 1963, 555; OLG Düsseldorf, RPfleger 1956, 182 (L); OLG Hamm, JurBüro 1966, 151.
26 OLG Frankfurt/Main, NJW 1963, 1787 = JurBüro 1963, 555.
27 OLG Nürnberg, JurBüro 1959, 39 = RPfleger 1963, 180 (L).
28 KG, RPfleger 1962, 123 (L).
29 OLG München, RPfleger 1961, 432 (L).
30 OLG Bamberg, NJW-RR 2001, 1578.

dern, wenn das Gericht in einem Beweisbeschluß eine entsprechende Auflage (versehentlich) unterlassen hat.[31]

14 Das **Gericht** soll abhängig machen. Gemeint ist damit das Prozeßgericht, im Rahmen seiner Zuständigkeit auch der Einzelrichter nach § 348 ZPO. Der beauftragte oder der ersuchte Richter darf es nicht. Er darf insbesondere ein vermeintliches oder wirkliches Versäumnis des Prozeßgerichts nicht nachholen oder vom Prozeßgericht die nachträgliche Anordnung verlangen.[32] Von Eilfällen abgesehen, ist es ihm aber nicht verwehrt, das Prozeßgericht auf das Fehlen der Vorwegleistungsanordnung hinzuweisen. In **Rechtspflegersachen** entscheidet der Rechtspfleger.

15 Die Anordnung trifft das Gericht durch **Beschluß.** In den Fällen prozeßleitender Anordnungen nach § 273 ZPO verfügt sie der Vorsitzende. Die Höhe des Vorschusses und die Zahlungsfristen sind so zu bemessen, daß der Anordnung Folge geleistet werden kann. Der Vorschuß sollte die bei sachgemäßer Erledigung voraussichtlich entstehenden Kosten der mit Auslagen verbundenen Handlung decken. Auch Mehrkosten, die dadurch entstehen, daß das Gericht einen Zeugen vor dem Prozeßgericht statt durch einen ersuchten Richter vernehmen läßt, sind vorzuschießen, auch wenn die Partei nur die Vernehmung durch einen ersuchten Richter beantragt hat. Umgekehrt gilt auch, daß Mehrkosten, die durch die Reise des Gerichts zur Wahrnehmung eines auswärtigen Termins entstehen werden, vorschußweise angefordert werden können. Die Beibringung einer Bürgschaft ist keine Vorwegleistung,[33] erst recht nicht die Erklärung des Prozeßbevollmächtigten, er „stehe für die Auslagen gut". Allerdings wird das Gericht in solchen Fällen die Handlung vornehmen.

16 Gegen den Beschluß ist die **einfache Beschwerde** nach § 6 GKG, in Rechtspflegersachen **Erinnerung** nach § 11 RPflG gegeben. Das Rechtsmittel kann sich sowohl gegen die Vorschuß- oder Vorwegleistungspflicht als solche als auch gegen die Höhe richten sowie gegen die Bestimmung der Zahlungsfrist. Sie ist auch dann zulässig, wenn der Beschwerdewert von 100 DM (*50 €*) nicht erreicht wird. Wenn die Vorschuß- oder Vorwegleistungspflicht nicht nach § 68, sondern nach anderen Bestimmungen – etwa § 379 ZPO – erfolgte, findet auch keine Beschwerde nach § 6 GKG statt.[34]

17 Hinsichtlich der **Dokumentenpauschalen** für die Anfertigung von auf Antrag zu erteilenden Ausfertigungen und Abschriften steht die Vorwegleistungsanordnung dem **Kostenbeamten** zu. Auch wenn das Gericht eine Vorschußleistung, aber keine Vorwegleistungsanordnung trifft, hat der Kostenbeamte aus § 68 Abs. 1 S 1 einen Auslagenvorschuß anzufordern. Er darf aber soweit keine Vorwegleistungsanordnung treffen. Die mit Auslagen verbundene Handlung ist auch auszuführen, wenn der Vorschuß noch nicht gezahlt ist. Gegen die Vorschußanordnung des Kostenbeamten ist die Erinnerung nach § 5 GKG möglich.

18 **Fälligkeit** der Auslagen (§§ 63, 64 GKG). Unabhängig davon tritt die Vorauszahlungs-

31 OLG Bamberg, NJW-RR 2001, 1578.
32 OLG Hamm, NJW 1956, 1447 (L).
33 *Kleeberg* RPfleger 1966, 202.
34 OLG Frankfurt/Main, RPfleger 1973, 63.

pflicht mit Anordnung der mit den Auslagen verbundenen Handlung ein, gleichgültig, ob gleichzeitig eine Vorwegleistung angeordnet wird oder nicht. Eine nicht erfolgte Vorschußanordnung kann bis zur Fälligkeit der Auslagen nachgeholt werden.

Ausnahme (Abs. 1, S 3): Für eine **auf Antrag** erfolgende **Anordnung einer Haft** hat der Antragsteller nach Abs. 1 S 1 einen hinreichenden Auslagenvorschuß zu leisten. S 3 bestimmt insoweit nur, daß im Falle der Haftanordnung das Gericht die Vornahme der Handlung nicht von der vorherigen Zahlung des Auslagenvorschusses abhängig machen darf. Die Anordnung der Haft muß demnach auch erfolgen, wenn vom Antragsteller noch kein Haftkostenvorschuß gezahlt ist. In Betracht kommen Haftkosten nach KV Nr. 9011, soweit die Haftanordnung auf einem Antrag beruht, z. B. Haft gegen einen Schuldner, der die Abgabe der eidesstattlichen Versicherung verweigert, oder persönlicher Sicherheitsarrest. 19

Handlungen von Amts wegen (Abs. 3): Während bei Handlungen auf einen Antrag stets der Vorschuß zu leisten ist, und die Handlung bis zur Leistung unterbleiben soll, kann für Handlungen, die von Amts wegen vorzunehmen sind, ein Auslagenvorschuß nach pflichtgemäßem Ermessen erhoben werden (vgl. § 22 Abs. 2 KostVfg.). Eine von Amts wegen vorzunehmende Handlung darf also niemals von der Vorschußleistung abhängig gemacht werden.[35] Gegen die Vorschußanordnung des Kostenbeamten steht die Erinnerung nach § 5 GKG offen. Hat das Gericht eine Vorschußanordnung getroffen, was nach Abs. 3 nicht ausgeschlossen ist, kann der Beschluß mit der einfachen Beschwerde nach § 6 GKG angefochten werden, auch wenn der Beschwerdewert von 100 DM (50 €) nicht erreicht ist. Wie bei Abs. 1 darf der Vorschuß auch noch gefordert werden, wenn die Handlung bereits vorgenommen ist. Denn die Vorschußpflicht besteht nach Abs. 3 genau so wie nach Abs. 1.[36] Nur die Geltendmachung des Anspruchs auf Auslagenvorschuß ist dem pflichtgemäßen Ermessen des Gerichts oder des Kostenbeamten anheim gestellt.[37] 20

Von Amts wegen erfolgen mit Auslagen verbundene Handlungen z. B. bei Einnahme des Augenscheins oder bei der Einholung eines Sachverständigengutachtens, wenn kein Antrag einer Partei vorliegt (§§ 273, 144 ZPO) oder wenn eine Partei den ihr nach Absatz 1 auferlegten Kostenvorschuß nicht zahlt, die gerichtliche Handlung aber geboten ist,[38] bei Maßnahmen nach § 273 ZPO, sofern kein Beweisangebot zugrunde liegt, im Eheprozeß (§ 616 ZPO). Auch für die Durchführung des **Insolvenzverfahren** kann von Amts wegen ein Vorschuß angefordert werden, sowie für die Bestimmung des besonderen Prüfungstermins. Im **Zwangsversteigerungsverfahren** kann ein Vorschuß von Amts wegen für Veröffentlichungskosten, Terminbekanntmachungen, Wertermittlungen, Beweiserhebungen ebenso erhoben werden wie für die Auslagen, die mit der Bewachung und Verwahrung von Schiffen und Luftfahrzeugen verbunden sind (§§ 165, 171 c ZVG). Auch in **Verwaltungs- und Finanzgerichtsverfahren** kann ein Vorschuß 21

35 BGH, NJW 2000, 743, 744; OLG Koblenz, NJW-RR 2002, 432 (LS).
36 OLG Stuttgart, JurBüro 1981, 163; OLG Düsseldorf, JurBüro 1964, 591.
37 *Mümmler* § 68 Rn. 9.
38 BGH, MDR 1976, 396 = GRUR 1976, 213 = JurBüro 1976, 249 (L); OLG Düsseldorf, MDR 1974, 321.

erhoben werden. Gerade in diesen Verfahren kommt dem Abs. 3 besondere Bedeutung zu.[39]

22 **Wer** nach Abs. 3 vorschußpflichtig ist, sagt das Gesetz nicht. Nach verbreiteter Ansicht soll in diesen Fällen die beweispflichtige Partei vorschußpflichtig sein.[40] Andere wollen § 2 Nr. 2 KostO sinngemäß anwenden[41] und demgemäß die Partei für vorschußpflichtig ansehen, deren Interesse wahrgenommen wird. Bei der Beantwortung der Frage ist davon auszugehen, daß Abs. 1 bindend vorschreibt, daß derjenige den Auslagenvorschuß zu leisten hat, der die Handlung beantragt hat, während es Abs. 3 bei Handlungen, deren Vornahme von Amts wegen zu erfolgen hat, dem pflichtgemäßen Ermessen überläßt, ob ein Auslagenvorschuß erfordert werden soll. Hier auf die Beweislast abzustellen, wäre unpraktisch, weil diese oft durchaus zweifelhaft sein kann.[42] Aber auch die Inanspruchnahme des Antragstellers des Verfahrens könnte zu unbilligen Ergebnissen führen, wenn die von Amts wegen angeordnete Handlung seinen Interessen zuwiderläuft. Man muß daher das in Abs. 3 mit dem Wort „kann" eingeräumte Ermessen so verstehen, daß nicht nur die Frage, *ob* ein Auslagenvorschuß eingefordert werden soll, sondern auch die Frage, *wer* ihn zu zahlen hat, nach billigem Ermessen zu entscheiden ist. Dabei können Gesichtspunkte, wem die Handlung voraussichtlich nützt, ein brauchbares Ermessenskriterium sein.

23 Im **Insolvenzverfahren** kann der Antragsteller auch Schuldner der Auslagen des Eröffnungsverfahrens oder des Verfahrens auf Wiederaufnahme des Insolvenzverfahrens werden, § 50 Abs. 1 S 2 GKG. Er kann daher ebenso als vorschußpflichtig in Anspruch genommen werden wie der Gemeinschuldner (§ 50 Abs. 2 GKG). Im **schiffahrtsrechtlichen Verteilungsverfahren** ist Schuldner der Auslagen der Antragsteller (§ 52 GKG) und damit auch vorschußpflichtig. Im **Zwangsversteigerungs- und Zwangsverwaltungsverfahren** ist der Antragsteller Schuldner der Auslagen, soweit sie nicht dem Erlös entnommen werden können (§ 53 Abs. 1 S 2 GKG). Er kann daher auch zur Leistung des Auslagenvorschusses herangezogen werden. Ein Vorschuß soll nicht erhoben werden von Gemeinden, Gemeindeverbänden oder einer sonstigen Körperschaft des öffentlichen Rechts (§ 22 Abs. 6 KostVfg).

24 **Strafsachen (Abs. 3, S 2):** Hierzu zählen nicht die Verfahren nach dem OWiG. Der **Beschuldigte** ist niemals auslagenvorschußpflichtig, auch nicht, wenn die von ihm genannten Zeugen geladen werden, oder wenn er das Rechtsmittel eingelegt hat. **Auslagenvorschußpflichtig** sind in Strafsachen nur der **Privatkläger** und der **Widerkläger** in allen von ihnen betriebenen Rechtszügen sowie im Wiederaufnahmeverfahren und der **Nebenkläger**, soweit er Berufung oder Revision eingelegt hat. Der Nebenkläger, der eine Wiederaufnahme des Verfahrens beantragt hat, ist zwar gebührenvorschußpflichtig (§ 68), nicht aber auslagenvorschußpflichtig.[43] Voraussetzung der Vorschußpflicht ist aber immer, daß die mit Auslagen verbundene Handlung vom Privat-, Wider- oder Nebenkläger in

39 A. M. OVG Münster, NJW 1969, 1668 = DÖV 1969, 759 = DVBl. 1969, 969 (L).

40 OLG Düsseldorf, JurBüro 1964, 591 = JMBlNRW 1961, 237; OLG Bamberg, JurBüro 1979, 879; OVG Münster, NJW 1969, 1686 = DÖV 1969, 759; *Mümmler* § 68 Rn. 9; *Schneider* JurBüro 1976, 1295.

41 *Lappe* § 68 Rn. 10.

42 OVG Münster, NJW 1969, 1686.

43 *Mümmler* § 68 Rn. 25.

dieser Rechtsstellung beantragt worden ist. Hat ein Privatkläger in seiner Eigenschaft als Widerbeklagter oder Rechtsmittelbeklagter eine mit Auslagen verbundene Handlung beantragt, ist er nicht auslagenvorschußpflichtig.[44] Bezieht sich ein Antrag auf die Vornahme einer mit Auslagen verbundenen Handlung auf den Privatkläger in seiner Eigenschaft als Privatkläger sowie als Widerbeklagter, ohne daß eine Trennung möglich ist, entfällt eine Vorschußpflicht des Privatklägers.[45] Hat nur der Privatbeklagte das Rechtsmittel eingelegt, ist an diesem Rechtsmittelverfahren der Privatkläger nicht in dieser Eigenschaft, sondern als Rechtsmittelbeklagter beteiligt und damit in diesem Verfahren überhaupt nicht vorschußpflichtig.[46] Der Privat- und der Nebenkläger sind nur für solche Handlungen vorschußpflichtig, die sie iS des Abs. 1 beantragt haben[47] und nicht für solche des Beschuldigten. Sie haben daher für die vom Beschuldigten benannten Entlastungszeugen keinen Vorschuß zu leisten.[48] Nimmt das Gericht die mit Auslagen verbundene **Handlung von Amts wegen** vor, ist hierfür auch in Privat- und Nebenklageverfahren niemand vorschußpflichtig, Abs. 3 S 2.[49] Das gleiche gilt auch in **Ordnungswidrigkeitenverfahren.**

Vorwegleistungspflicht: Die „Vorschußpflicht nach Abs. 1" umfaßt auch die in Abs. 1 S 2 **25**
vorgesehene Vorwegleistungspflicht. Soweit daher Privat-, Wider- oder Nebenkläger auslagenvorschußpflichtig sind, soll das Gericht die Handlung von der vorherigen Zahlung des Auslagenvorschusses abhängig machen. Es ist aber keine Einstellung des Verfahrens nach § 391 StPO zulässig bei Nichtzahlung des Auslagenvorschusses[50] oder eine Verwerfung der Berufung.[51]

Verwendung des Auslagenvorschusses: Mit dem Auslagenvorschuß sind zunächst die **26**
Auslagen zu decken, derentwegen er geleistet ist.[52] Er ist eine endgültige Kostenschuld.[53] Reicht er nicht aus, hat der Auslagenvorschußpflichtige die Kosten nachzuschießen (§ 69 GKG). Das kann jederzeit gefordert werden.[54] Ist der Vorschuß nicht restlos verbraucht, darf er auf sonstige fällige Kostenschulden des Vorschußgebers verrechnet werden, und zwar in dem Verfahren, in dem er geleistet wurde.[55] Auf Kosten eines Zweitschuldners darf der nicht verbrauchte Teil indessen nicht verrechnet werden, solange die Voraussetzungen

44 *Mümmler* § 68 Rn. 25; *Hartmann* § 68 Rn. 23.
45 *Mümmler* § 68 Rn. 25.
46 OLG Düsseldorf, JMBlNRW 1955, 286 = RPfleger 1956, 170; *Hartmann* § 68 Rn. 24.
47 OLG Hamm, MDR 1976, 779 = RPfleger 1976, 262.
48 OLG Düsseldorf, RPfleger 1956, 170; LG Osnabrück, NdsRPfl. 1963, 238; LG Karlsruhe, NJW 1963, 66; LG Paderborn, MDR 1958, 445; *Mümmler* § 68 Rn. 25; *Hartmann* § 68 Rn. 23; *Reiff* NJW 1955, 1182; a. M. LG Siegen, MDR 1976, 602; LG Krefeld, JMBlNRW 1955, 21; *Thomas* AnwBl. 1979, 130; *Granicky* NJW 1955, 859.
49 A. M. *Wenzel* NJW 1964, 2284.
50 OLG Zweibrücken, MDR 1974, 422; LG Heidelberg, NJW 1964, 680.
51 OLG Karlsruhe, Die Justiz 1972, 19.
52 OLG Köln, JurBüro 1982, 584 m. Anm. v. *Mümmler*; OLG München, JurBüro 1971, 705 = RPfleger 1971, 329.
53 KG, AnwBl. 1984, 456 m. N.
54 OLG Zweibrücken, RPfleger 1989, 81; OLG Hamburg, MDR 1981, 327.
55 Vgl. auch bei *Hartmann* § 68 Rn. 18; *D. Meyer* JurBüro 2002, 240.

des § 58 Abs. 2 S 1 nicht gegeben sind.[56] Auf keinen Fall ist aber eine Verrechnung auf Kosten des Gegners zulässig, die diesen allein treffen,[57] es sei denn, der Einzahler ist einverstanden. Eine Verrechnung der Kosten im vorgenannten Sinne darf auch dann erfolgen, wenn der Prozeßbevollmächtigte den Auslagenvorschuß für die vorschußpflichtige Partei im eigenen Namen geleistet hat.[58]

27 Da der Auslagenvorschuß nach Vornahme der Handlung abzurechnen ist, ist es unzulässig, einen etwaigen Überschuß zurückzuhalten, um ihn auf künftige, noch nicht fällige oder in dem noch nicht abgeschlossenen Verfahren potentiell noch zu erwartende Kosten zu verrechnen.[59] Daraus folgt, daß der Vorschuß dann zurückzuzahlen ist, wenn die vorschußpflichtige Handlung unterbleibt (etwa weil sie sich wegen eines Vergleichs prozessual erledigt hat) oder soweit unter keinem gesetzlichen Gesichtspunkt eine Vorschußpflicht des Einzahlers bestand.[60] Der zurückzuzahlende Vorschuß ist nicht zu verzinsen (§ 10 Abs. 4), was auch früher schon h A war.[61]

28 Nach § 22 Abs. 5 KostVfg soll bei **geringfügigen Beträgen** von der Vorschußeinforderung abgesehen werden, wenn kein Schaden für die Staatskasse zu besorgen ist.

§ 69
Fortdauer der Vorschußpflicht

Die Verpflichtung zur Zahlung der vorzuschießenden Beträge bleibt bestehen, auch wenn die Kosten des Verfahrens einem anderen auferlegt oder von einem anderen übernommen sind. § 58 Abs. 2 gilt entsprechend.

1 **Allgemeines:** Die in sämtlichen Verfahren, die im § 1 genannt sind, anwendbare Vorschrift bestimmt die sich daraus ergebenden Folgen, daß der Vorschußpflichtige in Höhe des vorzuschießenden Betrages endgültiger Kostenschuldner ist und in dieser Eigenschaft neben die Entscheidungs- und Übernahmeschuldner tritt. Er wird ihnen gegenüber aber Zweitschuldner iS von § 58 Abs. 2 GKG. Mit dem Kostenschuldner nach § 49 GKG, dem Antragsteller in bürgerlichen Rechtsstreitigkeiten und Scheidungsfolgesachen sowie in Verwaltungs- und Finanzgerichtsverfahren, haftet er dagegen als Gesamtschuldner. Die Vorschrift bezieht sich auf die Gebühren- und Auslagenvorschüsse iS v. §§ 65–68 GKG. Die Verwendung des Wortes „Vorschuß" in diesen Vorschriften könnte zur irrigen Annahme führen, es handele sich nur um eine unter dem Vorbehalt späterer Verrechnung geleistete Zahlung. § 69 stellt deshalb klar, daß die Vorschußpflicht nicht eine vorläufige, sondern

56 KG, JurBüro 1969, 173; *Mümmler* § 68 Rn. 13; a. M. OLG Celle, JurBüro 1967, 440.
57 *Hartmann* § 68 Rn. 17, 18, m. N.
58 *Hartmann* § 68 Rn. 17.
59 *Hartmann* § 68 Rn. 17, 19; *D. Meyer* JurBüro 2002, 240.
60 OLG Köln, VersR 1993, 1552.
61 OLG Stuttgart, MDR 2001, 1134; AG Bad Kreuznach, NJW-RR 2000, 951; AG Augsburg, JurBüro 2001, 535; *Schütt* MDR 2001, 357. A. M. LG Tübingen, MDR 2000, 1461.

eine endgültige Zahlungsverpflichtung darstellt, die nicht mit der Ausführung der Handlung, für die Vorschuß geleistet wurde oder mit Beendigung der Instanz entfällt.

Bei Bewilligung von **Prozeßkostenhilfe** richtet sich die Vorschußpflicht des Prozeßkostenhilfeempfängers nach den vom Gericht gemäß § 120 ZPO getroffenen Bestimmungen (§ 122 Nr. 1 ZPO). Ist dem Kläger, Berufungs- oder Revisionskläger Prozeßkostenhilfe ohne Ratenzahlung bewilligt, ist auch der Gegner von der Vorschußpflicht einstweilen befreit (§ 122 Abs. 2 ZPO). Rückwirkende Bewilligung von Prozeßkostenhilfe beseitigt rückwirkend auch die Vorschußpflicht. Vor dem Zeitpunkt, auf den die Bewilligung der Prozeßkostenhilfe zurückwirkt, bereits gezahlte Vorschüsse sind nicht zurückzuerstatten. Keine Vorschußpflicht besteht auch bei **Gebührenfreiheit**, sowie für Auslagen, sofern nicht nur Gebühren-, sondern auch **Auslagenfreiheit** besteht. Werden der kostenbefreiten Partei die Kosten auferlegt oder übernimmt sie die Kosten, entfällt auch die Vorschußpflicht des Gegners der kostenfreien Partei. **Verzichten Zeugen oder Sachverständige im voraus auf ihre Entschädigung**, entfällt eine Vorschußpflicht. Sie lebt auch nicht wieder auf, wenn den Zeugen oder Sachverständigen versehentlich doch eine Entschädigung gewährt wird.[1] 2

Nachzahlungspflicht: Werden die **Kosten** des Verfahrens **einem anderen auferlegt** (§ 54 Nr. 1 GKG) oder **von einem anderen übernommen** (§ 54 Nr. 2 GKG), erlischt dadurch die Vorschußpflicht hinsichtlich der vorzuschießenden Beträge nicht.[2] Sind sie noch nicht geleistet, bleibt die **Verpflichtung zur Nachzahlung bestehen**, solange nicht der Entscheidungsschuldner oder der Übernahmeschuldner die Kostenschuld getilgt hat. Der Vorschußgeber hat **gegen die Staatskasse keinen Anspruch auf Rückgewähr**, wohl aber gegen den Entscheidungs- oder Übernahmeschuldner auf Kostenerstattung nach §§ 103 ff. ZPO. Die Nachzahlungspflicht besteht nicht nur, wenn gar kein Vorschuß gezahlt worden ist, sondern auch dann, wenn ein zu geringer Vorschuß entrichtet wurde, und zwar auch dann, wenn die Beweisaufnahme schon beendet ist.[3] Hat sich gezeigt, daß die zur Vorschußleistung verpflichtende Handlung geringere Kosten verursacht hat als ursprünglich angefordert wurden, ist nur der tatsächlich benötigte Betrag nachzuzahlen. Da die Verpflichtung zur Zahlung der vorzuschießenden Beträge sogar neben der eines Entscheidungs- oder Übernahmeschuldners bestehen bleibt,[4] wird sie erst recht nicht davon berührt, wenn auch ein Kostenschuldner nach § 49 GKG vorhanden ist. Die Vorschußpflicht bleibt auch bestehen, wenn das Verfahren ohne Kostenentscheidung seine Erledigung gefunden hat. 3

Verrechnung: (Vgl. dazu auch § 68 GKG, Rn. 26). Der Vorschuß ist zunächst auf die Gebühren und Auslagen zu verrechnen, zu deren Deckung er gezahlt worden ist. Dabei ist es gleichgültig, wer der endgültige Schuldner dieser Kosten ist, z. B. der im Privatklageverfahren verurteilte Beschuldigte. Auch für dessen Kosten haftet der Privatkläger bis 4

1 OLG Nürnberg, JurBüro 1959, 39 = RPfleger 1963, 180 (L).
2 OLG Düsseldorf, JurBüro 1974, 218 = RPfleger 1974, 81; LG Osnabrück, JurBüro 1980, 249. m. Anm. v. *Mümmler*; OLG Hamburg, MDR 1965, 496.
3 OLG Hamburg, MDR 1965, 495; OLG Stuttgart, RPfleger 1981, 163; *Hartmann* § 69 Rn. 3; **a. M.** OLG Frankfurt/Main, OLGZ 1968, 436.
4 OLG Düsseldorf, RPfleger 1974, 81; OLG Koblenz, VersR 1987, 996.

zur rechtskräftigen Verurteilung des Beschuldigten allein. Übernimmt die Staatsanwaltschaft das Privatklageverfahren, bleibt die Vorschußpflicht des Privatklägers für die bis zur Übernahme entstandenen Kosten bestehen, weil die Übernahmeerklärung keine rückwirkende Wirkung hat. Für die im Offizialverfahren nach der Übernahme entstehenden Kosten haftet aber der Vorschuß des Privatklägers nicht, also auch nicht für die den im Offizialverfahren verurteilten Beschuldigten treffenden Kosten. Der nach § 67 GKG geleistete Vorschuß des Nebenklägers ist auf die in dem vorschußpflichtigen Rechtsmittelverfahren erwachsenden Gebühren zu verrechnen, und zwar unabhängig davon, wie das Verfahren endet. Ein etwaiger Überschuß ist auf sonstige Kostenschulden des Vorschußpflichtigen zu verrechnen, nicht aber auf Kostenschulden des Gegners, soweit dieser die Kosten allein (also nicht als Erst- oder Zweitschuldner neben dem Vorschußpflichtigen) schuldet. Wenn der Gegner alleiniger Kostenschuldner ist, darf die Verrechnung des Vorschusses auf andere Kosten des Gegners nur im Einverständnis mit dem Vorschußpflichtigen erfolgen.[5] Sind beide Parteien für eine Handlung vorschußpflichtig und leistet eine von ihnen den Vorschuß, sind damit die Auslagen der den Vorschuß erfordernden Handlung zu decken. Der Kostenbeamte darf nicht den Vorschuß zur Deckung anderweitiger Kostenschulden des Vorschußgebers verwenden und von der anderen Partei den Vorschuß nochmals anfordern.[6] Nach der Verrechnung etwa übrigbleibende Beträge sind an den Vorschußpflichtigen zurückzuzahlen, sofern sie nicht im Kosteneinziehungsverfahren zur Deckung von in anderen Verfahren erwachsenen Kosten Verwendung finden. Zurückzuerstattende Beträge werden nicht verzinst (§ 10 Abs. 4).

5 **Verhältnis des Vorschußpflichtigen zu sonstigen Kostenschuldnern (S 2):** Hier besteht immer eine gesamtschuldnerische Haftung des Vorschußpflichtigen neben den sonstigen Kostenschuldnern (§ 58 Abs. 1 GKG), die gegenüber den Entscheidungs- und Übernahmeschuldners aber nur zweitschuldnerisch ist iS von § 58 Abs. 2 GKG. Werden die Kosten zugunsten eines Kostenschuldners wegen Uneinbringlichkeit gelöscht, wird davon die Verpflichtung des Vorschußpflichtigen nicht berührt. Er ist im Gegenteil gerade in diesem Fall in Anspruch zu nehmen (S 2). Der **gnadenweise Erlaß** einer Kostenforderung hat aber auch die Befreiung der mithaftenden Personen (also auch eines Vorschußpflichtigen) zur Folge, es sei denn, daß der Erlaß sich auf die Beseitigung des zunächst Verpflichteten beschränkt (§ 90 JKassO).[7]

6 **Vorschußpflichtiger und Entscheidungs- oder Übernahmeschuldner:** Nur diesem Fall regelt S 2. Der Vorschußpflichtige ist gegenüber diesen Schuldnern nur Zweitschuldner (§ 58 Abs. 2 GKG). Er darf daher für die noch nicht gezahlten Kostenvorschüsse nur in Anspruch genommen werden, wenn eine Zwangsvollstreckung in das bewegliche Vermögen des Entscheidungs- oder Übernahmeschuldners erfolglos geblieben ist oder aussichtslos erscheint. Im übrigen (vgl. bei § 58, Rn. 16 ff.). Hat der Vorschußpflichtige aber bereits gezahlt, kann er sich auf S 2 nicht berufen.[8] In diesem Fall besteht auch kein Rückzahlungsanspruch gegen die Staatskasse. Anders liegt es nur im Falle des § 58 Abs. 2

5 KG, JurBüro 1969, 173; a. M. OLG Celle, JurBüro 1967, 440.
6 OLG München, JurBüro 1971, 705 = RPfleger 1971, 329.
7 Vgl. *Oe/Wi/He* § 69 Rn. 3.
8 RGZ 148, 216.

S 2 GKG (Prozeßkostenhilfe des Entscheidungsschuldners). In Strafsachen kommt die Entscheidungsschuldnerhaftung überhaupt erst in Betracht, wenn der Beschuldigte im Privat- oder Nebenklageverfahren rechtskräftig verurteilt ist. Denn erst von da ab ist neben dem vorschußpflichtigen Privat- oder Nebenkläger auch der Beschuldigte Kostenschuldner.

Vorschußpflichtiger und sonstige Kostenschuldner: Hier sind der Vorschußpflichtige und der sonstige Kostenschuldner, etwa der auf Grund seines Antrags haftende Schuldner (§ 49 GKG) nebeneinander als Gesamtschuldner verpflichtet. S 2 darf in diesen Fällen nicht ausdehnend erstreckt werden. 7

Verfahren: Gegen die Verrechnung des Kostenvorschusses und eine Inanspruchnahme auf Nachzahlung ist die Erinnerung nach § 5 GKG gegeben. 8

ACHTER ABSCHNITT
Übergangs- und Schlußvorschriften

§ 70
Forst- und Feldrügesachen

Die Vorschriften dieses Gesetzes gelten für das gerichtliche Verfahren in Forst- und Feldrügesachen entsprechend.

Nach § 3 Abs. 3 EGStPO können die Landesgesetze anordnen, daß Forst- und Feldrügesachen durch die Amtsgerichte in einem besonderen Verfahren verhandelt und entschieden werden. Auf ein derartiges Verfahren sind die Vorschriften des GKG entsprechend anzuwenden. In Betracht kommen die Bestimmungen des ersten, fünften und siebenten Abschnitts sowie KV Nrn. 9000 ff. (Auslagen). 1

§ 71
Anwendung anderer Kostenvorschriften

Andere bundesrechtliche Kostenvorschriften bleiben unberührt

Allgemeines: Der Geltungsbereich des GKG ist im § 1 festgelegt. In den dort genannten Verfahren und unter den dort bezeichneten Voraussetzungen werden Kosten nur nach dem GKG erhoben, 1 Abs. 1. Eine Ausnahme hierzu enthält § 71, der in anderen Bundesgesetzen als dem GKG enthaltene Kostenvorschriften ausdrücklich aufrecht erhält. Das bezieht sich auf geltende und künftige Sondervorschriften anderer Gesetze, wie sich aus 1 der allgemeinen Fassung des § 71 ergibt. Diese Sondervorschriften sind im Verhältnis zum GKG leges speciales. Eine ähnliche Vorschrift enthält § 2 Abs. 2 hinsichtlich der Kostenfreiheit.

2 **Einzelnes:** Kostenrechtliche Sondervorschriften enthalten verschiedene Gesetze, vor allem des bürgerlichen Rechts und des Verwaltungsrechts und des Sozialrechts. Beispielhaft hingewiesen sei aus auf das Lastenausgleichsgesetz (§ 344 LAG), das Recht der Flurbereinigung (§ 147 FlurberG), die Bundesdisziplinarordnung, die Wehrdisziplinarordnung, § 334 Lastenausgleichsgesetz, § 27 Kriegsgefangenenentschädigungsgesetz, § 9 a Häftlingshilfegesetz.

§ 72
Rechnungsgebühren

(1) Soweit in den Ländern noch für Rechnungsarbeiten Beamte oder Angestellte besonders bestellt werden (Rechnungsbeamte), sind als Auslagen Rechnungsgebühren zu erheben, die nach dem für die Arbeit erforderlichen Zeitaufwand bemessen werden. Sie betragen 10 Euro für die Stunde; die letzte, bereits begonnene Stunde wird voll gerechnet.

(2) Die Rechnungsgebühren setzt das Gericht, das den Rechnungsbeamten beauftragt hat, von Amts wegen fest. Gegen die Festsetzung findet die Beschwerde statt; § 5 Abs. 2 bis 6 gilt entsprechend. Beschwerdeberechtigt sind die Staatskasse und derjenige, der für die Rechnungsgebühren als Kostenschuldner in Anspruch genommen wird.

1 **Allgemeines:** Die Vorschrift regelt die Höhe der Rechnungsgebühren und den Rechtsweg bei Festsetzung solcher Gebühren. Die Rechnungsgebühren sind keine baren Auslagen. Sie errechnen sich nach dem Zeitaufwand ohne Rücksicht darauf, wie hoch die tatsächlichen Auslagen der Staatskasse für die Rechnungsarbeiten sind, die sich aus dem Materialverbrauch, Zeitaufwand und dem Entgelt des Rechnungsbeamten zusammensetzen. Das Entgelt des Rechnungsbeamten besteht aus den ihm auf Grund Beamten- oder Arbeitsrechts zustehenden Rechnungsgebühren und dem auf die Arbeitszeit entfallenden Gehalts/Vergütungsanteil. Soweit dem Rechnungsbeamten für seine Tätigkeit eine besondere Vergütung zusteht, erfolgt die Festsetzung nicht nach § 72 GKG. Da die Höhe der Auslagen der Staatskasse nur schwer zu errechnen wäre, sind Pauschsätze nach dem Zeitaufwand bestimmt. Werden Rechnungsarbeiten durch einen dafür besonders bestellten Beamten oder Angestellten (dem sog. Rechnungsbeamten) vorgenommen, sind hierfür Rechnungsgebühren zu erheben, auch wenn der Rechnungsbeamte für seine Tätigkeit kein zusätzliches Entgelt erhält.[1] Gleichgültig ist, ob der Rechnungsbeamte haupt- oder

1 Vgl. *Mümmler* JurBüro 1975, 1302.

nebenamtlich tätig ist. Eine bundeseinheitliche Regelung insoweit gibt es nicht mehr. Soweit die AV des früheren RJM vom 25.4.1938 (DJ 1938, 654) als Rechtsvorschrift angewendet wurde, sind sie durch Art. XI § 4 Abs. 2 Ziff. 1 KostÄndG 1957 außer Kraft gesetzt. Die landesrechtlichen Regelungen sind verschieden.[2] Wenn aber die Rechnungsaufgaben zu den Dienstaufgaben des Richters oder Rechtspflegers gehören, fallen keine Rechnungsgebühren an.[3]

Voraussetzungen: Ein Rechnungsbeamter, gleichgültig, ob er Beamter oder Angestellter im Staatsdienst ist, **muß Rechnungsarbeiten ausgeführt haben.** Für andere Rechnungsarbeiten, wie sie täglich von Beamten und Angestellten vorgenommen werden, erwächst die Rechnungsgebühr nicht. Ebensowenig, wenn Arbeiten, für die ein Rechnungsbeamter bestellt werden könnte, von dem nach der Dienstverteilung sonst zuständigen Beamten ausgeführt wurden, auch wenn er dafür Mehrleistungsabgeltung erhalten hat. 2

Besonders bestellt werden können Rechnungsbeamte im Zwangsversteigerungs- und Zwangsverwaltungsverfahren. Es geschieht durch den Richter oder Rechtspfleger. Der Rechnungsbeamte muß die Rechnungsarbeit auf besondere Anweisung durchgeführt haben. 3

Rechnungsgebühren sind als Auslagen der Staatskasse anzusetzen und zu behandeln. 4

Die **Berechnung** erfolgt nach dem **erforderlichen Zeitaufwand.** Erforderlich ist der Zeitaufwand, den ein durchschnittlich befähigter Rechnungsbeamter machen müßte. Er kann geringer sein, als der tatsächliche Zeitaufwand im Einzelfall. Im allgemeinen aber werden die Angaben des Rechnungsbeamten über seinen Zeitaufwand eine brauchbare Grundlage für die Festsetzung bieten. 5

Berechnet werden 10 € für die Stunde. Die letzte bereits begonnene Stunde wird voll berechnet. Wenn sich die Arbeit auf mehrere Stunden mit Unterbrechungen bezieht, ist nur die tatsächliche Arbeitszeit zusammenzurechnen, aufgerundet auf eine volle Stunde. 6

Das **Festsetzungsverfahren** ist weitgehend dem Beschwerdeverfahren nach § 5 GKG angeglichen. Die Festsetzung erfolgt in jedem Fall **von Amts wegen.** Ein Antrag ist nicht erforderlich. **Zuständig** ist das Gericht (Spruchkörper oder Einzelrichter), das den Rechnungsbeamten beauftragt hat. Hat der Rechtspfleger im Rahmen seiner Zuständigkeit den Auftrag erteilt, ist auch er für die Festsetzung zuständig. Die Festsetzung ist gebührenfrei. Das Gericht kann die Festsetzung auf Erinnerung, der auch der Rechtspfleger im Rahmen seiner Zuständigkeit abhelfen kann, Gegenvorstellung oder Beschwerde ändern. Gegen eine Entscheidung des für die Festsetzung zuständigen Rechtspflegers findet die Erinnerung nach § 11 RPflG statt. 7

Gegen den Festsetzungsbeschluß des Gerichts oder dessen Entscheidung über die Erinnerung ist die **Beschwerde** möglich, sofern der Beschwerdewert 50 € übersteigt. Be- 8

2 Vgl. dazu die Zusammenstellungen bei Piller/Hermann, KostVerfg, Anl III.
3 *Oe/Wi/He* § 72 Rn. 3.

schwerdewert ist der Unterschiedsbetrag zwischen der festgesetzten Rechnungsgebühr und dem Betrag, der nach Ansicht des Beschwerdeführers berechtigt ist. Ist die Festsetzung von einem OLG oder von einem Landgericht als Berufungsgericht vorgenommen worden, ist keine Beschwerde statthaft. Über die Beschwerde entscheidet das im Rechtszug zunächst höhere Gericht. Eine weitere Beschwerde findet nicht statt.

9 Es besteht **kein Anwaltszwang.** Erinnerungen und Beschwerden können schriftlich oder zu Protokoll der Geschäftsstelle erfolgen.

10 **Beschwerdeberechtigt** sind nur die Staatskasse und der Kostenschuldner, der auf die Rechnungsgebühren in Anspruch genommen wird. Dem Rechnungsbeamten steht kein Beschwerderecht zu. Er kann gegen die Festsetzung seiner im Beamten- oder Arbeitsrecht begründeten Vergütung den für Ansprüche aus diesen Rechtsverhältnissen vorgesehenen Rechtsweg beschreiten.

11 Für das Beschwerdeverfahren entstehen **keine Gerichtsgebühren.**

12 Die Rechnungsgebühren werden als Auslagen **fällig,** sobald eine unbedingte Entscheidung über die Kosten ergangen ist oder das Verfahren oder die Instanz durch Vergleich, Zurücknahme oder anderswie beendigt ist (§ 63 Abs. 1 GKG).

13 Bei **unrichtiger Sachbehandlung** kommt Nichterhebung nach § 8 GKG in Betracht.

14 **Schuldner der Rechnungsgebühren** im Zwangsversteigerungs- oder Zwangsverwaltungsverfahren ist der Antragsteller, soweit die Auslagen nicht aus dem Erlös gedeckt werden können (§ 53 GKG). Falls die Rechnungsgebühren im Konkursverfahren anfallen, ist im Konkursverfahren der Gemeinschuldner Schuldner der Auslagen (§ 50 Abs. 2 GKG). Nach § 68 Abs. 3 GKG kann Auslagenvorschuß erhoben werden.

§ 73
Übergangsvorschrift

(1) In Rechtsstreitigkeiten, die vor dem Inkrafttreten einer Gesetzesänderung anhängig geworden sind, werden die Kosten nach dem bisherigen Recht erhoben. Dies gilt nicht in Verfahren über ein Rechtsmittel, das nach dem Inkrafttreten einer Gesetzesänderung eingelegt worden ist. Die Sätze 1 und 2 gelten auch, wenn Vorschriften geändert werden, auf die dieses Gesetz verweist.

(2) In Strafsachen, in gerichtlichen Verfahren nach dem Gesetz über Ordnungswidrigkeiten und nach dem Strafvollzugsgesetz werden die Kosten nach dem bisherigen Recht erhoben, wenn die über die Kosten ergehende Entscheidung vor dem Inkrafttreten einer Gesetzesänderung rechtskräftig geworden ist.

(3) In Insolvenzverfahren, schiffahrtsrechtlichen Verteilungsverfahren und Verfahren der Zwangsversteigerung und Zwangsverwaltung gilt das bisherige Recht für Kosten, die vor dem Inkrafttreten einer Gesetzesänderung fällig geworden sind.

Allgemeines: Nach § 73 soll im Gerichtskostenrecht bei einer Rechtsänderung grundsätzlich keine Rückwirkung stattfinden,[1] was einem rechtsstaatlichen Gebot entspricht. Das gilt eingeschränkt auch für die neuen Bundesländer. Hier bestimmt der Einigungsvertrag in Anlage I, Kapitel III, Ziff. 19 d:[2] *„§ 73 Abs. 1 und 3 gilt auch für das Inkrafttreten dieses Gesetzes in dem in Art 3 des Vertrages genannten Gebiet.* 1

In Strafsachen, in gerichtlichen Verfahren nach dem Gesetz über Ordnungswidrigkeiten und nach dem Strafvollzugsgesetz werden die Kosten nach dem bisherigen Recht erhoben, wenn das Verfahren vor dem Inkrafttreten dieses Gesetzes anhängig geworden ist. Dies gilt nicht in Verfahren über ein Rechtsmittel, das nach dem Inkrafttreten dieses Gesetzes eingelegt worden ist".

Als Gesetzesänderung iS des § 73 gilt auch die Neufestsetzung der Ermäßigungssätze nach § 1 der Ermäßigungssatz-AnpassungsVO vom 15. 4. 1996 (BGBl. I, S. 604), wonach die Gebührenermäßigung in den neuen Bundesländern von 20% auf 10% heraufgesetzt worden ist. Abs. 1 betrifft auch den Übergang von DM zum €. Gerichtskosten, die noch bis zum 31. 12. 2001 fällig geworden sind, sind noch genau umzurechnen in der Weise, daß der DM-Betrag durch den Wert 1,95583 dividiert und das Ergebnis auf zwei Stellen nach dem Komma gerundet wird. Umgekehrt wird zur Umrechnung von € auf DM der €-Betrag mit 1,95583 multipliziert und das Ergebnis auf zwei Stellen nach dem Komma gerundet. Die gegenteilige Ansicht[3] überzeugt nicht. Der Begriff der „Gesetzesänderung" betrifft nach dem Sinn der Vorschrift, nämlich die Vermeidung von (auch nur geringen) Schlechterstellungen des Betroffenen bei Veränderungen des Gesetzes, nicht nur den Fall einer inhaltlichen Änderung des Gesetzes. Mehrbelastungen der Gerichte dürften auch dann in nennenswertem Umfang auftreten, wenn noch längere Zeit „alte" Werte umzurechnen sind.

Rechtsstreitigkeiten, Abs. 1, sind alle selbständigen Verfahren nach der ZPO,[4] nach der VwGO, der FGO, dem SGG und dem ArbGG. Nicht dagegen Verfahren nach der StPO, dem OWiG und dem StVollzG (arg. Abs. 2). Aus Verfahren nach der InsO, der SeeVertO und dem ZVG gehören nicht hierher (arg. Abs. 3).[5] 2

Maßgeblich für das auf die Rechtsstreitigkeiten anwendbare Kostenrecht ist der Zeitpunkt, in dem die Sache in der Instanz **anhängig** geworden ist,[6] und zwar unabhängig von der Kostenhaftung.[7] Wenn also eine Partei bei der Anhängigmachung kosten- oder gebührenbefreit war, bleibt sie das auch, wenn die Kosten- oder Gebührenfreiheit im Laufe des Rechtsstreits entfällt, etwa wegen Änderung der Rechtsform.[8] Das gilt grundsätzlich auch für Gesetzesänderungen, sofern nicht Gegenteiliges bestimmt ist. So gilt die Streit- 3

1 BVerwG, JurBüro 1995, 45; OLG Düsseldorf, JurBüro 1996, 488; OLG Bamberg, JurBüro 1978, 1646; OLG München, JurBüro 1977, 76; OLG Koblenz, RPfleger 1975, 447.

2 Vgl. dazu BezG Erfurt, FamRZ 1992, 1209; BezG Frankfurt/Oder, JurBüro 1994, 24; BVwerG, JurBüro 1995, 45.

3 OVG Bremen, JurBüro 2002, 423.

4 *Hartmann* § 73 Rn. 2.

5 Vgl. auch *Hartmann* § 73 Rn. 2; *Mümmler* JurBüro 1976, 761; a. M. OLG Nürnberg, JurBüro 1976, 761.

6 BezG Erfurt, FamRZ 1992, 1209.

7 OLG Düsseldorf, JurBüro 1996, 488; OLG München, MDR 1995,1072.

8 OLG Düsseldorf, JurBüro 1996, 488 (Umwandlung der Deutschen Bundesbahn in die Deutsche Bahn AG).

wertbegrenzung des § 13 Abs. 3 für vermögensrechtliche Streitigkeiten nicht, wenn diese schon vor dem Inkrafttreten des KostRÄndG 1994 anhängig waren.[9] Anhängigkeit bedeutet nicht notwendig auch Rechtshängigkeit. Es gilt hier der gleiche Begriff der Anhängigkeit wie bei § 49 GKG, d. h., es kommt darauf an, wann der Antrag eingegangen ist. Wenn also ein **Mahnverfahren** vor dem Inkrafttreten der Gesetzesänderung anhängig war, das aber erst nach deren Inkrafttreten in ein streitiges Verfahren überleitet wurde, gelten für sämtliche Kosten (Gebühren und Auslagen) der ersten Instanz die alten Bestimmungen.[10] Die gleichen Grundsätze gelten auch für die Bestimmung des **Streitwertes.**[11] So gilt die Streitwertbegrenzung des § 13 Abs. 3 nicht für vermögensrechtliche Klageverfahren, die bereits vor dem Inkrafttreten dieser Regelung anhängig waren.[12]

4 Bei **Rechtsmittelverfahren** (Abs. 1 S 2) entscheidet der Zeitpunkt der Einlegung des Rechtsmittels über das anzuwendende Kostenrecht.[13] Maßgebend ist der Zeitpunkt des Eingangs bei dem Gericht, bei dem das Rechtsmittel eingelegt werden kann.[14] Ein späteres Anschlußrechtsmittel ist unerheblich.

5 Im Falle der **Zurückverweisung** nach dem Inkrafttreten einer Rechtsänderung ist für das weitere Verfahren aber das neue Recht[15] anzuwenden. Das gilt auch für das Betragsverfahren nach einem noch unter Geltung alten Rechts abgeschlossenen Grundverfahrens.

6 Die in Abs. 1 und 2 genannten Zeitpunkte gelten auch dann, wenn eine Bestimmung in anderen Gesetzen geändert wird, auf die das GKG lediglich verweist, wie z. B. bei einer Änderung der §§ 3–9 ZPO.

7 **Strafsachen, Ordnungswidrigkeitensachen, Strafvollzugssachen (Abs. 2):** Hier kommt es darauf an, ob die Kostenentscheidung vor oder nach dem Inkrafttreten der Änderung rechtskräftig geworden ist. Eine Abweichung besteht in den neuen Bundesländern für sog. Altsachen aus DDR-Zeiten insoweit, als dafür auf das Anhängigwerden abgestellt wird.

8 **Insolvenz etc. (Abs. 3):** Abs. 3 enthält nur eine Klarstellung, daß in den dort aufgeführten Verfahren auch dann, wenn es sich im einzelnen um eine echte Rechtsstreitigkeit handelt, die Fälligkeit vor oder nach dem Inkrafttreten des Änderungsgesetzes über die Anwendbarkeit des alten oder des geänderten Rechts zu Gebühren, Auslagen und zum Streitwert maßgebend ist. Abs. 3 geht als Sonderregel dem Abs. 1 vor. Die Fälligkeit richtet sich nach den Sondervorschriften der einzelnen Verfahren, hilfsweise nach §§ 61 ff. GKG.[16]

9 BVerwG, VIZ 1998, 674.
10 OLG Koblenz, MDR 1996, 969; *Hartmann* § 73 Rn. 4; dazu auch LG Bayreuth, JurBüro 1995, 148.
11 H. M. vgl. z. B. OVG Bremen, JurBüro 1992, 811 und bei *Hartmann* § 73 Rn. 5 m. N.
12 BVerwG, VIZ 1998, 674.
13 OLG München, MDR 1980, 253.
14 OLG Düsseldorf, VersR 1978, 570. Vgl. dazu auch bei *Hartmann* § 73 Rn. 6; *Wege* SchlHA 1976, 53 m. N.
15 OLG Hamburg, MDR 1976, 764; OLG München, MDR 1980, 153; *Hartmann* § 73 Rn. 7 m. N.
16 Vgl. *Hartmann* § 73 Rn. 10.

§ 74
Aufhebung des Ermäßigungssatzes im Land Berlin

In dem Teil des Landes Berlin, in dem das Grundgesetz vor dem 3. Oktober 1990 nicht galt, ist die Maßgabe in Anlage I Kapitel III Sachgebiet A Abschnitt 3 Nr. 19 Buchstabe a des Einigungsvertrages vom 31. August 1990 (BGBl. 1990 II S. 885, 935) ab dem 1. März 2002 nicht mehr anzuwenden.

Nach der mit Art. 1 Nr. 1 des Gesetzes vom 22. 2. 2002 (BGBl. I S. 981) eingefügten **1**
Bestimmung ist die – zu letzt 10%-tige – Gebührenermäßigung nicht mehr anzuwenden. Das betrifft somit sämtliche Gebühren, die ab dem 1. 3. 2002 entstehen. Das Gesetz ist am 28. 2 2002 im BGBl. verkündet worden, mithin auch ab dem 1. 3. 2002 in Kraft. Soweit Gebühren vor dem 1. 3. 2002 entstanden sind, ist die allgemeine Bestimmung des § 73 für die Höhe der Gebühren einschlägig.

Kostenverzeichnis
(Anlage 1 zu § 11 Abs. 1 GKG)

Vorbemerkungen vor Teil I:

Bis zum GKG 1975 waren die verschiedenen Gebührentatbestände und die Höhe der auf sie entfallenden Gebühren in den einzelnen Abschnitten bei den einzelnen Paragraphen behandelt. Seither sind die einzelnen Gebührentatbestände in Kostenverzeichnis (KV) enthalten und zwar getrennt nach den einzelnen Verfahrensarten. Das KV bestimmt die Höhe der Gebühren durch Angabe der Gebühr nach der Tabelle der Anlage 2 oder durch Bezeichnung des Gebührenbetrages in €. **1**

Durch das KostRÄndG 1994 ist das KV gründlich überarbeitet und vor allem übersichtlicher gestaltet worden. Es ist in die Abschnitte 1–9 eingeteilt, wobei Abschnitt 1–8 besondere Verfahrensarten und Abschnitt 9 die Auslagen behandelt sind. Nur soweit das KV einen Gebührentatbestand enthält, dürfen Gebühren und Auslagen erhoben werden. Eine ausdehnende Auslegung der einzelnen Gebührentatbestände ist ebenso unzulässig wie eine entsprechende Anwendung für Gebührensachverhalte, für die das KV einen Gebührentatbestand (noch) nicht ausdrücklich vorsieht. **2**

Zu den Auswirkungen der Einführung des EURO vgl. Vorbem. Vor § 1, Rn 7–8. **3**

Teil 1. Bürgerliche Rechtsstreitigkeiten, Verfahren nach § 1 Abs. 2 und 3 GKG und Beschwerdeverfahren nach dem Gesetz gegen Wettbewerbsbeschränkungen und dem Wertpapiererwerbs- und Übernahmegesetz vor den ordentlichen Gerichten außer Verfahren der Zwangsvollstreckung und Zwangsverwaltung

Für ein Versäumnisurteil gegen eine säumige Partei, ein Anerkenntnisurteil oder ein Verzichtsurteil wird eine Urteilsgebühr nicht erhoben.

Die Vorbemerkung zu Teil 1 des KV stellt klar, daß für Versäumnis-, Anerkenntnis- und Verzichturteile keine Urteilsgebühr erhoben wird. Aus Gründen der Übersichtlichkeit ist dieser Grundsatz als übergreifend geltende Vorbemerkung für den gesamten Teil I in das KV eingestellt worden, auch wenn die Bestimmung für Prozeßverfahren erster Instanz und für erstinstanzliche Verfahren des einstweiligen Rechtsschutzes nicht zutrifft, weil dort keine Urteilsgebühren anfallen. **1**

Nr.	Gebührentatbestand	Gebührenbetrag oder Satz der Gebühr nach § 11 Abs. 2 GKG

I. Mahnverfahren

1100	**Verfahren über den Antrag auf Erlaß eines Mahnbescheides**	**0,5**

2 Die 0,5-Gebühr für das Mahnverfahren entsteht stets, und zwar auch dann, wenn das Mahnverfahren ohne gerichtliche Entscheidung endet (z. B. durch Rücknahme des Antrags).[1] Geht das Mahnverfahren in das streitige Verfahren über, wird die Gebühr nach KV Nr. 1100 auf die dann entstehende Gebühr nach KV Nr. 1210 angerechnet. Als echte Verfahrensgebühr entsteht die Gebühr mit dem Eingang des Antrags auf Erlaß eines Mahnbescheides bei einem Gericht (vgl. oben, § 61, Rn 4), und zwar unabhängig davon, ob das Gericht zuständig ist oder nicht oder ob das Mahnverfahren überhaupt für den verfolgten Anspruch statthaft ist. Nimmt der Antragsteller den Antrag zurück, verbleibt es bei der Gebühr. Eine Rückzahlung findet nicht statt.[2] Wenn der Mahnbescheid gegen Gesamtschuldner gerichtet ist, liegt nur ein Mahnverfahren vor, auch wenn für jeden der Gesamtschuldner ein besonderes Formblatt verwendet werden muß.[3] Die Gebühr deckt das gesamte Mahnverfahren einschließlich der Erteilung eines Vollstreckungsbescheides ab. Das gilt dann, wenn sich die Hauptsache im Mahnverfahren erledigt und der Mahn-/Vollstreckungsbescheid nur noch gem. § 91 a ZPO über die Kosten ergeht.[4] Der Streitwert des Mahnverfahrens ist der Wert des im Mahnverfahren begehrten Anspruchs. Dieser kann durchaus von dem eines nachfolgenden Streitverfahrens verschieden sein. Wird bei einem Antrag auf Durchführung des streitigen Verfahrens der weitere Prozeßkostenvorschuß nicht eingezahlt, so daß die Sache nicht gemäß § 696 Abs. 1 S 1 ZPO an das Prozeßgericht abgeben werden kann, ist nach Ablauf der 6-Monatsfrist des § 7 Abs. 3 Buchst. E der AktO eine weitere 0,5 Gebühr zu erheben.[5] Vgl. dazu auch unten, Rn 14.

II. Prozeßverfahren

1. Prozeßverfahren erster Instanz

1210	**Verfahren im allgemeinen**	**3,0**
	soweit wegen desselben Streitgegenstandes ein Mahnverfahren vorausgegangen ist, wird eine Gebühr	

1 *Fischer MDR 1997, 707; Hartmann KV 1100 Rn 1.*
2 *Oe/Wi/He* KV 1100 Rn 3.
3 Vgl. bei *Thomas-Putzo* § 690 Rn 3.
4 *Oe/Wi/He* KV 1100 Rn 3.
5 Vgl. auch *Oe/Wi/He* KV 1211 Rn 20.

Nr.	Gebührentatbestand	Gebührenbetrag oder Satz der Gebühr nach § 11 Abs. 2 GKG
	nach 1100 nach dem Wert des Streitgegenstandes angerechnet, der in das Prozeßverfahren übergegangen ist. Bei einer Klage nach § 656 ZPO wird die Gebühr 1801 angerechnet.	
1211	Beendigung des gesamten Verfahrens durch a) Zurücknahme der Klage – vor dem Schluß der mündlichen Verhandlung, – in den Fällen des § 128 Abs. 2 ZPO vor dem Zeitpunkt, der dem Schluß der mündlichen Verhandlung entspricht, – im Verfahren nach § 495 a ZPO, in dem eine mündliche Verhandlung nicht stattfindet, vor Ablauf des Tages, an dem die Ladung zum Termin zur Verkündung des Urteils zugestellt oder das schriftliche Urteil der Geschäftsstelle übergeben wird, – im Falle des § 331 Abs. 3 ZPO vor Ablauf des Tages, an dem das Urteil der Geschäftsstelle übergeben wird, b) Anerkenntnis- und Verzichtsurteil, Urteil, das nach § 313a Abs. 2 ZPO keinen Tatbestand und keine Entscheidungsgründe enthalten muß, c) Abschluß eines Vergleichs vor Gericht, wenn nicht bereits ein sonstiges Urteil vorausgegangen ist: Die Gebühr 1210 ermäßigt sich auf	1,0
	Die Zurücknahme des Antrags auf Durchführung des streitigen Verfahrens, des Widerspruchs gegen den Mahnbescheid oder des Einspruchs gegen den Vollstreckungsbescheid stehen der Zurücknahme der Klage gleich. Erledigungserklärungen nach § 91 a ZPO stehen der Zurücknahme nicht gleich.[6] Die Vervollständigung eines ohne Tatbestand und Entscheidungsgründe hergestellten Urteils (§ 313a Abs. 4 ZPO) steht der Ermäßigung nicht entgegen. Die Ermäßigung tritt auch ein, wenn mehrere Ermäßigungstatbestände erfüllt sind.	

6 Zur Kritik dieser Regelung vgl. *Seutemann* MDR 1995, 122 ff.

Nr.	Gebührentatbestand	Gebührenbetrag oder Satz der Gebühr nach § 11 Abs. 2 GKG

3 Die Vorschrift der Nr. 1210: Mit dem Gebührensatz von 3,0 ist in erstinstanzlichen Verfahren die gesamte Tätigkeit des Gerichts gebührenmäßig durch eine **pauschale Verfahrensgebühr** einschließlich einer begrenzten Auslagenpauschale (Vor KV Nr. 9000 Abs. 2) abgegolten, so daß besondere Entscheidungsgebühren nicht mehr anfallen. Entsprechend der nunmehrigen Ausgestaltung der Gebühr nach Nr. 1100 sind die im Mahnverfahren angefallenen Gebühren anzurechnen, soweit das Mahnverfahren in das Streitverfahren übergegangen ist. (dazu unten, Rn 10). Das gilt auch für einen Beschluß nach § 656 ZPO, durch den ein Unterhaltstitel abgeändert worden ist. In den **Prozeßverfahren erster Instanz** entsteht regelmäßig die allgemeine Verfahrensgebühr, die das gesamte Verfahren von dem Eingang einer Klageschrift oder der Abgabe im Mahnverfahren an das Streitgericht bis zu einer die Instanz beendenden Entscheidung abdeckt, §§ 15, 27 GKG. Besondere Verfahrensgebühren, Verhandlungs- oder Urteilsgebühren werden nicht mehr unterschieden. Unter Umständen kann nur noch eine Vergleichsgebühr nach Nr. 1660 hinzukommen. Zu den Prozeßverfahren idS gehören auch der Urkunden-, Wechsel-, Scheck-, Kindschaftsprozeß sowie eine im Prozeßweg erledigte Aufgebots- und Schiedssache,[7] nicht aber das Arrestverfahren, das Verfahren in einer Scheidungs- oder Scheidungsfolgesache, das nichtstreitige Aufgebotsverfahren oder eine Vollstreckbarerklärung im Schiedsverfahren. Denn für diese Sachen sieht das KV eigene Gebührentatbestände vor.

4 Wenn und soweit ein **Mahnverfahren** vorangegangen ist gilt: Wenn nach einem **Widerspruch gegen einen Mahnbescheid oder der Einspruch gegen einen Vollstreckungsbescheid** von einer Partei der Antrag auf die Durchführung des streitigen Verfahrens bei Gericht eingegangen ist (§§ 696 Abs. 1 S 2; 700 Abs. 3 ZPO), beginnt das Prozessverfahren, und zwar bei einem Widerspruch mit dem Eingang des Antrags einer Partei und bei einem Einspruch mit dem Eingang der Einspruchsschrift bei Gericht. Hat der Antragsteller den Antrag schon zusammen mit dem Antrag auf Erlaß eines Mahnbescheides vorsorglich gestellt, beginnt das Prozeßverfahren in gebührenrechtlichem Sinne mit dem Eingang des Widerspruchs bzw. des Einspruchs bei Gericht.[8] Die Frage ist allerdings streitig. So soll z. B. das Prozeßverfahren nach a A mit dem Anhängigwerden der Sache beim Streitgericht[9] beginnen oder Abgabe an das Streitgericht,[10] so daß erst dann die weiteren Gebühren nach Nr. 1210 fällig würden.[11]

7 *Hartmann* KV 1210 Rn 3.

8 OLG Düsseldorf, JurBüro 1992, 102; NJW-RR 1997, 704; NJW-RR 1998, 1077; OLG Hamburg, MDR 1998, 1121; LG Hagen, MDR 1997, 790; LG Nürnberg-Fürth, JurBüro 1997, 144; LG Braunschweig, NdsRPfl. 1997, 176; LG Bamberg, JurBüro 1998, 147; *Oe/Wi/He* KV 1210 Rn 3, 10; *Hartmann* KV 1210 Rn 5 ff.; D. *Meyer* JurBüro 1998, 117; *v. König*, Rn 871.

9 So z. B. OLG Rostock, MDR 2002, 663; KG, JurBüro 2002, 86 = NJW-RR 2002, 432 (LS); OLG Hamm, JurBüro 2002, 89; AG Bitterfeld, JurBüro 2002, 88.

10 OLG Bamberg, NJW-RR 2001, 574.

11 OLG Hamburg, MDR 2001, 294 m. Anm. v. *Schütt*; OLG München, JurBüro 1997, 603 und AnwBl.

Nr.	Gebührentatbestand	Gebührenbetrag oder Satz der Gebühr nach § 11 Abs. 2 GKG

Wenn **gegen mehrere Mahnbescheide** in selbständigen Mahnverfahren (vgl. oben, Rn 2) **Widerspruch** eingelegt wird und das Gericht die Verfahren verbindet, tritt keine Rückwirkung der Widersprüche auf den Zeitpunkt vor der Verbindung ein,[12] so daß die Einzelstreitwerte maßgeblich bleiben.[13] Wenn ein Prozeßverfahren gegen mehrere Widersprechende bei verschiedenen Gerichten anhängig wird, entsteht die Gebühr nach Nr. 1210 für jedes Prozeßverfahren nach dem jeweiligen Streitwert.[14] **5**

Die gleichen Grundsätze gelten auch mit einem **Einspruch** gegen einen **Vollstreckungsbescheid.**[15] **6**

Nachverfahren: Ein Prozeßverfahren entsteht auch dann, wenn das Gericht einen Urkunden-, Wechsel- oder Scheckmahnbescheid erlassen hatte und der Antragsgegner nur den Antrag auf Einleitung des Nachverfahrens stellt. Das Prozeßverfahren beginnt hier mit der Ladung des Gegners zum Nachverfahren. Auch in diesen Fällen wird die Gebühr nach Nr. 1100 angerechnet (Nr. 1210 S 2). **7**

Abgeltungsbereich: Mit der allgemeinen Verfahrensgebühr nach Nr. 1210 sind alle Tätigkeiten der ersten Instanz abgegolten. Dazu gehören auch ein Versäumnisurteil der ersten Instanz gegenüber der säumigen Partei sowie das sog. unechte Versäumnisurteil gegen den Kläger (§§ 330, 331 Abs. 2 ZPO), ein Anerkenntnisurteil, ein Verzichturteil. **8**

Bezüglich der Entstehung, der Fälligkeit und des Kostenschuldners gelten die allgemeinen Vorschriften, so daß auf das dort Gesagte verwiesen wird (vgl. oben, § 61, Rn 4). Selbst eine Rücknahme der noch nicht zugestellten Klage[16] oder einer Weglage nach der Aktenordnung wegen Nichtzahlung des Vorschusses[17] führt nur zu einer Ermäßigung nach Nr. 1211. **9**

Bezüglich des **Streitwerts** nach vorangegangenem Mahnverfahren gilt: Streitwert des Prozeßverfahrens ist der Wert, **der in das Prozeßverfahren gelangt.**[18] Wird also ein streitiges Verfahren nur für einen Teil des Mahnverfahrens beantragt, muß man auf die nach Nr. 1210 zu berechnende 3,0-Gebühr des nunmehrigen Streitwerts die anteilige 0,5-Gebühr nach dem ursprünglichen Streitwert des Mahnverfahrens anrechnen (Beispiel: Mahnbescheid über 1.000 €, Streitverfahren nur noch 500 €, Anrechnung 25 €). Das ist in **10**

2001, 127; NJW-RR 1998, 504; LG Memmingen, JurBüro 1997, 634; LG Würzburg, JurBüro 1998, 147; *Zimmermann* JurBüro 1997, 230; *Bracker* MDR 1998, 139; *Liebheit* NJW 2000, 2235 ff.

12 *Hartmann* KV 1210 Rn 6.

13 OLG Hamm, RPfleger 1983, 177.

14 *Hartmann* KV 1210 Rn 6.

15 OLG Düsseldorf, JurBüro 1992, 102; OLG Köln, RPfleger 1983, 460.

16 OLG Schleswig, SchlHA 1996, 305; OLG München, MDR 1996, 1075; JurBüro 1997, 603; OLG Hamm, MDR 1997, 206; KG, NJW-RR 1998, 1375 = JurBüro 1998, 428.

17 LG Hamburg, NJW-RR 1999, 581 = JurBüro 1999, 93; LG Bamberg, JurBüro 1998, 147.

18 OLG Hamburg, MDR 2001, 294 m. Anm. v. *Schütt*; OLG Frankfurt/Main, NJW-RR 1992, 1342; OLG München, AnwBl. 2001, 127 und OLG München, MDR 1998, 62.

Nr.	Gebührentatbestand	Gebührenbetrag oder Satz der Gebühr nach § 11 Abs. 2 GKG

der Sache im wesentlichen unstreitig[19] und gilt auch dann, wenn der Mahnbescheid irrtümlich über einen höheren Betrag beantragt war.[20] Diese Grundsätze gelten auch, wenn der Schuldner noch vor dem Tag des Eingangs der Akten bei dem Streitgericht Zahlungen geleistet hat.[21]

11 Bei **Klageerweiterung** erhöht sich die Gebühr nach allgemeinen Grundsätzen (vgl. § 15 GKG). Die allgemeine Verfahrensgebühr kann sich **nicht nachträglich vermindern**, so daß im Fall der Erledigung eines Teils des Anspruchs und der anschließenden Wiedererhöhung des Klageanspruchs durch einen neuen Anspruch dieser Wert dem Streitwert hinzuzurechnen ist, sofern keine Klagerücknahme vorliegt.[22]

12 Eine Anrechnung (der Gebühr nach KV 1801) auf die Gebühr nach Nr. 1210 hat auch zu erfolgen, wenn Klage gegen einen **Abänderungsbeschluß in einer Unterhaltssache**, § 656 ZPO erhoben wird. Im übrigen gilt insofern der Abschnitt II.

13 **Ermäßigung (KV 1211)**:[23] Die Verfahrensgebühr nach Nr. 1210 entsteht mit dem Eingang des Antrags bei Gericht (§ 61 GKG – vgl. oben, § 61, Rn 4). Wenn der Antrag – wirksam – unter einer Bedingung eingebracht wird, tritt die Fälligkeit erst mit dem Eintritt der Bedingung ein. Das ist insbesondere in den Fällen des von einer Prozeßkostenhilfbewilligung (PKH) abhängig gemachten Antrags und im Mahnverfahren bedeutsam.

a) In den PKH-Fällen gilt: Ein Antrag, der nur und soweit PKH bewilligt werden wird, gestellt wird, läßt die Gebühr nach KV 1210 erst fällig werden, wenn und soweit nach Ablehnung des PKH-Antrags der Antragsteller (ohne oder nach Aufforderung durch das Gericht) definitiv erklärt, daß der Antrag durchgeführt werden soll. Eine solche Erklärung kann etwa darin zu sehen sein, daß der Antragsteller um die Kostenrechnung oder um die Wertfestsetzung zum Zwecke der Einzahlung des Vorschusses ersucht oder wenn er eine ihm übersandte Kostenrechnung des Gerichts vorbehaltlos begleicht.[24] Denn mit der Begleichung der Rechnung bringt er den Willen zur Durchführung des beantragten Verfahrens objektiv zum Ausdruck. Wenn und soweit er sich um die Rechtsfolgen der mit der Zahlung zum Ausdruck gebrachten Erklärung keine weiteren Gedanken gemacht hat, handelt es sich um einen Rechtsfolgenirrtum, der jedenfalls bei Prozeßerklärungen, um welche es sich hier handelt, unerheblich ist.

19 Vgl. etwa OLG Düsseldorf, JurBüro 1997, 145, NJW-RR 1998, 1077; OLG München, NJW-RR 1999, 944 = MDR 1999, 508, NJW-RR 1998, 504; OLG Hamburg, MDR 1998, 1121; OLG Bamberg, JurBüro 1998, 653; LG Hagen, JurBüro 1997, 602 = MDR 1997, 790; *Oe/Wi/He* KV 1210 Rn 4. **A. M.** *v. König*, Rn 873.

20 OLG Düsseldorf, NJW-RR 1998, 1077.

21 *Hartmann* KV 1210 Rn 23–24.

22 OLG München, MDR 1997, 688; *Hartmann* KV 1210 Rn 26.

23 Vgl. dazu *Jungbauer*, JurBüro 2001, 230 ff.

24 A. M. OLG München, MDR 1997, 890 (für das Mahnverfahren).

Nr.	Gebührentatbestand	Gebührenbetrag oder Satz der Gebühr nach § 11 Abs. 2 GKG

b) Besonders strittig ist die Lage nach Vorschaltung eines Mahnverfahrens. Hier gelten folgende Grundsätze:

- Der Mahnbescheidsantrag enthält keinen Antrag, daß im Falle eines Widerspruchs eine Abgabe an das Streitgericht erfolgen soll: In diesen Fällen wird die Gebühr nach KV 1210 erst mit dem Eingang des Antrags auf Durchführung des Streitverfahrens fällig.
- Der Antragsteller hat bereits im Mahnantrag (meist formblattmäßig durch Ankreuzen des entsprechenden Kästchens im Vordruck) für den Fall Widerspruchs eine Abgabe an das Streitgericht beantragt: In solchen Fällen ist nach dem eindeutigen Wortlt und dem Sinn der Neuregelung durch das KostRÄndG 1994 ein bedingter Klageantrag gestellt. Die Bedingung tritt mit dem Eingang des Widerspruchs bei dem Mahngericht ein, so daß damit die Gebühr nach KV 1210 fällig wird, und zwar idR eine weitere 2-Gebühr nach dem Wert des vom Widerspruch erfaßten Teils der Mahnbescheidsforderung.[25] Die entgegenstehende Ansicht, wonach wegen der prozessualen Unterschiedlichkeit zwischen Mahn- und Streitverfahren die Gebühr nach KV 1210 erst mit dem Eingang der Akten bei dem Streitgericht fällig werden soll,[26] ist mit dem klaren Wortlt und dem Sinn und Zweck der Neuregelung durch das KostRÄndG 1994 nicht zu vereinbaren.[27] Nach § 696 Abs. 1. S 1 ZPO hat das Mahngericht die Sache zwingend an das Streitgericht abzugeben, wenn der Widerspruch eingegangen ist und die Abgabe beantragt war (§ 696 Abs. 1 S 2 ZPO). Die Einzahlung des weiteren Kostenvorschusses ist keine Abgabevoraussetzung, wenngleich solches in der Praxis häufig verlangt wird. Das folgt schon aus § 65 Abs. 1 S 2 GKG, wonach das Verlangen eines Kostenvorschusses nicht zwingend ist (vgl. oben § 65, Rn 9). Ob und wieweit der Gesetzgeber diese gebührenrechtliche Folge bei der Reform des Kostenrechts durch das KostRÄndG 1994 gesehen hat und/oder ob sie schlicht nicht bedacht wurde,[28] ist in diesem Zusammenhang ebenso unbedeutend wie eine mögliche Mißverständlichkeit des Mahnbescheidsantrags bzw. der Ausfüllungsanleitung.[29] Insoweit ist der Gesetzgeber aufgerufen, Abhilfe zu schaffen. Erst recht ist nicht erkennbar, daß die gebührenrechtlichen Konsequenzen der Neuregelung

25 Vgl. etwa: OLG Bamberg, JurBüro 1998, 653; OLG Hamburg, JurBüro 1998, 1121; OLG Düsseldorf, 1997, 145; LG Hagen, MDR 1997, 790 = JurBüro 1997, 602; LG Hamburg, NJW-RR 1999, 581 = JurBüro 1999, 93; LG Würzburg, JurBüro 1998, 147; LG Bamberg, JurBüro 1998, 147, LG Fulda, NJW-RR 1999, 220; LG Koblenz, JurBüro 1999, 259; LG Nürnberg-Fürth. JurBüro 1997, 144 m. Anm. v. *Enders*; AG Hamburg, NJW 1999, 1298; *Oe/Wi/He* KV 1210 Rn 3; *Hartmann* KV 1210 Rn 20; *Salten* MDR 1997, 612; D. *Meyer* JurBüro 2000, 284.

26 OLG Rostock, MDR 1999, 663; OLG Stuttgart, NJW-RR 1999, 799 (L) = JurBüro 1999, 422 = MDR 1999, 634; LG Stuttgart, NJW-RR 1998, 647; LG Memmingen, JurBüro 1997, 434; LG Bautzen, MDR 2001, 1379 = JurBüro 2002, 88; N. *Lappe* MDR 1999, 462; *Bracker* MDR 1998, 139; *Zimmermann* JurBüro 1997, 230; *Liebheit* NJW 2000, 2235 ff.

27 Dazu näher D. *Meyer* JurBüro 1998, 117 und JurBüro 2000, 284; *v. König*, Rn 871.

28 Vgl. dazu bei *Liebheit* NJW 2000, 2235 ff.

29 Dazu bei *Liebheit* NJW 2000, 2240, 2241.

Nr.	Gebührentatbestand	Gebührenbetrag oder Satz der Gebühr nach § 11 Abs. 2 GKG

verfassungswidrig seien.[30] Diese Gebühr bleibt auch erhalten, wenn der Antragsteller das Mahnverfahren nicht weiter betreibt (vgl. oben, Rn 8).

- Nach einem Einspruch gegen einen Vollstreckungsbescheid ist – erforderlichenfalls nach Abgabe an das Streitgericht – Termin von Amts wegen anzuberaumen. Die Sache gilt dann als mit der Zustellung des Mahnbescheids rechtshängig geworden (§ 700 Abs. 2 ZPO), so daß die Gebühr nach Nr. 1210 damit entsteht.

c) Die allgemeine Verfahrensgebühr **ermäßigt** sich in bestimmten, in Nr. 1211 abschließend aufgezählten Fällen aber dann erheblich, nämlich um 2/3, wenn das Verfahren **als Ganzes**, d. h. bzgl sämtlicher Anträge und aller Beteiligten,[31] vorzeitig beendet wird oder wenn dem Richter ein zeitaufwendiges Absetzen des Tatbestandes und der Entscheidungsgründe erspart bleibt. Sind mehrere Beteiligte vorhanden, die sich prozessual unterschiedlich verhalten, führt das zweifelsohne zu Schwierigkeiten,[32] die aber mehr im Bereich des gerichtlichen Kostenausspruchs und der Haftung nach § 54 GKG liegen, nicht aber im Bereich des KV 1211. Der Katalog der Ermäßigungstatbestände ist abschließend. So kommt beispielsweise keine Ermäßigung bei einer (übereinstimmenden) Erledigungserklärung[33] (unten, Rn 16), bei außergerichtlichem Vergleich (unten, Rn 18) oder bei einem Versäumnisurteil gegen den Beklagten[34] – nicht aber, wenn es gegen den Kläger geht[35] – in Betracht. Die Nichtaufnahme des Versäumnisurteils in den Katalog der privilegierten Tatbestände der Nr. 1211 ist auch gerechtfertigt, jedenfalls aber nicht verfassungswidrig.[36] Eine teilweise vorzeitige Verfahrensbeendigung hat auf die Ermäßigung der Gebühr keinerlei Einfluß.[37] Keine teilweise Erledigung idS liegt allerdings vor, wenn sich im Mahnverfahren etwa nach einem Teilwider-/Einspruch vor Antragsstellung nur eine geringere Forderung in das Streitverfahren gelangt (vgl. oben, Rn 10). Denn dann ist der gesamte Streitwert des Streitverfahrens geringer. Im Falle einer Prozeßverbindung entsteht nach der Verbindung ein neuer Streitwert. Demzufolge ermäßigt nach KV 1211 nur dieser Wert und nicht die bereits vor der Verbindung entstandenen Einzelwerte.[38] Anders als das frühere Recht ist es jetzt auch unerheblich, ob das Verfahren schon zu einem sehr

30 So aber das AG Hamburg, NJW 1999, 1298 (Vorlagebeschluß gem. Art. 1000 GG). Das BVerfG hat die Vorlage als unzulässig zurückgewiesen (BVerfG, NJW-RR 2000, 1309 = JurBüro 2000, 538).

31 OLG Dresden, JurBüro 1998, 429; OLG Schleswig, SchlHA 1996, 305.

32 Vgl. dazu KG, MDR 2002, 722; *Schmitz* MDR 1998, 387.

33 Die Best ist verfassungsgem. Vgl. BVerfG, NJW 1999, 3549.

34 KG, NJW-RR 1999, 869 = JurBüro 1999, 152; OLG Hamburg, JurBüro 1996, 488 und MDR 1998, 623; OLG Düsseldorf, NJW-RR 1997, 638; LG Berlin, JurBüro 1995, 430.

35 AG Siegburg, JurBüro 2000, 424.

36 BVerfG, NJW 1999, 3550 = JurBüro 2000, 146. Der Vorlagebeschluß des LG Tübingen, JurBüro 1997, 650 und JurBüro 1999, 149 ist vom BVerfG als unzulässig verworfen worden.

37 A. M. aber KG, MDR 2002, 722.

38 Vgl. dazu näher *D. Meyer* JurBüro 1999, 239. A. M. OLG München, JurBüro 1999, 484 m. Anm. v. *D. Meyer* = NJW-RR 1999, 1232 = MDR 1999, 829.

Nr.	Gebührentatbestand	Gebührenbetrag oder Satz der Gebühr nach § 11 Abs. 2 GKG

frühen Zeitpunkt endgültig beendet worden ist. Denn auch dann waren bei Gericht idR schon erhebliche Arbeiten angefallen gewesen.[39] Eine Ermäßigung tritt ein bei:

Bei **Klagerücknahme** (die nicht unbedingt iS der ZPO zu verstehen ist):[40] Es reicht aus, wenn der Kläger vor dem Schluß der (letzten)[41] mündlichen Verhandlung zu erkennen gibt, daß er das Verfahren nicht weiter betreiben wolle, und der Prozeß dann tatsächlich seine Erledigung findet, dem Gericht mithin weitere Arbeit erspart bleibt.[42] Das bloße Nichtbetreiben des Rechtsstreits infolge Unterbrechung, Aussetzung oder Ruhen des Verfahrens – auch nach Weglage der Akten nach der AktO – allein reicht aber nicht. Es müssen noch weitere Umstände hinzukommen, insbesondere dann, wenn die Klage durch Zustellung an den Gegner rechtshängig geworden ist. So kann die Mitteilung an das Gericht, der Beklagte habe vollständig gezahlt,[43] im Zweifel eine – nicht zu einer Ermäßigung führende – Erledigungserklärung sein.[44] Wird ein eingeforderter Kostenvorschuß nicht gezahlt und die Sache dann nach der AktO weggelegt, ist das als Rücknahme zu behandeln (vgl. § 32 Abs. 4 KostVfg), weil dann eine Zustellung nicht erfolgt und die Sache nicht rechtshängig werden kann.[45] Diese Fiktion ist aber gegenstandslos, wenn die Klage gleichwohl zugestellt worden ist. Eine Rücknahme ist noch im ersten Termin einer mündlichen Verhandlung (auch in einem Fortsetzungstermin) möglich, sofern der Gegner nicht widerspricht. Unerheblich ist auch, aus welchen Gründen die Klagerücknahme idS erfolgt.[46] Hat das Gericht indessen die mündliche Verhandlung iS von §§ 156, 296 a ZPO geschlossen, ist eine Ermäßigung nach S 1 Buchstabe a nicht mehr möglich. Das gilt auch, wenn nach einem in der ersten Stufe einer **Stufenklage** erfolgten Teil- oder Versäumnisurteil das weitere Verfahren durch Klagerücknahme, Anerkenntnisurteil oder Prozeßvergleich endet.[47] Dem Schluß der mündlichen Verhandlung stehen die in Buchstabe a S 1, Teilstriche 2–4 genannten Zeitpunkte gleich. Als Klagerücknahme iS von Nr. 1211 ist auch die Rücknahme einer **Widerklage**, auch wenn sie in der zweiten Instanz erhoben wurde, zu sehen[48] oder die **Rücknahme einer** in zweiter Instanz anhängig gewordenen **Klageerweiterung**, wobei die Rücknahme nur der Erweiterung nicht ausreicht.[49] Eine Klagerücknahme idS liegt auch vor, wenn ein Klageanspruch im Weg der Parteiänderung fallenge- 14

39 Vgl. BT-Drucks. 12/6962, S. 69.
40 OLG Köln, RPfleger 1973, 276; *Oe/Wi/He* KV 1211 Rn 9;
41 OLG Düsseldorf, NJW-RR 2000, 362, 363.
42 OLG Düsseldorf, MDR 1999, 1465; OLG München, MDR 1997, 402 = NJW-RR 1997, 639; LG Bayreuth, JurBüro 1975, 795; *Hartmann* KV 1211 Rn 4.
43 OLG Hamm, JurBüro 1966, 149.
44 Vgl. auch *Oe/Wi/He* KV 1211 Rn 10.
45 So auch *Oe/Wi/He* KV 1211 Rn 20.
46 *Hartmann* KV 1211 Rn 4.
47 *Wielgoss* JurBüro 2000, 632.
48 KG, JurBüro 1967, 754.
49 OLG München, NJW-RR 1997, 1139 = MDR 1997, 688 = JurBüro 1997, 537.

Nr.	Gebührentatbestand	Gebührenbetrag oder Satz der Gebühr nach § 11 Abs. 2 GKG

lassen und im Wege der gewillkürten Parteiauswechselung derselbe Anspruch gegen eine andere Partei weiterverfolgt wird,[50] oder wenn die Klage aufgrund eines außergerichtlichen Vergleichs zurückgenommen wird, sofern das vor Schluß der mündlichen Verhandlung geschieht. Wird ein solcher Vergleich **nach** Schluß der mündlichen Verhandlung angezeigt, ist kein Raum mehr für eine Ermäßigung,[51] und zwar auch dann nicht, wenn das Gericht dem Kläger in der mündlichen Verhandlung eine Überlegungsfrist zur Klagerücknahme eingeräumt hat.[52] Denn der „Schluß der mündlichen Verhandlung" ist dann gegeben, wenn danach nur noch ein Endurteil (oder eine vergleichbare verfahrensbeendende Entscheidung) nach den Willen aller Beteiligten ergehen soll oder kann. Wenn noch eine weitere mündliche Verhandlung folgt oder folgen muß, kann der Ermäßigungstabestand nach Nr. 1211a noch erfüllt werden.[53] Eine Rücknahme liegt auch vor, wenn der Kläger gegen ein klageabweisendes Versäumnisurteil Einspruch einlegt und die Klage oder den Einspruch zurücknimmt.[54] Denn ein (zulässiges) Versäumnisurteil gegen den Kläger erfolgt ohne jede Sachprüfung und beruht letztlich auf der Fiktion, daß der Kläger seinen Anspruch nicht mehr weiter verfolgen will. Daß das Gericht vor dem Erlaß eines Versäumnisurteils eine Schlüssigkeitsprüfung vorzunehmen hat, steht dem nicht entgegen. Denn dadurch ist regelmäßig kaum Mehrarbeit verbunden. Die entgegenstehende Ansicht[55] überzeugt demzufolge nicht. Ein Antrag auf Kostenentscheidung nach § 269 Abs. 3 S 2 ZPO ist für die Ermäßigung unschädlich. Anders ist es aber in den Fällen des § 269 Abs. 3 S 4 ZPO. Hier liegt eine dem § 91a ZPO vergleichbare Situation vor, d. h., das Gericht hat noch weitere Arbeit zu leisten, so daß in solchen Fällen der Rechtsstreit noch nicht endgültig erledigt ist, mithin keine Ermäßigung eintritt.

15 Wird der Antrag im Mahnverfahren zurückgenommen, nachdem die Sache bei dem Prozeßgericht[56] anhängig geworden ist, ist das ebenfalls eine Klagerücknahme iS von 1211 lit. a, S 2. Die Gebühr nach Nr. 1211 ermäßigt sich dann auf eine 1,0-Gebühr, worauf die (ggf. anteilige) Gebühr für das Mahnverfahren anzurechnen ist.

16 Keine Klagerücknahme ist indessen eine **Erledigterklärung** (S 3). Denn hier muß das Gericht idR noch weitere Entscheidungen treffen, insbesondere die Kostenentscheidung nach § 91 a ZPO. Auch eine Ermäßigung des Streitwertes auf das Kosteninteresse kommt nicht in Betracht,[57] und zwar auch dann nicht, wenn der Beklagte einem Kostenantrag des

50 KG, JurBüro 1997, 93.
51 OLG München, MDR 2000, 787 = JurBüro 2000, 425; OLG Frankfurt/Main, MDR 1999, 1286 = NJW-RR 2000, 216.
52 OLG München, MDR 2000, 787.
53 OLG München, MDR 2000, 787; OLG München, MDR 1997, 402.
54 AG Siegburg, JurBüro 2000, 424 = NJW-RR 2001, 287 = AnwBl. 2001, 128.
55 Vgl. z. B. LG Bonn, JurBüro 2001, 595, m. N.
56 OLG Stuttgart, MDR 1999, 634, 635; OLG Hamm, JurBüro 2002, 89,90.
57 OLG Frankfurt/Main, NJW-RR 2001, 717; OLG Oldenburg, JurBüro 1999, 374 = NJW-RR 1999, 942.

Nr.	Gebührentatbestand	Gebührenbetrag oder Satz der Gebühr nach § 11 Abs. 2 GKG

Klägers nicht entgegentritt und die Prüfung des Gerichts nur geringen Zeitaufwand verursacht.[58] Denn dann hat die Kostenentscheidung in der Sache die Wirkung eines Versäumnisurteils. Anders liegt der Fall aber, wenn die Parteien den Rechtsstreit übereinstimmend für erledigt erklären und das Gericht nicht mehr die Kostenfrage sachlich zu prüfen braucht, weil der Beklagte den Kostenantrag anerkennt,[59] durch außergerichtliche Zahlung der Kosten die Parteien faktisch[60] oder ausdrücklich auf eine Kostenentscheidung verzichten[61] oder wenn sie sich über die Kostenfrage vergleichen.[62] Denn in diesen Fällen liegt aus kostenmäßiger Sicht in der Sache ein Verzicht, Anerkenntnis oder Vergleich vor, so daß die entsprechenden Ermäßigungstatbestände unmittelbar greifen. Dazu Rn 17–18.

Eine Ermäßigung tritt auch ein, wenn das gesamte Verfahren durch **ein Anerkenntnis- oder Verzichtsurteil** beendet wird, §§ 306, 307 ZPO (Buchstabe b). Das gilt auch für Anerkenntnis- und Verzichturteile im schriftlichen Verfahren. Die Ermäßigung tritt aber dann nicht ein, wenn dem Anerkenntnis- oder Verzichturteil schon eine andere Teilentscheidung oder teilbeendigende Maßnahme vorausgegangen ist, selbst wenn es sich hier um ein Anerkenntnis- oder Verzichturteil handelt. Denn auch das sind „sonstige Urteile." Ist dem Anerkenntnis oder Verzicht eine andere Teilerledigung, etwa ein Teilvergleich im Prozeß oder eine Teilrücknahme, vorausgegangen und durch das Anerkenntnis oder durch den Verzicht bzgl des noch anhängigen Restes das gesamte Verfahren zum beendet wird, kann eine Ermäßigung gemäß S 4 in Betracht kommen. Ein Anerkenntnis idS liegt selbstverständlich auch dann vor, wenn die Parteien den Rechtsstreit übereinstimmend für erledigt erklärt haben und der Beklagte sofort ein Kostenanerkenntnis erklärt und das Gericht ihm deshalb antragsgemäß die Kosten auferlegt. Denn in solchen Fällen liegt in der Sache ein Anerkenntnis vor und das Gericht braucht keine – wenn auch nur kursorische – Sachprüfung mehr vorzunehmen[63] (dazu oben, Rn. 16). Wenn hingegen nach einem Anerkenntnis dem Gericht die Kostenentscheidung überlassen bleibt („Anerkenntnis unter Protest gegen die Kosten"), ist die Sache noch nicht erledigt, weil das Gericht sich wegen der Kosten wie auch im Falle des § 91 a ZPO mit dem Streitstoff mehr oder weniger beschäftigen muß. Demzufolge tritt in solchen Fällen entgegen einer in der Rspr verbreiteten Ansicht[64] keine – auch keine auf das Kostenwertinteresse begrenzte – Gebühren- 17

58 LG Kleve, JurBüro 2001, 261.
59 OLG München, JurBüro 2001, 596 = NJW-RR 2002, 216; OLG Nürnberg, Beschl. v. 14. 1.2000 – 13 W 4609/99 –, mitgeteilt bei *Jungbauer* JurBüro 2001, 231, Fn. 9; LG Köln, JurBüro 2001, 260.
60 OLG Frankfurt/Main, JurBüro 1999, 94; OLG München, MDR 1996, 209; OLG Stuttgart, Die Justiz 1996, 87.
61 LG Mainz, JurBüro 2001, 260.
62 OLG Bamberg, JurBüro 1999, 95.
63 OLG Düsseldorf, NJW-RR 1999, 77; MDR 2000, 415, m. w. N.; LG Wuppertal, JurBüro 1997, 536.
64 OLG Bremen, JurBüro 2001, 373; OLG Hamburg, MDR 2000, 111; OLG Karlsruhe, MDR 1997, 399 = JurBüro 1997, 1096 = MJW-RR 1997, 703; OLG München, MDR 1998, 242 = NJW-RR 1998, 720 =

Nr.	Gebührentatbestand	Gebührenbetrag oder Satz der Gebühr nach § 11 Abs. 2 GKG

ermäßigung ein.[65] Auch in den Fällen des Rechtsmittelverzichts nach § 313a Abs. 2 ZPO tritt eine Ermäßigung ein, was dadurch begründet ist, daß in diesen Fällen eine erhebliche belastungsmindernde Wirkung für die mit der Absetzung der Urteile befaßten Richter erzielt wird.[66] Wenn und soweit später unter den Voraussetzungen des § 313a Abs. 4 ZPO das Urteil vervollständigt werden muß, hat das keinen Einfluß mehr auf die Ermäßigung. Aus dem Sinn des Ermäßigungstatbestands nach § 313a Abs. 2 ZPO folgt aber, daß der Verzicht **in** dem Termin, in dem die mündliche Verhandlung geschlossen worden ist, erklärt werden muß. Spätere Verzichterklärungen – auch solche in der Frist des § 313a Abs. 3 ZPO – führen nicht mehr zur Ermäßigung. Das ist auch gerechtfertigt, denn idR wird der Richter unmittelbar nach dem Schluß der Verhandlung mit der Absetzung des Urteils beginnen. Aus dem Wortlaut des Gesetzes folgt auch, daß die Fälle des § 313a Abs. 1 ZPO keine Ermäßigung auslösen. Zum einen ist in danach nur die Darstellung des Tatbestandes entbehrlich, wäherend die Gründe abzusetzen sind. Zum anderen bleibt es den Parteien unbenommen, nach § 313a Abs. 2 ZPO auch hier auf die Mitteilung der Entscheidungsgründe zu verzichten.

18 Schließlich tritt eine Ermäßigung auch ein, wenn das **gesamte** Verfahren durch **Prozeßvergleich** endet (Buchstabe c). Ein Teilvergleich – auch nach einem Versäumnisurteil – reicht nicht aus,[67] und zwar auch dann nicht, wenn nach einer nach einem Versäumnisurteil erfolgten Klageerhöhung die Sache durch einen Vergleich beendet wird.[68] Das gilt selbst dann, wenn die Erweiterung einen anderen, mit der Klageerhöhung eingeführten Streitgegenstand betrifft.[69] Eine Gesamterledigung durch einen außergerichtlichen Vergleich, der dem Gericht nur mitgeteilt wird, reicht ebenfalls nicht ohne weiteres aus.[70] Eine Ausnahme kommt nur in Betracht, wenn die Parteien auch die Kostenfrage vergleichsweise geregelt und sich verpflichtet haben, keine Kostenanträge zu stellen.[71] Auch hier darf keine andere (Teil-)Entscheidung vorausgegangen sein, und zwar auch kein Versäumnisurteil[72] oder Zwischenurteil.[73] Ein Vergleich idS liegt selbstverständlich vor, wenn die Parteien den Rechtsstreit übereinstimmend für erledigt erklären und sich über die Kosten vergleichen

JurBüro 1998, 371; LG Münster. MDR 1998, 1503; *Hartmann* KV 1211 Rn 14; *Seutemann* MDR 1885, 1096.

65 Vgl OLG Karlsruhe, JurBüro 2001, 374; OLG Hamburg,JurBüro 2001, 317; *Oe/Wi/He* KV 1211 Rn 23; *Herget* MDR 1997, 1097.

66 So die Begr zur Neufassung, BT-Drucks. 14/4722, S 139.

67 OLG Düsseldorf, NJW-RR 2000, 1594 = JurBüro 2001, 316.

68 OLG Hamburg, JurBüro 2001, 317.

69 OLG Düsseldorf, JurBüro 2001, 313.

70 OLG München, NJW-RR 1999, 1232 (L); OLG Düsseldorf, MDR 2000, 415.

71 OLG München, MDR 1998, 739 = JurBüro 1998, 373.

72 OLG München, MDR 1996, 968; OLG Düsseldorf, MDR 1997, 301; OLG Hamburg, MDR 1996, 1193.

73 OLG Düsseldorf, NJW-RR 1999, 1231 = JurBüro 1999, 425.

Nr.	Gebührentatbestand	Gebührenbetrag oder Satz der Gebühr nach § 11 Abs. 2 GKG

(vgl. oben, Rn. 16),[74] nicht aber, wenn sie die Kostenentscheidung dem Gericht überlassen[75] oder nach dem Erlaß eines Versäumnisurteils die Klage erhöht und darauffolgend der Rechtsstreit durch Vergleich beendet wird.[76] In solchen Fällen verbleibt es bei der 3,0-Gebühr. Ob das Gericht nur davon ausgeht, daß die Parteien keine Kostenentscheidung durch das Gericht im Falle einer außergerichtlichen Einigung beantragen werden,[77] reicht indessen für eine Ermäßigung ebenso wenig, wie eine gerichtliche Entscheidung auf Antrag der Parteien iS der vergleichsweisen Einigung in der Hauptsache.[78]

Mehrere Ermäßigungstatbestände: Nach S 4 tritt die Ermäßigung auch ein, wenn mehrere der in Nr. 1211 genannten Ermäßigungstatbestände gegeben sind. Freilich wird die Gebühr dann nur einmal auf eine 1,0-Gebühr herabgesetzt.[79] Dem Sinn und Zweck der Bestimmung Nr. 1211 zufolge müssen die verschiedenen Ermäßigungstatbestände nicht unbedingt gleichzeitig, sondern sie können auch sukzessive eingetreten sein.[80] Wird also in einer mündlichen Verhandlung ein Teilanerkenntnisurteil erwirkt und lassen die Parteien dann über den Rest einen Vergleich zu Protokoll nehmen oder nimmt der Kläger die Klage über den Rest zurück, ermäßigt sich die allgemeine Verfahrensgebühr auf eine 1,0-Gebühr. 19

2. Berufungsverfahren, Beschwerden nach § 621a Abs. 2 S 2 i. V. m. § 629 a Abs. 2 und § 621 e Abs. 1 ZPO, §§ 63, 116 GWB und § 48 WpÜG

Dieser Abschnitt gilt auch in Berufungsverfahren und nach Verfahren der in Abschnitt IV 1 und 3 bezeichneten Art.

1220	**Verfahren im allgemeinen**	**1,5**
1221	**Zurücknahme der Berufung, der Beschwerde, der Klage oder des Antrags vor Ablauf des Tages, an dem entweder ein Beweisbeschluß unterschrieben oder ein Termin zur mündlichen Verhandlung unterschriftlich bestimmt ist; Erledigungserklärungen nach § 91 a ZPO stehen der Zurücknahme nicht gleich:** **Die Gebühr ermäßigt sich auf**	**0,5**

74 KG, MDR 1997, 889; OLG Nürnberg, JurBüro 1998, 371 = NJW-RR 1998, 719; OLG Bamberg, JurBüro 1999, 95.
75 OLG Karlsruhe, JurBüro 2001, 315; OLG Hamburg, MDR 1997, 103; OLG München, MDR 1999, 957; OLG Köln, NJW-RR 1998, 1293.
76 OLG Hamburg, MDR 2000, 111.
77 A. M. OLG Köln MDR 1998, 1250.
78 A. M. OLG Brandenburg, NJW-RR 1999, 654 = OLG-NL 1999, 48.
79 LG Wuppertal, JurBüro 1997, 536; *Hartmann* KV 1211 Rn 16.
80 OLG Hamburg, MDR 2001, 1261.

Nr.	Gebührentatbestand	Gebührenbetrag oder Satz der Gebühr nach § 11 Abs. 2 GKG
1222	**Entscheidung über einen Antrag nach § 115 Abs. 2 S 2 und 3, § 118 S 1 S 3 oder nach § 121 GWB**	**3,0**
1223	**Grundurteil (§ 304 ZPO), Vorbehaltsurteil (§§ 302, 599 ZPO)**	**1,5**
	Urteil, das die Instanz abschließt, soweit die Gebühr 1223 entstanden ist; Beschluß in den Verfahren über Beschwerden nach § 116 GWB, der die Instanz abschließt, soweit die Gebühr 1222 entstanden ist:	
1224	**Urteil enthält eine Begründung; Beschluß**	**1,5**
1225	**Urteil enthält keine Begründung; Beschluß**	**0,75**
	Urteil, das die Instanz abschließt, soweit die Gebühr 1223 nicht entstanden ist; Beschluß über die Zurückweisung der Berufung (§ 522 Abs. 2 ZPO) sowie Beschluß in den in § 1 Abs. 2 S 2 GKG genannten Familiensachen und in den Verfahren über Beschwerden nach §§ 63, 116 GWB und § 48 WpÜG, der die Instanz abschließt:	
1226	**Urteil enthält eine schriftliche Begründung; Beschluß**	**3,0**
1227	**Urteil enthält keine schriftliche Begründung**	**1,5**
	Beschluß nach § 91 a ZPO, soweit nicht bereits die Gebühr 1224 oder 1226 entstanden ist:	
1228	**Beschluß enthält eine schriftliche Begründung**	**1,5**
1229	**Beschluß enthält keine schriftliche Begründung**	**0,75**

20 **Allgemeines:** Die Vorschriften der Nr. 1220–1229 sind gemäß §§ 169, 170 BBauGB auch in Baulandsachen anwendbar. Sie gelten auch, wenn in der Berufungsinstanz ein eigentlich erstinstanzlicher Antrag (wie z. B. ein Arrestantrag nach § 943 ZPO oder eine Zwischenfeststellungsklage)[81] eingebracht wird. Die Gebühr Nr. 1120 entsteht auch dann, wenn die Berufung ausdrücklich nur zur Fristwahrung eingelegt wird.[82] Auch eine Anschlußberufung löst die Gebühr aus, wobei auf die Terminsbestimmung aufgrund des Hauptrechtsmittels abzustellen ist.[83] Der Streitwert der Berufung (Beschwer) bestimmt sich nach § 14. Die Bestimmungen sind durch die mit dem ZPO-RG erfolgt Neuregelung der Berufung, insbesondere durch die Einführung der Zurückweisung im Beschlußwege ergänzt worden.

21 **Zu Nr. 1221:** Voraussetzung für eine Ermäßigung ist, daß die Berufung oder der Antrag vor dem Ablauf des Tages, an dem ein Beweisbeschluß unterschrieben oder ein Termin zur

81 KG, RPfleger 1956, 88.
82 OLG Düsseldorf, NJW-RR 1997, 1159.
83 *Hartmann* KV 1220 Rn 9.

Nr.	Gebührentatbestand	Gebührenbetrag oder Satz der Gebühr nach § 11 Abs. 2 GKG

mündlichen Verhandlung anberaumt worden ist, zurückgenommen wird. Die Anberaumung eines Termins zur Protokollierung eines Vergleichs steht einer Ermäßigung nicht entgegen,[84] wenn der Termin ausschließlich diesem Zweck dient. Anderes gilt aber, wenn ein Vergleichsschluß in einer anberaumten mündlichen Verhandlung nur angestrebt wird und solcher (etwa im Rahmen einer prozeßleitenden Erörterungsverfügung) angeregt worden ist. Denn bei einer solchen Konstellation hat das Gericht den gleichen Aufwand wie zur Vorbereitung einer mündlichen Verhandlung zu leisten. Bei dem Beweisbeschluß muß es sich um einen förmlichen Beweisbeschluß und nicht nur um prozeßleitende Anordnungen nach §§ 273, 524 Abs. 2 ZPO handeln. Der Beschluß muß von allen Mitgliedern des Spruchkörpers unterschrieben sein bzw. vom Einzelrichter, soweit die Sache ihm zur Entscheidung übertragen ist. Maßgeblich ist der Tag, an dem die vollständige Unterschriftsleistung unter dem Beschluß tatsächlich erfolgte oder die Terminsverfügung tatsächlich abgesetzt worden ist. Voraussetzung ist ferner, daß die Rücknahme dem Gericht gegenüber erklärt worden ist, d. h., daß eine entsprechende Rücknahmeerklärung (dazu oben, Rn 14) bis zum Ablauf des maßgeblichen Tages wirksam bei Gericht eingegangen ist. Geht die Rücknahmeerklärung erst nach Unterzeichnung des Beweisbeschlusses oder nach der Terminsanberaumung ein, kommt eine Ermäßigung nicht mehr in Betracht. Dabei ist es unerheblich, ob der die Rücknahme Erklärende die Unterzeichnung des Beweisbeschlusses oder die Terminsverfügung schon kannte oder kennen konnte. Ohne Belang ist es auch, ob die Rücknahmeerklärung vor oder nach dem Ablauf einer (Berufungs-)Begründungsfrist erfolgte.[85] Eine einseitige Anzeige des Rücknehmenden reicht aus. Voraussetzung ist ferner, daß der Antrag **vollständig** zurückgenommen wird. Eine Teilrücknahme oder eine endgültige Rücknahme eines nach einer vorangegangenen Teilrücknahme die Sache dann ganz erledigende weitere Rücknahme reicht auch hier nicht für die Ermäßigung.[86] Das folgt zwar nicht unmittelbar aus dem Wortlt der Bestimmung, die – anders als Nr. 1211 – nicht von einer Beendigung des gesamten Verfahrens durch die Rücknahme spricht, entspricht aber nicht nur dem Zweck der mit dem KostRÄndG 1994 erstrebten Vereinfachung der Gebührenberechnung, sondern auch der Vermeidung von Arbeitsaufwand des Berufungsgerichts, der jedenfalls dann verbleibt, wenn das Verfahren durch die Rücknahme nicht völlig erledigt ist. Insofern bestehen keine nennenswerten Unterschiede zur ersten Instanz. Folgerichtig war auch eine Angleichung der Nrn. 1220–1221 an die korrespondierenden Nr. 1210–1211 geplant,[87] die allerdings im Zuge der umfangreichen Reformarbeiten des Jahres 2001 letztlich obsolet geworden sein dürfte.

84 OLG Hamburg, MDR 1998, 927.
85 KG, JurBüro 1991, 1350; Vgl. auch *Hartmann* KV 1221 Rn 4.
86 A. M. *Hartmann* KV 1121 Rn 8 i. V. m. § 21 Rn 8 f.; *Oe/Wi/He* KV 1221 Rn 22.
87 Entw eines Geses zur Änderung des Gerichtskostengesetzes ..., BT-Drucks. 14/ 598 (Art. 1 Abs. 2 Nr. 2 und die Begr. S. 12-13.

Nr.	Gebührentatbestand	Gebührenbetrag oder Satz der Gebühr nach § 11 Abs. 2 GKG

22 **Zu 1223:** Die Bestimmung meint nur ein solches Grund- oder Vorbehaltsurteil, das in der Berufungsinstanz erstmalig ergeht.[88] Soweit es sich um ein Vorbehaltsurteil nach § 302 ZPO handelt, ist Voraussetzung, daß der Vorbehalt in der Urteilsformel enthalten ist. Fehlt er im Tenor des Urteils, ist er nach §§ 319–322 ZPO nachzuholen.

23 **Zu KV 1224–1225:** Voraussetzung ist einmal ein die Berufungsinstanz abschließendes Endurteil. Dabei ist es unerheblich, ob es sich um ein Sach- oder Prozeßurteil handelt[89] oder ob es aufgrund einer streitigen oder einer einseitigen Verhandlung ergangen ist.[90] Voraussetzung ist aber in jedem Fall ein förmliches Urteil. Entscheidet das Gericht irrtümlich durch Beschluß, entstehen die Gebühren nach Nr. 1224, 1225 nicht. Entscheidet es hingegen durch Urteil, wo ein Beschluß geboten ist, entstehen die Gebühren, die dann u. U. nach § 8 GKG niedergeschlagen werden können.[91] Keine Urteilsgebühr nach diesen Bestimmungen entsteht, wenn das Berufungsverfahren durch Anerkenntnis-, Verzicht- oder echtes Versäumnisurteil beendet wird. Die gleichen Grundsätze gelten auch, wenn die Berufung durch Beschluß nach 522 ZPO zurückgewiesen wird. Denn auch in solchen ist eine umfassende Prüfung der Erfolgsaussichten notwendig, so daß eine kostenrechtliche Gleichstellung mit einem Endurteil gerechtfertigt ist.[92] Die fällt neben der für die Instanz vorgesehene Verfahrensgebühr (Nr. 1120) an. Die **Höhe der Gebühr** hängt davon ab, ob das Urteil oder der Zurückweisungsbeschluß tatsächlich eine Begründung enthält oder nicht. Darauf, ob es eine solche enthalten muß oder nicht, kommt es nicht an. Auch wenn eine nicht erforderliche Begründung enthalten ist, entsteht die höhere Gebühr. Das ist auch der Fall, wenn es sich um eine Kurzfassung nach § 540 ZPO handelt.[93]

24 **Zu KV 1226:** Anders als bei einem Urteil kommt es in diesen Fällen bei einem Beschluß nicht darauf an, ob die Entscheidung eine Begründung enthält oder nicht, so daß bei Beschlüssen immer die volle 3,0-Gebühr anzusetzen ist.[94]

25 **Zu KV 1227–1229:** Diese Bestimmungen gelten auch, wenn die Erledigung der Hauptsache nach einer Zurückverweisung der Sache gem. § 563 ZPO eintritt. Die Gebührenhöhe ist davon abhängig, ob die Entscheidung eine schriftliche Begründung tatsächlich enthält oder nicht. Eine mündliche Begründung reicht nicht. Sie wird aber zur schriftlichen, wenn sie protokolliert wird.[95] Eine Ermäßigung tritt also nur ein, wenn das Berufungsgericht, von der Darstellung des Tatbestandes und der Entscheidungsgründe absieht (§ 543 Abs. 1 ZPO) und wenn das Urteil entweder tatsächlich keine „Gründe" aufweist oder sich die

88 OLG Hamburg, MDR 1990, 453; *Oe/Wi/He* KV 1223 ff. Rn 13, 22.
89 LG Bayreuth, JurBüro 1977, 79.
90 OLG Bamberg, JurBüro 1977, 243; *Mümmler* JurBüro 1977, 1508 m. N.
91 *Hartmann* KV 1225 Rn 2.
92 Begr. zu Art. 32 ZPO-RG, BT-Drucksache 14/722, S 140.
93 OLG Schleswig, JurBüro 1994, 304 m. N.
94 OLG Köln, JurBüro 1998, 372, 373 a. E.; LG Osnabrück, JurBüro 1997, 148.
95 *Hartmann* KV 1227–1231 Rn 2.

Nr.	Gebührentatbestand	Gebührenbetrag oder Satz der Gebühr nach § 11 Abs. 2 GKG

Begründung auf die Feststellung der gesetzlichen Voraussetzungen des § 540 ZPO beschränkt.[96]

3. Verfahren über den Antrag auf Zulassung der Sprungrevision, Revisionsverfahren; Rechtsbeschwerden nach § 74 GWB

1230	**Verfahren über die Zulassung der Sprungerevision: soweit der Antrag abgelehnt wird**	1,5
1231	**Verfahren im allgemeinen**	2,0
1232	**Zurücknahme der Revision oder Klage, bevor die Schrift zur Begründung der Revision bei Gericht eingegangen ist; Erledigungserklärungen nach § 91a ZPO stehen der Zurücknahme nicht gleich: Die Gebühr des 1231 ermäßigt sich auf**	0,5

Urteil, das die Instanz abschließt Beschluß im Verfahren über Rechtsbeschwerden nach § 74 GWB, der die Instanz abschließt:

1236	**Urteil enthält eine Begründung**	3,0
1237	**Urteil enthält keine Begründung**	1,5

Beschluß nach § 91 a ZPO:

1238	**Beschluß enthält eine schriftliche Begründung**	1,5
1239	**Beschluß enthält keine schriftliche Begründung**	0,75

4. Berufungsverfahren vor dem Bundesgerichtshof nach dem Patentgesetz (§§ 110 bis 121 PatG) und dem Gebrauchsmustergesetz (§ 20 GebrMG i. V. m. §§ 110 bis 121 PatG)

1240	**Verfahren im allgemeinen**	2,0
1241	**Zurücknahme der Berufung oder der Klage vor Ablauf des Tages, an dem entweder ein Beweisbeschluß unterschrieben oder ein Termin zur mündlichen Verhandlung unterschriftlich bestimmt ist; Erledigungserklärungen (§ 91 a ZPO i. V. m. § 121 Abs. 2 S 2 PatG; § 20 GebrMG) stehen der Zurücknahme nicht gleich: Die Gebühr ermäßigt sich auf**	0,5

Urteil, das die Instanz abschließt

96 OLG München, JurBüro 1997, 94 = MDR 1996, 1189.

Nr.	Gebührentatbestand	Gebührenbetrag oder Satz der Gebühr nach § 11 Abs. 2 GKG
1246	**Urteil enthält eine Begründung**	4,0
1247	**Urteil enthält keine Begründung**	1,5
Beschluß nach § 91a ZPO i.V.m. § 121 Abs. 2 S 2 PatG, § 20 GebrMG		
1248	**Beschluß enthält eine Begründung**	1,5
1249	**Beschluß enthält keine Begründung**	0,75

26 Die Nr. 1230 gilt für das Prüfungsverfahren der durch das ZPO-RG neu ausgestalteten Sprungrevision (§ 566 ZPO). Wird die Revision zugelassen, fallen die üblichen Gebühren für das Revisionsverfahren (Nrn. 1530 ff.) an. Die Vorschriften der Nr. 1231–1249 gelten nur für Verfahren, die in der Revisionsinstanz oder in der Rechtsbeschwerdeinstanz im Fall des § 74 GWB anhängig waren, sowie für Berufungsverfahren in Patent- und Gebrauchsmustersachen vor dem Bundesgerichtshof (Nr. 1240–1249). Die Nr. 1240–1249 sind durch Art. 18 des 2. PatGÄndG (BGBl. 1998 I, 1827) eingefügt worden, weil die Berufungsverfahren vor dem BGH in diesen Sachen den Revisionsverfahren in allgemeinen Streitverfahren gleichwertig sind. Die Vergünstigung nach Nr. 1232 entfällt, sobald die Revisions-/ Rechtsbeschwerde-Berufungsbegründungsschrift bei Gericht eingegangen ist, und zwar unabhängig davon, ob das Rechtsmittelgerichtgericht von ihrem Inhalt schon Kenntnis genommen hat oder hätte nehmen können.[97] Bei den Nr. 1236, 1237 oder 1246, 1247 kommt es nicht darauf an, ob ein Grund- oder ein Vorbehaltsurteil vorausgegangen ist. Im Fall des Versäumnisurteils entsteht gemäß der für den gesamten Teil 1 des KV geltenden amtlichen Anweisung vor KV Nr. 1100 keine Gebühr, und zwar auch dann nicht, wenn das Urteil inhaltlich nicht auf der Säumnis beruht.[98]

III. Verfahren über Anträge auf Anordnung eines Arrestes oder einer einstweiligen Verfügung sowie deren Aufhebung oder Abänderung in den Fällen des § 926 Abs. 2 und der §§ 927, 936 ZPO

1310	**Verfahren über den Antrag**	1,0
1311	**In dem Verfahren findet eine mündliche Verhandlung statt:** **Die Gebühr erhöht sich auf**	3,0
1312	**Beendigung des gesamten Verfahrens durch:**	

97 BGH, NJW 1979, 311.
98 BGH, JZ 1978, 652; Hartmann KV 1236–1237 Rn 1.

Nr.	Gebührentatbestand	Gebührenbetrag oder Satz der Gebühr nach § 11 Abs. 2 GKG
	a) Zurücknahme des Antrags vor dem Schluß der mündlichen Verhandlung b) Anerkenntnis- und Verzichtsurteil c) Abschluß eines Vergleichs vor Gericht, wenn nicht bereits ein Urteil vorausgegangen ist: Die Gebühr ermäßigt sich auf	1,0
	Erledigungserklärungen nach § 91 a ZPO stehen der Zurücknahme nicht gleich. Die Ermäßigung tritt auch ein, wenn mehrere Ermäßigungstatbestände erfüllt sind.	

27 Die Nr. 1310 ff. regeln die Gebühren für die dort genannten vorläufigen Verfahren teilweise abweichend vom ordentlichen Verfahren. Es handelt sich um selbständige, vom ordentlichen Prozeß unabhängige Verfahren, so daß auch keine gegenseitige Anrechnung von Gebühren stattfindet. Die Nr. 1310 ff. betreffen nur die Arrest- und einstweiligen Verfügungsverfahren. Für andere Eilverfahren sieht das KV besondere Gebührentatbestände vor. Die Gebühren nach Nr. 1310 ff. fallen auch an, wenn ein Arrestantrag oder ein Antrag auf Erlaß einer einstweiligen Verfügung mit einer Hauptsacheklage verbunden ist. Die Gebühren nach Nr. 1310, 1311 decken das gesamte Verfahren ab, und zwar auch Nebenanträge wie das Ersuchen auf Eintragung einer Vormerkung im Grundbuch oder in einem Register sowie das gesamte Widerspruchs- und Rechtfertigungsverfahren. Ein Antrag auf Arrest und ein solcher auf den Erlaß einer einstweiligen Verfügung sind zwei getrennte Verfahrenseinleitungen. Die Gebühr nach Nr. 1310 entsteht nach allgemeinen Regeln mit dem Eingang des Antrags bei Gericht und nicht erst mit der Zustellung.[99]

28 Eine **Antragsrücknahme im Verfahren ohne mündliche Verhandlung oder in der mündlichen Verhandlung** beseitigt die Gebühr nach Nr. 1310 nicht.[100] Das gilt auch, wenn die Parteien die Hauptsache für erledigt erklären und nur noch über die Kosten zu entscheiden ist.[101] Unter Nr. 1310, 1311 fallen auch die Aufhebung des Arrestes wegen Versäumung der Klagefrist (§ 926 Abs. 2 ZPO) oder wegen veränderter Umstände (§ 927 ZPO) sowie die Anwendung der §§ 926 927 ZPO auf die einstweilige Verfügung (§ 936 ZPO). Jedes dieser gebührenrechtlich selbständigen Verfahren läßt die Gebühr nach Nr. 1310 entstehen.[102] Wenn im Aufhebungsverfahren nach §§ 926 Abs. 2, 936 ZPO mit Zustimmung der Parteien im schriftlichen Verfahren gemäß § 128 Abs. 2 S 1 ZPO ent-

99 OLG München, MDR 1998, 63.
100 OLG Hamburg, MDR 1997, 890 = JurBüro 1998, 150 m. Anm. v. *D. Meyer*; OLG Rostock, MDR 1997, 1066, 1067; OLG Bamberg, JurBüro 1976, 621; OLG Frankfurt/Main, RPfleger 1987, 128; OLG Hamburg, JurBüro 1976, 1541; *Hartmann* KV 1311 Rn 6, m. N.
101 OLG Hamburg, MDR 1997, 890 = JurBüro 1998, 150.
102 LG Berlin, MDR 1989, 366.

schieden wird, fällt die weitere Gebühr nach Nr. 1311 allerdings nicht an, sondern es verbleibt bei der nach Nr. 1310.[103] Nicht anwendbar sind Nr. 1310, 1311 auf andere Fälle wie z. B. eine Aufhebung nach § 942 Abs. 3 ZPO.

Wenn in den Eilverfahren eine mündliche Verhandlung stattfindet, fällt grundsätzlich die zusätzliche Gebühr nach Nr. 1311 an. Denn danach ist die Gebühr für das Verfahren – gemeint ist die Gebühr nach Nr. 1310, die unstreitig nach dem Hauptsachewert berechnet wird, – auf das 3fache zu erhöhen, wenn „eine mündliche Verhandlung" stattfindet. Die nur im Zusammenhang zu verstehenden Bestimmungen der Nr. 1310, 1311 entsprechen sachlich der Nr. 1210 für den normalen erstinstanzlichen Zivilprozeß, wonach grundsätzlich für das Verfahren der ersten Instanz eine nach dem mit der Klage verfolgten Streitwert eine Pauschalgebühr in Höhe des 3fachen der Gebühr nach § 11 GKG anzusetzen und mit Klageerhebung auch fällig wird. Lediglich aus verwaltungspraktischen Erwägungen hat der Gesetzgeber sich damit begnügt, in den von den Nr. 1310 ff. behandelten Eilverfahren zunächst nur eine Gebühr zu erheben, weil in diesem Bereich eine mündliche Verhandlung relativ selten ist und – würde auch hier eine 3fache Pauschalgebühr zunächst fällig werden – Rückzahlungen erfolgen müßten. Um solchen Verwaltungsaufwand zu vermeiden, hat der Gesetzgeber hier bestimmt, daß die Gebühr erst nach einem stets eine mündliche Verhandlung nach sich ziehenden Widerspruch gegen die Eilentscheidung erhoben werden soll.[104] Kommt es nämlich nach einem Widerspruch zu einer mündlichen Verhandlung, hat das Gericht sich in jedem Fall sachlich mit der Hauptsache zu befassen. Denn auch die Entscheidung, wer die Kosten des Rechtsstreits zu tragen hat, setzt eine Auseinandersetzung – wenn auch u. U. nur summarisch – mit der Hauptsache voraus. Folgerichtig ist auch gerade aus diesem Grunde eine Entscheidung über die Kosten nach § 91 a ZPO bei den Ermäßigungstatbeständen Nr. 1210 ausgenommen worden),[105] was auch für das Eilverfahren ausdrücklich klargestellt worden ist (Nr. 1312). Demzufolge ist auch dann, wenn im Eilverfahren der Rechtsstreit **in** der mündlichen Verhandlung (– idR nach Erörterung der Sach- und Rechtslage –) in der Hauptsache übereinstimmend teilweise für erledigt erklärt wird, die beiden zusätzlichen Gerichtsgebühren nach Nr. 1311 mit dem **vollen** Wert der Hauptsache anzusetzen.[106]

Eine andere Rechtslage ist aber gegeben, wenn die volle Erledigung der Hauptsache schon **vor Beginn** der mündlichen Verhandlung eingetreten ist. Dann kann in der mündlichen Verhandlung logischerweise allein noch über die Kostentragungspflicht verhandelt werden bzw. diese weiterer Gegenstand des Rechtsstreits sein. Nach § 21 GKG ist dann der

103 OLG München, NJW-RR 1999, 367 = MDR 1999, 45.
104 Vgl. dazu die Begr. zu Nrn. 1310, 1311 KV-GKG, BT-Drucks, 12/6962, S. 71.
105 Vgl. BT-Drucks. 12/6962, S. 70.
106 OLG Frankfurt/Main, NJW-RR 2000, 1383; *Oe/Wi/He* KV 1310–1324 Rn 6. Vgl. dazu auch *D. Meyer* JurBüro 1998, 150 m. N. **A. M.:** *Hartmann* KV 1312 Rn 1.

Nr.	Gebührentatbestand	Gebührenbetrag oder Satz der Gebühr nach § 11 Abs. 2 GKG

verbleibende Teilstreitwert nach dem Kosteninteresse zu bestimmen.[107] In den Fällen des ausdrücklichen Kostenwiderspruchs ist das Interesse des Widerspruchsführers dann von vornherein klar definiert. In anderen Fällen, nämlich dann, wenn die Erledigung der Hauptsache erst nach Widerspruchserhebung aber vor Beginn der mündlichen Verhandlung eintritt, liegt in der Sache ein Kostenwiderspruch vor, so daß die zusätzlichen (beiden) Gerichtsgebühren nach Nr. 1311 nur noch nach dem Kostenwert anzusetzen. Nimmt hingegen der Verfügungsbeklagte in der mündlichen Verhandlung seinen Widerspruch (mit oder ohne ausdrückliche Abschlußerklärung) zurück, trägt er nach § 269 ZPO auch die Kosten des Rechtsstreits, ohne daß das Gericht sich mit der Sache weiter zu befassen hat. Dann sind die Gebühren entsprechend Nr. 1311 nicht anzusetzen, sondern nach Nr. 1310, 1311 nur eine Gebühr nach dem Hautsachestreitwert und zwei Gebühren nach dem Wert des Kosteninteresses.[108] War nur ein Kostenwiderspruch eingelegt, welcher zurückgenommen wurde, hat das auf den Wert keinen weiteren Einfluß, weil die Gebühr nach Nr. 1310 ohnehin schon bei dem Eingang des Antrags auf Erlaß der einstweiligen Verfügung oder des Arrestes nach dem Hauptsachewert fällig geworden war. Das kann natürlich dann nicht gelten, wenn die Hauptsache nur z T für erledigt erklärt wird. In solchen Fällen verbleibt es auch bei den Gebühren nach Nr. 1311 beim vollen Wert nach Nr. 1310, weil das Gericht sich dann auch noch mit (einem Teil) der Hauptsache zu befassen hat.[109]

2. Berufungsverfahren

1320	**Verfahren im allgemeinen**	0,75
Urteil, das die Instanz abschließt; Beschluß über die Zurückweisung der Berufung (§ 522 Abs. 2 ZPO):		
1321	**Urteil, Beschluß enthält eine Begründung**	1,5
1322	**Urteil enthält keine Begründung**	0,75
Beschluß nach § 91 a ZPO:		
1323	**Beschluß enthält eine schriftliche Begründung**	1,0
1324	**Beschluß enthält keine schriftliche Begründung**	0,5

Die Gebühren nach Nr. 1320–1324 entstehen auch dann, wenn das Berufungsgericht **29**
erstinstanzlich entscheidet, weil es als Gericht der Hauptsache zuständig ist.[110] Denn

107 OLG Hamburg, JurBüro 1998, 150 m. Anm. v. *D. Meyer*.
108 OLG München, MDR 1997, 1067; OLG Hamburg, MDR 2002, 1029 m. zust. Anm. v. *Schütt*, MDR 2002, 1030; OLG Hamburg, JurBüro 1998, 550 = MDR 1998, 988.
109 Frankfurt/Main, MDR 1999, 1464.
110 *Hartmann* KV 1323–1324 Rn 2; a.M. OLG München, RPfleger 1956, 30, *Oe/Wi/He* KV 1310–1324 Rn 8.

Nr.	Gebührentatbestand	Gebührenbetrag oder Satz der Gebühr nach § 11 Abs. 2 GKG

die Gebühr entsteht für die Tätigkeit in einer Berufungsinstanz und hat auch sachlich das gleiche Gewicht.

IV. Erstinstanzliche Verfahren über Anträge auf Vollstreckbarerklärung ausländischer Titel und ähnliche Verfahren

Im Berufungsverfahren nach Verfahren der in den nachfolgenden Abschnitten 1 und 3 bezeichneten Art bestimmen sich die Gebühren nach Abschnitt II 2.

1. Verfahren nach § 3 Abs. 2 des Gesetzes zur Ausführung des Vertrages zwischen der Bundesrepublik Deutschland und der Republik Österreich vom 6. Juni 1959 über die gegenseitige Anerkennung und Vollstreckung von gerichtlichen Entscheidungen, Vergleichen und öffentlichen Urkunden in Zivil- und Handelssachen vom 8. März 1960 (BGBl. I, S. 169)

1410	**Verfahren im allgemeinen**	**1,0**
1411	**In dem Verfahren wird nicht durch Urteil entschieden: Die Gebühr 1410 ermäßigt sich auf**	**0,25**
Endurteil:		
1412	**Urteil enthält eine Begründung**	**2,5**
1413	**Urteil enthält keine Begründung**	**1,5**
Beschluß nach § 91 a ZPO, soweit nicht bereits die Gebühr nach 1412 entstanden ist:		
1414	**Beschluß enthält eine schriftliche Begründung**	**1,5**
1415	**Beschluß enthält keine schriftliche Begründung**	**0,75**

2. Verfahren nach dem Anerkennungs- und Vollstreckungsausführungsgesetz

1420	**Verfahren über den Antrag, den Titel mit Vollstreckungsklausel zu versehen oder festzustellen, ob die Entscheidung anzuerkennen ist**	**72,00 EUR**
1421	**Verfahren über den Antrag auf Aufhebung oder Änderung der Beschlüsse über die Zulassung der Zwangsvollstreckung oder der Anerkennung**	**36,00 EUR**
1422	**Ausstellung einer Bescheinigung nach § 54 oder § 56 AVAG**	**10,00 EUR**

Nr.	Gebührentatbestand	Gebührenbetrag oder Satz der Gebühr nach § 11 Abs. 2 GKG
3.	**Verfahren über Anträge auf Vollstreckbarerklärung ausländischer Titel oder auf Erteilung der Vollstreckungsklausel zu ausländischen Titeln sowie Verfahren der Aufhebung oder Abänderung der Vollstreckbarerklärung oder der Vollstreckungsklausel in sonstigen Fällen, soweit nicht in Staatsverträgen bestimmt ist, daß ein Titel kostenfrei für vollstreckbar zu erklären ist**	
1430	**Verfahren im allgemeinen** **Die Gebühr entfällt bei Zurücknahme des Antrags, bevor der Gegner angehört worden ist, und früher als eine Woche vor Beginn des Tages, der für die mündliche Verhandlung vorgesehen war.**	**1,0**
1431	**Beschluß, durch den über einen Widerspruch entschieden wird**	**1,0**
Endurteil:		
1432	**Urteil enthält eine Begründung**	**2,5**
1433	**Urteil enthält keine Begründung**	**1,5**
Beschluß nach § 91 a ZPO, soweit nicht bereits die Gebühr 1432 entstanden ist:		
1434	**Beschluß enthält eine schriftliche Begründung**	**1,5**
1435	**Beschluß enthält keine schriftliche Begründung**	**0,75**

Die Nr. 1410–1435 sind durch Art. 14 des SchiedsVfG vom 22. 7. 1997 völlig neu strukturiert und neu gegliedert worden, ohne daß dadurch sachliche Änderungen eingetreten sind. Sie gelten ausdrücklich nur für erstinstanzliche Verfahren der genannten Art. Für Berufungsverfahren gelten die allgemeinen Regeln nach Nr. 1220–1229. Die Nr. 1410–1415 sind bedingt durch die Eigentümlichkeiten des österreichischen Vollstreckungsrechts. Anhörung iS der amtlichen Anweisung nach Nr. 1430 bedeutet Gewährung rechtlichen Gehörs für den Gegner. Insoweit gelten die allgemeinen Grundsätze. Die Fristen werden nach der ZPO berechnet. **30**

Der Streitwert ist, soweit nicht Festgebühren vorgesehen sind, nach den allgemeinen Bestimmungen der §§ 12 ff. zu bestimmen, und zwar nach dem jeweiligen Wert inländischer Währung. Zinsen und Kosten bleiben, soweit sie als Nebenforderungen geltend gemacht werden, unberücksichtigt (§ 22 Abs. 1). Das gilt auch, wenn sie nach ausländischem Recht ziffernmäßig im Titel ausgewiesen sind. **31**

Nr. 1420, 1421 betreffen ausschließlich Tätigkeiten **deutscher Gerichte** nach dem Übereinkommen der Europäischen Gemeinschaft über die gerichtliche Zuständigkeit in Zivil- und Handelssachen (EuGVÜ). Die Nr. 1430–1435 betreffen die Verfahren nach dem Aner- **32**

Nr.	Gebührentatbestand	Gebührenbetrag oder Satz der Gebühr nach § 11 Abs. 2 GKG

kenntnis- und Vollstreckungsausführungsgesetz (AVAG) vom 30. 5. 1988 (BGBl. I, S. 662). Neben den dort genannten Gebühren werden Auslagen nach Maßgabe der Nr. 9000 ff. erhoben. Zu Nr. 1430 ist anzumerken, daß die Bestimmung nur auf ein auf einen Staatsvertrag beruhendendes vereinfachtes Verfahren anwendbar ist, während für Vollstreckungsklagen die Nr. 1210 ff. unmittelbar anwendbar sind.[111] Wenn jedoch in einem Staatsvertrag bestimmt ist, daß ein Schuldtitel kostenfrei für vollstreckbar zu erklären ist, kommt eine Gebühr nach Nr. 1430 selbstverständlich nicht in Betracht. Das ist in vielen Fällen nach dem Haager Zivilprozeßübereinkommen vom 1. 3. 1954 (BGBl. 1958, II, S. 577) und dem deutschen Ausführungsgesetz vom 18. 12. 1958 (BGBl. I 1958, S. 939) der Fall.[112]

V. Verfahren in Ehesachen und Folgesachen von Scheidungssachen, Lebenspartnerschaftssachen nach § 661 Abs. 1 Nr. 1 bis 3 ZPO und Folgesachen eines Verfahrens über die Aufhebung der Lebenspartnerschaft

1. Verfahren erster Instanz

Nr.	Gebührentatbestand	Satz
1510	**Verfahren im allgemeinen** Die Gebühr entfällt bei Zurücknahme des Antrags oder der Klage vor Ablauf des Tages, an dem ein Beweisbeschluß unterschrieben ist, und früher als eine Woche vor Beginn des Tages, der für die mündliche Verhandlung vorgesehen war; Erledigungserklärungen nach § 91a ZPO stehen der Zurücknahme nicht gleich.	1,0
1513	**Grundurteil (§ 304 ZPO), Vorbehaltsurteil (§§ 302, 599 ZPO)**	0,5
Endurteil, soweit die Gebühr 1513 entstanden ist:		
1514	**Urteil enthält eine Begründung**	0,5
1515	**Urteil enthält keine Begründung**	0,25

Endurteil, soweit die Gebühr 1513 nicht entstanden ist; Beschluß in den in § 1 Abs. 2 GKG genannten Folgesachen, der die Instanz abschließt:

111 *Hartmann* KV 1420 Rn 2.

112 Vgl. dazu z. B. *Feige* Die Kosten des deutschen und französischen Vollstreckbarerklärungsverfahren, 1988.

Nr.	Gebührentatbestand	Gebührenbetrag oder Satz der Gebühr nach § 11 Abs. 2 GKG
1516	Urteil enthält eine Begründung; Beschluß[113]	1,0
1517	Urteil enthält keine Begründung	0,5
Beschluß nach § 91 a ZPO, soweit nicht bereits die Gebühr 1514 oder 1516 entstanden ist:		
1518	Beschluß enthält eine schriftliche Begründung	1,0
1519	Beschluß enthält keine schriftliche Begründung	0,5
2.	Berufungsverfahren, Beschwerden in Folgesachen nach § 629a Abs. 2 ZPO, auch i. V. m. § 661 Abs. 2 ZPO	
1520	Verfahren im allgemeinen	1,5
1521	Zurücknahme der Berufung, der Beschwerde, des Antrags oder der Klage vor Ablauf des Tages, an dem ein Beweisbeschluß unterschrieben oder ein Termin zur mündlichen Verhandlung unterschriftlich bestimmt ist; Erledigungserklärungen nach § 91 a ZPO stehen der Zurücknahme nicht gleich: Die Gebühr ermäßigt sich auf	0,5
1523	Grundurteil (§ 304 ZPO), Vorbehaltsurteil (§§ 302, 599 ZPO)	1,0
Urteil, das die Instanz abschließt, soweit die Gebühr 1523 entstanden ist:		
1524	Urteil enthält eine Begründung	1,0
1525	Urteil enthält keine Begründung	0,5
Urteil, das die Instanz abschließt, soweit die Gebühr 1523 nicht entstanden ist; Beschluß über die Zurückweisung der Berufung (§ 522 Abs. 2 ZPO) sowie Beschluß in den in § 1 Abs. 2 GKG genannten Folgesachen, der die Instanz abschließt:		
1526	Urteil enthält eine Begründung; Beschluß	2,0
1527	Urteil enthält keine Begründung	1,0
Beschluß nach § 91 a ZPO, soweit nicht bereits die Gebühr 1524 oder 1526 entstanden ist:		
1528	Beschluß enthält eine schriftliche Begründung	1,5

113 Dazu gehört auch ein Beschl, mit dem eine Vereinbarung über den Versorgungsausgleich genehmigt wird, § 1587o BGB. Vgl. OLG Stuttgart, JurBüro 1996, 318; *Mümmler* JurBüro 1992, 454.

Nr.	Gebührentatbestand	Gebührenbetrag oder Satz der Gebühr nach § 11 Abs. 2 GKG
1529	**Beschluß enthält keine schriftliche Begründung**	**0,75**

3. Revisionsverfahren, Rechtsbeschwerden in Folgesachen nach § 629a Abs. 2 ZPO, auch i. V. m. § 661 Abs. 2 ZPO

Nr.	Gebührentatbestand	Gebührenbetrag oder Satz der Gebühr nach § 11 Abs. 2 GKG
1530	**Verfahren im allgemeinen**	**2,0**
1531	**Zurücknahme der Revision, der Rechtsbeschwerde, des Antrags oder der Klage, bevor die Schrift zur Begründung der Revision oder der Rechtsbeschwerde bei Gericht eingegangen ist; Erledigungserklärungen nach § 91 a ZPO stehen der Zurücknahme nicht gleich: Die Gebühr 1530 ermäßigt sich auf**	**0,5**
	Urteil, das die Instanz abschließt; Beschluß in den in § 1 Abs. 2 GKG genannten Scheidungsfolgesachen, der die Instanz abschließt:	
1536	**Urteil enthält eine Begründung; Beschluß**	**3,0**
1537	**Urteil enthält keine Begründung**	**1,5**
	Beschluß nach § 91 a ZPO:	
1538	**Beschluß enthält eine schriftliche Begründung**	**1,5**
1539	**Beschluß enthält keine schriftliche Begründung**	**0,75**

33 Für Folgesachen gilt das Verfahren nach §§ 622 ff. ZPO, so daß Gebühren und Auslagen nach dem GKG zu erheben sind. Ein Scheidungsgegenantrag ist gebührenrechtlich als Widerklage zu behandeln. Soweit in Scheidungsverfahren auch Folgesachen mitgeregelt werden, ist für die Kosten das GKG, andernfalls § 99 KostO einschlägig.[114] Die Bestimmungen der Nr. 1513–1519 gelten entsprechend, wenn das Gericht durch Beschluß entscheidet.

VI. Besondere Verfahren, Vergleich, Verzögerung des Rechtsstreits

Nr.	Gebührentatbestand	Gebührenbetrag oder Satz der Gebühr nach § 11 Abs. 2 GKG
1610	**1. Selbständiges Beweisverfahren**	**0,5**

34 Das selbständige Beweisverfahren richtet sich nach §§ 485 ff. ZPO und kann in Rahmen eines anhängigen Zivilverfahrens oder außerhalb eines solchen stattfinden. Die Gebühr nach Nr. 1610 deckt die gesamte Tätigkeit des Gerichts in einem solchen Verfahren ab,

114 Vgl. zur Verzahnung der Verfahren nach der ZPO und dem FGG auch *Schwab* FamRZ 1976, 661.

Nr.	Gebührentatbestand	Gebührenbetrag oder Satz der Gebühr nach § 11 Abs. 2 GKG

einschließlich der Bestellung deines Vertreters nach § 494 ZPO. Jeder neue Antrag läßt eine neue Gebühr entstehen, und zwar auch dann, wenn das Gericht über die Anträge gemeinsam entscheidet. Demgegenüber ist ein Antrag auf Ergänzung oder auf eine Berichtigung kein neuer Antrag,[115] wohl aber, wenn das Gericht über eine darin enthaltene neue Tatsache Beweis erheben soll. Das ist auch dann der Fall, wenn der Antragsgegner seinerseits die Vernehmung eines Zeugen beantragt.[116] Dem Sinn des selbständigen Beweisverfahrens entsprechend ist bei der Frage, ob ein neuer Antrag vorliegt oder nicht, darauf abzustellen, ob dieser sich auf dasselbe Beweismittel bezieht oder nicht. Denn durch dieses Verfahren sollen nicht bestimmte Tatsachen festgestellt, sondern Beweismittel gesichert werden.[117] Im Einzelfall kann die Abgrenzung schwierig sein. Eine in einem selbständigen Beweisverfahren ergangene Kostenentscheidung hat aber nur für den Ansatz der Gerichtskosten Bedeutung und kann bei einem Hauptverfahren mit identischen Streitgegenstand nur einmal (insoweit also nicht gesondert) angesetzt werden.[118]

1620	**2. Aufgebotsverfahren**	0,5

Die Gebühr deckt das gesamte Verfahren nach §§ 946–1024 ZPO ab. Für die Anfechtungsklage nach § 957 Abs. 2 ZPO entstehen besondere, nach Nr. 1210 ff. zu berechnende Gebühren. Davon abgesehen, sind sämtliche Tätigkeiten des amtsgerichtlichen Verfahrens (Ermittlungen, Beweisaufnahme, Zahlungssperre) abgedeckt. Wenn das Gericht gem. § 959 ZPO mehrere Anträge nachträglich verbindet, entstehen keine weiteren Gebühren. Der Streitwert richtet sich nach dem Interesse des Antragstellers und ist nach pflichtgemäßem Ermessen zu schätzen. Ein nach Landesrecht durchzuführendes Aufgebotsverfahren gehört nicht hierher. Eine Todeserklärung ist als FGG-Sache nach § 128 KO abzurechnen. 35

3.	**Schiedsrichterliches Verfahren**	
1630	**Verfahren über die Aufhebung oder die Vollstreckbarerklärung eines Schiedsspruchs oder über die Aufhebung der Vollstreckbarerklärung**	2,0
	Die Gebühr ist auch im Verfahren über die Vollstreckbarerklärung eines ausländischen Schiedsspruchs oder deren Aufhebung zu erheben	
1632	**Verfahren über den Antrag auf Feststellung der der Zulässigkeit oder Unzulässigkeit des schiedsrichterlichen Verfahrens**	2,0

115 Vgl. *Hartmann* KV 1610 Rn 4.
116 OLG München, NJW-RR 1997, 318; LG Stade, RPfleger 1966, 58.
117 So auch *Hartmann* KV 1610 Rn 4.
118 OLG Karlsruhe, JurBüro 2000, 590.

Nr.	Gebührentatbestand	Gebührenbetrag oder Satz der Gebühr nach § 11 Abs. 2 GKG
1633	**Verfahren bei Rüge der Unzuständigkeit des Schiedsgerichts**	2,0
1635	**Verfahren bei der Bestellung eines Schiedsrichters oder eines Ersatzschiedsrichters**	0,5
1636	**Verfahren über die Ablehnung eines Schiedsrichters oder über die Beendigung des Schiedsrichteramtes**	0,5
1637	**Verfahren zur Unterstützung bei der Beweisaufnahme oder zur Vornahme sonstiger richterlicher Handlungen**	0,5
1638	**Verfahren über die Zulassung der Vollziehung einer vorläufigen oder sichernden Maßnahme oder über die Aufhebung oder Änderung einer Entscheidung über die Zulassung der Vollziehung**	2,0
	Im Verfahren über die Zulassung der Vollziehung und in dem Verfahren über die Aufhebung oder Änderung einer Entscheidung über die Zulassung der Vollziehung werden die Gebühren jeweils gesondert erhoben	

36 Die Nr. 1630–1638 erfassen nur Tätigkeiten des Gerichts nach dem zehnten Buch der ZPO. Eine Vollstreckbarerklärung oder Niederlegung wird von den Gebühren der Nr. 1410 ff. und ein Aufhebungsprozeß von denen nach Nr. 1210 ff. erfaßt. Der Zweck der Gebühren nach Nr. 1630–1638 besteht darin, daß die notwendige Einarbeitung des staatlichen Gerichts in die mit verfahrensrechtlichen Besonderheiten des außergerichtlichen Schiedsverfahrens und die mit Mühe verbundene Hilfeleistung der Gerichte (KV 1637) angemessen abgegolten wird. Der Katalog der sieben Gebührentatbestände für die Tätigkeiten des Gerichts im schiedsrichterlichen Beschlußverfahren (mit freigestellter mündlicher Verhandlung) ist abschließend. Mit Ausnahme der Nr. 1633 enthalten die Gebührentatbestände jeweils mehrere gebührenpflichtige Verfahren. Für jedes dieser Verfahren entstehen separate Gebühren.[119] Es handelt sich um Verfahrengebühren, die mit Einreichung des Antrags fällig werden (§ 61). Der Streitwert richtet sich nach § 12. In den Fällen der Nr. 1630, 1632, 1633 ist das mithin der volle Wert der Ansprüche, die Gegenstand des dem gerichtlichen Verfahren zugrundeliegenden Schiedsspruchs sind.[120] In den Fällen der Nr. 1635, 1636 ist der Wert nach Abwägung aller Umstände zu bestimmen, wobei nicht das Interesse einer Partei am Ausgang des Schiedsverfahrens, sondern die Integrität des Schiedsgerichts schützenswert sein soll. Beim Wert der Nr. 1637 ist der Wert der unter-

119 *Oe/Wi/He* KV 1630–38 Rn 4.

120 *Oe/Wi/He* KV 1630–38 Rn 7. A.M. BayObLG, JurBüro 1992, 700.

Nr.	Gebührentatbestand	Gebührenbetrag oder Satz der Gebühr nach § 11 Abs. 2 GKG

stützenden Maßnahmen maßgeblich, während bei Nr. 1638 der Gedanke des einstweiligen Rechtschutzes bei der Bewertung einzufließen hat.

4. Zwangsvollstreckung nach den Vorschriften der ZPO

1640	**Verfahren über Anträge auf gerichtliche Handlungen der Zwangsvollstreckung gemäß § 829 Abs. 1, §§ 835, 839 846–848, 857, 858, oder § 886 ZPO; mehrere Verfahren innerhalb eines Rechtszuges gelten als ein Verfahren, sofern sie denselben Gegenstand betreffen**	**10,00 EUR**

Nr. 1640 gilt nur für die dort aufgezählten Gegenstände. Die Aufzählung ist abschließend. **37**
Nicht hierher gehören z. B. eine Erinnerung nach § 766 ZPO,[121] ein Ersuchen über die Mitwirkung einer anderen Behörde, eine Erlaubnis zur Vornahme einer Vollstreckungshandlung zur Nachtzeit (§ 761 ZPO), die Ernennung eines Sequesters oder eines zuständigen Gerichtsvollziehers (§ 854 ZPO), die Berichtigung eines Pfändungsbeschlusses (§ 850 Abs. 4 ZPO) oder eine Zwangsvollstreckung im Ausland (§ 791 ZPO), eine Ermächtigung zur Umschreibung (§ 822 ZPO) oder zur Wiederinkurssetzung (§ 823 ZPO), die Anordnung einer besonderen Verwertung (§ 825 ZPO) oder einer anderweitigen Verwertung (§ 844 ZPO), die Anordnung der Versteigerung und Hinterlegung (§ 930 ZPO) oder die Aufhebung des Vollzugs (§ 934 ZPO). Auch hier löst jeder neue Antrag unabhängig von seinem weiteren Schicksal eine neue Gebühr aus.

1641	**Verfahren nach § 765 a ZPO**	**10,00 EUR**

Nr. 1641 ist auch anwendbar, wenn neben dem Verfahren nach § 765 a ZPO ein Verfahren **38**
nach § 30 a ZVG anhängig ist,[122] für das dann aber eine besondere Gebühr erwächst. Die Erinnerungsverfahren sind gebührenfrei. Für Beschwerdeverfahren gelten Nr. 5400 und die amtliche Anweisung vor Nr. 5100.

1642	**Verfahren nach § 813 b ZPO**	**10,00 EUR**
1643	**Verfahren über den Antrag auf Abnahme der eidesstattlichen Versicherung nach § 889 ZPO**	**25,00 EUR**

Seit dem 1. 1. 1999 ist für die Abnahme der eidesstattlichen Versicherung nicht mehr das **39**
Vollstreckungsgericht, sondern der Gerichtsvollzieher zuständig. Gebührenpflichtige gerichtliche Tätigkeiten fallen nur noch an, wenn das Gericht nach § 813 b ZPO auf Antrag des Schuldners ein sog. Vollstreckungsmoratorium (zeitweise Aussetzung der Verwertung der gepfändeten Sachen) beschließt. Dafür ist die Festgebühr Nr. 1642 anzusetzen, und

121 BGHZ 69, 148.
122 OLG Düsseldorf, VersR 1977, 726.

Nr.	Gebührentatbestand	Gebührenbetrag oder Satz der Gebühr nach § 11 Abs. 2 GKG

zwar unabhängig vom Ausgang des Verfahrens,[123] denn diese werden mit der Stellung des Antrags fällig,[124] und zwar mit jedem Antrag, der im Laufe des Verfahrens gestellt wird.

1644	**Verfahren über den Antrag eines Drittgläubigers auf Erteilung der Abschrift eines mit eidesstattlicher Versicherung abgegebenen Vermögensverzeichnisses**	10,00 EUR
	Die Gebühr entfällt, wenn für ein Verfahren über den Antrag auf Gewährung der Einsicht in dasselbe Vermögensverzeichnis die Gebühr 1645 bereits entstanden ist	
1645	**Verfahren über den Antrag eines Drittgläubigers auf Gewährung der Einsicht in das mit eidesstattlicher Versicherung abgegebene Vermögensverzeichnis**	10,00 EUR
	Die Gebühr entfällt, wenn für ein Verfahren über einen früheren Antrag auf Gewährung der Einsicht in dasselbe Vermögensverzeichnis die Gebühr bereits entstanden ist.	

40 Seit dem 1.1.1999 hat der Gerichtsvollzieher das Vermögensverzeichnis, wenn der Schuldner dieses erstellt und dessen Richtigkeit eidesstattlich versichert, unverzüglich bei dem zuständigen Vollstreckungsgericht zu hinterlegen und dem Gläubiger eine Abschrift davon zuzuleiten. Stellt der Gerichtsvollzieher fest, daß der Schuldner zur Abgabe der EV nicht verpflichtet ist (§ 903 ZPO), hat er das dem Gläubiger mitzuteilen die Antragsunterlagen dem zuständigen Vollstreckungsgericht zuzuleiten, das dann dem Gläubiger eine Abschrift des Vermögensverzeichnisses übersendet. Hat der Gläubiger keinen (Eventual-)Antrag auf Abschrift des Vermögensverzeichnisses gestellt, wird der GV den Auftrag unter Hinweis auf § 903 ZPO zurückgeben. Dem Gläubiger bleibt es dann überlassen, einen Antrag an das Vollstreckungsgericht zu stellen. Mit der Weiterleitung seiner Handakten mit den Vollstreckungsunterlagen an das Vollstreckungsgericht ist das Verfahren für den GV abgeschlossen. Da der GV nicht befugt ist, dem Gläubiger eine Abschrift des beim Vollstreckungsgericht geführten Vermögensverzeichnisses zu erteilen, ist das Begehren des Gläubigers auf eine Abschrift als gesondertes Antragsverfahren zu behandeln. Gebührenrechtlich folgt daraus: Die Gebühren und Auslagen des GV richten sich nach den Bestimmungen des GVKostG. Der GV kann Gebühren nach Maßgabe des § 27 a GVKostG erheben, welche Bestimmung seit dem 1. 1. 1999 an die Stelle der Nr. 1643 getreten ist. Schreibauslagen kann der GV grundsätzlich nur nach Maßgabe des § 36 GVKostG erstattet verlangen. Die Mitteilung, daß der Schuldner berechtigt ist, die EV

123 *Oe/Wi/He* KV 1641,1642 Rn 4.
124 LG Heilbronn, RPfleger1991, 238; LG München, RPfleger 1990, 227.

Nr.	Gebührentatbestand	Gebührenbetrag oder Satz der Gebühr nach § 11 Abs. 2 GKG

zu verweigern, ist danach auslagenfrei zu erteilen. Die Einsicht in das Schuldnerverzeichnis nach § 915 b ZPO als solche ist gebührenfrei.[125] Läßt der die Einsicht begehrende Gläubiger sich aber Abschriften erteilen (§ 299 Abs. 1 ZPO), so hat er nach Maßgabe von KV-GKG Nr. 9000 Schreibauslagen zu erstatten. Wenn aber ein Drittgläubiger Abschriften aus dem Schuldnerverzeichnis beantragt, entsteht dafür die pauschale Verfahrensgebühr von 20 € gem. Nr. 1644, mit welcher auch die Schreibauslagen für eine Erstabschrift aus dem Schuldnerverzeichnis abgegolten sind und insoweit nicht mehr nach Nr. 9000 erhoben werden dürfen (vgl. dazu Nr. 9000 Abs. IV).[126] Die Problematik der neuen Gebührenregelung liegt darin, daß nach dem bis zum 31. 12. 1998 geltenden Recht die EV vom Vollstreckungsgericht abgenommen wurde, welches dem Gläubiger auch eine Abschrift des bei ihm geführten Vermögensverzeichnisses auslagenfrei zu erteilen hatte, und zwar auch dann, wenn der Schuldner wegen § 903 ZPO die EV nicht abzugeben brauchte (Nr. 1643 a. F. i. V. m. Nr. 9000 Abs. IV). Der Gebührentatbestand der Nr. 1643 K ist aber ab dem 1. 1. 1999 im Zusammenhang mit der Zuständigkeitsverlagerung für die Abnahme der EV auf den GV gestrichen und durch § 27 a GVKostG ersetzt worden. Aus § 36 GVKostG folgt aber, daß der Gerichtsvollzieher dem Gläubiger die nach § 900 Abs. 5 ZPO zu erteilende Erstabschrift des Vermögensverzeichnisses auslagenfrei zu übermitteln hat. Wenn nun der Schuldner die EV nach § 903 ZPO nicht abzugeben braucht, entfällt natürlich die Übersendung einer Abschrift des bei dem Vollstreckungsgericht geführten Vermögensverzeichnisses. Die kann der Gläubiger nun nur nach auf Antrag vom Vollstreckungsgericht erhalten. Ein solcher Antrag fiele aber unter die Bestimmung der Nr. 1644, denn der Gläubiger ist in Bezug auf das früher in anderer Sache vom Schuldner erstattete Vermögensverzeichnis Drittgläubiger und hat die Gebühr nach Nr. 1644 KV-GKG zu zahlen. Er stünde jetzt also schlechter dar als nach dem bis zum 31. 12. 1998 geltendem Gebührenrecht. Diese Konsequenz ist bei der Harmonisierung der Gerichtskostenvorschriften im Zuge der Kompetenzverlagerung bei der Abnahme von EV sehr wohl bedacht worden. Denn man war sich darüber einig, daß allein wegen der Tatsache, daß einerseits der GV die EV abnehmen soll, das Schuldnerverzeichnis aber weiterhin bei dem Vollstreckungsgericht geführt wird, keine doppelten Gebühren entstehen sollen. Demzufolge soll immer dann, wenn der Gläubiger bereits eine Gebühr beim GV gezahlt hat, für das Verfahren auf Abschriftserteilung bei dem Vollstreckungsgericht nicht noch einmal eine Gebühr erhoben werden. Vielmehr fällt diese Fallgruppe unter die Anmerkung zu Nr. 1644.[127] Auslagen für die Abschriften sind vom Vollstreckungsgericht allerdings zu

125 *Lappe* NJW 1994, 3068; *Zimmermann* ZPO, 5. Aufl., § 915b Rn 1.
126 Vgl. bei *Hartmann* KostG, KV 9000 Rn 17 und die Motive zum neugefaßten KV, BT-Drucks. 12/6992, S. 75.
127 Vgl. Motive zur 2.Zwangsvollstreckungsnovelle v 12. 12. 1997, BT-Drucks. 13/9088, S. 27. So auch *Oe/Wi/He* KV 1644, 1645 Rn 9, 10. Vgl. auch AG Koblenz, JurBüro 2000, 665.

Nr.	Gebührentatbestand	Gebührenbetrag oder Satz der Gebühr nach § 11 Abs. 2 GKG

erheben.[128] Das folgt aus Nr. 9000 Nr. 1. Denn im Abs. IV der Anm. zu Nr. 9000 Buchst. a (a. F.) war zwar der Verweis auf die aufgehobene Vorschrift der Nr. 1643 a. F. erhalten geblieben, nicht aber ein solcher auf § 27 a GVKostG (a. F.) aufgenommen worden. In der Praxis werden die Auslagen aber so gering sein, daß eine Nichterhebung nach dem Erlaß über die Behandlung von Kleinbeträgen[129] in Betracht kommt.

1646	**Verteilungsverfahren**	0,5

41 Die Gebühr deckt grundsätzlich das gesamte Verfahren nach §§ 872 ff. ZPO ab, worunter auch ein anderweitiges Verfahren iS von § 880 ZPO gehört. Auch kommt es nicht auf die Zahl der Verteilungspläne an. Eine Klage nach § 878 ff. ZPO fällt aber unter Nr. 1210 ff.

1647	**Verfahren über die Vollstreckbarerklärung eines Anwaltsvergleichs nach §§ 796 a und 796 b ZPO**	1,0

42 Die Gebühr ist eine Entscheidungsgebühr und deckt das gesamte Verfahren nach §§ 796 a, b ZPO ab, und zwar sowohl die Stattgabe als auch die Ablehnung des Antrags. Sie ist den für die Vollstreckbarerklärung von Schiedssprüchen angeglichen. Sie entsteht mit dem Eingang des Antrags (§ 61). Der Streitwert ist der Wert des Interesses, worüber sich die Parteien im Anwaltsvergleich geeinigt haben.

5. Besondere Gebühren

1650	**Verfahren nach § 319 Abs. 5 AktG, auch i. V. m. § 327e AktG, oder § 16 Abs. 3 UmwG**	1,0
1651	**Verfahren über den Antrag nach § 50 Abs. 3 bis 5 WpÜG.** **Mehrere Verfahren gelten innerhalb eines Rechtszuges als ein Verfahren**	0,5
1653	**Abschluß eines Vergleichs vor Gericht in einem Rechtsstreit außer einem Vergleich über Ansprüche, die in Verfahren nach § 620 oder § 641 d ZPO geltend gemacht werden können:** **Soweit der Wert des Vergleichsgegenstandes den Wert des Streitgegenstandes übersteigt**	0,25

43 **Allgemeines:** Nr. 1653 entspricht der alten Nr. 1660 und behandelt die in der Praxis wichtige Frage, wann und in welcher Höhe bei einem **gerichtlichen** Vergleich die Vergleichsgebühr erwächst. Für eine über den Gegenstand des Rechtsstreits geschlossenen Vergleich wird keine Vergleichsgebühr erhoben, weil die Mitwirkung des Gerichts hier durch die allgemeine Verfahrensgebühr mit abgegolten ist. Soweit der Vergleichsgegen-

128 Vgl. *Oe/Wi/He* KV 1644, 1645 Rn 10.
129 Vgl. die Nachweise der entspren Ländererlasse bei *Hartmann* S. 1042 ff.

Nr.	Gebührentatbestand	Gebührenbetrag oder Satz der Gebühr nach § 11 Abs. 2 GKG

stand den Wert des Streitgegenstandes übersteigt, fällt keine weitere Verfahrensgebühr an, sondern an ihrer Stelle die Vergleichsgebühr. Auf das Verhältnis der Vergleichsgebühr zur Verfahrensgebühr ist deshalb § 21 GKG auch nicht sinngemäß anwendbar. Die Vergleichsgebühr ist eine Handlungs-(Akt)gebühr.

Voraussetzungen: Ob ein Vergleich geschlossen ist oder nicht, ist nach § 779 BGB zu **44**
beurteilen.[130] Er setzt ein gegenseitiges Nachgeben der Parteien voraus, das sich sowohl auf den sachlichen (materiellen) Anspruch als auch auf das Prozeßrechtsverhältnis beziehen kann.[131] Demzufolge liegt ein Vergleich auch dann vor, wenn eine Partei den Anspruch anerkennt oder die Klage oder das Rechtsmittel zurücknimmt, die Gegenpartei aber trotzdem die Kosten ganz oder z T übernimmt.[132] Selbst schon darin, daß die Parteien auf eine Klärung des Streitverhältnisses durch richterliche Entscheidung verzichten und sich freiwillig unter Aufgabe ihrer prozessualen Rechte in die Rolle des Unterlegenen begeben, kann ein Vergleich liegen.[133] Das **Nachgeben** muß aber in jedem Falle **gegenseitig** sein.[134] **Ein gerichtlich protokollierter Vergleich ist iS des Gebührenrechts immer als Vergleich zu werten,** selbst wenn er zu Unrecht als Vergleich bezeichnet wird[135] oder wenn Verletzung des Anwaltszwanges behauptet wird.[136] Denn es spricht nicht nur die Vermutung prozeßordnungsgemäßen Verhaltens des Gerichts dafür,[137] sondern auch der Grundsatz, daß im Kostenansatzverfahren grundsätzlich keine Überprüfung einer richterlichen Entscheidung durch den Kostenbeamten zu erfolgen hat. Was unter Billigung des Gerichts in den Prozeßvergleich aufgenommen wird, ist daher als Vergleichsgegenstand zu werten. Das gilt auch für die in einem Vergleich getroffenen Feststellungen, sofern sie im Vergleich selbst stehen. Etwas anders gilt, wenn Feststellungen in einer Präambel dem eigentlichen Vergleich vorangestellt sind. Dann haben diese Feststellungen idR nur Bedeutung für die Auslegung des der Präambel folgenden Vergleichstextes.[138] Dagegen ist es nicht unbedingt erforderlich, daß der Vergleich ausdrücklich auch als solcher bezeichnet ist.

Nr. 1653 setzt nicht voraus, daß durch den Vergleich der Rechtsstreit ganz beendet wird. Es reicht aus, wenn er im Rahmen eines Rechtsstreits geschlossen wird. So kommt es z. B. nicht selten vor, daß nur ein Teilbetrag einer Forderung eingeklagt wird und ein Vergleich über die ganze Forderung zustande kommt oder daß im Verfahren einer einstweiligen

130 Vgl. dazu *Markl* FS für H. Schmidt, S. 88.
131 OLG Hamm, JurBüro 1972, 692.
132 BGH, NJW 1961, 1817; VersR 1970, 573; OLG Frankfurt/Main, MDR 1977, 590 = JZ 1977, 353.
133 OLG München, NJW 1965, 1026 = JVBl. 1965, 140 = AnwBl. 1965, 214.
134 OLG München, NJW 1969, 1306 = JurBüro 1969, 737 = RPfleger 1969, 251; a. M. *Keßler* DRiZ 1978, 79.
135 OLG Düsseldorf, RPfleger 1969, 195 (L).
136 A. M. OLG Köln, NJW 1972, 2317; *Oe/Wi/He* KV 1653 Rn 11.
137 OLG München, AnwBl. 1959, 302; 1961, 313 = JurBüro 1961, 450, 452 = MDR 1961, 949.
138 Vgl. dazu bei *Markl* FS für H. Schmidt, S. 87 ff., 89 ff.; OLG Zweibrücken, JurBüro 1981, 737.

Nr.	Gebührentatbestand	Gebührenbetrag oder Satz der Gebühr nach § 11 Abs. 2 GKG

Verfügung ein Vergleich auch über die noch nicht anhängige Hauptsache geschlossen wird.[139] In einem solchen Fall sind die Streitwerte zu addieren. Weiter ist es nicht erforderlich, daß der Vergleich nur ein streitiges Pflichten begründet werden (wie z. B. Auflassungserklärungen), über die kein Streit bestand.[140] Denn Nr. 1653 unterscheidet ausdrücklich zwischen Streitgegenstand und Vergleichsgegenstand. Wenn aber Streitgegenstand das ist, worüber die Parteien sich streiten, muß Vergleichsgegenstand das sein, was sie zum Gegenstand des Vergleichs machen, wobei es keinen Unterschied machen kann, ob die in den Vergleich einbezogenen Gegenstände bestritten sind oder nicht.[141] Es spricht jedenfalls eine Vermutung dafür, daß hinsichtlich der einbezogenen Gegenstände zumindest eine Unsicherheit besteht, deren Beseitigung Grund für die Parteien war, den Gegenstand in den Vergleich einzubeziehen. Das reicht für einen Vergleich iS von § 779 BGB aus.

45 Der **Wert** des Vergleichsgegenstandes **kann höher** (aber nicht geringer) sein als eine im Vergleich gewährte Abfindungssumme. Da für die in einem gerichtlichen Vergleich enthaltenen Beurkundungen keine Gebühren nach der KostO zu erheben sind, wären solche Beurkundungen gebührenfrei, wenn aus ihrem Gegenstand nicht die Vergleichsgebühr zu erheben wäre. Dem Grundgedanken der Nr. 1653 ist aber gerade der gegenteilige Wille zu entnehmen, auch solche Gegenstände gebührenrechtlich zu erfassen, die nicht Streitgegenstand sind.[142]

46 Es ist ferner nicht erforderlich, daß der Vergleich einen **Vollstreckungstitel** schafft. Es genügt schon, wenn er nicht vollstreckbare Formulierungen enthält. So reicht es aus, wenn sich eine oder beide Parteien für abgefunden erklären.

47 Die Vergleichsgebühr ist aber nicht zu erheben, für **weitere anhängige Verfahren in einen Rechtsstreit mitverglichen** werden. Denn hier übersteigt der Vergleichswert nicht die Summe der Streitgegenstände, für die bereits die allgemeine Verfahrensgebühr entstanden ist.[143] Wird in einem gebührenfreien Verfahren eine Verfahrensgebühr nicht erhoben, darf bis zum Streitwert des gebührenfreien Verfahrens auch keine Vergleichsgebühr erhoben werden.

48 Der **Vergleich** muß **vor Gericht**, also vor dem Richter oder dem Rechtspfleger geschlossen werden. Deshalb entsteht keine Vergleichsgebühr, wenn der Vergleich vor dem Urkundsbeamten der Geschäftsstelle geschlossen wird oder vor einer Gütestelle. Solche Vergleiche

139 OLG Hamburg, MDR 1959, 401 (L).
140 Dazu ausfe bei *Markl* FS für H. Schmidt, S. 87 ff. m. N.; *H. Schmidt* MDR 1975, 25; *Mümmler* JurBüro 1978, 897; 1980, 198; 1981, 515; **a. M.** KG, ZZP 1955, 445; OLG Schleswig, SchlHA 1955, 135 = JurBüro 1955, 192; LG Bayreuth, JurBüro 1981, 1678; LG Verden, JurBüro 1970, 256 m. Anm. v. *Schneider*.
141 OLG München, AnwBl. 1963, 85.
142 Vgl. dazu näher bei *Markl* FS für H. Schmidt, S. 87 ff.
143 Allg. Ansicht. Vgl. etwa bei *Hartmann* KV 1653 Rn 15.

Nr.	Gebührentatbestand	Gebührenbetrag oder Satz der Gebühr nach § 11 Abs. 2 GKG

lösen wie alle außergerichtlichen Vergleiche die Gebühr nach Nr. 1653 nicht aus, und zwar auch dann nicht, wenn er einem protokollierten gerichtlichen Vergleichsvorschlag entspricht, wohl aber, wenn anschließend zu richterlichem Protokoll die Annahme des Vergleichs erklärt wird oder wenn der Vergleich zu Protokoll – auch als Anlage – gegeben wird. Anders liegt es nur, wenn dem Gericht die Annahme des Vergleichs lediglich mitgeteilt wird.

Der Vergleich muß in einem **Rechtsstreit** geschlossen sein, also in einer bürgerlichen **49**
Rechtsstreitigkeit oder in einer Scheidungsfolgesache i. S. v. Teil 1, Abschnitt V des KV. Hierzu zählt nicht nur das ordentliche Prozeßverfahren, sondern jedes auf Entscheidung zielende streitige Verfahren wie der Hauptprozeß, das Arrestverfahren oder das Verfahren der einstweiligen Verfügung (mit Ausnahme der in Nr. 1653 genannten Verfahren), das Beschwerdeverfahren, das selbständige Beweisverfahren sowie Vergleiche vor dem Vollstreckungsgericht. Unanwendbar ist Nr. 1653 aber auf einen im FGG-Verfahren geschlossenen Vergleich, auch wenn dadurch ein Zivilverfahren erledigt wird. Die Vergleichsgebühr erwächst aber nicht bei einem im **Prozeßkostenhilfeprüfungsverfahren** geschlossenen Vergleich. Denn dieses Verfahren ist kein Rechtsstreit iS der ZPO.[144]

Geschlossen ist der Vergleich, wenn er rechtswirksam geworden ist. Ein späterer – auch **50**
vorbehaltener – Widerruf ist ohne Belang. Er wird rückwirkend beseitigt, wenn seine Nichtigkeit festgestellt ist,[145] nicht aber, wenn die Parteien nachträglich seine Aufhebung vereinbaren. Wird die Nichtigkeit festgestellt, ist die Vergleichsgebühr nicht zu erheben und ggf. zurückzuerstatten.[146] Geschieht eine Feststellung der Rechtswirksamkeit eines Vergleichs durch einen neuen Vergleich, erwächst hierfür keine zweite Vergleichsgebühr, wenn und soweit der Vergleichsgegenstand identisch ist.[147] Ist der Gegenstandswert des zweiten Vergleichs höher als der des ersten, ist die Gebühr nach dem höheren Wert insgesamt nur einmal zu erheben.

Eine **Vergleichsgebühr** erwächst nur, soweit der Wert des Vergleichsgegenstandes den **51**
Wert des Streitgegenstandes übersteigt. Das trifft nicht zu, wenn der Vergleich nur über den Streitgegenstand geschlossen wird oder wenn andere anhängige Verfahren einbezogen werden, wobei es keine Rolle spielt, in welcher Instanz diese anhängig sind. Der Wert der Vergleichsgebühr ist der Wert, um den der Wert des Vergleichsgegenstandes den des Streitgegenstandes übersteigt. Die Werte sind nach §§ 12 ff. GKG zu bestimmen.[148] Die allgemeine Verfahrensgebühr erhöht sich durch einen Prozeßvergleich nicht. Die Ver-

144 *Hartmann* KV 1653 Rn 3; *Pecher* NJW 1981, 2170; *Thoma/Putzo* § 118 Rn 11. **A. M.** *Oe/Wi/He* KV 1653 Rn 15.
145 BGH, NJW 1959, 532.
146 Dazu OLG Hamm. JurBüro 1980, 550 und 1027 = RPfleger 1980, 162.
147 OLG Koblenz, JurBüro 1978, 702; KG, JurBüro 1977, 659.
148 BGH, JurBüro 1979, 1796; vgl. auch bei *Hartmann* KV 1653 Rn 9 ff., m. N.

Nr.	Gebührentatbestand	Gebührenbetrag oder Satz der Gebühr nach § 11 Abs. 2 GKG

gleichsgebühr ist vielmehr neben der Verfahrensgebühr zu erheben, und zwar nach dem Wert des Mehrbetrages.

52 **Keine Vergleichsgebühr** entsteht bei einem Vergleich über Ansprüche, die in den Verfahren nach § 620 ZPO oder § 641 d ZPO geltend gemacht werden können. Hier gelten die Nr. 1701, 1703, 1801 als leges speciales.[149] Wird aber in einer Ehesache eine endgültige Regelung zum Gegenstand eines Vergleichs gemacht, ist Nr. 1653 anwendbar. Es erwächst die Vergleichsgebühr, soweit die im Vergleich geregelten Gegenstände nicht schon eine Verfahrensgebühr ausgelöst haben. Das gilt allerdings nicht für Einigungen über das Sorgerecht; denn insoweit liegt kein Prozeßverfahren vor.[150]

1659	**Auferlegung einer Gebühr nach § 34 GKG wegen Verzögerung des Rechtsstreits**	**wie vom Gericht bestimmt**

VII. Einstweilige Anordnungen

Mehrere Entscheidungen der unter einer Nummer genannten Art innerhalb eines Rechtszuges gelten als eine Entscheidung.

1700	**Entscheidung über einen Antrag nach § 127 a ZPO**	**0,5**

53 Nr. 1700 gilt nur für die einstweilige Anordnung zur Leistung eines Prozeßkostenvorschusses, nicht für eine solche auf Leistung eines Prozeßkostenvorschusses in einer Ehesache oder in anderen Familiensachen (Vgl. Nr. 1701, 1702). Wird der Anspruch im Verfahren der einstweiligen Verfügung verfolgt, sind die Gebühren nach Nr. 1310 ff. zu berechnen. Für Nr. 1700 kommen vor allem in Betracht die Rechtsstreitigkeiten, in denen Unterhaltsberechtigte gegen den Unterhaltspflichtigen auf Leistung des Unterhalts klagen. Nicht darunter fallen aber Unterhaltsechtsstreitigkeiten, in denen Ehegatten gegeneinander auf Erfüllung der Unterhaltspflicht gegenüber ihren Kindern klagen, in denen also die Unterhaltsberechtigten nicht als Kläger oder sonstige Antragsteller auftreten. Handelt es sich hier um einen Antrag auf einstweilige Anordnung auf Regelung dieser Unterhaltsverpflichtung nach § 620 S 1 Nr. 4 ZPO oder hat die einstweilige Anordnung die gegenseitige Unterhaltspflicht der Ehegatten nach § 620 S 1 Nr. 6 ZPO zum Gegenstand, ist Nr. 1701 einschlägig. Auch die einstweilige Anordnung auf Leistung zum Unterhalt gegenüber einem Kinde im Vaterschaftsprozeß nach § 641 d ZPO fällt nicht unter Nr. 1700, sondern unter Nr. 1703. Wird in diesem Verfahren aber nicht nur die Unterhaltszahlung nach § 641 d ZPO, sondern auch Leistung eines Prozeßkostenvorschusses für

149 *Hartmann* KV 1653 Rn 13.
150 *Hartmann* KV 1653 Rn 13.

Nr.	Gebührentatbestand	Gebührenbetrag oder Satz der Gebühr nach § 11 Abs. 2 GKG

den Unterhaltsrechtsstreit im Wege der einstweiligen Anordnung verlangt, kommt für diesen Prozeßkostenvorschuß § 127a ZPO und damit auch Nr. 1700 neben Nr. 1703 zur Anwendung.

Die 0,5-Gebühr erwächst, wenn eine Entscheidung **auf Antrag** ergangen ist (d. h. wenn sie verkündet oder von der Geschäftsstelle zur Zustellung gegeben ist). Ergeht sie von Amts wegen, entsteht eine Gebühr nach Nr. 1700 nicht. Die Entscheidung muß auch den Rechtszug noch nicht endgültig entscheiden, so daß auch Teilentscheidungen, nicht aber Zwischenentscheidungen ausreichen. Gleichgültig ist, ob das Gericht dem Antrag stattgibt oder abweist, ob nach Anerkenntnis entschieden wird, ob die Leistung des Prozeßkostenvorschusses befristet angeordnet oder die Entscheidung im Laufe des Verfahren geändert oder aufgehoben wird oder außer Kraft tritt. Eine **Zurücknahme** des Antrags verhindert das Entstehen der Gebühr nur, wenn sie vor der Entscheidung erfolgt. Das gleiche gilt für einen **Vergleich**, der eine Entscheidung über den Antrag überflüssig macht. **54**

Mehrere Entscheidungen innerhalb eines Rechtszuges gelten als eine Entscheidung. Tritt durch die mehreren Entscheidungen eine Streitwerterhöhung ein, ist die Gebühr aus dem höchsten Streitwert zu berechnen. Mit **Rechtszug** ist der Rechtszug des Hauptsacheverfahrens in der jeweiligen Instanz gemeint. Der Begriff des Rechtszugs ist hier nach allgemeinen Regeln (z. B. §§ 9, 33 GKG) auszulegen. Als **Streitwert** ist maßgeblich der geforderte, nicht der zuerkannte Prozeßkostenvorschuß. **55**

Eine Bewilligung von **Prozeßkostenhilfe** für den Hauptsacheprozeß erstreckt sich nicht auf den Antrag auf einstweilige Anordnung (arg. § 122 Abs. 3 Nr. 2 BRAGO). Eine trotz der Unanfechtbarkeit der Entscheidung eingelegte **Beschwerde** löst die Gebühr nach Nr. 1906 aus. **56**

1701	**Entscheidung über einen Antrag nach § 620 S 1 Nr. 4, 6 bis 10 ZPO, auch i. V. m. § 661 Abs. 2 ZPO**	0,5

Die Gebühr entsteht nicht für das Verfahren, sondern für die **Entscheidung** in den in § 620 S 1 Nr. 4, 6–10 ZPO Sachen, und zwar auch hier nur, soweit die Entscheidung **auf einem Antrag** beruht. Die übrigen Fälle des § 620 S 1 ZPO sowie sonstige, in Nr. 1701 nicht genannte, einstweilige Anordnungen in Ehesachen sind gebührenfrei. Im übrigen gilt das zu Nr. 1700 Gesagte entsprechend. **57**

1702	**Entscheidung über einen Antrag nach § 621 f ZPO, auch i. V. m. § 661 Abs. 2 ZPO**	0,5

Diese Vorschrift gilt **nur** für die Kostenvorschußpflicht in den dort aufgeführten Familien-/Partnerschaftssachen und darf nicht verwechselt werden mit dem Anspruch auf Prozeßkostenvorschuß in Unterhaltssachen (für welchen Nr. 1700 gilt), oder mit der Nr. 1701 unterfallenden Prozeßkostenvorschußpflicht in Ehesachen. Treffen in einem Verfahren Gebührentatbestände nach Nr. 1701 und 1702 zusammen, sind die Gebühren **58**

Nr.	Gebührentatbestand	Gebührenbetrag oder Satz der Gebühr nach § 11 Abs. 2 GKG

besonders zu berechnen. Die den verschiedenen KV-Nummern unterliegenden Entscheidungen gelten nicht als eine Angelegenheit iS der amtlichen Anweisung. Im übrigen gilt das zu Nr. 1700 Gesagte auch hier.

1703	**Entscheidung über einen Antrag nach § 641 d ZPO**	0,5

59 Diese Vorschrift ist nicht zu verwechseln mit Nr. 1700 oder 1701. Sie gilt auch nicht für alle Kindschaftssachen nach § 640 ZPO, sondern nur für den Rechtsstreit auf Feststellung der Vaterschaft. Im übrigen gilt auch das zu Nr. 1700 Gesagte entsprechend.

1704	**Entscheidung über einen Antrag nach § 644 ZPO**	0,5

60 Die Gebühr betrifft eine Klage nach § 621 Ziffern 4, 5, 11 ZPO (Unterhalt unter Verwandten oder Eheleuten. Erfaßt ist auch der Fall, daß für eine solche Klage ein Antrag auf Bewilligung von Prozeßkostenhilfe eingereicht worden ist und das Gericht nun auf Antrag den Unterhalt einstweilen regelt; dabei gelten §§ 620 a–620 g ZPO entsprechend.[151]

VIII. Vereinfachte Verfahren über den Unterhalt Minderjähriger

1800	**Entscheidung über einen Antrag auf Festsetzung von Unterhalt nach § 645 Abs. 1 ZPO mit Ausnahme einer Festsetzung nach § 650 S 2 ZPO**	0,5

61 Die Vorschrift betrifft sämtliche im Verfahren über einen Antrag nach § 645 Abs. 1 ZPO ergehenden Entscheidungen über den Unterhalt minderjähriger Kinder, mit Ausnahme der in § 650 S 2 ZPO (d. h.: wenn der Antragsgegner sich zur Zahlung von Unterhalt verpflichtet hat.) Die Gebühr ist eine Entscheidungsgebühr, fällt also nur dann an, wenn eine Entscheidung des Antrags erfolgt ist. Das nach § 651 Abs. 1 ZPO streitige Verfahren fällt unter Nr. 1210 ff. Der Streitwert richtet sich nach § 17.

1801	**Entscheidung über einen Antrag auf Abänderung eines Vollstreckungstitels nach § 655 Abs. 1 ZPO**	10,00 EUR

62 Nr. 1801 erfaßt Abänderungsbeschlüsse bzw. Anpassungsbeschlüsse im vereinfachten Verfahren nach §§ 645 ff. ZPO, 1612 b und 1612 c BGB gemäß § 655 Abs. 1 ZPO. Es handelt sich auch hier um eine Akte/Festgebühr, die mit der Entscheidung fällig wird.

63 Für bei dem Inkrafttreten des KindUG (1. 7. 1998) anhängige Verfahren und für Vollstreckungstitel i. S. d. § 794 ZPO über Unterhaltsleistungen für Minderjährige nach dem vor

151 *Hartmann* KV 1704 Rn 1.

Nr.	Gebührentatbestand	Gebührenbetrag oder Satz der Gebühr nach § 11 Abs. 2 GKG

dem 1.7.1998 geltenden Recht gelten gemäß Art. 8 Abs. 2 KindUG bis zum 30.6.2003 Übergangsvorschriften, in denen auch die Kosten anders geregelt sind.

IX. Beschwerdeverfahren außer Verfahren über die in den Abschnitten II 2, V 2 und V 3 genannten Beschwerden

Allgemeines: Das KostRÄndG 1994 hat die Bestimmungen über die Gebühren in Beschwerdeverfahren zusammengefaßt und den gesamten Abschnitt neu strukturiert. In der Folgezeit sind den Gebührenvorschriften für Beschwerdeverfahren 1900–1906 durch das „Schiedsverfahrens-Neuregelungsgesetz" vom 22.12.1997 (BGBl. I, S. 3224), „Kindesunterhaltsgesetz" vom 6.4.1998 (BGBl. I, S. 666) und das „Zweite Gesetz zur Änderung des Patentgesetzes und anderer Gesetze" vom 16.7.1998 (BGBl. I, 1827) weitere Gebührentatbestände angefügt worden. Bei dieser Gelegenheit ist Teil 1, Hauptabschnitt IX des Kostenverzeichnisses neu gefaßt und anders durchnumeriert worden. **64**

Die in Teil 1, Hauptabschnitt IX geregelten Gebühren gelten für Beschwerdeverfahren vor den ordentlichen Gerichten in bürgerlichen Rechtsstreitigkeiten und Scheidungsfolgesachen des Teils 1 KV. Nach der amtlichen Anweisung vor KV 1900 gelten die Nr. 1900 ff. nicht für Beschwerdeverfahren nach Nr. 1220–1229, 1520–1529 und 1530–1539. In diesen Fällen ist das Beschwerdeverfahren gebührenfrei (§ 1 Abs. 1 GKG). Die Bestimmungen erfassen also in erster Linie die in der ZPO selbst geregelten Beschwerdeverfahren sowie Beschwerdeverfahren in sonstigen Angelegenheiten, auf die die ZPO anwendbar ist. **65**

1. Vollstreckbarerklärung ausländischer Schuldtitel und ähnliche Verfahren

Verfahren über die Beschwerde in den in Abschnitt IV 2 genannten Verfahren

1911	**– gegen die Entscheidung über die Zulassung der Zwangsvollstreckung oder die Feststellung der Anerkennung**	**108,00 EUR**
1912	**– gegen die Entscheidung über die Aufhebung oder Änderung der Beschlüsse über die Zulassung der Zwangsvollstreckung oder die Anerkennung in einem besonderen Verfahren**	**54,00 EUR**
1913	**Verfahren über die Rechtsbeschwerde in den in Abschnitt IV 2 genannten Verfahren**	**144,00 EUR**
1914	**Verfahren über die Beschwerde gegen einen Beschluß, durch den über den Widerspruch in den in Abschnitt IV 3 genannten Verfahren entschieden wurde**	**1,0**

Nr.	Gebührentatbestand	Gebührenbetrag oder Satz der Gebühr nach § 11 Abs. 2 GKG

66 **Zu Nr. 1911–1914:** Unter Nr. 1911 fallen nur Beschwerden gegen die Zulassung der Zwangsvollstreckung (§§ 11 ff. AVAG), gegen die Feststellung der Anerkennung einer Entscheidung (§§ 28, 11 AVAG) und gegen die Ablehnung des Antrags auf Zulassung der Zwangsvollstreckung (§ 16 AVAG) sowie gegen die Ablehnung der Feststellung der Anerkennung einer Entscheidung (§§ 28, 16 AVAG). Die sofortige Beschwerde gem. § 29 Abs. 4 AVAG und die auf den Kostenpunkt beschränkte Beschwerde nach § 28 Abs. 2 AVAG gehören nicht hierher. Durch die Gebühr nach Nr. 1911 sind mit abgegolten die Entscheidung über die Einwendungen des Schuldners nach § 14 AVAG. Für eine Klage nach § 767 ZPO erwachsen aber gesonderte Gebühren nach Nr. 1210 ff. Dagegen sind mit abgegolten Erinnerungen nach § 766 ZPO, § 22 AVAG und Anordnungen des OLG nach § 25 AVAG. Die Zurücknahme der Beschwerde führt zu keiner Ermäßigung. Mehrere getrennte Beschwerden lösen getrennte Verfahren und damit auch getrennte Gebühren aus. Anderes gilt aber, wenn in demselben Verfahren vor dessen Abschluß eine Beschwerde wiederholt oder in demselben Verfahren die Beschwerde gegen die Zulassung der Zwangsvollstreckung durch eine Beschwerde gegen die Feststellung der Anerkennung der zu Grunde liegenden Entscheidung ergänzt wird oder umgekehrt. Hat das Gericht dem Antrag nur teilweise stattgegeben und legen gegen den Beschluß der Antragsteller und der Antragsgegner Beschwerde ein, handelt es gebührenrechtlich um zwei getrennt zu behandelnde Beschwerden. Die Gebühr erwächst mit der Einlegung der Beschwerde und deckt das ganze Verfahren ab.

67 **Nr. 1912** ist durch das KostRÄndG 1994 neu in das KV aufgenommen worden und behandelt einen Gebührentatbestand für Beschwerden gegen Entscheidungen, für die in Nr. 1427 eine Festgebühr vorgesehen ist.

68 Die Gebühr nach **Nr. 1913** wird für das Rechtsbeschwerdeverfahren nach §§ 17 ff. AVAG erhoben einschließlich der Entscheidung. Durch die Gebühr wird auch eine Anordnung des BGH nach § 25 Abs. 3 AVAG sowie eine beim BGH erfolgende Erteilung der Vollstreckungsklausel nach § 20 Abs. 4 AVAG abgegolten. Mehrere Rechtsbeschwerden lösen die Gebühr mehrfach aus, es sei denn, daß eine Rechtsbeschwerde vor Erledigung der ersten Rechtsbeschwerde von demselben Beschwerdeführer nochmals eingelegt wird. Wechselseitige Rechtsbeschwerden lösen die Gebühr für jeden Beschwerdeführer gesondert aus. Bei Zurücknahme der Rechtsbeschwerde kommt keine Ermäßigung in Betracht. Die Gebühr wird fällig mit der Einlegung der Rechtsbeschwerde.

69 Der Gebührentatbestand der **Nr. 1914** gilt für Beschwerden gegen einen Beschluß, durch den bei einer Entscheidung über einen Widerspruch des Schuldners nach § 9 Abs. 1 des Gesetzes zur Ausführung des Vertrages vom 30. August 1962 zwischen der Bundesrepublik und dem Königreich der Niederlande über die gegenseitige Anerkennung und Vollstreckung gerichtlicher Entscheidungen und anderer Schuldtitel in Zivil- und Handelssachen vom 15. Januar 1965 (BGBl. I, S. 17) entschieden wird, eine Verfahrensgebühr

Nr.	Gebührentatbestand	Gebührenbetrag oder Satz der Gebühr nach § 11 Abs. 2 GKG

erhoben wird. Die Vorschrift gilt unabhängig davon, ob die Beschwerde Erfolg hat oder nicht.

2. Schiedsrichterliches Verfahren

1921	**Verfahren über die Rechtsbeschwerde in den in Abschnitt VI 3 genannten Verfahren**	**2,0**

Es handelt sich um eine Verfahrensgebühr für Rechtsbeschwerdeverfahren in den in KV 1430, 1431 für die erste Instanz geregelten Fällen. Die Gebühr ist unabhängig davon anzusetzen, ob die Rechtsbeschwerde erfolgreich ist oder nicht. Eine Ermäßigung der Gebühr im Falle der Rücknahme der Rechtsbeschwerde entsprechend KV 1232 findet nicht statt.[152] 70

3. Vereinfachte Verfahren über den Unterhalt Minderjähriger

1931	**Verfahren über die Beschwerde nach § 652 ZPO gegen die Festsetzung von Unterhalt im vereinfachten Verfahren**	**0,5**

Die Bestimmung war zunächst als KV 1905 im Rahmen der Neuregelung des Kindesunterhalts eingefügt worden und ist dann im Zuge der Umnumerierung durch Art. 10 Ziff 1 des Gesetzes vom 31. 8. 1998 (BGBl. I, 2600) und der weiteren Umnumerierung durch das 2. PatÄndG v. 16. 7. 1998 (BGBl. I, 1827) als Nr. 1931 neu festgelegt worden. Sie erfaßt das Beschwerdeverfahren nach § 652 ZPO gegen einen Festsetzungsbeschluß nach § 649 Abs. 1 ZPO oder nach § 650 S 2 ZPO. Auch diese Gebühr fällt als Entscheidungsgebühr unabhängig vom Ergebnis des Beschwerdeverfahrens an. 71

1932	**Verfahren über die Beschwerde nach § 655 Abs. 5 ZPO gegen den Beschluß, durch den ein Vollstreckungstitel im vereinfachten Verfahren abgeändert wird**	**25,00 EUR**

Die ebenfalls umnumerierte Vorschrift erfaßt das Beschwerdeverfahren nach § 655 Abs. 5 ZPO gegen einen Abänderungsbeschluß nach § 655 Abs. 1 ZPO. Auch Nr. 1932 ist eine vom Vefahrensergebnis unabhängige Verfahrensgebühr. 72

4. Verfahren des gewerblichen Rechtsschutzes

1941 Verfahren über die Beschwerden nach § 122 PatG gegen

152 BGH, MDR 2002, 969.

Nr.	Gebührentatbestand	Gebührenbetrag oder Satz der Gebühr nach § 11 Abs. 2 GKG
	ein Urteil oder den Erlaß einer einstweiligen Verfügung in Zwangslizenzsachen	2,0
1942	Verfahren über die Beschwerde nach § 20 GebrMG i. V. m. § 122 PatG gegen ein Urteil oder den Erlaß einer einstweiligen Verfügung in Zwangslizenzsachen	2,0
1943	Verfahren über die Rechtsbeschwerde in Verfahren des gewerblichen Rechtsschutzes (§ 1 Abs. 3 GKG)	2,0
5.	**In den Abschnitten 1 bis 4 nicht aufgeführte Beschwerden**	
1951	Verfahren über Beschwerden nach § 71 Abs. 2, § 91 a Abs. 2, § 99 Abs. 2, § 269 Abs. 5, § 620 c S 1, § 641 d Abs. 3 ZPO sowie über Beschwerden gegen die Zurückweisung eines Antrags auf Anordnung eines Arrestes oder einer einstweiligen Verfügung	1,0
1952	Verfahren über Rechtsbeschwerden gegen Beschlüsse in den Fällen des § 91a Abs. 1, 99 Abs. 2; 269 Abs. 4 oder § 516 Abs. 3 ZPO sowie über Rechtsbeschwerden gegen die Zurückweisung eines Antrags auf Anordnung eines Arrestes oder einer eistweiligen Verfügung	2,0
1953	Verfahren über nicht besonders aufgeführte Rechtsbeschwerden, wenn für die angefochtene Entscheidung oder für das dieser Entscheidung vorangegangene Verfahren eine Festgebühr bestimmt ist, und über die Rechtsbeschwerde gegen eine Entscheidung in Verfahren über die Prozesskostenhilfe:	
	Die Rechtsbeschwerde wird verworfen oder zurückgewiesen	50,00 EUR
	Wird die Rechtsbeschwerde nur teilweise verworfen oder zurückgewiesen, kann das Gericht die Gebühr nach billigem Ermessen auf die Hälfte ermäßigen oder bestimmen, daß eine Gebühr nicht zu erheben ist.	
1954	Verfahren über nicht besonders aufgeführte Rechtsbeschwerden, die nicht nach anderen Vorschriften gebührenfrei	
	sind soweit die Rechtsbeschwerde verworfen oder zurückgewiesen wird	2,0

Nr.	Gebührentatbestand	Gebührenbetrag oder Satz der Gebühr nach § 11 Abs. 2 GKG
1955	**Verfahren über die Beschwerde gegen die Nichtzulassung der Revision:** **Soweit die Beschwerde zurückgewiesen oder verworfen wird**	2,0

Allgemeines: Nr. 1951 (früher: 1900) findet nur in den in der Vorschrift genannten Beschwerdeverfahren Anwendung und dort, wo die ZPO die entsprechende Anwendung von in Nr. 1951 genannten Bestimmungen vorschreibt. Besondere Beschwerdegebühren (Festgebühren) sind in Nr. 1911–1913, 1915, für die dort geregelten Beschwerdeverfahren bestimmt. Die Gebühr gilt das **ganze Beschwerdeverfahren** ab einschließlich etwaiger Beweisanordnungen. Daneben ist keine besondere Gebühr für eine Entscheidung vorgesehen, wohl aber für einen Vergleich unter den Voraussetzungen der Nr. 1660. Unanwendbar ist die Bestimmung für beschwerdeähnliche Verfahren wie Erinnerung, Widerspruch, Einspruch, Berufung, Revision oder Gegenvorstellung. Die Beschwerdegebühr wird neben der Verfahrensgebühr für das Hauptsacheverfahren erhoben, unabhängig davon, in welcher Instanz ein solches schwebt. Eine weitere Beschwerde oder eine Anschlussbeschwerde (Rn. 74) bildet auch gebührenrechtlich ein neues Beschwerdeverfahren. Darauf, ob die Beschwerde statthaft oder zulässig ist, kommt es nicht an. Ebensowenig kommt es darauf an, ob sie als solche bezeichnet ist. Es kommt nur darauf, als was das Gericht die Eingabe tatsächlich behandelt.[153] Wird infolge unrichtiger Sachbehandlung eine Eingabe fälschlich als Beschwerde behandelt, ist allenfalls an eine Nichterhebung der Gebühr nach § 8 GKG zu denken. Durch die im Zuge der Zivilprozeßreform eingeführte Rechtsbeschwerde zum BGH war die Einfügung der Nrn. 1952–1955 erforderlich. Die dort gegenüber sonstigen Beschwerden entstehenden doppelten Gebühren sind dadurch „gerechtfertigt, daß der Bundesgerichtshof grundsätzlich durch den Senat entscheidet, wähernd über die sofortige Beschwerde idR der Einzelrichter entscheiden soll (§ 568 ZPO)“.[154] Als Folge der Einfügung der Nrn. 1952–1955 waren die bisherigen Nrn. 1952 und 1953 neu zu numerieren. 73

Mehrere Beschwerden lösen die Gebühr nur einmal aus, wenn sie sich gegen **dieselbe Entscheidung** richten, und zwar auch dann, wenn sie von einer oder von mehreren Parteien gegeneinander, gleichzeitig oder nacheinander oder als Anschlußbeschwerde erhoben werden. Voraussetzung ist aber immer, daß die Beschwerdeinstanz, die mit der Einlegung der Beschwerde beginnt, hinsichtlich der zuerst eingelegten Beschwerde bei Einlegung der neuen Beschwerde noch nicht abgeschlossen war.[155] Ein Beschwerdeverfahren liegt auch dann vor, wenn vor Erledigung der Beschwerde diese auf weitere Punkte erstreckt wird, mag die Erweiterung auch in Form einer zweiten Beschwerde 74

153 OLG Hamm, JurBüro 1972, 891.
154 Begr. zum ZPO-RG, BT-Drucks. 14/4722, S 140.
155 OLG Nürnberg, JurBüro 1963, 648.

Nr.	Gebührentatbestand	Gebührenbetrag oder Satz der Gebühr nach § 11 Abs. 2 GKG

eingebracht werden. **Mehrere gebührenmäßig selbständige Beschwerden** liegen dagegen vor, wenn sie sich gegen verschiedene Entscheidungen richten, auch wenn sie vom Beschwerdegericht zu einem Verfahren verbunden und in einem Beschluß entschieden werden. Auch die weitere Beschwerde eröffnet gebührenrechtlich ein neues Beschwerdeverfahren. Das gilt auch dann, wenn eine Partei eine Beschwerde einlegt, weil das Gericht der Beschwerde der anderen Partei abgeholfen hat.

75 Es wird immer nur eine **Gebühr** erhoben, gleichgültig, ob die Beschwerde im Zusammenhang mit einem Berufungs- oder Revisionsverfahren steht oder ob es sich um eine weitere Beschwerde handelt. Es ist auch belanglos, in welcher Weise die Gebührenpflicht des der Beschwerde zu Grunde liegenden Verfahrens geregelt ist. Die Gebühr wird immer erhoben, auch wenn die Beschwerde zurückgenommen wird, wenn sie sich durch Vergleich erledigt hat, wenn sie verworfen oder zurückgewiesen wurde[156] oder wenn ihr das untere Gericht ganz oder teilweise abhilft. Denn die Gebühr entsteht und wird fällig mit dem Eingang der Beschwerde bei Gericht (§ 61 GKG). Im Einzelnen:

76 **§ 71 Abs. 2 ZPO:** Wird gegen das Zwischenurteil fälschlich Berufung eingelegt, erwächst die Gebühr für das Beschwerdeverfahren, wenn die Berufung als Beschwerde behandelt wird. Andernfalls werden die Gebühren nach Nr. 1220, 1221 erhoben. Die Beschwerdegebühr fällt auch an, wenn statt durch Zwischenurteil im Endurteil über die Nebenintervention entschieden wird. Hat das Gericht zu Unrecht statt durch Zwischenurteil durch Beschluß entschieden, ist die Gebühr für eine gegen diesen Beschluß erhobene Beschwerde gleichfalls nach Nr. 1951 zu erheben, wobei im Fall der Aufhebung des Beschlusses durch das Beschwerdegericht eine Nichterhebung nach § 8 GKG in Betracht kommen kann. Die Gebühr nach Nr. 1951 erwächst auch im Falle einer weiteren Beschwerde. **Beschwerdewert:** § 12 GKG, Rn 35, 136.

77 **§ 91 a Abs. 2 ZPO:** Bei Zurücknahme oder teilweiser Erledigung dieser Beschwerde ermäßigt sich die Gebühr nicht.[157] Zum **Streitwert** vgl. Anh. zu § 12 GKG, § 3, Rn 64.

78 **§ 99 Abs. 2 ZPO:** Gleichgültig ist, ob die angefochtene Entscheidung durch Urteil oder Beschluß ergangen ist, wie es auch auf die Bezeichnung des Rechtsmittels nicht ankommt, sondern darauf, wie das Gericht das Rechtsmittel tatsächlich behandelt. Das oben (Rn 69) Gesagte gilt entsprechend. **Beschwerdewert** sind die Kosten oder deren Teil, derentwegen Beschwerde eingelegt wird (§ 22 Abs. 3 GKG).

79 **§ 269 Abs. 4 ZPO:** Die der sofortigen Beschwerde zugrundeliegende Entscheidung ergeht in einem gebührenfreien Verfahren. Auch für eine etwaige weitere Beschwerde fällt die Gebühr nach Nr. 1951 an. Bei Berufungs- und Revisionsrücknahme ist eine Beschwerde gegen einen Beschluß nach §§ 516 Abs. 3, 565 ZPO unzulässig. Wird sie dennoch eingelegt,

156 OLG Hamburg, JurBüro 1952, 342.
157 OLG Hamburg, RPfleger 1958, 36 (L).

Nr.	Gebührentatbestand	Gebührenbetrag oder Satz der Gebühr nach § 11 Abs. 2 GKG

ist Nr. 1951 sinngemäß anzuwenden. **Beschwerdewert:** Die bis zur Klagerücknahme (bei Rechtsmittelrücknahme die in der Rechtsmittelinstanz) erwachsenen Kosten.[158] Wenn kein Kostenausspruch begehrt wird, ist eine Schätzung nach dem Interesse des Antragstellers vorzunehmen.[159]

§ 620 c S 2 ZPO: Ist die mit der Beschwerde angefochtene Entscheidung ohne mündliche Verhandlung ergangen, ist eine sofortige Beschwerde unzulässig. Wird sie trotzdem eingelegt und behandelt das Gericht sie als Antrag auf mündliche Verhandlung (§ 620 b Abs. 2 ZPO), erwächst keine Beschwerdegebühr. Andernfalls ist Nr. 1951 anwendbar. Das gilt auch im Fall einer (unzulässigen) weiteren Beschwerde. Wird eine Beschwerde gegen die Ablehnung einer einstweiligen Anordnung in den in § 620 c S 1 ZPO oder in den übrigen Fällen des § 620 ZPO eingelegt, handelt es sich nicht um ein Beschwerdeverfahren nach § 620 c S 1 ZPO, so daß nicht Nr. 1951, sondern Nr. 1953 anwendbar ist. Für das Verfahren auf Aussetzung der Vollziehung nach § 620e ZPO wird keine besondere Gebühr erhoben. Die Fälligkeit richtet sich nach § 61 GKG und wird durch die Zurücknahme oder eine erfolgreiche Beschwerde nicht berührt. Der **Beschwerdewert** ist nach § 12 Abs. 2 GKG zu bestimmen. 80

§ 641 d Abs. 3 ZPO: Für dieses Beschwerdeverfahren erwächst die Gebühr nach Nr. 1951, gleichgültig wie das Verfahren endet. Sie bleibt auch verfallen, wenn der Beschwerde abgeholfen wird, sofern dann nicht eine Nichterhebung nach § 8 GKG in Betracht zu ziehen ist. Eine weitere Beschwerde löst die Gebühr erneut aus. Für die sofortige Beschwerde nach § 641 e ZPO ist Nr. 1951 entsprechend anzuwenden.[160] Die Gebühr wird mit der Einlegung der Beschwerde fällig, (§ 61 GKG). Ihr **Wert** wird in den Grenzen des § 20 Abs. 2 GKG durch das bestimmt, was der Beschwerdeführer mit der Beschwerde erreichen will. 81

§ 19 Abs. 3 S 3 BRAGO: Das Verfahren über die Beschwerde gegen die Vergütungsfestsetzung nach § 19 Abs. 3 S 3 BRAGO ist nicht gerichtsgebührenfrei, denn § 19 Abs. 2 S 5 BRAGO betrifft allein das erstinstanzliche Verfahren. Für das Beschwerdeverfahren ist eine Gebühr nach Nr. 1953 anzusetzen.[161] 82

Beschwerden gegen Beschlüsse über die Zurückweisung eines Antrags auf Anordnung eines Arrestes oder einer einstweiligen Verfügung (§§ 567, 916 ff., 922, 936 ZPO): Eine Zurückweisung liegt auch in einem Beschluß, durch den eine vorherige Sicherheitsleistung angeordnet wird.[162] Bei Widerspruch gegen den Arrest oder gegen die einstweilige Verfügung ist Nr. 1900 nicht anwendbar. Auch die Berufung gegen ein im 83

158 BHGZ 15, 394.
159 OLG Stuttgart, MDR 1959, 223 (L).
160 *Oe/Wi/He* KV 1951–1953 Rn 9.
161 OLG Brandenburg, MDR 1998, 126.
162 *Oe/Wi/He* KV 1951–1953 Rn 10.

Nr.	Gebührentatbestand	Gebührenbetrag oder Satz der Gebühr nach § 11 Abs. 2 GKG

Arrestverfahren oder im Verfahren der einstweiligen Verfügung ergangenes Urteil und in Beschwerdeverfahren wegen einstweiliger Anordnung in Ehesachen fällt nicht unter Nr. 1900. Die Gebühr deckt das gesamte Beschwerdeverfahren ab, gleichgültig, in welcher Form das Beschwerdegericht entscheidet. Nach einer Zurückverweisung entstehen für das weitere erstinstanzliche Verfahren die Gebühren nach Nr. 1310, 1311 nicht nochmals (§§ 27, 33 GKG). Im Falle einer Beschwerde gegen einen zweiten Zurückweisungsbeschluß entsteht die Gebühr nach Nr. 1951 erneut.

84 Der **Beschwerdewert** richtet sich nach dem Streitwert der mit der Beschwerde angegriffenen Entscheidung. Bezieht sich die Beschwerde nur auf einen Teil des Streitgegenstandes des zugrundeliegenden Verfahrens, ist der Wert des Teilbetrages der Beschwerdewert. Die Beschwerde gegen die Anordnung der Sicherheitsleistung hat keinen geringeren Wert als das Arrestverfahren oder das Verfahren der einstweiligen Verfügung.

1956	**Verfahren über nicht besonders aufgeführte Beschwerden, wenn für die angefochtene Entscheidung oder für das dieser Entscheidung vorangegangene Verfahren eine Festgebühr bestimmt ist, und über die Beschwerde gegen eine Entscheidung über die Prozeßkostenhilfe: Die Beschwerde wird verworfen oder zurückgewiesen**	**25,00 EUR**
	Wird die Beschwerde nur teilweise verworfen oder zurückgewiesen, kann das Gericht die Gebühr nach billigem Ermessen auf die Hälfte ermäßigen oder bestimmen, daß eine Gebühr nicht zu erheben ist.	
1957	**Verfahren über nicht besonders aufgeführte Beschwerden, die nicht nach anderen Vorschriften gebührenfrei sind: Soweit die Beschwerde verworfen oder zurückgewiesen wird**	**1,0**

85 **Allgemeines:** Die Nr. 1956, 1957 sind Auffangtatbestände für alle Beschwerden, die in den übrigen Tatbeständen des KV Teil 1 nicht besonders erfaßt sind. Ausgenommen sind selbstverständlich auch von Nr. 1956, 1957 solche Beschwerdeverfahren, die nach besonderen ausdrücklichen Bestimmungen im GKG oder in anderen Gesetzen kosten- oder gebührenfrei sind (Vgl. z. B.: § 519 b Abs. 2 ZPO;[163] §§ 5 Abs. 6; 6 S 2, 25 Abs. 4, 34 Abs. 2 GKG; § 16 Abs. 5 ZSEG, § 128 Abs. 5 BRAGO; § 5 EhrRiEG; § 11 Abs. 2 GVKostG).

86 Im Gegensatz zu den Beschwerdegebühren nach Nr. 1911–1951 erwächst die Gebühr nicht mit der Einlegung der Beschwerde, sondern erst, wenn sie **verworfen** oder **zurückgewiesen** wird, nicht aber, wenn sie Erfolg hat oder sich aus anderen Gründen (Zurück-

163 *Schulte* MDR 2000, 805, 808.

Nr.	Gebührentatbestand	Gebührenbetrag oder Satz der Gebühr nach § 11 Abs. 2 GKG

nahme, Vergleich, faktische Erledigung nach Untätigkeit oder Nichtweiterbetreiben, Zurückverweisung usw.) erledigt. Die Gebühr deckt dann aber das **ganze Beschwerdeverfahren** ab, so daß für Beweisanordnungen, mündliche Verhandlung und Entscheidung, Zwischenentscheidungen usw. keine weiteren Gebühren anfallen, wohl aber für einen **Vergleich** unter den Voraussetzungen der Nr. 1660. Auch die Nr. 1952, 1953 gelten nur für Beschwerden und sind auf Erinnerungen, Gegenvorstellungen usw. nicht anwendbar. Das oben (Rn 69) Gesagte gilt insoweit auch hier. In den Fällen der §§ 11 Abs. 2 S 4, 5 RPflG und §§ 576, 577 Abs. 4 ZPO beginnt eine gebührenpflichtiges Beschwerdeverfahren erst mit dem Eingang der Beschwerde bei dem Beschwerdegericht. Die Gebühren nach Nr. 1956, 1957 werden neben denen des Hauptsacheverfahrens erhoben, gleichgültig, in welcher Instanz die Hauptsache schwebt. Eine weitere Beschwerde bildet auch hier gebührenrechtlich ein neues Beschwerdeverfahren. Es kommt auch hier nicht darauf an, ob die Beschwerde überhaupt statthaft oder zulässig ist. Insoweit gilt das oben (Rn 69) Gesagte auch hier. Bei **mehreren Beschwerden** gilt das oben (Rn 73) Gesagte.

Gebühr: Es wird für jede Beschwerde immer nur eine Gebühr erhoben, soweit sie zur Erhebung gelangt. Gleichgültig ist, ob die Beschwerde im Zusammenhang mit einem Berufungs- oder Revisionsverfahren steht oder ob es sich um eine weitere Beschwerde handelt. Unerheblich ist auch, ob das der Beschwerde zugrundeliegende Verfahren gebührenpflichtig ist oder nicht und welche Gebühr dort erwachsen ist. Die Gebühr entsteht, wenn die Entscheidung **ergangen** ist. Das ist dann der Fall, wenn sie verkündet oder von der Geschäftsstelle zur Zustellung oder Mitteilung gegeben ist. Einer förmlichen Zustellung bedarf es nicht.[164] Eine nach diesem Zeitpunkt erfolgende Zurücknahme berührt das Entstehen der Gebühr nicht mehr. Wird gegen die Entscheidung des Gerichts abermals in zulässiger oder unzulässiger Weise Beschwerde eingelegt, beginnt ein neues Beschwerdeverfahren. Keine Gebührenpflicht entsteht aber dann, wenn das Beschwerdegericht zwar die angefochtene Entscheidung aufhebt, in der Sache aber genauso entscheidet wie die Vorinstanz.[165] 87

Beschwerdewert: Die **Nr. 1956** sieht eine **Festgebühr** vor in Höhe von 25 € bei Beschwerden gegen eine Entscheidung im **Prozeßkostenhilfeverfahren** und in den Fällen, in denen für die angefochtene Entscheidung oder für das Verfahren erster Instanz ebenfalls eine Festgebühr bestimmt ist und soweit nicht für das Beschwerdeverfahren eine vorrangige Sonderbestimmung gilt. Damit wird vermieden, daß für das Beschwerdeverfahren unverhältnismäßig hohe Gebühren in bezug auf das mit der Beschwerde bekämpfte Verfahren entstehen.[166] Soweit die Beschwerde in diesen Fällen nur teilweise verworfen 88

164 OLG Nürnberg, JurBüro 1967, 439.
165 KG, RPfleger 1962, 122 (L).
166 Vgl. LG Waldshut-Tiengen, JurBüro 1996, 655 m. Anm. v. *Behr* (zur damaligen Nr. 1643, jetzt § 17 a GVKostG); A. M. *Schütt* MDR 1999, 126 (Gebühr nach KV 1953).

Nr.	Gebührentatbestand	Gebührenbetrag oder Satz der Gebühr nach § 11 Abs. 2 GKG

oder zurückgewiesen wird, hat das Gericht in der Grundentscheidung die Möglichkeit, die Gebühr nach billigem Ermessen entweder auf die Hälfte zu ermäßigen oder zu bestimmen, daß eine Gebühr nicht zu erheben ist. Damit ist dem Umstand Rechnung getragen, daß bei Festgebühren keine Wertermittlungen mehr vorgenommen zu werden brauchen. Entscheidet sich das Gericht für eine Ermäßigung auf die Hälfte oder für eine Nichterhebung, muß das im Kostenausspruch der Beschwerdeentscheidung ausdrücklich zum Ausdruck gebracht werden. Das Gericht hat aber nur die beiden in der amtlichen Anweisung genannten Alternativen. Eine weitere Quotelung ist unzulässig.

89 **In den Fällen der Nr. 1957** ist **Beschwerdewert** nur der Betrag, hinsichtlich dessen die Beschwerde zurückgewiesen oder verworfen wird.[167] Der Beschwerdewert bemißt sich nach dem Interesse des Beschwerdeführers am Tag der Einlegung der Beschwerde und nicht am Tag der Entscheidung.[168] Das Interesse ist nach allgemeinen Grundsätzen (§§ 12 ff. GKG) zu bewerten. Bezieht sich die angefochtene Entscheidung nur auf einen Teil des Streitgegenstandes des Verfahrens oder auf Nebenforderungen, sind diese Teile zu bewerten. (z. B. § 104 ZPO). Legen an dem Verfahren beteiligte Dritte Beschwerde ein, ist Beschwerdewert deren Interesse an einer Änderung der ergangenen Entscheidung. Das Interesse ist zu schätzen, wenn es nicht, wie im Falle der Verhängung von Prozeßstrafen, bezifferbar ist.

90 Gebührenfreiheit heißt nicht in jedem Falle auch **Auslagen**freiheit. Auslagen werden – sofern sie den Betrag von 50 € übersteigen – nach Nr. 9000 ff. erhoben. Insoweit gelten die allgemeinen Grundsätze. Will das Gericht auch eine Nichterhebung von Auslagen anordnen, muß es das im Kostenausspruch ausdrücklich sagen, wenn dem Kostenschuldner nicht nach allgemeinen Grundsätzen auch Auslagenfreiheit oder eine auch die Auslagen einschließende Kostenfreiheit zukommt.

91 **Sonstige Beschwerden:** Für sonstige in Nr. 1911–1943 nicht genannte Beschwerden gelten Nr. 1951 bis 1957 als Auffangtatbestände.

6. Rügen wegen Verletzung des Anspruchs auf rechtliches Gehör

1960	**Verfahren über die Rüge wegen Verletzung des Anspruchs auf rechtliches Gehör (§ 321a ZPO): Die Rüge wird in vollem Umfang zurückgewiesen oder verworfen**	**50,00 EUR**

92 Die Gebühr ist nur dann anzusetzen, wenn die eine Rüge nach § 321a ZPO erfolglos war. Damit soll dem Mißbrauch des neuen Instituts vorgebeugt werden. Hat die Rüge indessen

167 Vgl. dazu etwa OLG Celle, JurBüro 1968, 158; OLG Hamm, JurBüro 1968, 33.
168 BGH, RPfleger 1995, 1 (L).

Nr.	Gebührentatbestand	Gebührenbetrag oder Satz der Gebühr nach § 11 Abs. 2 GKG

wenigstens teilweise Erfolg, was etwa dann der Fall sein kann, wenn mehrere Verstöße gerügt werden, die aber nicht sämtlich entscheidungserheblich waren, ist Nr. 1960 unanwendbar. Voraussetzung ist ferner, daß die Rüge förmlich nach § 321a Abs. 2 ZPO erhoben worden war. „Rügen", die vor dem Abschluß des Prozesses eingebracht werden, fallen nicht hierunter. Das kann dann der Fall sein, wenn nach dem Schluß der letzten mündlichen Verhandlung aber vor Verkündung der Entscheidung eine entsprechende Rüge in einem nicht nachgelassenen Schriftsatz eingebracht wird und das Gericht keinen Anlaß zur Wiedereintritt in die mündliche Verhandlung (§ 156 ZPO) sieht.

Teil 2: Verfahren vor den Gerichten der Verwaltungsgerichtsbarkeit

Allgemeines: Der dem alten Abschnitt B des KV entsprechende Teil 2 ist durch das KostRÄndG 1994 gestrafft worden. Im wesentlichen sind die Gebührentatbestände an die neue Struktur angepaßt. 1

I. Prozeßverfahren

1. Prozeßverfahren erster Instanz

2110	**Verfahren im allgemeinen** **Die Gebühr entfällt bei** **a) Zurücknahme der Klage vor Ablauf des Tages, an dem ein Beweisbeschluß oder ein Gerichtsbescheid unterschrieben ist und früher als eine Woche vor Beginn des Tages, der für die mündliche Verhandlung vorgesehen war; Die Erledigung des Rechtsstreits in der Hauptsache (§ 161 Abs. 2 VwGO) steht der Zurücknahme nicht gleich;** **b) Zurücknahme des Antrags nach § 47 VwGO vor Ablauf des Tages, an dem die Erwiderung des Antragsgegners bei Gericht eingeht.**	1,0

Nr. 2110 ersetzt die bis 1994 geltend gewesenen Nrn. 1210 und 1211. Die alte Nr. 1211, die keine Gebührentatbestände enthielt, sondern nur Bestimmungen, unter welchen Voraussetzungen die Gebühren für das Verfahren im allgemeinen wegfallen, ist jetzt der Nr. 2110 als amtliche Anweisung angefügt worden. Entsprechend der Regelung in Zivilsachen, 2

Nr.	Gebührentatbestand	Gebührenbetrag oder Satz der Gebühr nach § 11 Abs. 2 GKG

wonach eine Anordnung nach § 273 ZPO keinen Einfluß auf den Wegfall oder auf die Ermäßigung der Gebühr mehr hat (Vgl. Nrn. 1221 oder 1510), steht auch eine Anordnung nach § 87 VwGO dem Wegfall der Gebühr nicht mehr entgegen. Eine Teilrücknahme läßt die einmal entstandene Gebühr nicht wegfallen. Insoweit kann sie sich nur auf eine Ermäßigung der Urteilsgebühr (Nrn. 2114, 2115) auswirken, die dann nach dem verbleibenden Gegenstandswert berechnet wird.

3 Die Gebühr 2110 ist eine Pauschalgebühr und wird demgemäß innerhalb einer Instanz aus demselben Streitgegenstand nur einmal erhoben (§ 27 GKG). Unter Prozeßverfahren ist das **streitige**, nicht hingegen ein nichtstreitiges[1] Verfahren (z. B. nach § 24 VwGO) zu verstehen. Das streitige Verfahren beginnt regelmäßig mit der Klage, im Falle des Normenkontrollverfahrens (§ 47 GKG) mit dem Antrag, und wird durch Endurteil, Klagerücknahme, Vergleich oder sonstige endgültige Erledigung des Rechtsstreits abgeschlossen. Ein Gerichtsbescheid nach § 84 VwGO schließt hingegen die Instanz nur dann, wenn kein Antrag auf mündliche Verhandlung gestellt wird und er deshalb wie ein rechtskräftiges Urteil wirkt. Andernfalls beendet er die Instanz nicht. Ein **Wiederaufnahmeverfahren** (§ 153 VwGO) ist gegenüber dem vorangegangenen Verfahren ein selbständiges Prozeßverfahren. Auch das **Vollstreckungsverfahren** (§§ 167 ff. VwGO) ist jetzt auch gebührenrechtlich als eigenständiges Verfahren gestaltet (Nr. 2400).

4 Weil die Gebühr 2110 als Verfahrensgebühr für das Verfahren im allgemeinen gestaltet ist, deckt sie **alle im Verfahren erfolgenden Handlungen** ab, soweit sie nicht in Nr. 2114–2119 einer besonderen Gebühr unterworfen sind. Nicht zur Instanz zählt das Vorverfahren, die gebührenrechtlich gesondert geregelten Verfahren wegen einstweiliger Anordnungen und nach § 80 Abs. 5 und § 123 VwGO, das selbständige Beweisverfahren, das Beschwerdeverfahren und das Vollstreckungsverfahren.

5 **Entstehen und Fälligkeit:** Die Gebühr 2110 **entsteht** mit dem Eingang des formgerechten Antrags bei Gericht (auch mit einer entsprechenden Erklärung zu Protokoll des Urkundsbeamten der Geschäftsstelle). Insoweit gelten die allgemeinen Regeln. Die Gebühr erwächst auch, wenn die formgerechte Klage nur „vorsorglich" erhoben und zunächst nicht zugestellt wird oder werden soll. **Fällig** ist die Gebühr, sobald eine unbedingte Entscheidung über die Kosten ergangen ist oder das Verfahren bzw. die Instanz sich anderweitig endgültig erledigt hat.

6 **Die Gebühr entfällt** einmal durch Zurücknahme der Klage oder des Antrags vor dem Ablauf des Tages, unter dem ein Beweisbeschluß oder ein Gerichtsbescheid unterschrieben ist (wobei die Unterschrift von allen Mitgliedern eines Spruchkörpers – sofern es sich nicht um eine Einzelrichterentscheidung handelt – geleistet sein muß) oder wenn sie früher als eine Woche vor Beginn des Tages, der für die mündliche Verhandlung vorgesehen war, bei

1 *Hartmann* KV 2110 Rn 2.

Nr.	Gebührentatbestand	Gebührenbetrag oder Satz der Gebühr nach § 11 Abs. 2 GKG

Gericht eingegangen ist. Vorgesehen bedeutet, daß ein Termin förmlich anberaumt ist. Auf das Absenden der Ladung kommt es nicht an. Es reicht, wenn deren Ausführung verfügt ist. Gemeint ist hier auch der erste Termin zur Verhandlung, der tatsächlich stattfinden soll. Wird ein solcher erster Termin verlegt, ist der später anberaumte Termin für die Berechnung maßgebend. Der Streit, ob und wieweit **Maßnahmen nach § 87 VwGO** als Beweisbeschluß idS anzusehen sind, hat sich durch die Neufassung der Nr. 2210 erledigt. Eine Ausnahme bildet nur eine Zurücknahme in den Fällen der Nr. 2111, die nur zu einer Ermäßigung der Gebühr 2110 führt.

2111	**Zurücknahme der Klage in einem Verfahren nach § 93 a Abs. 2 VwGO vor Ablauf einer Erklärungsfrist nach § 93a Abs. 2 S 1 VwGO:** **Die Gebühr ermäßigt sich auf**	0,5

Nach Nr. 2211 **ermäßigt** sich die Gebühr 2110 in den Fällen, in denen ein sog. Musterverfahren vorgezogen wurde, nach dessen Abschluß die restlichen noch anhängigen Sachen durch Beschluß erledigt werden. Die Zurücknahme muß hier eingehen, bevor die obligatorische Anhörungsfrist geendet hat. 7

2113	**Gerichtsbescheid (§ 84 VwGO), Beschluß nach § 93 a Abs. 2 VwGO, Grundurteil (§ 111 VwGO), Vorbehaltsurteil (§ 173 VwGO i. V. m. § 302 VwGO)**	1,0
2114	**Endurteil, soweit die Gebühr 2113 entstanden ist**	1,5
2115	**Endurteil, soweit die Gebühr 2113 nicht entstanden ist**	2,5

Die Gebühren **2113–2115** sind Entscheidungsgebühren, die mit dem Erlaß der Entscheidung entstehen und zusätzlich zur allgemeinen Verfahrensgebühr anzusetzen sind. Hier steht ein Gerichtsentscheid einem Urteil gleich, wobei auch ein rechtzeitig gestellter Antrag auf Durchführung der mündlichen Verhandlung die Gebühr 2113 nicht beseitigt. Im Fall eines Anerkenntnis- oder Verzichtsurteils gilt das oben zu Nr. 1224 Gesagte (Vgl. dort, Rn 23) entsprechend. 8

2116	**Entscheidungen nach § 47 VwGO**	2,5
2118	**Beschluß nach § 161 Abs. 2 VwGO, soweit nicht bereits die Gebühr 2114 oder 2115 entstanden ist**	1,5

Zu Nrn. **2116–2118** gilt das oben zu Nr. 1228 Gesagte (Vgl. Nrn. 1227–1229, Rn 25) entsprechend. 9

2119	**Beschluß nach § 161 Abs. 2 VwGO in einem Verfahren nach § 93 a Abs. 2 VwGO, wenn das Verfahren vor Ablauf einer Erklärungsfrist nach § 93 a Abs. 2 S 1 VwGO beendet wird:**	

Nr.	Gebührentatbestand	Gebührenbetrag oder Satz der Gebühr nach § 11 Abs. 2 GKG
	Die Gebühr 2118 ermäßigt sich auf	**0,75**

Die Gebühr 2119 deckt den von Nr. 2111 nicht erfaßten Fall ab, daß das dort behandelte Verfahren nach § 93 a VwGO vor Ablauf einer Erklärungsfrist anders als durch Zurücknahme der Klage seine endgültige Erledigung findet. Hier wird zusätzlich zur allgemeinen Verfahrensgebühr 2110 noch die Entscheidungsgebühr 2119 erhoben. 10

2. Verfahren über den Antrag auf Zulassung der Berufung, Berufungsverfahren

2120	**Verfahren über die Zulassung der Berufung:** **Soweit der Antrag abgelehnt wird**	**1,0**
2121	**Berufungsverfahren im allgemeinen**	**1,5**

Die Gebühr 2120 fällt nicht an, wenn das Zulassungsverfahren nicht als Rechtsmittelverfahren durchgeführt wird, weil sie erst mit der Beendigung des Verfahrens fällig wird.[2] Die Gebühr für das Berufungsverfahren im allgemeinen wird erhoben für die Berufung (§§ 124 ff. VwGO), gleichgültig, ob es sich um eine Anschlußberufung, eine Klageerweiterung oder eine Widerklage in der Berufungsinstanz handelt. Auch die unselbständige Anschlußberufung löst die Gebühr 2121 aus. Ist für das **Wiederaufnahmeverfahren** (Nichtigkeits- oder Restitutionsklage, § 153 VwGO i. V. m. §§ 578 ff. ZPO) das Berufungsgericht zuständig, berechnen sich auch die Gebühren nach Nr. 2121. 11

Kostenrechtlich beginnt das **Berufungsverfahren** mit der Einreichung der Berufung bei dem Verwaltungs- oder Oberverwaltungsgericht und nicht erst mit der Zustellung der Berufungsschrift. Die Gebühr entsteht auch, wenn die Berufungsschrift bei einem unzuständigen Gericht eingegangen ist. Bei der **Anschlußberufung** entsteht die Gebühr mit dem Eingang des Schriftsatzes, der die Anschlußberufungserklärung enthält. Das gilt auch für die unselbständige Anschlußberufung. Unerheblich ist, ob sie den gleichen Streitgegenstand wie die Berufung betrifft oder nicht. Das ist nur eine Frage der Berechnung der Höhe der Gebühr. Auch für eine in der Berufungsinstanz erhobene **Zwischenfeststellungsklage** (§§ 94, 173 VwGO) sind die erhöhten Gebühren nach Nr. 2121 zu erheben. Bei getrennten Berufungen gegen das Vorbehaltsurteil (§ 172 VwGO) und gegen das Nachurteil fallen vor dem Berufungsgericht zwei getrennte Gebühren nach Nr. 2121 an, die aus dem Streitwert der beiden Berufungen jeweils zu errechnen sind. Die spätere Verbindung dieser Verfahren hat auf die Gebühren nach Nr. 2121 keinen Einfluß. Ist die Berufungseinlegung mit einem **Prozeßkostenhilfeantrag** verbunden, beginnt das Berufungsverfahren mit dem Eingang des Schriftsatzes, wenn erkennbar ist, daß die Berufung unbedingt eingelegt werden soll. Andernfalls beginnt der Berufzugsrechtszug erst, wenn und soweit dem Prozeßkostenhilfeantrag stattgegeben wird. Wird ein Rechtsmittel zunächst 12

2 Vgl. *Hornung* RPfleger 1997, 517; *Otto* JurBüro 1997, 286.

Nr.	Gebührentatbestand	Gebührenbetrag oder Satz der Gebühr nach § 11 Abs. 2 GKG

als Berufung eingelegt, später jedoch als Beschwerde bezeichnet, entstehen für das gesamte Verfahren nur die Gebühren nach Nr. 2500 ff., wenn das Gericht das Rechtsmittel als Beschwerde behandelt.

Kostenschuldner: Vgl. §§ 49, 54. **Fälligkeit:** Vgl. § 63 Abs. 1. Eine **Vorauszahlungspflicht** besteht nicht. **13**

2122	**Zurücknahme der Berufung oder der Klage vor Ablauf des Tages, an dem ein Beweis- beschluß unterschrieben oder ein Termin zur mündlichen Verhandlung unterschriftlich bestimmt ist; die Erledigung des Rechtsstreits in der Hauptsache (§ 161 Abs. 2 VwGO) steht der Zurücknahme nicht gleich: Die Gebühr ermäßigt sich auf**	**0,5**

Entsprechend der Neuregelung der Nr. 2110 durch das KostRÄndG 1994 soll eine Anordnung nach § 87 VwGO die Ermäßigung der Verfahrensgebühr nicht mehr hindern. Im übrigen entspricht die Vorschrift der Nr. 1221, die für das Berufungsverfahren in bürgerlichen Rechtsstreitigkeiten eine Ermäßigung der Verfahrensgebühr regelt. Auf das dort Gesagte kann deshalb verwiesen werden. **14**

2123	**Beschluß nach § 93 a Abs. 2 VwGO, Beschluß nach § 130 a VwGO, Grundurteil (§ 111 VwGO), Vorbehaltsurteil (§ 173 VwGO i. V. m. § 302 VwGO)**	**1,5**

Die Bestimmung entspricht der Nr. 1223 in bürgerlichen Rechtsstreitigkeiten und der Nr. 2113 für die erste Instanz. Im Gegensatz zur ersten Instanz entsteht in der Berufungsinstanz für einen Gerichtsbescheid nach § 84 VwGO aber keine Gebühr.[3] **15**

2124	**Urteil, das die Instanz abschließt, soweit die Gebühr 2123 entstanden ist**	**1,5**
2125	**Urteil, das die Instanz abschließt, soweit die Gebühr 2123 nicht entstanden ist**	**3,0**

Die Bestimmung entspricht den Nrn. 1224, 1225 in bürgerlichen Rechtsstreitigkeiten. Im Falle eines Anerkenntnis- und Verzichtsurteils gilt Nr. 2124 entsprechend (Vgl. oben, Rn 8). Im Fall des auch im Berufungsverfahren möglichen Gerichtsbescheides entstehen die Gebühren 2124, 2125 hier wegen des Verbots einer ausdehnenden Auslegung der Bestimmung nicht.[4] **16**

2128	**Beschluß nach § 161 Abs. 2 VwGO, soweit nicht bereits die Gebühr 2124 oder 2125 entstanden ist**	**1,5**

3 *Hartmann* KV 2123 Rn 1; *Scholz* BaWüBl. 81, 6.
4 *Hartmann* KV 2124, 2125 Rn 1.

Nr.	Gebührentatbestand	Gebührenbetrag oder Satz der Gebühr nach § 11 Abs. 2 GKG

17 Das zu Nr. 2118 Gesagte gilt auch hier. Wenn sich die Parteien außergerichtlich auch über die Kosten vergleichen und die Sache dann übereinstimmend für erledigt erklären, gilt Nr. 2128 nicht.[5]

3. Revisionsverfahren

2130	**Verfahren im allgemeinen**	**2,0**

18 Die allgemeine Verfahrensgebühr für das Revisionsverfahren entsteht mit dem Eingang der Revisionsschrift bei Gericht. Auf den Eingang der Revisionsbegründung kommt es nicht an. Die Gebühr entsteht auch bei einer selbständigen oder unselbständigen Anschlußrevision. Es ist für das Entstehen der Gebühr auch ohne Belang, ob die Revision zulässig ist oder nicht. Allerdings löst ein Verwerfungsbeschluß keine zusätzliche Gebühr aus. Gelangt nach Zurückverweisung die Sache nochmals in die Revisionsinstanz, erwächst die Gebühr 2130 erneut.

2131	**Zurücknahme der Revision oder der Klage, bevor die Schrift zur Begründung der Revision bei Gericht eingegangen ist; die Erledigung des Rechtsstreits in der Hauptsache (§ 161 Abs. 2 VwGO) steht der Zurücknahme nicht gleich:** **Die Gebühr 2130 ermäßigt sich auf**	**0,5**

19 Das oben zu Nr. 2121 Gesagte (Rn 14) gilt entsprechend. Bei der Rücknahme kommt es allein darauf an, daß sie vor Eingang der Revisionsbegründung eingeht.[6] Wenn Revisionserklärung und -begründung zusammen (in einem Schriftsatz oder in zwei verschiedenen Schriftsätzen gleichzeitig) eingehen, kann eine Ermäßigung nicht in Betracht kommen. Für einen auf die Revisionsrücknahme folgenden Beschluß nach § 140 Abs. 2 VwGO erwächst keine besondere Gebühr. Ein vor Gericht geschlossener Prozeßvergleich, der das Verfahren endgültig beendet, steht einer Zurücknahme gleich, wenn er vor Eingang der Revisionsbegründung protokolliert wird. Eine **Teilrücknahme**, die die Instanz nicht beendet, ermäßigt die Gebühr 2130 nicht, und zwar auch nicht teilweise. Sie hat nur Bedeutung für die Urteilsgebühr nach 2133, die dann nach dem verbleibenden Wert zu berechnen ist.

2132	**Beschluß nach § 93a Abs. 2 VwGO**	**1,5**
2133	**Urteil, das die Instanz abschließt**	**3,0**
2138	**Beschluß nach § 161 Abs. VwGO**	**1,5**

20 **Zu Nrn. 2132–2138:** Das zu Nrn. 2118, 2128 Gesagte gilt entsprechend.

5 VGH München, BayVBl. 1980, 120; *Hartmann* KV 2129 Rn 1.
6 Vgl. *Biehler* DStR 1975, 626.

Nr.	Gebührentatbestand	Gebührenbetrag oder Satz der Gebühr nach § 11 Abs. 2 GKG

II. Einstweilige Anordnungen, Verfahren nach § 80 Abs. 5, § 80 a Abs. 3 VwGO

2210	**Verfahren über den Antrag**	**0,5**
	In Verfahren über den Antrag auf Erlaß und über den Antrag auf Aufhebung einer einstweiligen Anordnung werden die Gebühren jeweils gesondert erhoben. Mehrere Verfahren nach § 80 Abs. 5, § 80 a Abs. 3 VwGO gelten innerhalb eines Rechtszuges als ein Verfahren.	

Die Bestimmung ersetzt die bisherigen Nr. 1230–1232 und bestimmt einen Gebührensatz von 0,5 für die im Verfahren des einstweiligen Rechtsschutzes (einstweilige Anordnungen, Entscheidungen nach § 80 Abs. 5 und § 80 a Abs. 3 VwGO) zu erhebende Gebühr. Die Vorschrift enthält keine Aufzählung der einzelnen für einstweilige Anordnungen in Betracht kommenden Vorschriften mehr. Das bedeutet, daß es für die Erhebung der Gebühr gleichgültig ist, ob die Eilmaßnahme im Verfahren nach § 123 VwGO oder im Normenkontrollverfahren nach § 47 Abs. 8 VwGO ergangen ist. Die Gebühr entsteht auch im Verfahren über die Aufhebung einer solchen Maßnahme, wie in der amtlichen Anweisung ausdrücklich klargestellt ist. Das ergibt sich auch daraus, daß der Hinweis auf § 926 Abs. 2 ZPO nicht mehr im Gebührentatbestand enthalten ist. Die Gebühr entsteht daher auch in einem Verfahren über die Aufhebung der einstweiligen Anordnung wegen veränderter Umstände entsprechend § 927 ZPO. 21

Mehrere Verfahren: Das Verfahren vor dem Vorsitzenden und das Verfahren vor dem Spruchkörper gelten als ein Verfahren. Stellt der Kläger mehrere Anträge nacheinander, liegen verschiedene Verfahren vor.[7] Die Art der Entscheidung der verschiedenen Verfahren ist unerheblich,[8] wenn der Abschluß in derselben Instanz erfolgt.[9] 22

Umfang des Verfahrens: Zum Anordnungsverfahren zählt auch das Widerspruchsverfahren. Auch der Antrag auf Bestimmung einer Frist zur Klageerhebung und die darauf erfolgende Fristbestimmung zählen zum Verfahren, nicht aber die Aufhebung der Anordnung wegen unterlassener Klage. Mitabgegolten auch eine etwaige Beweisaufnahme und eine Entscheidung ohne mündliche Verhandlung oder die gerichtliche Mitwirkung bei dem Abschluß eines Vergleichs zu Protokoll des Gerichts. 23

7 *Hartmann* KV 2210 Rn 2; *Waldner* MDR 1982, 81; **a. M.** VG Ansbach, MDR 1982, 80.
8 BFH, BStBl. II, 1982, 137.
9 *Hartmann* KV 2210 Rn 2.

Nr.	Gebührentatbestand	Gebührenbetrag oder Satz der Gebühr nach § 11 Abs. 2 GKG

III. Selbständiges Beweisverfahren, Vergleich, Verzögerung des Rechtsstreits

2300	**Selbständiges Beweisverfahren**	0,5

24 Die Bestimmung entspricht der Nr. 1600. Ist die Hauptsache anhängig, tritt die Fälligkeit mit dem Ergehen einer Kostenentscheidung im Hauptsacheverfahren ein. Andernfalls tritt die Fälligkeit ein, wenn das selbständige Beweisverfahren beendet ist.

2310	**Abschluß eines Vergleichs vor Gericht in einem Rechtsstreit: Soweit der Wert des Vergleichsgegenstandes den Wert des Streitgegenstandes übersteigt**	0,25

25 Das zu Nr. 1653 Gesagte gilt hier entsprechend. Der Vergleich muß in einem Verwaltungsrechtsstreit geschlossen sein. Es reicht aus, wenn es ein selbständiges Beweisverfahren, ein Eilverfahren oder ein Beschwerdeverfahren ist. Kein Vergleich iS des GKG liegt vor, wenn die Beteiligten aufgrund eines außergerichtlichen Vergleichs die Hauptsache für erledigt erklären.[10]

2320	**Auferlegung einer Gebühr nach § 34 GKG wegen Verzögerung des Rechtsstreits**	**wie vom Gericht bestimmt**

IV. Zwangsvollstreckungsverfahren

2400	**Verfahren über Anträge auf gerichtliche Handlungen der Zwangsvollstreckung gemäß §§ 169, 170 VwGO**	10,00 EUR

26 Das zu Nr. 1640 Gesagte gilt entsprechend.

V. Beschwerdeverfahren

Verfahren über den Antrag auf Zulassung der Beschwerde (§ 146 Abs. 5 und 5 VwGO), Beschwerdeverfahren

2500	**Verfahren über den Antrag auf Zulassung der Beschwerde (§ 146 Abs. 5 und 6 VwGO)**	1,0
2501	**Verfahren über Beschwerden gegen Entscheidungen nach § 123 VwGO**	1,0

10 VGH Mannheim, NVwZ-RR 2000, 329.

Nr.	Gebührentatbestand	Gebührenbetrag oder Satz der Gebühr nach § 11 Abs. 2 GKG
2502	**Verfahren über nicht besonders aufgeführte Beschwerden, wenn für die angefochtene Entscheidung oder für das dieser vorangegangene Verfahren eine Festgebühr bestimmt ist, und über die Beschwerde gegen eine Entscheidung im Verfahren über die Prozeßkostenhilfe:**	
	Die Beschwerde wird verworfen oder zurückgewiesen	**25,00 EUR**
	Wird die Beschwerde nur teilweise verworfen oder zurückgewiesen, kann das Gericht die Gebühr nach billigem Ermessen auf die Hälfte ermäßigen oder bestimmen, daß eine Gebühr nicht zu erheben ist.	
2503	**Verfahren über die Beschwerde gegen die Nichtzulassung der Revision:**	
	Soweit die Beschwerde verworfen oder zurückgewiesen wird	**2,0**
2504	**Verfahren über nicht besonders aufgeführte Beschwerden, die nicht nach anderen Vorschriften gebührenfrei sind:**	
	Soweit die Beschwerde verworfen oder zurückgewiesen wird	**1,0**

Zu Nrn. 2500–2504: Die Vorschriften regeln die gebührenrechtliche Behandlung von Beschwerden in Verwaltungsgerichtssachen. Mit der Nr. 2502 wird auch im verwaltungsgerichtlichen Verfahren eine Festgebühr in Beschwerdeverfahren eingeführt, für die im vorausgegangenen Verfahren eine Festgebühr vorgesehen ist, sowie in Verfahren über Prozeßkostenhilfebeschwerden. Auch in Verwaltungsgerichtssachen ist nur die erfolglose Beschwerde gebührenpflichtig. Im übrigen gilt das zu Nr. 1900 ff. Gesagte entsprechend. **27**

Zu Nr. 2504: Wird in einem Verfahren (nach § 80 VwGO) der Beschwerde nur teilweise stattgegeben, so ist die Gerichtsgebühr aus dem Wert des zurückgewiesenen Teils der Beschwerde zu erheben.[11] **28**

Teil 3: Verfahren vor den Gerichten der Finanzgerichtsbarkeit

Die Vorschriften des Teils 3 regeln die im finanzgerichtlichen Verfahren möglichen Gebühren abschließend. Es fallen daher für die eidliche Vernehmung eines Auskunftspflich- **1**

11 VGH Mannheim, NVwZ-RR 2000, 731.

Nr.	Gebührentatbestand	Gebührenbetrag oder Satz der Gebühr nach § 11 Abs. 2 GKG

tigen durch das Finanzgericht oder das Amtsgericht und für die Beeidigung eines Gutachtens vor diesen Gerichten (§§ 94, 96 Abs. 7 AO) keine Gebühren nach dem GKG an. Auf das Verfahren nach der AO ist das GKG nicht anwendbar.

I. Prozeßverfahren

1. Prozeßverfahren erster Instanz

3110	**Verfahren im allgemeinen, soweit es sich nicht nach § 45 Abs. 3 FGO erledigt**	1,0
	Die Gebühr entfällt bei Zurücknahme der Klage vor Ablauf des Tages, an dem ein Beweisbeschluß oder ein Gerichtsbescheid unterschrieben ist und früher als eine Woche vor Beginn des Tages, der für die mündliche Verhandlung vorgesehen war; die Erledigung des Rechtsstreits in der Hauptsache (§ 138 FGO) steht der Zurücknahme nicht gleich.	

2 Die Gebühr entspricht der für Verwaltungsgerichtssachen anwendbaren Gebühr 2110. Sie ist eine Pauschgebühr und wird demgemäß innerhalb einer Instanz aus demselben Streitgegenstand nur einmal erhoben (§ 27 GKG). Unter Prozeßverfahren ist das Verfahren zu verstehen, das regelmäßig mit der Klage beginnt und durch Endurteil, Klagerücknahme oder sonstige Erledigung abgeschlossen wird. Ein Vorbescheid (§ 90 Abs. 3 FGO) schließt die Instanz nur ab, wenn kein Antrag auf mündliche Verhandlung gestellt wird und er deshalb wie ein Endurteil wirkt. Andernfalls beendet er die Instanz nicht, so daß bei Fortsetzung des Verfahrens die Gebühr nicht noch einmal anfällt. Ein Wiederaufnahmeverfahren (§ 134 FGO) ist gegenüber dem vorangegangenen Verfahren ein eigenständiges Prozeßverfahren.

3 **Abdeckungsbereich:** Weil die Gebühr 3110 als Verfahrensgebühr für das Verfahren im allgemeinen erhoben wird, gilt sie alle im Verfahren der Instanz erfolgenden Handlungen ab, soweit sie nicht wie Urteile oder Beschlüsse einer besonderen Gebühr unterworfen sind. Nicht zur Instanz zählen das Vorverfahren (§ 44 FGO) und die gebührenrechtlich besonders geregelten Verfahren der einstweiligen Anordnung und nach § 69 Abs. 3, 4 FGO, das selbständige Beweisverfahren und das Beschwerdeverfahren.

4 Die Gebühr **entsteht** mit dem Eingang der Klage bei Gericht, und zwar auch bei einem unzuständigen Gericht. Ebenso mit einer entsprechenden Erklärung zur Niederschrift des Urkundsbeamten der Geschäftsstelle bei Gericht. Unterschrift ist erforderlich. Wenn die

Nr.	Gebührentatbestand	Gebührenbetrag oder Satz der Gebühr nach § 11 Abs. 2 GKG

Klage nicht bei Gericht, sondern bei der Behörde eingereicht oder zur Niederschrift erklärt wurde, entsteht die Gebühr erst, wenn die Klageschrift bei Gericht eingeht (§ 47 Abs. 2 S 2 FGO). Wenn auch nach § 47 Abs. 2 FGO die Klagefrist als gewahrt gilt, wird damit doch nur eine Prozeßvoraussetzung erbracht. Das ändert nichts daran, daß die Klage gemäß § 67 FGO bei Gericht zu erheben ist und erst dadurch die Rechtshängigkeit begründet wird (§ 66 Abs. 1 FGO).[1] Auch eine nur vorsorglich eingereichte Klage läßt die Gebühr 3110 erwachsen. Die **Sprungklage** nach § 45 FGO läßt die Verfahrensgebühr zunächst entstehen, wenn die Behörde zustimmt. Verweigert die Behörde ihre Zustimmung, ist die Klage gemäß § 45 Abs. 1 S 2 FGO als Einspruch zu behandeln. Die Gebühr gilt dann nicht als entstanden. Das ist durch die Neufassung der Nr. 3110 klargestellt. Im Falle der **Untätigkeitsklage** (§ 46 FGO) bleibt die mit dem Eingang der Klage erwachsene Verfahrensgebühr bestehen, wenn das Gericht das Verfahren unter Fristsetzung aussetzt und die Behörde innerhalb der Frist dem außergerichtlichen Rechtsbehelf stattgibt oder den beantragten Verwaltungsakt erläßt. Denn in diesem Falle ist der Rechtsstreit in der Hauptsache als erledigt anzusehen (§ 46 Abs. 1 S 3 FGO).

Die **Gebühr entfällt** unter den in der amtlichen Anweisung genannten Bedingungen. **5**
Hier gilt das zu Nr. 2110 Gesagte entsprechend. Auch im finanzgerichtlichen Verfahren steht eine Anordnung nach § 79 FGO einschließlich einer Ladung der Beteiligten zur Erörterung der Sach- und Rechtslage im Falle Klagerücknahme dem Wegfall der Gebühr 3110 nicht mehr entgegen. Voraussetzung für den Wegfall ist auch hier, daß die Klage früher als eine Woche vor Beginn des Tages zurückgenommen sein muß, für den eine mündliche Verhandlung anberaumt gewesen war.

3113	**Gerichtsbescheid (§ 90 a FGO) außer Zwischengerichtsbescheid, Grundurteil (§ 99 Abs. 1 FGO), Vorbehaltsurteil (§ 155 FGO i. V. m. § 302 VwGO)**	1,0

Die Gebühr ist auch zu erheben, wenn eine Partei die mündliche Verhandlung beantragt **6**
und wenn sich Hauptsache dann erledigt hat.[2]

3114	**Endurteil, soweit die Gebühr 3113 entstanden ist**	1,5
3115	**Endurteil, soweit die Gebühr 3113 nicht entstanden ist**	2,5
2118	**Beschluß nach § 138 FGO, soweit nicht bereits die Gebühr 3114 oder 3115 entstanden ist**	1,5

3. Revisionsverfahren

3130	**Verfahren im allgemeinen**	2,0

1 Vgl. BFH, BStBl. II 1977, 841.
2 FG Wiesbaden, EFG 1980, 359; *Hartmann* KV 3113 Rn 1.

Nr.	Gebührentatbestand	Gebührenbetrag oder Satz der Gebühr nach § 11 Abs. 2 GKG
3131	**Zurücknahme der Revision oder der Klage, bevor die Schrift zur Begründung der Revision bei Gericht eingegangen ist; die Erledigung des Rechtsstreits in der Hauptsache (§ 138 FGO) steht der Zurücknahme nicht gleich:** **Die Gebühr 2130 ermäßigt sich auf**	0,5
3133	**Gerichtsbescheid (§ 90 a FGO) außer Zwischengerichtsbescheid; Beschluß nach § 126a FGO**	1,5
3134	**Urteil, das die Instanz abschließt, soweit die Gebühr 3133 entstanden ist**	1,5
3135	**Urteil, das die Instanz abschließt, soweit die Gebühr 3133 nicht entstanden ist**	3,0
3138	**Beschluß nach § 138 FGO**	1,5

7 **Zu Nrn. 3130–3135:** Das zu Nrn. 1230, 1236, 1237; 2130, 2133 Gesagte gilt entsprechend. Nr. 3133 gilt auch im Fall des § 91a FGO.[3] Nr. 3138 entspricht Nr. 3118 für das erstinstanzliche Verfahren.

II. Einstweilige Anordnungen, Verfahren nach § 69 Abs. 3, 5 FGO

3210	**Verfahren über den Antrag** **In Verfahren über den Antrag auf Erlaß und über den Antrag auf Aufhebung einer einstweiligen Anordnung werden die Gebühren jeweils gesondert erhoben. Mehrere Verfahren nach § 69 Abs. 3, 5 FGO gelten innerhalb eines Rechtszuges als ein Verfahren.**	0,5

8 Das oben zu Nr. 2210 Gesagte gilt hier entsprechend. Mehrere Verfahren liegen auch vor, wenn der Antragsteller den ersten Antrag zurückgenommen hat und wenn das Gericht auf den zweiten Antrag keine Sachentscheidung getroffen hat.[4]

3 BFH, BB 1984, 199.
4 BFH, Der Betrieb 1982, 210.

Nr.	Gebührentatbestand	Gebührenbetrag oder Satz der Gebühr nach § 11 Abs. 2 GKG

III. Selbständiges Beweisverfahren, Verzögerung des Rechtsstreits

3300	**Selbständiges Beweisverfahren**	0,5
3310	**Auferlegung einer Gebühr nach § 34 GKG wegen Verzögerung des Rechtsstreits**	wie vom Gericht bestimmt

IV. Beschwerdeverfahren

3400	**Verfahren über die Beschwerde nach § 114 FGO**	1,0;
3401	**Verfahren über die Beschwerde gegen Entscheidung über die Prozeßkostenhilfe: Die Beschwerde wird verworfen oder zurückgewiesen: Wird die Beschwerde nur teilweise verworfen oder zurückgewiesen, kann das Gericht die Gebühr nach billigem Ermessen auf die Hälfte ermäßigen oder bestimmen, daß eine Gebühr nicht zu erheben ist.**	25,00 EUR
3402	**Verfahren über die Beschwerde gegen die Nichtzulassung der Revision: Soweit die Beschwerde verworfen oder zurückgewiesen wird**	2,0
3403	**Verfahren über nicht besonders aufgeführte Beschwerden, die nicht nach anderen Vorschriften gebührenfrei sind: Soweit die Beschwerde verworfen oder zurückgewiesen wird**	1,0

Teil 4: Verfahren vor den Gerichten der Sozialgerichtsbarkeit

Allgemeines: Dieser Abschnitt ist neu eingefügt durch Art. 2 des 6. SGGÄndG vom 17. 8. 2001 (BGBl. I, 2144). Die alten Teile 4 und 5 sind zu einem neuen Teil 5 verschmolzen und dort neu – ohne inhaltliche Änderung – neu durchnumeriert worden. 1

Nr.	Gebührentatbestand	Gebührenbetrag oder Satz der Gebühr nach § 11 Abs. 2 GKG

2 Auch nach der Neufassung des SGG bleibt das sozialgerichtliche Verfahren für einen privilegierten Personenkreis (z. B. Versicherte, Leistungsempfänger einschließlich Hinterbliebenenleistungsempfänger, Behinderte) gerichtskostenfrei (§ 183 S 1 SGG). Kläger und Beklagte, die nicht zu dem privilegierten Personenkreis gehören, haben für jede Streitsache eine Gebühr zu entrichten, deren Höhe sich nach KV Teil 4 bestimmt. Die Gebühr entsteht, sobald die Streitsache rechtshängig geworden ist (§ 184 Abs. 1, Abs. 2 SGG).

3 In den Verfahren, in denen nur eine Partei zu dem privilegierten Personenkreis gehört, fällt für die Gegenpartei nur eine Pauschalgebühr von 150–300 € an (§ 184 Abs. 2 SGG).

4 Für alle anderen Verfahren der Sozialgerichtsbarkeit ist eine Kostenfreiheit nicht mehr gerechtfertigt.[1] Nach § 197a SGG werden in solchen Verfahren Kosten nach dem GKG erhoben. Außerdem sind entsprechend anzuwenden die Regelungen der VwGO, so daß über § 197a Abs. 1 (Halbsatz 1), 2 SGG die Kostenregelungen für das Vorverfahren und die Beigeordneten (§§ 154–162 VwGO) anwendbar sind, mit Ausnahme der Regelung für die Klagerücknahme des § 161 Abs. 2 VwGO. Insoweit gilt § 155 Abs. 2 VwGO (§197a Abs. 2 S 2 SGG).

5 **Beigeladene:** Nach §§ 197a Abs. 2 SGG können dem Beigeladenen neben den Fällen des 154 Abs. 3 VwGO Kosten auch dann auferlegt werden, wenn er gemäß § 75 Abs. 5 SGG als Beigeladener verurteilt wird. In allen übrigen Fällen trägt der Beigeladene – wie bisher – kein Kostenrisiko. Gehört der Beigeladene zum privilegierten Personenkreis gem. § 183 SGG, werden ihm auch keine Kosten auferlegt.

6 Wenn und soweit die Voraussetzungen des § 192 SGG (schuldhaft verursachte Kosten) gegeben sind, können sie auch dem Beigeladenen und den Angehörigen des privilegierten Personenkreises auferlegt werden. Das Gleiche gilt auch für die Verzögerungsgebühr nach KV 4320.

I. Prozeßverfahren

1. Prozessverfahren erster Instanz

4110	**Verfahren im Allgemeinen**	1,0
	Die Gebühr entfällt bei Zurücknahme der Klage vor dem Ablauf des Tages, an dem ein Beweisbeschluß, die Anordnung einer Beweiserhebung oder ein Gerichtsbescheid unterschrieben ist und früher als eine Woche	

1 BT-Drucksache 14/5943, S. 20.

Nr.	Gebührentatbestand	Gebührenbetrag oder Satz der Gebühr nach § 11 Abs. 2 GKG
	vor Beginn des Tages, der für die mündliche Verhandlung vorgesehen war.	
4113	Gerichtsbescheid (105 SGG), Grundurteil als Zwischenurteil (§ 202 SGG i.V.m. § 304 ZPO), Vorbehaltsurteil (§ 202 SGG i.V.m. § 302 ZPO)	1,0
4114	Endurteil, soweit die Gebühr 4113 entstanden ist	1,5
4115	Endurteil, soweit die Gebühr 4113 nicht entstanden ist	2,5
4118	Beschluß nach § 197a Abs. 1 S 1 SGG i.V.m. § 161 Abs. 2 VwGO, soweit nicht bereits die Gebühr 4114 oder 4115 entstanden ist	1,5
2.	**Berufungsverfahren**	
4120	Verfahren im allgemeinen	1,5
4121	Zurücknahme der Berufung oder der Klage vor Ablauf des Tages, an dem ein Beweisbeschluß oder die Anordnung einer Beweiserhebung unterschrieben oder ein Termin zur mündlichen Verhandlung unterschriftlich bestimmt ist: Die Gebühr 4120 ermäßigt sich auf	0,5
4123	Beschluss nach § 153 Abs. 4 SGG, Grundurteil als Zwischen- (§ 202 SGG i.V.m. § 304 ZPO), Vorbehaltsurteil (§ 202 SGG i. V. m. § 302 ZPO)	1,5
4124	Urteil, das die Instanz abschließt, soweit die Gebühr 4123 entstanden ist	1,5
4125	Urteil, das die Instanz abschließt, soweit die Gebühr 4123 nicht entstanden ist	3,0
4128	Beschluß nach § 197a Abs. 1 S 1 SGG i.V.m. § 161 Abs. 2 VwGO, soweit nicht bereits die Gebühr 4124 oder 4125 entstanden ist	1,5
3.	**Revisionsverfahren**	
4130	Verfahren im Allgemeinen	2,0
4131	Zurücknahme der Revision oder der Klage, bevor die Schrift zur Begründung der Revision bei Gericht eingegangen ist:	

Nr.	Gebührentatbestand	Gebührenbetrag oder Satz der Gebühr nach § 11 Abs. 2 GKG
	Die Gebühr 4130 ermäßigt sich auf	0,5
4133	Urteil, das die Instanz abschließt	3,0
4138	Beschluss nach § 197a Abs. 1 S 1 SGG i. V. m. § 161 Abs. 2 VwGO	1,5

II. Einstweilige Anordnungen, Verfahren nach § 86b SGG

Nr.	Gebührentatbestand	Gebührenbetrag oder Satz der Gebühr nach § 11 Abs. 2 GKG
4210	Verfahren über den Antrag	0,5
	In Verfahren über den Antrag auf Erlaß oder über den Antrag auf Aufhebung einer einstweiligen Anordnung werden die Gebühren jeweils gesondert erhoben. Mehrere Verfahren anch § 86b SGG gelten innerhalb eines Rechtszuges als ein Verfahren.	

III. Verfahren zur Sicherung des Beweises, Vergleich, Verzögerung des Rechtsstreits

Nr.	Gebührentatbestand	Gebührenbetrag oder Satz der Gebühr nach § 11 Abs. 2 GKG
4300	Verfahren zur Sicherung des Beweises	0.5
4310	Abschluß eines Vergleichs vor Gericht in einem Rechtsstreit:	
	Soweit der Wert des Vergleichs den Wert des Streitgegenstandes übersteigt	0,25
4320	Auferlegung einer Gebühr nach § 34 GKG wegen Verzögerung des Rechtsstreits	wie von Gericht bestimmt

IV. Beschwerdeverfahren

Nr.	Gebührentatbestand	Gebührenbetrag oder Satz der Gebühr nach § 11 Abs. 2 GKG
4400	Verfahren über die Beschwerde gegen Entscheidungen über die in Abschnitt II genannten Anträge	1,0

Nr.	Gebührentatbestand	Gebührenbetrag oder Satz der Gebühr nach § 11 Abs. 2 GKG

Das Verfahren beginnt mit der Einlegung der Beschwerde und endet mit deren Erledigung. Für die Gebühr 4400 spielt es keine Rolle, wie das Beschwerdeverfahren ausgeht oder ob die Beschwerde zurückgenommen wird. 7

4410	**Verfahren über nicht besonders aufgeführte Beschwerden, wenn für die angefochtene Entscheidung oder für das dieser Entscheidung vorangegangene Verfahren eine Festgebühr bestimmt ist, und über die Beschwerde gegen eine Entscheidung im Verfahren über die Prozeßkostenhilfe:**	
	Die Beschwerde wird verworfen oder zurückgewiesen	**25,00 EUR**
	Wird die Beschwerde nur teilweise verworfen oder zurückgewiesen, kann das Gericht die Gebühr nach billigem Ermessen auf die Hälfte ermäßigen oder bestimmen, daß eine Gebühr nicht zu erheben ist.	
4420	**Verfahren über nicht besonders aufgeführte Beschwerden, die nicht nach anderen Vorschriften gebührenfrei sind:**	
	Soweit die Beschwerde verworfen oder zurückgewiesen wird:	**1,0**

Die Gebühr 4420 entsteht nur, wenn die Beschwerde zurückgewiesen oder verworfen wird, in anderen Fällen, also etwa bei Zurücknahme der Beschwerde aber niemals. Der Beschwerdewert ist nach § 13 GKG zu bestimmen. 8

4301	**Verfahren über nicht aufgeführte Beschwerden, die nicht nach anderen Vorschriften gebührenfrei sind:**	
	Soweit die Beschwerde verworfen oder zurückgewiesen wird	**1,0**

Teil 5: Besondere Verfahren zur Befriedigung der Gläubiger

Allgemeines: In diesem Abschnitt sind die durch das KostRÄndG 1994 stark vereinfachten Gebührentatbestände der ehemaligen Teile 4 und 5 durch die Einfügung des die Sozialgerichtsbarkeit betreffenden neuen Abschnitts durch Art. 2 des 6. SGGÄndG vom 12. 8. 2001 (BGBl. I, 2144) nunmehr in einem Abschnitt zusammengefaßt und völlig neu durchnumeriert. Soweit für das Insolvenzverfahren noch die vor dem 1. 1. 1999 geltenden Vorschriften weiter anzuwenden sind, wird auf die Erläuterungen zur 3. Auflage verwiesen. 1

Nr.	Gebührentatbestand	Gebührenbetrag oder Satz der Gebühr nach § 11 Abs. 2 GKG

I. Insolvenzverfahren; Schiffahrtsrechtliche Verteilungsverfahren

1. Insolvenzverfahren

a) Eröffnungsverfahren

5110	**Verfahren über den Antrag des Schuldners auf Eröffnung des Insolvenzverfahrens**	**0,5**
	Die Gebühr entsteht auch, wenn das Verfahren nach § 306 InsO ruht	

2 Die Vorschrift betrifft die Gebühr für den Eröffnungsantrag und deckt das gesamte **Verfahren über den Eröffnungsantrag** ab.[1] Es beginnt mit dem Eingang des – auch des unzulässigen – Antrags und endet mit der Eröffnung des Insolvenzverfahrens, mit der Abweisung des Antrags, mit der Nichtzulassung oder der Rücknahme des Antrags (die die Erhebung der Gebühr nicht mehr berührt). Vor allem sind damit die Ermittlungen, Anordnungen nach §§ 20 ff. InsO und die Aufhebung vorläufiger Maßnahmen erfaßt. Auch der Antrag eines Sozialversicherungsträgers zählt hierher.[2] Vgl. im übrigen auch bei §§ 50, 60, 61, 69 Abs. 3 GKG.

3 Die **bei der Eröffnung des Insolvenzverfahrens** zu treffenden **Maßnahmen** zählen hingegen schon zum Durchführungsverfahren und fallen unter die Nr. 5112–5117. Nicht abgegolten durch die Gebühr 5110 ist auch das **Beschwerdeverfahren.** Hebt aber das Beschwerdegericht den Eröffnungsbeschluß auf, entfällt die für die Durchführungsmaßnahmen erwachsene Gebühr gemäß 5112, nicht aber die nach 5110 oder 5111.

5111	**Verfahren über den Antrag eines Gläubigers auf Eröffnung des Insolvenzverfahrens**	**0,5 mindestens 100 EUR**

4 Die Gebühr 5111 betrifft den Fall, daß ein **Gläubiger** einen Antrag auf Eröffnung des Insolvenzverfahrens stellt. Im Gegensatz zum Antrag des Schuldners beträgt die Mindestgebühr hier 100 €. Gläubiger idS ist auch der Sozialversicherungsträger, wenn er einen Antrag auf Eröffnung des Insolvenzverfahrens stellt[3] sowie der Antrag des Bundesaufsichtsamtes nach § 46 b S 3 KWG.[4] Kosten für das vorläufige Insolvenzverfahren, insbesondere für den vorläufigen Insolvenzverwalter sind bei einer Ablehnung des Insolvenzverfahrens keine Auslagen und in diesem Fall von der Staatskasse zu tragen.[5]

1 Vgl. dazu *Delhaes* KTS 1987, 599.
2 Vgl. *Hartmann* KV 5110, 5111 Rn 2.
3 Streitig. Wie hier auch *Hartmann* KV 5112–5117 Rn 2 m. N.
4 *Hartmann* KV 5210, 5211 Rn 3; **a. M.** LG Stuttgart, RPfleger 1980, 181.
5 LG Frankfurt/Main, RPfleger 1986, 496.

Nr.	Gebührentatbestand	Gebührenbetrag oder Satz der Gebühr nach § 11 Abs. 2 GKG

Mehrere Anträge verschiedener Gläubiger oder der Antrag des Schuldners und eines Gläubigers lösen die Gebühr mehrmals aus, auch wenn die Anträge verbunden oder gar in einem Schriftsatz enthalten sind, sofern die mehreren Gläubiger nicht als Gesamtgläubiger handeln.[6] 5

b) Durchführung des Insolvenzverfahrens auf Antrag des Schuldners, auch wenn das Verfahren gleichzeitig auf Antrag eines Gläubigers eröffnet wurde

Nr.	Gebührentatbestand	Gebührenbetrag oder Satz der Gebühr nach § 11 Abs. 2 GKG
5112	Durchführung des Insolvenzverfahrens Die Gebühr entfällt, wenn der Eröffnungsbeschluß auf Beschwerde aufgehoben wurde	2,5
5113	Einstellung des Verfahrens vor dem Ende des Prüfungstermins nach §§ 207, 211, 212, 213 InsO oder nach § 3 des Ausführungsgesetzes zum deutsch-österreichischen Konkursvertrag: Die Gebühr 5112 ermäßigt sich auf	0,5
5114	Einstellung des Verfahrens nach dem Ende des Prüfungstermins nach §§ 207, 211, 212, 213 InsO oder nach § 3 des Ausführungsgesetzes zum deutsch-österreichischen Konkursvertrag: Die Gebühr 5112 ermäßigt sich auf	1,5

c) Durchführung des Insolvenzverfahrens auf Antrag eines Gläubigers

Nr.	Gebührentatbestand	Gebührenbetrag oder Satz der Gebühr nach § 11 Abs. 2 GKG
5115	Durchführung des Insolvenzverfahrens Die Gebühr entfällt, wenn der Eröffnungsbeschluß auf Beschwerde aufgehoben wird.	3,0
5116	Einstellung des Verfahrens vor dem Ende des Prüfungstermins nach §§ 207, 211, 212, 213 InsO oder nach § 3 des Ausführungsgesetzes zum deutsch-österreichischen Konkursvertrag: Die Gebühr 5115 ermäßigt sich auf	1,0
5117	Einstellung des Verfahrens nach dem Ende des Prüfungstermins nach §§ 207, 211, 212, 213 InsO oder nach § 3 des Ausführungsgesetzes zum deutsch-österreichischen Konkursvertrag: Die Gebühr 5115 ermäßigt sich auf	2,0

6 LG Gießen, JurBüro 1996, 486; LG Berlin, RPfleger 1972, 330; *Hartmann* KV 5210, 5211 Rn 13. Dazu ausführlich bei *Uhlenbruck* KTS 1987, 565.

Nr.	Gebührentatbestand	Gebührenbetrag oder Satz der Gebühr nach § 11 Abs. 2 GKG

d) Besonderer Prüfungstermin und schriftliches Prüfungsverfahren (§ 177 InsO)

5118	**Prüfung von Forderungen je Gläubiger**	**13,00 EUR**

6 Die Gebühr 5118 ist eine Aktgebühr,[7] die erst dann entsteht, wenn der besondere Prüfungstermin tatsächlich zur Prüfung von Forderungen stattfindet, und zwar auch dann, wenn das Gericht bei der Gelegenheit auch noch Forderungen anderer Gläubiger mitprüft oder noch andere Geschäfte vornimmt.[8] Die Gebühr 5118 gilt auch die Kosten einer öffentlichen Bekanntmachung des besonderen Prüfungstermins ab (vgl. KV 9004). **Kostenschuldner** ist allein der Gläubiger, der den besonderen Prüfungstermin beantragt hat.

e) Restschuldbefreiung

5119	**Entscheidung über den Antrag auf Versagung oder Widerruf der Restschuldbefreiung (§§ 296, 297, 300, 303 InsO)**	**30,00 EUR**

2. Schiffahrtsrechtliche Verteilungsverfahren

5120	**Verfahren über den Antrag auf Eröffnung des Verteilungsverfahrens**	**1,0**

7 Das Antragsverfahren beginnt mit dem Eingang des Antrags gem. § 4 SeeVertO bei Gericht und endet mit dem Beschluß nach § 7 SeeVertO. Die Gebühr 5120 deckt alle in diesem Verfahren getroffenen Maßnahmen ab. Sie entsteht mit dem Antrag. Gleichgültig ist, wie über den Antrag entschieden wird. Bei einer Antragsrücknahme bleibt die Gebühr verfallen. Der Eröffnungsbeschluß selbst gehört noch zum Antragsverfahren, nicht aber die in Zusammenhang damit getroffenen gerichtlichen Maßnahmen, insbesondere solche nach §§ 9, 10, 11 SeeVertO. Eine Ermäßigung oder ein Wegfall der Gebühr ist nicht vorgesehen.

5123	**Durchführung des Verteilungsverfahrens**	**2,0**

8 Das **Durchführungsverfahren beginnt** mit den vom Gericht aufgrund des Eröffnungsbeschlusses getroffenen **Maßnahmen und endet** mit dem Einstellungs- oder Aufhebungsbeschluß unter Einschluß einer Nachtragsverteilung gem. § 30 SeeVertO. Auch hier ist ein Fortfall oder eine Ermäßigung der Gebühr nicht vorgesehen, auch nicht bei Zurücknahme des Antrags. Die Gebühr wird **fällig** mit dem Beginn der Durchführungsmaßnahmen. Der Streitwert folgt aus § 39 GKG.

5125 Prüfung von Forderungen in einem besonderen Prü-

7 *Uhlenbruck* KTS 1975, 17.
8 *Hartmann* KV 5118 Rn 1.

Nr.	Gebührentatbestand	Gebührenbetrag oder Satz der Gebühr nach § 11 Abs. 2 GKG
	fungstermin (§ 11 der Seerechtlichen Verteilungsordnung) je Gläubiger	**13,00 EUR**

9 Das oben (Rn 6) Gesagte gilt entsprechend.

II. Beschwerdeverfahren

5130	**Verfahren über eine Beschwerde gegen die Entscheidung über den Antrag auf Eröffnung des Insolvenzverfahrens**	**1,0**
5131	**Verfahren über die Beschwerde gegen die Entscheidung über den Antrag auf Versagung oder Widerruf der Restschuldbefreiung**	**50,00 EUR**
5132	**Verfahren über die Beschwerde nach § 4 InsO: Die Beschwerde wird verworfen oder zurückgewiesen**	**25,00 EUR**
	Wird die Beschwerde nur teilweise verworfen oder zurückgewiesen, kann das Gericht die Gebühr nach billigem Ermessen auf die Hälfte ermäßigen oder bestimmen, daß eine Gebühr nicht zu erheben ist.	
5133	**Verfahren über Rechtsbeschwerden: Soweit die Rechtsbeschwerde verworfen oder zurückgewiesen wird**	**2,0**

10 KV 5131 und 5132 sind mit dem „Gesetz zur Änderung der Insolvenzordnung und anderer Gesetze" vom 26. 10.2001 (BGBl. I, 2710), ergänzt durch Art. 9 Abs. 8 des Gesetzes vom 10. 12.2001 (BGBl. I, 3422). Das Verfahren beginnt mit der Einlegung der Beschwerde (5130) oder Rechtsbeschwerde (5133) und endet mit deren Erledigung. Für die Gebühr 5130 spielt es keine Rolle, wie das Beschwerdeverfahren ausgeht oder ob die Beschwerde zurückgenommen wird. Sie gilt sowohl für Beschwerden gegen die Eröffnung als auch über die Ablehnung der Eröffnung des Insolvenzverfahrens. Die Gebühr 5133 hingegen kommt nur bei erfolglosen Rechtsbeschwerden zum Zuge.

5135	**Verfahren über nicht aufgeführte Beschwerden, die nicht nach anderen Vorschriften gebührenfrei sind: Soweit die Beschwerde verworfen oder zurückgewiesen wird**	**1,0**

11 Die Gebühr 5135 entsteht nur, wenn die Beschwerde zurückgewiesen oder verworfen wird, in anderen Fällen, also etwa bei Zurücknahme der Beschwerde aber niemals. Eine

Nr.	Gebührentatbestand	Gebührenbetrag oder Satz der Gebühr nach § 11 Abs. 2 GKG

Erinnerung nach § 12 SeeVertO ist noch keine Beschwerde. Der Beschwerdewert ist nach §§ 35, 38, 39 GKG zu bestimmen.

III. Verfahren nach dem Gesetz über die Zwangsversteigerung und die Zwangsverwaltung; Zwangsliquidation einer Bahneinheit

Die Gebühren 5210, 5220 und 5230 werden für jeden Antragsteller gesondert erhoben; Gesamtgläubiger, die den Antrag gemeinsam stellen, gelten als ein Antragsteller. Betrifft ein Antrag mehrere Gegenstände, wird die Gebühr nur einmal erhoben, soweit durch einen einheitlichen Beschluß entschieden wird. Für ein Verfahren nach § 765 a ZPO wird keine, für das Beschwerdeverfahren die Gebühr 5240 erhoben; richtet sich die Beschwerde auch gegen eine Entscheidung nach § 30 a ZVG, gilt S 2 entsprechend.

12 **Allgemeines:** Durch die amtliche Anweisung ist klargestellt, daß die dort genannten Gebühren für jeden Antragsteller gesondert zu erheben sind. Gesamtgläubiger, die den Antrag gemeinsam stellen, sind danach aber kostenrechtlich wie ein Antragsteller zu behandeln. Betrifft ein Antrag mehrere Gegenstände, ist die Gebühr nur einmal zu erheben, wenn durch einen einheitlichen Beschluß entschieden wird. Das bezieht sich aber nur auf einen Antrag eines Antragstellers und nicht darauf, daß die Anträge mehrerer Antragsteller (auch wenn sie unterschiedliche Gegenstände betreffen) durch einen Beschluß entschieden werden. Schließlich stellt die amtliche Anweisung klar, daß für ein im Rahmen des ZVG geführtes Verfahren nach § 765 a ZPO keine besondere Gebühr nach Nr. 1641 zu erheben ist, was aber für das Beschwerdeverfahren nicht gilt. Dort fällt die Beschwerdegebühr 5400 nur einmal an, wenn über die Anträge nach § 765 a ZPO und § 30 a ZVG einheitlich durch Beschluß entschieden wird.

1. Zwangsversteigerung

5210	**Entscheidung über den Antrag auf Anordnung der Zwangsversteigerung oder über den Beitritt zum Verfahren**	**51,00 EUR**

13 Hier handelt es sich um eine **Entscheidungsgebühr**, die erst mit der Entscheidung über den Antrag auf Zwangsversteigerung oder über den Beitritt zum Verfahren entsteht und damit **fällig** wird, und zwar unabhängig davon, welchen Inhalt die Entscheidung hat. Unter Nr. 5100 gehört auch der Antrag auf eine Zwangsversteigerung in besonderen Fällen

Nr.	Gebührentatbestand	Gebührenbetrag oder Satz der Gebühr nach § 11 Abs. 2 GKG

(wie z. B. der zum Zwecke der Aufhebung einer Gemeinschaft)[9] und für Entscheidungen über Anträge, die im Verwaltungszwangsverfahren oder nach der AO und der JBeitrO gestellt werden, nicht aber der Antrag auf Sequestration nach § 938 ZPO. Im Fall der Wiederversteigerung (§§ 132 ff. ZVG) entsteht eine neue Gebühr.

5212	**Verfahren im allgemeinen**	0,5

14 Mit der allgemeinen Verfahrensgebühr werden sämtliche Tätigkeiten des Gerichts für den Abschnitt ab der Anordnung des Verfahrens bis zum Beginn des Versteigerungstermins abgegolten, insbesondere Ermittlungen, Belehrungen, die Bestimmung des Verkehrswertes, die Bestimmung des Versteigerungstermins, ein Einstellungsverfahren oder die Abschlußverfügung nach Rücknahme des Versteigerungsantrags. Das Ersuchen um die Eintragung des Zwangsversteigerungsvermerks fällt aber noch unter 5210. Das Verfahren beginnt also mit der ersten zur Durchführung des Verfahrens bestimmten gerichtlichen Handlung. Die Handlungen müssen indessen auf den Weiterbetrieb, nicht auf die Beendigung des Verfahrens gerichtet sein, soweit dafür nicht besondere Gebühren wie für den Versteigerungstermin (5215), den Zuschlag (5217) oder das Verteilungsverfahren (5218, 5219) vorgesehen sind.

5213	**Beendigung des Verfahrens vor Ablauf des Tages, an dem die Verfügung mit der Bestimmung des ersten Versteigerungstermins unterschrieben ist: Die Gebühr 5110 ermäßigt sich auf**	0,25

15 Maßgeblich ist der Tag, **unter** dem unterschrieben ist, nicht an dem unterschrieben wurde, weil nur der erstere aktenkundig feststellbar ist. Eine Ausnahme ist nur bei nachgewiesener oder offensichtlicher falscher Datierung denkbar.[10]

5215	**Abhaltung mindestens eines Versteigerungstermins mit Aufforderung zur Abgabe von Geboten** **Die Gebühr entfällt, wenn der Zuschlag aufgrund des § 74 a oder § 85 a ZVG, § 13 oder § 13 a des Gesetzes über Vollstreckungsschutz für die Binnenschiffahrt versagt bleibt.**	0,5

16 Die Terminsgebühr gilt auch mehrere Versteigerungstermine mit einer Gebühr ab und fällt für jeden Versteigerungstermin neu an.[11] Das folgt schon aus dem Wort „mindestens" und ist im übrigen durch die Motive des KostRÄndG 1994 belegbar. Danach sollten mit der Gebühr 5215 nur die vormaligen Nrn. 1520, 1521 sprachlich gestrafft werden, ohne daß

9 *Drischler* JurBüro 1981, 1776.
10 *Hartmann* KV 5213 Rn 1.
11 So jetzt auch *Hartmann* KV 5215 Rn 1.

Nr.	Gebührentatbestand	Gebührenbetrag oder Satz der Gebühr nach § 11 Abs. 2 GKG

eine inhaltliche Änderung erfolgen sollte.[12] Die Terminsgebühr nach 5215 entsteht aber nur, wenn das Gericht erstmals in einen Versteigerungstermin zur Abgabe von Geboten aufgefordert hat. Ein sog. Vortermin nach § 62 ZVG gehört nicht hierher, sondern ist mit der Gebühr 5210 abgegolten. Die Gebühr entfällt, wenn das Gericht den Zuschlag nach §§ 74 a, 85 a ZVG oder §§ 13, 13 a BSchiffG versagt. Wird in einem Versteigerungstermin ein **Vergleich** beurkundet, erwächst dafür keine besondere Gebühr, soweit der Wert des Vergleichs den Gegenstand des Zwangsversteigerungstermins nicht übersteigt. Andernfalls ist Nr. 1660 sinngemäß anzuwenden.[13]

5217	**Erteilung des Zuschlags** **Die Gebühr entfällt, wenn der Zuschlagsbeschluß aufgehoben wird.**	0,5

17 Die Gebühr gilt nur für die Erteilung des Zuschlags nach §§ 79 ff. ZVG. Die besondere Versteigerung beweglicher Sachen nach § 65 ZVG fällt dagegen unter Nr. 5100. Bei einer Aufhebung des Zuschlags entfällt die Gebühr 5130 wieder. Soweit sie schon gezahlt ist, ist sie zu erstatten. Die Kosten (Gebühren und Auslagen) dürfen nicht dem Erlös vorweg entnommen werden, sondern fallen immer dem Ersteher zur Last.[14]

5218	**Verteilungsverfahren**	0,5
5219	**Fall der §§ 143, 144 ZVG:** **Die Gebühr 5218 ermäßigt sich auf**	0,25

18 Die Gebühr 5218 deckt das gesamte Verteilungsverfahren, auch mehrerer Termine, nach §§ 105 ff. ZVG ab, einschließlich nachträglicher Verteilungshandlungen und der Auszahlung an die Berechtigten oder einer Hinterlegung. Sie ermäßigt sich unter den Voraussetzungen der §§ 143, 144 ZVG, sofern davon der gesamte Versteigerungserlös betroffen ist. Andernfalls bleibt es bei der Gebühr 5140 insgesamt. Ein im Wiederversteigerungsverfahren stattfindendes Verteilungsverfahren löst die Gebühr erneut aus.

2. Zwangsverwaltung

5220	**Entscheidung über den Antrag auf Anordnung der Zwangsverwaltung oder über den Beitritt zum Verfahren**	51,00 EUR

19 Die Gebühr betrifft das **Antragsverfahren** auf Anordnung der Zwangsverwaltung und die Entscheidung über einen Beitrittsantrag. Daneben können auch die Gebühren für ein Zwangsversteigerungsverfahren (Nr. 5210 ff.) entstehen, wenn neben dem Zwangsverwal-

12 Vgl. BT-Drucks. 12/6922, S. 82.
13 *Oe/Wi/He* KV 5210-5241 Rn 28.
14 LG Freiburg, RPfleger 1991, 382.

Nr.	Gebührentatbestand	Gebührenbetrag oder Satz der Gebühr nach § 11 Abs. 2 GKG

tungsverfahren ein Zwangsversteigerungsverfahren betrieben wird. **Gegenstand** der Zwangsverwaltung können sein Grundstücke, Grundstücksbruchteile, Teileigentum, Wohnungseigentum, grundstücksgleiche Rechte und die unbewegliche Kuxe, nicht aber Luftfahrzeuge, Schiffe und Schiffbauwerke. **Voraussetzung** für die Gebühr ist, daß ein förmliches Verfahren nach §§ 146 ff., 172 ZVG vorliegt, das der Befriedigung des betreibenden Gläubigers durch zwangsweise Bewirtschaftung, nicht durch Veräußerung, bezweckt, und daß über den Antrag gemäß §§ 146, 15 bzw. 146, 27 ZVG entschieden wird. Dabei ist es gleichgültig, wie und mit welchem Ergebnis die Entscheidung ergeht und ob die Entscheidung vom Vollstreckungsgericht oder vom Beschwerdegericht getroffen wird. Die Rechtsgrundlage kann auch in einer einstweiligen Verfügung auf Durchführung der Zwangsverwaltung bestehen. Der Anordnungsbeschluß wird in diesem Falle aber nicht durch die einstweilige Verfügung ersetzt. Nach anderen Vorschriften als denen über die Zwangsverwaltung ergehende Verwaltungsmaßnahmen, die das Gericht im Rahmen des Zwangsversteigerungsverfahrens trifft (z. B. nach §§ 25, 94, 165, 171 c ZVG, fallen nicht unter Nr. 5200. Auch die Anordnung einer Sequestration nach § 938 ZPO fällt nicht unter Nr. 5220. Der Beschluß des Gerichts nach § 77 Abs. 2 ZVG ergeht zwar auf Antrag des Gläubigers. Dieser Überleitungsbeschluß ergeht aber im Rahmen Zwangsversteigerungsverfahrens und wird deshalb von der Gebühr 5212 abgedeckt. Nur das nachfolgende Zwangsverwaltungsverfahren löst die Gebühr 5221 aus.[15] Außergerichtliche Zwangsverwaltungen lösen die Gebühr niemals aus.

5221	**Durchführung des Verfahrens: Für jedes angefangene Jahr, beginnend mit dem Tag der Beschlagnahme**	**0,5**

Die Gebühr 5221 deckt das gesamte **Zwangsverwaltungsverfahren** ab, welches mit dem **20**
Wirksamwerden der Beschlagnahme **beginnt**, also mit der Zustellung des Anordnungsbeschlusses an den Schuldner oder Eigenbesitzer (§§ 146, 22, 147 ZVG) oder der Besitzergreifung durch den Zwangsverwalter (§ 151 ZVG) oder mit dem Eingang des Ersuchens um Eintragung des Zwangverwaltungsvermerks im Grundbuch (§§ 22, 146 ZVG). Maßgebend ist das erste der für den Eintritt der Beschlagnahme entscheidenden Ereignisse. Das Verfahren **endet** mit dem Wirksamwerden des Aufhebungsbeschlusses, auch wenn die Rechnungslegung erst nach dem Aufhebungsbeschluß erfolgt. Wird das Verfahren wegen des Zuschlags aufgehoben, endet es nicht mit dem Zuschlagsbeschluß, sondern mit dem darauf im Zwangsverwaltungsverfahren ergehenden Aufhebungsbeschluß. Bei Rücknahme endet das Verfahren mit dem Eingang der Rücknahmeerklärung bei Gericht.[16] Die Gebühr wird **fällig** mit der Aufhebung der Zwangsverwaltung, es sei denn, daß diese länger als ein Jahr dauert. Dann tritt die Fälligkeit erstmals am Endes des Jahres ein, das mit dem Tag der Beschlagnahme begonnen hat, § 62 Abs. 3 GKG. **Eine Rücknahme** hat

15 *Hartmann* KV 5220 Rn 1.
16 *Oe/Wi/He* § 30 Rn 8.

Nr.	Gebührentatbestand	Gebührenbetrag oder Satz der Gebühr nach § 11 Abs. 2 GKG

auf die Gebühr nur dann einen Einfluß, wenn sie vor dem Wirksamwerden der Beschlagnahme erfolgt, weil dann die Gebühr 5221 überhaupt nicht mehr entstehen kann. Erfolgt die Rücknahme während eines laufenden Jahres und erfolgt der Aufhebungsbeschluß erst im folgenden Jahr, wird für das Jahr, in dem die Aufhebung erfolgte, keine Gebühr mehr geschuldet, weil bereits die Rücknahmeerklärung das Verfahren beendet hat.[17] Die Vorschrift gilt aber nicht, wenn ein ergebnislos verlaufenes Zwangsversteigerungsverfahren als Zwangverwaltungsverfahren fortgesetzt wird.[18]

3. Zwangsliquidation einer Bahneinheit

5230	**Entscheidung über den Antrag auf Eröffnung der Zwangsliquidation**	**51,00 EUR**

21 Die Gebühr erfaßt nur die Entscheidung über den Antrag auf Zwangsliquidation einer Bahneinheit. Freiwillige Liquidationen sowie Zwangsversteigerungen oder Zwangsverwaltungen einer Bahneinheit fallen nicht unter diesen Abschnitt. Zu beachten ist die Gebührenfreiheit nach § 2 GKG. Die Gebühr wird auch hier erst mit der Entscheidung über den Antrag – gleich welchen Inhalts – ausgelöst.

5232	**Verfahren im allgemeinen**	**0,5**
5233	**Verfahren wird eingestellt: Die Gebühr 5310 ermäßigt sich auf**	**0,25**

22 Die Gebühr gilt das gesamte Verfahren ab, das nach der Entscheidung über den Antrag auf Eröffnung der Zwangsliquidation folgt. Sie ermäßigt sich nur, wenn es deshalb nicht zu einer abschließenden Durchführung kommt, weil das Verfahren eingestellt wird (5233). Eine andere Beendigung des Verfahrens als durch Einstellung führt nicht zu der Ermäßigung. Die Gebühr wird **fällig** mit der Beendigung oder Einstellung

4. Beschwerdeverfahren

5240	**Verfahren über Beschwerden, wenn für die angefochtene Entscheidung eine Festgebühr bestimmt ist: Die Beschwerde wird verworfen oder zurückgewiesen**	**51,00 EUR**
	Wird die Beschwerde nur teilweise verworfen oder zurückgewiesen, kann das Gericht die Gebühr nach billigem Ermessen auf die Hälfte ermäßigen oder bestimmen, daß eine Gebühr nicht zu erheben ist.	

17 *Oe/Wi/He* 5210-5241 Rn 62.
18 *Hartmann* KV 5220 Rn 1.

Nr.	Gebührentatbestand	Gebührenbetrag oder Satz der Gebühr nach § 11 Abs. 2 GKG
5241	**Verfahren über sonstige Beschwerden, die nicht nach anderen Vorschriften gebührenfrei sind: Soweit die Beschwerde verworfen oder zurückgewiesen wird**	0,25

Die Vorschriften entsprechen den Nrn. 1905, 1906. Das dort Gesagte gilt hier entsprechend. Die Beschwerden sind grundsätzlich gebührenfrei. Ausnahmen gelten nur für den Fall der Verwerfung oder der Zurückweisung der Beschwerde. Die Bestimmungen sind als Ausnahmevorschriften eng auszulegen und beziehen sich nicht auf Auslagen, die stets zu erheben sind. Mehrere Beschwerden haben mehrere Gebühren zur Folge, wie der amtlichen Anweisung vor 5210 zu entnehmen ist. Wenn und soweit der Beschwerdeführer sein Begehren sowohl auf § 30 a ZVG als auch auf § 765 a ZPO stützt, gilt ebenfalls die amtliche Anweisung vor 5210. Die Erinnerung ist immer gebührenfrei. 23

Teil 6. Strafsachen

§ 473 Abs. 4 StPO, § 74 JGG, § 11 Abs. 3 S 1 und § 44 GKG bleiben unberührt. Wird eine Geldbuße festgesetzt, bestimmen sich die Gebühren insoweit nach Teil 7.

Allgemeines: KV Teil 6 behandelt die Gebührentatbestände für Strafsachen. Infolge der Neuordnung der Gebührentatbestände im Teil 7 des KV durch das KostRÄndG 1994 unterfallen die Fälle der Verbandsgeldbuße nach § 30 OWiG im Straf- und Bußgeldverfahren sowie der Festsetzung einer Geldbuße nach dem OWiG durch das Strafgericht in allen Instanzen jetzt dem 7. Teil des KV. Außerdem hat das KostRÄndG 1994 die Begrenzung der Gebühr bei Verurteilung zu einer Geldstrafe auf den Betrag der Geldstrafe als Höchstbetrag beseitigt, während die Gebühr für das Revisionsverfahren jetzt in gleicher Höhe erhoben werden, gleichgültig, ob durch Urteil oder durch Beschluß nach § 349 Abs. 2 oder 4 StPO entschieden wird. 1

Wegen der **allgemeinen Grundsätze** der Gebührenerhebung in Strafsachen wird auf das zu §§ 40–47 GKG Gesagte verwiesen. 2

Nr.	Gebührentatbestand	Gebührenbetrag oder Satz der Gebühr nach § 11 Abs. 2 GKG

I. Offizialverfahren mit rechtskräftiger Verurteilung zu einer Strafe, Verwarnung mit Strafvorbehalt oder Anordnung einer Maßregel der Besserung und Sicherung

1. Verfahren im ersten Rechtszug

6110	**Hauptverhandlung mit Urteil, soweit kein Strafbefehl vorausgegangen ist, bei**	
	a) Verurteilung zu Freiheitsstrafe bis zu 3 Monaten	**41,00 EUR**
	bis zu 6 Monaten	**82,00 EUR**
	bis zu 2 Jahren	**163,00 EUR**
	von mehr als 2 Jahren	**245,00 EUR**
	b) Verurteilung zu einer Geldstrafe	
	bis zu 90 Tagessätzen	**41,00 EUR**
	bis zu 180 Tagessätzen	**82,00 EUR**
	von mehr als 180 Tagessätzen	**163,00 EUR**
	c) Anordnung einer Maßregel der Besserung und Sicherung	**41,00 EUR**
	Die Gebühr entsteht auch bei Anordnung der Sicherungsverwahrung im Verfahren nach § 275a StPO.	

3 Die Gebühr 6110 deckt das **gesamte erstinstanzliche Verfahren** vom Eingang der Anklage bei Gericht bis zu der die Instanz endgültig abschließenden Entscheidung ab, sofern kein Strafbefehl vorausgegangen ist. Unerheblich ist, ob die Anklage gemäß § 199 StPO oder § 212 StPO erhoben wurde. Ein neuer Rechtszug im gebührenrechtlichen Sinne beginnt nach Einlegung der Berufung oder der Revision, wobei die Einlegung des Rechtsmittels als solches schon zur Rechtsmittelinstanz gehört. Zum Rechtszug gehören auch die Fortsetzung des Verfahrens vor einem Gericht derselben Instanz nach Verweisung oder **Zurückverweisung** und die gerichtlichen und staatsanwaltschaftlichen Handlungen nach Rechtskraft des Urteils. **Mehrere Strafsachen** bilden von ihrer Verbindung an einen Rechtszug. Vor der Verbindung angefallene Gebühren bleiben unberührt. Durch die Trennung verbundener Verfahren entstehen ab der **Trennung** selbständige Rechtszüge. Für mehrere in einem Rechtszug ergehende Urteile erwächst die Gebühr mehrmals. Wird aus der für mehrere Taten verwirkten Strafe eine Gesamtstrafe gebildet (§ 53 StGB), richtet sich die Gebühr nach der **Gesamtstrafe** und nicht nach der Summe der Einzelstrafen. Bei der Bildung von Gesamtstrafen nach § 55 Abs. 1 StGB oder 31 Abs. 2 JGG ist § 61 GKG anwendbar, nicht aber bei einer Gesamtstrafenbildung nach § 460 StPO oder § 66 JGG (Vgl. § 41 GKG). Erforderlich ist immer eine Verurteilung, wozu auch eine Verwarnung mit

Nr.	Gebührentatbestand	Gebührenbetrag oder Satz der Gebühr nach § 11 Abs. 2 GKG

Strafvorbehalt gehört (Vgl. § 40 GKG, Rn 14), nicht aber ein Absehen von Strafe oder eine Straffreierklärung (Vgl. § 40 GKG, Rn 1). Die Gebühren verfallen für den ersten Rechtszug auch dann, wenn die Verurteilung erstmals in einem Rechtsmittelrechtszug erfolgt. Bei einer Einstellung des Verfahrens fällt keine Gebühr an.

Die **Gebührensätze** sind von der Art und Höhe der rechtskräftig erkannten Strafe abhängig. Die für die rechtskräftig verhängte Maßregel der Besserung und Sicherung vorgesehene Gebühr von 41 € ist immer anzusetzen, gleichgültig, ob die Maßregel allein oder neben einer Strafe verhängt wird (Vgl. § 40 Abs. 4 GKG). Werden mehrere Maßregeln verhängt, fällt die Gebühr auch mehrmals (kumulativ) an. Es muß sich aber immer um verschiedene Maßregeln iS von § 61 StGB handeln. So ist z. B. der Ausspruch einer Sperrfrist nach § 69 a StGB keine eigenständige Maßregel, sondern nur ein notwendiger Annex zu § 69 StGB und wird nur dann zur selbständigen Maßregel, wenn der Täter keine Fahrerlaubnis hatte (§ 69 a Abs. 1 S 3 StGB). Soweit das Gericht eine schon laufende Sperre wegen einer neuen Tat verlängert, liegt selbstverständlich auch eine neu verhängte Maßregel vor. Die bloße – deklaratorische – Feststellung des Gerichts, daß die Voraussetzungen für das Entfallen einer Maßregel (z. B. Führungsaufsicht) nicht vorliegen, läßt die Gebühr nicht entstehen, wenn dadurch nur die kraft Gesetzes eintretende Rechtsfolge ausgesprochen wird.[1] 4

6111	**Strafbefehl, auch wenn nach Einspruch durch Urteil entschieden worden ist**	0,5
6112	**Hauptverhandlung mit Urteil, soweit ein Strafbefehl vorausgegangen ist**	0,5

Die halbe Gebühr 6111 ist nur dann anzusetzen, wenn das Verfahren durch Strafbefehl angefangen hat und in einer Hauptverhandlung kein Sachurteil ergangen ist, also bei Nichteinlegung eines Einspruchs, zulässige Zurücknahme des Einspruchs (§ 411 Abs. 3 StPO). Wenn in der Hauptverhandlung ein Urteil in der Sache selbst ergeht, erhöht sich die Gebühr 6111 nach Nr. 6112 auf eine volle Gebühr. Unerheblich ist, ob der Einspruch gegen den Strafbefehl auf den Rechtsfolgenausspruch beschränkt war. Die Erhöhung nach 6112 erfolgt auch, wenn der Einspruch nach § 412 StPO verworfen wird. Die Grundsätze gelten auch, soweit im Strafbefehlsverfahren Maßregeln der Besserung und Sicherung angeordnet sind und der Einspruch darauf beschränkt war. 5

2. Berufungsverfahren

6120	**Berufungsverfahren mit Urteil**	1,0

Nr. 6120 gilt für das Berufungsverfahren. Die Berufungsinstanz beginnt mit dem Eingang 6

1 LG Koblenz, NStZ-RR 1999, 352.

Nr.	Gebührentatbestand	Gebührenbetrag oder Satz der Gebühr nach § 11 Abs. 2 GKG

der Berufung bei dem gemäß § 314 Abs. 1 StPO zuständigen Gericht der ersten Instanz. Darauf, ob und wann das Berufungsgericht tätig wird,[2] ist unbedeutend. Wird sie bei einem anderen Gericht eingelegt, kommt es auf den Zeitpunkt an, zu dem sie bei dem zuständigen Gericht eingeht. Das kann auch die Entgegennahme der Berufung zur Niederschrift bei der Geschäftsstelle oder zu Protokoll des Gerichts im Anschluß an die Urteilsverkündung durch das nach § 314 StPO zuständige Gericht sein. Ob die Berufung zulässig ist oder nicht, ist für das Entstehen der Gebühr unerheblich. Die Berufungsinstanz endet mit dem Wirksamwerden des Berufungsurteils oder einer anderen Erledigung der Berufungsinstanz, etwa durch Zurücknahme oder Verzicht. Die Gebühr 6120 wird aber nur erhoben, wenn die Berufungsinstanz durch Urteil (auch nach § 329 StPO) endet. In den anderen Fällen kommt Nr. 6121 in Betracht. Keine Auswirkung auf die Gebühr nach Nr. 6120 hat es, ob und wann eine Beschränkung der Berufung stattfindet. Verweist das Berufungsgericht an das Erstgericht zurück, beginnt eine neue Berufungsinstanz nur, wenn gegen das neue Urteil abermals Berufung eingelegt wird.

7 Die Gebühr 6120 kann jedoch nur soweit entstehen, als das Strafgericht keine andere Kostenentscheidung nach **§ 473 StPO, § 74 JGG** getroffen hat. Liegt eine solche vor, ist diese für den Grund und für die Höhe der Gebühr 6120 maßgebend. Das ist jetzt in der amtlichen Anweisung zu KV Teil 6 ausdrücklich klargestellt. Im Kostenansatz ist aber eine Entscheidung nach § 473 Abs. 4 StPO nicht infrage zu stellen. Fehlt sie oder ist sie verfehlt – etwa eine unzulässige Bruchteilsentscheidung –, kann nur das Strafgericht Abhilfe schaffen. Auch eine Niederschlagung nach § 8 GKG scheidet dann aus. Wenn und soweit eine Entscheidung nach § 473 Abs. 4 StPO oder § 74 JGG vorliegt, darf aber die Mindestgebühr von 10 € nicht unterschritten werden.

6121	**Erledigung des Berufungsverfahrens ohne Urteil**	**0,25**

8 Wenn das Berufungsverfahren ohne Urteil beendet wird, ermäßigt sich die Gebühr nach Nr. 6221 auf 25% der in Nr. 6110 genannten Sätze, mindestens aber auf 10 €. In Betracht kommen hier die Zurücknahme und Verzicht nach §§ 302, 303 StPO, die Verwerfung nach §§ 313 Abs. 2 S 2, 319 Abs. 1, 322 Abs. 1 StPO und der Nichtannahmebeschluß gemäß § 322 a StPO. Für einen Antrag des Angeklagten nach § 319 Abs. 2 StPO entstehen keine Gebühren.

3. Revisionsverfahren

6130	**Revisionsverfahren mit Urteil oder Beschluß nach § 349 Abs. 2 oder 4 StPO**	**1,0**
6131	**Erledigung des Revisionsverfahrens ohne Urteil und ohne Beschluß nach § 349 Abs. 1 oder 4 StPO mit Aus-**	

2 So aber *Hartmann* KV Nr. 6120 Rn 1.

Nr.	Gebührentatbestand	Gebührenbetrag oder Satz der Gebühr nach § 11 Abs. 2 GKG
	nahme der Zurücknahme der Revision vor Ablauf der Begründungsfrist	**0,25**

9 Das Revisionsverfahren beginnt mit der Einlegung der Revision und endet mit der Revisionsrücknahme oder dem Verzicht, mit der Verwerfung durch Beschluß des Gerichts, dessen Urteil angefochten wird, durch Beschluß des Revisionsgerichts oder mit einem Urteil des Revisionsgerichts. Ist diese Entscheidung des Revisionsgerichts ein Urteil oder ein Beschluß nach § 349 Abs. 2 oder 4 StPO, entsteht die Gebühr 6130. In allen anderen Fällen der Beendigung des Revisionsverfahrens, nämlich Verzicht, Zurücknahme oder durch Beschluß nach § 346 StPO, ermäßigt sich die Gebühr nach Nr. 6131. Im Falle der Zurücknahme tritt eine Ermäßigung aber nur ein, wenn diese vor Ablauf der Revisionsbegründungsfrist wirksam erfolgt. Auch hier geht § 473 Abs. 4, 74 JGG als lex specialis vor. Die Gebührenfreiheit infolge Zurücknahme führt aber nicht zur Auslagenfreiheit.[3]

II. Wiederaufnahme eines rechtskräftig mit Verurteilung zu einer Strafe, Verwarnung mit Strafvorbehalt oder Anordnung einer Maßregel der Besserung und Sicherung abgeschlossenen Verfahrens

10 Soweit infolge der Wiedervereinigung Deutschlands noch **Kassationsverfahren** gebührenrechtlich abzuwickeln sind, gelten die Vorschriften über das Revisionsverfahren sinngemäß (EinV Anl. I Kap. III, Sachgebiet A, Abschnitt III, Ziff 19 c).

Nr.	Gebührentatbestand	Gebühr
6200	**Verwerfung oder Ablehnung eines Antrags auf Wiederaufnahme des Verfahrens**	**0,5**

11 Voraussetzung für die Gebührenpflicht ist ein Antrag auf Wiederaufnahme des Verfahrens (§ 366 StPO), der **verworfen oder abgelehnt** wird. Wird der Antrag vor der Verwerfung oder Ablehnung zurückgenommen oder führt er zu einer Anordnung der Wiederaufnahme des Verfahrens nach § 370 Abs. 2 StPO, entstehen keine Gebühren. Die Höhe der Gebühr richtet sich nach den Strafen oder Maßregeln, die in dem Urteil oder Strafbefehl ergangen sind, gegen den sich der Wiederaufnahmeantrag richtete und die auch nach Durchführung des Wiederaufnahmeverfahrens rechtskräftig bleiben. Daneben bleiben die Gebühren bestehen, die für das vorangegangene Verfahren erwachsen sind. War der Antrag nur auf einzelne von mehreren in einem abgeurteilten Fälle gerichtet, sind nur die auf diese Fälle entfallenden Einzelstrafen der Gebührenberechnung zugrunde zu legen. Die Mindestgebühr beträgt nach § 11 Abs. 3 GKG 10 €.

3 OLG Zweibrücken, RPfleger 1991, 125.

Nr.	Gebührentatbestand	Gebührenbetrag oder Satz der Gebühr nach § 11 Abs. 2 GKG
6201	**Urteil nach erneuter Hauptverhandlung**	1,0

12 Wird die Wiederaufnahme angeordnet (§ 370 Abs. 2 StPO), bleibt aber in der erneuten Hauptverhandlung durch neues Urteil das frühere Urteil ganz oder z. T. aufrechterhalten, wird die Gebühr 6201 erhoben, und zwar nach Maßgabe der den Gegenstand der Wiederaufnahme bildenden Straftat und der für sie im früheren rechtskräftigen Urteil erkannten Rechtsfolgen, soweit sie Gegenstand des Wiederaufnahmeverfahrens waren. Die Gebühr gilt das ganze Verfahren einschließlich des Anordnungsverfahrens ab. Werden gegen das neue Urteil Rechtsmittel eingelegt, bestimmt sich die Gebührenpflicht nach den dafür einschlägigen Bestimmungen.

13 Wird die Wiederaufnahme nur hinsichtlich einzelner von mehreren in einem Urteil zusammengefaßten **Einzelstrafen** betrieben, so erwächst die Gebühr 6201 nur aus den Fällen, die Gegenstand des Wiederaufnahmeverfahrens bilden. Sind mehrere in einem Urteil zusammengefaßte Fälle Gegenstand des Wiederaufnahmeverfahrens und hat das Wiederaufnahmeverfahren nur hinsichtlich einzelner Fälle Erfolg (**Teilerfolg**), sind die Gebühren getrennt nach Nr. 6201 zu berechnen. Eine Entscheidung nach § 473 Abs. 4 StPO ist zu beachten. Die Mindestgebühr beträgt 10 €.

14 Im Falle der **Aufhebung des früheren Urteils** sind für das Wiederaufnahmeverfahren keine besonderen Gebühren zu berechnen. Das frühere und das nach Anordnung der Wiederaufnahmeverfahren betriebene Verfahren gelten gebührenrechtlich als ein Rechtszug, und zwar auch dann, wenn sich das Wiederaufnahmeverfahren gegen einen Strafbefehl richtet (§ 43 GKG).

III. Einziehung und verwandte Maßnahmen

1. Antrag des Privatklägers nach § 440 StPO

Zurückweisung des Antrags

6310	**– durch Urteil**	**30,00 EUR**
6311	**– durch Beschluß**	**15,00 EUR**

15 Gemäß § 440 StPO kann der Antrag, die Einziehung eines Gegenstandes oder des Wertersatzes anzuordnen, auch vom Privatkläger gestellt werden. Wird dem Antrag stattgegeben, erwächst hierfür keine Gebühr. Die Gebühr entsteht nur für die Zurückweisung des Antrags, nicht im Falle einer sonstigen Erledigung (etwa durch Zurücknahme).

Nr.	Gebührentatbestand	Gebührenbetrag oder Satz der Gebühr nach § 11 Abs. 2 GKG

2. Berufung, Revision und Wiederaufnahme betreffend
– die Einziehung, den Verfall, die Vernichtung, die Unbrauchbarmachung oder die Abführung des Mehrerlöses im Strafverfahren oder im selbständigen Verfahren nach §§ 440, 441 StPO,
– die Verwerfung eines Antrags nach § 439 oder § 440 StPO

In diesen Fällen ist das Verfahren des ersten Rechtszuges gebührenfrei (§ 40 Abs. 5 GKG). **16**
Im Berufungs-, Revisions- oder Wiederaufnahmeverfahren können die Gebühren 6320–6325 entstehen. Das gilt auch für ein Rechtsmittel- oder Wiederaufnahmeverfahren eines Einziehungsbeteiligten. Richtet sich das Rechtsmittel oder das Wiederaufnahmeverfahren sowohl gegen die erkannte Strafe als auch gegen die Anordnung der Einziehung usw., dann können die Gebühren 6320–6325 und die Gebühren 6120 ff. nebeneinander entstehen. Bei mehreren Angeklagten oder Einziehungsbeteiligten erwächst nur eine Gebühr, wenn sich das Rechtsmittel oder die Wiederaufnahme auf dieselbe Tat bezieht, sonst entsteht sie für jeden Angeklagten oder Beteiligten gesondert.

6320	**Verwerfung der Berufung durch Urteil**	**30,00 EUR**
6321	**Erledigung der Berufung ohne Urteil**	**10,00 EUR**
6322	**Verwerfung der Revision durch Urteil oder Beschluß nach § 349 Abs. 2 oder 4 StPO**	**30,00 EUR**
6323	**Erledigung der Revision ohne Urteil oder ohne Beschluß nach § 349 Abs. 2 oder 4 StPO mit Ausnahme der Zurücknahme der Revision vor Ablauf der Begründungsfrist**	**10,00 EUR**
6324	**Verwerfung oder Ablehnung eines Antrags auf Wiederaufnahme des Verfahrens**	**15,00 EUR**
6325	**Urteil nach erneuter Hauptverhandlung (§ 373 StPO)**	**30,00 EUR**

IV. Klageerzwingungsverfahren, unwahre Anzeige und Zurücknahme des Strafantrags

6400	**Dem Antragsteller, dem Anzeigenden, dem Angeklagten oder Nebenbeteiligten sind die Kosten auferlegt worden (§§ 177, 469, 470 StPO)**	**30,00 EUR**

Das KostRÄndG 1994 hat den Anwendungsbereich der Nr. 6400 erweitert. Fiel bis dahin **17**
die Gebühr nur an, wenn bei Einstellung des Strafverfahrens wegen Zurücknahme des

Nr.	Gebührentatbestand	Gebührenbetrag oder Satz der Gebühr nach § 11 Abs. 2 GKG

Strafantrags dem Antragsteller oder Anzeigenden die Kosten des Verfahrens auferlegt worden sind, gilt das jetzt auch für den Angeklagten und den Nebenbeteiligten, sofern diesen die Kosten des Verfahrens aufgrund einer Übernahmeerklärung auferlegt worden sind (§ 470 S 2 StPO).[4] Es handelt sich hier um eine Entscheidungsgebühr, die gesamte vorhergehende Verfahren (nicht aber ein nachfolgendes Rechtsmittelverfahren) abdeckt.

18 **Kostenauferlegung nach § 177 StPO:** Voraussetzung ist eine rechtskräftige Entscheidung nach § 177 StPO durch das Gericht, deren Richtigkeit oder Rechtmäßigkeit im Kostenansatzverfahren nicht zu überprüfen, sondern hinzunehmen ist. Unerheblich ist für das Kostenansatzverfahren auch, ob der Antrag im Klageerzwingungsverfahren aus förmlichen oder sachlichen Gründen verworfen wurde. Die gegenteilige Ansicht, wonach keine Gebühren entstehen, wenn das Gericht den Antrag wegen eines Mangels bei den förmlichen Voraussetzungen verwirft,[5] ist insoweit richtig, als in solchen Fällen nach materiellem Strafverfahrensrecht keine Kostenentscheidung ergehen darf und deshalb auch nach § 177 StPO nicht vorliegen kann. Natürlich entstehen auch keine Gebühren, wenn der Antragsteller seinen Antrag zurücknimmt. Auch dann kommt es nicht zu einer Kostenentscheidung des Gerichts nach § 177 StPO.

19 **Unwahre Anzeige:** Auch hier ist eine Kostenentscheidung nach § 469 StPO durch das Gericht Anspruchsvoraussetzung für das Entstehen der Gebühr 6400. Es handelt sich auch insoweit um eine Entscheidungsgebühr, die zwar das ganze vorausgegangene Verfahren abdeckt, mit Ausnahme eines nachfolgenden Rechtsmittelverfahrens. Fehlt aber die Entscheidung nach § 469 StPO, ist für eine Erhebung der Gebühr kein Raum. Auch ihre Richtigkeit ist nicht im Kostenansatzverfahren zu prüfen.

20 **Zurücknahme des Strafantrags:** Gemeint sind die Fälle des § 470 StPO, wonach im Falle einer Zurücknahme des Strafantrags dem Antragsteller die Kosten des Verfahrens auferlegt werden müssen bzw. dem Antragsteller oder einem Nebenbeteiligten nach Übernahmeerklärung auferlegt werden können. Voraussetzungen für das Entstehen der Gebühr 6400 ist auch hier immer, daß eine rechtskräftige Entscheidung des Gerichts nach § 470 StPO vorliegt, andernfalls die Gebühr nicht angesetzt werden darf. Die Richtigkeit oder gar die Zulässigkeit einer solchen Entscheidung oder Nichtentscheidung ist für das Kostenansatzverfahren ohne Belang.

21 **Mehrere Antragsteller:** Bei mehreren Antragstellern ist einmal Voraussetzung für die Gebührenerhebung, daß gegen jeden Antragsteller eine Kostenentscheidung vorliegt. Ist das der Fall, ist zu unterscheiden, ob der Antrag denselben Straftatbestand betraf oder ob es sich um verschiedene Straftatbestände handelte. Im ersten Fall schulden sie die Gebühren nur einmal und haben sie samt den Auslagen gesamtschuldnerisch zu tragen (§ 58

4 Vgl. BT-Drucks. 12/6962, S. 84.

5 So OLG Bremen, MDR 1984, 164; OLG Koblenz, NJW 1977, 1461, 1462; *Hartmann* KV 6400 Rn 2.

Nr.	Gebührentatbestand	Gebührenbetrag oder Satz der Gebühr nach § 11 Abs. 2 GKG

GKG). Im anderen Fall fallen zu ihren Lasten jeweils mehrere Gebühren an. Mehrere Gebühren sind auch dann anzusetzen, wenn getrennte Entscheidungen des Gerichts hinsichtlich eines jeden Antragstellers ergehen.

Haben **mehrere Strafantragsteller** ihre wegen desselben Straftatbestandes gestellten Strafanträge gleichzeitig oder nacheinander zurückgenommen und wurde nach Zurücknahme des letzten Strafantrags das Verfahren wegen der Strafantragsrücknahme eingestellt, erwächst die Gebühr nur einmal. Mehrere Gebühren erwachsen aber, wenn wegen mehrerer Straftaten gestellte Strafanträge nacheinander zurückgenommen werden und deshalb auch mehrere Kostenentscheidungen ergehen. **22**

Richtet sich aber **ein Antrag gegen mehrere Beschuldigte** und ergeht hierüber eine Kostenentscheidung, ist auch nur eine Gebühr geschuldet, während mehrere Gebühren auch desselben Antragstellers bei mehreren Entscheidungen angesetzt werden. **23**

V. Privatklageverfahren auch in der Form des Verfahrens nach Widerklage

1. Verfahren mit Verurteilung zu einer Strafe

a) Verfahren im ersten Rechtszug

6510	**Hauptverhandlung mit Urteil**	1,0

Voraussetzung der Gebühr 6510 ist, daß der Beschuldigte im Privatklageverfahren – auch als Widerbeklagter – **zu einer Strafe verurteilt** wurde. Wurde der Beschuldigte nicht verurteilt und das Verfahren auch nicht wegen Geringfügigkeit eingestellt, kommen die Nr. 6540 ff. in Betracht. Bei einer Verurteilung ist nur die rechtskräftig erkannte Strafe und zwar für alle Rechtszüge, deren Kosten dem Angeklagten auferlegt sind, maßgebend. Ist der Verurteilte nur **teilweise zu Strafe verurteilt**, teilweise freigesprochen, kommen nur § 45 GKG, KV Nr. 6510, daneben nicht auch noch Nr. 6540 ff. zur Anwendung. Bei Gesamtstrafenbildung vgl. bei § 41 GKG und § 45, Rn 4 und bei mehreren verurteilten Privatbeklagten bei § 42 GKG und § 45, Rn 5. Werden von mehreren Privatbeklagten ein Teil verurteilt, ein Teil freigesprochen, gelten für die Verurteilten § 45, KV Nr. 6510 und für die Freigesprochenen KV Nr. 6540 ff. Die Gebühr richtet sich nach den letztlich rechtskräftig erkannten Strafen und/oder Maßregeln. **24**

b) Berufungsverfahren

6520	**Berufungsverfahren mit Urteil, wenn der Privatkläger mit Erfolg oder der Beschuldigte die Berufung eingelegt hat**	1,0

Nr.	Gebührentatbestand	Gebührenbetrag oder Satz der Gebühr nach § 11 Abs. 2 GKG

25 **Voraussetzung** ist,
- daß der Beschuldigte rechtskräftig zu einer Strafe verurteilt wurde,
- daß ein Berufungsverfahren durchgeführt wurde, das mit einem Urteil endete,
- daß das Berufungsverfahren entweder vom Privatkläger mit Erfolg betrieben wurde oder daß der Beschuldigte die Berufung wenigstens teilweise ohne Erfolg eingelegt hatte. Es ist nicht erforderlich, daß das Berufungsurteil über die Berufung endgültig entscheidet. Die Gebühr entsteht auch im Falle einer Zurückverweisung, wenn der Beschuldigte danach letztendlich rechtskräftig verurteilt wird. Verweist das Berufungsgericht zurück und gelangt die Sache dann erneut in die Berufungsinstanz, liegt gebührenrechtlich nur ein Berufungsverfahren vor, für das die Gebühren nur einmal erhoben werden. Die **Berufung des Privatklägers** hat Erfolg, wenn er erstmals in der Berufungsinstanz eine Verurteilung des Angeklagten erreicht oder wenn der Angeklagte auf die Berufung des Privatklägers zu einer höheren Strafe verurteilt wird. Es genügt auch ein teilweiser Erfolg. Entscheidend ist nur, daß die Berufung des Privatklägers nicht verworfen wurde. Wird das Berufungsurteil im Revisionsverfahren aufgehoben, kommt es darauf an, ob das Revisionsurteil die Berufung des Privatklägers verwirft. Dann entsteht keine Gebühr nach Nr. 6520 zu Lasten des Beschuldigten, weil der Privatkläger dann letzten Endes seine Berufung nicht mit Erfolg betrieben hat. Der Privatkläger schuldet dann die Gebühr 6521. Hebt das Revisionsurteil das Berufungsurteil auf und verweist es zurück, kommt es darauf an, ob der Privatkläger letzten Endes mit seiner Berufung Erfolg hat oder nicht. Hat der Beschuldigte Berufung eingelegt und wird er letztlich trotzdem rechtskräftig zu Strafe verurteilt, erwächst die Gebühr 6520, und zwar auch dann, wenn er mit seiner Berufung nur teilweise Erfolg hatte. Eine gerichtliche Entscheidung nach § 473 Abs. 4 StPO ist aber vorrangig zu beachten.

6521	**Berufungsverfahren mit Urteil, wenn der Privatkläger ohne Erfolg die Berufung eingelegt hat**	**60,00 EUR**

26 Voraussetzung ist eine Verurteilung des Angeklagten und eine dagegen gerichtete erfolglose Berufung des Privatklägers. Es reicht, wenn der Privatkläger nur einen Teilerfolg erzielt hat.

6522	**Erledigung der Berufung des Beschuldigten ohne Urteil**	**0,25**
6523	**Erledigung der Berufung des Privatklägers ohne Urteil**	**15,00 EUR**

27 Die Bestimmungen gelten nur dann, wenn sich die Berufungen ohne rechtskräftiges Urteil erledigen, etwa durch Zurücknahme des Rechtsmittels oder Entscheidung des Gerichts durch Beschluß. Die Gebühren 6522 und 6523 können nebeneinander anfallen, wenn die Berufungen des Beschuldigten und des Privatklägers sich ohne Urteil erledigen.

Nr.	Gebührentatbestand	Gebührenbetrag oder Satz der Gebühr nach § 11 Abs. 2 GKG

c) Revisionsverfahren

6530	**Revisionsverfahren mit Urteil oder Beschluß nach § 349 Abs. 2 oder 4 StPO, wenn der Privatkläger mit Erfolg oder der Beschuldigte die Revision eingelegt hat**	**1,0**

Voraussetzung für die Gebühr 6530 ist, daß der Beschuldigte rechtskräftig zu Strafe verurteilt wurde, daß ein Revisionsverfahren durchgeführt und mit einem Urteil oder Beschluß nach § 349 Abs. 2 oder 4 StPO endet und daß entweder der Privatkläger mit Erfolg oder der Beschuldigte ohne Erfolg die Revision eingelegt hat. Außerdem darf auch keine andere Kostenversteilung nach § 473 Abs. 4 StPO vorliegen. **28**

6531	**Revisionsverfahren mit Urteil oder Beschluß nach § 349 Abs. 2 StPO, wenn der Privatkläger ohne Erfolg die Revision eingelegt hat**	**60,00 EUR**

Während Nr. 6530 u. a. den Fall behandelt, daß der Privatkläger erfolgreich zu Lasten des verurteilten Beschuldigten Revision einlegt und das Verfahren mit einem Urteil oder Beschluß nach § 349 Abs. 2 oder 4 StPO endet, trifft Nr. 6531 die **vom Privatkläger erfolglos eingelegte Revision**, die mit einem Urteil oder Beschluß nach § 349 Abs. 2 oder 4 StPO endet. Voraussetzung ist auch hier, daß der Beschuldigte rechtskräftig zu einer Strafe verurteilt wurde. Die Festgebühr entsteht ohne Rücksicht auf den Umfang des Revisionsverfahrens und die Höhe der Strafe des Beschuldigten. Hat auch der Beschuldigte erfolglos Revision eingelegt, entstehen die Gebühren 6530 und 6531 nebeneinander. **29**

6532	**Erledigung der Revision des Beschuldigten ohne Urteil und ohne Beschluß nach § 349 Abs. 2 oder 4 StPO mit Ausnahme der Zurücknahme der Revision vor Ablauf der Begründungsfrist**	**0,25**

Nr. 6532 trifft den Fall, daß die **Revision des** zu einer Strafe verurteilten **Beschuldigten** ohne Urteil oder Beschluß nach § 349 Abs. 2 oder 4 StPO endgültig endet, z. B. durch Zurücknahme des Rechtsmittels. Nimmt er die Revision vor Ablauf der Begründungsfrist zurück, erwächst die Gebühr 6532 nicht. **30**

6533	**Erledigung der Revision des Privatklägers ohne Urteil und ohne Beschluß nach § 349 Abs. 2 StPO mit Ausnahme der Zurücknahme der Revision vor Ablauf der Begründungsfrist**	**15,00 EUR**

Nr. 6533 behandelt den Fall, daß sich die Revision des **Privatklägers** ohne Urteil oder Beschluß nach § 349 Abs. 2 oder 4 StPO endgültig erledigt. Auch hier fällt die Gebühr nicht an, wenn eine Zurücknahme vor Ablauf der Begründungsfrist erfolgt. **31**

Nr.	Gebührentatbestand	Gebührenbetrag oder Satz der Gebühr nach § 11 Abs. 2 GKG

2. Verfahren ohne Verurteilung, das nicht wegen Geringfügigkeit eingestellt ist

32 Die Nr. 6540–6561 regeln die Fälle, in denen der Beschuldigte letzten Endes nicht verurteilt und das Verfahren gegen ihn auch nicht wegen Geringfügigkeit eingestellt wurde, also die Gebühren für ein i Erg vergebliches Privatklageverfahren. Der Beschuldigte ist nicht verurteilt, wenn gegen ihn keine Strafe rechtskräftig ausgesprochen wurde oder wenn das Verfahren wegen Geringfügigkeit nach § 383 Abs. 2 StPO eingestellt worden ist.

a) Verfahren im ersten Rechtszug

6540	**Hauptverfahren mit Urteil**	**60,00 EUR**

33 Im Fall des **Hauptverfahrens mit Urteil** ist entscheidend, daß ein Urteil ergangen ist. Dessen Inhalt (Freispruch, Absehen von Strafe usw.) ist unerheblich. Allein das Urteil löst die Gebühr 6540 aus, vorausgesetzt, daß der Beschuldigte nicht im Zuge von Rechtsmittelverfahren doch noch zu Strafe verurteilt wurde. Es müssen aber alle den Gegenstand des Verfahrens bildenden Punkte erledigt sein. Das gilt selbst dann, wenn im Privatklageverfahren die Kosten des Verfahrens nach § 471 Abs. 3 StPO dem Privatkläger ganz oder teilweise auferlegt worden sind. Voraussetzung einer endgültigen Gebührenerhebung ist, daß die Nichtverurteilung letzten Endes rechtskräftig wird. Der Hauptanwendungsfall der **Einstellung des Verfahrens durch Urteil** ist der des § 389 StPO. Auch hier erwächst die Gebühr 6540. Die **Gebühr** in Höhe von 60 € erwächst, gleichgültig, wieviel Personen als Beschuldigte oder Privatkläger auftreten, sofern alle Beschuldigten freigesprochen oder das Verfahren gegen sie wegen Geringfügigkeit eingestellt wurde. Anders liegt es, wenn ein Teil verurteilt und ein Teil freigesprochen wird. Dann fallen die Gebühren nach § 45 GKG, Nr. 6510 und 6540 nebeneinander an. So auch, wenn der Privatkläger verurteilt und der Privatkläger als Widerbeklagter freigesprochen wird oder umgekehrt. Die im Urteil enthaltene Kostenentscheidung und eine darin vorgenommene Kostenverteilung berührt nicht das Erwachsen der Gebühren, sondern nur die **Kostenschuldner**.

6541	**Erledigung des Verfahrens ohne Urteil**	**15,00 EUR**

34 6541 betrifft den Fall, daß sich Privatklageverfahren – auch als Widerklageverfahren – im ersten Rechtszug ohne Urteil endgültig erledigt. Die Erledigung kann erfolgen durch Zurücknahme, Zurückweisung nach § 382 StPO oder § 383 StPO, Einstellung (außer wegen Geringfügigkeit, dann keine Gebühr), Vergleich, Amnestie. Bei **teilweiser Erledigung** gilt: Richtet sich das Verfahren gegen mehrere Beschuldigte und erledigt es sich nur hinsichtlich einzelner, nicht aller Beschuldigter, ist Nr. 6541 hinsichtlich derjenigen Beschuldigten anzuwenden, die von der Erledigung betroffen sind. Die Gebühr wird aber auch bei mehreren Beschuldigten nur einmal erhoben.

b) Berufungsverfahren

6550	**Berufungsverfahren mit Urteil**	**60,00 EUR**

Nr.	Gebührentatbestand	Gebührenbetrag oder Satz der Gebühr nach § 11 Abs. 2 GKG
6551	Erledigung der Berufung ohne Urteil	15,00 EUR
c) Revisionsverfahren		
6560	Revisionsverfahren mit Urteil oder Beschluß nach § 349 Abs. 2 oder 4 StPO	60,00 EUR
6561	Erledigung der Revision ohne Urteil und ohne Beschluß nach § 349 Abs. 2 oder 4 StPO mit Ausnahme der Zurücknahme der Revision vor Ablauf der Begründungsfrist	15,00 EUR

35 Nur die Berufung oder die Revision des Privatklägers oder des Beklagten als Widerkläger kann die Gebühren 6550, 6551; 6560, 6561 auslösen.

3. Wiederaufnahme eines Privatklageverfahrens auf Antrag des Privatklägers

Nr.	Gebührentatbestand	Gebührenbetrag
6570	Der Antrag wird verworfen	15,00 EUR
6571	Nach Anordnung der Wiederaufnahme wird nicht auf eine höhere Strafe erkannt	60,00 EUR

36 Nur ein Antrag des Privatklägers kann die Gebühren 6570, 6571 auslösen. Die Tatbestände entsprechen im übrigen den Nr. 6200, 6201. Auf das dort Gesagte wird verwiesen.

VI. Nebenklage

Dem Nebenkläger sind die Kosten auferlegt worden:

Nr.	Gebührentatbestand	Gebührenbetrag
6600	Die Berufung des Nebenklägers wird durch Urteil oder die Revision des Nebenklägers wird durch Urteil oder Beschluß nach § 349 Abs. 2 StPO verworfen; aufgrund der Berufung oder Revision des Nebenklägers wird der Angeklagte freigesprochen oder für straffrei erklärt	60,00 EUR
6601	Erledigung der Berufung des Nebenklägers ohne Urteil oder der Revision des Nebenklägers ohne Urteil und ohne Beschluß nach § 349 Abs. 2 StPO mit Ausnahme der Zurücknahme der Revision vor Ablauf der Begründungsfrist	15,00 EUR
6602	Der Antrag des Nebenklägers auf Wiederaufnahme des Verfahrens wird verworfen	15,00 EUR

Nr.	Gebührentatbestand	Gebührenbetrag oder Satz der Gebühr nach § 11 Abs. 2 GKG
6603	**Nach Anordnung der Wiederaufnahme des Verfahrens auf Antrag des Nebenklägers wird nicht auf eine höhere Strafe erkannt**	**60,00 EUR**

VII. Beschwerdeverfahren

37 Die einschränkende Aufzählung der Beschwerdeberechtigten vor der alten Nr. 1670 ist durch das KostRÄndG 1994 entfallen. Damit ist klargestellt, daß für die Zurückweisung der Beschwerde eines Zeugen oder Sachverständigen nach § 304 StPO gegen die Festsetzung eines Ordnungsmittels eine Gebühr zu erheben ist. Die Nr. 6700 ff. finden damit auf alle Beschwerden Anwendung, die nach dem Strafverfahrensrecht im weitesten Sinne zu behandeln sind, also z. B. auch solche nach §§ 8, 9 StrEG. Soweit der Beschwerdeführer seine Beschwerde zurücknimmt, entsteht keine Gebühr. Das gilt auch, wenn die Beschwerde sich vor einer gerichtlichen Entscheidung anderweitig erledigt oder wenn ihr das Gericht stattgibt. Auf die Statthaftigkeit oder Zulässigkeit der Beschwerde kommt es nicht an. Die Gebühr deckt das gesamte Beschwerdeverfahren von der Einlegung der Beschwerde bis zu ihrer negativen Bescheidung ab, entsteht aber erst mit der Wirksamkeit der Entscheidung. Keine Beschwerden idS sind beschwerdeähnliche Rechtsbehelfe wie Dienstaufsichtsbeschwerden, Gegenvorstellungen o. ä. Voraussetzung für alle Beschwerden ist eine **gerichtliche Kostenentscheidung.** Fehlt sie, ist die Kostenentscheidung des Urteils maßgeblich. Weicht die Kostenentscheidung im Urteil von der in der Beschwerdeentscheidung ab, gilt der Urteilsausspruch. Erledigt sich das Hauptsacheverfahren dann ohne eine Kostenentscheidung, können auch Gebühren für das Beschwerdeverfahren nicht mehr erhoben werden.

Verwerfung oder Zurückweisung einer Beschwerde

6700	**– gegen einen Beschluß, durch den ein Antrag auf Wiederaufnahme des Verfahrens hinsichtlich einer Freiheitsstrafe, einer Geldstrafe oder einer Maßregel der Besserung und Sicherung verworfen oder abgelehnt wurde**	**0,5**

38 Bei einer Beschwerde der Staatsanwaltschaft, mag sie zu Gunsten oder zu Ungunsten des Beschuldigten eingelegt worden sein, entsteht die Gebühr nicht, gleichgültig, welchen Erfolg sie hat. Eine Beschwerdegebühr entsteht in diesem Falle auch dann nicht, wenn dem Beschuldigten die Kosten der Beschwerde auferlegt werden. Die Kostenentscheidung bezieht sich dann nur auf die Auslagen. Wird die Beschwerde des Beschuldigten, Privat-, Nebenklägers oder eines Nebenbeteiligten nur teilweise verworfen oder zurückgewiesen,

Nr.	Gebührentatbestand	Gebührenbetrag oder Satz der Gebühr nach § 11 Abs. 2 GKG

erwächst die Gebühr gleichwohl. Bei der Höhe der Gebühr ist § 473 Abs. 4 StPO als vorrangig zu beachten.

6702	**– im Kostenfestsetzungsverfahren**	**1,0 der Gebühr nach § 11 Abs. 2 GKG**

Es handelt sich um eine Beschwerde im Verfahren nach § 464 b StPO, das sich nach der ZPO richtet. Demgemäß bemißt sich die Gebühr nach dem Beschwerdewert, also nach dem Betrag, hinsichtlich dessen die Beschwerde als unzulässig verworfen oder als unbegründet zurückgewiesen wird. Das ist der Betrag der Kosten, den der Beschwerdeführer ohne Erfolg erstrebt hat oder dessen Zahlung er durch die Beschwerde erfolglos abwehren wollte. § 11 Abs. 3 GKG ist zu beachten. Das Erinnerungsverfahren zählt noch nicht zum Beschwerdeverfahren. **39**

6703	**– in sonstigen Fällen außer in Beschwerdeverfahren, die nach anderen Vorschriften gebührenfrei sind** **Von dem Beschuldigten wird eine Gebühr nicht erhoben, wenn gegen ihn rechtskräftig auf eine Strafe oder auf Verwarnung mit Strafvorbehalt erkannt oder eine Maßregel der Besserung und Sicherung angeordnet ist**	**10,00 EUR**

Nr. 6703 erfaßt alle Beschwerden im Rahmen eines **Strafverfahrens** einschließlich des Vollstreckungsverfahrens nach der StPO, soweit die ablehnende Entscheidung durch das Gericht ergeht und sie nicht den Nr. 6700–6702 unterfallen oder nach anderen Vorschriften gebührenfrei sind (z. B. §§ 5 Abs. 2 GKG, 98 Abs. 3 BRAGO), also auch solche nach §§ 8, 9 StrEG, §3 56 Abs. 2, 181 GVG. **40**

VIII. Entschädigungsverfahren

6800	**Soweit dem Verletzten oder seinem Erben im Strafverfahren ein aus der Straftat erwachsener vermögensrechtlicher Anspruch zuerkannt ist (§ 403 StPO)** **Die Gebühr wird für jeden Rechtszug nach dem Wert des zuerkannten Anspruchs erhoben.**	**1,0 der Gebühr nach § 11 Abs. 2 GKG**

Voraussetzung ist, daß der vermögensrechtliche Anspruch nach §§ 403 ff. StPO geltend gemacht worden ist und dem Verletzten oder seinem Erben in diesem Verfahren auch zuerkannt wurde, und zwar nicht nur dem Grunde nach, sondern auch der Höhe nach. **41**

Nr.	Gebührentatbestand	Gebührenbetrag oder Satz der Gebühr nach § 11 Abs. 2 GKG

Sieht das Strafgericht von einer Entscheidung ab oder erledigt er sich aus anderen Gründen vor einer Entscheidung (Zurücknahme, Vergleich), kommt Nr. 6800 nicht zum Tragen.

42 Die **Höhe der Gebühr** richtet sich nach dem letztlich zuerkannten und nicht nach dem beantragten Anspruch. Sie ist für jeden Rechtszug zu erheben, wenn letzten Endes ein Anspruch zuerkannt wird. Wird im letzten Rechtszug ein Anspruch abgelehnt, obwohl ein solcher in den vorangegangenen Rechtszügen zuerkannt war, entsteht auch für die früheren Rechtszüge keine Gebühr.

43 **Kostenschuldner** ist der verurteilte Angeklagte. Wird kein Anspruch zuerkannt, kann mangels Vorhandenseins eines Kostenschuldners keine Gebühr erhoben werden.

Teil 7: Verfahren nach dem Gesetz über Ordnungswidrigkeiten

§ 473 Abs. 4 StPO, auch i.V.m. § 46 OWiG, und § 11 Abs. 3 S 1 GKG bleiben unberührt.

I. Bußgeldverfahren oder Strafverfahren mit rechtskräftiger Festsetzung einer Geldbuße

1 In der amtlichen Vorbemerkung wird darauf hingewiesen, daß generell § 473 Abs. 4, auch iVm § 46 Abs. 1 OWiG, unberührt bleibt, wonach das Gericht in bestimmten Fällen die Gebühr herabsetzen kann. Der Hinweis auf § 11 Abs. 3 GKG stellt klar, daß es bei dem dort bestimmten Mindestbetrag einer Gebühr verbleibt, auch nach einem Gebührentatbestand rechnerisch ein geringerer Betrag in Betracht käme. Als Folge der Änderung der §§ 40, 42 GKG sind jetzt auch ohne weitere Bestimmungen im KV die Fälle der Verbandsgeldbuße nach § 30 OWiG im Straf- oder Bußgeldverfahren in allen Instanzen kostenrechtlich erfaßt.

1. Verfahren im ersten Rechtszug

7110	**Hauptverhandlung mit Urteil oder Beschluß ohne Hauptverhandlung, soweit kein Strafbefehl vorausgegangen ist**	**10 v. H. des Betrages der Geldbuße, – mindestens 25,00 EUR – höchstens 13 000,00 EUR**

Nr.	Gebührentatbestand	Gebührenbetrag oder Satz der Gebühr nach § 11 Abs. 2 GKG

Voraussetzung ist, daß gegen den Betroffenen oder gegen den Beschuldigten im Bußgeldverfahren oder im Strafverfahren rechtskräftig eine Geldbuße festgesetzt worden ist und daß eine Hauptverhandlung stattgefunden hat, die mit einem Urteil endete (§ 71 OWiG) bzw. ein Beschluß ohne Hauptverhandlung ergangen ist (§ 72 OWiG). Bei der Entscheidung muß es sich um eine Sachentscheidung handeln. Das Verfahren nach Einspruch ohne Sachentscheidung ist in Nr. 7200 geregelt. Keine Sachentscheidung liegt vor, wenn der Einspruch ohne sachliche Prüfung aus förmlichen Gründen (z. B. wegen Unzulässigkeit oder wegen Säumnis des Betroffenen) verworfen wird oder wenn die Hauptverhandlung ohne Urteil endet, weil der Einspruch zurückgenommen wurde. Wird das Verfahren nach § 47 Abs. 2 OWiG eingestellt, erwächst keine Gebühr, weil dann keine Geldbuße rechtskräftig festgesetzt wurde. Auch bei Verwerfung eines unzulässigen Einspruchs durch Beschluß nach § 70 OWiG entsteht keine Gebühr, da es sich hier nicht um einen Beschluß nach § 72 OWiG mit Sachentscheidung handelt. Auslagen sind aber auf Grund der Kostenentscheidung nach § 54 Nr. 1 GKG zu erheben. 2

Die **Gebühr** richtet sich nach der letzten Endes rechtskräftig festgesetzten Geldbuße (§§ 48, 40 Abs. 1 GKG). Neben der Gebühr 7110 dürfen die Kosten für das Verfahren vor der Verwaltungsbehörde (§§ 105, 107 OWiG) nicht erhoben werden. Wird auf Einziehung, Verfall, Vernichtung, Unbrauchbarmachung, Abführung des Mehrerlöses erkannt, wird hierfür in der ersten Instanz keine Gebühr erhoben, wohl aber bei der Festsetzung einer Geldbuße gegen eine juristische Person oder eine Personenvereinigung. 3

Bei **mehreren Beschuldigten oder Betroffenen** fällt die Gebühr für jeden einzeln an (§§ 48, 42 Abs. 1 GKG). Eine Ausnahme gilt insofern nur unter den Voraussetzungen der §§ 48, 40 Abs. 5 GKG. Mehrere Betroffene oder Beschuldige haften aber als Gesamtschuldner. 4

Wenn nach Anordnung der **Wiederaufnahme** die frühere Entscheidung aufgehoben wird, gelten für die Gebührenerhebung das frühere und das neue Verfahren als ein Rechtszug. 5

Beim Verfahren zur **Vollstreckung in das Vermögen** werden die Gebühren nach den Vorschriften für bürgerliche Rechtsstreitigkeiten gesondert erhoben (§§ 48, 47 GKG). Für die Anordnung der Erzwingungshaft nach § 96 OWiG ist keine besondere Gebühr vorgesehen. 6

Die **Höhe der Gebühr** richtet sich nach der letztendlich rechtskräftig festgesetzten Geldbuße. Wird der Bußgeldbescheid nur teilweise angefochten, ist nur der angefochtene Teil maßgebend. 7

7111	**Strafbefehl, auch wenn nach Einspruch durch Urteil entschieden worden ist**	0,5
7112	**Hauptverhandlung mit Urteil, sofern ein Strafbefehl vorausgegangen ist**	0,5

Nr.	Gebührentatbestand	Gebührenbetrag oder Satz der Gebühr nach § 11 Abs. 2 GKG

8 Die Vorschriften entsprechen inhaltlich den Nr. 6111, 6112. Auf das dort Gesagte wird verweisen. **Voraussetzung** ist, daß gegen den Beschuldigten rechtskräftig eine Geldbuße festgesetzt worden ist. Wurde der Strafbefehl rechtskräftig, erwächst die Hälfte der Gebühr nach Nr. 7110, höchstens aber 6. 250 €.

2. Berufungsverfahren

7120	**Berufungsverfahren mit Urteil**	**1,0**
7121	**Erledigung des Berufungsverfahrens ohne Urteil**	**0,25**

9 Die Gebührentatbestände entsprechen inhaltlich denen der Nr. 6120, 6121. Auf das dort Gesagte wird verwiesen.

3. Rechtsbeschwerdeverfahren

7130	**Rechtsbeschwerdeverfahren mit Urteil oder Beschluß nach § 79 Abs. 5 OWiG**	**1,0**
7131	**Erledigung der Rechtsbeschwerde ohne Urteil oder Beschluß nach § 79 Abs. 5 OWiG mit Ausnahme der Zurücknahme der Rechtsbeschwerde vor Ablauf der Begründungsfrist**	**0,25**

10 Die volle Gebühr 7130 kommt in Betracht, wenn aufgrund einer Hauptverhandlung durch Urteil entschieden wird oder ohne Hauptverhandlung durch Beschluß nach § 79 Abs. 5 OWiG, der an die Stelle eines möglichen Urteils ergeht, entschieden wird. Andere verfahrensbeendende Beschlüsse kommen nicht in Betracht, sondern fallen unter Nr. 7131. Andere verfahrensbeendende Erledigungen können sein die Rücknahme der Rechtsbeschwerde nach dem Ablauf der Begründungsfrist, ein Aufhebungsbeschluß des Beschwerdegerichts, Verwerfung der Rechtsbeschwerde als unzulässig. Die Verwerfung des Antrags auf Zulassung der Rechtsbeschwerde nach § 80 Abs. 3 OWiG hingegen ist dem Fall der Rücknahme der Rechtsbeschwerde vor Ablauf der Begründungsfrist gleichzustellen und löst keine Gebühr aus.[1]

4. Revisionsverfahren

7135	**Revisionsverfahren mit Urteil oder Beschluß nach § 349 Abs. 2 oder 4 StPO**	**1,0**
7136	**Erledigung des Revisionsverfahrens ohne Urteil und**	

1 Streitig. Vgl. *Oe/Wi/He* KV 7700–7701 Rn 5.

Nr.	Gebührentatbestand	Gebührenbetrag oder Satz der Gebühr nach § 11 Abs. 2 GKG
	ohne Beschluß nach § 349 Abs. 2 oder Abs 4 StPO mit Ausnahme der Zurücknahme der Revision vor Ablauf der Begründungsfrist	**0,25**

11 Die Nr. 7135, 7136 entsprechen den Nr. 6130, 6131. Auf das dort Gesagte wird verwiesen.

II. Verfahren nach Einspruch ohne Sachentscheidung

7200	**Verwerfung des Einspruchs nach Beginn der Hauptverhandlung**	**0,5**

12 Grundsätzlich erfolgt eine Verwerfung eines unzulässigen Einspruchs nach § 70 OWiG durch Beschluß außerhalb der Hauptverhandlung und ist gebührenfrei. Nur die Auslagen sind dann gegen den Betroffenen festzusetzen. Wird die Unzulässigkeit aber erst **in der Hauptverhandlung** erkannt und der Einspruch daraufhin **durch Urteil verworfen,** entsteht hierfür die Gebühr 7200. Beruht die Tatsache, daß nicht schon durch Beschluß nach § 70 OWiG verworfen wurde, auf einer unrichtigen Sachbehandlung durch das Gericht, dürfen die Kosten nach § 8 GKG nicht erhoben werden. Das ist immer dann der Fall, wenn bei der Terminsbestimmung die Unzulässigkeit des Einspruchs für das Gericht erkennbar war.

13 Wenn der **Betroffene,** dessen persönliches Erscheinen angeordnet war, ohne genügende Entschuldigung **ausgeblieben** ist, wird sein **Einspruch in der Hauptverhandlung durch Urteil verworfen** (§ 74 Abs. 2 OWiG). Hierfür erwächst die Gebühr 7200. Daneben sind auch die Kosten des Bußgeldverfahrens vor der Verwaltungsbehörde nach §§ 105, 107 OWiG zu erheben.

III. Wiederaufnahme des Bußgeldverfahrens oder des Strafverfahrens, soweit gegen den Betroffenen oder den Beschuldigten eine Geldbuße festgesetzt worden ist

7300	**Verwerfung oder Ablehnung eines Antrags auf Wiederaufnahme des Verfahrens**	**0,5**
7301	**Entscheidung nach erneuter Hauptverhandlung (§ 373 StPO i. V. m. § 46 Abs. 1 OWiG)**	**1,0**

Nr.	Gebührentatbestand	Gebührenbetrag oder Satz der Gebühr nach § 11 Abs. 2 GKG

14 Die Nrn. 7300, 7301 entsprechen den Nrn. 6230, 6231, so daß auf das dort Gesagte verwiesen wird. Nicht unter Nr. 7301 fällt die Aufhebung des Bußgeldbescheides in einem späteren Strafverfahren (§ 86 OWiG). Denn hier handelt es sich nicht um ein Wiederaufnahmeverfahren, sondern um eine gesetzliche Rechtsfolge, die eintritt, wenn der Betroffene, gegen den ein Bußgeldbescheid ergangen war, später wegen derselben Handlung in einem Strafverfahren verurteilt wird. Die notwendige Folge der Aufhebung des Bußgeldbescheides ist, daß auch alle Kostenfolgen des aufgehobenen Bußgeldbescheides entfallen und Kosten nur für das spätere Strafverfahren erhoben werden dürfen. Die für das Bußgeldverfahren bereits entrichteten Kosten sind auf die des Strafverfahrens zu verrechnen und ggf. zurückzuerstatten.

IV. Berufung, Rechtsbeschwerde, Revision und Wiederaufnahme betreffend

– die Einziehung, den Verfall, die Unbrauchbarmachung oder die Abführung des Mehrerlöses neben einer Geldbuße oder selbständig;

– die Verwerfung eines Antrags nach § 439 StPO i. V. m. § 46 Abs. 1 OWiG

7400	**Verwerfung der Berufung durch Urteil**	**30,00 EUR**
7401	**Erledigung der Berufung ohne Urteil**	**10,00 EUR**
7402	**Verwerfung der Rechtsbeschwerde durch Urteil oder Beschluß nach § 79 Abs. 5 OWiG**	**30,00 EUR**
7403	**Erledigung der Rechtsbeschwerde ohne Urteil oder Beschluß nach § 79 Abs. 5 OWiG mit Ausnahme der Zurücknahme der Rechtsbeschwerde vor Ablauf der Begründungsfrist**	**10,00 EUR**
7404	**Verwerfung der Revision durch Urteil oder Beschluß nach § 349 Abs. 2 oder 4 StPO**	**30,00 EUR**
7405	**Erledigung der Revision ohne Urteil und ohne Beschluß nach § 349 Abs. 2 oder 4 StPO mit Ausnahme der Zurücknahme der Revision vor Ablauf der Begründungsfrist**	**10,00 EUR**
7406	**Verwerfung oder Ablehnung eines Antrags auf Wiederaufnahme des Verfahrens**	**15,00 EUR**
7407	**Entscheidung nach erneuter Hauptverhandlung (§ 373 StPO i.V. m. § 46 Abs. 1 OWiG)**	**30,00 EUR**

Nr.	Gebührentatbestand	Gebührenbetrag oder Satz der Gebühr nach § 11 Abs. 2 GKG

Die Nr. 7400–7407 entsprechen inhaltlich den Nr. 6320–6325. Das dort Gesagte gilt sinngemäß.

V. Unwahre Anzeige

7500	**Dem Anzeigenden sind die Kosten auferlegt worden (§ 469 StPO i.V.m. § 46 Abs. 1 OWiG)**	**30,00 EUR**

Nr. 7500 ist Pedant zu Nr. 6400, so daß das dort insoweit Gesagte auch hier gilt.

VI. Beschwerdeverfahren außer den Verfahren über die in den Abschnitten I und IV genannten Beschwerden

Verwerfung oder Zurückweisung einer Beschwerde

7600	**– gegen einen Beschluß, durch den ein Antrag auf Wiederaufnahme des Verfahrens hinsichtlich einer Geldbuße verworfen oder abgelehnt wurde**	**0,5**
7601	**– gegen eine Entscheidung, durch die im gerichtlichen Verfahren nach dem OWiG oder im selbständigen Verfahren nach § 30 OWiG, im Strafverfahren oder im selbständigen Verfahren nach den §§ 440, 441, 444 Abs. 3 StPO eine Geldbuße gegen eine juristische Person oder gegen eine Personenvereinigung festgesetzt worden ist**	**0,5**
	Eine Gebühr wird nur erhoben, wenn eine Geldbuße rechtskräftig festgesetzt ist	
7602	**– im Kostenfestsetzungsverfahren**	**1,0 der Gebühr nach § 11 Abs. 2 GKG**
7603	**– in sonstigen Fällen außer in Beschwerdeverfahren, die nach anderen Vorschriften gebührenfrei sind**	**10,00 EUR**
	Von dem Betroffenen wird eine Gebühr nur erhoben, wenn gegen ihn eine Geldbuße rechtskräftig festgesetzt ist.	

Nr.	Gebührentatbestand	Gebührenbetrag oder Satz der Gebühr nach § 11 Abs. 2 GKG

17 Die Nrn. 7600–7603 entsprechen den Nrn. 6700–6703. Das dort Gesagte gilt sinngemäß.

VII. Verfahren mit abschließender Entscheidung im Falle des § 25 a Abs. 1 des Straßenverkehrsgesetzes

7700	**Entscheidung des Gerichts**	**25,00 EUR**
7710	**Entscheidung der Staatsanwaltschaft**	**13,00 EUR**

18 Eine Entscheidung nach § 25 a Abs. 3 StVG (Antrag auf gerichtliche Entscheidung gegen Kostenentscheidung) gehört nicht hierher. Das Verfahren ist gerichtsgebührenfrei.[2]

Teil 8: Gerichtliche Verfahren nach dem Strafvollzugsgesetz

8000	**Zurückweisung eines Antrags**	**1,0**
8001	**Zurücknahme des Antrags**	**0,5**
8010	**Verwerfung der Rechtsbeschwerde**	**1,0**
8011	**Zurücknahme der Rechtsbeschwerde**	**0,5**
8020	**Zurückweisung des Antrags auf Erlaß einer Entscheidung nach § 114 Abs. 2 StVollzG**	**0,5**

1 Teil 8 entspricht dem früheren Abschnitt H. Zusätzlich eingefügt ist durch das KostRÄndG 1994 eine Gebühr für die Zurückweisung des Antrags auf einstweiligen Rechtsschutz, wofür bislang ein ausdrücklicher Gebührentatbestand fehlte. Die Rspr hatte in solchen Fällen teilweise eine volle Gebühr nach Nr. 8000 angenommen, was aber nicht dem in anderen Bereichen üblichen Verhältnis der Gebührensätze des vorläufigen Rechtsschutzes gegenüber denen des Hauptsacheverfahrens entsprach.

2 Die **Streitwerte** für Teil 8 richten sich nach § 48 a GKG.

Teil 9: Auslagen

1 **Allgemeines:** Die Gerichtskosten zerfallen in Gebühren und Auslagen (§ 1 GKG). Während die Gebühren i Erg das von den Gerichten für die Ausübung der Rechtspflege

2 AG Koblenz, JurBüro 1999, 277 (bei *D. Meyer*). Vgl. auch BT-Drucks. 12/6962, S. 86 und *Oe/Wi/He* KV 7700–7701 Rn 5.

Nr.	Gebührentatbestand	Gebührenbetrag oder Satz der Gebühr nach § 11 Abs. 2 GKG

anfallende Entgelt darstellen, handelt es sich bei den **Auslagen** um die dem Staat bei der Erfüllung seiner Rechtspflegetätigkeit im Einzelfall entstehenden besonderen Aufwendungen. Für die allgemeinen Unkosten des Staates (wie etwa für die personelle und sachliche Bereitstellung von Gerichten) werden keine Auslagen erhoben. Nur besondere Unkosten werden als Auslagen in Rechnung gestellt und zwar nur, soweit sie im Teil 9 des KV genannt sind. Eine Anwendung des Teils 9 KV auf ähnliche Sachverhalte ist nicht zulässig, wie es auch nicht möglich ist, Auslagen aus anderen Rechtsgründen (etwa aus ungerechtfertigter Bereicherung) geltend zu machen. Die Bestimmungen des Teils 9 KV sagen nur aus, **welche** Auslagen zu erstatten sind, nicht hingegen, wer sie zu erstatten hat und wann sie fällig werden.

Die Auslagen werden entweder als **bare Auslagen** nur in der Höhe erhoben, in der sie tatsächlich verauslagt worden sind (z. B. Zeugenentschädigungen, Kosten für öffentliche Bekanntmachungen) oder es kommen **Pauschbeträge** in Ansatz, ohne Rücksicht auf den tatsächlichen Aufwand (z. B. Schreibauslagen, Fernsprechauslagen, die üblichen Zustellungskosten bis zu einen Betrag von 50 €). 2

Auslagen iS des GKG sind nur solche Aufwendungen, die in den im § 1 GKG bezeichneten Verfahren erwachsen, auch die Auslagen des staatsanwaltschaftlichen Ermittlungsverfahrens (§ 464 a Abs. 1 S 2 StPO). In Justizverwaltungsangelegenheiten werden Auslagen nicht nach dem GKG, sondern nach der JKostO erhoben. 3

Die Prozeßkostenhilfebewilligung erstreckt sich nach Maßgabe der Bestimmungen des Gerichts auch auf die Auslagen nach dem GKG (Vgl. § 122 ZPO, der von Gerichts*kosten* spricht). 4

Auch Auslagen können nach § 8 GKG nicht erhoben oder niedergeschlagen werden. 5

Für die Erhebung von Auslagen des Beschwerdeverfahrens, vgl. Ziff 1 vor KV 9000. 6

(1) Auslagen, die durch eine für begründet befundene Beschwerde entstanden sind, werden nicht erhoben, soweit das Beschwerdeverfahren gebührenfrei ist; die gilt jedoch nicht, soweit das Beschwerdegericht die Kosten dem Gegner des Beschwerdeführers auferlegt hat.

Eine **Beschwerde** ist **für begründet befunden**, wenn das Beschwerdegericht die mit der Beschwerde angefochtene Entscheidung aufhebt und entsprechend dem Antrag des Beschwerdeführers entscheidet. Teilweise begründet ist die Beschwerde, wenn das Beschwerdegericht die angefochtene Entscheidung nur teilweise aufhebt und dem Antrag des Beschwerdeführers teilweise stattgibt. Hebt das Beschwerdegericht (teilweise) auf und verweist es die Sache zurück, handelt es sich jedenfalls um eine für begründet befundene Beschwerde, auch wenn das Erstgericht nach nochmaliger Befassung mit der Sache bei seiner früheren Entscheidung bleibt. Wird aber eine Beschwerde zurückgenommen oder 7

Nr.	Gebührentatbestand	Gebührenbetrag oder Satz der Gebühr nach § 11 Abs. 2 GKG

durch Vergleich oder in sonstiger Weise erledigt, liegt keine für begründet erachtete Beschwerde vor.

8 **Gebührenfreie Beschwerden** sind z. B. Beschwerden im Kostenansatzverfahren, im Streitwertfestsetzungsverfahren, gegen die Verhängung einer Verzögerungsgebühr oder Beschwerdeverfahren, in denen eine Gebühr nur erwächst, soweit die Beschwerde verworfen oder zurückgewiesen wird, sofern letztere Voraussetzungen nicht erfüllt sind. Auslagen dieser Beschwerden sind nicht zu erheben, wenn sie durch eine für begründet befundene Beschwerde entstanden sind. Dazu zählen nicht Auslagen, die auch entstanden wären, wenn das Verfahren bei dem unteren Gericht seinen Fortgang genommen hätte, ohne daß es zur Durchführung des Beschwerdeverfahrens gekommen wäre. So z. B., wenn das Beschwerdegericht zur Durchführung des Beschwerdeverfahrens Beweise erhebt, die bei richtiger Sachbehandlung schon das Erstgericht hätte erheben müssen oder die das Erstgericht in dem noch oder wieder anhängigen Verfahren verwertet. Solche Auslagen sind zu erheben, auch wenn das Beschwerdeverfahren gebührenfrei ist.[1]

9 **Nichtgebührenfreie Beschwerden** sind die Verfahren, in denen ohne Rücksicht auf den Ausgang des Verfahrens eine Beschwerdegebühr erhoben wird, sowie die Beschwerdeverfahren, in denen eine Gebühr nur erwächst, wenn die Beschwerde verworfen oder zurückgewiesen wird, wenn letztere Voraussetzungen erfüllt sind. Auslagen dieser Beschwerdeverfahren sind stets zu erheben.

(2) **Neben Gebühren, die sich nach dem Streitwert richten, mit Ausnahme der Gebühr 6800, werden die Auslagen nach den Nrn 9001 und 9002 nur erhoben, soweit sie einer Instanz einen Betrag von 50,00 EUR überschreiten.**

10 Die Auslagen für Zustellungen und Fernsprechkosten (vgl. Nr. 9001) sind in die Wertgebühren nach § 11 Abs. 2 GKG für jede Instanz bis zu einem Betrag von 50 € zur Vereinfachung der Kostenrechnung pauschal eingerechnet. In diesem Zusammenhang ist es kontrovers, ob die Gerichtskasse nach Maßgabe des GKG die Portokosten für die Rücksendung eines Empfangsbekenntnisses zu übernehmen hat. Nach § 212 a ZPO kann eine förmliche Zustellung an den dort näher bezeichneten Empfängerkreis auch gegen Empfangsbekenntnis (EB) erfolgen. Im gerichtlichen Amtszustellungsbetrieb wird diese Art der Zustellung am häufigsten bei der Zustellung an Rechtsanwälte praktiziert. In der Vergangenheit war es allgemein üblich, daß dem am Gerichtsort ansässigen Rechtsanwalt über sein Gerichtsfach das vorbereitete EB übermittelt wurde, das dieser dann vollzogen über die Posteingangsstelle des Gerichts zurückgab. Portoauslagen entstehen dabei nicht. Bei auswärtigen Rechtsanwälten oder solchen, die kein Gerichtsfach eingerichtet hatten, wurde dem Anwalt per Post ein vorfrankiertes EB übersandt, welches er dann per Post zurückschickte. Dabei entstanden dem Rechtsanwalt ebenfalls keine Portokosten. In jüng-

1 OLG München, RPfleger 1956, 57 (L).

Nr.	Gebührentatbestand	Gebührenbetrag oder Satz der Gebühr nach § 11 Abs. 2 GKG

ster Zeit gehen die Gerichte verstärkt dazu über – nicht zuletzt auch mit Blick auf die immer knapper ausfallenden Justiz-Etats – auch dem auswärtigen Rechtsanwalt unfrankierte EB zu übersenden, so daß die Portokosten für die Rücksendung vom Rechtsanwalt verauslagt werden müssen.[2] Hier dürfte es sich aber um ein Scheinproblem handeln. Schon nach dem Wortlt des GKG können Auslagen idS nur solche Portokosten sein, die das Gericht über das normale Postporto hinaus zu verauslagen hat, also Zuschläge für die Zustellung. Die Rücksendung eines EB erfolgt einmal mit normaler Post, zum anderen wird das Porto vom Rechtsanwalt für eine Sendung an das Gericht verauslagt. Auch aus der einschlägigen Bestimmung der ZPO läßt sich keine Pflicht der Justiz zur Übernahme solcher Portokosten ableiten. Denn nach §§ 212 a, 198 ZPO hat das Gericht oder die Justizverwaltung nur die Möglichkeit, ein Schriftstück gegen EB zuzustellen. Die Mitwirkungspflicht des Rechtsanwalts dabei besteht noch nicht einmal darin, das ihm so zugestellte Schriftstück in Empfang zu nehmen.[3] Das ist nur eine *standesrechtliche* Pflicht, deren Nichtbeobachtung zur Folge hat, daß dann keine wirksame Zustellung gegeben ist und eine solche dann über den Gerichtsvollzieher (§ 167 Abs. 1 ZPO) oder durch Aufgabe zur Post (§§ 211, 212 ZPO) wirksam erfolgen kann. Die dann anfallenden Zustellungskosten zählen aber zweifelsohne zu den Auslagen nach GKG-KV Nr. 9002 und können angesetzt werden, wenn dadurch die Pauschale von 50 € überschritten wird. Das ist in Ansehung der Höhe der heutigen Postentgelte leicht der Fall. Wenn das Gericht mithin die Zustellung nach § 212 a ZPO wählt, handelt es – wirtschaftlich gesehen – eher im Interesse des potentiellen Kostenschuldners, um die erstattbaren Auslagen gering zu halten. Nur wenn der Betrag von 50 € in einer Instanz überschritten wird, sind die Mehrauslagen zu erheben. Die das Adhäsionsverfahren betreffende Gebühr 6800 ist ausgenommen, weil im Strafverfahren grundsätzlich Festgebühren anfallen. Zustellungsauslagen im Kostenfestsetzungs- bzw. -ausgleichsverfahren sind in dessen in jeden Fall auch dann zu erheben, wenn sie weniger als 50 € betragen. Denn das Kostenfestsetzungs-/-ausgleichsverfahren gehört nicht mehr zur Instanz.[4]

9000 Pauschale für die Herstellung und Überlassung von Dokumenten

1. Ausfertigungen oder Abschriften, die auf Antrag erteilt, angefertigt, per Telefax übermittelt oder die angefertigt worden sind, weil die Partei oder ein Beteiligter es unterlassen hat, einem von Amts

2 Vgl. dazu kritisch und i Erg abl etwa bei *Schneider* ZAP, Heft 7/96; 16/96; 1/97 – „Justizspiegel"; *ders*, Die Klage im Zivilprozeß, 2000 Rn 473.

3 BGHZ 30, 299, 305.

4 LG Kiel, SchlHA 1996, 259; AG Kiel, JurBüro 1996, 261; A. M. AG Itzehoe, SchlHA 1996, 260; AG Rendsburg, SchlHA 1996, 260; *Mümmler* JurBüro 1995, 462.

Nr.	Gebührentatbestand	Gebührenbetrag oder Satz der Gebühr nach § 11 Abs. 2 GKG
	wegen zuzustellenden Schriftsatz die erforderliche Zahl von Abschriften beizufügen:	
	für die ersten 50 Seiten	0,50 EUR
	für jede weitere Seite	0,15 EUR
	2. Überlassung von elektronisch gespeicherten Dateien anstelle der in Nummer genannten Ausfertigungen und Abschriften:	
	je Datei	2,50 EUR

(1) Die Höhe der Dokumentenpauschale ist für jeden Kostenschuldner nach § 56 Abs. 1 GKG gesondert zu berechnen. Gesamtschuldner gelten als ein Schuldner.

(2) Frei von der Dokumentenpauschale sind für jede Partei, jeden Beteiligten und jeden Beschuldigten
1. eine vollständige Ausfertigung oder Abschrift jeder gerichtlichen Entscheidung und jedes vor Gericht abgeschlossenen Vergleichs;
2. eine Ausfertigung ohne Tatbestand und Entscheidungsgründe;
3. eine Abschrift jeder Niederschrift über eine Sitzung;
4. bei Vertretung durch einen Bevollmächtigten jeweils eine weitere vollständige Ausfertigung oder Abschrift.

§ 191a Abs. 1 Satz 2 GVG bleibt unberührt.

(3) Für die erste Abschrift eines mit eidesstattlicher Versicherung abgegebenen Vermögens- verzeichnisses und der Niederschrift über die Abgabe der eidesstattlichen Versicherung wird von demjenigen Kostenschuldner eine Dokumentenpauschale nicht erhoben, von dem die Gebühr 1644 oder 1645 zu erheben ist.

(4) Werden für Ausfertigungen oder Abschriften Entwürfe verwandt, die der Antragsteller dem Gericht zur Verfügung gestellt hat und die nur durch Geschäftsnummer, Zeitangaben, Kostenrechnung, Ausfertigungs- oder Beglaubigungsvermerk und Unterschrift des ausfertigenden Bediensteten zu ergänzen sind, so wird eine Dokumentenpauschale nicht erhoben.

Nr.	Gebührentatbestand	Gebührenbetrag oder Satz der Gebühr nach § 11 Abs. 2 GKG

Das Gesetz stellt jetzt unabhängig vom tatsächlichen Ablauf auf die Herstellung einer Ausfertigung oder Abschrift ab, so daß auch die Fälle erfaßt werden, in denen das Originaldokument als Telekopiervorlage dient und die Kopie körperlich erst beim Empfänger hergestellt wird oder werden kann, also auch, wenn der Empfänger das Telefax auf Datenträger empfängt und nicht ausdruckt. Unter Nr. 1 dürfte auch der bloße Datenaustausch über das Telefonnetz fallen. Die in diesem Zusammenhang entstehenden Telefonentgelte werden durch die Dokumentenpauschale mit abgegolten. Ausdrücklich von der Dokumetenpauschale erfaßt sind auch solche „Abschriften", die nicht per Telefax, sondern durch Daten*träger*austausch übermittelt werden (Nr. 2). Keine Dokumentenpauschale entsteht selbstverständlich auch dann, wenn einem Beteiligten die vollständigen Akten überlassen werden und er diese dann selbst ganz oder teilweise ablichtet. 11

Die Dokumentenpauschale darf **nur in den vom Gesetz ausdrücklich vorgesehenen Fällen** erhoben werden. Alle anderen Schreibunkosten, die in Zusammenhang mit einem nach dem GKG zu bewertenden Verfahren erwachsen, bleiben außer Ansatz. Für die bloße Beglaubigung von Abschriften ist weder eine Gebühr noch die Erstattung von Auslagen vorgesehen. 12

Für **auf Antrag erteilte oder angefertigte Ausfertigungen oder Abschriften** werden Schreibauslagen nur erhoben für deren Erteilung oder Ausfertigung. Alles sonstige Schreibwerk (z. B. Entwürfe, bei den Akten verbleibende Abschriften und das sonstige, die Akten bildende Schreibwerk) ist schreibauslagenfrei. Das gilt auch, wenn eine Hilfsperson des Gerichts (z. B. ein Sachverständiger oder ein schriftlich aussagender Zeuge mit seinem Gutachten oder seiner Stellungnahme Abschriften) übergibt. Werden diese den Parteien herausgegeben, sind dafür keine Dokumentenpauschalen in Rechnung zu stellen. Denn es handelt sich um Kosten nach dem ZSEG, die gem. Nr. 9005 anzusetzen sind. 13

Ausfertigungen sind begrifflich nicht solche iS der ZPO, sondern zur Herausgabe bestimmte Schriftstücke urkundlicher Art, die keine Urschrift und mit der Unterschrift des zuständigen Justizbediensteten oder Richters und dem Dienstsiegel der Behörde versehen sind. Keine Ausfertigung ist z. B. die Urschrift des zur Hinausgabe bestimmten Schriftstücks.[5] Keine Ausfertigungen sind auch die zum Vollzug von Beschlüssen und Verfügungen oder gesetzlicher Vorschriften hinausgehenden Schriftstücke wie Ladungen, Auskünfte aus den Akten und sonstige Benachrichtigungen, Notfrist- und Rechtskraftzeugnisse.[6] 14

Abschriften sind beglaubigte oder unbeglaubigte Wiedergaben von Schriftstücken, auch von Urkunden. Wie und wann die Abschrift hergestellt wird, spielt keine Rolle (Vgl. oben, Rn 11). 15

5 *Oe/Wi/He* KV 1900 Rn 3.
6 Vgl. *Hartmann* KV 9000 Rn 2.

Nr.	Gebührentatbestand	Gebührenbetrag oder Satz der Gebühr nach § 11 Abs. 2 GKG

16 Die Ausfertigungen oder Abschriften müssen **auf Antrag** erteilt oder angefertigt worden sein. Schreibauslagen werden also nicht erhoben, wenn die Ausfertigungen oder Abschriften von Amts wegen erteilt werden oder erteilt sind, selbst wenn ein Antrag überflüssigerweise vorliegt.

17 Der Antrag muß von einer **Partei, einem Beteiligten, einem Beschuldigten oder einem Bevollmächtigten** gestellt werden. Der Antrag eines Dritten (z. B. für Veröffentlichung, wissenschaftliche Auswertung etc.) führt nicht zu Dokumentenpauschalen nach 9000. Hier ist § 4 JVKostO einschlägig.[7]

18 **Unterlassung der Beigabe von Abschriften.** Jede Partei hat zum Zwecke der Zustellung von Schriftsätzen eine der Zahl der Personen, denen der Schriftsatz zuzustellen ist, entsprechende Zahl von Abschriften zu übergeben (Vgl. z. B. §§ 103 Abs. 2, 133 Abs. 1, 169 ZPO). Unterläßt die Partei die Übergabe der erforderlichen Abschriften und werden deshalb bei Gericht die erforderlichen Abschriften angefertigt, sind dafür Dokumentenpauschalen zu entrichten, und zwar immer nur von der zur Übergabe verpflichteten Partei (§ 56 S 2 GKG). Der Begriff des von Amts wegen zuzustellenden Schriftsatzes ist weit auszulegen, so daß es gleichgültig ist, ob die Abschriften zum Zwecke der förmlichen Zustellung oder der formlosen Mitteilung benötigt werden. Hierunter fallen auch solche Eingaben, die von Amts wegen (etwa im Rahmen der Gewährung rechtlichen Gehörs) den Beteiligten mitzuteilen sind. Für Abschriften, die die Partei nicht zur Verfügung stellen muß, sondern die von Amts wegen anzufertigen sind, erwachen keine Schreibauslagen. Dazu gehören z. B. solche bei der vereinfachten Kostenfestsetzung nach § 105 Abs. 2 ZPO oder Abschriften/Ablichtungen/Durchschriften der zu Protokoll der Geschäftsstelle abgegeben Erklärung einer Partei.[8]

19 Die **Höhe der Dokumentenpauschale** nach Ziff 1 beträgt für jede S 0,50 €, ab der 51. S 0,15 €,[9] wobei jede angefangene Seite voll berechnet wird. Bei mehrseitigen Dokumenten ist auch die angefangene letzte Seite mitzurechnen. Die Partei kann, insbesondere bei der Anfertigung einer größeren Anzahl von Fotokopien, nicht darauf verweisen, die Kopien hätten kostengünstiger gefertigt oder hergestellt werden können.[10] Werden gleichzeitig mehrere Abschriften oder Ausfertigungen erteilt, werden die einzelnen Seiten für jede Abschrift oder Ausfertigung gesondert berechnet. Sind auf einer Seite mehrere Schriftstücke abgelichtet, gilt sie als eine Seite. Unerheblich ist, was auf der Seite steht. Befinden sich darauf nur Ausfertigungs- und Beglaubigungsvermerke, wird die Seite

7 OLG Düsseldorf, JurBüro 1978, 548.

8 *Hartmann* KV 9000 Rn 8.

9 Vgl. LG München I, JurBüro 1997, 483; OLG Hamm, RPfleger 1991, 269. Dazu auch *Zenke* StB 1997, 119.

10 OLG München, MDR 1989, 367; LG München I, JurBüro 1997, 483. A. M. OLG Köln, RPfleger 1987, 433; LG München II, RPfleger 1989, 383.

Nr.	Gebührentatbestand	Gebührenbetrag oder Satz der Gebühr nach § 11 Abs. 2 GKG

trotzdem mitgerechnet. Unerheblich ist auch, ob es sich um deutsch- oder fremdsprachliche Schriftstücke handelt oder um solche in tabellarischer Form, Grundbuchblätter, Registerblätter, Verzeichnisse, Listen, Rechnungen und dgl. Die Berechnung der Schreibauslagen ist für jeden Kostenschuldner getrennt vorzunehmen. Werden stattdessen elektronisch gespeicherte Daten übermittelt, beträgt die Pauschale 2,50 € je Datei (Ziff 2).

Auslagenfreiheit (Nr. 2) wird gewährt für die einer Partei, einem Beteiligten oder einem Beschuldigten für die unter Nrn. 1–4 genannten Ausfertigungen oder Abschriften. 20

Jede gerichtliche Entscheidung: Hierunter fallen nicht nur Urteile jeglicher Art, sondern auch Beschlüsse die unmittelbar Rechtsfolgen auslösen.[11] Das können sein z. B. Beweisbeschlüsse, Vorbescheide, Pfändungs- und Überweisungsbeschlüsse, Vollstreckungsbescheide, Arrestbefehle, einstweilige Verfügungen oder Anordnungen. Prozeßleitende Verfügungen – u. U. auch Erörterungsbeschlüsse und Zwischenverfügungen – mit unmittelbaren Rechtsfolgen (z. B. Fristsetzungen nach § 276 ZPO).[12] Es ist nicht erforderlich, daß durch die Entscheidung der Prozeß beendet wird. Die Schreibauslagenfreiheit besteht aber nur für die erstmalige Erteilung solcher Abschriften oder Ausfertigungen einschließlich etwaiger Ergänzungs- oder Berichtigungsbeschlüsse. Für alle weiteren Abschriften oder Ausfertigungen und für sonstige Abschriften sind Schreibauslagen zu erheben. 21

Jeder vor Gericht abgeschlossene Vergleich. Hierunter fallen nur die zu gerichtlichem Protokoll erklärten Vergleiche einschließlich der zum Protokoll nach Verlesung und Genehmigung übergebenen und mit dem Protokoll verbundenen Vergleiche (§ 160 ZPO) sowie Zwangsvergleiche im Insolvenzverfahren, nicht aber außergerichtliche Vergleiche, auch wenn sie dem Gericht mitgeteilt werden. Tritt jemand einem gerichtlichen Vergleich wirksam bei, ist er Partei und erwirbt einen Anspruch auf eine schreibauslagefreie Abschrift oder Ausfertigung des Vergleichs. 22

Abschrift einer Sitzungsniederschrift. Gemeint ist nur ein nach den Verfahrensordnungen ordnungsgemäß erstelltes Sitzungsprotokoll nebst den im Protokoll ausdrücklich als solche bezeichneten Protokollanlagen, das mit der Unterschrift des Richters und (soweit hinzugezogen) des Protokollführers versehen sein muß. Nicht hierher gehören Abschriften von schriftlichen Gutachten.[13] Denn diese sind vom Sachverständigen auf der Geschäftsstelle niederzulegen (§ 411 Abs. 1 S 1 ZPO), wo sie von der Partei oder ihrem Bevollmächtigten eingesehen werden können. Beantragt er eine Abschrift, ist diese, wenn sie vom Gericht hergestellt wird, schreibauslagenpflichtig. Schreibauslagenpflichtig sind auch Abschriften von bloßen Protokollentwürfen, wie sie von Verteidigern in umfangreichen und sich über eine längere Zeit hinziehenden Strafverfahren angefordert werden. 23

11 LG Hamburg, NJW 1966, 2071.
12 *Hartmann* KV 9000 Rn 11.
13 A. M. LG Münster, RPfleger 1992, 225.

Nr.	Gebührentatbestand	Gebührenbetrag oder Satz der Gebühr nach § 11 Abs. 2 GKG

24 Bei **Vertretung** der Partei **durch einen Bevollmächtigten** sind auch diesem die in lit. a–c bezeichneten Schriftstücke auslagenfrei zu erteilen. Tritt der Bevollmächtigte erst im Laufe des Verfahrens auf, hat er keinen Anspruch auf Erteilung auslagenfreier Abschriften für die vor seinem Eintritt in den Rechtsstreit angefallenen Ausfertigungen und Abschriften.

25 Besteht die **Partei aus mehreren Personen**, hat jede von ihnen einen Anspruch auf Erteilung schreibauslagenfreier Abschriften und Ausfertigungen, und zwar auch dann, wenn sie von demselben Bevollmächtigten vertreten werden.[14] Wird die Partei durch **mehrere Bevollmächtigte** vertreten, steht ihr für jeden Bevollmächtigten nur dann eine schreibauslagenfreie Ausfertigung oder Abschrift zu, wenn die Vertretung durch die mehreren Bevollmächtigten nach der jeweiligen Verfahrensordnung zulässig ist.[15] Auf die Notwendigkeit der Inanspruchnahme mehrerer Bevollmächtigter kommt es nicht an. Die Mitglieder einer Anwaltssozietät gelten aber als ein Bevollmächtigter. Nicht als Bevollmächtigter idS anzusehen ist der Korrespondenzanwalt.

26 **Eidesstattliche Versicherung.** Die Ausnahme der Nr. 4 dient als Ausgleich für den Kostenschuldner, der eine Gebühr (1644 oder 1645) zu zahlen hat. Genießt dieser Kostenschuldner nur Gebührenfreiheit, nicht aber Auslagenfreiheit, hat er die Dokumentenpauschalen zu zahlen. Auslagen sind allerdings dann nicht zu erheben, wenn der Gläubiger bereits die Gebühr nach § 27 a GVKostG entrichtet hat.[16]

27 **Auslagenfreiheit bei Verwendung von Entwürfen.** Wenn der Antragsteller dem Gericht zur Fertigung der Ausfertigungen und Abschriften **vollständige Entwürfe** zur Verfügung stellt, die nur durch die Geschäftsnummer, Zeitangaben, Kostenrechnung, Ausfertigungs- oder Beglaubigungsvermerk und Unterschrift des ausfertigenden Bediensteten der Justiz zu ergänzen sind, werden keine Dokumentenpauschalen erhoben. Soweit das Gericht aber den Entwurf über die genannten Angaben hinaus – und sei es auch nur durch ein Wort – ergänzen muß, entsteht die Dokumentenpauschale.

9001	**Entgelte für Telekommunikationsdienstleistungen außer für Telefondienst**	**in voller Höhe**

28 Die Entgelte für Telekommunikationsdienstleistungen mit Ausnahme der Fernsprechkosten sind zu erstatten, und zwar in voller Höhe nach Maßgabe der Gebührenordnungen der Telecom oder eines anderen Unternehmens. Zu beachten ist aber, daß die Fernsprechkosten bei streitwertabhängigen Gebühren pauschal bis zu 50 € schon in die Gebühr eingerechnet sind, so daß insoweit erst ein 50 € übersteigender Betrag erhoben wird (Vgl.

14 BFH, BStBl. II, 1973, 596; KG, NJW 1972, 2002 = JurBüro 1972, 899 = RPfleger 1972, 331.

15 So auch *Hartmann* KV 9000 Rn 16.

16 H. M. vgl. etwa AG Koblenz, JurBüro 2000, 665; AG Speyer, JurBüro 2000, 377 = NJW-RR 2000, 1095; AG Achim, JurBüro 2000, 42, jeweils m. w. N. vgl. dazu auch D. *Meyer* JurBüro 1999, 408. A. M. AG Linz, JurBüro 1999, 551.

Nr.	Gebührentatbestand	Gebührenbetrag oder Satz der Gebühr nach § 11 Abs. 2 GKG

oben, Rn 10). Im Kostenansatz ist grundsätzlich nicht zu prüfen, ob die Auslagen notwendig waren. In Ausnahmefällen kann aber eine Niederschlagung nach § 8 GKG in Betracht zu ziehen sein, wenn ein billigerer Weg ganz offensichtlich ausreichend gewesen wäre.

Andere Postgebühren werden mit Ausnahme der Kosten für förmliche Zustellungen nach 9002 nicht erhoben. Das gilt insbesondere für die Versendung von Akten an andere Gerichte, die auch der Nr. 9003 nicht zuzuordnen ist. Auch Fernsprechkosten werden nicht erhoben, und zwar auch dann nicht, wenn sie für eine Telefonüberwachung entstanden sind.[17] Die Bestimmung darf auch nicht ausdehnend ausgelegt werden, z. B. auf Funksprüche, Radio- oder Fernsehdurchsagen o. ä. 29

Die Auslagen werden stets in voller Höhe erhoben, auch wenn die Staatskasse noch nicht geleistet hat. Es kommt nur darauf an, daß die Staatskasse zur Leistung verpflichtet ist. 30

9002	**Kosten für Zustellungen durch a) mit Zustellungsurkunde oder Einschreiben gegen Rückschein**	**in voller Höhe**
	b) durch Justizbedienstete nach den 168 Abs. 1 ZPO anstelle der tatsächlichen Aufwendungen	**7,50 EUR**

In Betracht kommen nur die Auslagen für eine nach der jeweiligen Prozeßordnung (z. B. ZPO, StPO) vorgeschriebenen Zustellungen. Eine Zustellung idS ist der in gesetzlicher Form zu bewirkende und zu beurkundende Vorgang, durch den einer bestimmten Person Gelegenheit zur Kenntnisnahme eines Schriftstücks verschafft wird[18] und von der Prozeßordnung ausdrücklich vorgeschrieben sind. Wenn nach der Prozeßordnung eine bloße Mitteilung (z. B. bei unanfechtbaren Entscheidungen) ausreicht, können Zustellungsauslagen nicht angesetzt werden. Auslagen hingegen, die nur dem besseren oder sichereren Nachweis der Übermittlung eines Schriftstücks (z. B. der Übersendung eines Grundschuldbriefs) dienen, sind Postgebühren, welche grundsätzlich nicht erhoben werden (vgl. oben, Rn 29). Das gilt auch mangels ausdrücklicher Bestimmung im GKG[19] dann, wenn solche Schriftstücke durch Justizbedienstete übermittelt werden. Dazu gehört auch die „Zustellung" einer Ladung eines Verfahrensbeteiligten (Zeugen, Sachverständige, Dolmetscher,[20] Parteien, Angeklagte etc.). Denn auch solche Ladungen müssen nicht förmlich zugestellt werden. Die „Zustellung" hat auch hier allein den Sinn, wegen möglicher Verhängung von Sanktionen wegen Nichtbefolgung der Ladung deren Erhalt zu beweisen. Die Zustellungsauslagen sind nur zu erheben bei Zustellungen *durch* die Post 31

17 OLG Karlsruhe, RPfleger 1989, 172; a. M. OLG Frankfurt/Main, RPfleger 1985, 170.

18 Vgl. BGH, 1978, 1858; *Thomas/Putzo* ZPO, vor § 166 Rn 1; *Kleinknecht/Meyer-Goßner* StPO § 35 Rn 10.

19 A. A. für die KostO OLG Zweibrücken, RPfleger 1998, 332 für § 137 KostO, wonach der sog. postalische Zustellungsbegriff gelten soll. Für den Bereich des GKG gilt das jedenfalls nicht.

20 Insoweit i Erg auch LG Koblenz, NStZ-RR 2000, 30 sowie LG Koblenz, Beschl. v. 18. 3. 1997 – 2102 Js 33205/95-4 Kls.

Nr.	Gebührentatbestand	Gebührenbetrag oder Satz der Gebühr nach § 11 Abs. 2 GKG

(§ 193 ZPO) mit Zustellungsurkunde oder per Einschreiben gegen Rückschein oder durch einen Justizbeamten nach §168 Abs. 1 ZPO, nicht aber bei Zustellungen durch die Aufgabe zur Post (§ 175 ZPO). Zustellung idS ist die beurkundete Übergabe eines Schriftstücks in gesetzlicher Form.[21] Den Gegensatz zur förmlichen Zustellung bildet die formlose Mitteilung. Als Auslagen zu erheben sind nur die bei förmlicher Zustellung mit **Postzustellungsurkunde** oder mit Einschreiben gegen **Rückschein** erwachsenen Auslagen, nicht aber die Postgebühren für eine gewöhnliche Einschreibsendung oder für gewöhnliche Postsendungen. Eine Ausnahme gilt nur, wenn eine Partei sich zur Übernahme solcher Auslagen verpflichtet hat. Die für einen Postzustellungsauftrag anfallenden Auslagen sind anzusetzen, soweit diese nicht schon pauschal abgegolten sind (Vgl. oben, Rn 10). Dann aber sind sie immer zu erheben, wenn die Zustellung von Gesetzes wegen vorgeschrieben ist (z. B. bei einem Kostenfestsetzungsbeschluß nach § 19 BRAGO vom Rechtsanwalt[22]) oder wenn sie vom Gericht ausdrücklich angeordnet wurde.[23] Ist aber eine nicht vorgeschriebene förmliche Zustellung gerichtlich angeordnet worden, kann ein Nichtansatz nach § 8 GKG in Betracht kommen. Auch die Auslagen für eine nicht durch einen Fehler des Gerichts erforderlich gewordene Wiederholung der Zustellung sind zu berücksichtigen.

32 Nicht zu berücksichtigen und damit auch nicht zu erheben sind aber solche Zustellungsauslagen, die für **objektiv nicht erforderliche** förmliche Zustellungen entstanden sind.[24] Das kann der Fall sein, wenn eine aus im Zurechnungsbereich des Gerichts falsche Zustellung wiederholt werden muß.[25] Einen Spezialfall dieser Art behandelt § 8 Abs. 1 GKG für Kosten im Zusammenhang mit einer von Amts wegen vorzunehmenden Terminsverlegung. Eine förmliche Zustellung ist aber noch nicht dann objektiv nicht geboten, wenn eine andere Art der Zustellung billiger oder gar nur zweckmäßiger wäre und erst recht nicht, wenn es dem Gericht freigestellt ist, ob es förmlich zustellen oder formlos mitteilen will. Das gilt auch, wenn das Gericht – besonders in Strafsachen, aber nicht nur dort – Zeugen und andere Beteiligte grundsätzlich durch förmliche Zustellung laden läßt.[26]

33 Zu erstatten sind auch die Auslagen, die für die **Zustellung durch Justizbedienstete** entstehen, wobei auch hier die Pauschale von 50 € ggf. zu berücksichtigen ist. Eine solche Zustellung liegt vor, wenn statt durch Vermittlung der Post ein Justizbediensteter die förmliche Zustellung mit Zustellungsurkunde nach 168 Abs. 1 ZPO vornimmt. Eine Übergabe an den Zustellungsempfänger an der Amtsstelle oder in einer Justizvollzugsanstalt erfüllt aber nicht die Voraussetzungen nach §§ 211, 212 ZPO. Im Verwaltungs-, Sozial- und

21 BGHZ 8, 316.
22 AG Berlin Pankow/Weißensee, JurBüro 1998, 31; AG Berlin Charlottenburg, JurBüro 1998, 32.
23 LAG Bremen, RPfleger 1988, 165.
24 Dazu bei *Hartmann* KV 9002 Rn 4.
25 KG, NJW 1969, 1444 = JurBüro 1969, 872 = RPfleger 1969, 316.
26 Dazu zutr bei *Hartmann* KV 9002 Rn 5–6.

Nr.	Gebührentatbestand	Gebührenbetrag oder Satz der Gebühr nach § 11 Abs. 2 GKG

Finanzgerichtsverfahren ist bei einer Zustellung nach § 5 VwZG durch einen Justizbediensteten Nr. 9002 sinngemäß anwendbar.

Die **Höhe der Auslagen** ergibt sich aus den jeweils gültigen Tarifen der Post und/oder nach § 16 Abs. 1 GVKostG. Die Kosten sind auch dann anzusetzen, wenn die Zustellung sich als undurchführbar erwiesen hat, in den Fällen der Ziff 2 der amtlichen Anweisung vor Nr. 9000 aber nur, soweit sie den Betrag von 50 € übersteigen. **34**

9003	**Versendung von Akten auf Antrag pauschal** **Die Auslagen werden von demjenigen Kostenschuldner nicht erhoben, von dem die Gebühr 1645 zu erheben ist.**	**8,00 EUR**

Der mit dem KostRÄndG 1994 neu geschaffene – verfassungsrechtlich nicht zu beanstandende[27] – Tatbestand[28] ermöglicht pauschal die Abgeltung von Aufwendungen, die dadurch entstehen, daß Akteneinsichten an einem anderen Ort als dem der aktenführenden Stelle gewünscht und durch Versendung notwendig werden. Unerheblich ist, ob es sich bei der Versendung um eine Angelegenheit der Justizverwaltung oder der Rechtspflege handelt. Die Pauschale ist auch im sozialgerichtlichen Verfahren zu erheben.[29] **35**

Akten idS sind mehrere zusammengefaßte Schriftstücke nebst Anlagen und Abschriften, u. U. auch Aktenteile und/oder Beiakten.[30] Die Auslagen werden nur für Aktenversendung auf **Antrag** erhoben, nicht aber, wenn der Versand vom Amts wegen oder im Wege der Amtshilfe erfolgt. Auch dann, wenn der Antragsteller die Akten von der Geschäftsstelle selbst abholt, liegt kein Versand, sondern nur eine Überlassung vor, für die Auslagen nach Nr. 9003 nicht anfallen.[31] Das gilt auch, wenn dem Rechtsanwalt die Akten über sein Gerichtsfach übermittelt werden.[32] Das ist auch dann der Fall, wenn die Akten einem beim Landgericht am Sitz der Staatsanwaltschaft ansässigen Rechtsanwalt in dessen Gerichtsfach unverpackt eingelegt werden, wenn Staatsanwaltschaft und Landgericht räumlich voneinander getrennt sind.[33] Andererseits spielt es aber auch keine Rolle, ob die Akten innerhalb des Ortes oder Gerichtsbezirks versandt werden[34] oder ob die Sendung aus einem oder mehreren Stücken besteht. Unerheblich ist auch, auf welchem Wege, ob per Post oder privatem Paketdienst der Versand erfolgt. Auch wenn der Rechtsanwalt, der als Prozeßbevollmächtigter oder Verteidiger ein Recht auf Akteneinsicht hat, sich die Akten **36**

27 BVerfG, NJW 1995, 3177.
28 Vgl. dazu *Enders* JurBüro 1997, 393; *Notthoff* AnwBl. 1995, 538.
29 LSG SchlH, AnwBl. 1997, 48; SozG Stralsund, JurBüro 1998, 370 m. Anm. v. *Enders*. A. M. SG Frankfurt/Main, NZS 1998, 256 (L).
30 *Hartmann* KV 9003 Rn 1.
31 LG Detmold, NJW 1995, 2801.
32 LG Göttingen, NJW-RR 1996, 190; AG Osnabrück; JurBüro 1995, 315.
33 AG Düsseldorf, JurBüro 1997, 433.
34 LG Frankenthal, MDR 1996, 104.

Nr.	Gebührentatbestand	Gebührenbetrag oder Satz der Gebühr nach § 11 Abs. 2 GKG

auf sein Büro übersenden läßt, statt sie von der Geschäftsstelle abzuholen, entsteht die Gebühr 9003. Sie entsteht bei mehrmaliger Anforderung mehrmals.[35] Kostenschuldner der Aktenübersendungspauschale ist nur der Antragsteller,[36] also der Rechtsanwalt[37] (auch als Pflichtverteidiger[38]), der sie dann aber als notwendige Auslage von der Partei oder bei strafverfahrensrechtlichem Freispruch im Rahmen des § 464a StPO aus der Staatskasse erstattet verlangen kann,[39] es sei denn, er stellt den Antrag ausdrücklich als Vertreter des Mandanten.[40]

9004	**Kosten, die durch die öffentliche Bekanntmachung entstehen, mit Ausnahme der für Post und Telekommunikationsdienstleistungen zu zahlenden Entgelt, jedoch nicht die Kosten der Bekanntmachung eines besonderen Prüfungstermins (§ 177 InsO, § 11 der SeeVertO)**	**in voller Höhe**

37 Hierher gehören die Kosten der Einrückung in den Bundesanzeiger und andere Blätter, z. B. bei der öffentlichen Zustellung oder bei Auslobungsbekanntmachungen zur Fahndung nach einem Täter. Die Auslobungssumme oder im Zusammenhang mit der öffentlichen Bekanntmachung entstehende Postgebühren zählen aber nicht hierher. Wird der Antrag vor der Veröffentlichung zurückgenommen, sind die bis dahin entstandenen Kosten zu erheben. Zu den Kosten der öffentlichen Bekanntmachung zählen auch anderweitige Druckkosten und Kosten, die durch öffentliche Bekanntmachungen über Medien (Rundfunkdurchsagen, Fernsehbekanntmachungen amtlicher Art, nicht aber solche für die Nutzung kommerzieller Sendungen wie etwa „XY-Unbekannt") gehören hierzu. Ausgenommen sind nur die Kosten der Bekanntmachung eines besonderen Prüfungstermins nach § 177 InsO und § 11 SeeVertO. Ist der besondere Prüfungstermin zugleich als Schlußtermin vorgesehen, herrscht Auslagenfreiheit nur, soweit die Auslagen für den besonderen Prüfungstermin ausscheidbar sind. Die Auslagen sind in voller Höhe anzusetzen.

9005	**Nach dem Gesetz über die Entschädigung von Zeugen und Sachverständigen (ZSEG) zu zahlende Beträge, und zwar auch dann, wenn aus Gründen der Gegen-**	

35 LG Frankenthal, NJW 1995, 2801.

36 LG Bayreuth, JurBüro 1997, 433.

37 LG Göttingen, StV 1996, 43 = NdsRPfl. 1996, 166; LG Baden-Baden, JurBüro 1995, 543; LG Koblenz, NJW 1996, 1223.

38 OLG Koblenz, MDR 1997, 202; AG Mainz, NStZ-RR 1999, 128 (L), wohl auch OLG Düsseldorf, JurBüro 2002, 307 (308).

39 AG Leipzig, NStZ-RR 2000, 319; OLG Koblenz, StraFo 2001, 147; OLG Düsseldorf, JurBüro 2002, 307 (308).

40 Vgl. dazu näher bei *D. Meyer* JurBüro 1996, 231.

Nr.	Gebührentatbestand	Gebührenbetrag oder Satz der Gebühr nach § 11 Abs. 2 GKG
	seitigkeit, der Verwaltungsvereinfachung und dgl. keine Zahlungen zu leisten sind	**in voller Höhe**
	(1) Auslagen für Übersetzer, die zur Erfüllung der Rechte blinder oder sehbehinderter Personen herangezogen werden (§ 191a Abs. 1 GVG), werden nicht, Auslagen für Gebärdendolmetscher (§ 186 Abs. 1 GVG) werden nur nach Maßgabe des Absatzes 2 erhoben.	
	(2) Ist für einen Beschuldigten oder Betroffenen, der der deutschen Sprache nicht mächtig, hör- oder sprachbehindert ist, im Strafverfahren oder im gerichtlichen Verfahren nach dem OWiG ein Dolmetscher oder Übersetzer herangezogen worden, um Erklärungen oder Schriftstücke zu übertragen, auf deren Verständnis der Beschuldigte oder Betroffene zu seiner Verteidigung angewiesen ist, werden von diesem die dadurch entstandenen Auslagen nur erhoben, wenn das Gericht ihm diese nach § 464 c StPO oder die Kosten nach § 467 Abs. 2 S 1 StPO, auch in Verbindung mit § 467a Abs. 1 Satz 2 StPO auferlegt hat; dies gilt auch jeweils in Verbindung mit § 46 Abs. 1 OWiG.	
	(3) Sind die Auslagen durch mehrere Geschäfte veranlaßt, die sich auf verschiedene Rechtssachen beziehen, so werden die Auslagen auf die mehreren Rechtsgeschäfte unter Berücksichtigung der auf die einzelnen Geschäfte verwendeten Zeit angemessen verteilt.	

38 **Zeugen- und Sachverständigenkosten** sind alle Auslagen, die das Gericht an einen Zeugen, Sachverständigen, Dolmetscher – auch Gebärdendolmetscher[41] – oder Übersetzer nach dem ZSEG gezahlt hat. Dazu gehören auch vereinbarte oder zugesagte besondere Entschädigungen des Sachverständigen nach Maßgabe des § 7 ZSEG. Sind solche Auslagen nicht für die Hinzuziehung von Zeugen, sondern auch für die Verteidigung des Beschuldigten oder Betroffenen i. S. der Anm. 1 entstanden und dem Beschuldigten (Betroffenen) nicht auferlegt, können die für die Hinzuziehung von Zeugen (Sachverständigen) entstandenen Auslagen nur angesetzt werden, soweit sie (erforderlichenfalls durch Schätzung) ausscheidbar sind. Ist eine Ausscheidung nicht (mehr) möglich, ist ein Ansatz nicht zulässig[42] Es kommt grundsätzlich nicht darauf an, welche Zahlungen das Gericht tat-

41 LG Hamburg, JurBüro 1999, 599.
42 OLG Koblenz, NStZ-RR 2000, 30.

Nr.	Gebührentatbestand	Gebührenbetrag oder Satz der Gebühr nach § 11 Abs. 2 GKG

sächlich verauslagt hat, sondern darauf, welche Beträge es zahlen muß oder mußte.[43] Das gilt auch für die Kosten einer nach der StPO in zulässiger Weise erfolgten Telefonüberwachung (§ 17 a ZSEG)[44] als solche. Hilfsmittel, die für die Durchführung der Überwachung beschafft wurden (z. B. die Anmietung von Computern) gehören aber nicht dazu.[45] Soweit das Gericht eine Überzahlung vorgenommen hat, kann der in Anspruch genommene Kostenschuldner dagegen nur im Verfahren nach § 5 GKG vorgehen. Der Umstand allein, daß einem Sachverständigen oder einem Zeugen, der als Angehöriger einer Behörde in Erfüllung seiner Dienstaufgaben gehandelt hat, keine Entschädigung nach dem ZSEG zusteht, trotzdem eine solche gezahlt wurde, steht einer Erstattungspflicht nicht entgegen.[46] Die Auslagen werden auch dann erhoben, wenn aus Gründen der Gegenseitigkeit, Verwaltungsvereinfachung und dgl. die Gerichtskasse an die andere Kasse oder den Beamten tatsächlich nicht zu zahlen braucht. Denn das sind verwaltungsinterne Vereinfachungen, von denen der Schuldner nicht profitieren soll.

39 **Ausnahmen** von der Auslagenerstattung bestehen nur nach Maßgabe der Absätze 1 und 2 der amtlichen Anweisung. Danach werden die dort genannten Auslagen nur erhoben, wenn und soweit das Gericht diese dem Beschuldigten oder Betroffenen wegen Verschuldens ausdrücklich auferlegt hat. Letzteres ist auch gerechtfertigt.[47] Die Nichterhebung bezieht sich aber nur auf die Fälle, in denen das Gericht den Dolmetscher oder Übersetzer amtlich herangezogen hat.[48]

40 **Mehrere Geschäfte in verschiedenen Rechtssachen** liegen vor, wenn es sich um getrennte Verfahren handelt. Es können auch Geschäfte sein, die teils nach dem GKG und teils nach der KostO abzurechnen sind. Keine verschiedenen Rechtssachen liegen vor, wenn in derselben Sache verschiedene Zeugen oder Sachverständige gehört werden, auch wenn das Verfahren sich gegen mehrere Personen richtet. Die mögliche Beteiligung verschiedener Personen ist in der Kostenentscheidung zu berücksichtigen. Werden Zeugen oder Sachverständige in verschiedenen Rechtssachen vernommen, sind die dadurch entstehenden Auslagen, sofern keine eindeutige Zuordnung zu einer Rechtssache möglich ist, auf die verschiedenen Sachen angemessen aufzuteilen. Dabei ist vor allem auf den Zeitaufwand abzustellen. Das schließt aber nicht aus, daß auch andere Faktoren berücksichtigt werden dürfen (z. B. die Bedeutung der Sache oder eine unterschiedliche Schwierigkeit der Begutachtung, wenn das nicht schon im Zeitfaktor enthalten ist). Erfolgt in einer der verschie-

43 OLG Düsseldorf, AnwBl. 1989, 237; OLG Schleswig, MDR 1985, 80 m. w. N.

44 OLG Koblenz, JurBüro 2001, 102 = RPfleger 2000, 565; LG Koblenz, NStZ 2001, 221; LG Nürnberg-Fürth, JurBüro 1992, 685; LG Osnabrück, JurBüro 1991, 1509; AG Bersenbrück, JurBüro 1991, 1508.

45 OLG Celle, NStZ 2001, 221 = StV 2001, 242 (L).

46 OLG Stuttgart, RPfleger 1987, 388.

47 Vgl. dazu etwa *Kühne* FS für Schmidt, 1981, S. 33 und bei *Hartmann* KV 9005 Rn 4.

48 Unstr. Vgl. bei *Hartmann* KV 9005 Rn 8 m. N. Zum Verhältnis zu Art. 6 Abs. 3 lit e MRK vgl. OLG Koblenz, StV 1997, 429 m. Anm. v. *Kühne*.

Nr.	Gebührentatbestand	Gebührenbetrag oder Satz der Gebühr nach § 11 Abs. 2 GKG

denen (Straf)Sachen ein Freispruch, geht es natürlich nicht an, die darauf entfallenden Auslagen auf die übrigen Sachen umzulegen. Der auf den Freispruch entfallende Auslagenanteil fällt dann er Staatskasse zur Last, sofern keine Übernahmeerklärung vorliegt.

Die Auslagen werden in **voller Höhe** angesetzt. Das oben (Rn 38) Gesagte gilt auch hier. **41**

9006	**Bei Geschäften außerhalb der Gerichtsstelle**	
	a) die den Gerichtspersonen aufgrund gesetzlicher Vorschriften gewährte Vergütung (Reisekosten, Auslagenersatz) und die Kosten für die Bereitstellung von Räumen	**in voller Höhe**
	b) für den Einsatz von Dienstfahrzeugen für jeden gefahrenen Kilometer	**0,27 EUR**
	Sind die Auslagen durch mehrere Geschäfte veranlaßt,die sich auf verschiedene Rechtssachen beziehen, so werden die Auslagen auf die mehreren Geschäfte unter Berücksichtigung der Entfernung und der auf die einzelnen Geschäfte verwendeten Zeit angemessen verteilt.	

Die Vorschrift regelt den Auslagenersatz für Geschäfte außerhalb der Gerichtsstelle. Dazu **42**
Rn 44.

Gerichtspersonen sind alle Personen, die aus Anlaß einer auswärtigen Sitzung tätig **43**
werden können, also Richter, Staatsanwälte, Amtsanwälte, ehrenamtliche Richter, Referendare, Urkundsbeamte, Gerichtswachtmeister, Fahrer.[49] Die Kosten müssen aber in einem der im § 1 GKG genannten Verfahren entstanden sein, nicht in Angelegenheiten der Justizverwaltung. Werden auf einer Reise sowohl Rechtssachen als auch Justizverwaltungsangelegenheiten erledigt, ist die amtliche Anweisung entsprechend anzuwenden. Zu den Gerichtspersonen zählen nicht Zeugen, Sachverständige und Rechtsanwälte.

Die Auslagen müssen bei Geschäften **außerhalb der Gerichtsstelle** erwachsen sein. **44**
Gerichtsstelle ist der den Angehörigen eines bestimmten Gerichtes für ihre Amtshandlungen zugewiesene Raum (Gebäude mit Hofraum). Geschäfte, die auf **auswärtigen Gerichtstagen** vorgenommen werden, finden an der hierfür bestimmten Gerichtsstelle statt und nicht außerhalb von ihr, so daß die damit verbundenen Auslagen nicht unter Nr. 9006 fallen.[50] Ein einzelner oder mehre auswärtige Termine in mehreren einzelnen Sachen sind aber noch kein auswärtiger Gerichtstag.[51] Der Hauptanwendungsbereich der

49 Vgl. BT-Drucks. 12/6962, S. 88.
50 *Hartmann* KV 9005 Rn 1.
51 FG Neustadt, EFG 1986, 626 m. abl. Anm. von *Lappe* NJW 1987, 1860 und zust. Anm. vom *Schall* BB 1988, 380; *Hartmann* KV 9006 Rn 1.

Nr.	Gebührentatbestand	Gebührenbetrag oder Satz der Gebühr nach § 11 Abs. 2 GKG

Nr. 9006 liegt bei Ortsterminen. Zu den Auslagen im Zusammenhang mit auswärtigen Gerichtsterminen gehören auch die Kosten für angemietete Räume, in denen der Termin stattfindet. Nicht dazu zählen hingegen die Kosten, die dadurch entstehen, daß eine Gerichtsperson an ein auswärtiges Gericht fährt, um dort eine beurlaubte oder erkrankte Gerichtsperson zu vertreten, oder die Kosten eines Staatsanwalts, der als Sitzungsvertreter zu einem auswärtigen Gericht fährt. Alle nicht am Ort der Gerichtsstelle ausgeführten Amtshandlungen (also auch solche außerhalb des Gerichtsgebäudes auch in derselben Gemeinde) kommen in Betracht. Als Amtshandlungen kommen nicht nur Verhandlungen, sondern auch Tatortbesichtigung oder förmliche Augenscheineinnahmen in Betracht. Die an die Gerichtspersonen gezahlten Vergütungen (Reisekosten, Auslagenersatz) sind nur insoweit als Auslagen anzusetzen, als sie aus Anlaß des außerhalb der Gerichtsstelle vorgenommenen Geschäfts entstanden sind. Deshalb fallen unter Nr. 9006 z. B. nur die Mehrkosten, die ehrenamtlichen Richtern dadurch entstanden sind, daß sie außerhalb der regulären Gerichtsstelle tätig geworden sind, nicht aber solche Kosten, die ihnen auch zu zahlen gewesen wären, wenn die Handlung an der Gerichtsstelle stattgefunden hätte.[52]

45 Die Vergütung muß auf Grund gesetzlicher Vorschrift zu gewähren sein, z. B. auf Grund der Reisekostenbestimmungen. Höhere Vergütungen können aber kraft Übernahmeerklärung gefordert werden.

46 In Ansatz kommen auch **Auslagen für die Bereitstellung von Räumen**, etwa für Miete, Heizung, Strom, Reinigung im Zusammenhang mit der Abhaltung eines auswärtigen Termins. Es sind aber nur tatsächlich entstandene Kosten anzusetzen, und zwar auch dann, wenn der Raum aus Gründen, die in den Zurechnungsbereich des Kostenschuldners fallen, nicht genutzt wurde, Kosten aber trotzdem zu zahlen waren. Findet der Termin in einem unentgeltlich überlassenen Raum statt, sind hierfür keine Kosten anzusetzen.

47 Zur Aufteilung der Auslagen, wenn diese auf **mehrere Geschäfte** entfallen, gilt das oben (Rn 40) Gesagte entsprechend.

9007	**An Rechtsanwälte zu zahlende Beträge mit Ausnahme der Vergütung nach dem 13. Abschnitt der BRAGO**	**in voller Höhe**

48 Hierher gehören im wesentlichen die Kosten des gerichtlich bestellten Verteidigers und des nach §§ 97, 97a BRAGO beigeordneten Rechtsanwalts, sofern es sich um ein Verfahren nach § 1 GKG handelt, sofern die Auslagen nach Nr. 9005 (Ziff 1) nach Maßgabe von Art. 6 MRK nicht zu erheben sind.[53] Art. 6. Abs. 3 lit. e MRK steht einer Inanspruchnahme des mittellosen Angeklagten für verauslagte Kosten des Pflichtverteidigers nicht entgegen.[54] In solchen Fällen kann nur über § 10 Abs. 1 KostVfg vom Kostensatz abgesehen werden,

52 OVG Lüneburg, JurBüro 1972, 321.
53 Unstr. Vgl. bei *Hartmann* KV 9007 Rn 1.
54 OLG Hamm, NStZ-RR 2000, 160.

Nr.	Gebührentatbestand	Gebührenbetrag oder Satz der Gebühr nach § 11 Abs. 2 GKG

wenn der Angeklagte offenkundig dauernd zahlungsunfähig ist.[55] Auch die Kosten für einen gegen den Willen eines Angeklagten zusätzlich zum Wahlverteidiger rechtmäßig bestellten Pflichtverteidigers gehören hierzu.[56] Nicht unter Nr. 9007 fallen aber die Prozeßkostenhilfeanwaltskosten, die, wenn sie an die Staatskasse zurückzuzahlen sind, keine Auslagen iS von Nr. 9007 sind, sondern nach den Vorschriften über die Einziehung der Gerichtskosten geltend zu machen sind (§ 130 Abs. 2 BRAGO), also nach der JBeitrO. Nicht unter Nr. 9007 fallen auch Kosten der Ablichtung des Hauptverhandlungsprotokolls durch einen Pflichtverteidiger.[57] Denn solche kann er kostenfrei beantragen. Die nach Nr. 9007 an Rechtsanwälte zu zahlenden Kosten werden in voller Höhe, einschließlich der gezahlten Mehrwertsteuer angesetzt.

9008	**Kosten für**	
	a) die Beförderung von Personen	**in voller Höhe**
	b) Zahlungen an mittellose Personen für die Reise zum Ort einer Verhandlung, Vernehmung oder Untersuchung und für die Rückreise	**bis zur Höhe der nach dem ZSEG an Zeugen zu zahlende Beträge**

Die Vorschrift entspricht der alten Nr. 1907. Neu ist nur, daß mittellosen Personen gewährte Reisebeihilfen nicht (mehr) in voller, d. h. tatsächlich entstandener und evtl. erstatteter Höhe, sondern nur bis zur Höhe der Beträge der für Zeugen geltenden Bestimmungen des ZSEG anzusetzen sind. **Personenbeförderungskosten** (Buchstabe a) sind z. B. die Kosten der Vorführung von Beschuldigten, Parteien, Zeugen (z. B. § 380 Abs. 2 ZPO), des Beschuldigten aus Anlaß der vorläufigen Festnahme und Verbringung in die Haftanstalt oder eine andere Einrichtung der vorläufigen Unterbringung, die Beförderungskosten im Zusammenhang mit dem Antritt der Straf-/Maßnahmevollstreckung,[58] nicht aber die Kosten von Überführungen (z. B. Verschiebung) zu Zwecken des Straf-/Maßregelvollzugs, weil das GKG auf Vollstreckungskosten nicht anwendbar ist (Vgl. § 10 JVKostO).[59] Denn handelt es sich um Strafvollstreckungskosten, die nach Nr. 9011 bzw. § 10 JVKostO zu erheben sind. Anders liegt es aber, wenn die Kosten nicht im Zusammenhang mit dem Verfahren stehen, in dem vollstreckt wird (z. B. Vorführung des Gefangenen zu einem Termin als Zeuge oder als Beteiligter in einer anderen eigenen Rechtssache). Dann ist Nr. 9008 selbstverständlich anwendbar.[60] Bei den **mittellosen Personen** (Buchstabe **b**) kann es sich z. B. handeln um: Parteien, deren persönliches Erscheinen **49**

55 OLG Hamm, NStZ 2000, 160; OLG Köln, JurBüro 1991, 856 m. N.
56 OLG Düsseldorf, AnwBl. 1983, 462 m. N.
57 OLG München, RPfleger 1982, 486.
58 OLG Koblenz, JurBüro 1991, 420; a. M. *Hartmann* KV 9008 Rn 2, 3.
59 OLG Koblenz, JurBüro 1991, 420.
60 OLG Hamm, NStZ-RR 2000, 320; *Oe/Wi/He* Rn 3.

Nr.	Gebührentatbestand	Gebührenbetrag oder Satz der Gebühr nach § 11 Abs. 2 GKG

angeordnet ist,[61] insbesondere wenn ihnen Prozeßkostenhilfe gewährt worden ist,[62] oder die zur Blutentnahme oder zu Untersuchungen im Rahmen einer biologischen Begutachtung reisen müssen,[63] Streitverkündete,[64] Schuldner im Verfahren zur Abgabe der eidesstattlichen Versicherung,;[65] Beschuldigte zur notwendigen Rücksprache mit dem auswärts ansässigen Pflichtverteidiger,[66] Zeugen, Personen, die sich einer gerichtlich angeordneten Blutentnahme unterziehen müssen, notwendige Begleitpersonen. Zu ersetzen sind nur die Reisekosten einschließlich Übernachtungskosten und Zehrpauschale nach den Sätzen des ZSEG, nicht aber Verdienstausfall. Das folgt aus dem Wortlt der Nr. 9008, wo nur von Reisekosten die Rede ist und der Verweis auf das ZSEG sich nur auf die Höhe der Reisekosten bezieht. In der Fällen der Bewilligung von Prozeßkostenhilfe sind der Partei etwaige verauslagte Reisekosten auf Antrag zu erstatten.

9009	**An Dritte zu zahlende Beträge für**	
	a) die Beförderung von Tieren und Sachen mit Ausnahme der für Postdienstleistungen zu zahlenden Entgelte, die Verwahrung von Tieren und Sachen sowie die Fütterung von Tieren	**in voller Höhe**
	b) die Beförderung und Verwahrung von Leichen	**in voller Höhe**
	c) die Durchsuchung oder Untersuchung von Räumen und Sachen einschließlich der die Durchsuchung oder Untersuchung vorbereitenden Maßnahmen	**in voller Höhe**
	d) die Bewachung von Schiffen und Luftfahrzeugen	**in voller Höhe**

50 **Beförderung von Tieren und Sachen.** Dazu gehört z. B. die Verbringung von Kraftwagen an eine Unfallstelle, um den Hergang des Unfalls zu demonstrieren;[67] die Verbringung von Tieren zum Zwecke des Augenscheins oder als Beweis oder Überführungsstück an den Terminsort, nicht aber Transportkosten, die zum Zwecke einer rechtskräftig ausgesprochenen Einziehung eines Gegenstandes (z. B. eines Kraftwagens) erfolgen.[68] Die bei der Beförderung von Sachen entstehenden Postgebühren bleiben außer Ansatz, nicht aber Kosten für eine andere Beförderungsart, etwa durch einen privaten Paketdienst oder als Bahnfracht.

61 OLG München, JurBüro 1972, 804 = RPfleger 1972, 463.
62 Vgl. dazu bei *Philippi* in Zöller, ZPO § 122 Rn 26.
63 *Hartmann* KV 9008 Rn 4.
64 OLG Bremen, RPfleger 1957, 272 (L).
65 LG Schweinfurt, JurBüro 1972, 266 m. Anm. v. *Mümmler*.
66 OLG Hamm, JurBüro 1969, 279.
67 OLG Celle, NJW 1960, 1026 = RPfleger 1960, 222.
68 BGH, JVBl. 1962, 60.

Nr.	Gebührentatbestand	Gebührenbetrag oder Satz der Gebühr nach § 11 Abs. 2 GKG

Verwahrung von Sachen. Hierunter fallen nicht die Kosten für eine – etwa im Eilverfahren – angeordnete Sequestration (vgl. § 30, Rn 2). Die dem Sequester – auch dem zum Sequester bestellten Gerichtsvollzieher entstandenen Kosten (vgl. GvKostG, § 1 Rn 3; KVGv 707, Rn 15) – sind vielmehr als Kosten der Zwangsvollstreckung nach §§ 91, 788 ZPO zu behandeln.[69] Wird die verwahrte Sache eingezogen, werden nur die bis zur Rechtskraft der Entscheidung angefallenen Verwahrkosten angesetzt,[70] und zwar auch dann, wenn der Eigentümer auf Rückgabe zugunsten des Staates verzichtet hat.[71] Werden beschlagnahmte Sachen (z. B. ein Pkw) im Auftrage der Strafverfolgungsbehörde bei Dritten verwahrt, sind die von dem Dritten berechneten Verwahrkosten ebenso anzusetzen[72] wie die im Zusammenhang mit der Herausgabe entstehenden notwendigen Kosten (z. B. Fahrtkosten des Eigentümers/Besitzers für die Abholung nach Freigabe). Denn mit der bloßen Verzichterklärung des Angeklagten erwirbt der Fiskus noch nicht Eigentum an der Sache; dafür bedarf es eines besonderen dinglichen Übereignungsvertrages, den selbst dann, wenn man die Verzichterklärung als Übereignungsangebot ansehen will, ist das Gericht oder der Vertreter der Staatsanwaltschaft anzunehmen idR nicht befugt ist.[73] Gleiches gilt auch, wenn man den Verzicht als Dereliktion (§ 959 BGB) ansehen will.[74] Denn abgesehen von der strittigen Frage, ob bei Gegenständen, die sich nicht im unmittelbaren Besitz des Eigentümers befinden, eine Dereliktion überhaupt möglich ist,[75] könnte sich der Justizfiskus eine nach § 959 BGB herrenlos gewordene Sache nach § 958 BGB nicht ohne weiteres aneignen.[76] 51

Verwahrung und Fütterung von Tieren. Gemeint sind die Kosten, die für Unterbringung, Pflege, Futtermittel, Bewachung und Versicherung entstehen. 52

Zu den **Kosten der Durchsuchung oder Untersuchung** gehören auch die für solche Handlungen gebotenen Vorbereitungskosten wie etwa die Inanspruchnahme eines Schlüsseldienstes. Desgleichen auch die für das Wiedereinräumen nach erfolgter Durchsuchung.[77] 53

Die **Kosten für die Bewachung von Schiffen und Luftfahrzeugen** sind nur soweit anzusetzen, als sie nicht bereits nach 9012, 9013 erhoben werden. 54

69 Dazu bei Zöller-*Vollkommer* § 938 Rn 10; B-L-A-H, § 936 Rn 24, 25, § 788 Rn 37.
70 OLG Koblenz, NStZ-RR 1998, 128.
71 OLG Koblenz, JurBüro 1995, 541 m. zust. Bespr. von *D. Meyer* JurBüro 1997, 619.
72 LG Flensburg, Urt. v. 28.5.2002 – 2 O 218/02 –
73 Vgl. dazu ausf bei *Marina Thode* Die außergerichtliche Einziehung von Gegenständen im Strafprozeß, 2000, S. 80 ff.
74 KMR-*Paulus* StPO §§ 413–429 Rn 2.
75 Vgl. bei *Quack* in Münchener Kommentar zum BGB, 3. Aufl., § 959 Rn 11 m. w. N.
76 *Thode* aaO S. 77 ff. gegen *Stöber* und *Guckenbiehl* RPfleger 1999, 115 ff. (118).
77 LG Flensburg, JurBüro 1997, 147.

Nr.	Gebührentatbestand	Gebührenbetrag oder Satz der Gebühr nach § 11 Abs. 2 GKG
9010	**Kosten einer Zwangshaft, auch aufgrund eines Haftbefehls nach § 901 ZPO**	**in Höhe des Haftkostenbeitrags nach § 50 Abs. 2 und 3 StVollzG**

55 Zwangshaft, auch Ordnungshaft z. B. nach § 390 Abs. 2 ZPO, § 70 Abs. 2. StPO, §§ 888–890 ZPO, § 901 ZPO. Diese Haftkosten sind immer zu erheben und richten sich nach § 10 Abs. 2 JKostO.

Nr.	Gebührentatbestand	Gebührenbetrag oder Satz der Gebühr nach § 11 Abs. 2 GKG
9011	**Kosten einer Haft außer Zwangshaft, Kosten einer einstweiligen Unterbringung (§ 126 a StPO), einer Unterbringung zur Beobachtung (§ 81 StPO, § 73 JGG) und einer einstweiligen Unterbringung in einem Heim der Jugendhilfe (§ 71 Abs. 2, § 72 Abs. 4 JGG)** **Die Kosten werden nur angesetzt, wenn sie nach § 50 Abs. 1 StVollzG zu erheben wären.**	**in Höhe des Haftkostenbeitrags nach § 50 Abs. 2 und 3 StVollzG**

56 Der Nr. 9011 unterfallen alle Haft- und Unterbringungsfälle, die weder Ordnungs(-Beuge)haft noch Strafhaft sind, insbesondere also die Untersuchungshaft, die einstweilige Unterbringung nach §§ 126a StPO, § 71 Abs. 2 JGG einschließlich des Transports zu Verhandlungsterminen in eigener Sache und die Unterbringung zur Beobachtung nach § 81 StPO, 73 JGG.[78] Für Kosten der Straf- oder Maßregelvollstreckung gilt indessen § 10 JVKostO als lex specialis. Die Kosten werden aber nur angesetzt, wenn sie nach den für die Freiheitsstrafe geltenden Bestimmungen zu erheben wären (§ 12 S 2 KostVerfg, § 10 JVKOstO),[79] so daß insoweit praktisch Auslagenfreiheit herrscht.[80] In der Praxis haben die Bestimmungen der Nr. 9011, § 10 JVKostO Bedeutung für die Erhebung eines Haftkostenbeitrags wegen schuldhafter Nichtarbeit,[81] was verfassungsrechtlich unbedenklich ist.[82] Auch die Auslagen, welche der Justizverwaltung durch eine vorsätzliche oder grob fahrlässige Selbstschädigung des Strafgefangenen erwachsen sind, gehören grundsätzlich hierher (§ 93 Abs. 1 StVollzG),[83] nicht aber die durch Selbstschädigung von Untersuchungshäftlingen der Justizverwaltung erwachsenen Kosten.[84]

Nr.	Gebührentatbestand	Gebührenbetrag oder Satz der Gebühr nach § 11 Abs. 2 GKG
9012	**Kosten, die anderen inländischen Behörden, öffentlichen Einrichtungen oder Bediensteten als Ersatz für**	

78 *Oe/Wi/He* KV 9008 Rn 2.
79 Vgl. Dazu auch LG Itzehoe, SchlHA 2000, 179; *Oe/Wi/He* KV 9008 Rn 3.
80 *Hartmann* KV 9011 Rn 1.
81 Vgl. LG Itzehoe, SchlHA 2000, 179; LG Koblenz, JurBüro 1997, 205 = NStZ-RR 1997, 191.
82 BVerfG, NStZ-RR 1999, 255.
83 Vgl. dazu etwa bei *Callies/Müller-Dietz* StVollzG 6. Aufl., § 93 Rn 2.
84 BGHZ, 109, 354, 359; OLG Koblenz, JBl.(Rheinland-Pfalz) 1997, 514.

Nr.	Gebührentatbestand	Gebührenbetrag oder Satz der Gebühr nach § 11 Abs. 2 GKG
	Auslagen der in den Nummern 9000 bis 9011 bezeichneten Art zustehen, und zwar auch dann, wenn aus Gründen der Gegenseitigkeit, der Verwaltungsvereinfachung und dgl. keine Zahlungen zu leisten sind	**begrenzt durch die Höchstsätze für die Auslagen 9000 bis 9011**

57 Hierunter fallen die an öffentliche technische Anstalten oder sonstige Fachbehörden und Einrichtungen für Auskünfte und Gutachten zu zahlende Beträge, sofern sie nicht als Sachverständigenkosten unter Nr. 9005 fallen. Hierunter fallen auch **Gerichtsvollzieherkosten**, wenn dem Gerichtsvollzieher der Auftrag vom Gericht erteilt worden ist, besonders im Zwangsversteigerungsverfahren, sowie **Auslagen der Polizei** als Hilfsorgan der Staatsanwaltschaft im vorbereitenden Verfahren, soweit sie nicht unter Nr. 9013 fallen.

58 Es ist nicht notwendig, daß die Kosten bar verauslagt worden sind. Sie sind auch anzusetzen, wenn die anderen Behörden usw. aus Gründen der Gegenseitigkeit oder der Verwaltungsvereinfachung keine Zahlung aus der Gerichtskasse verlangen. Teilt eine Behörde dem Gericht die Kosten nicht mit, hat der Kostenbeamte nachzufragen.

9013	**Beträge, die ausländischen Behörden, Einrichtungen oder Personen im Ausland zustehen, sowie Kosten des Rechtshilfeverkehrs mit dem Ausland, und zwar auch dann, wenn aus Gründen der Gegenseitigkeit, der Verwaltungsvereinfachung und dgl. keine Zahlungen zu leisten sind**	**in voller Höhe**

59 Vgl. zunächst über die Auslagen §§ 98 ff. ZRHO. Zu diesen Auslagen gehören auch die Auslagen wegen einer Auslieferung. Die entstandenen Auslagen sind hier stets in voller Höhe ohne die Begrenzung auf die Höchstsätze nach Nr. 9000–9011 zu erheben.

9014	**Auslagen der in den Nrn 9000 bis 9013 bezeichneten Art, soweit sie durch die Vorbereitung der öffentlichen Klage entstanden sind**	**begrenzt durch die Höchstsätze für die Auslagen 9000 bis 9012**
9015	**Auslagen der in den Nrn 9000 bis 9013 bezeichneten Art, soweit sie durch das dem gerichtlichen Verfahren vorausgegangene Bußgeldverfahren entstanden sind**	**begrenzt durch die Höchstsätze für die Auslagen 9000 bis 9012**
	Abs. 2 der Anmerkung zu Nr. 9005 ist nicht anzuwenden	
9016	**Nach § 50 Abs. 5 FGG an den Verfahrenspfleger zu zahlende Beträge**	**in voller Höhe**
9017	**An den vorläufigen Insolvenzverwalter, den Insol-**	

Nr.	Gebührentatbestand	Gebührenbetrag oder Satz der Gebühr nach § 11 Abs. 2 GKG
	venzverwalter, die Mitglieder des Gläubigerausschusses oder die Treuhänder auf der Grundlage der Insolvenzrechtlichen Vergütungsverordnung aufgrund einer Stundung nach § 4a InsO zu zahlende Beträge	**in voller Höhe**

60 Die Nrn. 9014, 9017 sind Sondervorschriften zu Nr. 9000–9013 und beziehen sich nur auf Auslagen der dort behandelten Art.

Anlage 2

Tabelle
(zu § 11 Abs. 2)

Streitwert bis ... EUR	Gebühr ... EUR	Streitwert bis ... EUR	Gebühr ... EUR
300	25	35.000	369
600	35	40.000	398
900	45	45.000	427
1.200	55	50.000	456
1.500	65	65.000	556
2.000	73	80.000	656
2.500	81	95.000	756
3.000	89	110.000	856
3.500	97	125.000	956
4.000	105	140.000	1.056
4.500	113	155.000	1.156
5.000	121	170.000	1.256
6.000	136	185.000	1.356
7.000	151	200.000	1.456
8.000	166	230.000	1.606
9.000	181	260.000	1.756
10.000	196	290.000	1.906
13.000	219	320.000	2.056
16.000	242	350.000	2.206
19.000	265	380.000	2.356
22.000	288	410.000	2.506
25.000	311	440.000	2.656
30.000	340	470.000	2.806
		500.000	2.956

Gerichtsvollzieherkostengesetz

Gesetz über die Kosten der Gerichtsvollzieher (GvKostG) Vom 19. April 2001 (BGBl. I S. 623, 633), zuletzt geändert durch Gesetz vom 23. Juli 2002 (BGBl. I S. 2850)

Alphabetische Übersicht

Fettgedruckte Ziffern bis 20 bezeichnen die Paragraphen des GvKostG, fettgedruckte dreistellige Ziffern bezeichnen die Nummern des KVGv, magere Ziffern verweisen auf die Randnummern

Allgemeines: Das Gerichtsvollzieherkostenrecht ist im System des gesamten Justizkostenrechts ein eigenständiges, in einem besonderen Gesetz enthaltenes Teilgebiet. Es regelt die Erhebung von Gebühren und Auslagen, die für die Tätigkeit des Gerichtsvollziehers in Erfüllung seiner Aufgaben, die er als solcher ausübt, insbesondere im Zusammenhang mit der Durchsetzung titulierter Ansprüche oder anderweitiger originärer Aufgaben wie etwa Bewirkung von Zustellungen oder Vorführungen (vgl. dazu unten, § 1, Rn 1–2). Die Regelung der Gerichtvollzieherkosten in einem eigenständigen Gesetz geht zurück auf die Reichsjustizgesetze, nämlich auf die in diesem Zusammenhang erlassene GvGebO vom 24. 6. 1878, welche als vorkonstitionelles Recht bis zu ihrer Ablösung durch das (Bundes-)gesetz vom 26. 7. 1957 (BGBl. I, 861) galt. Letzteres war erforderlich, weil nach der Verfassung der Bundesrepublik Deutschland die Angelegenheiten betreffend die gerichtlichen Verfahren, wozu auch das Gerichtsvollzieherkostenwesen gehört, zu konkurrierenden Gesetzgebungsbefugnis (Art. 74 Abs. I GG) gehören und eine bundeseinheitliche Regelung (weiter) sichergestellt werden musste. Dieses Gesetz (GvKostG a. F.) hat ohne wesentliche strukturelle Änderungen bis zur Reform des Gerichtsvollzieherkostenwesen im Jahre 2001 gegolten. Größere strukturelle Eingriff hat lediglich das im Rahmen der beginnenden Gesamtreform des Kostenrechts ergangene KostRÄndG 1994 gebracht. 1

2 Im Zuge der weitergeführten Gesamtreform des Justizkostenrechts mit dem erklärten Ziel der Vereinfachung der weitestgehend kompliziert gewordenen Gesetze, was insbesondere auch das GVvKostG betraf, aber auch zur Entlastung der Gerichte, ist nach vielen Anläufen dann auch durch das „Gesetz zur Neuordnung des Gerichtsvollzieherkostenrechts – GvKostRNeuOG –" vom 19.4.2001 mit Wirkung vom 1.5.2001 das GvKostG reformiert, insbesondere völlig neu strukturiert worden. An Stelle der einzelnen Wertgebühren des alten Rechts sind jetzt Festgebühren geschaffen, die zudem noch – nach dem Muster des GKG – in einem Kostenverzeichnis, das auch Pauschalen für die Auslagen vorsieht, festgelegt worden sind. Auch die allgemeinen Verfahrensvorschriften sind denen des GKG inhaltlich völlig angeglichen.

3 Die nach dem GVKostG zu erhebenden öffentlich-rechtlichen Gebühren fließen in die Staats-(Landes)kasse, welche auch unmittelbare Gläubigerin ist.[1] Der Gerichtsvollzieher erhebt mithin die Gebühren nicht für sich, sondern für die Staatskasse.[2] Daran ändert auch nichts der Umstand, daß Bund und Länder dem Gerichtsvollzieher zur Abdeckung seiner Bürokosten aus dienst- und besoldungsrechtlichen Gründen gewisse Anteile der vereinnahmten Gebühren zubilligen (Entnahmerecht),[3] wie ihm auch die Auslagen zufließen bzw. aus der Staatskasse erstattet werden, wenn und soweit sie nicht zu erheben sind. Folgerichtig werden die nach dem GvKostG geschuldeten Kosten auch im Verwaltungszwangsverfahren durch die Gerichtkasse beigetrieben, wie auch der Gerichtsvollzieher – von dem Sonderfall des § 7 Abs. 2 S 1 GVKostG abgesehen – nicht über Nichterhebung, Niederschlagung oder Stundung entscheidungsbefugt ist.[4]

4 Die Landesjustizverwaltungen haben bundeseinheitliche Durchführensbestimmungen zum GVKostG erlassen. Dabei handelt es sich allerdings nur um Verwaltungsvorschriften, die für die Gerichte keine Bindungswirkungen haben, im Zweifel aber als Auslegungshilfen herangezogen werden. Die Gerichtsvollzieher haben die Durchführungsbestimmungen indessen zu beachten. Im folgenden sind die DV-GvKostG[5] bei den einzelnen Bestimmungen im Wortlt mitgeteilt.

5 Das neue GvKostG hat in der Sache zwar viele Regelungen des alten Rechts übernommen. In einigen Punkten sind auch kontroverse Auslegungen der alten Bestimmungen in der Weise „reformiert", daß sog. h Men oder überwiegende Rsprsansichten Gesetz wurden und damit die eine oder andere Streitfrage obsolet geworden ist bzw. eine Klarstellung erfolgte. Bei der Anwendung der neuen Vorschriften kann auf die Rspr und das Schrifttum zum alten Recht nur noch bedingt zurückgegriffen werden kann.

6 Unmittelbar nach dem Inkrafttreten des GvKostG zeigte sich, daß einige Bestimmungen nicht einheitlich angewandt und auch von der Rspr unterschiedlich interpretiert wurden, was zu schnell in der Praxis zu einer unerträglichen Zersplitterung der Anwendung des Gesetzes führte. Durch Art. 18 des „Gesetzes zur Änderung des Rechts der Vertretung

1 Vgl. OLG München, DGVZ 1976, 59; OVG Berlin, DGVZ 1981, 139; Bach DGVZ 1990, 166; Kohler DGVZ 1981, 191; Hartmann GvKostG, Grdz vor § 1 Rn 13; Schröder-Kay/Gerlach § 1 Rn 13.
2 *Hartmann* GvKostG, Grdz vor § 1 Rn 13
3 BGH, NJW 1999, 2598; *Hartmann* GvKostG, Grdz vor § 1 Rn 13, m. w. N.
4 Vgl. *Schröder-Kay/Gerlach* § 7 Rn 12.
5 In der für Schleswig-Holstein geltenden Fassung (SchlHA 2001, 161).

durch Rechtsanwälte vor den Oberlandesgerichten (OLG-Vertretungsänderungsgesetz – OLGVertrÄndG)" vom 23. Juli 2002[6] hat der Gesetzgeber der nicht gewollten Auslegung einzelner Bestimmungen einen Riegel vorgeschoben, zugleich aber auch noch einige kleinere – letztendlich nur klarstellende – Änderungen eingefügt. Soweit das Gesetz sachliche Änderungen enthält, gilt für den Übergang § 18.

ERSTER ABSCHNITT
Allgemeine Vorschriften

§ 1
Geltungsbereich

(1) Für die Tätigkeit des Gerichtsvollziehers, für die er nach Bundes- oder Landesrecht sachlich zuständig ist, werden Kosten (Gebühren und Auslagen) nur nach diesem Gesetz erhoben.

(2) Landesrechtliche Vorschriften über die Kosten der Vollstreckung im Verwaltungszwangsverfahren bleiben unberührt.

Nr. 1 DB-GvKostG: 1

Die Gerichtsvollzieherkosten (GV-Kosten) werden für die Landeskasse erhoben.

Allgemeines: Die Vorschrift stellt – wie auch § 1 Abs. 1 GKG – klar, daß die Erhebung von der Gerichtsvollzieherkosten (Gebühren und Auslagen) bundesrechtlich abschließend ist. Abs. 1 entspricht inhaltlich den alten §§ 1 und 2 und stellt klar, daß der Anwendungsbereich des GvKostG auf solche Tätigkeiten des Gerichtsvollziehers beschränkt ist, für die er nach Bundes- oder Landesrecht sachlich zuständig ist. Soweit er andere Tätigkeiten ausübt, dürfen Kosten jedenfalls nicht – auch nicht in entsprechender Anwendung – nach diesem Gesetz erhoben werden, ohne daß das – wie im alten § 2 – ausdrücklich gesagt zu werden braucht. Wegen Art. 74 Abs. 1 Ziff 1 GG ändert auch der landesrechtliche Vorbehalt des Abs. 2 nichts, der dem mit dem Inkrafttreten des GvKostG aufgehobenen Art. XI § 5 Abs. 1 Nr. 1 des Gesetzes vom 26. 6. 1957 (BGBl I, 861) i. d. F. des Gesetzes vom 20. 8. 1975 (BGBl. I, 2189) entspricht. 2

Sachlicher Geltungsbereich. Das GvKostG ist nur anwendbar, wenn der Gerichtsvollzieher Tätigkeiten in seiner **amtlichen Eigenschaft** verrichtet, mithin solche Geschäfte, deren Ausübung ihm kraft Gesetzes oder aufgrund einer Verwaltungsvorschrift ausdrücklich übertragen sind, wobei es gleichgültig ist, ob diese eine Gebühr vorsehen.[7] Das GvKostG ist daher unanwendbar, wenn und soweit der Gerichtsvollzieher als Treuhänder 3

6 BGBl. I, S. 2850, 2853.
7 Vgl. *Schröder-Kay/Gerlach* § 1 Rn 2,17 ff.; *Hartmann* GvKostG, § 1 Rn 3.

(Sequester) – selbst wenn das durch Gesetz oder gerichtliche Anordnung erfolgt[8] – fungiert. Für solche Fälle kommen andere Rechtsgrundlagen in Betracht wie etwa §§ 63–65 InsO, §§ 675, 612, 632 BGB. Das gilt auch, wenn und soweit die Sequestration als Nebentätigkeit im Rahmen der Durchführung des amtlichen Vollstreckungsauftrags ausgeübt wird.[9] Für solcherlei Unkosten des Gerichtsvollziehers haftet allein der Auftraggeber,[10] niemals aber die die Landeskasse oder der Antragsgegner (Schuldner).[11] Hat das Gericht – etwa im Rahmen eines Eilverfahrens – den Gerichtsvollzieher als Sequester bestimmt, kann der Gerichtsvollzieher die Vergütung, deren Höhe sich an den für einen Zwangsverwalter geltenden Sätzen orientiert, vom Prozeßgericht gegen den, der die Sequestration beantragt hat (idR der Antragsteller) durch das Prozeßgericht festsetzen lassen.[12] Der Staat soll in solchen Fällen nicht subsidiär haften, wenn die Kosten vom Auftraggeber nicht beigetrieben werden können und die Verwertung nicht zur Deckung der Kosten des Gerichtsvollziehers ausreicht.[13] Die Gegenansicht[14] überzeugt nicht. Denn der Gerichtsvollzieher als (gerichtlich bestellter) Sequester muß keineswegs für eine ihm letztlich oktroyierte Tätigkeit das Kostenausfallrisiko tragen, wenn das Prozeßgericht keine Vorschüsse vom Gläubiger eingefordert oder im Falle der Nichtzahlung entsprechend § 379 ZPO verfahren ist. Der Gerichtsvollzieher kann auch in solchen Fällen beim vom Antragsteller zu betreibenden Vollzug der Eilanordnung entsprechend § 4 GvKostG, 669 BGB verfahren.

4 Des weiteren muß für die Amtshandlung des Gerichtsvollziehers nach bundes- oder landesrechtlichen Vorschriften ausdrücklich eine Kostenvorschrift vorhanden sein. Primär sind das natürlich die Bestimmungen des GVKostG. Allerdings ist das GvKostG auch für Amtshandlungen anwendbar, die dem Gerichtsvollzieher nur in einzelnen Bundesländern ausdrücklich übertragen sind. So etwa die öffentliche Verpachtung an den Meistbietenden (KVGv 301), das tatsächliche Angebot außerhalb der Zwangsvollstreckung (KVGv 410), die Beurkundung eines Leistungsangebots (KVGv 411) oder die im § 12 genannten Geschäfte. Wenn und soweit der Gerichtsvollzieher ein solches Geschäft in einem Bundesland vornimmt, das eine Übertragung nicht vorsieht ein, hat er nach § 28 GVO vorzugehen, so daß insoweit keine Kosten entstehen können.[15] Als landesrechtliche Bestimmungen iS des Abs. 2 sind demgegenüber anzusehen Bestimmungen über die Kosten für die Vollstrekkung in Verwaltungszwangs- und/oder Vollstreckungsverfahren, Amtshandlungen aufgrund der JBeitrO (§ 11 Abs. 2 JBeitrO) oder im Zusammenhang mit der Beitreibung von Geldstrafen, Geldbußen, Ordnungs- oder Zwangsgelder nach der EBAO (§ 1 Abs. 4, 11 Abs. 2 JBeitrO).

5 Die Legaldefinition des **Kosten**begriffs des GvKostG ist identisch mit der des § 1 GKG. Unter Kosten sind nach diesem Gesetz zu erhebenden **Gebühren** und **Auslagen** zu

8 OLG Bremen, JurBüro 1999, 327; *Schröder-Kay/Gerlach* § 1 Rn 26 ff.; *Hartmann* GvKostG Rn 3.
9 *Schröder-Kay/Gerlach* § 1 Rn 28–29.
10 *Schröder-Kay/Gerlach* § 1 Rn 27 ff.; B-L-A-H., § 938 Rn 24; *Zöller-Vollkommer* § 938 Rn 10, m. w. N.
11 LG Offenburg, DGVZ 1990, 11.
12 LG Saarbrücken, DVGZ 1995, 189; *Zöller-Vollkommer* § 938 Rn 10; *Thomas/Putzo* § 938 Rn 9.
13 LG Köln, KTS 1983, 634.
14 *Schmidt* KTS 1983, 637, m. N. Zweifelnd auch *Zöller-Vollkommer* § 938 Rn 10.
15 *Hartmann* GvKostG Rn 4.

verstehen. Dabei werden auch hier die Gebühren (KVGv 100 ff.) als öffentlich-rechtliche Abgaben für eine Verwaltungstätigkeit – einschließlich der Vorbereitungshandlungen sowie notwendiger Nebentätigkeiten – und nur nach Maßgabe des Gesetzes erhoben, und zwar ohne Rücksicht auf den im konkreten Fall tatsächliche betriebenen Aufwand, während Auslagen (KVGv 700 ff.) den Ersatz von (entweder aus Vereinfachungsgründen pauschal oder in tatsächlich entstandener und dann auch nachzuweisender Höhe angefallener) Aufwendungen im Zusammenhang mit der Ausübung der Amtshandlung darstellen.

Für die Einziehung der Kosten des Gerichtsvollziehers entstehen – von der Hebegebühr nach KVGv 430 abgesehen – keine Kosten, es sei denn, der Gerichtsvollzieher geht aufgrund eines Vollstreckungsauftrags der Gerichtskasse gegen den (ehemaligen) Auftraggeber als Vollstreckungsschuldner vor.[16] 6

§ 2
Kostenfreiheit

(1) Von der Zahlung der Kosten sind befreit der Bund, die Länder und die nach dem Haushaltsplan des Bundes oder eines Landes für Rechnung des Bundes oder eines Landes verwalteten öffentlichen Körperschaften oder Anstalten, bei einer Zwangsvollstreckung nach § 885 der Zivilprozeßordnung wegen der Auslagen jedoch nur, soweit diese einen Betrag von 5 000 Euro nicht übersteigen. Bei der Vollstreckung wegen öffentlich-rechtlicher Geldforderungen ist maßgebend, wer ohne Berücksichtigung des § 252 der Abgabenordnung oder entsprechender Vorschriften Gläubiger der Forderung ist.

(2) Bei der Durchführung des Bundessozialhilfegesetzes sind die Träger der Sozialhilfe, bei der Durchführung des Achten Buchs Sozialgesetzbuch die Träger der öffentlichen Jugendhilfe und bei der Durchführung der ihnen obliegenden Aufgaben nach dem Bundesversorgungsgesetz die Träger der Kriegsopferfürsorge von den Gebühren befreit. Sonstige Vorschriften, die eine sachliche oder persönliche Befreiung von Kosten gewähren, gelten für Gerichtsvollzieherkosten nur insoweit, als sie ausdrücklich auch diese Kosten umfassen.

(3) Landesrechtliche Vorschriften, die in weiteren Fällen eine sachliche oder persönliche Befreiung von Gerichtsvollzieherkosten gewähren, bleiben unberührt.

(4) Die Befreiung von der Zahlung der Kosten oder der Gebühren steht der Entnahme der Kosten aus dem Erlös (§ 15) nicht entgegen.

Allgemeines: Die inhaltlich dem § 8 GvKostG a. F. entsprechende Vorschrift enthält 1
unterschiedliche Arten der Befreiung. Soweit hier von Kostenfreiheit die Rede ist, handelt

16 *Schröder-Kay/Gerlach* § 1 Rn 34.

es sich um die Freistellung von Gebühren und Auslagen, wobei bei Räumungsvollstreckungen nach § 885 ZPO nur Auslagen bis zu einem Betrag von 5000 € außer Ansatz bleiben. Wenn nur Gebührenfreiheit bestimmt ist, sind die Auslagen gleichwohl zu erheben.[17] Die Fassung des Abs. 1 S 1 ist bewußt identisch mit der des § 144 Abs. Nr. KostO, während mit S 2 die schon ganz herrschende Auslegung des § 8 GvKost a. F. jetzt im Gesetz verankert wird, daß für die Frage der Kostenbefreiung ausschließlich auf die materiell-rechtliche Gläubigerstellung abzustellen ist[18] und zwar auch in den Fällen, in denen § 252 AO unmittelbar oder mittelbar anzuwenden ist.[19] Nach § 252 AO gilt im Vollstreckungsverfahren die Körperschaft als Gläubigerin der zu vollstreckenden Ansprüche, der die Vollstreckungsbehörde angehört.

2 Die **Befreiung** nach Abs. 1 S 1 stimmt inhaltlich nahezu überein mit der des § 2 Abs. 1 GKG. Auf die Ausführungen dazu (oben, § 2 GKG, Rn. 5–20) kann verwiesen werden. Die Befreiung gilt auch für sämtliche Angelegenheiten der Städte/Länder Berlin und Hamburg, nicht aber für Bremen,[20] nicht aber für eine Stadtgemeinde etc.[21]oder für ein Landratsamt.[22] Die Befreiung gilt unabhängig davon ob der Befreite den Gerichtsvollzieher des eigenen oder eines anderen Landes beauftragt in gleicher Weise für öffentlichrechtliche wie für private Angelegenheiten, soweit sämtliche Einnahmen und Ausgaben in den hauhaltsplan des Bundes oder Landes aufgenommen sind[23] und der Bund oder das Land selbst als Partei auftreten[24] Soweit eine Körperschaft oder Anstalt einen nicht im Hauhaltsplan des Bundes oder eines Landes erscheinen eigenen Hauhalt hat, ist sie aber nicht kostenbefreit.

2 Eine Befreiung tritt allerdings nicht dadurch ein, daß ein nicht Befreiter seine Forderung durch Einschaltung eines Befreiten – etwa das Hauptzollamt – vollstreckt.[25] Denn in solchen Fällen bleibt die für die Befreiung maßgebliche materiell-rechtliche Gläubigerstellung für die zu vollstreckende Forderung unberührt.

3 Abs. 2 bestimmt, daß über die auch nach § 2 GKG Befreiten hinaus auch die Träger der öffentlichen Jugendhilfe und die Träger der Kriegsopferfürsorge Gebührenfreiheit genießen, weil auch die Kriegsopferfürsorge zum Bereich der öffentlichen Fürsorge gehört und diese historisch und systematisch eng mit der Sozialhilfe verbunden ist.[26] Diese Gebührenbefreiungen gelten aber nicht für die Vollstreckung bürgerlich-rechtlicher Ansprüche.

4 Abs. 3 ist inhaltlich identisch mit § 2 Abs. 2 S 2 GKG, so daß auf die Ausführungen dazu (§ 2 GKG, Rn. 17 ff.) verwiesen werden kann.

17 Vgl. im Einzelnen dazu ausf bei *Krauthausen* DGVZ 1984, 4.
18 Vgl. *Schröder-Kay/Gerlach* § 2 Rn 3.
19 BT-Drucks. 14/3432, S 24.
20 *Hartmann* GvKostG § 2 Rn 3, m. N.
21 AG Braunschweig, DGVZ 1998, 46.
22 AG Freyung, DGVZ 1986, 31.
23 *Hartmann* GvKostG § 2 Rn 3.
24 AG Altenkirschen, DGVZ 1990, 191; AG Bersenbrück, DGVZ 1991, 15.
25 AG Königswinter DGVZ 1999, 47; AG Leverkusen, DGVZ 1998, 191; *Hartmann* § 2 GvKostG Rn 4.
26 *Otto* JurBüro 2001, 63.

Abs. 4 stellt jetzt auch im Gesetz klar, daß das im § 15 umschriebene **Entnahme- und Verwertungsrecht** des Gerichtvollziehers auch dann gilt, wenn und soweit der Gläubiger Befreiung genießt.[27] Die Vorwegentnahme ist in sämtlichen Fällen der Verwertung im Auftrag eines Befreiten zulässig, also auch beim Einzug von in Straf- und Bußgeldverfahren eingezogenen oder verfallenen Sachen, die in das Eigentum des Landes übergegangen sind.[28] 5

Auch die **Rechtsfolgen der Befreiung** entsprechen denen nach § 2 GKG. Insoweit kann auf die dortigen Ausführungen (GKG § 2, Rn 21–28) verwiesen werden. 6

§ 3
Auftrag

(1) Ein Auftrag umfaßt alle Amtshandlungen, die zu seiner Durchführung erforderlich sind; einem Vollstreckungsauftrag können mehrere Vollstreckungstitel zugrunde liegen. Werden bei der Durchführung eines Auftrags mehrere Amtshandlungen durch verschiedene Gerichtsvollzieher erledigt, die ihren Amtssitz in verschiedenen Amtsgerichtsbezirken haben, gilt die Tätigkeit jedes Gerichtsvollziehers als Durchführung eines besonderen Auftrags. Jeweils verschiedene Aufträge sind die Zustellung auf Betreiben der Parteien, die Vollstreckung einschließlich der Verwertung und besondere Geschäfte nach dem 4. Abschnitt des Kostenverzeichnisses, soweit sie nicht Nebengeschäfte sind. Die Vollziehung eines Haftbefehls ist ein besonderer Auftrag.

(2) Es handelt sich jedoch um denselben Auftrag, wenn der Gerichtsvollzieher gleichzeitig beauftragt wird,

1. einen oder mehrere Vollstreckungstitel zuzustellen und hieraus gegen den Zustellungsempfänger zu vollstrecken,

2. mehrere Zustellungen an denselben Zustellungsempfänger oder als Gesamtschuldner zu bewirken oder

3. mehrere Vollstreckungshandlungen gegen denselben Vollstreckungsschuldner oder Vollstreckungshandlungen gegen Gesamtschuldner auszuführen; der Gerichtsvollzieher gilt als gleichzeitig beauftragt, wenn der Auftrag zur Abnahme der eidesstattlichen Versicherung mit einem Vollstreckungsauftrag verbunden ist (§ 900 Abs. 2 Satz 1 der Zivilprozeßordnung), es sei denn, der Gerichtsvollzieher nimmt die eidesstattliche Versicherung deshalb nicht ab, weil der Schuldner nicht anwesend ist.

Bei allen Amtshandlungen nach § 845 Abs. 1 der Zivilprozeßordnung handelt es sich um denselben Auftrag. Abs 1 S 2 bleibt unberührt.

27 AG Höxter, DGVZ 2001, 127 (noch zum GvKostG a. F.).
28 *Otto* JurBüro 2001, 63; *Schröder-Kay/Gerlach* § 2, 31–32.

(3) Ein Auftrag ist erteilt, wenn er dem Gerichtsvollzieher oder der Geschäftsstelle des Gerichts, deren Vermittlung oder Mitwirkung in Anspruch genommen wird, zugegangen ist. Wird der Auftrag zur Abnahme der eidesstattlichen Versicherung mit einem Vollstreckungsauftrag verbunden (§ 900 Abs. 2 S 1 der Zivilprozessordnung), gilt der Auftrag zur Abnahme der eidesstattlichen Versicherung als erteilt, sobald die Voraussetzungen nach § 807 Abs. 1 der Zivilprozessordnung vorliegen.

(4) Ein Auftrag gilt als durchgeführt, wenn er zurückgenommen worden ist oder seiner Durchführung oder weiteren Durchführung Hinderungsgründe entgegenstehen. Dies gilt nicht, wenn der Auftraggeber zur Fortführung des Auftrags eine richterliche Anordnung nach § 758a der Zivilprozessordnung beibringen muss und diese Anordnung dem Gerichtsvollzieher innerhalb eines Zeitraumes von drei Monaten zugeht, der mit dem ersten Tag des auf die Absendung einer entsprechenden Anforderung an den Auftraggeber folgenden Kalendermonats beginnt. Satz 2 ist entsprechend anzuwenden, wenn der Schuldner zu dem Termin zur Abgabe der eidesstattlichen Versicherung nicht erscheint oder die Abgabe der eidesstattlichen Versicherung ohne Grund verweigert und der Gläubiger innerhalb des in Satz 2 genannten Zeitraums einen Auftrag zur Vollziehung des Haftbefehls erteilt. Der Zurücknahme steht es gleich, wenn der Gerichtsvollzieher dem Auftraggeber mitteilt, dass er den Auftrag als zurückgenommen betrachtet, weil damit zu rechnen ist, die Zwangsvollstreckung werde fruchtlos verlaufen, und wenn der Auftraggeber nicht bis zum Ablauf des auf die Absendung der Mitteilung folgenden Kalendermonats widerspricht. Der Zurücknahme steht es auch gleich, wenn im Falle des § 4 Abs. 1 S 1 und 2 der geforderte Vorschuß nicht bis zum Ablauf des auf die Absendung der Vorschußanforderung folgenden Kalendermonats beim Gerichtsvollzieher eingegangen ist.

1 *Nr. 2 DB-GvKostG:*

1. Gibt die Gerichtsvollzieherin oder der Gerichtsvollzieher einen unvollständigen oder fehlerhaften Auftrag zurück, so ist der Auftraggeber darauf hinzuweisen, dass der Auftrag als abgelehnt zu betrachten ist, wenn er nicht bis zum Ablauf des auf die Rücksendung folgenden Monats ergänzt oder berichtigt zurückgereicht wird. Wird der Mangel innerhalb der Frist behoben, so liegt kostenrechtlich kein neuer Auftrag vor. Die Sätze 1 und 2 gelten nicht, wenn die Anschrift des Schuldners unzutreffend und die zutreffende Anschrift der Gerichtsvollzieherin oder dem Gerichtsvollzieher nicht bekannt ist und der Auftrag deshalb zurückgegeben wird.

2. Bei bedingt erteilten Aufträgen gilt der Auftrag mit Eintritt der Bedingung als erteilt. § 3 Abs. 2 Nr. 3 GvKostG bleibt unberührt.

3. Es handelt sich um denselben Auftrag, wenn die Gerichtsvollzieherin oder der Gerichtsvollzieher gleichzeitig beauftragt wird, einen Vollstreckungstitel zuzustellen, aufgrund dieses Titels Vollstreckungshandlungen gegen den Schuldner auszuführen und beim Vorliegen der Voraussetzungen nach § 807 Abs. 1 ZPO die eidesstattliche Versicherung abzunehmen (§ 900 Abs. 2 S 1 ZPO).

4. Verbindet der Gläubiger den Vollstreckungsauftrag mit dem Auftrag zur Abnahme der eidesstattlichen Versicherung (§ 900 Abs. 2 S 1 ZPO), so liegt kostenrechtlich derselbe Auftrag auch dann vor, wenn der Schuldner der sofortigen Abnahme der eidesstattlichen Versicherung widerspricht. Widerspricht dagegen der Gläubiger der sofortigen Abnahme, so handelt es sich um zwei Aufträge, sobald die Voraussetzungen des § 807 Abs. 1 ZPO gegeben sind.

5. *Bei der Zustellung eines Pfändungs- und Überweisungsbeschlusses oder einer Vorpfändungsbenachrichtigung an mehrere Drittschuldner handelt es sich um mehrere Aufträge. Die Anfertigung einer Vorpfändungsbenachrichtigung nebst Zustellung an Drittschuldner und Schuldner ist ein Auftrag.*

6. *Bei der Abnahme der eidesstattlichen Versicherung nach Verhaftung handelt es sich kostenrechtlich nicht um einen neuen Auftrag. Dagegen ist der Auftrag zur Vollziehung des Haftbefehls ein gesonderter Auftrag.*

Allgemeines: Mit Ausnahme des dem § 27a Abs. 2 GvKostG a. F. entsprechenden § 3 Abs. 3 S 2, hat die Vorschrift keinen Vorläufer. Sie enthält Begriffsbestimmungen und Festlegungen zu den allgemeinen Anspruchsnormen der §§ 10 ff. Um Mißverständnisse zu vermeiden, wird jetzt beim Zentralbegriff des „Auftrags"[29] unterschieden zwischen dessen „Durchführung" und der „Erledigung". Allerdings ist auch § 3 nicht in dem Sinne aufzufassen, damit das Verhältnis zwischen dem Gerichtsvollzieher und dem Auftraggeber einerseits und das des Gerichtsvollziehers zum Staat andererseits abschließend definiert werden soll.[30] 2

Abs 1 S 1 stellt klar, daß der dem Gerichtsvollzieher erteilte Auftrag (dogmatisch genauer: „Antrag"[31]) auf Erledigung einer, aber auch mehrerer Amtshandlungen gerichtet sein kann.[32] Terminologisch ist dabei mit dem Begriff der „Amthandlung" ist dabei das Mittel der Erledigung, d. h. die Erreichung des Endziels des Auftraggebers gemeint. Als Durchführung ist dagegen die vom Eingang des Auftrags beim Gerichtvollzieher bis zur Erledigung erforderliche Tätigkeit beschrieben, die bis zu Erreichen des angestrebten Ziels entfaltet werden muß, nämlich die Vollstreckungshandlung(en).[33] Der Auftrag, gleichzeitig für mehrere Titel gegen denselben Schuldner zu vollstrecken[34] oder mehrere Titel an denselben Schuldner zuzustellen,[35] ist demnach kostenrechtlich stets als ein Auftrag zu behandeln.[36] Die Frage war heftig umstritten.[37] Der Streit ist aber durch das OLGVertrÄndG (vgl. vor § 1, Rn 6) aber im hier vertretenem Sinne erledigt. 3

Aus der Systematik des Abs. 1 folgt, daß idR die Durchführung nur eines einzigen Auftrags gemeint ist, als der inhaltlich und vor allem zeitlich klar abgegrenzte Antrag eines einzelnen Gläubiger zur Erreichung eines ganz bestimmten Vollstreckungsziels, auch wenn 4

29 *Schröder-Kay/Gerlach* § 3 Rn 1.
30 Vgl. auch *Hartmann* § 3 GvKostG Rn 1.
31 So zutr *Schröder-Kay/Gerlach* § 3 Rn 2 ; *Winterstein* Rn 20.
32 BT-Drucks. 14/3432, S. 25. Dazu auch *Kessel* DGVZ 2001, 149.
33 Vgl. zur Terminologie auch bei *Hartmann* § 3 GvKostG Rn 3 ff.
34 AG Essen, JurBüro 2002, 41.
35 AG Deggendorf, JurBüro 2002, 94 = DGVZ 2001, 190 m. Abl. Anm. der Schriftleitung.
36 AG Ausburg, JurBüro 2002, 93.
37 A. M z. B.: AGe Ludwigslust, Würzburg, Neuss, Osterholz-Scharmbevk, Siegen, Wuppertal, Dortmund, Fürth, Kitzingen, Oberhausen, Nidda, DGVZ 2001, 185–190.

dafür mehrere Amtshandlungen (im Rahmen der Zwangsvollstreckung oder außerhalb derselben) vorgenommen werden.[38]

5 **Abs 1 S 2** durchbricht den Grundsatz des S 1 dann wenn mehrere Gerichtvollzieher aus verschiedenen Amtsgerichtbezirken zur Durchführung des Auftrags tätig werden müssen (z. B. bei Vollstreckung gegen Gesamtschuldner mit Wohnsitz in verschiednen Amtsgerichtsbezirken), die Durchführung des Auftrags bei jeden Gerichtsvollzieher kostenrechtlich als besonderer Auftrag behandelt wird. Maßgebend ist dabei, ob sich die Notwendigkeit der Inanspruchnahme mehrerer Gerichtsvollzieher bei Auftragserteilung als notwendig erweist und ein anderer Gerichtsvollzieher auch tatsächliche eingeschaltet wird. Kein Fall des S 2 liegt also vor, wenn der Gerichtsvollzieher ohne Einschaltung eines im anderen Amtsgerichtsbezirks amtierenden Kollegen an den Ort außerhalb seines Zuständigkeitsbereichs reist und die Vollstreckungshandlung dort selbst vornimmt.[39]

6 **Abs. 2 – Allgemeines:** „Abs 2 bestimmt, welche Amtshandlungen unter welchen Voraussetzungen demselben (einheitlichen) Auftrag zuzurechnen sind.[40] Das ist insbesondere für die Frage von Bedeutung, ob die Gebühren oder bestimmte Auslagen nur einmal oder mehrmals zu erheben sind. Nach § 10 kann der Gerichtsvollzieher z. B. gleichartige Gebühren bei Durchführung desselben Auftrags grundsätzlich nur einmal fordern. Die Gebühren für die Zustellung, die Vollstreckungsmaßnahme und die Abnahme der eidesstattlichen Versicherung wären gleichwohl gesondert zu erheben, weil es sich nicht um gleichartige Gebühren handelt. Die Regelung ist aber auch für die Frage von Bedeutung, zu welchem Zeitpunkt ein Auftrag durchgeführt ist. Dieser Zeitpunkt ist im Hinblick auf die Bestimmungen, die an die Durchführung anknüpfen sollen, z. B. die Vorschriften über die Nachforderung (§ 6) und die Verjährung (§ 8 Abs. 1), von Bedeutung. Sind Amtshandlungen in verschiedenen Amtsgerichtsbezirken zu erledigen, soll die Regelung in Abs 1 S 2 Vorrang haben. Nr. 3, 2. Halbsatz soll bewirken, daß der unbedingte Auftrag zur Mobiliarvollstreckung und der damit verbundene bedingte Auftrag zur Abnahme der eidesstattlichen Versicherung (§ 900 Abs. 2 ZPO) insbesondere das Wegegeld nur einmal entstehen läßt".[41] Im einzelnen:

7 Die entscheidende Voraussetzung für die Fiktion eines einheitlichen Auftrags iS der Ziffern 1–3 ist, daß derselbe (Abs. 2 S 2) Gerichtsvollzieher mit der/den Durchführung/en der mehreren Amts- bzw. Vollstreckungshandlungen auch aufgrund mehrerer Titel – gleichzeitig beauftragt wird.[42] Dabei kommt es – ebenso wie bei § 10 Abs. 3 S 3 – nicht darauf an, ob die verschiedenen Handlungen auch uno acto erledigt werden sollen, können oder tatsächlich erledigt werden.

8 **Zustellung des Titels und Vollstreckung**, Abs. 2 Ziff. 1: Der Auftrag muß dahin gehen, daß der Gerichtsvollzieher aus dem/den zugestellten Titel/n gegen den Zustellungsempfänger vollstrecken soll. Ein mit dem Auftrag zur Zustellung verbundener Auftrag zur Vollstreckung aus dem Titel gegen einen weiteren (Gesamt-)schuldner reicht ebenso wenig

38 So auch *Hartmann* § 3 GvKostG Rn 6.
39 Vgl. *Hartmann* § 3 GvKostG Rn 8.
40 *Schröder-Kay/Gerlach* § 3 Rn 9 ff. Dazu auch ausf *Spring* JurBüro 2002, 9.
41 So die Begr, Bundestags-Drucks. 14/3425, S. 25.
42 LG Koblenz, MDR 2002, 848.

wie der mit dem Zustellungsauftrag verbundene Auftrag, aus einem anderen Titel gegen denselben Schuldner zu vollstrecken. Auch dann, wenn der Zustellungsauftrag und der Vollstreckungsauftrag nicht gleichzeitig, sondern sukzessive erfolgen, liegt kein einheitlicher Auftrag vor.

Zustellung desselben Titels an Gesamtschuldner, Abs. 2 Ziff. 2: Derselbe Titel muß mindestens 2 Gesamtschuldnern zugestellt werden. Ob Gesamtschuldner vorliegen, ist grundsätzlich nach § 421 ff. BGB zu beurteilen. Das ist aber letztlich eine Frage, die der Gerichtsvollzieher nur soweit zu beurteilen hat, als die Gesamtschuldnerschaft aus dem Titel selbst erkennbar oder die Gesamtschuldnerschaft zum Zeitpunkt der Auftragserteilung zweifelsfrei ist. Wenn das nicht der Fall ist, mag der Auftraggeber eine Klärung nach §§ 319 ff. ZPO herbeiführen. In der Praxis wird das nicht selten dann geschehen, wenn der Gläubiger gegen Gesamtschuldner das Mahnverfahren einleitet und die einzelnen Mahn-/Vollstreckungsbescheide die Gesamtschuldnerschaft nicht ausweisen. Das gilt aber nicht, wenn die Zustellung an mehrere, nicht als Gesamtschuldner zu behandelnde Personen erfolgt. So handelt es sich etwa bei der Zustellung eines Pfändungs- und Überweisungsbeschlusses an Drittschuldner und Schuldner um mehrere Aufträge.[43] **9**

Mehrere Vollstreckungshandlungen, Abs. 2 Ziff. 3: Voraussetzung ist, daß der Gerichtsvollzieher mit einem Auftrag die Vornahme mehrerer Vollstreckungshandlungen i. S. v. KVGv 200 ff. aus demselben Titel gegen denselben Schuldner ausführen soll. Derselbe Titel liegt auch dann vor, wenn gleichzeitig die Vollsteckung aus einem Urteil und dem dazugehörenden Kostenfestsetzungsbeschluß vollstreckt werden soll.[44] Dabei werden Gesamtschuldner i. S. v. §§ 421 ff. BGB als ein Vollstreckungsschuldner behandelt. Unter Ziff. 3 ist auch der gleichzeitige Auftrag zur Vollstreckung, verbunden mit dem zur sofortigen Abnahme der eidesstattlichen Versicherung, wenn die Vollstreckung erfolglos ist.[45] Wenn allerdings die Abnahme der eidesstattlichen Versicherung in diesen Fällen deshalb nicht abgenommen werden kann, weil der Schuldner nicht anwesend ist oder diese aus anderen Gründen nicht möglich ist, liegt nach dem Sinn der Bestimmung für die spätere Abnahme ein neuer Auftrag vor.[46] Nicht hierher gehört indessen der Fall, daß der Auftraggeber sich den Antrag auf Abnahme der eidesstattlichen Versicherung vorbehält, der Gerichtsvollzieher also vor dessen Durchführung noch Rückfragen tätigen muß. Ebenso liegt kein einheitlicher Auftrag idS vor, wenn der Aufraggeber zunächst nur einen Vollstreckungsauftrag erteilt und den Auftrag zur Abnahme der eidesstattlichen Versicherung nachschiebt, bevor der Gerichtsvollzieher mit der Ausführung des Vollstreckungsauftrags begonnen hat. Selbstverständlich hat es auch hier keinen Einfluß auf die Einheitlichkeit des Auftrags, ob der Gerichtsvollzieher tatsächlich iS des Auftraggebers vorgeht. **10**

43 AGe Crailsheim, Leonberg, Düren, AG Gera, Heilbronn, Osterode, GroO-Gerau, Rostock, DGVZ 2002, 12–14; AG Recklinghausen, DGVZ 2001, 155; AG Witzenhausen, DGVZ 2001, 173.

44 H. M. Vgl. etwa LG Wuppertal, JurBüro 2002, 265; AG Riedlingen, DGVZ 2001, 137; AG Hamburg-Blankenese, MDR 2002, 56 = DGVZ 2002, 14 mit zahlr. weiteren Nachweisen. Dazu auch *D. Meyer* JurBüro 2002, 69.

45 AG Dieburg, DGVZ 2001, 183.

46 AG Bad Saalgau, DGVZ 2001, 185. Der Fall ist durch die Neufassung des § 3 Abs. 3 Ziff 3 (vgl. vor § 1 Rn 6) idS erledigt.

11 Nach **Abs. 3** liegt ein Auftrag vor, wenn er bei der Geschäftsstelle oder bei dem Gerichtsvollzieher eingeht. Der Auftrag ist das idR schriftliche Verlangen des Gläubigers, bestimmte Handlung für ihn gegen den Schuldner durchzuführen.[47]

12 **Nach Abs 4:** Grundsätzlich ist der Auftrag durchgeführt und damit die Gebühr fällig, wenn der Gerichtsvollzieher sämtliche dafür erforderlichen Amts-/Vollstreckungshandlungen ordnungsgemäß ausgeführt hat, § 14 GVKostG. Eine Ausnahme von diesem Grundsatz regelt § 4 S 1. Danach soll ein Auftrag, der tatsächlich nicht durchgeführt worden ist, unter bestimmten Voraussetzungen als durchgeführt gelten. Eine solche Regelung ist im Hinblick auf die Bestimmungen, die an die Durchführung anknüpfen sollen, erforderlich, weil der Auftraggeber es sonst in der Hand hätte, den Gerichtsvollzieher beliebig lange ohne weiteres Kostenrisiko beschäftigen zu können.[48]

13 Eine Rücknahme i. S. v. Abs. 4 S 1 ist dann gegeben, wenn der Auftraggeber eindeutig zu erkennen gibt, daß der Gerichtsvollzieher den Auftrag ganz oder bzgl eines abtrennbaren Teils nicht weiter erledigen soll.

14 Unabhängig von der Rücknahme gilt der Auftrag auch dann als durchgeführt, wenn Hinderungsgründe dessen (weitere) Erledigung unmöglich werden lassen. Vorübergehende Probleme bei der Durchführung reichen jedenfalls dann nicht aus, wenn sie sich mit zumutbarem Aufwand und in zumutbarer Zeit beheben lassen. Ob und wieweit das der Fall, ist Frage der Abwägung aller Umstände im Einzelfall. Insbesondere wird man hier darauf abzustellen haben, ob und wieweit die Hinderungsgründe im Zurechnungsbereich des Auftraggebers zu suchen sind.

15 **Abs 4 S 2** stellt eine Ausnahme von Abs. 4 S 1 dar. Danach soll ein Auftrag nicht als durchgeführt gelten, wenn der Auftraggeber zur Fortsetzung eines Vollstreckungsauftrags eine richterliche Durchsuchungsanordnung oder eine Anordnung zur Vollstreckung zur Nachtzeit oder an Sonn- und Feiertagen nach § 758a ZPO beibringen muß und diese Anordnung oder Erlaubnis in einem überschaubaren Zeitrahmen beigebracht wird. Tatsächlich handelt es sich in einem solchen Fall um eine Unterbrechung der Amtstätigkeit des Gerichtsvollziehers, deren Fortsetzung grundsätzlich keine neuen Gebühren auslösen soll. Mit der zeitlichen Befristung soll aber verhindert werden, dass die Angelegenheit kosten-rechtlich auf unbestimmte Zeit in der Schwebe bleibt. Der Auftrag gilt in diesen Fällen nach fruchtlosem Fristablauf als durchgeführt. Wird die Vollstreckung nach Fristablauf fortgesetzt, handelt es sich kostenrechtlich um einen neuen Auftrag.[49]

16 **Abs. 4 S 4:**[50] Eine in der Praxis der Gerichtsvollzieher nicht seltene Art der Beendigung eines Auftrags ist die Rückgabe der Vollstreckungsunterlagen an den Auftraggeber mit dem Hinweis, dass der Auftrag zur Vermeidung von Kosten als zurückgenommen betrachtet werde. Diese Erledigungsform sieht § 63 der Geschäftsanweisung für Gerichtsvollzieher für den Fall vor, dass der Gerichtsvollzieher begründeten Anhalt dafür hat, die Zwangsvollstreckung werde fruchtlos verlaufen. Um in diesen Fällen Zweifel zu vermei-

47 *Ort* DGVZ 2001, 112.
48 Vgl. auch *Hartmann* § 3 GvKostG Rn 24.
49 *Schröder-Kay/Gerlach* § 3 Rn 22.
50 S 4 eingefügt durch das OLGVertrÄndG (vgl. vor § 1 Rn 6).

den, zu welchem Zeitpunkt die Zurücknahme wirksam wird und damit der Auftrag als durchgeführt gilt, sieht S 3 hierfür eine besondere Regelung vor. Danach steht es der Zurücknahme gleich, wenn der Auftraggeber der Mitteilung des Gerichtsvollziehers, er betrachte den Auftrag als zurückgenommen, nicht bis zum Ablauf des auf die Absendung der Mitteilung folgenden Kalendermonats widerspricht.

17 Das Gleiche gilt, wenn im Falle des § 4 Abs. 1 S 1 und 2 der Auftraggeber den geforderten Vorschuß nicht bis zum Ablauf des auf die Absendung der Zahlungsaufforderung folgenden Kalendermonats bezahlt hat. Auf den Kalendermonat wird hier abgestellt, weil hierdurch in den meisten Fällen Zweifel an dem Fristablauf nicht aufkommen können. Voraussetzung ist, daß die Vorschußanforderung notwendig war und der geforderte Vorschuß nicht rechtzeitig eingegangen ist. Im Falle der Überweisung kommt es auf den Tag der Gutschrift (Wertstellung) auf dem Konto des Gerichtsvollziehers an, während bei Zahlung per Scheck die im Scheckrecht üblichen Daten gelten. Eine verspätete Wertstellung der Bank des Gerichtsvollziehers darf aber auch hier nicht zu Lasten des Auftraggebers gehen. Schließlich ist noch erforderlich, daß der geforderte Vorschuß in voller Höhe eingegangen ist. Allerdings kann es auch hier in Einzelfällen nach Treu und Glauben geboten sein, ganz geringe Unterzahlungen oder minimale Fristüberschreitungen unberücksichtig zu lassen.[51]

§ 4
Vorschuß

(1) Der Auftraggeber ist zur Zahlung eines Vorschusses verpflichtet, der die voraussichtlich entstehenden Kosten deckt. Die Durchführung des Auftrags kann von der Zahlung des Vorschusses abhängig gemacht werden. Die Sätze 1 und 2 gelten nicht, wenn der Auftrag vom Gericht erteilt wird oder dem Auftraggeber Prozesskostenhilfe bewilligt ist. Sie gelten ferner nicht für die Erhebung von Gebührenvorschüssen, wenn aus einer Entscheidung eines Gerichts für Arbeitssachen oder aus einem vor diesem Gericht abgeschlossenen Vergleich zu vollstrecken ist.

(2) Reicht ein Vorschuß nicht aus, um die zur Aufrechterhaltung einer Vollstreckungsmaßnahme voraussichtlich erforderlichen Auslagen zu decken, gilt Abs 1 entsprechend. In diesem Fall ist der Auftraggeber zur Leistung eines weiteren Vorschusses innerhalb einer Frist von mindestens zwei Wochen aufzufordern. Nach Ablauf der Frist kann der Gerichtsvollzieher die Vollstreckungsmaßnahme aufheben, wenn die Aufforderung verbunden mit einem Hinweis auf die Folgen der Nichtzahlung nach den Vorschriften der Zivilprozessordnung zugestellt worden ist und die geforderte Zahlung nicht bei dem Gerichtsvollzieher eingegangen ist.

51 So auch *Hartmann* § 3 GVKostG Rn 40.

(3) In den Fällen des § 3 Abs. 4 S 2 bis 5[52] bleibt die Verpflichtung zur Zahlung der vorzuschießenden Beträge bestehen.

1 **Nr. 3 der DB-GvKostG:**

1. Ein Vorschuß soll regelmäßig nicht erhoben werden bei

a) Aufträgen von Behörden oder von Körperschaften, Anstalten oder Stiftungen des öffentlichen Rechts, auch soweit ihnen keine Kostenfreiheit zusteht,

b) Aufträgen, deren Verzögerung dem Auftraggeber einen unersetzlichen Nachteil bringen würde,

c) Aufträgen zur Erhebung von Wechsel- oder Scheckprotesten.

2. Bei der Einforderung des Vorschusses ist der Auftraggeber darauf hinzuweisen, dass der Auftrag erst durchgeführt wird, wenn der Vorschuß gezahlt ist und daß der Auftrag als zurückgenommen gilt, wenn der Vorschuss nicht bis zum Ablauf des auf die Absendung der Vorschußanforderung folgenden Kalendermonats bei der Gerichtsvollzieherin oder dem Gerichtsvollzieher eingegangen ist.

3. Für die Einhaltung der Fristen nach § 3 Abs. 4 S 4 und § 4 Abs. 2 S 2 GvKostG ist bei einer Überweisung der Tag der Gutschrift auf dem Dienstkonto und bei der Übersendung eines Schecks der Tag des Eingangs des Schecks unter der Voraussetzung der Einlösung maßgebend.

4. Die Rückgabe der von dem Auftraggeber eingereichten Schriftstücke darf nicht von der vorherigen Zahlung der Kosten abhängig gemacht werden.

5. Bei länger dauernden Verfahren (z. B. Ratenzahlung, Ruhen des Verfahrens) können die Gebühren bereits vor ihrer Fälligkeit (§ 14 GvKostG) vorschußweise erhoben oder den vom Schuldner gezahlten Beträgen (§ 15 Abs. 2 GvKostG) entnommen werden.

2 Abs 1 der Vorschrift entspricht dem § 5 GvKostG a. F. und stellt nur klarer heraus, daß der Auftraggebers zur Vorschußleistung auf die Gebühren und Auslagen nach dem GvKostG verpflichtet ist (Abs. 1 S 1). Dies ist erforderlich, weil der neue Abs 3 in bestimmten Fällen die Fortdauer der Vorschußpflicht vorsieht, auch wenn die Amtshandlung nicht vorgenommen wird. Eine Verpflichtung des Gerichtsvollziehers zur Forderung eines Vorschusses ergibt sich hieraus aber nicht. Solches steht vielmehr in seinem pflichtgemäßen Ermessen (Abs. 1 S 2) und sollte in praxi auch die Regel sein. Die Annahme einer Amtspflicht, grundsätzlich einen Vorschuss zu forden,[53] ist aber mit dem Wortlt des Abs. 1 nicht zu vereinbaren. Die Bestimmung hat den Zweck der Sicherung des Kosteneingangs und der Wirtschaftlichkeit, so daß die Nichterhebung von Vorschüssen allenfalls bei Ermessensmissbrauch des Gerichtsvollziehers als Pflichtverletzung behandelt werden kann. Selbstverständlich kann, nicht muß[54] der Gerichtsvollzieher weitere Vorschüsse einfordern, wenn geleistete verbraucht sind, und braucht bis zum Eingang derselben die Amtshandlung nicht fortzusetzen.[55] Abs. 2 stellt das ausdrücklich klar.

3 Nach Abs. 1 S 3 entfällt die Vorschußpflicht des Auftraggebers, soweit ihm Prozeßkostenhilfe (mit oder ohne Ratenzahlungsanordnung) für das Vollstreckungsverfahren bewilligt

52 Vgl. vor § 1 Rn 6.
53 So LG Frankfurt/Main, DGVZ 1982, 59; *Hartmann* § 4 GvKostG Rn 3.
54 A. M. LG Frankfurt/Main, DGVZ 1982, 61.
55 LG Frankfurt/Main, DGVZ 1982, 6; LG Aschaffenburg, DGVZ 1995, 76; AG Coburg, DGVZ 95, 14.

worden ist. Insoweit erinnert S 3 nur an § 122 Abs. 1 Nr. 1a ZPO. Zu beachten ist aber, daß die Prozeßkostenhilfe für das Vollstreckungsverfahren besonders bewilligt worden ist. Die Bewilligung im Erkenntnisverfahren reicht nicht aus (§ 119 Abs. 1 S 1, Abs. 2 ZPO).

Abs. 1 S 4 sieht eine Ausnahme von der Vorschußpflicht für Vollstreckungshandlungen auf Grund von Entscheidungen der Arbeitsgerichtsbarkeit sowie auf Grund von gerichtlichen Vergleichen vor einen Gericht der Arbeitsgerichtsbarkeit vor. S 4 befreit allerdings nur die Vorschußpflicht für die Gebühren. Für Auslagen kann Vorschuß uneingeschränkt gefordert werden. **4**

Abs. 1 S 3 und 4 enthält keine abschließende Regelung. Auch in anderen Fallgruppen entfällt die Vorschußpflicht. So soll z. B. kein Vorschuß verlangt werden, **5**

- wenn der Gerichtsvollzieher weitere Amtshandlungen i. S. v. § 3 im Zusammenhang mit der Vollstreckung ausführt, die über den ihm erteilten Auftrag hinaus gehen,
- wenn der Auftraggeber Kosten- und/oder Auslagenfreiheit nach § 2 hat,[56]
- wenn der Anspruch auf Gebühren und/oder Auslagen mit Sicherheit nicht gefährdet ist, wie etwa bei Aufträgen von Behörden, Körperschaften des öffentlichen Rechts, Anstalten oder Stiftungen, die nicht von Gesetzes wegen Kosten- oder Auslagenfreiheit haben,
- wenn ein Eilfall gegeben ist und die Vorschußforderung für den Auftraggeber einen unersetzlichen Nachteil bringen würde. Ob und wieweit das der Fall ist, hat der Gerichtsvollzieher im Einzelfall nach pflichtgemäßem Ermessen zu beurteilen,[57]
- wenn der Auftrag nur auf die Erhebung eines Wechsel- oder Scheckprotestes geht,
- wenn nach § 760 ZPO Protokollabschriften beantragt werden.[58]

Wenn in einem der vorgenannten Fälle zu erwarten ist, daß höhere Auslagen als etwa 20 € entstehen werden, kann ihm auf Antrag die vorgesetzte Dienstbehörde nach freiem Ermessen den erforderlichen Vorschuß gewähren.[59] **6**

Die Höhe des (anfänglichen) Vorschusses richtet sich – unabhängig von der Höhe der beizutreibenden Summe oder des Wertes des Auftrages – allein nach den voraussichtlich notwendigen Kosten (Gebühren und Auslagen) des ihm vom Auftraggeber erteilten Auftrages. Er ist so zu bemessen, daß die voraussichtlichen Kosten gedeckt sind (§ 788 Abs. 1 ZPO)[60] und eine Nachforderung nach Abs. 2 entbehrlich ist. Der Gerichtsvollzieher hat die voraussichtlichen Kosten nach seinen Erfahrungen zu schätzen. Er hat neben den entstehenden Gebühren und den üblichen Auslagen auch z. B. zu bedenken, ob ein Dolmetscher hinzugezogen werden muß,[61] ob Verwahr- oder Lagerkosten (auch für bewegliche Sachen, die nicht Gegenstand der Zwangsvollstreckung sind[62]) entstehen, ob und in welchem Umfange Hilfskräfte oder Fremdpersonal eingesetzt werden muß, ob Tiere befördert, **7**

56 BGHZ 89, 85.
57 Vgl. *Hartmann* § 4 GvKostG Rn 7.
58 AG Berlin-Wedding, DGVZ 1986,78; AG Frankfurt/Main, DGVZ 1985, 93; AG Eschwege, DGVZ 1984, 191; *Hartmann* § 4 GvKostG Rn 8; A. M. AG Augsburg, DGVZ 1987, 126.
59 *Hartmann* § 4 GvKostG, § 4 Rn 8; *Schröder-Kay/Gerlach* § 5 Rn 79, m. w. N.
60 LG Berlin, DGVZ 1986, 156; AG Coburg, DGVZ 1995, 14; *Schröder-Kay/Gerlach* § 4 Rn 15 ff.
61 AG Worms, DGVZ 1995, 31.
62 *Schröder-Kay/Gerlach* § 5 Rn 19.

untergebracht oder versorgt werden oder solche eines Verhafteten während der Haft versorgt werden müssen.[63]

8 Bei der Schätzung der voraussichtlich entstehenden Kosten hat der Gerichtsvollzieher stets auf den Zeitpunkt der Auftragserteilung abzustellen.

9 Daß der Gerichtsvollzieher bei der Schätzung der entstehenden Kosten nur solche Kosten berücksichtigen darf, die nach Maßgabe des GvKostG erhoben werden können, ist selbstverständlich. Darüber hinaus hat er aber auch den Grundsatz, Kosten möglichst niedrig zu halten, d, h. unverhältnismäßige Kosten tunlichst zu vermeiden, zu beachten. So hat er bei der Zwangsvollstreckung aus einem Räumungstitel darauf zu achten, daß das Räumungsgut zu marktüblichen Preisen zum Lagerraum überführt wird.[64] Wenn der Gläubiger sich entbietet, den Transport durchzuführen, soll er das Angebot berücksichtigen, wenn dieses zu marktüblichen Bedingungen angeboten wird.[65] Gleiches gilt auch, wenn bei Räumungen von Wohnraum eine Wiedereinweisung durch die Ordnungsbehörde zu erwarten ist.[66] Die einem Vermieterpfandrecht unterliegenden Sachen sind – soweit solches dem Gerichtvollzieher bei der Entgegennahme des Auftrages bekannt ist – bei der Vorschußschätzung außer Acht zu lassen,[67] nicht aber ein sonstiges gesetzlichen Pfandrecht[68] (z. B. ein Werkunternehmerpfandrecht) Hat ein(e) zu verhaftende(r) Schuldner(in) ein Kind zu versorgen, kann der Vorschuß nur für eine kurze Haftdauer berechnet werden.[69]

10 Andererseits braucht der Gerichtsvollzieher aber auch nicht danach zu trachten, daß die voraussichtlichen Kosten um jeden Preis und unter allen Umständen gering gehalten werden. So ist es dem Gerichtsvollzieher nicht zumutbar, zum Transport des nach § 090 ZPO Verhafteten den eigenen PKW zu benutzen. Vielmehr kann er dafür eine Hilfsperson (Mietwagen, Taxe) hinzuziehen und dafür Vorschuß anfordern.[70]

11 Anders als in den Fällen des Abs. 2 braucht der Gerichtsvollzieher bei der Anforderung des Erstvorschusses keine Frist zur Einzahlung setzen. Es reicht, wenn er den Vorschuß anfordert. Geht der Vorschuß nicht ein, so gilt § 3 Abs. 4 S 4. Gleichwohl ist es zweckmäßig, in der Vorschußanforderung auf die Folge der Nichteinzahlung hinzuweisen. Ein Unterlassen eines solchen Hinweises hat aber keinerlei weitere Folgen, führt insbesondere nicht zu Amtshaftungsansprüchen.

12 Abs. 2 betrifft nur die Fälle, in denen sich im Laufe der Durchführung des Vollstreckungsauftrags herausstellt, daß ein nach Abs. 1 geforderter Auslagenvorschuß nicht ausreicht. Dann soll der Gerichtsvollzieher die Vollstreckungsmaßnahme solange nicht weiter ausführen dürfen, bis ein weiterer anzufordernder Vorschuß eingegangen ist. Unerheblich

63 LG Aachen, DGVZ 1989, 23 m. Anm. v. *Gilleßen*; LG Stuttgart, DGVZ 1990, 122; AG Oldenburg, DGVZ 1991, 174; Schröder-*Kay/Gerlach* § 4 *Rn* 19.
64 LG Stuttgart, DGVZ 1990, 172; LG Frankfurt/Main, DGVZ 1983, 173; LG Heidelberg, DGVZ 1983, 124.
65 AG Brakel, DGVZ 1984, 158; *Brosette* NJW 1989, 965.
66 LG Waldshut-Tiengen, DGVZ 1990, 93.
67 LG Gießen, DGVZ 1991, 15.
68 LG Berlin, DGVZ 1986, 156.
69 AG Friedberg, DGVZ 1989, 175.
70 AG Frankfurt/Main, DGVZ 1998, 15.

ist, aus welchen Gründen der nach Abs. 1 geforderte Auslagenvorschuß sich als zu niedrig erweist. Es kommt mithin nicht darauf an, ob der Gerichtsvollzieher die voraussichtlich entstehenden Auslagen zu niedrig eingeschätzt hatte oder ob sich erst im Laufe der Durchführung des Auftrags herausstellt, daß weitere Auslagen entstehen werden. Soweit sich herausstellt, daß der Gebührenvorschuß nicht ausreicht, hat der Gerichtsvollzieher nur nach Abs. 1 vorzugehen. Ob und wieweit der Gerichtsvollzieher einen weiteren Vorschuß anfordert, unterliegt seinem pflichtgemäßen Ermessen.

Im Gegensatz zur Forderung des anfänglichen Vorschusses nach Abs. 1 hat der Gerichtsvollzieher dem Auftraggeber für die Einzahlung des weiteren (ergänzenden) Vorschusses eine Frist von mindestens 2 Wochen zu setzen (Abs. 2 S 2). Für die Fristberechnung gelten die Bestimmungen des BGB. Zweckmäßig ist es aber, wenn der Gerichtsvollzieher dem Auftraggeber eine eindeutige nach dem Kalender bestimmbare Frist setzt. Die Zweiwochenfrist nach S 2 ist aber nur eine unabdingbare Mindestfrist und kann verlängert werden.[71] Auf Antrag des Auftraggebers wird sie idR zu verlängern sein, ansonsten ist – jedenfalls bei einem längeren Zeitraum – dessen Einwilligung einzuholen. 13

Eine Belehrung über die Folgen der Nichteinhaltung der Frist nach Abs. 2 S 2 ist nur dann geboten, wenn der Gerichtsvollzieher bei Nichteinzahlung des weiteren Auslagenvorschusses bis zum Ablauf der gesetzten Frist die Vollstreckungsmaßnahme aufheben will. Das liegt aber im pflichtgemäßen Ermessen des Gerichtsvollziehers. Hat er die Absicht, ist die Fristsetzung nach den Vorschriften der ZPO förmlich zuzustellen. Die Zustellungsurkunde hat nach den allgemeinen Grundsätzen der ZPO Beweiskraft (§ 418 ZPO). Daraus folgt einerseits, daß die bloße Fristsetzung nach Abs. 2 S 2 keiner besonderen Form bedarf, mithin mündlich, schriftlich, per Telefax oder E-Mail erfolgen kann, andererseits aber auch eine Nachfristsetzung bei fruchtlosem Ablauf der nach S 2 gesetzten Frist mit der Folgenandrohung nach S 3 verbunden werden kann. 14

„Mit Abs 3 soll die praktische Handhabung der Kostenerhebung in den Fällen erleichtert werden, in denen bestimmte Gebühren erst nach einem gewissen Zeitablauf entstehen. So soll im Falle des § 3 Abs. 4 S 2 die bei Zurücknahme des Auftrags anfallende Gebühr erst nach fruchtlosem Ablauf der vorgesehenen Frist von drei Monaten entstehen. Die Gebühr, die bei Zurücknahme eines Auftrags zu erheben ist, soll im Falle des § 3 Abs. 4 S 3 erst entstehen, wenn der Auftraggeber nicht innerhalb der vorgeschlagenen Frist widerspricht. In der Praxis verzichten die Gerichtsvollzieher häufig auf die Erhebung eines Vorschusses und erheben die Kosten erst bei der Rückgabe der Vollstreckungsunterlagen oder nach Durchführung des Auftrags. In den genannten Fällen steht die Höhe der Gebühr für den Fall des fruchtlosen Zeitablaufs fest. Die in den Absätzen 1 und 2 vorgesehene Abhängigmachung einer Amtshandlung von der Zahlung eines Vorschusses kommt nicht mehr in Betracht. Mit Abs 3 soll klargestellt werden, dass der Gerichtsvollzieher die zu erwartenden Gebühren bei Rückgabe der Vollstreckungsunterlagen, also bereits vor ihrer Entstehung, vom Auftraggeber als Vorschuss fordern kann. Umgekehrt braucht der Gerichts- 15

71 OLG Frankfurt/Main, DGVZ 1982, 57; *Alisch* DGVZ 1980, 79; *Hartmann* § 4 GvKostG Rn 14; *Schröder-Kay/Gerlach* § 4 Rn 14.

vollzieher den nicht benötigten Teil eines bereits geleisteten Vorschusses nicht zurückzuzahlen, bis der Auftrag endgültig als durchgeführt gilt".[72]

16 **Rechtsbehelfe:** Vgl. § 5 Abs. 3.

§ 5
Zuständigkeit für den Kostenansatz, Erinnerung, Beschwerde

(1) Die Kosten werden von dem Gerichtsvollzieher angesetzt, der den Auftrag durchgeführt hat. Der Kostenansatz kann im Verwaltungswege berichtigt werden, solange nicht eine gerichtliche Entscheidung getroffen ist.

(2) Über die Erinnerung des Kostenschuldners und der Staatskasse gegen den Kostenansatz entscheidet, soweit nicht nach § 766 Abs. 2 der Zivilprozeßordnung das Vollstreckungsgericht zuständig ist, das Amtsgericht, in dessen Bezirk der Gerichtsvollzieher seinen Amtssitz hat. Auf die Erinnerung und die Beschwerde ist § 5 Abs. 2 bis 6 des Gerichtskostengesetzes entsprechend anzuwenden. Über die Beschwerde entscheidet das Landgericht. Soweit in § 5 Abs. 4 S 5 des Gerichtskostengesetzes auf die für Beschwerden in der Hauptsache geltenden Vorschriften verwiesen wird, sind die Vorschriften der Zivilprozeßordnung anzuwenden.

(3) Auf die Erinnerung des Kostenschuldners gegen die Anordnung des Gerichtsvollziehers, die Durchführung des Auftrags oder die Aufrechterhaltung einer Vollstreckungsmaßnahme von der Zahlung eines Vorschusses abhängig zu machen, und auf die Beschwerde ist Abs 2 entsprechend anzuwenden.

1 **Nr. 4 der DB-GvKostG:**

1. Solange eine gerichtliche Entscheidung oder eine Anordnung im Dienstaufsichtswege nicht ergangen ist, hat die Gerichtsvollzieherin oder der Gerichtsvollzieher auf Erinnerung oder auch von Amts wegen unrichtige Kostenansätze richtig zustellen (vgl. Nr. 7 Abs. 4). Soweit einer Erinnerung abgeholfen wird, wird sie gegenstandslos.

2. Hilft die Gerichtsvollzieherin oder der Gerichtsvollzieher einer Erinnerung des Kostenschuldners nicht oder nicht in vollem Umfang ab, so ist sie mit den Vorgängen der Bezirksrevisorin oder dem Bezirksrevisor vorzulegen. Dort wird geprüft, ob der Kostenansatz im Verwaltungsweg zu ändern ist oder ob Anlass besteht, für die Landeskasse ebenfalls Erinnerung einzulegen. Soweit der Erinnerung nicht abgeholfen wird, veranlasst die Bezirksrevisorin oder der Bezirksrevisor, dass die Erinnerung mit den Vorgängen unverzüglich dem Gericht vorgelegt wird.

3. Alle gerichtlichen Entscheidungen über Kostenfragen hat die Gerichtsvollzieherin oder der Gerichtsvollzieher der zuständigen Bezirksrevisorin oder dem zuständigen Bezirksrevisor mitzuteilen, sofern diese nicht nach Abs 2 an dem Verfahren beteiligt waren.

72 BT-Drucks. 14/3432, S. 26.

Abs. 1 regelt die **Zuständigkeit für den Kostenansatz.** S 1 stellt zunächst klar, daß der Gerichtsvollzieher für den Kostenansatz zuständig ist, und zwar stets der Gerichtsvollzieher, dem der Auftrag erteilt worden ist, § 3 Abs. 3 S 1,und der ihn auch durchgeführt – bzw. – beim Tätigwerden mehrerer Gerichtsvollzieher – zuletzt damit befaßt war.[73] Kostenansatz ist – wie nach § 4 GKG für die Gerichtskosten – die Erteilung der Kostenrechnung für die Gerichtsvollzieherkosten (§ 5 KostVfg). Insoweit gelten die bei § 4 GKG dargestellten Grundsätze entsprechend (vgl. oben, § 4 GKG, Rn. 10–13). In der Kostenrechnung ist grundsätzlich der Kostenschuldner zu bezeichnen. Haften mehrere Auftraggeber als Gesamtschuldner, muß das aus der Kostenrechnung hervorgehen. Wenn das – aus welchen Gründen auch immer – nicht der Fall ist, ist die Kostenrechnung zu berichtigen oder ergänzen. Das gilt auch, wenn der Anspruch der Staatskasse auf einen Rechtsnachfolger des in der Kostenrechnung bezeichneten Schuldners übergeht. **2**

Nach Abs. 1 S 2 kann der Kostenansatz im Verwaltungswege berichtigt werden, solange nicht eine gerichtliche Entscheidung ergangen ist. S 2 stimmt wörtlich mit § 4 Abs. 3 Satz GKG überein. Auf das dort Gesagte wird verwiesen (vgl. oben, § 4 GKG; Rn. 14). Die Berichtigung im Verwaltungswege ist aber nur solange statthaft, wie noch eine Nachforderung wegen irrigen Ansatzes zulässig ist (§ 6 GvKostG). **3**

Der dem § 9 S 1 GvKostG a. F. entsprechende Abs. 2 konnte wegen der Verweisung auf § 5 GKG auf die früher angeführten Vorschriften der ZPO verzichten. Nur die Verweisung auf die für das Beschwerdeverfahren der ZPO geltenden Bestimmungen mußte beibehalten werden, weil im § 5 Abs. 4 S 5 GKG ergänzend auf die für Beschwerden in der Hauptsache geltenden Vorschriften verwiesen wird. Nach § 5 Abs. 2 sind stets die Vorschriften der ZPO maßgebend. Nach wie vor ist der Gerichtsvollzieher am Erinnerungsverfahren nicht beteiligt, weil es in diesem Verfahren ausschließlich um das Verhältnis zwischen der Staatskasse und dem Kostenschuldner geht. Er hat mithin auch kein Erinnerungsrecht.[74] Erinnerungsberechtigt sind also allein der Kostenschuldner und die Staatskasse. **4**

Abs. 2 S 1 bestimmt die sachliche Zuständigkeit für die Erinnerung. Hier ist zu unterscheiden: **5**

Vollstreckungserinnerung: Es werden Einwendungen gegen solche Kosten erhoben, die der Auftraggeber für Zwangsvollstreckungsmaßnahmen fordert (Vollstreckungskosten,[75] § 788 ZPO): Für die Entscheidung über die Erinnerung ist das Vollstreckungsgericht (§§ 766 Abs. 2, 828 Abs. 2 ZPO) zuständig. Das ist nach § 764 Abs. 2 ZPO idR das Amtsgericht, in dessen Bezirk die Vollstreckung stattgefunden hat oder stattfinden soll, und zwar auch dann, wenn der Vollstreckungstitel im arbeitsgerichtlichen Verfahren (§ 62 ArbGG), im Verfahren vor dem Landwirtschaftsgericht (§ 31 LwVG) oder im Verfahren der Hausratsteilung (§ 16 Abs. 3 HausratsVO) erworben worden ist. Im wesentlichen geht es hier um die Art und Weise der Zwangsvollstreckung oder um Kostenerstattungsansprüche des Auftraggebers gegen den Schuldner für Zwangsvollstreckungsmaßnahmen. **6**

73 *Schröder-Kay/Gerlach* § 5 Rn 2.
74 LG Aschaffenburg, DGVZ 1971, 38; *Schröder-Kay/Gerlach* § 5 Rn 11.
75 LG Gießen, DGVZ 1989, 184.

7 Gegen die Entscheidung des Vollstreckungsgerichts über die Vollstreckungserinnerung (§ 6 Abs. 1 Ziff. 1 JBeitrO), ist die sofortige (fristgebundene,[76] § 569 Abs. 1 S 1 ZPO) Beschwerde nach § 793 ZPO gegeben. Davon abgesehen gilt:

8 **Kostenerinnerung:** Es werden Einwendungen gegen den Kostenansatz des Gerichtsvollziehers, d. h. gegen den Grund und die Höhe der nach dem GvKostG angesetzten Kosten erhoben: In dem Fall ist das Amtsgericht, in dessen Bezirk der Gerichtsvollzieher seinen Amtssitz hat, zuständig. Auf die Erinnerung und die Beschwerde sind nach die Bestimmungen des § 5 Abs. 2–6 GKG entsprechend anzuwenden. Auf die Erläuterungen dort (vgl. oben, § 5 GKG, Rn. 18 ff.) wird verwiesen. Im Einzelnen:

9 **Form, Frist, Wert:** Die Kostenerinnerung ist formfrei und an keine Frist gebunden. Sie wird auch – solange noch keine Verjährung eingetreten ist – nicht durch Zahlung der angesetzten Kosten unzulässig, wie sie auch keinen Aufschub der Zahlungspflicht bewirkt, so lange und soweit der Gerichtsvollzieher nicht abhilft (§ 35 Abs. 2 KostVfg). Sie ist auch nicht von einen einem Wert abhängig. Der Beschwerdewert von 50 € gilt nur für die Beschwerde gegen die Entscheidung über die Erinnerung (Abs. 2 S 2 i. V. m. § 5 Abs. 2 Satz GKG „Wert des Beschwerdegegenstandes“).

10 **Erinnerungsberechtigt** sind der Kostenschuldner,[77] die Staatskasse[78] und der im Zwangsvollstreckungsverfahren beigeordnete Rechtsanwalt (§ 128 Abs. 3 BRAGO), nicht aber der Gerichtsvollzieher. Ob letzterer ein Beschwerderecht hat, wenn und soweit seine dienstlichen Belange verletzt sind, ist aber streitig.[79] Die Frage ist zu verneinen.[80] Allerdings ist der Gerichtsvollzieher insoweit am im Erinnerungsverfahren notwendig beteiligt, als das Gericht ihm die Erinnerung zur Stellungnahme vorzulegen hat. Der Gerichtsvollzieher ist dann abhilfeberechtigt. Hilft er nicht ab, hat er die Erinnerung dem Bezirksrevisor vorzulegen, der den Kostenansatz ändern kann. Erst dann wenn und soweit weder der Gerichtsvollzieher noch der Bezirksrevisor abgeholfen, trifft das Gericht seine Entscheidung.

11 Wer als **Kostenschuldner** in Betracht kommt, muß sich grundsätzlich aus der Rechnung ergeben (vgl. oben, Rn. 2).[81] Es ist aber nicht erforderlich, daß die Kostenrechnung dem Kostenschuldner selbst zugegangen ist, sondern es genügt, wenn sie nach außen wirksam geworden ist, also wenigstens einem Beteiligten zugegangen ist.[82] Auch der zu Unrecht in Anspruch Genommene ist erinnerungsberechtigt, nicht aber der (bemittelte) Streitgenosse eines Beteiligten.[83] Der Kostenschuldner kann sich vertreten lassen.[84] Für die Vertretung

76 *Schröder-Kay/Gerlach* § 5 Rn 14.

77 BGH, NJW 1984, 871; BFH, RPfleger 1992, 365; LG Wuppertal, JurBüro 1992, 480.

78 LG Gießen, DGVZ 1989, 184; LG Koblenz, MDR 1978, 584.

79 Bejahend etwa: KG, DGVZ 1978, 112; LG Nürnberg, DGVZ 1981, 120; *Hartmann* GvKostG, § 5 Rn 9; verneinend etwa: LG Wiesbaden, DGVZ 1990, 13; *Schröder-Kay/Gerlach* § 5 Rn 25 m. w. N.

80 *Schröder-Kay/Gerlach* § 5 Rn 25.

81 OLG Schleswig, SchlHA 1981, 71; OLG Düsseldorf, RPfleger 1985, 255;a. M. OLG München, MDR 1990, 62.

82 OLG Düsseldorf, VersR 1983, 251.

83 *Hartmann* § 5 GvKostG Rn 7.

84 BFH, RPfleger 1992, 365.

gelten die allgemeinen Verfahrensgrundsätze, so daß eine schriftliche Vollmacht vorzulegen ist, wenn die jeweilige Verfahrensart das verlangt.[85]

Die – durch den Bezirksrevisor vertretene – **Staatskasse** ist zur Kostenerinnerung berechtigt, soweit sie durch den Kostenansatz beschwert ist. Das ist sowohl der Fall, wenn der Kostenansatz zu niedrig ist, als auch, wenn er ihr zu hoch erscheint.[86] Denn wenn der Kostenansatz zu hoch erscheint, besteht die Beschwer der Staatskasse in der Gefahr eines Rückforderungsanspruchs des Kostenschuldners.[87] 12

Der im Zwangsvollstreckungsverfahren **beigeordnete Anwalt** kann nur soweit durch den Kostenansatz beschwert sein, als die ihm aus der Staatskasse zu gewährenden Gebühren in den Kostenansatz aufgenommen worden sind. Nur in diesem Umfang ist er erinnerungsberechtigt (§ 128 Abs. 3 BRAGO). 13

Beschwer: Hier gilt das oben, § 5 GKG, Rn. 5 Gesagte entsprechend. Eine Kostenerinnerung ist nur zulässig, soweit der Erinnerungsberechtigte durch den Kostenansatz des Gerichtsvollziehers beschwert ist. Kostenansatz ist die Kostenaufstellung des Gerichtsvollziehers nach Abs. 1 S 1. Der Kostenansatz des Gerichtsvollziehers – ggf. in der im Verwaltungswege geänderten Fassung – bildet eine Einheit in dem Sinne, daß es nur auf das Gesamtergebnis ankommt. Die Unrichtigkeit eines Postens bleibt außer Betracht, wenn dadurch das Endergebnis rechnerisch nicht beeinflußt wird.[88] Auch bloße Rechenfehler reichen nicht, weil diese entsprechend § 319 ZPO jederzeit korrigiert werden können. Mit der Erinnerung kann auch statt einer Rückerstattung die Berichtigung des Kostenansatzes begehrt werden,[89] so daß der Erinnerungsführer auch in solchen Fällen beschwert sein kann. Zur Beschwer der Staatskasse oben, Rn. 14. 14

Eine als (Kosten)erinnerung bezeichnete Eingabe kann in der Sache auch als Antrag auf Nichterhebung von Kosten nach 7 GvKostG ausgelegt werden. In solchen Fällen handelt es sich aber in der Sache nicht um eine Erinnerung nach § 5 Abs. 2 sondern um einen besonderen Antrag, bei dem nach 7 zu verfahren ist (vgl. § 7, Rn. 17). Ein Antrag nach § 7 kann z. B. angenommen werden, wenn nicht nur die Höhe, sondern Zweckmäßigkeit oder Notwendigkeit von Auslagen bemängelt wird.[90] 15

Gegenstand der Kostenerinnerung: Das oben zu 5 GKG, Rn. 9–13 Gesagte gilt entsprechend. Auch hier kommt nur die Überprüfung des Kostenansatzes nach Abs. 1 S 1 in Betracht, also eine Verletzung der Vorschriften des GvKostG. So kann sich die Kostenerinnerung auch gegen die Heranziehung zur Zahlungspflicht richten,[91] vor allem, wenn eine Partei kraft Amtes herangezogen wird, oder gegen die Reihenfolge der Inanspruchnahme mehrerer Kostenschuldner.[92] Erst Recht unzulässig sind im Rahmen der Kostenerinnerung solche Einwände, welche die Richtigkeit des Titels oder das Mandatsverhält- 16

85 BFH, Rpfleger 1992, 365 (§ 64 Abs. 3 S 1 FGO).
86 KG RPfleger, 1977, 227; LG Gießen, DGVZ 1989, 184.
87 LG Gießen, DGVZ 1989, 184; *Hartmann* § 5 GvKostG Rn 8.
88 *Hartmann* § 5 GvKostG Rn 12.
89 OLG Koblenz, JurBüro 1993, 425; KG, RPfleger 1983, 326.
90 *Hartmann* GvKostG, § 5 Rn 20.
91 OLG Koblenz, JurBüro, 1993, 425.
92 *Hartmann* § 5 GvKostG Rn 22.

nis[93] betreffen. Unschädlich ist es, wenn der Kostenschuldner die angesetzten Kosten bereits bezahlt hat oder wenn er Aufrechnung einwendet (vgl. oben, § 5 GKG, Rn. 10). Desgleichen können auch Auslagen Gegenstand der Kostenerinnerung sein, wie z. B. die Höhe der an Zeugen und Sachverständige oder an andere Hilfspersonen gezahlten Beträge,[94] nicht aber der Grund und die Notwendigkeit ihrer Heranziehung[95] (vgl. oben, § 5 GKG, Rn. 11, 12). Ebensowenig kann die Frage der Notwendigkeit der Anberaumung eines auswärtigen Termins oder die, ob und wieweit dem Gerichtsvollzieher überhaupt ein Auftrag erteilt worden ist, im Verfahren nach § 5 Abs. 2 überprüft werden.[96]

17 Für das **Verfahren** gilt:

18 **Zuständig** für die Entscheidung über die Kostenerinnerung ist – sofern nicht das Vollstreckungsgericht zuständig ist (vgl. oben, Rn. 6–7) – stets das Amtsgericht, in dessen Bezirk der die Kosten ansetzende Gerichtsvollzieher seinen Amtssitz hat.

19 **Einlegung:** Die Kostenerinnerung ist grundsätzlich bei dem zuständigen Amtsgericht schriftlich oder zu Protokoll der Geschäftsstelle einzulegen (Abs. 2 S 2 i. V. m. § 5 Abs. 3 S 1 GKG). Wird die Kostenerinnerung bei einem anderen (Amts)gericht oder bei dem Gerichtsvollzieher eingelegt, ist sie unverzüglich an das zuständige Amtsgericht weiter zu leiten. Wird sie beim Gerichtsvollzieher eingelegt, hat er vor Weiterleitung zu prüfen, ob er abhelfen will (Vgl. oben, Rn. 10). Die Vertretung durch einen Anwalt ist zulässig.

20 **Entscheidung:** Das Gericht entscheidet grundsätzlich durch Beschluß, der zu begründen ist.[97] Eine mündliche Verhandlung ist denkbar, wird aber in der Praxis kaum vorkommen. Vor der Entscheidung ist auch dem Gerichtsvollzieher Gelegenheit zur Stellungnahme zu geben (vgl. oben, Rn. 10), sofern die Erinnerung nicht beim Gerichtsvollzieher eingelegt worden ist. Soweit der Gerichtsvollzieher abhilft, entfällt die Beschwer für den Erinnerungsführer. Ggf. ist dann aber der Gegner beschwert. Der Beschluß über die Bescheidung der Erinnerung oder die Abhilfe durch den Gerichtsvollzieher ist den Beteiligten formlos mitzuteilen.

21 **Rechtsmittel:** Gegen die Entscheidung des Amtsgerichts über die Kostenerinnerung ist die **sofortige Beschwerde** gegeben (§ 5 Abs. 2 S 2 i. V. m. § 5 Abs. 2 S 1 GKG). Das Verfahren richtet sich nach §§ 567 ff. ZPO.

22 **Beschwerdewert:** Die sofortige Beschwerde ist nur statthaft, wenn die Beschwer einen Betrag von 50 € übersteigt, Abs. 2 S 2 i. v. m. § 5 Abs. 2 S 1 GKG (§ 567 Abs. 2 S 2 ZPO). Das gilt auch bei greifbarer Gesetzwidrigkeit der Erinnerungsentscheidung.[98] In solchen Fällen ist auch nicht mit einer entsprechenden Anwendung des § 321a ZPO zu helfen.

23 **Frist und Form:** Die sofortige Beschwerde ist – anders als die Beschwerde nach §§ 766, 793 ZPO (vgl. oben, Rn 7) an keine Frist gebunden. § 569 Abs. 1 S 1 ZPO, § 2 Abs. 2 i. V. m.

93 BGH, NJW-RR 1998, 503.
94 OLG Koblenz, VersR 1988, 297.
95 OLG Düsseldorf, NJW-RR 1998, 1694; OLG Düsseldorf, AnwBl. 1983, 462; *Hartmann* GvKostG, § 5 Rn 20; a. M. BGH, NJW 1984, 871.
96 OLG Koblenz, VersR 1985, 672; *Hartmann* GvKostG, § 5 Rn 23.
97 OLG Frankfurt/Main, JurBüro 1978, 1848.
98 OLG Schleswig, SchlHA 1988, 39.

§ 5 Abs. 3 S 3 GKG. Sie kann schriftlich oder zu Protokoll der Geschäftsstelle eingelegt werden (§ 569 Abs. 2 ZPO), wobei die Vertretung durch einen Anwalt zulässig ist. Zuständig ist grundsätzlich das Amtsgericht, dessen Beschluß angefochten wird (iudex a quo) oder das Beschwerdegericht (iudex ad quem), § 569 Abs. 1 S 1 ZPO. Wird sie bei einem anderen Gericht eingelegt, ist sie dem zuständigen Amtsgericht unverzüglich mit Abgabenachricht zuzuleiten. Gleiches gilt wegen § 572 Abs. 1 ZPO auch, wenn sie beim Beschwerdegericht eingelegt worden ist. Die Beschwerdeschrift oder die Protokollerklärung hat die genaue Bezeichnung der angefochtenen Entscheidung sowie die ausdrückliche Erklärung, daß Beschwerde gegen die Entscheidung eingelegt werde, zu enthalten (§ 569 Abs. 2 S 2 ZPO). Bei Unklarheiten hat das Gericht nachzufragen.

24 Die sofortige Beschwerde nur ausnahmsweise eine **aufschiebende Wirkung**, Abs. 2 S 2 i. V. m. § 5 Abs. 4 S 4 GKG; § 570 ZPO). Das oben zu 5 GKG, Rn. 31 Gesagte gilt auch hier.

25 **Begründung, Präklusion:** Die Beschwerde soll begründet werden, § 571 Abs. 1 ZPO. Dem Beschwerdeführer kann für die Begründung eine Ausschlußfrist nach § 571 Abs. 3 ZPO gesetzt werden. (Vgl. dazu bei § 5 GKG, Rn. 45).

26 **Abhilfeverfahren:** Das Gericht, dessen Erinnerungsentscheidung angegriffen wird, hat der Beschwerde abzuhelfen, wenn und soweit es diese für begründet erachtet (§ 572 Abs. 1 S 1 ZPO). Anderenfalls hat es die Beschwerde dem Beschwerdegericht zur Entscheidung vorzulegen. Wird bei einer Teilabhilfe der Beschwerdewert von 50 € unterschritten, wird die Beschwerde für den Beschwerdeführer dadurch nicht unzulässig. Jedoch kann der Beschwerdegegner durch die Abhilfe seinerseits beschwert sein und seinerseits Beschwerde einlegen, wenn seine Beschwer 50 € übersteigt.

27 Wenn und soweit das Gericht, das über die Erinnerung entschieden hat, nicht abhilft, hat es die Beschwerde dem Beschwerdegericht zur Entscheidung vorzulegen, § 572 Abs. 1 ZPO. Beschwerdegericht ist ausschließlich das **Landgericht** (Abs. 2 S 3), und zwar idR ein Mitglied der Kammer als Einzelrichter (§ 568 Abs. 1 S 1 ZPO). Letzteres folgt daraus, daß das Amtsgericht stets durch einen Amtsrichter „als Einzelrichter“ entscheidet.

28 Das **Beschwerdegericht** prüft zunächst von Amts wegen die Zulässigkeit der Beschwerde (§ 572 Abs. 2 S 1 ZPO). Mangelt es daran, ist die Beschwerde als unzulässig zu verwerfen (§ 572 Abs. 2 S 2 ZPO). Ansonsten ist die Begründetheit nach allgemeinen Regeln zu prüfen, insbesondere ist den Beteiligten rechtliches Gehör zu gewähren soweit die Beschwerde begründet und ihr nicht abgeholfen worden ist. Ist die Sache entscheidungsreif, hat das Beschwerdegericht grundsätzlich selbst zu entscheiden. Anderenfalls kann es die Sache an das Untergericht zurückverweisen (§ 572 Abs. 2 S 3 ZPO), das dann an die Rechtsauffassung des Beschwerdegerichts gebunden ist.

29 Im Verfahren über die Kostenerinnerung und der Beschwerde ist die Mitwirkung eines Bevollmächtigten nicht erforderlich, Abs. 2 S 3 i. V. m. § 5 Abs. 5 GKG).

30 Das Beschwerdegericht entscheidet stets durch einen zu begründenden **Beschluß** (§ 572 Abs. 2 S 4 ZPO), der den Beteiligten formlos mitzuteilen ist.

31 Gegen den Beschluß des Beschwerdegerichts ist eine weitere Beschwerde nicht zulässig. Auch eine Rechtsbeschwerde nach § 574 ZPO ist ausgeschlossen, Abs. 2 S 2 i. V. m. § 5 Abs. 2 S 3 GKG, § 574 Abs. 1 Nr. 1 ZPO. Denn eine Rechtsbeschwerde kann sich nur an den

BGH als oberstes Bundesgericht richten. § 5 Abs. 2 S 3 GKG schließt aber ausdrücklich eine Beschwerde an ein oberstes Bundesgericht aus. Soweit nach § 574 Abs. 1 Nr. 2 ZPO das Beschwerdegericht die Rechtsbeschwerde zulassen kann, bezieht sich allein auf die Beschwerde über die Vollstreckungserinnerung (vgl. oben, Rn. 7).

32 **Kosten:** Das Verfahren über die Kostenerinnerung und über die Kostenbeschwerde ist gebührenfrei, Abs. 2 S 2 i. V. m. § 5 Abs. 6 GKG. Auslagen werden indessen erhoben. Das gilt aber nicht für (unzulässige) Beschwerden oder Rechtsbeschwerden gegen die Beschwerdeentscheidung. In solchen Fällen gilt GKG-KV 1953, 1956.

33 Wenn aufgrund der Erinnerungs- oder der Beschwerdeentscheidung Kosten zu erstatten sind, ist nur der Grund des Erstattungsanspruchs gegen die Staatskasse festegestellt. Eine Rückzahlung haben der Kostenbeamte oder die Aufsichtsbehörde im Veraltungsverfahren zu veranlassen.[99]

34 Abs. 3 stellt durch die Verweisung auf Abs. 2 nur klar, daß auch gegen die Abhängigmachung der Vollstreckungsmaßnahmen von einer Vorschußleistung gemäß § 4 nach den gleichen Grundsätzen, die für den Kostenansatz gelten, anfechtbar ist.

§ 6
Nachforderung

Wegen unrichtigen Ansatzes dürfen Kosten nur nachgefordert werden, wenn der berichtigte Ansatz vor Ablauf des nächsten Kalenderjahres nach Durchführung des Auftrags dem Zahlungspflichtigen mitgeteilt worden ist.

1 Die dem § 10 GvKostG a. F. entsprechende Vorschrift ist lediglich im Interesse einer einheitlichen Terminologie überarbeitet worden. Im übrigen ist sie nahezu wortgleich mit § 7 S 1 GKG. Auf das dort Gesagte (§ 7 GKG, Rn. 1- 8) kann also verwiesen werden.

2 **Zweck der Vorschrift:** Wie auch § 7 GKG dient die Bestimmung dem Schutz des redlichen Kostenschuldners, der nach der von Amts wegen zu beachtenden[100] Ausschlußfrist des § 6 nach dem Ablauf eines Jahres seit der Beendigung der Tätigkeit des Gerichtsvollziehers und der ihm dafür erteilten Kostenrechnung, die er als endgültig ansehen durfte, mit weiteren Forderungen nicht mehr zu rechnen braucht. Daraus folgt einmal, daß § 6 für bloße Vorschußforderungen nach § 4 unanwendbar ist, zum anderen, daß der unredliche Kostenschuldner den Schutz des § 6 nicht in Anspruch nehmen kann[101] (vgl. dazu bei § 7 GKG, Rn 1). Unredlich ist etwa der Kostenschuldner, der über den Wert arglistig getäuscht hat oder der die Unrichtigkeit des Kostenansatzes ohne weiteres erkennen mußte. Letzteres kann etwa bei offensichtlichen Rechenversehen der Fall sein.

99 OLG Koblenz, JurBüro 1977, 1430; *Hartmann* GvKostG, § 5 Rn 49.
100 *Hartmann* GvKostG, § 6 Rn 2.
101 So auch *Schröder-Kay/Gerlach* § 6 Rn 7.

Voraussetzung für eine Nachforderung ist, daß bereits ein vorbehaltsloser und **rechtskräftiger Kostenansatz** über den nachzufordernden Betrag vorliegt (vgl. dazu bei § 7 GKG, Rn. 4–5) und daß dieser unrichtig ist (vgl. bei § 7 GKG, Rn. 6–7). Die **Unrichtigkeit** kann darin liegen, daß ein zu niedriger Wert angenommen wurde oder daß eine Gebühr oder Auslagen versehentlich übersehen worden sind. 3

Die **Frist** für den Ausschluß der Nachforderung beträgt 1 Jahr. Sie beginnt mit dem ersten Tag des Jahres, das auf den Zeitpunkt der Beendigung des Auftrags folgt, und endet mit dem Ablauf des 31. 12. des gleichen Jahres. 4

Für die Zulässigkeit der Nachforderung kommt es auf den Zeitpunkt der Beendigung der **Durchführung des (Gesamt-)Auftrags** an. Dieser ist nach § 14 Abs. 1 (1. Alternative), § 3 Abs. 4 S 1 zu beurteilen. Sofern ein Auftrag mehrere Amtshandlungen erforderlich werden lässt, kommt es auf die Durchführung des Gesamtauftrags einschließlich der aller Nebengeschäfte wie die Hinterlegung oder Verteilung des Erlöses. Nicht zu den Nebengeschäften idS zählen aber die büromäßige Erledigung und der Kostenansatz nach § 5.[102] 5

Mehrere Aufträge: Liegen mehrere selbständige Aufträge vor, ist die Ausschlußfrist für die Nachforderung für jeden selbständigen Auftrag gesondert zu berechnen. 6

Mitteilung: Maßgeblich für die Fristeinhaltung ist eine gesetzmäßige Mitteilung des berichtigten Kostenansatzes an den Zahlungspflichtigen. Sie kann mündlich, fernmündlich, per Fax oder E-Mail erfolgen. Für den rechtzeitigen Zugang ist nach allgemeinen Regeln die Staatskasse beweispflichtig. Einen Anscheinsbeweis des Zugangs eines einfachen Briefes gibt es nicht.[103] 7

Ein **Verstoß** gegen § 6 sind Erinnerung und Beschwerde nach § 5 Abs. 2 und 3 gegeben. 8

§ 7
Nichterhebung von Kosten wegen unrichtiger Sachbehandlung

(1) Kosten, die bei richtiger Behandlung der Sache nicht entstanden wären, werden nicht erhoben.

(2) Die Entscheidung trifft der Gerichtsvollzieher. § 5 Abs. 2 ist entsprechend anzuwenden. Solange nicht das Gericht entschieden hat, kann eine Anordnung nach Abs 1 im Verwaltungsweg erlassen werden. Eine im Verwaltungsweg getroffene Anordnung kann nur im Verwaltungsweg geändert werden.

Nr. 5 DB-GvKostG: 1

Hilft die Gerichtsvollzieherin oder der Gerichtsvollzieher einem Antrag des Kostenschuldners auf Nichterhebung von GV-Kosten wegen unrichtiger Sachbehandlung nicht oder nicht in vollem

102 *Hartmann* GvKostG, § 6 Rn 5.
103 BGH, NJW 1978, 886.

Umfang ab, so ist die Entscheidung dem Kostenschuldner mitzuteilen. Erhebt dieser gegen die Entscheidung Einwendungen, so legt die Gerichtsvollziehern oder der Gerichtsvollzieher die Vorgänge unverzüglich mit einer dienstlichen Äußerung der unmittelbaren Dienstvorgesetzten oder dem unmittelbaren Dienstvorgesetzten (§ 2 Nr. 2 GVO) vor. Von dort wird die Bezirksrevisorin oder der Bezirksrevisor beteiligt; die Nichterhebung der Kosten nach § 7 Abs. 2 S 3 GvKostG im Verwaltungsweg wird angeordnet, wenn die Voraussetzungen hierfür erfüllt sind, Anderenfalls wird zunächst geprüft, ob der Kostenschuldner eine Entscheidung im Verwaltungswege oder eine gerichtliche Entscheidung begehrt. Nach dem Ergebnis der Prüfung entscheidet die Dienstvorgesetzte oder der Dienstvorgesetzte entweder selbst oder legt die Vorgänge mit der Äußerung der Gerichtsvollzieherin oder des Gerichtsvollziehers dem Amtsgericht (§ 7 Abs. 2 i. V. m. § 5 Abs. 2 GvKostG) zur Entscheidung vor.

2 **Allgemeines:** Die dem § 11 GvKostG a. F. entsprechende Bestimmung ist in ihrer Systematik der Bestimmung des § 8 GKG angeglichen. Die Grundsätze jener Bestimmung können deshalb sinngemäß mit herangezogen werden. Sinn und Zweck des § 7 ist, den Bürger von Gebühren und Auslagen freizustellen, die bei richtiger, d. h. gesetzmäßiger Handlung des Gerichtsvollziehers nicht entstanden wären.

3 **Persönliche Voraussetzung:** Die unrichtige Sachbehandlung muß durch eine Amtsperson, also durch den Gerichtsvollzieher selbst, sein Büropersonal, das Gericht, die Geschäftsstelle oder einen Angehörigen der Justizverwaltung geschehen sein.[104] Fehler sonstiger Beteiligter führen niemals zu einer Anwendung des § 7.[105]

4 **Sachliche Voraussetzungen:** Es muß sich um einen Fehler bei der Durchführung einer Amtshandlung im Rahmen des Vollstreckungsauftrags handeln. „Sachbehandlung" bedeutet die gesamte, mit der Erledigung des Auftrags zusammenhängende Tätigkeit und nicht die einzelne Amtshandlung (vgl. oben, § 6, Rn 5). Unerheblich ist, ob sachliches Rechts oder Verfahrensrecht unrichtig verletzt worden ist. Sofern der Gerichtsvollzieher oder ein Beamter den Fehler begangen haben, kann – nicht muß[106] – auch die unrichtige Anwendung einer – für das Gericht nicht verbindlichen – Verwaltungsanordnung (z. B. die GVGA) ausreichen.[107]

5 Wie auch bei § 8 GKG reicht aber für die Nichterhebung von Kosten nicht jeder Fehler aus. Vielmehr muß es sich um einen **schweren**, d. h. ganz offenkundigen, eindeutigen[108] **Fehler** handeln,[109] wobei auch ein offensichtliche Versehen ausreicht.[110] Auf ein Verschulden der Amtsperson kommt es nicht an, denn § 7 regelt keinen Fall der Amtshaftung, sondern enthält nur eine Billigkeitsnorm (vgl. oben, § 8 GKG, Rn. 1). Demzufolge kann eine Amtshandlung schon begrifflich nicht fehlerhaft sein, wenn sie objektiv vertretbar erscheint[111] oder wenn die Amtsperson den Rahmen eines ihr eingeräumten Ermessens nicht verlassen hat.

104 *Schröder-Kay/Gerlach* § 7 Rn 7; *Hartmann* GvKostG, § 7 Rn 3.
105 LG Berlin, DGVZ 1975, 42.
106 *Hartmann* GVKostG, § 7 Rn 3.
107 LG Berlin, JurBüro 2000, 376.
108 OLG Köln, DGVZ 1988, 139; LG Mainz, NJW-RR 1998, 1294; AG Blieskastel, DGVZ 2000, 94.
109 H. M. Vgl. Etwa AG Rastatt, DGVZ 1990, 31.
110 *Hartmann* GvKostG, § 7 Rn 3.

Ursächlichkeit: Voraussetzung ist weiter, daß durch die unrichtige Sachbehandlung tatsächlich Mehrkosten nach dem GvKostG entstanden sind. Soweit Kosten bei entsprechender richtiger Sachbehandlung auch entstanden wären, ist § 7 nicht anwendbar.[112] Bei der Prüfung der Ursächlichkeit sind strenge Maßstäbe anzulegen. So kann auch ein nach kurzer Zeit wiederholter Vollstreckungsauftrag mit hoher Summe grundsätzlich als ernsthaft behandelt werden.[113] In praxi stellt sich die Frage nach einer unrichtigen Sachbehandlung häufig im Zusammenhang mit einer Räumungsvollstreckung,[114] bei der auch die wirtschaftlichen Belange des Schuldners bei der Höhe der entstehenden Kosten für Spedition, Einlagerung etc. gebührend zu berücksichtigen sind. 6

Wenn und soweit die Voraussetzungen einer unrichtigen Sachbehandlung vorliegen, ist die **Nichterhebung** der insoweit entstandenen Kosten **zwingend.** 7

Entscheidung: Die Entscheidung über die Nichterhebung von Kosten trifft der Gerichtsvollzieher (Abs. 2 S 1). Das bedeutet, daß Anträge oder Anregungen auf Nichterhebung von Kosten, die in späteren Verfahrensstadien eingebracht werden (vgl. z. B. oben, § 5 Rn. 16) stets dem Gerichtsvollzieher zuzuleiten sind. Der Gerichtsvollzieher entscheidet durch begründeten Beschluß. 8

Aus der Entscheidungsbefugnis nach Abs. 2 S 1 folgt auch, daß der Gerichtsvollzieher befugt und verpflichtet ist, einen irrigen Kostenansatz entsprechend §§ 319, 320 ZPO zu ändern. 9

Rechtsmittel: Gegen die Entscheidung des Gerichtsvollziehers – auch, soweit er den Kostenansatz entsprechend § 319 ZPO nicht berichtigt hat – ist nach Abs. 2 S 2. die Erinnerung nach § 5 Abs. 2 statthaft. 10

Verwaltungsweg: Abs. 2, S 3 und 4 stellen klar, daß auch die Justizverwaltung befugt ist, Kosten iS von Abs. 1 nicht zu erheben. Die Befugnis besteht aber nur solange, wie das Gericht damit noch nicht befasst ist, endet also mit dem Eingang der Erinnerung bei Gericht.[115] Wenn und soweit die Gerichtsverwaltung die Nichterhebung von Kosten anordnet, ist die Maßnahme nur im Verwaltungswege abänderbar. Lehnt die Justizverwaltung indessen die Nichterhebung von Kosten ab, bleibt der Weg über Abs. 1, Abs. 2 S 1 + 2 erhalten.[116] 11

111 LG Berlin, DGVZ 1977, 120, *Schröder-Kay-Gerlach* § 7 Rn 9.
112 LG Berlin, DGVZ 1991, 142; *Schröder-Kay/Gerlach* § 7 Rn 5.
113 LG Köln, DGVZ 1996, 12.
114 Vgl. etwa LG Hamburg, DGVZ 1999, 185; OLG Hamburg, MDR 2000, 602; LG Frankfurt/Main, DGVZ 1989, 92; AG Berlin, DGVZ 1977, 29.
115 AG Blieskastel, DGVZ 2000, 94.
116 Hartmann GvKostG, § 7 Rn 6.

§ 8
Verjährung, Verzinsung

(1) Ansprüche auf Zahlung von Kosten verjähren in vier Jahren nach Ablauf des Kalenderjahres, in dem die Kosten fällig geworden sind.

(2) Ansprüche auf Rückerstattung von Kosten verjähren in vier Jahren nach Ablauf des Kalenderjahres, in dem die Zahlung erfolgt ist. Die Verjährung beginnt jedoch nicht vor dem in Abs 1 bezeichneten Zeitpunkt. Durch die Einlegung der Erinnerung oder Beschwerde mit dem Ziel der Rückerstattung wird die Verjährung wie durch Klageerhebung gehemmt.

(3) Auf die Verjährung sind die Vorschriften des Bürgerlichen Gesetzbuchs anzuwenden; die Verjährung wird nicht von Amts wegen berücksichtigt. Die Verjährung der Ansprüche auf Zahlung von Kosten beginnt auch durch die Aufforderung zur Zahlung oder durch eine dem Kostenschuldner mitgeteilte Stundung erneut. Ist der Aufenthalt des Kostenschuldners unbekannt, so genügt die Zustellung durch Aufgabe zur Post unter seiner letzten bekannten Anschrift. Bei Kostenbeträgen unter 25 Euro beginnt die Verjährung weder erneut noch wird ihr Ablauf gehemmt.

(4) Ansprüche auf Zahlung und Rückerstattung von Kosten werden nicht verzinst.

1 Die Bestimmung entspricht inhaltlich dem § 12 GvKostG a. F. und stimmt nahezu wörtlich mit § 10 GKG überein. Das dort Gesagte gilt auch hier, so daß darauf verwiesen werden kann. Abs. 2weicht nur insoweit ab, nunmehr für die Berechnung des Beginns auf den zeitpunkt der tatsächlichen Zahlung abgestellt wird. Wie bei § 10 GKG ist auch hier eine Verwirkung denkbar. Die Fälligkeit bestimmt sich nach § 14 Abs. 1. Die Terminologie der Verjährung ist dem neuen, ab dem 1. 1. 2002 geltenden Schuldrecht des BGB angepaßt.

2 Abs. 4 stellt nunmehr klar, daß der Staat Rückzahlungsansprüche nicht zu verzinsen hat.

§ 9
Höhe der Kosten

Kosten werden nach dem Kostenverzeichnis der Anlage zu diesem Gesetz erhoben, soweit nichts anderes bestimmt ist.

1 § 9 hat keine entsprechende Bestimmung im GvKostG a. F. sondern ist gegenüber § 13 GvKostG a. F. im Kern völlig neu strukturiert. Sie ist dem § 11 GKG nachgebildet und verweist auf das Kostenverzeichnis.

2 Die Einschränkung des Halbsatzes 2 hat Bedeutung für die in den neuen Bundesländer (mit Ausnahme des ehemaligen Ostteils von Berlin) noch geltenden Regelungen, wonach

derzeit noch Ermäßigungen der Gebühren von 10% gelten, sowie für mögliche noch bestehen gebliebene landesrechtliche Besonderheiten.

Das Kostenverzeichnis ist als Anlage hinter § 20 abgedruckt und erläutert. 3

ZWEITER ABSCHNITT
Gebührenvorschriften

§ 10
Abgeltungsbereich der Gebühren

(1) Bei Durchführung desselben Auftrags wird eine Gebühr nach derselben Nummer des Kostenverzeichnisses nur einmal erhoben. Dies gilt nicht für die nach dem 6. Abschnitt des Kostenverzeichnisses zu erhebenden Gebühren, wenn für die Erledigung mehrerer Amtshandlungen Gebühren nach verschiedenen Nummern des Kostenverzeichnisses zu erheben wären. Eine Gebühr nach dem genannten Abschnitt wird nicht neben der entsprechenden Gebühr für die Erledigung der Amtshandlung erhoben.

(2) Ist der Gerichtsvollzieher beauftragt, die gleiche Vollstreckungshandlung wiederholt vorzunehmen, sind die Gebühren für jede Vollstreckungshandlung gesondert zu erheben. Dasselbe gilt, wenn der Gerichtsvollzieher auch ohne ausdrückliche Weisung des Auftraggebers die weitere Vollstreckung betreibt, weil nach dem Ergebnis der Verwertung der Pfandstücke die Vollstreckung nicht zur vollen Befriedigung des Auftraggebers führt oder Pfandstücke bei dem Schuldner abhanden gekommen oder beschädigt worden sind. Gebühren nach dem 1. Abschnitt des Kostenverzeichnisses sind für jede Zustellung, die Gebühr für die Entgegennahme einer Zahlung (Nummer 430 des Kostenverzeichnisses) ist für jede Zahlung gesondert zu erheben. Das Gleiche gilt für die Gebühr nach Nummer 600 des Kostenverzeichnisses, wenn eine Zustellung nicht erledigt wird.

(3) Ist der Gerichtsvollzieher gleichzeitig beauftragt, Vollstreckungshandlungen gegen Gesamtschuldner auszuführen, sind die Gebühren nach den Nummern 200, 205, 260 und 270 des Kostenverzeichnisses für jeden Gesamtschuldner gesondert zu erheben. Das Gleiche gilt für die im 6. Abschnitt des Kostenverzeichnisses bestimmten Gebühren, wenn Amtshandlungen der in den Nummern 200, 205, 260 und 270 des Kostenverzeichnisses genannten Art nicht erledigt worden sind.

Allgemeines: Die – nicht gerade als Meisterleistung des Gesetzgebers anzusehende[117] – 1
Bestimmung schreibt im Abs 1 S 1den Grundsatz fest, daß bei der Durchführung desselben

117 Dazu zutr *Hartmann* GvKostG, § 10 Rn 1.

Auftrags i. S. v. § 3 Abs. 1 und 2 jede Gebühr grundsätzlich nur einmal entsteht, auch wenn zu seiner Durchführung die gleiche Amtshandlung mehrfach zu erledigen ist. Umgekehrt gilt, daß die Gebühren für mehrere Aufträge für jeden Auftrag gesondert zu erheben sind.[118] Insgesamt soll mit der Bestimmung, die eine Nebeneinander gleichrangiger Regeln enthält,[119] eine möglichst differenzierte Abgeltung je nach Schwierigkeitsgrad und Aufwand der Tätigkeit des Gerichtsvollziehers bei der Durchführung des ihm erteilten Auftrags erreicht werden,[120]was bei der Auslegung der aus sich heraus nicht ohne weiteres verständlichen Regelung[121] zu beachten ist.[122]

2 **Systematik:** § 10 ist nur im Zusammenhang mit § 3 und dem KV zu sehen. Während § 3 grundsätzlich beschreibt, was zu demselben Auftrag gehört, regelt § 10 die Konsequenzen für die Entsehung der Gebühren.[123] Den Grundsatz der Einmaligkeit der Gebühr für einen Auftrag enthält § 10 Abs. 1 S 1. Die folgenden Bestimmungen des § 10 Abs. 1 S 2 und 3, Abs. 2 und Abs. 3 enthaltene verschiedene spezielle Formen der Auftragsdurchführung und gehen als Ausnahmen des im § 10 Abs. 1 S 1 enthaltenen Grundsatzes diesem als leges speciales vor. Parktisch folgt daraus: § 10 kommt nur dann zum Tragen, wenn für mehrere Amtshandlungen mehrere Gebühren zu erheben sind. In allen anderen Fällen, also dann, wenn die Amtshandlungen i. S. v. § 3 bestimmten Aufträgen zuzurechnen sind, scheidet eine Anwendung des § 10 von vornherein aus.[124]

3 § 10 betrifft schon seinem Wortlaut nach nur die Gebühren. Für die Berechnung der **Auslagen** ist die Bestimmung nicht einschlägig. Allerdings hat § 10 Abs. 1 S 1und 2 für das Wegegeld und § 10 insgesamt für die Höhe der Auslagenpauschale (KVGv 713) mittelbare Auswirkungen.[125]

4 **Abs. 1 S 1:** Für die Durchführung desselben Auftrags i. S. v. § 3 darf jede Gebühr – auch wenn sie mehrfach entsteht – nur einmal erhoben werden. Die Einmaligkeit bezieht sich aber ausdrücklich nur auf die Einzelgebühr nach dem KVGv. Wenn innerhalb desselben Auftrags mehrere Nummern des KVGv erfüllt sind, ist auch jede Gebühr einmal anzusetzen (z. B. KVGv 205 – Pfändung – und KVGv 221 – Wegnahme).[126] Maßgebend ist dabei allein die äußere Einordnung der Amtshandlung unter derselben Nummer des KVGv.[127] Auch ein auf der Grundlage mehrerer Vollstreckungstitel einheitlich erteilte Auftrag stellt sich kostenrechtlich als ein Auftrag dar.[128] Auch das Nachbesserungsverfahren nach §§ 807, 900 ZPO) rechnet noch zum ursprünglichen Auftrag.[129]

118 BT-Drucks. 14/ 3422, S. 27.
119 *Hartmann* GvKostG, § 10 Rn 2.
120 BT-Drucks. 14/3422, S. 27.
121 So zutr *Schröder-Kay/Gerlach/Gerlach* § 10 Rn 2.
122 *Hartmann* GvKostG, § 10 Rn 2.
123 *Otto* JurBüro 2001, 67.
124 *Schröder-Kay/Gerlach* § 10 Rn 2.
125 *Schröder-Kay/Gerlach* § 10 Rn 3.
126 *Schröder-Kay/Gerlach* § 10 Rn 5.
127 *Hartmann* GvKostG, § 10 Rn 5.
128 LG Koblenz, MDR 2002, 848.
129 LG Verden, JurBüro 2002, 158.

In den Fällen der **Nichterledigung** einer Amtshandlung stellt §10 Abs. 1 S 2 und 3 sicher, daß Teilerledigungen „unter dem Strich" nicht teurer werden als eine vollständige Erledigung.[130] Es handelt sich hier um Umstände iS der im KVGv 600–604, die sämtlich weder in der Person des Gerichtsvollziehers liegen noch von seiner Entschließung abhängig sind, oder um die Vermeidung einer mehrfachen Erhebung der Gebühr, wenn der unterstellte Erledigungsfall Gebühren nach mehreren Nummern des KVGv entstehen läßt.[131] 5

Wiederholung der Vollstreckungshandlung: Abs. 2 S 1 ist nur anzuwenden, wenn der Gerichtsvollzieher ausdrücklich beauftragt wird, die gleiche Vollstreckungshandlung (Amtshandlung) mehrfach vorzunehmen und bezieht sich insoweit auf jede einzelne Amtshandlung. Eine sukzessive Erteilung des Auftrags ist nicht gefordert. Der Auftrag kann so auch schon von vornherein erteilt werden.[132] Es ist nur im Anwendungsfall aber streng darauf zu achten, daß tatsächlich mehrere Aufträge erteilt worden sind und in der Sache nicht nur eine Wiederholung der gleichen Vollstreckungsmaßnahme vorliegt. 6

Nach **Abs. 2 S 2** kann der Gerichtsvollzieher in Durchführung eines Auftrags die gleiche Gebühr in zwei Fallgruppen auch ohne ausdrücklichen Auftrag mehrfach ansetzen. Zum einen dann, wenn die Pfändung nach dem Ergebnis der Verwertung aus Gründen, die der Gerichtsvollzieher ex ante nicht einschätzen konnte, nicht zu einer vollständigen Befriedigung des Gläubigers geführt hat, zum anderen dann, wenn die gepfändeten Sachen beim Schuldner abhanden kommen oder beschädigt werden und deshalb keine vollständige Befriedigung des Gläubigers mehr möglich ist. Darauf, ob die vollständige Befriedigung des Auftraggebers auch ohne Verlust oder Beschädigung möglich gewesen wäre, kommt es nicht an.[133] 7

Abs. 2 S 3 enthält eine Ausnahme für die Hebegebühr (KVGv 430). Ob eine gesonderte Zahlung vorliegt, ist nach den Umständen des einzelnen Falles zu bestimmen. Entscheidend kommt es auf den Zahlungsentschluß des Schuldners an. Im Zweifel sind – auch bei sehr kurz aufeinander folgenden Teilbeträgen – mehrere Zahlungen anzunehmen.[134] 8

Abs. 3 enthält eine – letztlich wegen der Nichtanwendung des § 10 auf Auslagen erklärbare[135] – Sonderregelung für die Vollstreckung gegen **Gesamtschuldner**. Nach § 3 Abs. 2 Nr. 2 und 3 handelt es sich bei der Zustellung und Vollstreckung gegen Gesamtschuldner um denselben Auftrag, wenn dieser gleichzeitig erteilt wird, so daß die Gebühren gem. § 10 Abs. 1 S 1 nur einmal anfielen. Hiervon sollen die Fälle der Zustellung (KVGv Abschnitt 1), der Vorpfändung, der Pfändung, der eidesstattlichen Versicherung und der Verhaftung (KVGv 200, 205, 260 und 270) entsprechend dem alten Recht ausgenommen werden.[136] 9

130 *Schröder-Kay/Gerlach* § 10 Rn 7.
131 Vgl. BT-Drucks. 14/3432, S. 27 und bei *Hartmann* GvKostG, § 10 Rn 5 –9; *Schröder-Kay/Gerlach* § 10 Rn 6–7, *Otto* JurBüro 2001, 57.
132 *Schröder-Kay/Gerlach* § 10 Rn 8; *Hartmann* GvKostG, § 10 Rn 10.
133 *Hartmann* GvKostG, § 10 Rn 13.
134 *Hartmann* GVKostG, § 10 Rn 14.
135 *Schröder-Kay/Gerlach*§ 10 Rn 18.

10 Voraussetzung für die Anwendung des Abs. 3 ist einmal, daß der Auftrag gleichzeitig, d. h. uno actu erteilt wird, was nach den Gesamtumständen zu beurteilen ist,[137] zum anderen, daß Gesamtschuldnerschaft iS von §§ 421 ff. BGB vorliegt.

11 Der Auftrag muß entweder auf die Zustellung desselben Vollstreckungstitels (Abs. 3 S 1 Halbs 1) oder auf die Durchführung von Vollstreckungshandlungen gegen die Gesamtschuldner (Abs. 3 S 1 Halbs 2) gerichtet sein. Dabei ist es unerheblich, ob eine förmliche Zustellung notwendig ist oder ob es dieselbe Art von Vollstreckungshandlungen oder gar die Vornahme wiederholter Vollstreckungsahnlungen vorliegt.[138]

12 Wenn die Voraussetzungen des § 10 Abs. 3 erfüllt sind, sind die Gebühren für jeden Gesamtschuldner gesondert anzusetzen.

§ 11 Tätigkeit zur Nachtzeit, an Sonnabenden, Sonn- und Feiertagen

Wird der Gerichtsvollzieher auf Verlangen zur Nachtzeit (§ 758a Abs. 4 S 2 der Zivilprozeßordnung) oder an einem Sonnabend, Sonntag oder Feiertag tätig, so werden die doppelten Gebühren erhoben.

1 Die dem § 34 GvKostG a. F. entsprechende, jedoch um die Zustellung auch an Sonnabenden erweiterte Vorschrift erfasst nur die Gebühren, nicht auch die Auslagen. Die Gebührenverdoppelung tritt bei jeder Amtshandlung des Gerichtsvollziehers ein, wenn er in den genannten Zeiträumen – auch nur teilweise[139] – ordnungsgemäß (d. h. auf Verlangen des Beteiligten und beim Vorliegen erforderlicher gerichtlicher Genehmigungen[140]) tatsächlich[141] tätig wird. Sofern er dabei auch Hilfskräfte einsetzt, sind deren (Mehr)kosten als Auslagen des Gerichtsvollziehers zu behandeln.

2 **Nachtzeit** ist der Zeitraum von 21.00 Uhr bis 6.00 Uhr (§ 758a Abs. 4 S 2 ZPO), und zwar unabhängig von der Jahreszeit. Die Bestimmung des § 188 ZPO a. F., wonach zwischen dem Sommer- und Winterhalbjahr unterschieden wurde, ist durch das Zustellungsreformgesetz vom 26. 6. 2002 (BGBl. I, S. 1206) seit dem 1. 7. 2002 aufgehoben.

3 **Sonnabend, Sonn- und Feiertag:** Ausreichend ist, daß der Gerichtsvollzieher an einem solchen Tag tätig geworden ist. In ganz Deutschland sind Feiertage der Neujahrstag, Karfreitag, Ostermontag, 1. Mai, Himmelfahrtstag, Pfingstmontag, Verfassungstag (3. Oktober), 1. und 2. Weihnachtstag, nicht aber der 24. Dezember als solcher.[142] Daneben gibt

136 BT-Drucks. 14/3432, S. 27.
137 *Hartmann* GvKostG, § 10 Rn 15.
138 *Hartmann* GvKostG, § 11 Rn 16–17; *Schröder-Kay/Gerlach* § 11 Rn 16.
139 *Hartmann* GvKostG, § 11 Rn 8; *Schröder-Kay/Gerlach* § 11 Rn 26.
140 *Hartmann* GvKostG, § 11 Rn 5–6.
141 *Hartmann* GVKostG, § 11 Rn 7.

es noch unterschiedliche landesrechtliche Feiertage gemäß den Feiertagsgesetzen der Länder[143] sowie einige lokale Besonderheiten. Für die Verdoppelung der Gebühren ist maßgebend der Ort, an dem die Vollstreckungshandlung vorzunehmen ist.[144]

Wenn der Gerichtsvollzieher sowohl zur Nachtzeit als auch an einem Sonnabend, Sonntag oder Feiertag tätig wird, tritt die Verdoppelung allerdings nur einmal, so daß im Ergebnis eine vierfache Gebühr nicht möglich ist.[145] 4

Gebührenverdoppelung bedeutet, daß die Gebühr, die entstanden wäre, wenn die Amtshandlung nicht zu den genannten Zeiten durchgeführt worden wäre, verdoppelt wird. Besteht die Gebühr aus Grundgebühr und Zeitzuschlag, wird die einheitliche Gesamtgebühr verdoppelt, der Zeitzuschlag allerdings nur für die Stunden, die ganz oder z T in die im § 11 genannten Zeiträume fallen.[146] 5

§ 12
Siegelungen, Vermögensverzeichnisse, Proteste und ähnliche Geschäfte

(1) Die Gebühren für Wechsel- und Scheckproteste, für Siegelungen und Entsiegelungen, für die Aufnahme von Vermögensverzeichnissen sowie für die Mitwirkung als Urkundsperson bei der Aufnahme von Vermögensverzeichnissen bestimmen sich nach den §§ 18 bis 35, 51, 52, 130 Abs. 2 bis 4 der Kostenordnung. Das Wegegeld (Nr. 711 des Kostenverzeichnisses) wird auf die nach § 51 Abs. 2 S 1 der Kostenordnung zu erhebende Wegegebühr angerechnet.

(2) Für die Empfangnahme der Wechsel- oder Schecksumme (Art 84 des Wechselgesetzes, Art 55 Abs. 3 des Scheckgesetzes) wird die in § 149 der Kostenordnung bestimmte Gebühr erhoben.

Die Vorschrift ist inhaltgleich mit § 32 GvKostG a. F. Durch die Verweisung auf die einschlägigen Vorschriften der Kostenordnung soll erreicht werden, daß eine Gleichheit mit den Gebühren der Notare entseht. Denn es ist nicht sachlich zu begründen, wenn für gleiche Tätigkeiten verschiedener Rechtspflegorgane unterschiedlich hohe Gebühren verlangt werden.[147] 1

Wegen der Einzelheiten wird insoweit auf die einschlägigen Bestimmungen der Kostenordnung und der dazu vorhandenen Kommentarliteratur sowie auf die ausführlichen Erläuterungen bei Schröder-Kay verwiesen. 2

142 OVG Hamburg, NJW 1993, 1941.
143 Fundstellen etwa bei *Hartmann* GvKostG, § 11 Rn 4; *Schröder-Kay/Gerlach* § 11 Rn 16.
144 BAG, NJW 1989, 1181.
145 *Hartmann* GvKostG, § 11 Rn 8; *Schröder-Kay/Gerlach* § 11 Rn 24.
146 *Schröder-Kay/Gerlach* § 11 Rn 23, 26.
147 BT-Drucks. 14/3432, S. 27.

3 Ausschließlich nach dem GvKostG sind die Vorbereitungen für eine freiwillige Versteigerung zu vergüten (KVGv 300).[148]

4 Die Auslagen des Gerichtvollziehers sind grundsätzlich nach KVGv 700 ff. abzurechnen. Allerdings ist ein Wegegeld nach KVGv 711 im Fall eines Wechsel- oder Scheckprotestes mit der nach § 51 Abs. 2 S 1 KostO zu verrechnen, wobei der Gerichtsvollzieher den jeweils die andere Gebühr übersteigenden Betrag erheben darf.

5 Wenn der Gerichtsvollzieher nach § 84 WG oder § 55 Abs. 3 ScheckG Wechsel- oder Scheckbeträge entgegen nimmt, entsteht neben der § 149 KostO enstehenden Gebühr keine weitere Hebegebühr (Abs. 2). Das gilt auch, wenn nach § 51 Abs. 3 KostO nur die Annahmegebühr erhoben wird.[149]

DRITTER ABSCHNITT
Kostenzahlung

§ 13
Kostenschuldner

(1) Kostenschuldner sind

1. der Auftraggeber und

2. der Vollstreckungsschuldner für die notwendigen Kosten der Zwangsvollstreckung.

(2) Mehrere Kostenschuldner haften als Gesamtschuldner.

(3) Wird der Auftrag vom Gericht erteilt, so gelten die Kosten als Auslagen des gerichtlichen Verfahrens.

1 Nr. 6 *DB-GvKostG*

1. Von Prozeßbevollmächtigten oder sonstigen Vertretern des Auftragsgebers sollen Kosten nur eingefordert werden, wenn sie sich zur Zahlung bereit erklärt haben.

2. Können die GV-Kosten wegen Bewilligung von Prozeßkostenhilfe auch vom Auftraggeber nicht erhoben werden, so teilt die Gerichtsvollziehern oder der Gerichtsvollzieher die nicht bezahlten Kosten ohne Rücksicht auf die aus der Landeskasse ersetzten Beträge dem Gericht mit, das die Sache bearbeitet hat (vgl. § 77a GVO). Das gleiche gilt bei gerichtlichen Aufträgen.

3. Genießt der Auftraggeber Kostenfreiheit, so sind die nicht bezahlten Kosten nach Abs 2 der zuständigen Gerichtskasse oder der an Stelle der Gerichtskasse zuständigen Vollstreckungsbehörde

148 *Hartmann* GvKostG, § 12 Rn 3.
149 *Hartmann* GvKostG, § 12 Rn 5.

mitzuteilen; diese hat die Einziehung der Kosten zu veranlassen. Die in einem Verfahren nach der Einforderungs- und Beitreibungsanordnung entstandenen Kosten sind jedoch zu den Sachakten mitzuteilen. Bei Gebührenfreiheit des Auftraggebers sind etwaige Auslagen von diesem einzufordern.

4. *Mitteilungen nach den Absätzen 2 oder 3 können unterbleiben, wenn die Kosten voraussichtlich auch später nicht eingezogen werden können.*

5. *In den Sonderakten oder- bei Zustellungs- und Protestaufträgen – in Spalte 8 des Dienstregisters I ist zu vermerken, dass die Kostenmitteilung abgesandt oder ihre Absendung gemäß Abs 4 unterblieben ist.*

§ 13 entspricht unverändert dem alten Recht, so daß die von der Rspr zu § 3 GvKostG a. F. **2**
entwickelten Auslegungsgrundsätze übernommen werden können.

Systematik: § 13 bestimmt, wer der Staatskasse (vgl. oben, vor. 3 1, Rn 3) für die Inan- **3**
spruchnahme des Gerichtsvollziehers für die nach diesem Gesetz anzusetzenden Kosten haftet. Nach Abs. 1 sind das grundsätzlich der Auftraggeber (Antragsteller) und der Vollstreckungsschuldner. Entgegen den rechtsähnlichen Regelungen der § 54 Ziff 2 GKG, § 3 Ziff 2 KostO und § 6 Abs. 1 Ziff 2 JKostO kennt das GvKostG keinen Übernahmeschuldner. Gleichwohl bestehen keine Bedenken, unter den Voraussetzungen eines – auch im öffentlichen Rechts grundsätzlich zulässigen – echten Vertrages zu Gunsten Dritter (§§ 328 ff. BGB) die Übernahme von Gerichtsvollzieherkosten zuzulassen mit der Folge, daß der Übernahmeschuldner, der nicht Auftraggeber oder Vollstreckungsschuldner zu sein braucht, dann neben den Kostenschuldnern nach § 13 Abs. 1 in Anspruch genommen werden kann.[150] Die Haftung der Kostenschuldner bleibt davon aber unberührt. § 13 Abs. 2 stellt klar, daß mehrere Kostenschuldner nach Maßgabe der §§ 421 ff. BGB als Gesamtschuldner haften. Abs. 3 enthält eine Ausnahme von Abs. 1–2 für den Fall, daß das Gericht den Auftrag an den Gerichtsvollzieher erteilt. Hier kommt der Grundsatz zum Ausdruck, daß Kosten, die durch die Tätigkeit ein und desselben Rechtspflegorgans entstehen, nur einheitlich erhoben werden sollen.[151]

Der **Auftraggeber** (besser: „Antragsteller" – vgl. § 3, Rn 3) i. S. v. Abs. Nr. 1 haftet, wie **4**
auch nach dem GKG für die Gerichtskosten (§ 49 S 1 GKG), als Veranlassungsschuldner. Die oben, § 49 GKG, Rn 2–7 dargestellten Grundsätze gelten hier entsprechend, so daß darauf verwiesen werden kann. Der Auftraggeber haftet der Staatskasse unabhängig vom Ausgang (Erfolg oder Mißerfolg der beantragten Maßnahme) allein auf Grund des erteilten Auftrags für sämtliche nach dem GvKostG anzusetzenden Kosten.[152] Wer als Auftraggeber anzusehen ist, ist nach allgemeinen Grundsätzen zu beurteilen. So kann der Auftraggeber sich selbstverständlich rechtsgeschäftlich vertreten lassen oder als gesetzlicher Vertreter tätig werden. Der Gerichtsvollzieher hat die wirksame Vertretung nach allgemeinen Grundsätzen zu überprüfen. I. S. v. § 13 Abs. 1 Nr. 1 ist mithin nur der, dem die Auftragserteilung zuzurechnen ist. Das kann auch eine Partei kraft Amts sein (z. B. der Insolvenzverwalter oder der Testamentsvollstrecker), die öffentliche Hand,[153] nicht aber

150 *Hartmann* GvKostG, § 13 Rn 1; *Schröder-Kay/Gerlach* § 13 Rn 42.
151 *Schröder-Kay/Gerlach* § 13 Rn 4.
152 *Schröder-Kay/Gerlach* § 13 Rn 5–6, 36.
153 AG Cloppenburg, DGVZ 1996, 47; AG Bersenbrück, DGVZ 1991, 15.

der Vertreter oder Prozeßbevollmächtige. Letztere können aber als Übernahmeschuldner haften, wenn sie dem Gerichtsvollzieher ihre persönliche Zahlungsbereitschaft erklärt haben. Eine Zustellung im Auftrage des Gerichts nach §§ 168 Abs. 2, 753 Abs. 2 S 2 ZPO ist eine solche der Partein die dann auch Auftraggeber ist.[154]

5 Der **Auftrag** kann grundsätzlich **formfrei** erteilt werden. Auch ein fernmündlicher, mündlicher oder stillschweigender Antrag ist wirksam. Ein schriftlicher Auftrag muß auch nicht unbedingt unterzeichnet sein.[155] Der Auftrag muß allerdings inhaltlich eindeutig sein, was der Gerichtsvollzieher jedenfalls dann, wenn eine Auslegung nicht weiterhilft klarzustellen hat.[156] Soweit der Antrag gesetzlich zulässige Bedingungen enthält, sind sie zu beachten.

6 **Umfang der Auftraggeberhaftung**: Der Auftraggeber haftet grundsätzlich nur für die für die ordnungsgemäße Durchführung Kosten des Auftrags notwendigerweise entstehenden Kosten.[157] Jedoch ist in diesem Zusammenhang der Begriff der Zweckmäßigkeit nicht identisch mit dem der Notwendigkeit. Der Gerichtsvollzieher hat bzgl des Vorgehens durchaus einen Ermessensspielraum, etwa im Hinblick auf die Hinzuziehung von Pfandgehilfen,[158] Inanspruchnahme eines Spediteurs[159] oder die Verursachung von Unterstellkosten bei gepfändeten Sachen, etwa eines PKW.[160]

7 **Einzelfragen** der Antragsteller(Gläubiger)haftung:

- *Abschriften*: Gebühren und Auslagen für Abschriften and den Schuldner oder an andere Beteiligte, auf welche sie einen Anspruch haben, sind stets notwendig,[161] nicht aber solche, die anderen Personen erteilt werden.[162] Im letzten Fall haften die Dritten als Auftraggeber.
- *Räumung*: Haftung nicht nur für die Kosten der eigentlichen Herausnahme der Gegenstände, sondern auch für die Überführung in eine geeignete Verwahrung[163] sowie die Herausgabe aus der Verwahrung[164] und Rücktransport[165] an den Schuldner, nicht aber die Lager-/Standkosten als solche.[166]
- *Vernichtungskosten oder Versteigerungskosten* für (wertloses) Räumungsgut unterfallen grundsätzlich nicht der Auftraggeberhaftung.[167]

154 *Hartmann* GvKostG, § 13 Rn 4.
155 Vgl. *Riecke* DGVZ 2002,49
156 *Hartmann* GvKostG, § 13 Rn 3.
157 LG Frankfurt/Main, DGVZ 1982, 58; LG Limburg, DGVZ 1983, 126; AG Augsburg, DGVZ 1988, 13; *Schröder-Kay/Gerlach* § 13 Rn 6; *Hartmann* GvKostG, § 13 Rn 4.
158 LG Braunschweig, DGVZ 1983, 118.
159 AG Augsburg, DGVZ 1988, 13.
160 AG Geilenkirchen, DGVZ 1997, 30.
161 AG Berlin-Wedding, DGVZ 1986, 78; AG Neuwied, DGVZ 1992, 174.
162 *Hartmann* GvKostG, § 13 Rn 6.
163 LG OLG Jena, JurBüro 1999, 436; *Hartmann* GvKostG, § 13 Rn 5; *Brosette* NJW 1989, 436.
164 *Schröder-Kay/Gerlach* § 13 Rn 6.
165 LG Koblenz, DGVZ 1994, 91; AG Sinzig/Rhein, DGVZ 1992, 58.
166 LG Lübeck, DGVZ 1981, 172, AG Frankfurt/Main, DGVZ 1987, 159; *Hartmann* GvKostG, § 13 Rn 5. A. M LG Hamburg, DGVZ 1983, 124; LG Nürnberg, DGVZ 1988, 175; LG Osnabrück, RPfleger 1979, 351; *Schröder-Kay/Gerlach* § 13 Rn 6.
167 *Hartmann* GvKostG, § 13 Rn 6. A. M. *Schröder-Kay/Gerlach* § 13 Rn 6.

Vollstreckungsschuldner (Abs. 1 Nr. 2): Hier wird zunächst auf die Erläuterungen zu § 54 Ziff 4 GKG (oben, § 54 GKG, Rn 37–40) zu verweisen. Der Haftungsumfang nach § 13 Abs. 1 Nr. 1 ist deckungsgleich mit dem nach § 788 ZPO. Der Vollstreckungsschuldner haftet aber nur für die notwendigen Kosten. Soweit durch das ihm nicht zuzurechnende Verhalten des Gläubigers weitere, die Auftraggeberhaftung noch unterfallende Kosten entstehen, haftet der Vollstreckungsschuldner nicht.[168] 8

Mehrere Kostenschuldner haften grundsätzlich als Gesamtschuldner (Abs. 2). Insoweit wird auf die Erläuterungen zu § 58 Abs. 1 GKG verwiesen. Die dort dargestellten Grundsätze (vgl. oben, § 58 GKG, Rn 2–3) gelten auch hier. Der Vollstreckungsschuldner ist jedoch stets als Erstschuldner in Anspruch zu nehmen. 9

Prozeßkostenhilfe: Im Falle der Bewilligung von Prozeßkostenhilfe für den Auftraggeber gelten die allgemeinen Grundsätze. Dem Gerichtsvollzieher ist jedoch die Bewilligung von Prozeßkostenhilfe nachzuweisen. Dabei ist darauf zu achten, daß und wieweit die Prozeßkostenhilfe ausdrücklich für die Zwangsvollstreckung bewilligt worden ist. Eine Bewilligung für das Erkenntnisverfahren wirkt nicht mehr für die Zwangsvollstreckung. 10

Auftrag durch das Gericht: Abs. 3 ist lex specialis zu den Auslagenbestimmungen des GKG und der KostO. Wenn und soweit der Gerichtsvollzieher vom Gericht mit der Durchführung einer nach dem GvKostG kostenpflichtigen Handlung beauftragt wird, hat er die nach dem GvKostG entstandenen Gebühren und Auslagen dem Gericht mitzuteilen, welches sie dann mit der Gerichtskostenrechnung ansetzt. Das Gericht hat diese Kosten als durchlaufende Kosten zu behandeln und an den Gerichtsvollzieher weiter zu leiten. Der Gerichtsvollzieher kann vom Gericht einen angemessenen Vorschuß bzw. Abschlag auf die ihm entstehenden Auslagen fordern (§ 12 GVO). 11

§ 14
Fälligkeit

Gebühren werden fällig, wenn der Auftrag durchgeführt ist oder länger als zwölf Kalendermonate ruht. Auslagen werden sofort nach ihrer Entstehung fällig.

Nrn 7–9 DB-GvKostG: 1

Nr. 7

1. Die Gerichtsvollziehern oder der Gerichtsvollzieher stellt über jeden kostenpflichtigen Auftrag in den Akten eine Kostenrechnung auf. Darin sind die Kostenvorschriften, eine kurze Bezeichnung des jeweiligen Gebührentatbestands, die Bezeichnung der Auslagen, die Beträge der angesetzten Gebühren und Auslagen sowie etwa empfangene Vorschüsse anzugeben. Sofern die Höhe der Kosten davon abhängt, sind auch der Wert des Gegenstandes (§ 12 GvKostG) und die Zeitdauer des

168 Vgl. die Bspe bei *Schröder-Kay/Gerlach* § 13 Rn 25.

Dienstgeschäfts, beim Wegegeld und bei Reisekosten gemäß Nr. 712 KV auch die nach Nr. 18 Abs. 1 maßgebenden Entfernungen anzugeben. Die Kostenrechnung ist unter Angabe von Ort, Tag und Amtsbezeichnung zu unterschreiben.

2. Ist über die Amtshandlung eine Urkunde aufzunehmen, so ist die Kostenrechnung auf die Urkunde zu setzen und auf alle Abschriften zu übertragen. Bei der Zustellung eines Pfändungs- und Überweisungsbeschlusses an einen Drittschuldner ist die Abschrift der Kostenrechnung entweder auf die beglaubigte Abschrift des Pfändungs- und Überweisungsbeschlusses oder auf die mit dieser zu verbindenden Abschrift der Zustellungsurkunde zu setzen.

3. Wird dem Kostenschuldner weder die Urschrift noch die Abschrift einer Urkunde ausgehändigt, so muss die Kostenrechnung außer den in Abs 1 genannten Angaben auch die Geschäftsnummer und eine kurze Bezeichnung der Sache enthalten; eine Abschrift der Kostenrechnung ist dem Kostenschuldner mitzuteilen.

4. Bei unrichtigem Kostenansatz stellt die Gerichtsvollzieherin oder der Gerichtsvollzieher eine berichtigte Kostenrechnung auf und zahlt den etwa überzahlten Betrag zurück. Dieser Betrag wird in den laufenden Geschäftsbüchern unter besonderer Nummer als Minusbuchung von den Kosten abgesetzt.

5. Bei der Nachforderung von Kosten ist § 6 GvKostG, bei der Zurückzahlung von Kleinbeträgen § 82 GVO zu beachten.

Nr. 8

1. Kosten im Betrag von weniger als 2,50 Euro sollen nicht für sich allein eingefordert, sondern vielmehr gelegentlich kostenfrei oder zusammen mit anderen Forderungen eingezogen werden. Kleinbeträge, die hiernach nicht eingezogen werden können, sind durch einen Vermerk bei der Kostenrechnung in den Sonderakten zu löschen. Die der Gerichtsvollzieherin oder dem Gerichtsvollzieher nach den geltenden Bestimmungen (§ 11 Nr. 3 GVO) aus der Landeskasse zu ersetzenden Beträge sind in die Spalten 12 und 13 des Kassenbuchs II einzutragen. Der Buchungsvorgang ist dort in Spalte 14 durch den Buchstaben K zu kennzeichnen. Bei im Dienstregister 1 verzeichneten Aufträgen sind dort in Spalte 5 die Kosten durch Minusbuchung zu löschen, die aus der Landeskasse zu ersetzenden Auslagen in Spalte 7 einzutragen und der Buchungsvorgang durch den Buchstaben K in Spalte 8 zu kennzeichnen. Auch wenn Beträge gelöscht sind, können sie später nach S 1 eingezogen werden.

2. Die GV-Kosten können insbesondere erhoben werden.

- *a) durch Einlösung eines übersandten oder übergebenen Schecks;*
- *b) durch Einziehung im Lastschriftverfahren;*
- *c) durch Aufforderung an den Kostenschuldner, die Kosten innerhalb einer Frist, die regelmäßig zwei Wochen beträgt, unter Angabe der Geschäftsnummer an die Gerichtsvollzieherin oder den Gerichtsvollzieher zu zahlen,*
- *d) ausnahmsweise durch Nachnahme, wenn dies zur Sicherung des Eingangs der Kosten angebracht erscheint.*

Nr. 9

1. Zahlt ein Kostenschuldner die angeforderten GV-Kosten nicht fristgemäß, so soll er gemahnt werden. Die Mahnung kann unterbleiben, wenn damit zu rechnen ist, dass der Kostenschuldner sie unbeachtet lässt. War die Einziehung der Kosten durch Nachnahme versucht, so ist nach Nr. 8 Abs. 2. Buchstabe c zu verfahren; einer Mahnung bedarf es in diesem Falle nicht.

2. Die Gerichtsvollzieherin oder der Gerichtsvollzieher beantragt bei der für den Wohnsitz oder Sitz des Kostenschuldners zuständigen Gerichtskasse oder bei der an Stelle der Gerichtskasse zuständigen Vollstreckungsbehörde die zwangsweise Einziehung der rückständigen Kosten, falls eine Mahnung nicht erforderlich ist oder der Schuldner trotz Mahnung nicht gezahlt hat (vgl. § 77 a GVO). Bei einem Rückstand von weniger als 25 Euro soll ein Antrag nach S 1 idR nur gestellt werden, wenn Anhaltspunkte für die Annahme vorliegen, dass bei der Gerichtskasse oder Vollstreckungsbehörde noch weitere Forderungen gegen den Kostenschuldner bestehen; Nr. 8 Abs. 1 S 2 bis 6 gilt entsprechend. Der Kosteneinziehungsantrag ist mit dem Abdruck des Dienststempels zu versehen. In den Sonderakten oder – bei Zustellungs- und Protestaufträgen – in Spalte 8 des Dienstregisters list der Tag der Absendung des Antrags zu vermerken und anzugeben, warum kein Kostenvorschuss erhoben ist. Zahlt der Kostenschuldner nachträglich oder erledigt sich der Kosteneinziehungsantrag aus anderen Gründen ganz oder teilweise, so ist dies der Gerichtskasse oder Vollstreckungsbehörde unverzüglich mitzuteilen.

3. Die eingegangenen Beträge sind in folgender Reihenfolge auf die offenstehenden Kosten anzurechnen, sofern sie zu ihrer Tilgung nicht ausreichen:

a) Wegegelder und Reisekosten gemäß Nr. 712 KV,

b) Schreibauslagen,

c) sonstige Auslagen,

d) Gebühren.

4. Die Gerichtsvollzieherin oder der Gerichtsvollzieher löscht die rückständigen Kosten, wenn

a) die Kostenforderung nicht oder nicht in voller Höhe einziehbar ist, insbesondere die Gerichtskasse oder Vollstreckungsbehörde mitgeteilt hat, dass der Versuch der zwangsweisen Einziehung ganz oder z T erfolglos verlaufen sei, und

b) nach der Mitteilung der Gerichtskasse oder Vollstreckungsbehörde oder der eigenen Kenntnis keine Anhaltspunkte dafür vorhanden sind, dass die Kosten in Zukunft einziehbar sein werden.

Die Gerichtsvollziehern oder der Gerichtsvollzieher löscht die Beträge durch Vermerk bei der Kostenrechnung in den Sonderakten und stellt gleichzeitig die zu erstattenden Auslagen in die Spalten 12 und 13 des Kassenbuchs II ein. Bei Zustellungs- und Protestaufträgen sind die Beträge durch Minusbuchung in Spalte 5 des Dienstregisters 1 zu löschen und die zu erstattenden Auslagen dort in Spalte 7 einzustellen.

§ 14 enthält eine völlige Neuregelung, so daß die zum alten Recht vorhandene Literatur und Rspr nicht mehr herangezogen werden kann. § 14 unterscheidet die Fälligkeit der Gebühren und Auslagen. Während die Gebühren grundsätzlich erst mit der Erfüllung des gebührenpflichtigen Tatbestandes fällig werden, werden die Auslagen sofort nach ihrer Entstehung[169] fällig. Entstehung und Fälligkeit müssen nicht notwendig zeitgleich sein. 2

169 Zum Entstehungszeitpunkt vgl. ausf bei *Schröder-Kay/Gerlach* § 14 Rn 4–9.

Die Bestimmung hat vor allem Bedeutung für Berechnung der Verjährungsfristen (§ 8) und für die Einziehung bzw. die Erstattung (Abrechnung) der Kosten.[170] Nicht unter § 14 fallen das Entnahmerecht (§ 15) und eine Vorschussverrechnung.

3 **Gebühren:** Grundsätzlich anders als nach den §§ 61–63 GKG trägt § 14 dem Gedanken der Vorleistungspflicht des Gerichtsvollziehers Rechnung, so dass die Fälligkeit der Gebühren erst eintritt, wenn der Auftrag insgesamt durchgeführt ist oder i. S. v. § 3 Abs. 4 als durchgeführt gilt. Der Fall des Ruhens der Vollstreckung mußte besonders geregelt werden.

4 Durchführung des Auftrags (S 1, Halbsatz 1): Der Auftrag durchgeführt, wenn

- die beantragte Amtshandlung vollständig erledigt ist. Eine teilweise Erledigung reicht nicht; Auch wenn der Auftrag mehrere Amtshandlungen umfaßt, tritt die Fälligkeit erst mit der Erledigung sämtlicher Amtshandlungen ein,[171]
- der Antrag insgesamt zurückgenommen wird oder im Fall der Rückgabe wegen Unvollständigkeit oder Fehlerhaftigkeit nach fruchtlosem Verstreichen der gesetzten Frist als zurückgenommen gilt (Nr. 2 Abs. DB-GvKostG),
- der (weiteren) Auftragdurchführung ein objektiver[172] unbehebbarer Hinderungsgrund (z. B. Tod des Schuldners) oder ein Ruhen der Auftragsdurchführung[173] (z. B. Eröffnung des Insolvenzverfahrens gegen den Schuldner, Unauffindbarkeit des Schuldners, Einstellung oder Beschränkung der Zwangsvollstreckung nach § 775 ZPO) eintritt,
- eine nach § 3 Abs. 4 S 2 oder S 3 bestimmte Frist fruchtlos verstrichen ist,
- ein geforderter Vorschuß, von dem die Durchführung abhängig gemacht wird, nicht fristgemäß gezahlt wird.

5 Noch keine Durchführung des Auftrags liegt vor, wenn die Auftragsdurchführung noch keine 12 Kalendermonate oder infolge Einstellung der Zwangsvollstreckung auf unbestimmte Zeit zu Ruhen gekommen ist, wenn sie nur einstweilen eingestellt wurde, wenn bei einer Teilzahlungsvereinbarung nach § 806b ZPO, einer Vertagung des Termins zur Abnahme der eidesstattlichen Versicherung nach § 900 Abs. 3 ZPO oder der Aussetzung der Verwertung nach § 813a ZPO die Zahlungen unmittelbar an den Gläubiger erfolgen sollen.[174] Gleiches gilt auch im Falle eines Verwertungsaufschubs durch das Vollstrekkungsgericht.[175]

6 Wenn die Durchführung eines ruhenden Auftrags später fortgesetzt wird, gilt § 10 Abs. 1 S 3.

7 **Auslagen:** Auslagen werden stets mit ihrer Entstehung fällig. Insoweit korrespondiert die Bestimmung mit der des § 64 GKG. Das dort Gesagte gilt sinngemäß. Entstanden sind die Auslagen mit der tatsächlichen Zahlung.[176] Die verschiedenen Fälligkeitszeitpunkte von

170 Vgl. Begr. zum GvKost, BT-Drucks. 14/3432, S. 27.
171 *Schröder-Kay/Gerlach* § 14 Rn 11.
172 *Hartmann* GvKostG, § 14 Rn 6.
173 Dazu ausf bei *Schröder-Kay/Gerlach* § 14 Rn 17 ff.
174 *Schröder-Kay/Gerlach* § 14 Rn 18.
175 A. M. *Seip* DGVZ 2001, 40 ff. Dagegen zutr *Schröder-Kay/Gerlach* § 14 Rn 19 in Fn 7.
176 *Hartmann* GvKostG, § 14 Rn 7.

Gebühren und Auslagen kann durchaus dazu führen, das die Auslagen vor den Gebühren fällig werden. Von hohen Auslagen abgesehen, bestehen aber keine Bedenken, wenn der Gerichtsvollzieher die Auslagen zusammen mit den Gebühren einzieht. Wegen der Möglichkeit der Einforderung ausreichender Vorschüsse können kann ein Nachteil zu Lasten der Staats ohne weiteres vermieden werden.

§ 15 Entnahmerecht

(1) Kosten, die im Zusammenhang mit der Versteigerung oder dem Verkauf von beweglichen Sachen, von Früchten, die vom Boden noch nicht getrennt sind, sowie von Forderungen oder anderen Vermögensrechten, ferner bei der öffentlichen Verpachtung an den Meistbietenden und bei der Mitwirkung bei einer Versteigerung durch einen Dritten (§ 825 Abs. 2 der Zivilprozeßordnung) entstehen, können dem Erlös vorweg entnommen werden. Dies gilt auch für die Kosten der Entfernung von Pfandstücken aus dem Gewahrsam des Schuldners, des Gläubigers oder eines Dritten, ferner für die Kosten des Transports und der Lagerung.

(2) Andere als die in Abs 1 genannten Kosten oder ein hierauf zu zahlender Vorschuss können bei der Ablieferung von Geld an den Auftraggeber entnommen werden.

(3) Die Absätze 1 und 2 gelten nicht, soweit § 459b der Strafprozeßordnung oder § 94 des Gesetzes über Ordnungswidrigkeiten entgegensteht. Sie gelten ferner nicht, wenn dem Auftraggeber Prozeßkostenhilfe bewilligt ist. Bei mehreren Auftraggebern stehen die Sätze 1 und 2 einer Vorwegentnahme aus dem Erlös (Abs 1) nicht entgegen, wenn deren Voraussetzungen nicht für alle Auftraggeber vorliegen. Die Sätze 1 und 2 stehen einer Entnahme aus dem Erlös auch nicht entgegen, wenn der Erlös höher ist als die Summe der Forderungen aller Auftraggeber.

Allgemeines: Die Vorschrift ist grundsätzlich unverändert aus dem alten Recht (§§ 6, 7 1
GvKostG a. F.) übernommen und inhaltlich insoweit erweitert, als das Entnahmerecht für die in Abs. 1 genannten Fälle auch auf die Auslagen erweitert wurde und die auf ein Fünftel des Erlöses beschränkte Entnahme im Fall der Prozesskostenhilfe entfallen ist. Eine weitere Erstreckung des Entnahmerechts auf alle anfallenden Kosten ist nicht möglich, weil bei mehreren Aufträgen für nicht im Zusammenhang mit der Verwertung stehende Kosten keine gemeinsame Auftraggeberhaftung besteht.[177] Die Bestimmung dient der Erleichterung der Kostenerhebung und begründet keine besondere Haftung des Erlöses.[178]

177 BT-Drucks. 14/3432, S. 28.
178 *Hartmann* GvKostG, § 15 Rn 1; *Schröder-Kay/Gerlach* § 15 Rn 24, m. w. N.

2 Wenn und soweit der Auftraggeber nach § 2 von den Kosten befreit ist, bleibt § 15 unberührt. Das war schon nach dem alten Recht so[179] und hat sich nicht geändert.[180]

3 Das Entnahmerecht kann ab dem Entstehen der Kosten ausgeübt werden und ist nicht an die Fälligkeit gebunden. Vor der Entstehung ist allerdings das Einverständnis des Auftraggebers erforderlich.[181]

4 § 15 ist unanwendbar, wenn das Gericht dem Gerichtsvollzieher den Auftrag erteilt hat, weil die dadurch verursachten Kosten als Gerichtskosten gelten. Des weiteren ist eine Entnahme in den im Abs. 3 beschriebenen Fällen weitestgehend ausgeschlossen. Selbstverständlich kann § 15 auch kein Zurückbehaltungsrecht an Urkunden, Geschäftspapieren u. ä.[182]

5 § 15 begründet eine **Entnahmepflicht** für den Gerichtsvollzieher, deren Nichtbeachtung dazu führt, daß ihm mindestens Auslagen aus der Staatskasse nicht erstattet werden und er im Extremfall vom Staat in Regreß genommen werden kann.[183]

6 **Entnahme aus dem Erlös** (Abs. 1): Nach Abs. 1 S 1 darf der Gerichtsvollzieher nur die im KVGv 300–310 bestimmten Gebühren und die dazu gehörenden Auslagen (KVGv 700 ff.) dem Erlös vorweg entnehmen, und zwar ohne Einschränkung, mithin auch die, welche für erfolglose oder weitere Termine entstanden sind. Stets muß es sich aber um eine Versteigerung, einen Verkauf, eine Verpachtung, eine Verwertung oder eine Mitwirkung der in KVGv beschriebenen Art handeln, wobei ein Gelderlös erzielt wurde, den der Gerichtsvollzieher selbst in Empfang genommen hat. Das Entnahmerecht aus dem Erlös erstreckt sich nach Abs. 1 S 2 auch auf solche Kosten (Auslagen), die für ein Nebengeschäft der dort genannten Art im Zusammenhang mit einem Hauptgeschäft entstehen.

7 **Entnahme bei Geldablieferung:** Abs. 2 gestattet dem Gerichtsvollzieher sonstige Kosten auch aufgrund einer Amtshandlung nach KVGv 220 oder einem hierauf zu zahlenden Vorschuß dann zu entnehmen, wenn er Geld an den Auftraggeber abzuliefern hat. Dem Auftraggeber gleich steht dessen Bevollmächtigter oder ein Dritter, der die Befugnis des Geldempfangs vom Auftraggeber ableitet,[184] nicht aber, wenn der Betrag an einen Dritten auftraggemäß abgeführt werden soll (z. B.: §§ 293, 294 BGB; § 220 StPO).[185] Hinterlegt der Gerichtsvollzieher Geld aus Gründen, die in der Person des Auftraggebers liegen, ist eine Entnahme zulässig, nicht aber, wenn der Gerichtsvollzieher deshalb, weil nicht feststeht, ob der Betrag an den Auftraggeber oder an einen ausgezahlt werden soll.[186]

8 Abs. 3 enthält einige Besonderheiten, nämlich:

9 In Abs. 3 S 1 wird klargestellt, daß die Regelungen in § 459 b StPO und § 94 OWiG grundsätzlich vorrangig sind. Danach sind Teilzahlungen erstrangig auf die Strafe bzw.

179 Vgl. etwa AG Blieskastel, DGVZ 1999, 127; AG Itzehoe, DGVZ 1994, 126; *Bittmann* DGVZ 1986, 12; A. M. LG Augsburg, DGVZ 1986, 15; *Stellwag* DGVZ 1989, 1685.
180 *Schröder-Kay/Gerlach* § 15 Rn 26; *Hartmann* GvKostG, § 15 Rn 1.
181 *Hartmann* GVKostG, § 15 Rn 2.
182 *Hartmann* GvKostG, § 15 Rn 2.
183 *Schröder-Kay/Gerlach* § 15 Rn 21.
184 *Hartmann* GvKOstG, § 15 Rn 6.
185 *Schröder-Kay/Gerlach* § 15 Rn 18; *Hartmann* GvKostG, § 15 Rn 6.
186 *Schröder-Kay/Gerlach* § 15 Rn 20.

Geldbuße, zweitrangig auf die zu einer Geldzahlung verpflichtenden Anordnungen einer Nebenfolge und erst zuletzt auf die Kosten anzurechnen. Denn der Verurteilt soll im Falle einer zwangsweisen Beitreibung nicht schlechter gestellt werden als bei einer freiwilligen Zahlung.

Nach Abs. 3 S 2 soll im Fall der Bewilligung von Prozeßkostenhilfe letztendlich deshalb auf das Entnahmerecht verzichtet werden, um dem Gerichtsvollzieher komplizierte Berechnungen zu ersparen, zu denen er nach altem Recht häufig gezwungen war. Hat der Gläubiger vor der Bewilligung der Prozeßkostenhilfe einen Zwangvollstreckungsauftrag erteilt und die daraus entstandenen Kosten bezahlt, kann er nur dann Ersattung verlangen, wenn die Prozeßkostenhilfe ausdrücklich rückwirkend bewilligt wird.[187] 10

Abs. 3 S 3 dient gleichfalls der Erleichterung der Arbeit des Gerichtsvollziehers, dem umständliche besondere Berechnen in den Fällen einer Mehrheit von Auftraggebers erspart werden sollen. Eine mit dieser Regelung verbundene Schlechterstellung der Auftraggeber gegenüber dem früheren recht ist beabsichtigt und zumutbar.[188] 11

Abs. 3 Satz enthält lediglich eine Klarstellung dahingehend, daß die Kosten aus dem Erlös immer entnommen werden können, wenn dieser höher ist als die Summe der Forderungen aller Auftraggeber. 12

§ 16
Verteilung der Verwertungskosten

Reicht der Erlös einer Verwertung nicht aus, um die in § 15 Abs. 1 bezeichneten Kosten zu decken, oder wird ein Erlös nicht erzielt, sind diese Kosten im Verhältnis der Forderungen zu verteilen.

Die Vorschrift ist eine Ergänzung zu § 15 Abs. 1 und im Verhältnis zu § 15 und § 13 lex specialis. Im Verhältnis zu § 17 besteht Gleichrangigkeit. Inhaltlich regelt sie den Fall, daß bei einer Verwertung kein oder kein zur Deckung der Kosten ausreichender Erlös erzielt wird. Mit der Neuregelung soll vermieden werde, daß bei einer Mehrheit von Auftraggebern ein Gläubiger mit einer Kleinforderung unangemessen hohe Kosten tragen muß, wie es nach altem Recht in Ausnahmefällen bei der Verteilung nach Kopfteilen zwischen den Gläubigern vorkommen konnte.[189] 1

§ 16 erfaßt nur die in § 15 Abs. 1 genannten Fälle, und zwar die Gebühren und Auslagen (§ 1 Abs. 1). Das Entnahmerecht nach § 15 Abs. 2 gehört nicht dazu. 2

Wenn eine Mehrheit von Auftraggebern vorhanden ist und kein oder kein ausreichender Erlös erzielt werden kann, findet eine Kostenverteilung, im Falle eines nicht ausreichenden Erlöses eine Verteilung der nicht gedeckten Kosten im Verhältnis des Wertes der 3

187 AG Trier, DGVZ 1988, 142.
188 BT-Drucks. 14/3432, S. 28.
189 BT-Drucks. 14/3432, S. 28.

einzelnen Forderungen statt. Eine Gesamthaftung der Auftraggeber findet dann nicht statt.

4 Zu beachten ist aber, daß § 16 hauptsächlich für die Auslagen Bedeutung hat. Denn bei mehreren Aufträgen sind die Gebühren grundsätzlich auch dann zu erheben, wenn die mehreren Aufträge durch dieselbe Amtshandlung erledigt werden (vgl. § 3, Rn 10), so daß sich die Frage der Verteilung der Gebühren nicht stellt. § 16 betrifft somit hauptsächlich den Fall der Verwertungsgebühr.[190]

§ 17
Verteilung der Auslagen bei der Durchführung mehrerer Aufträge

Auslagen, die in anderen als den in § 15 Abs. 1 genannten Fällen bei der gleichzeitigen Durchführung mehrerer Aufträge entstehen, sind nach der Zahl der Aufträge zu verteilen, soweit die Auslagen nicht ausschließlich bei der Durchführung eines Auftrags entstanden sind. Das Wegegeld (Nr. 711 des Kostenverzeichnisses) und die Auslagenpauschale (Nr. 713 des Kostenverzeichnisses) sind für jeden Auftrag gesondert zu erheben.

1 § 17 ist Auffangbestimmung für die nicht von § 15 Abs. 1 erfaßten Fallgruppen und ist nur anwendbar für die Zurechnung der Auslagen bei der Durchführung mehrerer Aufträge iS von § 3. Grundsätzlich sollen danach Auslagen, die bei der Durchführung eines einzelnen Auftrages entstehen, auch nur dem bestimmten Auftrag zugerechnet werden, so daß die Auftraggeber nicht als Gesamtschuldner, sonder jeder Auftraggeber nur für die auf seine Aufträge entfallendenden Kosten haftet (S 1). Wenn ein Gläubiger mehrere Aufträge erteilt., ist bei der Verteilung die Zahl der Aufträge maßgebend und nicht die Zahl der Auftraggeber.

2 Wenn und soweit Auslagen ausschließlich bei der gleichzeitigen Durchführung eines von mehreren Aufträgen nur bei einem Auftrag entstehen, sind natürlich sämtliche Auslagen nur dem einen Auftrag zuzurechnen. Die Ausschließlichkeitsregel des § 17 S 1 Halbs 2 ist demzufolge nur eine Beweisregel in dem Sinne, daß derjenige, der sich auf die Ausschließlichkeit beruft, dafür beweispflichtig ist.[191]

3 § 17 S 2 stellt klar, daß das in KVGv 711 geregelte Wegegeld und die in KVGv 713 geregelte Auslagenpauschale bei einer Mehrheit von Aufträgen nicht zu verteilen, sondern für jeden Auftrag gesondert zu erheben ist.

4 Im Verhältnis zur gesamtschuldnerischen Haftung nach § 13 Abs. 2 hat § 17 Vorrang. Hat ein Auftraggeber Kostenfreiheit oder ist ihm Prozeßkostenhilfe bewilligt oder ist er

190 Vgl. bei *Schröder-Kay/Gerlach* § 16 Rn 4–6.
191 *Hartmann* GvKostG, § 17 Rn 6.

zahlungsunfähig, ist nur eine Einziehung über die Haftung des Vollstreckungsschuldners nach § 13 Abs. 1 Nr. 2 möglich.[192]

VIERTER ABSCHNITT
Übergangs- und Schlußvorschriften

§ 18
Übergangsvorschrift

(1) Die Kosten sind nach bisherigem Recht zu erheben, wenn der Auftrag vor dem Inkrafttreten einer Gesetzesänderung erteilt worden ist, Kosten der in § 15 Abs. 1 genannten Art jedoch nur, wenn sie vor dem Inkrafttreten einer Gesetzesänderung entstanden sind. Wenn der Auftrag zur Abnahme der eidesstattlichen Versicherung mit einem Vollstreckungsauftrag verbunden ist, ist der Zeitpunkt maßgebend, zu dem der Vollstreckungsauftrag erteilt ist.

(2) Abs 1 gilt auch, wenn Vorschriften geändert werden, auf die dieses Gesetz verweist.

Die Vorschrift stellt – wie auch in anderen Gesetzen (z. B. § 73 GKG) – sicher, daß 1
Rechtsänderungen grundsätzlich keine Rückwirkungen nachteiligen Rückwirkungen haben sollen und ist damit in der Sache schon Gegenstand des neuen Gesetzes.[193] Die sich für den Ansatz der Gerichtsvollzieherkosten ergebende Problematik beim Zusammentreffen von alter und neuer Regelung ist jetzt allgemein so bestimmt, daß grundsätzlich jeder Auftrag für sich zu beurteilen ist. Für die Gebühren und Auslagen der Verwertung, die auch dann nur einmal entstehen, wenn mehrere Aufträge zugrunde liegen, ist einheitlich das zur Zeit der Entstehung geltende Recht maßgebend.

Ein Auftrag i. S. v. Abs. 1 Halbs.1 ist erteilt, wenn dieser dem Gerichtsvollzieher zuge- 2
gangen ist oder bei der Gerichtsvollzieherverteilstelle eingegangen ist (§ 3 Abs. 3 S 1), und zwar vollständig, ordnungsgemäß und vollziehbar gefaßt und unbedingt.[194]

Abweichend vom Grundsatz des Abs. 1 Halbs.1 ist in den Fällen des § 15 Abs. 1 auf den 3
Zeitpunkt der Entstehung der Kosten (Gebühren und Auslagen) abzustellen, wobei jeder Auftrag für sich zu prüfen ist.

Abs. 1 S 2 regelt den Sonderfall, wenn der Auftrag zur Abnahme der eidesstattlichen 4
Versicherung mit einem Vollstreckungsauftrag verbunden worden ist. Dann für das an-

192 *Schröder-Kay/Gerlach* § 17 Rn 9.
193 *Schröder-Kay/Gerlach* § 18 Rn 2.
194 *Hartmann* GVKostG, § 18 Rn 3; *Müller* DGVZ 1994, 111; *Winterstein* DGVZ 1995, 24; *Krauthausen* DGVZ 1995, 84.

zuwendende Recht einheitlich auf das zur Zeit der Erteilung des Vollstreckungsauftrags geltende Recht abzustellen, um eine einheitliche Abrechnung zu ermöglichen. Der Zeitpunkt der Erteilung des Auftrags zur Vollstreckung kann zeitlich vor, zusammen oder nach dem zur Abnahme der eidesstattlichen Versicherung liegen. Maßgeblich ist in diesen Fällen ab Verbindung nur der erste Auftrag, während nach einer Auftragstrennung Abs. 1 Satz unanwendbar ist.[195]

5 **Vorpfändung:** Im Falle der Vorpfändung setzt die Benachrichtigung nach § 845 Abs. 1 S 1 ZPO stets einen ausdrücklichen Auftrag des Gläubigers voraus. Dieser Auftrag ist stets als besonderer Auftrag zu behandeln, und zwar auch dann, wenn er bedingt für den Fall erteilt wird, daß der Gerichtsvollzieher eine pfändbare Forderung ermittelt. Demzufolge ist der Verpfändungsauftrag auch gebührenrechtlich für sich zu beurteilen, wenn es um den Zeitpunkt der Auftragerteilung geht.[196]

6 Nach Abs. 2 gelten die Regeln des Abs. 1 auch dann, wenn eine Gesetzesänderung auch oder nur eine Vorschrift betrifft, die in einem anderen Gesetz als dem GvKostG steht (z. B. im GKG, in der KostO oder in der ZPO).

§ 19
Übergangsvorschrift aus Anlaß des Inkrafttretens dieses Gesetzes

(1) Die Kosten sind vorbehaltlich des Absatzes 2 nach dem Gesetz über Kosten der Gerichtsvollzieher in der im Bundesgesetzblatt Teil III, Gliederungsnummer 362–1, veröffentlichten bereinigten Fassung, zuletzt geändert durch Art 2 Abs. 5 des Gesetzes vom 17. Dezember 1997 (BGBl. I S. 3039), zu erheben, wenn der Auftrag vor dem Inkrafttreten dieses Gesetzes erteilt worden ist; § 3 Abs. 3 S 1 und § 18 Abs. 1 S 2 sind anzuwenden. Werden solche Aufträge und Aufträge, die nach dem Inkrafttreten dieses Gesetzes erteilt worden sind, durch dieselbe Amtshandlung erledigt, sind die Gebühren insoweit gesondert zu erheben.

(2) Kosten der in § 15 Abs. 1 genannten Art sind nach neuem Recht zu erheben, soweit sie nach dem Inkrafttreten dieses Gesetzes entstanden sind.

1 § 19 enthält eine dem den allgemeinen Grundsätzen des § 18 vorgehende Sonderbestimmung aus Anlaß des Inkrafttretens des GvKostG, weil hier keine Gesetzesänderung, sondern eine völlig neues Gerichtsvollzieherkostenrecht in Kraft gesetzt worden ist. Die Regelung des § 19 entspricht aber in der Sache weitestgehend der des § 18 und dürfte in praxi keine große Rolle mehr spielen.

195 *Hartmann* GvKostG, § 18 Rn 6.
196 *Schröder-Kay/Gerlach* § 18 Rn 12.

§ 20
In dem in Art 1 Abs. 1 des Einigungsvertrages genannten Gebiet anzuwendende Maßgaben

Anlage 1 Kapitel III Sachgebiet A Abschnitt III Nr. 23 Buchstabe a des Einigungsvertrages vom 31. August 1990 (BGBl. 1990 II S. 885, 936, 940) iVm der Ermäßigungssatz-Anpassungsverordnung vom 15. April 1996 (BGBl. 1 S. 604) sowie Anlage I Kapitel III Sachgebiet A Abschnitt III Nr. 27 und Abschnitt IV Nr. 4 S 1 des Einigungsvertrages vom 31. August 1990 (BGBl. 1990 II S. 885, 937) sind im dem in Art 1 Abs. 1 des Einigungsvertrags genannten Gebiet entsprechend anzuwenden.

Nach den im § 20 genannten Bestimmungen des Einigungsvertrages und der daraufhin ergangenen Anpassungsverordnungen sind die auch die **Gebühren**, nicht aber die Auslagen, nach dem GvKostG bis zum 30. 6. 1996 um 20% und seit dem 1. 7. 1996 um 10% herabzusetzen. Diese Regelung gilt für die neuen Bundesländer Brandenburg, Mecklenburg-Vorpommern, Sachsen, Sachsen-Anhalt, Thüringen und für den ehemaligen Ostteil von Berlin. Ab dem 1. März 2002 ist die Ermäßigung für den ehemaligen Ostteil Berlins entfallen, so daß in ganz Berlin nunmehr das GVKostG uneingeschränkt gilt. Die – zwar verfassungsrechtlich noch zulässige[197] – Regelung ist kaum noch nachvollziehbar zu begründen. 1

197 BVerfG, JurBüro 1998, 256.

Kostenverzeichnis (Anlage zu § 9 GvKostG)

1 Das Kostenverzeichnis zum GvKostG ist dem des GKG nachempfunden und dient der Vereinfachung der Gebührenberechnung. Die einzelnen Gebührentatbestände des KVGv enthalten an verschiedenen Stellen amtliche Vorbemerkungen und Anmerkungen, als authentische Auslegungshilfen. Sie haben bei der Auslegung Gesetzeskraft. Die einzelnen Gebühren- und Auslagentatbestände stehen nicht isoliert, sondern sind stets im Kontext mit den §§ 1–20 anzuwenden. Die Kosten des Gerichtsvollziehers werden ausschließlich nach Maßgabe der Kostentatbestände des KVGv erhoben (§ 9).

2 Das KVGv besteht aus 7 Abschnitten. Davon behandeln die Abschnitte 1–6 die Höhe der Gebühren und der 7. Abschnitt – ähnlich dem Teil 9 des KV-GKG – die Auslagen.

1. Zustellung auf Betreiben der Parteien

(1) Die Zustellung an den Zustellungsbevollmächtigten mehrerer Beteiligter (§ 189 Abs. 1 ZPO) gilt als eine Zustellung.

(2) Die Gebühr nach Nummer 100 oder 101 wird auch erhoben, wenn der Gerichtsvollzieher die Ladung zum Termin zur Abnahme der eidesstattlichen Versicherung (§ 900 ZPO) oder den Pfändungs- und Überweisungsbeschluss an den Schuldner (§ 829 Abs. 2 Satz 2 auch in Verbindung mit § 835 Satz 1 ZPO) zustellt.[198]

100	**Persönliche Zustellung durch den Gerichtsvollzieher**	**7,50 EUR**
101	**Sonstige Zustellung**	**2,50 EUR**
102	**Beglaubigung eines Schriftstückes, das dem Gerichtsvollzieher zum Zwecke der Zustellung übergeben wurde (§ 192 Abs. 2 ZPO) je Seite** **Eine angefangene Seite wird voll berechnet**	**Gebühr in Höhe der Dokumentenpauschale**

1 *Nr. 10 DB-GvKostG*

1. Für Zustellungen von Amts wegen wird keine Zustellungsgebühr erhoben.

2. Für die Zustellung der Ladung zum Termin zur Abnahme der eidesstattlichen Versicherung (§ 900 ZPO) ist eine Gebühr nur im Fall der persönlichen Zustellung (Nr. 100 KV) zu erheben.

2 Der 1. Abschnitt des KVGv enthält die Gebührentatbestände für die Zustellung einschließlich der Beglaubigung von Schriftstücken, die dem Gerichtsvollzieher zum Zwecke der Zustellung im Parteibetrieb übergeben wurden (§ 192 Abs. 2 ZPO).[199] Die Überschrift stellt klar, daß Gebühren nur für die Zustellung auf Betreiben der Parteien zu erheben

198 Durch das OLGVertrÄndG neu gefaßt (vgl. vor § 1, Rn 6).

199 AG Bernau, DGVZ 2001, 136.

Nr.	Gebührentatbestand	Gebührenbetrag

sind. Denn für eine Zustellung von Amts wegen können schon deshalb keine Gebühren entstehen, weil der Gerichtsvollzieher dann nicht als gerichtliches Zustellungsorgan, sondern als Beamter der Justizverwaltung handelt.[200] Solche Auslagen sind nach KV-GKG 9002 anzusetzen. Abs. 2 der Vorbemerkung zum 1. Abschnitt stellt klar, daß die Zustellung der Ladung zum Termin zur Abnahme der eidesstattlichen Versicherung ebenfalls eine Gebühr auslöst, und zwar auch dann, wenn der Schuldner einen Prozeßbevollmächtigten bestellt hat.[201] Die Frage war im alten Recht strittig.

Die Gebühr nach **KVGv 100** entsteht nur dann, wenn der Gerichtsvollzieher die Zustellung 3
persönlich ausführt und diese nach § 192 ZPO durch Übergabe des Schriftstücks auch prozessual **wirksam** ist.[202]

Bei der Bestimmung der **Höhe** der Gebühr ist zu unterscheiden: Bei einer **Einzelzu-** 4
stellung entsteht die Festgebühr nur einmal. Eine Einzelzustellung idS liegt nach dem ausdrücklicher Wortlaut des Abs. 1 der Vorbemerkung zum 1. Abschnitt auch vor, wenn der Gerichtsvollzieher einem Zustellungsbevollmächtigten mehrerer Beteiligten zustellt. Keine Einzelzustellung liegt aber mehr vor, wenn der Gerichtsvollzieher ausnahmsweise (Vgl. § 189 ZPO) dem Vertreter mehrerer Beteiligter für jeden Vertretenen eine Ausfertigung oder eine beglaubigte Abschrift übergibt.[203] Die gleichzeitige Übergabe mehrerer Schriftstücke, die dieselbe Rechtsangelegenheit betreffen, ist gleichfalls nur eine Zustellung.

Bei einer **Zustellung an mehrere Personen** wird die Gebühr sooft erhoben, als selbstän- 5
dige Zustellungsakte vorliegen,[204] und zwar auch dann, wenn der Gerichtsvollzieher für die mehreren Adressaten eine einheitliche gemeinsame Zustellungsurkunde verwendet.[205] Auch die Zustellung mehrerer äußerlich nicht verbundene Schriftstücke in verschiedenen Rechtsangelegenheiten zur selben Zeit, die Zustellung an den Adressaten einerseits persönlich und an einen Vertreter oder einer anderen mit dem in häuslicher Gemeinschaft Lebenden andererseits lassen mehrere Gebühren entstehen.[206]

Wenn die Zustellung zur **Nachtzeit** oder an einem **Sonnabend, Sonntag** oder an einem 6
gesetzlichen Feiertag erfolgt, verdoppelt sich die Gebühr (§ 11). Ein weiterer Zeitzuschlag nach KVGv 500 entsteht nicht.

KVGv 101 gilt für sämtliche durch den Gerichtsvollzieher bewirkte Zustellungen, die 7
dieser nicht persönlich ausführt (z. B. Zustellung durch Aufgabe zur Post, § 194 ZPO).

Im Fall der **Nichterledigung** gilt KVGv 600. Die **Fälligkeit** der Gebühr richtet sich nach 8
§ 14 S 1, der **Kostenschuldner** ist nach § 13 zu bestimmen. Die Bestimmung des § 197

200 BT-Drucks. 14/3432, S. 29; *Schröder-Kay/Winter* KVGv 100–103 Rn 5.
201 *Hartmann* 100 KVGv Rn 5.
202 *Hartmann* 100 KVGv Rn 3, 4.
203 *Hartmann* 100 KVGv Rn 8.
204 *Schröder-Kay/Winter* KVGv 100–103 Rn 11.
205 *Hartmann* 100 KVGv Rn 7.
206 *Schröder-Kay/Winter* KVGv 100–103 Rn 11; *Hartmann* KVGv 100 Rn 7.

ZPO hat für den Ansatz der Gerichtsvollzieherkosten keine Auswirkung. Denn diese wirkt nur im Innenverhältnis zwischen Gläubiger und Schuldner.

9 Wird der Gerichtsvollzieher mit einer Zustellung von **Anwalt zu Anwalt** (§ 195 ZPO) beauftragt, gelten die KVGv 100, 101 sinngemäß.

10 **Beglaubigung:** Die Gebühr nach KVGv 103 fällt auch dann an, wenn der Gerichtsvollzieher fehlende Abschriften selbst herstellt (§ 192 Abs. 2 S 2 ZPO Hs 2). Für die Herstellung selbst kann er natürlich noch Auslagen nach 700 ansetzen.

11 **Auslagen:** Neben den Gebühren nach KVGv 100–103 entstehen selbstverständlich noch Auslagen nach KVGv 700 ff.

2. Vollstreckung

Im 2. Abschnitt sind alle Gebührentatbestände für Vollstreckungsmaßnahmen zusammengefaßt.

200 Amtshandlung nach § 845 Abs. 1 S 2 ZPO (Vorpfändung) 12,50 EUR

1 Die inhaltlich dem § 16a GvKostG a. F. entsprechende Bestimmung vergütet die vom Gerichtvollzieher vorgenommene Benachrichtigung und Aufforderung nach § 845 Abs. 1 S 2 ZPO. Es handelt sich um eine neben den Zustellungsgebühren nach KVGv 100, 101 zu erhebende Festgebühr für die Durchführung eines entsprechenden Auftrags. Eine ohne Mitwirkung des Gerichtsvollziehers erfolgte Benachrichtigung ist unwirksam[207] und kann folglich eine Gebühr nach KVGv 200 nicht entstehen lassen.

2 Der Auftrag zur Vorpfändung muß grundsätzlich ausdrücklich erteilt worden sein. Der allgemeine Vollstreckungsauftrag kann nur unter besonderen Umständen dahingehend ausgelegt werden, daß auch eine Amtshandlung nach § 845 Abs. 1 S 2 ZPO erfolgen soll.[208] Der Auftrag kann aber mit einer einem Vollstreckungsauftrag verbunden sein.[209] Ein stillschweigender Auftrag oder ein angenommenes Einverständnis des Gläubigers reicht für sich nicht aus. Erforderlichenfalls kann der Gerichtsvollzieher beim Auftraggeber nachfragen. Entsprechend dem eindeutigen Wortlaut ist KVGv 200 für die Vollstreckung in andere Vermögensrechte i. S. v. § 857 ZPO unanwendbar (§ 857 Abs. 7 ZPO i. V. m. § 9 GvKostG).

3 Die Festgebühr nach KVGv 200 entsteht mit der Durchführung des Auftrags und darf unabhängig von der Zahl der Benachrichtigungen für jeden Auftrag nur einmal erhoben werden, es sei denn, daß auch sachlichen Gründen getrennte Vorpfändungen stattfinden. Bei verschiedenen Forderungen von Gesamtschuldnern können mehrere Festgebühren entstehen.[210] Mehrere Aufträge lösen nach allgemeinen Regeln auch mehrere Festgebühren aus.

207 LG Hechingen, DGVZ 1986, 188.
208 *Hartmann* KVGv 200 Rn 1. Vgl. dazu auch *Ort* DGVZ 2001, 112; *Seip* DGVZ 2001, 113.
209 *Schröder-Kay/Winter* KV 200 Rn 1.
210 Dazu bei *Hornung* Rpfleger 1979, 284.

Nr.	Gebührentatbestand	Gebührenbetrag

Bei **Nichterledigung** des Auftrags gilt KVGv 604.[211] 4

Neben der Gebühr nach KVGv 200 entsteht ein Anspruch auf Auslagenersatz nach KVGv 700 ff. 5

205	**Bewirkung einer Pfändung (§ 808 Abs. 1, 2 Satz 2, §§ 809, 826 oder § 831 ZPO)** **Neben dieser Gebühr wird gegebenenfalls ein Zeitzuschlag nach Nummer 500 erhoben**	**20,00 EUR**

Nr. 11 DB-GvKostG 1

1. Für eine Anschlusspfändung wird dieselbe Gebühr erhoben wie für eine Erstpfändung. Durch die Gebühr wird auch die Zustellung des Pfändungsprotokolls durch die nachpfändende Gerichtsvollzieherin oder den nachpfändenden Gerichtsvollzieher an die erstsendende Gerichtsvollzieherin oder den erstsendenden Gerichtsvollzieher (§ 826 Abs. 2 ZPO, § 167 Nr. 2 GVGA) abgegolten.

2. Für die Hilfspfändung (§ 156 GVGA) wird die Gebühr nicht erhoben.

Die Vorschrift entspricht sachlich dem § 17 Abs. 1 GvKost a. F. Jedoch sind Postspareinlagen vom Gebührentatbestand nicht mehr erfaßt, weil das PostG mit Ablauf des 31. 12. 1997 außer Kraft getreten ist. Auf die Aufzählung der einzelnen Arten von Pfändungen hat der Gesetzgeber verzichtet. Wegen § 1 ist KVGv 205 – wie schon der alte § 17 Abs. 1 – nur anwendbar für die Pfändung beweglicher Sachen (§§ 808, 809 ZPO) mit Ausnahme der sog. Hilfspfändung,[212] die Pfändung von Früchten, die vom Boden noch nicht getrennt sind – „Früchte auf dem Halm" – (§ 810 ZPO) und für die Pfändung von Forderungen aus Wechseln oder anderen Papieren, die durch Indossament übertragen werden können (§ 831 ZPO).[213] 2

Die Gebühr ist eine **Erfolgsgebühr** für die vorgenommene Pfändung.[214] Die Gebühr nach KVGv 205 entsteht immer dann, wenn der Gerichtsvollzieher irgend etwas tatsächlich gepfändet hat. Bei Erfolglosigkeit ist KVGv 604 zu beachten,[215] welche Bestimmung auch mehrfach anwendbar werden kann. Das ist dann der Fall, wenn der Pfändungsakt als solcher nicht durchgeführt werden konnte, die Pfändung deshalb erfolglos war, weil keine pfändbaren Sachen vorgefunden[216] wurden oder die Unpfändbarkeit einer an sich pfändbaren Sache offensichtlich war.[217] § 7 Abs. 1 ist nicht anwendbar.[218] Die frühere gegen- 3

211 AG Rotenburg, DGVZ 2001, 141.
212 Zum Begriff vgl. bei B-L-A-H, ZPO, § 8 Rn 3.
213 *Otto* JurBüro 2001, 71.
214 LG Koblenz, JurBüro 2002, 433; AGe Dortmund, Schwetzingen, DGVZ 2001, 171–172; *Hartmann* KVGv 205 Rn 1; *Schröder-Kay/Winter* KVGv 205 Rn 3, 5; *Winter* DGVZ 2001, 133.
215 AG Neustadt/Weinstr., JurBüro 2002, 264; AG Münster, JurBüro 2002, 266; AG Diepholz, DGVZ 2001, 138.
216 AG Bremen, JurBüro 2002, 263; AG Weiden, DGVZ 2001, 172.
217 A. M. aber AGe Nienburg, Stendal, Halle (Westf.), Bruchsal, Duisburg-Hamborn, Landsberg/Lech, DVGZ 2001, 168–170.
218 *Schröder-Kay/Winter* KV 205 Rn 4; *Hartmann* KVGv 205 Rn 1, 3; *Seip* DGVZ 2002, 11; *Thran* JurBüro 2001, 547, 548; *Paschold* DGVZ 2001, 192.

Nr.	Gebührentatbestand	Gebührenbetrag

teilige Ansicht[219] vermochte nicht zu überzeugen. Schon der alte Wortlaut der Bestimmung stand dem entgegen. Denn eine Pfändung ist nun einmal kein Pfändungsversuch. Sie liegt auch nur vor, wenn der Pfandgegenstand tatsächlich für jedermann offenkundig beschlagnahmt und damit in die Pfandverstrickung überführt worden ist. Der Streitfrage ist jetzt aber durch ein „Machtwort" des Gesetzgebers (vgl. oben vor § 1, Rn 6) der Boden entzogen.[220]

4 Die Pfändungsgebühr entsteht mithin erst mit dem Abschluß des Pfändungsvorgangs, bei beweglichen Sachen also mit der Anbringung der Pfandmarke.[221] Denn dann ist der „Erfolg" eingetreten. Wenn der Gerichtsvollzieher im Zusammenhang mit der Pfändung das Pfandstück sofort wegschafft, ist die Wegschaffung durch die Gebühr KVGv 205 mit abgegolten, die Gebühr KVGv 221 entsteht dann nicht mehr.[222]

5 Die Gebühr ist als **Festgebühr** konzipiert und damit unabhängig von der Höhe der beizutreibenden Forderung oder dem Wert der Pfandsache.

6 Bei einer **Anschlußpfändung** (§ 826 ZPO; § 167 Ziff 2 GVGA) entsteht dieselbe Gebühr wie bei einer Erstpfändung.

7 Wenn der Gerichtsvollzieher eine **Nachpfändung** vornimmt, weil die bisherige Pfändung die Forderung des Gläubigers nicht deckt, handelt es sich um eine neue Amtshandlung,[223] welche eine neue Festgebühr auslöst.[224]

8 Bei einer Pfändung an einem Sonnabend, Sonntag, Feiertag oder zur Nachtzeit (§ 758a Abs. 4 ZPO) verdoppelt sich die Gebühr nach § 11.

9 Unter den Voraussetzungen von KVGv 500 kann gemäß der amtlichen Anmerkung ein Zeitzuschlag hinzutreten.

10 Wenn der Gerichtsvollzieher in demselben Amtsgerichtsbezirk durch dieselbe Pfändung **mehrere Vollstreckungsaufträge verschiedener Gläubiger** gegen denselben Schuldner durchführt (§ 827 Abs. 3 ZPO) entsteht die Pfändungsgebühr nach KVGv 205 mehrfach. § 3 Abs. 2 Ziff 3 und/oder § 10 Abs. 1 S 1 sind schon nach ihren Wortlauten unanwendbar.[225]Anders liegt der Fall, wenn **derselbe Gläubiger aufgrund mehrerer Voll-**

219 AG Gelnhausen, DGVZ 2001, 141 = JurBüro 547 m. abl. Anm. v. *Thran*; AG Straußberg, DGVZ 2001, 140; AG Bitterfeld, DGVZ 2001, 153; AGe Bielefeld, Aschaffenburg, Bad Saulgau, Saarlouis, Mühldorf a. Inn, Kempten, Bad Oeynhausen, DGVZ 2001, 150–153; AG Rotenburg/W, DGVZ 2001, 141; AG Göttingen, MDR 2002, 262; AGe Tettnang, Lörrach, Celle, Leer, Pirna, DGVZ 2001, 174–175; AGe Recklinghausen, Essen-Steele, Leipzig, Kamen, Neuss, Kenzingen, Lahr, Leonberg; AGe Mönchengladbach, Waren, Freiberg, Viersen, DGVZ 2001, 180–82; *Bertsch* DGVZ 2001, 165, 167 m. w. unveröffentl. Rspr-Nachw.
220 Dazu auch *Seip* DGVZ 2002, 117.
221 *Hartmann* KVGv 205 Rn 3; *Winterstein* Rn 105 ff (108).
222 *Hartmann* KVGv 205 Rn 3.
223 LG Augsburg, DGVZ 1995, 154.
224 *Hartmann* KVGv 205 Rn 7.
225 *Hartmann* KVGv 205 Rn 9.

Nr.	Gebührentatbestand	Gebührenbetrag

streckungstitel einen Auftrag erteilt. Dann liegt kostenrechtlich derselbe Auftrag vor.[226] Das ist jetzt auch durch das OLGVertrÄndG (vgl. vor § 1, Rn 6) klargestellt.

Besonderheiten bei **Pfändung bei Personenmehrheiten:** Bei einem Auftrag gegen Personenmehrheiten ist zu beachten: 11

Geamtschuldner: Hier liegen stets verschiedene Pfändungen vor. Wird der Gerichtsvollzieher beauftragt, den Gläubiger bei jedem Gesamtschuldner durch Pfändung voll sichern, liegen so viele Pfändungen vor, wie Gesamtschuldner vorhanden sind.[227] korrespodierend fällt auch die Festgebühr für jede Pfändung an (§ 10 Abs. 3 Satz 1 Halbs 2). Auch das Wegegeld entsteht dann bei jedem Vollstreckungsakt. Wenn hingegen der Gläubiger den Auftrag in der Weise erteilt, daß er die Gesamtforderung auf die einzelnen Schuldner betragsmäßig teilt und der Gerichtvollzieher bei jedem Schuldner nur wegen der entsprechenden Quote pfänden soll, gilt das Gleiche. Denn auch dann liegen mehrere Pfändungen vor. Schließlich kann der Gläubiger auch so vorgehen, daß der Gerichtsvollzieher zuerst bei einem der Gesamtschuldner wegen der gesamten Forderung pfänden soll und danach nacheinander bei den weiteren Gesamtschuldnern wegen der bei der vorangegangenen Pfändung nicht erzielten Deckung. In solchen Fällen liegen sukzessive Pfändungen vor, die jeweils gesonderte Gebühren nach KVGv 205 auslösen. 12

Andere Personenmehrheiten: Bei der Pfändung gegen andere Personenmehrheiten (z. B. nicht getrennt lebende Eheleute oder Lebenspartner im gesetzlichen Güterstand, etc.) fällt die Gebühr nach KVGv auch dann, wenn die Pfändungen in Ausführung desselben Auftrags erfolgen, wegen § 10 Abs. 1 nur einmal an.[228] 13

Arrestvollziehung: Hier gelten gegenüber der eigentlichen Pfändung keine Besonderheiten. Auch bei der Teilvollstreckung eines Arrestes entsteht die Festgebühr nach KVGv 205. 14

Nichterledigung: vgl. oben, Rn 3. 15

206	**Übernahme beweglicher Sachen zum Zwecke der Verwertung in den Fällen der §§ 847 und 854 ZPO**	12,50 EUR
210	**Übernahme eines Vollstreckungsauftrags von einem anderen Gerichtsvollzieher, wenn der Schuldner unter Mitnahme der Pfandstücke in einen anderen Amtsgerichtsbezirk verzogen ist**	12,50 EUR

KVGv 206 und KVGv 210 sind inhaltgleich mit den §§ 18 GvKostG a. F. geändert haben sich nur die Gebühren als solche, die jetzt als Festgebühr erhoben werden. Die Gebühr ist wegen § 1 nur in den in KVGv 206 und 210 genannten Fällen gebührenpflichtig, mithin nich bei der Übergabe an eine anderen Person nach § 825 Abs. 2 ZPO[229] oder bei einer 1

226 LG Koblenz, MDR 2002, 848.
227 LG Ellwangen, DGVZ 1981, 78.
228 LG Osnabrück, DGVZ 1981, 78; A. A. wohl *Schröder-Kay/Winter* KV 205 Rn 18.
229 AG Bremen, DGVZ 1977, 127.

Nr.	Gebührentatbestand	Gebührenbetrag

Abgabe des Auftrags an einen anderen Gerichtsvollzieher aus Gründen der Zweckmäßigkeit, wie sich aus der amtlichen Vorbemerkung zu KVGv ergibt.[230]

2 Auch wenn die Übernahme einen erheblichen Zeitaufwand erfordert, ist ein Zeitzuschlag ausgeschlossen.

3 **KVGv 206** gilt nur bei der Übernahme beweglicher Sachen durch den Gerichtsvollzieher von dem zur Herausgabe bereiten Drittschuldner im Fall der Pfändung des Herausgabeanspruchs zum Zwecke der Verwertung. KVGv 206 ist bei der Übernahme vom Drittschuldner, der nicht Dritter i. S. v. KVGv 220 ist, lex specialis zu KVGv 220, so daß § 11 anwendbar ist.

4 **KVGv 210** ist auf andere Fälle des Schuldnerverzugs nicht anwendbar, insbesondere nicht, wenn der Schuldner in den Zuständigkeitsbereich eines anderen Gerichtsvollziehers desselben Amtsgerichtsbezirks verzieht oder wenn ein Wechsel des Gerichtsvollziehers aus anderen Gründen innerhalb des Amtsgerichtsbezirks stattfindet. Die Gebühr entsteht mit der Übernahme durch den neunen Gerichtsvollzieher. Wenn er die Übernahme ablehnt, kann er keine Gebühr, auch nicht eine solche nach KVGv 604 verlangen.

220	**Entfernung von Pfandstücken, die im Gewahrsam des Schuldners, des Gläubigers oder eines Dritten belassen waren**	**12,50 EUR**
	Die Gebühr wird auch dann nur einmal erhoben, wenn die Pfandstücke aufgrund mehrerer Aufträge entfernt wurden. Neben dieser Gebühr wird ggf ein Zeitzuschlag nach Nr. 500 erhoben	
221	**Wegnahme oder Entgegennahme beweglicher Sachen durch den zur Vollstreckung erschienenen Gerichtsvollzieher**	**20,00 EUR**
	Neben dieser Gebühr wird ggf ein Zeitzuschlag nach Nr. 500 erhoben	

1 KVGv 220 und 221 entsprechen im wesentlichen den Bestimmungen der §§ 19 Abs. 1 und 22 GVKostG a. F.

2 *Nr. 12 DB-GvKOstG (zu KVGv 220)*

1. Die Gebühr wird ohne Rücksicht auf die Zahl der entfernten Sachen und die Zahl der Aufträge erhoben.

2. Bei der Berechnung der Zeitdauer (vgl. Nr. 15) ist auch die Zeit zu berücksichtigen, die erforderlich ist, um die Sachen von dem bisherigen an den neuen Standort zu schaffen.

3. Werden Arbeitshilfen hinzugezogen, so genügt es, wenn die Gerichtsvollzieherin oder der Gerichtsvollzieher ihnen an Ort und Stelle die nötigen Weisungen gibt und ihnen die weitere Durchführung

230 *Hartmann* KV 206 Rn 1.

Nr.	Gebührentatbestand	Gebührenbetrag

überlässt. Dabei rechnet nur die Zeit, während welcher die Gerichtsvollziehern oder der Gerichtsvollzieher zugegen ist.

KVGv 220 gilt die nachträgliche Entfernung der nach §§ 808, 809 ZPO zunächst im Gewahrsam des Schuldners belassenen Pfandstücke ab und setzt voraus, daß der Gerichtsvollzieher bei persönlicher Anwesenheit[231] auch tatsächlich noch Pfandsachen entfernt (§§ 808 Abs. 2 ZPO; 132 Ziff 1, 139 Ziff 1 GVGA; 811a, 811b ZPO; 123, 124 GVGA; 825 Abs. 1 ZPO). Dazu gehört selbstverständlich nicht die Herbeischaffung der Sache aus der Pfandkammer. Ist das nicht mehr möglich, etwa, weil der Schuldner diese vernichtet hat oder sie aus anderen Gründen nicht mehr am Ort der Belassung vorhanden sind sind, oder wenn der Schuldner oder ein nicht im Auftrage des Gerichtsvollziehers handelnder Dritte die Sachen zur entfernt, kommt evtl. eine Gebühr nach § KVGv 430. **3**

Die Festgebühr ist unabhängig von der Zahl der zu entfernenden Pfandstücke, von dem dafür benötigten Zeitaufwand oder der Zeit der Ausführung. Jedoch sind KVGv 500 und § 11 ebenso anwendbar wie ggf. KVGv 604. **4**

Die Entfernungsgebühr nach KVGv 220 entsteht neben der Gebühr nach KVGv 206 (vgl. oben, KVGv 206, 210, Rn 3).[232] **5**

Nr. 13 DB-GvKostG (Zu KVGv 221) **6**

Im Falle der Hilfspfändung (§ 156 GVGA) wird die Gebühr nur erhoben, wenn der Gläubiger den Pfändungsbeschluss über die dem Papier zugrunde liegende Forderung vorlegt, bevor die Gerichtsvollzieherin oder der Gerichtsvollzieher das Papier an den Schuldner zurückgegeben hat. Sonst werden nur die Auslagen erhoben.

KVGv 221 gilt die Gebühr für Akte der Zwangsvollstreckung ab, die nicht eine Geldforderung zum Gegenstand haben, sondern andere erzwingbare Leistungen (sog. Realexekutionen).[233] Sie entsteht mit der erfolgreich durchgeführten Entgegennahme (= freiwillige Herausgabe) oder Wegnahme (= zwangsweise Hinnahme) einer beweglichen Sache an/durch den Gerichtsvollzieher zum Zwecke der Versteigerung oder zur Übergabe an den Gläubiger oder Staat (§§ 883, 884, 897 ZPO). Erfolgt die Entgegen-/Wegnahme zu anderen Zwecken, gilt KVGv 420. **7**

Für die Gebührenhöhe gilt das oben, Rn 4 Gesagte. Das Geschäft ist beendet, wenn der Gerichtsvollzieher das Protokoll abgeschlossen und die Sache übergeben hat. Wenn der Gerichtsvollzieher eine weisungsgebundene Hilfskraft hinzuzieht, dar bei der Berechnung des Zeitaufwandes nur die Zeit genommen werden, zu der der Gerichtsvollzieher persönlich zugegen war. **8**

230	**Wegnahme oder Entgegennahme einer Person durch den zur Vollstreckung erschienenen Gerichtsvollzieher**	**40,00 EUR**

231 *Hartmann* KV 220 Rn 5.
232 So auch *Hartmann* KV 220 Rn 1.
233 *Schröder-Kay/Winter* KV 221 Rn 2.

Nr.	Gebührentatbestand	Gebührenbetrag
	Neben dieser Gebühr wird ggf ein Zeitzuschlag nach Nr. 500 erhoben. Sind mehrere Personen wegzunehmen, wird die Gebühr für jede Person gesondert erhoben	

1 Die dem § 23 GVKostG a. F. entsprechende Vorschrift unterscheidet von KVGv 221 nur dadurch, daß es hier um die Entgegen- oder Wegnahme von Personen (Kinder, Mündel) geht und daß die Gebühr für die Entgegen/Wegnahme einer jeden Person gesondert anfällt. Ansonsten gilt das zu KVGv 221 Gesagte.

Nr.	Gebührentatbestand	Gebührenbetrag
240	**Entfernung aus dem Besitz unbeweglicher Sachen oder eingetragener Schiffe oder Schiffbauwerke und die Einweisung in den Besitz**	**75,00 EUR**
	Neben dieser Gebühr wird ggf ein Zeitzuschlag nach Nr. 500 erhoben	
241	**Wegnahme ausländischer Schiffe, die in das Schiffsregister eingetragen werden müßten, wenn sie deutsche Schiffe wären, und ihre Übergabe an den Gläubiger**	**100,00 EUR**
	Neben dieser Gebühr wird ggf ein Zeitzuschlag nach Nr. 500 erhoben	
242	**Übergabe unbeweglicher Sachen an den Verwalter im Falle der Zwangsversteigerung oder Zwangsverwaltung**	**75,00 EUR**
	Neben dieser Gebühr wird ggf ein Zeitzuschlag nach Nr. 500 erhoben	

1 Die dem § 24 Abs. 1 Nrn. 1 und 2 GvKostG a. F. entsprechenden Bestimmungen regeln Sonderfälle der Wegnahme gegenüber KVGv 221, so daß auf das dort Gesagte grundsätzlich verwiesen werden kann. Die Gebühren entstehen mit der Besitzeinweisung bzw. Übergabe an den Gläubiger oder Zwangsverwalter.

Nr.	Gebührentatbestand	Gebührenbetrag
250	**Zuziehung zur Beseitigung des Widerstandes (§ 892 ZPO) sowie zur Beseitigung von Zuwiderhandlungen gegen die Verpflichtung, eine Handlung zu unterlassen (§ 892a ZPO)**	**40,00 EUR**
	Neben dieser Gebühr wird ggf ein Zeitzuschlag nach Nr. 500 erhoben	

1 Die durch das Gewaltschutzgesetz ergänzte Bestimmung entspricht der des § 24 GVKostG a. F. und geht als Sonderbestimmung der des KVGv 221 vor. Zu KVGv 240–242 besteht Gleichrangigkeit.

2 Voraussetzung für das Entstehen der Gebühr ist die Brechung eines Widerstandes des Schuldners gegen die Vornahme einer von diesem zu duldenden Handlung. Es reicht,

Nr.	Gebührentatbestand	Gebührenbetrag

wenn der Gerichtsvollzieher zur Beseitigung des Widerstandes hinzugezogen worden ist oder wenn er aus Anlaß der Durchsuchung einer Wohnung auf Widerstand stößt (§ 758 Abs. 3 ZPO).[234] Er selbst braucht den Widerstand nicht zu brechen.

KVGv 500 und § 11 sind anwendbar. Wenn der Gerichtsvollzieher bei der Überwindung des Widerstandes polizeiliche Hilfe in Anspruch nimmt, rechnet für den evtl. Zeitzuschlag die dafür benötigte Zeit mit. 3

260 Abnahme der eidesstattlichen Versicherung 30,00 EUR

Die Regelung entspricht dem § 27a GvKostG a. F., ist jetzt aber als Aktgebühr ausgestaltet. 1
Sie erfasst nur dasjenige Verfahren auf Abnahme der eidesstattlichen Versicherung, für das der Gerichtsvollzieher zuständig ist (§§ 807, 899 ff. ZPO). Wenn und soweit der Rechtspfleger, der Richter oder ein anderer Vollzugsbeamter zuständig ist, werden die Gebühren anderen Bestimmungen erhoben. Auch das insolvenzrechtliche Verfahren zur Abnahme der eidesstattlichen Versicherung fällt unter das KV-GKG.

Gebührenpflichtig ist nicht das gesamte Verfahren, sondern nur die eigentliche Abnahme 2
der eidesstattlichen Versicherung. Die Erläuterungen zum alten Recht (§ 27a GVKostG a. F.)[235]sind somit obsolet geworden. Findet ein bloßes Ergänzungsverfahren nach § 807 ZPO läßt idR keine weitere Gebühr entstehen, es sei denn, ein anderer Gerichtsvollzieher wird im Wege zulässiger Amtshilfe hinzugezogen.[236] Gleiches gilt wegen § 10 Abs. 2 S 1 auch für das Erzwingungsverfahren nach §§ 900 ff. ZPO. Auch die Einsichtnahme in das Schuldnerverzeichnis und/oder in seine Handakten nach dem Abschluß des Verfahrens fällt nicht unter KVGv 260, sondern ist nach KV-GKG 1644, 1645 anzusetzen.

§ 3 ist zu beachten. Erteilt der Gläubiger dem Gerichtsvollzieher in einem einheitlichen 3
Auftragsschreiben wegen mehrerer verschiedener Titel den Auftrag zu Abnahme der eidesstattlichen Versicherung, liegt Kostenrechtlich nur ein Auftrag vor.[237] Anderes muß aber gelten, wenn der Schuldner die eidesstattliche Versicherung aufgrund von Anträgen verschiedener Gläubiger, die den Gerichtsvollzieher unabhängig voneinander beauftragt haben abgibt. In solchen Fällen gibt er sie stets für sämtliche Gläubiger ab.[238]

Wenn derselbe Gläubiger nach der gesamten Beendigung eines Verfahrens erneut einen 4
Auftrag zur Abnahme der eidesstattlichen Versicherung erteilt, fällt auch die Gebühr erneut an.

Verbindung mit einem Vollstreckungsauftrag (§ 754 ZPO): Hier gilt § 3 Abs. 2 Ziff 3 5
Halbs 2, so daß grundsätzlich nur ein Auftrag vorliegt. Das ist aber nicht der Fall, wenn der Auftrag des Gläubigers aus Abnahme der eidesstattlichen Versicherung nur bedingt erteilt wird.[239]

234 *Hartmann* KV 250 Rn 3. A. M *Schröder-Kay/Winterstein* KV 250 Rn 6.
235 Vgl. etwa bei *Keller* Rn 301 ff.
236 *Hartmann* KV 250 Rn 4.
237 AG Ahaus, JurBüro 2002, 42.
238 Dazu Viertelhausen, DGVZ 2002, 53.
239 *Winterstein* DGVZ 1999, 40; *Hartmann* KV 260 Rn 6.

Nr.	Gebührentatbestand	Gebührenbetrag

6 Die Gebühr entsteht mit dem Eingang des unbedingten Auftrags,[240] und wird nach § 14 S 1 **fällig** nach Durchführung des Auftrags oder nach dem Anlauf eines 12-monatigen Ruhens desselben.

270	**Verhaftung, Nachverhaftung, zwangsweise Vorführung**	**30,00 EUR**

1 Die Vorschrift gilt für sämtliche der dort aufgeführten Fällen, in denen der Gerichtsvollzieher als Vollstreckungsorgan tätig wird, gleichviel auf welcher Rechtsgrundlage oder auf wessen Betreiben. Sie erfaßt auch die anschließende Ablieferung zur Haft.

2 Wenn und soweit der Gerichtsvollzieher neben einer der in KVGv beschriebenen Handlungen noch andere Vollstreckungsmaßnahmen vornimmt, entstehen auch die entsprechenden Gebühren gesondert. Im Einzelfall ist aber festzustellen, ob der zusammen mit einem anderen Auftrag erteilte Verhaftungsauftrag nur hilfsweise gestellt worden ist.

3 **Verhaftung, Nachverhaftung:** Es kommen in Betracht die Verhaftung des Schuldners (§§ 98, 4 InsO, § 189 GVGA), die Verhaftung eines Zeugen zur Aussagerzwingung (§ 390 Abs. 2 ZPO, § 190 GVGA), die Verhaftung des Schuldners zur Erzwingung einer unvertretbaren Handlung (§ 888 ZPO, § 186 GVGA), die Verhaftung des Schuldners zur Vollziehung eines persönlichen Arrestes (§§ 918, 933 ZPO, § § 194 GVGA), die Verhaftung einer Person zum Zwecke der Vollstreckung von Ordnungsmaßnahmen (§§ 380, 890 ZPO, § 178 GVG, §§ 1986, 190 GVGA).

4 **Vorführung:** Gemeint sind vor allem die Fälle nach § 380 Abs. 2 ZPO; § 191 GVGA, § 98 InsO).

5 Die Gebühr gilt als Festgebühr die gesamte Tätigkeit des Gerichtsvollziehers ab. Ein Zeitzuschlag ist nicht möglich, jedoch ist § 11 anwendbar. Voraussetzung ist, daß der Gerichtsvollzieher die Verhaftung tatsächlich vornimmt oder den Vorzuführenden bei Gericht oder in der Vollzugsanstalt abliefert. Der bloße Versuch einer Verhaftung oder eine misslungene Vorführung können nur die Gebühr nach KVGv 604 auslösen.

6 Wenn der Gerichtsvollzieher eine Person im Auftrage mehrerer Gläubiger verhaftet oder vorführt, entsteht die Gebühr nur einmal (§ 3 Abs. 2 Ziff 3, §§ 187, 191 GVGA).[241]

7 Eine nochmalige Verhaftung nach vorangegangener Freilassung löst die Gebühr erneut aus.

8 Die Gebühr entsteht erst mit der endgültigen, nicht schon mit der nur vorläufigen Erledigung des Auftrags. Die Fälligkeit richtet sich nach § 14 S 1.

240 AG Stuttgart, DGVZ 1999, 190; *Winterstein* **DGVZ 1999, 38;** *Hartmann* **KV 260 Rn 8.**
241 Vgl. im einzelnen dazu bei *Brück* DGVZ 1978, 150; *Hantke* DGVZ 1978, 86; *Thomas/Putzo* DGVZ 1979, 85.

Nr.	Gebührentatbestand	Gebührenbetrag

3. Verwertung

Die Gebühren werden bei jeder Verwertung nur einmal erhoben. Dieselbe Verwertung liegt auch vor, wenn der Gesamterlös aus der Versteigerung oder dem Verkauf mehrerer Gegenstände einheitlich zu verteilen ist oder zu verteilen wäre und wenn im Falle der Versteigerung oder des Verkaufs die Verwertung in einem Termin erfolgt.

Nr.	Gebührentatbestand	Gebührenbetrag
300	**Versteigerung oder Verkauf von – beweglichen Sachen, – Früchten, die noch nicht vom Boden getrennt sind, – Forderungen oder anderen Vermögensrechten**	**40,00 EUR**
	Neben dieser Gebühr wird ggf ein Zeitzuschlag nach Nr. 500 erhoben	
301	**Öffentliche Verpachtung an den Meistbietenden**	**40,00 EUR**
	Neben dieser Gebühr wird ggf ein Zeitzuschlag nach Nr. 500 erhoben	
302	**Anberaumung eines neuen Versteigerungs- oder Verpachtungstermins**	**7,50 EUR**
	Die Gebühr wird nur erhoben, wenn der vorherige Termin auf Antrag des Gläubigers oder des Antragstellers oder nach den Vorschriften der §§ 765a, 775, 813a, 813b ZPO nicht stattgefunden hat oder wenn der Termin infolge des Ausbleibens von Bietern oder wegen ungenügender Gebote erfolglos geblieben ist	
310	**Mitwirkung bei der Versteigerung durch einen Dritten (§ 825 Abs. 2 ZPO)**	**12,50 EUR**
	Neben dieser Gebühr wird ggf ein Zeitzuschlag nach Nr. 500 erhoben	

Die Gebührentatbestände des 3. Abschnitts entsprechen der Bestimmung des § 21 GvKostG a. F. Die Vorbemerkung stellt klar, daß in Abweichung von der allgemeinen Regelung des § 10 Abs. 1 die Verwertungsgebühren unabhängig von der Zahl der Aufträge nur einmal erhoben werden. Ist z. B. ein Gegenstand für mehrere Gläubiger gepfändet und wird dieser Gegenstand für alle Gläubiger verwertet, entsteht für die Verwertung nur eine Gebühr. **1**

Die Gebührentatbestände des 3. Abschnitts gelten für die Verwertung durch Versteigerungen oder freiwilligen Verkäufe durch den Gerichtsvollzieher, gleichviel auf welcher Rechtsgrundlage sein Auftrag beruht. Erfaßt sind z. B. die öffentliche Versteigerung im Zwangsvollstreckungsverfahren (§§ 814, 824,847, 857, 885 Abs. 4, 930 Abs. 3 ZPO), der freihändige Verkauf im Zwangsvollstreckungsverfahren (§§ 817a, 821, 825 Abs. 1 ZPO, **2**

Nr.	Gebührentatbestand	Gebührenbetrag

§ 108 ZVG), die öffentliche Versteigerung außerhalb der Zwangsvollstreckung (§§ 237, 246, 247 GVGA,[242] die Versteigerung oder der freihändige Verkauf von im gerichtlichen Strafverfahren eingezogenen Gegenständen (§ 227b GVGA), von verderblichen Sachen (§§ 1219 BGB, 379, 388, 391, 437 HGB) oder von Fundsachen (§§ 966, 979 BGB, §§ 237 ff GVGA), die Fälle der §§ 383 Abs. 3, 1235 Abs. 1 BGB, 373 HGB).

3 Bestandteil der Versteigerung oder des Verkaufs sind auch die damit verbundenen Nebengeschäfte, die Vorbereitung, die öffentlichen Bekanntmachungen, Entgegennahme, Aufbewahrung oder Hinterlegung des Erlöses. Alle solche Nebentätigkeiten werden mit den Gebühren des 3. Abschnitts pauschal abgegolten. Zusätzlich können nur noch die Auslagen nach KVGv 700 ff. geltend gemacht werden. KVGv 500 und § 11 sind anwendbar.

4 **KVGv 300:** Die Gebühr entsteht, wenn der Auftrag erfüllt, d. h. die Verwertung abgeschlossen ist und werden fällig, wenn der Erlös abgeliefert oder hinterlegt ist. Wird die Versteigerung oder der Verkauf nur unterbrochen und demnächst fortgesetzt, entsteht für die Fortsetzung keine neue Gebühr. Allerdings muß es sich bei der Fortsetzung um dieselbe Verwertung handeln.

5 Die Gebühr KVGv 300 entsteht für jede Verwertung iS der amtlichen Vorbemerkung vor KVGv 300 besonders, und zwar auch dann, wenn der Gerichtsvollzieher aus sachlichen Gründen für die Verwertung mehrere Termine ansetzt. Das gilt auch dann, wenn der Gerichtsvollzieher eine begonnene Verwertung etwa wegen Einstellung der Vollstreckung, Stundung der Forderung durch den Gläubiger oder Auftragrücknahme später erneut vornimmt, oder wenn der Gerichtsvollzieher die Verwertung am selben Tag durchführt, das Ausgebot und den Erlös aber gesondert behandeln muß.[243]

6 Wenn dagegen der Gerichtsvollzieher bei einen Schuldner – auch aufgrund verschiedener Titel eines oder mehrerer Gläubiger (§ 827 Abs. 3 ZPO) – mehrere Sachen gemeinsam gepfändet hat und diese gleichzeitig versteigert oder verkauft, liegt nur eine Verwertung vor. Die Gebühr entsteht dann nur einmal.

7 Kann die Verwertung nicht aus tatsächlichen oder rechtlichen Gründen[244] nicht erledigt werden, kann anstelle der Gebühr KVGv 300 die des KVGv 604 entstehen.

8 Für die Gebühr **KVGv 301**, welche Bestimmung gleichrangig neben KVGv 300 steht, gelten die gleichen Grundsätze. Die Bestimmung ist anwendbar, wenn der Gerichtsvollzieher zu einer öffentlichen Verpachtung nach Landesrecht befugt ist. Solche Möglichkeiten bestehen etwa in Teilen Baden-Würtembergs, Berlin. Hessen, Niedersachsen, Teilen Nordrhein-Westfalens und Schleswig-Holstein (Sondervorschriften zu §§ 25, 289, 293, 296, 300 GVGA.

242 *Schröder-Kay/Winter* KV 300 Rn 3; *Hartmann* KV 300 Rn 1; *Mümmler* DGVZ 1973, 152; A. A. *Mager* DGVZ 1970, 20.

243 *Hartmann* KV 300 Rn 7.

244 Dazu bei *Schröder-Kay/Winter* KV 300 Rn 22 ff.

Nr.	Gebührentatbestand	Gebührenbetrag

KVGv 302 gilt für die Anberaumung eines neuen Versteigerungstermins in den dort ausdrücklich genannten Fällen ab. Die Bestimmung gilt nicht für die Fälle des Verkaufs. Der Grund liegt für die Erhebung einer zusätzlichen Gebühr ist darin zusehen, daß der ursprüngliche Termin aus Gründen, die dem Gerichtsvollzieher nicht zuzurechnen wieder entfallen mußte. Demzufolge fällt die neben der nach KVGv 300 bzw. KVGv 604 zu erhebende Gebühr bei einer von Amts wegen vorzunehmenden Neuterminierung nicht an. KVGv 500 und § 11 scheiden hier schon aus sachlogischen Gründen aus. **9**

KVGv 310 betrifft den Fall, daß das der Gerichtsvollzieher anstelle des Vollstreckungsgerichts gem. § 825 Abs. 2 ZPO die Versteigerung einer gepfändeten Sache durch einen Dritten anordnet. Erfolgt die Anordnung durch das Vollstreckungsgericht, ist KVGv 310 unanwendbar. Für die Gebührenhöhe gelten im übrigen die gleichen Grundsätze wie für KVGv 300. **10**

4. Besondere Geschäfte

400	**Bewachung und Verwahrung eines Schiffes, eines Schiffbauwerks oder eines Luftfahrzeugs (§§ 165, 170, 170a, 171, 171c, 171g, 171h ZVG; § 99 Abs. 2, § 106 Abs. 1 Nr. 1 des Gesetzes über Rechte an Luftfahrzeugen)**	**75,00 EUR**
	Neben dieser Gebühr wird ggf ein Zeitzuschlag nach Nr. 500 erhoben	
401	**Feststellung der Mieter oder Pächter von Grundstükken im Auftrag des Gerichts je festgestellte Person**	**5,00 EUR**
	Die Gebühr wird auch erhoben, wenn die Ermittlungen nicht zur Feststellung eines Mieters oder Pächters führen.	
410	**Tatsächliches Angebot einer Leistung (§§ 293, 294 BGB) außerhalb der Zwangsvollstreckung**	**12,50 EUR**
411	**Beurkundung eines Leistungsangebots**	**5,00 EUR**
	Die Gebühr entfällt, wenn die Gebühr nach Nr. 410 zu erheben ist	
420	**Entfernung von Gegenständen aus dem Gewahrsam des Inhabers zum Zwecke der Versteigerung oder Verwahrung außerhalb der Zwangsvollstreckung**	**12,50 EUR**
430	**Entgegennahme einer Zahlung, wenn diese nicht ausschließlich auf Kosten nach diesem Gesetz entfällt, die bei der Durchführung des Auftrags entstanden sind**	**3,00 EUR**
	Die Gebühr wird auch erhoben, wenn der Gerichts-	

Nr.	Gebührentatbestand	Gebührenbetrag
	vollzieher einen entgegengenommenen Scheck aufgrund eines entsprechenden Auftrags des Auftraggebers an diesen weiterleitet. Die Gebühr wird nicht im Falle des § 12 Abs. 2 GvKostG erhoben.	

KVGv 400: Mit der Festgebühr wird die – mitunter sehr aufwendige – Tätigkeit des Gerichtsvollziehers in den dort genannten Fällen, die von KVGv 205 nicht mangels Pfändung erfaßt sind,[245] 1

abgegolten werden. Auch für die Fälle von KVGv 240 (Besitzentziehung, Übergabe, Wegnahme auf Veranlassung des Gläubiger gem. § 885 ZPO) gilt die Bestimmung nicht.

Die Gebühr wird nur für die Erledigung des Auftrags erhoben, und zwar für jeden Auftrag 2 einmal. Wird der Auftrag nicht oder vorzeitig erledigt, gilt KVGv 604. KVGv 500 und § 11 sind anwendbar.

KVGv 401 hat primär den Fall im Auge, in dem das Versteigerungsgericht den Gerichts- 3 vollzieher nach § 57b Abs. 1 ZVG beauftragt, die Mieter oder Pächter eines Grundstücks festzustellen. Sie gilt aber auch für andere Fälle der Beauftragung durch das Gericht, wenn diese mit den sonst üblichen Methoden nicht möglich war.

Gebühr entsteht für die Feststellung eines jeden Mieters oder Pächters. Sind mehrere 4 Personen – auch Eheleute oder Lebenspartner – Mieter oder Pächter, entsteht für jede Person eine Gebühr. Nicht gezählt werden hingehen solche Personen, die ihr Miet/Pachtrecht vom Mieter/Pächter ableiten (z. B. Untermieter/Unterpächter) oder die einen (rechtmäßigen oder unrechtmäßigen) Besitz des Grundstücks ausüben (z. B. „Hausbesetzer", aufgenommene Partner des Mieters/Pächters etc.).

Beauftragt das Gericht den Gerichtsvollzieher, die Mieter(Pächter mehrerer Grundstücke 5 festzustellen, liegt nur ein Auftrag vor (§ 3 Abs. 1 S 1).

Gebühr KVGv 401 entsteht, wenn der Gerichtsvollzieher ermittelt hat. Ob mit oder ohne 6 Erfolg, hat auf die Entstehung der Gebühr keinen Einfluß.

Bei vorzeitiger Erledigung des Auftrags, d. h., bevor der Gerichtsvollzieher ermittelt, kann 7 er nur die bereits entstandenen Auslagen ansetzen.

§ 11 ist ggf. anwendbar. 8

Nr. 14 DB-GvKostG (zu Nrn. 410, 411) 9

1. Die in den Nrn. 410, 411 KV bestimmten Gebühren werden nur erhoben, wenn die Gerichtsvollzieherin oder der Gerichtsvollzieher mit dem Angebot der Leistung oder der Beurkundung des Leistungsangebots außerhalb eines Auftrags zur Zwangsvollstreckung besonders beauftragt war. Ein Leistungsangebot im Rahmen eines Vollstreckungsauftrags nach § 756 ZPO oder die Beurkundung eines solchen Angebots ist Nebengeschäft der Vollstreckungstätigkeit (vgl. § 77 Nr. 4, § 84 GVGA).

245 *Hartmann* KV 410 Rn ; *Schröder-Kay/Winter* KV 400 Rn 3 und KV 205 Rn 38–41.

Nr.	Gebührentatbestand	Gebührenbetrag

2. Gebühren werden nicht erhoben, wenn die Gerichtsvollzieherin oder der Gerichtsvollzieher nach Landesrecht für die Amtshandlung sachlich nicht zuständig ist.

KVGv 410 und 411 haben nur Bedeutung für Geschäfte, für die der Gerichtsvollzieher nach Landesrecht zuständig ist.[246] Die Tätigkeiten müssen außerhalb der Zwangsvollstreckung erfolgen. Das Leistungsangebot im Rahmen einer Zwangsvollstreckung nach § 756 ZPO ist gebührenfrei. **10**

§ 11 ist ggf. anwendbar. **11**

KVGv 420 ergänzt KVGv 220 und setzt voraus, daß die hier beschriebene Tätigkeit Nebengeschäft eines anderen Geschäfts (Hauptgeschäft) ist, für das der Gerichtsvollzieher zuständig ist. Die Gebühr entsteht als Festgebühr für jeden Auftrag nur einmal. **12**

KVGv 430: Die früher als Wertgebühr ausgestaltet gewesene **Hebegebühr** ist jetzt als Festgebühr ausgestaltet, wodurch die Möglichkeit der ratenweise Einzug von Forderungen (§§ 806b, 813a, 900 Abs. 3ZPO) unterstützt wird.[247] Die Vorschrift entspricht den §§ 149 KostO, 22 BRAGO, welche bei der Auslegung von KVGv 430 mit herangezogen werden können.[248] **13**

Voraussetzung für die Entstehung der Hebegebühr ist die Entgegennahme einer freiwilligen Zahlung an den Gerichtsvollzieher oder an seinen Bevollmächtigten, gleichviel, ob es sich um eine Barzahlung, der eine Zahlung per Kreditkarte gleichsteht, oder um eine Scheckzahlung handelt. Andere Zahlungsarten (z. B. Wechsel, Entgegennahme eines ausgefüllten Überweisungsformulars) reichen nicht aus. Nimmt der Gerichtsvollzieher eine Beitreibung, Entnahme oder Wegnahme vor, kann eine Hebegebühr nicht verlangt werden. **14**

Keine Hebegebühr fällt an, wenn und soweit die Zahlung im vorgenannten Sinne ausdrücklich ausschließlich auf die nach dem GvKostG für die Durchführung des Auftrags erfolgt oder wenn ein Fall des § 12 Abs. 2 vorliegt. **15**

Die Hebegebühr entsteht für jede Zahlung unabhängig von ihrer Höhe, und zwar auch dann, wenn der gezahlte Betrag geringer als die Hebegebühr selbst ist. § 11 ist anwendbar. § 11 ist aber dann nicht anwendbar, wenn der Gerichtvollzieher aus eigener Entschließung im Rahmen seiner geschäftsmäßigen Abwicklung des Auftrags Geldgeschäfte erledigt.[249] **16**

5. Zeitzuschlag

Nr.	Gebührentatbestand	Gebührenbetrag
500	**Zeitzuschlag, sofern dieser bei der Gebühr vorgesehen ist, wenn die Erledigung der Amtshandlung nach dem Inhalt des Protokolls mehr als 3 Stunden in Anspruch nimmt, für jede angefangene Stunde**	**15,00 EUR**

246 Dazu bei *Schröder-Kay/Winter* §§ 410–411 Rn 2.
247 BT-Drucks. 14/3432, S. 31.
248 *Hartmann* KV 430 Rn 2.
249 *Schröder-Kay/Winter* KV 430 Rn 24.

Nr.	Gebührentatbestand	Gebührenbetrag

Maßgebend ist die Dauer der Amtshandlung vor Ort

1 *Nr. 15 DB-GvKostG*

1. Bei der Berechnung des Zeitaufwandes für eine Amtshandlung ist auch die Zeit für die Aufnahme des Protokolls, für die Zuziehung von weiteren Personen oder für die Herbeiholung polizeilicher Unterstützung mit einzurechnen. Dagegen darf weder die Zeit für Hin- und Rückweg noch die Zeit, die vor der Amtshandlung zur Herbeischaffung von Transportmitteln verwendet worden ist, in die Dauer der Amtshandlung eingerechnet werden (vgl. auch Nr. 12 Abs. 2 und 3).

2. Bei der Wegnahme von Personen oder beweglichen Sachen rechnet die für die Übergabe erforderliche Zeit mit. Nr. 12 Abs. 2 und 3 gilt entsprechend.

2 Die Gebühr KVGv 500 ist eine eigenständige Gebühr. Sie entsteht zusätzlich zu bei Gebührentatbeständen, die ausdrücklich einen Zeitzuschlag vorsehen, also bei KVGv 205, 220, 221, 230, 240–242, 250, 300, 301, 310 und 400 und auch nur dann, wenn die jeweilige Amtshandlung länger als 3 Stunden dauert.

3 Ob der Gerichtsvollzieher die im Gesetz angegebene Zeitdauer überschritten hat, muß sich aus dem Protokoll ergeben. Es muß aus dem Protokoll ersichtlich sein, ob und wie lange der Gerichtsvollzieher tatsächlich anwesend war. Fehlen entsprechende Angaben im Protokoll, wird die Sache so behandelt, als ob der Gerichtsvollzieher die im Gesetz angegebene Zeit nicht überschritten hat.[250] Ein unrichtiges Protokoll kann aber nach allgemeinen Regel berichtigt werden.

4 **Höhe der Gebühr:** Für jede 3 Stunden überschreitende angefangene Protokoll-Stunde entsteht eine Gebühr von 15 €. Wenn und soweit der zusätzliche Zeitraum unter § 11 fällt, ist auch der Zeitzuschlag insoweit zu verdoppeln. Das gilt auch, wenn und soweit nur eine Nichterledigung nach KVGv 604 zu fordern ist.

6. Nicht erledigte Amtshandlung

Gebühren nach diesem Abschnitt werden erhoben, wenn eine Amtshandlung, mit deren Erledigung der Gerichtsvollzieher beauftragt worden ist, aus Rechtsgründen oder infolge von Umständen, die weder in der Person des Gerichtsvollziehers liegen noch von seiner Entschließung abhängig sind, nicht erledigt wird. Dies gilt insbesondere auch, wenn nach dem Inhalt des Protokolls pfändbare Gegenstände nicht vorhanden sind oder die Pfändung nach § 803 Abs. 2, §§ 812, 851b Abs. 2 ZPO zu unterbleiben hat. Eine Gebühr wird nicht erhoben, wenn der Auftrag an einen anderen Gerichtsvollzieher abgegeben wird oder hätte abgegeben werden können.

600	**– Zustellung (Nrn 100 und 101)**	**2,50 EUR**
601	**– Wegnahme einer Person (Nr. 230)**	**20,00 EUR**

[250] *Hartmann* KV 500 Rn 5–6.

Nr.	Gebührentatbestand	Gebührenbetrag
602	**– Entsetzung aus dem Besitz (Nr. 240), Wegnahme ausländischer Schiffe (Nummer241) und Übergabe an den Verwalter (Nr. 242)**	**25,00 EUR**
603	**– Beurkundung eines Leistungsangebots (Nr. 411)**	**5,00 EUR**
604	**– Amtshandlung der in den Nrn 205[251] bis 221, 250 bis 301, 310, 400, 410 und 420 genannten Art**	**12,50 EUR**
	Die Gebühr für die nicht abgenommene eidesstattliche Versicherung wird nicht erhoben, wenn diese deshalb nicht abgenommen wird, weil der Schuldner sie innerhalb der letzten drei Jahre bereits abgegeben hat (§ 903 ZPO)	

Nr. 16 zu DG-GvKostG 1

Gebühren nach Nrn.600 bis 604 KV werden nicht erhoben, wenn die Gerichtsvollzieherin oder der Gerichtsvollzieher örtlich nicht zuständig ist und Kenntnis von der vollständigen neuen Anschrift des Schuldners hat oder erlangt. Auslagen sind anzusetzen, wenn der Schuldner in einen anderen Amtsgerichtsbezirk verzogen ist.

Ist der Schuldner innerhalb des Amtsgerichtsbezirks verzogen, so sind die entstandenen Auslagen der übernehmenden die Gerichtsvollziehern oder dem übernehmenden Gerichtsvollzieher zum Zweck des späteren Kostenansatzes (§ 5 Abs. 1 S 1 GvKostG) mitzuteilen.

Im 6. Abschnitt sind alle Gebührentatbestände zusammengefaßt, die eine nicht erledigte Amtshandlung betreffen. Darunter werden solche Gebühren verstanden, die zu erheben sind, wenn ein Auftrag vor seiner Durchführung zurückgenommen wird[252] oder wenn der Auftrag aus Rechtsgründen oder aus nicht in der Person des Gerichtsvollziehers liegenden oder von seiner Entschließung abhängigen Umständen nicht erledigt wird, etwa weil der Schuldner unter der angegebenen Anschrift nicht zu ermitteln ist.[253] Denn in solchen Fällen hat der Gerichtsvollzieher idR bereits einen Aufwand erbracht oder noch im Rahmen der Abwicklung zu erbringen. Ausgenommen ist lediglich der dem § 9 GKG rechtsähnliche Fall, daß der örtlich unzuständige Gerichtsvollzieher die Sache an den zuständigen Gerichtsvollzieher weiterleitet. 2

In der Regel ist die Gebühr niedriger als die für die Erledigung des Auftrags (GVGv 604). In einigen Fällen gelten sachlich begründete Abweichungen (KVGv 600- 603). 3

Wenn und soweit zu den im 6. Abschnitt genannten Gebühren solche nach KVGv 500 hinzutreten oder § 11 anwendbar ist, wirkt sich das entsprechend auf die Gebühren nach dem 6. Abschnitt aus. 4

251 Geändert durch das OLGVertrÄndG (vgl. vor § 1 Rn 6).
252 AG Diepholz, DGVZ 2001, 138.
253 AG Fürstenwalde, JurBüro 2002, 432.

Nr.	Gebührentatbestand	Gebührenbetrag

5 Nach allgemeinen Regeln können auch die Erledigungsgebühren mehrfach entstehen.[254]

7. Auslagen

1 Auslagen kann der Gerichtsvollzieher nach dem GVKostG nur ansetzen, soweit ein entsprechender Auslagentatbestand im 7. Abschnitt vorhanden ist (§ 9).[255] Wenn und soweit er aus anderen Rechtsgründen (vgl.) Auslagenersatz verlangen kann, muß er diesen nach den entsprechenden Bestimmungen fordern und ggf. einklagen.

2 Der 7. Abschnitt fasst die Auslagentatbestände der §§ 35–37 GvGostG a. F. zusammen. Die Vorschriften sind übersichtlicher gestaltet. Einige Auslagen des alten Rechts, deren Höhe nur gering sind oder deren Ermittlung einen unverhältnismäßig hohen Zeitaufwand erfordert, sind aus Vereinfachungsgründen entfallen. Dafür ist die Auslagenpauschale KVGv 713 eingeführt worden.

3 Soweit Auslagen nicht von den einzelnen Tatbeständen des 7. Abschnitts erfaßt sind, insbesondere wenn die Allgemeinpauschale nach KVGv 713 nicht ausreicht, muß der Gerichtsvollzieher sie als Teil der Gemeinkosten behandeln, die grundsätzlich durch die Gebühren abgegolten sind.

700	**Pauschale für die Überlassung von Dokumenten:**	
	1. Abschriften,	
	a) die auf Antrag angefertigt oder per Telefax übermittelt werden,	
	b) die angefertigt worden sind, weil der Auftraggeber es unterlassen hat, einem zuzustellenden Schriftstück die erforderliche Anzahl von Abschriften beizufügen,	
	c) der Zustellungsurkunde im Falle von der Zustellung an einen Zustellungsbevollmächtigten (§ 189 Abs. 2 ZPO):[256]	**0,50 EUR**
	für die ersten 50 Seiten	**0,15 EUR**
	für jede weitere Seite	
	2. Überlassung von elektronisch gespeicherten Dateien anstelle einer der in Nr. 1 genannten Abschriften: je Datei	**2,50 EUR**
	(1) Die Höhe der Dokumentenpauschale nach Nr. 1 ist für jeden Kostenschuldner nach § 13 Abs. 1 Nr. 1	

254 AG Diepholz, DGVZ 2001, 138; AG Witzenhausen, DGVZ 2001, 137.
255 BVerwG, NJW 1983, 898; *Hartmann* KV 700 Rn 1.
256 § 189 Abs. 2 ist mit Wirkung v 1. 7. 2002 durch das ZustRG aufgehoben.

Nr.	Auslagentatbestand	Gebührenbetrag
	GvKostG gesondert zu berechnen; Gesamtschuldner gelten als ein Schuldner.	
	(2) § 191a Abs. 1 Satz 2 GVG bleibt unberührt.	
	(3) Eine Dokumentenpauschale für die erste Abschrift eines mit eidesstattlicher Versicherung abgegebenen Vermögensverzeichnisses und der Niederschrift über die Abgabe der eidesstattlichen Versicherung werden von demjenigen Kostenschuldner nicht erhoben, von dem die Gebühr 260 zu erheben ist.	
	Nach dem Inkrafttreten des Klarstellungsgesetzes (vgl. vor § 1, Rn 6):	
	(2) § 191a Abs. 1 S 2 GVG bleibt unberührt.	
	(3) (der frühre Abs. 2 wird unverändert Abs. 3)	
701	Entgelte für Zustellungen mit Zustellungsurkunde	in voller Höhe
702	Kosten, die durch öffentliche Bekanntmachung entstehen	in voller Höhe
703	An Zeugen, Sachverständige, Dolmetscher und Übersetzer zu zahlende Beträge mit Ausnahme der an Gebärdendolmetscher und an Übersetzer, die zur Erfüllung der Rechte blinder oder sehbehinderter Personen herangezogen werden (§ 191a Abs. 1 GVG), zu zahlenden Beträge[257]	in voller Höhe
704	An die zum Öffnen von Türen und Behältnissen sowie an die zur Durchsuchung von Schuldnern zugezogenen Personen zu zahlende Beträge	in voller Höhe
705	Kosten für die Umschreibung eines auf den Namen ltenden Wertpapiers oder für die Wiederinkurssetzung eines Inhaberpapiers	in voller Höhe
706	Kosten, die von einem Kreditinstitut erhoben werden, weil ein Scheck des Vollstreckungsschuldners nicht eingelöst wird	in voller Höhe
707	An Dritte zu zahlende Beträge für die Beförderung von Personen, Tieren und Sachen, das Verwahren von Tieren und Sachen, das Füttern von Tieren, die Beaufsichtigung von Sachen sowie das Abernten von Früchten	in voller Höhe

257 Geändert durch das OLGVertrÄndG (vgl. Rn vor § 1).

Nr.	Auslagentatbestand	Gebührenbetrag
708	An Einwohnermeldestellen für Auskünfte über die Wohnung des Beteiligten zu zahlende Beträge	in voller Höhe
709	Kosten für Arbeitshilfen	in voller Höhe
710	Pauschale für die Benutzung von eigenen Beförderungsmitteln des Gerichtsvollziehers zur Beförderung von Personen und Sachen je Fahrt	5,00 EUR
711	Wegegeld je Auftrag für zurückgelegte Wegstrecken	
	– bis zu 10 Kilometer	2,50 EUR
	– von mehr als 10 Kilometern bis 20 Kilometer	5,00 EUR
	– von mehr als 20 Kilometern bis 30 Kilometer	7,50 EUR
	– von mehr als 30 Kilometern	10,00 EUR
	(1) Das Wegegeld wird erhoben, wenn der Gerichtsvollzieher zur Durchführung des Auftrages Wegestrecken innerhalb des Bezirks des Amtsgerichts, dem der Gerichtsvollzieher zugewiesen ist, oder innerhalb des dem Gerichtsvollzieher zugewiesenen Bezirks eines anderen Amtsgerichts zurückgelegt hat. (2) Maßgebend ist die Entfernung vom Amtsgericht zum Ort der Amtshandlung, wenn nicht die Entfernung vom Geschäftszimmer des Gerichtsvollziehers geringer ist. Werden mehrere Wege zurückgelegt, ist der Weg mit der weitesten Entfernung maßgebend. Die Entfernung ist nach der Luftlinie zu bemessen. (3) Wegegeld wird nicht erhoben für 1. die sonstige Zustellung (Nr. 101), 2. die Versteigerung von Pfandstücken, die sich in der Pfandkammer befinden und 3. im Rahmen des allgemeinen Geschäftsbetriebs zurückzulegende Wege, insbesondere zur Post und zum Amtsgericht. (4) In den Fällen des § 10 Abs. 2 S 1 und 2 GvKostG wird das Wegegeld für jede Vollstreckungshandlung, im Falle der Vorpfändung für jede Zustellung an einen Drittschuldner gesondert erhoben. Zieht der Gerichtsvollzieher Teilbeträge ein (§ 806b, 813a, 900 Abs. 3 ZPO), wird das Wegegeld für den Einzug des zweiten und jedes weiteren Teilbetrages gesondert erhoben.	
712	Bei Geschäften außerhalb des Bezirks des Amtsgerichts, dem der Gerichtsvollzieher zugewiesen ist, oder	

Nr.	Auslagentatbestand	Gebührenbetrag
	außerhalb des dem Gerichtsvollzieher zugewiesenen Bezirks eines anderen Amtsgerichts, Reisekosten nach den für den Gerichtsvollzieher geltenden beamtenrechtlichen Vorschriften	**in voller Höhe**
713	**Pauschale für sonstige bare Auslagen je Auftrag**	**20% der zu erhebenden Gebühren – mindestens 3,00 EUR, höchstens 10,00 EUR**

1 **KVGv 700:** Die Bestimmung entspricht KV-GKG 9000 mit der Maßgabe, daß der Gerichtsvollzieher nur Auslagen für die Überlassung, nicht mehr für die Herstellung[258] von Dokumenten oder elektronisch gespeicherten Dateien fordern kann. Die amtliche Anmerkung in Abs. 2 und 3 entspricht der im GKG bis zum 31. 12. 1998 geltenden Regelung GKG-KV 9000 Abs. 4.

2 Dokumentenpauschalen (früher: Schreibauslagen) in den in KVGv 700 genannten Fallgruppen dürfen nur beim Vorliegen der dort genannten Voraussetzungen erhoben werden, nämlich:

- wenn ein ausdrücklicher Antrag vorliegt für solche Abschriften, die der Gerichtsvollzieher nicht schon von Amts wegen zu überlassen hat,
- wenn der Gerichtsvollzieher die Dokument – auch solche, die er von Amts wegen unberlassen muß – per Telefax (nicht durch E-Mail, § 9) übermittelt. Ob der Gerichtsvollzieher den Weg der Übermittlung durch Telefax wählt, liegt in seinem freien pflichtgemäßen Ermessen. Allerdings kann er dann keine Dokumentenpauschale fordern, wenn er eine Urschrift nur per Telefax vorab übermittelt,[259] es sei denn, solches ist ausdrücklich beantragt worden,
- wenn der Auftraggeber pflichtwidrig für die Zustellung erforderliche Abschriften nicht einreicht und der Gerichtsvollzieher diese selbst herstellt, um die Zustellung durchführen zu können,
- wenn statt einer der in Abs. 1 genannten Dokumente eine elektronisch gespeichert Datei überlassen wird. Wird ausdrücklich auch ein Ausdruck beantragt, gilt Abs. 1 zusätzlich.

3 Keine Auslagen dürfen angesetzt werden, wenn der Gerichtsvollzieher von sich dem Gläubiger oder einem Dritten Abschriften oder Dateien übermittelt, etwa dann, wenn er auch dem Gläubiger nach § 763 Abs. 2 ZPO Protokollabschriften unaufgefordert überläßt.[260]

258 Vgl. auch *Schröder-Kay/Winter* KV 700 Rn 5.
259 *Hartmann* KV 700 Rn 5.
260 *Schröder-Kay/Winter* KV 700 Rn 15.

Nr.	Auslagentatbestand	Gebührenbetrag

4 Wenn der Gerichtsvollzieher auf Antrag weitere Abschriften der in Abs. 2 Ziff 2 bezeichneten Dokumente erteilt oder für andere als die dort genannten Schuldner, ist selbstverständlich die Dokumentenpauschale zu erheben.

5 **Höhe der Auslagen:** Die Staffel nach Abs. 1 und die Dateienpauschale nach Abs. 2 gelten für jeden Auftrag gesondert. Die Art der Herstellung der Dokumente (Ablichtung, Abschrift oder andere Vervielfältigungsarten) liegt grundsätzlich im Ermessen des Gerichtsvollziehers. Bei der Ablichtung oder einer anderen Vervielfältigungsart von Protokollen sind Seiten die ausschließlich Bearbeitungsvermerke oder Kotenrechnungen enthalten, nicht mitzuzählen.

6 Bei einer Mehrheit von Kostenschuldnern (§ 13 Abs. 1 Nr. 1) werden die Auslagen gegenüber jedem angesetzt, während Gesamtschuldner i. S. v. §§ 421 ff. BGB als ein Kostenschuldner gelten.

7 **KVGv 701:** Die Auslagen werden nur für förmliche Zustellungen nach §§ 182 ff. ZPO für Zustellungen durch die Deutsche Post AG oder durch in ihrem Auftrage handelnde andere Personen erhoben. Wählt der Gerichtsvollzieher eine andere Zustellungsart (z. B.: eingeschriebener Brief mit oder ohne Rückschein, Inanspruchnahme eines nicht der Deutschen Post AG zuzurechnenden Beförderungs- oder Zustellungsunternehmens), fallen die Kosten unter die Pauschale nach KVGv 713. Zu erstatten sind die tatsächlichen Auslagen, soweit sie erforderlich waren. Muß etwa eine Zustellung deshalb wiederholt werden, weil sie aus Gründen, die im Zurechnungsbereich des Gerichtsvollziehers lagen, wiederholt werden oder ist sie unwirksam, werden Auslagen nicht angesetzt oder sind nachträglich niederzuschlagen (§ 7). Auch die Zustellung der Ladung zur Abgabe der eidesstattlichen Versicherung ist eine solche im Parteibetrieb. Auch die Auslagen dafür fallen unter KVGv 701.[261]

8 **KVGv 702:** Zu erheben sind die tatsächlichen Auslagen für eine öffentliche Bekanntmachung innerhalb oder außerhalb der Zwangsvollstreckung, soweit sie tatsächlich entstanden sind. Welche Form oder welches Medium der Gerichtsvollzieher für die öffentliche Bekanntmachung wählt, unterliegt seinem pflichtgemäßen Ermessen. Jedoch wird dann, wenn die Kosten zu keinem angemessenen Verhältnis zum voraussichtlich erzielbaren Erlös stehen, eine Unverhältnismäßigkeit vorliegen. Wenn und soweit dem Gerichtsvollzieher für die amtlichen Veröffentlichungen Preisnachlässe gewährt werden, hat er diese weiterzugeben.[262]

9 **KVGv 703:** Die Vorschrift betrifft einmal den Fall, wenn nach § 759 ZPO, § 108 GVGA notwendige Zeugen hinzugezogen werden. Zum anderen ist die Bestimmung dann einschlägig, wenn Sachverständige, Dolmetscher oder Übersetzer für die Durchführung des Vollstreckungsauftrags hinzugezogen werden müssen (z. B.: § 813 ZPO; §§ 132 Ziff 8; 150; 152 Ziffern 3, 4; 153 Ziff 1; 238 Ziff 4, 251 GVGA). In solchen Fällen ist das ZSEG nicht

261 AG Bernau, DGVZ 2001, 136.
262 *Schröder-Kay/Winter* KV 702 Rn 7.

Nr.	Auslagentatbestand	Gebührenbetrag

anwendbar. Der Gerichtsvollzieher hat den hinzugezogenen Personen die vereinbarte Vergütung zu zahlen. Kommt eine Vereinbarung nicht zustande oder ist eine (höhere) ortsübliche Taxe (arg. § 612 Abs. 2 BGB) nicht festzustellen, sind die Bestimmungen des ZSEG entsprechend heranzuziehen. Wenn ein Polizei- oder Vollzugsbeamter zur Brechung des Widerstands (§ 758 Abs. 3 ZPO) herangezogen wird, ist er kein Zeuge sondern er leistet Amtshilfe.

KVGv 704: Die Bestimmung steht gleichrangig neben KVGv 704 und betrifft den Fall, daß statt einer „dienstleistenden" Person ein „Werkunternehmer" hinzugezogen wird, so daß für die Höhe der dieser Person zu leistenden Vergütung § 632 BGB sinngemäß anwendbar ist. **10**

Wegen der Entschädigung einer im Fall der körperliche Durchsuchung hinzugezogenen Person gilt je nach Art der Leistung KVGv 703 oder KVGv 704 entsprechend. **11**

Auch nach KVGv 703 und KVGv 704 sind nur die tatsächlich gezahlten Auslagen zu ersetzen. Verzichtet die hinzugezogene Person ganz oder teilweise auf Auslagen oder macht sie solche nicht geltend, können die Auslagen nicht angesetzt werden. § 7 ist anwendbar. Im Verhältnis zum Gerichtsvollzieher verjähren die Ansprüche der hinzugezogenen Personen nach allgemeinen Dienst-/Werkvertragsregeln. Ggf. hat der Gerichtsvollzieher die Einrede der Verjährung im „Innenverhältnis" zu erheben. Im Verhältnis zum Kostenschuldner gilt § 8. **12**

KVGv 705: Die Bestimmung gilt nur für eine Umschreibung nach §§ 822 ff.ZPO, § 155 GVGA. **13**

KVGv 706: Trotz des Wortlts der Bestimmung muß man hierzu auch den Scheck eines Dritten zählen, der dem Gerichtsvollzieher vom Vollstreckungsschuldner zur Einlösung für die zu vollstreckende Forderung gegeben hat.[263] Auf andere Scheckvorgänge oder auf Wechsel ist KVGv 706 aber unanwendbar. **14**

KVGv 707: Die Bestimmung orientiert sich an der rechtsähnlichen Vorschrift des KV-GKG 9009 lit. a. Die dort dargestellten Grundsätze sowie die zu KVGv 702, 703 gelten entsprechend. Wenn der Gerichtsvollzieher eine eigenes Beförderungsmittel benutzt, geht KVGv 710 als lex specialis vor. Die Kosten für eine Sequestration fallen nicht hierunter (vgl. § 1, Rn 3). **15**

Bei der Beförderung, insbesondere von Tieren oder Sachen, ist der Gerichtsvollzieher nicht verpflichtet, den jeweils preisgünstigsten Spediteur zu beauftragen. Er kann unter den jeweiligen Gegebenheiten und Zweckmäßigkeiten nach freiem Ermessen auswählen.[264] Auch die Kosten eines bloßen Beförderungsversuchs sind als Auslagen erstattbar,[265] soweit es sich nicht um bloße Vorbereitungskosten handelt.[266] **16**

263 *Hartmann* KV 706 Rn 3.
264 Dazu bei *Schröder-Kay/Winter* KV 707 Rn 3; *Hartmann* KV 707 Rn 3, jeweils m. w. N.
265 BVerwG, DGVZ 1982, 156; AG Ettlingen, DGVZ 1998, 15.
266 LG Koblenz, DGVZ 1987, 58; AG Itzehoe, DGVZ 1984, 123.

Nr.	Auslagentatbestand	Gebührenbetrag

17 Zu den Bewahrungs- und Beaufsichtigungskosten (§§ 134, 138, 139, 193, 268 GVGA) zählen auch solche für die Benutzung einer eigenen Pfandkammer, angemessene Versicherungskosten und Unterstellkosten in Nebengebäuden des Pfandhauses.[267] nicht aber solche für die Unterstellung etwa in der eigenen (privaten) Garage des Gerichtsvollziehers.[268]

18 **KVGv 708:** Gemeint sind Verwaltungsgebühren, die der Gerichtsvollzieher für Auskünfte zu zahlen hat, wenn er – wozu er nicht verpflichtet ist – solche Auskünfte einholt.

19 **KVGv 709:** Anzusetzen sind nur die Vergütungen an Arbeitshilfen, die der Gerichtsvollzieher bei der Durchführung des Auftrags dann hinzuziehen muß, wenn er die Arbeit wegen des Umfangs oder wegen mangelnder Fachkompetenz nicht selbst ausführen kann. Liegt das Unvermögen allein in der Person des Gerichtsvollziehers (z. B. Krankheit) kann er die Auslagen für zu seiner Unterstützung beigezogener Hilfskräfte nicht ansetzen.[269]

20 *Nr. 17 DB-GvKostG (zu Nr. 710)*

1. Die Pauschale nach Nr. 710 KV wird nur erhoben, wenn die Beförderung der Erledigung einer Amtshandlung dient und durch die Benutzung des eigenen Beförderungsmittels die ansonsten erforderliche Benutzung eines fremden Beförderungsmittels vermieden wird.

2. Der Name einer mitgenommenen Person und der Grund für die Beförderung durch die Gerichtsvollziehern oder den Gerichtsvollzieher sind in den Akten zu vermerken.

21 Bestimmung ergänzt KVGv 707 für den Fall, daß der Gerichtsvollzieher für die Beförderung von Personen oder Sachen ein eigenes Beförderungsmittel benutzt. Die Art des Beförderungsmittels ist gleichgültig (PKW, LKW, Kleintransporter, Kraftrad, denkbar ist auch ein Fahrrad). Die Gebühr gilt nur die anteiligen auf die dienstliche Inanspruchnahme entfallenden Fahrzeugkosten ab. Sie ist aus Gründen der Vereinfachung als Pauschale ausgestaltet, und zwar unabhängig davon, ob die tatsächlichen Fahrzeugkosten im Einzelfall höher oder niedriger sind. Andere Kosten, die keine Fahrzeugkosten sind, werden nach KVGv 711 abgerechnet. Auch dann, wenn der Gerichtsvollzieher eine (oder mehrere) für die Durchführung der Amtshandlung erforderliche Person(en) mitnimmt, kann er dafür eine besondere Mitnahmeentschädigung nicht verlangen. Er hat aber die Namen der mitgenommenen Personen in den Akten zu vermerken. Letzteres dient der Kontrolle, u. a. auch, um zu vermeiden, daß die mitgenommene Person (etwa über KVGv 703 oder 709) nicht noch einmal „abrechnet". Zu den mitgenommenen Personen gehört auch der Schuldner, den der Gerichtsvollzieher in die Haftanstalt abliefert.

22 Es unterliegt dem pflichtgemäßen Ermessen des Gerichtsvollziehers, ob er ein eigenes Beförderungsmittel einsetzt. Vergleichsüberlegungen dahingehend, ob der Einsatz fremder Beförderungsmittel kostengünstiger ist oder gewesen wäre, können nur nach den

267 *Hartmann* KV 707 Rn 4.
268 LG Gießen, DGVZ 1989, 185.
269 AG Erfurt, DGVZ 1997, 47.

Nr.	Auslagentatbestand	Gebührenbetrag

Grundsätzen der § 7 GVKostG und § 242 BGB im Einzelfall zu einer (teilweisen) Nichterstattung führen.

Bei der Beförderung von Sachen ist nicht auf den Sachbegriff des § 90 BGB abzustellen. Vielmehr sind nur solche Sachen (einschließlich Tiere) gemeint, für deren Transport ansonsten ein fremdes Beförderungsmittel notwendig wäre.[270] Sparbücher, Wertpapiere, Schmuck oder gar Geldscheine sind nicht gemeint. **23**

Höhe: Für jede tatsächlich durchgeführte Fahrt entsteht die Festgebühr, und zwar unabhängig von der Zahl der dabei erledigten Aufträge. Eine bloße Fahrtunterbrechung ist unbeachtlich, auch wenn sie längere Zeit dauert. **24**

Fahrt: Die Fahrt beginnt mit der Abfahrt vom Dienstort des Gerichtsvollziehers und endet mit der Rückankunft daselbst.[271] Wenn der Gerichtsvollzieher eine dienstliche Fahrt mit einer privaten Fahrt verbindet, hat das grundsätzlich keine Auswirkung auf die Auslagenerstattung. Denn zum einen spielt die Entfernung und die Zeitdauer für die Kosten keine Rolle, zum anderen muß der Gerichtsvollzieher auch dann zurückfahren, wenn er die Fahrt ausschließlich dienstlich ausgeführt hätte. **25**

KVGv 710: **26**

Nr. 18 DB-GvKostG (zu Nrn. 711,712)

1. Die Höhe des Wegegeldes nach Nr. 711 KV hängt davon ab, in welcher Entfernungszone der Ort der am weitesten entfernt stattfindenden Amtshandlung liegt. Für jede Amtshandlung kommen zwei Entfernungszonen in Betracht. Mittelpunkt der ersten Entfernungszone ist das Hauptgebäude des Amtsgerichts und zwar auch dann, wenn sich die Verteilungsstelle (§ 33 GVO) in einer Nebenstelle oder Zweigstelle des Amtsgerichts befindet. Mittelpunkt der zweiten Entfernungszone ist das Geschäftszimmer der Gerichtsvollzieherin oder des Gerichtsvollziehers. Maßgebend ist in beiden Fällen die (einfache) nach der Luftlinie zu messende Entfernung vom Mittelpunkt zum Ort der Amtshandlung. Die kürzere Entfernung ist entscheidend.

2. Bei einer persönlichen Zustellung (§ 19 Buchstabe a GVGA) wird ein Wegegeld nur erhoben, wenn diese Form der Zustellung nach § 21 Nr. 2, 4 oder 5 GVGA geboten ist.

3. Neben dem Wegegeld werden andere durch die auswärtige Tätigkeit bedingte Auslagen, insbesondere Fähr- und Brückengelder sowie Aufwendungen für eine Übernachtung oder einen Mietkraftwagen nicht angesetzt.

4. Wird eine Amtshandlung von der Vertretungskraft der Gerichtsvollzieherin oder des Gerichtsvollziehers vorgenommen, so gilt Folgendes:

a) Sind die Gerichtsvollziehern oder der Gerichtsvollzieher und die Vertretungskraft demselben Amtsgericht zugewiesen, so ist für die Berechnung des Wegegeldes in den Fällen der Nr. 711 KV das Geschäftszimmer der Vertretungskraft maßgebend.

270 Schröder-Kay/Winter KV 710 Rn 10.
271 So auch *Hartmann* KV 710 Rn 5–6.

Nr.	Auslagentatbestand	Gebührenbetrag

b) Sind die Gerichtsvollzieherin oder der Gerichtsvollzieher und die Vertretungskraft nicht demselben Amtsgericht zugewiesen, so liegt bei Amtshandlungen der Vertretungskraft im Bezirk der Gerichtsvollzieherin oder des Gerichtsvollziehers ein Fall der Nr. 712 KV nicht vor. Für die Berechnung des Wegegeldes ist in diesem Fall das Amtsgericht maßgebend, dem die vertretene Gerichtsvollzieherin oder der vertretene Gerichtsvollzieher zugewiesen ist. Unterhält die Vertretungskraft im Bezirk dieses Amtsgerichts ein Geschäftszimmer, so ist für die Vergleichsberechnung nach Abs 1 von diesem auszugehen.

27 Die Auslagenpauschalen nach **KVGv 711** dienen zum pauschalen Ersatz notwendiger Auslagen für Wege, welche der Gerichtsvollzieher in Erledigung des ihm erteilten Auftrags innerhalb des ihm zugewiesenen Bezirks tatsächlich und notwendigerweise[272] zurücklegt. Die Bestimmung ist durch das OLGVertrÄndG (vgl. vor § 1, Rn 6) völlig überarbeitet worden. Legt er keine Wege zurück, verläßt er also sein Amtszimmer nicht, fallen auch keine zeitbezogenen Auslagen an, eine an sich logische Auslegung, die der „Klarstellung" nicht bedurfte.[273] Es ist unabhängig davon ob der Gerichtsvollzieher den Weg mit eigenem Beförderungsmittel, mit öffentlichen Verkehrsmitteln oder zu Fuß zurücklegt und entsteht ggf. auch neben den Auslagen nach KVGv 710.[274] Denn KVGv 710 dient allein dem Ausgleich für Mehrabnutzungen des eigenen Beförderungsmittel beim Einsatz als Transportmittel, während KVGv 711 neben den üblichen Abnutzungen des Transportmittels auch sonstige mit der Zurücklegung von notwendigen Wegen Unkosten des Gerichtsvollziehers abgilt.

28 Mit der nach Entfernung gestaffelten Pauschale wird der gesamte Wegeaufwand abgegolten.[275]

29 Die Wegegeldpauschale kann grundsätzlich für jeden Auftrag nur einmal gefordert werden. Nur in den in der amtlichen Anmerkung bezeichneten Ausnahmenfällen wird auf eine Vollstreckungshandlung abgestellt. Dabei spielt es dann aber keine Rolle, ob der Gerichtsvollzieher die Vollstreckungshandlung unterbricht.[276] Unerheblich ist auch, ob der Auftrag oder die Vollstreckungshandlung erfolgreich ist oder nicht.[277] Wenn der Gerichtsvollzieher mehrere Raten abholt, entsteht die Pauschale aber ebenso nur mehrmals, wenn eine eindeutige Teilzahlungsvereinbarung vorliegt, wie auch weitere Vollstreckungsversuche nach mehreren erfolglosen Versuchen nur eine weitere Pauschale auslösen, wenn der Gerichtvollzieher einen erfolgreichen Versuch hinreichend plausibel machen kann.[278]

272 AG Neuwied, DGVZ 1999, 190; AG Aalen, DGVZ 2001, 138; AG Altenburg, DGVZ 2001, 138.
273 *Hartmann* KV 711 Rn 5 gegen AG Gelnhausen, DGVZ 2001, 136; AG Riedlingen, DGVZ 2001, 137; AG Witzenhausen, DGVZ 2001, 136.
274 A. M. *Hartmann* KV 711 Rn 1 und 2.
275 AG Neuwied, DGVZ 1999, 190; *Schröder-Kay/Winter* KV 711 Rn 2; *Hartmann* KV 711 Rn 2; A. M. Krauthausen, DGVZ 1993, 24.
276 Dazu *Bratfisch* RPfleger 1985, 44.
277 AGe Schwetzingen, Aschaffenburg, Künzelsau, Kulmbach, DGVZ 2001, 156- 159.
278 AG Neuwied, DGVZ 1999, 190.

Nr.	Auslagentatbestand	Gebührenbetrag

Das Wegegeld kann aber nur dann erhoben werden, wenn tatsächlich Wege zurückgelegt werden.[279] Die frühere, durch die Klarstellung (vgl. vor § 1, Rn 6) obsolet gewordene Gegenansicht[280] war unzutreffend und führte zu absurden Ergebnissen.[281] Das folgt schon aus dem Begriff „Wegegeld" iVm der Überlegung, daß die weiteren schon entstandenen notwendigen Auslagen mit der Auffangpauschale nach KVGv 713 abgegolten werden. Kein Wegegeld fällt z. B. an, wenn der Gerichtsvollzieher feststellt, daß der Schuldner die eidesstattliche Versicherung bereits abgegeben hat und der Auftrag zur Abgabe einer solchen entfällt[282] oder wenn die Zwangsvollstreckung eingestellt wird, bevor Wege zurückgelegt wurden.[283] Kein Wegegeld fällt auch in den in der Amtlichen Anmerkung ausdrücklich beschriebenen Fällen an.[284] 30

Die Höhe hängt von der Länge der Luftlinie zwischen dem Amtsgericht und dem (bei mehreren Wegen weitesten) Ziel ab. Befindet sich das Amtsgericht in mehreren Gebäuden, ist als Ausgangspunkt dasjenige zu nehmen, in dem der Präsident oder Direktor sein Dienstzimmer hat. Ist allerdings die Entfernung vom Sitz des Dienstzimmers des Gerichtsvollziehers kürzer, ist diese immer maßgebend. Die Luftlinie ist möglichst genau zu ermitteln. Die tatsächliche Entfernung ist auch dann unerheblich, wenn diese von der Luftlinie infolge der Straßenführungen, Umleitungen, Brücken etc. erheblich abweicht. 31

KVGv 711 tritt bei Zusammentreffen hinter KVGv 712 zurück. 32

KVGv 712: In den von dieser Bestimmung angesprochenen Fällen stehen dem Gerichtsvollzieher Reisekosten nach den beamtenrechtlichen Reisekostengesetzen zu. Diese sind bei Durchführung der Reise in voller Höhe anzusetzen. Etwaige kürzere Verjährungsfristen in den Reisekostengesetzen der Länder werden durch § 8 verdrängt. 33

KVGv 713 enthält einen Auffangtatbestand für solche Auslagen, die einerseits nicht den Nrn 700–712 unterfallen, andererseits aber auch nicht durch die Allgemeinkosten (Geschäftskosten) des Gerichtvollziehers durch die Gebühren abgegolten sind. Primär ist die Vorschrift als Ersatz für solche Auslagentatbestände des alten Rechts gedacht, die lediglich zu Einnahmen von Kleinbeträgen führten, deren Ermittlung häufig einen größeren Aufwand erforderte, als der letztendlich zu erhebende Betrag. Da KVGv 713 eine Pauschale enthält, liegt es in der Natur der Sache, daß in Einzelfällen keine volle Deckung der Auslagen erzielt wird, in anderen Fällen aber ein „Überschuß" entsteht. Hauptsächlich sollen mit der Pauschale nach KVGv 713 Post- und Telekommunikationsentgelte mit 34

279 AG Tettnang, JurBüro 2002, 43; AG Waiblingen, JurBüro 2002, 44 = DGVZ 2001, 182; AG Köthen, Kempten, DGVZ 2001, 182–183; AG Essen, JurBüro 2002, 41; AG Speyer, JurBüro 2002, 94; AG Trier, JurBüro 2002, 264; AG Aalen, DGVZ 2001, 136; AG Altenburg, DGVZ 2001, 136; *Bertsch* DGVZ 2002, 165, 168 m. zahlreichen Belegen der unven amtgerichtlichen Praxis.

280 AG Witzenhausen, DGVZ 2001, 136; AGe Leipzig, Bad Schwalbach, Freiberg, Leonberg, Dillenburg, Waren, Dresden, Sangershausen, DGVZ 2001, 182.

281 Dazu die treffende Glosse in DGVZ 2001, 139 „Wegegeld zum toten Schuldner".

282 AG Tettnang, DGVZ 2001, 159.

283 AG Lippstadt, DGVZ 2001, 159.

284 AG Münster, JurBüro 2002, 266, 267.

Nr.	Auslagentatbestand	Gebührenbetrag

Ausnahme von Zustellungsurkunden, Vordruckauslagen und Entgelte für Bankdienstleistungen abgegolten werden.

35 Nach KVGv 713 werden nur Barauslagen (gleich welcher Währung) ersetzt. Auslagen für allgemeine Kontoführung bei der Bank, Schecks oder Wechsel oder Gegenleistungen in Naturalien zählen nicht dazu. Allerdings wird man die Zahlung mit Kreditkarte als Barzahlung zu behandeln haben.

36 **Allgemeinkosten** unterfallen niemals der Auffangbestimmung KVGv 713. Zu den Allgemeinkosten zählen z. B.: Kosten für von Amts wegen zu fertigende oder per Telefax versandte Abschriften, die Abschrift der Zustellungsurkunde nach § 829 Abs. 2 S 2 ZPO, Abschriften der Benachrichtigung des Drittschuldners nach § 845 Abs. 1 ZPO, Anzeige des zu Verhaftenden nach § 910 ZPO, die nach § 909 Abs. 1 Satz dem Schuldner zu übergebende Abschrift des Haftbefehls, Grundgebühren für Tefefon oder andere Medien. Im Einzelfall kann die Abgrenzung von Allgemeinkosten und sonstigen Auslagen nach KVGv 713 schwierig sein. Dann können bei der Auslegung die zu § 25 BRAGO geltenden Grundsätze herangezogen werden.[285]

37 Die Auslagenpauschale nach KVGv 713 entsteht für jeden Auftrag i. S. v. § 3, und zwar auch dann, wenn keine Gebühr zu erheben ist.[286] Grundlage für die Berechnung der Pauschale sind die für den Auftrag zu erhebenden Gebühren.

285 *Hartmann* KV 713 Rn 5.
286 *Schröder-Kay/Winter* KV 713 Rn 5.

Anhang I
Gesetz zur Änderung und Ergänzung kostenrechtlicher Vorschriften (KostÄndG)

vom 26. 7. 1957 (BGBl. I, S. 861), zuletzt geändert durch Gesetz zur Änderung der BRAGO vom 18. 8. 1980 (BGBl. I, S. 1503)

(Auszug)

Artikel XI. Schlußvorschriften

§ 1 KostÄnd
Anfechtung von Verwaltungsakten

(1) Verwaltungsakte, die im Bereich der Justizverwaltung beim Vollzug des Gerichtskostengesetzes, der Kostenordnung, des Gerichtsvollzieherkostengesetzes, des Gesetzes über die Entschädigung von Zeugen und Sachverständigen, des Gesetzes über die Entschädigung der ehrenamtlichen Richter oder sonstiger für gerichtliche Verfahren oder Verfahren der Justizverwaltung geltender Kostenvorschriften, insbesondere hinsichtlich der Einforderung oder Zurückzahlung ergehen, können durch einen Antrag auf gerichtliche Entscheidung auch dann angefochten werden, wenn es nicht ausdrücklich bestimmt ist. Der Antrag kann nur darauf gestützt werden, daß der Verwaltungsakt den Antragsteller in seinen Rechten beeinträchtige, weil er rechtswidrig sei. Soweit die Verwaltungsbehörde ermächtigt ist, nach ihrem Ermessen zu befinden, kann der Antrag nur darauf gestützt werden, daß die gesetzlichen Grenzen des Ermessens überschritten seien, oder daß von dem Ermessen in einer dem Zweck der Ermächtigung nicht entsprechenden Weise Gebrauch gemacht worden sei.

(2) Über den Antrag entscheidet das Amtsgericht, in dessen Bezirk die für die Einziehung oder Befriedigung des Anspruchs zuständige Kasse ihren Sitz hat. In dem Verfahren ist die Staatskasse zu hören. § 14 Abs. 3 bis 7 der Kostenordnung gilt entsprechend.

Anhang II
Arbeitsgerichtsgesetz

idF der Bekanntmachung vom 2. Juli 1979 (BGBl. I, S. 853, ber. S. 1036),
zuletzt geändert durch Gesetz zur Einführung des Euro im Sozial- und Arbeitsrecht sowie zur Änderung anderer Vorschriften (4. Euro-Einführungsgesetz), BGBl. I, 2000, 1983.

BGBl. III 320–1

(Auszug)

§ 12
Kosten

(1) Im Urteilsverfahren (§ 2 Abs. 5) werden Gebühren nach dem Verzeichnis der Anlage 1 zu diesem Gesetz erhoben.

(2) Im Verfahren vor dem Arbeitsgericht wird eine einmalige Gebühr bis zu höchstens 500 Euro erhoben. Die einmalige Gebühr bestimmt sich nach der Tabelle der Anlage 2 zu diesem Gesetz. Der Mindestbetrag der Gebühr ist zehn Euro. Abs 2 der Vorbemerkung zu Teil 9 des Kostenverzeichnisses der Anlage 1 zum Gerichtskostengesetz ist im Verfahren vor dem Arbeitsgericht nicht anzuwenden.

(3) Im Verfahren vor dem Landesarbeitsgericht und dem Bundesarbeitsgericht vermindern sich die Gebühren der Tabelle, die dem Gerichtskostengesetz als Anlage 2 beigefügt ist, um zwei Zehntel. Im übrigen betragen die Gebühr für das Verfahren und die Gebühr für das Urteil im Verfahren vor dem Landesarbeitsgericht das Eineinhalbfache und im Verfahren vor dem Bundesarbeitsgericht das Doppelte der Gebühr.

(4) Kosten werden erst fällig, wenn das Verfahren in dem jeweiligen Rechtszug beendet ist, sechs Monate geruht hat oder sechs Monate von den Parteien nicht betrieben worden ist. Kostenvorschüsse werden nicht erhoben; dies gilt für die Zwangsvollstreckung auch dann, wenn das Amtsgericht Vollstreckungsgericht ist. Die Gerichtsvollzieher dürfen Gebührenvorschüsse nicht erheben. Soweit ein Kostenschuldner nach § 54 Nr. 1 oder 2 des Gerichtskostengesetzes haftet, ist § 49 des Gerichtskostengesetzes nicht anzuwenden. § 49 des Gerichtskostengesetzes ist ferner nicht anzuwenden, solange der Kostenschuldner nach § 54 Nr. 1 oder 2 des Gerichtskostengesetzes bei einer Zurückweisung des Rechtsstreits an die Vorinstanz nicht feststeht und der Rechtsstreit noch anhängig ist; § 49 des Gerichts-

kostengesetzes ist jedoch anzuwenden, wenn das Verfahren nach der Zurückweisung 6 Monate geruht hat oder 6 Monate von den Parteien nicht betrieben worden ist.

(5) In Verfahren nach § 2 a Abs. 1; § 103 Abs. 3; § 108 Abs. 3 und § 109 werden Kosten nicht erhoben.

(5 a) Kosten für vom Gericht herangezogene Dolmetscher und Übersetzer werden nicht erhoben, wenn ein Ausländer Partei und die Gegenseitigkeit verbürgt oder ein Staatenloser Partei ist.

(6) Die Justizverwaltungskostenordnung und die Justizbeitreibungsordnung gelten entsprechend, soweit sie nicht unmittelbar Anwendung finden. Bei Einziehung der Gerichts- und Verwaltungskosten leisten die Vollstreckungsbehörden der Justizverwaltung oder die sonst nach Landesrecht zuständigen Stellen den Gerichten für Arbeitssachen Amtshilfe, soweit sie diese Aufgaben nicht als eigene wahrnehmen. Vollstreckungsbehörde ist für die Ansprüche, die bei dem Bundesarbeitsgericht entstehen, die Justizbeitreibungsstelle des Bundesarbeitsgerichts.

(7) Für die Wertberechnung bei Rechtsstreitigkeiten über das Bestehen, das Nichtbestehen oder die Kündigung eines Arbeitsverhältnisses ist höchstens der Betrag des für die Dauer eines Vierteljahres zu leistenden Arbeitsentgelts maßgebend: eine Abfindung wird nicht hinzugerechnet. Bei Streitigkeiten über wiederkehrende Leistungen ist der Wert des dreijährigen Bezugs und bei Rechtsstreitigkeiten über die Eingruppierung der Wert des dreijährigen Unterschiedsbetrages zur begehrten Vergütung maßgebend, sofern nicht der Gesamtbetrag der geforderten Leistungen geringer ist; bis zur Klageerhebung entstandene Rückstände werden nicht hinzugerechnet. § 24 S 1 des Gerichtskostengesetzes findet keine Anwendung.

§ 61
Inhalt des Urteils

(1) Den Wert des Streitgegenstandes setzt das Arbeitsgericht im Urteil fest.

(2) ...

Anhang III
Anlage 1 zu § 12 Abs. 1 ArbGG

Nr.	Gebührentatbestand	Gebührenbetrag
	I. Mahnverfahren	Satz für die Gebühr nach der Tabelle Anlage 2
9100	Entscheidung über den Antrag auf Erlaß des Mahnbescheids	1/2 Die Gebühr darf nicht 1/2 einer Gebühr nach der Tabelle der Anlage 2 des GKG überschreiten
	II. Prozeßverfahren	
1.	**Prozeßverfahren vor dem Arbeitsgericht**	Satz für die Gebühr nach der Anlage 2.
9110	Verfahren im allgemeinen soweit ein Mahnverfahren vorausgegangen ist	1 abzüglich der Gebühr 9100
9111	Verfahren im allgemeinen soweit kein Mahnverfahren vorausgegangen ist	1
9112	Beendigung des Verfahrens: ohne streitige Verhandlung außer durch Versäumnisurteil oder durch Beschluß § 91 a ZPO; durch einen vor Gericht abgeschlossenen oder ihm mitgeteilten Vergleich, auch wenn der Wert des Vergleichsgegenstandes den Wert des Streitgegenstandes übersteigt	Gebühren 9110, 9111 entfallen
9113	Beendigung des Verfahrens: durch Klagerücknahme, Anerkenntnis- oder Verzichturteil nach streitiger Verhandlung; durch Versäumnisurteil; durch Urteil, das nach § 313 a ZPO eine Begründung nicht enthältoder nicht zu enthalten braucht	Gebühr 9110 entfällt, Gebühr 9111 ermäßigt sich auf 1/2

Nr.	Gebührentatbestand	Gebührenbetrag
	Beschluß nach § 91 a ZPO:	
9117	Beschluß enthält eine schriftliche Begründung; von ihr konnte bei entsprechender Anwendung des § 313 a ZPO auch nicht abgesehen werden	Gebühr 9110 entfällt; Gebühr 9111 ermäßigt sich auf 1/2
9118	Beschluß enthält keine schriftliche Begründung oder braucht sie bei entsprechender Anwendung des § 313 a ZPO nicht zu enthalten	Gebühr 9110 entfällt, Gebühr 9111 ermäßigt sich auf 3/10.
2.	**Berufungsverfahren**	Satz für die Gebühr nach der Tabelle der Anlage 2 des GKG
9120	Verfahren im allgemeinen	12/10.
9121	Beendigung des Verfahrens durch einen vor Gericht abgeschlossenen oder ihm mitgeteilten Vergleich, auch wenn der Wert des Vergleichsgegenstandes den Wert des Streitgegenstandes übersteigt	Gebühr 9120 entfällt
9122	Beendigung des Verfahrens ohne streitige Verhandlung	Gebühr 9120 ermäßigt sich auf 4/10.
9123	Grundurteil (§ 304 ZPO), Vorbehaltsurteil (§ 302 ZPO)	6/10.
	Urteil, das die Instanz abschließt, soweit ihm ein Grundurteil oder Vorbehaltsurteil nach Nr. 9123 vorausgegangen ist, außer Prozeßurteil, Anerkenntnisurteil, Verzichtsurteil und Versäumnisurteil gegen die säumige Partei:	
9124	Urteil enthält eine Begründung und muß sie enthalten	6/10.
9125	Urteil enthält keine Begründung oder braucht sie nicht zu enthalten (§ 313 a ZPO)	3/10.
	Urteil, das die Instanz abschließt, soweit ihm kein Grundurteil oder Vorbehaltsurteil nach Nr. 9123 vorausgegangen ist, außer Prozeßurteil, Anerkenntnisurteil, Verzichtsurteil und Versäumnisurteil gegen die säumige Partei:	
9126	Urteil enthält eine Begründung und muß sie enthalten	12/10.
9127	Urteil enthält keine Begründung oder braucht sie nicht zu enthalten (§ 313 a ZPO)	6/10.

Nr.	Gebührentatbestand	Gebührenbetrag
	Beschluß nach § 91a ZPO, soweit nicht bereits eine Gebühr nach den Nrn 9124 oder 9126 fällig geworden ist:	
9128	Beschluß enthält eine schriftliche Begründung; von ihr konnte bei entsprechender Anwendung des § 313 a ZPO auch nicht abgesehen werden	4/10.
9129	Beschluß enthält keine schriftliche Begründung oder braucht sie bei entsprechender Anwendung des § 313 a ZPO nicht zu enthalten	2/10.
3.	**Revisionsverfahren**	Satz für die Gebühr nach der Tabelle der Anlage 2 des GKG
9130	Verfahren im allgemeinen	16/10.
9131	Beendigung des Verfahrens durch einen vor Gericht abgeschlossenen oder ihm mitgeteilten Vergleich, auch wenn der Wert des Vergleichsgegenstandes den Wert des Streitgegenstandes übersteigt	Gebühr 9130 entfällt
9132	Beendigung des Verfahrens ohne streitige Verhandlung	Gebühr 9130 ermäßigt sich auf 4/10.
	Urteil, das die Instanz abschließt, außer Prozeßurteil, Anerkenntnisurteil, Verzichturteil und Versäumnisurteil gegen die säumige Partei:	
9133	Urteil enthält eine Begründung und muß sie enthalten	16/10.
9134	Urteil enthält keine Begründung oder braucht sie nicht zu enthalten (§ 313 a ZPO)	8/10.
	Beschluß nach § 91a ZPO:	
9138	Beschluß enthält eine schriftliche Begründung; von ihr konnte bei entsprechender Anwendung des § 313 a ZPO auch nicht abgesehen werden	4/10.
9139	Beschluß enthält keine schriftliche Begründung oder braucht sie bei entsprechender Anwendung des § 313 a ZPO nicht zu enthalten	2/10

Nr.	Gebührentatbestand	Gebührenbetrag

III. Verfahren über Anträge auf Anordnung, Abänderung oder Aufhebung eines Arrestes oder einen einstweiligen Verfügung

1.	**Verfahren vor dem Gericht der Hauptsache**	
9150	Verfahren vor dem Arbeitsgericht über einen Antrag auf Anordnung eines Arrestes oder einer einstweiligen Verfügung	Satz für die Gebühr nach der Tabelle der Anlage 2 des GKG 4/10.
9151	Verfahren vor dem Arbeitsgericht über einen Antrag auf Aufhebung oder Abänderung eines Arrestes oder einer einstweiligen Verfügung (§§ 926 Abs. 2, §§ 927, 936 ZPO)	Satz für die Gebühr nach der Tabelle der Anlage 2 des GKG 4/10.
9152	Verfahren vor dem Landesarbeitsgericht über einen Antrag auf Anordnung eines Arrestes oder einer einstweiligen Verfügung	Satz für die Gebühr nach der Tabelle der Anlage 2 des GKG 4/10.
9153	Verfahren vor dem Landesarbeitsgericht über einen Antrag auf Aufhebung oder Abänderung eines Arrestes oder einen einstweiligen Verfügung (§ 926 Abs. 2, 927 936 ZPO)	Satz für die Gebühr nach der Tabelle der Anlage 2 des GKG 4/10.
9155	Beendigung des Verfahrens ohne Entscheidung über den Antrag oder nach Erledigung der Hauptsache oder Beendigung des Verfahrens durch einen vor Gericht abgeschlossenen oder ihm mitgeteilten Vergleich, auch wenn der Wert des Vergleichsgegenstandes den Wert des Streitgegenstandes übersteigt	Gebühren 9150, 9152, 9153 entfallen
2.	**Berufungsverfahren**	Satz für die Gebühr nach der Tabelle der Anlage 2 des GKG
9160	Verfahren im allgemeinen	6/10.
9161	Beendigung des Verfahrens durch einen vor Gericht abgeschlossenen oder ihm mitgeteilten Vergleich, auch wenn der Wert des Vergleichsgegenstandes den Wert des Streitgegenstandes übersteigt	Gebühr 9160 entfällt
9162	Beendigung des Verfahrens ohne streitige Verhandlung	Gebühr 9160 ermäßigt sich auf 2/10.

Nr.	Gebührentatbestand	Gebührenbetrag
	Endurteil außer Prozeßurteil, Anerkenntnisurteil, Verzichtsurteil oder Versäumnisurteil gegen die säumige Partei:	
9163	Urteil enthält eine Begründung und muß sie enthalten	6/10.
9164	Urteil enthält keine Begründung oder braucht sie nicht zu enthalten (§ 313 a ZPO)	3/10.
	Beschluß nach § 91 a ZPO:	
9168	Beschluß enthält eine schriftliche Begründung; von ihr konnte bei entsprechender Anwendung des § 313 a ZPO nicht abgesehen werden	2/10.
9169	Beschluß enthält keine schriftliche Begründung oder braucht sie bei entsprechender Anwendung des § 313 a ZPO nicht zu enthalten	1/10.

IV. Selbständiges Beweisverfahren

Nr.	Gebührentatbestand	Gebührenbetrag
9200	Selbständiges Beweisverfahren vor dem Arbeitsgericht	Satz für die Gebühr nach der Tabelle der Anlage 2 des GKG 4/10.
9210	Selbständiges Beweisverfahren vor dem Landesarbeitsgericht	Satz für die Gebühr nach der Tabelle der Anlage 2 des GKG 4/10.

V. Beschwerdeverfahren

Nr.	Gebührentatbestand	Gebührenbetrag
		Satz für die Gebühr nach der Tabelle der Anlage 2 des GKG
9300	Verfahren über Beschwerden nach § 71 Abs. 2, § 91 a Abs. 2, § 99 Abs. 2, 269 Abs. 3 ZPO sowie über Beschwerden gegen die Zurückweisung eines Antrages auf Anordnung des Arrestes oder einer einstweiligen Verfügung	8/10.
9301	Verfahren über die Beschwerde gegen eine Entscheidung im Verfahren über die Prozeßkostenhilfe: Die Beschwerde wird verworfen oder zurückgewiesen	Betrag der Gebühr 1905 der Anlage 1 zum GKG

Nr.	Gebührentatbestand	Gebührenbetrag
9302	Verfahren über in Nr. 2300 (*jetzt 9301*) nicht aufgeführte Beschwerden: Soweit die Beschwerde verworfen oder zurückgewiesen wird	8/10.

VI. Verzögerung des Rechtsstreits

9400	Auferlegung einer Gebühr nach § 34 GKG	wie vom Gericht bestimmt

Anhang IV

Tabelle
(Anlage 2 zu § 12 Abs. 2 ArbGG)

Streitwert bis ... Euro	Gebühr ... Euro	Streitwert bis ... Euro	Gebühr ... Euro
150	10	4.250	170
300	12	4.500	180
450	18	4.750	190
600	24	5.000	200
750	30	5.500	220
900	36	6.000	240
1.050	42	6.500	260
1.200	48	7.000	280
1.350	54	7.500	300
1.500	60	8.000	320
1.750	70	8.500	340
2.000	80	9.000	360
2.250	90	9.500	380
2.500	100	10.000	400
2.750	110	10.500	420
3.000	120	11.000	440
3.250	130	11.500	460
3.500	140	12.000	480
3.750	150	über 12.000	500
4.000	160		

Anhang V
Kostenverfügung

Vorbemerkung

Die Kostenverfügung ist eine Verwaltungsanordnung zur Durchführung des GKG in den einzelnen Bundesländern. Sie hat keine Gesetzeskraft[1] und kann deshalb nur behördeninterne Bindung beanspruchen.[2] Grundsätzlich ist die Durchführung des GKG Ländersache, so daß die Länder eigene Ausführungsgesetze zum GKG erlassen haben. Diese sind aber zum großen Teil bundeseinheitlich unter Mitwirkung des Bundesministers der Justiz beschlossen wurden. Das gilt auch für die KostVfg. Im folgenden ist die schleswig-holsteinische Fassung wiedergegeben, und zwar mit Stand vom 23.01.2002 (SchlHA 2002 S. 39). Auch die übrigen Bundesländer haben ganz überwiegend die Fassung des Bundes übernommen und geringfügig ergänzt, und zwar:

Baden-Württemberg: AV Stand vom 20.11.1997, Die Justiz 1998, 2;

Bayern: Bek. Vom 11.12.1997, JMBl. 1998, 2;

Berlin: AV vom 5.12.1994, ABl. 1994, 4202;

Brandenburg: AV vom 5.12.1994, JMBl. 1995,4;

Bremen:

Hamburg: AV vom 5.12.1997, JVBl. 1997, 91;

Hessen: RdErl vom 12.11.1997, JMBl. 1997, 813;

Mecklenburg-Vorpommern: AV vom 23.12.1997, JMBl. 1998, 14;

Niedersachsen: AV vom 19.11.1997, JBl. 1997, 511;

Nordrhein-Westfalen: AV vom 28.12.1997, JMBl. 1998, 14;

Rheinland-Pfalz: AV vom 20.11.1997, JBl. 1997, 511;

Saarland: AV vom 5.12.1997, GMBl. 1998, 10;

Sachsen: VV vom 8.12.1994, JMBl. 1994, 136;

Sachsen-Anhalt: AV vom 18.12.1997, JMBl. 1998, 5;

Schleswig-Holstein: AV vom 23.1.2002, SchlHA 2002, 39.

Thüringen: VV vom 15.12.1997, JMBl. 1998, 4.

Kostenverfügung (KostVfg)

vom 1. März 1976.

1 OLG Zweibrücken, MDR 193, 1133.
2 OLG Koblenz, RPfleger 1988, 388.

Abschnitt I. Allgemeine Bestimmungen

§ 1
Kostenbeamter

Die Aufgaben des Kostenbeamten werden nach den darüber ergangenen allgemeinen Anordnungen von den Beamten des gehobenen oder mittleren Justizdienstes wahrgenommen.

§ 2
Pflichten des Kostenbeamten im allgemeinen

(1) Der Kostenbeamte ist für die Erfüllung der ihm übertragenen Aufgaben, insbesondere für den rechtzeitigen, richtigen und vollständigen Ansatz der Kosten verantwortlich.
(2) Der Kostenbeamte bescheinigt zugleich mit Aufstellung der Schlußrechnung den vollständigen Ansatz der Kosten auf den Akten (Blattsammlungen) unter Bezeichnung der geprüften Blätter und unter Angabe von Tag und Amtsbezeichnung. Bei Grundakten, Registerakten, Vormundschaftsakten, Betreuungsakten und ähnlichen Akten, die regelmäßig für mehrere gebührenpflichtige Angelegenheiten geführt werden, erfolgt die Bescheinigung für jede einzelne Angelegenheit. Die Bescheinigung ist auch zu erteilen, wenn die Einziehung von Kleinbeträgen vorbehalten bleibt.

§ 3
Mitwirkung des Registraturbeamten

(1) Der mit der Führung der Geschäftsregister beauftragte Beamte (Registraturbeamte) ist dafür verantwortlich, daß die Akten dem Kostenbeamten rechtzeitig zum Kostenansatz vorgelegt werden. Er legt die Akten insbesondere vor,
a) wenn eine den Rechtszug abschließende gerichtliche Entscheidung ergangen ist,
b) wenn die Akten aus einem Rechtsmittelzug zurückkommen,
c) wenn eine Zahlungsanzeige der Gerichtskasse (Gerichtszahlstelle) oder ein mit Kostenmarken oder dem Abdruck eines Gerichtskostenstemplers versehenes Schriftstück eingeht, es sei denn, daß die eingehende Zahlung einen nach § 31 eingeforderten Vorschuß betrifft,
d) wenn eine Nachricht der Gerichtskasse über die Löschung des Kostensolls eingeht,
e) wenn die Klage erweitert oder Widerklage erhoben wird,
f) wenn er Zweifel hat, ob Kosten oder Vorschüsse zu berechnen sind,
g) wenn Akten infolge Einspruchs gegen den Vollstreckungsbescheid bei Gericht eingehen.
Die Vorlage ist in den Akten unter Angabe des Tages kurz zu vermerken.

(2) Der Registraturbeamte hat alle in der Sache entstehenden, von dem Kostenschuldner zu erhebenden Auslagen in den Akten in einer ins Auge fallenden Weise zu vermerken, soweit nicht eine Berechnung zu den Akten gelangt.

(3) In Zivilprozeß-, Strafprozeß-, Bußgeld-, Insolvenz, Zwangsversteigerungs- und Zwangsverwaltungsverfahren, in Familien- Lebenspartnerschaftssachen, in Vormundschafts-, Betreuungs- und Pflegschaftssachen, in Nachlaßsachen sowie in verwaltungsgerichtlichen Verfahren sind sämtliche Kostenrechnungen, Beanstandungen der Kostenprüfungsbeamten und Zahlungsanzeigen der Gerichtskasse (Gerichtszahlstelle) sowie Nachrichten der Gerichtskasse über die Löschung des Kostensolls vor dem ersten Aktenblatt einzuheften oder in eine dort einzuheftende Aktentasche lose einzulegen oder, soweit die Akten nicht zu heften sind, unter dem Aktenumschlag lose zu verwahren. Das Gleiche kann auch in anderen Verfahren geschehen, wenn dies zweckmäßig erscheint, insbesondere wenn die Akten umfangreich sind. Ist ein Vollstreckungsheft angelegt, so sind die Kostenrechnungen, Beanstandungen, Zahlungsanzeigen und Nachrichten diesem entsprechend zu verwahren (vgl. § 16 Abs. 2 StVollStrO). Wird es notwendig, die vor dem ersten Aktenblatt eingehefteten oder verwahrten Schriftstücke mit Blattzahlen zu versehen, so sind dazu römische Ziffern zu verwenden.

(4) Der Registraturbeamte hat laufend auf dem Aktenumschlag mit Tinte oder Kugelschreiber die Blätter zu bezeichnen

a) auf denen sich Kostenmarken, Abdrucke von Gerichtskostenstemplern, Aktenausdrukke nach § 696 Abs. 2 S 1 ZPO mit Gerichtskostenrechnungen oder Vermerke hierüber befinden,

b) aus denen sich ergibt, daß Vorschüsse zum Soll gestellt oder ohne vorherige Sollstellung eingezahlt (auch in Kostenmarken oder unter Verwendung von Gerichtskostenstemplern entrichtet) worden sind,

c) auf denen sich Kostenrechnungen, Zahlungsanzeigen der Gerichtskasse (Gerichtszahlstelle) oder Nachrichten der Gerichtskasse über Löschung des Kostensolls befinden, die nicht nach Abs 3 eingeheftet oder verwahrt werden,

d) auf denen Kleinbeträge vermerkt sind, deren Einzahlung oder Auszahlung nach den über die Behandlung solcher Beträge erlassenen Bestimmungen einstweilen vorbehalten bleibt; diesem Hinweis ist der rot zu unterstreichende Buchstabe „v" hinzuzufügen.

(5) Der Registraturbeamte prüft vor dem Weglegen der Akten und Blattsammlungen, ob Anlaß für die Vorlage an den Kostenbeamten besteht und ob berechnete Kosten entweder bei der Gerichtskasse zum Soll gestellt oder die Einzahlung durch eine Anzeige der Gerichtskasse (Gerichtszahlstelle), durch Kostenmarken, Abdrucke von Gerichtskostenstemplern oder Aktenausdrucke nach § 696 Abs. 2 S 1 ZPO mit Gerichtskostenrechnungen nachgewiesen ist. Er bescheinigt diese Prüfung auf den Akten (Blattsammlungen) unter Bezeichnung des letzten Aktenblattes und unter Angabe von Tag und Amtsbezeichnung. Die Bescheinigung ist auch zu erteilen, wenn die Einziehung von Kleinbeträgen vorbehalten bleibt. Der Behördenleiter kann die Aufgaben nach den Sätzen 1 bis 3 einem anderen Beamten oder Angestellten der Geschäftsstelle übertragen.

(6) Bei der Aufbewahrung von Auskünften des Finanzamts über den Einheitswert ist § 24 Abs. 6 AktO zu beachten (vgl. § 15 Abs. 2).

Abschnitt II. Kostenansatz

§ 4
Begriff und Gegenstand

(1) Der Kostenansatz besteht in der Aufstellung der Kostenrechnung (§§ 27 ff.). Er hat die Berechnung der Gerichtskosten und Justizverwaltungskosten sowie die Feststellung der Kostenschuldner zum Gegenstand. Zu den Kosten gehören alle für die Tätigkeit des Gerichts und der Justizverwaltung zu erhebenden Gebühren, Auslagen und Vorschüsse.
(2) Ist die berechnete Kostenforderung noch nicht beglichen, so verfügt der Kostenbeamte in der Kostenrechnung, daß die Kosten der Gerichtskasse zur Einziehung zu überweisen (§ 29) oder mit Kostennachricht (§ 31) anzufordern sind. Hierzu genügt die Verfügung. „Zur Kasse mit Reinschrift nach Muster ..." oder „Kostennachricht nach Muster ...".
(3) Handelt es sich um Kosten, die durch den Antrag einer Gerichtskasse auf Vollstreckung in das unbewegliche Vermögen entstanden sind, so wird zwar eine Kostenrechnung aufgestellt, aber nicht nach Abs 2 verfahren. Die entstandenen Kosten sind der Gerichtskasse vielmehr lediglich zur etwaigen späteren Einziehung als Nebenkosten mitzuteilen.
(4) Können die Gebühren für die Anordnung des Zwangsversteigerungsverfahrens oder für die Zulassung des Beitritts (Nr. 5100 des Kostenverzeichnisses der Anlage 1 zum Gerichtskostengesetz) oder die Auslagen des Anordnungs-(Beitritts-)verfahrens nicht vom Antragsteller eingezogen werden, weil ihm Prozeßkostenhilfe ohne Zahlungsbestimmung bewilligt ist oder ihm Gebühren- oder Auslagenfreiheit zusteht (z. B. bei der Zwangsversteigerung wegen rückständiger öffentlicher Abgaben), so veranlaßt der Kostenbeamte die Sollstellung der Kosten durch die Gerichtskasse (§ 29), die sie – unbeschadet sonstiger Einziehungsmöglichkeiten – in dem Zwangsversteigerungsverfahren mit dem Range des Anspruchs des betreibenden Gläubigers auf Befriedigung aus dem Grundstück rechtzeitig anmeldet (§ 10 Abs. 2, §§ 12, 37 Nr. 4 ZVG). Dies gilt im Zwangsverwaltungsverfahren entsprechend. Abs. 3 bleibt unberührt.
(5) Für die Behandlung von kleinen Kostenbeträgen gelten die hierfür erlassenen besonderen Bestimmungen.
(6) Sind Kosten zugleich mit einem Geldbetrag iS des § 1 Abs. 1 der Einforderungs- und Beitreibungsanordnung einzuziehen, so richtet sich das Verfahren nach der Einforderungs- und Beitreibungsanordnung.

§ 5
Zuständigkeit zum Kostenansatz

(1) Der Kostenansatz richtet sich, soweit Kosten nach dem Gerichtskostengesetz erhoben werden, nach §§ 4, 64 Abs. 1 GKG, in Angelegenheiten der freiwilligen Gerichtsbarkeit nach § 14 KostO. Kosten der Vollstreckung von freiheitsentziehenden Maßregeln der Besserung und Sicherung werden bei der nach § 4 Abs. 2 GKG zuständigen Behörde

angesetzt; soweit nicht die Landesregierungen durch Rechtsverordnung andere Zuständigkeiten begründet haben (§ 138 Abs. 2 StVollzG).

(2) Sind in einer Straf-, Bußgeld- oder Jugendgerichtssache verschiedene Behörden für den Kostenansatz zuständig, so haben sich die Kostenbeamten dieser Behörden durch Mitteilung einer Abschrift der Kostenrechnung oder des sonst von ihnen Veranlaßten miteinander zu verständigen.

(3) Hat in Strafsachen der Bundesgerichtshof ganz oder teilweise zur anderweitigen Verhandlung und Entscheidung zurückgewiesen, so übersendet die für den Kostenansatz zuständige Behörde eine beglaubigte Abschrift der rechtskräftigen Entscheidung zum Kostenansatz an den Bundesgerichtshof.

(4) Zu den durch die Vorbereitung der öffentlichen Klage entstandenen Kosten (Nrn. 9014, 9015 des Kostenverzeichnisses der Anlage 1 zum Gerichtskostengesetz) gehören auch

a) die Auslagen, die der Polizei bei der Ausführung von Ersuchen des Gerichts oder der Staatsanwaltschaft, bei der Tätigkeit der Polizeibeamten als Hilfsbeamte der Staatsanwaltschaft und in den Fällen entstehen, in denen die Polizei nach § 163 StPO aus eigenem Entschluß erforscht,

b) Auslagen, die den zuständigen Verwaltungsbehörden als Verfolgungsorgan in Straf- und Bußgeldsachen erwachsen sind.

(5) Wenn das Gericht in einem Strafverfahren wegen einer Steuerstraftat oder in einem Bußgeldverfahren wegen einer Steuerordnungswidrigkeit auf Strafe oder Geldbuße oder auf Einziehung erkennt, so gehören zu den Kosten des gerichtlichen Verfahrens die Auslagen, die einer Finanzbehörde bei der Untersuchung und bei der Teilnahme am gerichtlichen Verfahren entstanden sind. Diese Auslagen sind nicht nach § 464b StPO festzusetzen, sondern als Gerichtskosten zu berechnen und einzuziehen. Soweit die Auslagen bei einer Bundesfinanzbehörde entstanden sind, werden sie als durchlaufende Gelder behandelt und an sie abgeführt (vgl. § 27 Abs. 8, § 38), wenn sie den Betrag von 25 Euro übersteigen. An die Landesfinanzbehörden werden eingezogene Beträge nicht abgeführt.

(6) Geht ein Mahnverfahren gegen mehrere Antragsgegner nach Widerspruch oder Einspruch in getrennte Streitverfahren bei verschiedenen Gerichten über, so hat der Kostenbeamte des abgebenden Gerichts den Kostenbeamten der übernehmenden Gerichte eine beglaubigte Abschrift der Kostenrechnung zu übersenden und sie über das sonst von ihm Veranlaßte zu unterrichten. Von Zahlungsanzeigen und sonstigen Zahlungsnachweisen sind beglaubigte Ablichtungen zu übersenden.

(7) Die Gebühr für die Eröffnung einer Verfügung von Todes wegen und die Gebühr für die Beurkundung einer eidesstattlichen Versicherung zwecks Erwirkung eines Erbscheins werden stets beim Nachlaßgericht angesetzt (§ 103 Abs. 3, 3 107 Abs. 1 S 2 KostO). Erfolgt die Eröffnung oder Beurkundung bei einem anderen Gericht, so ist das Nachlaßgericht zu verständigen. Diese Bestimmungen gelten auch dann, wenn die beiden Gerichte in verschiedenen Ländern der Bundesrepublik liegen. Soweit das Landwirtschaftsgericht an die Stelle des Nachlaßgerichts tritt, wird auch die Gebühr nach § 107 Abs. 1 S 2 KostO beim Landwirtschaftsgericht angesetzt.

(8) Gestrichen

(9) Die Gebühren für die Eintragung in das Register einer Zweigniederlassung (§ 79

KostO), die nicht die Errichtung oder die Aufhebung einer Zweigniederlassung betreffen, sind ausschließlich beim Gericht der Hauptniederlassung (des Sitzes) anzusetzen. Wird gleichzeitig mit der Eintragung der Errichtung einer Zweigniederlassung eine Prokura in das Register des Gerichts der Zweigniederlassung eingetragen, so wird die anfallende Gebühr beim Gericht der Zweigniederlassung angesetzt. Im übrigen setzen die Gerichte der Zweigniederlassungen nur die bei ihnen entstehenden Auslagen (Bekanntmachungskosten) an. Die Geschäftsstelle des Gerichts der Hauptniederlassung vermerkt auf der für die Zweigniederlassung bestimmten Anmeldung, daß die Eintragungsgebühren berechnet sind. Diese Bestimmungen gelten auch dann, wenn die Niederlassungen in verschiedenen Ländern der Bundesrepublik liegen.

§ 6
Kostenansatz bei Verweisung eines Rechtsstreits an ein Gericht eines anderen Landes

(1) Wird ein Rechtsstreit an ein Gericht eines anderen Landes der Bundesrepublik verwiesen, so ist für den Kostenansatz der Kostenbeamte des Gerichts zuständig, das nach der Ländervereinbarung (vgl. Anlage 1) die Kosten einzuziehen hat.
(2) Einzuziehende Beträge, die nach § 130 BRAGO auf die Landeskasse übergegangen sind, werden im Falle der Verweisung eines Rechtsstreits an ein Gericht eines Landes bei dem Gericht angesetzt, an das der Rechtsstreit verwiesen worden ist (vgl. Anlage 2).

§ 7
Voraussetzungen des Kostenansatzes und Feststellung der Kostenschuldner im allgemeinen

(1) Wer Kostenschuldner ist und in welchem Umfang er haftet, stellt der Kostenbeamte fest. Dabei ist zu beachten, daß nach § 54 Nr. 3 GKG auch Dritte, die kraft Gesetzes, und nach § 3 Nr. 3 KostO sowie nach § 6 Abs. 1 Nr. 3 JVKostO auch Dritte, die nach den Vorschriften des bürgerlichen Rechts kraft Gesetzes für die Kostenschuld eines anderen haften (z. B. Erben, Ehegatten, Vermögensübernehmer usw.), als Kostenschuldner auf Leistung oder Duldung der Zwangsvollstreckung in Anspruch genommen werden können.
(2) Haften mehrere Kostenschuldner als Gesamtschuldner, so bestimmt der Kostenbeamte unter Beachtung der Grundsätze in § 8, wer zunächst in Anspruch genommen werden soll.
(3) Die Ermittlung und Feststellung von Personen, die nicht der Staatskasse für die Kostenschuld haften, sondern nur dem Kostenschuldner gegenüber zur Erstattung der Kosten verpflichtet sind, ist nicht Sache des Kostenbeamten.

§ 8
Kostengesamtschuldner

(1) Soweit in Angelegenheiten, in denen das Gerichtskostengesetz gilt, einer gesamtschuldnerisch haftenden Partei die Kosten durch gerichtliche Entscheidung auferlegt oder von ihr durch eine vor Gericht abgegebene oder von ihm mitgeteilte Erklärung übernommen sind, soll die Haftung der anderen gesamtschuldnerisch haftenden Partei (des Zweitschuldners) nur geltend gemacht werden, wenn eine Zwangsvollstreckung in das bewegliche Vermögen der erstgenannten Partei (des Erstschuldners) erfolglos geblieben ist oder aussichtslos erscheint (§§ 58 Abs. 2, 69 GKG). Das gleiche gilt in Verfahren in Landwirtschaftssachen (§ 47 Abs. 1 des Gesetzes über das gerichtliche Verfahren in Landwirtschaftssachen vom 21. 7. 1953 – Bundesgesetzbl. I S. 667). Daß die Zwangsvollstreckung aussichtslos sei, kann regelmäßig angenommen werden, wenn gegen den Erstschuldner im Ausland vollstreckt werden müßte.
(2) Soweit einem Kostenschuldner, der aufgrund von § 54 Nr. 1 GKG haftet, Prozeßkostenhilfe bewilligt oder ein Betrag für die Reise zum Ort einer Verhandlung, Vernehmung oder Untersuchung und für die Rückreise gewährt worden ist, soll die Haftung eines anderen Kostenschuldners nicht geltend gemacht werden (§ 58 Abs. 2 S 2 GKG).
(3)[3] In allen sonstigen Fällen der gesamtschuldnerischen Haftung für die Kosten bestimmt der Kostenbeamte nach pflichtgemäßem Ermessen, ob der geschuldete Betrag von einem Kostenschuldner ganz oder von mehreren nach Kopfteilen angefordert werden soll. Soweit die Sicherheit der Staatskasse keine andere Art der Inanspruchnahme geboten erscheinen läßt, sollen die Kosten regelmäßig zunächst angefordert werden
1. von dem Schuldner, dem sie durch gerichtliche Entscheidung auferlegt sind oder der sie durch Erklärung gegenüber dem Gericht übernommen hat;
2. in Ermangelung einer solchen Entscheidung oder Übernahmeerklärung von dem Schuldner, der sie im Verhältnis zu den übrigen endgültig zu tragen hat;
3. wenn dieses Innenverhältnis dem Kostenbeamten nicht bekannt ist oder wenn mehrere Schuldner auch im Verhältnis zueinander gleichmäßig haften, von sämtlichen Schuldnern nach Kopfteilen.

Ist anzunehmen, daß einer dieser Gesamtschuldner zur Zahlung überhaupt nicht oder nur in Teilbeträgen in der Lage wäre, so sind die gesamten Kosten zunächst nur von den übrigen anzufordern.

§ 9
Kosten bei Bewilligung von Prozeßkostenhilfe

Bei Bewilligung von Prozeßkostenhilfe sind die Durchführungsbestimmungen zum Gesetz über die Prozeßkostenhilfe (DB-PKHG) zu beachten.

3 Abs. 3 enthält verbindliche Ermessensrichtlinien mit Außenwirkung (OLG Frankfurt/Main, NStZ-RR 2001, 63.

§ 10
Unvermögen des Kostenschuldners in anderen Fällen

(1) In anderen als in den in § 8 Abs. 2 und in der Nr. 3. 1 der Durchführungsbestimmungen zum Prozeßkostenhilfegesetz (DB-PKHG[4]) bezeichneten Fällen darf der Kostenbeamte vom Ansatz der Kosten nur dann absehen, wenn das dauernde Unvermögen des Kostenschuldners zur Zahlung offenkundig oder ihm aus anderen Vorgängen bekannt ist, oder wenn sich der Kostenschuldner dauernd an einem Ort aufhält, an dem eine Beitreibung keinen Erfolg verspricht. Das dauernde Unvermögen des Kostenschuldners ist nicht schon deshalb zu verneinen, weil er möglicherweise später einmal in die Lage kommen könnte, die Schuld ganz oder teilweise zu bezahlen. Wenn dagegen bestimmte Gründe vorliegen, die dies mit einiger Sicherheit erwarten lassen, liegt dauerndes Unvermögen nicht vor.
(2) Ohne Rücksicht auf das dauernde Unvermögen des Kostenschuldners sind die Kosten anzusetzen,
1. wenn ein zahlungsfähiger Kostenschuldner für die Kosten mithaftet;
2. wenn anzunehmen ist, daß durch Ausübung des Zurückbehaltungsrechts (§ 25) die Zahlung der Kosten erreicht werden kann, insbesondere dann, wenn ein anderer Empfangsberechtigter an der Aushändigung der zurückbehaltenen Schriftstücke ein Interesse hat;
3. wenn die Kosten zugleich mit einem Geldbetrag iS des § 1 Abs. 1 der Einforderungs- und Beitreibungsanordnung einzuziehen sind (§ 4 Abs. 6);
4. wenn es sich um Gebühren oder Vorschüsse handelt, von deren Entrichtung die Vornahme einer Amtshandlung abhängt (§ 31).
(3) Angaben im Verfahren über Prozeßkostenhilfe, Feststellungen im Strafverfahren über die Einkommens- und Vermögensverhältnisse des Beschuldigten (Nr. 14 der Richtlinien für das Strafverfahren und das Bußgeldverfahren[5]) oder Mitteilungen der Gerichtskasse können dem Kostenbeamten einen Anhalt für seine Entschließung bieten. Er wird dadurch aber nicht von der Verpflichtung entbunden, selbständig zu prüfen und zu entscheiden, ob tatsächlich Unvermögen zur Zahlung anzunehmen ist. Nötigenfalls stellt er geeignete Ermittlungen an. In Strafsachen sind an Stellen außerhalb der Justizverwaltung Anfragen nach den wirtschaftlichen Verhältnisses des Kostenschuldners nur ausnahmsweise und nur dann zu richten, wenn nicht zu befürchten ist, daß dem Kostenschuldner aus diesen Anfragen Schwierigkeiten erwachsen könnten. Bei der Fassung etwaiger Anfragen ist jeder Hinweis darauf zu vermeiden, daß es sich um Kosten in einer Strafsache handelt.
(4) Der Kostenbeamte vermerkt in den Akten, daß er die Kosten nicht angesetzt hat; er gibt dabei die Gründe kurz an und verweist auf die Aktenstelle, aus der sie ersichtlich sind.

4 Vom Abdruck wurde abgesehen. Insoweit gelten in den einzelnen Bundesländern unterschiedliche Regelungen, die aber im wesentlichen inhaltlich übereinstimmen. Nachweise etwa bei *Hartmann* Seiten 1155 ff. Die in Schleswig-Holstein geltende Fassung ist z. B. abgedr in SchlHA 1985, 169, 184. Es handelt sich um Verwaltungsvorschriften, die für die Gerichte nicht bindend sind (OLG Düsseldorf, RPfleger 1986, 108).

5 Abgedruckt etwa bei Kleinknecht/*Meyer-Goßner* StPO, 44. Aufl., Anh. 15.

(5) Nach Abs 1 außer Ansatz gelassene Kosten sind anzusetzen, wenn Anhaltspunkte dafür bekannt werden, daß eine Einziehung Erfolg haben wird.

§ 10 a
Nichterhebung von Auslagen für von Amts wegen veranlaßte Terminsverlegungen und Vertagungen – zu § 8 Abs. 1 S 2 GKG; § 16 Abs. 1 S 2 KostO –

Der Kostenbeamte ist befugt, die in § 8 Abs. 1 S 2 GKG und § 16 Abs. 1 S 2 KostO genannten Auslagen außer Ansatz zu lassen. Er legt die Akten aber dem Gericht mit der Anregung einer Entscheidung vor, wenn dies mit Rücksicht auf rechtliche oder tatsächliche Schwierigkeiten erforderlich erscheint. Die Entscheidung des Kostenbeamten nach S 1 ist keine das Gericht bindende Anordnung iS von § 8 Abs. 2 S 2 GKG und § 16 Abs. 2 S 2 KostO.

§ 10 b
Absehen von Wertermittlungen

In den Fällen des § 92 KostO kann von Wertermittlungen abgesehen werden, wenn nicht Anhaltspunkte dafür bestehen, daß das reine Vermögen des Fürsorgebedürftigen mehr als 25 000 Euro beträgt.

§ 11
Kostenansatz bei gegenständlich beschränkter Gebührenfreiheit

(1) Bei Erbscheinen und ähnlichen Zeugnissen (§§ 107, 108 111 KostO), die zur Verwendung in einem bestimmten Verfahren gebührenfrei oder zu ermäßigten Gebühren zu erteilen sind, hat der Kostenbeamte die Urschrift und Ausfertigung der Urkunde mit dem Vermerk „Zum ausschließlichen Gebrauch für das ...-verfahren gebührenfrei – zu ermäßigten Gebühren erteilt“ zu versehen. Die Ausfertigung ist der Behörde oder Dienststelle, bei der das Verfahren anhängig ist, mit dem Ersuchen zu übersenden, den Beteiligten weder die Ausfertigung auszuhändigen noch eine Abschrift zu erteilen.
(2) Auf § 107a Abs. 2 S 2 KostO wird hingewiesen.

§ 12
Haftkosten

Die Erhebung der Kosten der Vollstreckung von freiheitsentziehenden Maßregeln der Besserung und Sicherung richtet sich nach § 138 Abs. 2, § 50 StVollzG. Die Kosten der Untersuchungshaft sowie einer sonstigen Haft außer Zwangshaft, die Kosten einer einstweiligen Unterbringung (§ 126a StPO), einer Unterbringung zur Beobachtung (§ 81 StPO. § 73 JGG) und einer einstweiligen Unterbringung in einem Heim der Jugendhilfe (§ 71 Abs. 2, § 72 Abs. 4 JGG) werden nur angesetzt, wenn sie nach § 50 StVollzG zu erheben wären (Nr. 9011 des Kostenverzeichnisses der Anlage 1 zum Gerichtskostengesetz).

§ 13
Zeit des Kostenansatzes im allgemeinen

(1) Soweit nichts anderes bestimmt oder zugelassen ist, werden Kosten alsbald nach Fälligkeit angesetzt (z. B. §§ 61–64 GKG, § 8 KostO). In finanzgerichtlichen Verfahren werden Gebühren und Auslagen jedoch erst nach rechtskräftigem Abschluß oder nach anderweitiger Beendigung des Verfahrens angesetzt.

(2) Auslagen sind idR erst bei Beendigung des Rechtszuges anzusetzen, wenn kein Verlust der Staatskasse zu befürchten ist. Das gleiche gilt für die Abrechnung der zu ihrer Deckung erhobenen Vorschüsse. Werden jedoch im Laufe des Verfahrens Gebühren fällig, so sind mit ihnen auch die durch Vorschüsse nicht gedeckten Auslagen anzusetzen.

(3) Abs 2 gilt nicht

1. für Auslagen, die in Verfahren vor einer ausländischen Behörde entstehen,
2. für Auslagen, die einer an der Sache nicht beteiligten Person zur Last fallen.

(4) Steht zu dem in Abs 1 bezeichneten Zeitpunkt der den Gebühren zugrunde zu legende Wert noch nicht endgültig fest, so werden die Gebühren unter dem Vorbehalt späterer Berichtigung nach einer vorläufigen Wertannahme angesetzt. Auf rechtzeitige Berichtigung ist zu achten (vgl. § 7 GKG, § 15 KostO); in Angelegenheiten, auf die die Kostenordnung Anwendung findet, ist erforderlichenfalls dem Kostenschuldner mitzuteilen, daß ein Wertermittlungsverfahren eingeleitet ist (§ 15 S 2 KostO).dd

§ 14
Zeit des Kostenansatzes in besonderen Fällen

I. **Gebühr für die Durchführung des Insolvenzverfahrens** (– zu Nr. 5112, 5115 des Kostenverzeichnisses der Anlage 1 zum Gerichtskostengesetz –)

(1) Es sind anzusetzen

1.

a) eine Teilgebühr mit einem Gebührensatz von 0,5 in Verfahren auf Antrag des Schuldners,

b) eine Teilgebühr mit einem Gebührensatz von 1,0 in Verfahren auf Antrag eines Gläubigers,
sobald eine ausreichende Barmasse vorhanden ist;
2. eine weitere Teilgebühr mit einem Gebührensatz von 1,0 nach Ablauf der Anmeldefrist;
3. die restliche Teilgebühr mit einem Gebührensatz von 1,0 bei Beendigung des Insolvenzverfahrens, wenn das Verfahren nicht gemäß §§ 207, 211, 212, 213 InsO oder nach § 3 des Ausführungsgesetzes zum deutsch-österreichischen Konkursvertrag eingestellt wird.
(2) Bei Einstellung des Insolvenzverfahrens hat der Kostenbeamte den Insolvenzverwalter schriftlich aufzufordern, einen Betrag zurückzuzahlen, der zur Deckung der näher bezeichneten Gerichtskosten ausreicht.

II. Auslagen in Genossenschaftssachen

In Genossenschaftssachen sind die Auslagen idR am Schluß eines jeden Kalenderjahres anzusetzen.

III. Kosten in Vormundschafts-, Dauerbetreuungs-und Dauerpflegschaftssachen

Die nach § 92 KostO bei Vormundschaften und Dauerbetreuungen und -pflegschaften zu Beginn eines jeden Kalenderjahres fällig werdenden Gebühren können, wenn kein Verlust für die Staatskasse zu besorgen ist, gelegentlich der Prüfung der jährlichen Rechungslegung angesetzt werden. Zur Sicherstellung des rechtzeitigen Ansatzes dieser Gebühren sind die in Betracht kommenden Akten von dem Kostenbeamten in ein Verzeichnis einzutragen, das mindestens folgende Spalten enthält:
1. Lfd. Nr., 2. Aktenzeichen, 3. Bezeichnung der Sache, 4. Jahresgebühr berechnet am:

IV. (weggefallen)

V. (weggefallen)

VI. Gebühren in Familien- und Lebenspartnerschaftssachen

Gebühren in Familiensachen nach § 621 Abs. 1 Nr. 4, 5 und 8 ZPO, die Folgesachen einer Scheidungssache sind und Gebühren in Folgesachen von Lebenspartnerschaftssachen (§ 661 Abs. 2 i.V.m. § 621 Abs. 1 Nr. 5 und 8 ZPO) sollen erst angesetzt werden, wenn eine unbedingte Entscheidung über die Kosten ergangen ist oder das Verfahren oder die Instanz durch Vergleich, Zurücknahme oder anderweitige Erledigung beendigt ist. Dies gilt nicht, wenn ein Verlust für die Staatskasse zu befürchten ist.

§ 15
Feststellung des letzten Einheitswertes – zu § 19 Abs. 2 KostO –

(1) Ist der Einheitswert vom Grundbesitz festzustellen (§ 19 Abs. 2 KostO), so genügt als Nachweis die Vorlage des Steuerbescheides (Feststellungsbescheides, Einheitswertbeschei-

des), sofern sich der Einheitswert des Grundbesitzes nicht schon aus der steuerlichen Unbedenklichkeitsbescheinigung ergibt.
(2) Vom Finanzamt ist um Auskunft über die Höhe des Einheitswertes oder um Erteilung einer Abschrift des Einheitswertbescheides nur zu ersuchen, wenn der Kostenschuldner den Steuerbescheid nicht vorlegt, ausnahmsweise auch dann, wenn die Wertermittlung besonders schwierig ist. § 24 Abs. 6 AktO ist zu beachten.

§ 16
Gebührensatz bei gleichzeitiger Belastung mehrerer Grundstücke – zu § 63 Abs. 3, § 64 Abs. 6, § 65 Abs. 2, § 67 KostO –

Wird die Belastung mehrerer Grundstücke mit ein und demselben Recht gleichzeitig beantragt und wird das Grundbuch über die mehreren Grundstücke bei verschiedenen Grundbuchämtern geführt (§ 63 Abs. 3 KostO), so haben sich die Kostenbeamten der beteiligten Grundbuchämter wegen des Gebührenansatzes durch Mitteilung einer Abschrift der Kostenrechnung miteinander zu verständigen. Das gleiche gilt in den Fällen der § 64 Abs. 6, § 65 Abs. 2 und 3, 67 KostO.

§ 17

(aufgehoben)

§ 18

(aufgehoben)

§ 19

(aufgehoben)

§ 20 (gestrichen) Vordruckauslagen für Hypotheken-, Grundschuld-, Rentenschuldbriefe

– zu § 136 Abs. 4 KostO –

Für jeden verwendeten Vordruck für Hypotheken, Grundschuld- und Rentenschuldbriefe sind 50 Deutsche Pfennig als Auslagen zu erheben. Die Auslagen werden nur angesetzt, soweit sie gleichzeitig mit anderen Kosten einzufordern sind. § 13 Abs. 4 Buchstabe d findet insoweit keine Anwendung.

§ 21 Gerichtsvollzieherkosten

– zu § 13 Abs. 3 GVKostG –

Hat der Gerichtsvollzieher bei Aufträgen, die ihm vom Gericht erteilt wurden, die Gerichtsvollzieherkosten (Gebühren und Auslagen) zu den Akten mitgeteilt und nicht angezeigt, daß er sie eingezogen hat, so sind sie als Auslagen des gerichtlichen Verfahrens anzusetzen (vgl. § 13 Abs. 3 GVKostG), § 27 Abs. 8 S 3.

§ 22 Kostensicherung

(1) Zur Sicherung des Kosteneingangs sehen die Kostengesetze vor

1. die Erhebung von Kostenvorschüssen, von denen die Vornahme einer Amtshandlung nicht abhängt (z. B. § 66, § 68 Abs. 3 GKG, § 8 Abs. 1 KostO);
2. die Zurückstellung von Amtshandlungen bis zur Entrichtung bestimmter Gebühren oder Kostenvorschüsse (z. B. § 64 Abs. 2, § 65 GKG, § 8 Abs. 2 KostO, § 7 Abs. 2 S 2 JVKostO);
3. die Zurückbehaltung von Urkunden bis zur Bezahlung der Kosten (§ 25).

(2) Die Erhebung eines Kostenvorschusses, von dessen Zahlung die Amtshandlung nicht abhängt (Abs 1 Nr. 1), ordnet der Kostenbeamte selbständig an. Das gleiche gilt in den Fällen des § 65 GKG, jedoch ist der Eingang zunächst dem Richter(Rechtspfleger) vorzulegen, wenn sich daraus ergibt, daß die Erledigung der Sache ohne Vorauszahlung angestrebt wird.

(3) Wenn nach gesetzlicher Vorschrift die Vornahme des Geschäfts von der Vorauszahlung der Kosten abhängig gemacht werden soll (z. B. §§ 379a, 390 Abs. 4 StPO, § 68 Abs. 1 S 2 GKG, § 8 Abs. 2 KostO), hat der Kostenbeamte vor der Einforderung des Vorschusses die Entscheidung des Richters (Rechtspflegers) einzuholen;[6] dies gilt nicht in den Fällen des § 65 GKG (vgl. oben Abs. 2 S 2).

6 OLG Koblenz, NJW-RR 2002, 432 (LS).

(4) In Justizverwaltungsangelegenheiten bestimmt der nach 3 53 zuständige Beamte die Höhe des Vorschusses.
(5) Ist die Vornahme einer Amtshandlung nicht von der Zahlung eines Auslagenvorschusses abhängig, so soll dieser regelmäßig nur erfordert werden, wenn die Auslagen mehr als 25 Euro betragen oder ein Verlust der Staatskasse zu befürchten ist.
(6) In den Fällen des Absatzes 1 Nr. 1 und 3 sowie des § 64 Abs. 2 GKG und in gleichartigen Fällen ist ein Vorschuß nicht zu erheben, wen eine Gemeine, ein Gemeindeverband oder eine sonstige Körperschaft des öffentlichen Rechts Kostenschuldner ist.

§ 23
Sicherstellung nach § 8 Abs. 1 KostO

Wird Sicherstellung zugelassen, so wird der Vorschuß zwar berechnet, aber nicht nach § 4 Abs. 2 angefordert. Die Sicherheit kann vorbehaltlich anderer Anordnungen des Richters (Rechtspflegers) in der in den §§ 232 bis 240 BGB vorgesehenen Weise geleistet werden. Die Verwertung der Sicherheit ist Sache der Gerichtskasse, nachdem ihr die aus Anlaß des Geschäfts erwachsenen Kosten zur Einziehung überwiesen sind.

§ 24
Jährliche Vorschüsse in Zwangsverwaltungsverfahren

– zu § 66 Abs. 2 GKG –

Der jährlich zu erhebende Gebührenvorschuß soll regelmäßig in Höhe einer Gebühr mit einem Gebührensatz von 0,5 bemessen werden. Daneben ist ein Auslagenvorschuß in Höhe der im laufenden Jahr voraussichtlich erwachsenden Auslagen zu erheben.

§ 25
Zurückbehaltungsrecht

– § 10 KostO, § 64 Abs. 2 GKG, § 7 JVKostO –

(1) In Angelegenheiten, auf die die Kostenordnung anzuwenden ist, und in Justizverwaltungsangelegenheiten sind Bescheinigungen, Ausfertigungen, Abschriften sowie zurückzugebende Urkunden, die aus Anlaß eines Geschäfts von einem Kostenschuldner oder von einer sonstigen Person eingereicht sind, regelmäßig bis zu Zahlung der in der Angelegenheit erwachsenden Kosten zurückzubehalten. § 10 Abs. 2 KostO ist im Falle des § 64 Abs. 2 GKG und in Justizverwaltungsangelegenheiten entsprechend anzuwenden. Die Entscheidung trifft der Kostenbeamte.
(2) Kosten, von deren Entrichtung die Herausgabe abhängig gemacht wird, sind sobald

wie möglich anzusetzen. Können sie noch nicht endgültig berechnet werden, so sind sie vorbehaltlich späterer Berichtigung vorläufig anzusetzen.

(3) Ist ein anderer als der Kostenschuldner zum Empfang des Schriftstücks berechtigt, so hat ihn der Kostenbeamte von der Ausübung des Zurückbehaltungsrechts zu verständigen. Erhält der Empfangsberechtigte in derselben Angelegenheit eine sonstige Mitteilung, so ist die Nachricht, daß das Schriftstück zurückbehalten wird, nach Möglichkeit damit zu verbinden.

(4) Wegen des Vermerks der Ausübung des Zurückbehaltungsrechts und der Aufführung des dritten Empfangsberechtigten in der Kostenrechnung wird auf § 27 Abs. 7 verwiesen.

(5) Für die sichere Verwahrung von Wertpapieren, Sparkassenbüchern, Hypothekenbriefen und sonstigen Urkunden von besonderem Wert ist Sorge zu tragen.

(6) Die zurückbehaltenen Schriftstücke sind an den Empfangsberechtigten herauszugeben,

1. wenn die Gerichtskasse anzeigt, daß die Kosten gezahlt sind (vgl. § 27 Abs. 7),
2. wenn die Anordnung, daß Schriftstücke zurückzubehalten sind, vom Kostenbeamten oder durch gerichtliche Entscheidung aufgehoben wird.

Der Kostenbeamte hat in den Fällen der Nr. 2 die Gerichtskasse von der Herausgabe zu verständigen.

§ 26 (aufgehoben)

§ 27
Inhalt der Kostenrechnung

(1) Die Kostenrechnung enthält

1. die Bezeichnung der Sache und die Geschäftsnummer,
2. die einzelnen Kostenansätze und die Kostenvorschüsse unter Hinweis auf die angewendete Vorschrift, bei Wertgebühren auch den der Berechnung zugrunde gelegten Wert,
3. den Gesamtbetrag der Kosten,
4. Name, Anschrift und – soweit bekannt – Beruf und ggf. Geschäftszeichen der Kostenschuldner.

(2) Haften mehrere als Gesamtschuldner oder hat ein Kostenschuldner die Zwangsvollstreckung in ein bestimmtes Vermögen zu dulden, so ist dies zu vermerken. Bei der anteilmäßigen Inanspruchnahme des Kostenschuldners (z. B. § 8 Abs. 3) ist ein eindeutiger Vorbehalt über die Möglichkeit einer weiteren Inanspruchnahme in die Kostenrechnung aufzunehmen. Unter Beachtung der Grundsätze in § 8 Abs. 3 ist weiter anzugeben, wie die einzelnen Gesamtschuldner zunächst in Anspruch genommen werden sollen. Erst- und Zweitschuldner (§ 8 Abs. 1) sind ausdrücklich als solche zu bezeichnen. Wird der Zweitschuldner vor dem Erstschuldner in Anspruch genommen (§ 8 Abs. 1), so sind die Gründe hierfür kurz anzugeben.

(3) Ist bei mehreren Kostenschuldnern damit zu rechen, daß der zunächst in Anspruch

genommene die Kosten bezahlen wird, so kann im Verfahren des ersten Rechtszuges die Aufführung der weiteren Gesamtschuldner durch ausdrücklichen Vermerk vorbehalten werden.
(4) Ein Abweichen vom Regelwert (z. B. § 20 Abs. 2, § 30 Abs. 2 KostO) ist kurz zu begründen.
(5) Sind die Kosten durch Kostenmarken oder durch Verwendung von Gerichtskostenstemplern entrichtet oder durch Aktenausdrucke nach § 696 Abs. 2 S 1 ZPO mit Gerichtskostenrechnungen nachgewiesen, so ist zu vermerken, wo sich diese Zahlungsnachweise befinden. Sind Kosten bei der Gerichtskasse gebucht, so ist die Buchungsnummer anzugeben.
(6) Ergeben sich aus den Akten Anhaltspunkte dafür, daß noch weitere Kosten geltend gemacht werden können, die vom Kostenschuldner als Auslagen zu erheben sind (z. B. Pflichtverteidigervergütung, Sachverständigenentschädigung), so ist ein eindeutiger Vorbehalt über die Möglichkeit einer Inanspruchnahme für die weiteren, nach Art oder voraussichtlicher Höhe zu bezeichnenden Kosten in die Kostenrechnung aufzunehmen.
(7) Die Ausübung des Zurückbehaltungsrechts (§ 25) ist mit kurzer Begründung zu vermerken. Durch einen rot unterstrichenen Vermerk „ZA" ist die Gerichtskasse um Zahlungsanzeige zu ersuchen. Ist ein anderer als der Kostenschuldner zum Empfang des Schriftstücks berechtigt (§ 25 Abs. 3), so ist er gleichfalls in der Kostenrechnung aufgeführt.
(8) Enthält die Kostenrechnung Beträge, die anderen Berechtigten als der Staatskasse zustehen und nach der Einziehung an sie auszuzahlen sind (durchlaufende Gelder), so ist in den Fällen, in denen sie der Gerichtskasse zur Einziehung überwiesen werden, die Gerichtskasse gleichfalls durch rot zu unterstreichenden Vermerk „ZA" um Zahlungsanzeige zu ersuchen. Der Empfangsberechtigte ist in der Kostenrechnung aufzuführen. Im Falle des § 21 ist der Gerichtsvollzieher als empfangsberechtigt zu bezeichnen.
(9) Wenn für einen Vorschuß Sicherheit geleistet ist (§ 23), so ist dies durch rot zu unterstreichenden Vermerk anzugeben.
(10) Der Kostenbeamte vermerkt weiter, was ihm über die Zahlungsfähigkeit, die Einkommens- und Vermögensverhältnisse eines Kostenschuldners sowie über sonstige Umstände (z. B. drohende Verjährung) bekannt ist, die für die Einziehungsmaßnahmen der Gerichtskasse von Bedeutung sein können. Falls der Gerichtskasse in derselben Angelegenheit bereits Kosten zur Einziehung bei demselben Kostenschuldner überwiesen worden sind, vermerkt der Kostenbeamte die Nummern des Kostensollbuchs (Kostenüberwachungsbuchs) dieser früheren Sollstellungen. Die Vermerke sind rot zu unterstreichen.
(11) Ist der Kostenschuldner im Hinblick auf die Höhe der Kostenschuld zur Zahlung innerhalb der regelmäßigen Zahlungsfrist offensichtlich nicht in der Lage, so hat der Kostenbeamte durch den Vermerk „Stundungshinweis" die Aufnahme eines entsprechenden Hinweises in die Reinschrift der Kostenrechnung sicherzustellen.
(12) Der Kostenbeamte hat die Kostenrechnung unter Angabe von Ort, Tag und Amtsbezeichnung zu unterschreiben.

§ 28 *(aufgehoben)*

§ 29
Reinschriften der Kostenrechnung

(1) Hat der Kostenbeamte die Überweisung der Kosten an die Gerichtskasse verfügt (§ 4 Abs. 2), so läßt die Geschäftsstelle für jeden Kostenschuldner, der in Anspruch genommen werden soll, eine Reinschrift der Kostenrechnung sowie als Durchschrift der Vorderseite eine Sollkarte anfertigen.
(2) Aus der Kostenrechnung werden in Reinschrift übertragen
1. die den Kostenschuldner betreffenden Kostensätze und die Hinweise auf die angewendeten Vorschriften,
2. bei Wertgebühren der der Berechnung zugrunde gelegte Wert,
3. die Einzelbeträge und der Gesamtbetrag der Kosten, die von dem Kostenschuldner erhoben werden sollen,
4. der Vermerk über die Ausübung des Zurückbehaltungsrechts,
5. der Vermerk über einen Vorbehalt nach § 27 Abs. 2 oder Abs. 6,
6. der Vermerk nach § 27 Abs. 2 S 5 über die Gründe der Inanspruchnahme des Zweitschuldners.
(3) Der Vermerk, daß der Kostenschuldner die Zwangsvollstreckung in ein bestimmtes Vermögen zu dulden habe (§ 27 Abs. 2 S 1), ist gleichfalls in die Reinschrift zu übertragen. Die in der Reinschrift enthaltene Zahlungsaufforderung ist in diesen Fällen durch die Aufforderung zu ersetzen, die Zwangsvollstreckung in das bestimmte Vermögen zu dulden; ist der Kostenschuldner zugleich zahlungspflichtig, so ist er sowohl zur Zahlung als auch zur Duldung aufzufordern.
(4) Die Gründe für ein Abweichen vom Regelwert (§ 27 Abs. 4) werden nur auf ausdrückliche Anweisung des Kostenbeamten in die Reinschrift übertragen.
(5) Die in der Reinschrift enthaltene Aufforderung zur Zahlung wird von der Gerichtskasse unterschriftlich vollzogen oder mit dem Abdruck des Dienststempels versehen. Die in Abs 3 vorgesehene Aufforderung zur Duldung der Zwangsvollstreckung ist in jedem unterschriftlich zu vollziehen. Der Beamte der Geschäftsstelle ist für die Richtigkeit und Vollständigkeit der Reinschrift verantwortlich.

§ 30
Übersendung der Kostenrechnung an die Gerichtskasse

(1) Die Geschäftsstelle leitet die Urschriften und die Reinschriften der Kostenrechnungen mit den Sollkarten ohne die Akten der zuständigen Gerichtskasse zu. Behörden am Sitz der Gerichtskasse geben die Unterlagen täglich, andere Behörden spätestens 3 Arbeitstage nach der letzten Absendung weiter. Die Zuleitung an die Gerichtskasse ist in den Akten zu vermerken.

(2) Die Urschrift der Kostenrechnung, die nach Abschluß des Verfahrens in der Rechtsmittelinstanz aufzustellen ist (Schlußkostenrechnung), wird der Gerichtskasse durch Vermittlung der Geschäftsstelle des ersten Rechtszuges übersandt, die auch für die Fertigung der erforderlichen Reinschriften und der Sollkarten zu sorgen hat. Sind Kosten des höheren Rechtszuges im Soll zu löschen oder zurückzuzahlen, so ist nach § 36 Abs. 3 zu verfahren. Der Kostenbeamte des ersten Rechtszuges hat vor Anordnung der Löschung im Soll oder der Rückzahlung zunächst festzustellen, ob die zum Soll gestellten Kosten des höheren Rechtszuges bereits entrichtet sind. Wenn diese Kostenrechnung noch offensteht, ist die Löschung im Soll oder die Rückzahlung so anzuordnen, wie es für die beteiligten Gerichtskassen und den Kostenschuldner zweckdienlich ist.
(3) Abs 2 gilt nicht für die bei einem obersten Gerichtshof des Bundes entstandenen Kosten.

§ 31
Einforderung der Kosten durch die Geschäftsstelle mit Kostennachricht

– zu §§ 379a, 390 Abs. 4 StPO, § 64 Abs. 2, §§ 65, 68 Abs. 1 S 2 GKG § 8 Abs. 2 KostO –

(1) Vorweg zu erhebende Gebühren und Kostenvorschüsse, von deren Entrichtung die Vornahme einer Amtshandlung oder die Einleitung oder der Fortgang eines Verfahrens anhängig ist, fordert die Geschäftsstelle ohne vorherige Überweisung an die Gerichtskasse unmittelbar von dem zahlungspflichtigen mit Kostennachricht an; das gleiche gilt im Falle der Ausübung des Zurückbehaltungsrechts. § 27 Abs. 1 ist zu beachten.
(2) Steht der Wert des Streitgegenstandes oder der Geschäftswert noch nicht endgültig fest, so sind der Berechnung vorläufig die Angaben des Klägers oder Antragstellers zugrunde zu legen, sofern sie nicht offenbar unrichtig sind.
(3) Hat das Gericht den Betrag des Vorschusses und die Zahlungsfrist selbst bestimmt (z. B. in den Fällen der §§ 379 a, 402 ZPO), so unterbleibt eine Kostennachricht; mit der Entscheidung ist ein nach § 32 Abs. 1 vorbereiteter Überweisungsträger zu übersenden.
(4) Hat der Zahlungspflichtige auf die Gebühren oder Vorschüsse (Abs 1) Beträge bezahlt, die zur Deckung nicht völlig ausreichen, so ist er auf den Minderbetrag hinzuweisen; hat er noch keine Kostennachricht erhalten, so ist der Minderbetrag mit der Kostennachricht anzufordern. Ist der Minderbetrag nur gering, so führt der Kostenbeamte zunächst eine Entscheidung des Richters (Rechtspflegers) darüber herbei, ob der Sache gleichwohl Fortgang zu geben sei. Wird der Sache Fortgang gegeben, so wird der fehlende Betrag der Gerichtskasse zur Einziehung überwiesen, falls er nicht nach den bestehenden Bestimmungen wegen Geringfügigkeit außer Ansatz bleibt; besteht der Richter (Rechtspfleger) dagegen auf Zahlung des Restbetrages, so ist nach S 1 zu verfahren.
(5) Wird in den Fällen der §§ 379 a, 390 Abs. 4 StPO der angeforderte Betrag nicht voll gezahlt, so sind die Akten alsbald dem Gericht (Vorsitzenden) zur Entscheidung vorzulegen.

§ 32
Behandlung von Kostennachrichten

(1) Allen Kostennachrichten ist ein auf ein Konto der Gerichtskasse oder, falls sich bei dem Gericht eine Gerichtszahlstelle befindet, auf deren Konto ltender Überweisungsträger beizufügen. Im Feld für die Angabe des Verwendungszwecks sind die Angelegenheit und das Aktenzeichen so zu bezeichnen, daß danach die Zahlungsanzeige zu den Sachakten erstattet werden kann.
(2) Die Kostennachricht soll dem Bevollmächtigten, insbesondere dem Prozeßbevollmächtigten oder Notar, nur dann zugesandt werden, wenn er sich zur Vermittlung der Zahlung erboten hat oder die genaue Abschrift des Zahlungspflichtigen unbekannt ist. In sonstigen Fällen wird die Kostennachricht dem Zahlungspflichtigen selbst zugesandt.
(3) Ist die Zahlung des Vorschusses an eine Frist geknüpft (z. B. in den Fällen der §§ 379a, 390 Abs. 4 StPO, § 18 GBO), so ist die Kostennachricht von Amts wegen zuzustellen. In sonstigen Fällen wird sie regelmäßig als Brief abgesandt.
(4) Wird der in der Kostennachricht enthaltenen Zahlungsaufforderung keine Folge geleistet, so hat der Kostenbeamte die in der Sache etwa entstandenen oder noch entstehenden Kosten zu berechnen und an die Gerichtskasse zur Einziehung zu überweisen. Das gleiche gilt, wenn die Anordnung, durch welche die Vornahme eines Geschäfts von der Vorauszahlung anhängig gemacht war, wieder aufgehoben oder wenn von der gesetzlich vorgesehenen Vorleistungspflicht eine Ausnahme bewilligt wird (z. B. nach § 65 Abs. 7 GKG). Kommt der zur Vorleistung Verpflichtete in den Fällen des § 65 Abs. 1 GKG der Zahlungsaufforderung nicht nach, so werden die in § 65 Abs. 1 GKG genannten Gebühren nur insoweit angesetzt, als sich der Zahlungspflichtige nicht durch Rücknahme der Klage oder des Antrags von der Verpflichtung zur Zahlung befreien kann.
(5) War der Vorschuß mit Kostennachricht eingefordert, so ist dem Kostenschuldner eine Schlußkostenrechnung nur dann zu übersenden, wenn sich die endgültig festgestellte Kostenschuld mit dem Betrag des Vorschusses nicht deckt. Die Schlußkostenrechnung ist dann unverzüglich, jedenfalls vor Ablauf eines Monats nach Abschluß der Angelegenheiten, zu übersenden.

Abschnitt III. Aufgaben nach Absendung der Kostenrechnung oder Kostennachricht

§ 33
Behandlung von Gesuchen und Mitteilungen an die Gerichtskasse

(1) Ersucht die Gerichtskasse um Auskunft darüber, ob die Sachakten Näheres über die Einkommens- und Vermögensverhältnisse eines Kostenschuldners, insbesondere über das

Vorhandensein pfändbarer Ansprüche, ergeben, so hat der Kostenbeamte die notwendigen Feststellungen zu treffen. Befinden sich die Akten beim Rechtsmittelgericht, so trifft diese Verpflichtung dem Kostenbeamten dieses Gerichts.

(2) Gibt die Gerichtskasse die Kostenrechnung zurück, weil der darin genannte Kostenschuldner nach ihrer Kenntnis zahlungsunfähig ist, so hat der Kostenbeamte diese Beurteilung seiner weiteren Prüfung zugrunde zu legen, wenn ihm nicht Tatsachen bekannt sind, die der Auffassung der Gerichtskasse entgegenstehen, insbesondere Tatsachen, aus denen sich ergibt, daß der Kostenschuldner nur vorübergehend zahlungsunfähig ist. Schließt sich der Kostenbeamte der Auffassung der Gerichtskasse an, so prüft er, ob weitere Kostenschuldner vorhanden sind, und stellt ggf eine neue Kostenrechnung auf. Bleibt der Kostenbeamte dagegen bei der Auffassung, daß der ursprüngliche Kostenschuldner zahlungsfähig ist, so gibt er die Kostenrechnung mit einer kurzen Begründung seiner Auffassung an die Gerichtskasse zurück.

(3) Ersucht die Gerichtskasse um eine Änderung oder Ergänzung der Kostenrechnung, weil sie eine andere Heranziehung von Gesamtschuldnern oder eine Erstreckung der Kostenrechnung auf bisher nicht in Anspruch genommene Kostenschuldner für geboten hält, so hat der Kostenbeamte auf Grund der Ermittlungen der Gerichtskasse die Voraussetzungen für die Heranziehung dieser Kostenschuldner festzustellen (vgl. § 7 Abs. 1) und ggf die Umschreibung des Kostensolls durch Aufstellung einer neuen oder Ergänzung der bisherigen Kostenrechnung zu veranlassen. Die Gründe für die Inanspruchnahme des weiteren Kostenschuldners sind in er Reinschrift der Kostenrechnung anzugeben. Soweit hier Kosten eines bereits erledigten Rechtsmittelverfahrens zu berücksichtigen sind, sind die dem Kostenbeamten obliegenden Dienstverpflichtungen von dem Kostenbeamten des Rechtsmittelgerichts zu erledigen; für die Beantwortung einer Zweitschuldneranfrage der Gerichtskasse ist der Kostenbeamte des Gerichts des ersten Rechtszuges zuständig, falls eine Zweitschuldnerhaftung nicht besteht.

(4) Die Bestimmungen des Absatzes 3 gelten entsprechend, wenn ein Kostenschuldner vorhanden ist, der wegen der Kostenschuld lediglich die Zwangsvollstreckung in ein bestimmtes Vermögen (z. B. der Grundstückseigentümer bei dinglich gesicherten Forderungen, für die er nicht persönlich haftet) zu dulden hat.

(5) Wird dem Kostenbeamten eine Nachricht der Gerichtskasse über die Löschung des Kostensolls vorgelegt, so hat er die Löschung auf der Kostenrechnung zu vermerken, den Vermerk rot zu unterstreichen und zu prüfen, ob nach den Akten noch Einziehungsmöglichkeiten bestehen (z. B. durch Pfändung einer im Rechtsstreit zuerkannten Forderung, Heranziehung eines der Gerichtskasse bisher noch nicht benannten Mithaftenden); ggf ist die Gerichtskasse zu verständigen. Das Ergebnis der Prüfung ist auf der Löschungsnachricht kurz zu vermerken.

(6) Eine Zahlungsanzeige, die sich auf einen der Gerichtskasse zur Einziehung überwiesenen Betrag bezieht und nicht bei den Sachakten zu verbleiben hat, ist von dem Kostenbeamten an die Gerichtskasse (Gerichtszahlstelle) zurückzusenden. Der Grund der Rückgabe ist auf der Zahlungsanzeige zu vermerken oder in einem Begleitschreiben mitzuteilen. Ferner hat er Kostenbeamte die für die Abwicklung des Betrages bei der Gerichtskasse (Gerichtszahlstelle) erforderlichen Hinweise zu geben. Die Rücksendung einer Zahlungsanzeige hat er auf der vorderen Innenseite des Aktenumschlags zu ver-

merken. Der Vermerk muß den Einzahler, den Betrag der Einzahlung, die Buchungsnummer und den Grund der Rückgabe enthalten.
(7) Die Rücksendung einer Zweitschuldneranfrage und das mitgeteilte Ergebnis hat der Kostenbeamte auf der Urschrift er Kostenrechnung zu vermerken.

§ 34
Prüfung der Kostenrechnungen nach Rückgabe

Nach Rückgabe der Kostenrechnungen durch die Gerichtskasse prüft die Geschäftsstelle, ob die Kostenrechnung mit dem vorgeschriebenen Buchungsvermerk versehen sind. Kostenrechnungen, auf denen die Sollstellung in anderer Weise als vorgeschrieben (z. B. handschriftlich) bescheinigt sind, sind unverzüglich dem Behördenvorstand vorzulegen, der das Erforderliche zu veranlassen hat.

§ 35
Berichtigung des Kostenansatzes

(1) Der Kostenbeamte hat bei jeder Änderung der Kostenforderung den Kostenansatz zu berichtigen und, wenn hierdurch auch die Kosten eines anderen Rechtszuges berührt werden, den Kostenbeamten dieses Rechtszuges zu benachrichtigen, soweit er nicht selbst für den Kostenansatz des anderen Rechtszuges zuständig ist (z. B. § 5 Abs. 3).
(2) Solange eine gerichtliche Entscheidung oder eine Anordnung im Dienstaufsichtsweg nicht ergangen ist, hat er auf Erinnerung oder auch von Amts wegen unrichtige Kostenansätze richtigzustellen. Will er einer Erinnerung des Kostenschuldners nicht oder nicht in vollem Umfang abhelfen oder richtet sich die Erinnerung gegen Kosten, die auf Grund einer Beanstandung des Prüfungsbeamten angesetzt sind, so hat er sie mit den Akten dem Prüfungsbeamten vorzulegen.

§ 36
Nachträgliche Änderung der Kostenforderung

(1) Ändert sich nachträglich die Kostenforderung, so stellt der Kostenbeamte eine neue Kostenrechnung auf, es sei denn, daß die Kostenforderung völlig erlischt.
(2) Erhöht sich die Kostenforderung, so veranlaßt er die Nachforderung des Mehrbetrages nach §§ 29 ff.
(3) Vermindert sie sich oder erlischt sie ganz, so ordnet er durch eine Kassenanordnung die Löschung im Soll oder die Rückzahlung an. Sind Kosten aus einem höheren Rechtszuge zu löschen oder zurückzuzahlen, so erläßt, wenn die Sache noch bei dem mit dem Rechtsmittel befaßten Gericht anhängig ist, der Kostenbeamte dieses Gerichts, im übrigen der

Kostenbeamte des ersten Rechtszuges die Kassenanordnung. Handelt es sich jedoch um die Kosten eines obersten Gerichtshofs des Bundes, so ist der Kostenbeamte dieses Gerichts zuständig. In der Kassenanordnung sind sämtliche in derselben Rechtssache zum Soll gestellten oder eingezahlten Beträge, für die der Kostenschuldner haftet, anzugeben; dabei hat der Kostenbeamte, wenn mehrere Beträge zum Soll stehen, diejenigen Beträge zu bezeichnen, für die weitere Kostenschuldner vorhanden sind. Die Anordnung der Löschung oder Rückzahlung ist unter Angabe des Betrages auf der Urschrift der Kostenrechnung in auffälliger Weise zu vermerken; der Vermerk ist rot zu unterstreichen. Die Kassenanordnung ist der Gerichtskasse zusammen mit den erforderlichen Reinschriften der neuen Kostenrechnung zuzuleiten. Eine Reinschrift der neuen Kostenrechnung ist nicht erforderlich, wenn der Grund der Rückzahlung bei der Auszahlung im unbaren Zahlungsverkehr auf dem für den Empfänger bestimmten Postabschnitt ausreichend bezeichnet werden kann. Die Sachakten sind regelmäßig nicht beizufügen.

(4) Wird eine Partei durch einen Prozeßbevollmächtigten (§ 81 ZPO) vertreten, so ist die Rückzahlung an ihn anzuordnen. In anderen Fällen ist die Rückzahlung an einen Bevollmächtigten anzuordnen,

a) wenn er eine Vollmacht seines Auftraggebers zu den Akten einreicht, die ihn allgemein zum Geldempfang oder zum Empfang der im Verfahren etwa zurückzuzahlenden Kosten ermächtigt, und wenn keine Zweifel bzgl der Gültigkeit der Vollmacht bestehen, oder

b) wenn es sich bei dem Bevollmächtigten um einen Rechtsanwalt, Notar oder Rechtsbeistand handelt und dieser rechtzeitig vor Anordnung der Rückzahlung schriftlich erklärt, daß er die Kosten aus eigenen Mitteln bezahlt hat.

(5) Im Falle der Berichtigung wegen irrtümlichen Ansatzes muß aus der Kostenrechnung und aus der Kassenanordnung hervorgehen, inwiefern der ursprüngliche Ansatz unrichtig war.

(6) Hat die Dienstaufsichtsbehörde oder der Kostenprüfungsbeamte (§ 42) die Berichtigung angeordnet, so ist dies zu vermerken.

(7) Im Falle des Kostenerlasses ist die den Kostenerlaß anordnende Verfügung zu bezeichnen.

(8) Beruht die Berichtigung oder Änderung auf einer mit Beschwerde anfechtbaren gerichtlichen Entscheidung, so ist anzugeben, daß die Entscheidung dem zur Vertretung der Staatskasse zuständigen Beamten vorgelegen hat.

(9) Die Vermerke nach Abs 5, 6 und 7 sind auch in die Reinschrift der Kostenrechnung zu übertragen.

(10) Wird die Rückzahlung von Kosten veranlaßt, die durch Verwendung von Kostenmarken oder Gerichtskostenstemplern entrichtet oder sonst ohne Sollstellung eingezahlt sind oder deren Zahlung durch Aktenausdrucke nach § 696 Abs. 2 S 1 ZPO mit Gerichtskostenrechnungen nachgewiesen ist, so hat ein zweiter Beamter oder Angestellter der Geschäftsstelle in der Kassenanordnung zu bescheinigen, daß die Beträge nach den angegebenen Zahlungsnachweisen entrichtet und die Buchungsangaben aus den Zahlungsanweisungen über die ohne Sollstellung eingezahlten Beträge richtig übernommen sind. Die Anordnung der Rückzahlung ist bei oder auf dem betroffenen Zahlungsnachweis in auffälliger Weise zu vermerken; der Vermerk ist rot zu unterstreichen. Die Gerichtskasse

ist befugt, sich durch Stichproben von der ordnungsgemäßen Verwendung der Kostenmarken und Gerichtskostenstempler zu überzeugen und die Sachakten anzufordern.
(11) Sind infolge der nachträglichen Änderung der Kostenrechnung nur Kleinbeträge nachzufordern, im Soll zu löschen oder zurückzuzahlen, so sind die für die Behandlung solcher Beträge getroffenen besonderen Bestimmungen zu beachten.
(12) Wird eine neue Kostenrechnung aufgestellt (Abs 1), so ist in ihr die frühere Kostenrechnung zu bezeichnen. Die frühere Kostenrechnung ist mit einem rot zu unterstreichenden Hinweis auf die neue Kostenrechnung zu versehen.

§ 37
Nachträgliche Änderung der Kostenhaftung

(1) Tritt zu dem bisher in Anspruch genommenen Kostenschuldner ein neuer hinzu, der vor jenem in Anspruch zu nehmen ist (vgl. § 8), so stellt der Kostenbeamte zunächst fest, ob die eingeforderten Kosten bereits entrichtet sind. Erforderlichenfalls richtet er eine kurze Anfrage an die Gerichtskasse und ersucht gleichzeitig um Auskunft, ob ihr über die Zahlungsfähigkeit des nunmehr in Anspruch zu nehmenden Schuldners näheres bekannt ist. Soweit bezahlt ist, behält es dabei sein Bewenden. Sind die Kosten dagegen noch nicht oder noch nicht ganz bezahlt und ist auch nicht anzunehmen, daß der nunmehr in Anspruch zu nehmende Kostenschuldner zahlungsunfähig sein werde, so berichtigt der Kostenbeamte die Kostenrechnung oder stellt, wenn es zur Vermeidung von Unklarheiten angezeigt erscheint, eine neue Kostenrechnung auf. Er veranlaßt sodann die Ausstellung der erforderlichen neuen Reinschriften und ersucht die Gerichtskasse um entsprechende Umschreibung des Kostensolls, soweit die Kosten nicht zur Umschreibung noch bezahlt werden sollen. Wird die Umschreibung des Kostensolls auf mehrere neue Schuldner erforderlich, so hat der Kostenbeamte die Löschung der gegen den bisherigen Schuldner geltend gemachten Forderung durch Kassenanordnung anzuordnen und die Sollstellung der neuen Kostenbeträge zu veranlassen.
(2) Erlischt nachträglich die Haftung eines Gesamtschuldners ganz oder teilweise, so berichtigt der Kostenbeamte die Kostenrechnung, veranlaßt die Ausstellung der erforderlichen neuen Reinschriften und ersucht die Gerichtskasse, das Kostensoll entsprechend umzuschreiben und bereits bezahlte Beträge insoweit zurückzuzahlen, als nunmehr keinerlei Haftungsgrund vorliegt.

§ 37a
Einrede der Verjährung

– zu § 10 Abs. 2 GKG, § 17 Abs. 2 KostO, § 14 Abs. 1 JVKostO –

Ist der Anspruch auf Erstattung von Kosten verjährt, so hat der Kostenbeamte die Akten dem zur Vertretung der Staatskasse zuständigen Beamten vorzulegen. Soll nach dessen

Auffassung die Verjährungseinrede erhoben werden, so ist hierzu die Einwilligung des unmittelbar vorgesetzten Präsidenten einzuholen. Von der Erhebung der Verjährungseinrede kann mit Rücksicht auf die Umstände des Falles abgesehen werden. Hat der zur Vertretung der Staatskasse zuständige Beamte dem Kostenbeamten mitgeteilt, daß die Verjährungseinrede nicht erhoben werden soll, so ist dies in der Kassenanordnung zu vermerken.

§ 38
Durchlaufende Gelder

(1) Sind durchlaufende Gelder in der Kostenrechnung enthalten (§ 27 Abs. 8), so hat der Kostenbeamte nach Eingang der Zahlungsanzeige eine Auszahlungsanordnung zu erteilen.
(2) Das gleiche gilt, wenn durchlaufende Gelder durch Verwendung von Kostenmarken oder Gerichtskostenstemplern entrichtet oder sonst ohne Sollstellung eingegangen sind. § 36 Abs. 10 Sätze 1 und 3 gelten entsprechend.
(3) Die Anordnung der Auszahlung ist bei oder auf dem betroffenen Zahlungsnachweis oder auf der Urschrift der Kostenrechnung in auffälliger Weise zu vermerken. Der Vermerk ist rot zu unterstreichen.

§ 39
Berichtigung des Gebührenansatzes nach Eröffnung einer Verfügung von Todes wegen

– zu §§ 15, 46 Abs. 5, §§ 101, 103 Abs. 4 KostO –

Nach Eröffnung einer in amtliche Verwahrung genommenen Verfügung von Todes wegen prüft der Kostenbeamte, ob Anlaß besteht, die bei der Annahme zur amtlichen Verwahrung berechnete Gebühr (§ 101 KostO) neu zu berechnen. Die dazu erforderlichen Erhebungen über den Wert des reinen Vermögens zur Zeit der Fälligkeit der Gebühr sind mit den Erhebungen über den Wert des reinen Nachlasses nach Möglichkeit zu verbinden. Hat ein Notar die Verfügung von Todes wegen beurkundet, so soll er von der Feststellung einer beträchtlichen Erhöhung oder Verminderung des der Berechnung der Gerichtsgebühr (§ 101 KostO) zugrunde gelegten Wertes verständigt werden.

Abschnitt IV

§ 40
Kostenerlaß

Für die Stundung, den Erlaß, die Erstattung und die Anrechnung von Kosten aus Billigkeitsgründen gelten die darüber ergangenen besonderen Bestimmungen.

Abschnitt V. Kostenprüfung

§ 41
Aufsicht über den Kostenansatz

(1) Die Vorstände der Justizbehörden überwachen im Rahmen ihrer Aufsichtspflichten die ordnungsmäßige Erledigung des Kostenansatzes durch den Kostenbeamten.
(2) Die besondere Prüfung des Kostenansatzes ist Aufgabe des Kostenprüfungsbeamten (§ 42).
(3) Die dem Rechnungshof zustehenden Befugnisse bleiben unberührt.

§ 42
Kostenprüfungsbeamte

Kostenprüfungsbeamte sind
1. der Bezirksrevisor,
2. die weiter bestellten Prüfungsbeamten.

§ 43
Berichtigung des Kostenansatzes im Verwaltungsweg

– zu § 4 Abs. 3 GKG, § 14 Abs. 8 KostO –

Solange eine gerichtliche Entscheidung nicht ergangenen ist, sind die Vorstände der Justizbehörden und die Kostenprüfungsbeamten befugt, den Kostenansatz zu beanstanden und den Kostenbeamten zur Berichtigung des Kostenansatzes anzuweisen. Der Kostenbeamte hat der Weisung Folge zu leisten; er ist nicht berechtigt, deshalb die Entscheidung des Gerichts herbeizuführen.

§ 44
Nichterhebung von Kosten wegen unrichtiger Sachbehandlung

– zu § 8 GKG, § 16 KostO –

Die Präsidenten der Gerichte und die Leiter der Staatsanwaltschaften sind für die ihrer Dienstaufsicht unterstellten Behörden zuständig, im Verwaltungswege anzuordnen, daß Kosten wegen unrichtiger Sachbehandlung nicht zu erheben sind. Über Beschwerden gegen den ablehnenden Bescheid einer dieser Stellen wird im Aufsichtsweg entschieden.

§ 45
Erinnerungen und Beschwerden der Staatskasse

– zu § 5 GKG, § 14 Abs. 2 bis 7 KostO, § 13 JKostO –

(1) Der Vertreter der Staatskasse soll Erinnerungen gegen den Kostenansatz nur dann einlegen, wenn es wegen der grundsätzlichen Bedeutung der Sache angezeigt erscheint, von einer Berichtigung im Verwaltungsweg (§ 43) abzusehen und eine gerichtliche Entscheidung herbeizuführen.

(2) Alle beschwerdefähigen gerichtlichen Entscheidungen einschließlich der Wertfestsetzungen, durch die der Kostenansatz zuungunsten der Staatskasse geändert wird, hat der Kostenbeamte des entscheidenden Gerichts dem zur Vertretung der Staatskasse zuständigen Beamten mitzuteilen. Legt der Kostenbeamte eine Erinnerung des Kostenschuldners dem zur Vertretung der Staatskasse zuständigen Beamten vor (§ 35 Abs. 2), so prüft dieser, ob der Kostenansatz im Verwaltungsweg zu ändern ist oder ob Anlaß besteht, für die Staatskasse ebenfalls Erinnerung einzulegen. Soweit der Erinnerung nicht abgeholfen wird, veranlaßt er, daß die Akten unverzüglich dem Gericht vorgelegt werden.

§ 46
Besondere Prüfung des Kostenansatzes

(1) Bei jeder Justizbehörde findet idR einmal im Haushaltsjahr eine unvermutete Prüfung des Kostenansatzes durch einen Kostenprüfungsbeamten (§ 42) statt.

(2) Zeit und Reihenfolge der Prüfungen bestimmt der Dienstvorgesetzte des Prüfungsbeamten, und zwar im Einvernehmen mit dem Dienstvorgesetzten der Staatsanwaltschaft, wenn die Prüfung bei einer Staatsanwaltschaft stattfinden soll.

§ 47
Aufgaben und Befugnisse des Prüfungsbeamten

(1) Der Prüfungsbeamte soll sich nicht auf die schriftliche Beanstandung vorgefundener Mängel und Verstöße beschränken, sondern durch mündliche Erörterung wichtiger Fälle mit dem Kostenbeamten, durch Anregungen und Belehrungen das Prüfungsgeschäft möglichst nutzbringend gestalten und auf die Beachtung einheitlicher Grundsätze beim Kostenansatz hinwirken. Nebensächlichen Dingen soll er nur nachgehen, wenn sich der Verdacht von Unregelmäßigkeiten oder fortgesetzten Nachlässigkeiten ergibt.
(2) Die Einsicht sämtlicher Akten, Bücher, Register, Verzeichnisse und Rechnungsbelege ist ihm gestattet.
(3) Von den beteiligten Beamten kann er mündlich näheren Aufschluß über die Behandlung von Geschäften verlangen.
(4) Aktenstücke über schwebende Rechtsstreitigkeiten sowie in Testaments-, Grundbuch- und Registersachen hat er idR an Ort und Stelle durchzusehen; sonstige Akten kann er sich an seinen Dienstsitz übersenden lassen.

§ 48
Umfang der Kostenprüfung

(1) Der Prüfungsbeamte hat besonders darauf zu achten,
1. ob Kosten rechtzeitig, richtig und vollständig angesetzt sind und ob sie, soweit erforderlich, der Gerichtskasse überwiesen oder mit Kostennachricht angefordert sind;
2. ob Kostenmarken verwendet und ordnungsgemäß entwertet und ob Gerichtskostenstempler bestimmungsgemäß verwendet sind sowie ob der Verbleib der Kostenmarken oder der Abdruck von Gerichtskostenstemplern, falls sie sich nicht mehr in den Akten befinden, nachgewiesen ist;
3. ob die Auslagen ordnungsgemäß vermerkt sind;
4. ob bei Bewilligung von Prozeßkostenhilfe
a) die an beigeordnete Anwälte gezahlten Beträge im zulässigen Umfang von der zahlungspflichtigen Partei angefordert,
b) etwaige Ausgleichsansprüche gegen Streitgenossen geltend gemacht und
c) die Akten dem Rechtspfleger in den Fällen des § 120 Absätze 3 und 4 sowie des § 124 Nrn 2 bis 4 ZPO zur Entscheidung vorgelegt worden sind und ob Anlaß besteht, von dem Beschwerderecht gemäß § 127 Abs. 3 ZPO Gebrauch zu machen;
5. ob Anlaß besteht, eine Änderung über die Entscheidung über festgesetzte Rechnungsgebühren herbeizuführen (§ 72 Abs. 2 S 2, 3 GKG, § 139 Abs. 3 S 2, 3 KostO).
(2) Soweit nicht im Abs 1 etwas anderes bestimmt ist, erstreckt sich die Prüfung nicht auf den Ansatz und die Höhe solcher Auslagen, für deren Prüfung andere Dienststellen zuständig sind.

§ 49
Verfahren bei der Kostenprüfung

(1) Der Prüfungsbeamte soll aus jeder Gattung von Angelegenheiten, in denen Kosten entstehen können, selbst eine Anzahl von Akten auswählen und durchsehen, darunter auch solche, die nach ihrem Aktenzeichen unmittelbar aufeinanderfolgen. Bei der Auswahl sind auch die Geschäftsregister und das gemäß § 14 Abschnitt II zu führende Verzeichnis zu berücksichtigen und namentlich solche Akten zur Prüfung vorzumerken, in denen höhere Kostenbeträge in Frage kommen.
(2) Bei der Aktenprüfung ist auch darauf zu achten, daß die Sollstellungen in der vorgeschriebenen Weise nachgewiesen sind; stichprobenweise ist festzustellen, ob die in den Akten befindlichen Zahlungsanzeigen der Gerichtskasse (Gerichtszahlstelle) über Beträge, die ohne vorherige Sollstellung vereinbart sind, vorschriftsmäßig gebucht sind.
(3) Bei der Nachprüfung der Verwendung von Kostenmarken oder Gerichtskostenstemplern ist auch eine Anzahl älterer, insbesondere weggelegter Akten durchzusehen.
(4) Bei der Prüfung der Aktenvermerke über die Auslagen (§ 48 Abs. 1 Nr. 3) ist stichprobenweise festzustellen, ob die Auslagen vorschriftsmäßig in den Sachakten vermerkt und beim Kostenansatz berücksichtigt sind. Dies gilt entsprechend für Auslagen in Rechtssachen, die von der für das Oberlandesgericht zuständigen Gerichtskasse ausgezahlt worden sind.

§ 50
Beanstandungen

(1) Stellt der Prüfungsbeamte Unrichtigkeiten zum Nachteil der Staatskasse oder eines Kostenschuldners fest, so ordnet er die Berichtigung des Kostenansatzes an. Die Anordnung unterbleibt, wenn es sich um Kleinbeträge handelt, von deren Einziehung oder Erstattung nach den darüber getroffenen Bestimmungen abgesehen werden darf.
(2) An die Stelle der Berichtigung tritt ein Vermerk in der Niederschrift (§ 51), wenn eine gerichtliche Entscheidung ergangen ist oder der Kostenansatz auf einer Anordnung der Dienstaufsichtsbehörde beruht.
(3) Die Beanstandungen (Abs 1 S 1) sind für jede Sache auf einem besonderen Blatt zu verzeichnen, das zu den Akten zu nehmen ist. In dem Fall des Absatzes 1 S 2 sind sie in kürzester Form unter der Kostenrechnung zu vermerken.
(4) Der Prüfungsbeamte vermerkt die Beanstandungen nach Abs 1 außerdem in einer Nachweisung. Der Kostenbeamte ergänzt die Nachweisung durch Angabe der Sollbuchnummern oder der sonst erforderlichen Vermerke über die Erledigung; sodann gibt er sie dem Prüfungsbeamten zurück. Der Prüfungsbeamte stellt bei der nächsten Gelegenheit stichprobenweise fest, ob die entsprechenden Buchungen in den Kassenbüchern tatsächlich vorgenommen sind. Die Nachweisungen verwahrt er jahrgangsweise.
(5) Stellt der Prüfungsbeamte das Fehlen von Akten fest, so hat er alsbald dem Behördenvorstand Anzeige zu erstatten.

§ 51
Niederschrift über die Kostenprüfung

(1) Der Prüfungsbeamte fertigt über die Kostenprüfung eine Niederschrift, die einen Überblick über Gang und Ergebnis des Prüfungsgeschäfts ermöglichen soll.
(2) Er erörtert darin diejenigen Einzelfälle, die grundsätzliche Bedeutung haben, die anderwärts abweichend beurteilt werden oder die sonst von Erheblichkeit sind (vgl. dazu § 50 Abs. 2). Weiter führt er die Fälle auf, in denen die Einlegung der Erinnerung (§ 45 Abs. 1) angezeigt erscheint oder die zu Maßnahmen der Dienstaufsicht Anlaß geben können. Die Niederschriften können in geeigneten Fällen für die einzelnen Geschäftsstellen getrennt gefertigt werden.
(3) Je einen Durchschlag der Niederschrift legt der Prüfungsbeamte dem Dienstvorgesetzten vor, die die Prüfung angeordnet oder mitangeordnet haben (§ 46 Abs. 2). Er schlägt dabei die Maßnahmen vor, die er nach seinen Feststellungen bei der Prüfung für angezeigt hält.

§ 52
Jahresberichte

(1) Bis zum 1. Juni eines jeden Jahres erstattet der Prüfungsbeamte seinem Dienstvorgesetzten Bericht über das Gesamtergebnis der Kostenprüfungen im abgelaufenen Haushaltsjahr. Er legt darin insbesondere die Grundsätze dar, von denen er sich bei der Behandlung einzelner Fälle von allgemeiner Bedeutung hat leiten lassen.
(2) Soweit nicht bei allen Dienststellen Prüfungen haben vorgenommen werden können, sind die Gründe kurz anzugeben.
(3) Die Präsidenten der Landgerichte (Präsidenten der Amtsgerichte) legen die Jahresberichte mit ihrer Stellungnahme dem Präsidenten des Oberlandesgerichts vor. Die Direktoren der Sozialgerichte legen die Jahresberichte mit ihrer Stellungnahme dem Präsidenten des Landessozialgerichts vor.
(4) Der Präsident des Oberlandesgerichts, der Präsident des Oberverwaltungsgerichts und der Präsident des Finanzgerichts und der Präsident des Landessozialgerichts treffen nach Prüfung der Jahresberichte die für ihren Bezirk notwendigen Anordnungen und berichten über Einzelfragen von allgemeiner Bedeutung der Landesjustizverwaltung. Der Präsident des Oberlandesgerichts teilt die Berichte dem Generalstaatsanwalt mit, soweit sie für diesen vom Interesse sind.

Abschnitt VI. Justizverwaltungskosten

§ 53
Entscheidungen nach der Justizverwaltungskostenordnung[7]

– zu § 2 Abs. 2, §§ 3, 7 Abs. 2, § 12 JVKostO –

Die nach § 2 Abs. 2, §§ 3, 7 Abs. 2 und § 12 JVKostO der Behörde übertragenen Entscheidungen obliegen dem Beamten, der die Sachentscheidung zu treffen hat.

§ 54
Laufende Bezug von Abdrucken aus dem Schuldnerverzeichnis

Bei laufendem Bezug von Abdrucken aus dem Schuldnerverzeichnis ist die Absendung der noch nicht abgerechneten Abdrucke in einer Liste unter Angabe des Absendetages, des Empfängers und der Zahl der mitgeteilten Eintragungen zu vermerken.

§ 55 *(gestrichen)*

Abschnitt VII. Notarkosten

§ 56

– zu § 156 KostO –

(1) Gibt der Kostenansatz eines Notars, dem die Kosten selbst zufließen, der Dienstaufsichtsbehörde zu Beanstandungen Anlaß, so fordert sie den Notar auf, den Ansatz zu berichtigen, ggf zuviel erhobene Beträge zu erstatten oder zuwenig erhobene Beträge nachzufordern und, falls er die Beanstandungen nicht als berechtigt anerkennt, die Entscheidung des Landgerichts herbeizuführen. Die Aufforderung soll unterbleiben, wenn es sich um Kleinbeträge handelt, von deren Erstattung oder Nachforderung nach den für Gerichtskosten im Verkehr mit Privatpersonen getroffenen Bestimmungen abgesehen werden darf. Die Dienstaufsichtsbehörde kann es darüber hinaus dem Notar im Einzelfall gestatten, von der Nachforderung eines Betrages bis zu 25 Euro abzusehen.
(2) Hat der Kostenschuldner Beschwerde gegen den Kostenansatz eingelegt, so kann die Aufsichtsbehörde, wenn sie den Kostenansatz für zu niedrig hält, den Notar anweisen, sich der Beschwerde mit dem Ziel der Erhöhung des Kostenansatzes anzuschließen.

7 JVKostO v. 14. 2. 1940 i. d. F. des G. v. 18. 2. 1998 (BGBl. 1998, 866).

(3) Beschwerdeentscheidungen des Landgerichts, gegen die das Rechtsmittel der weiteren Beschwerde zulässig ist, hat der Kostenbeamte des Landgerichts mit den Akten alsbald der Dienstaufsichtsbehörde des Notars zur Prüfung vorzulegen, ob der Notar angewiesen werden soll, weitere Beschwerde zu erheben.

Anlage 1 (zu § 6 Abs. 1) Kosten bei Verweisung oder Abgabe eines Verfahrens an ein Gericht eines anderen Landes

(1) Wird ein Verfahren an ein Gericht eines anderen Landes verwiesen, so werden die Kosten (Gebühren und Auslagen), die vor der Verweisung fällig geworden sind, bei dem verweisenden Gericht angesetzt und eingezogen. Kostenvorschüsse werden bei dem verweisenden Gericht eingezogen, wenn sie bereits vor der Verweisung angesetzt waren oder das Gericht eine Amtshandlung von ihrer Zahlung abhängig gemacht hatte.
(2) Die nach der Verweisung fällig werdenden Kosten werden ohne Rücksicht darauf, bei welchem Gericht sie entstanden sind, bei dem Gericht angesetzt und eingezogen, an das das Verfahren verwiesen worden ist. Dies gilt auch für Auslagenvorschüsse, die zwar vor der Verweisung fällig geworden sind, im Zeitpunkt der Verweisung bei dem verweisenden Gericht aber noch nicht angesetzt waren.
(3) Sind nach der Verweisung eines Verfahrens Kosten zurückzuzahlen, so wird die Rückzahlung bei dem Gericht angeordnet, an das das Verfahren verwiesen worden ist, auch wenn die Kosten bei dem verweisenden Gericht eingezogen worden sind.
(4) Die Nrn 1 bis 3 gelten auch bei der Abgabe eines Verfahrens.
(5) Die Länder verzichten gegenseitig auf Erstattung von Beträgen, die nach den Nrn 1 bis 4 eingezogen oder ausgezahlt werden.

Anlage 2 (zu § 6 Abs. 2) *Armen*anwaltsvergütung[8] bei Verweisung oder Abgabe eines Verfahrens an das Gericht eines anderen Landes

(1) Wird ein Verfahren an ein Gericht eines anderen Landes verwiesen, so setzt der Urkundsbeamte der Geschäftsstelle dieses Gerichts die Vergütung des vom verweisenden Gericht beigeordneten *Armen*anwalts fest; er erteilt auch die Auszahlungsanordnung. Die *Armen*anwaltsvergütung wird aus den Haushaltsmitteln des Landes gezahlt, an dessen Gericht das Verfahren verwiesen worden ist.
(2) Nr. 1 gilt nicht, wenn bereits vor der Versendung der Akten der Anspruch fällig geworden und der Festsetzungsantrag bei dem verweisenden Gericht eingegangen ist.

8 Vergütung des im Prozeßkostenhilfeverfahren beigeordneten Rechtsanwalts.

Die Geschäftsstelle des verweisenden Gerichts hat Festsetzungsanträge, die nachher bei ihr eingehen, an die nach Nr. 1 zuständige Geschäftsstelle weiterzugeben.
(3) Die Nrn 1 und 2 gelten auch bei der Abgabe eines Verfahrens.
(4) Die Länder verzichten gegenseitig auf Erstattung der Ausgaben, die nach den Nrn 1 bis 3 für ein anderes Land geleistet werden, sowie auf die Abführung der Einnahmen, die sich auf Grund des § 130 der Bundesgebührenordnung für Rechtsanwälte ergeben.

Anlage 3
Ausgleich von Kosten in Verfahren vor den Gerichten für Arbeitssachen und den ordentlichen Gerichten

(1) Der Bund und die Länder sind übereingekommen, die dieser Vereinbarung als Anlage beigefügten Bestimmungen über den Ausgleich von Kosten in Verfahren vor den Gerichten für Arbeitssachen und den ordentlichen Gerichten zu erlassen.
(2) Sie verzichten gegenseitig auf
a) Erstattung von Beträgen, die im Falle der Verweisung eines Verfahrens von einem Gericht für Arbeitssachen an ein ordentliches Gericht oder umgekehrt eingezogen oder ausgezahlt werden;
b) Erstattung von Ausgaben, die als Armenanwaltsvergütung bei Verweisung eines Verfahrens von einem Gericht für Arbeitssachen an ein ordentliches Gericht oder umgekehrt geleistet werden;
c) Abführung von Einnahmen, die sich auf Grund des § 130 der Bundesgebührenordnung für Rechtsanwälte ergeben;
d) Erstattung von Beträgen, die bei Inanspruchnahme der Amtshilfe von Gerichten für Arbeitssachen und von ordentlichen Gerichten verauslagt werden.
(3) Auch im Verhältnis zwischen den Gerichten für Arbeitssachen und den ordentlichen Gerichten desselben Landes wird auf die Erstattung und Abführung verzichtet.

I. Kosten bei Verweisung eines Verfahrens zwischen den Gerichten für Arbeitssachen und den ordentlichen Gerichten

(1) Wird ein Verfahren von einem Gericht für Arbeitssachen an ein ordentliches Gericht oder umgekehrt verwiesen, so werden die Kosten (Gebühren und Auslagen), die vor der Verweisung fällig geworden sind, bei dem verweisenden Gericht angesetzt und eingezogen.
(2) Die nach der Verweisung fällig werdenden Kosten werden ohne Rücksicht darauf, bei welchem Gericht sie entstanden sind, bei dem Gericht angesetzt und eingezogen, an das das Verfahren verwiesen worden ist.
(3) Sind nach der Verweisung eines Verfahrens Kosten (einschließlich Vorschüsse) zurückzuzahlen, so wird die Zurückzahlung bei dem Gericht angeordnet, an das das Verfahren verwiesen worden ist, auch wenn die Kosten bei dem verweisenden Gericht eingezogen worden sind.
(4) Die Nrn 1 bis 3 gelten auch, wenn ein mit entwerteten Gerichtskostenmarken verse-

hener Antrag auf Erlaß eines *Zahlungsbefehls*[9] von einem Amtsgericht an ein Arbeitsgericht weitergeleitet worden ist.

II. *Armen*anwaltsvergütung bei Verweisung eines Verfahrens zwischen den Gerichten für Arbeitssachen und den ordentlichen Gerichten

(1) Wird ein Verfahren von einem Gericht für Arbeitssachen an ein ordentliches Gericht oder umgekehrt verwiesen, so wird bei dem Gericht, an das das Verfahren verwiesen worden ist, die Vergütung des von dem verweisenden Gericht beigeordneten *Armen*anwalts festgesetzt und die Auszahlungsanordnung erteilt. Die *Armen*anwaltsvergütung wird aus den Haushaltsmitteln des Gerichts gezahlt, an das das Verfahren verwiesen worden ist. Bei diesem Gericht ist auch die *Armen*anwaltsvergütung zu überwachen und ihre etwaige Nachzahlung anzuordnen.
(2) Die Bestimmungen der Nr. 1 S 1 und 2 gelten nicht, wenn bereits vor der Versendung der Akten der Anspruch fällig geworden und der Festsetzungsantrag bei dem verweisenden Gericht eingegangen ist. Das verweisende Gericht hat Festsetzungsanträge, die nachher bei ihm eingehen, an das nach Nr. 1 zuständige Gericht weiterzugeben.

9 Mahnbescheid.

Anhang VI
Justizbeitreibungsordnung

vom 11. März 1937 (RGBl. I, 298) i. d. F. vom 25. 6. 2001 (BGBl. I, 1206)
BGBl. III /FNA 365-1[1]

§ 1
Nach dieser Verordnung beizutreibende Ansprüche

(1) Nach dieser Justizbeitreibungsordnung werden folgende Ansprüche beigetrieben, soweit sie von Justizbehörden des Bundes einzuziehen sind:
1. Geldstrafen und andere Ansprüche, deren Beitreibung sich nach den Vorschriften über die Vollstreckung von Geldstrafen richtet;
2. gerichtlich erkannte Geldbußen und Nebenfolgen einer Ordnungswidrigkeit, die zu einer Geldzahlung verpflichten;
2a. Ansprüche aus gerichtlichen Anordnungen über den Verfall, die Einziehung und die Unbrauchbarmachung einer Sache;
2b. Ansprüche aus gerichtlichen Anordnungen über die Herausgabe von Akten und sonstigen Unterlagen nach § 407 a Abs. 4 S 2 der Zivilprozeßordnung;
3. Ordnungs- und Zwangsgelder;
4. Gerichtskosten;
4a. Ansprüche auf Zahlung der vom Gericht im Verfahren der Prozeßkostenhilfe oder nach § 4b der Insolvenzordnung bestimmten Beträge;
4b. nach §§ 56 g, 69 e S 1 des Gesetzes über die Angelegenheiten der freiwilligen Gerichtsbarkeit festgesetzte Ansprüche;
5. Zulassungs- und Prüfungsgebühren;
6. alle sonstigen Justizverwaltungsabgaben;
7. Kosten der Gerichtsvollzieher und Vollziehungsbeamten, soweit sie selbständig oder gleichzeitig mit einem Anspruch, der nach den Vorschriften dieser Justizbeitreibungsordnung vollstreckt wird, bei dem Auftraggeber oder Ersatzpflichtigen beigetrieben werden;
8. Ansprüche gegen Beamte, nichtbeamtete Beisitzer und Vertrauenspersonen, gegen Rechtsanwälte, Vormünder, Betreuer, Pfleger und Verfahrenspfleger, gegen Zeugen und

1 Vgl. dazu *App* MDR 1996, 769; *Lappe/Steinbild* JustBeitrO, Kommentar 1960.

Sachverständige sowie gegen mittellose Personen auf Erstattung von Beträgen, die ihnen in einem gerichtlichen Verfahren zuviel gezahlt sind;
9. Ansprüche gegen Beschuldigte und Nebenbeteiligte auf Erstattung von Beträgen, die ihnen in den Fällen der §§ 465, 467, 467 a, 470, 472b, 473 der Strafprozeßordnung zuviel gezahlt sind;
10. alle sonstigen Ansprüche, die nach Bundes- oder Landesrecht im Verwaltungszwangsverfahren beigetrieben werden können, soweit nicht ein Bundesgesetz vorschreibt, daß sich die Vollstreckung nach dem Verwaltungsvollstreckungsgesetz oder Abgabenordnung richtet.
(2) Die Justizbeitreibungsordnung findet auch auf die Einziehung von Ansprüchen iS des Absatzes 1 durch Justizbehörden der Länder Anwendung, soweit die Ansprüche auf bundesrechtlicher Regelung beruhen.
(3) Die Vorschriften der Justizbeitreibungsordnung über das gerichtliche Verfahren finden auch dann Anwendung, wenn sonstige Ansprüche durch die Justizbehörden der Länder im Verwaltungszwangsverfahren eingezogen werden.
(4) Werden zusammen mit einem Anspruch nach Abs 1 Nr. 1 bis 3 die Kosten des Verfahrens beigetrieben, so gelten auch für die Kosten die Vorschriften über die Vollstreckung dieses Anspruchs.
(5) Nach der Justizbeitreibungsordnung werden auch die Gebühren und Auslagen des Deutschen Patentamts und die sonstigen dem Abs 1 entsprechenden Ansprüche, die beim Deutschen Patentamt entstehen, beigetrieben. Dies gilt auch für Ansprüche gegen Patentanwälte und Erlaubnisscheininhaber.
(6) Die Landesregierungen werden ermächtigt, durch Rechtsverordnung abweichend von der Justizbeitreibungsordnung zu bestimmen, daß Gerichtskosten in den Fällen des § 109 Abs. 2 des Gesetzes über Ordnungswidrigkeiten und des § 55 des Gerichtskostengesetzes nach den Vorschriften des Landesrechts beigetrieben werden. Die Landesregierungen können die Ermächtigung durch Rechtsverordnung auf die Landesjustizverwaltung übertragen.

§ 2
Vollstreckungsbehörden

(1) Die Beitreibung obliegt in den Fällen des § 1 Nr. 1 bis 3 den nach den Verfahrensgesetzen für die Vollstreckung dieser Ansprüche zuständigen Stellen, soweit nicht die in Abs. 2 bezeichneten Vollstreckungsbehörden zuständig sind, im übrigen den Gerichtskassen als Vollstreckungsbehörden. Die Landesregierungen werden ermächtigt, an Stelle der Gerichtskassen andere Behörden als Vollstreckungsbehörden zu bestimmen. Die Landesregierungen können die Ermächtigung auf die Landesjustizverwaltung übertragen.
(2) Vollstreckungsbehörden sind:
a) für Ansprüche, die beim Bundesverfassungsgericht, bei Bundesgerichtshof oder beim

Generalbundesanwalt bei Bundesgerichtshof entstehen, die Justizbeitreibungsstelle des Bundesgerichtshofs,
b) für Ansprüche, die beim Bundesverwaltungsgericht entstehen, die Justizbeitreibungsstelle des Bundesverwaltungsgerichts,
c) für Ansprüche, die bei Bundesfinanzhof, beim Bundespatengericht oder beim Deutschen Patentamt entstehen, die Justizbeitreibungsstelle des Bundespatentgerichts,
d) für Ansprüche, die beim Bundesdisziplinargericht entstehen, die Justizbeitreibungsstelle des Bundesdisziplinargerichts.
(3) Von den in Abs 1 bezeichneten Vollstreckungsbehörden ist diejenige zuständig, die den beizutreibenden Anspruch einzuziehen hat. Dem Vollziehungsbeamten obliegende Vollstreckungshandlungen kann die Vollstreckungsbehörde außerhalb ihres Amtsbezirks durch einen Vollziehungsbeamten vornehmen lassen, der für den Ort der Vollstreckung zuständig ist. Die Unzuständigkeit einer Vollstreckungsbehörde berührt die Wirksamkeit ihrer Vollstreckungsmaßnahmen nicht.
(4) Die Vollstreckungsbehörden haben einander Amtshilfe zu leisten.

§ 3
Zustellungen

Zustellungen sind nur erforderlich, soweit dies besonders bestimmt ist. Sie werden sinngemäß nach den Vorschriften der Zivilprozeßordnung über Zustellungen von Amts wegen bewirkt. Die vom Gericht vorbehaltenen Anordnungen trifft die Vollstreckungsbehörde.

§ 4
Vollstreckungsschuldner

Die Vollstreckung kann gegen jeden durchgeführt werden, der nach den für den beizutreibenden Anspruch geltenden besonderen Vorschriften oder kraft Gesetzes nach den Vorschriften des bürgerlichen Rechts zur Leistung oder zur Duldung der Vollstreckung verpflichtet ist. Aus einer Zwangshypothek, die für einen der im § 1 bezeichneten Ansprüche eingetragen ist, kann auch gegen den Rechtsnachfolger des Schuldners in das belastete Grundstück vollstreckt werden.

§ 5
Vollstreckungsbeginn

(1) Die Vollstreckung darf erst beginnen, wenn der beizutreibende Anspruch fällig ist. In den Fällen des § 1 Abs. 1 Nr. 8 und 9 darf die Vollstreckung erst beginnen, wenn der Zahlungspflichtige von dem ihm zustehenden Rechtsbehelfen binnen zwei Wochen nach

der Zahlungsaufforderung oder nach der Mitteilung der Entscheidung über seine Einwendungen gegen die Zahlungsaufforderung keinen Gebrauch gemacht hat. Vorschriften, wonach aus vollstreckbaren Entscheidungen oder Verpflichtungserklärungen erst nach deren Zustellung vollstreckt werden darf, bleiben unberührt.

(2) In der Regel soll der Vollstreckungsschuldner (§ 4) vor Beginn der Vollstreckung zur Leistung innerhalb von zwei Wochen schriftlich aufgefordert und nach vergeblichem Ablauf der Frist besonders gemahnt werden.

§ 6
Anzuwendende Vorschriften

(1) Für die Vollstreckung gelten nach Maßgabe der Absätze 2 bis 4 folgende Vorschriften sinngemäß:

1. §§ 735 bis 737, 739 bis 741, 743, 745 bis 748, 758, 758 a, 759, 761, 762, 764, 765 a, 766, 771 bis 776, 778, 779, 781 bis 784, 786, 788, 789, 792, 793, 803 bis 827, 828 Abs. 2 und 3, 829 bis 837 a, 840 Abs. 1, Abs. 2 S 2, §§ 841 bis 886, 899 bis 910, 913 bis 915 h der Zivilprozeßordnung.
2. sonstige Vorschriften des Bundesrechts, die die Zwangsvollstreckung aus Urteilen in bürgerlichen Rechtsstreitigkeiten beschränken, sowie
3. die landesrechtlichen Vorschriften über die Zwangsvollstreckung gegen Gemeindeverbände und Gemeinden.

(2) An die Stelle des Gläubigers tritt die Vollstreckungsbehörde. Bei der Zwangsvollstreckung in Forderungen und andere Vermögensrechte wird der Pfändungs- und Überweisungsbeschluß von der Vollstreckungsbehörde erlassen. Die Aufforderung zur Abgabe der in § 840 Abs. 1 der Zivilprozeßordnung genannten Erklärungen ist in den Pfändungsbeschluß aufzunehmen.

(3) An die Stelle des Gerichtsvollziehers tritt der Vollziehungsbeamte. Der Vollziehungsbeamte wird zur Annahme der Leistung, zur Ausstellung von Empfangsbekenntnissen und zu Vollstreckungshandlungen durch einen schriftlichen Auftrag der Vollstreckungsbehörde ermächtigt. Aufträge, die mit Hilfe automatischer Einrichtungen erstellt werden, werden mit dem Dienstsiegel versehen; einer Unterschrift bedarf es nicht. Der Vollziehungsbeamte hat im Auftrag der Vollstreckungsbehörde auch die in § 840 Abs. 1 der Zivilprozeßordnung bezeichneten Erklärungen entgegenzunehmen. Die in § 845 der Zivilprozessordnung bezeichnete Benachrichtigung hat er nach den Vorschriften der Zivilprozeßordnung über die Zustellung auf Betreiben der Parteien zuzustellen.

(4) Gepfändete Forderungen sind nicht an Zahlungs Statt zu überweisen.

§ 7
Eidesstattliche Versicherung und Vollstreckung in das unbewegliche Vermögen

Die Abnahme der eidesstattlichen Versicherung beantragt die Vollstreckungsbehörde bei dem zuständigen Gerichtsvollzieher; die Vollstreckung in unbewegliches Vermögen beantragt sie bei dem zuständigen Amtsgericht.

§ 8
Einwendungen

(1) Einwendungen, die den beizutreibenden Anspruch selbst, die Haftung für den Anspruch oder die Verpflichtung zur Duldung der Vollstreckung betreffen, sind vom Schuldner gerichtlich geltend zu machen
bei Ansprüchen nach § 1 Abs. 1 Nr. 4, 6, 7 nach den Vorschriften über Erinnerungen gegen den Kostenansatz,
bei Ansprüchen gegen nichtbeamtete Beisitzer, Vertrauenspersonen, Rechtsanwälte; Zeugen, Sachverständige und mittellose Personen (§ 1 Abs. 1 Nr. 8) nach den Vorschriften über die Feststellung eines Anspruchs dieser Personen,
bei Ansprüchen nach § 1 Abs. 1 Nr. 9 nach den Vorschriften über Erinnerungen gegen den Festsetzungsbeschluß. Die Einwendung, daß mit einer Gegenforderung aufgerechnet worden sei, ist in diesem Verfahren nur zulässig, wenn die Gegenforderung anerkannt oder gerichtlich festgestellt ist. Das Gericht kann anordnen, daß die Beitreibung bis zum Erlaß der Entscheidung gegen oder ohne Sicherheitsleistung eingestellt werde und daß Vollstreckungsmaßregeln gegen Sicherheitsleistung aufzuheben seien.
(2) Für Einwendungen, die auf Grund der §§ 781 bis 784, 786 der Zivilprozeßordnung erhoben werden, gelten die Vorschriften der §§ 267, 769, 770 der Zivilprozeßordnung sinngemäß. Für die Klage ist das Gericht zuständig, in dessen Bezirk die Vollstreckung stattgefunden hat.

§ 9
Einstellung; Zahlungsnachweis; Stundung

(1) Werden Einwendungen gegen die Vollstreckung erhoben, so kann die Vollstreckungsbehörde die Vollstreckungsmaßnahmen einstweilen einstellen, aufheben oder von weiteren Vollstreckungsmaßnahmen Abstand nehmen, bis über die Einwendung endgültig entschieden ist.
(2) Der Vollziehungsbeamte hat von der Pfändung abzusehen, wenn ihm die Zahlung oder die Stundung der Schuld nachgewiesen wird.

§ 10 *(aufgehoben)*

§ 11
Anwendung des GKG und des GvKostG

(1) Bei der Pfändung von Forderungen oder anderen Vermögensrechten gelten die Vorschriften des Gerichtskostengesetzes sinngemäß.
(2) Für die Tätigkeit des Vollziehungsbeamten gelten die Vorschriften Gerichtsvollzieherkostengesetzes.

§§ 12–18 *(aufgehoben)*

§ 19

Inkrafttreten
(1) Diese Verordnung tritt am 1. April 1937 in Kraft. (*gegenstandslos*)
(2) (*Aufhebungsvorschrift*)

Anhang VII
(EBAO) vom 20. November 1974
idF vom 10. Juli 1979

Vorbemerkung

Die Einforderungs- und Beitreibungsanordnung wurde zwischen dem Bundesminister der Justiz und den Landesjustizverwaltungen in einheitlicher Fassung vereinbart. Sie ersetzt die „Anordnung über die Einforderung und Beitreibung von Vermögensstrafen und Verfahrenskosten vom 5. 12. 1956". Sie wurde durch die nachstehenden Erlasse eingeführt, geändert und ergänzt: AV v. 25. 11. 1974 (BAnz. Nr. 230), v. 10. 7. 1979 (BAnz. Nr. 137). In den einzelnen Bundesländern ist sie jeweils in Kraft gesetzt worden. Einzelheiten insoweit sind länderspezifisch und im folgenden nicht einzeln mitgeteilt. Sie sind veröffentlicht für:

Baden-Württemberg: AV vom 12. 7. 1979, Die Justiz 1979, 317,

Bayern: Bek. v. 25. 3. 1996, JMBl. 1996, 43;

Berlin: AV vom 10. 7. 1979, Abl. 1979, 1261,

Brandenburg: JKostG v. 3. 6. 1994 i. d. F. der AV v. 28. 6. 1996, JMBl. 1996, 94,

Bremen:

Hamburg: AV vom 10. 7. 1979, JVBl. 1979, 79,

Hessen: RdErl. v. 28. 3. 1994, JMBl. 1994, 137,

Mecklenburg-Vorpommern: Bek. v. 12. 6. 1991, Abl. 1991, 499,

Niedersachsen: AV vom 1. 8. 1996, NdsRPfl. 1996, 217,

Nordrhein-Westfalen: AV vom 10. 7. 1979, JMBl. 1979, 172,

Rheinland-Pfalz: AV vom 18. 10. 1995, JBl. 1995, 264,

Saarland: AV vom 10. 7. 1979, GMBl. 1979, 418,

Sachsen: VV vom 26. 4. 1996, JMBl. 1996, 78,

Sachsen-Anhalt:

Schleswig-Holstein: Bek. v. 10. 7. 1979, SchlHA 1979, 156, 173.

I. Abschnitt. Allgemeine Bestimmungen

§ 1
Grundsatz

(1) Die Einforderung und Beitreibung von
1. Geldstrafen und anderen Ansprüchen, deren Beitreibung sich nach den Vorschriften über die Vollstreckung von Geldstrafen richtet;
2. gerichtlich erkannten Geldbußen und Nebenfolgen einer Ordnungswidrigkeit, die zu einer Geldzahlung verpflichten;
3. Ordnungs- und Zwangsgeldern mit Ausnahme der im Auftrag des Gläubigers zu vollstreckenden Zwangsgelder (Geldbeträge) richten sich, soweit gesetzlich nichts anderes bestimmt ist, nach der Justizbeitreibungsordnung und nach dieser Anordnung.
(2) Gleichzeitig mit einem Geldbetrag (Abs 1) sind auch die Kosten des Verfahrens einzufordern und beizutreiben, sofern nicht die Verbindung von Geldbetrag und Kosten gelöst wird (§ 15).
(3) Bei gleichzeitiger Einforderung und Beitreibung von Geldbetrag und Kosten gelten die Vorschriften dieser Anordnung auch für die Kosten.
(4) Die Einforderung und Beitreibung von Geldbeträgen ist Aufgabe der Vollstreckungsbehörde (§ 2). Ihr obliegt auch die Einforderung und Beitreibung der Kosten des Verfahrens, soweit und solange die Verbindung von Geldbetrag und Kosten besteht. Die Vollstreckungsbehörde beachtet hierbei die Bestimmungen der §§ 3 bis 14.
(5) Wird die Verbindung von Geldbetrag und Kosten gelöst, so werden die Kosten nach den Vorschriften der Kostenverfügung der Gerichtskasse zur Sollstellung überwiesen und von dieser nach den für sie geltenden Vorschriften eingefordert und eingezogen.
(6) Für die Einziehung von Geldbußen, die von Disziplinargerichten, Richterdienstgerichten oder Dienstvorgesetzten verhängt worden sind, und für die Kosten des Disziplinarverfahrens gelten besondere Bestimmungen.

§ 2
Vollstreckungsbehörde

Vollstreckungsbehörde ist, soweit gesetzlich nichts anderes bestimmt ist,
a) in den Fällen, auf die die Strafvollstreckungsordnung Anwendung findet, die darin bezeichnete Behörde;
b) im übrigen diejenige Behörde oder Dienststelle der Behörde, die auf die Verpflichtung zur Zahlung des Geldbetrages erkannt hat, oder, soweit es sich um eine kollegiale Behörde oder Dienststelle handelt, deren Vorsitzender.

II. Abschnitt. Einforderung und Beitreibung durch die Vollstreckungsbehörde

§ 3
Anordnung der Einforderung

(1) Sofern nicht Zahlungserleichterungen (§ 8 Abs. 3, § 12) gewährt werden, ordnet die Vollstreckungsbehörde die Einforderung von Geldbetrag und Kosten an, sobald die darüber ergangene Entscheidung vollstreckbar ist.
(2) Die Zahlungsfrist beträgt vorbehaltlich anderer Anordnungen der Vollstreckungsbehörde zwei Wochen.

§ 4
Kostenrechnung

(1) Ist die Einforderung angeordnet, so stellt der Kostenbeamte der Vollstreckungsbehörde eine Kostenrechnung auf. Er nimmt darin sämtliche einzufordernden Beträge auf. Durch die Zeichnung übernimmt der Kostenbeamte die Verantwortung für die Vollständigkeit und Richtigkeit der Kostenrechnung.
(2) Die Zahlungsfrist (§ 3 Abs. 2) ist in der Kostenrechnung zu vermerken.
(3) Im übrigen gilt für die Kostenrechnung die Bestimmung des § 27 der Kostenverfügung entsprechend.

§ 5
Einforderung

(1) Die in die Kostenrechnung aufgenommenen Beträge werden von dem Zahlungspflichtigen durch Übersendung einer Zahlungsaufforderung eingefordert. In der Zahlungsaufforderung ist zur Zahlung an die Gerichtskasse oder Gerichtszahlstelle am Sitz der Vollstreckungsbehörde aufzufordern.
(2) Die Reinschrift der Zahlungsaufforderung ist von dem Kostenbeamten unter Angabe des Datums und der Amts-(Dienst-)Bezeichnung unterschriftlich zu vollziehen. Soweit die oberste Justizbehörde dies zugelassen hat, kann sie ausgefertigt, beglaubigt, von der Geschäftsstelle unterschriftlich vollzogen oder mit dem Abdruck des Dienstsiegels versehen werden.
(3) Die Mitteilung einer besonderen Zahlungsaufforderung unterbleibt bei Strafbefehlen, die bereits die Kostenrechnung und die Zahlungsaufforderung enthalten.
(4) Der Zahlungsaufforderung (Abs 1) oder dem Strafbefehl (Abs 3) ist eine auf das Post*scheck*konto der Gerichtskasse oder Gerichtszahlstelle ltende Zahlkarte beizufügen. Auf dem Empfängerabschnitt ist die Vollstreckungsbehörde in abgekürzter Form anzugeben

(z. B. StA bei dem LG X, Abs. 17); außerdem sind die Angelegenheit und das Aktenzeichen so vollständig zu bezeichnen, daß die Gerichtskasse (Gerichtszahlstelle) in der Lage ist, hiernach die Zahlungsanzeige zu erstatten. Die Kennzeichnung der Sache als Strafsache ist zu vermeiden.

(5) Die Erhebung durch Postnachnahme ist nicht zulässig.

§ 6
Nicht ausreichende Zahlung

Reicht die auf die Zahlungsaufforderung entrichtete Einzahlung zur Tilgung des gesamten eingeforderten Betrages nicht aus, so richtet sich die Verteilung nach den Vorschriften der Kassenordnung, soweit § 459 b StPO, § 94 OWiG nichts anderes bestimmen.

§ 7
Mahnung

(1) nach vergeblichem Ablauf der Zahlungsfrist soll der Zahlungspflichtige vor Anordnung der Beitreibung idR zunächst besonders gemahnt werden (§ 5 Abs. 2 JBeitrO).

(2) Die Mahnung unterbleibt, wenn damit zu rechen ist, daß der Zahlungspflichtige sie unbeachtet lassen wird.

§ 8
Anordnung der Beitreibung

(1) Geht binnen einer angemessenen Frist nach Abgang der Mahnung oder, sofern von einer Mahnung abgesehen worden ist, binnen einer Woche nach Ablauf der Zahlungsfrist (§ 3 Abs. 2) keine Zahlungsanzeige der Gerichtskasse oder Gerichtszahlstelle ein, so bestimmt die Vollstreckungsbehörde, welche Vollstreckungsmaßnahmen ergriffen werden sollen.

(2) In geeigneten Fällen kann sie die Gerichtskasse um Auskunft ersuchen, ob ihr über die Vermögens- und Einkommensverhältnisse des Zahlungspflichtigen und über die Einziehungsmöglichkeiten etwas bekannt ist.

(3) Welche Vollstreckungsmaßnahmen anzuwenden sind oder ob dem Zahlungspflichtigen Vergünstigungen eingeräumt werden können, richtet sich nach den für das Einziehungsverfahren maßgebenden gesetzlichen und Verwaltungsvorschriften (vgl. §§ 459 ff. StPO, §§ 91 ff. OWiG, §§ 6 ff. JBeitrO, § 49 StVollstrO).

(4) Im übrigen sind die Vollstreckungsmaßnahmen anzuwenden, die nach Lage des Einzelfalles am schnellsten und sichersten zum Ziele führen. Auf die persönlichen und wirt-

schaftlichen Verhältnisse des Zahlungspflichtigen und seiner Familie ist dabei Rücksicht zu nehmen, soweit das Vollstreckungsziel hierdurch nicht beeinträchtigt wird.
(5) Kommt die Zwangsvollstreckung in Forderungen oder andere Vermögensrechte in Betracht, so hat die Vollstreckungsbehörde den Pfändungs- und Überweisungsbeschluß zu erlassen (§ 6 Abs. 2 JBeitrO).
(6) Ein Antrag auf Einleitung eines Zwangsversteigerungs- oder Zwangsverwaltungsverfahrens soll nur gestellt, der Beitritt zu einem solchen Verfahren nur erklärt werden, wenn ein Erfolg zu erwarten ist und das Vollstreckungsziel anders nicht erreicht werden kann. Ist Vollstreckungsbehörde (§ 2) der Richter beim Amtsgericht, so ist, soweit die Strafvollstreckungsordnung Anwendung findet, die Einwilligung des Generalstaatsanwalts, im übrigen die des Präsidenten des Landgerichts (Präsidenten des Amtsgerichts) erforderlich.

§ 9
Vollstreckung in bewegliche Sachen

(1) Soll in bewegliche Sachen vollstreckt werden, so erteilt die Vollstreckungsbehörde dem Vollziehungsbeamten unmittelbar oder über die Geschäftsstelle des Amtsgerichts einen Vollstreckungsauftrag. In den Auftrag sind die Kosten früherer Einziehungsmaßnahmen als Nebenkosten aufzunehmen.
(2) Die Ausführung des Auftrags, die Ablieferung der von dem Vollziehungsbeamten eingezogenen oder beigetriebenen Geldbeträge und die Behandlung der erledigten Vollstreckungsaufträge bei der Gerichtskasse richten sich nach den Dienstvorschriften für die Vollziehungsbeamten und den Bestimmungen der Kassenordnung.
(3) Die Vollstreckungsbehörde überwacht die Ausführung des Vollstreckungsauftrags durch Anordnung einer Wiedervorlage der Akten.
(4) Die von dem Vollziehungsbeamten oder der Gerichtskasse an die Vollstreckungsbehörde zurückgegebenen Vollstreckungsaufträge mit den dazugehörigen Anlagen sind von der Geschäftsstelle zu den Akten zu nehmen und mit diesen dem für die Vollstreckung zuständigen Sachbearbeiter vorzulegen.

§ 10
Vollstreckung in bewegliche Sachen im Bezirk einer anderen Vollstreckungsbehörde

(1) Soll in bewegliche Sachen vollstreckt werden, die sich im Bezirk einer anderen Vollstreckungsbehörde befinden, so wird diese um Amtshilfe ersucht.
(2) Der Vollstreckungsbeamte rechnet über die eingezogenen Beträge mit der für ihn zuständigen Gerichtskasse ab, die die Vollstreckungsbehörde durch Rücksendung des Vollstreckungsauftrags oder des Ersuchens verständigt. Gehört die ersuchende Vollstrekkungsbehörde einem anderen Lande an als der Vollziehungsbeamte, so führt dieser die

eingezogenen Geldbeträge und die Kosten des Verfahrens an die für die ersuchende Vollstreckungsbehörde zuständige Gerichtskasse ab. Die eingezogenen Kosten der Vollstreckung sind an die für den Vollziehungsbeamten zuständige Gerichtskasse abzuführen; soweit sie von dem Schuldner nicht eingezogen werden können, werden sie der Vollstrekkungsbehörde eines anderen Landes nicht in Rechnung gestellt.
(3) Im übrigen gilt § 9.

§ 11
Spätere Beitreibung

(1) Ist bei Uneinbringlichkeit eines Geldbetrages, an dessen Stelle eine Freiheitsstrafe nicht treten soll, mit der Möglichkeit zu rechnen, daß spätere Vollstreckungsmaßnahmen erfolgreich sein werden, so ordnet die Vollstreckungsbehörde eine Wiedervorlage der Akten an.
(2) Uneinbringlich gebliebene Kosten des Verfahrens werden, wenn sie nicht mehr zusammen mit dem Geldbetrag beigetrieben werden können, nach § 1 Abs. 5, § 15 Abs. 1 Buchstabe a der Gerichtskasse zur Einziehung überwiesen, sofern die Überweisung nicht nach § 16 Abs. 2 unterbleibt.

§ 12
Zahlungserleichterungen

(1) Werden für die Entrichtung eines Geldbetrages Zahlungserleichterungen bewilligt, so gelten diese Zahlungserleichterungen auch für die Kosten.
(2) Ist die Höhe der Kosten dem Zahlungspflichtigen noch nicht mitgeteilt worden, so ist dies bei der Mitteilung der Zahlungserleichterung nachzuholen. Die Androhung künftiger Zwangsmaßnahmen für den Fall der Nichtzahlung der Kosten unterbleibt hierbei. Einer Mitteilung der Höhe der Kosten bedarf es nicht, wenn das dauernde Unvermögen des Kostenschuldners zur Zahlung offenkundig ist.

§ 13
Zurückzahlung von Geldbeträgen und Kosten

(1) Sind Geldbeträge zu Unrecht vereinnahmt worden oder auf Grund besonderer Ermächtigung zurückzuzahlen, so ordnet die Vollstreckungsbehörde die Zurückzahlung an.
(2) Dasselbe gilt, wenn zusammen mit dem Geldbetrag Kosten des Verfahrens oder Vollstreckungskosten zurückzuzahlen sind.
(3) Bei unrichtiger Berechnung ist eine neue Kostenrechnung aufzustellen.

(4) In der Anordnung ist der Grund der Zurückzahlung (z. B. gnadenweiser Erlaß durch Verfügung ... oder Zurückzahlung wegen irrtümlicher Berechnung) kurz anzugeben.
(5) Zu der Auszahlungsanordnung an die Gerichtskasse ist der für die Zurückzahlung bestimmte Vordruck zu verwenden; er ist, soweit erforderlich, zu ändern. Der Anordnung ist eine Benachrichtigung für den Empfangsberechtigten beizufügen. Die Gerichtskasse teilt diese Benachrichtigung dem Empfangsberechtigten mit.

§ 14
Durchlaufende Gelder

(1) Beträge, die nach den Vorschriften dieser Anordnung eingezogen werden, aber nicht der Landeskasse, sondern einem anderen Berechtigten zustehen, werden bei der Aufstellung der Kostenrechnung als durchlaufende Gelder behandelt.
(2) Auf Grund der Zahlungsanzeige der Gerichtskasse oder der Gerichtszahlstelle ordnet die Vollstreckungsbehörde die Auszahlung an den Empfangsberechtigten an. § 38 der Kostenverfügung gilt entsprechend.

III. Abschnitt. Lösung von Geldbetrag und Kosten

§ 15
Grundsatz

(1) Die Verbindung von Geldbetrag und Kosten (§ 1 Abs. 2) wird gelöst, wenn
a) sich die Beitreibung des Geldbetrages erledigt und für die Kostenforderung Beitreibungsmaßnahmen erforderlich werden,
b) nachträglich eine Gesamtgeldstrafe gebildet wird oder
c) die Vollstreckungsbehörde die getrennte Verfolgung beider Ansprüche aus Zweckmäßigkeitsgründen anordnet.
(2) Hat das Land aus einer wegen Geldbetrag und Kosten vorgenommen Zwangsvollstreckung bereits Rechte erworben, so darf eine Anordnung nach Abs 1 Buchstabe c nur ergehen, wenn die Wahrnehmung dieser Rechte wegen der Kosten allein keine Schwierigkeiten bereitet oder wenn der Landeskasse durch die Aufgabe der wegen der Kosten begründeten Rechte kein Schaden erwächst.

§ 16
Überweisung der Kosten an die Gerichtskasse

(1) Bei der Überweisung der Kosten an die Kasse zur Einziehung (§ 4 Abs. 2 der Kostenverfügung) hat der Kostenbeamte, wenn bereits eine Zahlungsaufforderung an den Kostenschuldner ergangen war, die Aufnahme des nachstehenden Vermerks in die Reinschrift der Kostenrechnung zu veranlassen:
„Diese Zahlungsaufforderung tritt an die Stelle der Zahlungsaufforderung d. ..., vom ...
Bei Zahlungen ist statt der bisherigen Geschäftsnummer nunmehr das Kassenzeichen anzugeben."
Hat sich der Kostenansatz nicht geändert, so genügt die Übersendung einer Rechnung, in der lediglich der Gesamtbetrag der früheren Rechnung, die geleisteten Zahlungen und der noch geschuldete Restbetrag anzugeben sind. Bewilligte Zahlungserleichterungen (§ 12) sind der Gerichtskasse mitzuteilen.
(2) Die Überweisung der Kosten unterbleibt, wenn die Voraussetzungen vorliegen, unter denen der Kostenbeamte von der Aufstellung einer Kostenrechnung absehen darf (§ 10 der Kostenverfügung).
(3) Der Kasse mitzuüberweisen sind auch die nicht beigetriebenen Kosten eines der Lösung (§ 15) vorausgegangenen Einziehungsversuchs.

§ 17
Wahrnehmung der Rechte aus früheren Vollstreckungen

(1) Hatte das Land vor der Trennung von Geldbetrag und Kosten aus einer Zwangsvollstreckung wegen der Kosten bereits Rechte erlangt, so teilt die Vollstreckungsbehörde dies der Gerichtskasse unter Übersendung der vorhandenen Beitreibungsverhandlungen mit. Dies gilt nicht, wenn die wegen der Kosten begründeten Rechte nach § 15 Abs. 2 aufgegeben werden.
(2) Die Rechte der Landeskasse aus den wegen der Kosten erworbenen Rechten werden nunmehr von der Gerichtskasse wahrgenommen.
(3) Ist dem Vollziehungsbeamten ein Vollstreckungsauftrag erteilt (§ 9 Abs. 1, § 10 Abs. 1), so hat die Gerichtskasse dem Vollziehungsbeamten gegenüber jetzt die Stellung des Auftraggebers; sie hat ihn hiervon zu verständigen. Der Auftrag bleibt bestehen, bis die Gerichtskasse ihn zurücknimmt.

IV. Abschnitt

§ 18
Geldauflagen im Strafverfahren

(1) Geldzahlungen, die dem Zahlungspflichtigen nach § 56b Abs. 2 Nr. 2, § 57 Abs. 3 S 1 StGB, § 153 a StPO; § 15 Abs. 1 S 1 Nr. 3, §§ 23, 29, 45, 88 Abs. 5 und 89 Abs. 3 JGG oder anläßlich eines Gnadenerweises auferlegt sind, werden nicht mit Zahlungsaufforderung (§ 5 Abs 1) eingefordert. Ihre Beitreibung ist unzulässig.
(2) Wird die Geldauflage gestundet, so prüft die Vollstreckungsbehörde, ob die Gerichtskasse ersucht werden soll, die Einziehung der Kosten auszusetzen. Das Ersuchen empfiehlt sich, wenn die sofortige Einziehung der Kosten den mit der Stundung der Geldauflage verfolgten Zweck gefährden würde.

Anhang VIII
Gesetz über Kosten im Bereich der Justizverwaltung (Justizverwaltungskostenordnung – JVKostO)

vom 14. Februar 1940 (RGBI. 1 S. 357), (BGBl. III 363-1) zuletzt geändert durch Gesetz vom 23. 4. 2002 (BGBl. I, 1406)

Artikel I
Allgemeine Vorschriften

§ 1
Gebühren und Auslagen

(1) In Justizverwaltungsangelegenheiten und im Rechtshilfeverkehr mit dem Ausland nach dem Gesetz über die internationale Rechtshilfe in Strafsachen werden, soweit nichts anderes bestimmt ist, von den Justizbehörden des Bundes[1] und in Angelegenheiten nach

1 Die JVKostO gilt auch für die Justizbehörden der Länder, u. zwar aufgrund dersn gesetzlichen Besten, durch die die JBeitrO für anwendbar erklärt ist: Das Gebührenverzeichnis ist ergänzt im Saarland durch VO v 7. 8. 1971 (ABI. S. 558). Nach dem Einigungsvertrag (Anl. I Kapitel III Sachgebiet A Abschn III Ziff 22a) gilt die JVKostO bis zum Inkrafttreten landesrechtlicher Vorschriften in der für die Justizbehörden des Bundes geltenden Fassung. Folgende landesrechtlichen Vorschriften sind erlassen worden:
Baden-Württemberg: Ges i. d. F. v 18. 12. 1995 (GBl. 1996, 29);
Bayern: Ges i. d. F. v 23. 12. 1994 (GVBl. 1994, 1051);
Berlin: Ges i. d. F. v 2. 12. 1994 (GVBl. 1994, 492);
Brandenburg: JKostG v 3. 6. 1994 (GVBl. 1994, 172);
Bremen: Ges i. d. F. v 29. 11. 1994 (GVBl. 1994, 306);
Hamburg: Ges i. d. F. v 11. 4. 1995 (GVBl. 1994, 84);
Hessen: Ges i. d. F. v 29. 11. 1994 (GVBl. 1994, 683);
Mecklenburg-Vorpommern: Ges i. d. F. v 4. 7. 1996 (GVBl. 1996, 234);
Niedersachsen: Ges i. d. F. v 17. 12. 1994 (GVBl. 1994, 537);
Nordrhein-Westfalen: Ges i. d. F. v 20. 6. 1995 (GVBl. 1995, 612);
Rheinland-Pfalz: Ges i. d. F. v 20. 12. 1994 (GVBl. 1994, 575);
Saarland: Ges. i. d. F. v 8. 2. 1995 (Abl. 1995, 334);
Sachsen: Ges i. d. F. v 19. 5. 1995 (GVBl. 1995, 157);
Sachsen-Anhalt: Ges i. d. F. v 15. 3. 1995 (GVBl. 1995, 73);
Schleswig-Holstein: Ges i. d. F. v 7. 2. 1995 (GVBl. 1995, 62);
Thüringen: Ges i. d. F. v 4. 10. 1995 (GVBl. 1995, 309).

den Nr. 203 und den Abschnitten 3 und 4 des Gebührenverzeichnisses von den Justizbehörden der Länder Kosten (Gebühren und Auslagen) nach diesem Gesetz erhoben. § 7b gilt für die Justizbehörden der Länder.
(2) § 4 Abs. 8, § 5 Abs. 2 und 3, § 6 Abs. 3 und 13 dieser Justizverwaltungskostenordnung sind auch dann anzuwenden, wenn von Justizbehörden der Länder Kosten in Justizverwaltungsangelegenheiten oder im Rechtshilfeverkehr mit dem Ausland nach dem Gesetz über die internationale Rechtshilfe in Strafsachen erhoben werden.

§ 2
Gebührenverzeichnis; Rahmengebühren

(1) Die Gebühren bestimmen sich nach dem anliegenden Gebührenverzeichnis.
(2) Bei Rahmengebühren setzt die Behörde, die die gebührenpflichtige Amtshandlung vornimmt, die Höhe der Gebühr fest. Sie hat dabei insbesondere die Bedeutung der Angelegenheit für die Beteiligten, die mit der Vornahme der Amtshandlung verbundene Mühewaltung und die wirtschaftlichen Verhältnisse des Kostenschuldners zu berücksichtigen.

§ 3
Ablehnung oder Zurücknahme des Antrags

Bei der Ablehnung oder Zurücknahme eines Antrags auf Vornahme einer gebührenpflichtigen Amtshandlung kann die Behörde dem Antragsteller eine Gebühr bis zur Hälfte der für die Vornahme der Amtshandlung bestimmten Gebühr – bei Rahmengebühren jedoch nicht weniger als den Mindestbetrag – auferlegen. Das gleiche gilt, wenn die Ablehnung von der übergeordneten Behörde bestätigt wird.

§ 4
Schreibauslagen

(1) Für Auslagen oder Abschriften, die auf besonderen Antrag erteilt, angefertigt oder per Telefax übermittelt werden, wird eine Dokumentenpauschale erhoben.
(2) § 136 Abs. 2 und 5 der Kostenordnung ist anzuwenden.
(3) Für einfache Abschriften gerichtlicher Entscheidungen, die zur Veröffentlichung in Entscheidungssammlungen oder Fachzeitschriften beantragt werden, beträgt die Dokumentenpauschale höchstens 2,5 Euro je Entscheidung.
(4) Für die Überlassung von elektronisch gespeicherten Dateien anstelle der in den Absätzen 1 und 3 genannten Ausfertigungen und Abschriften beträgt die Dokumentenpauschale je Datei 2,5 Euro.

(5) Bei der Übermittlung elektronisch gespeicherter Daten auf Datenträgern wird daneben eine Datenträgerpauschale erhoben. Sie beträgt:
1. bei einer Speicherkapazität des Datenträgers von bis zu 2,0 Megabytes 2,50 Euro,
2. bei einer Speicherkapazität des Datenträgers von bis zu 500,0 Megabytes 25 Euro,
3. bei einer höheren Speicherkapazität 50 Euro.

(6) Die Behörde kann vom Ansatz der Dokumentenpauschale ganz oder teilweise absehen, wenn gerichtliche Entscheidungen für Zwecke verlangt werden, deren Verfolgung überwiegend im öffentlichen Interesse liegt, oder wenn Abschriften amtlicher Bekanntmachungen anderen Tageszeitungen als den amtlichen Bekanntmachungsblättern auf Antrag zum unentgeltlichen Abdruck überlassen werden.

(7) Keine Kosten werden erhoben, wenn Daten im Internet zur nicht gewerblichen Nutzung bereitgestellt werden.

(8) Im Rechtshilfeverkehr mit dem Ausland nach dem Gesetz über die internationale Rechtshilfe in Strafsachen wird eine Dokumentenpauschale nicht erhoben.

§ 5
Sonstige Auslagen

(1) Für die Erhebung sonstiger Auslagen gilt § 137 Nr. 1 bis 7, 10 bis 12, 14 und 15 der Kostenordnung entsprechend. Die Auslagen sind auch dann zu erheben, wenn eine Gebühr für die Amtshandlung nicht zum Ansatz kommt.

(2) Im Rechtshilfeverkehr mit dem Ausland nach dem Gesetz über die internationale Rechtshilfe in Strafsachen werden abweichend von Abs 1 die Auslagen erhoben, die in den Nrn 9002 bis 9010, 9012 bis 9015 des Kostenverzeichnisses zum Gerichtskostengesetz bezeichnet sind. Dies gilt nicht, soweit nach § 75 des Gesetzes über die internationale Rechtshilfe in Strafsachen darauf verzichtet worden ist. Auslagen, die durch eine für begründet befundene Beschwerde entstanden sind, werden nicht erhoben, soweit das Beschwerdeverfahren gebührenfrei ist.

(3) Für den Vollzug der Haft nach dem Gesetz über die internationale Rechtshilfe in Strafsachen werden Kosten erhoben, soweit nicht nach § 75 des Gesetzes darauf verzichtet worden ist. Ihre Höhe richtet sich nach § 50 Abs. 2 und 3 des Strafvollzugsgesetzes.

§ 6
Kostenschuldner

(1) Zur Zahlung der Gebühren und Auslagen, soweit nichts anderes bestimmt ist, ist verpflichtet:
1. derjenige, der die Amtshandlung veranlaßt oder zu dessen Gunsten sie vorgenommen wird;

2. derjenige, der die Kosten durch eine vor der Behörde abgegebene oder ihr mitgeteilte Erklärung übernommen hat;
3. derjenige, der nach den Vorschriften des bürgerlichen Rechts für die Kostenschuld eines anderen kraft Gesetzes haftet.
(2) Mehrere Kostenschuldner haften als Gesamtschuldner.
(3) In Verfahren nach dem Gesetz über die internationale Rechtshilfe in Strafsachen haftet der Verfolgte oder Verurteilte nicht nach Abs 1 Nr. 1.

§ 7
Fälligkeit Zurückbehaltungsrecht

(1) Die Gebühren werden, soweit nichts anderes bestimmt ist, mit der Beendigung der gebührenpflichtigen Amtshandlung, Auslagen sofort nach ihrer Entstehung fällig.
(2) Die Behörde kann die Zahlung eines Kostenvorschusses verlangen. Sie kann die Vornahme der Amtshandlung von der Zahlung oder Sicherstellung des Vorschusses abhängig machen.

§ 7a
Andere Art der Gegenleistung

(1) Für die Übermittlung gerichtlicher Entscheidungen in Form elektronisch auf Datenträgern gespeicherter Daten kann an Stelle der zu erhebenden Auslagen durch öffentlich-rechtlichen Vertrag eine andere Art der Gegenleistung vereinbart werden, deren Wert den ansonsten zu erhebenden Kosten entspricht.
(2) Werden für die Übermittlung gerichtlicher Entscheidungen zusätzliche Leistungen beantragt, insbesondere eine Auswahl der Entscheidungen nach bestimmten Kriterien, und entsteht hierdurch ein nicht unerheblicher Aufwand, so ist eine Gegenleistung durch öffentlich-rechtlichen Vertrag zu vereinbaren, die zur Deckung der anfallenden Auslagen ausreicht.
(3) Werden Entscheidungen für Zwecke verlangt, deren Verfolgung überwiegend im öffentlichen Interesse liegt, so kann auch eine niedrigere Gegenleistung verlangt werden oder auf eine Gegenleistung verzichtet werden

§ 7b

(1) Der Nutzer eines automatisierten Verfahrens zum Abruf von Daten aus öffentlichen Registern kann eine Erklärung abgeben, daß die Jahresgebühr nach Nr. 400 des Gebührenverzeichnisses erhoben werden soll. Die Erklärung wirkt auch für die Folgejahre; sie

kann bis zum 30. November eines jeden Jahres mit Wirkung für das folgende Jahr widerrufen werden.
(2) Die Erklärung und deren Widerruf sind schriftlich gegenüber der zuständigen Stelle (§ 79 Abs. 5 des Bürgerlichen Gesetzbuchs, § 9a Abs. 4 des Handelsgesetzbuchs auch iVm § 156 Abs. 1 S 1 des Gesetzes betreffend die Erwerbs- und Wirtschaftsgenossenschaften und § 5 Abs. 2 des Partnerschaftsgesetzes) abzugeben.
(3) Die zuständige Stelle bestimmt den Zeitpunkt, an dem die Jahresgebühr erhoben wird.
(4) Zur Zahlung der Jahresgebühr nach Nr. 400 und der Gebühren nach Nrn 401 und 403 des Gebührenverzeichnisses ist derjenige verpflichtet, der die Erklärung nach Abs 1 S 1 abgegeben hat. Im Übrigen ist zur Zahlung der in Abschnitt 4 des Gebührenverzeichnisses bestimmten Gebühren derjenige verpflichtet, der sich zum Abrufverfahren angemeldet hat.

§ 7c

Erfordert die Erteilung einer Auskunft für wissenschaftliche Forschungsvorhaben aus den vom Generalbundesanwalt geführten Registern einen erheblichen Aufwand, ist eine Gegenleistung zu vereinbaren, welche die notwendigen Auslagen deckt. § 12 ist entsprechend anzuwenden.

§ 8
Gebührenfreiheit

(1) Von der Zahlung der Gebühren sind befreit der Bund und die Länder sowie die nach den Haushaltsplänen des Bundes und der Länder für Rechnung des Bundes oder eines Landes verwalteten öffentlichen Anstalten und Kassen.
(2) Die sonstigen Vorschriften, durch die eine sachliche oder persönliche Kostenfreiheit gewährt wird, bleiben unberührt.
(3) Die Gebührenfreiheit entbindet, soweit nichts anderes bestimmt ist, nicht von der Verpflichtung zur Zahlung der Auslagen.

§ 9
Kostenfreie Geschäfte

Weder Gebühren noch Auslagen – ausgenommen Schreibauslagen nach § 4 werden erhoben
1. für Amtshandlungen, die durch Anzeigen, Anträge und Beschwerden in Angelegenheiten der Strafverfolgung oder Strafvollstreckung, der Anordnung oder der Vollstreckung von Maßregeln der Besserung und Sicherung oder der Verfolgung einer Ordnungswid-

rigkeit oder der Vollstreckung einer gerichtlichen Bußgeldentscheidung veranlaßt werden;
2. in Gnadensachen;
3. in Zentralregisterangelegenheiten, ausgenommen für die Erteilung von Führungszeugnissen nach § 30 des Bundeszentralregistergesetzes;
4. in Gewerbezentralregisterangelegenheiten, ausgenommen für die Erteilung von Auskünften nach § 150 der Gewerbeordnung;
5. im Verfahren über Anträge nach dem Gesetz über die Entschädigung für Strafverfolgungsmaßnahmen sowie über Anträge auf Entschädigung für sonstige Nachteile, die jemandem ohne sein Verschulden aus einem Straf- oder Bußgeldverfahren erwachsen sind;
6. für die Tätigkeit der Staatsanwaltschaft im Aufgebotsverfahren.

§ 10 (aufgehoben)

§ 11
Unrichtige Sachbehandlung

Gebühren und Auslagen, die bei richtiger Behandlung der Sache nicht entstanden wären, werden nicht erhoben.

§ 12
Ermäßigung, Absehen von Kostenerhebung

Die Behörde kann ausnahmsweise, wenn dies mit Rücksicht auf die wirtschaftlichen Verhältnisse des Zahlungspflichtigen oder sonst aus Billigkeitsgründen geboten erscheint, die Gebühren unter die Sätze des Gebührenverzeichnisses ermäßigen oder von der Erhebung der Kosten absehen.

§ 13
Einwendungen

Über Einwendungen gegen die Festsetzung und den Ansatz der Kosten oder gegen Maßnahmen gemäß § 7 Abs. 2, 3 entscheidet das Amtsgericht, in dessen Bezirk die Behörde ihren Sitz hat. § 14 Abs. 3 S 1 und 4, 5 S 1, 3 und 4, Abs. 6 bis 8 der Kostenordnung gilt entsprechend. Im übrigen sind die für die Beschwerde geltenden Vorschriften des Gesetzes über die Angelegenheit der freiwilligen Gerichtsbarkeit mit Ausnahme des § 28 Abs. 2 und 3 anzuwenden. Über die Beschwerde entscheidet das nächsthöhere Gericht.

§ 14
Verjährung, Verzinsung

(1) Für die Verjährung der Kostenforderungen und der Ansprüche auf Rückzahlung zuviel gezahlter Kosten gilt § 17 der Kostenordnung entsprechend.
(2) Ansprüche auf Zahlung und Rückerstattung von Kosten werden nicht verzinst.

§ 15 (aufgehoben)

Artikel II. Schlußbestimmungen
Außerkrafttreten landesrechtlicher Vorschriften

§ 16
Übergangsvorschrift

Für Kosten, die vor dem Inkrafttreten einer Gesetzesänderung fällig geworden sind, gilt das bisherige Recht. Dies gilt auch, wenn Vorschriften geändert werden, auf die die Justizverwaltungskostenverordnung verweist.

§ 17 *(aufgehoben)*

§ 18
Sonstige Vorschriften

(1) Die nicht reichsrechtlichen Vorschriften über Gebühren für Amtshandlungen der Justizverwaltung und für sonstige in den Bereich dieser Verordnung fallende Angelegenheiten treten außer Kraft.
(2), (3) *(gegenstandslos)*

§ 19
Landesrechtliche Vorschriften

In Kraft bleiben die landesrechtlichen Vorschriften über die Gebühren für Schiedsmänner, Friedensrichter, Ortsgerichte, Schätzungsämter und ähnliche Stellen im Bereich der Justizverwaltung.

§ 20 (gegenstandslose Aufhebungsvorschrift)

§ 21
Übergangsbestimmungen

(1) (gegenstandslose Übergangsvorschrift)
(2) Soweit die Justizbehörden in Auslandsnachlaßsachen noch zur Aushändigung von Wertgegenständen zuständig sind, bleiben die landesrechtlichen Gebührenvorschriften in Kraft.

Nr.	Gegenstand	Gebühren

Anlage 1

(zu § 2 Abs. 1)

Nr.	Gegenstand	Gebühren
1.	**Beglaubigungen**	
100	Beglaubigung von amtlichen Unterschriften für den Auslandsverkehr auf Urkunden, die keine rechtsgeschäftliche Erklärung enthalten, z. B. Patentschriften, Handelsregisterauszüge, Ernennungsurkunden Die Gebühr wird nur einmal erhoben, auch wenn eine weitere Beglaubigung durch die übergeordnete Justizbehörde erforderlich ist.	13,00 EUR
101	Beglaubigung von amtlichen Unterschriften für den Auslandsverkehr auf sonstigen Urkunden	in Höhe der Gebühr nach § 45 Abs. 1 der Kostenordnung
102	Beglaubigung von Abschriften und Auszügen Die Gebühr wird nur erhoben, wenn die Beglaubigung beantragt ist. Wird die Abschrift von der Behörde selbst hergestellt, so kommt die Dokumentenpauschale (§ 4) hinzu. Die Behörde kann vom Ansatz absehen, wenn die Beglaubigung für Zwecke verlangt wird, deren Verfolgung überwiegend im öffentlichen Interesse liegt.	0,50 EUR für jede Seite, mindestens 5 EUR

2. Sonstige Justizangelegenheiten mit Auslandsbezug

(1) Gebühren nach den Nrn 200 bis 202 werden nur in Zivilsachen und in Angelegenheiten der freiwilligen Gerichtsbarkeit erhoben. Die Gebühren nach den Nrn 201 und 202 werden auch dann erhoben, wenn die Zustellung oder die Rechtshilfehandlung wegen unbekannten Aufenthalts des Empfängers oder sonst Beteiligten oder aus ähnlichen Gründen nicht ausgeführt werden kann. In den Fällen der Nrn 201 und 202 werden Gebühren und Auslagen nicht erhoben, wenn die Gegenseitigkeit verbürgt ist. Die Bestimmungen des Staatsvertrags bleiben unberührt.

(2) Gebühren nach den Nrn 204 bis 206 werden auch erhoben, wenn die Bundeszentralstelle entsprechende Tätigkeiten aufgrund einer Rechtsverordnung nach § 2a Abs. 4 S 2 AdVermiG wahrnimmt.

200	Prüfung von Ersuchen nach dem Ausland	10,00 bis 50,00 EUR

Nr.	Gegenstand	Gebühren
201	Erledigung von Zustellungsanträgen in ausländischen Rechtsangelegenheiten	10,00 bis 20,00 EUR
202	Erledigung von Rechtshilfeersuchen in ausländischen Rechtsangelegenheiten	10,00 bis 250,00 EUR
203	Befreiung von der Beibringung des Ehefähigkeitszeugnisses (§ 1309 BGB)	10,00 bis 300,00 EUR
204	Mitwirkung der Bundeszentralstelle für Auslandsadoption (§ 1 Abs. 1 AdÜbAG, § 2a Abs. 4 S 1 AdVermiG) bei Übermittlungen an die zentrale Behörde des Heimatstaates (§ 4 Abs. 6 AdÜbAG, § 2a Abs. 4 S 2 AdVermG) Die Gebühr wird in einem Adoptionsvermittlungsverfahren nur einmal erhoben.	10,00 bis 150,00 EUR
205	Bestätigung nach § 9 AdÜbAG	40,00 bis 100,00 EUR
206	Bescheinigungen nach § 7 Abs. 4 AdVermG	40,00 bis 100,00 EUR

3. Erlaubnis zur Besorgung fremder Rechtsangelegenheiten, Zulassung als Prozeßagent

Nr.	Gegenstand	Gebühren
300	Erteilung einer Erlaubnis zur Besorgung fremder Rechtsangelegenheiten	95,00 EUR
301	Erste Zulassung zum mündlichen Verhandeln vor Gericht nach § 157 Abs. 3 der Zivilprozeßordnung	60,00 EUR
302	Weitere Zulassung	30,00 EUR

4. Abruf von Daten aus dem Handels-, dem Partnerschafts-, dem Genossenschafts- und dem Vereinsregister

(1) Neben den Gebühren werden keine Auslagen erhoben

(2) Die Gebühren für den Abruf von Daten werden am 15. Tag des auf dem Abruf folgenden Monats fällig.

(3) Die Gebühr für den Abruf von Daten wird nur einmal erhoben, wenn Daten, die dasselbe Registerblatt betreffen, innerhalb einer Stunde mehrfach abgerufen werden. Entstehen für die Abrufe unterschiedliche Gebühren, so ist die höhere maßgebend.

(4) Von den § 126 FGG genannten Stellen werden Gebühren nach den Nrn 401 bis 404 nicht erhoben, wenn die Abrufe zum Zwecke der Erstattung eines vom Gericht geforderten Gutachtens erforderlich sind.

Nr.	Gebührentatbestand	Gebührenbetrag
400	Jahresgebühr für das automatische Abrufverfahren für jedes Kalenderjahr	150,00 EUR

(1) Die Gebühr wird nur erhoben, wenn die Erklärung nach § 7b abgegeben worden ist. Für jeden abgelaufenen Monat eines Kalenderjahres, der vor dem Zeitpunkt liegt, ab dem die Gebühr erhoben wird (§ 7b Abs. 3), vermindert sich die Gebühr um 12,50 EUR. Die Gebühr wird in jedem Jahr nur einmal erhoben.

(2) Die Gebühr wird erstmals am Tag, ab dem die Gebühr verlangt wird (§ 7b Abs. 3), später jeweils zu Beginn eines Kalenderjahres fällig.

401	Abruf von Daten, die dasselbe Registerblatt betreffen, wenn die Gebühr 400 für das laufende Kalenderjahr in dem Land entstanden ist: für jeden Abruf	4,00 EUR

Die Gebühr wird erhoben

1. ab dem Zeitpunkt, ab dem die Jahresgebühr (Nr. 400) erhoben wird (§ 7b Abs. 3);
2. soweit die Summe mehrerer Gebühren und von den Gebühren nach Nr. 403 den Betrag der für das laufende Jahr zu erhebenden Jahresgebühr (Nr. 400) übersteigt.

402	Abruf von Dateien, die dasselbe Registerblatt betreffen, wenn die Gebühr 400 für das laufende Kalenderjahr in dem Land nicht entstanden ist: für jeden Abruf	8,00 EUR
403	Abruf von Daten aus Namens- und Firmenverzeichnissen (§ 65 Abs. 2 der Handelsregisterverfügung), wenn die Gebühr 400 für das laufende Kalenderjahr im Land entstanden ist: für jeden Abruf	2,00 EUR

(1) Die Gebühr wird erhoben

1. ab dem Zeitpunkt, ab dem die Jahresgebühr (Nr. 400) erhoben wird (§ 7b Abs. 3);
2. soweit die Summe mehrerer Gebühren und von den Gebühren nach Nr. 403 den Betrag der für das laufende Jahr zu erhebenden Jahresgebühr (Nr. 400) übersteigt.

(2) Die Gebühr wird nicht erhoben, wenn im Rahmen eines einheitlichen Abrufvorgangs bereits eine Gebühr nach Nr. 401 oder 402 entstanden ist

404	Abruf von Daten aus Namens- und Firmenverzeichnissen (§ 65 Abs. 2 der Handelsregisterverfügung), wenn die Gebühr 400 für das laufende Kalenderjahr in dem Land nicht entstanden ist: für jeden Abruf	4,00 EUR

Nr.	Gegenstand	Gebühren
	Die Gebühr wird nicht erhoben, wenn im Rahmen eines einheitlichen Abrufvorgangs bereits eine Gebühr nach Nr. 401 oder 402 entstanden ist.	
5.	**Bescheinigungen, Zeugnisse, Auskünfte**	
500	Bescheinigungen und schriftliche Auskünfte aus Akten und Büchern	10 EUR
501	Bescheinigungen über die Beurkundungsbefugnis eines Justizbeamten, die zum Gebrauch einer Urkunde im Ausland verlangt werden	10 EUR
	Die Gebühr wird nicht erhoben, wenn eine Beglaubigungsgebühr nach Nr. 100 oder Nr. 101 zum Ansatz kommt.	
502	Zeugnisse über das im Bund oder in den Ländern geltende Recht	10,00–250,00 EUR
503	Führungszeugnis nach § 30 BZRG	7,50 EUR
504	Auskunft nach § 150 der Gewerbeordnung	7,50 EUR

Anhang IX
1. Gebührentabelle zum Gerichtskostengesetz

Anlage 2 zu § 11 Abs. 2 GKG

Streitwert bis … €	Gebühr … €	0,25 Geb. €	0,5 Geb. €	0,75 Geb. €	1,5 Geb. €	2,0 Geb. €	2,5 Geb. €	3,0 Geb. €
300	25	6,25	12,50	18,75	37,50	50,00	62,50	75,00
600	35	8,75	17,50	26,25	52,50	70,00	87,50	105,00
900	45	11,25	22,50	33,75	67,50	90,00	112,50	135,00
1200	55	13,75	27,50	41,25	82,50	110,00	137,50	165,00
1500	65	16,25	32,50	48,75	97,50	130,00	162,50	195,00
2000	73	18,25	36,50	54,75	109,50	146,00	182,50	219,00
2500	81	20,25	40,50	60,75	121,50	162,00	202,50	243,00
3000	89	22,25	44,50	66,75	133,50	178,00	222,50	267,00
3500	97	24,25	48,50	72,75	145,50	194,00	242,50	291,00
4000	105	26,25	52,50	78,75	157,50	210,00	262,50	315,00
4500	113	28,25	56,50	84,75	169,50	226,00	282,50	339,00
5000	121	30,25	60,50	90,75	181,50	242,00	302,50	363,00
6000	136	34,00	68,00	102,00	204,00	272,00	340,00	408,00
7000	151	37,75	75,50	113,25	226,50	302,00	377,50	453,00
8000	166	41,50	83,00	124,50	249,00	332,00	415,00	498,00
9000	181	45,25	90,50	135,75	271,50	362,00	452,50	543,00
10000	196	49,00	98,00	147,00	294,00	392,00	490,00	588,00
13000	219	54,75	109,50	164,25	328,50	438,00	328,50	657,00
16000	242	60,50	121,00	181,50	363,00	484,00	363,00	726,00
19000	265	66,25	132,50	198,75	397,50	530,00	662,50	795,00
22000	288	72,00	144,00	216,00	432,00	576,00	432,00	864,00
25000	311	77,75	155,50	233,25	466,50	622,00	777,50	933,00
30000	340	85,00	170,00	255,00	510,00	680,00	850,00	1020,00
35000	369	92,25	184,50	276,75	553,50	738,00	922,50	1107,00
40000	398	99,50	199,00	298,50	597,00	796,00	995,00	1194,00
45000	427	106,75	213,50	320,25	640,50	854,00	1067,50	1272,00
50000	456	114,00	228,00	342,00	684,00	912,00	1140,00	1368,00
65000	556	139,00	278,00	417,00	834,00	1112,00	1390,00	1668,00
80000	656	164,00	328,00	492,00	984,00	1312,00	1640,00	1968,00
95000	756	189,00	378,00	567,00	1134,00	1512,00	1890,00	2268,00
110000	856	214,00	428,00	642,00	1284,00	1712,00	2140,00	2568,00
125000	956	239,00	478,00	717,00	1434,00	1912,00	2390,00	2868,00
140000	1056	264,00	528,00	792,00	1584,00	2112,00	2640,00	3168,00
155000	1156	289,00	578,00	867,00	1734,00	2312,00	2890,00	3468,00
170000	1256	314,00	628,00	942,00	1884,00	2512,00	3140,00	3768,00
185000	1356	339,00	678,00	1017,00	2034,00	2712,00	3390,00	4068,00
200000	1456	364,00	728,00	1092,00	2184,00	2912,00	3640,00	4368,00
230000	1606	401,50	803,00	1204,50	2409,00	3212,00	4015,00	4818,00
260000	1756	439,00	878,00	1317,00	2634,00	3512,00	4390,00	5268,00
290000	1906	476,50	953,00	1429,50	2859,00	3812,00	4765,00	5718,00
320000	2056	514,00	1028,00	1542,00	3084,00	4112,00	5140,00	6168,00
350000	2206	551,50	1103,00	1654,50	3309,00	4412,00	5515,00	6618,00
380000	2356	589,00	1178,00	1767,00	3534,00	4712,00	5890,00	7068,00
410000	2506	626,50	1253,00	1879,50	3759,00	5012,00	6265,00	7518,00
440000	2656	664,00	1328,00	1992,00	3984,00	5312,00	6640,00	7968,00
470000	2806	701,50	1403,00	2104,50	4209,00	5612,00	7015,00	8418,00
500000	2956	739,00	1478,00	2217,00	4434,00	5912,00	7390,00	8868,00

Sachregister

Fette Ziffern bis 74 bezeichnen die Paragraphen des Gerichtskostengesetzes, fette vierstellige Ziffern geben die Nummern des Kostenverzeichnisses an, magere Ziffern verweisen auf die Randnummern, römische Ziffern verweisen auf die Anhänge I–IX.

Weitere Stichworte befinden sich in den alphabetischen Zusammenstellungen in den Anhängen zu § 12 und § 13 sowie vor § 1 Gerichtsvollzieherkostengesetz.

www.ingramcontent.com/pod-product-compliance
Lightning Source LLC
LaVergne TN
LVHW091039021026
849161LV00002BA/179